厦门大学东南亚研究中心系列丛书

前 言

《吧城唐人公馆档案》中的《成婚注册存案簿》，起自 1772 年，终于 1919 年，现收藏于荷兰莱顿大学汉学院图书馆，是现存已知的中文史籍中保存最早、最完整的结婚注册簿，简称《婚簿》。《成婚注册存案簿》逐年记载巴达维亚（简称“吧城”）唐人（海外华人古称）成婚注册登记，实为海外华人史以及其家庭婚姻状况研究难得的珍贵档案资料。

吧城唐人成婚注册登记始于 1717 年。1740 年“红溪惨案”发生后，相关的档案荡然无存。现存档案始于 1772 年。每份成婚注册登记内容包括新郎与新娘姓名、年龄、住址，媒妁人姓名，男家主婚人姓名，女家主婚人姓名，公馆主事人姓名及结婚日期等等。均以一定格式填写，兹录如下：

遵奉王制，为婚姻事，今据男家　　，年　　岁，（另加住址），女家　　，年　　岁，媒妁　　，合和琴瑟，结缔朱陈，禀明甲必丹、雷珍兰列位大人台前察夺，成婚注册存案，给照准此。

乾隆　　年　　月　　日即和　　年　　月　　日给。

甲必丹　　（姓）、雷珍兰　　，雷珍兰　　，雷珍兰　　，雷珍兰　　，雷珍兰　　，雷珍兰　　。

媒妁　　（签字画押）。

男家主婚　　（称谓）　　（签字画押），女家主婚　　（称谓）　　（签字画押），第　　号。

成婚注册存案簿的格式，在不同年代仍大体相同，惟各有差异。在荷兰东印度公司统治时期，每份（一对男女）成婚注册登记存案，均用两页纸填写。从 1807 年 10 月 29 日以后，成婚注册登记存案的版本改为一页纸，并正式加上男家住址。另外，此前版本中的“合和琴瑟，结缔朱陈”改为“凭托媒妁，合和琴瑟，结缔朱陈”；“列位大人台前”改为“列位台前”；主事人只以一人签名，另加上“　　年　　月　　日给”。又另书收结婚费若干。在荷印殖民政府统治时期，从 1832 年 1 月 11 日起的版本，将“凭托媒妁，合和琴瑟，结缔朱陈”改为“凭托媒妁，结缔朱陈”，并加上“公勃低雷珍兰　　、　　”及“交寅（结婚）日：　　年　　月　　日”。1850 年以后的版本，加上“玛腰”一名，“甲必丹、雷珍兰”变为“玛腰、甲必丹、雷珍兰”。1880 年 1 月 2 日以后的版本，又加上了女家住址及抄给日期，其格式如下：

遵奉王制，为婚姻事，今据男家　　，年　　岁，住　　，女家　　，年　　岁，住　　。凭托媒妁，结缔朱陈，禀明玛腰、甲必丹、雷珍兰列位台前察夺，成婚注册存案，给照准此。

男家主婚伊　　（称谓）　　（签字画押），女家主婚伊　　（称谓）　　（签字画押）

光绪　　年　　月　　日迎娶完婚。光绪　　年　　月　　日即和　　年　　月　　日朱吉礁（签字）给。

公勃低甲必丹，雷珍兰　　、　　（签字一人）。和　　年　　月　　日抄给。

第　　号。

1908 年 12 月 2 日至 1909 年 3 月 12 日的《成婚注册存案簿》，为手写毛笔字本，内容与上述版本相同，仅将“公勃低”改为“值月员”，另删去“迎娶完婚”的结婚日期一项。

1912 年 1 月 5 日至 1913 年 1 月 25 日的《成婚注册存案簿》是辛亥革命以后的《婚姻簿》，仍为手写毛笔字本，但将“遵奉王制”删除，改为“公堂值月光媚沙里（荷兰语 Commissari 音译，意为：委员）员，雷珍兰　　，为婚姻事，凭两家主婚人所请”，加上男女双方父母姓名，新郎、新娘签名或画押，值月员雷珍兰、朱吉礁签字外，玛腰亦签字，最后盖上方形红色大印“吧国公堂正印”。

1913 年 2 月 23 日启用铅印的《成婚注册存案簿》即《婚姻簿》，有中文与马来文两种。中文版本的格式如下：

第　号

中华　　岁　月　　日。

和兰 191　年　月　　日。

公堂光媚沙里值月员（雷珍兰　　），为婚姻事，凭两家主婚人所请，经到（男、女）家在　　同堂面察，据男家所称名　　（吧生长），生于　　（中国历）岁　月　日，年　　岁，其父　　，母　　。据女家所称名　　（吧生长），生于　　（中国历）岁　月　日，年　　岁，其父　　，母　　。此男女二人各从其主婚人主裁，喜结良缘，永为夫妇。

此据。

男家主婚伊　（称谓）　　（签名）　新郎　　（签名）

女家主婚伊　（称谓）　　（签名）　新娘　　（签名）

媒人　　（签名）

光媚沙里员（签名），公堂朱葛礁（签名）

玛腰许金安（签名）　　和 191　年　月　　日抄给。

收执。

中文本与马来文本各为一页。马来文本全用马来文书写，用西历年月日，最后盖上椭圆形的双狮抱王冠大印，印面上书“中国玛腰”，下书“巴达维亚”。

在《成婚注册存案簿》中，登记的名字与签名的名字时有差别，大多由于同音异字，凭音书写，往往不准确。此成婚注册表所采用的是以签名为准。

根据现存的《成婚注册存案簿》统计，从 1772 年至 1919 年间，有档案记录的 129 年间，共有 17158 对华人男女即 34316 人成婚登记注册。这 129 年跨越了三个世纪（18—20 世纪），其中，18 世纪有 1775 年至 1791 年的 13 年，19 世纪有 1801 年至 1899 年的 97 年，20 世纪有 1900 年至 1919 年的 19 年。虽然其间有 12 年的中断遗漏，但对整个 129 年而言，依然是相当完整和系统。

按年代统计，在荷兰东印度公司统治末期的 1775—1791 年间，每年约有 100 多对吧城华人男女成婚注册，其中最少的年份为 1777 年有 88 对；最多的年份为 1790 年有 109 对。（另据《婚簿》原档的结婚登记号统计，1790 年结婚注册则有 117 对，1789 年有 126 对，1783 年又有 133 对，但这些年份均有残缺或遗失）在荷印殖民政府统治初期，每年约有 150 多对男女成婚注册，最少的年份为 1820 年有 139 对，最多的年份为 1823 年有 187 对。1834 年至 1853 年间，每年有 200 多对以上的男女成婚注册，最少的年份为 1834 年有 200 对，最多的年份为 1848 年有 264 对，其次为 1844 年有 246 对，1849 年有 245 对位居第三。1862 年至 1879 年间，每年平均约有 150～200 多对男女成婚注册，最少的年份为 1863 年有 136 对，最多的年份为 1876 年有 207 对。1880—1899 年间，每年约有 100～150 对男女成婚注册，最少的年份 1894 年有 94 对，最多的年份 1880 年有 184 对。1900—1919 年，每年约有 90 多对成婚注册，最少的年份 1916 年有 79 对，最多的年份 1913 年有 111 对。到 1920 年以后，所有吧城华人的成婚登记改由向荷印政府的吧城（巴达维亚）市政当局进行成婚注册，吧城华人公馆履行华人成婚注册登记的职能就此终结。

上述吧城华人公馆《成婚注册存案簿》中所注册登记的档案资料，仅是指有向公馆（公堂）申报成婚注册者，实际上还有许多未办理成婚注册登记者，特别是居住在巴达维亚城外郊区，多有入赘女家者。

本书出版首先要感谢的是荷兰莱顿大学包乐史教授(Prof. dr. L. Blussé)热忱邀请吴凤斌教授赴荷兰(1995—2005年)整理出版吧城华人公馆档案,并在工作生活上所给予的关心照顾。

感谢荷兰莱顿大学外事办前主任泰勒先生、阿连梭斯先生,莱顿大学汉学院前院长许理和教授、伊德玛教授、梁兆兵教授、柯雷教授、田海教授的支持。

感谢莱顿大学汉学院图书馆前馆长吴荣子女士,陈庆云先生、高柏先生、马克思女士、西松女士以及汉学院教师吴德荣博士的关心支持。

感谢荷兰林和瑞先生、陈萌红女士、程绍刚博士等“公馆”之友的关心支持。

感谢厦门大学南洋研究院庄国土教授与院内同仁,厦门大学出版社侯真平、薛鹏志先生对本书出版的大力支持。

感谢厦门大学南洋研究院聂德宁教授、林梅博士,厦门市华侨博物院谢美华女士等协助整理本书的相关资料。

最后还要感谢王亚珍女士支持吴凤斌教授在荷兰长达十一个夏秋,并予闽南语音注析中的协助。

编　者

2010年孟春于鹭岛

目　录

1772 年吧城唐人成婚注册表

月日	新郎	年岁	住址	新娘	年岁	媒妁	男方主婚	女方主婚	备注 交钱,主事人
5.13	何才生	21	圣墓港	王玉娘	21	郑东娘			

1774 年吧城唐人成婚注册表

月日	新郎	年岁	住址	新娘	年岁	媒妁	男方主婚	女方主婚	备注 交钱,主事人
12.14	王钦官	39	中港仔	戴银娘	20	雅阿室			

(残缺)

1775 年吧城唐人成婚注册表

月日	新郎	年岁	住址	新娘	年岁	媒妁	男方主婚	女方主婚	备注 交钱,主事人
1.13	李显总	28	乌鬼巷	苏春娘	17	谢钱官	李榜官(堂兄)	苏仁官(父)	
2.7	谢专官	46	旧把杀	陈世娘	36	谢钱官	谢天哥(堂叔)	陈连官(父)	
2.12	叶秋官	25	中港仔	吴萃娘	18	林贤娘	叶玉官(族兄)	吴随官(宗伯)	
2.15	蔡西官	30	班蕉兰	林幼娘	20	蔡金娘	蔡元官(房叔)	林元公(父)	
2.15	林臣官	39	旧把杀	王闽娘	23	李意官	林良官(房兄)	王昂官(族伯)	
2.15	林俊官	36	旧把杀	陈朱娘	22	林镇官	林济官(房兄)	陈漏官(族兄)	
2.15	柯随官	32	八茶罐	薛明牛	17	林宣娘	柯宴官(房兄)	薛敕官(族叔祖)	
2.15	吴海官	28	小南门外	杨旋娘	16	林贤娘	吴货官(房叔祖)	杨圣官(父)	
2.15	曾掌官	29	东门外	林招娘	16	郭瑞娘	曾友隆(宗叔)	林栗官(族叔祖)	
2.15	李琏官	27	大港墘	吴柔娘	19	胡江官	李奇官(宗兄)	吴暖官(父)	
2.24	叶旺官	36	王艳官园	高宜娘	20	谢钱官	叶旺官	高局官(从叔)	
3.1	郭爵官	54	米涧前	詹文娘	40	魏好娘	郭爵官	詹文娘	前夫篮求官身故无子女
3.1	郑萃官	41	麻六甲街	林三娘	20	妈邓	郑萃官	林三娘	前夫游尚官身故遗一女
3.1	戴旁官	32	圣墓港	许明娘	18	林贤娘	戴浩官(族叔)	许秦官(父)	
3.1	戴密官	34	中港仔新巷	何登娘	26	邓灶娘	戴桐官(从兄)	何货官(父)	
3.8	程雷官	50	洪溪	高东葶	24	林贤娘	程雷公	高潭官(宗叔)	
3.22	陈园官	19	中港仔	李金娘	15	妈登岸	陈辨官(胞兄)	林梓官(外祖)	

3.6	薛愈良	37	龙岗	赵二娘	21	林贤娘	薛呈祥(堂兄)	赵君生(胞兄)	
4.6	徐党官	34	八茶罐	黄忠娘	21	林瑞娘	徐逸官(宗叔)	黄福官(族叔)	
4.17	许出官	32	圣墓港	黄明娘	21	陈鹤郎	许愿光(族叔)	黄暖官(堂叔)	
4.19	蔡共官	30	班蕉兰	林芳娘	15	林瑞娘	蔡元官(堂兄)	林隆官(父)	
4.26	林天佑	20	丹兰望	高雷娘	16	程赤官	林亨官(父)	高达相(父)	
5.3	戴纪郎	17	幔帕街	林贤娘	16	妈明牛	戴丙官(父)	林专官(父)	
5.3	许渊官	44	八茶贯	陈根娘	33	林贤娘	许渊官	陈根娘	前夫林陈官身故遗一男
5.3	黄报官	40		李玉娘	30	(缺)			1775年5月3日离婚，二男随父，一女随母养育
5.10	林文官	30	蚊加赖	郭怡娘	16	李端娘	林再生(族兄)	郭缎官(族伯)	
5.11	徐清官	24	丹兰望	黄一娘	17	詹冬官	徐秦官(胞兄)	黄泽官(父)	
5.12	杨赐老	42	甲里巴镇	林镇娘	19	陈泰官	杨赐老	林庆官(父)	
5.17	陈托官	32	圣墓港	林金娘	16	郑略官	陈珠官(房叔)	林陈官(父)	6.115文
5.17	黄祸官	42	王部	张芭突	16	曾桂娘	黄岩官(堂兄)	张福官(族兄)	
5.17	郑玉官	37	八厨仔间	张招娘	25	妈物雪	郑荣光(堂兄)	张禹官(父)	
5.17	黄熊官	23	八高然	陈玉娘	19	林贤娘	黄伟官(宗叔)	陈汀官(堂兄)	
5.17	林道生	48	八厨仔间	杨碧娘	27	林瑞娘	林道生	杨碧娘	前夫吴初官身故
5.17	梁开生	43		许汶娘	34	林贤娘	梁开生	许汶娘	前夫苏三贺身故遗一男一女
5.17	曾启官	42		林友娘	30	12	曾启官	陈罗官(族叔)	
5.18	李武西	40	圣墓港	蒋戎娘	22	林瑞娘	李历官(宗兄)	蒋仕官(宗叔)	
5.28	卢榜官	55	泊面街	林宣娘	21	林贤娘	卢榜官	林宣娘	前夫郑萃官去世
5.31	许偕官	26	圣墓港	游牛娘	20	陈因娘	许偕官	游牛娘	前夫苏培去世，钱6.115文
6.1	柯梓官	52	西门外	周漏娘	34	雅管	柯梓官	周都官(族叔祖)	
6.7	余月官	27	王部	朱微娘	17	胡喜官	余彬官(族兄)	朱排官(堂兄)	
6.13	王默老	33	文丁墟	程忠娘	21	王铨官	王依官(叔)	程富官(父)	
6.13	赖爽官	42	宁岗	苏顺娘	22	王铨官	赖荆山(族叔)	苏万官(父)	
6.13	叶连官	32	宁岗	苏金娘	16	王铨官	叶结官(宗叔)	苏天香(父)	1780.6.28.离婚
6.14	姚天奇	24	东门外	詹宣娘	19	妈儒猫	姚子昌(族叔祖)	詹帖官(族叔)	6.15文
6.21	许望官	32	大港墘	谢逸娘	25	曾乘娘	许替官(族叔)	谢外官(胞兄)	
7.12	魏再生	36	新山	戴权娘	16	妈维合	魏国官(胞伯)	戴柔官(堂兄)	
7.19	高银里	29	结石珍	汤奇娘	17	汤万娘	高局官(胞兄)	汤寅生(父)	

8.2	林元官	34	西门外	黄贯娘	14	林瑞娘	林冗官(宗兄)	黄标官(胞伯)	
8.6	陈招官	37	中港仔	戴惠娘	23	林瑞娘	陈琪官(宗叔)	戴拱官(父)	
8.9	冯潮官	28	中港仔	黄玉娘	31	郭满娘	冯潮官	黄玉娘	前夫连杞死遗一女
8.9	李良坤	25	把杀内	黄从娘	20	周严官	李辉官(宗叔祖)	黄武略(父)	
8.16	叶看官	29	中港仔	曾春娘	17	李高官	叶桐官(胞叔)	曾仲官(父)	
8.24	陈国瑞	30	大港墘	阮招娘	21	黄祖生	陈晚官(宗叔)	阮提官(宗兄)	
8.24	林荫官	38	中港仔把杀	李福娘	24	郭端娘	林荫官	李绵官(胞叔)	
8.24	黄卫官	34	大港墘	柯淑娘	16	许出官	黄东官(宗叔)	柯海官(胞叔)	
8.30	吴秀观			刘慈娘					1775.8.30.离婚
8.30	刘长春	24	城内把杀	郭吉娘	16	谢君显	谢赞官(父)	郭兴梅(族叔祖)	
8.30	吴川官	26	中港仔	陈钦娘	16	雅保生	吴镇官(族叔)	陈明官(胞叔)	
8.30	吴法官	35	丹兰州连	张二娘	16	吴笃官	吴镇官(族叔)	张砥官(宗叔祖)	
9.1	杨若官	47	五脚桥	黄薇娘	22	陈惜娘	杨窝官(宗叔)	黄二官(宗叔)	
9.6	刘砥官	29	城内把杀	李淑娘	25	雅恋	刘湿官(胞叔)	李桓公(父)	
9.6	林鸦官	39	廿六间	陈仍吉	21	卢教官	林桐官(堂叔)	陈江官(堂叔祖)	
9.10	林森官	34	观音亭	戴文娘	17	林瑞娘	林鼎盛(宗兄)	戴纽官(堂叔)	
9.13	戴旭官	18	八厨仔间	李罕娘	15	郭端娘	戴丛官(堂叔祖)	李善官(堂叔祖)	
9.16	郑权官	25	乌鬼巷	郭巧娘	20	林瑞娘	郑造官(房叔祖)	郭润官(胞叔)	
9.19	林润官	32	中港仔	吴秦娘	21	林七娘	林草官(亲宗叔)	吴健官(宗叔)	
9.22	林交官	43	班蕉兰	陈闰娘	17	林瑞娘	林藏官(宗兄)	陈献官(宗叔)	
9.27	刘榜官	33	小南门外	赖保娘	15	妈丁岸	刘岁官(宗叔)	赖欣官(胞叔)	
10.4	谢晓官	30	打铁街	黄金娘	16	许宙官	谢亮官(房叔)	黄按官(胞伯)	
10.6	许昆山	23	东门外	杨报娘	21	曾乖娘	许赞官(胞兄)	杨瑞官(父)	杨圣官担保
10.6	林略官	29	八茶罐	张祝娘	17	吴信娘	林剑官(宗兄)	张胤官(堂兄)	
10.6	林纯官	28	圣望港口	黄敬娘	16	李端娘	林点官(堂叔)	黄市官(宗叔)	
10.11	杨山官	29	旧把杀	蒋探娘	21	妈维	杨圣官(宗叔)	蒋命官(房兄)	
10.18	郑东官	24	幔帕街	戴勤娘	21	陈秦娘	郑听官(胞兄)	戴丛官(父)	
10.18	蔡康官	31	丹兰望	兰笑娘	18	林瑞娘	蔡惠官(胞兄)	兰泮官(房叔祖)	
10.22	王汉龙	19	大南门外	郑二娘	21	林贤娘	王艳官(甲必丹,父)	郑显官(胞兄)	钱 25 文
10.22	杨权官	50	大南门外	林柔娘	25	林瑞娘	杨权官	林柔娘	前夫蔡仕叔去世
10.25	郭灿官	22	西门外	梁珀娘	18	李秀娘	郭勇官(祖父)	梁开生(宗兄)	
10.25	黄孝官	38	西门外	郑碧娘	19	刘义官	黄忠官(胞兄)	郑尚猷(父)	

10.29	郭泮水	38	洪溪	林荫娘	24	雅明牛	郭泮水	林良官(堂兄)	
11.7	林维官	31	小南门外	黄月娘	16	李端娘	林卓官(族叔)	黄玺官(父)	
11.7	郑梧官	31	大港墘	卢金娘	17	卢诣官	郑奢官(甲必丹,房兄)	卢爻官(父)	
11.7	林毛生	27	戎高兰	邱文娘	28	张宁官	林满官(堂兄)	邱珠生(胞叔)	
11.10	曾桐官	46	结石珍	赵文娘	19	杨奇娘	曾友隆(宗兄)	赵辉光(父)	
11.16	庄深官	32	中港仔	黄推娘	16	妈丁岸	庄绰官(胞兄)	黄舜官(胞叔)	
11.17	魏笑官	35	竹树巷	陈益娘	19	谢预官	黄猛官(族叔祖)	陈道官(堂兄)	
11.29	郭沛官	45	大南门外	陈金娘	22	李端娘	郭池官(宗叔)	陈焕官(父)	
11.29	张孙官	20	结石珍	林沃娘	16	康万娘	张吉官(胞兄)	林良官(族叔)	
11.29	张饮官	25	结石珍	蔡浩娘	19	康万娘	张八官(堂兄)	蔡一官(胞兄)	
11.29	李卿老			曾月娘			李卿老	曾月娘	1775.11.29.离婚
12.4	卢攀官	36	八厨仔间尾	钟新娘	15	张安官	卢成官(堂兄)	钟围官(堂兄)	林森官担保
12.13	陈关使	30	灰窑	魏荫娘	19	林宣娘	陈楠生(从伯)	魏猛官(父)	
12.13	陈助使	23	灰窑	杨荫娘	19	林宣娘	陈令公(父)	杨谈官(胞叔)	
12.13	张报公	19	圣墓港	许益娘	19	黄梨娘	张建官(父)	许渊官(堂兄)	
12.13	谢让官	38	八厨仔间	徐荫娘	29	郭传娘	谢松官(堂兄)	徐和生(胞兄)	
12.13	徐纵官	23	惹牙望吃王园	戴随官	18	杨金娘	徐六官(从叔)	戴树官(房叔祖)	
12.15	黄辉官	30	米涧前	蔡却娘	17	黄梨娘	黄心诚(宗兄)	蔡齐官(父)	
12.17	黄疆官	30	中港仔	林黎西娘 17	13	黄整公(堂叔)	林宠舍(父)		
12.20	郭轻官	31	东门外	甘寿娘	17	蔡然官	郭宣官(房叔)	甘异官(父)	
12.21	韩春官	24	西门外	蔡佳娘	18	李寿娘	韩院官(宗叔祖)	蔡廉官(胞兄)	
12.24	郑赏官	30	王部	杨旋娘	16	陈每官	郑进官(从叔)	杨力官(父)	
12.27	程乃攀	30	大南门外	杨琚娘	15	蔡理官	程德明(胞叔)	杨利周(父)	
12.27	陈志公	20	结石珍	蔡锥娘	20	曾乖娘	陈升官(父)	蔡扬官(宗叔)	
12.29	蔡远官	29	质宁贞	陈惜娘	21	李寿娘	蔡文官(父)	陈琴连(亲兄)	

总计:104 对 (原登记有 114 号)

1776 年吧城唐人成婚注册表

月日	新郎	年岁	住址	新娘	年岁	媒妁	男方主婚	女方主婚	备注 交钱,主事人
1.3	林艺官	43	八茶罐	卢怨娘	21	林宣娘	林艺官	卢三官(从叔)	

1.5	钟严官	36	洪溪	曾甲汶	17	李瑞官	钟仰官(胞兄)	曾相官(父)	丘方师担保
1.6	黄春官	32	廿六间	吴尾娘	22	林贤娘	黄卫官(宗兄)	吴随官(父)	
1.10	黄旭官	26	米涧前	郭顺娘	18	林瑞娘	黄旭官	郭顺娘	前夫陈政身故
1.12	陈仕官	21	中港仔	孙珠娘	21	妈登岸	陈省官(堂兄)	孙督官(族伯)	
1.17	吴款官	23	大南门外	黄美娘	16	妈维合	吴世扬(胞叔)	黄粉官(房叔)	
1.17	吴吉疾	29	田仔	卢猫六	21	林贤娘	吴宋官(宗叔)	卢三官(宗兄)	
1.24	柯冬官	31	西门外	陈绒娘	22	陈秦娘	柯冬官	陈齐官(族伯)	
1.24	郑贺生	20	美色近街	陈亚娘	15	林宣娘	郑得老(胞叔)	陈感应(族伯)	
1.24	吴恭官	46	西门外	严谓娘	21	沈外娘	吴昂官(宗叔)	严栖官(父)	
1.24	王钦郎	25	西门外	欧纯娘	21	李寿娘	王众官(宗伯)	欧妇官(宗叔)	
1.31	陈圣官	28	中港仔	黄逸娘	15	妈丁岸	陈辨官(胞兄)	黄新官(父)	
2.5	林京官	28	桶岸	王宝娘	19	妈维合	林艺官(族叔)	王淑轩(宗兄)	德郎婶成保
2.7	杨寄官	33	幔帕街	李网娘	20	妈明	杨君官(胞兄)	李科官(宗叔)	
2.8	连拜官	35	桶岸	张园娘	19	黄能官	连公羡(宗兄)	张水官(父)	
2.9	陈玲官	26	圣墓港	李传娘	15	林宣娘	陈报官(宗叔)	李耀公(父)	
2.12	杨结官	36	宰猪间	龚喜娘	21	雅强	杨结官	龚注官(胞叔祖)	1789.12.2 离婚
2.15	高彦官	34	把杀	陈招娘	16	肖海官	高儿官(房叔祖)	陈齐官(父)	
2.24	邹雨润	23	观音亭边	陈玉娘	17	林贤娘	邹莱官(族伯)	陈良公(从叔)	
2.28	林咸官	31	大南门外地人	李玉娘	15	吴世扬	林廷瑞(宗叔)	李文官(父)	
2.28	蔡万官	37	八厨仔间	郑然笃	15	妈雅	蔡茂官(宗兄)	郑潘官(从叔祖)	
2.29	林朋官	25	胶老旺	蔡采娘	18	林洒官	林朋官	蔡纯官(胞伯)	
3.6	周扬官	36	八厨仔间	罗春娘	15	吕艳官	周扬官	罗闰官(父)	
3.6	林江官	37	中港仔	王带娘	19	妈金山	林江官	王洁官(父)	
3.6	陈启官	34	泊面街	许乞娘	18	林贤娘	陈台生(堂兄)	许道官(父)	
3.6	陈浦官	34	小南门外	孙月娘	18	林贤娘	陈南山(胞兄)	孙笃官(父)	
3.10	唐衍官	35	城内把杀	陈金娘	19	曾植官	唐碧官(堂兄)	陈报官(房兄)	
3.13	陈浦官	42	密查劳厝口	蔡尽娘	26	黄宽娘	陈浦官	蔡尽娘	前夫林彩官去世
3.19	林九官	26	三间土库	柯凤娘	22	李傅娘	林贤官(宗兄)	柯连官(宗叔)	
3.20	林桐官	49	西门外	黄玉娘	39	李秀娘	林桐官	黄玉娘	前夫许是官身故遗一女
4.5	詹蜀官	29	结石珍	张劝娘	17	康万娘	詹我官(胞叔)	张登兴(父)	
4.10	蔡弘官	43	小南门外	王吉娘	20	林贤娘	蔡善官(胞兄)	王水官(父)	
4.10	陈怡官	32	中港仔	施惜娘	21	郭瑞娘	陈变官(胞叔)	施兴官(宗兄)	
4.23	林七官	22	大港墘	陈静娘	16	李傅娘	林才官(宗兄)	陈富老(宗兄,武直迷)	

5.8	陈暖官	29	上涧仔	冯雷娘	19	妈面柔	陈兑官(宗兄)	冯色观(父)	
5.8	谢居官	28	水锯仔顶	杨玉娘	18	曾拐娘	谢旺官(宗兄)	杨腊官(同叔)	
5.8	肖朱文	18	(缺)	朱系娘	17	许莲娘	肖琪山(父)	朱兴观(父)	
5.8	卢彻官	31	(缺)	王凤娘	20	妈佛	卢并章(宗叔)	王成观(父)	
5.8	柯来官	22	五脚桥	林金娘	17	陈淑娘	柯春观(胞兄)	林魁格(宗兄)	
5.8	张千官	39	洪溪	梁秀娘	17	卢成官	张安官(堂兄)	梁河泊(堂兄)	
5.8	黄不老	31	大港墘	许软娘	18	郑尊敬	黄卫官(族兄)	许泽郎(父)	
5.15	邓桃生	19	八茶罐	李某娘	17	李明官	邓应官(父)	李彩官(胞叔)	
5.15	蔡伯奇	46	泊面横	高友娘	28	高六官	蔡泊奇	高友娘	前夫甘蹇官身故遗一女
5.17	黄统官	42	班蕉兰	吴爱娘	18	雅甘	黄市官(族兄)	吴公事(胞兄)	
5.22	林祖成	21	(缺)	张惜娘	17	李乃娘	林春光(父)	张玉郎(宗叔)	
5.25	孙游公	19	蚊加赖	苏利娘	17	妈登岸	孙笃官(族伯)	苏宜官(父)	
5.27	蔡共官	36	(缺)	林完娘	15	黄富娘	蔡行官(宗兄)	林恰官(宗胞叔)	
6.2	林水官	40	大南门外	严有娘	18	郭瑞娘	林容官(宗兄)	严西官(父)	
6.6	黄荐官	39	宁光	郑淑娘	20	范海官	黄邦秀(同兄)	郑众观(胞兄)	
6.6	汤文生	21	结石珍	陈次娘	19	黄明娘	汤寅生(胞叔)	陈荫生(父)	
6.12	陈旭官	37	把杀内	高荫娘	41	王都官	陈旭官	高荫娘	前夫黄助官辞世
6.14	郑贵官	30	洪溪头	谢招娘	20	曾录招	郑广官(族兄)	谢赞官(父)	
6.19	殷桧官	33	打铁街后	胡辛娘	27	刘榜官	殷桧官	胡辛娘	6.15 文
6.26	林中官	37	八茶罐	戴源娘	17	林七娘	林艺官(堂兄)	戴丛官(父)	6.15 文
6.26	钟聪明	32	八茶罐	陈良娘	18	林七娘	钟聪明	陈裕官(胞伯)	
6.26	唐衍官	36	中港仔	戴毛娘	32	郭满娘	唐衍官	戴毛娘	前夫黄寿官身故,钱 6.15 文
6.26	黄友公	21	美色近街	李静娘	17	涂鸾娘	黄然官(宗叔)	李奇官(宗叔)	
7.31	吴合官	35	大南门内	高璧娘	15	郭端娘	吴健官(宗兄)	高六官(父)	
8.14	孙鞍官	35	城内把杀	杨长娘	16	李傅娘	孙佛官(堂兄)	杨祖官(胞伯)	杨圣官保
8.21	颜本官	35	麻六甲街	杨玉娘	24	雅幼娘	颜本官	杨玉娘	前夫赖振身故
8.22	林跳官	21	八茶罐	黄绒娘	18	林七娘	林艺官(胞叔)	黄笑老(父)	
8.25	林贯官	35	槟榔社	李吉疾	19	黄万娘	林城官(胞叔)	李颜官(堂兄)	柯坑官保
8.28	郑强官	41	小南门外	杨市娘	42	郭端娘	郑强官	杨市娘	前夫王加官身故,遗二男一女,每子得钱 250
9.4	陈赫官	31	神池	黄专娘	26	雅元让	陈赫官	黄专娘	前夫林宣观去世
9.11	赵福官	32	西门外	杨怨娘	22	林贤娘	赵吉官(胞叔)	杨忠官(从叔)	
9.13	杨梗公	40	八茶罐	蔡二娘	31	林贤娘	杨圣官(宗叔)	蔡恩生(父)	

9.18	李榜官	31	蕉仔街	谢罕娘	16	曾乖娘	李斗官(房兄)	谢贵荣(父)	
9.18	蔡现官	33	圣墓港口	许金娘	19	李端娘	蔡敦官(雷珍兰,宗兄)	许天恩(堂兄)	
9.19	王茂生	48	八戈然	陈佳娘	28	林贤娘	王意公(武直迷,宗兄)	陈齐官(父)	钱25文
9.24	杨祖官	46	八茶罐	张黎栖	22	张碧娘	杨圣官(族叔祖)	张多礼(宗叔)	
9.25	洪益隆	25	把杀内	黄如娘	25	林七娘	洪松官(宗兄)	黄然公(过叔)	
9.25	张开官	39	圣墓港	罗招娘	16	李明官	张开官	罗川官(胞叔)	
9.29	李毛官	22	圣墓港	施顺娘	23	陈元官	李田官(父)	施梦官(宗叔)	
9.30	陈砌官	34	八茶罐	林英娘	21	郭端娘	陈长官(宗叔)	林荫生(胞叔)	
10.1	钟秀官	33	八茶罐	陈恋娘	16	林贤娘	钟惠然(胞兄)	陈富老(宗叔,武直迷)	
10.2	林昂生	23	东居	陈梨娘	16	陈朝官	林永元(宗叔,朱葛礁)	陈禄官(祖父)	
10.9	林纯公	23	班蕉兰	李淡娘	22	林宜娘	林檀官(房叔)	李榜官(父)	
10.16	郑怀官	28	大南门外	卢斗娘	16	吴疑官	郑好官(族兄)	卢衍官(父)	
10.16	杨榜官	31	八茶罐	许微蜜	16	林贤娘	杨圣官(宗叔)	许森官(父)	
10.23	何天赋	31	圣墓港口	林宝娘	17	王明官	何局官(胞叔)	林诵官(堂伯)	
10.23	王边官	22	中港仔	陈宇娘	19	林贤娘	王依官(房叔)	陈艳官(父)	
10.23	卢俊官	33	大南门外	谢明娘	17	李才官	卢成官(宗兄)	谢仲业(族叔.挂沙)	
10.23	林腾官	32	八茶罐	陈月娘	24	林七娘	林缘官(宗伯)	陈传官(胞兄)	
10.23	黄垒观	28	八茶罐	陈惜娘	22	林七娘	黄春官(宗兄)	陈勇官(堂叔)	
10.24	柯福生	19	临光猫汝	江尾娘	17	马喜娘	柯梓官(父)	江创官(父)	
11.2	蔡柏老	20	结石珍	吴晚娘	18	康万娘	蔡赐官(父)	林寿娘(雅甲必丹文官)	
11.6	吴天赐	36	班蕉兰	林雪娘	17	姚梗观	吴放官(堂叔)	林丹官(胞叔)	
11.6	陈全官	21	中港仔	林英娘	17	林豆官	陈圭官(胞兄)	林富官(胞叔)	
11.8	郭勃生	30	磨仔潭	李惜娘	16	雅秦爷	郭助良(宗叔)	李波生(从叔)	
11.9	邱篆官	32	小南门外	许绒娘	17	林贤娘	邱篆官	许茶官(房叔)	
11.9	叶元官	20	暗涧	张爱娘	14	欧椿官	叶同官(父)	张仍官(堂兄)	
11.13	张潮官	38	洪溪	郑文取	22	周湖官	张湖官	郑茂生(父)	

11.13	余维忠	36	暗涧	古武娘	16	张福官	余维忠	古乔山(父)
11.20	叶吸官	32	八茶罐	蔡金娘	18	林七娘	叶天玉(胞兄)	蔡翁官(胞兄)
11.22	郑曲官	36	乌鬼巷	陈益娘	22	马喜娘	郑潭官(房叔)	陈充老(父)
11.24	蔡天助	20	班蕉兰	林冬葶	17	林贤娘	蔡杨官(父)	林光阴(胞叔)
11.27	詹走官	27	中港仔	吴二娘	14	詹生官	詹运官(堂兄)	吴镇官(族叔)
11.27	李宾官	36	廿六间	叶会娘	16	吴龙官	李奇官(族兄)	叶权官(堂叔)
11.27	蒋遭官	26	瓮菜河	曾珠娘	16	林宣娘	蒋脱官(堂叔)	曾昌官(父)
12.4	高环官	36	圣墓港口	王彦娘	18	黄来娘	高环官	王瑞芳(族叔)
12.4	许回官	36	大南门内	陈带娘	18	周迎官	许禄官(房叔)	陈勇官(父)
12.8	卢水官	36	中港仔	林招娘	22	薛党官	卢召官(宗叔)	林醮官(族兄)
12.8	许佛印	27	廿六间	林萃娘	19	林贤娘	许出官(宗兄)	林寿官(父)
12.12	陈益公	39	班蕉兰	周日娘	17	郑维官	陈赞官(堂兄)	周宛生(父)
12.15	叶杰官	28	城内暗涧	陈畏娘	24	曾中官	叶同官(从兄)	陈应官(父)

总计:105 对 (原登记 105 号仅到 12 月 15 日,下缺)

1777 年吧城唐人成婚注册表

月日	新郎	年岁	住址	新娘	年岁	媒妁	男方主婚	女方主婚	备注 交钱,主事人
1.8	何曾官	30	城内	吴壬娘	17	刘同官	(残缺)		
1.8	黄冬官	32	亚寿巷	詹润娘	19	陈慈娘			
1.8	陈吞舍	31	圣墓港	卢珠娘	18	曾喜娘	陈报官(宗兄)	刘一娘(挂沙)	雅甲必丹树官担保
1.12	郑旁官	22	上涧仔	陈牛郎	27	妈猫挠	郑尊敬(从兄)	郑援官(从叔)	
1.19	苏昌官	27	八戈然	林岸娘	15	李焕官	苏魁官(堂叔)	林嵩官(堂兄)	
1.22	胡按官	30	大港墘	龚爱娘	23	胡悦官	胡按官	龚爱娘	夫林挺官故无子女
1.22	蔡祥官	35	蚊加赖	杨巧娘	26	胡江官	蔡祈安(房兄)	杨坎官(宗兄)	戴三嫂令妹担保
1.22	张宋官	28	打铁街	刘兴娘	17	刘岁官	张辙官(胞兄)	刘吕官(父)	
1.29	连高珍	20	中港仔	阮甚娘	18	郭满娘	连熊官(胞叔)	阮买官(堂叔)	
2.19	杨高官	34	班蕉兰	林送娘	16	郑朝官	杨高官	林珍官(父)	
2.26	黄章兴	28	打铁街后	陈益娘	21	马喜娘	黄章兴	陈傅公	新娘雅朗官养女,1778.11.18离婚
2.26	陈顺官	40	暗涧	戴文独	17	林七娘	陈秀官(房叔)	戴换官(宗叔)	新娘雅戴甲养女

3.7	江结官	27	大港墘	林巧娘	17	郭传娘	江情官(宗叔)	林门官(父)	
3.8	朱娇官	19	大港墘	王怜娘	17	许锦官	朱爻官(胞叔)	王合官(父)	
3.19	谢明使	26	东基	李造娘	15	林寅娘	谢旺官(父)	李桓公(宗伯)	
3.31	蔡化官	35	五脚桥	朱寅娘	16	吴缓娘	蔡长发(胞叔)	朱尊官(胞叔)	
4.9	许阳春	36	圣墓港	陈伴娘	21	黄来娘	许裕官(宗叔)	陈江官(从叔)	
4.12	冯印官	36	幔帕街	王水娘	17	林喝官	冯潮官(宗叔)	王读官(父)	
4.17	许同人	31	八茶贯	邱必娘	23	郑尊敬	许文祥(胞兄)	邱捷使(父)	
4.22	许诵官	28	丹兰州连	叶招娘	20	陈真娘	许正官(堂兄)	叶琚生(父)	
4.23	黄年官	34	大港墘	杨金娘	17	林贤娘	黄日居(族叔)	杨款官(宗叔)	
4.30	吴成公	26	班蕉兰	陈保娘	20	雅温得律	吴真官(族兄)	陈齐官(胞叔)	
4.30	许又官	41	圣墓港内	陈英娘	20	陈灶官	许秦官(宗兄)	陈旭官(父)	
5.8	许汉水	28	八茶贯	翁文娘	18	杨友官	许卓官(宗叔)	翁日光(房兄)	
5.10	许雅官	38	丹兰州连	吴惜娘	21	施兴官	许颂官(房叔)	吴新官(宗叔,养父)	
5.17	刘霍官	27	城内礼拜边	吴千娘	27	林贤娘	刘奕官(宗叔)	吴泮水(宗叔,雷珍兰)	
5.21	曹六官	38	八厨仔间	卓清娘	19	张智官	曹文官	卓玉官(父)	
5.28	巫亚票	36	王部	吴莽娘	21	沈总观	巫亚票	吴莽娘	前夫刘察留下子女招巫为夫,钱8.115文
5.30	林良使	32	(缺)	颜未娘	20	林显娘	林和光(宗兄)	颜启观(宗叔)	钱8.115文
6.4	黄宥官	27	王部	林茵娘	15	陈朱官	黄佳官(胞叔)	林挠官(族伯)	
6.12	黄溪官	38	城内把杀	邹应娘	18	林宣娘	黄福生(族兄)	邹敬官(从叔祖)	
6.14	洪董官	34	八茶贯	郑爱娘	18	王课官	洪妙官(宗兄)	郑禹官(宗叔,挂沙)	
6.15	郭罢官	36	八茶贯	王衿娘	15	王充官	郭宜官(宗叔)	郑禹官(宗叔,挂沙)	
6.18	李檀官	41	八茶贯	郑来娘	15	吴仁娘	李变官(胞兄)	郑金官(父)	
6.19	曾轩官	38	亚森巷内	陈国娘	14	阮化娘	曾启官(宗兄)	陈轻官(族叔)	
6.21	林石官	34	亚森巷内	陈敏娘	23	陈慈娘	林石官	陈淡官(宗叔)	
6.24	林庄官	31	大港墘	石淡娘	23	林贤娘	林庄官	石根官(族兄)	
7.30	吴应官	30	宁岗	王金娘	19	王铨官	吴春官(宗兄)	王讲官(族兄)	
8.14	郭锦鸾	24	米涧前	陈陆娘	16	林贤娘	郭康官(叔祖)	陈淡官(叔祖)	
8.14	颜熊官	37	大巷内	许却娘	22	肖海官	颜启官(堂兄)	许重官(宗叔)	
8.14	林边官	25	八厨仔间	陈银娘	15	林贤娘	林县官(房叔)	陈椿舍(宗兄)	
8.18	林力官	30	大使庙	吴傍佛	16	林傍佛	林崇官(宗叔)	吴集官(房叔)	
8.28	林文聘	21	八厨仔间	吴贵娘	18	杨秦娘	林和公(父)	吴鼎官(胞兄)	
8.29	陈漏官	54	八茶贯	詹石娘	17	黄有官	陈勇官(宗叔)	詹根官(胞伯)	

8.30	柯禄公	19	临光猫汝	谢荫娘	14	马喜娘	柯梓官(父)	谢甚官(宗叔)	
8.31	徐粤官	28	泊面街	卢金娘	19	林赐老	徐粤官	卢金娘	前夫郑捂官去世无子女
9.3	叶摄官	31	东门内	张登娘	15	曾中官	叶同官(从兄)	张砥官(房叔祖)	
9.10	林亨官	46	南旺	蔡纯娘	23	妈傍佛	林亨官	蔡纯娘	前夫杨雍官身故
9.11	陈江官	42	结石珍	叶吉娘	25	曾乖娘	陈珠官(房叔)	叶桂官(房兄)	
9.17	陈学士	36	大巷内把杀	张明娘	14	杨日官	陈国使(宗兄)	张玉官(父)	
9.17	洪答官	36	幔帕街	黄质娘	23	李来娘	洪檀官(宗兄	黄然公(宗叔)	
9.17	陈韩官	28	西门外	朱玉娘	16	陈品官	陈欧官(胞兄)	朱惜官(从叔)	
9.18	李蔼官	32	田仔	蔡惠娘	23	郭晃官	李江官(宗兄)	蔡显官(父)	
9.19	郑海官	32	西门外	李玉娘	20	雅傍佛	郑清官(胞叔)	李海官(父)	
9.23	黄智生	23	观音社	汤实娘	16	杨金娘	黄忱官(胞叔祖)	汤寅生(父)	
10.1	李换官	25	丹兰望高奢园	徐猫鹉	18	妈厘闽	李忠官(胞兄)	徐清郎(宗叔)	
10.20	许侃官	26	八茶贯	林吉娘	16	韩檀官	许葛官(父)	林荣官(父,甲必丹)	
10.23	陈荣徽	41	浮楼椰朗	林汉娘	18	李团娘	陈杰官(胞兄)	林奇松(宗叔)	
10.23	吴佛恩	25	大巷内	林招娘	20	李端娘	吴宋官(宗叔)	林夜官(房叔祖)	
10.26	刘榜官	26	八厨仔间巷	王质娘	18	林宣娘	刘奕官(宗兄)	王众官(宗伯)	
10.27	郑瑞武	40	旧把杀	张顺娘	17	颜列官	郑福舍(宗兄)	张乾官(父)	
10.29	吴益老	38	(缺)	王良娘	24	杨玉娘	吴泮水(雷珍兰)	王报官(叔公)	
11.6	苏召官	38	八茶贯	黄范娘	18	曾乖娘	苏善官(宗叔)	黄帝官(胞兄)	
11.6	陈叠官	33	中港仔	柯清娘	21	陈祯祥	陈浦官(堂兄)	柯景官(父)	
11.6	黄平官	30	班蕉兰	林金娘	18	谢玉娘	黄取官(宗叔公)	林意郎(房兄)	
11.8	朱金陵	30	八茶贯	陈密娘	26	林贤娘	朱金陵	陈龙山(房叔祖)	
11.9	陈六官	35	八戈然	魏却娘	16	妈镭	陈锦成(宗兄)	魏岩官(堂叔)	
11.12	王筑生	19	城内把杀	陈再娘	20	雅傍佛	王元官(房叔)	陈心官(从伯)	
11.15	泊盛官	31	大南门外	庄太娘	17	邱洪官	泊盛官	庄潮官(胞叔)	
11.19	方傍官	43	暗涧	王招娘	31	何幸娘	方傍官	王招娘	前夫郭天送身故遗一男
11.25	卢博官	36	八茶贯	林匀娘	17	郑水和	卢令官(房兄)	林富官(父)	
11.25	傅永瑞	24	城内把杀	杨益娘	19	张珀娘	傅子文(房叔)	杨碧郎(父)	
11.26	赵祖官	22	八厨仔间	王潭娘	15	吴缓娘	赵诞官(父)	王詹生(胞兄)	
11.26	罗悦官	29	圣墓港内	吴佐娘	19	曾乖娘	罗荣兴(族叔)	吴用官(父)	
11.27	张听官	29	小南门外	郭七娘	19	妈维	张世英(宗兄)	郭坚官(堂兄)	
11.27	傅天麟	22	西门外	陈谦娘	21	林贤娘	傅子文(族兄)	陈然官(房叔)	
12.3	王顺老	28	中港仔	谢善娘	24	林七娘	王外老(胞兄)	谢专官(宗叔)	

12.3	杨溪官	33	圣墓港内	陈寿娘	17	杨卫官	杨爵官(族叔)	陈财源(胞兄)
12.8	吴训宗	41	结石珍	黄修娘	19	纪栋官	吴泮水(族兄甲必丹)	黄月老(父)
12.8	魏岩官	43	八茶贯	陈荣娘	25	郭必书	魏岩官	陈怜官(父)
12.10	李岩官	26	西门内	王玉娘	16	许海官	李琴官(堂兄)	王琛官(宗叔祖)
12.12	王魁官	27	中港仔	陈吉娘	18	陈清官	王顺辉(胞兄)	陈山官(父)
12.15	许伦官	28	城内把杀	黄清娘	21	雅升	许雅官(房叔祖)	黄天使(胞兄)
12,21	林水生	37	圣墓港	陈合娘	23	陈珠娘	林天恩(宗兄)	陈则官(胞兄)
12.24	林罢官	23	甲必丹厅巷内	陈兼娘	24	林贤娘	林科官(宗兄)	陈启官(从兄)
12.24	陈拱官	38	圣墓港	蔡源娘	17	妈颜郎	陈南生(宗兄)	蔡茂官(从叔)
12.30	张怀官	38	洪溪佛公内	陈金娘	18	陈秦娘	张绵官(族兄)	陈安官(父)
12.31	李琴官	33	中港仔	苏宁娘	19	吴缓官	李斌官(宗叔)	苏才官(父)

总计:88对(原登记有91号)

1778年吧城唐人成婚注册表

月日	新郎	年龄	住址	新娘	年龄	媒妁	男方主婚人	女方主婚人	备注
1.3	林绸生	19	泊面街	许圣娘	19	张碧娘	林艺官(宗叔)	许俗官(父)	
1.7	许东京	24	班蕉兰	谢未娘	18	叶有娘	许森官(胞叔)	谢旺官(父)	
1.7	曾习官	34	八厨仔间	邓水娘	16	颜列官	曾习官	邓义官(父)	
1.7	陈有善	24	中港仔	刘昂娘	21	林贤娘	陈有善	刘瑞官	
2.4	洪新记	20	槟榔社	吴炳娘	20	林宣娘	洪松官(父)	吴顺官(从叔)	
2.8	陈悦官	28	圣墓港内	吴禄娘	25	杨金娘	陈汉生(宗叔)	吴浩官(堂兄)	
2.14	曾深深	32	旧把杀	周升娘	17	陈来官	曾熙官(宗叔)	周彰兴(父)	
2.20	黄嗣宗	35	中港仔	赵吉娘	22	郑溪官	黄珍官(宗叔)	赵读官(父)	
2.25	吕琼栋	31	洪溪	洪好娘	17	张英贵	吕起千(堂兄)	洪荣举(父)	
2.25	洪骑官	36	观音亭	邵玉娘	20	洪妙官	洪檀官(胞史)	邵日官(胞叔)	
3.11	林清官	45	东门	许爱娘	18	安却官	林圣宗(宗叔)	许魁观(父)	
3.11	王廉使	26	洪溪	施爱娘	26	林贤娘	王廉使	施爱娘	前夫林顺官身故无子,1790.10.5.离婚
3.13	吴溪官	39	洪溪	叶淑娘	17	吴良官	吴海官(胞史)	叶强官(宗叔)	
3.25	吴巴隆	24	班蕉兰	林英娘	15	林球官	吴才官(父)	林奇为(父)	
3.25	黄元生	22	泊面街	杨薇娘	18	邓灶娘	黄临官(宗叔)	杨文官(宗叔)	1779.11.17.夫妻反目离婚

4.9	郑文潜	39	顶胶泊	周庚娘	19	郑启元	郑发官(从叔祖)	周春官(父)	
4.22	吴罢官	33	西门内	陈秀娘	21	李来娘	吴才官(族叔祖)	陈端公(父)	
4.29	陈麟官	19	宁岗	黄洁娘	17	王游官	陈呼官(父)	黄协理(从兄)	
5.1	林朝宗	23	八厨仔间	杨宁娘	16	张域娘	林醮官(族叔)	杨威官(父)	
5.1	林双官	37	观音亭边	苏织娘	22	吴贯官	林高官(堂兄)	苏万官(父)	
5.6	郭善官	39	八茶贯	郑愿娘	17	郭端娘	郭雪官(宗叔)	郑政官(房叔)	
5.6	王成公	16	临光猫汝	朱政娘	14	林宣娘	毛扶官(宗叔)	朱尊官(胞叔)	钱 59.115 文
5.13	王都官	36	顶芒高窟	林薇娘	17	林东萼	王游官(堂兄)	林德官(宗叔)	
5.16	林纯官	26	上涧仔	陈万娘	15	陈来官	林巴郎(宗兄)	陈山官(父)	1780.9.13 离婚
5.19	李进官	45	宁岗	林月娘	17	李涌泉	李进官	林串官(胞叔)	
5.21	陈驰良	32	小南门外	潘述娘	17	微涂生	陈浦官(族叔)	潘基官(父)	
5.27	陈汪官	35	大巷内	林生娘	20	妈光	陈托官	林荫郎(父)	
5.27	杨南超	34	圣墓港口	谢敬娘	27	林贤娘	杨南超	谢敬娘	前夫莫久贤身故无子女
6.3	林卫官	36	老古头	黄月娘	26	林景芳	林城官(堂兄)	黄榜官(宗叔)	
6.9	林汶孝	39	乌鬼巷	石外娘	29	李标官	林汶孝	石外娘	前夫李轻老,已离婚
6.12	陈白郎	26	老古头	黄却娘	16	妈焉年	陈禄官(胞兄)	黄月老(父)	
6.17	陈文林	24		郭敏娘	17		陈文海(胞兄)	郭水官(宗叔)	
6.24	李亦官	33	大港墘	郭安娘	18	林贤娘	李容发(胞兄)	郭渊泉(宗叔)	
7.12	郑注官	28	八茶贯	陈月娘	21	龚注官	郑金官(宗叔)	陈是官(父)	
7.13	许解官	39	乌鬼礼拜前	张勤娘	20	许泽郎	许鞍官(族叔)	张敬官(父)	
7.15	陈安官	26	圣墓港口	唐顺娘	17	林贤娘	陈齐官(父)	唐岁官(父)	
7.23	游聚源	23	大南门内	张某娘	19	郭端娘	游正官(房叔)	张敬官(父)	
8.4	王沛官	42	结石珍	苏福娘	23	林贤娘	王沛官	苏善官(族叔)	
8.6	阮魁官	33	米涧前	吴偕娘	23	雅郎勃	阮瑞图(族叔)	吴都官(胞兄)	
8.9	钟新舍	32		黄润娘	26		钟新舍	黄谦官(父,武直迷)	
8.12	刘底官	32	上涧仔	卢金娘	20	胡弼官	刘底官	卢金娘	前夫郑吴官·徐澳官去世
8.27	甲必丹黄衍观	62		陈幼娘	42	陈长娘	甲百丹大黄府	陈幼娘	前夫雷珍兰刘成公早丧遗二男
8.28	吴窝官	32	城内把杀	刘斐娘	17	郭痕官	吴阮官(宗兄)	刘我官(父)	
9.2	黎玉仓	33	大南门内	彭雅娘	19	陈叔拔	黎玉仓	彭巧章(胞叔祖)	

11.20	施追官	41	西门外	吴月娘	20	沈外娘	施兴官(堂叔)	吴强官(堂叔)	
11.23	刘寅官	30	八茶贯	林锦娘	19	林宣娘	刘是官(胞兄)	林永茂(房叔)	
11.23	李放官	49	西门外	魏新娘	28	妈瓦钝	李科官(宗兄)	魏立官(宗叔)	
11.25	高顺国	17	丹兰望	罗桂娘	16	程赤官	高祖官(父)	罗清官(父)	
11.25	黄盼官	36	质宁贞	李纯娘	19	陈央娘	黄卫官(堂兄)	李珠官(父)	
11.25	汤巩官	33	临公猫汝	陈世娘	16	李俊官	汤入官(胞叔)	陈颂官(宗叔)	
11.25	陈显祖	23	中港仔	王益娘	20	林贤娘	陈廷于(房叔)	王柔官(父)	
12.16	李天实	24	八厨仔间	黄望娘	19	陈长娘	李郡官(堂叔)	黄季元(宗兄)	
12.16	张忍官	34	八厨仔间	王招娘	17	陈长娘	张竹官(从叔)	王洛官(宗叔)	
12.16	陈斗官	38	中港仔	黄宣娘	24	纪摘官	陈斗官	黄宣娘	前夫林天官辞世无子女
12.20	陈明官	22	洪溪	辛宣娘	14	翁成官	陈近官(父)	辛映官(父)	
12.23	王芳官	26	中港仔	余静娘	15	林七娘	王探官(宗兄)	余仁官(族叔祖)	
12.24	黄突官	34	中港仔大巷内	周明娘	16	肖海官	黄珍官(胞叔)	周远官(父)	
12.31	林广生	35	小南门外	郭柔娘	22	雅旁滑	林督官(宗叔)	郭朝官(父)	

总计：58 对

1779 年巴城唐人成婚注册表

月日	新郎	年龄	住址	新娘	年龄	媒妁	男方主婚人	女方主婚人	备注
1.3	陈突官	29	亚森巷	王新娘	18	陈珠娘	陈爵官(堂兄)	王信官(从叔祖)	
1.6	王龙官	30	上涧仔	李秀娘	20	妈猫翘	王德盛(堂叔)	李振官(胞兄)	
1.13	张报官	30	圣墓港内	施纯娘	19	李惜娘	张报官	施纯娘	前夫李渭官辞世
1.13	林场官	35	圣墓港口	雍来娘	27	林贤娘	林场官	雍来娘	前夫郑兴官去世遗一女
1.13	吴秀官	28	圣墓港口	李羡娘	28	李惜娘	吴秀官	李羡娘	前夫林贤官去世
1.13	杨顺官	32	洪溪	林逸娘	18	林贤娘	杨利官(父)	林意官(胞兄)	
1.13	黄阙官	36	泊面街	吴俭娘	27	林贤娘	黄阙官	吴俭娘	前夫唐新官去世
1.13	韩元官	17	圣墓港	蔡仲娘	17	马喜官	韩异官(房叔祖)	蔡然官(父)	
1.14	陈锦生	24	八戈然	林力娘	19	妈旁佛	陈茂老(父)	林纯公(胞兄)	
1.14	张彩玑	30	八茶贯	肖鸾娘	17	林贤娘	张夏光(宗叔)	肖歧山(父)	
1.14	徐钦赐	22	观音亭	郑郡娘	17	马喜娘	徐尊官(族叔祖)	郑伯老(胞兄)	
1.20	李魁官	36	田仔	林球娘	17	柯琳官	李揆官(堂兄)	林雍官(父)	
1.20	吕宣官	30	小南门外	张淑娘	21	纪摘娘	吕宣官	张淑娘	前夫谢典官身故
1.27	蔡旺德	24	圣墓港口	王喜娘	27	林贤娘	蔡旺德	王喜娘	前夫张浪官去世无子女

1.27	李强官	45	班蕉兰	戴幼娘	20	李端娘	李国瑞(族兄)	戴光汨(族叔)	
1.27	黄桂生	19	泊面街	吴二娘	16	张碧娘	黄桂生	吴二娘	
1.27	陈永官	40	大巷内	许温娘	17	雅光娘	陈谅官(房兄)	许坚官(父)	
1.27	刘万官	35	西门外	曾南娘	17	刘苏官	刘焰官	曾全官(堂兄)	
2.3	林创官	38	中港仔	戴惠娘	26	妈仍吉	林创官	戴惠娘	前夫陈招官身故遗一女
2.3	戴等官	31	大南门外	杨金娘	18	连锐官	戴钝官(胞兄)	杨秋官(族叔)	
2.6	许次官	39	八茶贯	吴明娘	14	庄窝官	许栋官(族叔)	吴圄官(堂兄)	
2.10	许磊官	35	城内把杀	赖银娘	17	杨曾官	许义官(族叔)	赖周官(父)	
2.11	林奢公	25	城内哨口	黄迄娘	14	黄右官	林柳官(宗叔)	黄福官(父)	
2.21	陈夜啼	19	圣墓港	林玉娘	18	雅吉力	陈水生(胞兄)	林纯光(宗兄)	
3.3	唐锥官	34	结石珍	蔡抱娘	15	韦根官	唐启玉(从叔)	蔡田官(胞叔)	
3.9	李志官	32	中港仔新厝	罗掷娘	22	林贤娘	李青官(宗兄)	罗情官(宗叔)	
3.9	欧辅官	33	城内把杀	李玉娘	18	马喜娘	欧辅官	李玉娘	前夫林咸官身故
3.11	杨强官	26	王廊	施那娘	23	吴缓口	杨耀官(胞叔)	施志官(父)	
3.15	谢永佳	17	高楼窟	蔡爱娘	15	黄君勇	谢专官(父)	蔡灿老(父)	
3.15	陈欧官	43	西门外	翁招娘	16	黄续官	陈珠官(宗兄)	翁典官(父)	
3.17	陈银生	19	大使庙	傅凤娘	16	谢玉娘	陈廪官(宗叔)	傅春官(父)	
3.24	何恭官	35	临光猫汝	陈宝娘	25	叶友娘	何局官(族兄)	陈软官(宗叔)	
3.25	黄天机	35	米涧前	方宝娘	21	纪太阳	黄天机	方换官(父)	
3.26	江祥官	28	大巷内	陈宝娘	18	雅秦那	江列官(从叔)	陈怀官(宗叔祖)	
3.27	张祜官	33	中港仔	黄郡娘	22	林七娘	张尔官(宗兄)	黄柔生(胞史)	
3.31	苏元德	29	中港仔	林乞娘	31	林贤娘	苏仁官(宗叔)	林高州(堂叔)	
4.7	郭秦官	27	观音亭前	林列娘	19	何亨娘	郭宣官(族叔)	林哥松(胞叔)	
4.7	张绵官	45	大南门	郑色娘	22	林贤娘	张显官(宗兄)	郑鞍官(同兄)	
4.11	陈夹官	25	结石珍	谢基娘	15	甘炉官	陈珠官(堂兄)	谢专官(宗叔)	
4.11	林永茂	22	西门外	王文娘	22	李寿娘	林光荫(宗兄)	王珠生(宗叔雷珍兰)	1790.7.28 离婚
4.27	苏幸官	29	水锯仔顶	林珠娘	16	陈潮官	苏善官(族叔)	林高官(族叔)	
4.28	林闺官	33	中港仔	郭雪娘	29	李淑娘	林润官	郭雪娘	前夫王盒官身故七载无子女
5.5	李赞官	34	瓮菜河	吴元娘	16	杨心正	李东官(宗兄)	吴惠宗(宗叔，义学师)	
5.11	陈和生	22	结石珍	徐瑞娘	21	许吉娘	陈赐郎(父)	黎宁光(从兄)	

5.12	陈强官	31	惹呀毛齿	黄腰娘	23	陈朝官	陈尊官(堂叔)	黄参官(父)	
5.12	黄殿官	33	米涧前	杨静娘	21	妈旁佛	黄国官(族叔)	杨攀官(胞兄)	
5.14	杨琼官	31	望加赖	刘丙娘	16	杨弘柱	杨仁叔(胞叔)	刘承官(父)	
5.21	薛琼官	46	蕉仔街	林爱娘	42	林玉娘	薛琼官	林爱娘	前夫吴尚无子女
5.21	曾明官	33	大南门	林云娘	29	杨习娘	曾明官	林云娘	前夫陈二去世无子女
6.1	陈传生	24	旧把杀	苏却娘	22	李敬官	陈强官(房叔)	苏善官(宗兄)	
6.9	杨微官	31	王部	马金娘	16	杨开官	杨志官(堂叔)	马宽官(父)	
6.9	杨香帏	31	蚊胶赖	戴英娘	16	戴树官	杨坎官(从兄)	戴茂官(堂伯)	钱 6.115 文
6.21	高来官	36	八茶贯	张珠娘	17	杨金娘	高来官	蔡善官(挂沙人)	
6.26	何挺官	35	文丁桥公司	林水娘	20	薛党官	何局官(宗叔祖)	林钞官(堂叔)	
7.21	陈总官	27	大使庙	黄金娘	15	陈汀官	陈郎官(堂叔)	黄掌官(宗叔)	
8.4	林水官	34	观音亭	苏金娘	21	吴春官	林缓官(堂兄)	苏万官(父)	
8.7	郑永成	17	圣望港内	陈惜娘	15	林宣娘	郑弁官(宗叔)	陈鹤郎(堂兄)	
8.12	苏俊生	42	五脚桥	黄伴娘	20	陈长官	苏卜官(胞叔祖)	黄鸾官(从叔)	
8.15	张玉郎	32	泊面街	韩玉娘	29	林吉官	张玉郎	韩玉娘	前夫陈冉水辞世无子女
8.15	黄第生	30	八茶贯	王鼻娘	16	杨金娘	黄泽官(宗兄)	王潭官(宗叔)	
8.18	林天送	39	吃郎班让	彭实娘	15	李荫娘	林天送	彭俊官(堂兄)	钱 21.15 文
8.18	黄临溪	21	田仔	李星娘	18	妈旁佛	黄朝龙(父)	李宴郎(胞兄)	
8.18	郑造官	27	阿森巷	戴镭娘	20	李惜娘	郑才官(堂叔)	戴王官(堂兄)	
8.18	薛谤官	33	打铁街后	林荫娘	18	余义官	薛楚官(族叔)	林天水(族叔)	
8.18	杨岐生	21	城内把杀	林由娘	15	陈真娘	杨祖官(胞伯)	林光荫(族叔)	
8.18	吴祖官	39	八茶贯	黄受娘	15	吴仁娘	吴果生(族叔)	黄纳川(亲父)	
8.29	刘萃官	42	西门外	盛金娘	18	韩魁娘	刘讲官(宗兄)	韩白娘(生母)	胞兄盛川官往暹
8.30	郑福舍	44	圣墓港口	苏色娘	20	陈朝官	郑福舍	苏捷生(胞兄)	
8.31	郑东官	29	中港仔	林福娘	15	张壁娘	郑强官(宗叔)	林返官(宗叔)	
9.1	陈顺官	35	圣墓港内	刘珠娘	19	张碧娘	陈晚官(宗叔)	刘炳官(从叔)	
	陈国使	18	圣墓港内	林谦娘	15	叶由娘	陈富老(宗兄武直迷)	林穆舍(胞叔)	钱 25.115 文
9.15	吴科官	26	观音亭	傅金娘	18	林贤娘	吴泮水(宗叔雷珍兰)	傅天麟(宗兄)	
9.17	陈廪官	27	中港仔	林是娘	17	叶察娘	陈幸官(房叔)	林瑞官(胞兄)	
9.19	高渤然	30	八茶贯	林锦娘	19	林宣娘	高根官(房叔甲必丹)	林跨姐(父,朱蒿礁)	
10.1	戴武生	27	八多梲	郑满娘	22	李爱娘	戴树官(堂叔)	郑交官(族叔)	

10.4	王天祜	22	大南门外	肖由娘	17	林审娘	王艳官(父甲必丹)	肖夜明(房叔)	林审娘又雅吉力氏
10.6	李忠官	32	结石珍高奢园	王英娘	19	李惜娘	李长官(堂兄)	王潭官(宗兄)	
10.13	蔡到祖	25		柯寿娘	19	查仕夫	蔡敦官(父甲必丹)	柯梓官(父)	
10.16	黄神佑	21	宰牛港	蔡贞娘	18	陈长娘	黄天球(宗叔)	蔡显官(宗伯)	
10.20	汪选官	37	五脚桥	吴荫娘	26	郑启元	汪选官	吴荫娘	前夫林昂官身故遗3男
10.20	林月梁	19	暗涧	詹鸾娘	17	康万娘	林谅官(族兄)	詹惠官(堂兄)	
10.20	曾培官	41	观音亭	魏秦娘	38	妈宋	曾培官	魏秦娘	前夫郑妈生故遗一男一女
10.20	钟元智	42	八厨间	邱春娘	16	郑勇官	钟恭官(堂兄)	邱辛官(堂叔)	
10.27	林祈安	26	磨面间对面	戴金娘	19	马喜娘	林容官(父)	戴牛郎(胞兄)	
10.28	韩茂官	34	丹兰望	徐益娘	17	杨金娘	韩院官(堂叔祖)	徐清郎(堂兄)	
10.31	严元官	18	中港仔	孙连娘	17	林贤娘	严众官(父)	孙鸾官(胞叔)	
11.3	张陈官	39	把杀内	吴顺娘	23	林吉娘	张陈官	吴顺娘	前夫游天孙身故遗一男
11.17	林郡官	32	质灵精	吴宝娘	16	李君语	林需官(堂兄)	吴纯官(父)	
11.17	林奇官	25	中港仔	高蕴娘	16	李惜娘	林邑官(胞兄)	高和官(父)	
11.17	林吧生	25	临光猫汝	李练娘	20	妈旁佛	林伯官(宗叔)	李福生(胞兄)	钱6.115文
11.17	徐皆官	28	大南门外	黄好娘	19	张显官	徐品官(堂兄)	黄忠官(父)	
11.17	王周郎	27	结石珍	詹庞娘	14	黄三官	王养官(从叔)	詹根官(从叔祖)	
11.17	杨翰官	34	把杀内	林水娘	23	妈旁佛	杨翰官	林水娘	前夫陈立生身故无子女
11.18	罗挹芳	31	上涧仔	林掷娘	21	江馗官	罗应兴	林法官	
11.24	黄国祥	40	八厨仔间	朱梅娘	20	林文韬	黄国祥	朱新官(胞叔)	
11.24	杨款官	51		谢进娘	29	林贤娘	杨款官(雷珍兰)	谢进娘	前夫雷珍兰郑龙官身故无子女
11.26	韩三台	38	陈兰望	黄惠娘	26	杨金娘			
12.4	陈光淑	25	城内把杀	刘安娘	16	杨拱娘	陈锦成(堂兄)	刘我官(父)	
12.8	陈塔官	26	上涧仔	张就娘	15	吴令官	陈祯祥(胞伯)	张庇官(房兄)	
12.21	李结官	36	结石珍	詹月娘	18	陈好官	李琪官(族兄)	詹咏官(父)	
12.21	刘近官	29	许传娘		17	刘潭官(堂兄)	许炎官(父)		
12.21	郭载生	37	结石珍	黄招娘	21	朱笑官	郭沛官(族叔)	黄建官(父)	

总计：102对

1780 年吧城唐人成婚注册表

月日	新郎	年岁	住址	新娘	年岁	媒妁	男方主婚	女方主婚	备注 交钱,主事人
11.30	陈坤官			谢佐娘					1782.3.19 离婚

1782 年吧城唐人成婚注册表

月日	新郎	年岁	住址	新娘	年岁	媒妁	男方主婚	女方主婚	备注 交钱,主事人
1.18	黄玉官	19	惹牙毛齿	王由娘	20	妈傍佛			
3.19	陈坤官			谢佐娘					1780.11.30.结婚, 1782.3.19.离婚
7.31	陈鹤郎			杨绢娘					1771.8.28.结婚, 1782.7.31.离婚

1783 年吧城唐人成婚注册表

(上缺)

月日	新郎	年岁	住址	新娘	年岁	媒妁	男方主婚	女方主婚	备注 交钱,主事人
11.5	蔡启明	27	暗涧	陈登娘	14	妈旁佛	蔡充官(堂兄)	陈盛官(宗兄)	
11.8	许汉官	24	中港仔	蔡登娘	17	李惜娘	许秦官(父)	蔡琬官(胞兄)	
11.8	张玉印	38	小南门外	林策娘	21	妈旁佛	张珠官(族叔)	林永茂(胞兄)	
11.8	陈汉昭	25	大南门外	林昭娘	15	林贤娘	陈沛生(宗叔)	林益官(父)	
11.8	林禄光	40	观音亭	吴友娘	15	妈旁佛	林光荫(宗兄)	吴策官(房叔祖)	
11.8	卢隆官	26	八戈然	林素娘	15	杨金娘	卢隆官	林伯适(父)	
11.12	郭时雨	30	丹兰州连	杨七娘	15	林贤娘	郭清官(族叔)	杨若官(宗叔)	
11.13	黄光官	31	中港仔	张招娘	19	李惜娘	黄嗣宗(胞兄)	张寅郎(父)	
11.13	郑栋官	24	圣墓港	高清娘	17	林汉丹 (武直迷)	郑显官(宗兄)	高根观(父, 雷珍兰)	钱 66.125 文
11.14	陈国祥	33	泊面街	黄玉娘	16	林贞娘	陈勒官(族叔)	黄夺官(父)	
11.14	陈光拔	41	中港仔	戴辰娘	20	陈世官	陈雄官(房兄)	戴缄官(父)	
11.14	董茂官	34	八厨仔间	黄艮娘	26	吴怨娘	董懿官(胞兄)	黄玺官(宗兄)	
11.18	白双全	44	八戈然	蔡毛娘	16	杨金娘	白双全	蔡位官(胞叔)	
11.19	蔡陪官	40	结石珍	黄玉娘	21	陈略官	蔡排官(堂兄)	黄建官(宗叔)	
11.23	郑佩官	33	大巷内	陈难兰	23	孙山官	郑秀芳(房叔)	陈春生(胞兄)	

11.24	苏禄生	22	丹兰望	李巧娘	18	李惜娘	苏捷官(胞兄)	李俸官(父)	
11.26	许孙官	17	圣墓港	蔡甘娘	15	颜宴官	许钟官(父)	蔡杭官(族兄)	钱6文
11.30	林瑞朗	21	宁岗	卓桂娘	15	林湖官	林砍官(胞叔)	卓淮官(父)	1788.6.25离婚
12.2	林孝老	42	八厨仔间	陈经娘	25	黄柱娘	林圣官(宗兄)	陈文仲(族兄)	
12.3	朱金官	38	王部	麦失娘	16	郑豹官	朱澳官(堂伯)	麦佛生(胞叔)	
12.4	柯染官	28	八茶贯	陈碧娘	16	陈辟娘	柯染官	陈保琳(堂兄)	
12.11	杨溪官	33	大港墘	谢银娘	15	纪江源	杨勉官(宗叔)	谢虎官(宗叔)	
12.13	林成官	30	王部酒灶	严文力	21	严英官	林旺官(宗叔)	严强官(族叔)	
12.17	王君仁	22	中港仔	叶艳娘	19	林拱照	王沛官(宗叔)	叶强官(父)	
12.17	林一郎	25	洪溪临光六沙	陈随娘	34	雅旁佛	林一郎	陈随娘	前夫黄敬官身故无子女
12.17	张把东	22	大南门外	陈二娘	21	颜明娘	张显官(父)	陈陶官(宗叔)	
12.21	郑其甲	43	结石珍	庄粉娘	16	孙美爱	郑尚建(堂叔)	庄簿官(族叔)	
12.24	高彩官	26	丹兰望	王福娘	19	戴月娘	高基官(胞叔)	王武光(父)	
12.24	方结官	32	阿森巷	柯却娘	28	妈维	方宾官(堂叔)	柯汀官(胞兄)	
12.24	李金生	22	乌鬼巷	陈淑娘	22	妈旁佛	李天佑(宗叔	陈量官(族伯)	
12.28	王椿官	24	宁岗	黄生娘	19	谢德娘	王汀官(宗叔)	黄荫郎(父)	钱5文
12.30	曾七宴	29	中港仔	林约娘	19	王外老	曾营官(堂兄)	林秋水(堂兄)	

总计:32对

1784年吧城唐人成婚注册表

月日	新郎	年岁	住址	新娘	年岁	媒妁	男方主婚	女方主婚	备注 交钱,主事人
1.7	高廷官	36	八茶贯	杨缓娘	29	妈锦	高廷官	杨缓娘	前夫赵福生身故无子女
1.7	蔡天送	23	结石珍	詹佑娘	17	苏显官	蔡田官(胞叔)	詹咏官(父)	
1.10	林怡官	30	中港仔	罗却娘	16	李长官	林根官(堂兄)	罗永兴(族伯)	
1.13	陈光耀	25	丹兰州连	林情娘	16	张双春	陈汉中(房叔祖)	林水官(胞兄)	
1.14	吴坚官	25	练间口	邵金娘	19	林贤娘	吴建官(族叔)	邵恭官(堂叔)	
1.19	林泮郎	33	把杀内	欧却娘	15	唐德官	林闰官(族叔祖)	欧邦官(胞兄)	
2.4	陈郁官	33	城内把杀内	高意娘	16	许德娘	陈旭官(胞兄)	高旺官(父)	
2.4	李园生	27	质灵精	陈是娘	15	韩春官	李园生	陈哈官(宗伯)	
3.3	戴和生	31	城内把杀	吴水娘	16	张庇官	戴诰官(宗叔祖)	吴倪官(胞伯)	

3.3	蔡七官	34	大南门外	李好娘	19	陈盾官	蔡忠官(房兄)	李襄官(房叔)	
3.3	唐亲官	26	八厨仔间	林琬娘	26	林贤娘	唐温官(胞叔)	林兴官(胞兄)	
3.3	汤硖官	40	圣墓港	黄贵娘	19	陈三娘	汤灶官(宗兄)	黄笑老(宗兄)	
3.8	倪祷官	42	八厨仔间	谢彦娘	24	妈光	倪祷官	谢喜生(亲兄	
3.9	薛成光	24	大南门内	方富娘	19	妈旁佛	薛传官(父)	方深官(族兄)	1793.9.25 离婚
3.10	高和生	39	城内把杀	李锦娘	23	董潭官	高机官(族兄)	李须友(父)	
3.10	吴得官	30	大南门外	肖银娘	17	马喜娘	吴宴官(堂叔祖)	肖乞官(族伯)	
3.23	叶长官	24	八厨仔间	严寿娘	16	林贤娘	叶洁官(父)	严纳官(堂叔)	
3.24	陈倍官	23	小南门外	杨玉娘	18	马喜娘	陈仕官(胞兄)	杨部官(父)	
4.10	陈珑官	34	中港仔	郭寅娘	15	妈光	陈盛官(堂叔)	郭卿官(堂兄)	
4.11	黄淑全	22	小南门外	钟庚娘	15	林贤娘	黄董官(宗伯)	钟三捷(父)	
4.14	蔡德兴	33	圣墓港	郭和娘	19	雅心正	蔡智官(宗兄)	郭乔官(父)	
4.15	梁和官	38	八厨仔间	邱迁娘	16	梁倍官	梁增官(胞兄)	邱亮官(父)	
4.30	吴振弘	28	中港仔	陈苏娘	16	林贤娘	吴营官(宗兄)	陈软官(族叔)	
5.4	吴翼官	32	宁岗	林选娘	20	余英官	吴贯官(从兄)	林和官(胞兄)	
5.5	黄董官	48	中港仔	麦在娘	35	陈长娘	黄董官	麦在娘	前夫叶天送辞世遗一女
5.12	王球官	51	中港仔	陈大娘	33	王益娘	王球官	陈大娘	前夫许明官身故
5.12	陈诞官	37	西门外	黄竹娘	19	戴蜜官	陈勇官(宗叔)	黄沛官(宗叔)	
5.15	陈把官	40	大巷内	杨月娘	20	肖海口	陈谅官(房伯)	杨僚官(父)	
5.19	周奇官	44	中港仔	戴芳娘	29	林贤娘	周奇官	戴芳娘	前夫施六舍已泊割
5.19	郭盾官	26	二哨口	叶鸾娘	19	何仪官	郭恭官(父)	叶强官(房叔祖)	
5.23	郑珩官	40	王部	沈字娘	19	许宜官	郑琴官(堂叔)	沈岳官(胞叔)	
5.28	陈果官	27	八高然	孙锡娘	22	林贤娘	陈顺官(父)	孙麟官(房叔)	钱 101 文
5.28	汤简官	34	丹绒	冯鸾娘	22	谢池官	汤天注(房叔)	冯协官(堂伯)	
5.28	陈意官	31	城内把杀	李敬娘	17	马喜娘	陈笼官(堂叔)	李徐官(父)	
6.4	张看官	27	王部	陈尾娘	15	郑霸官	张元官(堂兄)	陈子亏(堂叔)	1794.11.19 离婚
6.9	朱蹇官	38	班芝兰	叶选娘	20	妈锦	朱蹇官	叶选娘	前夫林协官身故
6.9	吴琳官	34	新池	孙银娘	27	妈维	吴琳官	孙银娘	前夫陈鸾官故遗下子女，1785.8.1 离婚
6.9	钟善官	25	西门内	胡闰娘	19	张福官	钟隆官(胞叔)	胡艳官(父)	
6.30	徐光成	25	水锯顶	刘荫娘	20	程绰官	徐日官(父)	刘昧官(胞伯)	

7.7	方欣祖	21	圣墓港	黄闰娘	17	黄鸾娘	方汉官(胞叔)	黄市官(父)	
7.8	卢颂官	43	圣墓港	杨好娘	37	李惜娘	卢颂官	杨好娘	夫蔡再生身故遗一女
7.20	李成功	31	把杀	沈湛娘	19	猫六	李愿官(胞兄)	沈崇山(宗伯)	
8.11	洪沛郎	21	大使庙	李玉娘	15	妈记述	洪檀官(胞叔)	李恭生(胞叔)	
8.11	方猛官	34	米涧前	林艳娘	32	妈舍	方猛官	林艳娘	前夫甘投官故遗一男
8.11	吴渊官	34	中港仔	王么娘	14	庄部官	吴勤官(宗兄)	王坤官(宗叔)	1791.5.18 离婚花押
8.22	杨仙	22	鳄仔潭	张险娘	19	陈雁官	杨仪官(胞叔)	张唱官(宗叔)	
9.5	郑萍官	34	把杀内	戴尾娘	25	魏卯娘	郑挝官(房兄)	戴茂生(胞兄)	
9.6	卢秀官	22	中港仔	李联娘	15	陈羡娘	卢族官(父)	李坛官(房兄)	
9.8	吴传官	23	大港墘	陈温娘	16	林贤娘	吴营官(宗叔)	陈富老(父)	
9.9	沈富官	29	城内把杀	林喜娘	20	李惜娘	沈松柏(房叔)	林文官(胞兄)	
9.11	林南生	47	八茶贯	陈成娘	30	林贤娘	林闰官(宗兄)	陈奇生(胞兄)	
9.12	冯倡官	31	丹兰州连	黄便娘	24	陈待官	冯漳成(宗皮)	黄宗儒(父)	
9.15	陈鹞官	33	城内把杀	王就娘	17	林贤娘	陈振抽(族叔)	王雪官(族兄)	
9.15	陈配官	31	中港仔	杨婚娘	16	马喜娘	陈善官(胞兄)	杨岁官(父)	
9.15	蔡涌官	36	把杀内	陈聘娘	20	林坦官	蔡穆官(族叔)	陈聘官(胞兄)	
9.16	陈应官	34	王部	黄爱娘	20	雅梓	陈萍官(族叔)	黄邹官(胞兄)	
9.18	戴明官	34	中港仔	卢琚娘	21	妈光	戴央官(父)	卢息官(胞兄)	
9.22	朱吉官	26	洪溪	曾一娘	24	高顺娘	朱吉官	曾占官(族兄)	袁容官保
9.22	谢闰官	27	八茶贯	蔡春娘	21	杨金娘	谢占官(胞兄)	蔡禹官(宗叔)	
9.30	陈扶官	28	把杀内	邹随娘	16	雅广	陈夫官(宗兄)	邹潮官(父)	
10.1	吴海官	44	小南门外	林锦娘	24	林贤娘	吴海官	林锦娘	前夫高勃然身故无子女
10.1	郑海官	32	大南门外	王镭娘	18	李惜娘	郑编官(房叔)	王成官(族伯)	
10.2	陈抽官	34	城内把杀	洪快娘	23	余德官	陈欢官(宗兄)	洪文官(胞兄)	
10.16	吴玉郎	26	廿六间	李玉娘	22	林贤娘	吴祖官(宗兄	李袷官(胞兄)	
11.3	张金生	21	洁石珍	吴海娘	17	陈生官	张吉官(父)	吴德官(父)	
11.10	谢皆官	26	瓮叶河	林甘娘	16	叶宗官	谢铜官(房叔)	林简官(父)	
11.10	黄顺官	35	城内把杀	林灶娘	15	林敬娘	黄添官(胞叔)	林芳官(父)	
11.10	王禀官	34	泊面街	黄未娘	19	林贤娘	王珠生(宗兄 雷珍兰谦记)	黄瑞光(宗叔)	
11.10	郭养宗	24	班蕉兰	吴珠娘	16	马喜娘	郭沛官(宗伯)	吴河光(父)	
11.14	曾洁宗	32	八茶贯	许益娘	16	林石官	曾考官(宗兄)	许协官(父)	

11.16	陈尧观	36	观音亭	黄文娘	19	郭黄娘	陈苍观(宗兄)	黄然观(胞兄)	
11.16	陈梁官	36	麻六甲街	许桂娘	16	刘萃官	陈自官(族叔)	许珍官(从叔)	
11.16	陈权观	42	中港仔	刘远娘	18	妈光	陈捐观(同兄)	刘乐英(胞叔)	
11.16	薛直旭	35	王部	刘碧娘	16	杨亨观	薛孟旭	刘碧娘	
11.16	陈捷官	21	结石珍	林银娘	19	卢合观	陈升观(父)	林董观(宗兄叔)	
11.17	黄栈官	29	中港仔	林聚娘	31	林贤娘	黄心诚(族兄)	林永元(宗兄)	
11.18	郭溯英	23	泊面街	郑任娘	21	姚勤娘	郭勇官(堂兄)	郑春官(父)	
11.18	韩关生	31	观音亭	连珠娘	23	姚勤娘	韩颖官(房兄)	连木生(胞叔)	
11.20	邱彰宁	18	八厨仔内	郭凤娘	15	彭章官	邱作官(父)	郭乃举(父)	
11.20	刘昆官	24	城内把杀	黄汶娘	15	徐玉娘	刘寿官(房伯)	黄欢官(宗叔)	黄耽官担保
11.25	古长生	25	小南门外	胡岳娘	15	张元官	古和官(堂叔)	胡骥官(父)	
11.25	苏江生	19	八茶贯	陈良娘	17	林贤娘	苏倪官(父)	陈牵官(房叔祖)	
11.29	叶泗官	35	廿六间	谢罔娘	22	陈长娘	叶旺官(功兄)	谢禄官(父)	
11.29	李合官	31	观音亭	陈莺娘	21	雅领世	李凯官(功伯)	陈占官(父)	
12.2	蔡紫薇	28	大使庙	林叶娘	21	妈傍佛	蔡霸官(胞兄)	林奇松(宗伯)	
12.2	钟辰官	25	西门内	廖庚娘	15	李鬼官	钟风官(胞叔)	廖乾官(父)	1788.10.29 因廖氏随高氏逃走离婚
12.2	黄九陆	39	廿六间	林镭娘	19	林贤娘	黄神官(族叔祖)	林永元(功兄)	
12.15	温月官	35	观音亭	郭安娘	25	马喜娘	温月官	郭安娘	前夫李欲三身故遗一女 5 岁
12.15	陈保全	29	结石珍	杨玉娘	16	林吉娘	陈珠官(堂叔)	杨报官(功伯)	
12.19	刘叔夜	32	土库口	杨元娘	16	林贤娘	刘奕官(宗叔)	杨粹官(宗叔)	
12.22	徐振祖	31	圣墓港	陈合娘	30	李惜娘	徐振祖	陈合娘	前夫林水生故有一女
12.23	张喜官	19	八茶贯	颜栋娘	19	李惜娘	张夏光(父)	颜愿官(功叔)	
12.24	徐清官	33	丹兰望	蔡好娘	23	李惜娘	徐濯官(族兄)	蔡真官(族兄)	
12.24	林迎官	39	中港仔	颜琪娘	19	林贤娘	林百官(宗兄)	颜耀光(功叔祖)	
12.25	陈登华	26	旧把杀	林时娘	16	林柳官	陈仪官(功叔)	林们官(父)	
12.26	陈耀官	25	中港仔	吴艮娘	19	陈宣娘	陈仙官(胞叔)	吴强官(宗皮)	
12.26	许辉官	42	班州兰	李淡娘	24	雅心正	许勇官 9 宗叔)	李科官(族叔)	
12.26	钟卓全	31	城内把杀	胡日娘	16	钟连登	钟仕官(胞兄)	胡灿官(父)	

总计：98 对

1785 年吧城唐人成婚注册表

月日	新郎	年岁	住址	新娘	年岁	媒妁	男方主婚	女方主婚	备注 交钱,主事人
1.1	黄宽官	24	廿六间	林艮娘	23	林贤娘	黄笑老(父)	林荫生(父)	
1.5	欧愈生	37	观音亭	朱苑娘	17	蔡杭官	欧辅官(宗叔)	朱仙官(父)	
1.5	戴和生	24	八多尧	江淑娘	20	邓灶娘	戴俊生(胞兄)	江必官(父)	
1.6	严碧官	28	宰牛巷	李金娘	20	妈维	严孔官(胞伯)	李傍官(父)	
1.6	蔡如岩	32	把杀内	林情娘	17	林柳官	蔡华林(父)	林记官(父)	
1.8	孙舜官	32	瓮菜河	戴占娘	24	王益娘	孙山官(功叔)	戴诰官(父)	
1.9	蔡真官	36	大港墘	李惜娘	29	林贤娘	蔡三光(房兄)	李天佑(房叔)	
1.19	陈枕官	32	城内把杀	王宴娘	15	林瑞娘	陈抽官(堂叔)	王珠生(雷珍兰)	1789.4.29 离婚,钱 2 文
1.26	徐宁官	36	西门外	李巧娘	19	妈维	徐宁官	李巧娘	前夫苏禄生身故
1.26	黄逸官	48	八茶贯	傅裁娘	16	陈美娘	黄逸官	傅元官(父)	钱 6 文
1.27	卢睦官	25	临光猫汝	黄宣娘	33	妈旁佛	卢睦光	黄宣娘	夫陈提官故有一男一女
2.2	邹昌增	38	吕举槟榔	谢阿娘	15	蔡亚六	邹福星(胞叔)	谢重光(父)	钱 6 文
2.3	阮笋官	24	米涧前	蔡金娘	18	李惜娘	阮长官(宗叔)	蔡惠官(父)	
2.5	吴泽官	36	神池	梁妹娘	19	梁达官	吴菅官(宗叔)	梁焕官(父)	
2.20	叶朗官	35	大南门内	黄银娘	23	马喜娘	叶宗官(功兄)	黄朝官(胞兄)	
2.23	林奎杨	22	城内把杀	李凤娘	18	妈旁佛	林泮郎(宗兄)	李傍郎(胞伯)	
2.25	汤签官	38	中港仔	黄荣娘	20	李惜娘	汤文弟(堂叔)	黄俭光(胞兄)	
3.3	郭魏官	36	新厝把杀	张友娘	19	魏卯娘	郭清官(宗兄)	张喜官(胞叔)	
3.3	吴璇官	40	八多挠	李誉娘	19	妈光	吴笨官(宗叔)	李俊德(族叔祖)	
3.9	康从官	28	竹树巷	陈学娘	19	王重官	康扶官(堂兄)	陈富官(父)	
3.9	连次官	38	临光猫汝	柯清娘	18	林贤娘	连房官(房叔)	柯连生(父)	
3.9	李琉官	31	竹树巷	周心娘	19	雅起	李琉官	周心娘	前夫曾允艾身故留一女
3.9	黄发生	29	圣墓港	蔡从娘	21	林贤娘	黄文仲(宗叔)	蔡茂官(胞兄)	钱 6 文
3.9	林钱官	36	暗涧虾仔街	陈秀娘	17	雅万丹	林钱官	陈秀娘	前夫张恒官身故
3.18	陈隆生	18	中港仔	王根娘	16	林贤娘	陈郎官(父)	王雪官(堂兄)	
3.23	许敬宗	32	把杀内	苏央娘	15	陈三娘	许读官(胞伯)	苏雷官(胞伯)	
3.27	杨盛德	38	八茶贯	严泗娘	24	陈金娘	杨敏观(宗兄)	严孔官(胞伯)	
3.29	黄端官	18	中港仔	叶丹娘	18	陈长娘	黄董官(父)	叶向荣(宗叔)	

3.29	汤锐官	28	城内把杀	陈荫娘	24	李惜娘	汤注官(堂兄)	陈汀官(房兄)	
4.2	陈发生	22	班蕉仔街	黄秀娘	23	妈武吃	陈小溪(堂兄)	黄栖观(父)	
4.6	李孟贤	38	邦脚兰	高九娘	18	李凤川	李孟贤	高达相(父)	
4.7	张长发	36	圣墓港	蔡仲娘	19	李惜娘	张报官(宗兄)	蔡茂官(堂兄)	1794.11.19 离婚
4.20	黄堪官	35	洪溪	陈才娘	16	戴蜜官	黄佑官(胞兄)	陈粉官(父)	
4.20	郑显官	38	城内把杀	林艮娘	19	妈玉	郑固官(家兄)	林瑞官(父)	
4.24	沈愈官	34	小南门外	许淑娘	18	妈光	沈流官(堂兄)	许孔官(房伯)	
4.27	高连官	30	结石珍	蒋招娘	16	王助官	高盛官(族兄)	蒋显官(胞兄)	钱 6 文
4.27	郭勇官	39	泊面街	张珍娘	31	妈过	郭勇官	张珍娘	前夫陈家观故无子女
5.4	邱丹官	27	王部	李舍娘	13	蔡宗官	邱隆官(堂叔)	李程举(父)	
5.11	陈吉官	30	王部	罗明娘	17	郑恒官	陈汉官(父)	罗荣宗(房叔祖)	钱 6 文
5.11	谢禄官	40	小南门外	王愿娘	33	陈一娘	谢禄官	王愿娘	前夫林新官故遗一男一女
5.11	杨每官	36	圣墓港	张雅娘	16	林贤娘	杨粹官(堂叔)	张放官(堂伯)	
5.11	陈厥使	21	圣墓港	林文娘	22	林贤娘	陈令公(父)	林金山(堂兄)	
5.12	黄茅舍	33	中港仔	林荣娘	16	林贤娘	黄淑卿(宗兄)	林连新(堂叔)	
5.14	戴芳杰	24	大南门内	陈金娘	16	钟连登	戴元雅(堂叔)	陈谦观(父)	
5.22	杨布官	45	幔帕街	李华娘	32	李惜娘	杨布官	李华娘	前夫吴昆生去世无奈
5.25	林纯官	32	上涧仔	蔡妈娘	24	何新官	林吧郎	蔡敦官(宗伯甲必丹大)	
5.25	郑泰来	29	乌鬼巷	肖王娘	19	李惜娘	郑挞官(宗兄)	肖高官(胞兄)	
5.25	谢税官	38	城内把杀	邹金娘	18	黄瑞娘	谢完官(宗兄)	邹敞官(族叔祖)	
5.25	张连官	29	班蕉兰	胡江娘	17	雅福厚	张满官(堂叔)	胡艳官(父)	
5.25	蔡境老	28	圣墓港	李良官	20	陈长娘	蔡寅官(父)	李连生(胞兄)	
5.26	林南生	32	城内把杀	洪淑娘	20	林贤娘	林迎官(族叔)	洪沛官(宗兄)	
6.1	冯英官	35	丹兰望	蔡凤娘	18	戴月娘	冯协官(宗兄)	蔡永翰(胞伯)	
6.9	傅万山	21	五脚桥	高运娘	15	林贤娘	傅荣瑞(族叔)	高盛观(宗叔)	
6.15	蔡金丰	20		郑水娘	17	黄宗孔	蔡敦官(父甲大)	郑湖官(功兄)	
6.15	林粹官	32	大南门外乌鬼巷	周和娘	17	妈旁佛	林奢官(族兄)	周营官(宗兄)	
7.3	林理官	58		王金娘	32	叶进娘	林理官	王金娘	前夫李耀光身故无子女
7.6	高奕官	24	陈兰望	谢佳娘	16	戴月娘	高希观(胞兄)	谢禄观(父)	
7.13	张保郎	31	望加赖	陈维娘	31	妈维	张俊观(父)	陈宣观(父)	
7.15	杨芳官	40	中港仔	郭理娘	17	妈泮娘	杨芳观	郭听官(祖父)	

7.27	沈祝官	40	大南门外	卢易娘	23	魏邓娘	沈祝官	卢易娘	前夫杨开生身故无子女
7.27	陈仗官	47	中港仔	蔡锦娘	22	妈光	陈清元(房叔)	蔡章官(堂兄)	
7.28	王葛官	24	八多尧	颜彩娘	18	马喜娘	王成光(父)	颜营官(族叔)	
8.10	黄记官	19	观音亭	陈珠娘	19	马喜娘	黄清郎(宗叔)	陈南生(宗叔祖)	
8.10	陈辅郎	21	把杀内	郑水娘	16	妈开	(残缺)		
	(下缺)								

总计:64 对

1786 年吧城唐人成婚注册表

月日	新　郎	年岁	住　址	新　娘	年岁	媒　妁	男方主婚	女方主婚	备　注 交钱,主事人
7.5	黄汉章	28		方好娘	18	雅林淑	黄闪官	方麟官	交寅礼资剑 4 员

1789 年吧城唐人成婚注册表

月日	新　郎	年岁	住　址	新　娘	年岁	媒　妁	男方主婚	女方主婚	备　注 交钱,主事人
10.7	林土哲	28	八高然	王琰娘	23	林贤娘	(残缺)		
10.12	陈凤观	19	幔帕街	李钩娘	20	林贤娘	陈郎观(父)	李笋观(胞兄)	
10.18	郑丽川	38	大南门外	蔡惜娘	17	林贤娘	郑周观(房叔祖)	蔡月西(父)	
10.18	刘聪观	29	八茶贯	李贝娘	13	李克周	刘景光(宗叔)	李尾观(父)	
10.21	杨相观	36	丹兰州连	陈柔娘	20	陈安生	杨义观(堂叔)	杨彩观(父)	
10.21	林求观	21	五脚桥	戴富娘	20	曾明娘	林连观(宗兄)	戴茂观(胞伯)	陈寅光担保
10.28	杨理观	32	王部	赖玉娘	14	徐岳观	杨理观	赖强观(父)	
11.4	叶人观	27	干冬圩	黄横娘	14	彭德之	叶富观(堂叔)	黄喜观(父)	张俊观担保
11.4	谢海生	30	暗涧	林珠娘	16	魏保娘	谢天庇(宗叔)	林吧生(堂叔)	吴吧龙成(妹夫)保
11.5	韩再生	22	丹兰望	王彩娘	16	林贤娘	韩帖观(堂兄)	王元观(胞叔)	
11.5	韩天赐	18	丹兰望	陈金娘	17	林贤娘	韩帖观(堂伯)	陈荣使(父)	
11.8	邹然观	29	幔帕街	陈鸾娘	24	林贤娘	邹利观(房叔)	陈光庇(胞兄)	
11.11	柳杨观	35	洪溪酒灶	陈旭娘	20	林贤娘	柳严观(房叔)	陈富老(雷珍兰)	
11.11	张恰观	34	城内土库口	詹鸾娘	17	张月娘	张安观(房叔祖)	詹琶观(父)林钞观担保	
11.14	曹子枫	38	小南门外	周观娘	13	雅张福沾	曹子盈(堂兄)	周水生(胞兄)	郑水生部爹保
11.17	林天水	27	廿六间	黄宁娘	20	林贤娘	林北轩(宗兄)	黄拔观(堂叔)	
11.22	周具观	32	圣墓港	陈刀娘	21	林端娘	周妙观(堂叔)	陈叔观(堂叔)	

11.22	林宗观	28	班州兰酒灶	蔡凤娘	16	黄天成	林传生(胞兄)	蔡佛生(父)	
11.25	薛建观	30	打铁街	陈吉娘	17	妈旁佛	薛化观(堂兄)	陈枫观(堂叔祖)	
11.25	肖衙观	28	乌鬼礼拜	陈丹娘	18	曾明娘	肖建麟(堂兄)	陈昌左(父)	
11.25	戴兴观	31	失南巴	汤真娘	16	戴升观	戴辉观(胞兄)	汤玉彩(胞兄)	
11.25	孙奇瑞	22	甲必丹厅后	叶万娘	16	妈金	孙安观(房叔)	叶汉彩(胞叔)	1792.12.19 离婚
11.27	严贾观	25	创牛巷	戴位娘	20	陈金娘	严碧观(胞兄)	戴龙山(父)	
11.29	陈喜观	45	新池	李凤娘	20	李措娘	陈沛生(宗兄)	李记观(堂兄)	
11.29	林牛老	32	赌公司街	许金娘	19	林端娘	林梧观(宗叔)	许重观(父)	
12.2	黄隆观	50	中港仔	张本娘	38	妈旁佛	黄隆观	张本娘	前夫林听故一女7岁
12.2	陈圭生	22	酉仔街	雍心娘	18	雅蔡心正	陈宝琳(堂兄)	雍捷观(堂叔)	
12.2	肖钟汉	24	临光猫汝	林月娘	19	林贤娘	肖钟汉	林一郎(宗叔)	
12.9	余腾观	34	高踏歹	李签娘	17	杨佛观	余锦文(亲兄)	李瑞观(父)	
12.9	高熙观	30	丹兰望	叶占娘	23	陈金娘	高居观(胞叔)	叶强观(宗伯)	
12.9	曾友已	21	城内巴杀	郭圣娘	20	妈甘毛冷	曾然观(宗叔)	郭凤观(宗叔)	
12.10	蒋当观	22	吉石珍	陈春娘	22	汤返观	蒋霭观(堂叔)	陈昌左(堂兄)	
12.12	陈福生	27	梦寮	赵莱娘	27	王协生	陈春光(父)	赵君观(胞兄)	
12.13	胡史观	31	新池	陈对娘	24	吴志成	胡和观(宗叔祖)	陈贵观(父)	蔡长观保
12.16	陈宽观	38	八厨沃	李丹娘	17	徐秋观	陈宽观	李乌观(父)	
12.16	林澄清	21	观音亭	黄占娘	21	妈甘媚	林曾观(宗叔)	黄甘观(胞叔)	
12.16	林庆桐	23	八厨仔	连福娘	18	林贤娘	林陇观(胞叔)	连笋观(宗叔祖)	
12.20	李三贵	27	打铁街	汤蜜娘	15	妈金	李变观(父)	汤灶观(族叔)	何局观保
12.20	陈脱观	28	幔帕街	吴莲娘	24	陈金娘	陈光庇(宗叔)	吴富光(父)	
12.21	蔡整光	27	酉仔街	黄贤娘	22	陈异娘	蔡海观(宗兄)	黄潜观(父)	
12.23	陈爱观	33	八高然	许凡娘	27	雅魏强	陈波观(堂兄)	许为国(父)	许乃观保
12.25	李葱观	27	宁光园	郑缓娘	24	林瑞娘	李固观(房叔祖)	郑雨观(父)	
12.28	沈松观	36	鸽仔连	方唐娘	18	柯希偶	沈扰观(宗兄)	方骞观(宗兄)	何局观保
12.29	黄九观	23	上涧仔	马润娘	21	林端娘	黄普方(宗兄)	马良观(胞叔)	
12.30	蒋镇观	42	结石珍	陈艺娘	23	蔡平观	蒋南观(房叔)	陈赐郎(父)	
12.30	戴俊生	44	八道绕	林曲娘	31	江福娘	戴诰观(宗叔祖)	林汉观(胞伯)	

总计:46 对

1790 年吧城唐人成婚注册表

月日	新郎	年岁	住址	新娘	年岁	媒妁	男方主婚	女方主婚	备注 交钱,主事人
1.3	陈八观	31	瓮菜河	林准娘	15	雅陈鲁	陈若观(胞兄)	林钞观(父)	
1.4	黎捷观	39	西门	欧甲娘	16	雅劳诗妈	黎捷观	欧振观(父)	
1.4	王丽水	21	陈呷园	陈从娘	19	江波纹	王沧海(堂兄)	陈水官(父抚直迷)	
1.4	梁报官	34	望加示	李春娘	18	梁光观	梁天佑(宗兄)	李乔观(堂叔)	
1.5	陈芳良	27	圣墓港	黄劳娘	15	林贤娘	陈报观(宗叔)	黄继老(父雷珍兰)	
1.6	林协茂	36	八茶贯	黄养娘	19	陈金娘	林协成	黄冬观(族兄)	
1.8	陈银观	24	干冬圩	张琼娘	16	妈运动	陈荣观(父)	张邦观(父)	
1.12	蔡春观	20	丹兰望	黄田娘	16	汪天助	蔡爱观(胞叔)	黄皎观(父)	
1.13	陈清元	43	中港仔	谢美娘	28	李惜娘	陈清元	谢美娘	前夫许东京故无子女
1.13	苏冷马	28	文丁圩	曾曲娘	34	谢金娘	苏冷观	曾曲娘	前夫陈国明已分离
1.13	李秀常	34	泊面街	黎吉疾	18	李水观	李瑶振(宗兄)	黎通观(胞伯)	
1.14	戴东海	18	亚森脚	陈月娘	16	陈金娘	戴闩观(父)	陈暖观(堂叔)	
1.16	陈崇观	35	丹兰州连	吴一娘	18	黄爵观	陈幼观(堂叔)	吴真观(父)	吴灶观保
1.20	周蟾观	35	小南门外	陈性娘	16	庄由观	周温观(宗叔)	陈善观(父)	
1.27	余浪观	31	妈祖宫	林元娘	28	妈州钫	余徐观(堂叔)	林胞生(胞兄)	
1.27	王访观	36	大港墘	严览冥	17	雅蔡心正	王思观(宗兄)	严纳观(宗叔)	
1.31	陈六友	35	八高然	张珠娘	18	郑鸾娘	陈果舍(宗兄)	张开生(父)	
2.2	李敬观	47	公勃沙里	吴爱娘	31	林贞娘	李弼观(宗伯)	吴和光(胞叔)	
2.3	谢晚观	29	暗涧	郑碧娘	16	新烧勃黎(荷兰人)	谢读观(族叔)	郑东观(宗叔)	
2.3	张地观	46	把杀	陈爱娘	28	魏昂娘	张地观	陈爱娘	前夫洪妙相故无子女,1790.8.4离婚
2.12	曾芳观	19	瓮菜河	王严娘	14	林枕娘	曾佛赐(宗兄)	王甘观(宗伯)	
2.24	卢樵观	36	麻六甲街	蔡勤娘	16	查苞观	卢朗观(胞叔)	蔡越姐(父)	
3.6	汤里观	27	城内把杀	卢友娘	18	雅蔡心正	汤去观(堂叔)	卢亚观(胞叔祖)	刘砥观保
3.9	张濯观	22	把杀	李瑞娘	16	林贤娘	张秦宗(宗兄)	李灿元(胞兄)	
3.10	陈偶然	19	美惜近街	林秀娘	16	曾爱娘	陈良光(堂兄)	林珠生(亲叔)	1795.12.9离婚
3.24	陈相观	18	圣墓港	林歇娘	16	许寅娘	陈银生(父)	高味娘(母)	

3.25	庄松茂	38	丹兰梦	戴上娘	25	妈沙力	庄珍观(胞兄)	戴妈生(宗叔)	孙桂林保
4.8	刘文琛	24	八茶贯	黄金娘	17	韩正春	林眼观(族伯)	黄倦观(堂兄)	
4.14	汤玉观	38	城内把杀	林荣娘	21	魏卯娘	汤玉观	林荣娘	前夫黄茅舍故无子女
4.16	黄时光	32	黄甲绵舍	许招娘	20	雅黄剌	黄时光	许重观(父)	
4.24	梁吉生	33		郭珠娘	24	陈金娘	梁开生(堂兄)	郭锥观(胞兄)	
4.25	汤宗观	38	吉石珍	陈凤娘	17	蒋咸观	汤笋观(堂叔)	陈昌左(堂兄)	
5.2	詹时观	30	吉石珍	黄运娘	22	卢合观	詹联观(堂叔)	黄昭观(胞兄)	黄佳观保
5.11	许士观	33	公勃沙里园	吴惠娘	21	妈旁佛	许骸观(宗叔)	吴秀观(父)	
5.11	沈愈观	39	小南门外	陈鸾英	23	陈金娘	沈留观(堂兄)	陈光庇(堂兄)	
5.12	沈保观	41	宁光部	张喜娘	20	朱达观	沈保观	张齐观(父)	
5.19	何尊观	31		黄顺娘	20	陈永观	何三局(堂叔)	黄神助(胞兄)	
5.19	汪选观	48	洪溪杉板寮	周金娘	21	许顺娘	汪选观	周衝观(宗兄)	
5.24	张神武	26	王部	陈猜娘	16	陈顺收	张神武	陈楚观(父)	
5.26	黄历观	21	东门内	洪雪娘	18	林端娘	黄詹观(胞叔)	洪港观(父)	
6.2	周世封	33	乌鬼巷	邱胖娘	19	程赤观	周奕捷(父)	邱胜观(父)	
6.2	林文瑞	20	老果头	李淑娘	17	雅迷律	林变观(宗伯)	李昭生(宗叔)	林纪观(舅公)保
6.2	吴长观	40	水锯仔顶	张贤娘	19	陈金娘	吴永观(房叔)	张全观(父)	
6.4	谢国相	26	神池	戴庞娘	16	林勋观	谢江水(堂兄)	戴承乾(父)	
6.6	黄子勤	20	中港仔	高来娘	19	林钦娘	黄董观(父)	高国观(宗伯)	
6.13	胡天赞	21	打铁街	李金娘	15	曾莲观	胡武生(胞兄)	李攀柱(宗兄)	胡骥观保
6.22	李对观	25	城内把杀	林凤娘	21	许恩娘	李明观(宗叔)	林友生(堂兄)	
6.23	林赞观	38	八厨沃横街	李静娘	36	曾明娘	林春光(宗叔大朱)	李天佑(宗叔)	钱5文
6.23	王锡麟	22	临光猫汝	蔡英娘	20	陈金娘	王元舍(宗叔)	蔡意诚(宗兄)	1791.11.9离婚
6.23	吴西川	24	丹兰州连	蔡春娘	25	吴煌观	吴参观(族兄)	蔡然观(父)	
6.23	陈燕尔	34	老果头	王三娘	20	妈吗尼	陈顺观(宗兄)	王贵生(宗叔)	王七观保
6.24	黄维官	51		詹镭娘	30	杨酎娘	黄继官(雷珍兰)	詹镭娘	前夫陈两不知去向,黄到9月即死
6.29	杨尧观	30	城内把杀	林吉娘	25	魏卯娘	杨恭观(族叔)	林峦观(胞兄)	
7.7	陈月观	38	城外旧把杀	吴水娘	32	妈旁佛	陈月观	吴水娘	前夫郑和生身故无子女
7.28	李金生	24	五脚桥	黄翠娘	17	蔡芳娘	李明观(堂伯)	黄幸观(堂兄)	
8.4	冯其言	26	把杀公司后	杨难那	18	陈金娘	冯对观(堂叔)	杨威观(胞叔)	
8.4	潘瑞麟	38	惹牙毛吃	黄冬娘	18	林瑞娘	潘日观(父)	黄光辉(胞兄)	

8.4	郑福生	36	小南门外	李习娘	26	陈金娘	郑固观(房叔)	李静观(宗叔)	
8.11	李健观	40	大南门外	林吉娘	21	陈咏健	李铁观(堂叔)	林狮观(堂叔)	
8.18	郑位光	41	东门外	谢月娘	17	妈金	郑固观(宗叔)	谢和观(父)	
8.18	陈欢观	52	城内把杀	唐媚娘	39	陈金娘	陈欢观	唐媚娘	前夫蔡姜已分离无子女
8.22	陈曲观	22	蕉仔街	戴凤娘	17	吴冯娘	陈住观(宗叔)	戴柔观(父)	
9.1	叶晚观	29	大南门外	陈保娘	29	雅吗四	叶晚观	陈保娘	前夫江祥身故遗一男一女
9.1	谢道忠	34	雅甲艳园	李艳娘	16	陈诗观			1790.10.27 离婚
9.15	黄桃观	28	西门外	傅亥娘	18	陈金娘	黄普观(堂兄)	傅极官(宗叔)	
9.15	黄九生	27	织宁贞	蔡尊娘	19	黄柏娘	(残缺)		
9.16	杨顺观	30	酌仔街	林凤娘	21	林琴娘	(残缺)		
9.22	黎显观	24	织宁贞	廖如娘	17	魏端娘	黎戎观(胞兄)	廖新观(胞兄)	
9.23	李友柱	32	入高然	谢昭娘	17	雅胶低	李殿柱(堂兄)	谢大昆(堂兄)	
9.26	王灿观	23	宁光部	许满娘	19	雅猫六	王猫芝(父)	许汉观(堂兄)	
9.29	游章观	37	大南门外	杨二娘	16	程赤观	游顺观(胞兄)	杨佛观(父)	
9.29	高清观	36	高奢园	戴远娘	17	妈金	高深泉(宗叔)	戴诰观(宗叔祖)	
9.29	黄灿观	30	八茶贯	沈玉娘	18	林钦娘	黄报观(胞叔)	沈德观(堂伯)	
10.3	陈景观	29	赌公司	杨来娘	19	妈丁仔方	陈委观(宗兄)	杨位观(宗叔)	
10.20	吕宣观	42	小南门外	陈球娘	39	雅陇	吕宣观	陈球娘	前夫黄榜身故遗一男
10.20	陈南观	30	城外把杀	郭珠娘	21	陈金娘	陈国观(堂兄)	郭炎观(父)	
10.27	陈觉观	27	水锯仔顶	曾玉娘	18	陈安生	陈再观(宗兄)	唐相观(父)	
11.3	黄台观	37	质宁员	陈金娘	16	黄文观	黄占观	陈祖观(胞叔)	
11.10	李愿观	39	城外巴杀巷	林文娘	20	魏卯娘	李旺观(宗叔)	林纪观(胞叔)	
11.10	林充观	31	东门外	杨妙娘	17	林钦娘	林润观(宗兄)	杨明月(胞兄)	
11.10	高州钫	27	城外把杀	薛随娘	22	林钦娘	高国观(父)	薛傅观(父)	
11.10	林习文	39	蕉仔街	李西娘	14	李福山	林时举(胞叔)	李云干(父)	
11.11	蔡暖观	48	蔡甲大巷	余览冥	20	林瑞娘	蔡海观(宗兄)	余然观(宗兄)	
11.11	林亲观	40	钟加郎府内	陈惜娘	31	妈镭	林起观(宗兄)	林七光(宗兄)	
11.13	林一观	40	米涧	刘莺娘	18	妈金	林一观	刘佛观(父)	
11.16	卢俨观	27	结石珍	张尊娘	22	陈汉宁	卢合观(父)	张结生(父)	
11.17	黄头观	30	城外巴杀	林咪娘	15	雅州钫	黄瑶观(堂兄)	林新连(父)	
11.21	杨西府	36	八茶贯	张淑娘	24	陈金娘	杨芭观(胞叔)	张珠生(宗兄)	
11.28	谢押观	25	雅甲艳园	胡未娘	16	谢泰坤	谢山观(胞叔)	胡骥观(父)	

12.5	林绿水	35	班州兰	唐吉娘	19	陈金娘	林青云(胞兄)	唐岁观(父)	
12.6	郭霄观	30	赌公司	谢银娘	19	吴冯娘	郭兆观(胞叔)	谢尼观(胞伯)	
12.6	林德郎	21	观音亭	柯美娘	16	陈金娘	林荣祖(宗叔)	柯雍生(胞兄)	
12.8	廖名观	23	槟榔社	黄六娘	19	周合观	廖耀观(堂兄)	黄琼力(父)	
12.8	黄天助	19	酌仔街	戴珠娘	16	陈金娘	黄普观(父)	戴光庇(父)	
12.8	林力石	19	八茶贯	刘迎娘	17	林钦娘	林闰观(父)	刘姝观(父)	1790.11.9 离婚
12.8	王会观	35	麻六甲街	杨桂娘	17	卢固观	王伍观(堂叔)	杨宇观(堂伯)	
12.12	林彪观	38	廿六间	陈曲娘	19	黄蚌观	林彪观	陈玉发(胞叔)	
12.15	张建置	33	大南门外	林秀娘	22	薛富观	张显观(父)	林宙观(父)	
12.16	陈金生	21	西门外皮寮	蔡翠娘	16	陈金娘	陈益观(父)	蔡齐观(宗伯)	
12.17	吴乞微	28	城内把杀	阮登岸	17	雅丁仔钫	吴田观(宗叔)	阮午观(宗叔)	
12.22	黄允文	37		吴银娘	16	魏卯娘	黄临观(宗叔)	李愿观(宗兄)	
12.22	张地观	47	城内把杀	许州钫	19	林钦娘	张唱观(宗兄)	许肿观(宗伯)	
12.26	张祥光	21	圣墓港	林音娘	20	冯金	张寅郎(父)	林盘观(胞伯)	
12.27	何吉生	18	小南门外	胡未娘	16	詹昌礼	何必贵(堂兄)	胡展林(胞兄)	
12.29	欧伟观	28	城内把杀	吴银娘	18	妈旁佛	欧宗观(胞叔)	吴光田(亲兄)	1798.6.2 离婚
12.29	陈把观	34	米涧前	黄赏娘	19	黄百合	陈叠观(堂兄)	黄蚕观(父)	
12.29	叶约观	33	城内暗涧	张吉娘	17	谢保观	叶信观(宗兄)	张助观(宗叔)	
12.31	钟老观	38	八茶贯	陈冬娘	24	许敬观	钟替观(宗叔)	陈粉观(宗叔)	林双全保

总计:108 对

1791 年吧城唐人成婚注册表

月日	新郎	年岁	住址	新娘	年岁	媒妁	男方主婚	女方主婚	备注
1.3	黎全忠	32	蜜喳劳厝口	徐突娘	17	曹风观	黎周文(堂叔)	徐立行(父)	交钱,主事人彭满观担保
1.5	周学观	28	小南门外月厝	刘旁娘	16	雅刘纯	周忠观(胞兄)	刘景光(宗叔)	
1.5	郑撰观	28	小南门外月厝	戴暹娘	21	陈金娘	郑东观(宗兄)	戴宙观(父)	
1.6	陈法生	27	水锯仔顶	林招娘	17	郑汀观	陈南生(宗伯)	林韩观(父)	
1.11	何锡才	32	三间土库	杨迁娘	16	杨今暄	何锡元(胞兄)	杨沧观(堂兄)	杨甲款看杨天送传命可给
1.11	吴春观	20	失南吧	张顺娘	19	马石观	吴德使(父)	张邦观(父)	1796.6.15 离婚
1.13	张元观	26	八茶贯	刘铜娘	18	李玉观	张健观(父)	刘习观(父)	杨铁郎、王迎祥保

1.16	张光彩	26	大南门外直街	王英娘	19	谢恩娘	张水观(房兄)	王捅观(父)	郑挞观担保
1.19	杨盛观	35	丹兰梦	李敬娘	19	周孝观	杨盛观	李凛观(胞兄)	
1.19	刘雨观	37	临光猫汝酒灶	巫来娘	15	钟智观	刘南观(宗兄)	巫晚观(房叔祖)	
1.21	陈着观	38	瓮茶河	余佑娘	21	林钦娘	陈傍观(堂兄)	余瑁观(父)	
1.26	陈定观	36	大南门外直街	王宝娘	15	陈陈观	陈书观(胞兄)	王宁观(族叔)	
1.26	何武观	46	陈甲宽官府	林伴娘	29	陈金娘	何武观	林伴娘	前夫孙汉故无子女
1.26	苏怀老	44	(缺)	张水娘	29	陈金娘	苏怀老	张水娘	前夫林宋故无子女
1.26	冯顿观	32	文丁圩	林经娘	16	陈抢观	冯章成(胞叔)	林笺观(宗叔)	
1.28	黄果观	42	城内暗涧	马桃娘	16	谢英观	黄決观(胞兄)	马石观(宗叔)	黄普观保
1.31	黄敬观	20	望加示中部	张梓娘	16	李益娘	黄连观(胞兄)	张夏光(宗伯)	
1.31	吴组绶	22	高踏事酒灶	黄西娘	19	江福娘	吴缵绪(胞兄)	黄瑞光(宗兄)	吴缵绪1791.1任雷珍兰
2.27	陈安生	21	公勃沙里园	杨和娘	17	陈倪娘	陈天助(宗叔)	杨士郎(宗兄)	胡江兴保
2.27	蔡澄全	38	大使庙街	朱萃娘	17	曾熙观	蔡姜观(族叔)	朱陶观(父)	
3.2	黎运观	46	西湾	廖金娘	18	公堂作主	黎运观	廖金娘	1792.3.14离婚
3.16	叶读观	28	廿六间小巷	林秀娘	16	陈金娘	叶王观(堂叔)	林艳观(堂叔)	
3.23	游一观	19	望寮	杨劝娘	16	李扶娘	游幸观(父)	杨孝观(父)	
3.23	黄天助	20	灼仔街	卢玉娘	20	陈金娘	黄天助	卢玉娘	前夫陈治明故无子，1792. 12. 19离婚
3.23	沈亦观	40	观音亭社	钟春娘	24	许恩娘	沈注观(宗叔)	钟点观(父)	
3.25	陈冬观	22	王部	江爱娘	17	雅许梓	陈国观(堂兄)	江有观(堂伯)	曾孙膑保
3.30	孙历观	43	小南门外	戴勤娘	25	陈金娘	孙饱观(堂叔)	戴诰观(父)	
3.30	林猛观	37	亚答港	郑英娘	18	童腔观	林猛观	郑延观(宗叔)	黄文忠保
4.2	陈灿观	23	米涧前	杨片娘	18	郑朝观	陈蝶观(堂叔)	杨存观(堂叔)	
4.13	吴天赐	27	水锯仔顶	李维娘	27	妈旁佛	吴笨观(父)	李笋观(宗叔)	
4.13	叶注观	32	涌莱河	李一娘	17	陈金娘	叶秋观(堂叔)	李辉观(房叔祖)	
4.19	詹椿观	31	结石珍	许文娘	15	陈金娘	詹奚观(堂叔)	许窝观(父)	
4.19	杨掌观	34	八茶贯	黄满娘	22	蔡芳娘	杨掌观	黄健观(父)	
4.26	戴兴宗	28	大苑玉国	杨绮娘	20	蔡芳娘	戴浩观(宗叔祖)	杨智邦(胞兄)	
4.27	陈述观	31	网寮	林毛娘	18	余在高	陈日合(父)	林彦阁(堂伯)	周隆观柴师担保
4.28	许涉观	25	八茶贯	陈三娘	17	陈金娘	许协观(宗叔)	陈益观(父)	
5.3	颜残观	30	观音亭	康瑞娘	21	陈金娘	颜爽观(堂叔祖)	康福生(父)	
5.11	叶永观	39	东门内金店	谢雁娘	31	陈金娘	叶永观	谢雁娘	前夫倪祷故遗一女8岁

5.12	陈篆观	32	小南门外丹厝	黄文娘	17	王振汤	陈齐观(宗兄)	黄川观(宗叔	
5.14	陈天生	30	皮寮	杨引娘	20	魏卯娘	陈勇观(父)	杨孝观(父)	
5.18	黄友观	32	赌公司对面巷	胡静娘	17	妈旁佛	黄西观(宗伯)	胡秦观(胞伯)	
5.18	王保观	23	老果头	林祝娘	16	詹晓观	王尧观(父)	林狮观(堂叔)	
5.26	林艳光	21	雅佑辉大窝	黄秀娘	16	陈金娘	林荫生(父)	黄宽观(堂叔)	
6.1	陈玉万	32	质宁贞龙眼王	李聪娘	15	古元儒	陈芳英(堂叔)	李粗观(父)	
6.1	戴煌观	36	大使庙	李泰娘	37	妈顺	戴煌观	李泰娘	前夫郭焕故遗二女
6.1	林汉祖	27	洪溪	张敬娘	21	公堂作主	林汉祖	张敬娘	前夫沈吉故遗二女钱4文
6.8	庄边观	29	赌公司街	林么娘	17	妈金	庄沓观(堂叔)	林坤郎(宗叔祖)	
6.9	温海洋	36	城内泊面街	刘文娘	16	曾习观	温八哥(宗叔)	刘康文(亲兄)	陈尚赞担保
6.9	许赖观	31	小南门内	王来娘	21	陈金娘	许阳春(宗叔)	王有房(父)	
6.9	连永老	25	大南门外直街	林诚娘	17	陈金娘	连永老	林钟山(胞兄)	
6.15	叶仙观	35	赌公司对面街	林喜娘	22	曾明娘	叶杰观(宗叔)	林穆观(堂叔)	吴长基担保
6.16	郭及观	29	城内米涧前	陈昭娘	22	陈金娘	郭勇观(堂叔)	陈助使(胞兄)	
6.17	姚泰山	19	蔡甲大厝边	李来娘	17	林端娘	姚经观(父)	李翁观(父)	
6.17	黄助生	37	黄保生园	郑好娘	17	林端娘	黄参观(堂叔祖)	郑双春(宗兄)	郑挞观担保
6.17	黄怀仁	23	亚森巷	林快娘	14	陈金娘	黄潘郎(父)	林建观(父)	
6.22	戴土生	27	王部蔗园	郑暹娘	22	黄阿哮	戴友宽(父)	郑炎观(父)	
7.30	黄应兰	30	阿森巷	孙燕娘	23	陈金娘	黄合观(宗叔)	孙饱观(宗叔祖)	郑挞观保
8.3	张杨观	46	中港仔金店	郭淡娘	16	许恩娘	张慕吉(堂叔)	郭沛观(堂叔祖)	
8.21	谢阙观	25	观音亭	陈荫娘	18	陈金娘	谢阙观	陈长腾(宗叔)	
8.22	蔡占观	29	丹兰望	韩花娘	20	妈州兰	蔡康观(宗叔)	韩帖观(堂兄)	
8.24	颜佛同	22	洪溪近惹呀	吴甘娘	22	陈金娘	颜荣宗(堂兄)	吴富光(父)	
8.24	庄六观	31	大狮庙边	徐凤娘	16	黄染观	庄穴观(堂叔)	徐日观(胞伯)	
8.27	林勃观	34	中港仔道士巷	蔡正娘	15	妈旁佛	林露观(堂兄)	蔡长观(宗叔)	
8.29	戴卦观	32	中港仔收铁店	林傩那	18	陈金娘	戴浩观(宗叔祖)	林罗观(父)	
8.31	黄胤观	35	洪溪油车边	刘迎娘	18	妈咸	黄蚌观(族兄)	刘环观(父)	
9.1	陈房观	32	在务兀	汤黎娘	18	杨奉妈	陈朝阳(堂兄)	汤玉彩(胞兄)	蔡董成保
9.7	杨文良	38	王部	魏德娘	19	陈坤娘	杨孟俊(胞兄)	魏岩观(宗叔)	

9.7	詹题观	42	结石珍	李葵娘	17	詹带观	詹真观(堂叔)	李随观(父)	余然观保
9.7	林准观	45	文丁圩	杨首娘	25	赖彬观	林让观(堂叔)	杨存观(堂兄)	
9.7	陈缉宗	38	乌鬼巷	王武娘	16	林钦娘	陈勇观(堂叔)	王成(房兄)	
9.9	詹远生	24	蕉仔街	李惜娘	21	陈金娘	詹樽观(宗叔)	李光赞(亲叔)	
9.11	余正观	33	雅高甲菜园	庄寅娘	16	雅吉疾	余赏观(堂兄)	庄才观(宗兄)	林精观保
9.14	陈皮观	35	赌公司对面街	林合娘	19	妈旁佛	陈答观(堂伯)	林斐观(堂叔)	1793.3.20 离婚
9.15	吴径观	41	洪溪头	杨文取	27	妈旁佛	吴玉莹(堂兄)	杨谐老(堂伯)	
9.25	李笋观	32	观音亭边	林清娘	15	林端娘	李笋观	林艳观(堂兄)	
	(下缺)								

总计:75 对

1801 年吧城唐人成婚注册表

月日	新郎	年岁	住址	新娘	年岁	媒妁	男方主婚	女方主婚	备注 交钱,主事人
2.4	黄降观	32	中港仔	吴炎娘	14	洪珠娘	叶元观(堂叔)	吴章观(胞兄)	12 文,吴钻绪
	陈能			张莺娘	28				离婚

1807 年吧城唐人成婚注册表

月日	新郎	年岁	住址	新娘	年岁	媒妁	男方主婚	女方主婚	备注 交钱,主事人
10.29	刘款	25	小南门外	郑味娘	20	黄金娘	刘刹官(父)	郑江老(父 永胜)	8 磨盾,吴钻绪,甲必丹
11.1	林文于	24	鉴光猫汝	吴质娘	20	黄金娘	林缀官(堂叔)	吴科官(父,雷珍兰)	
11.2	王智	43	亭仔脚	蔡七娘	16	卢掌观	王永昌(宗兄)	蔡菩观(父)	6.24 文
11.2	许登岸	22	大港墘	黄月娘	20	黄金娘	高福娘(生母)	黄彩云(宗伯)	10.345 文
11.3	黄春光	23	圣墓港	卢根娘	19	卢惠娘	黄胆官(胞叔)	卢天福(胞兄)	6.24 文
11.5	廖玉观	27	小南门	张敬娘	15	王桂娘	廖华官(胞兄)	张应官(父)	10 文
11.6	谢生	33	观音亭	曾桂娘	21	林罔娘	谢让(族叔)	曾天水(父)	6.24 文
11.7	杨潭观	23	新池	陈珠娘	23	林罔娘	杨春官(族兄)	陈扶使(父)	10 文
11.8	杨公众	18	圣望港	柯劝娘	13	罗惠娘	杨荫官(族叔)	柯湖官(父)	6.2 文
11.8	张琳	28	小南门外	陈基娘	18	欧金娘	张体官(族兄)	陈习官(父)	12 文

11.11	林长根	19	八戈然	陈诜娘	18	黄金娘	林祖成(父)	陈炳官(宗伯,雷)	10.345文
11.12	林旋机	29	班芝兰	蔡据娘	14	林罔娘	林镭官(宗叔)	黄贤娘(母)	6.2文
11.14	郑顶上	23	八茶罐	林崑娘	24	吴引娘	郑火官(父)	林顺官(父)	10文
11.20	王研	18	龙岗园脚	蔡贞娘	18	苏金娘	王悻官(父)	蔡友官(胞伯)	8盾
11.20	杨彩章	40	新厝	叶菊娘	15	王桂娘	杨现官(堂叔)	叶德官(堂兄)	6.2文
11.21	高料庆	28	旧把杀	叶合娘	18	郑燕娘	高德郁(堂兄)	蔡维官(叔祖)	6.24文
11.22	林庚光	23	西门外	余永娘	25	林淑娘	林庚光自己	余永娘自己	—
11.28	许和生	44	城内米间前	林金娘①	31	曾宛娘	自己	自己	4剑
11.29	戴善述	26	干冬圩	马玉娘	28	郭容娘	戴盛官(族兄)	马艺官(堂兄)	5.23文 吴钻绪
12.1	昌润	27	东居	高月娘	18	胡秀娘	昌任官(族兄)	高智生(父)	6.24文
12.2	唐印	29	大港墘	刘闺娘	15	黄金娘	唐描官(从堂叔)	刘位官(父)	6.2文
12.5	胡宗	41	中港仔	林全娘	15	王桂娘	胡魁官(胞兄)	林慎观(胞叔)	6.24文
12.5	李亚新	23	老果头	陈快娘	24	徐月娘	李赞观(父)	陈元桂(胞叔)	6.24文
12.6	邱却	32	八厨间	黄合娘	18	黄金娘	邱贯官(胞叔)	黄评官(宗兄)	6.24文
12.10	戴胡	26	丹兰望	蔡腰娘	21	蔡京娘	戴小景(堂叔)	蔡爱观(父)	6.24文
12.24	黄总龄	27	八茶罐	陈山娘	21	曾宛娘	黄勃然(宗叔)	陈镭官(胞兄)	4剑
12.16	蒋锦色	22	哨口	杨吉娘	18	蔡入观	蒋颙官(族叔)	杨茂官(族兄)	6.24文
12.17	王华生	36	鉴光猫汝	陈满娘②	26	罗惠娘	自己	自己	
12.25	黄荣光	20	老果头	林潘娘	15	林罔娘	黄三郎(父)	林宽生(胞叔)	6.24文
12.27	黄紫观	35	大狮庙	柯蜜娘③	30	林罔娘	自己	自己	6.24文
12.28	张惠生	22	丹兰望	庄钟娘	16	黄金娘	张钻官(父)	戴仕娘(母)	6.24文
12.29	卢凤山	20	新把东	林烟娘	22	林罔娘	卢然官(父)	林振祖(族叔)	6.24文
12.30	林汉	41	城内把杀	吴鸾娘	27	黄金娘	林意官(族叔)	吴旺使(父)	6.24文

总计:33对

① 林金娘称:前夫王海去世2年,做字付氏挂纱。遗二男:承祖,恩泽。因贫再适,许和生情愿抚养二男,二比花押在婚簿内。

② 陈满娘称:前夫沈波目弃妻笼妾不睦,经公堂密查劳,准折破婚字,已五年余之久,无所依赖,愿与王华生为夫妻,二比各无反悔,花押在婚簿。特此批照。

③ 柯陈满娘称:前夫李佳秀去世5年,并无遗书遗业,有遗一男名李宗文5岁,无人扶养,愿再醮与紫观为夫妻,紫观亦愿扶养此儿成人,决不食言,此系二比甘愿,各无反悔,俱花押在婚簿内。特此批照。

1808 年吧城唐人成婚注册表

月日	新郎	年岁	住址	新娘	年岁	媒妁	男方主婚	女方主婚	备注 交钱,主事人
1.3	詹酧	30	结石珍	庄龙娘	22	蒋留官	詹摘官(族叔)	庄畓官(胞叔)	6.24 文,吴缵绪
1.4	林北源	30	圣望港	蔡余娘	28	欧金娘	林徐官(族叔)	黄静娘(母)	10.345 文
1.6	李保生	25	老果头	陈保娘	22	洪桂娘	李讃观(胞伯)	陈成功(父)	6.24 文
1.6	王贵和	22	大南门外	李诚娘[①]	19	李时娘	王天赐(胞叔)	李潮官(宗叔)	6.24 文
1.9	刘桂	27	乌鬼巷	黄吉娘	19	王来娘	陈金娘(母)	黄喜生(胞兄)	6.24 文
1.9	王馔	32	城内把杀	李春娘	19	黄金娘	王瑞英(宗兄)	李俭官(胞伯)	6.24 文
1.10	张玉举	30	城内礼拜边	陈桂娘	14	张桥胡	张文乾(族叔)	李莺娘(母)	6.24 文
1.12	许虹年	34	结石珍	蔡留娘	21	巫四夷	许隆观(族兄)	蔡越姐(父)	烛银 5 元
1.13	杨树	40	文丁把杀	林清娘	22	杨娥观	杨卫观(胞虎)	林榜观(堂伯)	剑 4 个
1.14	黄伦	38	新巴杀内	陈水娘[②]	30	黄金娘	自己	自己	剑 4 个
1.15	吴顺	39	麑莱河	林银娘	15	卢惠娘	吴扬观(胞叔)	郑和娘(养母)	6.24 文
1.17	胡开生	24	小南门外	李营娘	16	王桂娘	胡双麟(父)	李景生(父)	6.24 文
1.23	黄裕观	37	水锯顶	林爱娘	16	吴珍官	黄平观(族叔)	林伴官(胞叔)	6.24 文
2.5	赖劳	36	班州兰	林月娘	16	叶到观	赖迫西(堂兄)	林秋观(父)	6.24 文
2.10	徐合光	39	灰窑内	陈秀娘	19	胡秀娘	徐象观(堂兄)	陈和观(族叔)	6 文 2 钹
2.14	洪冷	33	廿六间巷	林八娘	17	张淑娘	洪元隆(父)	林奇观(胞叔)	6.24 文
2.28	陈成元	19	西门园	王接娘[③]	17	黄金娘	陈烨官(父)	王结老(胞叔)	10.345 文
3.1	肖浮观	22	中港仔	陈春娘	15	林淑娘	肖起麟(宗叔)	陈御观(父)	双烛银 5 元
3.3	戴规	29	鉴光河北	张凤娘	17	卢惠娘	戴清和(堂叔)	张国观(父)	6.24 文
3.4	李长	23	中港仔	苏雪娘	18	林罔娘	李亩官(胞兄)	苏延玑(父,武直迷)	10.345 文
3.10	黄福生	27	中蔀	陈伦娘	15	曾宛娘	黄同兴(胞叔)	郭攀娘(母)	6.24 文
3.10	陈新	37	西门外	吴淑娘	17	高新娘	陈光喜(宗兄)	林山娘(母)	旧剑 4 元

---

① 嘉庚癸酉年四月二十六日吧 1813 年 5 月 26 日拜三 10 点钟,公堂设密查劳,王贵和恳因贫穷无奈,不能赡养妻衣食,甘愿分离。李成娘称:自嫁王贵和至今,并无得意之时,情愿分离。公堂劝和好,二比再恳分离。判准,花押为凭。王贵和(签名王贵和)、李成娘(沾笔打×花押)。

② 陈水娘称:前夫杨悦去世 5 年,无遗子女,无挂沙,因贫再适,二比甘愿花押在婚簿内。特此批照。

③ 和 1809 年 9 月 13 日,为王氏不遵妇道,以致夫妇不睦,二比到堂甘愿分离,各无反悔,任从别适,不得异言。批照。具甘愿人:陈成元 王接娘

3.10	杨携	25	大港墘	林桂娘	20	卢惠娘	杨夙夜(族叔)	林传观(胞兄)	6.24 文
3.11	陈朝垂	35	洪溪	吴献娘	18	吴保观	陈特恺(胞叔)	吴采观(父)	6.24 文
3.11	黄元炯	38	八茶罐	林和娘	16	郭却娘	黄尧观(胞兄)	林文彬(胞兄)	10.345 文
3.13	陈萍	32	雾物	李贵娘	24	许炎娘	陈殿官(胞兄)	李银官(宗叔)	6.24 文
3.15	吴棕	41	蕉仔街	王却娘①	21	曾宛娘	自己	自己	10 文
3.20	林国安	23	西门三板寮	陈碧娘	21	石奇娘	林织观(父)	陈呈祥	6.24 文
3.25	庄坚	38	廿六间土库	杨益娘②	28	卢惠娘	自己	自己	10.345 文
4.3	谢锯	35	西门内	胡金娘	15	彭绒娘	谢统观(胞叔)	胡凤观(父)	6.24 文
4.6	王前	28	龙岗	赵有娘	17	黄金娘	王永昌(族兄)	赵赞成(胞兄)	6.24 文
4.10	纪勤	27	结石珍	高仁娘	17	林罔娘	纪江源(族叔)	高准官(族兄)	6.24 文
4.10	郑解	30	八茶罐	王水娘	30	罗惠娘	郑蛟官(宗叔)	王顺官(父)	6.24 文
4.23	钟延园	38	鉴光猫汝	张三娘	16	王来娘	钟四州	张思哥(叔)	6.24 文
4.23	蒋衍哥	32	旧把杀	颜银娘	26	罗惠娘	蒋认观(胞伯)	颜鹏观(父)	10 文
4.26	陈清英	26	泊面街	许文娘	17	李时娘	杨敬娘(母)	许飞龙(父)	旧剑 4 个
5.1	林惠光	39	三间土库	许正娘	28	黄金娘	林徐观(宗叔)	许拱观(胞兄)	10.345 文
5.4	蔡卜	36	阿鬼巷	陈鸾娘	25	曾运娘	蔡兼山(族叔)	陈南观(族叔)	6.24 文
5.4	赖吞	32	文丁旧圩	卢宏娘	22	卢然官	赖秀官(族叔)	卢崑山(胞兄)	6.24 文
5.21	李壬水	44	灰窑内	陈阴娘	21	林罔娘	李江潮(叔祖)	陈宗泰(宗兄)	钞钱 12 文
5.26	蔡仁光	19	灰窑内	陈好娘	16	林罔娘	蔡亨光(胞兄)	陈登官(父)	10.345 文
5.26	沈喷	35	圣墓港	张满娘③	22	欧金娘	自己	自己	6.24 文
6.6	陈元	25	结石珍	徐包娘	17	李时娘	陈和官(堂兄)	詹雪娘(母)	6.24 文
6.14	黄光彩	29	中港仔	陈那娘	20	张淑娘	黄属官(宗兄)	陈辑宗(宗伯)	6.2 文
6.14	许元	39	八茶罐 甲任巷	施海娘	20	卢惠娘	许桂官(叔)	阮喜娘(母)	6.24 文
6.25	王思	24	蕉仔街	吴和娘	18	许炎娘	王午官(胞叔)	吴拙官(父)	6.2 文
7.1	杨评	28	城内把杀	方容娘	19	黄金娘	杨成功(族叔)	林静娘(母)	10.345 文
7.6	陈元隆	21	结石珍	苏水娘	19	石奇娘	曾近娘(母)	苏鸽官(父)	钞钱 6.24 文
7.6	陈江水	21	圣墓港	卢每娘	17	吴纯娘	吴桂娘(母)	卢族官(族伯)	6.2 文
7.10	雍箱	36	八茶罐	林味娘	23	林罔娘	雍水生(堂兄)	林水观(胞兄)	10.345 文

① 据王却娘称:前夫黄阴光去世 3 年,并无做挂沙字及遗下子女,因贫再醮,二比甘愿,花押在婚簿内为照。

② 据杨益娘称:前夫林元芳去世 8 年,并无做挂沙字,遗二男,涂生 11 岁,传生 8 岁,因日食难度再适,二比甘愿,花押在婚簿内。批照。

③ 满娘前夫许亚门去世一年余,并无做挂沙字,遗一女却娘 5 岁,今因贫再适,二比甘愿,花押在婚簿内。

7.16	林仪空	30	廿六间土库	詹碧娘	14	黄金娘	林仍官(族兄)	詹罕官(叔祖)	6.2文
8.1	沈乙丑	36	旧把杀	林友娘	28	石奇娘	自己	自己	10.345文
8.7	蔡嘉茂	37	圣望港	李春娘[①]	20	黄金娘	自己	自己	10.345文
8.11	林绵	39	东门外	张莺娘[②]	36	林罔娘	自己	自己	10.345文
8.13	黄长安	21	小南门外	许清娘	23	黄金娘	黄光官(胞叔)	许六海(父,万丹甲)	10.345文
8.13	何元类	42	高窑	陈旋娘	14	黄金娘	何春林(房叔)	陈书记(胞伯)	6.24文
8.16	蔡金水	23	灰窑内	吴六娘	16	林罔娘	蔡亨光(堂兄)	吴探官(族叙)	10.345文
8.17	右麟生	30	大南门外	陈万娘	23	林金娘	谢文娘(母)	陈万丹(胞兄)	6.2文
8.23	李天祐	21	结石珍	庄抢娘	17	李朝观	李饰观(父)	庄畓观(父)	6.2文
8.24	蔡彩凉	25	结石珍	詹淑娘	23	施静娘	蔡为正(胞兄)	詹胡官(堂兄)	钞钱6.2文
8.25	柯元瑞	22	新把杀	杨凤娘	17	李时娘	柯福生(堂兄)	杨奇生(父)	6.24文
8.25	康文房	26	新厝	吴敬娘	18	黄金娘	康法光(宗叔)	吴天生(父)	10.345文
9.4	曾养绸	31	砖仔桥	郭秀娘[③]	18	彭戎娘	自己	自己	6.2文
9.13	陈簪	28	八厨间	杨冻娘	21	黄金娘	陈旱官(胞叔)	杨士郎(父)	10.345文
9.15	叶话	32	城内暗涧	林合娘	17	黄金娘	叶任官(堂叔)	林镭官(堂叔)	6.24文
9.15	黄新容	26	戎戈兰	蔡七娘	18	胡瑞娘	黄乌官(父)	吴蜜娘(母)	6.2文
9.21	纪禄生	22	结石珍	林却娘	18	柯端娘	纪新兴(叔祖)	柯阴娘(母)	6.2文
9.21	蔡有才	29	大港墘	徐振娘	18	黄金娘	蔡思齐(族伯)	徐以礼(族叔)	10.345文
9.23	许金生	22	旧把杀	郑春娘	16	欧金娘	计仲官(胞叔)	蔡维官(养父)	10.345文
9.23	叶水成	20	城内礼拜边	丘却娘	17	林罔娘	叶微官(父)	丘良生(父)	6.24文
9.25	郑唱鳌	37	结石珍	庄新娘	18	施静娘	郑瓦官(族叙)	庆畓官(族伯)	6.24文
9.25	颜天水	20	亭仔脚	周浮娘	19	黄金娘	许却娘(母)	周成功(叔祖)	6.2文
9.26	张匹	42	结石珍	江芝娘	17	石奇娘	张乌官(族叔)	江伸官(族叔)	6.24文
9.26	洪敏观	30	新把杀	陈敬娘	20	胡玉娘	洪用观(堂兄)	黄南娘(母)	6.2文
9.27	颜崑山	18	八茶馆	胡伦娘	15	林罔娘	颜鹏观(族伯)	胡参观(胞叔)	10文
9.29	吴保生	23	五脚桥内	黄绢娘	21	欧金娘	吴映生(胞兄)	黄统观(族叔)	6文
9.29	戴松竹	20	丹绒庙	邓阴娘	21	吴好观	戴隆山(父)	邓龟里(父)	钞钱3.2文
9.30	郑京	28	西门外	林炳娘	19	王来娘	郑里仁(胞叔)	林泮水(胞兄)	6.24文
10.2	黄见良	24	龙岗	王丽娘	21	刘典观	黄莲生(父)	王灿郎(叔祖)	6.24文

① 据春娘称:前夫王川观去世七个余月,并无做挂沙字,又无遗下子女,因贫无依,再适与蔡嘉茂为夫妻,二比各甘愿,花押在婚簿。

② 据莺娘称:前夫陈能经于1801年蒙公堂判决分离,氏因女流无可棲身,情愿再适与林缔观为夫妻,二比甘愿,花押在婚簿。

③ 郭秀娘前夫陈长光经去年12月公堂判离,因贫无依再适,花押为凭。

10.4	郑山	31	大港墘	叶福娘	15	黄金娘	郑江官(堂叔)	叶象六(父)	10.345 文
10.5	苏文瑞	23	结石珍	郑艳娘[①]	23	李时娘	自己	自己	6.24 文
10.8	蔡泰	28	小南门外	李坤娘	21	林罔娘	蔡兼山(族伯)	李娟观(父)	6.24 文
10.10	林炳扬	39	五脚桥	刘成娘	14	王桂娘	林达伸(堂兄)	刘凤官(父)	6.24 文
10.16	庄堑	32	大港墘	郭毕娘	27	林罔娘	庄畲官(宗叔)	郭合源(胞叔)	10.345 文
10.19	蔡同公	18	阿鬼巷	王彩娘	17	曾远娘	蔡宏官(叔祖)	王邱官(堂叔)	6.2 文
10.22	苏智生	23	西门内	钟新娘	18	彭戎娘	苏捷官(胞叔)	胡金娘(母)	6.24 文
10.28	林亚纯	20	丹兰望	杨春娘	16	王桂娘	林寿官(胞叔)	杨君盛(堂兄)	6.24 文
11.1	谢荣 14	42	高踏歹	左报娘	15	谢杰官	谢先官(胞兄)	左瑞官(父)	双烛 5 元
11.5	王计	37	圣望港	曾来娘	17	郭却娘	王禀官(族叔)	曾天水(父)	6.24 文
11.7	叶正潮	29	大南门外	朱三娘	19	叶庚娘	叶宝官(叔)	朱训生(胞兄)	6.24 文
11.9	陈斌郎	29	打铁街	徐奕娘	20	欧金娘	陈珍官(父)	徐赞官(父)	10.345 文
11.9	叶同贞	38	城内	朱六娘	17	李文远	叶亨官(堂叔)	朱增光(族兄)	6.2 文
11.10	池孝全	24	西门内	朱和娘	22	林罔娘	张淑娘(母)	朱庭玉(胞伯)	6.2 文
11.11	廖亚新	28	打铁街	郑吉娘	22	彭绒娘	廖清发(叔祖)	郑禹善(胞叔)	6.24 文
11.14	林曲生	22	蚊膠赖	黄水娘	15	黄却娘	李鹤娘(母)	李银娘(母)	3.1 文
11.15	林銮 15	27	班州兰	陈绒娘	16	胡秀娘	林尽官(父)	陈春生(族兄)	10.345 文
11.16	唐福旺	36	西湾	刘月娘	16	洪骋娘	唐根声(胞叔)	刘顺生(胞兄)	磨盾 8 个
11.18	黄永禄	18	八厨间	周新娘	16	林罔娘	黄评官(父)	周祥光(父)	10.345 文
11.20	钟五哥	35	打铁街	胡味娘	22	彭戎娘	钟孟龙(叔)	胡武生(父)	10.345 文
11.21	韩大有	21	丹兰望	李横娘	19	戴恩娘	韩边官(堂兄)	李孟贤(父)	6.2 文
11.22	王月	29	圣望港	郭景娘	16	黄金娘	王五官(族叔)	郭现官(父)	10.345 文
11.22	黄炽老	37	圣望港	叶惟娘	19	黄金娘	黄子勤(族兄)	颜梭娘(母)	6.24 文
11.22	黄清水	22	结力石土库	柯阴娘	20	黄金娘	黄子勤(族兄)	柯六一(胞兄)	还美色甘 80 文钞
11.22	刘銮	32	米涧前	王砼娘	21	彭戎娘	刘奭官(胞兄)	黄汶娘(母)	6.24 文
11.22	林遣郎	34	结石珍	方凤娘	16	施静娘	林央官(胞叔)	余莺娘(母)	6.24 文
11.30	刘奭	33	哨口	谢惠娘	22	黄金娘	自己	谢隆生(胞兄)	10.345 文
12.1	陈如松	18	公司后	李炎娘	19	石奇娘	吴仲娘(母)	黄六娘(母)	6.24 文
12.1	黄杉柏	22	廿六间	马余娘	19	胡秀娘	黄有信(父)	马癸卯(胞兄)	6.2 文
12.2	陈砖	38	八厨间	林詹娘	16	欧金娘	陈习官(族兄)	刘秀娘(母)	10.345 文

① 据郑艳娘称:前夫陈永去世 3 年,并无做挂沙字,又无遗下子女,贫无所依,愿再适与苏文瑞为夫妻,二比俱各甘愿,花押在婚簿。特此批照。

12.13	林瑞麟	30	灰窑内	杨招娘	18	黄金娘	林炎光(胞兄)	杨奇生(族叔)	6.24 文
12.14	李郡	29	文丁圩	林宫娘	20	蔡摊官	李仲官(族兄)	林央官(父)	6.24 文
12.15	林未年	34	城内把杀	温莺娘	14	黄金娘	林栋官(族叔)	温文官(族叔)	6.24 文
12.15	汤升高	36	结石珍	苏遮娘	16	施静娘	汤灶官(叔祖)	苏杰生(胞伯)	6.24 文
12.20	杨光和	20	圣望港	王端娘	16	黄金娘	杨宝官(父)	王赐锡(父)	10.345 文
12.27	朱亚藕	34	八戈然	戴蜜娘	16	黄月娘	朱舞龙(族叔)	戴祐官(父)	6.24 文
12.29	林魁昌	37	西门内	张青娘	14	彭戎娘	林万哥(族叔)	张文一(父)	6.24 文

总计:116 对

1809 年吧城唐人成婚注册表

月日	新郎	年岁	住址	新娘	年岁	媒妁	男方主婚	女方主婚	备注 交钱,主事人
1.1	戴贱	35	中港仔	张音娘	20	林淑娘	戴瓦官(族兄)	张秋官(胞伯)	6.24 文,吴缵绪、陈水官、苏缸官
1.1	施揖	37	圣望港	林硂娘	17	林罔娘	施碧官(胞叔)	林木官(叔祖)	10.345 文,同上
1.1	蔡云生	24	班芝兰	黄柔娘	17	林淑娘	蔡祯祥(胞兄)	黄孙官(父)	10 盾,同上
1.2	陈竹	27	八茶罐	许凤娘	24	黄金娘	陈享官(叔祖)	许探官(胞福)	10.345 文,同上
1.2	陈求	37	八厨间	张逆娘	15	欧金娘	陈摺官(宗兄)	张照哥(父)	6.24 文,同上
1.3	苏轻观	37	洪溪三板寮	杨莺娘	16	曾元香	苏起泰(族兄)	杨沉观(父)	6.2 文,同上
1.8	蔡长生	22	圣望港酒灶	高淑娘	18	林罔娘	蔡麟观(族伯)	高准观(族兄)	6.24 文,同上
1.9	沈盛 16	25	新把杀	胡福娘	19	王来娘	沈日官(叔祖)	胡艳生(父)	6.24 文,同上
1.12	陈轶	25	结石珍	刘经娘	18	陈丙官	陈字官(族叔)	刘善官(父)	6.2 文,同上
1.12	陈充	27	八茶罐惹呀	林文娘	15	黄金娘	陈兴官(族叔)	林桶官(族叔)	10.345 文,同上
1.17	詹红旗	35	丹兰望	谢菊娘	20	邱参官	詹陈官(胞叔)	谢启官(父)	6.2 文,同上
1.19	叶山	24	旧把杀	陈春娘	15	黄金娘	叶义官(堂叔)	陈铁官(父)	10.345 文,同上
1.20	陈木生	18	城内把杀	戴敛娘	17	黄金娘	陈有羡(叔祖)	戴瑶官(胞兄)	6.24 文,同上
1.24	曾照观	28	新巴杀	汤夺娘	14	曾远娘	曾万官(宗兄)	汤康官(族叔)	10.345 文,同上
1.29	黄彪	42	何褒土库	陈柳娘	42	薛天官	黄琼官(叔祖)	陈笃官(胞兄)	磨盾 8 元,同上
1.31	涂纪宗	32	八茶贯	郑伦娘	16	林金娘	涂日东(叔祖)	余轻娘(母)	6.2 文,同上
2.2	刘雅	31	把杀劳佗巷	巫粉娘	17	林金娘	刘元香(族兄)	巫伍观(胞叔)	6.24 文,同上
2.2	谢友选	36	泊面街	郭乙娘	24	戴芳官	谢元选(自己)	郭伦官(胞兄)	6.24 文,同上
2.8	叶选	26	八茶贯	陈映娘	16	李时娘	叶萃官(叔)	陈上元(族叔)	10.23 文,同上

2.8	江面	28	洪溪	吴微娘	22	张绕娘	江千波(宗叔,雷珍兰)	吴再生(父)	6.24 文,同上
2.23	郑养	32	高奢礤	叶宝娘	20	蔡燕娘	郑天佑(族兄)	叶永秀(族叔)	6.2 文,同上
2.23	潘起	27	八戈然	陈才娘①	29	(缺)(无)	自己	自己	钞钱 7 文,磨盾 10.5 个
2.25	黄华	24	虁菜河	吴却娘	15	庄众官	黄启官(叔祖)	陈炳文(养父)	2 个剑,同上
2.26	戴应	37	八茶贯	王雁娘②	32	罗惠娘	自己	自己	10.345 文,同上
3.1	陈微	40	观音亭	魏仁娘	25	胡秀娘	陈俊官(族叔)	魏生官(族兄)	钞 10 文,同上
3.1	钟新麟	30	蕉仔街	叶锡娘	15	谢庚瑞	钟孟龙(族叔)	叶顺祥(父)	6.24 文,同上
3.28	陈卯	22	干冬圩	杨探娘	20	柯明娘	陈近官(胞兄)	杨开官(胞兄)	6.24 文,同上
3.30	文箴	35	七能贞	邱柳娘	24	陈欺官	文才官(伯父)	邱荖官(父)	6.24 文,同上
3.30	黄光	56	公司边	林绵娘	16	林淑娘	自己	林宗生(胞兄)	10.345 文,同上
4.3	钟连义	34	中港仔	张愿娘③	34	彭绒娘	自己	自己	10.345 文,同上
4.3	林叠	28	文丁圩	王清娘	17	彭绒娘	林蚋官(堂叔)	林作娘(母)	6.24 文,同上
4.4	王容生	36	乌保土库	林西娘	18	林猛观	王涉秋(族叔)	林王官(宗叔)	6.24 文,同上
4.11	唐柴	42	圣望港桥头	林吉娘④	31	柯端娘	自己	自己	10.345 文,同上
4.17	黄胃	46	廿六间	许任娘	18	林淑娘	自己	许颂观(族兄)	6.24 文,同上
4.17	李成业	40	惹牙兰	黄均娘	18	胡端娘	李荣杰(族兄)	黄添观(堂兄)	6.24 文,同上
4.20	韩沃	32	圣望港	林壤娘	18	林罔娘	李雄官(族叔)	林意光(宗叔)	10.345 文,同上
4.21	周广	35	城内把杀	苏添娘	19	黄金娘	周祥光(宗兄)	苏邹鲁(族兄)	6.24 文,同上
4.22	林保生	21	城内把杀	郭万娘⑤	16	黄金娘	许莺娘(母)	杨七娘(母)	10 文,同上
4.28	卢味	34	大南门直街	蔡养娘⑥	16	胡秀娘	自己	自己	10.345 文,同上
5.4	陈秀	37	西门外	余宽娘	17	林兆娘	陈烈观(胞叔)	余巧观(父)	5.23 文,同上
5.6	陈重明	31	结石珍	陈淑娘	24	黄金娘	杨玉洁(族叔)	陈三合(族叔)	6.24 文,同上

① 陈才娘前夫刘崇茂去世 6 年,无做挂沙字,无遗子女,今因无后,情愿再适潘起为夫妻,二比两愿,各无反悔。特此批照。陈水官。

② 据王雁娘称:前夫朱屋观去世 6 年,无做挂沙字,又无子女,今因无后,愿再适戴应观为夫妇,二比俱愿,花押在婚簿。特此批照。

③ 张愿娘称:前夫余文龙去世 6 年,做字付氏挂沙,遗一男如水 7 岁,一女奇娘 11 岁,今因贫愿与连义为夫妇,连义也愿抚育成人,决不食言,二比甘愿,各花押婚簿内为照。

④ 林吉娘前夫郭燕观去世 12 年,无做挂沙字,又无子女,因贫再适,二比甘愿,花押婚簿内为照。

⑤ 和 1810 年 10 月 27 日郭万娘与夫保生夫妻不睦,投告内淡,押交甲必丹同堂讯问,二比情愿分离,一同押号折破婚字。林保生签名,郭万娘花押。

⑥ 蔡养娘前夫林旋机去世一年余,有做挂沙字付氏家母,无子女,今家母在堂且贫,愿再适与卢味,二比甘愿,花押在婚簿。特此批照。

5.10	沈明	38	鉴光河北	陈仁娘[①]	28	石奇娘	自己	自己	6.24 文,同上
5.13	魏茂	27	观音亭	林二娘	23	林罔娘	魏全功(父)	林交官(族伯)	10.345 文,同上
5.15	林檬	30	结石珍	郑纲娘	23	胡秀娘	林文珠(堂兄)	郑毛官(宗叔)	6.24 文,同上
5.22	李江潮	50	小南门外	苏宛娘	30	颜苗娘	自己	吴莺娘(母)	6.2 文,同上
5.30	蔡得水	42	丹兰望	谢贞娘	41	邱贞娘	蔡兰田(族叔)	谢喜生(父)	6.24 文,同上
6.2	张程	41	小南门	戴绵娘	17	黄金娘	张杰观(族叔)	戴武观(胞叔)	6.24 文,同上
6.3	刘固	30	公司边	林月娘	22	黄金娘	刘苏官(族叔)	林应熊(胞兄)	10.345 文,同上
6.10	朱陟	34	城内把杀	王梧娘	25	黄金娘	朱蹇官(族兄)	王益生(胞兄)	10.345 文,同上
6.10	郭永瑞	19	旧把杀	陈安娘	20	石奇娘	郭宪官(父)	陈呈祥(父)	6.24 文,同上
6.11	曾运伯	40	泊面街	梁英娘	17	肖振伯	曾荣珍(胞叔)	梁如麟(族叔)	6.24 文,同上
6.16	严银生 登辉[②]	21	拜牛馆	郑雀娘	21	林淑娘	严元光(族叔)	黄礼西娘(母)	6.2 文,同上
6.19	陈南生	18	窑内田仔	沈留娘	14	黄金娘	陈武力(父)	沈根官(父)	盾 8 元,同上
6.22	黄遣	38	廿六间土库	魏詹娘[③]	30	石奇娘	自己	自己	10.345 文,同上
6.29	陈斌	31	乌褒土库	林彩娘	18	林淑娘	陈石官(族兄)	林栅官(父)	6.24 文,同上
6.30	陈伦亲	28	洪溪	黄娘哪	18	钟信观	陈伦盛(兄)	黄庚伯(兄)	6.24 文,同上
7.6	刘崑秀	38	泊面街	朱吉娘	17	肖振伯	刘卓炬(叔)	朱延玉(胞辰)	6.24 文,同上
7.27	杨志成	36	蕉仔街	钟梅娘	18	黄金娘	杨茅官(族兄)	钟渊官(父)	10.345 文,同上
8.15	黄应奇	24	小南门	吴荣娘	16	黄金娘	黄九龙(宗叔)	吴六光(父)	钞钱 12 文,同上
8.21	陈清扬	25	结石珍	王拾娘	18	施静娘	陈汉宁(父)	王瑞华(父)	钞钱 12 文,同上
8.24	蔡顺兴	18	八茶罐	沈莺娘	15	林罔娘	蔡兼山(族伯)	沈敬观(胞叔)	6.24 文,同上
8.27	黄练	26	小南门	韩鹤娘	24	黄金娘	黄养官(父)	韩边官(堂兄)	10.345 文,同上
8.28	蔡鸾	28	城内米涧前	张碧娘	18	林罔娘	蔡允官(宗叔)	张伍官(堂兄)	10 文,同上
9.1	欧传	20	质能贞	詹三娘	16	许然观	欧詹观(父)	詹元观(胞兄)	钞 12 文,同上
9.1	王清运	33	阿鬼巷	林俊娘	21	曾远娘	王并观(宗兄)	林文一(叔祖)	磨盾 7 个,同上
9.4	林深渊	24	西门外	池端娘	19	林罔娘	林兼五(族叔)	张淑娘(母)	10.345 文,同上
9.5	钟成赞	24	槟榔社	廖实娘	22	彭绒娘	钟世创(胞兄)	廖福(父)	6.2 文,同上
9.7	张潘桂	23	公司后	李目娘	23	胡玉娘	自己	自己	6.24 文,同上

① 陈仁娘称:前夫林三奇去世一年余,无做挂沙字,又无遗下子女,今因困乏愿再适沈明,二比甘愿,花押在婚簿内。此照。

② 和 1824 年 6 月 11 日公堂判得严登辉不事生活不能顾其妻,雀娘不愿与他为夫妇,即令二比折破婚字各从别适,永无反悔。严登辉花押,郑雀娘花押。

③ 魏詹娘前夫陈绿春去世 6 年,无做挂沙字,无子女,因贫乏无依再适黄遣,二比甘愿,花押在婚簿。

9.7	许韫	41	大狮庙	林凤娘	24	欧金娘	许定(胞叔)	林儒生(胞兄)	6.24文,同上
9.7	丘蜜生	25	鉴光兀智	陈活娘	16	邱发生	丘仲观(堂兄)	陈光明(胞兄)	6.2文,同上
9.12	李桂发	38	西门外	陈静娘	19	卢静娘	李宙官(族兄)	陈充官(胞叔)	10.345文,同上
9.12	陈汉生	24	大港墘	黄鲁娘	23	石奇娘	陈英顺(胞叔)	黄洁志(族叔)	10.345文,同上
9.13	高景阳	18	结石珍	陈莺娘	16	施静娘	高海(父)	陈仁(父)	6.24文,同上
9.14	李有	19	五脚桥	陈二娘	20	吴寅娘	李金生(父)	陈六观(父)	10.345文,同上
9.14	林檀	31	八厨间	蔡昭娘	23	黄金娘	林卑观(胞叔)	蔡维观(胞伯)	10.345文,同上
9.15	唐佛生	17	八厨沃间	李凤娘①	16	欧金娘	唐锭观(父)	李武观(胞叔)	6.24文,同上
9.15	王赞火	39	西公巷	吴桂娘	17	—	自己	自己	6.24文,同上
9.17	谢问七	28	高劳屈	苏英娘	19	温文官	谢阿路(叔)	苏捷官(堂兄)	钞10文,同上
9.21	张登元	21	五脚桥	刘来娘	15	李时娘	叶吉娘(养母)	刘再生(父)	钞12文,同上
9.27	林金生	21	结石珍	朱三娘	22	施静娘	林溪官(父)	朱庶泽(父)	6.24文,同上
9.27	林振生	23	文丁	徐祖娘	23	—	徐三官(父)	林镭(胞兄)	双烛4元,同上
9.28	陈逢生	35	三间土库	林建娘	19	王桂娘	陈振官(族叔)	罗爱娘(母)	钞钱20文,同上
10.1	徐隆官	36	大南门外	张新娘	16	张彩官	徐友新(叔)	张勤(族叔)	钞钱12文,同上
10.3	韩毛	31	八厨仔间	周宣娘	16	林罔娘	韩雄官(族叔)	周信官(父)	钞钱18文,同上
10.4	叶文	30	竹树巷内	林清娘	22	林罔娘	叶仰官(堂兄)	林朕官(胞伯)	10.345文,同上
10.7	蔡伴漏	66	灰磘内	陈运娘②	56	林淑娘	自己	自己	10.345文,同上
10.7	张得盛	32	王廊	林均娘	24	温来娘	张超观(胞叔)	林当观(胞兄)	钞钱12文,同上
10.15	王指南	28	小南门外	黄奇娘	25	李时娘	王篇观(族叔)	黄浩老(父)	10.345文,同上
10.16	杨训生	17	中港仔	洪水娘	16	陈金娘	杨洁娘(胞姑)	洪元隆(族叔)	钞钱12文,同上
10.19	蔡晚生	20	大港墘	陈浩娘	16	黄金娘	蔡卜官(宗兄)	陈元章(胞兄)	钞钱20文,同上
10.19	黄然生	29	公司边	蔡伴娘	19	黄金娘	黄乾生(胞兄)	蔡寅生(胞兄)	钞钱20文,同上
10.18	毛柔	48	打石巷	陈金娘	25	黄金娘	毛茚官(族叔)	陈回官(胞叔)	6.24文,同上
10.19	钟沙	23	观音亭	吴凤娘	21	欧金娘	钟溪官(族叔)	吴旺使(父)	钞6.2文,同上
10.25	翁天水	22	洪溪	黄福娘	19	林罔娘	翁琢观(胞兄)	黄不老(父)	6.24文,同上
10.25	黄持	33	何鬼巷	许奇娘	16	林罔娘	黄玉桂(胞兄)	许属观(父)	磨盾8个,同上
10.25	陈文安	18	中港仔	谢宝娘	16	黄金娘	陈清赞(族兄)	谢雍官(父)	6.24文,同上
11.1	李山水	20	五脚桥	郑能娘	21	黄金娘	李宝生(父)	郑奇早(胞兄)	9文,陈水官、苏缸官

① 吧1815年1月16日,二比甘愿分离,将婚字折破,各花押为凭,李凤娘花押,唐佛生花押,交回婚字书存档。

② 据陈运娘称:前夫郭沛去世26年,无遗子女,今因贫穷更兼年已衰迈,无所依愿再适,二比各甘愿,花押在婚簿。

11.2	陈仲	19	绒戈兰	游会娘	15	胡瑞娘	陈些钫(胞叔)	游一观(父)	钞 4.2 文,同上
11.5	李梅宫	34	城内土库口	钟添娘	16	王桂娘	自己	钟振亮(叔祖)	钞 18 文,同上
11.6	陈清风	17	廿六间	丁粟娘	17	黄金娘	陈韦官(父)	丁调老(父)	钞 9 文,同上
11.9	郭光爱	32	八茶罐	张根娘①	23	王渐娘	自己	自己	钞 8 文,同上
11.9	许澄海	17	亚森圩	李移娘	16	欧金娘	许习官(父)	李武官(父)	钞 9 文,同上
11.9	罗文	30	洪溪	刘二娘	18	刘兴观	罗文俊(胞兄)	刘澳瑶(叔祖)	钞 9 文,同上
11.9	林耸	36	文丁新圩	朱曲娘	14	王讲娘	林然(堂叔)	朱碧辉(堂叔)	钞 9 文,同上
11.9	许贤才	28	城内鱼涧	李秀娘②	28	王贵娘	许大杰(堂叔)	自己	钞 9 文,同上
11.12	许安汶	18	圣望港	薄苑娘	14	黄金娘	许凤观(族伯)	薄盛观(父)	钞 5 文,同上
11.13	黄选	37	中港仔新厝	杨友娘	20	林淑娘	黄 享(伊叔)	杨缘娘(伊姊)	钞 9 文,同上
11.13	陈友珍	41	新把杀	丘在娘	16	王贵娘	自己	杨珠娘(母)	钞 9 文,同上
11.13	吴庇光	24	结石珍大桥	林丹娘	18	蔡京娘	吴入生(父)	林字(堂伯)	钞 9 文,同上
11.15	张贞观	20	结石珍	冯引娘	16	李爱娘	张开生(父)	冯潮观(族伯)	钞 9 文,同上
11.16	程石珪	40	鉴光猫汝	王予娘	29	黄金娘	程元珍(堂兄)	王其祥(胞兄)	钞 9 文,同上
11.18	蔡季随	35	丹兰望	王是娘③	31	戴土娘	自己	自己	钞 9 文,同上
11.21	陈孔观	28	结石珍	刘裕娘	17	杨陈生	陈绸生(叔)	刘榜观(父)	钞 9 文,同上
11.23	陈东山	22	戎戈兰	方凤娘	17	石奇娘	陈成功(父)	方天送(父)	钞 9 文,同上
11.25	詹亚伸	36	蕉仔街	陈二娘	17	彭戎娘	詹振观(堂叔)	陈壳观(父)	钞 9 文,同上
11.27	李梗观	32	中港仔	张文娘	17	黄金娘	李银观(宗叔)	张仕观(父)	钞 9 文,同上
11.27	黄他观	32	米涧前	曾狮娘	23	黄金娘	黄清观(宗叔)	曾荣宗(胞兄)	钞 9 文,同上
11.27	陈东京	28	三间土库 对面	苏涧娘	14	黄金娘	陈甲必丹 马抱官(堂兄)	苏甲必丹 (父)缸官	钞 20 文,同上
11.27	王汶水	31	乌鬼巷	林云娘④	20	曾范娘	自己	自己	钞 9 文,同上
11.28	陈彩郎	32	大使庙	詹达娘	27	林罔娘	陈巧观(族叔祖)	詹仁锦(族叔)	钞 9 文,同上
11.29	唐庇生	23	结石珍	陈丽日娘	17	施贞娘	唐庄观(堂兄)	陈标观(堂兄)	钞 9 文,同上

① 根据张根娘称:前夫李成观过世一年余,做字与根娘挂沙,遗二男昆山、龙泉,女瑞娘,因贫再适,二比愿教子如己子,花押在婚簿。

② 李秀娘称:前夫曾明已身故 7 年,无做字又无子女,今因贫无依,情愿再醮与许贤才为夫妻,各无反晦,花押在婚簿。批照。

③ 王是娘称:前夫柯登文去世一年,无做挂沙又无子女,因贫乏无依赖甘愿再配蔡季随为夫妻,各无反悔,花押在婚簿。批照。

④ 林云娘称:前夫游清河身故一年余,无做字挂沙,又无遗下子女,因贫乏无依,甘愿再醮王汶水为夫妇,各无反悔,花押在婚簿。批照。

11.29	黄倘观	47	廿六间	杨吉娘[①]	27	赖金娘	自己	自己	钞9文,吴科官、苏缸官
11.29	高火观	31	西门外	张蜜娘	21	林罔娘	高却观(宗叔)	张赞观(宗叔)	钞9文,同上
12.1	林昌观	20	八厨仔间	高瑞娘	17	欧金娘	林籴观(堂兄)	高冬观(叔祖)	钞9文,同上
12.2	李高生	20	圣望港	郑些央娘	17	林罔娘	李观生(胞兄)	郑佛佑(父)	钞9文,同上
12.2	林再观	31	丹仔蚋	陈残娘	24	黄金娘	林办观(堂兄)	陈硂观(堂叔)	钞9文,同上
12.2	高范官	48	班蕉兰	杨一娘	24	黄金娘	高福寿(宗兄)	杨甫观(宗叔)	钞9文,同上
12.9	张保生	38	乌褒土库	林观娘	17	李振娘	张水观(宗兄)	林海生(父)	钞9文,同上
12.9	林扶观	26	丹仔蚋	李甘娘	18	林金娘	林超观(胞叔)	李高生(父)	钞9文,同上
12.10	李东旺 雷珍兰	41	荔园	康彩娘	23	李时娘	自己	唐坤官(胞兄) 康泰山	钞40文,又笔资10文,同上
12.10	黄蔡观	44	洪溪惹呀	戴成娘[②]	23	雅华观	自己	自己	钞9文,同上
12.13	刘扬观	33	结石珍	陈评娘	20	施贞娘	刘立观(胞兄)	杨秀娘(生母)	钞文9文,同上
12.17	陈长生	22	圣望港	张一娘	20	林罔娘	陈助使(父)	张天赐(父)	钞文9文,同上
12.18	高亚珠	27	八厨仔间	郑兰娘	16	欧金娘	高元丹(叔)	郑云合(父)	钞文9文,同上
12.19	胡永松	28	乌褒土库	黄宛娘	15	胡秀娘	胡武生(堂兄)	黄俭观(宗叔)	钞文9文,同上
12.21	陈川观	26	旧把杀	方莺娘	21	黄金娘	陈彪观(族兄)	方文生(胞兄)	钞文9文,同上
12.24	林振文	27	文丁新圩	黄法娘	26	赖金娘	林天上(堂叔)	林荫娘(母)	钞文9文,同上
12.26	陈敦生	20	龙潭	张金娘	17	黄金娘	陈仁观(父)	谢尚娘(母)	钞文9文,同上
12.26	施荣祖	19	结石珍	陈宝娘	18	施贞娘	唐艳娘(母)	陈雅观(胞叔)	钞文9文,同上
12.28	黄汀观	32	大使庙	陈臣娘	15	林罔娘	黄西比(宗叔)	陈巧观(公公)	钞文9文,同上
12.29	黄园观	35	观音亭	汤蛮娘	18	李进娘	黄兴观(宗观)	汤笋观(父)	3.1文,上同

总计:141对

1810年吧城唐人成婚注册表

月日	新郎	年岁	住址	新娘	年岁	媒妁	男方主婚	女方主婚	备注 交钱,主事人
1.1	钟户观	39	新池	熊举娘[③]	18	胡玉娘	自己	自己	钞9文,吴科官,苏缸官

① 据杨吉娘称:前夫林容秀身故2年,无做挂沙字,有遗一女春娘方7岁,今因贫乏甘愿再醮黄倘为夫,各无反悔。批照。

② 据成娘所称:前夫郑生幸经已身故3年,交无做挂沙字,又无遗下男女,今因贫寒甘愿再醮黄蔡为夫,日后不得反悔,俱花押批明。

③ 举娘前夫唐佳身故3年,无做挂沙字,又无遗下男女,因家贫无依再醮,各无反悔,花押。

1.4	戴卿观	30	干冬圩	马景娘	27	郭甕娘	戴长观(胞兄)	马外观(父)	钞9文,同上
1.4	陈长光	23	蕉仔街	辜莺娘	18	黄金娘	陈三福(父)梅林	辜日生(父)	钞9文,同上
1.5	陈郁观	58	城内把杀	林潭娘[①]	38	卢菲	自己	自己	钞9文,同上
1.6	蒋锦包	24	哨口	魏金娘	21	李时娘	蒋颙观(族叔)	魏顺观(父)	钞9文,同上
1.8	徐九祥	40	槟榔社	古雅娘	16	邓润观	徐巨兴(堂叔)	古长观(宗叔)	钞9文,同上
1.8	曾建礼	26	旧把杀	徐恩娘	14	张福观	曾永琥(叔)	张维开(养父)	钞9文,同上
1.10	郑标观	25	八茶贯	张炳娘	18	卢斐娘	郑六其(堂兄)	张元观(父)	钞9文,同上
1.11	陈凤观	28	结石珍	林坤娘	18	雅然卓	陈坎水(堂兄)	黄浩娘(母)	钞9文,同上
1.12	李近长	24	打铁街	陈坐娘	20	黄金娘	李重观(宗叔)	陈振观(宗叔)	钞9文,同上
1.12	陈表观	36	圣望公巷	林福娘	18	石奇娘	陈池娘(族叔)	林英观(堂兄)	钞9文,同上
1.13	黄助观	29	观音亭	林益娘	25	殴金娘	黄阵(宗叔)	林楚观(父)	钞9文,同上
1.14	黎雍年	39	旧把杀	黄英娘	28	郑方娘	自己	自己	钞9文,同上
1.20	陈连生	21	圣望港	林赖娘	17	黄金娘	陈锦观(父)	林金观(公公)	钞9文,同上
1.21	蔡国政	42	高劳屈	陈深娘	27	林珍观	蔡兼山(族伯)	陈稿观(族叔)	钞3.1文,同上
1.23	许佛观	34	圣望港	林振娘	22	许艳娘	许凤观(族叔)	林三阵(胞兄)	9文,同上
1.25	王长庚	26	甕菜河	薛玉娘	17	黄金娘	王加(宗叔)	薛杨观(父)	钞9文,同上
1.26	温汝汉	42	高奢园	沈三娘	23	林吉观	温海阳(堂兄)	沈全观(堂兄)	钞9文,同上
1.27	沈智观	34	文丁旧圩	吴贞娘	21	林罔娘	沈海观(胞兄)	吴银生(族兄)	钞9文,同上
1.28	林汶水	26	旧把杀	杨六娘	20	张宿娘	林藕官(胞侄)	杨君观(父)	钞9文,同上
2.9	林启机	41	大使庙	杨秀娘[②]	33	黄金娘	自己	自己	钞9文,同上
2.10	吴园观	26	东锯	高文娘	18	石残观	吴永观(堂叔)	高池观(父)	钞9文,吴科官,苏缸官
2.18	甘江观	38	结石珍	刘近娘	18	李时娘	甘有成(堂兄)	刘盛娘(姑)	钞9文,同上
2.24	吴言观	36	鉴光猫汝	林桂娘[③]	36	黄金娘	自己	自己	钞9文,同上
2.24	许芳居	31	中港仔	蔡珠娘	21	卢菲娘	许凤观(叔祖)	蔡允观(族叔)	钞9文,同上
2.27	陈成元	21	西门外	江凤娘	16	黄金娘	陈烨郎(父,垅板甲必丹)	吴屿娘(母)	钞40文,同上
2.28	陈蜜观	21	米涧前	薛祈娘	19	黄金娘	陈武观(父)	薛招生(堂叔)	钞9文,同上
3.3	罗文左	45	洪溪	邱金娘	18	邱些观	罗文俊(胞兄)	邱升观(父)	钞3.1文,同上
3.11	蔡义光	21	圣望港	陈七娘	17	林罔娘	蔡亨光(胞兄)	陈寅光(父)	钞9文,同上

① 林氏前夫黄扬身故16年,无做挂沙,无遗子女，家贫愿再醮,各无反悔,花押为照。

② 据杨氏称:前夫王长庚去世10年,并无做挂些字,又无遗下男女,今因家贫无依,甘愿再醮林启机为妻,日后各无反悔,花押在婚簿内。批照。

③ 林氏前夫陈明玉身故5年,无做挂些,仅遗二女克娘、六娘,家贫无依再醮,各无反悔,花押在婚簿。

3.17	林海棠	45	宰牛巷	何佑娘	23	杨绍雍	林曾老(宗兄)	何春林(族叔)	3.1文,同上
3.17	黄新晓	26	八厨沃涧	朱建娘①	27	叶江娘	自己	自己	9文,同上
3.18	张文生	38	圣望港酒灶	吴炎娘②	24	罗菲娘	自己	自己	9文,同上
3.19	王江山	46	圣望港	吴石娘③	30	罗菲娘	自己	自己	9文,同上
4.4	庄天富	19	圣望港	陈金娘	17	黄金娘	庄爽观(父)	陈道生(胞叔)	9文,同上
4.4	张駉观	23	文丁旧圩	黄曲娘	17	戴述观	张亭观(堂叔)	黄壮观(父)	9文,同上
4.10	蔡德元	20	结石珍	陈宛娘	20	柯断娘	蔡篆观(父)	陈汉宁(父)	9文,同上
4.12	郑郁观	19	八厨沃间	黄淑娘	15	欧金娘	郑湿观(父)	黄文生(父)	9文,同上
4.14	李深观	34	八茶贯	林谦娘	20	林罔娘	李近观(族叔)	林体观(宗伯)	9文,同上
4.14	王涉滔	22	三间土库	刘安娘④	22	陈爱娘	自己	自己	9文,同上
4.17	戴德生	23	大南门外	陈君娘⑤	28	雅谢恭	自己(茂兴号)	自己	9文,同上
4.20	张听	32	八茶贯	陈来娘⑥	31	黄吉娘	自己	自己	钞3.1文,苏缸官,吴信官
4.21	林达观	36	圣望港桥头	杨敦娘	23	黄金娘	林见龙(族兄)	杨麟观(父)	9文,同上
4.22	林道生	34	蕉仔街	吴莺娘	26	黄金娘	自己	吴玉郎(父)	9文,同上
4.22	郑来观	25	洪溪头	胡月娘	17	张允娘	郑海水(宗叔)	胡珠生(胞兄)	3.1文,同上
4.22	温泮水	34	泊面街	黄成娘	19	林罔娘	温振源(宗兄)	黄评观(宗伯)	9文,同上
4.22	王八逸	28	文丁旧圩	陈南娘	19	郑浪生	王万观(宗兄)	陈珠生(胞兄)	9文,同上
4.26	张江水	18	亚森脚	陈凤娘	17	欧金娘	张朝老(父)	陈亚木(父)	9文,同上
4.26	戴元观	19	猫木间蔀	林德娘	17	杨全观	戴云观(父)	林珠生(胞兄)	9文,同上
4.27	黄敏观	28	阜财土库	胡来娘	16	石奇娘	黄佛观(宗兄)	胡盛祖(宗叔)	9文,同上
4.30	陈定宽	37	廿六间	吴宽娘	21	黄金娘	陈清赞(宗兄)	吴祝观(胞兄)	9文,同上
4.30	张振钦	40	新厝尾	郑国娘	18	张亚五	张乔胡(族叔)	郑志玉(族叔)	9文,同上
5.1	高墙观	34	八厨沃间	陈宣娘	18	欧金娘	高元观(堂兄)	陈报观(堂叔)	9文,同上
5.6	王文川	32	亚森脚	林汶娘	24	卢菲娘	王协山(胞兄)	林相尧(父)	9文,同上
5.6	钟来观	25	质宁贞	谢桂娘	18	黎绒观	钟都观(堂兄)	谢勋观(胞伯)	3.1文,同上
5.9	蔡张观	29	丹兰望	高庆娘	25	欧金娘	蔡兰田(族兄)	高圩生(胞叔)	9文,同上

① 朱氏前夫游亚江去世7年,无做挂些字,又无遗下男女,今因贫寒无依再醮,各无反悔,花押为照。

② 吴氏前夫叶降身故3年,无做挂沙字,无遗下男女,因贫乏无依再醮,各无反悔,花押为照。

③ 吴氏前夫李瑞身故7年,无做挂些,遗女瑞娘13岁,贫寒无依,再醮花押。

④ 刘氏前夫林箍观去世4年,无遗下男女,有做字付氏母家挂些,今贫再醮,花押在簿。

⑤ 陈氏前夫沈新身故5年,无做挂沙字,生二女英娘、送娘,现挂沙人沈振观援去抚养,氏系女流无可依赖,自愿醮戴德生为夫,日后各无反悔,花押为照。

⑥ 据陈氏称:前夫李海,无给婚字,现染病3年,不能照顾,经已分离3年,氏无所依,愿再醮张听,花押。

5.9	涂冻观	28	洪溪	黄福娘	22	黄金娘	涂寄观(宗叔)	黄燕观(宗叔)	3.1 文,同上
5.9	林粗观	27	洪溪	李双娘	18	黄金娘	林协观(族叔)	李秋瑞(宗叔)	9 文,同上
5.10	杨抹观	31	亚森脚	陈近娘	21	林罔娘	自己	陈英娘(外妈)	9 文,同上
5.11	蔡甘观	26	丹兰望	戴南娘	17	林此娘	蔡旁观(堂伯)	戴亨观(堂叔)	9 文,同上
5.12	韩党观	22	班蕉兰	蔡质娘	21	杨却娘	陈卯娘(母)	蔡云祥(胞兄)	9 文,同上
5.12	蔡有容	23	鉴光湖北	郭谦娘	18	张锦娘	雅蔡荅(母)	郭谨观(父)	3.1 文,同上
5.12	陈收	36	结石珍	郭玉娘[①]	27	李时娘	自己	自己	钞 10 文,同上
5.14	詹荣华	33	结石珍	李蜜娘	21	庄滥观	詹情观(族兄)	李布观(父)	9 文,同上
5.14	黄秋观	30	结石珍	陈质娘	18	刘拢观	黄及观(堂兄)	潘月娘(母)	9 文,同上
5.14	江坎成	43	廿六间	郑全娘	17	林淑娘	自己	郑江老(宗伯)	9 文,苏江官,吴文信官
5.15	郑厉观	37	五脚桥	钟银娘	18	胡修娘	郑伙观(族叔祖)	钟照观(宗叔)	9 文,同上
5.15	方柳观	19	结石珍	李粒娘	15	徐金娘	方东山(胞兄)	李佃观(堂兄)	9 文,同上
5.17	王万观	34	八厨仔间	李瑞娘	27	卢非娘	自己	李愿观(宗叔)	9 文,同上
5.20	吴新元	23	圣望港	陈铢娘	18	黄金娘	吴午观(父)	陈春光(父)	9 文,同上
5.21	林九观	28	得顺土库	卢佑娘	14	林淑娘	自己	卢富观(族叔祖)	9 文,同上
5.30	曾秀	38	洪溪	房悦娘	16	刘益娘	自己	张桂生(母舅)	9 文,同上
6.5	古星观	25	中港仔	唐妹娘	18	古金兴	古巽伯(胞叔)	唐儒官(父)	9 文,同上
6.6	王光球	23	三间土库	戴直娘	20	李时娘	王强观(父)	戴允观(父)	9 文,同上
6.8	钟庚栋	41	洲淋巴	张妹娘	15	陈学友	钟庚福(胞兄)	张万开(父)	9 文,同上
6.13	林斌观	41	文丁旧圩	陈荣娘	20	林藕观	林表现(族叔祖)	王申娘(母)	9 文,同上
6.17	陈元观	34	亚森巷	许金娘	17	林罔娘	陈清观(族叔)	许回观(胞兄)	9 文,同上
6.17	何亚六	36	八茶贯	胡吉娘	18	彭戎娘	何振伯(族叔)	胡天赞(父)	9 文,同上
6.18	杨拘观	27	八厨沃间	陈应娘	16	叶江娘	杨陪观(堂兄)	陈毓秀(宗叔)	9 文,同上
6.20	洪壬观	47	文丁新圩	林水娘	24	颜元观	洪源隆(宗叔)	林然观(父)	9 文,同上
6.23	方荣芳	30	干冬圩	彭酉娘	16	官文助	自己	彭狄仁(父)	9 文,同上
6.26	陈田观	38	甕菜河	黄一娘	20	林罔娘	陈允元(堂叔)	黄东兴(胞叔)	9 文,同上
6.27	邱成文	38	八厨沃间	林喜娘	16	肖振伯	邱元诒(族叔)	林三合(宗叔)	9 文,同上
7.2	李富生	27	新把杀	戴八娘	16	黄金娘	黄六娘(母)	戴藕观(父)	9 文,同上
7.19	林琼观	39	泊面街	詹一娘	16	邱华观	林仲观(宗兄)	詹振观(父)	9 文,同上

① 玉娘前夫王余庆去世 4 年,生一女惠娘 9 岁,归伊胞叔王天赐抚养,因年少居孀,愿再适,二比甘愿,花押在婚薄。

7.27	叶簇	31	小南门内	李伴娘	22	林淑娘	叶弥观(族叔祖)	郭容娘(母)	9文,同上
7.31	颜简观	24	小南门外	梁水娘	19	曾远娘	颜苗观(宗叔祖)	梁炎观(胞叔)	3.1文,同上
8.6	李汉	35	中港仔	陈狼孛[①]	34	会胡仕	自己	自己	9文,同上
8.11	戴权	40	干冬圩	吕二娘[②]	25	曾远娘	自己	自己	9文,同上
8.14	周东山	34	观音亭	黄水娘	19	石奇娘	周诺观(宗叔)	黄百和(族叔)	3.1文,同上
8.14	郭牛老	18	廿六间	黄明娘	16	黄金娘	郭魏观(父)	黄宇观(父)	9文,同上
8.14	纪茯神	23	廿六间	罗黎娘	22	李时娘	纪江源(父)	罗宗伦(兄)	9文,同上
8.19	郭方庆	30	洪溪	江让娘	22	黄金娘	自己	江波纹(父)	9文,同上
8.20	戴江中	23	亚森脚	陈鸾娘	19	林罔娘	戴葛观(父)	陈虎观(堂兄)	9文,同上
8.22	郑雪观	19	八厨仔间	徐意娘	19	李英杰	郑湿观(胞叔)	徐德观(父)	9文,同上
8.22	严突观	34	职宁贞	何英娘	24	杨已娘	严天表(宗叔)	何春观(父)	9文,同上
8.25	张魁观	31	亚森脚	王水娘	22	曾远娘	张调老(宗叔)	王贵和(胞兄)	3.1文,同上
8.25	陈海山	21	城内把杀	张文娘	17	欧金娘	陈作观(宗伯)	张水观(胞叔)	9文,同上
8.27	林印郎	27	小南门外	洪银娘[③]	22	黄金娘	陈戎娘(母)	洪明观(养父)	9文,同上
8.27	陈元章	26	班州兰	韩珠娘[④]	25	黄金娘	自己	自己	9文,同上
8.28	林盛祖	32	监光猫汝	王彩娘	22	黄金娘	林吧生(宗叔)	王艮生(胞叔)	9文,同上
8.31	刘双士	22	城内酌仔街	李招娘	20	欧金娘	刘夙夜(父)	李金生(胞兄)	9文,同上
9.1	杨伦观	41	西湾	林爱娘	19	蔡吴水	杨暖观(宗兄)	林进生(胞兄)	9文,同上
9.2	詹簿观	39	结石珍	林甘娘	29	会慈观	詹情观(堂叔)	林天喜(胞兄)	9文,同上
9.4	陈沃野	25	八戈然	郭秋娘	16	林罔娘	陈果生(父武直迷)	郭绰郎(父)	9文,同上
9.5	杨江水	34	圣墓港	张水娘	20	欧金娘	杨邑观(从堂兄)	张秀观(父)	9文,同上
9.6	陈子文	19	结石珍	林正娘	16	李海娘	陈高观(父)	林曲娘(姑)	9文,同上
9.6	蔡珍观	31	结石珍	纪燕娘	32	李海娘	蔡菊观(族叔)	纪新兴(胞叔)	9文,同上
9.7	陈结观	39	涌莱河	黄梅娘	18	黄金娘	陈敦观(宗兄)	黄藤观(从堂兄)	9文,同上
9.7	王兴生	20	老果头	陈花娘	20	徐春娘	陈登观(堂叔)	张有娘(外祖母)	3.1文,同上
9.9	高扁观	24	旧把杀	黄坤娘	17	欧金娘	高象观(从兄)	黄教观(父)	3.1文,同上
9.9	陈火观	28	新把杀	潘八娘	14	石奇娘	陈池先(堂叔祖)	潘光定(宗兄)	3.1文,同上

① 陈氏前夫黄庇观住文丁旧圩,已去世余年,遗一子身故,家贫无依再适,二比甘愿无异言,花押在簿。

② 吕氏前夫李重观去世已二载,无遗业,生一子青山年方3岁,欲随身抚养,因贫寒无依,甘愿再醮与戴权为夫妻。

③ 洪明观称:银娘系已故赵三才之女,收养为女时甫周岁也。

④ 据韩珠娘称:伊夫胡奇生,为往丹黎抹行商,被在地番杀死于今年余,并无遗业又无子女,身为女流贫寒难度,无奈再醮与陈元章为夫,二比俱各甘愿。

9.12	施海生	44	西门外	高贞娘	18	林朝娘	施长珠(宗叔)	高连观(族叔)	9文,同上
9.15	林溪观	25	职宁贞	陈县娘	24	朱廷玉	林盏观(父)	陈乾观(父)	9文,苏缸官、吴文信
9.15	杨茂观	28	小南门外	许来娘	19	黄金娘	杨郎官(宗叔)	许深观(父)	9文,同上
10.1	刘合观	37	高罗窟	徐梅娘	17	张赈餐	刘缘观(堂兄)	徐甲观(堂兄)	9文,同上
10.3	杨彩凤	33	宁岗	王专娘	26	苏金娘	杨赞扬(宗叔)	王悦观(胞兄)	9文,同上
10.6	李汉章	23	八戈然	陈缘娘	19	林罔娘	李天福(族叔)	陈果生(父、武直迷)	9文,同上
10.8	张天生	22	结石珍	詹眉娘	17	车爽观	张吉生(祖父)	詹学明(父)	9文,同上
10.12	蔡金生	23	职宁贞	黄旺娘	20	杨奇娘	蔡香生(堂兄)	黄坎观(父)	9文,同上
10.23	陈建生	33	洪溪	林金娘[①]	25	谢孙娘	自己	自己	9文,同上
10.23	谢庭玉	34	新迟	王月娘[②]	29	彭戎娘	自己	自己	9文,同上
10.28	陈便观	24	中港仔	王阴娘	16	李时娘	陈范观(胞叔)	王赐锡(堂叔)	9文,同上
10.29	朱韩生	29	王廊	陈姬娘	22	叶江娘	朱斗生(父)	陈天喜(胞兄)	9文,同上
10.30	李成观	20	大南门外	叶合娘	20	李明娘	李建观(父)	叶象六(叔祖)	9文,同上
10.31	林英俊	21	东门外	黄秋娘	18	黄金娘	林绵观(族叔)	黄泽光(堂叔)	9文,同上
10.31	黄纯光	33	八厨仔间	黄志娘	21	林罔娘	黄泽光(堂叔)	陈回观(父)	3.1文,同上
11.1	王守观	40	文丁圩	柯阴娘	24	黄金娘	王唱观(胞兄)	柯天来(父)	3.1文,同上
11.3	黄九观	47	职宁贞	谢雪娘	31	杨奇	黄金生(父)	谢喜生(父)	9文,同上
11.3	王阿姆	32	乌鬼巷	林靖娘	17	曾远娘	王朗观(族伯)	林凤观(父)	9文,同上
11.4	卢四哥	37	结石珍	郭三娘	18	叶江娘	卢义哥(胞兄)	郭赞哥(堂兄)	9文,同上
11.5	涂佐观	37	旧把杀	林江娘	21	彭颗娘	自己	李敏娘(母)	9文,同上
11.5	蔡而生	22	丹兰望	杨份娘	18	蔡京娘	蔡君爱(父)	杨振和(胞兄)	9文,同上
11.6	苏应观	30	务勿把杀	陈根娘	19	林罔娘	苏仰强(族叔祖)	陈救观(父)	9文,同上
11.10	林保生	22	城内把杀	赖阴娘	22	林朝娘	许应娘(母)	赖球观(堂叔祖)	9文,同上
11.12	陈朗观	27	观音亭	蔡心娘	18	王永娘	陈巧观(堂叔祖)	蔡成光(胞兄)	9文,同上
11.12	郑朝赐	31	大南门外	黎篑娘	21	叶江娘	郑朝辉(宗兄)	黎宏振(堂兄)	9文,同上
11.12	蔡希元	21	小南门外	黄宝娘	21	林罔娘	蔡宏观(族兄)	黄高生(堂叔)	9文,同上
11.13	陈奇明	20	老果头	林武旺	20	杨昆岗	陈登观(父)	林霭观(堂叔)	9文,同上
11.14	吴安观	30	职宁贞	黄明娘	25	温玉娘	吴朝贞(父)	黄色愿(胞兄)	9文,苏缸官、吴信官

① 据林氏称:前夫陈崑山去世年余,并无遗业,仅生一女嵩娘7岁,氏无所依赖,愿再醮陈建生为夫妇,日后不敢反悔,二比押号。

② 王氏前夫刘坑身故4年,做字付氏挂些,无遗下子女,无所依赖再醮,二比两愿。

11.15	陈桧光	26	三间土库	胡铨娘	23	张淑娘	陈安观(父)	胡提老(胞兄)	9文,同上
11.18	刘羌观	32	八茶罐	杨潘娘	18	黄自观	刘降观(族兄)	杨陈观(继父)	9文,同上
11.23	黄登观	21	泊面街	冯杏娘	18	欧金娘	钟宁娘(母)	冯朝宗(族叔)	3.1文,同上
11.24	陈阴使	26	大南门外	汤珠娘	21	林罔娘	黄质娘(母)	黄应娘(母)	3.1文,同上
11.24	赵赞成	25	西门外	陈灿娘	21	林金娘	自己	陈珠娘(姑)	3.1文,同上
11.24	陈八观	38	八厨沃间	林成娘	16	欧金娘	陈木观(族叔)	林权生(胞叔)	9文,同上
11.25	詹赤观	32	结石珍	杨淑娘	22	刘明牛	詹川观(胞叔)	杨朱生(父)	9文,同上
11.27	戴万德	35	槟榔社	吴春娘	24	石奇娘	戴佑观(堂伯)	吴津观(父)	9文,同上
11.28	苏天福	24	圣墓港	庄合娘	21	黄金娘	苏杰观(父)	庄木生(父)	9文,苏缸官、杨泰山
12.4	杨潘观	30	廿六间	陈和娘	20	李时娘	杨卜观(胞叔)	陈为观(父)	9文,同上
12.5	蒋百水	27	旧把杀	林珠娘	16	林罔娘	蒋心观(宗兄)	林六先(宗伯)	9文,同上
12.15	黄文观	34	大巷内	陈利娘	18	黄金娘	黄享观(堂兄)	雅陈善(母)	9文,同上
12.15	雷桂观	32	乌堡土库	刘意娘	18	黄金娘	吴根观(母舅)	刘峰观(父)	9文,同上
12.15	严丁观	34	乌鬼巷	戴质娘	27	曾宛娘	严元光(堂叔)	戴武观(堂叔)	9文,同上
12.15	许瓜观	46	大巷内	林八娘	24	黄金娘	许凤观(族叔)	林卯观(父)	9文,同上
12.16	吴笑观	25	宁岗	戴梅娘	17	蒋珠观	吴海观(父)	戴远生(父)	9文,同上
12.20	林四观	25	文丁	杨如娘	20	游水观	林配观(胞叔)	杨叶观(胞叔)	9文,同上
12.21	黄文铨	20	三间土库	王接娘①	19	张淑娘	自己	自己	9文,同上
12.28	林玉彩	26	高踏歹	卢蜜娘	19	彭戎娘	林达伸(堂叔)	卢四哥(堂叔)	9文,同上
12.29	黄碧桐	23	观音亭	郑青娘	16	林罔娘	黄燕观(父)	郑江老(父)	9文,同上
12.29	吴钦观	30	观音亭	王躭娘	19	林罔娘	吴渊观(堂兄)	王辣观(胞叔)	9文,同上
12.30	林桐观	18	文丁旧圩	陈月娘	15	卢来观	林高律(父)	陈老郁(父)	9文,同上

总计:161对

1811年吧城唐人成婚注册表

月日	新郎	年岁	住址	新娘	年岁	媒妁	男方主婚	女方主婚	备注 交钱,主事人
1.5	林钮观	33	观音亭	赖玉娘	26	林贞娘	林把观(族兄)	赖天赐(胞兄)	9文,苏缸官、杨泰山
1.5	凃发观	20	埔里亚朗	陈月娘	16	陈立观	凃寄观(父)	陈恭观(父)	9文,同上

① 据王氏称:前夫陈成元因夫妻不睦分离一年余,情愿再醮与黄文铨为夫,二比甘愿,押号在婚簿内。

1.5	钟树耀	34	八厨沃间	张红娘	20	张利观	钟树炫(胞兄)	张亚仕(父)	9文,同上
1.5	廖简观	22	大巷内	叶宝娘	21	黄金娘	雷贵观(母舅)	叶正观(父)	9文,同上
1.5	黄赛观	21	八厨仔间	潘润娘	16	蔡天观	黄天生(胞叔)	潘五哥(父)	9文,同上
1.5	邓新观	33	槟榔社	邱牛娘	18	彭戎娘	邓罗观(堂兄)	邱朝观(堂兄)	9文,同上
1.5	陈乌番	41	新把杀	吴山娘	19	黄金娘	陈心观(族叔)	吴武西(宗兄)	9文,同上
1.5	蒋迎观	45	大港墘	彭秀娘	17	王英娘	蒋颙观(堂兄)	蔡交娘(母)	9文,同上
1.5	谢明歌	37	八茶罐	林宣娘	19	曾远娘	谢世真(堂叔)	林仪观(堂兄)	9文,同上
1.7	戴贱观	26	丹兰望	黄曲娘①	37	蔡京娘	自己	自己	9文,同上
1.9	陈沃观	24	结石珍	高快娘	17	吴添培	陈元猷(堂兄)	高海观(父)	9文,同上
1.10	王永成	31	廿六间	黄五娘	14	李英观	王岐山(堂兄)	黄蔡观(堂伯)	9文,同上
1.12	郑成观	37	班芝兰	颜清娘	16	曾远娘	郑升观(族兄)	颜苗观(父)	9文,同上
1.12	徐宇丹	25	职宁贞	黄爱娘	26	杨奇娘	徐德观(宗叔)	黄重观(胞兄)	9文,同上
1.12	刘东兴	17	泊面街	陈经娘	15	李振娘	刘要观(族叔)	林近娘(母)	9文,同上
1.19	何统观	28	大南门	刘友娘	14	张光标	何魁观(堂兄)	刘育常(父)	9文,同上
1.19	林泊观	36	加览抹	颜良娘	32	李时娘	林德箴(宗兄)	颜前观(族兄)	9文,同上
1.19	黄三春	19	圣望港	张凉娘	19	张淑娘	黄喜观(父)	张汉宁(宗叔)	9文,同上
1.19	林渭水	36	大南门	戴曾娘②	21	黄金娘	自己	自己	9文,同上
1.21	陈宪章	22	竹树巷	叶敬娘③	19	黄金娘	自己	自己	9文,同上
2.2	陈照生	32	龙潭	柯雪娘	19	林罔娘	陈安观(宗兄)	柯用观(堂兄)	9文,同上
2.13	蔡合观	32	八茶贯	魏油娘	15	黄金娘	蔡桑观(堂叔)	魏升观(族叔)	9文,同上
2.14	陈硃生	35	结石珍	卢元娘④	26	李海娘	自己	自己	9文,同上
2.18	陈助使	59	圣望港	黄明娘⑤	31	林罔娘	自己	自己	9文,同上
2.21	张水生	20	甕菜河	杨讫娘	18	黄金娘	张唇观(父)	杨卜观(族叔)	9文,同上
2.23	魏杪观	26	观音河	吴金娘	15	黄志观	魏清观(堂兄)	吴振观(胞叔)	9文,同上
3.5	胡麟生	43	西门宰牛巷	黎丹娘	27	李英观	林阴娘(母)	黎戎观(父)	9文,同上

① 黄氏前夫蔡春身故3年,做字付氏挂沙,遗下五男二女,氏系女流日食难度无所倚赖,愿再醮戴贱观为夫抚养儿女,此系两愿,各有押号。

② 戴氏前夫张水生因夫妻不睦经公堂判离,各从别适,于今四载,无所依靠,情愿再醮,各有押号。

③ 叶氏前夫周仪去世2年,并无遗业又无生男女,因贫寒无依,甘愿再醮,二比花押为照。

④ 卢氏前夫刘才身故7年,做字付氏挂沙,无生下儿女,无所依赖,情愿再醮与陈为夫,二比两愿各有花押。

⑤ 黄氏前夫吴士英身故一年余,无做字,遗二女成娘9岁,二娘8岁,日食难度无奈再醮与助观为夫,各无反悔。

3.6	杨字观	23	泊面街	陈秀娘	19	黄金娘	杨榔观(宗兄)	阮佑娘(母)	9文,同上
3.6	陈禄生	48	大使庙店	许宁娘①	39	黄金娘	自己	自己	9文,同上
3.9	杨晓观	39	鉴光猫汝	林淑娘	17	陈金娘	杨泽观(堂兄)	林俭观(胞叔)	9文,同上
3.11	余兴朝	37	泊面街	周三娘	15	叶江娘	余先织(胞叔)	周庚生(胞兄)	9文,同上
3.11	黄福生	33	大使庙	朱成娘	25	王英娘	黄清风(宗兄)	朱三省(宗叔)	9文,同上
3.14	张熟观	35	甘抹廊	许甘娘	16	陈焕观	郑曲观(姊夫)	许锦观(胞伯)	9文,同上
3.23	陈灿灿	43	观音亭	何止娘	16	林贞娘	陈辉观(宗兄)	何志邃(宗叔)	9文,同上
3.24	汤添助	25	班芝兰	李曲娘	21	石奇娘	汤祭观(父)	李蒋观(父)	9文,同上
3.25	张竹观	30	城内把杀	刘奇娘	14	黄金娘	张开观(族叔)	刘镭观(胞兄)	9文,同上
3.30	汤宛光	22	水锯仔顶	吴爱娘	22	林罔娘	汤法生(胞兄)	吴若钦(胞兄)	9文,同上
3.30	叶蜜观	22	观音亭	陈润娘	17	林罔娘	卢协娘(生母)	陈心观(胞兄)	9文,同上
3.30	林水生	17	公司后	陈金娘	16	陈金娘	林怡观(堂叔)	陈皮观(父)	9文,同上
4.2	戴武生	33	亚森脚	黄梅娘②	30	雅陈隆	自己	自己	9文,同上
4.4	施曾观	44	观音亭	杨月娘	19	陈寻观	施碧观(族兄)	杨忠信(父)	9文,同上
4.5	林德镇	19	洪溪	梁卫娘	16	黄金娘	林长生(父、胡雷珍兰)	梁贝观(父)	40文,同上
4.6	黄同移	21	惹牙毛吃	陈振娘	17	林罔娘	黄文喜(父)	陈观使(父)	9文,同上
4.7	黄士长	29	圣望港	陈银娘	16	林罔娘	黄龙泉(宗兄)	陈妈抱(族叔,雷珍兰)	9文,同上
4.7	叶偕观	21	竹树巷	张金娘	16	黄金娘	叶达观(父)	张超俊(父)	9文,同上
4.7	江溶水	37	打石巷	李硿娘	31	黄金娘	江敦观(父)	李宙观(宗叔,雷珍兰)	9文,同上
4.7	兰清风	37	大南门外	吴聘娘	26	王英娘	兰格观(胞叔)	吴若饮(胞兄)	9文,同上
4.9	黄亚夷	23	八厨仔间	李勋娘	22	李升观	黄亚娇(宗叔)	李宗猛(父)	9文,同上
4.13	梁居观	38	水锯仔顶	叶曾娘	21	林宿娘	梁炎州(宗叔)	叶陆富(胞兄)	9文,同上
4.15	刘巨任	35	西门外	曹凤娘	16	叶九观	刘巨化(胞兄)	曹文芳(父)	9文,苏缸官、杨泰山
4.16	林烧观	20	五脚桥	肖玉娘	15	欧金娘	林八观(胞兄)	肖全观(父)	9文,同上
4.18	苏高观	48	八茶罐	陈雅娘	33	杨玉娘	苏瑞观(宗兄)	陈全观(胞兄)	9文,同上
4.20	廖本观	37	廿六间	巫文娘	15	刘应哥	廖浪观(宗兄)	巫朝观(族叔)	9文,同上

① 许氏前夫张茂林去世7年,无遗业又无子女,氏无所依赖情愿再醮,各无反悔,花押为照。

② 据黄氏云:前夫张读观身故3年,做字付氏挂些,生二子金榜10岁,金鸡3岁,欲随身抚养,因贫寒难度,无奈再醮,甘愿花押。

4.24	田习观	44	大南门外	胡秀娘	16	彭戎娘	田殿观(宗兄)	胡根娘(胞姊)	9文,同上
4.24	詹溪观	28	结石珍	吴七娘	21	石奇娘	詹果观(堂兄)	吴探观(宗叔)	9文,同上
4.27	黎福余	28	城内把杀	邱谅娘	19	黄金娘	黎仁观(父)	邱忠观(父)	9文,同上
4.28	王文章	40	圣望港	陈凉娘	21	陈情娘	王国仪(宗叔)	陈清元(父)	9文,同上
4.29	谢光爰	36	中港仔	戴德娘①	23	黄金娘	自己	自己	9文,同上
4.30	杨映观	41	圣望港	蔡新娘	20	林罔娘	杨保观	蔡亨光(胞兄)	9文,同上
5.4	王丽水	23	乌鬼巷	陈山娘	23	黄金娘	王文滔(堂叔)	陈再生(父)	9文,同上
5.4	林振生	24	灰窟	张寻娘	16	欧金娘	阮志娘	张夺观(堂叔)	3.1文,同上
5.5	沈绵观	38	圣望港	邓开娘②	21	王英娘	自己	自己	9文,同上
5.5	戴饱观	29	水锯顶	吴文娘	18	林猛观	戴妈绞(胞叔)	吴约观(养父)	9文,同上
5.6	罗乾观	24	大南门外	刘照娘	17	彭戎娘	罗福观(堂叔)	刘利观(父)	9文,同上
5.6	黄吉生	21	鉴光乌北	蔡茵娘③	14	黄金娘	黄泽光(父)	蔡有容(胞叔)	9文,同上
5.8	赖姚观	45	城内把杀	林文娘	29	李时娘	赖秀观(胞叔)	林嵩观(堂兄)	9文,同上
5.9	谢天听	25	班芝兰	许软娘	16	张淑娘	谢记观(胞叔)	许凤观(族叔祖)	9文,同上
5.11	柯些观	32	八茶罐	杨玉娘	20	李时娘	柯甘全(堂兄)	杨治观(宗叔)	9文,同上
5.12	汤材观	22	亚森圩	林秀娘	17	黄金娘	汤绒观(父)	林友观(父)	9文,同上
5.21	胡昌宗	32	中港仔	黄伸娘	17	王桂娘	胡宗观(族叔祖)	黄亚三(族兄)	9文,同上
5.25	郭长寿	30	中港仔	余德娘④	35	胡秀娘	自己	自己	9文,同上
5.25	戴思光	22	东锯	李贱娘	17	林罔娘	戴武观(父)	李连生(宗叔)	9文,同上
5.28	杨烦观	45	乌褒土库	林意娘⑤	32	胡来娘	自己	自己	9文,同上
5.30	程俭郎	31	西门	戴秀娘	21	彭戎娘	程辉观(宗叔)	戴水娘(胞姊)	9文,苏文官,杨泰山
5.31	林曲观	37	八厨仔间	李茵娘	17	胡金娘	林奇观(父)	李实生(父)	3.1文,同上
5.31	李长兴	20	新把杀	郑信娘	18	黄金娘	李强观(父)	郑功成(又)	9文,同上
5.31	李有观	30	乌鬼巷	王柔娘	22	李时娘	李姜观(宗兄)	王天赐(胞叔)	9文,同上
6.1	陈通观	34	把杀巷	李七娘	19	胡秀娘	陈友珍(胞兄)	李遍观(胞伯)	9文,同上
6.1	董维观	33	圣望港	李渊娘	25	陈珍娘	董标桂(宗叔)	李观生(胞兄)	9文,同上

① 戴氏前夫胡六观去世2年,无做字,无遗下男女,无所依赖,情愿再醮谢为夫妇,日后不得反悔,花押在婚薄内批明。

② 邓氏前夫陈元观去世5年无遗业无子女,女流贫寒,无依甘愿再醮,日后不得反悔,花押批照。

③ 吧1815年1月16日二比不睦,甘愿折破婚字,各花押为凭,蔡有娘、黄吉生。(婚字书退回夹在婚簿)

④ 余氏前夫王发祟去世3年,做字付氏挂些,遗一男清河2岁,贫寒难度,无奈再醮,抚养儿子,二比甘愿,不得反悔,花押在内。

⑤ 林氏前夫蔡江观身故3年,无做挂些又无男女,因贫寒无依,甘愿再醮,日后不得反悔,该花押批照。

6.3	柯章观	35	廿六间	曾爱娘①	18	许曲娘	自己	自己	9文,同上
6.3	黄论观	32	五脚桥	林汉娘	21	欧金娘	黄元观(堂兄)	吴贵娘(母)	3.1文,同上
6.3	谢隆观	21	丹兰望	施友娘	19	许纯娘	谢启观(父)	施象观(父)	9文,同上
6.6	李双连	21	中港仔	刘细娘	25	胡玉娘	林发娘(母)	刘郡观(父)	3.1文,同上
6.6	曾季良	28	廿六间土库	吴传娘	18	李时娘	曾时霖(胞兄)	吴抢观(族叔祖)	9文,同上
6.6	林明玉	23	把杀巷	黄荫娘	23	李时娘	林廷璋(堂叔)	黄章观(父)	9文,同上
6.7	胡荣方	31	中港仔	古秋娘	15	林金娘	胡昌宗(族兄)	古传伯(族兄)	9文,同上
6.7	蒋曲生	17	大港墘	黎顺娘	17	黄金娘	蒋颙观(父)	黎宏观(堂叔)	9文,同上
6.8	叶相观	30	大南门	陈三娘②	24	林金娘	自己	自己	9文,同上
6.9	陈烨郎	46	小南门内	易水娘	27	黄金娘	陈烨郎甲必丹	易评观(宗兄)	100文,同上
6.16	王自万	27	班芝兰	陈七娘	17	石奇娘	王前观(堂兄)	陈升观(族叔祖)	9文,同上
6.18	汤德观	27	打铁街	彭六娘③	27	林金娘	自己	自己	9文,同上
6.24	刘孟长	22	蕉仔街	李士娘	17	王桂娘	陈皎娘(母)	李曲生(族伯)	9文,同上
6.26	黄凤观	32	大南门	叶生娘	15	杨玉娘	黄洛观(堂兄)	叶八观(父)	9文,同上
6.26	陈和尚	30	中港仔	吴葵娘	16	杨蘖娘	陈振瑞(堂兄)	吴沛观(堂叔)	9文,同上
6.27	杨两仪	38	城内把杀	吴净娘④	28	连福娘	自己	自己	9文,同上
7.4	林子骞	32	观音亭	蔡安娘	16	王英娘	林两仪(族兄)	蔡意观(族叔祖)	3.1文,同上
7.5	陈子寅	20	灰窟	王英娘	20	林罔娘	陈华使(父)	王天赐(胞叔)	9文,同上
7.6	邱定观	34	城内把杀	林嵩娘	24	黄金娘	邱山观(宗兄)	林永熊(父)	9文(始只用外文)⑤
7.26	陈连红	21	八戈然	王富娘	20	李时娘	陈文隆(父)	王潘官(堂叔)	钞9文又3.015盾,吴、沈
8.2	陈传才	26	班芝兰酒库	叶端娘	22	张宿娘	陈任水(族兄)	叶朗观(父)	钞9文又2文,同上
8.3	李偏生	18	中港仔	吴顺娘	20	林罔娘	李镭观(父)	何文娘(母)	钞9文又3.015盾,同上
8.12	黄点	25	大港墘	詹陈娘	23	黄金娘	黄恋(父)	詹黄生(父)	钞9+6文,吴、沈

① 曾氏前夫戴禄,无结婚字,因夫妻不睦,分离3年无可依赖,甘愿再醮柯章为夫,日后各无反悔,花押批照。

② 陈氏前夫邱赞观去世3年,无遗业及子女,无所依靠,自愿再醮,各无反悔,花押为照。

③ 彭氏前夫范亚贵身故3年,无遗业无子女,贫寒无依,自愿再醮,各无异言,花押为批照。

④ 吴氏前夫欧艳身放3年,无遗业,生一男文和4岁,贫寒难度,情愿再醮,抚养儿子,各无反悔,花押为凭。

⑤ 以上给婚字,俱皆查明其事项,凭公勃低有取美色甘朱字头为照。

8.19	陈本生	34	新把杀	苏蜜娘	20	黄金娘	陈针观(堂叔)	陈从观(叔祖)	9文+3.015盾，同上
8.19	林木	35	班芝兰酒灶	张桂娘	20	黄金娘	林丙仪(族兄)	张宙官(父)	9文+3.015盾，同上
9.12	陈詹	38	八厨间	黄尧娘	23	欧金娘	陈满(堂兄)	黄财(父)	9文+7.2文,同上
9.12	林魁	28	新把杀	陈玉娘	18	黄金娘	林厚官(胞叔)	陈能竭(堂兄)	9文+3.015盾，同上
9.17	许清水	43	城内泊面街	曾敬娘①	21	黄金娘	自己	自己	9文+3.015盾，同上
9.17	沈进益	40	鉴光河北	黄清娘	16	王莺娘	沈感观(堂兄)	黄立观(父)	3文+6.015文，同上
9.19	陈雨顺	29	赌公司后	丁云娘	16	林淑娘	陈孔官(叔祖)	丁忍先(叔祖)	9文+3.015文，同上
9.29	李轧	38	新圩	朱明娘	19	沈感观	李艮观(叔)	朱壁辉(胞叔)	9文+3.015文，同上
9.29	李芳纪	30	旧把杀	谢登娘	15	谢大义	李超连(父)	谢得禄(父)	3文+2.2文,2盾，同上
10.3	林东汉	32	中港仔	黄金娘	24	林罔娘	林徐观(族叔)	黄仁茂(胞叔)	9文+3.015文，同上
10.3	郭和	28	泊面街	黄安娘	20	李艮娘	郭体英(族叔)	黄祝生(父)	9文+3.015文，同上
10.4	詹严	34	结石珍	吴炎娘	21	石奇娘	詹果官(堂兄)	吴人生(胞叔)	3.1文+5文,盾1,同上
10.5	严贞功	29	中港仔	黎爱娘	27	李时娘	严元光(胞兄)	张贵娘(母)	3.1文+6.2文，同上
10.23	许振	41	廿六间	梁景娘	30	黄金娘	许凤官(叔祖)	梁吉生(堂叔)	9文+3.015盾，同上
10.23	吴祯祥	21	城内蕉仔街	柯明娘	20	黄金娘	吴青藜(父)	柯六一(胞兄)	9文+3.015盾，同上
10.28	蔡东山	31	大南门内	袁养娘	21	黄金娘	蔡良官(宗兄)	袁莲生(胞兄)	9文+3.015盾，同上
10.31	叶天福	20	圣望港	李荣娘	18	李时娘	叶木欣(父)	李金生(父)	9文+3.015盾，同上
10.31	邱坠	30	八厨间	张来娘	18	黄金娘	邱贯官(族叔)	张海生(胞兄)	9文+3.015盾，同上
11.1	古顺寿	26	大南门外	黄德娘	16	林金娘	古迭伯(族叔)	黄习和(父)	3.1文+3.015盾,同上

① 曾氏前夫王进辉就南马由过吧去世5年余，无遗子女，贫乏无可栖身，情愿再醮，二比各甘愿，花押为照。

11.1	洪光裕	32	八厨间	叶南娘	23	李时娘	洪永言(叔叔)	叶柄官(父)	9 文＋同上,同上
11.4	张法生	44	圣望港	林七娘[①]	26	黄金娘	自己	自己	9 文＋同上,同上
11.12	王高升	28	小南门	韩维娘	19	李时娘	王篇观(胞兄)	韩大有(胞兄)	9 文＋同上,同上
11.12	陈天生	18	结石珍	许毛娘	15	胡秀娘	陈色官(族叔)	许存官(父)	9 文＋3.015 盾,吴、沈
11.16	周乞食	17	廿六间	陈七娘	16	颜元隆	周倍金(父)	陈炉官(父)	9 文＋3 文＋2 盾,同上
11.18	刘德州	39	观音亭新厝	范京娘	18	王莺娘	刘文璇(叔)	范庚官(叔)	3.1 文＋5.2 文＋0.23 盾,同上
11.20	柯株	20	网寮	余栖娘	16	林金娘	何蔡官(父)	余停官(父)	3.1 文＋10.2 文,同上
11.20	黄豹	37	廿六间	徐恩娘	19	林乃官	黄统官(胞兄)	徐察观(宗叔)	9 文+3 盾,同上
11.21	林庞光	20	文丁旧圩	黄添娘	18	孙怜娘	林高禄(胞兄)	黄成结(胞叔)	9 文+3.015盾,同上
11.22	蔡高升	20	小南门	黄有娘	20	林罔娘	蔡宏官(再从兄)	黄三郎(父)	9 文+3.015盾,同上
11.24	纪国顺	22	结石珍	陈清娘	16	庄畓官	纪新兴(叔祖)	陈锦宗(父)	9 文+3.015盾,同上
11.26	戴碧水	20	城内把杀	陈丽西	16	黄金娘	戴联光(胞叔)	陈木观(胞叔)	9 文+3.015盾,同上
11.26	昌长源	20	城内蕉仔街	苏珠娘	18	黄金娘	昌天水(胞兄)	苏呼官(胞叔)	9 文+3.015盾,同上
11.27	邱日	37	八厨沃间	韩安娘	16	欧金娘	邱士官(胞兄)	韩雄官(胞叔)	9 文+3.015盾,同上
11.28	苏德生	18	八茶罐	陈元娘	16	欧金娘	苏春官(父)	陈明维(胞兄)	9 文+3.015盾,同上
11.28	陈捷	36	乌鬼巷	林东娘	28	孙怜娘	陈体官(胞兄)	林一官(胞兄)	3.2 文+同上,同上
11.30	黄提	19	廿六间	沈灿娘	16	黄金娘	黄高升(父)	沈京谦(父、武直迷)	9 文＋同上,同上
11.30	吴艺	25	猫仔潭	郑朱娘	25	李荣娘	吴珍官(堂叔)	郑震官(胞伯)	3 文+4 文,盾 2,同上
12.1	黄锡珍	27	廿六间	陈贺娘	23	林罔娘	黄桂元(父)	陈水官(宗兄)	9 文+3.015盾,同上

① 林氏前夫杨丁去世 4 年,无男女又无做挂沙字,贪乏无依情愿再适,二比俱各甘愿,花押在婚簿内。特此批照。

12.1	甘顺兴	36	班芝兰	高乙娘	18	石奇娘	甘雄官(父)	高欣官(父)	9文+3.015盾，同上
12.1	黄朱	26	新把杀	陈喜娘	24	黄金娘	黄福官(养父)	陈助官(父)	9文+3.015盾，同上
12.1	黄偕	20	旧把杀	柯树娘	16	黄金娘	黄远官(宗叔)	柯福生(宗伯)	同上,同上
12.2	冯悦[①]	32	观音亭	陈心娘	19	无	林维官(表叔)	陈佑官(父)	3文+6.2文,盾1,同上
12.2	黄容	36	景隆栈	陈保娘	18	黄金娘	黄光绰(宗叔)	陈和哥(父)	9文+3.015盾，同上
12.4	吴明牛	26	五脚桥	黄亲娘	20	林淑娘	吴雀官(宗兄)	林会娘(母)	3文+同上,同上
12.5	余尾官	49	红溪	叶任娘	20	卢顺娘	余帆官(族兄)	叶宝官(宗兄)	9文+同上,同上
12.9	林金生	20	灰窟内	扬有娘	19	欧金娘	林丰泰(从堂叔)	杨吉生(父)	9文+同上,同上
12.9	颜然	27	小南门外	吴来娘[②]	28	曾远娘	自己	自己	9文+3.015盾，吴、沈
12.9	叶水生	23	阿鬼礼拜边	杨炳娘	16	黄金娘	叶味官(父)	杨翻官(胞兄)	9文+3.015盾，同上
12.12	吴六光	46	城内大港前	韩凤娘	27	戴私娘	自己	韩广官(父)	9文+3.015盾，同上
12.14	赖让	33	文丁圩	林福娘	14	赖炒官	赖评官(叔祖)	林谷声(胞叔)	9文+3.015盾，同上
12.15	吴庆茂	42	新厝头	陈寻娘	18	黄金娘	自己	陈武官(族叔)	9文+3.015盾，同上
12.20	杨官伯	38	大南门外	陈绒娘	17	王桂娘	杨彩章(族叔)	罗德娘(母)	9文+3.015盾，同上
12.21	陈水	29	结石珍	刘二娘	18	李海娘	陈润官(族兄)	刘离官(父)	9文+3盾，同上
12.21	江丙官	19	打铁街	戴吟娘	17	林金娘	江龙官(父)	戴棒官(父)	9文+3.015盾，同上

① 据冯悦称:伊妻不时较闹有乖妇道恳分离,陈心娘称:伊夫既不相妥,氏亦甘愿从夫命,公堂乃谕二比各花押在婚簿,立即折破婚字,各从别适,日后不得反悔。批照,吧 1813 年 3 月 31 日拜三批。冯悦,陈心娘。查嘉庆辛未十月十七日即和 1811 年 12 月 2 日给婚字书,亦无媒妁人,当事人为雷珍兰、吴、沈各签外文名字。

② 据来娘称:前夫杨羔去世对年余,有做挂些字付氏掌理,生二女水娘与浑娘,今氏因女流之辈仍贫乏无依,情愿再适与颜安然为夫妻,二比俱各自愿,花押在婚簿内。特此批照。

吧 1813 年 8 月 20 日吴来娘颜安然二比甘愿分离,将婚字折破,各从别适,花押在婚簿批照,颜安然 吴来娘。

嘉庆辛未年十月二十四日即和 1811 年 12 月 9 日结婚字书,书明当事人雷珍兰、吴、沈,签名用外文。其中也批明吧 1813 年七月初八日,折破婚字。

婚字书背面结婚批准书日期为 1812 年 4 月,交费 12st。

12.21	陈和光	24	灰窑	魏院娘	22	胡秀娘	陈富使(父)	魏顺官(父)	9文+3.015盾,同上
12.22	戴淇水	23	干冬圩	陈光娘	20	陈桂娘	戴长官(族叔)	陈远生(堂兄)	3.3 文 + 3.015 盾,同上
12.23	吕水生	33	中港仔新厝	吴建娘	31	黄金娘	自己	吴人生(堂兄)	9文+3.015盾,同上

总计:159 对

1812年吧城唐人成婚注册表

月日	新郎	年岁	住址	新娘	年岁	媒妁	男方主婚	女方主婚	备注 交钱,主事人
1.5	黄桂生	18	窑内	张宣娘	19	黄金娘	黄不老(父)	张全光(父)	9文+3.015盾,吴、沈
1.5	蔡万官	24	公司后	欧曲娘	20	苏满官	黄勇官(养成姊夫)	欧针官(父)	9文+3.015盾
1.6	韩道生	23	丹兰望	甘里娘	20	蔡京娘	韩理官(胞伯)	甘天赐(胞叔)	9文,3盾,12镭
1.6	王御	36	杉板寮	黄清娘	16	王七娘	王成官(族叔)	黄喜官(族伯)	9文,3.015盾
1.8	许每生	29	新池	王春娘	17	曾远娘	许凤官(叔祖)	王桧官(宗叔)	9文,3.015盾
1.8	陈丁仔钫	21	西门内	余碧娘	17	黄金娘	陈澳官(宗叔)	余玉生(胞兄)	9文,3.015盾
1.10	钟思胜	42	泊面街	余来娘	16	赖五贵	钟昌振(叔)	余先织(叔)	9文,3.015盾
1.10	马泽观	26	干冬圩	胡润娘	21	林淑娘	马柳官(胞兄)	陈金娘(母)	3.1文,3.015盾
1.14	许檀	36	班州兰	肖柔娘	19	陈壬水	许卫官(宗兄)	肖焕官(族叔)	9文,3.015盾
1.15	吴厕	31	西门外	张深娘	15	林调娘	吴哲官(宗叔)	张美娘(姑)	3.2文+10文
1.16	陈木生	30	戎戈兰	郑六娘	20	王莺娘	陈元官(胞叔)	郑贤官(族叔)	6.2文+2盾
1.17	营国凤	21	八厨沃间	黄银娘	15	林金娘	营静哥(族叔)	黄连生(父)	9文+3.015盾
1.17	林水生	29	质能贞	陈金娘	16	施引娘	林天生(胞叔)	林仁娘(母)	3.2文+3.015盾
1.20	陈以生	22	灰窑	吴梓娘①	23	陈爱娘	自己	自己	9文+3.015盾
1.22	黄活	33	八厨沃间	陈温娘	20	欧金娘	黄尚官(胞兄)	陈锦生(父)	9文+3.015盾
1.22	张高奢	21	五脚桥	苏佑娘	18	欧金娘	张曾官(胞兄)	苏春官(族叔)	9文+3.015盾
1.22	林伯鸾	25	亚森脚	戴荣娘	20	曾远娘	林式金(族叔)	戴葛老(父)	3.2文+3盾

① 吴氏前夫黄禹王去世约2年,无做挂沙字,遗一男百达8岁,今因贫寒更兼老母在堂,无奈再适,陈以生亦亲为己子,二比情愿,花押在婚簿内。特此批照。

1.23	戴明基	17	亚森脚	黄碧娘	17	黄金娘	戴正德(父)	黄纯官(父)	9文,3.015盾
2.3	吴白	37	城内把杀	王埋娘	25	林爱娘	吴遇官(宗兄)	王益生(胞宗)	3.2文,.015盾
2.3	肖兴	32	圣望港	赖甘娘	17	欧金娘	肖全官(宗兄)	林西娘(母)	9文,3.015盾
2.10	李吟	47	中港仔	吴金莺①	31	黄金娘	自己	自己	9文,3.015盾
2.10	戴天奇	48	城内把杀	王招娘②	33	黄金娘	自己	自己	9文,3.015盾
2.11	陈启照	39	中港仔	叶奉佛	16	黄金娘	陈启照(自己)	叶苞观(叔祖)	9文,3.015盾
3.23	沈房	28	鉴光河北	张畏娘	22	欧金娘	沈帛官(父)	张秩官(胞伯)	9文,3.015盾
3.27	陈旺	41	城内把杀	黄甲汶娘	22	黄金娘	陈东宽(族叔)	黄同兴(胞兄)	9文,3.015盾
4.22	郑三全	18	大港墘	黄秀娘	15	黄金娘	郑六奇(族兄)	黄绰官(族兄)	9文,3.015盾
4.23	郭水	28	大南门直街	李七娘	16	林金娘	郭九三(族兄)	李亮哥(堂叔)	9文,3.015盾
4.23	詹郎	32	结石珍	林清娘	22	詹助哥	詹宜量(胞叔)	林棒哥(父)	9文,3.015盾
5.1	林糠	28	干冬圩	杨金娘	16	杨玉娘	林兴官(叔公)	杨德贤(胞兄)	9文,3.015盾,杨泰山
5.2	黄文秀	53	八厨沃间	林银娘	35	黄金娘	自己	自己	9文,3.015盾,同上
5.2	黄篆光	17	观音亭	蔡夜娘	14	黄金娘	黄光绰(族兄)	蔡康观(叔公)	9文,3.015盾,同上
5.3	王仁义	17	灰窑内	黄江娘	17	胡爱娘	王三光(父)	黄翻生(胞兄)	9文,3.015盾,同上
5.5	张吉疾	22	丹那州连	郑水娘	17	林吉娘	张乾观(胞兄)	郑传观(父)	9文,3.015盾,同上
5.20	杨采芹③	37	乌褒土库	卢吉娘	30	无	自己	自己	3.1文,同上
5.5	郭老世	45	高奢园	陈英娘	27	陈连世	郭立富(族兄)	陈庆振(父)	9文,3.015盾,同上
5.14	廖山	28	旧把杀	胡新娘	17	欧金娘	廖诚观(胞兄)	廖进娘(母)	9文,3.015盾,同上
5.16	吴建	35	观音亭	陈文止	14	王英娘	吴雍观(族叔)	陈苞观(胞伯)	9文,3.015盾,同上

① 吴氏前夫陈杭州去世9年,无做挂沙字,遗一女桂娘11岁,自幼抚养,今贫寒又老母在堂无所依再适,吟官亦愿为己女,二比甘愿花押。

② 王氏前夫陈鸾辞世5年,无做梁醮字,遗二男江山10岁,江水8岁,一女津娘12岁,两男早从其公妈抚育,仅一女随身,贫乏无依再适,天奇亦甘愿养育视为己女决不食言,二比各甘愿花押在公堂婚簿内。特此批照。

吧1815年5月16日戴天奇王招娘夫妻不睦,二比甘愿分离,各花押在婚簿内,戴天奇○,王招娘+。

③ 据杨称:前25岁时与卢氏18岁住鉴光无劳由廊,完婚时未有给婚字,因夫妇角口不和至壬申(1812)年4月10日公堂判断给付婚字,二比甘愿,花押在婚簿内。

5.16	许吾省	38	三间土库	余雪娘	18	陈金娘	许崇观(宗叔)	余报光(宗叔)	9文,3.015盾,同上
5.18	王长	29	八茶贯	郑恋娘	23	罗辉娘	王类观(父)	郑崑山(胞叔)	9文,3.015盾,同上
5.20	林圆	40	八厨间	陈新娘	20	胡受娘	林浯观(胞兄)	陈春光(父)	9文,3.015盾,同上
5.21	叶垂	29	结石珍	杨金娘	18	蔡安观	叶和观(宗叔)	杨捷观(父)	9文,3.015盾,同上
5.22	罗荣烦	30	永莱和	刘宣娘	19	林望娘	罗查观(宗叔)	刘节观(宗叔)	9文,3.015盾,同上
5.23	戴转光	31	城内米间前	黄杏娘	22	黄金娘	戴正观(胞叔)	黄浩郎(父)	9文,3.015盾,同上
5.23	黄天水	19	三间土库	郑钦娘	18	黄金娘	黄崑生(父)	郑凤山(父)	9文,3.015盾,同上
5.24	苏溢	33	八厨间	李贵娘	17	林奇观	苏从观(叔公)	李菲观(父)	9文,3.015盾,同上
5.25	蔡先进	18	七宁增	黄淑娘	17	邵杰观	蔡若观(堂兄)	黄文生(父)	9文,3.015盾,同上
5.26	郑生	37	槟榔社	林抚束	21	陈额观	郑悦观(宗叔)	林伯元(宗兄)	9文,3.015盾,同上
5.27	郭水生	25	红溪高奢园	陈曲娘①	27	林淑娘	自己(外文)	自己	9文,3.015盾,同上
5.27	杨龙	34	城内哨口	蔡英娘	25	王英娘	杨印观(宗兄)	蔡双全(宗兄)	9文,3.015盾,同上
5.28	石川	33	八戈然	谢爱娘	29	李德娘	石冉观(宗兄)	谢奇观(父)	9文,3.015盾,同上
6.2	杨文我	36	洪溪	兰吉娘	26	黄金娘	杨良观(宗叔)	兰文滔(宗叔)	9文,3.015盾,同上
6.7	船主沈孝	38	结石珍土库	苏万娘②	37	林金娘	自己	自己	9文,3.015盾,同上
6.8	詹德和	19	小南门内	张乞娘	18	黄金娘	詹摘观(堂兄)	张法生(宗兄)	9文,3.015盾,同上
6.20	林庙	30	大南门直街	施号娘	17	李时娘	林光祝(宗叔)	林味娘(母)	9文,3.015盾,同上

① 据陈氏称:前夫王汶水无给婚字,因不和合,已经讯诘,二比甘愿分离,现准陈曲娘再配郭水生为夫妻,永结同心,百年偕老,二比并媒妁花押在婚簿内。当事公勃低雷珍兰,杨泰山。

调查书:兹将陈曲娘与伊前夫王汶水官经已讯诘,因不和合,二比甘愿分离,现准陈四娘再配郭水生观为夫妻,见息召水生曲娘并媒妁花押给婚字,付他续弦完娶,以成美举。耑此奉上。

公勃低杨府甲必丹杨泰山官台照。吧1812年5月25日署事弟沈亨作具(签名外文)。

② 苏氏前夫谢传观去世年余,无做挂沙字,无遗男女,因椿萱衰迈无倚赖情愿再适,二比各愿,花押在婚簿内。

6.25	陈文龙	25	山顶鲁古头	王曲娘	14	王英娘	陈文章(胞兄)	王永昌(父)	9文,3.015盾,同上
6.26	李辉	46	中港仔	张宇娘	30	施政娘	李安观(叔公)	张开生(父)	9文,3.015盾,同上
6.28	叶威坤	41	蕉仔街	许三娘	15	廖壬寿	叶宝观(堂叔)	许昨尧(堂兄)	9文,3.015盾,同上
7.5	罗凤相	34	鉴光六州	陈瑞娘	15	赖五桂	罗部锦(族兄)	陈长贵(宗兄)	9文,3.015盾,同上
7.8	徐渭津	47	砖仔桥	林秀娘	23	田远娘	徐蔡观(宗兄)	高君娘(母)	9文,3.015盾,同上
7.10	林回郎	25	鲁古头湾	蔡瑞娘	24	陈皆娘	林净郎(胞兄)	蔡香观(胞叔)	9文,3.015盾,同上
7.25	陈秋	20	惹牙望吃	余云娘	16	杨玉娘	陈贵生(父)	余棚观(叔)	9文,3.015盾,同上
7.29	郑卯生	18	七宁增六	黎民娘	16	林茂生	郑元观(父)	黎绒观(胞伯)	9文,3.015盾,同上
7.30	魏渊	32	三间土库	石添娘	18	黄金娘	魏升观(宗叔)	石冉观(父)	9文,3.015盾,同上
8.7	杨散廷	35	八厨间	黄美娘	15	黄金娘	杨葵观(宗叔)	黄六艺(胞叔)	9文,3.015盾,同上
8.8	詹长	22	结石珍	蔡爱娘	21	刘扰观	詹摘观(叔公)	蔡淡观(父)	9文,3.015盾,同上
8.9	王德成	20	砖仔桥	蒋水娘	16	黄金娘	王观辣(宗叔)	蒋颙观(父)	9文,3.015盾,同上
8.11	杨甫观	30	高踏台	林体娘	18	王荣娘	杨吉生(宗叔)	林采观(宗叔)	9文,3.015盾,同上
8.11	叶伟观	31	八茶罐	吴凤娘	19	黄金娘	叶永观(宗叔)	黄照娘(母)	9文,3.015盾,同上
8.14	颜福观	39	西门	李南娘	16	邹三观	颜芳观(胞叔)	李腾观(父)	9文,3.015盾,同上
8.19	陈福生	18	八厨沃间	林成娘	17	柳绿观	陈贡观(父)	林高禄(胞兄)	9文,3.015盾,同上
8.26	蔡成宗	23	观音亭港内	黄汉娘	20	欧金娘	蔡双全(宗兄)	黄顺光(堂兄)	9文,3.015盾,杨泰山
8.27	苏清溪	19	中港仔	戴凤娘	15	黄金娘	苏廷玑(父、雷)	戴天沂(父)	9文,3.015盾,同上
8.27	吴长	25	城内蕉仔街	张润娘	21	洪完娘	吴六宰(宗叔)	张德生(胞兄)	9文,3.015盾,同上
8.29	胡柴胡	19	干冬圩	马森娘	20	陈金娘	胡江煌(胞兄)	马艺观(胞伯)	9文,3.015盾,同上

8.29	胡煌观	30	干冬圩	马捧佛	16	陈金娘	胡江煌(胞叔)	马艺观(叔公)	9文,3.015盾,同上
9.1	陈秋水	26	结石珍	黄清娘	18	蔡吟娘	陈会观(胞叔)	黄梁成(父)	9文,3.015盾,同上
9.4	郑江水	20	五脚桥	李德娘	19	林罔娘	郑贤观(胞叔)	李朝观(宗叔公)	9文,3.015盾,同上
9.7	肖栋观	35	圣望港	黄珠娘	23	陈珠娘	肖祭观(父)	黄滚观(父)	9文,3.015盾,同上
9.8	邵汝钦	37	奔禄亚连	陈贵娘	16	张同	邵旺观(叔)	陈河观(宗伯)	9文,3.015盾,同上
9.9	薛珠沙	43	西门外	陈喜娘①	39	林金娘	自己	自己	9文,3.015盾,同上
9.9	庄和尚	26	加泊廊	陈甘娘	16	周送娘	庄总规(堂兄)	陈荣光(父)	9文,3.015盾,同上
9.11	李深哲	29	鉴光无劳由	张添娘	16	谢兰观	李宙官(族兄) 甲必丹大	张泉观(父)	9文,3.015盾,同上
9.12	林凿	39	八厨仔间	陈满娘	20	蔡渊娘	林浅观(父)	陈周观(胞叙)	9文,3.015盾,同上
9.12	昌办观	43	城内蕉仔街	甘三娘	19	洪完娘	昌润观(宗叔)	甘天赐(胞叔)	9文,3.015盾,同上
9.13	陈尊观	34	八厨沃间	李柏娘	20	杨玉娘	陈习观(宗叔)	李吉观(胞兄)	9文,3.015盾,同上
9.13	林求生	36	高奢园	卢荣娘	24	林政娘	林英观(胞叔)	卢顺观(宗伯)	9文,3.015盾,同上
9.15	赖天寿	34	旧把杀	张金娘	19	林朝娘	赖柴官(宗兄)	张元生(父)	9文,3.015盾,同上
9.16	林简	38	新巴杀巷内	杨冬娘	15	黄金娘	林厚观(堂兄)	杨吉生(父)	9文,3.015盾,同上
9.16	李清和	21	廿六间	薛淡娘	18	黄金娘	李保晨(父)	薛扬观(宗叔)	9文,3.015盾,同上
9.16	邹养宜	29	观音亭	吴恒娘	22	林增娘	邹美观(叔)	吴季騧(宗兄)	9文,3.015盾,同上
9.17	徐春观	34	八茶罐	洪蒙娘	21	胡秀娘	徐察观(宗叔)	洪富生(胞兄)	9文,3.015盾,同上
9.17	陈文光	21	高奢园口	蔡金銮	17	李诗娘	陈水观(父)	蔡煌观(祖父)	9文,3.015盾,同上

① 陈氏前夫魏珠身故已6年,无遗业付氏挂些,有生一女9岁在外妈,无所倚赖愿再招与薛为夫妇,永结同心,二比并媒约各花押在婚簿内。

9.17	郭登来	22	小南门内	吴锦娘	24	黄金娘	郭州观(胞叔)	吴升观(胞叔)	9文,3.015盾,杨泰山,雷
9.18	戴束观	25	班州兰	韩振娘	24	蔡壬娘	戴仪观(宗叔)	韩唐山(胞兄)	9文,3.015盾,同上
9.25	庄壬观	33	结石珍	蔡宰娘	26	蔡斛观	庄沓观(宗叔)	蔡光山(胞兄)	9文,3.015盾,同上
9.25	温金生	27	干冬圩	黎甘娘	16	赖五桂	温开麟(宗叔)	黎宏观(宗叔公)	9文,3.015盾,同上
9.29	卢邑观	38	中港仔	黄贤娘	22	胡秀娘	卢味观(宗兄)	黄俭观(父)	9文,3.015盾,同上
9.29	冯泗海	22	三间土库	林软娘	25	黄金娘	冯悦观(宗叔)	林纯光(宗伯)	9文,3.015盾,同上
10.1	蔡天水	20	丹那望	陈顺娘	19	蔡吟娘	蔡爱观(父)	陈扬观(父)	9文,3.015盾,同上
10.11	陈林凤	32	小南门内	蒋月娘	16	黄金娘	何却娘(母)	蒋镇观(父)	9文,3.015盾,同上
10.11	陈喜生	19	小南门外	洪振娘	18	黄金娘	陈本观(堂兄)	洪海生(胞兄)	9文,3.015盾,同上
10.13	廖兴观	36	小南门内	宋黎晒	16	郑纯久娘	廖奇观(堂兄)	宋连盛(父)	9文,3.015盾,同上
10.13	戴玉水	19	亚森脚	蒋传娘	16	蔡入生	戴宜观(父)	蒋灌观(叔公)	9文,3.015盾,同上
10.13	张奕观	32	小南门新厝	胡万娘	19	王桂娘	张对联(堂兄)	廖加娘(母)	9文,3.015盾,同上
10.14	黄诺观	36	新池桥头	吴八娘	19	黄金娘	黄娇观(宗叔)	吴漏观(胞兄)	9文,3.015盾,同上
10.15	朱凤兴	25	干冬圩	郑丁娘	16	官文助	朱进兴(胞兄)	郑亚已(胞兄)	9文,3.015盾,同上
10.16	庄水观	22	结石珍	林君娘	18	胡秀娘	庄坑观(胞兄)	林若观(族叔)	9文,3.015盾,同上
10.16	李殿芳	32	结石珍	张桂娘	17	罗芳寅	李曲观(宗叔)	张志仁(胞叔)	9文,3.015盾,同上
10.19	戴藕	55	亚森脚	洪曲娘①	34	曾阮娘	自己	自己	9文,3.015盾,同上
10.21	林天送	23	八厨沃间	郑色娘	21	欧金娘	林宝章(胞叔)	郑耀宗(胞伯)	9文,3.015盾,同上

① 洪氏前夫严亨光身故5年,无子女,无依赖,愿与戴为夫妻永结同心,二比各花押婚簿内。

10.23	王凤观	45	大港墘	叶香娘[①]	24	欧金娘	自己	自己	9文,3.015盾,同上
10.24	吴用	31	城内把杀	詹芋娘	22	洪远娘	吴宰观(宗叔)	詹讲观(宗叔)	9文,3.015盾,同上
10.26	蔡江水	26	大使庙	林近娘	16	李世娘	蔡到祖(父)	林妈勇(堂叔)	9文,3.015盾,同上
10.27	肖阿望	30	惹牙望吃菜园	杨秀娘	17	陈珠娘	肖畅观(宗兄)	杨元观(宗兄)	9文,3.015盾,杨泰山
10.29	赖鉴观	48	王廊	李金娘[②]	33	张淑娘	自己	自己	9文,3.015盾,同上
11.5	黄爻观	25	廿六间	许爱观	15	张淑娘	黄高升(胞叔)	许约观(父)	9文,3.015盾,杨泰山,杨云沉
11.8	丘还观	44	八厨沃间	黄金娘	19	欧金娘	丘元峰(宗兄)	黄教观(胞伯)	9文,3.015盾,同上
11.9	吴图观	28	大南门外砖仔桥	韩珠娘	25	王桂娘	吴六光(宗兄)	韩广观(亲父)	9文,3.015盾,同上
11.12	王良生	19	圣望港灰窟	郑月娘	17	胡秀娘	王浴观(父)	郑崇山(堂叔)	9文,3.015盾,同上
11.12	吴皆观	41	八戈然	陈银娘	17	林罔娘	吴玉郎(宗叔)	陈春观(胞兄)	9文,3.015盾,同上
11.12	叶香观	22	观音亭	蔡碧娘	18	黄金娘	林心娘(母)	蔡文观(父)	9文,3.015盾,同上
11.13	詹福生	22	丹兰望	李随娘	18	蔡壬娘	詹灶观(胞兄)	李临观(父)	9文,3.015盾,同上
11.13	廖州府	26	老果头纲寮	戴荫娘	20	陈鼎郎	廖神佑(胞兄)	戴元光(父)	9文,3.015盾,同上
11.17	戴奇所	24	亚森脚	蔡活娘	23	黄金娘	戴清河(堂叔)	蔡高奢(胞兄)	9文,3.015盾,同上
11.17	叶返	33	竹树巷	陈世娘	21	黄金娘	叶苞观(伯公)	陈英观(叔公)	9文,3.015盾,同上
11.17	高天福	21	小南门	林春娘	19	王英娘	高长宗(宗叔)	林洪观(宗叔)	9文,3.015盾,同上
11.18	王双桂	20	八茶罐	林淑娘	17	李诗娘	王次宝(堂兄)	林文珠(胞伯、朱)	9文,3.015盾,同上
11.18	吴元勛	19	亚森脚	陈爱娘	17	黄金娘	吴抱观(祖父)	陈江水(父)	9文,3.015盾,同上

① 据叶氏称:前夫陈皆观去世四载,无遗业付氏挂沙,有生一男元和 4 岁付其妈养,贫寒无依再适,二比自愿花押在婚簿。

② 李氏前夫柯位观出水四载无消息,生一男粪箕,由其方柯稟抚养,因日食难度再适,永结同心,二比花押。

11.22	古栈元	32	鉴光猫汝	邓丁娘	26	邓罗观	右长生(堂叔)	邓进章(父)	9文,3.015盾,同上
11.23	林传	28	八茶罐	张职娘	26	欧金娘	林三陈(堂叔)	张金生(父)	9文,3.015盾,同上
11.24	陈迎	30	中港仔公司后	杨奇娘	17	李光辉	陈挑观(胞叔)	杨琛观(父)	9文,3.015盾,同上
11.24	刘清茂	19	结石珍	朱潘娘	17	黄行观	刘聆观(叔公)	朱是泽(父)	9文,3.015盾,同上
11.25	施妈仁	31	城内米涧前	杨润娘	24	黄金娘	施仲珠(宗兄)	杨文章(胞兄)	9文,3.015盾,同上
11.27	贺奎盛	26	八茶罐	卢蜜娘	19	赖伍桂观	贺茂观(宗叔)	卢川观(堂兄)	9文,3.015盾,同上
11.27	黄养	37	旧把杀	魏秀娘	27	陈金娘	黄丁酉观(堂叔)	魏泉光(父)	9文,3.015盾,同上
11.30	沈振官,雷	36	三间土库对面	郑已娘	16	麦朝瑞	沈敬观(胞叔)	郑炎观(堂伯)	同上,李宙观,杨泰山,杨云沉
11.30	林罩观	30	打铁街后	王忍娘	19	王桂娘	林士威(宗叔)	王照观(父)	9文,3.015盾,同上
12.1	黄有驹	24	圣望港	沈顺娘	14	黄金娘	黄有汉(堂兄)	沈奇观(父)	9文,3.015盾,同上
12.4	王初香	20	宁岗对面蔀	黄禄娘	20	李是娘	王灿郎(父)	黄宛光(胞叔)	9文,3.015盾,同上
12.5	周炎光	32	大南门外	余伦娘	22	李诗娘	周邦观(堂叔)	余应琄(堂伯)	9文,3.015盾,同上
12.9	林褒生	33	大港墘	潘让娘	17	黄金娘	林照观(堂叔)	潘银坤(胞兄)	9文,3.015盾,同上
12.9	林双元(清源)	19	城内把杀	李日娘	20	黄金娘	林文珠(宗叔、朱)	李吟观(父)	9文,3.015盾,同上
12.10	许友山	27	八茶罐	陈银娘	18	林罔娘	许岐山(胞兄)	王凤娘(母)	9文,3.015盾,同上
12.10	方默然	27	观音亭	陈随娘	24	王英娘	方弥观(堂兄)	陈华使(父)	9文,3.015盾,同上
12.13	王标观	46	宁岗	林明娘	21	邱江娘	王炎观(宗兄)	林奇生(父)	9文,3.015盾,同上
12.13	杨松观	31	小南门外	胡二娘	18	叶清观	杨彩章(宗叔)	胡阿宝(胞兄)	9文,3.015盾,同上
12.16	蔡阙观	33	圣望港	陈存娘	17	林罔娘	蔡邑观(堂兄)	陈月观(父)	9文,3.015盾,同上
12.19	高籴观	32	道土巷	黄观娘	26	黄金娘	高曲观(宗叔)	黄兴观(胞兄)	9文,3.015盾,同上

12.20	王钦崇	32	八戈然	林七娘	28	李诗娘	王蒲观(堂叔)	林开泰(胞兄)	9 文,3.015盾,同上
12.20	赖启鹏	47	小南门	古玉娘	17	林古观	赖拔明(堂叔)	古长生(堂叔)	9 文,3.015盾,同上
12.20	李焕琳	21	丹兰望	钟奚娘	21	欧金娘	李孟观(父)	钟天赐(父)	9 文,3.015盾,同上
12.21	林文布	38	城内蕉仔街	陈清娘	17	王桂娘	林宗观(堂兄)	陈连世(胞叔)	9 文,3.015盾,同上
12.21	王水源	34	班芝兰	柯英娘	18	石几娘	王赐结(堂兄)	柯吞观(父)	9 文,3.015盾,同上
12.21	潘凉	33	望墓公港	陈秉娘	20	黄金娘	潘得意(宗兄)	陈永祥(胞兄)	9 文,3.015盾,同上
12.22	刘朝观	36	结石珍	詹英娘	25	庄畬观	刘盘观(堂叔)	詹蔀观(胞兄)	9 文,3.015盾,李振业;杨泰山,杨云沉
12.22	杨宽观	45	圣望港	林蜜娘	23	丁英娘	杨宝观(宗叔)	林德箴(宗汉)	9 文,3.015盾,同上
12.23	李百忍	30	中港仔	林蕉娘	14	李荣观	李宙观(宗兄) 甲必丹大	林登训(父)	9 文,3.015盾,同上
12.25	王良能	25	班芝兰	李润娘	26	欧金娘	王标观(胞叔)	李章郎(胞兄)	9 文,3.015盾,同上
12.26	林载观	34	打铁街后	黄罗那	17	林罔娘	林维观(宗兄)	黄浩观(胞叔)	9 文,3.015盾,同上
12.29	林拐观	38	大使庙边	余桂娘	20	黄金娘	林现观(胞伯)	余报光(宗叔)	9 文,3.015盾,同上
12.31	詹可	36	打铁街后	郑爱娘	28	陈宁观	詹接观(胞兄)	郑炎观(父)	9 文,3.015盾,同上

总计:161 对

1813 年吧城唐人成婚注册表

月日	新郎	年岁	住址	新娘	年岁	媒妁	男方主婚	女方主婚	备注 交钱,主事人
1.2	余嘉玉	31	乌鬼巷	张文质	15	庄罗诚	余新富(堂兄)	张贤巳(父)	9 文,3.015盾,李振业,杨泰山,杨云沉
1.4	郭才章	32	大南门外	古丙娘	16	王桂娘	郭珍瑞(堂叔)	古金兴(堂叔)	9 文,3.015盾,同上
1.4	钟宏长	25	八茶罐	谢擎娘	18	郑宣娘	钟插观(堂叔)	叶茶娘(母)	9 文,3.015盾,同上

1.4	曾庚生	33	高奢园	赖甲汶	15	钟信观	曾尚连(堂叔)	赖增发(堂叔)	9文,3.015盾,同上
1.5	胡亚对	33	红溪杉板寮	罗有娘[①]	18	赖五桂	自己	自己	9文,3.015盾,同上
1.5	郑草观	36	城内暗涧	刘传娘	17	洪远娘	郑元龙(堂兄)	冬桂(母) 刘夙夜(宗伯)	9文,3.015盾,同上
1.8	许清贤	45	西门外金郎班让	陈英娘	17	黄金娘	陈珠娘(母)	陈简观(父)	9文,3.015盾,同上
1.8	林修观	27	三间土库	叶邦娘	15	黄金娘	林纯光(宗伯)	叶廷左(胞兄)	9文,3.015盾,同上
1.9	王次宝	38	西湾蕗	杨吉疾娘	20	张春观	王宵观(宗叔)	杨鉴光(父)	9文,3.015盾,同上
1.10	黄四杰	35	对面大厝小巷	肖宣娘	21	李诗娘	黄栽观(宗兄)	肖焕观(父)	9文,3.015盾,同上
1.13	黄润观	28	结石珍	陈七娘[②]	17	胡秀娘	自己	自己	9文,3.015盾,同上
1.13	陈坎观	17	八厨沃间	高寿娘	15	欧金娘	陈习观(父)	高象观(堂叔)	9文,3.015盾,同上
1.14	蔡若	32	大港墘	叶禄娘	18	黄金娘	蔡景山(堂叔)	叶象六(父)	9文,3.015盾,同上
1.15	叶鍜	27	亭仔脚	林来娘	15	黄金娘	叶揣观(父)	林世禄(父)	9文,3.015盾,同上
1.16	戴交	32	蕉仔街	林凉娘	21	林望娘	戴政观(宗叔)	林全观(宗兄)	9文,3.015盾,同上
1.16	许元亨	34	五脚桥	杨一娘	17	陈金娘	许春观(堂兄)	杨良光(宗叔)	9文,3.015盾,同上
1.16	叶范	33	竹树巷	周月娘	20	黄金娘	叶苞观(叔公)	周唐山(胞兄)	9文,3.015盾,同上
1.16	林佛生	23	文丁圩	黄勤娘	16	卢砼娘	林振生(胞兄)	黄成结(宗叔)	9文,3.015盾,同上
1.17	钟立	33	旧把杀口	林心娘	23	王英娘	钟文仪(宗叔)	林怡观(父)	9文,3.015盾,同上
1.21	王春	36	大港墘	汤光勃娘	22	欧金娘	王佳观(胞兄)	汤灶观(叔祖)	9文,3.015盾,同上
1.22	戴归	33	亚森脚	许十娘	21	曾远娘	戴孝观(胞叔)	许拱生(胞兄)	9文,3.015盾,同上

① 罗氏前夫林九身故9个月,无做挂沙,又无生男女,无所倚赖,愿再醮与胡永结同心,二比各花押在婚簿内。

② 陈氏前夫周新容身故8个月,无遗业挂州,未有男女,无倚赖,愿再与黄为夫妻,永结同心,二比各花押在婚簿内。

1.23	黄炼	29	大港墘	戴清娘	26	黄金娘	黄养观(父)	戴宜观(堂兄)	9文,3.015盾,同上
1.23	蔡长山	27	圣墓港窑内	吴健娘	20	林罔娘	蔡开基(堂叔)	陈叶娘(母)	9文,3.015盾,同上
1.27	洪用观	35	八厨沃间	余尽娘	25	黄金娘	洪港观(宗叔)	余宾观(堂兄)	9文,3.015盾,同上
1.28	沈吉	30	大使庙	吴蜜娘	18	林贞娘	沈波观(堂兄)	吴笃观(堂兄)	9文,3.015盾,同上
2.8	刘元全	27	礁内	陈娇娘	19	胡受娘	刘免观(堂兄)	陈如生(宗兄)	9文,3.015盾,杨泰山,黄永六(禄)
2.10	胡暖	36	五脚桥	田宇娘	17	吴福生	胡盛观(堂兄)	田德生(胞叔)	9文,3.015盾,同上
2.18	洪任观	39	观音亭	梁水娘①	22	洪金成	自己	自己	9文,3.015盾,同上
2.21	郑清	26	八厨仔间	吴亦娘	18	黄金娘	郑贤观(宗叔)	吴丁仔钫(祖父)	9文,3.015盾,同上
2.24	戴州	20	文丁圩龙宾	林娇娘	18	林永全	戴远生(胞兄)	林猜勇(叔公)	9文,3.015盾,同上
2.28	林辩	57	新把杀	杨谨娘②	34	陈金娘	自己	自己	9文,3.015盾,同上
3.1	李佑	38	洪溪甘光六州	刘来娘	19	陈珠娘	李宗岳(叔)	刘缘观(父)	9文,3.015盾,同上
3.4	涂春生	22	八厨沃间	张逆娘③	20	欧金娘	自己	自己	9文,3.015盾,同上
3.5	黄五家	34	圣望港土库	郭成娘	20	黄金娘	黄政隆(宗叔)	郭合源(父)	9文,3.015盾,同上
3.5	蔡瑞兴	28	结石珍	陈和娘④	31	李时娘	自己	自己	9文,3.015盾,同上
3.6	李粹	33	五脚桥	林生娘	16	欧詹观	李苏观(胞叔)	林齐观(父)	9文,3.015盾,同上
3.10	黄桂	43	水锯仔顶	余分娘	17	林争娘	黄锐政(堂兄)	余福生(胞兄)	9文,3.015盾,同上
3.11	高金水	25	七宁增	胡清娘	20	欧金娘	高州钫(胞叔)	胡报观(宗叔)	9文,3.015盾,同上

① 梁氏前夫颜筒观身故一年,生一女旺娘3岁,无遗业挂沙,贫乏无依,甘愿再招洪为夫妻,并抚养小女,永无反悔,各花押在婚簿。

② 杨氏前夫陈权去世13年,生一女亦身故,无遗物业,无依倚,愿再招林为夫妻,永结同心,二比花押在婚簿内。

③ 张氏前夫陈求观身故2年,无遗业,贫乏无依,甘愿再招与涂为夫妻,永结同心,各无反悔,二比花押在婚簿。

④ 陈氏前夫詹宁哥已去世,无遗业付氏挂沙,贫乏无所依,愿再招蔡为夫妻,永结同心,无反悔,花押在婚簿。

3.12	陈贤德	20	八戈然	杨招娘	18	黄金娘	陈怀南(父)武直迷	郑淑娘(母)	9文,3.015盾,同上
3.13	陈高瑞	35	大南门外	赖六娘	15	张恩观	陈新叔(堂叔)	赖振然(堂兄)	9文,3.015盾,同上
3.13	陈新经	29	质宁员	罗近娘①	25	曾远娘	自己	自己	9文,3.015盾,同上
3.20	黄定观	40	结石珍	詹玉娘	19	卢明娘	黄光拖(胞叔)	詹兔观(胞伯)	9文,3.015盾,同上
3.25	沈百忍	42	中港仔	黄细娘	20	黄金娘	沈波观(宗兄)	黄季元(叔公)	9文,3.015盾,同上
3.25	郑江水	22	五脚桥	李荫娘	20	欧金娘	郑贤观(胞叔)	李潮观(叔公)	9文,3.015盾,同上
3.26	郑斗	22	大使庙	林月娘	16	李时娘	郑带观(堂叔)	林康老(堂叔)	9文,3.015盾,同上
3.30	吴国兴	29	观音亭	陈贵娘	19	石奇娘	吴探观(父)	陈添观(胞叔)	9文,3.015盾,同上
3.30	李音观	33	观音亭	林文娘	25	黄金娘	李宝辰(宗叔)	林体观(父)	9文,3.015盾,同上
4.2	张连生	35	班芝兰桥头	赖初四	14	林金娘	张达(宗叔)	赖俊万(宗伯)	9文,3.015盾,同上
4.7	梁克长	44	文丁新圩	朱庚娘②	34	刘益娘	自己	自己	9文,3.015盾,同上
4.10	林北元	36	圣望港	杨尾娘	26	林罔娘	吴金娘(母)	杨应求(胞兄)	9文,3.015盾,同上
4.14	薛文玉	33	章脚宁	梁娇娘	15	张二哥	薛亚发(堂叔)	梁麟观(父)	9文,3.015盾,同上
4.16	柯淘观	34	班芝兰巷仔内	黄淡宝唧	21	石奇娘	柯膑观(堂兄)	黄广隆(胞叔)	9文,3.015盾,同上
4.24	陈保元	18	小南门内	林汤娘	17	黄金娘	陈开生(父)	林道生(父)	9文,3.015盾,同上
4.24	廖寿元	20	高踏台	林贞娘	17	黄金娘	廖明观(父)	黄甘娘(母)	9文,3.015盾,同上
4.25	黄琼周	29	圣望港灰窑	陈发娘	28	林罔娘	黄东时(叔公)	陈助使(父)	9文,3.015盾,同上
4.25	黄樟观	48	观音亭	高维娘③	28	张淑娘	自己	自己	9文,3.015盾,同上

① 罗氏前夫黄春光身故5年,无遗业挂沙,产一男露水付伊妈抚养,无所依愿再招与陈永结同心,二比花押。

② 朱氏前夫陈降生身故3年,无遗业挂州,生三男,兰宗11岁,亚丁7岁,君门4岁,贫乏无依,再招梁为夫妻并养三子成人,二比甘愿花押。

③ 高氏前夫陈泉观去世1年3个余月,无遗业,因贫无依愿招黄为夫妻永结同心,二比各花押在婚簿内。

4.25	叶健观	34	旧把杀	李全娘[①]	31	林罔娘	自己	自己	9文,3.015盾,同上
4.26	余川观	53	旧把杀暹土库	吴月娘[②]	27	黄金娘	自己	自己	9文,3.015盾,同上
4.28	叶进观	36	大南门外	谢应娘	21	林金娘	叶宝观(宗叔)	谢启重(父)	9文,3.015盾,同上
5.5	沈淡生	20	班芝兰桥头	林转娘	18	石奇娘	沈八观(父)	林成光(堂叔)	9文,3.015盾,同上
5.7	李天元	27	城内把杀	蔡近娘	17	李时娘	李永源(堂兄)	蔡玉麟(堂兄)	9文,3.015盾,同上
5.8	杨发生	27	敢光猫汝	陈山娘	20	曾远娘	杨烦观(族兄)	黄南娘(母)	9文,3.015盾,同上
5.10	王四明	43	城内把杀	张一娘[③]	24	黄金娘	自己	自己	9文,3.015盾,同上
5.11	陈能竭	33	中港仔	黄鲁娘	24	黄金娘	陈水观(宗叔,雷珍兰)	黄乐观(胞兄)	9文,3.015盾,同上
5.11	林专生	33	五脚桥	杨孙娘	25	黄金娘	陈金娘(母)	杨宝观(宗叔)	9文,3.015盾,同上
5.14	苏天水	25	结石珍圩	林爱娘	17	曾远娘	苏寝观(宗叔)	林绒生(胞叔)	9文,3.015盾,同上
5.15	陈五哥	25	洪溪	温顺娘	19	余世哥	陈起侯(胞兄)	温世哥(父)	9文,3.015盾,同上
5.19	许国珍	36	城内把杀	陈益娘	22	杨吉娘	许凤观(宗叔)	戴芳娘(母)	9文,3.015盾,同上
5.20	杨春官	53	文丁峇木间蔀	黄迭娘[④]	34	黄金娘	自己	自己	9文,3.015盾,同上
5.20	林濑	37	八厨仔间	张旺娘	18	欧金娘	林研文(堂叔)	张唇观(父)	9文,3.015盾,同上
5.23	林招成	46	八厨仔间	吴敬娘[⑤]	23	黄金娘	自己	自己	9文,3.015盾,同上

① 李氏前夫黄文丁去世6年无遗业挂沙,有生一女茶娘11岁付伊内公养育,无所依,愿再招叶永结同心,二比各花押。

② 吴氏前夫林德修身故3年余,无遗业挂州,因贫愿再招进暹船主余川观为夫妻,永结同心,终无反悔,二比花押在婚簿内。

③ 张氏前夫陈长生身故4年,无遗业挂州,生一女艾律3岁付伊亲伯张天助养,无所依再招王为夫妻,永结同心,二比各花押在婚簿内。

④ 据黄迭娘称:伊前夫钦赐雷珍兰兼朱葛礁陈育生经已身故三年,并无产下男女,系系女流,无所依赖,甘愿再招与杨春官为夫妻,永结同心,终无反悔,二比各花押在婚簿内。

⑤ 吴氏前夫康居芳身故3年,无遗业挂沙,生一女娇娘3岁,无所依赖,愿再招林为永结同心,养小女,各花押。

5.25	陈生	24	观音亭	詹君冷娘	16	蔡吟娘	陈淡观(胞叔)	詹咸观(父)	9文,3.015盾,同上
5.26	李宙官甲必丹大	47	中港仔	黄煌娘	21	李时娘	自己	黄浩观(父)	9文,3.015盾,同上
5.30	施保观	32	八刀柔	邱玉娘	19	黄金娘	施仲珠(宗兄)	邱光喜(父)	9文,3.015盾,同上
5.30	林松观	36	廿六间土库	黄水娘	16	许曲娘	林贯观(胞叔)	黄福生(宗叔)	9文,3.015盾,同上
6.4	古顺观	20	敢光六州	郭味娘	17	欧金娘	古开云(宗叔)	郭传二(堂叔)	9文,3.015盾,同上
6.6	陈侪观	36	观音亭	曾桂娘①	29	张唐娘	自己	自己	9文,3.015盾,同上
6.14	卢六	40	大南门直街	林旁忽娘	16	黄金娘	卢味观(宗兄)	林亲近(堂伯)	9文,3.015盾,同上
6.25	黄柴观	44	城内暗间港	林老郁娘	18	连锐观	黄遥观(宗兄)	林瑞彝	9文,3.015盾,同上
6.30	陈奇明	23	七宁增	许秀娘	23	欧金娘	陈奎炳(堂叔)	许忠观(胞兄)	9文,3.015盾,同上
7.28	曾约观	32	丹兰望	蔡邑娘②	25	无	自己	自己	9文,3.015盾,同上
8.1	刘阔	27	结石珍	唐荫娘	18	黄明娘	刘江观(堂兄)	唐彝观(父)	9文,3.015盾,同上
8.2	张元邦	35	高奢园口	白桂娘	28	江园观	张喜生(宗叔)	自信观(宗兄)	9文,3.015盾,同上
8.6	钟启伯	40	鉴光六州	罗金娘	16	侯麟贵	钟正伯(宗伯)	罗凤相(宗兄)	9文,3.015盾,同上
8.12	程石珪	44	鉴光猫汝	苏音娘③	34	李时娘	自己	自己	9文,3.015盾,同上
8.15	饶二琏	39	东门外	宋金娘	16	杨寻娘	饶兆琏(宗伯)	宋魁文(父)	9文,3.015盾,同上
8.22	林瑞麟	28	望寮	陈寿娘	15	欧金娘	林波生(堂兄)	陈奎炳(堂叔)	9文,3.015盾,同上
8.26	陈润观	35	亭仔脚	许豫娘	16	欧金娘	陈川观(宗兄)	许再生(胞伯)	9文,3.015盾,同上

① 曾氏前夫谢生观去世3年,无挂州无男女,贫乏无依,愿再招陈永结同心,二比各花押在婚簿内。

② 据曾约称:与蔡邑娘为夫妻已经8年,有生下一男二女,因夫妻不睦奔诉公堂,恳乞分离。公堂劝其依旧和好,因此给付婚字,二比甘愿,各花押在婚簿内批照。曾〇,蔡×。

③ 苏氏前夫黄生观已去世,无遗业挂沙,无所依赖甘愿再招石为夫妻永结同心,各花押在婚簿内。

8.27	谢迎福	26	大港墘籐仔巷	方二娘	19	张淑娘	谢吉观(堂兄)	方乃观(叔公)	9文,3.015盾,同上
8.28	黄俨观	30	廿六间	陈心娘①	20	张淑娘	自己	自己	9文,3.015盾,同上
8.28	古立哥	31	洪溪	林音娘	16	邱琼观	古琏观(堂叔)	林三合(父)	9文,3.015盾,同上
8.28	吴奎炳	24	大使庙边	陈珠娘	17	王荣娘	吴欢观(父)	陈锦宗(父)	9文,3.015盾,同上
8.29	叶仁生	22	干冬圩	胡尾娘	17	王桂娘	叶八观(父)	胡武生(父)	9文,3.015盾,同上
8.29	吴旋观	44	大港墘	曾粉娘②	28	黄金娘	自己	自己	9文,3.015盾,同上
8.30	李水观	25	班芝兰	庄惜娘	17	黄金娘	李贯观(堂叔)	庄交观(父)	9文,3.015盾,同上
8.30	吴花微	19	永莱河	高荫娘	17	黄金娘	吴远观(父)	高伙观(堂叔)	9文,3.015盾,同上
8.30	戴国英	20	小南门	王福娘	17	林罔娘	戴齐观(父)	王照观(父)	9文,3.015盾,同上
8.30	颜保生	21	西门宰牛巷	林得娘	17	欧金娘	颜天恩(父)	林字顺(宗叔)	9文,3.015盾,同上
8.30	钟葵观	23	八厨间	陈迎娘	17	欧金娘	钟炳观(宗叔)	陈仁观(父)	9文,3.015盾,同上
8.31	黄凌通	27	廿六间	田瑞娘	16	廖本观	黄联科(堂兄)	田殿观(父)	9文,3.015盾,同上
9.1	许东观	42	八厨间	唐州娘	26	温来娘	许瑞观(堂伯)	唐欲观(堂叔)	9文,3.015盾,同上
9.1	王求生	16	大港墘	郑松娘	15	黄金娘	王凤观(胞叔)雷	郑三元(父)	9文,3.015盾,同上
9.1	陈润德	18	圣望港	黄荫娘	17	黄金娘	陈兆观(父)	黄骞观(堂叔)	9文,3.015盾,同上
9.2	朱日	21	乌褒土库	张榜娘	16	欧金娘	朱天麟(堂叔)	张照观(父)	9文,3.015盾,同上
9.2	郑明月	17	观音亭	杨纯娘	15	陈金娘	郑凤山(胞叔)	杨钦观(父)	9文,3.015盾,同上
9.2	陈桂观	36	大巷内	张敬娘③	22	王贵娘	自己	自己	9文,3.015盾,同上

① 陈氏前夫吴庆茂去世2年,无做字挂沙,遗一女婢碧月付氏使用,无所依赖,愿再招黄永结同心,二比各花押。

② 曾氏前夫杨绍雍去世三年,有遗物付氏挂沙,生一男西山,吴旋愿抚养,永结同心无反悔,二比花押在婚簿。

③ 张氏前夫廖元去世5年,无遗业付氏挂沙,生一子招贤5岁,无所依赖,愿招陈桂观为夫妻并养子成人,二比甘愿花押婚簿。

9.2	陈红毛	21	望寮	林泉娘	17	欧金娘	陈阿赤(宗叔)	林克观(堂兄)	9文,3.015盾,同上
9.3	许忠观	30	西门病厝后	陈礁娘	19	林朝娘	许州观(堂兄)	陈补种(父)	9文,3.015盾,同上
9.5	袁如珍	37	文丁磨垅	黄爱娘	21	徐来娘	袁位全(堂兄)	罗春娘(母)	9文,3.015盾,同上
9.5	林文滔	25	浮里亚朗把杀	吴珠娘	19	陈秀娘	黄福娘(母)	吴传观(父)	9文,3.015盾,同上
9.5	汤亮开	19	三间土库	苏财娘	17	王桂娘	汤芳观(父)	苏智观(胞兄)	9文,3.015盾,同上
9.5	廖宏照	33	礁仔街	陈一娘	17	王桂娘	廖兴哥(宗兄)	陈雄标(女)	9文,3.015盾,同上
9.5	沈又观	21	望咬寺哈仔连	陈余娘	17	石棋娘	沈松观(父)	陈会观(父)	9文,3.015盾,同上
9.6	翁仕郎	25	干冬圩	黄巽娘	17	陈凤娘	翁添生(父)	黄教观(父)	9文,3.015盾,同上
9.8	唐鲁观	33	结石珍	蔡省娘	17	黄明娘	唐献观(宗叔)	蔡菊观(父)	9文,3.015盾,同上
9.9	黄皆观	22	旧把杀	陈宇娘	17	李时娘	黄浩郎(宗叔)	陈成光(父)	9文,3.015盾,同上
9.12	王仕喜	38	宁光	高珠娘	20	卢金娘	王就观(胞叔)	高象观(堂叔)	9文,3.015盾,同上
9.12	杨烦观	47	乌褒土库	郑爱娘	19	胡秀娘	杨盐观(族叔)	陈登娘(妈)	9文,3.015盾,同上
9.12	欧绒生	27	西门内	蔡近娘	16	王荣娘	欧水源(宗叔)	蔡云腾(父)	9文,3.015盾,同上
9.12	林传观	36	城内暗涧	黄江娘	16	黄金观	林镭观(宗兄)	黄光彩(胞兄)	9文,3.015盾,同上
9.14	陈交观	28	结石珍	高六娘	15	陈添观	陈裕观(胞叔)	高连观(宗叔)	9文,3.015盾,同上
9.15	李泉舍	20	八茶贯对面	郭明娘	20	李时娘	李东旺(父)、甲	郭青云(堂兄)、雷	9文,3.015盾,同上
9.25	古宗麟	25	丹绒	张流娘	15	古廷标	古丙成(胞兄)	张元振(宗兄)	9文,3.015盾,同上
9.27	郭茂老	21	鉴光猫汝	戴笔娘	17	林朝娘	郭青云(堂叔)、雷	戴春观(父)	9文,3.015盾,同上
9.30	柯光瑞	23	大南门外	戴金娘	22	李明娘	柯六一(胞兄)	戴宜观(宗兄)	9文,3.015盾,同上
10.8	苏助鲁	39	八茶罐	杨桂娘	20	蔡吟娘	苏春观(宗叔)	杨君盛(父)	9文,3.015盾,同上

10.8	曾贤二	27	泊面街	朱君娘	17	邱敬观	曾礼华(胞叔)	朱元信(父)	9文,3.015盾,同上
10.10	古阿新	32	西门药班让	张阿娘	16	杨银娘	古金兴(族叔)	张昌成(父)	9文,3.015盾,同上
10.15	林贵人	19	亚森圩	李田娘	16	林琦观	林倍观(父)	李非观(堂兄)	9文,3.015盾,李振业,杨泰山,黄永禄
10.15	林光荣	22	观音亭	邓插娘	22	林正娘	林露观(堂叔)	邓阿新(胞兄)	9文,3.015盾,同上
10.19	沈湖观	38	乌鬼巷酒社	李凤娘①	32	石居娘	自己	自己	9文,3.015盾,同上
10.19	曾光爱	36	中港门新厝	黄秋娘②	21	黄金娘	自己	自己	9文,3.015盾,同上
10.20	杨四发	30	圣望港灰窑	许质娘	17	黄金娘	杨志成(宗兄)	陈足娘(母)	9文,3.015盾,同上
10.23	高扁观	28	洪溪	朱登岸娘	16	陈珠娘	高起珠(堂叔)	朱日观(堂兄)	9文,3.015盾,同上
10.24	陈松观	30	戈奢园	王秀娘③	31	许曲娘	自己	自己	9文,3.015盾,同上
10.24	郑柳	32	五脚桥	王清娘	15	欧金娘	郑奇观(宗兄)	王全观(父)	9文,3.015盾,同上
10.25	肖来生	21	王蔀园	余高恩娘	14	朱德辉	肖振伯(父)	余福哥(父)	9文,3.015盾,同上
10.26	沈元和	21	望交寺蔀	黄晨乐娘	17	石奇娘	沈松观(父)	黄受荫(胞叔)	9文,3.015盾,同上
10.26	黄君生	43	新池	蒋泗娘④	34	陈金娘	自己	自己	9文,3.015盾,同上
10.27	叶汉观	24	八茶罐	黄景娘	19	余惜娘	叶永观(胞叔)	黄临生(胞兄)	9文,3.015盾,同上

---

① 李氏前夫钟文去世10年,无产下男女,贫乏无依,甘愿再招沈为夫妻永结同心,各花押在婚簿内。

② 黄氏前夫林荣春去世3年,无挂些又无生下男女,贫乏无依,再招曾为夫妻永结同心,二比甘愿各花押在婚簿内。

③ 王氏前夫吕吾去世一年,无做挂沙,生二男,15岁文生由陈松抚养,12岁文福付氏母抚养,贫乏无依,甘愿与陈为夫妻,永结同心,二比甘愿花押在婚簿内。

④ 据蒋泗娘称:伊前夫许育生经已去世10年,并无遗业付氏挂州,又无产下男女,今因贫乏无依甘愿再醮与黄君生为夫妻永结同心,经无反悔,二比甘愿各花押在婚簿内。

据蒋泗娘称:伊夫黄君生逞妾不能相安,恳公堂判断分离,公堂吊二比细详查讯经判弃妾和妻,君生不肯从命,欲从妻之意分离,二比甘愿将婚字折破各花押为凭。黄君生×,蒋泗娘。

分离时未有日期,只有结婚日期:嘉庆癸酉年十月三日即和1813年10月26日。调查书红纸,书:据蒋泗娘年34称,伊前夫许育生经已去世10年,公勃低雷珍兰,杨泰山,黄永禄,批准:李宙观甲大。

10.29	詹传	37	结石珍圩	甘颜娘	28	蔡吟娘	詹样观(胞叔)	甘雄观(宗叔)	9 文,3.015盾,同上
11.1	张秋	24	小南门外	郭鸾娘	17	欧舍娘	张伍观(堂兄)	郭曲观(堂叔)	9 文,3.015盾,同上
11.1	庄宽柔	28	小南门把杀	李宝娘①	33	欧舍娘	自己	自己	9 文,3.015盾,同上
11.1	梁愿哥	39	洪溪头	郑蕉娘	16	朱延玉	梁桂哥(堂叔)	郑志玉(父)	9 文,3.015盾,李振业,杨泰山,黄永禄
11.1	李丑	27	水锯仔顶菜园内	陈春娘	23	陈珠娘	李文哥(堂兄)	陈水生(兄)	9 文,3.015盾,同上
11.2	冯脱观	33	圣望港	蔡万娘	17	张淑娘	冯底观(宗兄)	蔡云详(父)	9 文,3.015盾,同上
11.3	陈琦生	23	冬基社	黄福娘	22	黄金娘	陈春光(父)	黄宛光(胞叔)	9 文,3.015盾,同上
11.3	黄心光	26	中港仔	林荫娘	18	黄金娘	黄交观(堂兄)	林天恩(胞兄)	9 文,3.015盾,同上
11.3	陈隆庆	21	城内把杀	戴根娘	18	黄金娘	陈开生(宗叔)	戴绵光(父)	9 文,3.015盾,同上
11.3	张阿昌	41	红溪	黄辛娘	18	温阿盏	张英秀(堂兄)	黄峰哥(堂叔)	9 文,3.015盾,同上
11.4	庄使观	31	城内把杀	沈足娘	15	黄金娘	庄拔观(堂叔)	沈节观(堂叔)	9 文,3.015盾,同上
11.4	陈景隆	18	结石珍	吴曲娘	17	黄明娘	陈友观(父)	吴探观(堂叔)	9 文,3.015盾,同上
11.11	林连生	22	乌褒土库	陈戈奶娘	19	王来娘	纪合娘(母)	陈蕉娘(姑)	9 文,3.015盾,同上
11.15	卓再生	29	班芝兰	曾涂娘	18	林金娘	卓元观(胞叔)	曾禁观(胞叔)	9 文,3.015盾,同上
11.16	黄有为	37	圣望港	江锦娘	16	廖山娘	黄光玩(堂叔)	江敦观(父)	9 文,3.015盾,同上
11.20	李佛观	20	结石珍	詹宁娘	18	黄明娘	李辉观(父)	詹枪观(胞叔)	9 文,3.015盾,同上
11.21	陈兴观	46	中港仔	戴浪娘	26	黄金娘	陈朝观(堂兄)	张盆娘(母)	9 文,3.015盾,同上
11.22	赖登科	23	干冬圩	马丁岸	25	陈金娘	赖御观(宗叔)	马柳观(堂兄)	9 文,3.015盾,同上

① 李氏前夫林利哥已去世 14 年,无遗业挂州,无生男女,贫乏无依,再招庄永结同心,二比甘愿各花押在婚簿内。

11.22	黎重辉	27	班芝兰	叶丙娘	18	王桂娘	黎聪哥(族叔)	叶克城(父)	9文,3.015盾,同上
11.24	洪仪观	37	廿六间	陈石娘[①]	25	胡玉娘	自己	自己	9文,3.015盾,同上
11.29	梁奎秉	21	中港仔新厝	陈温娘	20	黄金娘	梁吉生(父)	陈锦生(父)	9文,3.015盾,同上
11.29	杨来观	33	干冬圩	高明娘	25	陈凤娘	杨秉观(宗叔)	高曲观(宗叔)	9文,3.015盾,同上
12.1	陈露观	40	结石珍	黄新娘	21	王荣娘	陈夏观(堂叔)	黄永秀(胞兄)	9文,3.015盾,同上
12.2	沈请观	26	城内	周和兰娘	14	黄金娘	沈都观(堂叔)	周倍金(宗叔)	9文,3.015盾,同上
12.3	叶潭	40	暗间	徐旁瓦[②]	25	许曲娘	自己	自己	9文,3.015盾,同上
12.3	许丁兰	32	八戈然	王端娘	15	曾沅娘	许凤观(叔公)	王蒲观(叔公)	9文,3.015盾,同上
12.5	魏新观	29	西门外	张洽娘	18	林金娘	魏标观(堂观)	张志云(堂叔)	9文,3.015盾,同上
12.8	黎端庄	33	城内泊面街	黄吉娘	15	谢有选	黎秀长(叔公)	黄双麟(父)	9文,3.015盾,同上
12.9	叶贫观	37	八茶罐	许冉娘	28	黄金娘	叶义观(宗兄)	许南观(胞兄)	9文,3.015盾,同上
12.9	许春观	28	五脚桥窑内	詹乐娘	21	周来娘	许佛观(宗兄)	詹灶观(胞兄)	9文,3.015盾,同上
12.11	王若水	33	大使庙油奢	许有娘	20	欧金娘	王凤观(宗叔,钦赐雷)	许琛观(父)	9文,3.015盾,同上
12.16	叶委观	37	打铁街	汤脉娘	21	黄金娘	自己(叶伟)	汤昂观(叔公)	9文,3.015盾,同上
12.20	施貌观	42	蕉仔街	林高娘	18	林罔娘	施可观(堂兄)	林开生(胞兄)	9文,3.015盾,同上
12.21	蔡润观	25	三间土库对面	张全娘	27	黄金娘	蔡决观(胞兄)	张法生(胞叔)	9文,3.015盾,同上
12.23	戴梅	35	亚森脚	蔡笔娘	22	杨阴娘	戴固观(堂兄)	蔡怜生(堂兄)	9文,3.015盾,同上
12.26	张秀云	26	大南门外	李秀娘	15	林金娘	张秦乐(堂叔)	李永观(父)	9文,3.015盾,同上

① 据陈石娘称:伊前夫谢兴观经已去世6年,后又适配余少勤观,又去世2年,并无遗业付氏挂州。氏系女流,无所依赖,甘愿再醮与洪仪观为夫,永结同心,二比甘愿各花押在婚簿内(二人均沾笔画圈)。嘉庆癸酉年十一月二日即和1813年11月24日给。公勃低雷珍兰,杨泰山黄永禄,批准甲大:李宙观。

② 徐氏前夫周油观去世5年无遗业又无男女,贫乏无所依甘愿再醮叶为夫妻,永结同心,二比各花押在婚簿。

12.26	叶错观	34	城内礼拜近	陈珠娘	29	陈玉娘	叶水成(族叔)	黄凤娘(母)	9文,3.015盾,同上
12.26	王兰观	33	八厨仔间	冯月娘	18	李时娘	王万观(宗兄)	冯四海(胞兄)	9文,3.015盾,同上
12.27	杨珀郎	26	圣望港对面	黄水娘	21	林罔娘	杨秀绒(族兄)	戴双娘(母)	9文,3.015盾,同上
12.27	叶廷瑞	20	大南门内	林南冥娘	16	黄金娘	叶晃观(父)	林伦观(父)	9文,3.015盾,同上
12.27	郑池生	22	亚森港内	蔡来娘	17	黄金娘	郑挞观(宗叔)	蔡金山(堂兄)	9文,3.015盾,同上
12.29	林江汉	39	灼仔街	陈允娘	22	胡秀娘	林薛观(父)	陈元章(胞兄)	9文,3.015盾,同上
12.29	陈饭观	33	八厨仔间	朱民娘	16	欧金娘	陈习观(宗叔)	朱曹观(叔公)	9文,3.015盾,同上
12.30	干雨老	28	西门宰牛巷	王玉娘[①]	29	黄金娘	自己	自己	9文,3.015盾,同上

总计:184对

1814年吧城唐人成婚注册表

月日	新郎	年岁	住址	新娘	年岁	媒妁	男方主婚	女方主婚	备注 交钱,主事人
1.2	吴金山	18	勃升	巫银娘	15	郭恒光	吴径观(父)	巫任观	9文,3.015盾,李振业,杨泰山,黄永禄
1.2	黄节观	36	结石珍	林福娘	28	黄明娘	黄定观(堂兄)	李银娘(母)	9文,3.015盾,同上
1.3	郭华观	48	三间土库对面	陈福娘	21	苏调观	郭光观(堂叔)	陈寿光(父)	9文,3.015盾,同上
1.4	余恩光	19	望寮	辜希娘	18	胡秀娘	颜君娘(母)	辜温生(堂叔)	9文,3.015盾,同上
1.5	陈州钫	22	灰窑	李润娘	19	林罔娘	苏为娘(母)	李连生(父)	9文,3.015盾,同上
1.5	钟天寿	29	三间土库	杨曲娘	16	李时娘	钟天水(胞兄)	杨百利(族叔)	9文,3.015盾,同上
1.6	王答观	21	椒仔街	林琴娘	19	黄金娘	王伍观(胞叔)	林拱观(宗叔)	9文,3.015盾,同上

① 据王玉娘称:与前夫陈青云经去世二年,并无产下男女,氏系女流无所依赖,甘愿再招干雨老为夫妻,永结同心,二比花押在婚簿内。

1.6	张择观	18	结石珍	詹音娘	18	英明娘	张全观(父)	詹超观(叔公)	9文,3.015盾,同上
1.6	赖炒观	32	中港仔	黄玉娘[①]	25	黄金娘	自己	自己	9文,3.015盾,同上
1.7	兰牛观	28	观音亭	杨东娘	23	王荣娘	兰道观(族兄)	杨宝观(宗伯)	9文,3.015盾,同上
1.8	黄福生	36	八厨仔间	陈月娘	21	欧金娘	黄传观(宗兄)	黄惜娘(母)	9文,3.015盾,同上
1.8	林江水	42	灰窑内	戴软娘	32	黄金娘	林天成(族叔)	戴挂观(宗兄)	9文,3.015盾,同上
1.8	郑盘观	33	结石珍	吴罔娘	16	黄明娘	郑万观(堂兄)	吴刘观(父)	9文,3.015盾,同上
1.9	杨温生	21	小南门巷	林益娘	18	洪远娘	杨思郎(宗兄)	林裁观(父)	9文,3.015盾,同上
1.10	吕兑观	36	洪溪	丁新娘	21	杨赏娘	吕欲观(宗叔)	丁勇观(堂兄)	9文,3.015盾,同上
1.12	杨知观	35	大南门外酒灶	陈金娘	27	王荣娘	杨百利(族兄)	陈国使(胞兄)	9文,3.015盾,同上
1.15	苏执礼	35	城内蕉仔街	主吉娘	21	洪远娘	苏助老(堂兄)	王唐观(宗兄)	9文,3.015盾,同上
1.17	潘泰观	30	中港仔	叶一娘	18	黄金娘	潘得意(宗兄)	叶黑观(父)	9文,3.015盾,同上
1.27	陈文瑞	18	大港墘	林不娘	17	黄金娘	陈兴观(堂叔)	林统观(族叔)	9文,3.015盾,同上
2.5	王三六	32	班芝兰	赖吉娘	20	李时娘	王凤观(宗叔、钦赐雷珍兰)	赖旋巩(父)	9文,3.015盾,同上
2.8	高金浦	37	圣望港	叶蕉娘	18	黄金娘	高栋梁(胞兄)	叶问观(胞伯)	9文,3.015盾,同上
2.17	陈壬水	37	班芝兰	王福娘	18	张淑娘	陈吉观(宗叔)	王明牛(胞叔)	9文,3.015盾,李振业,杨泰山,杨汉生
2.18	赖黄生	31	王蔀园	张合娘	19	朱德辉	赖俊万(父)	张士观(父)	9文,3.015盾,同上
2.28	古宇贵	39	蕉仔街	林温娘	16	杨心娘	古宇义(功兄)	林扯观(胞叔)	9文,3.015盾,同上
3.1	陈才观	48	结石珍	黄七娘	23	黄明娘	陈富郎(胞兄)	黄赞观(胞兄)	9文,3.015盾,同上
3.3	温崇庆	32	城内蕉仔街	古妙娘	17	王桂娘	温汝汉(功叔)	古开云(父)	9文,3.015盾,同上

① 黄氏前夫林圣齐去世4年,无遗业付氏挂沙,无产下儿女,无所依赖,愿再醮与赖永结同心,各甘愿花押。

3.7	蔡江友	19	观音亭	甘福娘	15	雅隆	蔡此观(父)	甘绒生(族兄)	9文,3.015盾,同上
3.9	罗流观	37	大港墘	吴顺娘	17	洪远娘	罗享观(宗兄)	吴园观(父)	9文,3.015盾,同上
3.10	王万观	38	八厨沃间	林英娘①	18	石奇娘	王佳官(宗兄)	郭瑞娘(母)	9文,3.015盾,同上
3.11	黄阿胡	30	五脚桥	谢风娘	15	林精娘	黄勇观(宗叔)	谢赛观(父)	9文,3.015盾,同上
3.11	杨阿前	26	小南门把杀	叶二娘	22	王贵娘	杨世昌(堂兄)	唐饮娘(母)	9文,3.015盾,同上
3.18	曾学全	38	大南门内	李英娘②	29	翁凤交	自己	自己	9文,3.015盾,同上
4.4	钟新观	48	观音亭	杨鹤娘③	36	欧金娘	自己	自己	9文,3.015盾,同上
4.9	谢得禄	46	小南门内	罗礼西娘	18	罗满哥	谢宗哥(堂兄)	罗文俊(胞叔)	9文,3.015盾,同上
4.10	黄顺治	25	八刀绕	林碧娘	15	吴联观	黄鉴生(父)	杨软娘(母)	9文,3.015盾,同上
4.16	郑强观	23	洪溪头	李以淡娘	17	丘和意	郑佛生(父)	李贵安(堂兄)	9文,3.015盾,同上
4.19	王真观	39	八茶罐巷内	康合娘	18	林罔娘	王春观(族叔,溥川号,钦赐雷珍兰)	康彩生(胞兄)	9文,3.015盾,同上
4.23	郑光彩	27	西门外	吴每娘	24	李时娘	郑贤观(宗叔)	吴季騆(胞兄)	9文,3.015盾,同上
4.24	甘沂水	32	廿六间土库	石添娘④	20	郭文娘	自己	自己	9文,3.015盾,同上
4.25	叶业水	25	八厨仔间	李镭娘	18	黄金娘	叶黑观(堂伯)	李宁观(宗兄)	9文,3.015盾,李振业,杨泰山,杨汉生
4.25	林都观	38	七宁增	沈惜娘	22	石奇娘	林祝观(宗叔)	沈行龙(胞兄)	9文,3.015盾,同上
4.26	蔡大顗	24	八多柔	黄布娘	18	肖德西观	蔡温观(族伯)	黄鉴生(父)	9文,3.015盾,同上

① 结婚证书:嘉庆甲戌年二月十九日即吧1814年3月10日给。

结婚批准书:在婚字书背面外文:1814年4月16日,交费6.5RS,圆印,圆形内外文组成JAVA. ENGLISH, EAST, INDIA, COMPAINY(爪哇,英国东印度公司)。

② 李氏前夫王贵和因夫妻不睦公堂判离,今因贫乏无依,甘愿再招曾为夫妻,永结同心,二比甘愿各花押在婚簿。

③ 杨氏前夫谢列去世5年,无遗业付氏挂州,无所依赖,甘愿再招与钟为夫妻,永结同心,各花押婚簿。

④ 石氏前夫魏燕先去世六个月,无遗业付氏,氏系女流无所依,甘愿招甘永结同心,二比各花押在婚簿。

4.26	马门观	35	高奢园	李宣娘	18	李开财	马细观(堂兄)	李苏观(族叔)	9文,3.015盾,同上
4.27	温昌德	34	西门内	陈壬娘	23	温澜观	温华观(宗叔)	陈庆振(父)	9文,3.015盾,同上
4.27	谢廷兴	29	亭仔脚	李玉娘	16	陈五观	谢华封(胞叔)	李禄进(功伯)	9文,3.015盾,同上
4.29	洪敏观	36	新把杀	余桂娘	23	黄金娘	洪元隆	余报光(宗叔)	9文,3.015盾,同上
4.30	陈文辅	42	八戈然	傅宝娘	16	李信观	陈佳观(功叔)	张婚娘(母)	9文,3.015盾,同上
5.5	汤质观	30	观音亭	刘银娘	23	王英娘	汤灶观(族叔)	刘郡观(功叔祖)	9文,3.015盾,同上
5.9	张禄观	30	把杀鱼间	周占娘①	31	林恩娘	自己	自己	9文,3.015盾,同上
5.12	邱由生	33	文丁旧圩	郑良娘	25	雅应连	邱文光(胞兄)	郑龙生(胞兄)	9文,3.015盾,同上
5.12	沈孝观	40	班芝兰	苏来娘	25	石奇娘	沈朴观(宗兄)	苏捷观(父)	9文,3.015盾,同上
5.15	杨水源	19	洪溪	林瑶娘	16	黄金娘	杨春观(父)	林情观(父)	9文,3.015盾,同上
5.19	郭定观	27	洪溪三班寮	叶水娘	19	赖五桂	郭美泰(胞兄)	蔡二哥(堂兄)	9文,3.015盾,同上
5.21	林文宾	34	礵旧仔	苏流娘	18	欧金娘	林四瑞(宗兄)	苏珠生(胞兄)	9文,3.015盾,同上
5.23	韩菊观	40	鉴光河北	陈桂娘	22	林罔娘	韩赞观(胞兄)	陈水观(宗伯) 雷珍兰	9文,3.015盾,同上
5.26	黄珍山	18	结石珍圩	曾往娘	16	黄明娘	黄水观(父)	曾慈观(宗叔)	9文,3.015盾,同上
5.27	游万寿	40	中港仔	古庚娘	15	王桂娘	游宗观(堂兄)	古开云(父)	9文,3.015盾,同上
5.28	谢存观	53	东门内	林保娘	17	王桂娘	谢统寿(胞兄)	黄爱娘(祖妈)	9文,3.015盾,同上
5.30	陈光艺	33	大南门酒库	蔡粉娘	21	黄四结	陈天记(宗兄)	蔡桑观(族伯)	9文,3.015盾,同上
5.31	蔡柔盛	36	小南门	陈质娘	14	欧金娘	蔡文章(宗兄)	陈光艺(宗兄)	9文,3.015盾,同上

① 周氏前夫林逊章去世7年,无遗业挂州,生一男天祖7岁,由外公抚养,氏无依赖,愿再招永结同心,甘愿花押。

6.2	黄喜观	40	观音亭	林剑娘	33	王荣娘	张溪娘(母)	保寻娘(母)	9文,3.015盾,同上
6.2	黄纯观	54	七宁増	高随娘	42	曾远娘	黄明观(宗兄)	高长宗(宗兄)雷珍兰	9文,3.015盾,同上
6.2	温随观	28	小南门埔	陈受娘[①]	22	黄金娘	自己	自己	9文,3.015盾,李振业,杨泰山、杨汉生
6.3	陈春观	30	灰窑内	李镭娘	20	林罔娘	陈富使(父)	陈天贵(父)	9文,3.015盾,同上
6.8	曾仓烈	39	洪溪	王诗娘	19	黄金娘	曾丕观(堂叔)	王俊观(父)	9文,3.015盾,同上
6.11	陈子向	23	结石珍	林同娘	19	黄明娘	陈救观(胞叔)	林元幾(胞兄)	9文,3.015盾,同上
6.14	张五满	31	打铁街	林甘娘[②]	21	李秀观	自己	自己	9文,3.015盾,同上
6.15	王德水	19	结石珍新把杀	巫爱娘	16	王英娘	王永昌(宗叔)	巫时观(宗叔)	9文,3.015盾,同上
6.18	汤升观	40	廿六间	王山娘[③]	33	黄金娘	自己	自己	9文,3.015盾,同上
6.19	黄昌宁	47	中港仔	林和娘[④]	27	雅黄统	自己	自己	9文,3.015盾,同上
6.24	王达三	27	灰窑内	林荣娘	18	何秀观	王万观(胞兄)	林顺光(功兄)	9文,3.015盾,同上
6.30	郑水生	33	鉴光猫汝	林软娘	18	欧金娘	郑元隆(宗叔)	林营观(胞叔)	9文,3.015盾,同上
7.1	王葛观	34	八茶罐	李珠娘	22	黄金娘	王炎观(功叔)	郑婉娘(母)	9文,3.015盾,同上
7.2	薛能观	30	蕉仔街	陈生娘	19	曾婉娘	薛荐观(宗叔)	陈锦生(宗兄)	9文,3.015盾,同上
7.4	黄茅观	28	城内礼拜边	陈贞娘	20	王桂娘	黄陶观(族叔)	陈东山(父)	9文,3.015盾,同上
7.4	黄仁观	40	水锯仔顶	韩凉娘	20	黄金娘	黄滚观(功叔)	韩蜂观(宗叔)	9文,3.015盾,同上
7.5	刘福山	21	结石珍	林望纳娘	15	黄明娘	刘善观(父)	林怡尚(父)	9文,3.015盾,同上

---

① 陈氏前夫杨裕观去世3年,无遗业又无产下男女,无所依,自愿再招温为夫妻永结同心,二比甘愿各花押。

② 林氏前夫朱大约去世2年,无遗业挂州无生男女,无依赖,自愿再招永结同心,二比花押在婚簿。

③ 王氏前夫徐四开身故5年,无遗业无生男女,无所依赖,愿再招永结同心,各花押在婚簿。

④ 林氏前夫王篇观身故4年,无遗业付给,生一女珍娘4岁,无所依愿再招永结同心,终无反悔,各花押。

7.5	赖燕观	40	城内把杀	黄毛娘[①]	38	黄金娘	自己	自己	9 文,3.015盾,同上
7.11	范太山	19	洪溪	陈来娘	18	杨乞娘	林送娘(母)	陈传生(胞兄)	9 文,3.015盾,同上
7.14	张群观	40	小南门把杀	李珍娘	16	蔡壬娘	张统端(功兄)	李朝振(父)	9 文,3.015盾,同上
7.17	叶国球	32	文丁园脚	杨万娘	17	刘亚四	叶亚作(胞兄)	杨成文(父)	9 文,3.015盾,同上
7.17	严天表	56	小南门把杀	林寿娘[②]	20	黄金娘	自己	自己	9 文,3.015盾,同上
7.19	陈天律	23	圣墓港	苏长娘	20	黄金娘	陈桐生(胞叔)	苏春(宗伯)	9 文,3.015盾,同上
7.23	陈灿郎	36	鉴志猫屡	林月娘[③]	36	欧金娘	自己	自己	9 文,3.015盾,同上
7.27	庄桂柱	41	鉴光猫汝	陈吉娘	29	李时娘	庄桂柱自己	陈炳郎(胞兄)、甲	9 文,3.015盾,同上
8.12	陈金敦	18	中港仔	蔡日本娘	17	黄金娘	林月娘(母)	戴清娘(母)	9 文,3.015盾,同上
8.15	刘伦观	27	班芝兰	陈英娘	23	黄金娘	刘冬观(族兄)	陈老观(父)	9 文,3.015盾,同上
8.16	黄禄观	40	结石珍椰园	吴意娘	32	黄明娘	黄水观(宗叔)	吴允成(胞兄)	9 文,3.015盾,同上
8.17	严意成	19	八厨沃间	林娘拿	17	李时娘	严暹观(父)	林略观(宗叔)	9 文,3.015盾,同上
8.17	蔡同妙	40	乌褒土库	方职娘[④]	36	李时娘	自己	自己	9 文,3.015盾,同上
8.17	张登郎	37	爵仔街	郭二娘	20	李时娘	张顺观(堂兄)	郭如水(父)	9 文,3.015盾,同上
8.27	甘大振	34	班芝兰	陈碧娘	23	黄金娘	甘雄观(宗叔)	陈江水(胞兄)	9 文,3.015盾,同上
8.28	钟天禄	32	八戈然	王温娘	18	李时娘	钟天水(胞兄)	王华观(族叔)	9 文,3.015盾,同上
8.30	林任观	31	八茶罐	陈云娘	20	林罔娘	林东汉(功兄)	陈名喜(宗叔)	9 文,3.015盾,同上

① 黄氏前夫林应熊身故3年,无儿女,无依赖,愿再醮永结同心,二比各花押在婚簿。

② 林前夫汤赞身故3年,无女儿,无遗业挂州,无依赖,再醮永结同心,二比各花押在婚簿内。

③ 林氏前夫肖钟汉身故18年,无遗业付给,无男女无依赖,愿再醮永结同心,二比各花押。

④ 方氏前夫林杰观身故7年,无男女,无所依,愿与蔡为夫妻永结同心,二比各花押在婚簿内。

9.8	黄瑶光	24	水锯仔顶	苏月娘	14	黄金娘	黄滚观(父)	苏寝观(宗叔)	9文,3.015盾,同上
9.11	李坎观	35	打石巷	张意娘	20	郭文娘	李端观(功叔)	陈彩娘(生母)	9文,3.015盾,同上
9.19	许实观	35	五脚桥	刘能娘	20	林罔娘	许士成(堂叔)	刘源泉(胞兄)	9文,3.015盾,同上
9.19	林德璋	18	西门外	王玉娘	17	林罔娘	林韩观(堂兄)	王永昌(父)	9文,3.015盾,同上
9.19	韩丹观	32	丹兰望	詹渊娘	17	蔡吟娘	韩香观(族叔)	詹传观(父)	9文,3.015盾,同上
9.19	苏捷生	59	丹兰望	李赏娘①	40	丘盛娘	自已	自已	9文,3.015盾,同上
9.21	杨定光	21	八厨沃间	戴媚娘	18	欧金娘	杨仕郎(父)	戴春观(父)	9文,3.015盾,同上
9.21	邓智纲	29	小南门把杀	周骞娘	24	王贵娘	邓斌观(宗叔)	袁信娘(母)	9文,3.015盾,同上
9.21	黄赤	43	观音亭	许荫娘	18	欧金娘	黄董观(宗叔)	钟玉娘(母)	9文,3.015盾,同上
9.22	林瑞郎	28	田仔内	黄发娘	26	林朝娘	林宗生(胞兄)	林雪娘(母)	9文,3.015盾,同上
9.23	张麟观	41	观音亭	许一娘	21	王英娘	张汉宁(宗叔)	许定观(父)	9文,3.015盾,同上
9.25	陈四海	31	三间土库	林明娘	17	黄金娘	陈福源(宗叔)	林略观(父)	9文,3.015盾,同上
9.25	林法生	22	中港仔	方来娘	21	李时娘	林迎观(父)	方荫生(父)	9文,3.015盾,同上
9.28	陈水生	19	八茶罐	杨淡娘	18	张潘观	陈池观(父)	杨光源(父)	9文,3.015盾,同上
9.28	郭牛老	22	廿六间	杨精娘	21	李时娘	郭魏观(父)	杨宝观(宗伯)	9文,3.015盾,同上
9.28	巫贵	35	新塚角	张高奢	21	蔡入生	巫绿观(宗叔)	张子南(胞兄)	9文,3.015盾,同上
9.30	黄映观	34	廿六间	梁经娘	21	黄金娘	黄高升(胞兄)	梁吉生(族兄)	9文,3.015盾,同上
9.30	古连观	32	绒榜眼	杨江娘	15	蔡吟娘	古光观(功兄)	杨菊清(宗兄)	9文,3.015盾,同上
9.30	丘绵观	38	五脚桥	林清娘	21	欧金娘	丘濯缨(堂叔)	林怡观(父)	9文,3.015盾,同上

① 李氏前夫陈笃观去世7年,无男女,无遗业付氏挂州,无所依赖,再醮与蔡永结同心,各花押婚簿。

10.1	张清良	25	旧把杀	陈生娘	18	林金娘	张关生(胞叔)	陈水生(胞兄)	9文,3.015盾,同上
10.1	许永和	26	高奢园	郭善娘	17	颜春娘	许凤观(族伯)	郭天助(父)	9文,3.015盾,同上
10.4	张水生	33	泊面街	叶寿娘	17	黄金娘	张朝老(宗叔)	叶象六(父)	9文,3.015盾,同上
10.14	彭二生	32	八厨沃间	黄梁娘	17	许曲娘	彭瑞孔(胞叔)	黄评士(宗伯)	9文,3.015盾,同上
10.20	李永顺	21	打石巷	罗卒娘	16	王桂娘	张凤娘(母)	罗玉观(胞叔)	9文,3.015盾,同上
10.23	陈允恭	33	八茶罐	吴夏娘	18	黄金娘	陈四美(胞叔)	吴欢观(族叔)	9文,3.015盾,同上
10.23	叶文生	18	中港仔	黄苗娘	15	黄金娘	郭爵娘(母)	黄龙泉(宗叔)	9文,3.015盾,同上
10.24	古立书	34	打铁街	钟南娘	16	王桂娘	古锦观(堂兄)	钟朝观(胞叔)	9文,3.015盾,同上
10.26	黄忠烈	34	槟榔社	蔡祖娘	18	林罔娘	黄朝老(堂兄)	蔡亨光(父)	9文,3.015盾,同上
10.26	苏兼郎	28	廿六间	杨荫娘	18	黄金娘	自己	杨汉生(叔祖)	9文,3.015盾,同上
10.26	郑开生	20	八茶罐	吴宣娘	15	李时娘	郑泉(父)	吴图(宗兄)	9文,3.015盾,同上
10.28	刘达章	34	洪溪	朱望娘	18	钟则观	刘达钦(堂兄)	朱德观(父)	9文,3.015盾,同上
10.28	许约观	54	城内把杀	戴申娘①	25	黄金娘	自己	自己	9文,3.015盾,同上
10.30	甘荔观	24	结石珍	林姬娘	15	胡勤娘	甘音观(堂叔)	林坤进(胞叔)	9文,3.015盾,同上
11.8	蔡篆观	32	中港仔	陈来娘	21	黄金娘	蔡吴水(宗兄)	陈振观(宗叔)	9文,3.015盾,同上
11.12	詹金生	20	质宁贞	陈幼娘	18	刘正观	詹造观(父)	陈白观(堂兄)	9文,3.015盾,同上
11.14	彭上化	37	观音亭新厝	唐州钫娘	25	李时娘	彭上连(堂兄)	唐绒生(族兄)	9文,3.015盾,同上
11.17	王斗	27	把杀务朗	韩美娘	22	黄金娘	王桧(堂叔)	韩东山(胞兄)	9文,3.015盾,同上
11.17	林清	26	高奢园	杨金娘	19	黄爱娘	林时(宗兄)	杨君盛(父)	9文,3.015盾,同上

① 戴氏前夫杨梧观身故2年，无付挂州，无所依赖，再醮与许永结同心，各花押在婚簿内。

11.20	李藤观	30	米间前	姚贞娘	22	王荣娘	李读观(堂兄)	姚成功(父)	9文,3.015盾,同上
11.20	颜领观	47	亭仔脚	陈英娘①	43	许曲娘	自己	自己	9文,3.015盾,同上
11.20	罗乾凤	27	大南门外	邱眠娘	28	王桂娘	罗迎周(族叔)	邱振发(父)	9文,3.015盾,同上
11.21	高金兰	38	小南门把杀	林血娘	26	黄金娘	蔡承娘(母)	施山娘(母)	9文,3.015盾,同上
11.22	李俭观	40	八茶罐	林月娘	19	林罔娘	李近观(宗叔)	林银璋(父)	9文,3.015盾,同上
11.24	黄宽观	36	东门外	陈福娘	24	欧金娘	黄五观(宗叔)	陈玉郎(宗兄)	9文,3.015盾,同上
11.24	陈灿观	28	中港仔	蒋君娘	17	雅林淑	陈彪观(宗兄)	蒋向观(堂兄)	9文,3.015盾,同上
11.29	杨连观	30	打铁街	沈砼娘	16	廖产娘	杨彩璋(族叔)	沈银观(胞叔)	9文,3.015盾,同上
12.1	蔡粮	35	新把杀圣墓公巷内	朱扳娘	15	曾媛娘	蔡良(胞叔)	朱怨(胞叔)	9文,3.015盾,同上
12.4	郑汉水	26	城内把杀	叶合娘②	24	王荣娘	自己	自己	9文,3.015盾,同上
12.7	洪九观	32	班芝兰	甘宝娘	25	黄金娘	洪燥(宗叔)	甘雄(宗叔)	9文,3.015盾,同上
12.7	许南生	22	观音亭	邓娘那③	19	黄金娘	自己	自己	9文,3.015盾,同上
12.10	邱中观	44	五脚桥	叶尾娘	16	欧金娘	邱炮观(堂叔)	叶炳观(堂叔)	9文,3.015盾,同上
12.10	刘奭观	39	米涧间	陈雅娘	20	黄金娘	自己	陈初观(族叔)	9文,3.015盾,同上
12.11	陈提观	39	甕荣河	林一娘	17	雅林淑	陈山观(族兄)	林元贵(胞叔)	9文,3.015盾,李振业,杨泰山,杨汉生
12.16	颜文龙	19	水锯仔顶	高清娘	18	欧金娘	颜兴观(父)	高连观(功叔)	9文,3.015盾,同上
12.21	古前	25	城内蕉仔街	蔡戊娘	17	张三哥	古瑞哥(宗伯)	蔡六哥(父)	9文,3.015盾,同上

① 陈氏前夫黄贯观身故10年,无遗业付给挂州,无所依赖,甘愿再醮与颜永结同心,二比各花押在婚簿内。

② 叶氏前夫李蚶观身故1年5个月,无遗业付氏挂州,生一男各龟猪3岁,付伊祖母养饲,无所依再醮,二比花押。

③ 邓氏前夫刘南宗身故3年,无遗业无生男女,无所依赖,自甘愿再醮与许为夫妻,永结同心,二比各花押在婚簿。

12.21	曹兴观	38	廿六间头	黄慰娘	21	陈生娘	曹海观(宗兄)	黄寿观(宗叔)	9文,3.015盾,同上
12.23	蔡溪郎	39	乌鬼巷园内	方三娘	17	曾远娘	蔡交观(父)	方祐观(堂伯)	9文,3.015盾,同上
12.24	游开礼	37	八茶贯	胡招娘	20	王桂娘	游宗(堂兄)	胡汉(胞叔)	9文,3.015盾,同上
12.25	林彩水	43	加垄西垅	王源娘	18	郑贤娘	林得意(胞兄)	王绣芳(父)	9文,3.015盾,同上
12.25	刘亚安	35	结石珍	林位娘	17	左瑞娘	刘亚六(宗叔)	林祥观(父)	9文,3.015盾,同上
12.27	林全生	32	城内米涧前	陈添娘	18	黄金娘	林两仪(宗叔)	陈得观(堂叔)	9文,3.015盾,同上
12.27	谢鼎宗	53	大南门	罗辛娘[1]	39	李理娘	自己	自己	9文,3.015盾,同上
12.28	林尚观	29	小南门把杀	涂淮娘	22	邬强观	林屋观	涂奇观(父)	9文,3.015盾,同上
12.29	杨凉海	23	八厨沃间	徐明娘	19	王荣娘	杨府观(父)	徐甲生(胞叔)	9文,3.015盾,同上
12.31	林霜	40	西门	戴黎娘	24	李时娘	林獭(宗兄)	吴金娘(母)	9文,3.015盾,同上
12.31	高招观	28	把杀内亭仔脚	林园娘	27	林罔娘	高长宗(宗叔)雷珍兰	林比源(胞兄)	9文,3.015盾,同上

总计:160对

1815年吧城唐人成婚注册表

月日	新郎	年岁	住址	新娘	年岁	媒妁	男方主婚	女方主婚	备注 交钱,主事人
1.2	林清山	22	洪溪	陈礼娘	20	李时娘	林子张(父)	陈开生(父)	9文,3.015盾,李振业,杨泰山,杨汉生
1.3	詹明观	33	中港仔	王专娘	17	黄金娘	詹扶观(堂叔)	王廪观(父)	9文,3.015盾,同上
1.4	康芳生	23	东门内砖仔桥	陈和娘[2]	18	黄金娘	康瑞玉(堂兄)	陈德成(父)	9文,3.015盾,同上
1.6	林木观	39	圣望港灰窑	黄生娘	19	黄金娘	林启基(族兄)	黄明老(宗兄)	9文,3.015盾,同上

[1] 罗氏前夫黎苍回唐去世9年,无遗业付氏挂州,无生男女,无依赖再醮与谢为夫妻,永结同心,二比花押。

[2] 吧1815年9月28日,陈和娘不敬公姑伊夫康芳生恳乞分离,二比甘愿各花押在婚簿内。康芳生,陈和娘。

1.12	欧郎观	34	小南门把杀	王金娘	17	李旺娘	欧灿观(宗兄)	王偶观(宗叔)	9文,3.015盾,同上
1.12	王双美	25	八茶贯	杨仁娘	18	李时娘	王江水(宗兄、雷珍兰)	杨春观(宗兄)	9文,3.015盾,同上
1.12	陈斗观	27	八茶贯	郭静娘	17	黄金娘	陈四美(堂叔)	郭体美(父)	9文,3.015盾,同上
1.12	谢愿观	26	八茶贯	詹马劳娘	18	黄金娘	谢趋观(堂兄)	詹漾观(宗伯)	9文,3.015盾,同上
1.12	陈碧山	22	中港仔	张才娘	17	黄金娘	陈兴观(堂兄)	张德生(胞兄)	9文,3.015盾,同上
1.13	麦顺观	29	八厨沃间	张荫娘	24	黄金娘	麦基观(胞叔)	张及观(父)	9文,3.015盾,同上
1.15	李琏观	28	大舍庙	董姚娘	18	王荣娘	李怀观(族兄)	董标桂(父)	9文,3.015盾,同上
1.15	黄文生	36	宰牛巷	王瑞娘	23	黄金娘	郑碧娘(母)	王瑞英(胞兄)	9文,3.015盾,同上
1.15	周探观	29	八多尧	黄完娘	18	吴均观	周培金(堂兄)	黄浩郎(宗叔)	9文,3.015盾,同上
1.15	吴瑞德	29	城内大礼拜边	戴吉娘	17	许曲娘	吴季騶(胞兄)	戴明月(父)	9文,3.015盾,同上
1.16	林正春	16	八厨沃间	蔡寿娘	18	欧金娘	林开叶(堂叔)	蔡双泉(堂兄)	9文,3.015盾,同上
1.17	陈志成	27	结石珍	林润娘	18	黄明娘	陈裕观(宗叔)	林实老(胞兄)	9文,3.015盾,同上
1.19	李应观	34	三间土库	郑兰娘	17	曾远娘	李宙观(宗兄,甲必丹大)	郑曰观(父)	9文,3.015盾,同上
1.21	郑其祖	35	甘抹廊	叶月娘	23	李旺娘	郑炎观(胞伯)	叶珠生(宗兄)	9文,3.015盾,同上
1.22	许怀生	47	城内暗间	王端娘①	26	林调娘	自己	自己	9文,3.015盾,同上
1.26	陈光喜	47	西门外	郭默娘	18	许曲娘	陈龙观(宗兄)	郭奎炳(宗兄)	9文,3.015盾,同上
1.27	陶仕郎	34	中港仔	叶惜娘②	24	黄金娘	自己	自己	9文,3.015盾,同上
1.26	林深渊	29	西门外	王禄娘	28	林朝娘	自己	自己	9文,3.015盾,同上

① 王氏前夫陈联芳去世5年,无遗业挂州,无所依,甘愿再招与许永结同心,终无反悔,花押在婚簿。

② 叶氏前夫戴竹观身故3年,无生男女,无所依赖,甘愿再招与陶为夫妻永结同心,终无反悔,花押在婚簿内。

2.1	蒋谈观	32	把杀内亭仔脚	朱温娘	18	杨味娘	蒋心观(堂兄)	朱世泽(父)	9文,3.015盾,同上
2.5	詹仙机	16	丹兰望把杀	苏雪娘	14	刘银娘	詹含观(父)	苏江水(胞兄)	9文,3.015盾,同上
2.5	官江水	28	中港仔	林面娘	16	黄金娘	自己	林元隆(堂叔)	9文,3.015盾,同上
2.7	薛锥观	31	观音亭大厝内	林秀娘①	26	石姬娘	自己	自己	9文,3.015盾,同上
2.27	肖四观	31	惹牙毛齿	胡密娘	18	李才观	肖应快(族兄)	胡位观(父)	9文,3.015盾,同上
3.1	古景叔	46	八厨沃间	宋宝娘	19	王桂娘	古今兴(堂兄)	宋连志(胞叔)	9文,3.015盾,同上
3.5	王治水	39	廿六间卷	林来娘②	18	许曲娘	自己	自己	9文,3.015盾,同上
3.5	杨天禄	44	小南门	白织娘③	30	许曲娘	自己	自己	9文,3.015盾,同上
3.17	洪茂生	22	圣望港	黄政娘④	18	林雪娘	自己	自己	9文,3.015盾,同上
3.23	赖华观	43	中港仔新厝	张水娘⑤	24	王占娘	自己	自己	9文,3.015盾,同上
3.26	沈敬观	46	乌鬼巷酒灶	黄朴娘	39	郑启明	自己	自己	9文,3.015盾,同上
3.27	郭连兴	20	结石珍	詹九娘	16	黄明娘	郭著观(父)	詹世观(宗叔)	9文,3.015盾,同上
3.28	王源兴	23	观音亭	陈好娘	20	林罔娘	王顺观(族伯)	陈笃生(父)	9文,3.015盾,同上
3.29	李永源	34	城内把杀	郑嵩娘⑥	22	李时娘	自己	自己	9文,3.015盾,同上
4.2	谢莲生	54	万丹	王雁娘⑦	38	李时娘	自己	自己	9文,3.015盾,同上
4.6	蔡章观	36	乌鬼巷	钟凤娘	17	曾婉娘	蔡蟾观(堂兄)	钟佛观(父)	9文,3.015盾,同上

---

① 林氏前夫陈篆章身故2年,无男女无产业付挂州,无依赖,再醮与薛永结同心,二比各花押在婚簿。

② 林氏前夫(残缺)身故,无遗业挂州,无生男女,无所依赖,甘愿再醮与王为夫永结同心,终无反悔,花押。

③ 白氏前夫吴玉观身故3年,无男女,无所依赖,甘愿再醮与杨永结同心各无反悔,二比各花押在婚簿。

④ 黄氏前夫(残缺)观身故3年,无生男女,氏系女流无所依赖,甘愿再醮与洪为夫,永结同心,二比花押。

⑤ 张氏前夫郑标观身故2年,无挂州,生二男闻生与高律,赖华愿抚养,因贫乏无依再醮,二比花押。

⑥ 郑氏前夫江坎成回唐身故6年,无生男女,无依赖,甘愿再醮李,永结同心,各无反悔,二比各花押婚簿。

⑦ 王氏前夫戴应观身故5年,无遗业付挂州,无所依赖,甘愿再醮与万丹雷珍兰谢莲生为夫妇,永结同心,终无反悔,二比各花押在婚簿内。谢莲生 王雁娘。嘉庆乙亥二月二十三日即和1815年4月2日给。

4.9	刘西和	19	旧把杀	沈弼娘	16	黄金娘	刘瑞京(胞兄)	沈敬观(佼)	9文,3.015盾,同上
4.9	林茂晨	18	洪溪	唐碧娘	16	黄金娘	林杏生(胞兄)	唐仰观(父)	9文,3.015盾,同上
4.11	吴遇观	48	城内把杀	陈吃娘	25	林明娘	自己	陈四夷(胞兄)	9文,3.015盾,同上
4.12	叶令观	43	小南门把杀	周宣娘①	26	林朝娘	自己	自己	9文,3.015盾,同上
4.12	杨长兴	38	小南门把杀	李荣娘	22	王淑娘	杨宝观(宗叔)	李近观(宗伯)	9文,3.015盾,同上
4.19	马怡生	27	干冬圩	陈惜娘	17	杨桂娘	马德观(堂叔)	陈卯观(宗叔)	9文,3.015盾,同上
4.22	曾天喜	20	高踏宰	吴玉娘	16	王荣娘	吴旋娘(母)	吴傅观(胞伯)	9文,3.015盾,同上
4.29	钟汉水	34	小南门仔	李叶娘	17	黄金娘	钟汉江(胞兄)	李杰观(胞兄)	9文,3.015盾,同上
5.1	陈文天	23	结石珍椰园	黄雅娘	16	黄明娘	蔡珠娘(母)	黄荣志(父)	9文,3.015盾,同上
5.6	邱长泰	26	结石珍椰园	张茶娘	17	林曲娘	林云娘(母)	张江海(胞兄)	9文,3.015盾,同上
5.9	何东阳	38	三间土库	王曲娘	17	黄金娘	何春琳(祖叔)	王强观(父)	9文,3.015盾,同上
5.9	林茂兰	29	观音亭	苏合娘	25	黄金娘	林茂芬(胞兄)	吴英娘(母)	9文,3.015盾,同上
5.11	张醮观	37	洪溪三板寮	李温娘	17	欧金娘	张喜生(宗叔)	李弟观(祖叔)	9文,3.015盾,同上
5.13	朱忒观	40	城内把杀	柳谦娘	20	黄金娘	朱蹇观(宗兄)	柳诗观(宗叔)	9文,3.015盾,同上
5.23	张松观	41	观音亭	郑宣娘	17	黄金娘	张起龙(族叔)	郑挞观(族伯)	9文,3.015盾,同上
5.24	林芳萼	27	廿六间把杀	陈玉娘	20	黄金娘	林木碧(族叔)	陈建老(父)	9文,3.015盾,同上
5.24	林金山	22	五脚桥	陈发娘	20	黄金娘	林理生(宗伯)	陈鉴生(胞伯)	9文,3.015盾,同上
5.26	黄妹观	43	质宁贞	程红娘	30	陈拔娘	黄彪观(宗兄)	程石圭(胞叔)	9文,3.015盾,同上
5.26	朱番观	30	洪溪	王英娘	18	杨乞娘	朱曹观(族叔)	王蒲观(胞叔)	9文,3.015盾,同上

① 周氏前夫颜天水身故3年,无生男女,无所依赖,再醮与叶,永结同心,二比各花押在婚簿内。

5.27	江英竭	34	三间土库	黄荣娘	14	曾婉娘	江申观(族叔)	黄松观(胞叔)	9文,3.015盾,同上
5.31	郑应观	19	著屡山	詹宝娘	18	欧金娘	郑源观(父)	詹曹观(父)	9文,3.015盾,同上
6.2	杨智松	38	茄面街	林发娘	17	黄金娘	杨志诚(宗兄)	林水生(胞兄)	9文,3.015盾,同上
6.2	许边观	29	中港仔	吴水娘	16	王荣娘	许凤观(族叔)	吴长观(胞兄)	9文,3.015盾,同上
6.3	卢阿六	34	旧把杀	邹已娘	17	赖锦观	卢义观(胞兄)	邹阿三(父)	9文,3.015盾,同上
6.17	林哲观	45	圣望港	阮合娘	18	黄金娘	林惠光(宗兄)	阮春观(父)	9文,3.015盾,同上
6.18	林一观	41	大南门砖仔桥	吴勤娘	17	林金娘	林衮衣(族叔)	吴八观(宗叔)	9文,3.015盾,同上
6.26	林怡生	43	小南门	叶月娘[①]	38	麦养娘	自已	自已	9文,3.015盾,同上
7.12	钟清儒	29	八厨沃间	巫辛娘	15	朱癸观	钟庚栋(堂叔)	巫振富(父)	9文,3.015盾,同上
7.20	陈舆观	34	米涧前	林友娘[②]	19	黄金娘	自已	自已	9文,3.015盾,同上
7.21	张对生	45	中港仔新厝	罗壬娘	24	王贵娘	张昌观(堂叔)	罗乾凤(胞兄)	9文,3.015盾,同上
7.24	朱阿宁	27	王蔀园	杨娘那	16	张谨娘	朱斗生(父)	杨爱观(堂兄)	9文,3.015盾,同上
7.25	周琴宗	25	中港仔	刘荫娘	17	黄金娘	周忠观(父)	刘忠观(宗兄)	9文,3.015盾,同上
8.3	林元芳	27	班芝兰巷内	李明牛娘	24	黄金娘	林程观(胞兄)	李朝老(父)	9文,3.015盾,同上
8.6	胡廷干	33	结石珍水闸	高恩娘	14	王桂娘	胡双麟(宗兄)	高满祥(堂叔)	9文,3.015盾,同上
8.6	唐桃源	33	圣望港	高罕娘	18	黄金娘	唐裁观(宗叔)	高曲观(父)	9文,3.015盾,同上
8.28	郭攀龙	20	洪溪	柯招娘	18	黄金娘	李清娘(母)	林蜜娘(母)	9文,3.015盾,同上

① 叶氏前夫倪三哥身故11年,无生男女,无遗业挂州,无所依赖,甘愿再醮与林永结同心,二比各花押在婚簿。据叶月娘称:伊前夫倪三哥经身故11年,并无子女遗业,氏系女流无所奈,甘愿再醮与林怡生为夫(另一小字纸)。

② 林氏前夫麦纯观身故3年,无遗下男女,无所依赖,甘愿再醮,二比花押在婚簿。

吧1816年2月28日,夫妻不睦,二比甘愿分离将婚字折破,日后不得反悔生端,各花押在婚簿。

8.28	吴育才	40	小南门	傅玉娘	15	朱午龙	吴三保(堂叔)	张粉娘(母)	9文,3.015盾,同上
8.31	蔡和兰	42	五脚桥	林才娘[①]	35	林色娘	自己	自己	9文,3.015盾,同上
8.31	林长兴	18	文丁甲里猫支	蔡丁仔方娘	15	李昔观	林赐观(族兄)	蔡梓观(胞伯)	9文,3.015盾,同上
9.3	林毛观	27	圣望港	黄月娘	15	赖炒观	林达观(胞兄)	黄乌观(堂叔)	9文,3.015盾,同上
9.3	柯广元	37	班芝兰	黄仁娘	18	王荣娘	柯和水(族叔)	黄福生(胞兄)	9文,3.015盾,同上
9.7	李钦来	21	八戈然	赖真娘	16	林罔娘	李近观(宗伯)	赖水生(胞兄)	9文,3.015盾,同上
9.7	王峻生	19	结石珍	郭宣娘	17	黄明娘	柯玉娘(母)	郭曲生(父)	9文,3.015盾,同上
9.7	林文仲	33	小南门把杀	胡荫娘	19	许曲娘	林彩观(宗兄)	胡报观(宗叔)	9文,3.015盾,同上
9.7	钟泽观	20	望寮	黄十娘	19	陈名喜	钟都观(父)	黄胡观(父)	9文,3.015盾,同上
9.10	王英竭	20	中港仔公司边	杨一娘	19	黄金娘	王炎观(族叔)	杨七观(堂兄)	9文,3.015盾,同上
9.10	卢二观	40	旧把杀	胡满娘	15	杨叔娘	卢味观(宗兄)	胡新观(堂叔)	9文,3.015盾,同上
9.10	董监州	23	中港仔	李添娘	19	黄金娘	董标桂(父)	李尚典(胞叔)	9文,3.015盾,同上
9.13	苏加生	18	文丁新圩	林甘娘	19	赖金娘	苏元鸿(堂兄)	林清山(胞兄)	9文,3.015盾,同上
9.18	辜兴泉	38	小南门外	蔡踏娘	19	赖时娘	辜兴泉(自己)	蔡张观(叔祖)	9文,3.015盾,同上
9.19	吴荣观	27	丹兰望桥头	陈瑞娘	21	蔡吟娘	吴入生(父)	陈修光(胞伯)	9文,3.015盾,同上
9.21	戴祥观	26	丹绒庙	陈和娘	15	高微娘	戴明月(胞兄)	陈川观(宗伯)	9文,3.015盾,同上
9.25	郭逢春	22	小南门	陈水娘	19	黄金娘	郭绍兴(胞兄)钦赐雷珍兰	陈银生(族叔)	9文,3.015盾,同上

① 林氏前夫吴里生身故1年余,无遗业挂州,仅生一男由伊胞叔吴再生抚养,无所依赖,再醮与蔡永结同心,花押在簿。

纸条:林才娘称:伊前夫吴里生经已身故年余,并无遗业付氏挂州,止有一男就伊胞叔吴再生抚养,氏系女流无所依奈,甘愿再醮与蔡和兰为夫。

9.25	巫增魁	31	小南门内 乌鬼礼拜边	曾已娘	17	李远清	巫增贵(胞兄)	曾运伯(父)	9文,3.015盾,同上
9.25	杨伯辅	23	廿六间把 杀内	詹月娘	16	许曲娘	杨朝阳(父)	詹和观(父)	9文,3.015盾,同上
9.26	杨良史	36	中港仔新厝	黄津娘	16	钟作信	杨国宝(胞叔)	黄汉礼(堂兄)	9文,3.015盾,同上
9.29	吴长水	22	阿森巷内	陈微娘	17	黄金娘	吴哲观(祖叔)	陈春观(胞兄)	9文,3.015盾,同上
10.5	郑目观	34	班芝兰	钟緺娘	18	黄金娘	郑炳文(胞叔)	钟取观(叔祖)	9文,3.015盾,同上
10.9	韩天恩	25	丹兰望	沈西娘	22	蔡吟娘	韩健生(堂叔)	沈谦观(宗叔) 现任武直连	9文,3.015盾,同上
10.11	许云旭	22	打铁街	范青娘	19	陈孔征	许显才(堂伯)	范中玉(堂叔)	9文,3.015盾,同上
10.16	林珠生	26	八厨沃间	张明娘	19	欧金娘	陈正娘(母)	张国乡(胞兄)	9文,3.015盾,同上
10.19	李丰盛	19	望加寺	林伦娘	19	张螟观	李弟观(父)	林财观(父)	9文,3.015盾,同上
10.20	林曲观	44	廿六间把杀	何渊娘	30	许曲娘	自己	自己	9文,3.015盾,同上
10.21	廖福观	48	顺达洋	林润娘①	28	林金娘	廖观生(胞兄)	林绒生(胞兄)	9文,3.015盾,同上
10.22	陈长相	19	中港仔	甘凤娘	19	黄金娘	陈兴观(父)	甘雄观(堂伯)	9文,3.015盾,同上
10.22	吴林观	41	惹牙兰	陈三娘②	29	黄金娘	自己	自己	9文,3.015盾,同上
10.26	连罩观	36	质宁贞	高豪哪	17	郭绰观	连睿观(族叔)	高州钫(胞叔)	9文,3.015盾,同上
10.26	苏清溪	22	中港仔	林珠娘	17	李时娘	苏廷玑(父) 原任雷珍兰	林协老(胞兄) 钦赐雷珍兰	入美色甘钱50文,又来盾3.015,李振业,杨泰山,杨汉生
10.28	黄九生	52	七宁贞	郭妙娘③	40	郭文娘	自己	自己	钞9文,旧盾3.015,同上

① 男家、廖福官,顺达洋,48岁。女家,林润娘,28岁。男家主婚伊胞兄廖观生官。女家主婚伊胞兄林绒生官。媒人,林金娘(此为结婚申报书)。

② 据陈三娘称:伊前夫黄崇观经已身故5年,并无产下男女,又无遗业付氏挂沙,氏系女流无所依赖,甘愿再招与吴杯观为夫妻,永结同心,终无反悔,二比各花押在婚簿内。

③ 郭氏前夫杨瑞光身故8年,无遗业付氏,无生男女,无所依赖再醮与黄永结同心,二比甘愿花押在婚簿。

11.2	郑三福	18	八茶贯	黄水娘	16	李时娘	郑泉观(父)	黄评观(宗叔)	钞9文,旧盾3.015,同上
11.4	陈莲观	34	八厨沃间	郑清娘	24	张硗观	陈贡观(宗叔)	郑源观(胞兄)	钞9文,旧盾3.015,同上
11.5	黄章观	47	小南门把杀	陈鲍娘	24	黄金娘	黄开三(堂叔)	余端娘(母)	钞9文,旧盾3.015,同上
11.5	张启泰	43	旧把杀	余石娘①	24	王贵娘	张启乾(胞兄)	余佳标(胞叔)	钞9文,旧盾3.015,同上
11.5	柳天球	22	城内把杀	陈良娘②	27	黄金娘	自己	自己	钞9文,旧盾3.015,同上
11.6	郑文标	20	洪溪	陈文娘	17	黄金娘	郑功成(父)	陈春观(父)	钞9文,旧盾3.015,同上
11.8	林东汉	36	小南门把杀	郭丹娘	20	林罔娘	林西兴(胞兄)	郭于红(父)	钞9文,旧盾3.015,同上
11.9	胡福善	40	打铁街	赖粉娘	18	谢赞寿	胡钟山(宗叔)	赖贵伯(父)	钞9文,旧盾3.015,同上
11.12	许德山	34	八戈然	张登娘	22	林朝娘	许奉观(祖叔)	张吉生(胞兄)	钞9文,旧盾3.015,同上
11.12	林万观	36	洪溪杉板寮	邱月娘	14	韩满娘	林三观(堂兄)	邱恭观(胞叔)	钞9文,旧盾3.015,同上
11.12	林连生	23	东门外	朱惜娘	17	许曲娘	林旭观(宗叔)	李爰观(母)	钞9文,旧盾3.015,同上
11.12	林明观	20	文丁旧把杀	黄柔娘	21	张水生	林应文(堂兄)	黄修光(宗叔)	钞9文,旧盾3.015,同上
11.13	涂专观	31	圣望港	许娇娘	17	黄金娘	涂记观(族叔)	许春观(父)	钞9文,旧盾3.015,同上
11.13	沈文堪	22	甕莱河	王水娘	18	黄金娘	沈专观(叔祖)	王全观(宗叔)	钞9文,旧盾3.015,同上
11.13	林振蓦	18	中港仔公司后	杨用娘	15	黄金娘	自己	杨南观(父)	钞9文,旧盾3.015,同上
11.13	曾伍观	41	观音亭新厝	刘红娘	17	陈才观	曾敏淑(宗叔)	刘攀观(堂兄)	钞9文,旧盾3.015,同上
11.14	吴文维	27	甫屡亚朗	胡尾娘	18	陈寿观	吴传观(胞兄)	胡德良(父)	钞9文,旧盾3.015,同上
11.16	陈元生	22	中港仔新厝	严科娘	20	李时娘	陈郁观(堂伯)	严文观(胞兄)	钞9文,旧盾3.015,同上

① (结婚申报书):男家主婚,男,张启乾,为弟完婚,张启泰,年43岁。女家主婚,叔,余佳标,为侄女于归,余石娘,年24岁。

② 据陈氏前夫林天鄰身故1年6个月,无生男女,无遗业付氏挂州,无依赖再醮,甘愿花押。

11.16	黄被衿	32	结石珍	陈赞娘	23	黄明娘	黄淋观(堂叔)	陈救观(父)	钞9文,旧盾3.015,同上
11.17	许吧生	21	监光加力屈	杨仁娘	15	林曲娘	许志观(父)	杨培观(叔祖)	钞9文,旧盾3.015,同上
11.19	傅义观	22	结石珍新把杀	钟晨娘	15	廖陆哥	傅兰观(父)	钟方观(父)	钞9文,旧盾3.015,同上
11.22	蔡永秀	16	中港仔	黄庚娘	16	邓阿裕	蔡立功(胞伯)	黄嘉瑞(父)	钞9文,旧盾3.015,同上
11.25	谢珠生	33	小南门仔	陈黎娘	19	黄金娘	刘瑞娘(母)	陈春观(胞兄)	钞9文,旧盾3.015,同上
11.27	马金观	35	丹兰望	黄道娘	16	吴振分	马阿细(堂兄)	黄养成(胞叔)	钞9文,旧盾3.015,同上
11.27	卢芹登	35	洪溪三板寮	古吟娘	14	古腾标	卢振登(胞兄)	古三哥(父)	钞9文,旧盾3.015,同上
12.1	吴六吉	40	新池	陈招英娘	17	黄金娘	吴意仁(族叔)	陈贡观(父)	钞9文,旧盾3.015,同上
12.3	林恬观	52	打铁街	黄汶娘	25	林罔娘	自己	自己	钞9文,旧盾3.015,同上
12.4	胡斗生	22	打铁街	邹烛娘	16	欧金娘	胡连生(胞兄)	周传娘(母)	钞9文,旧盾3.015,同上
12.6	韩明瑶	36	姑罗窟	朱友娘	15	肖振伯	韩明经(胞兄)	朱裕珍(父)	钞9文,旧盾3.015,同上
12.7	黄阿九	36	结石珍	陈二娘	15	钟阿八	黄德岳(胞兄)	陈阳观(父)	钞9文,旧盾3.015,同上
12.8	陈立生	27	灰窑内	李珠娘	19	林望娘	陈溪水(胞兄)	李尚典(宗兄)	钞9文,旧盾3.015,同上
12.9	黄如水	21	中港仔新厝	李秀娘	17	黄金娘	黄森观(堂伯)	李天送(胞叔)	钞9文,旧盾3.015,同上
12.12	巫阿敦	19	大鸾	杨好娘	15	林精娘	巫番生(父)	杨娘爱观(父)	钞9文,旧盾3.015,同上
12.16	李奎秉	19	大舍庙	邹孛娘	19	林罔娘	李撰观(宗叔)	邹长极(族叔祖)	钞9文,旧盾3.015,同上
12.17	郑文郁	30	八厨沃间	李扬娘	19	李广源	郑莲哥(宗兄)	李苏观(堂叔)	钞9文,旧盾3.015,同上
12.17	陈忠阿	32	城内礼拜边	邱素娘	19	欧金娘	陈开生(宗叔)	邱宗英(父)	钞9文,旧盾3.015,同上
12.18	黄禄生	25	中港仔新厝	曾逸娘	21	黄金娘	黄森观(堂叔)	曾观照(堂兄)	钞9文,旧盾3.015,同上
12.19	杨郡成	25	东门外杏勿力	谢丙娘	20	朱延玉	杨五观(胞兄)	谢子珍(胞伯)	钞9文,旧盾3.015,同上

12.21	沈六观	34	文丁甲里猫芝	林节娘	26	邓阵娘	沈天锡(族兄)	林子张(父)	钞9文,旧盾3.015,同上
12.23	蔡珍山	21	五脚桥	陈贞娘	21	欧金娘	戴清娘(母)	林忠娘(母)	钞9文,旧盾3.015,同上
12.26	古宣寿	30	旧把杀	罗招娘	16	林金娘	古荣辅(堂叔)	罗文麟(族叔)	钞9文,旧盾3.015,同上
12.27	李友明	20	五脚桥	苏雅娘	16	欧金娘	李金生(父)	苏卑观(父)	钞9文,旧盾3.015,同上
12.28	黄蜜观	20	中港仔新厝	李明娘	18	黄金娘	林荫娘(母)	李尚典(父)	钞9文,旧盾3.015,同上
12.28	甘长生	29	砖仔桥	陈珍娘	18	黄金娘	甘雄观(族叔)	陈开生(祖叔)	钞9文,旧盾3.015,同上
12.28	林盛祖	37	鉴光猫汝	郑世娘①	36	黄金娘	自己	自己	钞9文,旧盾3.015,同上
12.30	王俊源	18	砖仔桥	欧二娘	18	黄金娘	王篆章(胞兄) 钦赐雷珍兰	欧针观(父)	钞9文,旧盾3.015,同上
12.31	陈文郁	26	城内把杀	庄一娘	18	卢月娘	陈君观(族叔)	庄尽光(父)	钞9文,旧盾3.015,同上

总计:154对

1816年吧城唐人成婚注册表

月日	新郎	年岁	住址	新娘	年岁	媒妁	男方主婚	女方主婚	备注 交钱,主事人
1.2	戴木观	30	干冬圩	翁意娘	24	陈煌娘	戴日观(宗兄)	翁谦观(父)	钞9文,旧盾3.015,李振业,杨泰山,杨汉生
1.5	黄其良	25	质宁贞	李秀娘	24	方美娘	黄仲观(胞兄)	杨忆娘(母)	钞9文,旧盾3.015,同上
1.7	张雅观	35	圣望港	沈宣娘	24	欧金娘	张渊观(族叔)	沈偕观(父)	钞9文,旧盾3.015,同上
1.7	刘四哥	38	洪溪杉板寮	张君娘	15	肖振伯	刘仁纳(堂兄)	张加观(族叔)	钞9文,旧盾3.015,同上
1.13	王水生	21	灰窑内	黄蜜娘②	20	林贞娘	自己	自己	钞9文,旧盾3.015,同上
1.10	叶启观	29	廿六间巷	黄江娘	18	李旺娘	自己	自己	钞9文,旧盾3.015,同上

① 郑氏前夫杨杏观身故3年,无遗业挂州,又无生男女,无依赖,甘愿与林为夫妻,永结同心,二比各花押婚簿。

② 黄氏前夫许练观身故2年,无遗业付挂州,无依赖,再醮与王为夫妻,永结同心,各无反悔,二比花押在婚簿。

1.14	吴禨	34	廿六间	林艺娘	18	黄金娘	吴晶观(胞兄)	林吾观(父)	钞9文,旧盾3.015,同上
1.16	陈光强	25	班芝兰	谢明娘①	20	黄金娘	陈光艺(宗兄)	蔡桂娘(母)	钞9文,旧盾3.015,同上
2.4	池益州	20	西门内	卢明娘	17	李时娘	张惜娘(母)	卢恋观(父)	钞9文,旧盾3.015,同上
2.14	张听观	38	洪溪杉板寮	王贞娘②	19	叶大义	自己	自己	钞9文,旧盾3.015,同上
3.12	薛朝元	20	结石珍	柯旺娘	17	黄明娘	林莫娘(母)	柯椿观(父)	钞9文,旧盾3.015,同上
3.16	许裕生	23	桶岸口	李珠娘③	20	林朝娘	自己	自己	钞9文,旧盾3.015,同上
3.13	游万生	30	纲寮	辜新娘	20	李旺娘	谢必进(兄)	辜运生(父)	钞9文,旧盾3.015,同上
3.20	陈志观	32	大港墘	高职娘	17	黄金娘	陈兴观(堂兄)	高钫观(胞叔)	钞9文,旧盾3.015,同上
3.23	陈天经	22	西门惹牙兰	曾宁娘	17	黄金娘	陈国珍(堂兄)	曾孟超(宗叔)	钞9文,旧盾3.015,同上
3.28	赖水生	22	大南门砖仔桥	李一娘	22	王桂娘	赖连观(父)	李亲观(胞兄)	钞9文,旧盾3.015,同上
4.4	邱诗开	22	丹兰望	韩珠娘	20	陈玉娘	邱诗明(堂兄)	韩万生(胞兄)	钞9文,旧盾3.015,同上
4.6	颜光辉	32	大南门外	蔡敬娘	28	王荣娘	颜参观(族叔)	蔡隆兴(胞兄)	钞9文,旧盾3.015,同上
4.13	施泰观	38	大港墘	蒋良娘④	30	黄金娘	自己	自己	钞9文,旧盾3.015,同上
4.13	吴祯祥	25	蕉仔街	连玑娘	20	李时娘	吴宁生(胞兄)	连永老(父)	钞9文,旧盾3.015,同上
4.22	吴顺观	40	圣望公巷	戴婆祖	20	黄金娘	吴八观(族叔)	戴盛观(父)	钞9文,旧盾3.015,同上
4.29	梁文才	31	大南门外	许和娘	18	林金娘	梁魁观(堂兄)	许荣才(父)	钞9文,旧盾3.015,同上
4.29	陈景成	20	结石珍	庄金娘	20	黄明娘	陈仁和(父)	庄癸已(宗叔)	钞9文,旧盾3.015,同上

① 和1826年12月31日在公堂对讯,夫妻各愿分离,永无反悔。谢明娘,陈光强。

② 据王氏称:前夫罗亚福身故3个月,无遗业付氏,氏系亚地生长,且有4个月之孕,无依赖,再醮与张,永结同心,二比花押。

③ 李氏前夫黄福生身故6年,无遗业付氏,又无生男女,无依赖,再醮与许永结同心,二比各花押在婚簿内。

④ 蒋氏前夫黄交观去世6年,无生男女,无遗业付挂州,无所依赖,甘愿再醮与施为夫妻,永结同心,二比甘愿花押。

5.1	陈爵观	37	应莱河	白海娘	18	林罔娘	陈敦观(父)	白信观(父)	钞 9 文,旧盾 3.015,同上
5.2	蔡琅生	22	质宁贞	杨喜娘	18	林景娘	蔡彛生(胞兄)	杨珠生(父)	钞 9 文,旧盾 3.015,同上
5.3	李权观	34	廿六间把杀	郑登娘	15	黄金娘	李源观(宗兄)	郑光成(父)	钞 9 文,旧盾 3.015,同上
5.5	蔡天赐	21	丹兰望	吴厨娘	16	蔡吟娘	蔡爱观(祖父)	吴淑观(堂伯)	钞 9 文,旧盾 3.015,同上
5.7	黄三经	32	小南门把杀	余魁娘	15	黄金娘	黄长寿(宗兄)	余福观(父)	钞 9 文,旧盾 3.015,同上
5.8	陈婆祖	30	结石珍	韩习娘	16	黄明娘	陈汉宁(父)	韩艳郎(胞兄)	钞 9 文,旧盾 3.015,同上
5.8	黄已观	27	宁光	郑高律	14	王水观	黄修光(宗兄)	郑贤观(宗叔)	钞 9 文,旧盾 3.015,同上
5.10	吴文用	24	观音亭	杨诗娘	17	王荣娘	吴年观(父)	杨训生(堂兄)	钞 9 文,旧盾 3.015,同上
5.12	陈光若	25	班芝兰	林桂娘	22	李时娘	陈川观(宗叔)	林法观(堂兄)	钞 9 文,旧盾 3.015,同上
5.14	陈卸观	32	新把杀亭仔脚	高招娘	20	黄金娘	陈占观(族叔)	高欣观(父)	钞 9 文,旧盾 3.015,同上
5.16	林三观	31	八厨沃间	何姜娘	15	黄金娘	林开观(堂兄)	何春琳(宗叔)	钞 9 文,旧盾 3.015,同上
5.16	陈实老	28	八戈然	吴谦娘	20	黄金娘	陈怀南(胞伯)、武	吴秉忠(宗兄)、雷	钞 9 文,旧盾 3.015,同上
5.18	傅四明	24	泊面街	陈顺娘	18	李时娘	傅守和(胞兄)	陈兴观(父)	钞 9 文,旧盾 3.015,同上
5.18	林偕观	20	圣望港	王粧娘	17	赖金娘	林北源(父)	王唱观(父)	钞 9 文,旧盾 3.015,同上
5.22	黄吧生	50	文丁圩	王谢娘	15	无	自己	王唱观(父)	钞 9 文,旧盾 3.015,同上
5.22	陈汉水	23	旧把杀	蔡水娘	21	黄金娘	陈元准(胞兄)	蔡维观(父)	钞 9 文,旧盾 3.015,同上
5.23	李喜观	36	小南门把杀	林心娘	17	温文观	李招观(堂叔)	林目观(父)	钞 9 文,旧盾 3.015,同上
5.23	唐叶观	40	小南门把杀	李帛娘	17	林贞娘	唐亨响(族兄)	李起凤(堂兄)	钞 9 文,旧盾 3.015,同上
5.24	张润观	40	大南门	黎钦娘	16	叶桂娘	自己	黎明观(堂伯)	钞 9 文,旧盾 3.015,同上
5.29	高宽观	37	把杀内亭仔脚	何敏娘	18	黄金娘	高长宗(宗兄、雷)	何春观(宗叔)	钞 9 文,旧盾 3.015,同上

6.5	黄作观	35	小南门把杀	陈金娘[①]	34	李时娘	自己	自己	钞9文,旧盾3.015,同上
6.11	陈星观	26	大港墘	张温娘[②]	28	陈玉娘	自己	自己	钞9文,旧盾3.015,同上
6.14	林松柏	21	上涧仔	陈济娘	20	李时娘	林江汉(父)	陈富使(胞叔)	钞9文,旧盾3.015,同上
6.14	叶溪观	36	大港墘	林宣娘	16	黄金娘	叶大义(宗叔)	陈益娘(母)	钞9文,旧盾3.015,同上
6.20	钟宏开	30	八茶罐	余已娘	18	钟清儒	钟运道(堂兄)	余嘉玉(堂兄)	钞9文,旧盾3.015,同上
6.22	林友汉	31	圣墓港	黄生娘	21	李时娘	林协老(胞叔)、雷	黄友谐(胞兄)	钞9文,旧盾3.015,同上
6.22	陈传观	38	中港仔公司后	林宝娘	24	黄金娘	陈光观(宗兄)	林曲观(宗叔)	钞9文,旧盾3.015,同上
7.5	杨随观	30	观音亭	李金娘	25	黄志观	杨晏观(堂兄)	李萱观(堂叔)	钞9文,旧盾3.015,杨泰山、张水生
7.10	杨都观	42	洪溪	刘银娘[③]	25	陈备观	自己	自己	钞9文,旧盾3.015,同上
7.12	黄三元	18	高劳窟	李文质娘	21	黄桂生	黄水生(胞兄)	李培生(胞兄)	钞9文,旧盾3.015,同上
8.1	许士英	22	泊面街	詹怀娘	19	林纲娘	许清水(父)	詹省官(堂叔祖)	钞9文,旧盾3.015,同上
8.3	吴寄官	47	小南门把杀	叶保娘[④]	24	王英娘	自己	自己	钞9文,旧盾3.015,同上
8.5	刘麟彝	31	鉴光猫汝	周锦娘	18	黄明娘	刘木生(宗兄)	周碧江(堂兄)	钞9文,旧盾3.015,同上
8.8	陈德彝	38	入芝兰	黄凤娘	16	王英娘	陈再生(宗叔)	黄钱观(族叔)	钞9文,旧盾3.015,同上
8.11	雷彩	45	小南门	黄进娘[⑤]	31	黄金娘	自己	自己	钞9文,旧盾3.015,同上
8.14	余正观	19	泊面街	黄姜娘	16	黄金娘	余练观(胞叔)	黄乔观(父)	钞9文,旧盾3.015,同上

① 陈氏前夫谢连二身故10年,无产男女无遗业挂州,无依赖甘愿再醮与黄,永结同心,二比各花押在婚簿内。

② 据张氏称:前夫黄秀观不事生业,氏衣食不能自给,经公堂判分离,今愿再醮与陈为夫妻,永结同心,二比花押在婚簿内为证。

③ 据刘氏称:前夫汤质观去世一年半,生女山娘,无做挂些字,无依赖,再嫁杨为夫妇,二比甘愿押号在婚簿内。

④ 据叶氏称:前夫郑养司去世2年,生一男叶排4岁,无做字,无奈再醮与吴为夫妻,日后不得反悔,二比甘愿花押在婚簿内。

⑤ 据黄氏称:前夫王振和去世9年,生一女明牛娘10岁,无业资,无奈再醮,甘愿花押。

8.14	黄广生	32	西门	张吉宁娘	22	黄金娘	黄光仕(宗叔)	张呈观(宗叔)	钞9文,旧盾3.015,同上
8.18	陈光拔	28	中港仔	林每娘	28	卢捷观	陈郁观(胞叔)	林楚观(父)	钞9文,旧盾3.015,同上
9.7	庄忠观	21	结石珍圩	李碧娘	16	王英娘	庄兰观(父)	李乐观(胞叔)	钞9文,旧盾3.015,同上
9.8	黄阿庆	16	盆乐亚务	邓新娘	16	林隆伯	黄荣庆(堂伯)	邓阿长(父)	钞9文,旧盾3.015,同上
9.8	钟秉官	35	八厨沃间	曾琼娘	21	麦莺娘	钟文仪(宗兄)	曾名立(父)	钞9文,旧盾3.015,同上
9.8	朱阿三	25	干冬圩	潘汶娘	20	邹桂娘	朱琪兴(胞兄)	潘友观(胞兄)	钞9文,旧盾3.015,同上
9.9	陈端然	36	中港仔	林程娘	20	黄金娘	陈郁观(堂叔)	林权生(胞叔)	钞9文,旧盾3.015,同上
9.15	黄碧渊	34	八茶罐	李瑗娘	20	李时娘	黄顷三(胞兄)	李振业(宗伯,甲必丹大)	钞9文,旧盾3.015,同上
9.21	苏成忠	43	小南门仔	林双娘①	23	王莺娘	自己	自己	钞9文,旧盾3.015,同上
9.21	李赤官	27	万丹	谢爱娘	21	林赵娘	李辇舍(宗叔祖)	谢贵官(堂兄)	钞9文,旧盾3.015,同上
9.23	陈渭滨	18	灰窑内	何荣娘	17	林纲娘	陈潭官(族叔)	何春临(族叔)	钞9文,旧盾3.015,同上
9.23	苏阿君	35	洪溪上帝园	余累娘	23	陈荣观	苏喜官(胞叔)	余梅官(父)	钞9文,旧盾3.015,同上
9.23	卢十二	33	小南门把杀	方再娘	14	张淑娘	卢四官(堂兄)	方珠娘(胞姊)	钞9文,旧盾3.015,同上
9.24	曾秀开	40	高奢园	张端娘	17	张长悦	曾维祥(堂叔)	张端二	钞9文,旧盾3.015,同上
9.27	苏琼延	36	惹牙望吃菜园	黄文娘	21	叶乾观	苏琼元(胞兄)	黄文喜(父)	钞9文,旧盾3.015,同上
9.27	陈文祥	22	洪溪	李惜娘	23	陈缎观	陈桐舍	李宗永(父)	钞9文,旧盾3.015,同上
9.28	杨由观	30	中港仔	叶春娘	18	黄金娘	杨汉观(族叔、雷)	叶赫观(父)	9文,3.015盾,李振业,杨泰山,张水生
10.1	张寿山	32	八茶罐	李金娘	20	李时娘	张发生(胞叔)	李连观(宗叔)	9文,3.015盾,同上

① 据林氏称:前夫邱定官去世3年,无男女,无遗业付氏,无奈再醮,二比甘愿花押在婚簿。

10.1	林海瑞	18	丹兰望	谢敏娘	16	戴仕娘	林国观(父)	谢德象(胞兄)	9 文，3.015 盾，同上
10.1	范文观	43	洪溪三班寮	陈在娘	17	赖五贵	范仲宽(堂兄)	张寿娘(母)	9 文，3.015 盾，同上
10.1	徐龙车	38	观音亭	何玉娘	16	林贞娘	徐吉疾娘(胞姑)	何逊琪(胞兄)	9 文，3.015 盾，同上
10.2	林双龙	21	八茶罐巷	张祸娘	18	黄金娘	林端观(父)	张纳观(父)	9 文，3.015 盾，同上
10.2	昌简观	36	蕉仔街	李美娘	17	许曲娘	昌润观(堂叔)	李近观(宗伯)	9 文，3.015 盾，同上
10.3	陈滑生	28	窑内	杨明娘	20	林纲娘	陈润宗(堂兄)	林吉娘(母)	9 文，3.015 盾，同上
10.4	朱省观	34	小南门把杀	杨月娘	15	王英娘	朱交山(族叔)	王精娘(母)	9 文，3.015 盾，同上
10.9	邹登北	20	西门	蔡吟娘	15	冯洪伯	邹三哥(父)	蔡光畚(父)	9 文，3.015 盾，同上
10.12	张藤生	21	观音亭前	黄经娘	23	黄金娘	张江观(父)	黄彩云(父)	9 文，3.015 盾，同上
10.14	詹宗华	21	公司后	陈桂娘①	20	黄金娘	詹笨官(父)	陈灿郎(父、甲)	9 文，3.015 盾，同上
10.15	吴莲官	38	阿森脚	谢荫娘	16	曾远娘	吴道官(堂兄)	郭玉娘(母)	9 文，3.015 盾，同上
10.16	王冬观	30	鉴光河北	邹山娘	20	欧金娘	王本观(族叔)	邹饶州(宗叔)	9 文，3.015 盾，同上
10.19	李秋瑞	60	八戈然	蔡钦娘	37	许曲娘	李珠弁(宗叔)	蔡柔观(宗兄)	9 文，3.015 盾，同上
10.20	林长福	34	小南门埔	王宽娘	21	曾远娘	林卷官(堂叔)	王庇官(胞兄)	9 文，3.015 盾，同上
10.23	曹龙生	20	高奢园	许微蜜娘	16	钟友观	曹兴观(堂兄)	许春观(胞叔)	9 文，3.015 盾，同上
10.25	郭皆观	19	廿六间	叶月娘	17	黄金娘	郭献观(父)	叶苞观(宗伯祖)	9 文，3.015 盾，同上
10.29	郑帕观	35	观音亭社	黄清娘	15	杨随观	郑珠观(堂叔)	黄通观(父)	9 文，3.015 盾，同上
11.1	李文旭	40	泊面街	陈万娘	17	胡金娘	李辅兴(族兄)	林七娘(母)	9 文，3.015 盾，同上
11.3	黄毛官	39	大侠庙	兰式娘	27	李时娘	黄午观(胞叔)	林牛成(母舅)	9 文，3.015 盾，同上

① 嘉庆丙子年八月二十四日即和 1816 年 10 月 14 日给。

11.7	伍秀二	35	八茶罐	刘庆娘	21	陈商娘	伍立恒(叔公)	刘新梅(胞兄)	9 文,3.015 盾,同上
11.13	马江衣	18	干冬圩	刘珍娘	18	陈金娘	马柳观(父)	刘辰生(堂兄)	9 文,3.015 盾,同上
11.14	高享观	35	小南门把杀	李炳娘	21	林纲娘	高金兰(宗兄)	李谨观(宗伯)	9 文,3.015 盾,同上
11.19	谢添观	32	大南门	许有娘	17	黄金娘	谢宗观(族叔)	许凤观(族叔)	9 文,3.015 盾,同上
11.20	张亚二	33	把杀务朗	程緞娘①	29	王莺娘	自己	自己	9 文,3.015 盾,同上
11.20	蔡果生	25	七宁贞	何八娘	17	蔡顺娘	蔡香生	林专娘(母)	9 文,3.015 盾,同上
11.20	戴淑夏	30	干冬圩	邓丙娘	15	陈凤娘	戴达观(堂叔)	邓本观(宗伯)	9 文,3.015 盾,同上
11.20	陈助观	34	圣墓公巷内	蒋求娘	17	黄金娘	陈庞观(堂兄)	蒋谈观(堂叔)	9 文,3.015 盾,同上
11.20	林勤老	19	城内把杀	钟福娘	15	黄金娘	林妈养(父)	钟新观(父)	9 文,3.015 盾,同上
11.24	范杨云	36	洪溪杉板寮	彭丁妹	17	罗满哥	范仲宽(胞叔)	彭阿友(父)	9 文,3.015 盾,同上
11.24	刘阿欺	34	存力	詹庄娘	16	吴振云	刘子辉(胞叔)	詹元振(胞兄)	9 文,3.015 盾,同上
11.25	杨嘉新	34	小南门把杀	黄勤娘	24	李时娘	林大曲(宗兄,原任雷珍兰)	黄德信(胞兄)茂勿甲必丹大	9 文,3.015 盾,同上
11.26	黄润德	22	五脚桥	许绒娘	18	黄金娘	黄彰观(父)	许凤观(叔公)	9 文,3.015 盾,同上
11.27	苏敏生	22	中港仔	李机娘	18	王桂娘	苏春观(宗伯)	李腾观(父)	9 文,3.015 盾,同上
11.29	陈松观	26	结石珍圩	郑月娘	23	黄明娘	陈三观(堂兄)	郑悦观(宗叔)	9 文,3.015 盾,同上
11.30	陈林回	19	洪溪社	黄月娘	18	杨结娘	陈梁应(父)	黄峻立(父)	9 文,3.015 盾,同上
11.30	蔡言水	28	鉴光河北	陈阳娘	16	林望娘	蔡学观(胞兄)	郑勋娘(母)	9 文,3.015 盾,同上
12.1	石绰观	35	廿六间	许垂娘	21	许曲娘	自己	许琛观(宗叔)	9 文,3.015 盾,同上

① 据程氏称:前夫谢炳官去世 6 年,生一男顺光 12 岁,二女,英娘 9 岁,色娘 7 岁,均系内公抚养,并无遗业,氏系女流,无所依赖,甘愿再醮,永结同心,二比花押在婚簿。

12.1	陈潜官	45	新池大鸟	黄汶娘[①]	27	陈活娘	自己	自己	9 文，3.015 盾，同上
12.1	陈昂光	19	灰窑内	汤览娘	15	李时娘	陈富使(胞叔)	汤灶观(族叔)	9 文，3.015 盾，同上
12.6	张瑞郎	33	城内把杀	杨幼娘	16	卢职娘	张伍观(宗兄)	杨俄观(父)	9 文，3.015 盾，同上
12.8	赖永财	34	务朗勿杀	詹等岸娘	17	刘炳娘	赖文贤(族叔)	詹庆云(胞叔)	9 文，3.015 盾，同上
12.11	刘乔观	34	结石珍新把杀	宋州英娘	18	罗明金哥	刘得二(宗叔)	宋连智(胞叔)	9 文，3.015 盾，同上
12.13	陈英官	37	小南门仔	黄汝娘	18	钟五哥	陈生观(宗伯)	黄严观(胞兄)	9 文，3.015 盾，同上
12.14	蔡水生	23	丹绒上帝庙	张敬娘	16	欧金娘	蔡湘洋(父)	张桂娘(胞姑)	9 文，3.015 盾，同上
12.15	林太山	25	观音亭	潘碧娘	16	王莺娘	张献娘(母)	潘光定(族祖叔)	9 文，3.015 盾，同上
12.16	王初算	33	八茶罐	黄左娘	18	黄金娘	王殿观(族叔)	黄恺然(父)	9 文，3.015 盾，同上
12.23	马孝观	33	干冬圩	蔡依娘	21	陈凤娘	马忠观(胞兄)	蔡良观(宗叔)	9 文，3.015 盾，同上
12.25	吴元福	28	结石珍	杨乾娘	18	黄明娘	吴卢观(宗叔)	杨港观(胞叔)	9 文，3.015 盾，同上
12.25	严新	25	八茶罐	袁宣娘	18	孙邻娘	严元光(宗叔)	袁廷观(宗叔)	9 文，3.015 盾，同上
12.25	林节元	22	三间土库	黄查娘	17	欧金娘	林江观(宗叔)	郑每娘(母)	9 文，3.015 盾，同上

总计:127 对

1817 年吧城唐人成婚注册表

月日	新 郎	年岁	住 址	新 娘	年岁	媒 妁	男方主婚	女方主婚	备 注 交钱，主事人
1.3	徐莲藕	38	蕉仔街	韩六娘	19	许曲娘	徐上达(宗兄)	韩利川(胞兄)	钞 9 文，盾 3.015，李振业，杨泰山，张水生
1.3	曾祝亨	32	丹兰望	蔡润娘	22	蔡吟娘	曾每观(宗叔)	蔡爱观(父)	钞 9 文，盾 3.015，同上

① 据黄氏称：前夫连强西去世 8 年，并无遗业付氏，仅生一男，名开生，年登 10 岁，氏系女流，无奈再醮以陈潜官为夫妻，永结同心，终无反悔，二比各花押在婚簿内。

1.3	陈润宗	31	观音亭	何莲娘	16	黄金娘	陈助使(胞伯)	何招生(父)	钞9文,盾3.015,同上
1.3	蔡友凉	25	七宁增	邱钦娘	15	蔡春娘	蔡香观(堂兄)	邱远观(宗叔)	钞9文,盾3.015,同上
1.4	阮主光	19	观音亭	江再娘	14	林望娘	阮力观(堂兄)	江新观(父)	钞9文,盾3.015,同上
1.4	李文生	20	三间土库	邱角娘	18	林金娘	李钦来(堂兄)	邱良生(胞叔)	钞9文,盾3.015,同上
1.5	高进观	26	观音亭	王一娘	19	黄金娘	高烹观(宗兄)	王奉观(钦赐雷)	钞9文,盾3.015,同上
1.5	陈君观	48	小南门把杀	姚董娘①	20	李班娘	自己	自己	钞9文,盾3.015,同上
1.5	温显杨	40	鉴光勿六甲	黄碧娘②	40	胡每娘	自己	自己	钞9文,盾3.015,同上
1.7	陈碧梧	19	大港墘	林万娘	19	林望娘	陈墨观(宗兄)	林红光(胞兄)	钞9文,盾3.015,同上
1.8	黄友观	37	八厨仔间	林珠娘	19	郑贤观	黄厚观(堂兄)	林大凭(父)	钞9文,盾3.015,同上
1.9	许颜观	48	西门	林金娘③	28	林朝娘	自己	自己	钞9文,盾3.015,同上
1.10	陈朝居	38	永菜河	吴惜娘	19	林望娘	陈养观(叔公)	吴然观(胞叔)	钞9文,盾3.015,同上
1.10	严登观	40	乌鬼巷	林二娘	20	曾远娘	严元光(堂叔)	陈金娘(母)	钞9文,盾3.015,同上
1.11	陈逢春	24	八戈然	杨秀娘	16	黄金娘	陈礼生(叔公)	杨长兴(宗叔)	钞9文,盾3.015,同上
1.11	戴恭观	35	观音亭	吴来娘	17	陈鳌观	戴义观(堂兄)	吴约观(父)	钞9文,盾3.015,同上
1.15	李菲然	39	小南门把杀	邱来娘	21	欧金娘	李近观(宗叔)	邱永成(胞兄)	钞9文,盾3.015,同上
1.16	陈郡观	38	结石珍圩	詹登娘	22	黄明娘	陈油观(宗叔)	詹摘观(父)	钞9文,盾3.015,同上
1.18	郑天助	30	洪溪	黄味娘	25	林望娘	郑佛佑(父)	黄燕观(父)	钞9文,盾3.015,同上

① 姚氏前夫李连官去世2年,无遗业,无男女,无所依赖再醮,二比甘愿,花押在婚簿。

② 黄氏前夫陈和哥去世3年,生一女伦娘6岁,无遗业,无奈再醮,二比甘愿,花押在婚簿。

③ 林氏前夫薛锥官去世年余,生一女雅娘2岁,无遗业,无奈再醮,二比甘愿,花押在婚簿。

1.20	戴文瑞	31	高罗屈	李必娘	19	陈珠娘	戴武观(胞叔)	李连生(堂兄)	钞9文,盾3.015,同上
1.23	林文生	23	丹兰州连	杨大娘	20	林望娘	林江水(父)	杨四发(宗兄)	钞9文,盾3.015,同上
1.24	罗者观	36	观音亭	胡谦娘	22	李时娘	罗查观(宗兄)	胡左观(堂叔)	钞9文,盾3.015,同上
1.24	沈双林	23	八茶罐	王软娘	19	李时娘	黄位娘(母)	吴奉娘(母)	钞9文,盾3.015,同上
1.25	谢连二	36	鉴光猫汝	范连娘	16	林金娘	谢统观(堂兄)	范江观(胞叔)	钞9文,盾3.015,同上
1.29	戴海中	19	亚森脚	林味娘	16	曾远娘	戴葛观(父)	林水观(宗伯)	钞9文,盾3.015,同上
1.30	詹笨观	47	中港仔	徐三娘①	44	黄金娘	自己	自己	钞9文,盾3.015,同上
2.4	陈拱照	31	小南门把杀	吕言娘	14	黄金娘	陈映日(胞兄)	吕欲观(父)	钞9文,盾3.015,同上
2.13	林六观	34	圣墓港	魏宝娘	17	黄金娘	林绞观(堂兄)	魏升观(叔公)	钞9文,盾3.015,同上
2.23	陈水生	24	城内暗涧	林炎娘	20	李时娘	陈车奢(叔公)	林江汉(父)	钞9文,盾3.015,同上
2.24	林水观	31	八茶罐	洪归娘	20	林情娘	林橡观(族叔)	洪礼观(父)	钞9文,盾3.015,同上
2.26	吴参观	41	八茶罐	林琴娘②	23	方妗娘	自己	自己	钞9文,盾3.015,同上
2.28	吕寺观	41	城内把杀	黄一娘	19	林朝娘	吕昱观(宗兄)	黄尚观(堂叔)	钞9文,盾3.015,同上
3.4	陈志观	32	结石珍圩	蔡庇娘	23	黄明娘	陈廪观(胞兄)	蔡篆观(父)	钞9文,盾3.015,同上
3.7	林外周	22	三间土库	陈哈娘	20	黄金娘	林元益(堂叔)	陈清引(堂叔)	钞9文,盾3.015,同上
3.9	邹访观	46	中港仔	古西娘	17	林金娘	邹昌华(堂兄)	古生金(胞叔)	钞9文,盾3.015,同上
3.14	杨心观	24	结石珍	陈顺娘	22	黄明娘	杨惠观(叔公)	陈地水(叔公)	钞9文,盾3.015,同上

① 徐氏前夫吴贞观去世4年,生一女浩娘6岁,女流无奈再醮与詹为夫妻,永结同心,二比甘愿,花押在婚簿。

② 林氏前夫王答官去世4年,无遗业付给,无男女,女流无奈,再醮与吴为夫妻,永结同心,二比甘愿,花押婚簿。

3.14	郭傅宗	26	城内蜜查劳厝口	陈团娘	27	无①	自己	陈镭观(父)	钞9文,盾3.015,同上
3.15	徐接观	20	圣望港	陈沾娘	18	戴美娘	徐辉观(胞叔)	陈评观(父)	钞9文,盾3.015,同上
3.15	钟庚禄	37	中港仔	张瑞娘	17	胡金娘	钟庚栋(堂兄)	张昌观(堂叔)	钞9文,盾3.015,同上
3.16	蔡儒生	24	圣望港	王幸娘	21	林望娘	蔡交观(堂兄)	王高陞(堂兄)	钞9文,盾3.015,同上
3.16	李高祖	25	槟榔社	方曲娘	17	张肃娘	李长舍(宗叔、甲)	黄彩娘(母)	钞9文,盾3.015,同上
3.16	刘麟观	28	中港仔新厝	兰文趾娘	19	欧金娘	刘善观(堂叔)	黄清风(堂兄)	钞9文,盾3.015,同上
3.21	陈二哥	29	槟榔社	林登娘	19	林金娘	陈连观(胞叔)	林捷元(胞兄)	钞9文,盾3.015,同上
3.24	林金生	23	高踏歹	邱金娘	18	赖长哥	林玉彩(堂兄)	邱阿六(堂叔)	钞9文,盾3.015,同上
3.27	涂沛观	22	洪溪	谢文娘	23	卢莺娘	涂栋观(堂兄)	谢祈观(父)	钞9文,盾3.015,同上
3.29	吴载五	33	新巴杀圣墓公巷	王西娘	20	王七娘	吴八观(堂叔)	王煖观(堂兄)	钞9文,盾3.015,同上
3.30	吴奇观	42	务勿勿瓶	蔡雪娘	20	林边娘	吴缪观(堂兄)	蔡爱观(祖父)	钞9文,盾3.015,同上
4.10	邱返观	49	八厨仔间	郭成娘②	24	黄金娘	自己	自己	钞9文,盾3.015,同上
4.13	邱亚前	27	城内泊面街	黎娇娘	19	黎秀长	邱添观(胞叔)	黎梓成(父)	钞9文,盾3.015,同上
4.14	施良弼	37	旧把杀	刘满娘	24	麦养娘	施长珠(堂叔、雷)	刘冬观(父)	钞9文,盾3.015,同上
4.15	蔡兰观	43	观音亭后	林宝娘	27	林望娘	蔡江山(族兄)	林兴观(父)	钞9文,盾3.015,同上
4.21	林天麟	15	乌鬼巷	陈银娘	14	李明扬	林添观(父)	陈福元(堂兄)	钞9文,盾3.015,同上
4.24	林明玉	29	小南门把杀	杨律娘	20	李四娘	林偕观(堂叔)	杨叔夜(胞兄)	钞9文,盾3.015,同上

① 即日在公馆给,值月公勃低麦朝垂甲,黄永禄甲。

② 据郭氏称:前夫黄毛加去世4年,有做挂些字付氏,无生男女,无奈再醮与邱,永结同心,二比甘愿,花押在婚簿。

4.30	黄设观	24	泊面街	林辛娘	17	许曲娘	黄温观(堂叔)	林俨观(父)	钞 9 文,盾 3.015,同上
5.1	叶江水	22	槟榔社	林凤娘	20	张俗娘	叶大义(堂叔)	曾月娘(母)	钞 9 文,盾 3.015,同上
5.2	林甘郎	27	老果头	蔡爱娘	16	黄顺娘	林曾郎(胞兄)	蔡香观(宗兄)	钞 9 文,盾 3.015,同上
5.2	陈玉观	19	八厨沃间	蔡庇娘	15	欧金娘	陈砖观(堂叔)	蔡义光(胞叔)	钞 9 文,盾 3.015,同上
5.3	杨天成	31	泊面街	陈艳娘	15	吴亚塔	杨世昌(宗兄)	陈宋观(宗叔)	钞 9 文,盾 3.015,同上
5.7	林具生	24	观音亭前灰窑	黄宇娘	20	林望娘	黄任娘(母)	黄彩云(父)	钞 9 文,盾 3.015,同上
5.8	王月观	35	茄勃兰赖	吴顺娘	15	许曲娘	王潘观(堂叔)	吴进观(父)	钞 9 文,盾 3.015,同上
5.12	许德彭	18	五脚桥	林甘娘	16	黄金娘	许丕观(父)	林降观(过兄)	钞 9 文,盾 3.015,同上
5.12	林桂元	21	西门埔	戴金娘	16	黄金娘	林罔良	戴佑观(叔公)	钞 9 文,盾 3.015,同上
5.14	汪永全	25	灰窑内	汤脉娘①	26	陈珠娘	自己	自己	钞 9 文,盾 3.015,同上
5.18	苏德元	30	丹兰望	蔡卯娘	18	蔡吟娘	苏捷观(父)	戴清娘(母)	钞 9 文,盾 3.015,同上
5.19	叶天锡	39	圣墓港窑内	杨毕娘	22	黄金娘	叶向荣(父)	黄未娘(母)	钞 9 文,盾 3.015,同上
5.22	吴寨观	27	廿六间	邱宝娘	20	黄金娘	吴晶观(堂兄)	邱芳观(父)	钞 9 文,盾 3.015,同上
5.23	林妈阵	23	洪溪	黄田娘	16	李四娘	林协老(功叔、雷)	黄清芳(父)	钞 9 文,盾 3.015,同上
5.24	胡江南	19	干冬圩	陈叔娘	19	林望娘	胡江逢(胞兄)	陈来观(父)	钞 9 文,盾 3.015,同上
5.26	黄传生	21	五脚桥	杨蜜娘	20	欧金娘	黄贵生(堂兄)	薛良娘(母)	钞 9 文,盾 3.015,同上
5.27	陈抱观	32	城内米涧前	黄寻娘	19	杨几娘	陈倚观(胞兄)	黄振川(族兄)	钞 9 文,盾 3.015,同上
5.30	陈得水	21	小南门	辜民娘	18	欧金娘	陈安观(父)	辜温生(父)	钞 9 文,盾 3.015,同上

① 汤氏前夫叶委观去世 4 年之久，无遗业，生一女望娘 3 岁，无奈再醮与汪，永结同心，二比甘愿，花押在婚簿内。

5.30	江炭观	30	打铁街	李三娘	16	林金娘	江降观(胞叔)	李柴观(族叔)	钞9文,盾3.015,同上
6.1	何精观	43	八茶罐	江风娘[①]	23	李时娘	自己	自己	钞9文,盾3.015,同上
6.5	丁光瑞	23	小南门巴杀	陈娇娘[②]	18	许曲娘	吴荫娘(母)	陈宇顺(宗兄)	钞9文,盾3.015,同上
6.8	黄振风	41	高罗屈	王眉娘	31	邱情娘	自己	自己	钞9文,盾3.015,同上
6.30	许江水	21	毛仔蚋	张蜜娘	17	黄金娘	许凤观(叔公)	张闯观(胞兄)	钞9文,盾3.015,同上
7.1	李荣瑞	28	中港仔	黄万娘	17	林爱娘	李汶瑞(胞兄)	黄华观(胞兄)	钞9文,盾3.015,同上
7.8	黄吉生	20	甲艳园内	曾娘兰	15	杨育娘	黄德观(族叔)	曾三观(父)	钞9文,盾3.015,同上
7.8	陈恭观	42	小南门把杀	吴蒜娘	18	江夜娘	陈宋观(堂兄)	吴振总(堂叔)	钞9文,盾3.015,同上
7.26	陈瑞连	49	城内巴杀	戴桂娘	32	黄金娘	陈彬郎(堂兄)	戴清河(堂叔)	钞9文,盾3.015,杨云沉、张水生
7.31	张天来	23	西门	陈曲娘	16	李时娘	张世沛(父)	陈淑观(父)	钞9文,盾3.015,同上
8.1	杨淑	40	大南门	林绢娘	25	黄仲文	杨怀老(宗兄)	林永泉(宗叔)	钞9文,盾3.015,同上
8.5	杨学	40	洪溪	林绢娘	23	黄仲文	杨春官(宗叔)	林永禄(父)	钞9文,盾3.015,同上
8.6	詹勇年	42	大南门	廖浩娘	17	欧金娘	詹五观(堂叔)	廖明观(父)	钞9文,盾3.015,同上
8.12	郑江水	25	五脚桥	陈文娘	17	林罔娘	郑贤观(胞叔)	黄珠娘(母)	钞9文,盾3.015,同上
8.16	吴畅观	34	西门日落班让	曾瑞娘	13	谢增寿	吴道观(堂叔)	曾步云(父)	钞9文,盾3.015,同上
8.16	沈雄观	22	锡望港	张鹤娘	17	黄金娘	沈奇观(父)	张建观(宗伯)	钞9文,盾3.015,同上
8.23	余开生	39	观音亭前	蔡顺娘	15	林艮娘	余报观(宗兄)	蔡柔盛(宗兄)	钞9文,盾3.015,杨云沈,张水生

① 据江氏称:依前夫钦赐雷珍兰陈成元观去世7年之久,又无产下男女,氏系女流,无奈再醮与何精观为夫妻,永结同心,二比甘愿,花押在婚簿。

② 王氏前夫吴德鸡去世3年之久,无遗业,无生男女,无奈再醮与黄,永结同心,二比甘愿,花押婚薄。

8.23	林光彩	22	灼仔街	黄留娘	24	林良娘	林道生(堂叔)	黄乔观(父)	钞9文,盾3.015,同上
8.25	许松茂	22	结石珍	张雪娘	20	黄明娘	许按观(堂叔)	张全观(父)	钞9文,盾3.015,同上
8.25	何国材	40	新把杀	黄二妹	16	胡金娘	何道光(堂叔)	黄承宗(宗叔)	钞9文,盾3.015,同上
8.26	王树观	42	西门	陈宣娘[①]	25	谢润娘	自己	自己	钞9文,盾3.015,同上
8.28	陈清玑	29	甕莱河	林良娘	20	欧金娘	陈叩观(胞兄)	林旭观(父)	钞9文,盾3.015,同上
9.4	王突观	24	结石珍	林原娘	20	黄明娘	王缉生(胞兄)	林意观(堂叔)	钞9文,盾3.015,同上
9.9	甘江水	22	丹兰望	韩薇娘	20	蔡吟娘	甘雄观(宗叔)	韩丹观(堂叔)	钞9文,盾3.015,同上
9.10	涂节观	44	中港仔	沈认娘	16	欧金娘	涂记观(堂叔)	沈麦观(父)	钞9文,盾3.015,同上
9.11	林汉钦	22	八茶罐	李仲娘	18	黄金娘	林端观(族叔祖)	李尚观(父)	钞9文,盾3.015,同上
9.11	黄福寿	20	八茶罐	谢福娘	18	黄金娘	黄什和(父)	谢康观(父)	钞9文,盾3.015,同上
9.13	林开泰	28	砖仔桥	吴尔娘	14	曾远娘	林福溪(胞叔)	吴陆逊(父)	钞9文,盾3.015,同上
9.13	江天禄	41	八茶罐	谢吉娘	20	卢纯娘	江龙观(宗叔)	谢知喜(堂兄)	9文,3.015盾,李振业,杨云沈,张水生
9.14	田清云	25	大南门	黄望娘	16	张宿娘	田习观(胞叔)	月桂娘(母)	9文,3.015盾,同上
9.14	叶活	42	小南门	戴珠娘	16	许曲娘	叶挺观(堂叔)	戴葛观(堂叔)	9文,3.015盾,同上
9.22	庄济	20	城内把杀	陈水娘	18	黄金娘	庄拔观(父)	陈英观(父)	9文,3.015盾,同上
9.22	陈待老	41	灰窑	黄曲娘	16	黄金娘	陈源观(胞兄)	黄甘生(胞兄)	9文,3.015盾,同上
9.22	吴水生	21	灼仔街	周银娘	21	黄金娘	吴大公(父)	周信官(父)	9文,3.015盾,同上
9.22	康瑞鸾	21	鉴光猫汝	林英娘	15	林罔娘	康发光(父)	林北哥(兄)	9文,3.015盾,同上

① 陈氏前夫高墙身故7年,无遗业挂些,生女儿亦经不幸,衣食无所依赖,再醮与王,永结同心,二比花押婚簿。

9.23	张大生	26	五脚桥	李密娘	23	欧金娘	张赞(胞兄)	李三民(堂兄)	9文,3.015盾,同上
9.26	李清一	24	中公司廊	戴给娘	24	李旺娘	李仁生(父)	戴华生(父)	9文,3.015盾,同上
9.29	陈南	26	田仔内	黄月娘	20	许曲娘	陈水(堂兄)	黄明(胞兄)	9文,3.015盾,同上
10.1	张渊	21	结石珍	林内娘	21	黄甘娘	张富观(父)	黄福娘(母)	9文,3.015盾,同上
10.2	黄珍	24	结石珍	陈凤娘	25	黄明娘	黄映观(堂兄)	陈茶观(父)	9文,3.015盾,同上
10.12	刘石	35	洪溪头	陈苍娘	17	温中朴	刘评观(堂兄)	陈水观(父)	9文,3.015盾,同上
10.15	谢德兴	35	八厨仔间	罗癸娘	15	林金娘	谢乐观(胞叔)	罗石文(宗叔)	9文,3.015盾,同上
10.16	詹港官	45	大鸟	林五娘	17	卢炳娘	詹溪水(宗兄)	林合老(宗叔)	9文,3.015盾,同上
10.22	徐廷洗	37	高劳屈	黎已娘	19	张标娘	徐炳亮(堂兄)	黎聪观(父)	9文,3.015盾,同上
10.22	黎捷生	28	职宁贞	蔡珍娘	16	蔡春娘	黎戎观(父)	蔡香观(宗兄)	9文,3.015盾,同上
10.26	林杰	22	职宁贞	黄珍娘	19	蔡春娘	林亚华(胞兄)	黄仲(父)	9文,3.015盾,同上
10.27	刘春应	37	加弄西垅	戴清娘①	40	黄爱娘	自己	自己	9文,3.015盾,同上
10.28	文棒观	30	八厨沃间	陈雅娘	20	欧金娘	文收观(胞叔)	陈顺观(胞兄)	9文,3.015盾,同上
10.29	黄贵生	23	圣望港	陈凤娘	14	黄金娘	林良娘(母)	陈光喜(父)	9文,3.015盾,同上
10.29	王文水	20	五脚桥	林顺娘	17	黄金娘	王冬葶(父)	林恬官(宗伯)	9文,3.015盾,同上
10.30	严金水	19	乌鬼巷	陈邦娘	16	黄金娘	严原光(堂伯)	陈宁竭(父)	9文,3.015盾,同上
10.30	何唐洲	26	小南门新厝	温癸娘	15	胡金娘	何仕魁(宗叔)	温泰来(宗叔)	9文,3.015盾,同上
10.31	蔡婆祖	26	芝宁贞	林叶娘	17	温汶娘	蔡福生(父)	林红光(胞兄)	9文,3.015盾,同上
10.31	林天旦	20	港口	卢义娘	17	孙麟娘	林明生(父)	卢周朗(父)	9文,3.015盾,同上

① 戴氏前夫蔡炎生身故18年,无遗业付氏挂些,生一男,乏衣食,无奈再醮与刘,永结同心,二比花押婚簿。

11.2	詹宝官	56	观音亭	王怡娘	34	林罔娘	自己	王玉象(胞兄)	9文,3.015盾,同上
11.2	黄长水	24	咨间	林荫娘	16	孙麟娘	黄成良(父)	林永泉(父)	9文,3.015盾,同上
11.2	张坤生	27	结石珍	辜松娘	15	李裕娘	张隆官(父)	陈芸娘(母)	9文,3.015盾,同上
11.3	曾伟	27	干冬圩	马梭娘	21	陈鸿娘	曾族官(堂叔)	马柳官(堂叔)	9文,3.015盾,同上
11.3	黄荣	28	职宁贞	郭滥娘	18	林顺娘	黄胡(父)	陈长娘(母)	9文,3.015盾,同上
11.3	戴达	40	干冬圩	林金娘①	28	林连观	自己	自己	9文,3.015盾,同上
11.10	黄九妹	36	洪溪	严春娘	19	朱隆观	黄秀观(堂兄)	严粦生(胞兄)	9文,3.015盾,同上
11.12	林软官	25	八茶罐	黄姜娘	26	李世娘	林考(胞叔)	黄养(父)	9文,3.015盾,同上
11.12	吴集源	22	大使庙前	林景娘	19	林罔娘	吴渊观(父)	林裕观(父)	9文,3.015盾,同上
11.12	陈包	44	八厨沃间	叶梅娘②	19	麦央娘	自己	自己	9文,3.015盾,同上
11.12	黄金生	26	中蔀	陈呵娘	14	卢集娘	黄标(父)	陈佛生(父)	9文,3.015盾,同上
11.14	黄丁巳	19	芝巴望吃	李想娘	16	黄明娘	黄邦光(胞伯)	李斧(父)	9文,3.015盾,同上
11.15	徐吟山	18	八茶罐	严枋娘	18	黄金娘	徐察观(父)	严元光(父)	9文,3.015盾,同上
11.15	蔡朝宗	18	大港墘	詹调娘	16	黄金娘	蔡到祖(宗伯)	詹深(胞兄)	9文,3.015盾,同上
11.16	林八观	33	五脚桥	许明娘	16	黄金娘	林理生(堂叔)	许凤(堂叔祖)	9文,3.015盾,同上
11.16	杨带	38	萡面口	邱癸娘	15	胡金娘	杨全前(胞叔)	邱先(胞兄)	9文,3.015盾,同上
11.22	陈深渊	29	西门外	张秀娘	26	林朝娘	陈镭官(父)	张建(胞叔)	9文,3.015盾,同上
11.23	官川秀	30	新池	黄申娘	15	林珠娘	金华观(胞兄)	黄湘观(父)	9文,3.015盾,同上

① 林氏前夫陈郭身故3年,无做字遗业,无男女,无依赖,再醮与戴为夫妻,永结同心,二比花押在婚簿。

② 叶氏前夫邱忠身故2年2个月,无遗业挂些,产下男女已不幸,衣食无依赖,再醮与陈,永结同心,二比花押。

11.23	傅立春	22	结石珍新巴杀	严宜娘	22	胡金娘	傅立二(胞兄)	严元光(宗祖)	9文,3.015盾,同上
11.24	张寅伯	24	大南门	李捧弗娘	16	曾娇娘	张允观(父)	李带观(父)	9文,3.015盾,同上
11.24	苏兴宗	19	八茶罐	谢梅娘	17	欧金娘	苏春观(父)	谢国观(胞兄)	9文,3.015盾,同上
11.25	魏抄官	32	廿六间	蔡珍娘	25	黄金娘	自己	蔡东山(胞兄)	9文,3.015盾,同上
11.25	陈峩山	27	新池	谢茅娘	17	黄金娘	陈长观(胞兄)	谢荫观(父)	9文,3.015盾,同上
11.25	魏荣高	35	八茶罐	胡正娘	21	林金娘	魏新(胞兄)	胡新(胞叔)	9文,3.015盾,同上
11.26	吴铭铉	20	圣望港	苏铨娘	19	黄金娘	吴赞绪(父)、甲	苏缸官(父)、雷	10.3元双烛银,3.015盾,同上
11.30	蔡盛龙	38	小南门	黎杞娘	17	黄金娘	蔡立功(胞伯)	黎聪干(胞叔)	9文,3.015盾,同上
11.30	林壬观	26	八茶罐	罗珠娘	19	许曲娘	林扑园(宗兄)	罗兑观(父)	9文,3.015盾,同上
12.3	陈元路	19	旧把杀	陈册娘	19	欧金娘	陈奕观(父)	杨良生(堂叔)	9文,3.015盾,同上
12.6	蒋涉观	34	结石珍	陈额娘	29	黄明娘	蒋颙官(宗叔)、雷	陈福生(父)	9文,3.015盾,同上
12.7	蔡得兴	26	职宁贞	林合娘	17	黄纯娘	蔡香观(宗兄)	林襄观(叔祖)	9文,3.015盾,同上
12.7	黄永泉	38	小南门	戴桂娘	19	黄金娘	黄茂飘(宗兄)	戴跨观(父)	9文,3.015盾,同上
12.8	陈程王	23	八厨沃间	戴桂娘	16	欧金娘	陈木观(胞叔)	戴葛观(父)	9文,3.015盾,同上
12.11	陈捷观	32	中港新厝	蔡曲娘	19	许曲娘	陈怀鲁(宗兄)	蔡揖官(宗叔)	9文,3.015盾,同上
12.11	侯 四	36	城内	赖秀娘	17	胡金娘	侯进爹(堂兄)	赖长官(父)	9文,3.015盾,同上
12.21	谢银生	19	丹兰望	陈三娘	17	陈合娘	谢奢启(父)	陈连水(胞兄)	9文,3.015盾,同上
12.21	许三才	27	圣望港	林立娘	14	许曲娘	李滴娘(母)	林应瑞(父)	9文,3.015盾,同上
12.22	陈井官	38	把杀丁仔脚	黄江娘[①]	30	黄金娘	自己	自己	9文,3.015盾,同上

① 黄氏前夫叶启观身故2年,无做字挂些,生一女六个月夭殁,无所依赖,无奈再醮与陈为夫妻,永结同心,二比甘愿花押。

12.24	黄丕汀	29	结石珍	陈明娘	21	黄明娘	黄钦官(胞兄)	陈禄官(父)	9文,3.015盾,同上
12.25	陈元观	39	大巷内	陈枕娘	16	黄金娘	李应求(宗兄)	陈洲观(胞叔)	9文,3.015盾,同上
12.25	刘伸	27	东门外	林登娘①	25	戴选娘	自己	自己	9文,3.015盾,同上
12.25	林象官	22	观音亭	何荫娘	16	林罔娘	林再观(堂叔)	何春观(父)	9文,3.015盾,同上
12.27	柯万老	36	结石珍	张一娘	27	黄明娘	柯彩芹(宗叔)	张金生(父)	9文,3.015盾,同上
12.28	黄珠官	39	圣望港	陈灶娘	16	许曲娘	黄珀官(堂兄)	陈器官(父)	9文,3.015盾,同上

总计:168对

1818年吧城唐人成婚注册表

月日	新郎	年岁	住址	新娘	年岁	媒妁	男方主婚	女方主婚	备注 交钱,主事人
1.3	马江水	22	干冬圩	丘爱娘	17	陈凤娘	马中官(父)	丘良生(父)	钞9文,3.015盾,李振业,杨云沈,张水生
1.3	陈一郎	21	西门	徐亘娘	15	周谦娘	陈金官(胞叔)	徐象官(胞叔)	钞9文,3.015盾,同上
1.3	林备	25	打铁街	韩靖娘	17	欧金娘	林开业(宗兄)	韩雄官(父)	钞9文,3.015盾,同上
1.9	陈衍观	25	城内灰巷	刘眉娘	20	欧金娘	陈晃观(堂叔)	刘巩观(父)	钞9文,3.015盾,同上
1.11	王炳良	18	龙岗	林质娘	16	蒋珠官	王灿郎(父)	林决官(父)	钞9文,3.015盾,同上
1.11	郑江水	20	八厨沃间	余凤娘	15	欧金娘	郑实观(祖父)	余帆官(父)	钞9文,3.015盾,同上
1.11	洪宗敬	30	新把杀	吴金娘	21	林纲娘	洪元隆(宗叔)	吴瑞德(胞叔)	钞9文,3.015盾,同上
1.13	蔡易	19	职宁贞	方义娘	15	黄纯娘	蔡石官(父)	方琛官(父)	钞9文,3.015盾,同上
1.13	陈交	24	洪溪	黄萼娘	23	黄金娘	陈和观(父)	黄皆(胞兄)	钞9文,3.015盾,同上

① 据林氏称:前夫黎永春身故4年,产下一男桂生,一女保娘,日食难度,无依赖再醮与刘,永结同心,甘愿花押在婚簿。

1.13	陈振乾	24	观音亭	施珠娘[①]	23	黄金娘	陈润宗(宗兄)	阮喜娘(母)	钞 9 文,3.015 盾,同上
1.15	吴永福	44	洪溪	冯杉娘[②]	24	叶江娘	自己	自己	钞 9 文,3.015 盾,同上
1.17	卓钦赐	32	水锯仔	梁月娘	16	高微娘	卓群官(宗叔)	梁炎官(父)	钞 9 文,3.015 盾,同上
1.17	李青云	20	中港仔	蔡华娘	16	欧金娘	李谈官(叔祖)	蔡从兴(胞叔)	钞 9 文,3.015 盾,同上
1.17	王顶源	29	高踏歹	陈六娘	26	黄金娘	王正煜(宗叔)	陈宗兴(宗叔)	钞 9 文,3.015 盾,同上
1.18	蒋修	26	结石珍	蔡银娘	16	朱栅娘	蒋仙喜(胞叔)	蔡为政(父)	钞 9 文,3.015 盾,同上
1.20	蔡壁官	32	小南门	林针娘	21	许曲娘	蔡开基(宗叔)	林永仕(胞兄)	钞 9 文,3.015 盾,同上
1.21	许水官	33	扫口	林低娘	21	许曲娘	许怀生(胞兄)	林昭成(堂兄)	钞 9 文,3.015 盾,同上
1.25	郑伏官	26	大港墘	蒋栽娘	18	黄金娘	郑琪官(族兄)	蒋颙官(胞叔)	钞 9 文,3.015 盾,同上
1.26	黄壁领	23	水锯顶	甘炳娘	16	黄金娘	黄仁官(胞兄)	甘朝老(胞兄)	钞 9 文,3.015 盾,同上
2.1	张阿鼎	27	洪溪	温瑞娘[③]	15	许亚六	张振钦(宗叔)	温凤哥(宗叔)	钞 9 文,3.015 盾,同上
2.1	杨仪生	21	结力珍	蔡迁娘	14	陈孩娘	杨捷官(父)	蔡云官(胞叔)	钞 9 文,3.015 盾,同上
2.1	陈铁官	56	廿六间巷	黄羡娘	18	黄金娘	自己	黄彩云(父)	钞 9 文,3.015 盾,同上
2.12	吴如松	38	亚森脚	江让娘[④]	30	黄金娘	自己	自己	钞 9 文,3.015 盾,同上
2.12	黄扣官	29	新厝仔	陈止娘	17	黄金娘	黄园官—	陈奎秉—	钞 9 文,3.015 盾,同上
2.13	甘朝老	25	砖仔桥	高南娘	21	黄金娘	甘雄官—	高佐官—	钞 9 文,3.015 盾,同上
2.13	陈流水	28	中港仔	林波娘	18	黄金娘	自己	林三官—	钞 9 文,3.015 盾,同上

① 吧 1823 年 4 月 25 日不幸,吧 1823 年 8 月 28 日再配与洪报官为夫妻。

② 冯氏称:前夫卢润官不守生业,并无顾其妻,是以在山顶对淡茄割已二个月,无所依赖再醮,花押在簿。

③ 成婚申报书:男命张阿鼎 27 岁,女命温瑞娘 15 岁,为媒,许阿六。男家主婚张振钦,女家主婚温凤哥。

④ 江氏称:前夫郭丰庆去世 7 年,原系新客无遗业,无挂些字,产一男郭清山七岁,氏系女流,惨失怙恃,更兼去年一妹殇殁,无奈情愿适配与吴永结同心,并祈抚养孤儿,二比甘愿花押在婚簿。

2.17	李漳官	39	八茶罐	张玉娘	15	欧金娘	李发官—	张垒—	钞 9 文，3.015 盾,同上
2.18	陈森岐	25	三间土库	林德娘	21	欧金娘	陈拱照—	林长秀—	钞 9 文，3.015 盾,同上
2.19	王松	31	廿六间	陈昆娘	30	黄金娘	王炎官—	陈照明—	钞 9 文，3.015 盾,同上
2.24	黄仁和	46	戈罗屈	蔡新娘①	40	黄金娘	自己	自己	钞 9 文，3.015 盾,同上
2.28	林宜官	26	把杀	兰汶娘	20	黄金娘	林成花—	兰松观—	钞 9 文，3.015 盾,同上
3.2	谢员官	32	八茶罐	黄水娘	28	黄金娘	蔡趋观—	郭味娘(令堂)	钞 9 文，3.015 盾,同上
3.5	李恒观	31	廿六间	林等娘	18	黄金娘	李夏观—	林霞观—	钞 9 文，3.015 盾,同上
3.7	陈西贵	40	八茶罐	林凤娘	16	欧金娘	陈有拱—	林沙官—	钞 9 文，3.015 盾,同上
3.11	王光礼	32	小南门	陈涓娘	14	李世娘	王顺老—	陈喜官—	钞 9 文，3.015 盾,同上
3.11	黄香观	38	西门外	许好娘	22	黄金娘	黄直观—	许凤官—	钞 9 文，3.015 盾,同上
3.12	宋贵生	26	砖窑	徐桂娘	16	古景叔	宋清生—	徐洪伦—	钞 9 文，3.015 盾,同上
3.17	陈绵深	29	丹绒把杀	蔡珍娘	19	李理娘	陈洪官—	蔡菊官—	钞 9 文，3.015 盾,同上
3.20	陈得水	22	小南门把杀	郭振娘	19	黄金娘	陈安观—	郭宗盛—	钞 9 文，3.015 盾,同上
3.23	昌忠	22	城内蕉仔街	吴岸娘	18	林金娘	昌天水(胞兄)	吴文信(族叔)、雷	钞 9 文，3.015 盾,同上
3.25	李长官	33	班芝兰巷	陈金娘	16	黄金娘	李愿官—	陈乙志—	钞 9 文，3.015 盾,同上
3.29	李县观	36	洪溪头	陈松娘	21	黄金娘	李忍观—	陈尺金—	钞 9 文，3.015 盾,同上
3.29	蔡明观	24	丹兰望	许叶娘	(缺)	陈昆娘	蔡爱观—	许风观—	钞 9 文，3.015 盾,李振业,高长宗,张水生
4.7	张炭	35	小南门把杀	王九娘	22	许曲娘	张伍观(宗叔)	王泗明(胞叔)	钞 9 文，3.015 盾,同上

① 蔡氏前夫吴吉观身故17年,无遗业付氏挂州,无生男女,无所依赖,甘愿与黄为夫妻,永结同心,终无反悔,甘愿花押。

4.7	罗学义	30	水涧	陈曲娘	21	杨坚星	自己	自己	钞 9 文，3.015 盾,同上
4.8	钟曾伯	22	小南门外	石云娘	16	胡玉瑞	钟选凤	石阿宽	钞9文,3.015盾,高长宗,郭体英
4.9	郑栋良	20	新把杀	林境娘	19	黄金娘	郑撰观(父)	林秉文(父)	钞 9 文，3.015 盾,同上
4.14	邓明官	22	班芝兰	张惜娘	18	许盐娘	邓本官	张渊官	钞 9 文，3.015 盾,同上
4.15	陈四海	26	三间土库	黄清娘	16	欧金娘	陈启照	黄喜生	钞 9 文，3.015 盾,同上
4.26	胡任水	24	外勿禄	陈桂娘	16	陈有崇	胡受光	陈启智	钞 9 文，3.015 盾,同上
4.29	黄燎光	19	圣望港	吴东娘	17	黄金娘	黄乐生(胞叔)	吴晶观(宗叔)	钞 9 文，3.015 盾,同上
5.4	张天喜	23	小南门	戴招娘	23	欧金娘	张伍官(堂兄)	戴正德(堂叔)	钞 9 文，3.015 盾,同上
5.4	李芳炳	40	八茶罐	陈六娘	20	罗炳娘	李为祯(叔)	陈才哥(父)	钞 9 文，3.015 盾,同上
5.5	李义种	25	大南门外	张辛娘	18	李末娘	李宗元(叔)	张光标(叔)	钞 9 文，3.015 盾,同上
5.5	郑壬癸	21	八茶罐	黄爱娘	20	李世娘	郑海水(胞伯)	黄巨元(同兄)	钞 9 文，3.015 盾,同上
5.5	陈应遂	38	城内把杀	吴妾娘	31	李世娘	陈天赐(宗叔)	吴玉郎(父)	钞 9 文，3.015 盾,同上
5.5	陈文水	23	城内把杀	黄贞娘	17	王荣娘	陈木生(兄)	黄仁官(胞叔)	钞 9 文，3.015 盾,同上
5.8	余清容	22	窑内	刘金娘	24	林罔娘	余报光(父)	刘德生(父)	钞 9 文，3.015 盾,同上
5.8	余清貌	19	窑内	李海娘	19	林罔娘	余报光(父)	李温良(同兄)	钞 9 文，3.015 盾,同上
5.8	詹金合	22	结石珍	陈凤娘	18	黄明娘	詹摘(父)	陈静官(叔公)	钞 9 文，3.015 盾,同上
5.10	陈石观	36	把杀内	梁丹娘	15	黄金娘	陈南(叔)	梁守法(父)	钞 9 文，3.015 盾,同上
5.11	陈傅老	17	中港仔	林招娘	15	李世娘	陈江老(叔)	林俨光(父)	钞 9 文，3.015 盾,同上
5.15	黄光	24	八厨仔杆	邱星娘	14	欧金娘	黄财官(父)	邱贤官(父)	钞 9 文，3.015 盾,同上
5.15	林县老	38	小南门	严宣娘	17	彭实娘	林纤官(宗叔)	严元光(叔)	钞 9 文，3.015 盾,同上

5.15	叶得禄	25	大南门	谢壬娘	17	张漂哥	叶福观(叔)	谢宗哥(父)	钞 9 文，3.015 盾，同上
5.18	颜茂生	22	五脚桥	丁灿娘	20	许曲娘	颜天恩(父)	陈英娘(母)	钞 9 文，3.015 盾，同上
5.19	周炳文	22	砖仔桥	林酉娘	18	李世娘	周邦官(父)	林严光(父)	钞 9 文，3.015 盾，同上
5.21	黄桂兰	33	八厨仔	蔡吟娘	17	胡金娘	黄德元(亲叔)	蔡克烈(伯)	钞 9 文，3.015 盾，同上
5.22	林老陈	26	洪溪	胡既娘	17	黄金娘	林永秀(兄)	胡造生(伯)	钞 9 文，3.015 盾，李宙观，高长宗，郭体英
5.26	林坤山	22	监光湖北	梁遂娘	20	林罔娘	林子祖(叔)	梁朱伯(父)	钞 9 文，3.015 盾，同上
6.2	曾何晚	35	王蔀	黄巧娘	17	朱隆官	曾赵(叔)	黄贵观(父)	钞 9 文，3.015 盾，同上
6.13	卢三老	40	中港仔	陈尽娘	16	许曲娘	卢邑(兄)	陈气(伯)	钞 9 文，3.015 盾，同上
6.23	谢麟生	18	七伦	黎德娘	16	黎亚万	谢英兰(父)	黎赓书(父)	钞 9 文，3.015 盾，同上
7.8	陈荣明	28	结石珍	苏薇娘	18	王红娘	陈温故(兄)	苏径(叔)	钞 9 文，3.015 盾，同上
7.19	古阿火	40	城内	谢丁仔钞	21	王癸娘	古怡坤(兄)	谢魁钦(叔)	钞 9 文，3.015 盾，同上
7.19	黄戴	32	廿六间	林良娘	17	黄金娘	黄世传(叔)	郭英娘(母)	钞 9 文，3.015 盾，同上
7.24	林艳	39	亭仔脚	苏县娘	37	陈因娘	自己	自己	钞 9 文，3.015 盾，同上
7.25	姑远	25	小南门	林素娘	19	黄金娘	自己	林厚(叔)	钞 9 文，3.015 盾，同上
8.6	辜恭	21	望寮	钟脚娘	17	林爱娘	辜运生(叔)	钟道官(伯)	钞 9 文，3.015 盾，同上
8.10	刘吉生	48	丹兰望	曾必娘	22	蔡吟娘	刘计官(堂兄)	曾良友(胞兄)	钞 9 文，3.015 盾，同上
8.14	李风	30	戈劳屈	黎任娘	17	李示娘	李拔官(叔)	黎窗官(伯)	钞 9 文，3.015 盾，同上
8.18	林缓老	38	西门	许却娘	15	王盈娘	陈堑娘(母妗)	许进官(父)	钞 9 文，3.015 盾，同上
8.23	郑杰官	19	八厨仔间	陈景娘	18	区金娘	郑宗山(亲叔)	陈明官(父)	钞 9 文，3.015 盾，同上
8.24	谢应文	21	萡面街	杨景娘	19	许却娘	谢迎福(亲叔)	杨照官(父)	钞 9 文，3.015 盾，同上

8.24	李江官	22	八茶罐	陈宝娘	21	李示娘	李全官(胞兄)	陈报官(堂伯)	钞 9 文，3.015 盾,同上
8.29	陈杏官	32	巷老陈	韩宇娘	27	许却娘	陈都官(堂叔)	韩宾官(现伯)	钞 9 文，3.015 盾,同上
9.1	林根生	20	八茶罐	陈金娘	18	林罔娘	林传官(胞兄)	陈宙官(宗叔)	钞 9 文，3.015 盾,同上
9.1	邱光赐	23	五脚桥	黄葶娘	24	黄金娘	邱炮官(亲叔)	黄邦官(亲兄)	钞 9 文，3.015 盾,同上
9.2	杨傅生	40	中港仔	蔡接娘	29	林允娘	杨光漂(宗兄)	蔡福生(亲叔)	钞 9 文，3.015 盾,同上
9.2	林兴官	21	西门外	杨飘娘	22	黄金娘	陈主娘(母)	杨诏宗(父)	钞 9 文，3.015 盾,同上
9.3	汤风官	33	结石珍	陈郁娘	22	黄明娘	汤灶官(叔)	陈振荣(父)	钞 9 文，3.015 盾,同上
9.7	李用友	22	新池	陈根娘	16	胡金娘	李存梅(亲叔)	陈瑞交(堂叔)	钞 9 文，3.015 盾,同上
9.9	欧万生	24	职宁贞	林开娘	19	许大任	欧占官(父)	林成东(父)	钞 9 文，3.015 盾,同上
9.9	陈海生	18	望寮	罗秀娘	14	邱文娘	陈水官(父)	罗兑官(亲伯)	钞 9 文，3.015 盾,同上
9.10	颜八官	36	五脚桥	黄素娘	18	王水官	颜天恩(宗叔)	黄娇官(父)	钞 9 文，3.015 盾,高长宗,郭体英
9.10	黄天秀	19	八厨仔间	陈曰娘	17	陈金娘	黄东兴(父)	陈各喜(胞叔)	钞 9 文，3.015 盾,同上
9.10	甘光盼	20	观音亭	吴清娘	19	王咏娘	甘雄官(亲伯)	吴文欢(父)	钞 9 文，3.015 盾,同上
9.10	王德光	20	菭面街	林右娘	16	林罔娘	王艳官(宗叔)	林恬官(宗伯)	钞 9 文，3.015 盾,同上
9.10	吴孟官	39	结石珍	许福娘	24	黄明娘	吴哲官(叔)	许再生(伯)	钞 9 文，3.015 盾,同上
9.10	林球生	21	—	蔡扶娘	18	黄金娘	林傅官(宗叔)	蔡宗兴(胞叔)	钞 9 文，3.015 盾,同上
9.14	何永生	24	碗仔街	林有娘	18	林谨娘	何启昌(兄)	林是开(兄)	钞 9 文，3.015 盾,同上
9.14	蔡润德	31	观音亭	陈非娘	19	李示娘	蔡双全(宗兄)	陈仰观(父)	钞 9 文，3.015 盾,同上
9.14	连丰池	20	洪溪	陈仲娘	18	李示娘	连永老(父)	陈彬郎(父)	钞 9 文，3.015 盾,同上
9.17	林新客	20	丹兰州连	钟英娘	15	何院官	林来官(父)	钟田官(父)	钞 9 文，3.015 盾,同上

9.17	黄峻极	36	旧把杀	吴曲娘	16	张宿娘	黄坊官(亲叔)	吴生官(父)	钞 9 文，3.015 盾,同上
9.19	翁艳官	24	丹绒	苏润娘	19	李里娘	翁天恩(宗兄)	苏世生(父)	钞 9 文，3.015 盾,同上
9.19	张全生	24	丹绒	陈宾娘	20	李里娘	张占官(父)	陈香生(宗兄)	钞 9 文，3.015 盾,同上
9.19	李进春	18	八茶罐	邱罗仍	18	李示娘	李井官(宗兄)	邱光喜(父)	钞 9 文，3.015 盾,同上
9.21	巫锡官	32	五脚桥	林蜜娘	14	黄直官	巫起官(宗叔)	林青官(父)	钞 9 文，3.015 盾,同上
9.21	林六山	25	观音亭	陈曲娘	25	王永娘	林兴官(父)	陈香官(宗兄)	钞 9 文，3.015 盾,同上
9.22	刘树官	30	灼仔街	杨五娘	21	王荣娘	刘宿夜(父)	杨招光(父)	钞 9 文，3.015 盾,同上
9.22	王枝全	32	丹兰望	韩来娘	23	陈君娘	王柳官(同叔)	韩丹官(同叔)	钞 9 文，3.015 盾,同上
9.24	程金官	35	大南门外	叶灯娘	22	林金娘	程辉官(堂兄)	叶保官(堂叔)	钞 9 文，3.015 盾,同上
9.25	翁友顺	24	洪溪	张水娘	17	黄金娘	翁笃生(胞叔)	张祥官(宗兄)	钞 9 文，3.015 盾,同上
9.25	林模官	30	八厨仔间	陈辰娘	21	黄金娘	林开官(胞叔)	陈桂士(胞兄)	钞 9 文，3.015 盾,同上
9.25	叶贤官	25	窑内	张金娘	17	黄金娘	叶六富(宗兄)	蔡万娘(母)	钞 9 文，3.015 盾,同上
9.25	刘阿生	42	小南门	叶二娘	20	吴子夏	刘卿亮(亲兄)	叶结官(宗叔)	钞 9 文，3.015 盾,同上
9.25	杨灶官	48	小南门外	陈车娘	24	郭玉娘	杨固官(堂叔)	陈天来(宗兄)	钞 9 文，3.015 盾,同上
9.30	陈彪官	24	中港仔	蔡珠娘	18	黄金娘	戴福娘(母)	蔡香官(堂叔)	钞 9 文，3.015 盾,同上
9.30	陈国山	15	结石珍	吴随娘	14	张宿娘	张锦宗(父)	吴招官(堂叔)	钞 9 文，3.015 盾,同上
10.4	杨冬荣	42	小南门	张王娘	17	余新富	杨国宝(堂兄)	张三贵(宗叔)	钞 9 文，3.015 盾,李宙观,高长宗,郭体英
10.5	林良生	25	观音亭	蔡 娘	21	—	林文山(父)	蔡维新(宗叔)	钞 9 文，3.015 盾,同上
10.5	黄炎志	17	结石珍	蒋快娘	17	黄金娘	黄天生(父)	蒋正官(父)	钞 9 文，3.015 盾,同上
10.25	陈祖成	22	圣望巷	周雅娘	23	黄金娘	陈宗兴(父)	周祥克—	钞 9 文，3.015 盾,同上

10.26	黄万兴	28	小南门新厝	赖粽娘	16	张统端	黄承宗(宗叔)	赖拔明(父)	钞 9 文，3.015 盾,同上
10.27	许开琳	40	新厝	黎群娘	20	林金娘	许仁官(胞叔)	黎宏官(父)	钞 9 文，3.015 盾,同上
10.28	林冬官	23	新加示	黄尊娘	17	蔡春娘	林天生(亲伯)	黄振万(亲兄)	钞 9 文，3.015 盾,同上
10.31	方绪官	23	廿六间	林娟娘	22	黄金娘	方壬午(父)	林协官(胞叔)、雷	钞 9 文，3.015 盾,同上
10.31	蔡偕官	22	大南门外	许得娘	17	许曲娘	蔡祖舍(胞伯)	许沙官(父)	钞 9 文，3.015 盾,同上
11.1	李姻官	35	戈劳屈	刘成娘	19	陈珠娘	李功顺(宗兄)	刘缘官(父)	钞 9 文，3.015 盾,同上
11.1	李福庆	37	大南门	巫心娘	18	巫毓才	李南官(同叔)	巫展悟(同叔)	钞 9 文，3.015 盾,同上
11.1	蔡招林	21	大南门外	薛清娘	17	区金娘	蔡云腾(胞叔)	林木娘(母)	钞 9 文，3.015 盾,同上
11.1	刘相官	42	戈劳屈	张灼娘	16	陈珠娘	刘缘官(宗兄)	张万官(父)	钞 9 文，3.015 盾,同上
11.5	陈茂元	21	丹兰纲	李八娘	20	王桂娘	陈香飒(父)	李亲官(宗兄)	钞 9 文，3.015 盾,同上
11.5	蔡江椅	20	观音亭	周坤娘	17	王黎水	蔡取官(父)	周灿官(父)	钞 9 文，3.015 盾,同上
11.5	王树官	37	中港仔	许一娘	20	黄金娘	自己	许永成(兄)	钞 9 文，3.015 盾,同上
11.7	林经文	31	酌仔街	罗宝娘	17	罗丙娘	林兄文(同兄)	罗文峻(父)	钞 9 文，3.015 盾,同上
11.7	陈光宣	25	中港仔	林英娘	16	李世娘	陈钢官(堂叔)	林川官(父)	钞 9 文，3.015 盾,同上
11.7	詹察官	30	结石珍	高寿娘	23	黄明娘	詹扶官(胞叔)	高景阳(胞兄)	钞 9 文，3.015 盾,同上
11.8	詹和彝	24	结石珍	黄染娘	15	侯岳官	詹探官(同兄)	黄水官(父)	钞 9 文，3.015 盾,同上
11.9	曾彩光	24	廿宁贞	蔡好娘	14	蔡春娘	林一娘(母)	蔡香官(宗兄)	钞 9 文，3.015 盾,同上
11.12	郭牛老	26	廿六间	康合娘①	22	许曲娘	自己	自己	钞 9 文，3.015 盾,同上

① 康氏前夫王大秦身故 4 年，产一女卫娘 3 岁，无遗业，日食难度，无所依，愿与郭为夫妻，永结同心，二比花押婚簿内。

10.5	苏钳官	20	—	杨娘	20	—	苏杰官(宗叔)	杨光标(父)	钞 9 文，3.015 盾,同上
11.14	李福汀	18	纲寮	林吉娘	16	丘美官	李杯官(父)	林良官(父)	钞 9 文，3.015 盾,李宙观,高长宗,郭体英
11.14	刘福官	27	吉石珍	谢望娘	18	黄的娘	刘阿利(父)	谢光前(兄)	钞 9 文，3.015 盾,李富观,高长宗,郭体英
11.14	黄清元	21	八厨沃间	施银娘	20	黄金娘	黄评士(宗伯)	施海老(宗兄)	钞 9 文，3.015 盾,同上
11.16	林良水	29	八茶贯	李武吉娘	17	黄金娘	林有信(父)	李三季(宗叔)	钞 9 文，3.015 盾,同上
11.17	苏七成	20	吉石珍	杨恋娘	16	陈满娘	苏茂盛(叔)	曾新生(母舅)	钞 9 文，3.015 盾,同上
11.19	彭大石	24	观音亭	赖观娘	14	肖振伯	彭上金(父)	赖俊万(父)	钞 9 文，3.015 盾,同上
11.22	陈文森	26	圣望港	黄香仪娘	20	黄金娘	陈文律(堂兄)	林板娘(母)	钞 9 文，3.015 盾,同上
11.22	刘增淑	19	观音亭	练长娘	17	刘炼官	刘海星(堂兄)	练清锦(胞叔)	钞 9 文，3.015 盾,同上
11.22	张禄官	21	圣望港	许月娘	17	区金娘	张渊官(胞叔)	许春官(父)	钞 9 文，3.015 盾,同上
11.22	王水官	28	小南门	丘静娘	20	许曲娘	王和璇(堂叔)	丘山官(父)	钞 9 文，3.015 盾,同上
11.23	郑汪官	20	丹兰望	李浙娘		蔡冷娘	郑阳官(胞兄)	李琳官(胞叔)	钞 9 文，3.015 盾,同上
11.25	肖兰熙	38	萡面街	卢蜜娘	14	林金娘	肖振伯(堂兄)	卢义官(堂叔)	钞 9 文，3.015 盾,同上
11.25	苏庆余	38	中港仔	魏完娘	35	黄金娘	苏廷机(堂叔)、雷	魏成喜(胞兄)	钞 9 文，3.015 盾,同上
11.30	吴文官	20	观音亭	黄森娘	19	王荣娘	吴山官(父)	黄董官(叔)	钞 9 文，3.015 盾,同上
12.1	张钦官	33	小南门	杨美娘	19	许曲娘	张篆官(胞叔)	杨杰官(胞叔)	钞 9 文，3.015 盾,同上
12.3	李尾官	32	大巷内	陈心娘	17	黄金银	李元官(堂兄)	陈奠官(父)	钞 9 文，3.015 盾,同上
12.4	沈翕官	36	圣望港	范山娘	15	陈萃娘	沈致官(胞兄)	王子娘(母)	钞 9 文，3.015 盾,同上
12.5	许亚明	26	大南门	张桂娘	16	李利娘	许二哥(堂叔)	张光飒(父)	钞 9 文，3.015 盾,同上

12.6	戴武生	18	乌鬼巷	黄蜜娘	19	王荣娘	戴佑官(父)	黄宝娘(大姐)	钞 9 文,3.015 盾,同上
12.6	韩水生	21	城内把杀	连眉娘	18	黄金娘	韩江水(胞叔)	陈诗娘(母)	钞 9 文,3.015 盾,同上
12.7	陈同生	40	八厨沃间	杨申娘①	33	许曲娘	自己	自己	钞 9 文,3.015 盾,同上
12.10	陈哂官	23	廿六间	吴蕉娘	14	许曲娘	陈捷官(胞兄)	吴连官(胞兄)	钞 9 文,3.015 盾,同上
12.17	黄映官	38	结石珍	陈微娘	23	黄明娘	黄院官(堂兄)	陈清阳(胞兄)	钞 9 文,3.015 盾,同上
12.17	洪九观	36	班芝兰	程权娘②	35	王荣娘	自己	自己	钞 9 文,3.015 盾,同上
12.25	石政春	28	廿六间	吴儒娘	18	王宿娘	石君旺(父)	吴党官(父)	钞 9 文,3.015 盾,同上
12.26	陈喜芳	32	大南门	郑新娘	19	李娘	陈亚七(胞叔)	郑庆理(胞叔)	钞 9 文,3.015 盾,同上
12.26	叶武通	42	小南门	邱钦娘	25	林曲娘	叶向官(堂叔)	邱坛官(胞兄)	钞 9 文,3.015 盾,同上
12.26	薛权珠	22	城内菭面街	陈耀娘	16	黄金娘	薛绍官(叔)	陈天福(堂兄)	钞 9 文,3.015 盾,同上
12.27	黄御官	35	城内把杀	邱魏娘	24	林淮娘	黄设官(堂叔)	邱诗鸣(堂叔)	钞 9 文,3.015 盾,同上
12.27	郭映澄	40	鉴光万兰	林八娘	18	麦养娘	郭完光(堂兄)	林成祖(胞兄)	钞 9 文,3.015 盾,同上
12.30	罗淑齐	19	城内把杀	朱冷娘	15	黄金娘	罗化官(公祖)	朱蹇官(叔公)	钞 9 文,3.015 盾,同上
12.31	詹财源	20	结石珍	许山娘	17	黄明娘	詹诅(堂兄)	许三官(宗叔)	钞 9 文,3.015 盾,同上
12.31	李宾官	38	甕荣河	蒋德娘	16	蔡维娘	李朝老(宗叔)	蒋三红(父)	钞 9 文,3.015 盾,同上

总计:138 对

① 杨氏前夫高文官身故 4 年,生一女瑞娘 10 岁,无遗业,无所依,愿再醮与陈,永结同心,二比甘愿,各花押在婚簿内。

② 程氏前夫罗友生经身故 3 年,生一男金声 15 岁,无遗业,无所依,愿与洪永结同心,终无反悔,二比甘愿,花押在婚簿内。

1819 年吧城唐人成婚注册表

月日	新郎	年岁	住址	新娘	年岁	媒妁	男方主婚	女方主婚	备注 交钱,主事人
1.2	李桂官	34	八茶罐	任质娘	22	欧金娘	李掌官(胞兄)	任狮官(叔)	9 文,3.015盾,李宙观,高长宗,郭体英
1.5	郑春官	22	三间土库	林高奢	14	林纲娘	郑越官(父)	林浅官(堂叔)	9 文,3.015盾,同上
1.5	许福生	20	乌鬼巷	谢文娘	18	黄金娘	许怀生(宗叔)	谢坤官(父)	9 文,3.015盾,同上
1.7	黄月生	20	惹牙望吃	郑招娘	17	王荣娘	黄文喜(父)	郑挞官(叔公)	9 文,3.015盾,同上
1.9	张顺官	46	结石珍	王言娘①	41	李时娘	自己	自己	9 文,3.015盾,同上
1.13	钟东海	22	蕉仔街	陈吉唧	17	罗丙娘	钟聪伯(缺)	徐友新(缺)	9 文,3.015盾,同上
1.13	余正官	21	茄面街	黄莺娘	15	黄金娘	余练官(胞叔)	黄佛官(父)	9 文,3.015盾,同上
1.14	朱浮官	31	洪溪	林秀娘	27	林昆官	朱蹇官(堂叔)	林莺官(父)	9 文,3.015盾,同上
1.17	肖亚木	35	惹牙望吃	李爱娘	14	李宗利	肖亚和(堂兄)	李亚经(父)	9 文,3.015盾,同上
2.7	郭亚逢	31	大使庙	黄招娘	16	黄金娘	郭朋官(堂祖叔)	黄察官(父)	9 文,3.015盾,同上
2.10	陈上贤	21	结石珍	李水娘	15	黄明娘	陈修官(父)	李天赐(父)	9 文,3.015盾,同上
2.13	余攀生	21	旧把杀	黄忍娘	18	黄金娘	余攀寿(兄)	黄直观(叔)	9 文,3.015盾,同上
2.13	叶仁寅	21	干冬圩	许庚娘	19	林金娘	黄顺祥(父)	许荣才(父)	9 文,3.015盾,同上
2.19	李燕湘	43	观音亭	刘乌娘	17	李良娘	李运清(兄)	刘郡观(叔公)	9 文,3.015盾,同上
2.26	黄吉庆	24	小南门	张莺娘	22	黄金娘	黄养官(父) 黄文忠	张祥官(父) 张廷瑞	9 文,3.015盾,同上

---

① 据王氏称:前夫万丹甲谢连生身故 3 年,无产下男女,无遗业,氏女流无奈再醮与张为夫妻,永结同心,二比甘愿,花押在婚簿内。嘉庆戊寅年十二月十四日即吧 1819 年 1 月 9 日给。

3.2	陈高奢	22	西门	郭爱娘	17	李诗娘	陈鉴观(父)	郭如水(父)	9文,3.015盾,同上
3.3	黄涌泉	40	新厝	赖然娘	17	黄金娘	自己	赖忠孚(父)	9文,3.015盾,同上
3.3	庄长寿	41	小南门把杀	陈洒娘	21	黄金娘	庄癸巳(宗叔)	陈清允(父)	9文,3.015盾,同上
3.4	陈灶	28	观音亭边	李新娘	23	王凤娘	陈灿观(叔)	郑美娘(大姨)	9文,3.015盾,同上
3.4	许为	27	观音亭边	林秀娘	15	陈和娘	王荣娘(母)	吴明娘(母)	9文,3.015盾,同上
3.4	胡坐	50	观音亭边	李淑娘①	27	王荣娘	自己	自己	9文,3.015盾,同上
3.6	林实	39	高罗窟	蔡黎娘	20	戴注娘	林九观(同叔)	蔡仁观(同叔)	9文,3.015盾,同上
3.9	陈国珍	19	结石珍	薛绢娘	15	黄明娘	陈锦成(父)	林莫娘(母)	9文,3.015盾,同上
3.9	黄法官	36	结石珍	陈贵娘	15	黄明娘	黄并官(父)	詹静官(父)	9文,3.015盾,同上
3.11	戴交官	39	亚森脚	陈郎娘	23	黄金娘	戴正官(叔)	陈元生(兄)	9文,3.015盾,同上
3.12	李漳	36	洪溪头	邱由娘	(缺)	黄金娘	李秋观(同兄)	邱元生(胞兄)	9文,3.015盾,同上
1.7	戴皆	20	乌鬼巷	李钦娘	16	王荣娘	戴登敏(堂叔)	李法官(胞叔)	9文,3.015盾,同上
1.9	黄应棋	33	城内甲必丹巷	林昆娘	18	林纲娘	黄思光(宗叔)	林德协(胞叔)	9文,3.015盾,同上
3.13	汤镇	23	观音亭	黄贤娘	22	王荣娘	汤灶官(父)	黄思光(父)	9文,3.015盾,同上
3.17	韩利泉	31	西门外	甘悉仔年	30	许曲娘	陈卯娘(母)	甘雄观(宗叔)	9文,3.015盾,同上
3.18	沈注	35	结石珍	黄宝娘	16	陈水娘	沈傍官(兄)	黄碑观(同伯)	9文,3.015盾,同上
3.20	梁守	42	八厨仔间	叶泗娘	23	林金娘	梁开官(叔)	叶丙官(兄)	9文,3.015盾,同上
3.21	翁院	32	哨口	林怀娘	(缺)	黄州钫	翁两官(叔公)	林朝官(叔)	9文,3.015盾,同上

① 李氏前配刘赐观,9年不合,夫妻不和楚斗冤家,经公堂审决割断明白,女流无奈,情愿与胡夫妻永结同心,二比甘愿花押在婚簿。

3.24	吴振柔	33	八仔间	程荣娘	(缺)	欧金娘	吴绰官(同兄)	程良官(父)	9文,3.015盾,同上
3.24	林茂盛	21	结石珍	邓庚娘	10	罗明观	宗发荣(后叔)	邓景立(父)	9文,3.015盾,同上
4.4	郑传	18	八仔间	罗满娘	17	伊家内自理刘策	郑什官(宗伯)	罗顺官(父)	9文,3.015盾,同上
4.9	叶约官	28	廿六间	卢汪娘	16	林上观	叶意观(胞叔)	卢汶水(父)	9文,3.015盾,同上
4.9	邱琼	55	山顶六外	陈勃娘	25	林爱娘	陈成光(父)	邱雨观(兄)	9文,3.015盾,同上
4.9	赖亚七	39	洪溪	黄绢娘	21	李朝观	赖万寿(兄)	黄九哥(叔)	9文,3.015盾,同上
4.10	翁友生	34	八茶罐	陈笔娘	16	陈银娘	翁骂(宗兄)	陈春成(兄)	9文,3.015盾,同上
4.12	黄夏	30	结石珍	康如娘	18	黄明娘	黄芳(叔)	陈明(舅)	9文,3.015盾,同上
4.21	黄郡生	24	小南门外	林生娘	20	黄金娘	黄龙泉(叔)	林水观(伯)	9文,3.015盾,同上
4.21	陈金生	20	把杀巷	戴益娘	17	黄金娘	陈见老(父)	戴正观(父)	9文,3.015盾,同上
4.21	陈其生	31	中港仔	邹经娘	16	黄金娘	陈梅(叔)	邹沄(伯)	9文,3.015盾,同上
4.24	蒋钟生	21	务勿	陈曲娘	20	王英娘	蒋颙官(父)	陈得志(叔)	9文,3.015盾,同上
4.25	陈永元	18	监光猫汝	李便娘住中港仔	17	李世娘	陈炳官(父)甲必丹	李宙观(宗伯)甲必丹	9文,3.015盾,同上
4.26	林位中	22	观音亭	李玉娘	19	黄照娘	林大文(叔)	李沛全(兄)	12.275盾,3.015盾,高长宗,郭体英
4.27	林康老	33	吉石珍	陈盆娘	19	黄明娘	林助(叔)	陈票(父)	9文,3.015盾,同上
5.2	李申	40	老古头	陈六娘	16	胡金娘	张亚祐(母)	黄傅娘(姑)	9文,3.015盾,同上
5.5	梁天厚	19	亭仔脚	黄秉娘	16	黄金娘	梁倍官(父)	黄文珍(叔)	9文,3.015盾,同上
5.10	陈登瑞	25	圣望港	林英娘	18	林罔娘	陈碧郎(叔)	林缄(伯)	9文,3.015盾,同上
5.13	廖元四	27	戈罗窟	曾二娘	15	廖利中	廖德窗(兄)	曾立恭(叔)	9文,3.015盾,同上
5.15	陈祈品	26	吉石珍	王旧娘	19	黄明娘	陈钟(兄)	柯玉娘(母)	9文,3.015盾,同上

5.15	陈牛	31	八茶罐	黄皎娘	15	黄金娘	陈瑞祥(兄)	黄文德(父)	9文,3.015盾,同上
5.15	余志同	41	红溪	朱清娘	21	欧金娘	余傍(叔)	朱翻(叔)	9文,3.015盾,同上
5.16	林俊杰	20	蕉仔街	郑榴娘	21	黄金娘	林道生(父)	郑长泰(叔)	9文,3.015盾,同上
5.23	黄元	36	小南门把杀	韩拼娘	17	许却娘	黄香官(叔)	韩四海(叔)	9文,3.015盾,同上
5.25	高兴	28	城内	陈孟娘	18	黄金娘	高桃(叔)	陈沂山(兄)	9文,3.015盾,同上
5.25	谢上达	29	中港仔	戴三娘	17	黄金娘	谢光爱(叔)	戴丸(兄)	9文,3.015盾,同上
5.30	陈皆白	31	文丁	杨密娘	20	李玉娘	陈池(伯)	杨监光(父)	9文,3.015盾,同上
6.1	郑鹤	50	乌鬼巷	王萃娘	21	张色娘	郑日(叔)	王纳(父)	9文,3.015盾,同上
6.1	赖国寿	43	大南门	刘讳娘	15	林金娘	赖振栋(兄)	刘炳彝(兄)	9文,3.015盾,同上
6.1	康智元	42	织宁贞	蔡保娘	23	林朝娘	康发光(兄)	蔡恩(父)	9文,3.015盾,同上
6.15	吴瑞	32	高奢园	胡寿娘	21	陈萃娘	吴完(叔)	胡造(伯)	9文,3.015盾,同上
6.17	罗期	31	观音亭	吴静娘	16	魏抄	罗者(兄)	吴根(伯)	9文,3.015盾,同上
6.28	王双桂	27	八茶罐	黄牛郎娘	15	李施娘	王良宁(兄)	黄点光(兄)	9文,3.015盾,同上
6.30	许杰	34	五脚桥	赖春娘	18	陈萃娘	许丕(叔)	赖开(父)	9文,3.015盾,同上
7.1	林谢万	21	文郎州抵	黄春娘	16	吴因娘	林天生(伯)	黄汤(父)	9文,3.015盾,同上
7.10	许庙庇	20	亭仔脚	蔡生娘	18	黄金娘	许朝老(父)	蔡爱(祖父)	9文,3.015盾,同上
7.7	邹成德	18	大南门	吴二娘	16	黄金娘	邹伯(父)	吴忠恩(叔)	9文,3.015盾,同上
7.9	薛恭	38	观音亭	蔡雅娘	16	王惜娘	薛邵观(叔)	蔡黎水(父)	9文,3.015盾,同上
7.14	赵束	30	小南门	柯田娘	20	黄金娘	赵豫(叔)	柯容(伯)	9文,3.015盾,李宙观、高长宗

7.19	许芳	31	唐船客	吴雅娘①	28	许曲娘	自己	自己	9文,3.015盾,同上
7.20	叶沃	34	牛郎沙里	陈甘娘	19	陈萃娘	叶义(叔)	陈辉(父)	9文,3.015盾,同上
7.26	林龙	32	八茶罐打铁街	蔡千娘②	23	林寻娘	自己	自己	9文,3.015盾,同上
7.28	许排	48	中港仔	林得娘	24	许曲娘	许嵩(叔)	林銮(兄)	一,同上
7.29	赵勃	23	吉石珍	陈软娘	17	黄明娘	赵窗(叔)	陈富郎(伯)	一,同上
7.30	梁庚兴	26	槟榔社	彭远娘	18	李里娘	梁庚生(兄)	彭尚连(父)	一,同上
7.31	林士元	29	鉴光猫汝	陈鸾娘	23	李凤娘	自己	陈西郎(宗伯)	一,同上
8.6	纪协	34	吧吉	陈水娘	22	欧金娘	纪新兴(叔祖)	陈助使(伯)	一,同上
8.12	郭壬癸	29	廿六间	陈连娘	23	许曲娘	郭魏(父)	陈坎隆(兄)	一,同上
8.18	杨雍	22	旧把杀	林催娘	19	黄金娘	杨朝阳(叔)	林动(叔)	一,同上
8.21	林约	20	绒戈兰	康迎娘	17	黄顺娘	林沙(父)	康发光(叔)	一,同上
8.21	高金凤	40	中港仔	戴来娘③	43	蔡水娘	自己	自己	一,同上
8.25	郭占俄	39	圣墓港	黄清娘	22	陈萃娘	郭滚(叔)	黄卑(父)	一,李宙观,高长宗
8.26	蒋模	28	吉石珍	陈添娘	25	黄明娘	蒋贯(叔)	陈地水(兄)	一,同上
8.30	陈飒	22	涌菜河	李来娘	19	黄金娘	陈接生(兄)	李景郎(父)	一,同上
8.31	胡元水	19	观音亭	谢宁娘	17	王英娘	胡记周(父)	谢崑(父)	一,同上
8.31	王容生	30	城内把杀	兰绒娘	16	张淑娘	王易生(胞兄)	兰清风(宗兄)	一,同上
9.5	李永福	22	城内把杀	吴信娘	17	黄金娘	李乔(父)	吴刘(父)	一,同上
9.6	蔡元生	28	小南门	林乞娘	25	许曲娘	蔡来(叔)	林瑞光(父)	一,同上
9.8	陈春水	20	吉石珍	戴音娘	17	黄明娘	陈茶(父)	戴奇生(兄)	一,同上
9.16	欧福见	36	八厨沃间	詹返娘	20	麦水娘	欧开(叔)	詹曹(叔)	一,同上
9.16	陈天福	21	观音亭	杨传娘	15	林情娘	陈花(叔)	杨联(兄)	一,同上
9.19	杨由	32	城内	钟抱娘	17	黄金娘	杨堵(兄)	钟得(叔)	一,同上
9.19	李传玉	38	吉石珍	温酉娘	19	赖振德	李建情(兄)	温恒兴(父)	一,同上

① 吴氏称:前夫郑光彩身故6年,生一女郑珠娘6岁,无遗业,无所依,愿与许为夫妻,永结同心,二比甘愿,花押簿内。

② 蔡氏前夫欧绒仅交寅4个月,已身故2年,无遗业无依赖,愿与林永结同心,甘愿花押婚簿。

③ 戴氏前夫许元光交寅6年回唐已身故,生一男朝庆,一女清娘,无遗业,无奈再与高为夫妻,永结同心,二比花押在婚簿。

9.20	徐得文	22	洪溪	苏金娘	17	欧金娘	徐甲生(叔)	吴桂娘(母)	—,同上
9.20	吴连文	22	廿六间	李薛娘	16	许曲娘	吴根(父)	李重(兄)	—,同上
9.21	林秋水	37	中港仔	杨水娘	26	柯明娘	林镇(兄)	杨池(兄)	—,同上
9.22	黎大戆	27	七宁贞	黄一娘	17	蔡春娘	黎绒(伯)	黄桂(兄)	—,同上
9.22	陈整	46	城内	王传娘①	21	黄金娘	自己	自己	—,同上
9.24	陈黎	21	洪溪	林桃娘	17	欧金娘	陈和(伯)	林允几(父)	—,同上
9.27	黄天送	21	旧把杀	郑宁娘	14	张色娘	黄牌(兄)	郑吉生(父)	—,同上
9.27	林淡水	27	小南门	黄方娘	17	林望娘	林掛(叔)	林攀娘(母)	—,同上
9.28	汤郭	22	吉石珍	陈完娘	17	黄明娘	汤宗(父)	陈景隆(兄)	—,同上
9.30	谢天更	33	班芝兰	蒋簟	18	王英娘	谢音郎(兄)	蒋心(兄)	—,同上
9.30	梁霜	40	八戈然	陈望娘	23	陈萃娘	梁吉生(兄)	陈兴观(兄)	—,同上
9.31	古福	23	蕉仔街	李吟娘	18	林金娘	古在中(兄)	李运(父)	—,李宙观,高长宗
10.2	吴章	17	八厨沃间	刘怀娘	16	欧金娘	吴新亲(叔)	李文娘(母)	—,同上
10.2	吴文生	28	八茶罐	高笑娘	19	许曲娘	吴季騳(叔)	高郁(父)	—,同上
10.5	沈清	31	圣望港	陈遂娘	16	王王娘	沈奇(叔)	陈仰(父)	—,同上
10.13	陈哲	51	八高然	林桂娘②	33	黄金娘	自己	自己	—,同上
10.14	黄明牛	21	戈罗掘	林英娘	17	王英娘	黄锦生(父)	林江水(叔)	—,同上
10.16	唐申	22	观音亭	林桂娘	16	陈萃娘	唐一郎(叔)	林昌荣(叔)	—,同上
10.22	苏天寿	26	吉石珍	唐温娘	22	许曲娘	苏庄敬(叔)	唐邻(父)	—,同上
10.23	彭家福	35	八茶罐	林乞娘	15	林金娘	彭亚友(宗叔)	林亚江(父)	—,同上
10.24	詹文龙	20	吉石珍	陈心娘	20	黄顺娘	詹深生(兄)	陈地生(父)	—,同上
10.25	刘兴采	38	小南门外	叶金娘	14	刘生观	刘兴亮(兄)	叶英桔(父)	—,同上
11.2	黄伴	33	廿六间	余雪娘	19	黄金娘	黄东的(叔)	余报光(父)	—,同上
11.4	游炮生	20	老果头	薛未娘	15	陈长娘	游一(父)	薛自西(父)	—,同上
11.15	刘亚五	43	吉石珍	陈二娘	18	李如娘	刘礼(叔)	陈梁彩(叔)	—,同上
11.17	蔡天求	22	吉石珍	吴蕉娘	20	欧金娘	蔡成兴(父)	吴巴朱(叔)	—,同上

① 王氏前夫许丁兰交寅5年,生一男一女均死,无遗业,女流无所依,愿与陈为夫妻,永结同心,二比甘愿花押婚簿内。

② 林氏前夫杨下观交寅8年,生一男二女均死,无遗业,无所依,再醮与陈为夫妻永结同心,二比甘愿花押号。

11.20	罗文	21	大南门外	许谦娘	18	李如娘	罗芹(父)	许交(叔)	一,同上
11.21	辜军使	20	纲寮	陈水娘	18	黄招娘	辜温生(父)	陈连生(兄)	一,同上
11.22	梁奎永	27	新厝尾	李朱娘	19	黄金娘	梁吉生(父)	李长兴(兄)	一,同上
11.22	林三崑	34	亭仔脚	张媚娘	19	黄金娘	林简(叔)	张豫(父)	一,同上
11.22	刘伯元	23	丹兰望	朱密娘	22	蔡吟娘	刘吉生(父)	朱世(父)	一,同上
11.22	洪计	35	把杀内	郑棕娘	21	许曲娘	洪元隆(伯)	郑文飘(兄)	一,同上
11.22	杨福生	28	八厨沃间	蒋梅娘	16	黄金娘	杨栏(兄)	蒋迎(叔)	一,同上
11.22	李仁	24	新厝仔	周命娘	18	黄金娘	李读观(兄)	周邦观(父)	一,同上
11.25	许寅生	25	打铁街	岑实娘	22	林爱娘	许凤(叔)	陈梅娘(母)	一,同上
11.26	吴金生	24	新池	谢日娘	20	欧金娘	吴款(叔)	谢迎福(叔)	一,同上
11.27	陈昌	19	乌鬼巷	黄直娘	15	王英娘	陈待元(父)	黄芦(伯)	一,同上
11.30	蔡初三	26	班芝兰	郑传娘①	21	林情娘	自己	自己	一,同上
11.30	沈疆	26	小南门	陈质娘②	33	李王娘	自己	自己	一,同上
12.2	高塞	32	西门	刘养娘	16	林朝娘	高初见(兄)	刘镭(兄)	一,同上
12.3	戴荣	30	灰窑内	陈緞娘	24	王淑娘	戴胞(兄)	陈权生(兄)	一,同上
12.3	林宗二	30	观音亭	邓金娘	16	王淑娘	林元伯(叔)	邓中兴(叔)	一,同上
12.4	黄耀	24	吉石珍	陈未娘	19	黄明娘	黄枫(叔)	陈长更(兄)	一,同上
12.4	陈长水	23	乌鬼巷	刘鸾娘	18	林望娘	陈溪水(兄)	刘佛池(伯)	一,同上
12.5	林理麟	32	大南门内	黎烟娘	19	黎奇	林焕(兄)	黎梓神(父)	一,同上
12.9	林良水	19	圣墓港	黄桂娘	21	许曲娘	林一(兄)	黄凯(兄)	一,同上
12.12	陈臻	27	中港仔	杨来娘	18	蔡吟娘	陈放(叔)	杨昆盛(父)	一,同上
12.15	刘戈洛	30	干冬圩	吴金娘	19	陈谦娘	刘银生(兄)	吴寅生(父)	一,同上
12.16	陈学书	29	打铁街	林盛娘	18	黄金娘	陈果(兄)	林新(父)	一,同上
12.17	金水	36	廿六间	张月娘	16	黄金娘	金远(兄)	张甲(父)	一,李宙观,公勃低雷珍兰,高长宗
12.17	林素莪	31	新厝尾	庄宝娘	17	黄金娘	林穆(族叔)	庄癸已(族叔)	一,同上
12.18	杨壮	22	吉石珍	陈山娘	17	黄明娘	杨汉甲(兄)	陈文大(兄)	一,同上
12.19	苏澄清	18	圣墓港	卓随娘	18	陈萃娘	苏因郎(父)	卓元(父)	一,同上

① 郑氏前夫张松观交寅 3 年身故,无子女,无遗业,无所依,愿再醮与蔡永结同心,二比甘愿各花押在婚簿内。

② 陈氏前夫康马求交寅 10 年身故,生一子亦身故,无遗业,无依,愿再醮沈为夫妻,永结同心,二比甘愿花押。

12.19	苏江	18	观音亭	张文娘	14	王淑娘	苏庆怡(兄)	张清雷(父)	—,同上
12.22	林元基	29	观音亭	王良娘	15	洪远娘	林杀(伯)	王恩光(兄)	—,同上
12.28	卢庙观	29	观音亭	张贤娘	22	许曲娘	卢兴观(叔)	张友生(兄)	—,同上
12.28	唐照	24	班芝兰	朱烟娘	17	许曲娘	唐正观(叔)	朱民观(叔)	—,同上

总计:152 对

1820 年吧城唐人成婚注册表

月日	新　郎	年岁	住　址	新　娘	年岁	媒　妁	男方主婚	女方主婚	备　注 交钱,主事人
1.1	林节	24	安恤园	黄宽娘[①]	31	叶桂娘	自己	自己	—,李宙观甲大,公勃低雷珍兰,高长宗
1.3	张养成	21	戈罗掘	杨荫娘	18	陈萃娘	张克已(父)	杨建亨(伯)	—,同上
1.3	胡洲钫	22	大南门	黄良娘	18	胡金娘	胡双麟(兄)	黄临生(叔)	—,同上
1.6	胡友德	19	打铁街	廖长娘	17	胡金娘	胡武生(父)	廖新(叔)	—,同上
1.6	龚泰	41	洪溪	刘明娘	16	赖五桂	自己	刘立吉(叔)	—,同上
1.6	陈折生	20	城内把杀	戴芳娘	21	黄金娘	陈承胞(叔)	戴绵光(父)	—,同上
1.7	谢庆	42	新池	曾兰娘	21	张左	谢宝(兄)	曾龙(兄)	—,同上
1.7	叶廷瑞	26	大南门内	林金娘	15	黄金娘	叶晃(父)	林毅(伯)	—,同上
1.7	邱润	26	五脚桥	黄罕娘	19	黄金娘	邱约(兄)	黄桂生(叔)	—,同上
1.7	黄泉	26	小南门	杨淑娘	19	郭阳	黄楮(叔)	杨金坤(父)	—,同上
1.7	郭棉生	20	吉石珍	许注娘	19	黄明娘	郭著(父)	许松茂(兄)	—,同上
1.9	高初建	32	小南门把杀	连有娘	16	李施娘	高长宗(兄,雷)	连天彝(叔)	—,同上
1.10	李文华	32	班芝兰	黄緞娘	17	王英娘	李存良(叔)	黄娇(伯)	—,同上
1.11	李永元	17	八戈然	颜恋娘	16	许曲娘	李秋瑞(父)	陈金娘(母)	—,同上
1.14	林乌	34	小南门	连生娘	16	张淑娘	林碧水(兄)	连天怜(兄)	—,同上
1.15	郭朱生	19	三间土库	陈庆娘	16	黄金娘	郭玉山(兄)	陈仰如(父)	—,同上
1.15	李爱生	20	中港仔	王合娘	17	王英娘	李变生(兄)	王光礼(叔)	—,同上
1.15	林灶	38	中港仔	赖松娘	17	林世娘	林栋(兄)	赖麟生(兄)	—,同上

① 据黄氏称:前夫李动观交寅 13 年,无生男女,身故 4 年,无遗业,无所依,愿与林为夫妻,永结同心,二比甘愿花押婚簿。

1.16	蔡怄圃	26	中港仔	林月娘	17	陈萃娘	蔡揖(叔)	林玉麟(兄)	一,同上
1.16	陈忠	23	吉石珍	刘吉娘	18	涂法	陈恭(父)	刘同(兄)	一,同上
1.17	朱盛	48	蕉仔街	杨兰娘	16	林金娘	朱关(叔)	杨明开(兄)	一,李宙观甲必丹,高长宗雷珍兰
1.19	林如	26	老果头	辜朱娘	16	林爱娘	林风(兄)	辜拱侠(兄)	一,同上
1.20	朱周	47	八厨沃间	汤水娘	27	麦阳娘	朱蹇(兄)	卢多娘(母)	一,同上
1.28	邱接	33	五脚桥	张来娘[①]	32	黄金娘	自己	自己	一,同上
1.30	林镇	31	小南门	陈宣娘	17	林根娘	林碧(兄)	陈节(叔)	一,同上
2.8	陈拔丹	29	三间土库	柯汝思	19	麦养娘	陈四海(兄)	柯采芹(叔)	一,同上
2.8	张祯祥	30	吉石珍	蒋拈娘	18	黄明娘	张开(兄)	蒋蹈(父)	一,同上
2.29	张卑	31	吉石珍	林六娘	18	周罕	张法(叔祖)	林造(父)	一,同上
2.29	彭亚六	26	望脚勿杀	廖来娘	17	李二娘	彭太焕(兄)	廖亚日(兄)	一,同上
2.29	许云贤	40	西门内	黄炎娘	21	胡金娘	许轩(叔)	苏曲娘(母)	一,同上
3.9	王平	37	结石珍	杨曲娘[②]	25	陈萃娘	自己	自己	一,同上
3.9	洪龙观	37	丹兰望	林篮娘	23	王荣娘	洪永芹(叔)	林强官(兄)	一,同上
3.10	杨曲	20	观音亭	方宣娘	15	邹浪	杨印(父)	方钦(父)	一,同上
3.11	唐微水	31	中港仔	周金娘	22	黄金娘	唐享(兄)	周信(父)	一,同上
3.16	高献江	23	鉴光猫汝	魏拓娘	20	林朝娘	高雪(兄)	陈稀娘(母)	一,同上
3.20	吴云水	20	五脚桥	郑来娘	20	欧金娘	吴得水(兄)	郑海水(父)	一,同上
3.27	许梅观	38	圣望港	郑兰娘[③]	23	陈水娘	自己	自己	一,同上
3.27	刘法	28	小南门	许朱娘	17	许曲娘	刘世道(叔)	许凤(父)	一,同上
4.4	郭狮	30	丹兰望	韩保娘	18	邱盛娘	戴馨(母舅)	韩丹(叔公)	一,高长宗
4.6	程德	40	大南门外	刘江娘	18	刘丙娘	程如金(叔)	刘凤礼(父)	一,同上
4.8	谢金生	19	中港仔	蔡毛思	21	黄招娘	谢天喜(父)	蔡皇官(叔公)	一,同上
4.18	林炳文	47	观音亭	戴睡娘	27	王英娘	林爻观(父)	戴荣观(兄)	一,同上
4.24	林西雀	37	锡梦港	潘孺娘	23	黄金娘	林凛(兄)	潘光定(父)	一,同上
4.28	林文山	19	打铁街	黄敏娘	16	李是娘	林庆云(宗伯)	黄高陞(父)	一,同上

① 张氏前夫陈牛老交寅16年,产下男女均身故,无遗业,无依赖,再招邱为夫妻,永结同心,二比甘愿花押在婚簿。

② 杨氏前夫余振观交寅1年,身故5年,无子女,无遗业,愿再醮与王为夫妻,永结同心,各花押在婚簿内。

③ 郑氏前夫李永观经已身故,无生男女,无遗业,无所依,愿再与许为夫妻,此乃两愿,俱各花押在婚簿内。

4.28	黄兰桂	21	七铃曾	林曲娘	18	蔡香娘	黄享(宗叔)	林厚(宗伯)	—,同上
5.1	曾土	27	土库后	林万娘	18	黄金娘	曾寻(兄)	林国(兄)	—,同上
5.3	黄凤	25	城内	吴任娘	17	王营娘	黄池观(叔)	吴顺观(叔)	—,同上
5.8	柯湖观	39	土库	杨元娘	28	林望娘	柯拱照(宗叔)	杨仁郎(父)	—,同上
5.10	李光赞	40	五脚桥	陈中秋娘	20	李经观	李苏(叔)	陈天胜(父)	—,同上
5.14	陈苏	36	五脚桥	王起娘	30	欧金娘	陈昌源(兄)	王丁寅(叔)	—,同上
5.17	陈四夷	21	干冬圩	沈赠娘	20	黄金娘	陈来观(父)	沈甲孝官(叔)	—,同上
5.18	杨锦麟	18	班芝兰	陈女娘	19	李世娘	杨泰山(父) 原任雷珍兰	陈炳官(胞伯), 原任甲必丹	盾8个,黄永禄, 杨汉生
5.21	马随	39	干冬圩	蔡招娘	19	陈金娘	马柳(兄)	蔡沄(叔)	—,高长宗
5.23	沈二	30	八戈然	戴勃珠娘	16	詹阵	沈文堪(叔)	戴春(父)	—,同上
5.23	陈造观	40	旧把杀	薛玉娘[①]	26	林朱娘	自己	自己	—,同上
5.24	张快	33	七铭曾	詹然娘	17	廖辉	张榜(叔公)	詹金山(兄)	—,同上
5.25	黄临生	29	八厨间	林高奢娘	16	麦养娘	黄同兴(兄)	林可(叔)	—,同上
5.30	蔡顺源	22	结石珍	黄山娘	17	黄孟娘	蔡眼观(伯)	黄果观(叔)	—,公勃低雷珍 兰,高长宗
5.30	陈长经	34	小南门	李有娘	22	王荣娘	陈果观(叔)	李朝老(父)	—,同上
5.31	戴江中	33	阿森脚	林吉娘	17	陈水娘	戴锡奎(兄)	林车观(伯)	—,同上
5.31	詹润	33	小南门	许走娘	22	黄金娘	詹第观(叔公)	许牌观(父)	—,同上
5.31	陈本	43	大巷内	钟纲娘	28	黄金娘	陈詹观(叔)	钟天水(父)	—,同上
6.1	张茹花	31	小南门	王宣娘	16	黄金娘	张琴观(兄)	王潘观(叔)	—,同上
6.3	林异	49	八厨间	吴水娘	30	李旺娘	林房佛(叔)	吴以仁(叔)	—,同上
6.4	黄传	40	三间土库	曾丁娘	24	黄金娘	黄交观(叔)	曾华观(兄)	—,同上
6.16	杨芳茂	28	观音亭	任来娘	21	欧金娘	杨宽观(叔)	任狮观(叔)	—,同上
6.26	陈台凤	42	小南门	钟唐	16	叶桂娘	陈宝祥(叔)	钟朝观(父)	—,同上
6.30	曾明光	18	西门内	巫明娘	16	杨曲娘	曾列义(父)	巫起观(父)	—,同上
7.2	廖德生	33	八茶罐	张凤娘	16	张荣生	张振钦(母舅)	张丙福(父)	—,同上
7.3	张德润	36	结石珍	彭江娘	17	邓永昌	张灶观(兄)	彭润观(父)	—,同上
7.8	王文岩	25	大港墘	黄亘娘	17	黄金娘	王藩观(兄)	黄龙泉(父)	—,同上

① 薛氏前夫王长径交寅11年,无生产,身故无遗业,难度终身,愿与陈为夫妻,永结同心,各花押在婚簿内。

7.11	吴天恩	19	乌鬼巷	严珠娘	17	李是娘	吴文胜(族叔) 雷珍兰	严元观(叔)	一,同上
7.11	黄灌生	44	东门外	马金娘[①]	21	黄金娘	自己	自己	一,同上
7.11	黄奢观	29	圣梦港	陈银娘	17	吕欲观	吕仪观(母舅)	陈密观(宗兄)	一,同上
8.4	林文山	24	五脚桥	李银娘	17	陈水娘	林顺观(叔)	李温生(堂兄)	一,同上
8.6	涂阔	35	西公巷	谢远娘	25	欧金娘	涂如新(叔)	谢天庆(叔)	一,同上
8.11	林守谦	23	三间土库	郭每娘	20	黄金娘	林廉仁(叔)	郭魏观(父)	一,同上
8.11	张天喜	18	小南门	钟财娘	18	黄金娘	张庭观(叔)	钟汉江(父)	一,公勃低雷珍兰,高长宗
8.16	黄光荫	24	梦寮	陈金娘	17	林春娘	黄担观(兄)	陈孟郎(兄)	一,同上
8.19	黎顺风	33	戈罗屈	邱新娘	20	谢银娘	黎顺观(叔)	邱阿六(叔)	一,同上
8.21	詹灶观	32	高奢园	吴福娘	20	吴梓娘	詹政观(叔)	吴阿韭(兄)	一,同上
8.22	张振阳	36	八茶罐	陈宝娘	22	陈朱娘	张国招(兄)	陈赐宰(兄)	一,同上
8.24	巫亚新	31	洪溪	何粉娘	14	林青官	巫福官(叔)	何岁官(父)	一,同上
8.24	李敢	27	结石珍	苏陆娘	18	王英娘	李六观(胞叔)	苏天寿(兄)	一,同上
9.4	郑遵	24	班芝兰	刘桂娘	17	黄金娘	郑吉观(父)	刘郡观(父)	一,同上
9.6	李天生	21	七铭曾	陈甘娘	18	王英娘	李梓观(伯)	陈逊观(叔)	一,同上
9.7	王荣元	17	五脚桥	庄据娘	17	黄金娘	王文川(父)	庄誉观(伯)	一,同上
9.10	张亚正	42	八茶罐	蔡庚娘	21	陈亚七	张廷位(叔)	蔡友二(叔)	一,同上
9.11	陈档官	25	八茶罐	张思娘	29	陈水娘	陈哲观(兄)	颜束娘(母)	一,同上
9.11	张成官	37	观音亭	杨齐娘	21	王英娘	张伦观(叔)	杨集观(胞叔)	一,同上
9.13	黄甘生	28	城内哨口	蒋眉娘	20	许曲娘	黄池观(叔)	蒋建观(叔)	一,同上
9.15	黄炎生	16	职宁贞	郑娇娘	15	刘本娘	黄吟观(父)	郑旺观(兄)	一,同上
9.15	昌简官	40	石仔街	蔡三娘	25	陈水娘	昌屋观(叔)	蔡如生(兄)	一,同上
9.15	汤龙生	30	结石珍	高拈娘	20	黄明娘	汤宗观(叔公)	高景阳(兄)	一,同上
9.17	吴旋光	27	大使庙边	林金娘	17	王英娘	吴欢观(叔)	林乾观(兄)	一,同上
9.18	林严山	23	大使庙边	张珠娘	15	许曲娘	林招成(兄)	张有观(兄)	一,同上
9.20	林波	34	乌褒土库	黄元娘	20	陈水娘	林显观(叔)	黄发生(父)	一,同上
9.21	张纽	33	小南门	邱钫娘	21	许曲娘	张挪观(兄)	邱族英(公)	一,同上

① 马氏前夫洪心观交寅 5 年,生一男怀水 5 岁,不幸前夫身故,无遗业,日食难度,愿再招黄为夫妻,永结同心,各甘愿花押。

9.21	庄谭	29	结石珍	陈八娘	19	黄明娘	庄沓观(伯)	陈荼观(叔)	—,同上
9.23	黄东启	25	小南门内	周旺娘	21	林望娘	黄季元(父)	周祥光(父)	—,同上
9.23	蔡开基	40	中涧仔	黄和娘	20	陈水娘	蔡碧观(兄)	黄福星(父)	—,公勃低雷珍兰高长宗
9.23	郑三福	22	八茶罐	詹信娘	21	黄照娘	郑泉观(父)	詹笨观(父)	—,同上
9.24	严 澄	44	乌鬼巷	高世娘	21	王淑娘	严元光(叔)	高联(叔祖)	—,同上
9.24	张益章	22	八戈然	林香娘	18	李丝娘	张尚德(父)	林发生(兄)	—,同上
9.24	庄海灵	36	八茶罐	陈低娘	26	黄金娘	庄癸己(叔)	陈明科(兄)	—,同上
9.26	邱仕	52	五脚桥	高銮娘	40	黄金娘	邱热观(叔)	高连生(兄)	—,同上
9.27	柯光龙	26	圣梦港	陈银娘	19	陈水娘	柯元生(兄)	陈鹅(叔祖)	—,同上
10.10	谢红光	32	洪溪头	邹陈娘	20	李完娘	谢迎福(兄)	邹计宗(兄)	—,同上
10.13	魏旺官	28	新池	林疑娘	24	黄金娘	魏生观(叔)	林大文(兄)	—,同上
10.15	黄养	47	新厝尾	杨斧娘	23	黄金娘	黄俭观(兄)	杨国宽(父)	—,同上
10.15	王贺年	25	小南门	许丁娘	18	黄金娘	王求生(兄)	许朝老(父)	—,同上
10.21	吴赛观	26	乌鬼巷	陈水娘	18	陈萃娘	吴通观(兄)	陈福星(兄)	—,同上
10.21	刘层郎	23	观音亭	蔡水娘	18	王英娘	刘瑞经(叔,甲必丹)	蔡高陞(兄)	—,同上
10.27	杨凉水	20	八茶罐	吴瑞娘	17	黄金娘	杨汉官(宗兄,雷珍兰)	吴沸泉(父)	—,同上
10.29	陈双辉	21	大南门阿森脚	胡金娘	22	黄甲里马娘	陈虎观(胞伯)	胡是成(胞兄)	—,同上
11.1	王文胜	21	五脚桥	张近娘	17	欧金娘	王东鹄(父)	张开乾(叔)	—,同上
11.7	高嵩官	25	五脚桥	曾照娘	20	麦养娘	高年广(叔)	曾阿迁(兄)	—,同上
11.9	刘业常	38	洪溪头	蔡四娘	19	叶文明	刘朝展(叔)	蔡亚皇(兄)	—,同上
11.10	朱友观	38	小南门	吴成娘	16	黄金娘	朱齐观(兄)	吴叠观(父)	—,同上
11.12	杨志观	30	大港墘	陈金娘	19	黄金娘	杨辰观(叔)	陈宙观(父)	—,同上
11.13	林淇水	23	结石珍	詹梅娘	19	黄明娘	林焕章(伯)	詹插观(叔)	—,同上
11.15	颜永老	20	五脚桥	蔡凉娘	17	陈水娘	颜致郎(父)	蔡云腾(叔)	—,同上
11.17	谢枣观	23	乌鬼巷	陈羡娘	17	林爱娘	谢天雨(叔)	陈高论(叔)	—,同上
11.17	杨共	24	七宁曾	蔡慎娘	14	王英娘	杨长兴(叔)	蔡胃然(父)	—,同上
11.19	杨崑山	24	哨口	王静娘[①]	22	胡金娘	自己	自己	—,同上

① 胡氏前夫郑钮观,夫妻不和,经公堂甲大审决判断明白,无所依,愿与林为夫妻,永结同心,二比甘愿,各花押在婚簿内。

11.20	洪永福	33	观音亭前	林宝娘	18	黄照娘	洪永言(兄)	林藏礼(叔祖)	—,同上
11.20	黄溪水	22	东门外	谢音娘	21	林爱娘	黄俭官(伯)	谢绵生(父)	—,同上
11.21	郑瑞元	19	绒戈兰	林万娘	19	黄顺娘	郑宗和(父)	林顺光(父)	—,同上
11.22	戴行义	28	文丁旧圩	赖凉娘	18	孙粪娘	戴田观(父)	赖万章(叔)	—,同上
11.25	汤粉观	32	结石珍	陈宝娘	22	黄明娘	汤宗观(叔祖)	陈色观(父)	—,同上
11.26	纪协观	33	吧吉	陈凤娘	17	黄金娘	纪元选(叔)	陈福源(叔)	—,同上
11.28	陈清芳	24	观音亭	庄仁娘	19	王英娘	陈天来(兄)	庄三纲(叔)	—,同上
11.29	刘禄观	25	结石珍	张快娘	18	黄明娘	刘黎观(父)	张全观(父)	—,同上
12.2	詹正贤	25	大南门直街	许海娘	15	王英娘	詹港观(兄)	许实观(兄)	—,同上
12.2	郭养宗	60	观音亭	张桃娘①	38	黄金娘	自己	自己	—,同上
12.13	赵成宗	22	砖石巷	吴本娘	17	叶贵娘	赵灿观(兄)	吴言观(伯)	—,同上
12.14	兰牛观	35	圣望港	吴文娘	18	王荣娘	兰文滔(叔公)	吴言观(叔)	—,同上
12.22	余利云	25	萜面街	詹双娘	22	刘丙娘	余亚七(叔)	詹政哥(叔)	—,同上
12.24	邓保观	36	小南门	叶銮娘	16	许曲娘	邓本观(叔)	叶八观(父)	—,同上

总计:139 对

1821 年吧城唐人成婚注册表

月日	新郎	年岁	住址	新娘	年岁	媒妁	男方主婚	女方主婚	备注 交钱,主事人
1.2	李拔元	18	班芝兰	杨桃娘	16	王英娘	李秋观(父)	杨茂观(父)	—,公勃低,雷珍兰高长宗
1.2	马元水	19	干冬圩	张随娘	16	陈爱娘	马柳观(父)	张况观(叔)	—,同上
1.4	林取	22	八厨仔间	黄色娘	17	游来娘	林于观(父)	黄岁观(父)	—,同上
1.6	李光春	33	惹牙毛吃	陈红娘	21	李佃	李经(兄)	陈地生(兄)	—,同上
1.7	吴藏宝	18	新池	施琼娘	18	李诗娘	吴六结(父)	施仲珠(父)	—,同上
1.7	涂春生	29	三间土库	左凤娘	17	欧金娘	涂佐观(叔)	左元生(兄)	—,同上
1.9	高堑观	26	班芝兰	杨寿娘②	18	许曲娘	高结观(父)	杨荣宗(父)	—,同上

① 张氏前夫洪魁交寅 17 年身故,无子女,无遗业,无所依,今招郭为夫妻,永结同心,二比甘愿,各花押在婚簿内。

② 成婚申报单:高堑官 26 岁,住班芝兰,男方主婚、父高结官。杨寿娘 18 岁,女方主婚、父杨荣生官 媒人许曲娘。

1.10	郑意观	36	观音亭	柯雅娘	19	陈水娘	郑越观(叔)	柯扶观(父)	—,同上
1.10	谢四方	19	竹根巷头	林专娘	17	林纲娘	谢天雨(叔)	林考观(叔)	—,同上
1.11	朱兴	38	干冬圩	陈乳娘	20	钟文观	朱申观(兄)	陈亚二(兄)	—,同上
1.11	黄朱生	25	丹兰望	蔡雪娘	19	蔡吟娘	黄平观(兄)	蔡爱观(祖)	—,同上
1.11	杨固观	25	观音亭	黄淅娘	23	黄金娘	杨宝观(父)	黄浩老(父)	—,同上
1.11	李旦	39	城内把杀	戴吉娘	16	黄金娘	李乔观(叔)	戴瓦观(叔)	—,同上
1.11	黄旋虎	22	城内把杀	高提娘	20	黄金娘	黄钦明(父)	高藻观(父)	—,同上
1.19	林德章	24	西门惹牙兰	叶瑞娘	25	黄金娘	林井观(叔祖)	叶登瑞(兄)	—,同上
1.22	连传祖	28	文丁旧圩	蔡月娘	16	黄金娘	连天彝(兄)	蔡永寿(兄)	—,同上
1.24	叶绵	26	乌鬼巷	沈灿娘	25	邹诗娘	自己	自己	—,同上
1.25	蒋明	30	交薄廊	詹连娘	15	黄金娘	蒋碧水(宗叔)	詹此观(宗叔)	—,同上
1.28	张英吉	32	练间口	林锦娘	12	许曲娘	张元榜(叔)	林顺观(伯)	—,同上
1.29	李幸	37	新厝	林蕉娘	18	黄金娘	李设观(叔)	李曲娘(母)	—,同上
1.30	陈占	31	干冬圩	洪甘娘	16	黄金娘	陈长庚(兄)	洪庄敬(叔)	—,高长宗
2.19	陈贤辉	24	八戈然	吴寻娘	21	许曲娘	陈廷珪(胞叔)	吴家乐(堂兄)	—,同上
2.19	杨光福	36	中涧仔	纪水娘	17	黄金娘	杨宛成(宗叔)	纪新兴(胞伯)	—,同上
2.22	沈添水	34	圣望港	陈坤娘	20	王荣娘	沈巷观(叔)	陈荣敦(父)	—,同上
2.24	戴槐桐	19	萡面街	萧来娘	17	胡金娘	戴正观(叔祖)	萧显观(叔)	—,同上
3.5	胡江湖	26	斧里亚朗	张绣娘	25	林莽娘	江蓬观(兄)	张金生(父)	—,同上
3.5	陈渭滨	33	丹兰望	张蜜娘	19	蔡吟娘	陈年盛(兄)	张赞官(父)、雷	—,同上
3.8	陈三江	41	中涧仔	杨曾娘	19	李王娘	陈池观(兄)	杨天生(兄)	—,同上
3.9	李甘观	25	把杀勿朗	王琴娘	17	许曲娘	李式观(叔)	王民乐(父)	—,同上
3.10	李明扬	47	班芝兰	黄阿妹	26	王英娘	李朱盘(兄)	黄娇观(父)	—,同上
3.13	王龙	25	丹兰望	韩吟娘	28	陈玉娘	王其泉(堂兄)	韩丹(堂兄)	—,同上
3.13	郑壬水	20	八茶罐	林勤娘	16	黄金娘	郑淑观(父)	林水观(父)	—,同上
3.14	陈高论	41	乌鬼巷	朱银娘	16	欧金娘	陈天观(叔)	朱曹观(父)	—,同上
3.16	许三边	34	城内蕉仔街	吴牛垅①	20	许曲娘	许嵩观(宗叔)	吴岁观(宗兄)	—,同上

① 成婚申报单:许三边 34 岁 住城内蕉仔街 男主婚,叔许高官 吴牛垅 20 岁 女主婚,宗兄吴岁官

3.30	谢港	25	班芝兰桥头	沈羡娘	17	张萧娘	许端生(叔)	沈日观(父)	钞9文,盾3.15,高长宗,叶选官
3.24	戴港	34	干冬圩	张义娘	17	陈镇观	戴曰观(叔)	张善观(父)	钞9文,盾3.15,同上
3.21	邱白观	31	五脚桥	戴谅娘	19	欧金娘	邱接观(兄)	戴官观(父)	钞9文,盾3.15,同上
4.8	严佛助	38	小南门	吴曾娘	38	许曲娘	自己	自己	钞9文,盾3.15,同上
4.13	叶九观	27	小南门	林银娘	17	许曲娘	叶意观(堂兄)	林营观(堂伯)	钞9文,盾3.15,同上
4.20	蔡天水	39	观音亭	黄传娘①	18	王永娘	自己	自己	钞9文,盾3.15,同上
4.22	黄批观	30	中涧仔	王曲娘	16	黄金娘	黄荣观(父)	王振盛(父)	钞9文,盾3.15,同上
4.24	郑若思	29	洪溪	吴秋娘	26	黄金娘	郑解观(堂叔)、雷	吴组绥(父)、雷	钞9文,盾3.15,同上
4.24	洪九	38	班芝兰	陈银娘	26	黄金娘	自己	自己	钞9文,盾3.15,同上
4.29	陈光文	32	八茶罐	郑水娘	19	许曲娘	陈孔观(宗兄)	郑泮观(叔祖)	钞9文,盾3.15,同上
5.5	颜天煌	20	八茶罐	丘善娘	15	卢纯娘	颜坛观(父)	丘央观(父)	钞9文,盾3.15,同上
5.5	陈江老	20	小南门外	张曲娘	20	黄金娘	陈元生(兄)	张如水(兄)	钞9文,盾3.15,同上
5.7	梁荳孟	23	杉板寮	林水娘	15	郭文娘	梁秉观(叔)	林省观(兄)	钞9文,盾3.15,同上
5.8	王三观	36	班芝兰土库边	颜銮娘	18	邹诗娘	自己	自己	钞9文,盾3.15,同上
5.9	谢寮水	38	甕菜河	林春娘	14	欧金娘	谢心安(兄)	林发光(叔)	钞9文,盾3.15,同上
5.10	郭天宗	21	七铃曾	陈京娘	17	黄照娘	郭雀观(父)	陈酉观(叔)	钞9文,盾3.15,同上
5.12	陈锁观	41	小南门把杀	庄惜娘	25	许曲娘	自己	自己	钞9文,盾3.15,同上
5.12	沈有观	22	八茶罐	杨吉娘	17	黄金娘	沈愈观(伯)	杨学而(叔)	钞9文,盾3.15,同上

① 黄氏前夫李文华一年身故,无生育,氏系女流,愿再招蔡天水为夫妻,永结同心,终无反悔,二比甘愿,各花押号在婚簿内。

6.6	李兴赐	33	锡望港	陈桂娘	21	王英娘	李雅观(兄)	陈克赞(兄)	钞9文,盾3.15,同上
6.9	戴地水	26	观音亭	佘文质	18	许曲娘	戴清和(我)	佘玉山(兄)	钞9文,盾3.15,同上
6.10	赵发	33	福泰船	李美娘	21	王英娘	赵秀观(兄)	李近观(叔公)	钞9文,盾3.15,同上
6.30	谢面会	33	打铁街土库	庄招娘	17	欧金娘	谢心安(叔)	庄众观(父)	钞9文,盾3.15,同上
7.3	林救	21	八茶罐	吴养娘	19	许曲娘	林伙琴(兄)	吴福星(父)	钞9文,盾3.15,同上
7.5	施金全	25	城内米涧前	邹柔娘	19	王英娘	施海观(兄)	邹增观(伯)	钞9文,盾3.15,同上
7.6	涂来恩	30	中港仔	郭珠娘	17	黄招娘	涂来园(兄)	郭腾观(叔公)	钞9文,盾3.15,同上
7.26	赖亚船	24	王蔀	陈保娘	15	袁问娘	赖亦降(叔公)	陈溪水(父)	钞9文,盾3.15,公勃低雷珍兰,高长宗,叶选官
7.22	罗椅	38	城内把杀务朗	张珠娘	18	胡金娘	罗宗伦(叔)	张光耀(兄)	钞9文,盾3.15,同上
8.11	陈东	21	八刀仔间	赖书娘	20	欧金娘	陈砖观(叔)	赖春生(父)	钞9文,盾3.15,同上
8.11	陈色观	33	亭仔脚	丁乙娘	20	黄金娘	陈乌龙(叔公)	丁敏观(兄)	钞9文,盾3.15,同上
8.23	周见章	22	吉石珍	陈能娘	18	王宿娘	周天赏(父)	陈修观(父)	钞9文,盾3.15,同上
8.26	蔡伴观	44	旧把杀	黄贺娘	23	黄金娘	蔡惟观(叔)	黄桂生(兄)	钞9文,盾3.15,同上
8.26	朱滩	35	小南门	黄谨娘	18	黄金娘	朱登观(兄)	黄勇现(父)	钞9文,盾3.15,同上
8.27	陈铿昌	19	三间土库	黄忻娘	20	黄金娘	陈德汉(族伯)、雷	黄燎光(胞兄)	盾12,同上
8.27	钟伦	28	八戈然	郑七娘	18	许曲娘	钟天水(父)	郑红观(祖)	钞9文,盾3.15,同上
8.29	杨光廷	38	新把杀	张桂娘	19	张秉开	杨现观(兄)	张清泉(叔)	钞9文,盾3.15,同上
9.3	李永源	30	陈兰望	孙候娘	23	蔡吟娘	李凛观(父)	孙兴观(叔)	钞9文,盾3.15,同上
9.3	戴章郎	21	六外	方玉娘	16	欧金娘	戴佛生(父)	方佑观(父)	钞9文,盾3.15,同上
9.4	李永源	19	八戈然	曾水娘	16	许曲娘	李秋瑞(父)	曾哈观(父)	钞9文,盾3.15,同上

9.4	古增观	33	中港仔	卢清娘	21	蔡吟娘	古连观(兄)	卢绣绫(父)	钞9文,盾3.15,同上
9.5	郑远生	23	八茶罐	王月娘	16	王淑娘	郑六奇(父)	王五观(父)	钞9文,盾3.15,同上
9.6	黄文经	24	廿六间	陈朝娘	16	黄金娘	黄祭斗(叔)	陈万顺(父)	钞9文,盾3.15,同上
9.9	林愈官	44	观音亭前	丘碧娘	25	王荣娘	林文山(兄)	丘雨官(伯)	钞9文,盾3.15,同上
9.12	黄阳生	22	班芝兰	蔡冬蕚	17	王英娘	黄炉观(父)	蔡碧观(叔)	钞9文,盾3.15,同上
9.12	蔡午观	35	小南门把杀	张英娘	19	林悦观	蔡碧观(兄)	张酌观(兄)	钞9文,盾3.15,同上
9.13	张祥乾	34	八戈然	李娇娘	16	萧振观	张隆观(兄)	李亚朝(父)	钞9文,盾3.15,同上
9.17	林高山	18	大南门外	陈娘仔	19	王荣娘	林永泉(父)	陈成观(兄)	钞9文,盾3.15,同上
9.17	邱寒	28	八刀仔间	李蕉娘	28	林心娘	自己	自己	钞9文,盾3.15,同上
9.20	陈清良	20	田仔内	蔡捷娘	16	许曲娘	陈水观(父)	蔡谈观(父)	钞9文,盾3.15,公勃低,高长宗,叶选官
9.25	何寅生	28	观音亭	吴莲娘	15	林心娘	何春林(叔)	吴寅水(兄)	—,同上
9.26	林典观	38	公司后	邹桂娘	15	叶嵩观	林动观(兄)	邹知观(父)	—,同上
9.27	邹养和	23	八刀仔间	林冷娘	17	欧金娘	邱士观(兄)	林恬观(叔祖)	—,同上
9.30	蔡润观	35	圣望港	林纱央娘	18	黄金娘	蔡决观(兄)	林皆观(叔)	—,同上
10.3	昌义观	22	蕉仔街	陈随娘	16	许曲娘	昌长源(兄)	陈放观(叔)	—,同上
10.3	吴晶观	55	廿六间	许二娘	44	陈荣娘	自己	自己	—,同上
10.3	吴通观	38	圣望港	王英娘①	25	陈一娘	自己	自己	—,同上
10.6	林安观	25	观音亭边	吴玉娘	16	王淑娘	林马勇(叔)	吴园尼(叔祖)	—,同上
10.10	许和尚	44	小南门把杀	陈凤娘	23	许曲娘	许嵩观(叔)	陈湾观(叔)	—,同上
10.13	谢炎观	32	乌鬼礼拜	张敬娘	17	胡金娘	谢统观(父)	张泉观(叔)	—,同上
10.13	陈吉观	28	阿参巷	林纲娘	17	黄照娘	陈妈行(兄)	李淑娘(母)	—,同上
10.15	黄添观	20	干冬圩	杨一娘	20	谢海观	黄趋观(父)	杨胜景(父)	—,同上
10.22	刘兵生	23	竹树巷	陈琛娘	22	许曲娘	刘染观(叔)	陈春光(父)	—,同上

① 王氏前夫身故无生男女,女流无奈,再招吴通观为夫妻,永结同心,二比甘愿,各花押号在婚簿。

10.24	丘曲水	27	八厨仔间	吴贞娘	24	欧金娘	丘东观(叔)	何文娘(母)	—,同上
10.24	杨学而	40	八茶罐	林参娘	17	黄金娘	杨朝阳(兄)	林算观(兄)	—,同上
10.24	李伟观	36	八戈然	詹阿娘	16	黄金娘	李秋瑞(兄)	詹士锦(父)	—,同上
10.24	陈佳秉	36	八厨间	罗五娘	22	黄金娘	陈腾辉(兄)	罗顺观(父)	—,同上
10.25	蔡园观	47	廿六间	黄旋娘	34	许曲娘	蔡现观(兄)	黄泽深(兄)	—,同上
10.27	黄顺祖	32	槟榔社	吴来娘	19	王淑娘	黄喜观(叔)	吴明良(兄)	—,同上
10.28	甘永才	20	班芝兰	林来娘	16	王淑娘	甘鹏观(伯)	林海生(叔)	—,同上
10.28	陈得水	25	小南门把杀	辜福娘	17	王荣娘	陈安观(父)	辜捆使(兄)	—,公勃低雷珍兰,高长宗,叶选官
10.29	郭顺良	25	八茶罐	黄鸾娘	18	李诗娘	郭如水(父)	黄甘生(兄)	—,同上
11.1	韩富志	29	窑内	柯发娘	15	王英娘	韩宣光(兄)	柯长现(伯)	—,同上
11.2	李霞官	21	中港仔	陈沙娘	22	黄金娘	李设观(兄)	陈揣观(父)	—,同上
11.5	谢彝观	18	水锯仔顶	黄荷娘	16	王荣娘	谢荫观(父)	黄锦观(叔)	—,同上
11.5	陈招贤	19	小南门	郑曲娘	16	王荣娘	陈觊生(公)	郑佛赐(父)	—,同上
11.7	林能致	24	西门内	许原娘	19	许曲娘	林恒观(兄)	许实观(兄)	—,同上
11.8	彭五贵	29	结石珍	胡德娘	20	李阿二	彭家福(兄)	胡阿福(兄)	—,同上
11.9	林丰川	26	小南门	王鸣琴	19	黄金娘	林通观(叔)	王潘观(父)	—,同上
11.9	陈齐观	26	旧把杀	叶富娘	17	欧金娘	陈墨观(兄)	叶任观(叔)	—,同上
11.11	林经观	35	西门	刘英娘	16	余水娘	林文生(叔)	刘麒麟(叔)	—,同上
11.12	林长发	24	城内	白曲娘	23	林顺娘	自己	自己	—,同上
11.13	吴全生	21	结石珍	罗月娘	16	李吕娘	吴炉观(叔)	罗永德(父)	—,同上
11.14	马金观	41	小南门把杀	林水娘	15	蔡吟娘	马兴观(兄)	林亚省(兄)	—,同上
11.15	刘瑞源	23	陈兰望	林珠娘	19	欧金娘	刘杰生(父)	林茂招(叔)	—,同上
11.18	叶万珠	36	八厨仔间	陈双娘	17	刘三哥	叶乾观(兄)	陈四观(父)	—,同上
11.20	刘百源	25	陈兰望	戴袍娘	17	蔡吟娘	刘竭生(父)	戴正观(叔)	—,同上
11.23	许汉水	21	小南门把杀	李清娘	17	黄金娘	许卫观(父)	李沧进(父)	—,同上
11.25	赖美观	24	旧把杀	杨爱娘	20	陈拔娘	赖求观(叔)	杨集观(叔)	—,同上
11.28	黄民观	29	新池	陈金娘	15	王英娘	黄浩观(兄)	陈谨观(叔)	—,同上
11.30	林镇观	41	小南门把杀	黄寿娘	26	黄金娘	林水观(叔)	黄彩云(伯)	—,同上

11.30	杨熙禄	20	山顶把吉	吴隔娘	18	王荣娘	杨宽观(叔)	吴协观(叔)	—,同上
12.4	黄武六	28	查望把杀	张远娘①	23	刘吉疾娘	自己	自己	—,同上
12.6	汤先跳	44	务勿	陈汪娘	41	黄金娘	汤文镇(叔)	陈江观(兄)	—,同上
12.7	冯仪观	26	大港墘	邵瑞娘	17	王淑娘	冯悦观(叔公)	谨娘(母)	—,同上
12.9	欧兴郎	32	大港墘	钟君娘	16	许曲娘	欧桶观(兄)	钟义观(叔公)	—,同上
12.12	叶尺观	26	干冬圩	丘全娘	18	许曲娘	叶向观(叔祖)	丘良生(父)	—,同上
12.13	黄天助	23	戈罗屈	卓丁娘	18	王英娘	黄双彪(父)	卓元观(父)	—,同上
12.14	黄寅生	21	大南门	蔡四娘	18	黄金娘	黄巡观(父)	蔡弟观(兄)	—,同上
12.20	黄地生	22	哨口	李宜娘	18	许曲娘	黄福生(叔)	李达清(兄)	—,同上
12.20	陈荣观	40	应莱河	郑元娘	16	许曲娘	陈番观(兄)	郑挞观(伯)	—,同上
12.20	李宝观	59	五脚桥	许是娘②	43	番谨娘	自己	自己	—,同上
12.23	蒋报观	35	大港墘	陈安娘	26	黄照娘	蒋然观(叔)	陈江淮(叔)	,同上
12.23	曾亚杉	22	西门	刘乙娘	17	冯七哥	曾万兴(兄)	刘亚义(叔)	—,同上
12.23	刘东	28	八厨仔间	谢蚊娘	17	邓玉娘	刘银观(兄)	谢振光(伯)	—,同上
12.24	张喜玉	17	城内把杀	许莺娘	14	胡金娘	张午观(伯)	许凤观(叔公)	—,同上
12.25	江练观	31	打铁街	王益娘	22	欧金娘	江泰观(兄)	王泉观(叔)	—,同上
12.26	邓明老	24	班芝兰	庄雨娘	17	王英娘	邓本观(兄)	庄睦生(叔)	—,高长宗,叶选观
12.27	陈艺观	37	小南门	李珠娘	16	黄金娘	陈清引(兄)	李近观(伯)	—,同上
12.28	江成宗	35	练经口	陈查娘	18	郭杏观	江福生(兄)	陈茂乾(兄)	—,同上
12.28	陈林观	38	城内竹树巷	戴来娘	22	王文观	何曲娘(母)	戴桂观(兄)	—,同上
12.30	胡聘官	21	吉石珍	苏蕉娘	16	黄明娘	胡光品(叔)	苏阳观(父)	—,同上
12.30	王摄观	26	吉石珍	林八娘	24	黄明娘	王缉观(兄)	林天吉(兄)	—,同上

总计:145 对

① 张氏前夫林隆官,5 年身故,无男女,女流无奈,再招黄为夫妻,永结同心,终无反悔,二比甘愿,各花押在婚簿。

② 据许氏称:前夫李文华,一年夫妻,不幸身故。又再交蔡桂随四年,亦不幸身故,系是女流无奈,愿再招李宝官以为夫妻,永结同心,二比甘愿,终无反悔,各花押在婚簿。

1822年吧城唐人成婚注册表

月日	新郎	年岁	住址	新娘	年岁	媒妁	男方主婚	女方主婚	备注 交钱,主事人
1.1	陈扪观	33	八厨间	柯坤娘	16	欧金娘	陈仕锦(叔)	柯长观(父)	公勃底雷珍兰,高长宗,叶天福
1.2	吴海官	27	七宁曾纲寮	薛谦娘	25	蔡秀娘	吴三观(兄)	薛绒观(父)	同上
1.3	陈天一	44	阿参巷	刘褐娘	15	黄金娘	陈开观(叔)	刘高生(父)	同上
1.5	叶来福	35	打石巷	陈吉娘	15	黄金娘	叶怀观(叔)	陈文秀(叔)	同上
1.5	丘盘观	34	五脚桥	吴姿娘	24	欧金娘	丘士观(兄)	吴忠恩(叔)	同上
1.6	黄新尧	37	马六甲街	郑秀娘	18	李诗娘	黄鸟观(父)	郑佛生(叔)	同上
1.6	肖六秀	22	五脚桥	陈曲娘	16	林心娘	肖金观(父)	陈果观(叔)	同上
1.6	陈进观	27	旧把杀	林水娘	16	王荣娘	陈新观(兄)	林凉观(叔)	同上
1.8	陈志宁	28	旧把杀	林緞娘	18	黄金娘	陈齐(宗兄)	林尚(宗兄)	高长宗,叶天福
1.10	马门	42	五脚桥	钟香娘	17	欧金娘	马日书(胞兄)	钟信佐(父)	同上
1.10	王木山	18	西门外	黄凤娘	16	余水娘	王龙官(宗兄)	黄养(宗兄)	同上
1.10	黄晶	35	灰窑内	林柔娘	20	李如娘	黄喜(宗叔)	林天寿(胞兄)	同上
1.13	叶孟津	29	圣望港	林英娘	20	黄金娘	叶向荣(伯)	林海官(父)	同上
1.14	吴潞	30	吉石珍	李七娘	20	黄明娘	吴盛(宗兄)	李佛生(胞兄)	同上
1.16	林顺	28	小南门把杀	郑月娘	15	林音娘	林木官(宗叔)	郑湿官(伯公)	同上
1.18	石有用	36	观音亭	许赐娘	22	王英娘	石任官(宗叔)	许定官(父)	同上
1.18	钟元官	20	八厨仔间	陈泊娘	16	欧金娘	钟炳(父)	陈天福—	同上
1.20	朱根生	22	乌褒土库	许炳娘	16	欧金娘	戴烨娘(娘)	许凤官(叔公)	同上
2.3	薛马官	37	小南门把杀	陈任娘	16	许却娘	叶领(表兄)	张经娘(母)	同上
2.3	郭露官	21	丹仔州连	黄尾娘	16	黄招娘	郭腾(父)	黄岭(父)	同上
2.3	张才官	21	大南门外亚森脚	甘盛娘	19	黄金娘	张伍(宗叔)	甘绒生(父)	高长宗,叶天福
2.3	陈球官	29	大南门外亚森脚	林田娘	30	许曲娘	陈字顺(宗兄)	林体官(父)	同上
2.13	王秉文	23	淡班公窑内	陈文娘	18	王淑娘	王东生(父)	陈攀郎(父)	同上
2.13	余浩生	33	小南门新厝	林重娘	25	黄金娘	余绒(宗叔)	王新娘(母)	同上

2.24	蔡珠官	46	结石珍旧把杀	陈明娘[①]	38	黄明娘	自己	自己	同上
2.24	黄妹官	38	五脚桥	林柑娘[②]	21	许曲娘	自己	自己	同上
3.3	林彬郎	25	灰窑内	陈长娘	20	黄金娘	林有成(宗叔)	陈凉(宗叔)	同上
3.8	王锦官	26	小南门把杀	江顺娘	23	黄金娘	王廪(叔)	江天禄(兄)	同上
3.8	郑蜂官	36	小南门把杀	韦月娘	16	许曲娘	郑鹤(叔)	韦解(叔)	同上
3.8	石锦然	33	大使庙边	李福娘	17	邹时娘	石叶虎(叔)	李贯(叔)	同上
3.9	陈点官	38	五脚桥	黄水娘	18	欧金娘	陈铨官(叔)	黄银娘(姐)	同上
3.10	李伯爵、雷	19	中港仔	林成娘	16	李施娘	李振业(父)、甲	林万邦(父)、雷	同上
3.11	詹清河	21	结石珍旧圩	王能娘	20	黄明娘	詹朗(叔)	王楫生(兄)	同上
3.28	蔡教官	40	小南门把杀	王金娘	20	许曲娘	蔡沃(叔公)	王魁(宗兄)	同上
4.21	刘南官	26	结石珍荳园	杨文娘	16	蔡任娘	刘杰生(叔)	杨汉官(叔)、甲	同上
4.28	韩赞官	45	鉴光河北	王音娘	16	邹时娘	韩堪(宗兄)	陈振娘(母)	同上
4.29	陈福生	26	八茶罐	王牛垅娘	20	黄金娘	陈汉水(亲兄)	王篮(宗叔)	高长宗,叶天福
4.30	刘鬓官	26	米间前	陈双娘	18	黄金娘	刘銮(胞叔)	陈开官(父)	同上
4.30	杨朱生	23	惹牙毛吃	钟晚娘	18	曾四哥	杨葛官(父)	钟亚五(兄)	同上
4.30	李润蘭	41	结石珍新把杀	曹齐娘	15	李细妹	李应淑(兄)	曹金声(父)	同上
5.5	吴麟山	25	大南门外	陈蜜娘	22	李施娘	吴抱官(祖父)	陈安官(堂叔)	同上
5.9	吴蜜官	38	亚森脚	戴芋娘	22	许曲娘	吴铁(胞叔)	戴清河(叔)	同上
5.9	郑朱官	40	小南门把杀	王惜娘[③]	24	黄招娘	自己	自己	同上
5.11	陈地彦	22	灰窑内	戴英娘	18	王英娘	陈渭滨(胞兄)	戴藕(宗兄)	同上
5.11	蔡新客	32	茄泊廊	梁磨娘	22	李桂娘	蔡桐官(胞兄)	梁德瑞(宗兄)	同上
5.13	钟端四	24	戈劳屈	吴套娘	16	叶桂娘	钟端二(缺)	吴世开(缺)	同上
5.17	林有图	28	城内哨口	郑爱娘	20	王英娘	林茂蘭(胞叔)	郑江水(兄)	同上
5.17	林有团	28	城内哨口	陈音娘	19	王英娘	林茂蘭(胞叔)	陈扶生(胞伯)	同上
5.18	蒋本生	23	城内哨口	陈月娘	21	许曲娘	蒋锦色(胞兄)	陈宗兴(父)	同上
5.21	林观生	36	八厨沃间	孙锦娘	18	许曲娘	林開(宗叔)	孙瑞(父)	同上
5.21	黄照宁	28	三间土库	胡才娘	17	黄金娘	黄文侃(堂兄)	林水娘(大姑)	同上

① 陈氏前夫蔡光荫6年夫妻身故,无奈愿再招蔡为夫妻,永结同心,二比甘愿,各押手号在婚簿。

② 林氏前夫许红毛3年夫妻身故,无产男女,女流无奈,愿再招黄为夫妻,永结同心,二比甘愿,各押号在婚簿。

③ 王氏前夫陈文龙6年夫妻身故,无奈再招郑为夫妻,永结同心,二比甘愿,各花押在婚簿。

5.21	陈水官	38	八茶罐大巷	许满娘	17	黄金娘	陈专官(宗兄)	许荣才(父)	同上
5.21	陈代官	28	八茶罐大巷	郑碧娘	18	黄金娘	陈四海(宗叔)	郑伴官(叔公)	同上
5.24	蔡永秀	23	赌公司后	陈远娘	21	李振娘	蔡克烈(伯)	陈乾官(胞兄)	同上
5.27	徐榜官	38	八茶罐巷彩荷	庄仁娘	16	邹诗娘	徐山(堂兄)	庄答(叔公)	同上
5.28	连太平	22	洪溪	陈清娘	17	李诗娘	连永老(父)	陈彩凤(父)	同上
6.1	甘水生	24	班芝兰	郑蝶娘	19	黄照娘	甘天从(胞兄)	郑挞官(伯)	高长宗,叶天福
6.2	甘朱山	19	城内米间前	郑郎娘	20	李诗娘	甘透官(堂兄)	郑三哥(胞叙)	同上
6.3	吴邦官	25	观音亭油奢	林望娘	17	邹时娘	吴根(宗叔)	林旺(族兄)	同上
6.5	李富昌	40	小南门把杀	伍济娘	19	刘朝瑞	李达成(胞叔)	伍万祥(族兄)	同上
6.10	郭士怀	25	廿六间	王水娘	21	许曲娘	郭贤(父)	王高生(宗叔)	同上
6.11	许和尚	34	观音亭	高惟娘	37	王永娘	自己	自己	同上
6.12	李二官	37	城内米间前	陈生娘	17	许曲娘	李溪官(宗叔)	陈滨郎(宗叔)	同上
6.15	会万兴	41	乌鬼礼拜打铁	陈戎娘	16	会美哥	会亚五(宗叔)	陈亚二(父)	同上
6.26	吴退官	26	小南门把杀	郑海娘	28	许曲娘	自己	自己	同上
7.6	王旺官	31	大南门外巷理抹	黄丹娘	28	黄亲娘	王天赐(宗兄)	黄发生(胞兄)	同上
7.6	黄蔡官	26	八戈然质宁贞	连敬娘	19	许曲娘	黄文生(叔)	连斗官(叔)	同上
7.10	许明光	51	城内扫口	黄福娘	34	许曲娘	自己	自己	同上
7.11	罗清润	25	洪溪戈奢园	杨接娘	17	叶贵娘	罗宏海(胞叔)	杨习灿(父)	同上
7.11	陈观生	37	洪溪戈奢园	朱彩娘	39	郑硂娘	自己	自己	同上
7.20	邱发官	30	五脚桥	钟水娘	19	陈亚奶	自己	自己	同上
7.30	陈传郎	36	巷干质	卓望娘	17	王荣娘	林重娘	卓元(父)	同上
8.4	陈石	30	小南门	张福娘	20	许曲娘	陈湖龙(缺)	张钦官(缺)	同上
8.7	郑开生	28	八茶贯	陈微娘	27	黄照娘	郑泉官(父)	陈文森(兄)	同上
8.13	蔡石官	19	渡船仔头	黄亚现娘	17	黄金娘	蔡维官(父)	黄端官(父)	同上
8.20	蔡冷泉	20	结石珍旧圩	庄潭娘	16	黄明娘	蔡菊官(父)	庄苏官(父)	同上
8.22	刘赞官	20	丹兰望	陈吉疾	16	蔡吟娘	刘对官(父)	陈渺官(父)	同上
8.22	吴登岸	18	小南门把杀	李蜜娘	16	黄金娘	庄政娘(母)	李二官(堂兄)	同上
8.24	陈老成	18	鉴光猫汝	林成娘	18	黄金娘	陈鉴生(父)、雷	林肴官(祖父)	高长宗,叶天福

8.24	张磨官	43	小南门	林秀娘	19	林朝娘	张天官(胞叔)	林皆官(父)	同上
8.27	谢四红	19	廿六间	黎丙娘	17	黄金娘	谢趋官(父)	黎东官(叔)	同上
8.27	陈栖官	27	亭仔脚大巷内	唐良娘	17	黄金娘	陈詹官(胞叔)	蔡月娘(母)	同上
8.28	邱如何	17	八厨仔间	李然于娘	16	黄金娘	邱返官(父)	李苏官(宗伯)	同上
9.1	林精光	24	望加寺	郑务钫娘	19	杨槐官	林永泉(胞叔)	郑冉生(胞兄)	同上
9.3	昌长源	31	蕉仔街	谢发娘	19	许曲娘	昌树官(堂兄)	谢修官(父)	同上
9.5	庄宝官	36	质宁贞	曹丹娘	18	张亚宽	庄盛官(宗兄)	曹磨官(父)	高长宗,叶天福
9.5	沈贺生	23	圣望港酒灶巷	杨高纬娘	16	李旺娘	沈锥官(胞伯)	杨朝阳(叔)	同上
9.11	邱未官	28	五脚桥	李玉娘	19	欧金娘	邱央官(父)	李凤官(堂兄)	同上
9.13	陈亚四	24	观音亭	黄蜜娘	16	王荣娘	陈五官(堂兄)	王良娘(母)	同上
9.14	吴进荣	28	蕉仔街	刘曲娘	20	罗炳娘	吴芳耀(堂叔)	刘二哥(族兄)	同上
9.15	洪敬官	32	观音亭	詹蜜娘	19	王荣娘	洪永言(胞兄)	詹益官(叔公)	同上
9.16	叶田官	34	竹厝巷	刘习娘	22	蔡壬娘	叶潭(叔公)	刘杰生(父)	同上
9.18	傅四明	30	茄面街	林凤娘	17	黄金娘	傅守和(胞兄)	林海官(父)	同上
9.21	甘景泰	19	大南门外砖仔桥	黄宝娘	18	黄金娘	吴玉娘(外妈挂州些养成)	黄顺永(父)	同上
9.21	叶隆官	31	小南门外	黄银娘	17	王淑娘	叶阔官(堂叔)	黄俾官(叔公)	同上
9.22	蔡竹官	30	结石珍旧圩	陈别娘	20	李旺娘	蔡长安(宗叔)	陈禄官(养父)	同上
9.22	吴云深	22	城内蕉仔街	陈碧娘	17	黄金娘	吴宁生(胞兄)	陈金狮(胞兄)	同上
9.23	洪信章	32	观音亭	陈干质	32	王淑娘	洪永颜(宗兄)	陈右(叔公)	同上
9.26	黄布官	34	新厝里	徐钦娘	19	许却娘	黄大成(宗兄)	徐天生(同兄)	同上
9.26	黄三及	30	八厨仔间	曾珠娘	24	王英娘	黄乐官(宗叔)	曾拱照(胞叔)	同上
9.26	陈高成	25	鉴光猫汝	蔡谦娘	22	李金娘	陈鉴(父钦赐雷珍兰)	蔡隆兴(宗兄)	高长宗,叶天福
9.27	黄温郎	19	八戈然	杨郎娘	19	卢顺娘	黄同兴(宗叔)	杨绍宗(族兄)	同上
9.29	郭云水	32	三间土库	庄运娘	24	黄金娘	郭养宗(胞叔)	庄葵已(宗叔)	同上
9.29	蔡织女	34	新厝	陈瑞娘	19	邹时娘	蔡梁官(族叔)	徐待老(父)	同上
10.3	林润章	38	高劳屈	邱丙娘	17	田文珍	林锦财(胞兄)	邱鸣兴(父)	同上
10.5	洪孔长	37	廿六间巷仔	阮篆娘	14	王荣娘	洪源隆(宗叔)	阮大有(胞叔)	同上
10.5	蔡高山	22	大南门直街	王正娘	21	王荣娘	蔡照宁(胞兄)	王鼎元(胞叔)	同上

10.5	戴珠生	22	中港仔	蔡桂娘	18	李如娘	戴荣官(宗兄)	蔡天喜(父)	同上
10.6	詹如玉	31	结石珍旧圩	陈奇娘	19	许曲娘	詹顺官(父)	陈群官(堂叔)	同上
10.8	郑声官	36	把杀内亭仔脚	杨阴娘	14	黄金娘	郑太平(堂兄)	杨朝阳(父)	同上
10.8	沈富生	20	圣望港杉板寨	古丙娘	17	黄金娘	沈敬官(父)	古辰淑(你)	同上
10.10	卢贤官	23	结石珍旧圩	唐水娘	15	黄明娘	卢汉官(胞叔)	许凤娘(母)	同上
10.11	陈拓官	35	廿六间	袁山娘	14	许曲娘	陈豁官(宗叔)	袁庭官(父)	同上
10.11	沈然官	45	圣望港杉板寮	陈曲娘	15	邹诗娘	沈川官(堂兄)	陈幸官(父)	同上
10.12	李杨振	36	东门外	林锦娘	22	刘丙娘	李富官(胞叔)	林元官(胞兄)	同上
10.13	郑宰官	26	大使庙油东	杨音娘	18	林寻娘	郑赐来(宗叔)	杨印官(父)	同上
10.17	陈针官	42	八厨仔间	张来娘	15	王荣娘	陈果官(族兄)	张开官(堂兄)	同上
10.18	钟景茂	42	文丁圩	郑丙娘	17	黎二哥	钟景洪(宗兄)	郑贵来(父)	同上
10.20	蔡江河	20	观音亭炮仔园	李纯娘	15	王荣娘	蔡此官(父)	李堆官(族叔)	同上
10.20	邱大成	49	五脚桥	林月娘	20	黄从娘	陈居车(继兄)	邱寒(宗兄)	同上
11.2	陈强官	33	大巷内	杨三娘	18	黄金娘	陈水官(胞兄)	杨有官(父)	同上
11.3	陈梅官	31	戈踏泰	洪曲娘	16	林叶娘	陈潘官(胞叔)	洪源隆(宗叔)	同上
11.3	蔡宏陞	29	对面港	杨劝娘	18	邹时娘	蔡成新(叔)	杨集(父)	高长宗,叶天福
11.4	殷亚香	30	米间前	李国娘	18	胡金娘	殷宁开(宗兄)	李运清(宗叔)	同上
11.8	林执猛	24	丹绒浮蚋	翁能娘	21	陈金齐	林殿官(宗兄)	翁梅生(父)	同上
11.9	林柯官	43	小南门把杀	翁带娘	24	黄顺娘	林恬(胞叔公)	翁天水(叔公)	同上
11.15	吴莺銮	20	务勿把杀	李文娘	18	张金娘	吴务官(父)	李铨官(胞叔)	同上
11.15	叶彩官	38	五脚桥	古金娘	17	陈金娘	叶嵩官(宗叔)	古全官(胞叔)	同上
11.17	张荣光	21	八茶贯	黄能娘	18	李旺娘	张德生(父)	黄和莺(胞兄)	同上
11.18	李焕彩	19	丹兰望	林曲娘	18	蔡吟娘	李亲官(胞兄)	林水官(父)	同上
11.18	蔡桓官	25	城内把杀	徐清娘	22	洪远娘	蔡篆生(宗叔)	徐渭津(宗伯)	同上
11.19	詹出官	28	结石珍旧圩	黄夜娘	20	黄明娘	詹敬明(堂叔)	黄广生(胞兄)	同上
11.19	蔡顺元	22	结石珍旧圩	陈雀娘	17	黄明娘	蔡篆生(父)	林专娘(母)	同上
11.19	蔡德元	32	结石珍旧圩	魏质娘	27	邹时娘	蔡篆生(父)	魏宗官(兄)	同上
11.19	林光官	38	干东圩	陈成娘	21	邵吉官	林仕官(宗叔)	陈当官(兄)	同上
11.19	曾恒官	42	乌堡土库	黄日娘	18	黄金娘	曾秀官(宗兄)	黄良呆(父)	同上

11.20	陈赞龄	26	八戈然	苏七娘	18	李诗娘	陈彬郎(胞叔)	苏天寿(胞兄)	同上
11.21	吴清元	18	文丁旧圩	林海娘	18	黄金娘	吴永成(胞叔)	林长庚(父)	同上
11.21	邱杜官	25	五脚桥	林水娘	20	黄金娘	邱仁官(叔)	林恭娘(母)	同上
11.23	简山官	30	赌公司边	陈玉娘	20	王荣娘	简雕官(堂叔)	陈俊老(父)	同上
11.26	罗涌柔	21	五脚桥	赖瑞娘	17	蔡永凉	罗芳(宗叔)	黄根娘(母)	同上
11.28	林浚淇	21	廿六间	陈随娘	23	黄招娘	林怀德(父 雷珍兰)	陈玄玉(胞兄)	同上
11.29	陈禄官	44	中港仔新厝	方云娘	24	洪远娘	陈开生(宗叔)	方田官(堂兄)	同上
12.1	林图官	30	观音亭	杨来娘	25	王荣娘	林芳官(宗叔公)	吴吉娘(母)	公勃低雷珍兰,高长宗,叶天福
12.3	陈吴仁	29	吉石珍	詹鸟娘	17	黄明娘	陈仁和(宗叔)	詹刹官(同叔)	同上
12.3	戴点官	35	吉石珍	高嫌娘	19	黄明娘	戴以垂(同兄)	高苑生(父)	同上
12.5	甘开芳	24	吉石珍新把杀	侯金娘	16	黄明娘	甘牙官(叔)	侯景(叔)	同上
12.7	郑双春	40	西门外	朱缨娘	17	林朝娘	郑里仁(堂叔)	朱苑(胞伯)	同上
12.8	沈侃官	32	水锯仔顶	高让娘	18	林荫娘	沈斐官(胞叔)	高苑生(父)	同上
12.8	林传生	22	圣望港渡船头	谢一娘	16	黄金娘	林荫生(胞兄)	谢荣光(宗兄)	同上
12.9	林再生	27	小南门把杀	黄水娘	17	黄金娘	林毛官(堂叔)	黄如水(堂兄)	同上
12.9	林池水	21	大使庙	陈水娘	15	黄金娘	林恬官(宗叔)	陈宙官(父)	同上
12.10	戴茂勇	32	小南门把杀	杜麻娘	15	戴书维	黄茂兴(胞叔)	杜亚五(胞叔)	同上
12.10	黄怀水	27	文丁猫目间	蔡永娘	16	李贵安	黄长水(胞兄)	蔡篆生(宗叔)	同上
12.10	林满生	23	文丁旧圩	陈谭娘	17	王曲生	林进生(胞兄)	陈长生(父)	同上
12.11	王央官	36	小南门把杀	丁来娘	21	陈来娘	王七一(宗叔)	丁当(堂兄)	同上
12.12	黄长和	22	米间前	魏水娘	18	黄金娘	黄碧(宗叔)	陈喜娘(母)	同上
12.20	吴君仕	24	观音亭	陈谦娘	21	李旺娘	吴大邦(堂叔)	陈礼官(胞叔)	钞 9 文,方 3.15 盾,高长宗,叶天福
12.20	黄其水	27	东门外	吴吉娘	22	王荣娘	黄成祖(堂兄)	徐潘娘(母)	同上
12.20	黄天授	25	小南门把杀内	罗瑞娘	18	黄金娘	黄彩云(伯公)	罗元官(堂兄)	同上
12.20	吴执官	26	观音亭	叶冬娘	17	洪完娘	吴乾官(堂兄)	叶州钫(父)	钞 9 文,方 3.15 盾,高长宗,叶天福
12.23	张义扬	38	大南门外	杨悦娘	18	李如娘	张清泉(堂叔)	杨福魁(父)	同上
12.24	卓丽官	24	水锯仔顶	陈州钫	19	王荣娘	卓坪官(堂叔)	陈吴山(堂兄)	同上
12.25	张文生	21	结石珍旧把杀	沈荷娘	19	吴荷娘	张纯官(父)	沈裕官(胞兄)	同上

12.27	黄偕官	25	吉石珍	詹结娘	23	黄金娘	黄来官(父)	詹金全(亲兄)	同上
12.27	刘亚五	32	洪溪杉板寮	张辛娘	22	江亚新	刘展官(宗叔)	张天赐(胞兄)	同上
12.28	叶德明	22	中港仔新厝	林苞娘	15	黄金娘	叶六富(宗兄)	林镇官(宗叔)	同上
12.28	蔡拔翠	28	廿六间	黄球娘	22	黄金娘	蔡敦厚(宗叔)	黄仰官(父)	同上
12.29	李珠官	36	吉石珍	刘润娘	15	李如娘	李福庆(兄)	刘凤礼(父)	同上
12.30	陈敢和	26	圣望港	韩秋娘	17	王荣娘	陈岩官(宗兄)	韩灏生(父)	同上

总计:170 对

1823 年吧城唐人成婚注册表

月日	新　郎	年岁	住　址	新　娘	年岁	媒　妁	男方主婚	女方主婚	备　注 交钱,主事人
1.1	陈会宜	40	旧把杀	黎勤娘	24	周银娘	自己	黎亚六(亲兄)	钞 9 文,3.15 盾,公勃低雷珍兰,黄永禄,戴明机
1.1	林突官	26	文丁旧圩	杨冰娘	18	许甲官	林凤官(叔公)	杨宿夜(宗叔)	钞 9 文,3.15 盾,同上
1.1	吴温官	36	八茶罐	黄富娘①	31	黄金娘	自己	自己	钞 9 文,3.15 盾,同上
1.8	洪青	45	打铁街	黄只娘	16	王荣娘	洪庄敬(宗叔)	黄裁官(父)	钞 9 文,3.15 盾,同上
1.8	叶孟贤	19	小南门内竹树巷	张月娘	15	黄金娘	叶壬官(父)	张彩官(堂叔)	钞 9 文,3.15 盾,同上
1.10	朱众官	29	小南门外把杀	黄乙娘	19	王益官	朱蹇官(宗叔)	黄振万(父)	钞 9 文,3.15 盾,同上
1.11	谢乾官	28	新迟	罗丁娘	16	郑硂娘	谢敬官(堂兄)	罗海官(父)	钞 9 文,3.15 盾,同上
1.16	钟入官	43	三间土库	刘正娘	15	严新官	钟汉江(宗兄)	刘德隆(胞叔)	钞 9 文,3.15 盾,同上
1.16	黄文侃	32	萡面街	余惜娘	19	黄金娘	黄光传(宗兄)	余青云(族叔)	钞 9 文,3.15 盾,同上
1.17	冯苏宗	36	大使庙	陈荣娘	22	王荣娘	冯越官(宗兄)	吴成娘(母)	钞 9 文,3.15 盾,同上
1.22	何亚六	36	高奢园	曾丁娘	16	曾三官	何丁伯(叔公)	曾京拔(父)	钞 9 文,3.15 盾,同上

① 黄氏前夫林宾官夫妻 13 年身故,女流无奈,招吴为夫妻,永结同心,二比甘愿,各押手号在婚簿。

1.24	谢哲官	40	观音亭	江丁娘	18	林叶娘	谢桥官(堂叔)	江义窗(叔公)	钞9文,3.15盾,同上
1.28	张麟山	35	结石珍旧把杀	宋秀娘	20	李汝娘	张隆兴(堂叔)	宋堆文(父)	钞9文,3.15盾,同上
1.28	陈朝碧	26	小南门外	唐金娘	21	黄金娘	陈玉郎(宗叔)	唐麟官(叔公)	钞9文,3.15盾,同上
2.1	张细三	48	旧把杀	黎招娘	17	余水娘	张俊哥(堂兄)	黎宏哥(父)	钞9文,3.15盾,同上
2.1	黄豪英	21	乌褒土库	刘雪娘	16	黄金娘	张本娘(内妈)	林谢娘(母)	钞9文,3.15盾,同上
2.2	兰长生	32	城内灼仔街	吴望娘	17	许曲娘	兰松官(堂叔)	吴田园(宗伯)	钞9文,3.15盾,同上
2.5	胡永元	39	丹兰望	朱炽娘	20	陈玉娘	胡永敬(堂兄)	朱通官(父)	钞9文,3.15盾,同上
2.7	颜登联	28	大南门直街	张菊娘	18	李汝娘	颜广昌(堂兄)	张宥发(父)	钞9文,3.15盾,同上
2.8	吴福生	29	结石珍旧把杀	康骑琼	17	黄招娘	吴水盛(堂叔)	康方举(父)	钞9文,3.15盾,同上
2.8	余廷	38	干冬圩	马知骨	24	陈奴娜	余亚姜(胞叔)	马明基	钞9文,3.15盾,同上
2.20	林廉清	21	膠老旺	胡金娘	21	李汝娘	林港官(堂兄)	胡报官(父)	钞9文,3.15盾,同上
2.20	戴兰亭	25	亚森脚	林纯娘	17	胡金娘	戴武生(父)	林亚省(父)	钞9文,3.15盾,同上
2.20	丁拱官	29	小南门把杀	陈挨娘	17	许曲娘	丁元亨(宗叔)	陈奎炳(宗兄)	钞9文,3.15盾,同上
2.26	李菲官	43	丹绒义塚公司	林爱娘	26	王建娘	李夏官(宗叔)	林其生(父)	钞9文,3.15盾,同上
2.27	吕喜生	22	萡面街	唐水娘	22	许曲娘	吕瑞官(父)	唐双全(堂兄)	钞9文,3.15盾,同上
3.1	王永兴	27	八茶罐	钟宣娘	16	黄金娘	王桐生(宗兄)	钟汉江(宗叔)	钞9文,3.15盾,同上
3.3	钟鼎官	28	小南门把杀	黎洪娘	17	余奇娘	钟勋元(堂叔)	黎梓成(父)	钞9文,3.15盾,同上
3.4	邱月色	36	五脚桥	张善娘	18	许信娘	邱昨官(宗叔公)	张敬娘(大炽)	钞9文,3.15盾,同上
3.5	林益谦	26	圣望港	黄珠娘	18	许曲娘	林恶官(宗叔)	黄有汉(父)	钞9文,3.15盾,同上
3.5	黄源水	21	八茶罐	林容娘	17	黄金娘	黄郡官(宗兄)	林地水(堂叔)	钞9文,3.15盾,同上

3.8	林香官	35	小南门把杀	谢吉娘	18	许曲娘	林恶官(胞伯)	谢阴郎(堂伯)	钞9文,3.15盾,同上
3.8	陈成士	35	中港仔	高白娘	18	黄金娘	陈成苞(堂兄)	高籴官(父)	钞9文,3.15盾,同上
3.8	黎阿四	29	中港仔新厝	黄德娘①	28	周益娘	自己	自己	钞9文,3.15盾,同上
3.16	许醺官	37	小南门把杀	蔡彬娘	21	王荣娘	许卫官(宗叔)	蔡沃官(宗叔)	钞9文,3.15盾,同上
3.24	魏富官	44	八茶贯对面	陈雅娘	22	邹世娘	魏生官(堂兄)	陈厚官(宗兄)	钞9文,3.15盾,同上
3.27	高红毛	30	八厨沃间	江蜜娘	16	蔡吟娘	高霜河(堂兄)	江寨官(堂伯)	钞9文,3.15盾,同上
3.28	陈千官	28	圣望港过渡	张牛娘	24	许曲娘	自己	林世娘(母)	钞9文,3.15盾,同上
3.28	钟元林	25	蕉仔街	吴秀娘	19	胡金娘	钟锡增(堂叔)	吴华恭(父)	钞9文,3.15盾,同上
3.29	邹全官	18	大南门外直街	张志娘	17	邹世娘	邹柏官(父)	张树官(父)	钞9文,3.15盾,同上
4.6	甘透官	33	结石珍旧把杀	蒋忆娘	18	黄明娘	甘牙官(堂叔祖)	蒋酬官(父)	—,同上
4.7	王缉生	40	结石珍旧把杀	黄佑娘②	27	黄金娘	自己	自己	同上
4.8	涂素官	31	班芝兰	陈宣娘	15	黄金娘	涂三贵(族叔祖)	陈舜日(宗叔)	同上
4.12	陈景狮	32	中港仔	苏秀娘	27	黄金娘	陈成苞(族叔)	苏如川(兄)	同上
4.12	吕泰官	32	小南门把杀	陈碧娘	18	许曲娘	吕世官(亲兄)	陈齐官(宗叔)	同上
4.14	黄新尧	37	城内麻六甲街	许春娘	18	黄招娘	黄乌官(父)	许凤官(族叔祖)	同上
4.17	王然官	40	西门鉴光猫汝	林曲娘	22	林朝娘	王养官(堂兄)	林天寿(宗叔)	同上
4.20	林佛观	33	八茶贯亭仔脚	杨润娘	17	王荣娘	林恪观(宗兄)	杨卵观(堂叔)	同上
4.23	陈泮漏	22	把吉	张面娘	17	邹世娘	陈接生(宗叔)	吴狮娘(母)	同上
4.24	李镇川(雷)	28	圣望港	杨足娘	21	黄金娘	李长官(宗叔)、雷	杨春官(宗伯)	同上
4.28	戴水官	38	干冬圩	冯伍娘	18	张月娘	戴长官(胞叔)	冯明兴(胞兄)	同上
4.30	苏恭	46	廿六间	陈寿娘③	34	林心娘	自己	自己	同上
5.3	林岐南	35	新把杀亭仔脚	郭灿娘	19	黄金娘	林永泉(宗叔)	郭嘉郎(父)	同上

① 据黄氏称:前夫古顺哥为夫妻11年,遗下男三女一,自庚辰年回唐,不幸在广省行昌行身故,因贫无所依,愿再适与黎为夫妻,实系两愿,各无反悔,兹花押在婚簿为凭。

② 黄民前夫汤香夫妻载余身故,恬处十年,贫无所依,愿与王为夫妻,永结同心,终无反悔,各花押在婚簿为凭。

③ 陈氏前夫徐合夫妻14年身故,恬处四载贫无所赖,愿再与苏为夫妻,永结同心,各无反悔,俱花押婚簿内。

5.3	黄高生	51	文丁旧圩	蒋月娘①	32	黄金娘	自己	自己	同上
5.8	徐在源	39	八茶贯	杨吉娘②	19	黄金娘	自己	自己	同上
5.12	吴元	47	八茶贯	张新娘	24	王荣娘	吴廷祥(宗叔)	张彩官(堂叔)	同上
5.14	宋怀生	22	观音亭	冯二娘	18	温亚满	宋孟忠(父)	冯明兆(胞伯)	同上
5.18	苏江水	31	观音亭新厝	刘汝娘	20	王荣娘	苏玄增(宗叔)	刘主裁(父)	同上
5.23	吴赞遂	34	观音亭新厝	王南娘	19	林心娘	吴山官(宗叔)	王文郎(父)	同上
5.27	涂亚福	31	小南门把杀	张乙娘	19	唐桂官	涂春生(宗叔)	张俊官(父)	同上
5.28	蔡天登	24	丹兰望	杨笔娘	18	蔡吟娘	蔡儒生(胞叔)	杨君盛(父)	同上
5.29	陈题官	25	城内米间前	刘力娘	16	许曲娘	陈江荐(胞伯)	刘銮官(父)	同上
5.30	邹文依	30	观音亭油车	许斌娘	23	邹世娘	邹桐官(父)	张树官(母舅)	同上
6.2	韩楼官	30	八茶贯	李大娘	29	黄金娘	韩岸官(堂兄)	李近官(父)	同上
6.4	卢锦荣	27	甘光胡北	曾职娘	23	邹世娘	卢汶水(父)	陈月娘(母)	同上
6.6	王怀福	31	班芝兰	陈宜娘	19	黄金娘	王三六(宗兄)	陈宙官(父)③	同上
6.12	梁貌官	30	灰窑内	陈松娘	20	王荣娘	梁霜官(堂叔)	陈春光(堂叔)	同上
6.18	唐吾赏	37	洪溪	沈保娘	21	林温娘	唐亚叶(堂叔)	沈锥官(堂兄)	同上
6.22	高大官	20	米间前	林水娘	19	王荣娘	高州钫(父)	林再生(宗叔)	同上
6.24	陈青山	21	甕菜河	林蕉娘	19	许曲娘	陈登科(堂伯)	林元贵(父)	同上
7.2	林江汉	49	灰窑	李阴娘④	41	王淑娘	自己	自己	同上
7.5	潘排官	32	竹树巷	陈曲娘	24	王淑娘	自己	自己	同上
7.17	邱于基	36	五脚桥	朱璇娘	16	林桂娘	邱昨官(堂叔祖) 朱曹官(父)	伊堂兄朱金叠 代押号	同上
7.17	蔡碧南	43	小南门把杀	曹娇娘	18	李汝娘	蔡好官(宗兄)	韩满娘(母)	同上
7.27	韩看官	23	甕莱荷	吴接娘	16	黄金娘	韩陟官(堂兄) 吴远官(父)	伊兄吴华代押号	同上
7.28	徐兰官	44	麻六甲街	罗吉娘	33	张听官	自己	自己	同上
7.28	郑水生	35	八茶贯	陈默娘	23	黄金娘	郑牛官(堂叔)	陈占官(父)	同上
8.4	黄南靖	32	八厨沃间	张簪娘	20	黄金娘	黄轨生(胞兄)	张元官(父)	同上

① 蒋氏前夫陈添先夫妻13年身故，恬处四载贫无奈，愿与黄为夫妻，永结同心，各无反悔，俱花押婚簿。

② 杨氏前夫沈友为夫妻年余，产一女，因不和已判分离，恬处十月余，愿与徐为夫妻，永结同心，无反悔，俱花押婚簿。

③ 宙在禁中，其妻祈堂叔陈杏代押号。特此为照。

④ 李氏前夫黄德生夫妻5年身故，恬处21年，贫无所依，愿再醮与林为夫妻，永结同心，各花押在婚簿为凭。

8.4	吴鹤官	39	结石珍新把杀	蔡三娘	19	黄明娘	吴猛官(堂叔)	蔡光山(父)	同上
8.18	陈国顺	18	小南门外	方初娘	17	黄金娘	陈甲玉郎(父)	方田官(堂伯)	同上
8.19	吴中和	21	洪溪	陈贺娘	17	李世娘	吴甲组绥(父)	陈珍官(父)	同上
8.23	李新尧	19	结石珍旧把杀	王钦娘	20	黄明娘	李二官(父)	王元官(父)	同上
8.24	邓端官	31	砖仔桥	陈丁娘	17	李汝娘	邓新官(胞兄)	陈义文(堂兄)	同上
8.25	黄光垂	21	蕉仔街	林佳娘	23	许曲娘	黄温官(宗叔)	林江汉(父)	同上
8.27	黄和兰	28	麻仔内	张浩娘	17	郑元娘	黄标官(父)	张闯官(父)	同上
8.30	陈体官	23	亭仔脚	杨月娘	15	王淑娘	陈会官(堂叔)	杨惠官(胞叔)	同上
8.31	黄吉庆	28	圣望港	林权娘	20	黄招娘	黄养官(父) 伊胞兄黄加炳代押	林国官(父)	同上
9.3	许组绥	22	文丁旧圩	王吉娘	18	王叔娘	许长生(父) 堂叔许庆代押号	王秀芳(父) 伊兄王天水代押号	同上
9.3	许漳荣	20	圣望港	陈清娘	18	黄金娘	许士绫(祖父)	陈彬郎(父)	同上
9.5	高进官	30	甲任户厝	朱再娘	16	王荣娘	高海生(宗兄)	朱蹇官(父)	同上
9.5	蔡地官	27	丹兰望	林贯娘	18	蔡吟娘	蔡若官(堂叔)	林炎官(父)	同上
9.7	陈论官	24	亭仔脚	张发娘	19	黄金娘	陈江官(胞伯)	张于官(堂兄)	同上
9.8	陈未蜜	21	结石珍旧把杀	蔡爱娘	21	黄明娘	陈救官(堂叔公祖)	蔡篆生(父)	同上
11.25	黄水观	26	亭仔脚	陈金娘	15	邹世娘	黄映观(堂叔)	陈光艺(兄)	同上
9.10	高敬信	26	八茶罐	林瓦娘	24	许曲娘	高金兰(族叔)	林长秀(父) 林甲	同上
9.10	陈振约	26	亭仔脚	高宝娘	25	王荣娘	陈长赞(胞兄)	高金兰(族叔)	同上
9.13	涂英官	27	班芝兰巷	张金娘	22	王荣娘	涂即官(堂叔祖)	张粮官(父)	同上
9.15	黄青山	19	蕉仔街	吴长娘	15	黄金娘	黄温官(父)	吴启宗(父)	同上
9.15	谢漳浦	25	西门惹牙兰	罗荫娘	23	黄金娘	谢光爱(堂伯)	罗宗伦(父)	同上
9.15	阮开谋	35	城内把杀	潘劳娘	18	邱苑娘	阮朱光(族叔)	潘得意(宗叔)	同上
9.15	柯光隆	30	圣望港浩生户厝	李字娘①	25	林心娘	自己	自己	同上
9.20	陈江官	40	结石珍旧把杀	李芝黎娘	21	黄明娘	陈老官(堂叔祖)	李天赐(宗叔)	同上
9.20	黄荫生	37	洪溪监光六州	陈荫娘	17	叶桂娘	黄寿官(胞兄)	陈育娘(胞姑)	同上

① 李氏前夫陈长庚，一年四个月身故，恬处3年，无所依，愿与柯为夫妻，永结同心，各花押在婚簿内为照。

9.22	刘菊官	37	观音亭	李浮厨娘	20	林心娘	刘聘官(胞兄)	李山官(父)	同上
9.23	陈坎龙	28	八厨沃间	高寿娘①	26	(缺)	自己	自己	同上
9.24	陈富官	34	中港仔公司后	叶成娘	20	林心娘	陈光文(宗兄)	叶简官(堂兄)	同上
9.24	苏漳兴	41	甲任户厝后巷	张记娘	17	叶桂娘	苏吉疾(胞兄)	张钦官(族叔)	同上
9.26	杨鉴生	20	西门外	李三娘	20	许曲娘	杨求官(父)	李旺官(父)	同上
9.26	陈哲郎	25	圣望港三板寮	许接娘	20	黄金娘	陈偶官(父)	许灿官(父)	同上
9.26	吴京娘	30	结石珍新把杀	曾心娘	18	彭桂娘	吴猛官(堂叔)	曾福生(胞兄)	同上
9.28	冯顺官	39	圣望港	赖安娘	18	王淑娘	冯光发(胞叔)	赖绿云(堂叔)	同上
9.29	赵勃官	27	结石珍新把杀	曾金娘	20	黄明娘	赵欣官(胞叔)	曾隆生(父)	同上
9.29	徐亚富	30	哨口	宋庚娘	16	胡金娘	徐亚云(堂叔)	宋亚添(堂叔祖)	同上
9.30	蒋苏官	30	结石珍旧把杀	黄细娘②	27	黄明娘	自己	自己	同上
10.1	陈合山	21	戎戈兰	詹凤娘	20	黄顺娘	陈登官(宗兄)	詹坐官(胞伯)	同上
10.1	陈胤官	32	把杀内圣 墓公巷	杨传娘	15	黄金娘	陈攀官(堂叔)	杨五祥(父)	同上
10.3	庄贯娘	36	小南门把杀	王宝娘	14	许曲娘	庄裁官(堂兄)	王杞官(父)	同上
10.6	魏进生	27	砖仔桥	黄满娘	16	黄金娘	魏枉官(堂兄)	黄皆官(胞叔)	同上
10.12	陈侯	42	甕菜河	沈玉娘	15	黄金娘	陈开官(族叔)	沈翁官(父)	同上
10.15	陈炳文	21	大南门外	张香娘	21	罗丙娘	陈振光(父)	张瑞文(父)	同上
10.16	林启泰	23	砖仔桥	曾水娘	18	黄金娘	林滚依(父) 堂杞南代押	曾荣宗(父)	同上
10.19	李观生	24	米间前	邓丙娘	18	菅亚四	李乾元(父)	邓纪秀(父)	同上
10.19	陈福生	30	圣望港	杨黎细娘	17	王荣娘	陈连生(胞兄)	杨妈喜(宗兄)	同上
10.20	许亚二	28	打铁街	廖纪娘	16	罗丙娘	许亚振(胞兄)	廖朝升(父)	同上
10.23	郑三全	29	圣望港	李玉娘③	24	黄招娘	自己	自己	同上
10.26	杨正光	36	小南门把杀	黄娇娘④	19	许曲娘	自己	自己	同上
10.27	张渭德	22	八戈然后	蔡得娘	18	许曲娘	张施官(父)	蔡元生(堂兄)	同上
10.28	谢应发	22	高奢园口	陈横娘	18	叶周官	谢达锦(父)	谢玉娘(母)	同上

① 据高寿娘供称：去年十月间与夫陈坎龙分离实因迫于母命，非氏自己所愿，现母氏亦悔前非从氏再续旧好，伏乞公堂再给付婚字，以成美事，兹各系甘愿，经各押号在婚簿内为凭。

② 黄氏前夫周然 9 年，生一男 8 岁，一女 6 岁，今已去世 3 年，无依赖，愿与蒋永结夫妻，押号在婚簿。

③ 李氏前夫林谓中 3 年身故，氏恬处 7 个月，不能自持，今愿与郑为永结夫妻，各无反悔，俱自押号在婚簿为凭。

④ 黄氏前夫陈任观结发 3 年身故，氏恬处 2 年，无奈再与杨为夫妻，永结同心，各甘愿押号在婚簿内为照。

10.28	连月明	18	磘内炮仔园	林温娘	21	邹世娘	连天怜(父)	林蔡娘(胞姑)	同上
10.30	林目官	26	旧把杀	张来娘①	15	许曲娘	自己	自己	同上
11.4	张亚棕	24	八厨沃间	陈合娘	16	黄金娘	张饶官(胞伯)(堂兄亚奚代押号)	陈奎秉一	同上
11.4	林秀生	20	中港仔公司后	李月娘	19	黄金娘	邹远娘(内妈)	李广生(父)	同上
11.4	蔡沃官	43	小南门把杀	林玉娘	28	许曲娘	蔡梁官(宗兄)	林海官	同上
11.6	蔡祐杰	29	职宁贞	林凤娘	19	黄金娘	蔡香官(堂兄)	林冬官(宗兄)	同上
11.6	蔡聪生	20	职宁贞	林眉娘	21	黄金娘	蔡香官(堂兄)	林冬官(宗兄)	同上
11.7	杨野官	32	结石珍旧把杀	甘景娘	16	黄明娘	杨聚官(族兄)	甘儒官(父)	同上
11.8	赖银宗	37	中港仔新厝	廖六娘	17	罗丙娘	赖明官(胞叔)	廖华山(父) 胞兄廖魁代押	同上
11.8	李木官	27	城内把杀	许宣娘	17	胡金娘	李义(宗叔)	许怀官(父)	同上
11.8	陈文词	26	圣望港桥头	林福娘	25	黄金娘	陈连生(胞兄)	林桂生(父)	同上
11.8	林天官	30	文丁旧圩	卢钗娘	21	林胡官	林侃官(族叔)	卢坤山(胞叙)	同上
11.9	郑登山	21	八厨沃间	王裕娘	19	黄金娘	郑贤官(父)	王德成(胞兄)	同上
11.10	李亚聪	32	结石珍旧把杀	胡丙娘	18	李兴长	李昌进(堂叔)	胡清来(父)	同上
11.11	吴天赐	38	戈劳屈	王瑞娘	31	江绫娘	吴连观(族叔)	王赐明(宗兄)	同上
11.12	廖娘成	29	戈劳屈	钟金娘	22	余亚乃	廖亚四(堂叔)	钟亚饱(父)	同上
11.12	王标存	33	小南门把杀	邓端娘	17	曾曲娘	王标官(堂兄)	邓裕官(堂叔)	同上
11.13	梁天助	23	灰窑内	蔡根娘②	20	王英娘	梁霜观(堂兄)	蔡东山(兄)	同上
11.14	李杏观	40	小南门把杀	杨得娘③	28	陈拔娘	自己	自己	同上
11.15	罗孟盛	30	大南门外	陈新娘	24	李汝娘	罗骥观(堂兄)	陈登松(胞兄)	同上
11.16	丘极官	28	五脚桥	陈曲娘	16	林荫娘	丘约官(堂叔)	陈清扶(堂兄)	同上
11.17	王文岩	31	中港仔	陈鹤娘	22	王荣娘	王瑞英(族兄)	陈碧郎(父) 伊祖母林重娘代押号	同上
11.20	方献官	32	结石珍旧把杀	陈卫娘	16	黄明娘	方琴观(堂兄)	陈茶观(堂叔)	同上
11.21	林嵩	32	中港仔公司前	吴三娘	19	黄金娘	林尚观(宗兄)	吴均官(堂叔)	同上

① 张氏前夫陈针合卺月余而亡,恬处年余无可依,愿与林为夫妻永结同心,各无反悔,俱自押号在婚簿。

② 判得蔡根娘为前伊夫梁天助控其不贞。公堂据二比供词果系实情,判付蔡根娘大归伊见蔡东山之家,准梁天助再择良缘。谨此存案。梁天助(签名梁天助),蔡根娘(画十字),二比花押。

③ 杨前夫叶天锡成婚8年身故,遗一女,恬处3年,实不能安,愿与李为夫妇,永结同心,俱自花押在婚簿为凭。

11.21	林新益	20	城内把杀	王银娘	19	黄金娘	林海官(堂兄)	王孟秋(堂叔)	同上
11.22	张天西	34	观音亭	蔡金娘	15	王荣娘	张伍官(宗兄)	蔡成宗(宗兄)	同上
11.22	谢长生	23	大南门外	林凤娘	16	胡金娘	谢禄官(堂叔)	林满官(父)	同上
11.29	王元标	19	惹牙兰	林根娘	19	黄金娘	王潘官(父)	林恬官(父)	同上
12.2	雍崑光	23	五脚桥	林送娘	22	黄金娘	雍仁和(父)	林甲镇官(堂叔)	同上
12.3	苏德山	23	文丁旧圩	戴七娘	19	林双娘	苏奎生(胞兄)	戴清元(胞兄)	同上
12.6	李亚铁	32	八厨沃间	陈九娘	22	胡金娘	李己贵(堂兄)	陈月生(胞兄)	同上
12.6	钟癸龙	22	大南门	邓金娘	15	叶瑞娘	钟细妹(堂叔)	邓亚五(父)	同上
12.6	甘光看	25	大使庙	王珠娘	22	林叶娘	戴珠娘(母)	王甲江水官(族叔)	同上
12.8	戴江成	21	水锯仔顶	徐素英娘[1]	18	许曲娘	自己	自己	同上
12.8	陈八官	45	甕菜河	杨丁仔钫	19	许曲娘	陈月官(胞兄)	杨忱官(父)	同上
12.10	郑亚二	44	吗腰兰	朱金娘	18	罗丙娘	郑振昌(堂叔)	朱辉官(父)	同上
12.10	陈注官	29	小南门把杀	柯水娘	18	吴顺官	陈文郁(宗兄)	柯扶官(父)	同上
12.11	陈光搭	32	文丁旧圩	杨藤娘	23	阮喜娘	陈江官(胞叔)	杨协官(堂兄)	同上
12.12	陈俊官	32	廿六间	李三娘	21	许曲娘	陈招官(堂兄)	李溪官(父)	同上
12.12	张光耀	22	城内把杀	涂温娘	15	胡金娘	张强官(堂兄)	涂金生(胞兄)	同上
12.14	魏注官	28	新迟	林良娘	28	杨成娘	魏辛官(堂兄)	林永顺(胞兄)	同上
12.15	郑成宝	39	旧把杀	杨六娘[2]	34	陈胤娘	自己	自己	同上
12.17	江成发	41	亭仔脚	林来娘	21	王荣娘	江龙官(胞叔)	林元贵(父)	同上
12.17	黄亨官	35	新迟	兰蜜娘	35	谢蕉娘	黄毛官(胞兄)	兰渊郎(胞兄)	同上
12.18	黄献麟	28	小南门把杀	廖吉娘	15	叶桂娘	黄习和(堂叔)	廖成侯(堂叔祖)	同上
12.19	高亲官	30	雅甲煌厝后	杨随娘	22	黄金娘	高金凤(堂叔)	杨宽官(堂叔)	同上
12.19	李金湖	32	廿六间	陈成娘	15	许曲娘	李景郎(宗兄)	陈其明(族叔祖)	同上
12.20	黄亚门	40	水锯仔顶	张丁娘	17	江亚辛	黄亚瑞(堂叔)	张天赐(父)	同上
12.20	陈庚三	37	大南门外	叶壬娘	22	罗丙娘	陈财山(堂伯)	叶宝官(父)	同上
12.24	范亚传	24	洪溪	涂学女娘	17	叶桂娘	范亚四(堂兄)	涂秀义(堂叔)	黄永绿、戴明巩
12.25	石化龙	40	圣望港三板寮	杨粉娘	21	黄金娘	石壬官(宗叔)	杨渠官(父)	同上

① 徐氏前夫张天生为夫妻 3 年身故，恬处一年无所依赖，愿与戴为夫妇，永结同心，俱自花押在婚簿为凭。

② 杨氏前夫林汶水 11 年身故，生一女今 3 岁，恬处 3 年，无奈再醮，愿与郑永结同心为夫妇，俱花押在婚簿。

12.25	黄俊极	44	旧把杀内	涂质娘	20	黄金娘	黄二拾(堂兄)	涂记官(宗叔)	同上
12.26	吴显官	31	亭仔脚	杨正娘	20	黄金娘	吴顺官(堂叔祖)	杨振和官(父)	同上
12.26	陈丁六	27	结石珍水闸	温施娘	16	李汝娘	陈英挺(族叔)	温乾官(胞叔) 族叔温显代押号	同上
12.26	戴武光	22	文丁旧圩	麦鸾娘	19	叶桂娘	戴果官(父)	麦顺官(宗兄)	同上
12.27	郭德我	34	砖仔桥	赖水娘	24	王荣娘	郭荣官(堂兄)	赖连官(父)	同上
12.29	李寻官	24	膠老旺新廊	林宁娘	17	杨阳官	李永庆(宗兄)	林允官(父)	同上
12.31	吴和官	18	廿六间	郑州钫	17	黄金娘	吴晶官(父)	郑甲解官(宗叔)	同上
12.31	邱练官	41	五脚桥	林水娘	17	林荫娘	邱昨官(堂叔)	林时官(父)	同上

总计:187 对

1824 年吧城唐人成婚注册表

月日	新　郎	年岁	住　址	新　娘	年岁	媒　妁	男方主婚	女方主婚	备　注 交钱,主事人
1.28	颜水官	32	旧把杀	邹厚娘	23	王荣娘	颜八官(堂兄)	邹沄官(堂叔)	钞 9 文,黄永绿,戴明玑
1.28	陈律官	38	亭仔脚新把杀	黄乙娘	21	王淑娘	陈川官(宗叔)	黄玉贵(宗叔)	一,黄永绿,黄明玑
1.28	朱进兴	44	结石珍旧圩	陈乙娘	19	吴厕观	朱万长(堂叔)	陈良彩(胞叔)	同上
1.28	张喜焕	35	大南门直街	丘江娘	18	李汝娘	张清泉(堂叔祖)	丘亚文(宗叔)	同上
2.4	罗兰苑	41	大南门外横街	李丙娘	19	李汝娘	罗孟盛(堂兄)	李应麟(父)	同上
2.4	温双锆	32	班芝兰	甘雪娘	18	黄金娘	温桃源(堂兄)	甘弁观(胞伯)	同上
2.4	杨三才	24	大使庙油车	吴剑娘	17	王荣娘	杨胤(宗叔)	吴哲(宗叔)	同上
2.11	钟川德	38	八茶罐	田三娘	18	叶桂娘	钟衡元(堂叔)	田庚二(堂兄)	同上
2.11	黄明琪	27	中港仔	陈文丁	27	黄金娘	黄长安(堂兄) 宗兄黄底代押	陈春(父)	同上
2.11	林龟	39	藤仔巷	杨贵娘	20	黄金娘	林庙观(宗兄)	杨成光(胞叔)	同上
2.11	黄倍观	29	米涧前	高发娘	25	王荣娘	黄方观(宗兄)	高州钫(胞叔)	同上
2.18	王亭良	20	监公万兰	高凤娘	18	黄金娘	王伍观(宗伯)	高荣叠(胞叔)	同上
2.18	萧世观	41	监光葛礁邦	陈才娘	26	蔡吟娘	萧明观(胞叔)	陈年盛(胞兄)	同上
2.25	丘塔观	26	圣梦港	许世娘	21	许曲娘	丘清风(堂叔)	许回官(父)	同上,交寅日,3.13
2.25	陈亚窗	36	灼仔街	林壬娘	23	许曲娘	陈清河(宗兄)	林肇基(胞兄)	同上

2.29	林文隆	20	亭仔脚	陈水娘	19	黄金娘	林壳观(堂叔)	陈金榜(父)	同上
3.3	郭东源	19	亭仔脚	林明娘	16	黄金娘	郭茄郎(父)	林尚观(宗兄)	同上,交寅日,3.13
3.10	黄全官	29	亭仔脚	陈珠娘	20	黄金娘	黄福生(过房父)	陈记观(堂叔)	钞 9 文,黄永绿,戴明玑
3.17	吴灿观	22	米涧前	王英娘	18	王淑娘	吴八观(宗叔)	王文秋(父)	钞 9 文,黄永绿,戴明玑
3.17	陈连瑞	26	把杀务朗	钟三娘	21	蔡吟娘	陈天赐(胞叔)	钟方富(父)	钞 9 文,黄永绿,戴明玑
3.24	蔡存智	22	灰窑内	陈益娘	25	王荣娘	蔡长山(胞叔)	陈州钫(宗叔)	钞 9 文,黄永绿,戴明玑
3.31	周庆观	29	丹仔望	朱水娘	28	蔡吟娘	周顺观(宗兄)	朱通观(宗兄)	同上
4.7	林三台	40	新山顶廊	张冬娘	17	张世娘	林文一(胞叔)	张树观(父)	同上
4.14	李朝音	50	新池	巫戎娘	23	许曲娘	李贵观(堂兄)	巫天德(胞兄)	同上
4.14	黄其龙	34	质宁贞	吴木娘①	21	黄金娘	自己	自己	同上
4.21	王天生	21	甕莱河	林添娘	17	郑贤观	王佳观(父)	林秀山观(父)	同上
4.24	陈祥观	40	圣望港	吴仁娘	21	邹世娘	陈光观(宗叔)	吴瑞玉(宗兄)	同上
4.28	林夺观	27	新池大鸟	杨曲娘	16	胡金娘	林壳观(宗叔)	张益娘(生母)	同上
4.28	简朝观	42	中港仔	蔡斌娘	18	王荣娘	简桥观(堂兄)	蔡煜观(父)	同上
5.5	林南观	43	公司后把杀	朱金娘	16	黄金娘	林算观(堂叔)	朱蹇观(宗叔)	同上
5.5	林度谨	19	赌公司边	吴君娘②	16	黄金娘	林有成(宗叔)	吴英观(宗兄)	同上
5.7	黄妈泥	28	小南门外	林班娘	23	黄金娘	黄文侃(堂兄)	林执观(胞兄)	同上
5.12	李夜光	22	观音亭	陈爰娘	20	曾娇娘	李燕湘(宗叔)	陈柔佛(父)	同上
5.12	林漯观	28	五脚桥	许合娘	17	黄金娘	林俊观(宗叔)	许澄海(胞兄)	同上
5.19	黄籐观	29	廿六间	郑椰娘	17	黄金娘	黄霸观(族叔)	郑晚观(宗叔)	同上
5.19	黄尺观	32	大巷内	陈丽娘	23	黄金娘	黄福生(胞叔)	陈及观(父)	同上
5.26	林壬观	41	八厨沃间	陈瑞娘	20	胡金娘	林亚宇(宗叔)	陈亚一(胞叔)	同上
6.2	巫粮观	37	新池	陈来娘	20	李汝娘	巫士元(堂兄)	陈来一(胞叔)	同上
6.2	林纯观	40	结石珍旧圩	刘浩娘	24	黄明娘	林拐观(堂叔)	刘福水(胞兄)	同上
6.16	邹渊观	44	监光河北	王意娘	16	邹世娘	邹桐观(堂叔)	王冬观(胞叔)	同上

① 吴本娘称:前夫越成宗夫妇一年不和,经公堂判离,氏无所依赖,愿与黄为夫永结同心,二比甘愿,各花押为凭。

② 和 1825 年 5 月 20 日在公堂对讯,夫妻不和各愿分离,二比各花押在婚簿,度谨藉婚字失落批照,二比签字。

6.23	黄有鄰	36	旧把杀	巫凤娘	20	周兴娘	黄亚添(堂叔)	巫贵生(堂叔)	同上
6.23	魏萍观	42	小南门把杀	黄益娘	20	许曲娘	魏生观(宗叔)	黄忠文(胞伯)	同上
6.30	吕喜生	23	泊面街	薛珠娘	18	黄金娘	吕端观(父)	薛金水(父)	同上
6.30	徐水生	27	观音亭	蔡益娘①	27	邹世娘	自己	自己	同上
7.7	梁天助	24	灰窑内	黄淑娘	22	黄金娘	梁霜观(堂兄)	黄希观(父)	同上
7.7	陈光宣	33	把杀巷内	蔡庞娘	16	杨武观	陈铃观(堂叔)	蔡赏观(父)	同上
7.14	张启珊	42	旧把杀	刘庚娘	15	周兴娘	张启华(堂兄)	刘廷旺(堂兄)	同上
7.14	张金傍	23	大南门外	林蕉娘	18	黄金娘	张胡记(堂叔)	林鐇观(父)	同上
7.14	李杏观	40	小南门把杀	陈宿英	25	黄金娘	李泄观(宗兄)	陈郎观(父)	同上
7.14	汤江波	39	务勿	冯宣娘	35	翁昭娘	汤仙跳(兄)	冯天恩(堂兄)	同上
7.14	汤仙鹤	30	洪溪	陈最娘	26	翁昭娘	汤仙跳(兄) 堂叔套炳代	陈孔观(堂叔)	同上
7.21	陈春观	33	八厨沃间	沈桂娘	19	胡金娘	陈有来(兄)	沈亚锥(父)	同上
7.28	陈生传	62	务勿	张淑娘	54	黄添娘	自己	自己	同上
7.28	陈概观	48	务勿	赵春娘	35	陈金娘	自己	自己	同上
7.28	陈春岩	47	中港仔	潘景娘	30	黄添娘	陈德贻(堂叔)	潘贡观(父)	同上
7.28	丘亚三	35	小南门	萧丁娘	18	罗丙娘	丘海生(堂叔)	萧双柏(父)	同上
8.4	曾辣观	29	观音亭油车	阮喜娘	21	王荣娘	曾三及(堂叔)	阮宏观(父)	同上
8.18	陈汉观	34	结石珍	李每娘	18	黄明娘	陈修观(堂叔)	李天赐(兄)	同上
8.18	江相观	32	打铁街	施珠娘②	34	黄金娘	自己	自己	同上
8.22	许汉水	25	小南门把杀	赖石娘	17	许曲娘	许卫观(父)	赖孚观(父)	9文,黄永绿,戴明基
8.22	邹江河	19	乌褒土库	李月娘	15	邹世娘	自己	李佛观(兄)	同上
8.25	陈贴观	40	甕菜河	徐梅娘	21	许曲娘	陈烈观(堂叔)	詹雪娘(母)	同上
9.13	罗有观	35	中港仔	张兰娘	20	叶桂娘	罗勤观(宗叔)	张对生(父)	同上
9.15	陈结生	36	水锯仔顶	刘郎娘	22	王荣娘	陈允生(胞兄)	陈云娘(母)	同上
9.15	林元观	25	小南门把杀	杨李娘	26	黄金娘	林甲长寿(宗兄)	杨长兴(宗叔)	同上
9.29	黄顺卓	31	五脚桥	李壬娘	22	黄金娘	黄评土(宗伯)	李亲观(胞兄)	同上

① 蔡氏称:前与林良为夫妻3年,不幸身故,氏恬处五年,贫无所依,愿与徐为夫妇,永结同心,各无反悔。

② 据施氏称:前夫陈振乾身故2年,无遗业,产下一男一女,男清水3岁,女文娘7岁,无所依赖,愿再醮与江为夫妇永结同心,各无反悔,二比各花押为凭。默氏知见,黄东兴(签字)。

9.29	郑弼观	20	廿六间	郭惠娘	19	黄金娘	郑带观(宗兄)	郭魏观(父)	同上
9.29	吴双观	30	大南门内	张耽娘	23	黄金娘	吴本观(胞兄)	张纳观(父)	同上
9.29	戴漯观	28	干冬圩	蔡承娘	18	张爱娘	戴珍观(堂叔)	蔡南生(胞兄)	同上
9.29	苏利先	22	芝得凹	陈娘娜	21	唐鹤算	苏水令(父)	陈元观(父)	同上
9.29	陈双林	21	结石珍	黄惠娘	18	黄明娘	陈宗观(堂叔)	黄燕观(祖父)	同上
9.29	薛摘观	29	结石珍	蔡玉娘	15	黄明娘	薛敖观(堂兄)	蔡长安(父)	同上
9.29	甘光凉	29	结石珍	蒋瞒娘	19	黄明娘	甘专观(胞兄)	蒋镇观(叔祖)	同上
9.29	李鼎叔	33	槟榔社	邓戊娘	17	叶桂娘	李亚日(堂兄)	邓纪秀(父)	同上
9.29	姚辉清	32	中港仔	石月娘	16	叶桂娘	姚秀伟(胞叔)	石宽观(父)	同上
10.6	巫文理	37	小南门把杀	刘珠娘	20	王荣娘	巫贵生(堂叔)	刘约观(胞叔)	同上
10.6	王园观	45	望寮	詹亚娘	20	黄金娘	王柳观(宗叔祖)	詹金山(宗叔)	同上
10.6	林狮观	38	八茶贯	谢磨娘	17	黄金娘	林佛观(宗叔)	曾娇娘(母)	同上
10.6	詹清元	18	结石珍旧圩	刘戈娘	16	邹世娘	詹诅观(父)	刘文观(父)	同上
10.6	陈亚咏	45	廿宁贞	林来娘	16	张广泰	陈明远(堂兄)	林定光(父)	同上
10.6	叶庚生	25	大南门外	宋恩娘	19	叶五哥	叶宝观(堂叔祖)	宋堆文(父)	同上
10.10	张寅义	29	观音亭	李贵娘	18	曾娇娘	张允芳(父)	李燕湘(宗叔)	同上
10.13	许鞍观	36	八厨沃干	谢月娘	16	黄金娘	许凤观(堂叔)	谢荫观(堂伯)	同上
10.13	陈嗣宗	27	八戈然	黄金娘	17	李旺娘	陈登圭(胞叔)	黄贵生(胞叔)	同上
10.13	吴硕观	24	结石珍旧圩	沈佳娘	17	王荣娘	吴琏观(堂兄)	沈麦观(堂伯)	9文,黄永绿,戴明基
10.13	卢祥云	44	文丁旧圩	黄吉娘	25	卢味观	卢妙观(宗兄)	黄光荫(胞兄)	同上
10.20	曾秀观	48	小南门把杀	张英娘①	47	李旺娘	自己	自己	同上
10.27	陈木观	29	大南门外	谢金娘	18	黄金娘	陈专观(堂兄)	谢广源(父)	同上
11.10	詹鐇观	18	结石珍旧圩	张兴娘	14	柯光娘	詹批观(父)	张运观(父)	同上
11.10	李光传	34	新厝	陈凤娘	17	曾曲娘	李井观(宗叔)	陈黎观(宗兄)	同上
11.10	魏国珍	22	八茶贯	王碧娘	19	黄金娘	魏生观(父)	王汉水(胞兄)	同上
11.10	廖亚二	33	干冬圩	钟酉娘	20	柯明娘	廖炳三(堂叔)	钟宏哥(堂兄)	同上
11.17	黄胤观	31	圣望港	林已娘	19	黄金娘	黄碧观(堂叔)	林桓光(父)	同上

① 张氏前夫林绵观住东门外夫妻4年去世,今已十四载,遗一女名曲娘已长成出嫁,氏姑耐至今转思既无男以接宗,则终身实无依赖,今愿再醮与曾秀为夫妻,永结同心,各无反悔,二比各花押为凭。

11.17	郭福生	22	三间土库对面	胡节娘	20	黄金娘	郭珠生(胞兄)	胡江洪(父)	同上
11.18	黄长生	19	丹戎存力	张六娘	18	叶亚宁	黄剑观(父)	张亚方(父)	同上
11.18	陈炳观	28	旧把杀内	黄却娘	17	黄金娘	陈本观(堂叔)	黄娇观(宗叔)	同上
11.24	古启富	25	公司后	许晋娘	19	蔡吟娘	古启茂(堂兄)	许云禄(父)	同上
11.24	蒋上观	35	结石珍旧把杀	张腰娘	22	王荣娘	蒋树观(宗叔)	张富观(父)	同上
11.24	陈国山	21	结石珍旧把杀	林英娘	19	黄明娘	陈光罕(堂叔)	林焕章(宗叔)	同上
11.24	张金文	29	公司后	郭杞娘	17	叶桂娘	张板桂(宗兄)	郭兴秀(堂兄)	同上
11.24	陈兴祐	39	小南门把杀	梁秀娘	17	叶桂娘	陈履兰(宗兄)	梁裕哥(父)	同上
11.24	陈拱观	20	八厨仔间	吴垅娘	17	陈亚惠	陈砖观(父)	吴採观(父)	同上
11.24	方明水	35	职宁贞	严赞娘	24	林爱娘	方发科(堂叔)	严元光(宗叔)	同上
12.1	柯祥观	29	班芝兰巷	黄由娘	24	王荣娘	柯陶观(宗叔)	黄春明(胞兄)	同上
12.1	林吉疾	28	五脚桥内	宋必娘	26	王荣娘	林权生(宗叔)	宋定仁(宗叔)	同上
12.1	刘亚不	25	小南门把杀	詹山娘	17	廖边娘	刘约观(堂兄)	詹金山(兄)	同上
12.8	黄元全	19	大南门外	戴兀娘	17	黄金娘	黄温观(宗叔)	戴荣观(兄)	同上
12.8	高允观	28	八茶贯	郑艳娘	23	黄金娘	高震观(胞叔)	郑伴观(堂伯)	同上
12.8	林亭观	27	小南门把杀	陈孙娘	17	陈美娘	林江水(叔)	陈黎观(宗兄)	同上
12.8	梁德祥	38	八戈然	林应娘①	28	黄金娘	自己	自己	同上
12.10	林苗官	34	八厨沃干	刘转娘	17	许曲娘	林观生(堂叔祖)	刘茂伯(父)	同上
12.15	陈康观	33	八戈然	林美娘	17	王荣娘	陈竹官(堂兄)	林算官(宗兄)	同上
12.15	杨振江	19	八厨沃干	王如娘	17	黄金娘	杨彩章(胞叔)	王德郎(父)	同上
12.15	陈瑞生	33	砖仔桥	郭戊娘	17	林仁娘	陈相贤(堂叔)	郭文概(父)	同上
12.15	陈抵观	33	八厨沃干	张任娘	25	胡金娘	陈传观(堂叔)	张及官(父)	同上
12.15	彭亚增	35	小南门把杀	曾贴娘	17	罗丙娘	彭佳福(宗兄)	曾善善(父)	同上
12.02	陈四体	20	观音亭	高红娘	21	邹世娘	陈春水(父)	高曲观(堂叔祖)	同上
12.22	吴新郎	36	大港墘	卢谦娘	20	邹世娘	吴江龙(宗叔)	卢汉观(父)	同上
12.22	陈彪观	30	中港仔	朱蜜娘	17	陈金娘	陈光山(堂叔祖)	朱有观(堂叔)	同上
12.22	古振秀	30	中港仔	陈顺娘	16	叶桂娘	古景叔(堂兄)	陈水郎(胞叔)	同上
12.22	梁土杰	28	新厝仔	林银娘	21	陈金娘	梁吉生(父)	林其力(堂兄)	同上

① 林氏前夫王万去世已7年,遗一女顺娘11岁,无遗业,氏系女流无所依赖,今与梁永结同心,二比各花押为凭。

12.22	翁富哥	31	葛礁邦	杨恩娘	20	黄亚教	自己	杨盛景(父)	同上
12.22	黄佃生	38	水锯顶	李锦娘①	15	阮顺光	黄畓生	李堆观(宗叔)	同上
12.29	王鼎元	36	槟榔社	郑近娘	20	许曲娘	王本长(宗叔)	郑贤观(堂叔)	同上
12.29	蒋忠生	27	大港墘	陈金娘	18	黄金娘	蒋百水(宗叔)	陈敦观(宗叔)	同上
12.29	刘汤文	36	中港仔	杨丙娘	19	胡金娘	刘汝哥(宗叔)	杨光廷(胞叔)	同上
12.29	曾焕浩	28	大南门外	温杞娘	16	温东伯	曾福星(宗叔)	温亚三(堂叔)	同上
12.29	李亚六	31	哨口	陈新娘	14	胡金娘	李贵哥(宗叔)	陈曹拔(胞伯)	同上
12.29	唐馨生	38	班芝兰	王润娘②	20	叶桂娘	自己	自己	同上

总计:129 对

1825 年吧城唐人成婚注册表

月日	新　郎	年岁	住　址	新　娘	年岁	媒　妁	男方主婚	女方主婚	备　注 交钱,结婚日,主事人
1.5	袁养观	20	打铁街	沈钫娘	15	邹世娘	袁廷观(父)	沈快观(父)	9 文,正月,黄永绿,戴明基
1.5	陈抱观	38	泊面街	叶吉娘	18	许曲娘	陈拱照(宗兄)	叶明贤(胞兄)	9 文,1.8,同上
1.5	黄联光	22	戎戈兰	许清娘	18	王荣娘	黄三郎(父)	许坤使(胞兄)	—,1.9,同上
1.6	李樟观	23	城内把杀	张细娘	18	邹世娘	李城观(堂兄)	张盛观(堂兄)	—,1.9,同上
1.12	曾三及	30	小南门把杀	林玉娘	21	王荣娘	曾典观(堂叔)	陈瑞娘(母)	—,1.20,同上
1.12	洪登兰	31	吃郎班让	林必娘	28	黄金娘	冯文娘(母)	林皆观(兄)	—,1.15,同上
1.12	蒋三观	33	班芝兰巷	冯鸾娘	21	黄金娘	蒋镇观(堂兄)	冯天恩(父)	—,1.20,同上
1.19	陈光和	36	廿六间	施娥娘	27	许曲娘	陈开观(宗叔)	施宜木(堂叔)	—,1.24,同上
1.19	陈边珠	21	干冬圩	林贴娘	18	林顺娘	陈来观(父)	林快观(胞兄)	—,1.20,同上
1.19	许彬观	21	大巷内	谢清娘	17	罗丙娘	许荣才(父)	谢英爹(堂叔)	—,1.29,同上
1.19	林琳观	28	结石珍旧圩	唐万娘	18	黄明娘	林真观(堂兄)	唐略观(父) 伊母陈成娘代押	—,1.23,同上
1.26	陈平观	24	小南门把杀	叶才娘	18	许曲娘	陈杂观(宗兄)	叶武观(父)	—,1.30,同上
1.26	邱天生	50	五脚桥	吴助娘	18	黄金娘	丘返观(胞兄)	吴绰观(父)	—,1.30,同上

① 水锯仔默氏陈江水称:黄佃生实未有娶妻。特此批照。

② 据王润娘称:前夫郑登山夫妻 6 个月不幸身故,氏恬处 8 个月,无可依赖,今愿再醮与唐馨生为夫妇,永结同心,各无反悔,二比花押为凭。

1.26	黄荣兴	22	西门内	宋已娘	16	钟友哥	黄廷龙(父)	宋新客(胞兄)	—,磨 12.15,同上
1.26	赖理观	30	洪溪杉板寮	陈傍佛	16	袁妹娘	赖亦鉴(叔祖)	陈綴观(胞叔)	—,1.30,同上
1.26	林甲长秀	47	八茶贯	魏苑娘①	41	林叶娘	自己	自己	—,1.26,同上
1.26	丘时观	38	五脚桥	朱秀娘	17	黄金娘	丘曲观(宗叔)	朱通观(父)	—,1.30,同上
1.26	余沉官	28	惹呀毛吃	陈惜娘	28	吕严官	余乃官(族叔祖)	陈春观(胞兄)	—,1.30,同上
1.27	颜进	28	蕉仔街	廖丙娘	19	何远官	赖连官(族叔祖)	廖安福(胞叔)	—,1.29,同上
2.2	张保生	25	甲里巫郎	谢经娘	18	许曲娘	张梁官(父)	谢丙官(宗叔)	—,2.6,同上
2.2	梁攀崙	22	小南门把杀	林已娘	16	罗丙娘	梁裕哥(胞伯)	林天生(胞叔)	—,2.5,黄永绿,戴明基
2.2	张麟官	19	水锯顶	徐必娘	19	李汝娘	张清泉(堂叔祖)	徐乔官(堂兄)	—,2.11,同上
2.2	杨立清	37	牛郎加弄	李迈娘	18	李天保	杨集官(宗叔)	李阿山(族叔祖)	—,2.12,同上
2.2	陈滥官	22	亭仔脚	杨荫娘②	16	黄金娘	自己	自己	—,2.8,同上
2.2	陈丙	31	八厨沃间	蒋桧娘③	26	许曲娘	自己	自己	—,2.2,同上
2.2	张抱	26	砖仔桥	王宣娘④	27	罗丙娘	自己	自己	—,2.6,同上
2.2	林廖	34	小南门把杀	刘来娘	16	叶桂娘	林权生(宗叔祖)	刘合官(父) 胞兄振厚代	—,2.5,同上
2.2	杨应元	22	水锯顶	胡文娘	17	江益娘	杨葛官(父)	胡朝吉(胞叔)	—,2.5,同上
2.9	韦富	46	小南门把杀	陈五妹	18	陈伍官	韦界(宗兄)	陈启侯(父)	—,2.13,同上
2.16	詹槽生	21	结石珍旧圩	李英娘	14	黄明娘	詹郎官(堂叔)	李光赞(宗伯)	—,2.17,同上
2.16	蒋清声	28	小南门把杀	钟新妹	14	卢才胜	蒋清发(胞兄)	钟阿五(父)	—,2.17,同上
3.2	陈景成	29	结石珍旧圩	戴曲妹	20	邹世娘	陈人和(父)	戴平言(父)	—,3.13,同上
3.2	沈潮	30	监光河北	戴发娘	18	王荣娘	沈燃(堂叔)	戴平言(父)	—,3.13,同上
3.2	张象	30	戈劳窟	杨眉娘	22	王荣娘	张烟(堂叔)	杨厚(父)	—,3.4,同上
3.2	林朝	43	水锯顶	许巫娘	19	邹世娘	林望(堂兄)	林逊娘(母)	—,3.8,同上
3.2	苏领	33	班芝兰	邓金娘⑤	23	王荣娘	自己	自己	—,3.2,同上

① 魏氏前夫苏庆余为夫妇1年8个月身故,氏恬居5年,无遗业无儿女,无依赖,今愿再醮与原任抚直迷林长秀为夫妇,永结同心,各无反悔,二比各押为凭。

② 杨氏与前夫郑声为夫妻9个月,不幸往三宝垅身故,寡守1年7个月,无所依托,情愿嫁与陈为夫妇,永结同心,终无反悔。

③ 蒋氏前与陈灿结发为夫妇,虽合巹4年而闺中多雀角,经公堂判离,寡守7年愿嫁与陈丙为夫妻,永结同心,终无反悔。

④ 王氏前夫詹明为夫妻9年身故,无遗业,留一女方七岁,无所依赖,兹愿与张为夫妇,永结同心终无反悔。

⑤ 邓氏前夫林宗为夫妇6年身故,遗一女后明牛4岁,寡守5月,无所依赖,今愿与苏为妻,永结同心,终无反悔。观音亭默氏林两仪知见 签字(外文草书)。

3.11	柯笑官	31	监光猫汝	吴蜜娘	20	黄金娘	柯文章(宗兄)	吴沸泉(父)	—,3.13,同上
3.16	郑珠官	43	小南门把杀	邱润娘	16	王荣娘	郑粉官(胞兄)	柯爱娘(母)	—,3.20,黄永绿,戴明基
3.16	蔡水官	30	小南门把杀	苏未娘	19	许曲娘	蔡双全(堂兄)	苏春官(父)	—,3.19,同上
3.16	刘虎官	22	米干前	蔡清娘	20	黄金娘	刘江中(胞兄)	蔡柔官(父)	—,6.1,同上
3.16	胡大戆	27	新厝仔	邓哲娘	18	林贞娘	胡沃宗(胞兄)	邓被官(父)	—,3.20,同上
3.23	黄允结	45	结石珍旧圩	朱秀娘	32	黄金娘	自己	自己	—,—,同上
3.30	赖水生	31	砖仔桥	李登娘	19	王荣娘	赖连官(父)	李昌进(父)	—,4.7,同上
3.30	林天降	51	结石珍旧圩	高谦娘	22	黄明娘	林赞官(宗叔)	高景荣(胞兄)	—,4.3,同上
3.30	林神佑	38	城内把杀	韩梅娘①	33	黄金娘	自己	自己	—,4.3,同上
4.2	钟端右	23	槟榔社	李新娘	18	胡金娘	钟复赞(胞叔)	李统义(胞叔)	—,4.5,同上
4.6	宋亚德	32	八茶贯	刘立娘	16	叶桂娘	宗阿芹(堂兄)	刘开哥(堂伯)	—,4.12,同上
4.6	陈奇	37	旧把杀	邹专娘	18	黄金娘	陈有珍(宗兄)	邹桐官(堂伯)	—,4.7,同上
4.13	林昆山	29	哨口	杨招娘	20	胡金娘	林炳文(宗兄)	杨绒生(堂叔)	—,4.24,同上
4.13	王现	31	观音亭油车	朱镭娘	20	邹世娘	王坛官(堂叔)	朱摊官(堂叔)	—,4.23,同上
4.15	张和观	23	洪溪杉板寮	李凤娘	16	杨曲娘	自己	李旺生(胞叔)	—,4.17,同上
4.27	戴金生	22	米干前	陈鹤娘	21	邹世娘	戴玉水(胞兄)	陈茶官(父)	—,5.3,同上
4.27	温明三	39	大南门外	谢奇娘	17	卢丙娘	温汝渊(胞叔)	谢宝官(父)	—,4.30,同上
4.27	李善长	26	结石珍旧圩	杨已娘	22	李兴长	李金淑(胞叔)	杨德士(堂兄)	—,5.2,同上
4.27	许妙庇	26	把杀内	林文娘	23	黄金娘	许德山(堂叔)	林聚官(父)	—,5.15,同上
4.27	陈井官	47	廿六间巷	詹添娘	26	蔡吟娘	陈本官(堂兄)	詹红居(堂兄)	—,5.1,同上
4.27	陈得意	27	圣墓公巷	丘蕉娘	25	黄金娘	陈逊官(堂叔祖)	丘曲官(堂叔)	—,5.9,同上
4.27	傅育观	25	新厝仔	许来娘	16	黄金娘	傅守和(宗兄)	许属官(堂伯)	—,5.8,同上
4.27	谢亚颜	34	观音亭巷	石分娘	17	张和伯	谢汉云(堂兄)	石亚坤(胞叔)	—,5.1,黄永绿,戴明基
5.4	陈快生	34	灰窑内	黄初娘②	25	王英娘	自己	自己	—,5.6,同上
5.18	蔡祖成	21	结石珍新把杀	陈初娘	16	邹世娘	蔡盛兴(父)	陈有西(父)	—,5.27,同上

① 韩氏前夫王赌为夫妻 8 年身故，恬居至今 3 年 9 个月，无依赖，愿醮与林为夫妻，永结同心，各无反悔，默氏陈郎宝知见，签字陈。

② 黄氏前夫蔡开基为夫妇 3 年 2 个月身故，遗一子名贞松 4 岁，氏恬处 1 年 5 个月，无所依赖，今愿再嫁与陈快生为妻，永结同心，终无反悔。

5.18	林瑞郎	38	五脚桥	陈松娘[1]	28	林朝娘	自已	自已	—,5.18,同上
5.18	蔡炳文	23	结石珍旧圩	黄仁娘	18	邹世娘	蔡盛兴(父)	黄岁观(父)	—,5.27,同上
5.25	刘作观	28	米涧前	陈田娘	25	许曲娘	刘銮观(堂叔)	陈清春(宗兄)	—,5.30,同上
5.25	黄贺祥	40	质宁贞	陈清娘	25	许曲娘	黄吧生(宗叔)	陈梏观(宗叔)	—,5.31,同上
5.25	戴九观	33	务勿	林情娘	17	戴集观	戴前观(堂叔)	林奇观(堂叔)	—,6.6,同上
6.1	黄朝求	49	新厝仔	陈宫娘	18	黄金娘	自已	陈铨观(堂伯)	—,6.1,同上
6.1	王七一	29	班芝兰	陈州央	19	黄金娘	王伍观(宗叔)	陈奇观(宗兄)	—,6.5,同上
6.1	戴次观	35	小南门把杀	叶俊娘	19	许曲娘	戴官观(堂兄)	叶玉观(父)	—,6.7,同上
6.1	林唱观	39	丹兰望	陈英娘	17	江宣观	林清观(胞兄)	陈亭(胞叔)	—,6.7,同上
6.1	林合安	33	砖仔桥	李润娘	16	刘丙娘	林万观(堂兄)	李福生(父)	—,6.2,同上
6.1	温启广	36	戈奢园	陈潘娘	24	吴亚安	温扬魁(胞叔)	陈亚双(胞兄)	—,6.5,同上
6.8	陈哲观	25	打铁街	李英娘	23	王荣娘	陈朱元(堂叔祖)	李艮观(堂叔祖)	—,6.12,同上
6.8	古云龙	26	公司后	曾惠娘	16	胡金娘	古启茂(堂兄)	曾善喜(父)	—,6.12,同上
6.8	王现观	28	乌鬼巷	陈蕉娘	18	许曲娘	王阿姆(堂叔)	陈表观(父)	—,6.14,同上
6.8	林振生	22	八厨沃干	李仁娘	17	黄金娘	林壳观(宗叔)	李沛泉(宗兄)	—,6.12,同上
6.8	洪淮观	39	班芝兰	谢明娘[2]	30	王荣娘	自已	自已	—,6.9,同上
6.8	庄天求	20	结石珍旧圩	刘七娘	17	黄明娘	庄立观(父)	张文质娘(母)	—,6.12,黄永绿,戴明基
6.15	郭春溪	37	洪溪	叶文娘	18	朱兴娘	郭鹊观(堂叔)	叶顺祥(胞伯)	—,6.25,同上
6.15	陈合郎	23	干冬圩	刘扳娘	23	朱兴娘	陈卯观(胞叔)	刘金山(叔祖)	—,6.27,同上
6.22	冯泽兰	42	蕉仔街	谢六娘	19	卢丙娘	冯伯哥(堂兄)	谢仲秋(父)	—,6.25,同上
6.29	陈四海	40	三间土库	汤水娘[3]	33	邹世娘	自已	自已	—,7.4,同上
6.29	戴每观	36	干冬圩	詹标娘	15	吴寸观	戴伴观(堂叔)	詹差观(父)	—,7.5,同上
7.4	黄芳观	23	班芝兰	戴金娘	18	王英娘	自已	自已	—,7.4,同上
7.6	刘戽观	27	丹兰望	蔡蛮娘	22	陈玉娘	刘钏观(堂兄)	蔡乾观(胞兄)	—,7.13,同上
7.13	张兰华	35	牛郎胶垅	刘庚娘	16	李二娘	张清泉(堂叔)	刘凤礼(父)	—,7.14,同上
7.13	钟喜淑	32	日落班让	陈玉娘	16	胡金娘	钟鸣进(胞伯)	陈包官(胞叔)	—,7.19,同上

① 陈氏前夫李绿交寅7年身故,无遗业,无所依赖,今再嫁与林为夫妇,永结同心,二比花押为凭。

② 谢氏前夫陈乐长夫妻十多年雀角,经公堂判离,无所依愿与洪为夫妻,永结同心,各无反悔,二比花押为凭。

③ 汤氏前夫王清流住城内把杀,夫妻6年身故,生下男女具不育,氏恬处14年,切思无所依赖,愿与陈为夫妇,永结同心,各无反悔,二比花押为凭。

7.13	李永顺	32	灰窑内	方英娘[①]	36	许曲娘	自己	自己	—,7.13 朝,同上
7.20	阮淡官	47	高奢园圳窑	陈音娘	19	许曲娘	阮大有	陈隣官(宗叔)	—,7.31,同上
7.20	柯胡官	40	八厨沃间	古丙娘[②]	20	邹世娘	自己	自己	—,7.24,同上
7.27	蔡结官	40	中港仔新厝	朱庞娘	16	黄金娘	蔡伯南	朱番官(宗叔)	—,7.31,同上
7.27	林智生	32	观音亭	王黎所娘	16	张凤娘	黄任娘	王四(堂兄)	—,7.31,同上
8.11	黄三奇	21	灰窑内	高玉娘	16	王荣娘	黄仰	高摘官(父)	—,8.21,同上
8.11	黄丕订	37	结石珍新把杀	戴俭娘[③]	34	黄金娘	自己	自己	—,8.14,同上
8.17	张禄官	41	中港仔	刘耽娘	20	黄金娘	张于官	刘登元(堂兄)	—,8.19,同上
8.20	叶甲天福	34	圣墓港	张安娘	23	黄金娘	叶向荣(父)	张尚官(父)	—,8.20,同上
8.24	林攀生	18	结石珍	薛窝娘	16	黄明娘	林焕官(祖父)	薛朝元(胞兄)	—,8.31,同上
8.24	吴佛庇	22	洪溪	林呀娘	19	黄招娘	吴组绶(父) 原任武直迷	林江汉(父)	—,8.31,同上
8.4	刘六元	19	丹林望	邓巳妹	17	蔡岭娘	刘结生(父)	邓添淑(堂叔祖)	—,10.2,同上
9.7	钟全观	33	结石珍旧圩	陈里娘	23	黄明娘	钟取观(堂叔祖)	陈才观(父)	—,9.10,同上
9.7	杨宗宝	28	公司后	梁庚娘	16	张三贵	杨玉衡(宗兄)	梁贵观(父)	—,9.14,同上
9.7	陈和盛	45	小南门把杀	张丁娘	19	叶水娘	陈凤儒(堂兄)	张对生(父)	—,9.11,同上
9.7	莫董观	43	应莱河	林珠娘	15	许曲娘	自己	林其生(父)	—,10.9,同上
9.7	黄石生	21	文丁旧圩	李鸾娘	17	林目观	黄合观(父)	李金生(父)	—,9.17,同上
9.7	王勇栽	24	结石珍旧圩	陈妈曾	22	黄金娘	王三六(宗叔)	陈渭宾(堂叔)	—,9.17,同上
9.21	黄万传	24	监光猫汝	张金娘	20	温汝渊	黄亚三(堂叔)	张亚水(堂兄)	—,9.27,同上
9.21	吴章观	19	观音亭	赵卫娘	17	林叶娘	吴山观(父)	赵开生(父)	—,10.2,同上
9.21	萧冗观	23	圣望港	沈宝娘	17	邹世娘	萧林观(堂叔)	沈士德(堂叔)	—,9.29,同上
9.21	洪义观	30	八茶贯	杨凤娘	18	邹世娘	洪润观(宗叔祖)	杨传后(胞兄)	—,9.27,同上
9.21	陈猜观	31	丹绒义塚公司	林卧勿	16	袁妹娘	陈德隆(族兄)	林文章(父)	—,10.8,同上
9.21	林天河	19	港口	王三娘	19	王天盛	林明生(父)	王仕喜(父) 胞叔仕进代	—,9.27,同上

① 据方氏称:前夫陈川在灰窑为夫妻十有四年身故,迄今 3 年,遗一男启明 6 岁,一女娇年 8 岁,氏无所依托,今愿再醮与李永顺小名吉疾为夫妻,永结同心,各无反悔,花押为凭。

② 古氏前夫沈扶生夫妇 1 年 4 个月身死,至今 2 年 11 个月,无产业,无依赖,愿与柯永结同心,各无反悔,花押为凭。

③ 戴氏前夫陈木生,夫妇 15 年后常反目,经公堂于 1822 年 4 月 5 日判离,无依赖,愿与黄为妻,永结同心,花押为凭。

9.21	吴勤观	32	宁岗	王二娘	19	徐蕉娘	吴宇观(胞叔)	王仕喜(父)胞叔仕进代	—,9.27,同上
9.22	林陈观	42	小南门把杀	张山娘	19	林心娘	林仙官(宗叔)	张丙福(父病)宗叔钦哥代	—,9.25,同上
9.28	詹吉观	26	结石珍旧圩	林淡娘	32	陈旺娘	詹胆观(族兄)	林文滔(胞兄)	—,10.2,同上
9.28	黄荣寿	18	文丁甲里瓦芝	林汶娘	17	蔡梓生	黄接和(胞叔)	林乌鹊(胞叔)	—,10.9,同上
9.28	黄荣和	20	詹知甲	邱诗娘	20	许曲娘	黄报观(宗伯)	邱光喜(父)	—,10.8,同上
9.28	张求生	25	戈奢园	黄雀娘	17	林藕观	张甲观(族兄)	黄壬观(宗叔)	—,10.8,黄永绿,戴明基
9.28	杜永振	25	中港仔新厝	陈吉娘	23	黄金娘	自己	陈礼生	—,10.13,同上
9.28	张新禧	21	旧把杀	林七娘	17	黄金娘	张粪观(堂叔祖)	林尚观(宗叔)	—,10.2,同上
9.28	邱自求	23	圣望港	黄德娘	17	黄招娘	邱松观(父)	黄江水(胞兄)	—,10.9,同上
9.28	张对生	55	中港仔新厝	林音娘①	21	黄金娘	自己	自己	—,9.28,同上
9.28	许天德	31	洪溪	庄秀娘	26	黄金娘	许凤观(宗叔)	庄志成(父)	—,10.2,同上
9.28	古顺玉	41	小南门把杀	高文娘	19	何生哥	古交玉(族兄)	高四全(堂兄)	—,10.2,同上
9.28	肖卯观	25	惹牙毛吃	李初娘	17	吕岩观	肖武方(族叔)	李毛观(父)	—,10.2,同上
10.5	沈叶观	32	文丁旧圩	林冉娘	31	沈威观	沈乾观(堂兄)	林博观(堂兄)	—,10.5,同上
10.5	张发兴	31	洪溪杉板寮	李临秀	18	肖振伯	张亚九(宗兄)	李朝观(父)	—,10.5,同上
10.5	洪水观	28	观音亭	石明娘	17	邹世娘	洪永言(宗叔)	石壬观(堂伯)	—,10.5,同上
10.5	郭广源	20	小南门把杀	陈庆娘	19	黄金娘	郭牛观(宗兄)	陈睿观(族兄)	—,10.8,同上
10.5	陈雅观	43	八戈然	丁彩娘②	24	王荣娘	自己	自己	—,10.5,同上
10.5	王榕观	20	八茶贯	吕金娘	17	李是娘	王光岷(叔父)雷	吕育观(宗伯)	—,10.8,杨汉官,戴明基
10.9	曾典观	27	大使庙	陈桂娘③	25	王荣娘	自己	自己	—,10.9,黄永绿,戴明基
10.19	丘大观	28	城内把杀	陈廉观	19	邹世娘	丘茂盛(堂兄)	陈由观(父)	—,10.23,黄永绿,戴明基

① 林氏前夫王容,16年间多雀角,经公堂镜察判离,女流无所依赖,愿与张为夫妻,永结同心,二比花押为凭。

② 据丁氏称:前夫王央交寅2年身故,生一男振生3岁,氏系女流无所依赖,今再嫁与陈为夫妇,永结同心,各无反悔,花押为凭。

③ 启者近因小姨丁彩娘,系山顶下湾人,现要与陈家交寅,欲恳台前给出交寅字,但彩娘原配敝族王央,任小南门把塞为商,及至把杀起火,以后无处楼身,夫妇投在敝所,央不幸染病身故,系贱收厘,况前交寅,又是贱支理,诚恐甲台欲查详细,故奉息告情以为凭准,是此奉闻至戴府甲必丹篆明基官电下。8月28日,王前单,签名(外文),红方格印章。

陈氏前夫李仕三年身故,生一男西修4岁,一女水娘1岁,无遗业无所依,愿与曾为夫妇永结同心,二比花押为凭。

10.19 陈广生	47	大使庙	郑成娘	26	袁妹娘	陈红珠(宗兄)	郑红观(宗叔)	—,10.21,同上
10.19 谢赞秀	30	结石珍水闸	叶新娘	16	叶亚三	谢锦云(堂兄)	叶乙伯(父)	—,10.21,同上
10.26 薛福生	29	王蔀菜园	郑金英	25	陈曲娘	薛亚有(堂兄)	郑探郎(父)	—,10.30,同上
10.26 黄宽观	31	槟榔社	陈来娘	20	杨曲娘	黄接明(宗叔)	陈莫观(父)	—,11.2,同上
11.2 庄贯观	38	小南门把杀	朱尔娘	19	许曲娘	庄裁观(堂兄)	朱瑞禄(堂兄)	—,11.8,同上
11.9 黄音清	20	七宁贞	谢戊娘	18	黄金娘	黄一观(父)	谢宗观(堂叔)	—,11.23,同上
11.13 唐或观	39	城内竹树巷	杨山娘	27	许新娘	自己	杨花观(父)	—,11.13,同上
11.16 黄忱观	26	蕉仔街	林温娘	24	邹世娘	黄温观(胞叔)	林茂兰(宗叔)	—,11.20,同上
11.16 施志成	28	观音亭	黄金娘	22	林叶娘	施象观(胞伯)	黄万全(族叔)	—,11.23,同上
11.16 陈德明	18	戈劳屈	刘淑娘	16	邹世娘	陈允生(父)	刘约观(堂叔)	—,11.6,同上
11.16 林田生	23	五脚桥	陈温英	18	黄金娘	林兴观(族兄)	陈兰宗(父)	—,11.20,同上
11.16 徐永泉	18	五脚桥	李金娘	15	黄金娘	徐甲生(父)	李煊观(父)	—,11.27,同上
11.16 蔡河池	21	丹兰望	方金娘	18	邹世娘	蔡仲山(父)	方琴观(胞兄)	—,11.20,同上
11.16 颜林兴	28	戈劳屈	杨雪娘	19	邹世娘	颜云兴(堂兄)	杨凤观(父)	—,11.22,同上
11.16 陈裕观	22	旧把杀	沈刘娘	18	黄金娘	陈妈兴(堂兄)	沈杏观(父)	—,11.22,同上
11.23 李田官	28	中港仔	陈文娘	18	林雪娘	李安观(堂叔)	陈光接(堂叔)	—,11.27,同上
11.23 陈霖观	32	八戈然	谢瑞娘	18	邹世娘	陈竹观(堂兄)	谢广源(父)	—,11.27,同上
11.23 邱岸观	25	五脚桥	张水娘	15	林甚娘	邱娇观(堂叔)	张荣华(父)	—,11.26,同上
11.24 严清水	24	乌褒土库	高秀娘	19	黄金娘	严元光(父)	高初见(堂叔)	—,11.27,同上
11.30 李金印	21	廿六间	杨级娘	18	黄金娘	李景郎(父)	杨汉官(胞叔)、雷	—,12.6,同上
11.30 雍微郎	22	五脚桥	陈满娘	20	王荣娘	雍人和(宗伯)	陈春水(宗叔)	—,12.4,同上
12.5 侯锦观	33	结石珍旧圩	张令娘	20	黄明娘	侯钟观(胞兄)	张金山(父)	—,12.6,黄永绿,戴明基
12.7 宋亚三	39	西门内	黎贵娘	16	朱兴娘	宋昌友(宗叔)	黎亚六(宗兄)	—,12.7,同上
12.7 伍添二	26	五脚桥	叶二娘	16	朱兴娘	伍秀二(宗叔)	叶乾观(宗叔)	—,12.19,同上
12.7 陈荣祖	26	中港仔	程职娘	18	黄金娘	陈碧山(胞兄)	程石珪(宗叔)	—,12.18,同上
12.7 李仁观	34	小南门把杀	周镭娘	19	黄金娘	李杏观(宗叔)	周邦观(父)	—,12.12,同上
12.7 陈富观	35	公司后	郭二娘①	31	黄金娘	自己	自己	—,12.10,同上

① 郭氏前夫张登郎,夫妇7年5个月身故,氏恬处至今年4年,无遗业,无儿女,无所依赖,今愿再嫁与陈富观为夫妻,永结同心,各无反悔,二比各押号为凭。

月日	新郎	年岁	住址	新娘	年岁	媒妁	男方主婚	女方主婚	备注
12.7	王其千	36	三间土库	陈迎娘	27	黄金娘	王佳观(宗叔)	陈妈抱(父) 原任雷珍兰	—,12.19,同上
12.7	陈亚传	21	质宁贞	林和娘	21	吴钦实	陈亚实(父)	林亚来(堂叔)	—,12.19,同上
12.14	苏霸生	20	泊面街	陈桃娘	18	黄招娘	苏宗训(父)	陈蜜观(胞兄)	—,12.19,同上
12.14	陈玉彝	21	中港仔	郑静娘	18	黄金娘	陈端然(胞叔)	郑三元(胞叔)	—,12.27,同上
12.14	刘持观	34	中港仔	李水娘	18	黄金娘	自己	李读观(父)	—,12.19,同上
12.14	罗仁观	32	洪溪戈奢园	吴秀娘	17	叶贵娘	罗海观(父)	吴开观(堂伯)	—,12.19,同上
12.21	吴福观	26	小南门把杀	林秀娘	18	许曲娘	吴根观(宗叔)	林双临(宗叔)	—,12.27,同上
12.21	钟亚八	44	监光六沙	蔡戊娘	18	赖二哥	钟芳文(胞叔)	蔡首观(堂叔)	—,12.27,同上
12.21	刘红毛	26	东门外	何庚娘	16	李二娘	刘约观(堂叔)	何水生(堂叔)	—,12.27,黄永绿,戴明基
12.21	陈齐观	41	大巷内	郭成娘	21	黄金娘	陈庞观(宗叔)	郭茄郎(胞伯)	—,12.31,同上
12.21	许欢昌	29	大南门外	郭戊娘	18	张亚罗	许云禄(堂叔)	郭赞玉(父)	—,12.27,同上
12.21	胡实禄	28	打铁街	黎碧娘	17	朱兴娘	胡板福(堂叔)	黎雍年(叔祖)	—,12.25,同上
12.21	黄西观	19	丹兰望	余金娘	17	陈玉娘	黄平观(宗兄)	余清容(胞兄)	—,12.27,同上
12.21	吴永法	20	质宁贞园	黄二那	19	王水娘	自己	黄南桂(堂兄)	—,12.28,同上
12.21	汤茯苓	19	茂扬把杀	陈清娘	18	陈清江	汤仙跳(父)	陈振彪(父)	—,12.22,同上
12.28	欧亚客	32	蕉仔街	苏全娘	23	胡蜜娘	自己	苏敏观(胞兄)	—,12.30,同上

总计:175 对

1826 年吧城唐人成婚注册表

月日	新郎	年岁	住址	新娘	年岁	媒妁	男方主婚	女方主婚	备注 交钱,结婚日,主事人
1.4	蔡禄观	20	观音亭	林德娘	16	林叶娘	蔡双全(父)	林杰生(父)	无写,唐历 1.11,黄永绿,戴明基
1.4	唐享光	39	班芝兰	胡双娘	18	黄金娘	唐敬观(堂叔祖)	胡报观(堂叔祖)	无写,1.9,同上
1.4	曾晚观	35	八茶贯	郑银娘	18	黄金娘	曾士观(堂兄)	郑任水(胞兄)	无写,1.15,同上
1.4	凌九昌	27	洪溪杉板寮	卢五妹	20	郭相章	凌辛喜(堂兄)	卢义登(父)	无写,1.21,同上
1.4	戴炉观	43	观音亭	罗水娘	22	王荣娘	戴严观(胞兄)	罗顺观(父)	无写,1.15,同上
1.4	叶壬水	30	小南门把杀	吕春娘	20	许曲娘	叶令观(堂叔)	吕昱观(父)	无写,1.8,同上
1.10	文朱印	19	职宁贞	张玉娘	16	许新娘	文禀观(父)	张谠观(堂兄)	无写,1.21,同上

1.11	黄灿郎	32	竹树巷	江绢娘	17	邹世娘	黄新挠(堂兄)	江成宗(父)	无写,1.15,同上
1.11	陈瑞珍	24	圣望港	李珠娘	16	王淑娘	陈生观(堂叔)	李绢长(父)	无写,1.15,同上
1.11	谢生观	27	八茶贯	徐周娘	26	黄招娘	谢锦云(堂兄)	徐振雄(族兄)	无写,1.15,同上
1.11	颜思章	27	大南门直街	田三娘①	19	李汝娘	自己	自己	无写,1.16,同上
1.11	林谨观	21	打铁街	韩妙娘	19	黄金娘	林法光(父)	韩宣光(胞叔)	无写,1.15,同上
1.18	王元隆	19	西门外	余雅娘	20	黄金娘	王潘观(父)	余江吉(胞叔)	无写,1.25,同上
1.18	陈渭盛	23	窑内	胡丁娘	19	邹世娘	陈渭宾(胞兄)	胡京观(父)	无写,1.25,同上
1.18	曾初观	34	观音亭	林英娘	21	林叶娘	曾典观(胞叔)	林廉清(宗叔)	无写,1.22,同上
1.18	陈已观	27	水锯顶	张恩娘	19	李汝娘	陈国禄(堂叔)	张维开(胞叔祖)	无写,1.25,同上
1.18	赖存桂	33	丹兰望	钟微娘	22	陈玉娘	赖明观(宗叔)	钟天赐(父)	无写,1.21,同上
1.25	林成祖	27	观音亭	王华娘	18	王茶娘	林釉观(宗叔)	王斗梁(胞兄)	无写,1.30,黄永绿,戴明基
1.25	詹谢愿	21	结石珍旧圩	林二娘	17	王荣娘	詹论观(父)	林万山(胞兄)	无写,2.1,同上
1.25	陈松茂	20	结石珍旧圩	詹亦娘	16	张月娘	陈松林(胞兄)	詹松观(父)	无写,2.5,同上
1.25	沈玉生	20	结石珍旧圩	詹鹤娘	16	张月娘	沈利观(族叔)	詹册观(父)	无写,2.5,同上
1.25	陈接生	58	甕菜河	许捷娘②	30	许曲娘	自己	自己	无写,1.29,同上
1.25	黄棹观	24	东门外	杨三娘	22	王荣娘	黄捷明(胞叔)	杨集观(族伯)	无写,1.28,同上
1.25	沈友观	26	观音亭	林成娘	17	黄金娘	沈赉观(堂兄)	林抄观(父)	无写,1.29,同上
1.25	张亚顺	34	五脚桥	叶石娘	19	许新娘	张亚甲(堂叔)	叶隆观(族兄)	无写,2.6,同上
2.1	邱保生	31	五脚桥	李淑娘	15	黄金娘	邱拜观(堂叔)	李绢长(父)	无写,2.6,同上
2.1	沈亚银	45	乌鬼巷	郑珠娘	18	罗丙娘	沈杏观(宗兄)	郑吉疾(父)(堂兄朝赐代)	无写,2.5,同上
2.1	林猫禄	27	观音亭	胡金娘	16	李汝娘	林宕山(兄)	胡中发(胞兄)	无写,2.6,同上
2.15	叶添观	35	新厝仔	许未娘	18	许曲娘	叶瑞玉(堂叔)	许德山(堂叔)	无写,2.19,同上
2.22	方茂观	34	灰窑内	王月娘	22	罗苏观	方固观(族叔)	王文秋(父)	无写,2.26,同上
2.22	林启祥	31	打铁街	钟英娘	19	王荣娘	林恬观(宗叔)	钟汉江(宗叔)	无写,2.27,同上
2.22	吴西老	40	观音亭	李浮厨③	24	王淑娘	自己	自己	无写,2.27,同上

① 田氏前夫钟庆二为夫妇8个月身故,留一女益娘方周岁,恬处至今已一年半无遗业无所依赖,今愿与颜为夫妻,永结同心,二比各花押为凭,知见吴开。

② 许氏前夫黄有坵为夫妇二年不幸身故,恬处4年,贫无所依,愿与陈为夫妻,永结同心,各无反悔,各花押为照。

③ 李氏前夫刘菊婚后一个月不幸身故,恬居3年,家计穷乏无所依靠,愿再嫁与吴为夫妇,永结同心,二比花押为凭。

3.1	许孔文	41	洪溪杉板寮	曾庚娘	17	叶桂娘	许荣才(堂兄)	曾和庆(父)	无写,3.3,同上
3.4	黄衡元	55	文丁旧圩	赖秀娘	47	叶瑞娘	自己	自己	无写,3.5,同上
3.8	曾返观	23	结石珍旧圩	詹春娘	17	王荣娘	曾报观(堂叔)	詹潭观(堂兄)	无写,3.21,同上
3.15	蔡迁基	24	丹仔望	黄添娘	16	陈玉娘	蔡乾观(堂兄)	黄成观(堂兄)	无写,3.16,同上
3.22	林慈官	27	小南门把杀	沈来娘	16	黄金娘	林忆观(宗叔)	沈麦观(父)	无写,3.27,黄永绿,戴明基
3.22	陈天生	30	中港仔	胡和娘	24	黄金娘	陈松观(父)	胡文观(胞兄)	无写,3.23,同上
3.22	韦亚富	43	小南门把杀	卢兰娘	17	蔡瑞娘	韦亚生(族叔)	卢丁秀(父)	无写,3.22,同上
3.22	许宇观	29	结石珍新圩	蒋质娘	19	黄明娘	许案观(胞叔)	蒋秋观(父)	无写,3.27,同上
3.22	张德华	28	水锯仔顶	刘杨娘	17	叶亚四	张亚满(堂叔)	刘相仟(父)	无写,3.31,同上
3.26	丁光水	32	小南门把杀	赖钗娘	20	赖新娘	丁拱观(堂兄)	赖夫观(父) 堂叔美观代	无写,3.27,同上
3.29	刘良贵	31	乌鬼巷	陈琴娘	17	王荣娘	刘苞观(堂兄)	陈体观(父)	无写,4.2,同上
3.29	叶盒	35	小南门把杀	吴不娘	19	许曲娘	叶猛观(堂兄)	吴均观(胞叔)	无写,4.7,同上
3.29	江求	51	公司边	高淑娘①	36	许曲娘	自己	自己	无写,4.2,同上
3.29	蔡访	37	圣望港过渡	陈六娘	22	黄士杰	蔡锦观(宗叔)	陈坚观(宗叔)	无写,4.7,同上
3.29	林宗顺	35	小南门把杀	甘邓娘	20	张元榜	林彦登(族叔)	甘亚新(父)	无写,4.26,同上
3.29	何亚七	38	洪溪杉板寮	许二娘	17	陈明远	何亚引(族兄)	许英观(族叔)	无写,4.10,同上
4.12	王道	33	八茶贯	张松娘	16	许曲娘	王蕊观(堂兄)	张德观(父)	无写,4.18,同上
4.12	李启	40	米涧前	张秋娘	18	王淑娘	李籐观(胞兄)	张文乾(叔祖)	无写,4.12,同上
4.20	蒋蕲	28	结石珍旧圩	翁罗娘	23	黄金娘	蒋堵观(堂兄)	翁田纯(宗叔)	无写,5.28,同上
4.26	罗苏	34	小南门内	王寿娘	22	黄金娘	罗启贤(宗兄)	王文秋(父)	无写,5.10,同上
4.26	郭绍章	19	大使庙过渡	王霜娘	16	黄金娘	郭献观(宗伯)	王照生(父)	无写,5.25,同上
5.3	林兴	26	八茶贯	黄端娘	16	许曲娘	林恶观(族兄)	黄爻观(族兄)	无写,7.10,同上
5.3	林德芳	28	惹牙兰	吴清娘	15	罗丙娘	林谋观(堂兄)	吴江生(胞兄)	无写,5.14,同上
5.3	赖长生	43	班芝兰埔	温庚娘	17	余福生	赖祥伯(堂叔)	温德富(父) 生母吴吉娘代押	无写,5.4,同上
5.3	陈南海	18	结石珍旧圩	周木娘	17	许曲娘	陈救观(族叔祖)	周渺观(堂兄)	无写,5.16,黄永绿,戴明基
5.3	张木厚	26	八戈然	陈红娘	17	许曲娘	张尚观(父)	陈靖观(父)	无写,5.25,同上
5.3	陈廉生	20	甕菜河	张林娘	17	许曲娘	陈接观(父)	张兄观(堂叔)	无写,5.8,同上
5.10	罗志	29	高奢园	赖三娘	19	叶桂娘	罗海观(族叔)	赖贤观(父)	无写,5.14,同上

① 高氏前夫蔡长,夫妻 12 年身故,寡守 6 年无所依,愿配与江为夫,永结同心,终无反悔,默氏知见许涌(签名)。

5.10	吴永言	18	高踏歹	陈凤娘	16	王淑娘	吴年观(族兄)	陈四海(堂叔)	无写,5.16,同上
5.10	陈第岸	26	灰窑内	蔡英娘	18	邹世娘	林参娘(母)	蔡维观(宗伯)	无写,5.19,同上
5.10	张符	24	王廍	林宝娘	23	袁妹娘	张玉山(堂叔祖)	林端观(宗叔祖)	无写,5.22,同上
5.17	邱经山	37	五脚桥	谢荫娘	29	许新娘	邱阔观(胞兄)	谢寿观(宗叔)	无写,5.21,同上
5.17	赖温	39	旧把杀	胡奴那	17	肖丙娘	赖天球(族叔祖)	胡文观(胞兄)	无写,5.22,同上
5.17	王奕篇	43	公司边	魏传娘	16	王荣娘	王奕前(胞兄)	魏生前(父)	无写,5.19,同上
5.17	韩东海	38	砖仔桥	张水娘	23	王荣娘	黄然娘(生母)	黄珠娘(母)	无写,5.21,同上
5.17	林恶	30	结石珍	胡杯娘	17	黄金娘	林平观(堂叔)	胡江洪(父) 生母叶端娘代押	无写,6.4,同上
5.17	张宣	26	亚森脚	李挨瓦	16	黄金娘	张安观(堂兄)	李长生(宗叔)	无写,5.25,同上
5.17	赵影	27	结石珍新圩	甘燕娘	18	王荣娘	赵勃观(族叔)	甘亲观(父)	无写,5.21,同上
5.17	张连秀	27	大南门外 吴文仪甲园内	吴金娘①	16	李汝娘	自已	自已	无写,5.17,同上
5.18	何振宗	23	丹兰州连	谢里娘	19	林心娘	何鸿祯(族叔)	谢君牛(堂兄)	无写,5.20,同上
5.21	张宇	22	小南门外	许习娘	19	黄金娘	张于观(宗叔)	许森观(族兄)	无写,5.21,同上
5.24	陈强	37	大巷内	许菊娘	18	黄金娘	陈位观(堂兄)	许荣才(父)	无写,5.25,同上
5.24	欧珠	28	八厨沃间	邱粉娘	15	潘金娘	欧亚龙(堂叔祖)	邱仰观(父)	无写,5.25,同上
5.24	曾东	34	西门内	陈二娘	16	饶勤生	曾万兴(堂兄)	陈亚二(父)	无写,6.4,黄永禄,戴明基
5.24	吴运淑	27	高劳屈	杨辛娘	16	刘三叔	吴永经(堂叔祖)	杨理龙(父) (宗叔亚志代)	无写,5.25,同上
5.24	蔡成祖	26	灰窑内	张宝娘	24	邹世娘	蔡仪光(胞叔)	张文玉(胞兄)	无写,5.24,同上
5.24	黄兴	44	新厝	刘銮娘	22	吕亚严	黄贤观(堂兄)	刘再生(父)	无写,5.25,同上
6.7	陈三喜	24	望加寺	郑七娘	18	蒋贞观	陈一生(堂兄)	郑水源(胞兄)	无写,7.16,同上
6.14	卢旺	54	文丁旧圩	黄言娘	37	邹世娘	自已	自已	无写,6.14,同上
6.16	徐友木	35	小南门外	李琼娘	22	许曲娘	徐戎观(宗叔)	李富观(宗叔)	无写,6.19,同上
6.21	梁亚超	37	小南门内	邓柏娘	24	王荣娘	梁本观(堂兄)	邓辛(胞兄)	无写,6.25,同上
6.21	林宁撰	20	圣望港渡船仔头	张爱娘	17	林叶娘	林钦生(宗兄)	张居生(胞叔)	无写,6.27,同上
6.21	林泽	51	文丁旧圩	张秀娘	27	卢质娘	自已	自已	无写,6.21,同上
6.27	林光浩	50	文丁旧圩	陈窝娘	28	卢质娘	自已	自已	无写,6.27,同上
6.28	刘庚	28	结石珍旧圩	陈来娘	21	张梅娘	刘焙观(族叔祖)	陈老(族叔祖)	无写,7.1,同上
6.28	郭南	33	丹兰州连	戴七娘	20	王荣娘	郭光观(族兄)	戴清河(父)	无写,7.1,同上

① 奉高甲必丹大判断,将吴金娘配与张连秀合婚为夫妇,遣达氏郑凤山报给婚字。

6.28	吴永成	38	文丁旧圩	林桂娘	27	黄金娘	自己	自己	无写,6.28,同上
6.28	黄法生	41	文丁旧圩	杨宁娘	38	黄金娘	自己	自己	无写,6.28,同上
7.18	黄心光	39	城内把杀	陈益娘	22	许曲娘	黄长安(堂兄)	陈权生(堂叔祖)	无写,7.18,同上
7.19	张南淑	32	大南门外	陈兴娘	17	李汝娘	张增观(堂兄)	陈伦盛(胞伯)	无写,7.25,同上
7.19	涂英观	35	洪溪	黄安娘	19	潘金娘	涂然观(胞兄)	黄仁杰(父)	无写,7.19,同上
7.19	蔡传宗	20	圣望港	吴双娘	17	黄金娘	陈鸾娘(母)	吴桂泉(堂叔)	无写,7.19,同上
7.20	林山观	38	(缺写)	李结娘	20	林印娘	林泽观(堂兄)	李仁生(父)	无写,8.7,同上
8.2	谢泰生	22	小南门把杀	陈佳娘①	21	许曲娘	谢甲愿官(族叔祖)	陈岸观(父)	无写,9.2,黄永绿,戴明基
8.9	黄曲生	25	结石珍旧圩	潘忠娘	20	许曲娘	黄禄生(父)	颜允娘(母)	无写,8.14,同上
8.9	卢松林	20	文丁旧圩	林士娘	20	韩涯观	卢昆山(父)	林凤观(父)	无写,8.14,同上
8.14	任艳生	23	八茶贯	蔡喜娘	16	王荣娘	任狮观(父)	蔡双全(宗叔)	无写,8.15,同上
8.23	黄碧汪	22	圣望港	沈东萼	17	王荣娘	黄燕观(父)	沈笑观(父)	无写,8.23,同上
8.23	曾新喜	37	观音亭	潘蜜娘	19	黄金娘	曾福生(堂兄)	黄珍娘(母)	无写,9.2,同上
8.23	王光观	50	小南门把杀	林水娘②	20	邹世娘	自己	自己	无写,8.23,同上
8.24	连开生	20	槟榔社	胡水娘③	19	(缺写)	连天怜(胞伯)	黄金娘(养母)	无写,无,同上
8.30	胡叶观	35	小南门把杀	韩银娘	22	王淑娘	自己	韩水生(胞兄)	无写,9.11,同上
8.30	李庆章	40	八厨沃干	王现娘	24	王荣娘	李有观	唐宝娘(生母)	无写,9.4,同上
8.30	张鹤观	22	丹兰望	蔡高哪	22	陈玉娘	张闩观(族兄)	蔡乾观(胞兄)	无写,9.10,同上
9.2	黄高生	54	文丁旧圩	罗来娘④	46	王荣娘	自己	自己	无写,无,同上
9.6	郑怀玉	22	结石珍旧圩	张英娘	19	黄金娘	郑伴观(堂伯)	张德生(父)	无写,9.21,同上
9.6	谢祝生	20	赌公司后	邱清娘	15	黄金娘	谢榴观(宗叔)	邱绵观(宗叔)	无写,9.6,同上
9.6	王建观	24	新池	杨紫娘	17	黄梅娘	王兰观(堂兄)	杨骞观(父)	无写,9.17,同上
9.13	郭罕观	48	观音亭	陈笔娘	17	王荣娘	郭养宗(宗伯)	陈天水(父)	无写,9.13,同上
9.13	叶馨观	26	小南门把杀	陈宁娘	17	许曲娘	叶来服(胞叔)	陈顺观(父)	无写,9.17,黄永绿,戴明基
9.13	陈挂观	29	西门外	张增娘	20	许曲娘	陈竹观(堂兄)	张海生(父)	无写,9.21,同上

① 此婚字凭公堂判退婚各从别适。谨此批照。(1826 年 9 月 1 日)

② 林氏前夫丘柱为夫妻一年三个月身故,生一女贞娘 3 岁,恬处至今 3 年无依赖,愿与王光为夫妇,永结同心,花押为凭。

③ 奉高甲必丹大巡案夺判合,令连开生与胡水娘为结发夫妻,即日给付婚字,准其择吉日成亲。谨此存案。

④ 罗氏前夫邓枫为夫妻 6 年身故,恬处至今 14 年无依赖,愿再嫁与黄为夫妻,永结同心,各无反悔,二比花押为凭。

9.13	林瑞德	21	圣望港	叶质娘	17	许曲娘	林恒光(宗叔)	叶泰山(胞兄)	无写,9.17,同上
9.13	许文凤	18	五脚桥	李央娘	17	王荣娘	许澄海(兄)	李天福(堂兄)	无写,9.20,同上
9.13	黄珠生	20	文丁旧圩	林劝娘	18	黄金娘	黄合观(父)	林万福(堂兄)	无写,9.23,同上
9.13	陈文达	21	西门外	吴鹤娘	16	黄金娘	陈文律(兄)	吴宁生(堂兄)	无写,9.20,同上
9.13	苏德和	18	文丁旧圩	蔡八娘	18	林万福	苏海岸(父)	蔡回观(父)	无写,10.6,同上
9.17	邱宏观	23	五脚桥	黄正娘	15	许申娘	邱祈山(堂叔祖)	黄临生(堂兄)	无写,9.17,同上
9.20	林修观	41	灰窑内	王才娘	28	林叶娘	林抄观(宗兄)	王锐观(父)	无写,9.24,同上
9.20	陈甲妈抱	59	三间土库	康专娘	41	许曲娘	陈开生(宗兄)	康发生(胞兄)	无写,9.31,同上
9.20	杨新郎	26	七宁贞	李郭娘	26	林传娘	杨定光(宗兄)	李松林(胞兄)	无写,9.24,同上
9.20	苏洪生	30	万丹	古应娘	18	胡金娘	苏丝观(父)	古交玉(堂叔)	无写,9.24,同上
9.27	柯案观	26	把杀内	陈源娘	23	王荣娘	柯文章(宗兄)	陈建观(父)	无写,10.2,同上
9.27	黄容川	30	大南门亚森	张珠娘	22	黄金娘	黄碧渊(胞叔)	张才光(胞兄)	无写,10.6,同上
9.27	赖火生	26	文丁旧圩	吴添娘	18	赖长发	赖绿云(堂兄)	吴通观(胞叔)	无写,10.3,同上
9.27	王和尚	32	小南门	谢窝娘	15	许曲娘	王仕兴(堂叔)	谢隆生(父)	无写,10.1,同上
9.27	陈江	43	结石珍旧圩	谢山娘①	21	王荣娘	自己	自己	无写,10.1,同上
9.27	曾瑞相	36	水锯仔顶	张丁娘	20	李二娘	曾隆哥(胞叔)	张万秀(堂叔)	无写,10.1,同上
10.11	叶阿来	23	大南门直街	陈来娘	16	无写	叶盛贵(父)	陈圭生(堂叔)	无写,10.5,同上
10.11	蔡三贵	20	鉴光窝北	翁一娘	20	邹世娘	蔡缘观(堂叔)	翁周观(胞兄)	无写,10.5,黄永禄,戴明基
10.11	温金秀	38	马六甲街	陈辛娘	16	叶贵娘	温海仰(宗叔)	陈屐兰(父)	无写,10.16,同上
10.11	饶义连	48	东门外	曾辛妹	16	罗丙娘	饶兴荣(宗兄)	曾壬生(胞兄)	无写,10.16,同上
10.13	王壬癸	21	小南门把杀	林汝娘	19	黄金娘	王潘观(堂兄)	林元益(父)	无写,10.15,同上
10.25	刘开芳	41	乌鬼巷	黄苑娘	24	胡金娘	刘开仕(胞兄)	黄衡生(堂叔)	无写,10.28,同上
10.25	黄滩观	38	中港仔新厝	陶传娘	21	黄金娘	黄有汉(宗兄)	陶仕郎(父)	无写,11.5,同上
11.1	林勋观	25	小南门把杀	蔡照娘	17	许曲娘	林音观(堂兄)	蔡篆观(堂叔祖)	无写,11.5,同上

① 谢氏前夫甘新客伍大使庙,为夫妇2年身故,氏恬处4年遗一子名甘长已5岁,女流无所赖,今愿再嫁与陈江为夫妻,永结同心,各无反悔,花押为凭。

11.1	陈珠观	34	小南门把杀	杨清娘	17	许曲娘	陈孔观(宗兄)	杨茂观(父)	无写,11.27,同上
11.1	郑江龙	21	亭仔脚	罗苗娘	19	黄金娘	郑洪观(宗叔)	罗顺观(宗叔)	无写,12.11,同上
11.1	蔡理观	27	丹兰望	高淑娘	25	陈玉娘	蔡仲山(堂叔)	高大观(堂兄)	无写,11.5,同上
11.1	杨奇生	41	班芝兰直街	陈水娘	15	王荣娘	杨荣宗(宗兄)	陈夺观(宗叔)	无写,11.12,同上
11.1	叶利晋	17	中港仔新厝	陈园娘	17	丘恩娘	叶盛亨(父)	陈连瑞(胞兄)	无写,11.12,同上
11.1	李永元	22	结石珍旧圩	马定娘	22	王荣娘	李天赐(父)	马忠观(父,病胞兄长水代)	无写,11.15,同上
11.8	唐双全	19	结石珍旧圩	陈心娘	17	张来娘	唐怜观(父)	陈青阳(父)	无写,11.18,同上
11.8	罗言哥	35	大南门外	吴丁娘	20	李二娘	罗孟哥(胞兄)	吴树娘(父)	无写,11.21,同上
11.8	曾亚友	34	泊面街	钟庚娘	17	卢丙娘	曾国盛(胞叔)	钟聪伯(父)	无写,11.8,同上
11.8	谢泰山	22	小南门把杀	陈秋娘	16	邹世娘	谢甲愿官(宗叔祖)	陈坚观(父)	无写,11.15,同上
11.8	林三阳	18	大南门外	韩春娘	16	邹世娘	林三牙(叔祖)	韩乙观(宗叔)	无写,11.18,同上
11.8	吴水盛	53	旧把杀内	庄宝娘①	24	邹世娘	自己	自己	无写,11.12,同上
11.8	林长泉	19	文丁旧圩	黄娇娘	22	林云娘	林轻观(叔祖)	黄同观(胞叔)	无写,11.21,同上
11.9	高俊杰	19	窑内	林信娘	18	黄金娘	高德彰(父,特授甲必丹)	林发观(父)	无写,11.15,杨汉官,戴明基
11.22	张衍观	29	结石珍旧把杀	蔡水娘	23	王荣娘	张摘观(宗兄)	蔡眼观(父)	无写,11.25,黄永绿,戴明基
11.22	赖帆观	35	龙光廊地	卢育娘	20	张止娘	赖银观(胞叔)	卢味观(宗叔)	无写,12.1,同上
11.22	黄永顺	24	廿六间	林八娘	19	(缺写)	黄号郎(父)	林栋观(堂兄)	无写,11.27,同上
11.22	林传观	32	八厨沃间	陈春娘	22	许曲娘	林语观(堂兄)	陈文博(宗兄)	无写,12.3,同上
11.22	沈卓观	30	鉴光窝北	曾贵娘	22	邹世娘	沈茂生(堂兄)	曾天经(胞兄)	无写,11.22,同上

① 庄氏前夫林素琴夫妻5年身故,上无女儿,下无遗业,愿与吴永结同心,花押为照。

11.22	梁江生	37	槟榔社	练已娘	18	郑宜娘	梁二哥(宗叔)	练阿生(父)	无写,1.21,同上
11.26	李壬寿	44	干冬圩	曾妹娘	20	曹登伯	李福庆(宗兄)	曾亚发(父)	无写,12.1,同上
11.29	许金观	21	小南门把杀	陈妙娘	18	许曲娘	许胡观(堂叔)	陈罕观(父)	无写,12.14,同上
11.29	李望光	24	结石珍	蔡顺娘	17	蔡九娘	李宗德(堂兄)	蔡天水(胞叔)	无写,12.25,同上
11.29	林书观	23	结石珍	王姜娘	22	王荣娘	林元观(胞兄)	王缉生(父)	无写,12.6,同上
11.29	张文观	28	亚森脚	林恩娘	16	罗丙娘	张汉水(父)	林候哲(父)现住四里末,堂叔光艺代	无写,12.25,同上
11.29	赵杏观	38	结石珍	唐正娘	18	陈体观	赵英观(堂叔)	唐三观(堂兄)	无写,12.7,同上
11.29	黄求生	20	新厝	郭必娘	18	黄金娘	黄浩观(胞伯,病,黄灏代)	郭绰观(父,病,子天宗代)	无写,12.1,同上
12.6	吴长任	18	八茶贯	李学娘	16	黄金娘	吴武西(父)	李沛泉(兄)	无写,12.14,同上
12.6	叶仰观	34	小南门把杀	杨珠娘	19	林叶娘	叶溪观(宗兄)	杨捷观(父)	无写,12.14,同上
12.6	黄顺观	30	乌鬼巷	曾明牛	19	林音娘	黄朝水(胞兄)	曾江汉(父)	无写,12.19,同上
12.6	陈膠郎	23	圣墓港	徐腰娘	20	许曲娘	陈春观(胞兄)	徐接观(宗兄)	无写,12.25,同上
12.6	朱瑞亨	31	洪溪头	何长娘	16	邱意观	朱瑞郎(胞兄)	安英娘(母)	无写,12.14,同上
12.6	谢子缵	37	大南门	张辛娘	16	叶癸娘	谢统寿(堂叔)	张振钦(父)	无写,12.6,同上
12.6	纪天助	28	灰窑	王蓉娘	18	黄金娘	自己	王前观(父)	无写,12.14,黄永绿,戴明基
12.13	郭广生	18	小南门	陈雅娘	18	许曲娘	郭牛老(宗兄)	陈镭观(胞伯)	无写,12.25,同上
12.13	陈安水	23	杀牛巷	林绒娘	20	许曲娘	陈镭观(胞伯)	林曲观(胞兄)	无写,12.25,同上
12.13	巫春润	30	八茶贯	钟已娘	18	叶癸娘	巫昌夫(宗叔)	钟亚凤(胞兄)	无写,12.17,同上
12.13	戴昆山	40	城内把杀	黄律娘	17	黄金娘	戴春光(堂兄)	黄文滔(堂兄)	无写,12.18,同上
12.20	黄初云	18	文丁旧圩	苏津娘	16	卢捷观	黄厚观(父)	苏卑观(父,病,胞叔苏存代)	无写,12.25,同上

12.20	黄禄观	17	赌公司边	郑明娘	16	黄金娘	黄荣观(父)	郑成观(宗叔)	无写,1.7,同上
12.20	陈北长	26	结石珍	李捧娘	15	陈运昌	陈赁观(堂叔)	李绍奕(叔)	无写,12.25,同上
12.27	陈启祐	31	打铁街	王金娘	20	邹世娘	陈克缵(堂兄)	王振盛(堂伯)	无写,12.31,同上
12.27	杨台观	27	打铁街	林蜜娘	15	邹世娘	杨印观(堂叔)	林本观(宗叔)	无写,12.31,同上

总计:180 对

1827 年吧城唐人成婚注册表

月日	新郎	年岁	住址	新娘	年岁	媒妁	男方主婚	女方主婚	备注 交钱,结婚日,主事人
1.3	林马官	37	干冬圩	曾迪娘	20	张爱娘	林屋官(宗叔)	曾成官(父)	唐 1.7,黄永禄,戴明基
1.3	杨锥官	29	惹牙毛吃	陈益娘	15	陈玉娘	杨葛官(胞叔)	陈茶生(胞叔)	1.12,同上
1.3	陈剑官	27	观音亭	蔡员娘	16	林叶娘	陈流水(宗叔)	蔡双全(宗叔)	1.10,同上
1.3	吴强生	27	西门监光猫汝	余润娘	16	丘印娘	吴忠恩(宗兄)	余敬娘(姑)	1.7,同上
1.9	黄玉麟	27	结石珍新圩	温庚娘	17	黄亚添	黄士赉(胞叔)	温启广(兄)	1.10,同上
1.10	陈临郎	21	戎高兰	林恋娘	16	黄金娘	陈登官(父)	林长官(堂叔)	1.14,同上
1.10	黄朝成	36	小南门把杀	陈贤娘	20	黄金娘	黄贤官(宗叔)	陈奭官(父)	1.14,同上
1.10	黄木生	23	大使庙	林来娘	14	王荣娘	黄娇官(堂叔祖)	林动官(父)	1.14,同上
1.10	方瘧官	36	五脚桥	许元娘	17	许曲娘	方板官(堂兄)	许丕官(宗伯)	1.14,同上
1.17	张任郎	21	结石珍旧圩	薛宣娘	16	张来娘	张富官(父)	薛拆官(堂叔)	1.26,同上
1.17	林茂官	36	中港仔公司	李针娘	19	黄金娘	林尚官(堂叔祖)	林成娘(母)	1.26,同上
1.17	潘庇官	32	泊面街	余宣娘	19	黄金娘	潘排官(堂兄)	余清容(兄)	1.26,同上
1.17	陈坛官	40	八戈然	钟亮娘	30	黄金娘	陈位官(宗兄)	钟天水(父)	1.23,同上
1.18	张亚三	30	槟榔社	叶蜜娘	16	李汝娘	张振钦(族叔祖)	叶盛桂(父)	1.23,同上
1.19	王办官	46	亭仔脚	麦保娘	16	许曲娘	王偶官(宗兄)	麦曲官(胞兄)	1.21,同上
1.26	钟清容	27	大港墘	郑丙娘	23	叶丁娘	钟宏长(宗兄)	郑朝赐(宗兄)	1.26,同上
1.31	张法官	31	中港仔	陈银娘	15	许曲娘	张水办(堂兄)	陈光艺(兄)	2.1,同上
1.31	钟入官	48	三间土库	蒋拔娘	21	黄金娘	钟天水(宗兄)	蒋放官(堂兄)	2.1,同上

2.6	许天锡	20	小南门把杀	郑宜娘	17	黄金娘	许春官(父)	郑太平(宗伯)	2.14,同上
2.7	黄琰芳	41	新厝	刘裕娘	16	叶桂娘	黄景龙(宗兄)	刘恩官(父)	2.13,同上
2.26	王守官	38	丹兰望	张愿娘①	44	黄金娘	自己	自己	无写,黄永绿,戴明基
2.28	吴天恩	26	质宁贞	陈鹤娘	26	王淑娘	吴甲文信(族叔)	陈成功(父)	3.10,黄永绿,陈永元
2.28	黄天英	28	城内把杀	林邦娘②	28	王荣娘	自己	自己	2.28,同上
2.28	张才官	36	道士巷内	余基娘	19	王淑娘	张呈官(堂叔)	余五京(堂兄)	3.4,同上
3.1	林力官	32	丹兰望	朱曾娘	18	许曲娘	林顶官(堂兄)	苏宣娘(生母)	3.5,同上
3.7	戴牛生	28	乌鬼巷	张文娘	21	王荣娘	戴荣官(宗兄)	张纳官(父)	3.11,同上
3.7	詹得泉	20	小南门把杀	杨爱娘	17	黄金娘	詹溪水(父)	杨河官(堂叔)	3.15,同上
3.7	沈本官	34	小南门把杀	钱芳娘	20	黄金娘	沈杏官(胞叔)	钱朱生(胞兄)	3.16,同上
3.7	陈捷魁	19	大南门外直街	杨贤娘	17	黄金娘	陈威仪(父)	杨甲汉官(胞叔)	3.10,同上
3.7	黄亚泰	28	水锯仔顶	温丁娘	20	刘朝锦	黄亚池(堂兄)	温云合(宗兄)	3.11,同上
3.7	王厘官	30	文丁旧圩	卢裕娘	18	陈珠生	王唱官(宗叔)	卢昧官(宗叔)	3.11,同上
3.14	黄照官	25	结石珍新圩	侯荣娘	18	陈玉娘	黄王挺(堂叔)	侯景官(堂叔)	3.16,同上
3.14	陈端官	36	亭仔脚	林雁娘	22	王荣娘	陈学书(堂兄)	林培官(父)	3.15,同上
3.14	王贵琳	27	西门外大埔	陈荣娘	17	林霜娘	王彭官(父)	陈印官(胞兄)	3.15,同上
3.14	陈妈辰	39	乌鬼巷	张牛娘	15	王荣娘	陈体官(宗兄)	张昌官(宗叔)	3.18,同上
3.15	梅桃官	30	宰牛巷	丘水娘	22	黄金娘	梅辰旦(宗叔)	丘才官(父)	3.16,同上
3.21	吕芋官	29	公司边	侯丁钫	15	林叶娘	吕昱福(宗叔)	侯艳官(父)	3.25,同上
3.25	高玉林	20	中港仔	林秀娘	16	黄金娘	高海生(父)	林长官(堂叔)	3.30,同上
4.11	卢辰生	20	旧塚角	郭三娘	16	林仁娘	卢振三(胞叔)	郭应元(父)	4.22,同上
4.11	谢元陞	38	泊面街	池然娘	15	王荣娘	谢宝官(宗叔)	池亦周(兄)	4.21,同上
4.18	王水源	49	班芝兰	戴兰娘	32	王荣娘	王仕兴(族兄)	戴英官(胞兄)	4.22,同上
4.19	张克生	35	中港仔	韩维娘③	35	许曲娘	自己	自己	4.19,同上

① 遵公堂丙戌年七月二十二日吧 1826 年 8 月 25 日案夺,准王守求给婚字。据张愿娘供称:伊前夫陈艳照为夫妇 6 年 3 个月,生下二女,名陈银娘 2 岁,陈簸娘 1 岁,艳不幸仙逝,有 7 年之久,至和 1812 年再嫁王守为夫妻,至今 16 年,生下一男名王文显,年 15 岁,又生一女名王劳智娘,年 7 岁,永结同心,各无反悔,二比花押为凭。

② 林氏前夫杨德修夫妇 6 年身故,有孕一女名杨合娘,恬处 8 年之久,无所依赖,愿与黄为夫妻,永结同心,二比甘愿花押为凭。

③ 韩氏前夫王高生为夫妻 13 年身故,生下二男:王兴 3 岁,王海 10 个月,二女:吉娘 9 岁,金娘 7 岁。恬处至今 4 年之久,无所依赖,今愿嫁与张为夫妇,永结同心,各无反悔,二比花押为凭。

4.19	林呼官	27	圣望港	黄莲娘	18	黄腾官	林边官(宗兄)	黄燕官	4.22,同上
4.19	黄合官	52	文丁旧圩	杨爱娘	41	黄金娘	自己	自己	4.19,同上
4.28	林胡官	53	八茶罐	叶秀娘①	30	黄金娘	自己	自己	4.29,同上
5.3	丘提老	34	五脚桥	文巧娘	20	林荫娘	丘央官(堂叔)	文点官(堂叔祖)	5.6,同上
5.4	郭寅官	24	观音亭	陈长娘	23	王荣娘	郭养宗(父)	陈水生(胞兄)	5.15,同上
5.4	叶参官	25	丹兰望	蔡春娘	17	陈玉娘	叶微官(宗兄)	蔡仲山(宗叔)	5.6,同上
5.4	曾谦官	36	大南门外直街	胡近娘	27	林叶娘	曾典官(族叔祖)	胡滔官(父)	5.15,同上
5.5	杨珠生	20	望寮	林米娘	18	游一官	杨千官(父)	林实官(堂兄)	5.9,同上
5.5	丘葱官	30	西门内	陈均娘	25	邹世娘	丘绵官(族叔祖)	陈孔是(宗叔)	5.6,同上
5.5	陈友来	42	顶八厨仔间	吴尾娘	27	黄金娘	陈文官(胞叔)	吴远官(胞兄)	5.11,同上
5.5	梁天护	27	中港仔	林甘娘	20	黄金娘	梁霜官(宗叔)	林宇官(父)	5.14,同上
5.5	刘雅官	34	八茶罐	黄莺娘②	33	黄金娘	自己	自己	5.6,同上
5.8	谢成官	36	班芝兰	杨世娘③	25	王荣娘	自己	自己	5.21,同上
5.8	黄厚官	51	文丁旧圩	林蜜娘	39	黄金娘	自己	自己	5.8,同上
5.9	许坛官	40	班芝兰	詹高娘	28	许曲娘	许淼官(宗兄)	詹顺官(父)	5.20,同上
5.9	陈成佳	39	大南门外直街	张进娘	22	李汝娘	陈成绪(堂兄)	琼娘(母)	5.29,同上
5.9	曾野官	37	结石珍新把杀	许宣娘	25	王点娘	曾报官(堂兄)	许宇官(堂叔)	5.11,同上
5.9	黄添淑	36	惹牙毛吃	温四娘	18	温腾官	黄仁杰(宗叔)	温景宁(父)	5.11,同上
5.9	丘堂官	29	五脚桥	林来娘	17	许新娘	丘娇官(族叔)	林田官(堂兄)	5.13,同上
5.9	林佳和	20	八戈然	蒋宇娘	15	黄金娘	林甲东汉(宗叔)	蒋卫川(胞伯)	5.14,同上
5.9	苏海雁	51	文丁旧圩	王束娘	39	黄金娘	自己	自己	5.9,同上
5.9	阮武官	44	文丁新圩	林寅娘	41	黄金娘	自己	自己	5.9,同上
5.9	陈温郎	28	文丁旧圩	林沾娘	25	黄金娘	自己	自己	5.9,同上
5.9	杨传位	30	亭仔脚	李良娘	18	黄金娘	杨光强(胞叔)	李天赐(堂伯)	5.17,同上
5.9	罗葵官	32	廿六间	黄二娘	16	许曲娘	罗奇老(堂兄)	黄娇官(父)	5.14,同上

① 叶氏前夫张甲水官为夫妻9年身故，氏恬处至今5年之久，女流无所依赖，愿配与林为夫妇，永结同心，花押为凭。

② 黄氏前夫丘光仕为夫妻3年身故，恬处至今7年，女流之辈无依赖，愿与刘为夫妇，永结同心，二比甘愿花押为凭。

③ 杨氏前夫李朱葛礁镇川官为夫妻11个月不幸身故，恬处至今4年无所依赖，愿嫁与谢为夫妇，永结同心，各无反悔，二比甘愿花押为凭。

5.12	韩四吉	36	渡仔头	林批娘	25	邹世娘	韩楼官(族叔)	林一官(父)	5.14,同上
5.14	陈鲤翔	38	城内竹树巷	叶忆娘①	32	许曲娘	自己	自己	5.15,同上
5.16	陈题官	29	米涧前	蔡碧娘	15	郑远娘	陈永瑞(宗兄)	蔡恩官(父)	5.20,同上
5.16	吴麟山	30	亚森脚	李彦娘	17	黄金娘	吴甲文信(胞叔)	李天赐(胞伯)	5.24,同上
5.17	张天赐	20	灰窑内	杨慎娘	18	王淑娘	张三友(胞叔)	杨成祖(胞兄)	5.18,同上
5.25	何廷襄	34	蕉仔街	萧申娘	16	谢增寿	何承登(堂叔祖)	萧振官(父)	6.14,黄永绿,陈永元
5.27	许亚八	19	洪溪	黄葺娘	16	李汝娘	许亚六(宗兄)	黄万丹(父) 宗叔黄九代押	6.3,同上
5.31	陈连姐	28	中港仔	黄营娘	19	黄金娘	陈郎官(族叔)	黄报官(父)	6.3,同上
6.6	陈理生	23	洪溪	许正娘	16	许曲娘	陈大混(宗兄)	许永合(胞叔)	6.15,同上
6.6	刘亚开	40	结石珍旧圩	许己娘	29	李汝娘	刘庚生(胞兄)	许亚满(宗兄)	6.15,同上
6.12	蔡木生	21	帽垅	林吉娘	20	廖得成	蔡亚七(胞叔)	林顺光(父)	6.14,同上
6.16	徐麟二	29	公司后	卢州钫	17	潘金娘	徐焕南(堂叔)	卢登秀(堂叔)	6.17,同上
6.17	陈永良	18	监光甘蜜	黄吉娘	15	王荣娘	陈友进(父)	黄甲永禄(宗叔)	无写,同上
6.20	郑狮官	38	圣望港	李如娘	16	林叶娘	郑太平(宗叔)	李位官(宗叔)	7.8,同上
6.20	刘伦官	40	安恤园内	黄毛娘	22	孙二娘	刘持官(族叔)	黄新尧(堂兄)	6.24,同上
6.21	林茂兰	40	观音亭	吴玉娘	18	邹世娘	林柔官(宗叔)	吴灿官(宗兄)	7.8,同上
6.27	詹搭官	28	中港仔	李惜娘	14	黄金娘	詹仕锦(堂伯)	李发官(父)	6.29,同上
6.27	李长衍	23	中港仔	沈从娘	19	黄金娘	李上寅(父)	沈雄官(胞兄)	7.13,同上
6.27	黄记官	34	中港仔	李桂娘	27	黄金娘	黄籐官(族叔)	李尚典(父)	7.12,同上
6.28	黄太山	21	廿六间	吴群娘	20	黄金娘	黄灏郎(父)	吴亚楼(父)	7.5,同上
7.4	徐义	25	小南门把杀	卢越娘	17	罗丙娘	徐云观(堂兄)	卢长鳌(族叔)	7.8,同上
7.6	黄恭	39	洪溪	兰荣娘	26	黄金娘	黄心光(胞兄)	兰昶官(族兄)	7.15,同上
7.11	罗清	28	大乌	陈庚娘	18	罗丙娘	罗海哥(堂伯)	陈南秀(胞兄)	9.21,同上
7.17	叶三寅	46	中港仔	林凉娘	20	邹世娘	颜顺娘(生母)	林甘郎(胞叔)	7.19,同上
7.18	张亲堂	25	洪溪戈奢园	陈跻娘	16	罗丙娘	张宝(族叔)	陈国六(父)	7.22,同上
7.18	黎奕泮	44	结石珍旧圩	黄雅娘	18	李汝娘	黎聪(堂兄)	黄丙生(父)	7.21,同上
7.20	涂亚三	33	中港仔	冯润娘	15	(缺写)	涂亚福(族兄)	冯亚二(父 堂叔祖德兰代)	7.22,同上

① 叶氏前夫潘岱夫妻 11 年身故,生一男名双春 13 岁,恬处 5 年无所依赖,愿招陈为夫妇,永结同心,二比甘愿花押为凭。

7.22	张德海	35	小南门内	黄信娘	25	叶水娘	自己	自己	7.22,同上
7.25	陈继生	18	观音亭	梁云娘	18	王荣娘	陈开生(宗伯)	梁珠碧(父)	8.2,同上
8.1	陈活	30	结石珍旧圩	蔡可娘	22	邹世娘	陈凛(堂兄)	蔡春官(父)	8.6,同上
8.1	林映瑞	22	八厨沃间	陈雅娘	21	邹世娘	林胡官(堂兄)	陈天送(宗兄)	8.11,同上
8.13	院文	52	望加寺	陈夏娘	23	王荣娘	自己	陈岸官(父)	8.15,同上
8.25	张亚六	40	东门内	陈恩娘	16	李汝娘	张观宝(堂叔)	张月娘(母)	10.11,同上
8.29	李顶	37	结石珍旧圩	詹灶娘	15	王荣娘	李陆(族叔)	詹产官(父)	8.30,同上
9.11	杨得水	30	八厨沃间	林银娘	23	邹世娘	杨良海(胞兄)	林昆山(胞兄)	9.12,同上
9.12	叶三梯	36	观音亭新厝	唐梓娘	18	王淑娘	叶孟津(宗兄)	唐就成(父)	9.18,同上
9.12	谢壬生	26	泊面街	旧六娘	18	郑远娘	谢统官(堂叔)	田庚义(族兄)	9.16,同上
9.12	林亚卫	42	膠泊	温二娘	16	杨亚栋	林佛官(族叔)	温德富(父)	9.18,同上
9.15	陈缵龄	31	八厨沃间后巷	林房娘	21	邹世娘	陈攀郎(父)	林显官(父)	9.30,同上
9.19	李荐	31	五脚桥	丘绢娘	16	许新娘	李光赞(宗兄)	丘仕官(族叔)	9.23,同上
9.19	刘位兰	42	大南门内	唐新娘	17	熊四官	刘元二(堂兄)	唐芹官(父)	9.19,同上
9.19	邓炎寿	30	职里丹	杨五娘	19	黄教官	自己	杨盛景(父)	9.30,同上
9.19	王天麟	34	惹牙兰	郑春娘	24	(缺写)	王潘官(宗叔)	郑音官(堂兄)	9.28,同上
9.20	陈景明	27	结石珍旧圩	汤大娘	16	邹世娘	陈景隆(胞兄)	汤宗官(宗叔祖)	9.22,同上
9.22	吴淑凤	18	中港仔	戴满娘	15	黄金娘	吴武到(父,宗叔治官代)	戴明官(父)	10.2,同上
9.22	王全禄	25	蕉仔街	陈明娘	15	林叶娘	陈园娘(母)	陈专官(父)	10.6,同上
9.22	王发生	21	大港墘	陈鹤娘	18	黄金娘	王文滔(父)	陈偶然(父,胞叔端然代)	9.28,同上
9.26	王喜官	33	结石珍新圩	林高娘	18	张爱娘	王醮官(堂兄)	林珠清(胞兄)	10.5,同上
9.28	陈从海	22	观音亭园内	张接娘	19	王荣娘	陈夺官(宗兄)	张金娘(胞姊)	9.30,同上
9.28	余长寿	19	薄面街	高滥娘	18	黄金娘	赵灿娘(母)	高德彰(父)	10.11,同上
9.28	陈总岩	29	中港仔	黄雅娘	15	黄金娘	陈兰宗(堂兄)	黄文喜(宗叔祖)	10.2,同上
9.29	郭牵官	27	小南门把杀	林友娘	19	林心娘	郭阳官(族叔)	林应水(宗叔)	10.11,同上
10.3	叶効官	24	小南门把杀	陈敬娘	23	许曲娘	叶四哥(宗伯)	陈振位(族兄)	11.11,同上
10.3	谢长水	26	圣望港内	叶七娘	19	许曲娘	谢员官(堂兄)	叶同邻(胞兄)	10.11,同上
10.3	张亚四	34	八厨沃间	林银娘	18	王淑娘	张阿甲(堂叔)	林开生(胞叔)	10.14,同上
10.6	林敦	33	城内竹树巷	李每娘	18	黄金娘	林罕(族兄)	李佛(胞兄)	10.17,同上
10.6	李赞	20	戈奢园	王挨瓦娘	15	潘金娘	李尚典(宗叔)	王专光(胞兄)	10.7,同上

10.10	郑狮	38	中港仔	陈婚娘	19	廖明娘	郑六哥(宗叔)	陈涌官(父)	10.11,同上
10.10	陈瑞英	22	砖仔桥	钟球娘	18	王荣娘	陈宛官(堂叔)	钟虎(族叔祖)	10.14,同上
10.10	谢名四	21	新塚红桥	唐丁娘	17	罗丙娘	谢储英(父)	唐登科(宗兄)	10.10,同上
10.10	叶奎	22	东居	廖未娘	18	邹世娘	叶宇(族叔)	廖新佑(父)	10.14,同上
10.10	邱昌	28	五脚桥	庄浩娘	19	黄金娘	邱绵(堂叔)	庄木生(父)	10.10,同上
10.10	陈猛	38	甕菜河	林益娘	16	王淑娘	陈气官(宗叔)	陈碧娘(母)	10.11,同上
10.17	何谦洞	39	八茶罐	王珍娘	19	许曲娘	何焕其(族叔祖)	王马生(父)	10.23,同上
10.17	王孙益	22	结石珍旧圩	苏宁娘	17	王点娘	王捉官(族兄)	苏钳官(宗兄)	11.25,黄永绿,陈永元
10.17	陈君	37	结石珍旧玗	李获娘	24	郑远娘	自己	自己	10.21,同上
10.17	郭三月	21	三间土库对面	黄万娘	18	黄金娘	郭珠生(胞兄)	黄观生(父)	10.23,同上
10.17	李森	19	观音亭	张凤娘	19	林叶娘	李沛泉(胞兄)	张金榜(堂兄)	10.23,同上
10.19	张发光	29	小南门把杀	陈音娘	22	黄金娘	张海生(宗兄)	陈国珍(父)	10.19,同上
10.21	张求	39	哨口	赵曲娘	30	许曲娘	自己	自己	10.21,同上
10.24	余华长	24	高劳屈	吴发娘	20	罗丙娘	余安澜(宗叔祖)	吴开官(父)	10.25,同上
10.24	蔡百禄	23	观音亭	陈送娘	25	邹世娘	蔡隆兴(父)	陈甲妈抱(父)	10.28,同上
10.24	黄高律	20	职宁员把杀	蔡绒娘	20	黄金娘	黄妹(堂伯)	蔡香(堂兄)	11.1,同上
10.27	黄德水	21	蕉仔街	陈顺娘	20	许曲娘	黄温(宗叔)	陈纂(堂叔)	11.1,同上
10.29	梁德祥	41	八戈然	陈鸾娘	23	黄金娘	梁珠碧(堂叔)	陈活官(父)	11.2,同上
10.31	罗迪良	24	大南门外	张雅娘	17	叶桂娘	罗石(堂兄)	张贵生(父)	11.10,同上
10.31	卓天福	23	观音亭	黄淑娘	18	王荣娘	卓隆官(胞兄)	黄眼官(堂兄)	11.2,同上
10.31	陈正畴	22	三间土库	杨红娘	17	黄金娘	陈甲妈抱(胞伯)	杨宽官(堂兄)	11.11,同上
11.7	林金生	39	中港仔	傅已娘	19	王淑娘	林传官(宗兄)	张云娘(母)	11.17,同上
11.7	高京元	21	结石珍旧圩	蔡在娘	14	王荣娘	高远生(父)	蔡天水(父)	12.6,同上
11.7	陈组绶	22	结石珍旧圩	黄清娘	22	王荣娘	陈老官(父)	黄青山(胞兄)	11.24,同上
11.7	黄占梅	32	结石珍旧圩	陈阴娘	21	王荣娘	黄钦明(堂兄)	陈禄官(父)	12.1,同上
11.7	黄体英	23	灼仔街	陈水娘	19	邹世娘	黄长安(宗兄)	陈由官(堂叔)	11.24,同上
11.14	蔡天炳	25	丹仔望	陈来娘	22	陈玉娘	蔡天定(胞兄)	蔡鹤娘(母)	12.4,黄永绿,陈永元
11.14	唐必成	22	五脚桥	江曲娘	19	许新娘	唐双全(堂兄)	江员官(宗兄)	11.25,同上
11.19	张热	25	文丁旧圩	林连娘	21	黄金娘	张训官(堂叔祖)	林民官(父)	11.20,同上
11.20	张涌泉	20	文丁旧圩	黄酙娘	17	曾宣娘	张钟官(父)	黄赞官(父)	11.24,同上

11.21	戴税	43	干冬圩	陈宝娘	21	张爱娘	戴未官(堂兄)	陈卯官(胞叔)	12.5,同上
11.21	林程	43	班芝兰	陈海娘	18	林叶娘	林宽裕(堂兄)	陈老成(堂叔)	12.9,同上
11.21	林德兴	21	泊面街	王姻娘	20	林荫娘	自己	王天送(父)	12.16,同上
11.21	汤炉	28	城内把杀	黄每娘	18	王淑娘	汤仙鹤(族兄)	许牙娘(母)	11.26,同上
11.28	吴临	36	新厝	戴庞娘	18	游起凤	吴猛(宗叔)	戴同(堂叔)	12.16,同上
11.28	沈清云	20	八茶罐	林妙娘	17	邹世娘	沈赉官(父)	林偏龙(父)	12.6,同上
11.28	林倚松	33	亭仔脚	唐阴娘	24	黄金娘	林文岩(族叔)	唐麟官(叔祖)	12.8,同上
11.28	方佛珍	35	圣望港	杨春娘	24	邹世娘	方攀(堂兄)	杨耽(族兄)	12.8,同上
11.28	张应瑞	28	旧把杀	黄银娘	23	林叶娘	张渊(宗叔)	黄恺(胞兄)	12.8,同上
11.29	许珠良	20	文丁旧圩	林润娘	20	郑石官	许长生(父)	林两闲(父)	12.12,同上
12.4	张瑞禄	23	望加寺	沈成娘	18	蒋炎娘	张瑞兴(胞兄)	沈银生(父)	12.7,同上
12.5	刘粜	23	结石珍旧圩	陈返娘	17	王荣娘	刘培官(族叔祖)	陈动官(族兄)	12.9,同上
12.5	古皆生	25	打铁街	钟酉娘	20	叶桂娘	古西斗(堂兄)	钟缵湘(堂兄)	12.7,同上
12.5	林望	45	水锯仔顶	戴春娘	16	王荣娘	林实(堂兄)	戴苞(父)	12.8,同上
12.7	王汲生	29	结石珍旧圩	杨清娘	16	王淑娘	王照生(胞兄)	杨长兴(宗叔)	12.9,同上
12.12	叶文龙	35	小南门把杀	陈德娘	17	王荣娘	叶潭官(堂兄)	陈红朱(宗伯)	12.23,同上
12.12	陈湾甲	26	小南门把杀	杨面娘	15	杨灶官	陈郎官(堂叔)	杨明秀(胞兄)	12.29,同上
12.18	吴群	32	乌鬼巷	陈粉娘	16	黄返官	吴猛(宗叔)	陈三官(父)	1.1,同上
12.18	郑进生	23	小南门把杀	蔡雅娘	14	许曲娘	郑尊生(宗兄)	蔡吉疾(宗叔)	12.29,同上
12.18	陈仁	33	小南门把杀	颜水娘	29	许曲娘	自己	自己	12.19,同上
12.25	蔡顺元	20	丹仔望	詹月娘	19	陈玉娘	蔡乾(胞兄)	詹灶官(父)	1.5,同上

总计:175对

1828年吧城唐人成婚注册表

月日	新郎	年岁	住址	新娘	年岁	媒妁	男方主婚	女方主婚	备注 结婚日,主事人
1.2	陈俊杰	36	中港仔	刘甚娘	16	许曲娘	陈望(堂兄)	刘火观(父)	唐1.12,黄永绿,陈永元
1.2	刘吉疾	27	水锯仔顶菜园	庄阴娘	18	林修娘	刘再生(父)	庄木生(宗叔)	1.5,同上
1.2	丘大生	18	八厨沃间	刘福娘	16	林凤娘	丘来观(堂伯)	刘汝观(族兄)	1.5,同上

1.9	陈角观	28	观音亭	吴二娘	19	黄招娘	陈逢春(胞兄)	吴生观(堂兄)	1.15,同上
1.9	朱深观	30	大港墘	陈鸾娘	19	黄金娘	朱三省(堂兄)	陈甲玉郎(父)	1.15,同上
1.9	赖奇长	38	大南门内	巫宇娘	20	胡金娘	赖连淑(宗叔祖)	巫昌观(父)	1.15,同上
1.9	刘亚勘	40	丹兰望	陈鸾娘	27	蔡厚娘	刘亚合(堂叔)	陈光山(宗叔祖)	1.15,同上
1.9	林得利	20	西门外	巫阴娘	19	黄金娘	林德彰(胞兄)	巫贵生(堂叔)	1.14,同上
1.9	黄长永	37	小南门把杀	陈娇英①	29	许曲娘	自己	自己	1.10,同上
1.9	古辛观	20	五脚桥	潘厚娘	19	王淑娘	古桂章(堂兄)	颜温娘(母)	1.15,同上
1.9	王源水	31	西门外	许礼娘	19	黄金娘	王潘观(宗叔)	许怀郎(父)	1.15,同上
1.13	李云霞	27	八茶罐	陈曲娘	19	邹世娘	李欣哲(宗叔)	陈照郎(宗叔)	1.15,同上
1.16	丘大观	28	五脚桥	刘职娘	17	许心娘	丘水观(堂叔)	刘希名(父)	1.10,同上
1.16	杨祥寿	34	大南门外	刘算娘	18	叶桂娘	杨福魁(堂叔)	刘辛梅(父)	1.27,同上
1.16	颜达观	29	小南门把杀	洪坤娘	25	许曲娘	颜渭(胞叔)	洪长庆(族叔)	1.29,同上
1.23	陈墨观	31	观音亭	刘鹤娘	18	王荣娘	陈灿观(胞兄)	刘赞龙(堂兄)	1.29,同上
1.23	谢亚五	31	高劳屈	涂莲娘	19	王荣娘	谢亚四(胞兄)	涂秀义(堂叔)	1.30,同上
1.23	王权生	28	蒋簿廊	杨二娘	24	邹云娘	王佳观(宗叔)	杨岩观(父)	1.29,同上
1.23	黄日观	24	文丁旧圩	赖益娘	15	许甲娘	黄高陞(父)	赖天来(父)	1.26,同上
1.23	丘天机	35	五脚桥	郭职娘	16	许新娘	丘桂芳(堂兄)	郭隆生(胞兄)	1.27,黄永绿,陈永元
1.23	林从观	33	小南门把杀	王清娘	18	黄金娘	林尚观(堂兄)	王伍观(父)	1.29,同上
1.24	林亚兴	32	蕉仔间	丘胡娘	20	胡金娘	林畏言(堂兄)	丘亚门(宗叔)	2.9,同上
1.25	赖英山	23	文丁旧圩	林京娘	22	叶桂娘	赖设观(父)	林国观(父)	1.27,同上
1.25	唐亚背	29	八厨沃间	江探娘	15	潘金娘	唐巾观(叔祖)	江如水(胞兄)	1.29,同上
1.30	叶结观	24	米涧前	刘江娘	18	郑远娘	叶永观(族兄)	刘吉生(父)	2.3,同上
1.30	丘光前	27	五脚桥	张曰娘	20	许心娘	丘挺音(族叔)	张亚甲(父)	2.4,同上
1.30	黄禄生	48	丹兰州连	黄瑞娘	21	蔡九娘	黄亚鸡(堂兄)	蔡天观(胞兄)	2.3,同上
1.30	苏固观	29	灰窑内	梁瑞娘	18	邹世娘	苏春观(宗叔祖)	梁霜观(父)	1.31,同上
1.30	沈赤观	34	干冬圩	戴惜娘	20	张爱娘	沈利(族叔)	戴曰观(父)	2.5,同上
1.30	陈佑观	36	中港仔公司	戴群娘	20	蔡九娘	陈固(胞兄)	戴蜂(堂兄)	2.6,同上
1.30	丘玉形	31	五脚桥	赖奴那	17	林荫娘	丘正(堂兄)	赖求(族叔祖)	2.3,同上

① 陈氏前夫吴六结为夫妻9年身故,恬处4年无所依赖,愿配与黄为夫妇,永结同心,终无反悔,二比甘愿花押为凭。

2.2	郑若思	35	蕉仔街	林来娘	22	黄金娘	郑九卿(堂叔)	林俊杰(胞兄)	2.5,同上
2.6	蔡荣生	20	丹兰望	戴爱娘	17	蔡九娘	蔡烈观(父)	戴光山(父)	2.14,同上
2.6	陈江山	17	结石珍旧圩	叶文娘	16	邹世娘	陈元龙(父)	叶隆观(父)	2.14,同上
2.6	杨成大	34	水锯仔	叶吉娘	16	林叶娘	杨百龙(宗兄)	叶明观(父)	2.10,同上
2.6	杨创观	48	城内竹树巷	陈琏娘	33	王荣娘	自己	陈天送(宗兄)	2.9,同上
2.12	黄裕观	29	结石珍新圩	康箢娘	20	许晏娘	黄光灿(父)	康逢纪(父)	2.14,同上
2.13	王天吉	25	圣望公巷	陈章娘	15	许曲娘	王佳观(宗叔)	陈竹观(父)	2.22,同上
2.20	何海生	20	观音亭	刘秀娘	18	胡金娘	何福进(父)	刘亚三(父)	2.29,同上
2.20	丘允老	48	东门外灰桥	郑碧娘	16	黄招娘	丘光喜(堂叔)	郑贞观(宗叔)	2.24,同上
2.27	陈容观	29	丹绒圩	许明娘①	27	郑远娘	自己	自己	3.2,黄永绿,陈永元
2.29	陈连观	18	中港仔	潘泮娘	19	邹世娘	陈构(堂叔)	潘兴观(父)	3.16,同上
2.29	陈灿郎	31	大港墘	蔡鸾娘	23	黄金娘	陈汉水(宗兄)	蔡祯祥(父)	3.4,同上
3.3	陈瑞罗	23	打铁街后	涂娇娘	17	黄金娘	陈天尧(堂兄)	涂壬观(胞叔)	3.5,同上
3.5	王沉观	30	新厝巷	李秀娘	20	王淑娘	王踏(叔祖)	李威(族叔)	3.9,同上
3.5	戴壬观	28	丹绒圩	庄七娘	19	丘印娘	戴沽观(宗叔)	庄癸巳(宗伯)	3.9,同上
3.12	陈畏观	34	甕菜河	许荣娘	20	许曲娘	陈番观(堂兄)	许得胜(宗兄)	3.16,同上
3.12	黄亚厨	30	甘蜜	陈桃娘	16	金协观	黄应(宗叔)	陈谨(叔祖)	3.16,同上
3.12	林魁文	20	甘蜜	李新娘	18	李亚寅	林福生(父)	李廉观(父)	3.31,同上
3.12	林芋观	24	班芝兰	余英娘	19	王荣娘	林元益(堂叔)	余德生(父)	3.31,同上
3.19	丘长兴	47	五脚桥	陈旺娘	28	林荫娘	丘移居(堂叔)	赖惜娘(母)	3.30,同上
3.26	丘民观	24	五脚桥	汤水娘	18	许曲娘	丘绵观(族叔祖)	汤仙鹤(堂叔)	3.30,同上
4.2	黄披生	32	观音亭	张来娘	17	林叶娘	黄职生(胞兄)	张水生(胞兄)	4.18,同上
4.2	饶亚万	42	结石珍新圩	卢酉娘	16	罗丙娘	饶二连(堂叔)	卢文信(堂叔)	4.7,同上
4.2	林终观	30	小南门把杀	叶铨娘	19	郑远娘	林敦观(堂兄)	叶贵观(父)	4.11,同上
4.3	朱佛生	26	丹仔望	郑一娘	21	方智观	朱周观(宗叔)	郑毕生(父)	11.30,同上
4.6	邹溜观	37	观音亭	林清娘	16	邹世娘	邹渊观(族兄)	林儒观(父)	4.11,同上
4.9	张辛郎	26	高劳屈	陈丁娘	16	张科伯	张清泉(叔祖)	陈宏龙(父)	4.16,同上
4.29	叶廷瑞	35	大南门内	陈日娘	26	黄金娘	叶州钫(堂兄)	陈其生(宗兄)	4.14,同上

① 许氏前夫林八为夫妻6年身故,恬处至今7年无所依赖,今愿与陈为夫妇,永结同心,各无反悔,二比花押为照,知见默氏杨定光押号。

4.16	张獭观	20	新厝	陈西娘	16	王荣娘	张安观(堂叔)	陈元利(父)	4.20,黄永绿,陈永元
4.20	王三山	19	邦牙垅眼	黄朝娘	16	陈玉娘	王荣老(父)	黄士元(父,祖父文喜押号)	4.20,同上
4.23	谢若亮	31	小南门内	黄也娘	19	罗丙娘	谢德禄(堂兄)	黄生观(胞兄)	4.29,同上
4.23	兰昶观	30	亭仔脚	林白娘	21	许曲娘	兰占鳌(堂叔)	林来观(父)	5.9,同上
4.29	萧亚观	29	丹兰望	林蕉娘	21	林修娘	肖亚满(堂兄)	林绸观(堂叔祖)	4.26,同上
4.30	张秀二	40	蕉仔街	杨昭娘	19	胡金娘	张钦观(宗叔)	杨光廷(胞叔)	5.12,同上
4.30	许诵观	58	西门外	林满娘	20	许曲娘	许丕观(堂兄)	林江水(父)	5.12,同上
5.7	侯代观	33	大南门直街	罗春娘	18	李和观	侯成观(胞兄)	罗石观(堂叔)	5.12,同上
5.7	谢海观	40	干冬圩	黄石娘	18	林平观	谢浦观(宗兄)	黄趋观(胞叔)	5.17,同上
5.7	黄宪观	34	水锯仔	张郎娘	22	吴猛观	黄遂观(族叔)	张泉观(胞叔)	5.25,同上
5.13	陈木结	20	灰窑内	张职娘	18	王荣娘	陈词宗(宗叔)	张天赐(胞兄)	5.13,同上
5.14	林秀水	32	观音亭	杨雪娘	24	林心娘	郭柔娘(母)	杨顺观(胞叔)	5.25,同上
5.14	黄天德	19	公司边	汤丁娘	16	王荣娘	黄总观(父)	汤文镇(叔祖)	5.25,同上
5.17	纪甘观	32	小南门外	陈武娘	18	林心娘	纪天助(堂叔)	陈秋梅(堂兄)	5.29,同上
5.20	邹荣芳	22	三间土库	杨珠娘	19	黄金娘	邹荣业(胞兄)	原任杨甲泰山(父)	5.29,同上
5.21	苏百合	20	西门内	张抱娘	20	邹世娘	苏智生(父)	张寿观(堂伯)	6.8,同上
5.21	范华苍	36	恒勿力	詹末娘	16	胡金娘	范亚已(胞叔)	詹兴观(族兄)	6.2,同上
5.21	黄办观	19	水锯仔顶	王浩娘	18	黄招娘	黄碧梧(宗叔)	王天送(父)	5.29,同上
5.21	黄成音	24	本洛吃黎	谢彩娘	17	王淑娘	黄水观(宗伯)	谢成德(父)	5.30,同上
5.21	柯德海	20	西门外	张生娘	16	王淑娘	柯文章(宗兄)	张闩观(父)	9.23,同上
5.21	林集成	33	八厨沃间	黄珠娘	18	潘金娘	林象观(叔祖)	黄贵生(父)	5.29,同上
5.21	赖英兰	29	水锯仔顶	钟安娘	18	巫三哥	赖存桂(叔祖)	钟凤祥(胞兄)	5.29,同上
5.24	陈德生	20	大巷内	黄佳娘	20	黄旺娘	陈池观(父)	黄晏家(胞伯)	6.3,同上
5.25	李辛观	28	中港仔	刘已娘	20	古华荣	李亚二(堂兄)	刘添淑(父)	5.25,同上
5.27	丘立暂	39	五脚桥	杨曲娘	17	许新娘	丘正观(堂兄)	杨葛观(堂伯)	5.28,同上
5.27	张运元	38	小南门把杀	刘葵娘	16	刘亚六	张增观(堂叔)	刘亚三	6.1,同上
5.28	曾启昌	21	大南门外	洪勤娘	20	黄金娘	曾荣宗(父)	洪长庆(宗叔)	6.7,同上
5.28	王浯观	33	小南门外	戴员娘	24	黄金娘	王祸观(父)	戴岁观(胞兄)	6.3,同上

5.28	郭楷观	25	大使庙边	高忆娘	18	王淑娘	郭光源(父)	高金浦(胞叔)	6.11,同上
5.28	张永泉	21	五脚桥	李景娘	18	林反娘	张甲生(父)	李永元(宗兄)	6.1,同上
5.29	吴力观	43	结石珍新圩	刘审娘	20	邹世娘	吴猛(堂叔)	刘楼观(父)	6.8,同上
6.4	王若观	34	新厝	赖棕娘①	26	黄金娘	自己	自己	6.14,同上
6.4	陈生观	46	丹仔望	林菜娘	23	陈玉娘	陈雄标(宗叔)	林杨观(父)	6.4,同上
6.4	蔡池观	32	结石珍旧圩	张鸾娘	18	郑简娘	蔡珍(宗兄)	张碑(族叔)	6.4,黄永绿,陈永元
6.4	陈连者	29	大港墘	王荣娘	16	黄金娘	陈奉观(叔祖)	王涉滔(父)	6.9,同上
6.11	李敏观	38	籐仔巷	萧未娘	20	黄金娘	自己押号	萧京观(父)	6.12,同上
6.13	钟增绥	39	八进郎仔	陈长娘	18	陈学礼	钟勋元(堂叔)	陈亚义(父)	6.15,同上
6.18	唐兴富	18	泊面街	林为娘	17	郭壬娘	唐标观(堂伯)	林溪水(胞兄)	6.30,同上
6.25	许裕生	35	八厨沃间	黄霜娘②	28	许曲娘	自己	自己	6.30,同上
6.29	张增观	56	小南门把杀	黄四娘③	26	黄金娘	自己	自己	6.30,同上
6.30	蔡文观	34	望加赖	陈恩娘	21	邹世娘	蔡亚九(族叔)	陈气观(父)	7.7,同上
6.31	黄燎光	29	圣望港	杨鸾娘	17	黄金娘	黄梁生(胞叔)	原任杨甲泰山(父)	缺,同上
6.31	陈木观	40	大南门外直街	黄曲娘	21	黄金娘	陈威仪(宗叔)	黄顺光(宗叔)	9.14,同上
7.16	许欺	36	丹绒公司	吴顺娘	18	王荣娘	许偕官(宗叔)	吴得水(胞兄)	7.12,同上
7.16	洪助	24	大港墘	王扳娘	19	黄金娘	洪祝(宗叔)	王指南(父)	9.13,同上
7.24	颜委	34	小南门把杀	陈牙娘	16	许曲娘	颜位(族兄)	陈承袍(父)	8.12,同上
7.28	陈文旭	30	观音亭	蔡联娘	27	林叶娘	陈四海(宗叔)	蔡隆兴(父)	7.29,同上
7.31	邹现龙	36	大南门直街	林良娘④	31	黄招娘	自己	自己	9.10,同上
8.5	傅亚三	27	戈劳屈	钟新娘	18	罗丙娘	傅阿间(父)	钟凤文(堂叔)	8.6,黄永绿,陈永元
8.13	朱丙	31	八厨沃间	陈春娘	19	许曲娘	朱友(叔祖)	陈果(宗叔)	8.16,同上
8.13	钟立	49	廿六间	叶修娘	17	黄金娘	钟孝(宗兄)	叶令官(父)	8.20,同上
8.14	王周	35	小南门把杀	李梅娘	25	林叶娘	王亚姆(堂叔)	李水生(胞兄)	8.17,同上
8.23	陈宗英	23	灰窑内	钟增娘	22	邹世娘	陈渭滨(胞兄)	钟天水(胞伯)	约明年1929年,同上

① 据赖氏称:前夫黄万胜为夫妇6年生,一男名金水5岁,又一女秋娘10岁,不幸身故,恬处至今5年,无所依赖,兹愿醮与王若为夫妻,永结同心,各无反悔,二比花押在簿内。

② 据黄氏称:前夫颜八夫妇7年身故,有一男名红河6岁,一女名宣娘1岁。又庶出之女名碧娘8岁,氏恬处至今5年,女流无所依赖兹愿嫁与许为夫妻,永结同心,各无反悔,二比甘愿花押为凭。

③ 黄氏前夫官标夫妇2年身故,恬处至今10年,无所依赖,愿与张为夫妻,永结同心,二比甘愿花押为凭。

④ 林氏前夫陈正已夫妻8年身故,生一男国瑞11岁,一女镭娘4岁,恬处至今4年无所依,愿与邹永结同心,二比甘愿花押为凭。

8.23	吴亚插	28	戈劳屈	杨桂娘	16	胡金娘	吴亚添(堂兄)	杨李隆(父)	8.28,同上
8.29	丘柳生	18	大南门直街	许玉娘	18	邹世娘	丘盛德(胞兄)	许金水(胞兄)	9.11,同上
9.5	林三水	20	大南门外	陈端娘	21	黄金娘	原任雷林启基(父)	陈建老(父)	9.11,同上
9.5	陈清和	19	结石珍旧圩	詹春娘	19	王荣娘	陈春阳(胞兄)	詹再生(堂兄)	9.11,同上
9.6	吴昭阳	21	洪溪	连勤娘	20	黄金娘	吴中和(胞兄)	连永老	9.11,同上
9.6	王九	47	砖仔桥	陈参娘	21	王荣娘	王桧官(族叔)	陈瑞英(胞兄)	9.9,同上
9.14	郑绍	39	公司后	陈宝娘	38	林印娘	自己	自己	9.14,同上
9.15	王光炎	31	丹仔望	林妈娘	18	蔡教娘	王三六(宗叔)	林玉水(胞兄)	9.15,同上
9.17	黄太山	26	灰窑内	刘怪娘	22	王荣娘	黄碧官(宗叔)	刘正元(胞兄)	9.18,同上
9.17	陈亚四	30	观音亭	吴丁娘	16	黄秀娘	陈永康(堂叔)	吴猛官(族叔)	9.22,同上
9.17	江元	32	灰窑内	黄明娘	20	王荣娘	江天禄(宗叔)	黄报官(宗叔)	9.17,同上
9.18	张挟	35	宰牛巷	黄宁娘	19	林朝娘	张伍官(宗叔)	黄顺老	9.21,同上
9.21	胡焕	28	中港仔	甘火娘	21	王荣娘	胡辛(宗叔)	甘绒生(父)	9.21,黄永绿,陈永元
9.21	林钟	31	亭仔脚	郑根娘	16	邹世娘	林字(堂叔)	郑粉官(父)	9.21,同上
9.21	林俊德	35	八厨仔间	李瑞娘	21	陈日娘	林权生(宗兄)	李长兴(宗兄)	9.22,同上
9.25	阮德水	21	文丁新圩	杨芝黎	16	林万福	阮武官(父)	杨水源(堂兄)	9.30,同上
9.25	张诺	24	小南门把杀	徐职娘	20	杨曲娘	张河官(胞兄)	徐亚白(胞兄)	9.30,同上
9.26	唐双全	21	结石珍旧圩	陈改娘	17	王淑娘	唐麟官(父)	陈瑞珍(胞兄)	10.4,同上
9.27	陈亚看	31	八厨仔间	胡良娘	21	陈曲娘	陈奎炳(胞兄)	胡朝吉(族叔祖)	9.30,同上
9.30	黄协老	42	结石珍新把杀	詹秋娘	17	吴猛官	黄灿(堂兄)	詹卯(堂兄)	10.5,同上
10.1	丘潜绶	20	打铁街	谢银娘	17	许曲娘	丘钟官(堂叔)	谢荫郎(堂伯)	10.5,同上
10.1	罗华纲	30	新干刀后	巫吉娘	20	罗丙娘	罗玉度(堂兄)	巫凤官(父)	10.4,同上

总计:134 对

1829 年吧城唐人成婚注册表

月日	新 郎	年岁	住 址	新 娘	年岁	媒 妁	男方主婚	女方主婚	备 注 结婚日,主事人
9.18	丘命	18	观音亭	陈荫娘	15	黄金娘	丘带(堂兄)	陈炉(父)	陈永元,杨汉官
9.18	许狮	28	八茶罐	徐安娘	14	王英娘	许蒿(宗叔)	徐香振(宗叔)	9.20,陈、杨

总计:2 对

1831 年吧城唐人成婚注册表

月日	新郎	年岁	住址	新娘	年岁	媒妁	男方主婚	女方主婚	备注 结婚日,主事人
1.7	朱得水	17	洪溪	杨恩娘	18	林双娘	朱烹(堂伯)	杨球观(父)	辛 1.22,黄永绿,陈彬郎
1.8	李万周	29	八厨沃间	文来娘	17	许新娘	李天喜(堂兄)	文点观(父)	辛 12.3,同上
1.10	邓亚四	25	中港仔	郭乙娘	16	潘金娘	邓润(堂叔)	郭阳生(胞兄)	辛 12.1,同上
1.11	沈鹊	37	珍旧圩	陈逆娘	20	吴猛观	沈利(堂叔)	陈江(堂兄)	辛 12.3,同上
1.11	王清和	26	观音亭园内	兰华娘	27	曾草娘	王其屏(宗兄)	兰文珪(宗兄)	辛 12.6,同上
1.11	杨天水	18	观音亭油车	林乙娘	16	邹世娘	杨第四(宗叔)	林元伯(父)	辛 12.10,同上
1.12	吴阿新	34	洪溪	蔡桂娘	18	吴金瑚	吴振声(堂叔)	蔡木生(胞兄)	辛 12.13,同上
1.15	蔡连	31	蕉仔街	丘交娘	16	何信忠	蔡才(宗叔)	丘日观(父)	辛 12.10,同上
1.17	李壬江	39	小南门外	温春娘	15	陈双龙	李光明(堂叔)	温金生(父)	辛 12.26,同上
1.17	林师	30	甘蜜	方贤娘	17	黄直观	林若义(堂叔)	方智观(父)	辛 12.13,同上
1.18	甘评	27	结石珍新圩	詹来娘	15	吴猛	甘执观(堂兄)	詹产观(父)	辛 12.12,同上
1.18	王珠福	21	班芝兰	陈荣娘	16	林叶娘	王甲江水(宗叔)	陈永吉(宗叔)	辛 12.19,同上
1.18	许霜	38	珍新圩	戴燕娘	18	吴猛	许贵观(宗兄)	戴塔观(堂伯)	辛 12.17,同上
1.18	王涌夺	27	珍新圩	陈殷娘	15	邹时娘	王初迎(堂兄)	陈春岩(父)	辛 12.12,同上
1.19	罗亚七	33	大南门内	林端娘	16	赖亚应	罗南斗(堂叔)	林亚五(父)	辛 12.13,同上
1.19	陈凉	26	珍旧圩	刘七娘	17	张爱娘	陈天观(堂叔)	刘决观(父)	辛 12.9,同上

总计:16 对

1832 年吧城唐人成婚注册表

月日	新郎	年岁	住址	新娘	年岁	媒妁	男方主婚	女方主婚	备注 结婚日,主事人
1.11	苏芳荫	39	丹兰望	杨八娘	33	林秀娘	蔡保明(胞兄)	杨长(胞兄)	辛 12.12,黄永绿,陈彬郎
1.11	庄双	36	观音亭	胡来娘	16	曾草娘	庄木生(宗伯)	陈贤娘(母)	辛 12.19,同上
1.11	陈振生	30	亭仔脚	许珠娘	28	王淑娘	陈得意(胞兄)	许清水(胞兄)	辛 12.18,同上
1.11	王俭	26	亭光	吴曲娘	17	王天盛	王维孝(从兄)	吴宙观(父)	辛 12.12,同上

1.12	陈胡富	25	小南门	黄寻娘	16	许曲娘	陈檬(胞兄)	黄涌源(父)	辛 12.13,同上
1.13	刘回乡	28	丹兰梦	林梅娘	20	陈顺娘	刘吉生(宗伯)	林中秋(父)	辛 12.12,同上
1.17	蒋清	28	珍旧圩	张凤娘	15	吴猛观	蒋掇(堂叔)	张长(堂兄)	辛 12.18,同上
1.19	陈祖天	19	珍旧圩	林曲娘	15	王英娘	陈孝观(父)	林偕(宗叔)	辛 12.18,同上
1.17	刘汉容	26	八厨仔间	林白娘	17	林叶娘	刘昌二(宗叔)	林卅钫(胞兄)	辛 12.24,同上
1.19	吴青云	21	文丁旧圩	赖莺娘	17	吴彦娘	吴永成(胞叔)	赖八修(父)	辛 12.22,同上
1.23	林糖	39	三间土库	黄裡娘	24	邹时娘	林训(堂兄)	黄成结(父)	辛 12.24,同上
1.23	黄才增	37	大南门内	林乙娘	14	胡红娘	黄腾先(叔)	林统万(父)	辛 12.24,同上
1.23	黄明四	20	城内把杀	吴田娘	15	邹时娘	黄杏(堂兄)	吴江水(胞兄)	缺,同上
1.23	许花	35	小南门把杀	陈龙娘	18	何榜	许寡(堂兄)	胡京生(继父)	辛 12.29,同上
1.23	陈佑	40	公司边	刘裕娘	18	吴猛	陈传(宗兄)	张蜜娘(母)	辛 12.23,同上
1.30	陈永成	35	新池桥头	林玉娘	19	卢丙娘	陈水(堂叔)	林木(胞兄)	辛 12.29,同上
2.6	苏青山	24	簿面街	刘蜜娘	23	邹世娘	苏宗训(父)	雷珍兰 刘瑞莉(父)	壬 1.8,同上
2.17	王禄寿	24	五脚桥	苏傍佛	21	许信娘	王金生(宗叔)	苏天喜(兄)	壬 1.8,同上
2.24	巫廷茂	27	西门病厝后	苏红娘	17	曾宝娘	巫士元(叔)	苏文(叔)	壬 2.28,同上
2.28	陈文芳	42	观音亭	曾恩娘	17	李亮淑	陈亚旺(宗叔)	曾亚二(堂兄)	壬 2.6,杨汉官,陈彬郎
3.8	杨光辉	40	旧把杀仔	赖莺娘	20	陈日娘	杨不(宗兄)	赖球(从叔祖)	壬 2.10,叶文选,戴明基
3.8	郭坚	26	茄泊蓓	吴莺娘	16	王淑娘	郭禧官(父)	吴执(堂叔)	壬 2.20,同上
3.8	李建昌	28	八茶罐	钟郎勃	18	罗丙娘	李增廷(宗叔)	钟锡亮(父,脚痛,兄聪伯代)	壬 2.12,同上
3.10	李如全	21	丹绒勃六	郑生娘	21	胡红娘	李杯生(胞叔)	郑交生(胞兄)	壬 2.18,同上
3.10	张凤明	27	蕉仔街	郭乙娘	18	胡金娘	张秀二(宗叔)	郭登云(父)	壬 2.11,同上
3.14	连必成	36	八戈然	黄荫娘	21	邹世娘	黄二娘(母)	黄东兴(父)	壬 3.12,同上
3.14	许金水	27	新厝仔	郭送娘	19	邹世娘	许胡(堂叔)	郭玉郎(堂伯)	壬 2.24,同上
3.20	黄赛曾	25	小南门	郭丙娘	17	罗丙娘	黄景柯(宗兄)	郭丙生(父)	壬 2.24,同上
3.25	曾返	29	珍旧圩	庄分娘	16	张爱娘	曾九(堂叔)	庄大官(父)	壬 3.3,同上
3.26	钟劫	37	三间土库对面	陈职娘	16	孙水娘	钟塘(堂叔祖)	陈天观(堂兄)	壬 3.8,同上
3.29	张龙伯	34	监光茄力	唐心娘	16	黄德敏	张维开(堂叔)	唐北观(胞兄)	壬 3.10,同上
4.2	戴阵	29	丹兰望	林接娘	19	王九	戴蜂(堂叔)	林炎(父)	壬 3.4,同上
4.2	林天麟	22	乌鬼巷	李选娘	18	王淑娘	林恶(宗兄)	李山(宗兄)	壬 3.4,黄永绿,陈彬郎

4.3	蒋天成	31	把杀务朗	郑沙娘	17	邹世娘	蒋天雨(宗叔)	郑尊(宗兄)	壬3.15,同上
4.6	陈港	35	圣墓港	许麟娘	16	邹世娘	陈金齐(宗叔)	许昌荣(宗叔)	壬3.20,同上
4.6	许春林	36	中港新厝	温水娘	17	潘金娘	许明云(宗兄)	温杨魁(胞叔)	壬3.10,同上
4.12	许礼	38	打铁街	李忠娘①	33	许曲娘	自己	自己	壬3.12,同上
4.13	吴亚六	36	珍旧圩	黎金娘	18	李亚德	吴开(宗兄)	黎亚四(父)	壬4.3,黄永禄,陈彬郎
4.16	李两仪	18	亭仔脚大巷	林服娘	19	许曲娘	李深水(父)	林荣珍(父)	壬3.17,同上
4.20	陈秀元	32	打铁街	王丙娘	17	吴壬淑	陈亚二(堂兄)	王亚二(父)	壬4.2,同上
4.20	房亚兴	35	监光无来由	黄丁娘	16	张绍隆	房亚四(堂叔)	黄乙瑞(胞兄)	壬4.7,同上
4.21	陈清芳	20	八厨沃间	蔡然娘	17	王淑娘	陈秋梅(堂兄)	蔡双全(宗叔)	壬4.2,同上
4.24	谢善	36	中港新厝	许大娘	20	林叶娘	谢祝生(宗叔)	许留(父)	壬3.29,同上
4.24	李亚发	32	小南门	刘银娘	16	罗丙娘	李亚元(堂兄)	刘五(宗叔)	壬3.26,同上
4.24	林亚四	26	东门外	谢癸娘	20	罗丙娘	林锦相(族兄)	谢仲淑(父)	壬3.29,同上
4.28	郑山	27	亭仔脚	王金娘	18	邹世娘	郑晓(宗兄)	王甲凤官(父)	壬4.14,同上
4.30	陈子夏	33	小南门	陶端娘②	27	戴清娘	自己	自己	壬4.1,同上
4.30	叶放	23	小南门	戴福娘	21	杨乙娘	叶旋(胞叔)	戴述(父)	壬4.21,同上
4.30	胡灯辉	20	干冬圩	叶茵娘	16	杨乙娘	胡洪(父)	叶旋(宗兄)	缺,同上
4.30	徐有雁	27	大南门	罗孙娘	20	徐振龙	徐祖成(父)	罗庚文(胞叔)	壬4.1,同上
4.30	高西岩	21	小南门	黄宽娘	21	王淑娘	高尚(堂兄)	黄有谐(族叔)	壬4.20,杨汉官,陈彬郎
5.1	林新玉	20	小南门	黄鹤娘	16	林叶娘	林清温(从叔祖)	黄大成(父)	壬4.21,同上
5.2	林养	44	小南门	张宣娘	16	王淑娘	林檬(族兄)	张天喜(胞叔)	壬4.10,同上
5.4	张谟	28	珍新圩	蒋秀娘	14	吴猛观	张卑(堂叔祖)	蒋粮观(父)	壬4.12,同上
5.5	谢和爹	33	珍水闸	丘三娘	16	谢善淑	谢昌华(堂叔)	丘华霖(父)	壬4.24,同上
5.7	王插	35	大南门	蔡君娘	23	苏源观	王伍(宗叔)	蔡锦观(父)	壬4.14,杨汉官,陈彬郎
5.8	古德二	29	八茶罐	萧丁娘	16	卢丙娘	古德长(胞兄)	萧隆发(父)	壬4.12,同上
5.9	丘天水	19	五脚桥	吴莲娘	17	林蜜娘	丘绵(堂叔)	吴山(宗叔)	壬4.14,同上
5.9	巫书荣	27	八厨沃间	陈丙娘	17	潘金娘	巫春荣(胞兄)	陈果(堂伯)	壬4.24,同上

① 李氏前与林汉卿结发8年去世,遗一男荣华9岁,一女玉娘13岁,一女车娘11岁,寡居9年,愿与许为夫妇,永结同心。批照。

② 陶氏前与黄潘结发3年身故,生一男元本4岁,一女成娘6岁,经恬处3年,今愿与陈为夫妇,永结同心,各无反悔,二比花押在婚簿为凭。批照。

5.10	郑清水	19	新厝仔	陈三娘	19	陈月娘	郑服(堂伯)	陈石(胞兄)	壬4.24,同上
5.11	叶象	32	小南门	卢白娘	25	林叶娘	叶笔观(堂叔)	卢忠生(胞兄)	壬4.20,同上
5.11	蔡开生	29	旧把杀仔	陈根娘	17	陈月娘	蔡景山(父)	陈正(堂叔祖)	壬4.21,同上
5.11	庄其宗	22	五脚桥	詹蕉娘	18	邹世娘	庄木生(父)	詹金(堂兄)	壬4.18,同上
5.14	陈金	35	小南门把杀	曾浩娘	24	邹世娘	陈天记(堂叔)	曾千生(胞兄)	壬4.21,同上
5.15	曾梅山	26	珍旧圩	陈根娘	17	吴猛观	曾野(堂叔)	陈钟官(父)	壬4.21,同上
5.15	李亚庆	31	中港仔	陈炳娘	25	卢丙娘	李亚壬(堂兄)	陈振光(父)	壬4.20,同上
5.15	谢德兴	47	戈蹈歹	罗发娘	20	胡红娘	谢汉云(堂兄)	罗顺官(父)	壬4.20,同上
5.16	曾好	35	珍旧圩	陈乌娘	16	吴猛观	曾泰(堂叔)	陈柳官(父)	壬4.28,同上
5.16	黄景昭	31	小南门	杨宝娘	15	卢丙娘	黄仁杰(宗叔)	杨振江(胞兄)	壬4.21,同上
5.17	李彦	32	亭仔脚	林声娘①	33	黄金娘	自己	自己	壬4.21,同上
5.23	温亚九	29	珍旧圩	张丁妹	16	曾旺三	温启琳(胞叔)	张已梅(堂伯)	壬4.24,同上
5.25	刘兴为	29	大使庙	吴端娘	28	邹世娘	刘畚(宗叔)	吴旋光(胞兄)	壬4.27,同上
6.6	陈木生	41	望茄寺	沈英娘	25	胡红娘	陈福生(宗兄)	沈接生(父,病,长子四雨代)	壬5.12,叶文选,戴明基
6.12	曾公断	35	丹兰望	刘溅娘	15	吴猛	曾德兴(父)	刘文观(父)	壬5.28,同上
6.13	郭招成	36	渡船头	陈惜娘	20	王淑娘	郭员观(堂叔)	陈国山(胞兄)	壬5.19,同上
6.13	古德长	31	八茶罐	卢成娘	19	潘金娘	古亚鼎(胞叔)	卢亚三(胞叔)	壬5.20,同上
6.18	谢亚四	35	城内	刘壬娘	21	卢丙娘	谢宗官(宗伯)	刘昆秀(父)	壬5.28,同上
6.21	石敬宗	36	洪溪	张庆娘	17	邱云娘	石冉官(宗叔)	张昌哥(父)	壬6.16,同上
6.21	饶亚壬	40	小南门把杀	张月娘②	29	邹世娘	自己	自己	壬5.23,同上
6.27	叶君	27	珍旧圩	甘一娘	20	吴猛	叶镇官(宗叔)	甘江官(父)	壬6.6,同上
6.30	胡乌鬼	26	观音亭	杨毕娘	23	王淑娘	胡文秀(宗兄)	杨敢郎(胞兄)	壬6.15,同上
7.2	简敬忠	36	中港仔	萧宝娘	24	邹世娘	简朝观(堂叔)	萧德丰(堂兄)	壬6.16,黄永绿,陈彬郎
7.2	陈光泉	30	茂物	李任娘③	29	李玉娘	自己	自己	壬8.1,同上
7.19	苏天喜	32	宰牛巷	陈嬉娘	16	许曲娘	苏天福(胞兄)	陈贤观(堂兄)	壬8月,同上

① 据林氏供云与黄群结发6年回唐,来年接信不幸去世,生下二男俱已身故,氏恬处于今9年,愿再醮与李彦为夫妇,永结同心,各无反悔,二比花押。批照。

② 张氏原配与金水为夫妻4年辞世,留下二男,吉直11岁,黎西9岁,现依其父张甲扶养,兹欲再醮与饶为夫妇,永结同心,各无反悔。批照。

③ 李氏前与黄茶生结发一年身故,无子女,恬处10年,今愿与陈为夫妇,永结同心,各无反悔,二比花押为凭。批照。

7.23	何新瑞	35	蕉仔街	兰丙娘	17	卢丙娘	何桥伯(堂叔)	兰荣开(父)	壬6.28,同上
7.23	甘青山	19	珍新圩	马三娘	17	柯欲立	甘名观(父)	马意生(父)	壬7.5,同上
7.30	韩亚新	31	牛郎沙里塚	张石娘	17	吕亚严	韩明瑶(堂叔)	张占观(父)	壬7.17,同上
7.30	李亚福	43	蕉仔街	张望娘	17	卢丙娘	李千寿(宗伯)	张仓秀(父)	壬7.10,同上
8.10	林颜	38	文丁	戴雅娘	17	林万福	林得(族叔)	戴元(父)	壬8.8,杨,陈
8.18	邱闲	20	老果头	郑曲娘	18	林润	邱弘(父)	郑卯(父)	壬8.3,同上
8.18	叶玷	36	小南门	杨雅娘	17	吴猛	叶柱(从兄)	杨狮(胞兄)	壬8.1,同上
8.20	陈顺路	31	公馆巷边	萧笑娘	15	林秀娘	陈景听(从叔)	萧益玺(父)	壬7.28,同上
8.20	郑贤水	20	班芝兰	甘吉娘	16	林叶娘	郑专(宗叔)	甘顺兴(父)	壬8.8,同上
8.23	陈气	35	大港墘	林心娘	18	林叶娘	陈天福(叔父)	林春生(胞兄)	壬8.18,同上
8.25	陈寻	23	珍旧圩	蔡奶娘	21	陈吉娘	陈招美(从兄)	蔡成兴(宗叔)	壬8.1,同上
8.25	蔡第八	23	大南门	叶十娘	17	陈月娘	蔡照临(胞兄)	叶泰山(胞兄)	壬8.3,同上
8.28	陈令	31	大港墘	蔡珠娘①	28	郑锦娘	自已	自已	壬8.3,同上
8.30	陈一	33	芝戈凉	林福娘	20	邹世娘	陈满(从兄)	叶玉娘(生母)	壬8.12,同上
8.30	陈询	40	八厨沃间	黄玉娘	20	王淑娘	陈奎炳(宗兄)	黄阴光(胞叔)	壬8.19,同上
9.2	陈启川	20	班芝兰	林贞娘	20	邹世娘	甲必丹(从叔) 陈永元	林彰化(从叔)	壬8.22,杨,叶
9.2	陈启淮	19	班芝兰	刘鸾娘	17	林叶娘	甲必丹陈永元 (从叔)	刘阔海(父)	壬8.22,杨,叶
9.3	陈艳	24	新厝仔	叶木娘	15	陈月娘	陈景照(宗叔)	叶西官(父)	壬8.19,叶,戴
9.3	梁庚兴	39	槟榔社	赖砼娘	20	胡金娘	梁庚生(胞兄)	赖贵(堂兄)	壬8.27,同上
9.3	詹力	35	赌公司后	曾实娘	18	吴猛观	詹服官(胞叔)	曾珠生(胞兄)	壬8.15,同上
9.3	杨文渭	27	鉴光猫汝	黄职娘	20	许新娘	杨传生(父)	黄东兴(从叔)	壬8.15,同上
9.3	叶溪	21	班芝兰酒灶后	郭珍娘	15	林叶娘	叶笔(从叔)	郭牛(宗兄)	壬8.19,同上
9.5	李丙四	37	珍旧圩	钟曲娘	17	钟润郎	李振纲(宗叔)	钟增淑(父)	壬8.14,叶文选, 戴明基
9.5	王振宗	23	龙岗	林水娘	19	林万福	王正煜(父)	林甘永(胞兄)	壬8.20,同上
9.5	陈六生	44	米涧前	吴宾娘	28	李淑娘	陈裕官(宗叔)	吴汶水(堂兄)	壬8.15,同上
9.6	李文秀	18	珍旧圩	张二娘	16	吴猛观	李带淑(胞叔)	张传官(堂兄)	壬8.22,同上
9.7	王庆怀	20	文丁旧圩	林桂娘	21	蔡爻观	王孟随(父)	林高禄(胞伯,足 痛,堂叔祖查代)	壬9.5,同上

① 据蔡氏称：前与凃新客为夫妇三个月身故，生一女夭殇，恬处至今，愿嫁与陈永结同心，各花押婚簿为凭。

9.10	徐堂	24	珍旧圩	许左娘	21	陈心娘	徐上达(宗伯)	许共官(父)	壬 8.18,同上
9.10	赖东爹	30	中港仔	谢戊娘	15	赖兴秀	赖京龙(宗叔)	谢连二(父)	壬 8.19,同上
9.11	梁亚友	36	戈劳屈	林宝娘	16	吴猛观	梁丙(宗兄)	林义(宗叔)	壬 8.20,同上
9.12	陈俊英	37	八戈然	林涂娘	17	苏贞娘	陈士雅(堂兄)	林德蛏(胞兄)	壬 8.27,杨,叶
9.17	郑阑	36	大南门把杀	林鸾娘	29	张厨观	郑露(堂叔祖)	林海官(父)	壬 8.29,叶,戴
9.19	温彦城	24	大南门直街	魏丁娘	16	胡金娘	温亚麟(宗叔)	魏亚炱(堂叔)	壬 8.29,叶,戴
9.19	林火	32	小南门把杀	张招娘	20	黄金娘	林罕(堂兄)	张水添(父)	壬 8.29,同上
9.20	叶镇	32	大港墘竹树巷内	李三娘①	30	郑远娘	自己	自己	壬 8.29,同上
9.24	王光宝	23	龙岗	杨爱娘	23	陈吉娘	王仕喜(父,足痛,弟仕胤代)	杨志诚(父)	壬 9.14,同上
9.26	王金水	20	砖仔桥	朱回娘	18	袁来娘	王阿姆(父)	朱寒观(父)	壬 9.10,同上
10.3	刘崑	26	中港仔	戴容娘	18	吴猛	刘文官(宗叔)	戴恩光(父)	壬 9.24,黄,陈
10.3	温新泉	26	新厝	黄卜娘	20	邹世娘	温桃源(父)	黄亚梅(父痼疾,任问代)	壬 9.14,同上
10.8	刘现龙	19	文丁新圩	林雪娘	16	叶庚娘	刘福梅(父)	林天桂(父)	壬 9.8,同上
10.17	陈感郎②	22	蕉仔街	吴金娘	18	林叶娘	陈长光(父)	吴潘(祖父)	壬闰 9.3,黄,陈
10.19	李亚四	34	洪溪	梁君娘	18	潘金娘	李亚三(宗叔)	梁三(父)	王闰 9.3,同上
10.22	赖亚壬	31	戈奢园	廖癸娘	20	曾报娘	赖长(宗叔祖)	廖江淑(胞兄)	壬 9.30,同上
10.22	许裕生	39	八厨沃间	江丹娘	27	许申娘	许窝(宗兄)	江生(胞兄)	壬 10.26,同上
10.29	吴亚六	32	新厝	戴吉娘	28	潘金娘	自己	自己	王闰 9.9,同上
10.3	林淑郎	29	小南门	黎关娘	26	卢丙娘	自己	自己	又 9.15,杨,陈
11.6	霍亚陞	34	大港墘	张依娘	16	刘亚培	霍海澄(宗兄)	张亚恒(宗叔)	又 9.21,同上
11.9	温双浩	40	甕菜河	陈专娘	16	戴清娘	温桃源(族兄)	陈嗄观(胞叔)	又 9.19,同上
11.9	朱贵	34	大港墘	蔡鹤娘	22	王淑娘	朱深(宗兄)	蔡则观(父)	又 9.21,同上
11.12	陈琵生	20	鉴光迷点	韩悦娘	21	许新娘	陈天龙(堂兄)	韩旺(堂兄)	10.13,同上
11.15	古进华	28	大港墘	杨亚娘	15	卢丙娘	古良旺(堂叔祖)	杨观(父)	又 9.27,同上
11.21	王江山	26	龙岗	苏帙娘	18	王天盛	王谈(胞叔)	苏荫生(父)	10.12,同上
11.21	杨伯达	22	把杀务朗	张砼娘	18	邹世娘	杨得水(宗叔)	张渊(堂伯)	10.16,同上
11.19	谢俊彩	32	牛郎沙里	郑新娘	21	陈安南	谢汉云(堂叔)	郑维翰(堂叔)	10.2,同上
11.21	林德兴	26	米涧前	杨月娘	19	胡金娘	林三牙(宗叔)	杨荣实(父)	10.18,同上

① 李氏前夫陈尊 2 年辞世,生一子名游 8 岁,恬处 8 年愿再醮。

② 陈感郎入禀恳重抄其婚字,公堂于和 1875 年 3 月 20 日噶喳劳内案夺准其所恳。

11.23	卢松茂	23	廿六间	刘九娘	18	袁每娘	卢味(宗叔)	林来娘(母)	10.18,同上
11.23	薛成周	24	八厨沃间	陈玉娘	24	邹世娘	薛梅生(堂兄)	陈奇(宗叔)	10.11,同上
11.26	范亚壬	31	洪溪头	杨三娘	16	邱恩娘	范四和(堂叔)	杨笑生(胞叔)	10.12,同上
11.27	熊亚添	32	大南门	萧太妹	16	卢丙娘	熊漳元(堂叔祖)	萧顺淑(堂叔祖)	10.12,同上
11.29	蔡光辉	22	文丁旧圩	卢甘娘	16	廖宝娘	蔡图(堂叔)	卢壮观(父)	11.8,杨,陈
11.30	詹崇裕	23	中港仔	吴桂娘	22	戴清娘	詹金(堂叔)	吴八(宗叔)	11.12,同上
11.30	黄梧	25	小南门	林酉娘	24	王淑娘	黄天荣(宗兄)	林水生(胞叔)	10.11,同上
11.30	纪国顺	44	珍旧圩	陈金娘①	24	陈月娘	自己	自己	10.11,同上
11.30	蔡宏党	37	圣墓港	林来娘	22	邹世娘	蔡宏升(胞兄)	林观生(族叔)	10.13,同上
12.1	洪触	32	亭仔脚	陈月娘	18	陈月娘	洪敏(族叔)	陈有徵(胞伯)	10.13,叶,戴
12.1	韩进朝	24	大巷内	李灿娘	17	林叶娘	韩赞(宗叔祖)	林月娘(母)	10.13,同上
12.3	施成美	20	窑内	翁茂娘	19	潘金娘	施登荣(宗兄)	翁天水(胞兄)	10.18,同上
12.3	杨德兴	22	观音亭	陈宗娘	18	潘金娘	杨五常(父)	陈音生(胞兄)	10.18,同上
12.3	曾友生	35	珍旧圩	张玷娘	17	林金娘	曾任福(胞叔)	张癸生(胞兄)	10.15,同上
12.3	蔡皆	22	丹兰望	蒋招娘	20	林金娘	蔡景山(堂叔)	蒋灌(父)	10.27,同上
12.14	许皆生	28	鉴光河北	唐曲娘	17	邹世娘	许赞(宗兄)	唐柴(宗叔)	10.25,同上
12.14	纪泰山	20	珍旧圩	黄奴娜	20	陈月娘	纪国顺(父)	黄禄(宗伯)	10.26,同上
12.17	林贵元	36	水锯顶	许湛娘	24	林叶娘	林范官(宗叔)	许嵩官(父)	11.12,同上
12.17	蒋鸾	18	珍旧圩	王宝娘	18	徐天	蒋放(族叔)	王茄存(堂叔)	11.2,同上
12.17	柯天水	19	大使庙	陈和娘	18	林叶娘	柯连官(父)	陈廷章(父)	11.18,同上
12.19	蒋正荣	38	珍旧圩	马斗娘	17	蒋益	蒋建(宗叔祖)	马龙海(宗兄)	11.1,同上
12.19	许松胤	30	公司后	王丹娘	18	邹世娘	许初(宗兄)	王江山(父)	11.24,同上
12.20	赖水养	32	小南门	林碧娘	18	邓丁娘	赖亚辛(胞叔)	林天送(胞兄)	11.8,同上
12.24	黄宙郎	37	洪溪	廖能娘	20	林霜娘	黄灿(胞兄)	廖神佑(父)	11.9,叶,戴
12.24	黄怀龙	21	圣墓港	林乙娘	16	陈月娘	黄明琪(胞兄)	林吉生(父)	11.9,同上
12.24	沈怜汝	35	班芝兰酒灶后	吴贺娘	22	林叶娘	沈柔(胞兄)	吴顺官(父)	11.8,同上
12.28	黄宾	22	班芝兰	柯红兀	17	林叶娘	黄阳生(胞兄)	柯祥(从叔)	11.8,同上
12.29	戴钦	20	干冬圩	蒋端娘	19	杨乙娘	戴外(从兄)	蒋正(宗叔)	11.29,同上

① 陈氏原配黄水，夫妻3年去世，无子女，恬处至今8年之久，兹愿再醮与纪为夫妇，永结同心，二比花押。批照。

12.31	张慰	27	老丹巷	陈雅娘	22	林叶娘	张文芹(从兄)	陈奇明(从叔)	11.11,同上
12.31	唐五星	41	鉴光猫汝	杨曾娘	20	欧来娘	唐斤(宗叔)	杨禄(父)	11.18,同上

总计:169 对

1833 年吧城唐人成婚注册表

月日	新　郎	年岁	住　址	新　娘	年岁	媒　妁	男方主婚	女方主婚	备　注 结婚日,主事人
1.4	沈信	41	职宁贞	徐州钫	19	林爱娘	沈簪(宗叔)	徐宗保(宗叔)	壬 11.18,黄永禄,陈彬郎
1.5	戴存生	18	亚森脚	黄良娘	18	邹世娘	戴荣观(父)	黄永顺(胞兄)	11.18,同上
1.10	陈金生	34	米涧前	郭葱娘	19	胡金娘	陈甘生(胞兄)	郭连安(父)	11.23,同上
1.12	方田	40	乌鬼巷	林位娘	25	林叶娘	方板(堂兄)	林淡水(宗兄)	11.24,同上
1.14	陈清河	46	小南门	林金娘	17	陈月娘	陈杰(堂兄)	林蕉(胞叔)	11.24,同上
1.14	潘报兴	23	鉴光迷默	林阴娘	15	许新娘	潘报生(胞兄)	林一观(宗兄)	11.14,同上
1.15	林文珍	16	珍旧圩	汤矼娘	15	林彩观	林遗观(父)	汤钝(胞叔)	11.12,同上
1.15	蔡三	35	小南门	詹栽娘	19	吴猛观	蔡双全(堂兄)	詹午观(父)	11.30,同上
1.18	胡龙	29	丹兰望	戴君娘	27	陈顺娘	胡财生(宗兄)	戴盛观(父)	12.3,同上
1.21	叶亚迎	31	打铁街	古清娘	16	戴清娘	叶德福(宗叔)	古拔元(父)	12.3,同上
1.24	洪永文	20	圣墓港	陈伴娘	18	曾造娘	洪茂林(宗叔)	陈礼观(父)	12.21,同上
1.26	唐光耀	22	珍旧圩	郑阴娘	18	罗纱娘	唐栽(堂伯)	郑池上(胞兄)	12.13,同上
1.28	陈吟	32	小南门	施雅娘	17	曾造娘	陈银(堂叔)	施溪水(堂兄)	12.13,同上
1.28	廖育长	29	庞茄赖	刘日娘	20	廖恒观	廖恩三(堂兄)	刘兴观(父)	12.15,同上
1.30	陈山	30	圣墓港	沈艳娘	21	陈月娘	陈良活(族叔)	沈斐(胞叔)	12.16,同上
1.30	梁天时	17	观音亭	王接娘	17	曾造娘	梁机(宗叔)	王有生(父)	癸 1.12,同上
1.30	郭珠生①	32	三间土库对面	阮宝娘	32	林叶娘	自己	郑夹娘(生母)	壬 12.21,同上
1.30	林清桂	39	戈劳屈	谢志娘	17	卢丙娘	林贤凤(胞叔)	谢荫娘(父)	12.16,同上
1.30	林永昌	43	乌褒土库	欧凤娘	17	陈月娘	林元生(堂兄)	欧鞍(堂叔)	12.14,同上
1.31	陈光山	24	五脚桥	林文莺	15	许新娘	陈月生(胞兄)	林茂兰(父)	壬 12.14,黄,陈
2.1	郑力	38	珍旧圩	萧结娘	24	吴猛	郑庆(兄)	萧畅(父)	12.15,杨汉官,陈彬郎

① 知见人默氏陶士郎。

2.4	黄鸽铃	28	公司街	许荼娘	22	孙水娘	黄布(胞叔)	许层(宗叔)	12.28,同上
2.4	许隆	28	珍新圩	詹心娘	16	吴猛	许宇(宗兄)	詹源振(父)	12.21,同上
2.5	曾川	35	珍旧圩	陈鸾娘	16	卢宣娘	曾牙(胞兄)	陈远生(从兄)	12.21,同上
2.5	沈栞	26	窑内	林快娘	18	林秀娘	沈有(从叔)	林修(宗叔)	12.21,同上
2.8	薛祐	17	珍新圩	林瑞娘	17	吴猛	薛摘(宗叔)	林珠清(胞兄)	12.30,同上
2.11	冯光灿	21	珍旧圩	刘得娘	18	黄利娘	冯抵(父)	刘神福(胞兄)	12.28,同上
2.12	曾亚癸	29	竹树巷	张月娘	18	赖亚居	曾唤料(宗兄)	张于(宗叔)	12.24,同上
2.12	林乔	40	小南门	高贤娘	20	陈月娘	林彦(宗兄)	高腾(父)	12.28,同上
2.13	陈文彬	26	大港墘	柯丁娘	22	孙水娘	陈青阳(宗兄)	柯德求(胞兄)	12.28,同上
2.15	陈德臣	18	珍旧圩	张乙娘	15	吴猛	陈宗(父)	张来(父)	12.30,同上
2.26	吴亚进	25	小南门	杨盛娘	20	陈月娘	吴亚兑(宗叔)	杨集(父)	癸 1.8,同上
3.5	古全二	34	蕉仔街	兰巳娘	16	卢丙娘	古以桂(堂叔祖)	兰福二(宗兄)	1.15,叶选官,戴明基
3.6	江饶	30	大港墘巷内	陈挨瓦	20	孙瑞娘	江盛发(宗兄)	陈亚惠(堂兄)	1.19,同上
3.9	许艺文	20	大南门街	林惜娘	15	吴猛	许流(宗叔)	叶月娘(生母)	1.19,同上
3.21	曾天养	27	西门柔洛班让	江雅娘	22	胡金娘	曾福生(父)	江尚(宗叔)	2.4,同上
3.23	邹荣阳	27	旧把杀仔	许泽娘	28	林叶娘	邹荣业(胞兄)	许科联(宗叔)	2.12,同上
3.25	胡佛	36	甕菜河	陈望娘	18	戴清娘	胡久(胞伯)	陈清引(父)	2.11,同上
3.29	卢接	26	西门外	黄鹤娘	24	胡红娘	卢文信(堂兄)	黄群(宗兄)	2.11,同上
4.4	林泰山	23	大港墘	郑英娘	19	邹世娘	林罕(父)	郑绒(父)	3.11,黄,陈
4.9	唐亚尊	40	小南门	张凤娘	18	潘金娘	唐经(从叔祖)	张上(堂兄)	2.25,同上
4.9	江中兴	22	打铁街	许雅娘	18	戴清娘	江丙(父)	许清水(胞叔)	癸 2.24,黄,陈
4.10	吴祥	35	芝戈屈	沈音娘	20	林万福	吴勇(堂叔)	沈清海(宗伯)	癸 3.20,同上
4.11	庄来	37	戈劳屈	刘余娘	18	吴宰	自己	张蜜娘(母)	2.25,同上
4.20	王来和	24	把杀务朗	黄传娘	24	邹世娘	王益生(父)	黄奎炳(胞伯)(宗叔天福代)	3.14,同上
4.25	刘亚二	28	八栈朗眼	何京娘	15	黄亚九	自己	何唐寿(宗兄)	3.20,同上
4.26	陈厚	38	王廊	林桃娘	16	丘云娘	陈强(从兄)	林亚省(父)	3.11,同上
4.27	许正	31	鉴光河北	戴州娘	21	邹世娘	许札(宗兄)	戴编言(父)	3.16,同上
4.29	蔡辣	36	珍旧圩	刘惹喝娘	15	陈心娘	蔡眼(从伯)	刘宣(宗兄)	4.3,同上

5.18	蔡盒	40	小南门	蔡莺娘①	28	林世娘	自己	自己	4.1,杨、陈
5.20	陈清凉	22	中港仔	张绣娘	21	林叶娘	陈竹(堂兄)	张绵(族叔)	4.6,同上
5.28	苏天寿	38	旧石珍	林已娘	20	黄金娘	苏庄敬(宗叔)	林文滔(父)	4.16,同上
5.28	林平	39	珍旧圩	李叶娘	19	黄金娘	林文滔(宗兄)	李六(父)	4.18,同上
5.29	蔡一郎	21	质宁贞	詹一娘	20	郑吟娘	蔡金生(父)	詹金生(胞兄)	4.22,同上
5.30	詹引	23	职宁贞劳外	苏西娘	17	郑吟娘	詹元(堂兄)	苏江生(父)	4.15,同上
6.7	洪贵福	22	把杀务朗	许泉娘	18	林叶娘	洪章(宗叔)	许松(宗伯)	4.29,叶,戴
6.10	王力生	22	甕菜河	张日本娘	21	邹世娘	王甲凤官(父)	张又官(父)	4.23,同上
6.10	林康宁	23	八茶罐	刘建娘	21	邹世娘	林文山(宗叔)	刘合官(宗叔)	4.28,同上
6.11	何亚六	50	八戈然	朱凤娘	16	赖亚四	何引(宗叔)	朱亚五(父)	4.29,同上
6.12	林溪	37	小南门	戴恳娘②	24	邹世娘	自己	自己	4.29,同上
6.12	戴水生	45	新池	陈金娘	16	曾草娘	戴碧郎(父)	陈快生(宗叔)	癸4.29,叶,戴
6.12	叶猛	45	小南门	林银娘	23	黄金娘	叶必(族兄)	林坦(宗兄)	4.29,同上
6.17	李盈科	20	公司后	林砼娘	17	陈月娘	李长兴(宗叔)	林杰生(父)	4.30,同上
6.19	黄兰祐	23	班芝兰	王娘娜	18	曾左娘	黄春明(胞叔)	王元生(胞兄)	5.21,同上
6.19	王亚养	35	中港仔	方雪娘	17	廖丙娘	王增贤(宗叔)	方焕水(宗兄)	5.13,同上
6.28	陈银生	20	珍旧玗	唐伴娘	16	卢选娘	陈远生(从兄)	唐崑(从兄)	5.13,同上
6.29	兰成	42	班芝兰	郑水娘③	30	郑吟娘	自己花押	自己花押	5.13,同上
6.29	黄清品	31	乌鬼巷	郑宣娘	15	陈月娘	黄蜂(宗兄)	郑江水(父)	5.20,同上
6.29	陈莱补	41	小南门	林正娘	25	陈月娘	陈裕(宗叔)	林程(宗兄)	5.21,同上
7.3	李经元	24	大南门	谢凤娘	18	李及才	李庚华(宗兄)	许芹秀(宗叔)	6.4,戴
7.8	许科绵	39	廿六间	纪芳娘	23	许新娘	许裕生(宗兄)	纪芳远(族兄)	6.4,黄,黄
7.13	杨秀英	28	大南门	陈丙娘	18	卢丙娘	杨习璋(堂叔)	陈成佳(堂兄)	6.4,同上
7.19	林发	52	洪溪	邓乙娘	19	袁未娘	林时(堂兄)	邓王观(父)	6.5,同上
7.20	李华仰	26	小南门	温文德娘	16	温东伯	李发(宗兄)	温阿麟(父)	6.5,同上
7.25	蔡长	26	大港墘	刘惜娘	19	陈月娘	蔡里生(宗兄)	刘仑观(父)	6.16,同上

① 蔡氏原配陈千郎夫妻3年去世，生二女：莺娘5岁，大娘4岁，恬处至今4年，愿与叶为夫妇，永结同心，二比花押。

② 戴氏前嫁与王渊沛为妻，6个月身故，恬处3年终非了局，欲与林为夫妇，永结同心。特此批照。

③ 据郑水娘供称：氏与甘水生结发有5年之久，不幸夫身被歼，遗下一男名甘太阳，年已10岁。氏寡居至今八载，兹愿再醮与兰成为夫妇，永结同心，各毋反悔。批照。甘水生之母到堂质实无讹，母系名实力。

7.29	饶细田	28	小南门	管双娘	20	叶江娘	饶住(堂兄)	管增哥(父)	6.15,同上
8.5	陈雁	31	亭仔脚	林粉娘	18	邹世娘	陈珠(宗兄)	林壳(父)	6.26,杨、陈
8.8	张兴三	34	东居	彭丙娘	18	胡金娘	张兴大(胞兄)	彭上化(父)	6.26,同上
8.14	蔡永秀	34	公司后	梁戊娘	16	胡金娘	蔡克烈(胞伯)	梁克伟(胞叔)	癸7.20,杨,陈
8.21	洪牛	32	丁葛茎旺	汤招娘	17	黄金娘	洪触(从叔)	汤本(父)	7.11,同上
8.23	陈滔	33	廿六间	黄玉娘	21	邹世娘	陈裕(宗叔)	黄闰(父)	7.14,同上
9.2	甘清音	27	珍旧圩	刘曲娘	16	吴猛观	甘渊观(父)	刘盆观(父)病,兄蛏代	8.2,叶,戴
9.4	王元辉	23	三间土库	刘秩娘	25	邹世娘	王求生(父)	刘忠观(父)	7.27,同上
9.12	卢标源	23	文丁旧圩	许三娘	19	林万福	卢昆山(父,疾胞兄松林代)	许蒲观(父)	8.6,同上
9.14	林必慎	24	八戈然	纪绣娘	20	邹世娘	林必达(堂兄)	纪国顺(父)	8.10,同上
9.16	邹亚海	38	五脚桥	陈细娘	16	邱恩娘	自己	陈露(堂叔)	8.19,同上
9.16	杨荣宗	22	五脚桥	柯未娘	18	郑荫娘	杨天水(堂兄)	柯文章(宗叔)	8.9,同上
9.18	陈泉水	20	珍旧圩	吴来娘	16	杨金娘	陈纯(堂叔祖)	吴再生(父)	8.14,叶,黄
9.18	黄荣祝	23	小南门	许职娘	21	陈月娘	黄石生(宗兄)	许群使(胞兄)	8.15,同上
9.19	黄尚	32	大使庙	沈发娘	19	林叶娘	黄有谐(族叔)	沈江观(父)	8.29,同上
9.20	郭连福	32	大南门	韩富娘	24	戴清娘	郭顺意(堂兄)	黄雪娘(母)	8.24,同上
9.21	周建成	22	珍旧圩	刘来娘	22	卢硂娘	周天耸(父)	刘福水(胞兄)	8.19,同上
9.23	郭天宗	34	职宁贞	林三娘①	32	王淑娘	自己	自己	8.11,同上
9.23	钟岐水	26	砖仔桥	张奇娘	21	罗丙娘	钟亚兴(堂叔)	张查基(胞兄)	8.19,同上
9.24	颜思华	27	大南门	陈览冥	17	温经元	颜恩璋(堂兄)	陈富观(父)	8.16,同上
9.25	陈天赐	24	大港墘巷内	韩明娘	18	林叶娘	陈菜补(堂叔祖)	韩宗茂(堂兄)	8.18,叶、戴
9.26	严再	27	乌鬼巷	林丁娘	17	陈曲娘	严孝生(宗兄)	林庆湖(兄)	8.15,同上
9.28	方明辩	17	珍旧圩	黄凤娘	16	卢硂娘	方琴观(胞伯)	黄东启(宗叔)	8.17,同上
9.28	吴启宗	48	蕉仔街	阮宝娘②	32	曾造娘	自己	自己	8.23,叶,戴
10.1	黄炎	51	八茶罐	陈辉娘	18	林银娘	黄报(从叔)	陈泳(宗伯)	9.3,黄、黄
10.1	黄光幸	18	三间土库	陈鹤娘	15	林叶娘	黄仰(父)	陈朝保(父)	10.3,同上
10.4	黄寅生	20	大使庙	曾雅娘	19	吴猛	黄四杰(父)	曾来凤(叔父)	8.27,同上

① 林氏原与雍崑光为夫妻,一个月余身故,无子女,恬处12年愿与郭为夫妇,永结同心,二比花押批照。

② 阮氏原与郭珠生为夫妻七个月,因不和经公堂判离于今两个月,愿再配与吴为夫妇,永结同心,二比花押批照。

10.7	陈益郎	23	珍旧圩	詹勤娘	17	陈辛娘	陈郎(父)	詹缎(伯父)	9.2,同上
10.9	林巽贞	33	廿六间	许羡娘	22	邹世娘	林聚(宗伯)	许嵩(宗兄)	9.2,同上
10.9	洪霜林	22	班芝兰	王水娘	16	林叶娘	洪怀(宗叔)	王文章(父)	9.3,同上
10.10	蔡谦舍	36	班芝兰	吴鸾娘[①]	21	邹世娘	自己	自己	9.1,同上
10.16	林大吉	24	圣墓港	许莱娘	20	王淑娘	林杰生(宗叔)	许和尚(宗叔)	9.8,同上
10.16	蒋关生	30	小南门	吴蚊咯	20	戴清娘	蒋溪(宗兄)	吴猛(宗叔祖)	9.15,同上
10.21	黄日进	24	廿六间	叶爱娘	17	邹世娘	黄光垂(宗叔)	叶廷瑞(父)	9.19,同上
10.23	杨培	36	中港仔	陈曲娘	16	曾早娘	杨汲(宗叔)	陈我(宗叔)	9.24,同上
10.27	李木生	27	大使庙	刘髻娘	19	邹世娘	李起(胞叔)	刘银生(父)	9.24,同上
10.28	张相	37	茄老旺	胡蕙娘	19	杨乙娘	张悲(宗兄)	胡湾漯(胞兄)	9.22,同上
10.28	叶利康	32	新厝	古雅娘	18	戴清娘	叶利添(堂兄)	古旺合(从叔祖)	9.24,同上
10.31	高振位	30	小南门	庄带娘	18	陈曲娘	高宇(宗叔)	庄泉(宗兄)	9.22,同上
11.1	王国风	22	蕉仔街	庄软娘	15	陈月娘	王全禄(胞兄)	庄忠观(父) 成源	10.3,杨、陈
11.1	张进光	30	八茶罐	郑冠娘	16	陈月娘	张德生(父) 成章	郑盛宝(父) 光满	9.24,同上
11.4	曾龙寿	22	珍旧圩	陈绒娘	20	颜揖观	曾太江(父)	陈荫(胞兄)	10.3,杨,陈
11.7	卢泉水	25	文丁	吴钟娘	25	林万福	卢光艳(胞兄)	吴永成(胞叔)	11.20,同上
11.11	余旺荣	44	珍旧圩	廖壬娘	22	卢丙娘	余安华(堂叔)	廖智淑(父)	10.18,同上
11.11	潘三喜	23	职宁贞	林砱娘	15	许新娘	颜温娘(生母)	林全生(宗叔)	10.2,同上
11.13	叶治	24	蕉仔街	高秀娘	26	胡金娘	叶孝(宗兄)	高天福(胞兄)	10.6,同上
11.13	霍大元	25	鉴光胡北	沈砱娘	22	邹世娘	自己	沈榜观(父)	10.24,同上
11.14	高王	30	小南门	朱八娘	18	王淑娘	高和(族叔)	朱友(族叔祖)	10.3,同上
11.14	黄太簇	32	珍新圩	朱荫娘	18	林助观	黄灿(从兄)	朱泼(胞伯)	10.13,同上
11.14	邹长明	27	洪溪	李丁娘	17	叶江娘	邹天德(父)	李带(胞伯)	10.10,同上
11.15	罗江水	22	大南门	王春娘	23	罗丙娘	罗乾凤(父)	王增贤(堂叔祖)	10.12,同上
11.19	高文德	25	哨口	谢凤娘	23	林叶娘	高百水(堂兄)	谢顺观(胞兄)	10.12,同上
11.21	陈上春	29	大使庙	许音娘	18	曾造娘	陈水生(胞兄)	许云生(宗叔)	10.18,同上
11.25	林万山	26	大南门直街	李砱娘	26	王淑娘	林良(堂兄)	李廉(胞叔)	10.20,同上

① 吴氏曾与王秋结发一年身故，遗一子各把低 3 岁，恬处已三载，愿再醮与蔡为夫，永结同心，花押为凭。知见人默氏林皆签号。

11.25	钟亚二	40	大南门	温江妹	16	潘金娘	钟元传(堂兄)	温润二(父)	10.21,同上
11.27	王太甲	27	大南门	赖姨娘	23	戴清娘	王逊金(堂兄)	赖让观(堂兄)	10.18,同上
11.28	陈江水	21	把杀务朗	吴凤娘	18	邹世娘	陈永吉(父)	吴顺(宗叔)	10.28,同上
12.2	郑春笋	38	大港墘	林孟年	15	胡金娘	郑服(宗叔)	林规(父)	10.27,戴,叶
12.2	戴采应	25	珍旧圩	甘钻娘	21	卢砼娘	戴秋(父)	甘朝(父)	10.28,同上
12.2	郑位	48	观音亭	张砼娘	24	吴猛娘	郑瓦(宗叔祖)	张全(堂叔)	10.27,同上
12.2	严示生	41	乌褒土库	杨宜娘	28	吴珠娘	自己	杨不(宗叔)	10.23,同上
12.5	陈昭明	33	文丁旧圩	王振娘	21	萧意娘	陈雅(宗兄)	王云生(堂叔)	10.27,戴,叶
12.6	张亚四	29	大南门	翁切娘	17	陈芳娘	张亚二(胞兄)	翁衍郎(兄)	10.28,同上
12.12	林都	44	大南门	陈应娘	25	邹世娘	林一(宗兄)	陈福生(从叔)	11.5,同上
12.17	黄天生	24	观音亭	朱水娘	15	曾佐娘	黄博厚(宗叔)	朱赞郎(宗叔祖)	11.12,同上
12.19	林止流	32	小南门	黄金娘	16	戴清娘	林抒怀(宗叔)	黄简(宗叔)	11.12,同上
12.21	温新再	18	新厝	李仁娘	17	邹世娘	温桃源(父)	李设观(父) 李燮	11.27,同上
12.21	古连观	27	大南门	杨有娘	19	邹世娘	古添(宗叔祖)	杨亚前(父)	11.24,同上
12.27	周俊杰	29	文丁	林曲娘	14	林万福	周武双(宗叔)	林文一(父)	11.26,同上
12.27	陈徐	33	珍旧圩	黄猫厘娘	19	吴猛	陈放(宗叔)	黄良(父)	11.24,同上
12.27	黄柄	33	亭仔脚	陈宇力娘	24	黄金娘	黄宗海(从兄)	陈及生(胞兄)	11.27,同上
12.30	陈奇全	22	珍旧圩	巫安娘	18	卢宣娘	陈皆(从伯)	巫贵生(父)	11.30,同上

总计:147 对

1834 年吧城唐人成婚注册表

月日	新　郎	年岁	住　址	新　娘	年岁	媒　妁	男方主婚	女方主婚	备　注 结婚日,主事人
1.4	曾乃洪	42	把杀务朗	卢成娘	16	胡金娘	曾万兴(堂叔)	卢贤兴(堂叔)	癸 11.25,黄永禄,黄燎光
1.6	林生	41	把杀鱼涧	许礼娘①	26	李金娘	自己押号	自己押号	12.20,同上
1.7	丘登灶	34	五脚桥	蔡吉娘	21	王淑娘	丘大成(堂叔)	蔡友观(父)	11.30,同上
1.13	林昂	17	丹兰望	苏雅娘	16	吴猛观	林清观(父)	苏铅(胞叔)	12.19,同上

① 据许氏称:前夫王源水结发 5 年身故无子女,恬处一年愿与林为夫妇,永结同心,各花押。批照。

1.13	陈玉芳	20	干冬圩	林習娘	17	林秀娘	陈亘(胞伯)	林六山(胞叔)	12.13,同上
1.14	罗进	30	廿六间	陈莲娘	17	戴清娘	罗德三(宗叔)	陈照郎(父)	12.10,同上
1.14	陈谦	35	鉴光猫汝	萧癸娘	16	丘恩娘	陈石(堂兄)	萧转郎(堂叔)	12.19,同上
1.14	林清凉	21	惹牙兰	陈兰娘	21	丘恩娘	林壬生(堂叔)	陈文彬(堂叔)	12.13,同上
1.15	刘乌苏	31	渡船仔头	叶惠娘	15	黄清良	刘贤仁(胞兄)	叶令观(父)	12.19,同上
1.15	林分	35	大港墘巷内	钱蛮娘	17	许新娘	林茂寅(宗兄)	钱珠生(胞兄)	12.14,同上
1.15	丘寅生	18	戈劳屈	陈曲娘	17	吴猛观	丘全(宗兄)	陈俊元(堂叔)	12.17,同上
1.17	赖亚鈘	32	新厝仔	陈丁娘	18	杨秀娘	赖清(堂叔)	陈甲生(胞兄)	12.17,同上
1.17	陈濬哲	18	观音亭	林弁娘	18	邹世娘	陈劣官(胞叔)	林甲东汉(父)	12.13,同上
1.17	林振虎	30	亭仔脚	李钦娘	18	王淑娘	林浮(宗叔)	李长兴(父)	12.8,同上
1.18	杨成章	18	班芝兰	卢今娘	17	林叶娘	杨宇七(父)	卢未(宗叔)	12.13,同上
1.20	巫清	25	观音亭道郎	李绒娘	18	邹世娘	巫桂生(宗叔)	李九(宗兄)	12.24,同上
1.20	余亚春	38	戈劳屈把杀	黄曲娘	19	陈曲娘	余建评(堂叔)	黄天助(亲兄)	12.18,同上
1.20	林金生	21	丹兰实连	钟莺娘	16	许新娘	林来观(父)	钟劫(堂兄)	12.24,同上
1.20	高天恩	35	五脚桥	张宝娘	19	许新娘	高天求(胞兄)	张吉生(胞兄)	12.20,同上
1.20	谢高升	20	职宁贞	林丝娘	18	许新娘	谢明水(堂叔)	林申观(胞叔)	12.17,黄,黄
1.20	邓缵三	31	勃劳发丹	林音娘	20	兰益峰	邓应明(堂兄)	林齐观(父)	12.19,同上
1.21	戴长庚	21	丹兰望	曾真娘	17	蔡教娘	戴永观(父)	曾其用(兄)	12.17,同上
1.22	陈荣发	26	洪溪	吴娜娘	23	王天盛	陈竹观(宗叔)	吴中和(胞兄)	12.19,同上
1.27	王向荣	44	把杀务朗	李蜜娘	14	戴清娘	王就观(宗兄)	李娟长(从叔)	12.30,同上
1.27	林福全	40	鉴光猫汝	吕妙娘	18	邹世娘	林士元(宗兄)	吴建娘(母)	12.22,同上
1.27	马长江	23	干冬圩	曾鸾娘	15	杨一娘	马明记(父)	曾隆观(父)	12.20,同上
1.28	邹石松	29	蕉仔街	张丙娘	18	潘金娘	邹成洲(胞叔)	张才(堂兄)	甲午 1.10,同上
2.3	林歆	31	蕉仔街	杨敦娘	19	陈月娘	林光彩(宗兄)	杨狮(从兄)	癸 12.25,陈彬郎,杨汉官
2.4	张濑	31	珍旧圩	高意娘	21	卢宣娘	张悲(宗兄)	高京元(胞兄)	12.29,同上
2.20	陈们	33	八茶罐大巷内	许葵娘	22	陈月娘	陈强(堂兄)	许荣才(父)	甲 1.20,同上
2.25	林君爹	31	丹兰望	叶紫娘	25	蔡教娘	林亚五(胞叔)	叶亚三(胞叔)	1.29,同上
2.25	林六	34	茄泊廊	詹石娘	18	邱乙娘	林亚丁(宗叔)	詹溪(宗叔)	1.22,同上
2.27	曾新年	21	鉴光六沙	许浮厨	20	许曲娘	曾秀魁(宗伯)	许永(胞叔)	1.22,同上
3.11	黄虎	34	小南门	卢枣娘	17	曾造娘	黄亨(从兄)	卢香(堂兄)	2.7,戴明基,叶选官

3.11	柳斐	40	鉴光美惜近	罗月娘[①]	21	戴清娘	自己押号	自己押号	2.4,同上
3.18	陈植正	38	亭仔脚	吴群礼	18	黄金娘	陈劝(宗叔)	吴猛(胞伯)	2.28,同上
3.19	郭龙	26	旧把杀仔	叶蟒娘	20	吴猛观	郭骞(胞兄)	叶赤(从兄)	2.14,同上
3.25	王以文	27	大港墘	朱曲娘	17	邹世娘	王向荣(宗叔)	朱惕观(父)	2.20,同上
3.26	陈协郎	21	干冬圩	戴石娘	21	杨一娘	陈四夷(胞兄)	戴粒观(父)	2.20,同上
4.1	胡振务	24	行勿叻	陈妙娘	26	邹世娘	胡丁仔钫(胞叔)	陈奎炳(胞兄)	2.25,同上
4.10	杨汲	35	五脚桥	陈毛绿	16	黄夏	杨不(宗兄)	陈江水(胞兄)	3.8,同上
4.11	王通	36	小南门	杨雅娘	28	陈月娘	王平(从兄)	杨池生(宗叔)	3.12,同上
4.14	李亚友	38	甕菜河	林梅娘	15	潘金娘	李杞桂(宗兄)	林传(亲兄)	3.12,同上
4.19	范魁寿	33	小南门	古有娘	17	胡金娘	范亚隆(从兄)	古腾标(父)	3.14,同上
4.21	温亚六	32	鉴光六沙	王佛娘	17	潘金娘	温亚石(叔父)	王增贤(叔父)	3.20,同上
4.23	蒋得法	17	珍旧圩	黄精英	16	陈心娘	蒋贤(宗叔)	黄志(父)	4.10,同上
4.23	杨润	38	珍旧圩	陈月娘	22	吴猛	杨东(胞兄)	陈苗(宗兄)	3.26,同上
4.27	黄永绿	44	八厨沃间	张福娘	23	吴珠娘	黄顺光(宗叔)	张尚德(父)	3.20,杨,陈
4.28	蔡三朝	27	旧把杀	徐和娘	17	林叶娘	蔡石(叔父)	徐永泉(胞兄)	4.10,黄,黄
4.29	杨温	28	丹兰望	蔡新禄	18	蔡教娘	杨长(宗兄)	蔡丁元(父)	4.6,同上
4.30	黄清秀	23	大使庙渡船头	王全娘	21	王淑娘	黄白(从兄)	王俊元(旧叔)	4.2,同上
5.2	郑连	36	珍旧圩	赖文娘	16	吴猛观	郑简(宗叔)	赖巴生(胞兄)	4.24,杨、陈
5.5	林训	39	大南门直街	刘惜娘	17	陈月娘	林籼(宗叔)	刘合(堂叔)	4.6,同上
5.6	黄揆生	36	圣望港	蔡新娘	21	吴朱娘	黄顺光(堂兄)	蔡锦(宗叔)	4.4,同上
5.9	袁玉水	21	宰牛巷	罗金娘	16	陈月娘	袁顺观(父)	胡俭娘(母)	4.2,同上
5.12	陈正理	41	八茶罐	苏蟒娘	21	詹孝观	陈忠(宗叔)	苏子生(胞兄)	4.6,同上
5.12	黄涨	30	乌鬼巷	韩宝娘	21	潘金娘	黄活伴(宗叔)	韩东海(父)	4.6,同上
5.15	邓万四	28	大园内	陈乙娘	18	高亚见	邓润(堂兄)	陈见(胞叔)	4.10,同上
5.17	沈侃	44	把杀务朗	黄丁娘	20	陈贤娘	沈明德(胞叔)	黄三哥(堂兄)	4.10,同上
5.21	黄茂	26	珍新圩	陈添娘	18	吴猛观	黄灿(从兄)	陈准(从叔)	4.17,同上
5.21	黄温	22	三间土库	杨大娘	15	陈曲娘	黄港观(父)	杨正(从兄)	4.24,杨、陈
5.22	余安华	40	小南门把杀	赖戍娘	21	曾秀开	余潮兴(堂兄)	赖福兴(父)	4.26,同上

① 据罗氏供称：前与林亚税为夫妇，原无给婚字，有生一子各秀杰、因今不睦于和 1834 年 2 月 28 日在公馆案前分离，兹愿再嫁与柳斐为夫妇，各花押。批照。

5.23	王安南	21	大港墘	刘宁娘	17	林叶娘	王甲凤官(从叔祖)	刘智官(宗叔)	4.27,同上
5.24	戴禄	42	杆冬圩	陈那娘	20	陈曲娘	戴仓(宗叔)	陈卯(胞叔)	4.18,同上
5.26	戴丹成	31	丹兰望	许曲娘	18	蔡教娘	戴盛观(父)	许灿(胞伯)	4.26,同上
5.26	陈清柔	18	珍旧圩	纪旧娘	19	詹丁娘	陈瑞章(宗兄)	纪国顺(父)	4.26,同上
5.29	沈住官	40	中港仔新厝	袁石娘	24	邹时娘	沈雄(宗叔)	袁连合(父)	4.26,同上
6.2	张亚增	36	拔丹桥	曾桂娘	20	曾秀开	张官宝(宗叔)	曾秀宽(父)	5.2,叶、戴
6.3	陈私彩	17	丹兰望	朱柳娘	17	方致	陈茂乾(父)	朱三元(胞兄)	4.26,同上
6.5	翁井	51	八厨沃间	林葛娘[①]	31	邹世娘	自己	自己	5.14,同上
6.13	黄天飏	28	观音亭	戴炎娘	22	杨乙娘	黄振川(族兄)	戴九官(宗叔)	5.13,同上
6.17	陈福生	35	圣墓港	林米粉	16	邹世娘	陈金齐(宗叔)	林皆(胞兄)	5.16,同上
6.18	曾亚五	32	簿面街	钟丁娘	18	林经材	曾万兴(从叔)	钟浩廷(父)	5.14,同上
6.18	钟辛淑	26	东门外	李曲娘	17	胡金娘	钟增喜(从兄)	李文进(宗叔)	5.19,同上
5.14	刘亚四	34	珍东系	陈二娘	21	朱亚五	刘亚五(宗叔)	陈二伯(父)	5.14,同上
6.21	赖亚桂	30	八厨沃间	张辛娘	16	徐荣寿	赖开生(宗叔)	张关北(父)	5.19,同上
6.28	谢陶	40	新厝	许却娘	17	邹世娘	谢潜(宗叔)	许福生(胞兄)	5.22,同上
7.2	郭姜	29	结石珍新圩	黄银娘	21	吴猛	郭汉(宗叔)	黄灿(父)	5.30,黄,黄
7.7	庄义	27	小南门	詹润娘	17	邹时娘	庄贯(宗叔)	詹溪水(宗叔)	6.10,同上
7.11	余丙寿	28	珍旧圩	曾新娘	16	余安华	余朝兴(堂叔)	曾四(胞叔)	6.8,黄、黄
7.14	杨宇七	65	班芝兰	林宇娘	62	邹杏观	自己押号	自己押号	无写,同上
7.16	张梅四	33	实宁吧	陈江娘	20	谢怀珍	张长生(堂叔)	陈庚生(胞兄)	6.14,同上
7.18	丘涌泉	21	八厨沃间	潘春娘	19	曾造娘	丘曲(父)	潘皆(胞兄)	6.13,同上
7.24	吴亚乾	33	槟榔社	陈麟娘	17	赖亚长	吴添(堂叔祖)	陈雪(堂叔)	6.21,同上
7.24	王秀增	32	五脚桥	张菊娘	19	徐荣寿	王增全(堂叔)	张观保(堂叔祖)	6.26,同上
7.25	陈甲玉郎	51	大港墘	林绣娘[②]	32	雅陈川	自己押号	自己押号	
7.28	王全成	27	在园内	丘珠娘	17	邹世娘	王插观(堂叔)	丘天生(宗叔)	6.27,同上
8.21	林芸生	21	洪溪	许布娘	19	邹世娘	林北源(堂兄)	许渊(胞叔)	7.21,陈、杨
8.22	黄三桂	22	砖仔桥	高珠娘	23	王淑娘	黄三及(胞兄)	高日新(胞兄)	7.20,同上

① 林氏前与黄双郁结发4年辞世,无所出。恬守6年,再醮与翁为夫妇,永结同心。存案。见证人故黄双郁之母孙二娘至堂质实。

② 据林氏称:前夫李淡川,结发4年去世,遗一子名长,愿再嫁与陈甲玉郎官为夫妇,永结同心,各花押批照。

8.22	黄福生	27	观音亭	马才娘	17	陈爻娘	黄耀观(宗叔)	马海水(胞兄)	8.5,同上
8.24	陈宪章	19	大港墘	杨领娘	20	陈月娘	陈甲玉郎(父)	杨甲瑚琏(父)	8.12,同上
8.24	王光华	24	亭仔脚	许一娘	16	许新娘	王鹤年(胞叔)	许崧(宗叔祖)	8.16,同上
8.30	林满	34	大港墘	李八娘	24	戴清娘	林琼(宗叔)	李金印(胞兄)	8.1,同上
9.1	黄品	32	乌鬼巷	王览冥	20	林叶娘	黄朝水(宗兄)	王潘(叔祖)	8.10,同上
9.1	杨桐	22	窑内	张每娘	19	邹世娘	杨茂(胞兄)	张在新(宗叔)	8.5,同上
9.2	黄旁	26	珍新圩	刘纱娘	19	吴猛娘	黄灿(堂兄)	刘吉生(父)	8.12,同上
9.4	陈金昌	41	洪溪头	蔡美娘	19	李亚万	陈伦盛(堂兄)	蔡生居(胞兄)	8.12,同上
9.4	陈石	37	洪溪	李然娘	18	丘恩娘	陈有珍(从叔)	李青云(宗叔)	8.6,同上
9.5	曾建杰	52	公司后	谢贵娘	18	叶江娘	曾端生(宗叔)	谢淑连(叔祖)	8.18,戴,叶
9.8	高金元	20	珍旧圩	林和娘	19	卢宣娘	高远生(父)	林文滔(父)	8.16,同上
9.10	兰文昶	35	亭仔脚	林面娘	21	林叶娘	兰应辉(从叔)	林观生(宗叔)	8.18,同上
9.10	陈金生	17	大巷内	刘朝娘	18	陈月娘	陈甲水官(父)	刘粥官(宗叔)	8.18,同上
9.10	陈得意	36	亭仔脚	郑百娘	29	陈贤娘	陈兆基(宗兄)	郑杰观(堂兄)	8.18,同上
9.10	蔡裁	40	观音亭	庄六娘	22	王淑娘	自己	庄贯(宗叔)	8.18,同上
9.11	柯蚕	29	珍旧圩	冯珍娘	20	黄金娘	柯金(堂叔)	冯抵观(父)	8.16,同上
9.11	韩蜂	23	丹兰望	黄雪娘	21	蔡教娘	陈和娘(生母)	黄活泮(堂叔)	8.12,同上
9.11	罗荣	24	职宁贞	丘宇娘	17	吴珠娘	罗州钫(宗叔)	丘天生(父)	8.12,同上
9.12	方焕水	32	打铁街	陈曲娘	17	潘金娘	方板观(堂叔)	陈清风(宗叔)	8.18,同上
9.12	李活	36	大港墘巷内	黄斯娘	20	林银娘	李敏(堂叔)	黄用荣(堂叔)	8.18,同上
9.13	林芸	18	圣墓港	叶音娘	16	邹世娘	林武观(父)	叶喜禄(宗叔)	8.18,同上
9.16	丘庆宗	30	五脚桥	钟水娘	19	林蜜娘	丘布(堂兄)	钟人和(胞兄)	8.19,同上
9.16	蔡金水	22	观音亭	柯清娘	20	(缺)	蔡东山(父)	柯文章(宗叔)	8.18,同上
9.18	苏天庇	19	中港仔	陈诗娘	17	吴珠娘	苏如川(胞伯)	陈逢角(从兄)	8.18,同上
9.18	朱亚亮	36	冉吗陈武	杨匏抵	18	林秀娘	朱盛淑(宗兄)	杨亚有(胞兄)	8.17,同上
9.19	许任水	23	砖仔桥	王俭娘	19	王淑娘	许昌荣(堂兄)	王亚姆(从叔祖)	8.18,同上
9.23	王仁禄	27	西门	马勿劳	22	王淑娘	王潘(堂叔祖)	马细观(父)	8.26,同上
9.23	陈丁仔钫	22	珍旧圩	詹莺娘	17	吴猛观	陈蝉(父)	詹郡(父)	8.27,同上
9.24	戴有振	20	亚森脚	林月娘	14	邹世娘	戴仁正(祖父)	林秀生(堂兄)	9.6,叶、黄
9.25	柯得山	22	砖仔桥	王和娘	15	林叶娘	柯得求(胞兄)	王鹏羽(堂叔)	8.26,戴,叶

9.25	陈珑	32	观音亭	张音娘	18	陈癸娘	陈墨(堂叔)	张渊观(父)	8.26,戴,叶
9.25	黄和尚	38	西门	甘用娘	19	林叶娘	黄甲永绿(宗兄)	甘景泰(胞兄)	8.26,同上
9.25	叶亚来	28	蕉仔街	古丙娘	19	叶江娘	叶日长(宗兄)	古云中(父)	9.8,同上
9.25	吴褒	36	小南门把杀	蔡月娘	19	戴清娘	吴山观(宗叔)	蔡及生(胞兄)	8.26,同上
9.27	詹清畴	21	珍旧圩	陈蜜娘	18	吴猛观	詹诅观(父)	陈南(宗叔祖)	8.28,同上
9.27	邱贞	32	圣墓港	林捶娘	17	吴猛观	邱清(堂兄)	林苑观(父)	8.27,同上
9.27	卢钳	42	圣墓公巷	詹鸾娘	22	陈癸娘	卢汉(宗叔)	詹孔昭(胞叔)	10.2,同上
9.29	蒋应麟	31	乌褒土库	杨物娘	19	吴珠娘	蒋溪观(族兄)	杨朝阳(堂伯)	9.3,同上
10.1	蔡悟	24	鉴光河北	赖云娘	14	陈月娘	蔡阔(堂叔)	赖让(父)	9.8,黄,黄
10.1	杨吉疾	25	牛郎加弄	高白娘	21	胡金娘	杨朝(父)	高日新(胞兄)	9.17,同上
10.2	林癸未	20	小南门	胡金娘	17	许信娘	林尚(父)	胡华长(父)	9.6,同上
10.3	林万川	26	乌鬼街	陆得娘	18	袁美娘	林东(堂伯)	徐宣娘(外祖母)	9.3,同上
10.9	陈珍生	18	八厨沃间	古乙娘	20	潘金娘	陈清凤(胞兄)	古龟阵(父)	9.20,同上
10.16	郭生	32	观音亭	张观娘	19	邹世娘	郭岸(宗兄)	张德(堂兄)	9.20,同上
10.16	杨清水	17	八厨沃间	沈俭娘	17	邹世娘	杨定光(父)	沈榜(父)	9.24,同上
10.25	钟清	30	大港墘	林辛娘	16	陈月娘	钟创(堂叔祖)	林经文(父)	10.5,同上
10.26	谢冯	24	小南门	王湛娘①	23	郑吟娘	自己	自己	9.24,同上
10.26	李有达	23	八茶罐	黄泊娘	23	邹世娘	李富生(父,朱葛礁)	黄永绿(父,雷)	10.5,同上
10.27	陈赞水	20	公司后	程辛娘	20	林叶娘	陈建老(父)	程石珪(父)	10.5,同上
10.27	詹文元	25	珍旧圩	陈银娘	18	陈心娘	詹郎(胞叔)	陈丹老(父)	10.11,同上
10.28	黄意	35	打铁街	杨音娘	17	吴猛	黄尺(从兄)	杨冰(堂叔)	甲午 10.2,黄,黄
10.29	蔡桃	32	珍新圩	吴攀娘	18	吴珠娘	蔡成兴(宗叔)	吴猛(堂叔)	10.9,同上
10.29	陈福生	24	大使庙	蔡蜜娘	22	林叶娘	陈合(堂兄)	蔡成兴(宗叔)	10.5,同上
10.30	方明善	16	珍旧圩	康月娘	15	卢宣娘	方琴(胞伯)	康迪氏(胞伯)	10.9,同上
10.30	李永成	22	珍旧圩	陈微娘	22	卢宣娘	李永元(胞兄)	陈孔是(宗叔祖)	10.3,同上
10.30	沈典	24	望茄寺	唐馨娘	18	吴猛娘	沈长(宗叔)	唐宏拱(宗叔)	10.18,同上
10.30	黄可义	27	廿六间	林丹娘	17	戴清娘	黄用(堂伯)	林文一(堂叔祖)	10.12,同上
11.1	张偕	25	珍监光猫汝	陈经娘	19	卢宣娘	张周(胞兄)	陈财(父)	10.5,陈彬郎

① 王氏前夫李顺英结发 1 年去世,生一女名曲娘已 4 岁,恬处 4 年,欲与谢永结同心,二比花押婚簿为凭。

11.3	黄嵩梧	27	班芝兰	陈玉娘	20	邹世娘	黄碧渊(父)	甲大陈永元(兄)	10.9,叶文选,戴明基
11.3	吴麟	33	观音亭	杨红娘	16	陈月娘	吴协(宗兄)	杨如松(堂兄)	10.3,叶,陈
11.4	陈盐	22	甕菜河	李石娘	18	戴清娘	李麟生(父)	陈光山(父)	10.11,同上
11.4	朱汉水	34	五脚桥	胡恳娘	23	丘恩娘	朱友(堂叔公)	胡元钦(宗叔)	10.5,同上
11.6	涂源水	19	八茶罐	林江娘	15	郭乙娘	涂记(宗兄)	林连官(胞伯)	10.11,同上
11.7	王泰山	21	中港仔巷内	戴葱娘	19	林万福	王求生(宗叔)	戴清元(胞叔)	10.16,同上
11.10	黄光垂	32	蕉仔街	林淑娘	21	林叶娘	黄振川(宗兄)	林全生(父)	10.11,戴、陈
11.10	张扇	37	南门乌鬼巷	陈盛娘	17	林叶娘	张三才(族叔)	陈连官(宗叔)	10.13,同上
11.10	黄炳郎	21	丹兰望	曾蕉娘	17	蔡九娘	黄九官(父)	曾任福(父)	10.16,同上
11.12	叶棕官	19	文丁旧圩	林良娘	18	曾硿娘	叶定官(父)	林水赖(父)	11.11,同上
11.13	邹笑官	46	观音亭	陈二娘[①]	19	陈凤娘	自己	自己	—,同上
11.13	蔡新官	24	正音馆巷	杨族娘	22	刘金娘	蔡文宾(堂兄)	杨文官(胞兄)	—,同上
11.13	邱银生	27	王蔀园	袁金娘	16	叶江娘	邱润官(父)	袁连生(堂伯)	10.24,陈、戴
11.14	李伯侯	32	中港仔	陈潭娘	18	邹世娘	李甲长官(胞叔)	陈碧山(从叔)	10.18,陈彬郎,戴明基
11.14	巫文理	40	小南门把杀	林勤娘[②]	24	陈生娘	自己押号	自己押号	—,同上
11.16	吴南阳	22	亚森脚	林荫娘	21	邹世娘	吴文信(父,雷)	林光彩(堂兄)	11.15,同上
11.19	陈长溪	25	八戈然	蔡谦娘	24	邹世娘	陈攀郎(胞伯)	蔡双全(父)	10.24,同上
11.24	林榕	32	八茶罐大巷内	吴锦娘	22	潘金娘	林壳(族叔)	吴水生(父)	11.3,同上
11.25	许合	35	小南门	陈尹娘	20	许新娘	许会官(宗兄)	陈静官(父)	11.3,同上
11.25	庄谈生	21	结石珍	陈贵娘	21	陈审娘	庄谈坚(胞兄)	陈良生(父)	11.3,同上
11.25	蔡景生	22	丹兰望	黄旁佛	18	吴子娘	蔡列官(父)	黄甘官(父)	11.11,同上
11.28	涂义	43	圣望港酒灶	张毕娘[③]	21	邹世娘	自己	自己	11.30,同上
11.29	蔡海	45	赌公司后	陈水娘[④]	34	陈月娘	自己	自己	11.30,同上
11.29	高统	34	文丁旧圩	黄硿娘	20	陈月娘	高和(从叔)	黄荣(胞兄)	12.10,同上
12.5	杨锦文	19	大南门外	洪安娘	15	林叶娘	杨奎炳(胞兄)	洪计(父)	12.5,戴,叶
12.2	林亚三	24	观音亭	杨端娘	18	陈贤娘	林承爰(胞兄)	杨奎东(胞兄)	11.6,同上

① 陈氏前夫余叶结发1年身故,无子女,恬处1年,愿再醮与邹为夫妇,永结同心,各花押号批照。

② 林氏前夫谢旺结发3年身故,无遗下子女,恬处2年,愿再醮与巫文理为夫,永结同心,各花押号批照。

③ 张氏前夫陈丹结发未及期年身故,无子女,恬处至今6年,兹愿与涂为夫妇,永结同心,各花押号。

④ 陈氏前夫郑江水结发14年身故,生一男一女不能养畜,恬处4年愿再醮与蔡为夫妇,永结同心,各花押号。

12.3	陈壬生	18	窑内	吴劳那	18	吴珠娘	陈渭滨(父)	吴瑞德(胞叔)	11.8,同上
12.4	陈馈	26	班芝兰	吴接娘	18	林叶娘	陈桃(堂兄)	吴顺(宗叔)	11.7,同上
12.6	黄亮	27	珍旧圩	薛君娘	16	吴猛	黄协(堂兄)	薛摘(堂叔)	11.14,同上
12.8	叶基	38	干冬圩	陈结娘	22	陈曲娘	叶印(宗兄)	陈坚(父)	11.14,同上
12.9	巫天德	36	必藉龟窒	黄芳娘	22	戴清娘	巫贵生(从叔)	黄如水(宗兄)	甲 11.11,叶,戴
12.9	黄曲水	29	丹兰丁宜	陈高丽	24	林万福	黄成结(父)	陈长生(父)	12.20,同上
12.10	宋福生	35	窑内	陈抚红	23	许辛娘	宋贵生(胞兄)	陈待老(宗伯)	11.14,同上
12.10	詹发生	24	职宁贞	李庞娘	16	郑银娘	詹湾(父)	李腾(父)	11.14,同上
12.11	吴明德	16	必藉龟窒	刘逊娘	15	邹汝通	吴三保(父)	刘士观(父)	甲 12.2,,同上
12.13	江摇	32	大港墘港内	杨和娘	18	林银娘	江盛发(从兄)	杨清凉(父)	11.18,同上
12.15	蒋看	29	珍旧圩	侯攀娘	18	吴猛	蒋窍(宗叔祖)	侯章(父)	11.21,同上
12.15	何亚完	26	丹兰州连	蔡训娘	18	陈金娘	何榜(宗叔)	蔡光山(父)	11.28,同上
12.16	林元德	29	班芝兰	昌情娘	16	林叶娘	林乙(宗叔)	昌办(父病, 母甘三娘花押)	11.16,同上
12.18	陈炳	37	灰窑	蔡志娘	23	林秀娘	陈秋(堂兄)	蔡元(父)	11.28,同上
12.22	戴凤山	21	干冬圩	马增娘	18	杨乙娘	戴宁(父)	马长水(堂兄)	11.23,同上
12.24	杨龙元	28	东门外	朱雅娘	18	许信娘	杨朝(胞叔)	朱周(父)	12.3,同上
12.24	吴拔萃	18	文丁旧圩	蔡六娘	18	林万福	吴永成(父)	蔡光辉(胞兄)	12.3,同上
12.24	林良宁	19	文丁旧圩	胡招娘	18	林万福	林佛生(父)	胡顺兴(胞叔)	12.12,同上
12.25	张三	34	亚森脚	蒋秀娘	18	陈月娘	张定光(宗兄)	蒋簸(父)	11.28,同上
12.27	卢亚畅	37	大南门内	古江娘	16	胡红娘	卢文信(宗叔)	古阿八(八)	12.2,同上
12.29	蔡金水	20	监光美色近	郑贵娘	20	林爱娘	蔡柔(父)	郑劫(父)	12.2,同上
12.29	古亚六	36	爸六拔丹	温已娘	16	林秀娘	古亚造(宗叔)	温亚五(胞兄)	12.15,同上
12.29	林沁	30	圣墓港	陈蜜娘	24	(缺)	林妈赐(宗叔)	陈茂乾(父)	12.2,同上
12.29	陈随	40	西门内	吴辛娘	14	郭壬娘	陈石(堂兄)	吴对(父)	12.7,戴,叶
12.29	钟亚钦	32	八茶罐	何金娘	17	郭乙娘	钟二(胞叔)	何唐寿(父)	12.2,同上
12.29	李英辉	20	乌鬼巷	郭曲娘	19	邹世娘	李甲长官(堂叔)	郭茂(宗叔)	12.6,同上
12.30	郑亚理	36	珍旧圩	蔡圭娘	26	陈心娘	郑人和(宗叔)	蔡煨生(父)	12.12,同上
12.31	杨实中	38	小南门	胡勤娘	18	胡金娘	杨天赐(堂兄)	胡辛妹(胞兄)	12.6,同上

总计:201 对

1835年吧城唐人成婚注册表

月日	新郎	年岁	住址	新娘	年岁	媒妁	男方主婚	女方主婚	备注 结婚日，主事人
1.5	张交	33	结石珍旧圩	林瓦娘	31	邹诗娘	张川(宗兄)	林必达(胞兄)	甲12.12，黄永绿、黄燎光
1.5	林金和	18	八厨沃间	杨色娘	19	潘金娘	林赖(父)	林四海(胞叔)	12.13，同上
1.7	林必恩	30	八茶罐	杨六娘	27	邹诗娘	林必达(堂兄)	杨荣宗(堂伯)	12.12，同上
1.7	林亥水	19	老果头	苏和娘	17	林爱娘	林甘郎(胞叔)	苏天寿(从兄)	12.20，同上
1.8	黄锡	32	珍新圩	戴娘娜	20	林秀娘	黄洗(宗叔)	戴元(胞兄)	12.13，同上
1.8	钟山	37	班芝兰	王七娘	18	杨环娘	钟长(从叔)	王课(父)	12.13，同上
1.8	王东宪	19	灰窑	方宣娘	16	林叶娘	王益生(宗叔祖)	方珍(胞兄)	12.13，同上
1.9	刘江山	19	八厨沃间	施曲娘	19	许辛娘	刘忠(父)	施弼(堂兄)	12.15，同上
1.13	赖亚三	28	八厨沃间	王已娘	16	廖金娘	赖开生(宗叔)	王亚二(宗兄)	12.20，同上
1.14	林元	35	八茶罐	杨三娘①	31	林叶娘	自己花押	自己花押	12.30，同上
1.14	黎荣职	30	职宁贞	林春娘	19	林爱娘	黎保生(胞兄)	林栋(宗叔)	12.30，同上
1.17	张连二	35	鉴光河北	李芳娘	21	潘金娘	张信官(宗叔)	李佑官(父)	12.24，同上
1.19	钟国良	28	大使庙	黄字娘	18	陈月娘	钟国水(兄)	黄亚秀(堂伯)	12.30，同上
1.21	张位	30	中港仔	方琼娘②	21	吴猛	自己	自己	12.27，同上
2.3	陈绍宗	21	洪溪	黄浩娘	17	邹世娘	陈彬郎(父，雷)	黄永绿(父，雷)	乙未1.10，戴，黄
2.9	林科	36	廿六间巷	杨曲娘	21	戴清娘	林及(堂兄)	杨朝(父)	1.15，同上
2.16	陈文瑞	39	中港仔	黄渐娘③	38	邹世娘	自己	自己	1.22，同上
2.20	陈韩生	22	职宁贞	林凤娘	18	许信娘	陈海生(胞兄)	林建生(父)	1.25，叶、黄
2.20	薛凉溪	20	珍旧圩	詹银娘	16	吴猛	薛朝元(父)	詹诅观(父)	1.25，同上
2.21	甘双元	28	珍旧圩	刘佳娘	21	卢宣娘	甘朝(从叔祖)	刘赞(堂兄)	1.25，同上
2.21	陈裕	33	班芝兰酒灶	苏得娘	18	戴清娘	陈伍(宗叔)	苏庄敬(族叔)	2.10，同上

① 杨氏前与陈贤结发2年，奈其放荡不经以致割恩断义，至今2年余，贤亦寻毙，遗一男名提雁3岁，氏欲与林为夫妇，永结同心，各毋反悔，花押在婚簿为凭。批照。

② 方氏前与詹柴结发3年去世，遗一女英娘5岁，恬处2年，欲与张为夫妇，永结同心，各花押在婚簿。

③ 黄氏前与杨顾结发8年身故，生二女：柳娘10岁，傍佛7岁，恬处8年，欲与陈为夫妻，永结同心，各花押婚簿为凭。

2.23	黄震	26	米涧前	苏淑娘	21	林叶娘	黄池观(父)	苏宗训(父)	2.2,同上
2.25	许惠	36	成吉	李杰娘	17	(缺)	许赞(堂叔)	李田(堂兄)	2.3,同上
2.25	黄福郎	38	蕉仔街	钟已娘	17	谢仁寿	黄丁淑(堂叔)	钟亚三(父)	4.11,同上
2.27	张红毛	23	珍鉴光猫汝	李齐荣	20	卢宣娘	张富观(父)	李天观(父)	2.5,同上
3.2	谢布	23	珍旧圩	蔡宣娘	25	卢宣娘	谢白(堂叔)	蔡得元(父)	2.10,陈彬郎,戴明基
3.5	杨汀	37	公司后	沈必娘	27	林叶娘	杨朝阳(从兄)	沈友(宗叔)	2.10,同上
3.5	苏绵长	20	珍旧圩	陈益娘	18	黄金娘	苏天寿(父)	陈才(胞伯)	2.10,同上
3.6	陈沓	25	珍旧圩	黄成娘	21	刘付娘	陈铿(宗叔)	黄乙(父)	2.22,同上
3.8	黄俊生	20	蕉仔街	李连娘	16	林必娘	黄蜂(父)	李兴(父)	2.12,同上
3.8	邱光前	40	五脚桥	汤瑞娘	19	林必娘	邱极(宗叔)	汤源泉(宗叔)	2.17,同上
3.13	何在理	19	纲寮	林章娘	19	戴清娘	何仕(父)	林坚生(胞叔)	2.17,同上
3.13	古生荣	45	新厝	温丁娘	19	戴清娘	古以贵(宗叔)	温海仰(宗伯)	2.18,同上
3.23	范和兰	18	洪溪	陈贤娘	17	赖银娘	范亚四(父)	陈绍清(父)	3.11,同上
3.30	张凤鸣	32	存力	曾已娘	17	潘金娘	张秀二(宗叔)	曾达礼(父)	3.11,同上
3.30	张贻谋	28	中港仔	陈宣娘	18	陈月娘	自己花押	陈锐(宗叔)	3.3,同上
4.8	陈清珠	27	中港仔	林秀娘	20	邹世娘	陈四美(父)	林文依(父)	3.19,郑、黄
4.9	郑清云	20	大港墘	陈双娘	18	林叶娘	郑清水(胞兄)	陈松(父)	3.20,同上
4.9	陈文山	25	把杀务郎	杨秀娘	24	戴清娘	陈春秋(堂叔)	杨金山(堂兄)	3.20,同上
4.10	叶崑山	46	班芝兰	黄金娘①	22	林叶娘	自己	自己	乙 3.15,黄,郑若思
4.14	黄青松	26	三间土库	王惜娘	18	陈月娘	黄振川(父)	王鼎元(父)	3.21,同上
4.15	李渭泉	15	大巷内	许圭娘	13	邹世娘	李两仪(胞兄)	许崧(宗叔祖)	缺,同上
4.16	涂亚路	48	八栈朗眼	林丁娘	19	胡红娘	涂英合(宗兄)	林西(宗兄)	3.22,同上
4.19	黄甲燎光	36	圣望港	林碧娘	20	邹世娘	黄顺光(堂伯)	林章化(堂叔)	3.29,郑,陈
4.22	林桂元	39	水锯顶	王和娘②	34	吴算娘	自己	自己	3.25,郑,黄
4.23	陈植苗	45	中港仔	林店娘	27	陈曲娘	陈和兰(宗叔)	林显祖(父)	3.29,同上
4.25	杨平安	23	乌褒土库	陈和娘	20	吴慈娘	杨耀(父)	陈光(宗叔)	4.1,同上
4.28	罗江水	22	大南门外	颜进娘	21	胡金娘	罗亚乾(父)	颜坤山(父)	4.6,同上

① 据黄氏称:前夫蔡荫结发3年辞世,无子女业产,恬处5年愿与叶为夫妇,永结同心,各毋反悔,花押婚簿为凭。

② 王氏前与郭皆结发有12年之久,不幸辞世,并无子女,恬处2年,欲与林为夫妇,永结同心,花押婚簿为凭。

4.29	刘英儿	23	五脚桥	翁雅娘	22	许辛娘	刘贞元(胞兄)	翁禄寿(胞兄)	4.13,同上
4.30	黄已郎	17	存力	刘兰娘	15	兰贞淑	黄剑(父)	刘临海(父)	4.12,同上
4.30	王良海	22	西门	叶瑞娘	20	陈月娘	王潘(父)	叶禧禄(胞叔)	4.8,同上
5.2	黄金钱	20	珍新圩	陈鸾娘	18	吴猛	黄灿(父)	陈琛(父)	4.13,黄,叶选官
5.5	叶文德	20	干冬圩	胡娜娘	21	吴珠娘	叶田(堂兄)	胡风(父)	4.15,同上
5.6	林启泰	38	洪溪	陈流娘	19	许辛娘	林尚十(宗兄)	陈坚(父)	4.12,同上
5.6	陈本生	51	职宁贞	何八娘	38	郑银娘	陈庞(宗兄)	何武生(胞兄)	4.20,同上
5.7	林得胜	27	安恤	曾钦娘	21	潘金娘	林濑(宗叔)	曾天养(胞兄)	4.20,同上
5.7	胡禄进	29	大南门直街	刘弼娘	17	叶江娘	胡扬荣(堂叔)	刘福生(父)	4.12,同上
5.15	林春水	24	亭仔脚	陈贵娘	16	黄金娘	林确(父)	陈印(胞兄)	4.20,同上
5.18	庄顺恩	27	观音亭	蒋英娘	17	王曲娘	庄双(宗兄)	蒋主裁(宗叔祖)	4.24,同上
5.25	杨祥符	22	大使庙	李庞娘	18	马门	杨田(父)	李廉(父)	5.3,黄,叶
6.4	古新淑	35	丹兰望	李酉娘	23	胡金娘	古以贵(堂叔)	李亚七(胞兄)	5.13,陈,戴
6.4	徐永遵	20	五脚桥	林因娘	14	邹世娘	徐永泉(胞兄)	林正文(胞叔)	5.20,同上
6.17	吴透	49	大巷内	郑美娘	25	吴猛	吴水盛(宗叔)	郑怀玉(胞兄)	5.26,同上
6.17	林程	50	班芝兰	陈曲娘	26	邹世娘	林扁雄(宗兄)	洪玉娘①(母)	5.26,同上
6.21	杨朱	32	打铁街	陈甘娘	17	林丝娘	杨不观(宗叔)	陈任水(父)	6.3,同上
6.24	陈清芳	40	小南门	杨爱娘②	25	戴程娘	自己	自己	5.29,同上
6.30	郭金山	20	丹兰实连	马音娘	21	许倍娘	郭子路(堂叔)	马明基(父)	6.8,同上
7.1	陈和成	33	旧把杀	苏蜜娘	20	林叶娘	陈畓(宗叔)	苏新郎(堂兄)	6.6,郑,黄
7.2	古德二	30	大南门	伍菊娘	18	陈乙娘	古清寺(宗叔)	伍亚三(宗兄)	6.7,同上
7.2	林金水	24	丹兰望	詹东葶	20	林秀娘	林吉疾(叔父)	詹仙机(父)	6.14,同上
7.6	杨水生	22	亭仔脚	黄宣娘	20	吴珠娘	杨振和(父)	黄木德(胞兄)	6.21,同上
7.7	杨杜	22	八厨沃间	朱乙娘	17	潘金娘	杨富盒(堂兄)	朱兴(胞伯)	6.26,同上
7.13	陈茂招	30	五脚桥	谢文娘	22	许辛娘	陈天骥(宗伯)	谢员十(堂兄)	6.24,同上
7.20	陈躍	42	干冬圩	戴好娘	20	陈月娘	陈商(宗叔)	戴卿(父)	闰6.3,同上
8.6	郑仕廷	31	小南门	张丙娘	17	潘金娘	郑标廷(堂兄)	张启云(堂叔)	闰6.18,黄,叶
8.7	陈亚吉	27	小南门	梁舍娘	17	潘金娘	陈亚友(堂祖)	梁瑞(堂兄)	6.24,同上

① 据洪王娘称:夫陈光山疾病危笃,兹际小女婚配,伊父不能到堂花押,氏愿代夫押花为照。

② 杨氏前夫詹泉结发9年辞世,并无子女,恬处3年,今愿与陈为夫妇,永结同心,二比花押存案。

8.11	戴知风	44	西门	叶龟娘	25	戴清娘	戴武生(宗叔)	叶良义(胞兄)	6.24,同上
8.12	李长安	21	茄老旺	洪山娘	17	陈森	李永庆(父)	洪保生(父)	6.24,同上
8.15	陈启元	21	望寮	林义娘	22	林谢娘	陈海生(胞兄)	陈甘郎(胞叔)	6.22,同上
9.2	唐福建	33	八戈然	陈正娘	18	林贵娘	唐获(宗兄)	陈光文(胞兄)	7.14,陈、戴
9.4	蔡念应	25	八戈然	陈美娘	20	林贵娘	蔡天恩(宗叔)	陈乌尚(堂兄)	7.14,陈,戴
9.7	洪攀桂	21	亭仔脚把杀内	陈招娘	20	林叶娘	洪敏(父)	陈碧山(父)	7.21,同上
9.8	沈片官	34	圣望港	陈月娘	26	邹时娘	沈清海(堂兄)	陈福生(堂叔)	8.15,同上
9.17	杨未	38	珍旧圩	叶日娘	18	陈心娘	杨野(从兄)	叶桃(父)	8.13,同上
9.17	林有益	40	圣望港	王瑕娘	17	邹世娘	林歆(从叔)	王生平(胞兄)	8.6,同上
9.17	许石盘	23	新厝	陶玉娘	20	曾操娘	许清水(胞兄)	叶惜娘(母)	8.13,同上
9.19	林江文	20	亭仔脚	王根娘	19	邹世娘	林荣珍(父)	王文岩(宗叔)	8.13,同上
9.21	古万	24	大使庙	张甘娘	24	曾操娘	古桂章(父)	张保生(宗叔)	8.9,同上
9.23	赖俊色	22	文丁	林金娘	18	邹世娘	赖兰(父)	林聪明(父)	8.16,同上
9.24	蔡心安	20	小南门	丘诗娘	15	陈月娘	蔡道(宗兄)	丘月白(从叔)	8.13,同上
9.28	叶日长	42	戈劳屈	陈云娘	17	戴清娘	叶发增(宗兄)	陈谦俊(宗兄)	8.20,同上
9.30	李金福	36	米涧前	蔡立娘	18	刘桂娘	李定四(宗兄)	蔡烈(父)	8.10,同上
9.30	黄顺养	25	戈劳屈	林文丁娘	23	陈珠娘	蔡新娘(母)	林天喜(父)	8.14,同上
9.30	朱深	38	大港墘	吴恭娘	25	陈月娘	朱惕官(堂叔)	吴秉忠(父,雷)	9.18,郑,戴
10.1	郑六英	28	三间土库	黄银娘	19	邹世娘	郑艳官(宗兄)	黄藤(从兄)	8.26,郑,黄
10.2	林袍	35	大港墘	江满娘	19	邹世娘	林壳(堂叔)	李宣娘(母)	8.26,同上
10.5	陈引	29	珍旧圩	吴豆娘	14	陈心娘	陈灏官(堂兄)	吴卢官(父)	8.26,同上
10.5	林存心	30	文丁	许戴娘	21	陈心娘	林俊祺(堂兄)	许隆兴(胞兄)	8.20,同上
10.6	石英	28	小南门把杀	朱樟娘	16	潘金娘	石壬官(宗叔)	朱周官(父)	8.20,同上
10.7	曾开生	21	珍旧圩	郑丁娘	19	吴猛	曾野官(宗叔)	郑连官(宗叔)	8.20,同上
10.7	叶恁	34	小南门	李敬娘	17	郑苑娘	叶德(堂叔)	李佛(父)	8.27,同上
10.7	李文河	18	干冬圩	陈瑕娘	17	陈芳娘	李文臣(胞兄)	陈汉水(父)	8.20,同上
10.7	杨乙生	21	大南门直街	谢丙娘	20	曾操娘	杨曲生(胞兄)	谢亚二(胞叔)	8.26,同上
10.7	陈乾	34	洪溪酒灶	江软娘	17	潘金娘	陈八官(胞叔)	江桑官(父)	8.20,郑、黄
10.7	林荣寿	24	竹树巷	汤宣娘	16	陈月娘	林金生(宗叔)	汤文镇(父)	8.26,同上

10.8	柳扁	48	新厝	丘绿娘	26	曾保娘[①]	自己	自己	8.20,同上
10.8	颜应哲	23	茄令西垅（八茄戎社）	周箕娘	22	戴清娘	颜巍官(父)	周森水(堂兄)	8.20,同上
10.9	林康宁	25	八茶罐	李哲娘	16	郭乙娘	自己	李荣(父)	9.18,同上
10.10	林玉秀	28	圣望公巷	陈润娘	18	陈贤娘	林必达(宗兄)	陈文彬(堂叔)	9.26,同上
10.12	叶有才	27	小南门	张七娘	25	林叶娘	叶清波	张才(胞兄)	8.26,同上
10.12	黄登淑	39	大南门直街	谢庚娘	16	黄义盛	黄二杰(堂叔祖)	谢亚四(父,堂叔亚二代)	8.26,同上
10.13	邹员	34	观音亭	沈映娘	21	邹苏娘	郑盛德(宗叔)	沈报恩(胞兄)	9.5,同上
10.14	苏文章	25	宁岗	王鹤娘	20	苏抱	苏阴生(父)	王添盛(父)	9.1,同上
10.15	何南思	26	望寮	陈妙娘	23	林爱娘	何东家(父)	陈穆生(父)	8.26,同上
10.17	黄丁首	30	五脚桥	陈秀娘	18	陈月娘	黄兴二(宗叔祖)	陈安水(胞兄)	9.5,同上
10.17	王溪水	21	班芝兰	吴李娘	19	陈曲娘	王水田(父病,宗叔旺代)	吴顺(宗叔)	8.27,同上
10.19	叶增淑	31	大南门内	陈辰娘	16	李光明	叶宝(堂叔)	陈伦盛(父)	9.8,同上
10.19	叶天赐	20	大南门内	古安娘	16	郭乙娘	叶宝(父)	古顺泊(父)	9.8,同上
10.22	黄朝水	21	公馆巷	林发娘	22	邹世娘	黄斯光(宗伯)	林偏龙(父)	9.28,同上
10.23	蔡恒	35	西门	戴阴娘	19	陈月娘	蔡决(宗叔)	戴便言(父病,长子信恩代)	9.10,同上
10.24	康育祺	21	珍新圩	吴绣娘	18	杨乙娘	康迪民(堂兄)	吴水盛(父)	9.8,同上
10.26	纪结生	19	珍旧圩	欧水娘	14	陈心娘	纪泰山(胞兄)	欧荷官(父)	9.10,同上
10.26	杨光阴	20	新厝仔	朱叶娘	20	吴兹娘	杨企廉(宗伯)	朱水郎(父)	9.10,同上
10.27	郭江水	31	毛仔蚋椰脚	林包娘	28	叶分娘	郭江山(胞兄)	林荣遵(胞兄)	9.11,同上
11.5	郭永元	28	亭仔脚	雷炊娘	21	邹世娘	郭茄郎(堂伯)	雷贵(父)	10.9,黄,叶
11.5	林正奇	33	五脚桥	杨蜜娘	18	潘金娘	林长茂(宗兄)	杨天来(胞叔)	9.18,同上
11.10	王元标	31	西门	陈玉娘	18	陈月娘	王壬癸(从叔)	陈财福(胞伯)	9.20,同上
11.13	林纯荣	23	八戈然	梁养娘	25	陈月娘	林纯良(胞兄)	梁永安(胞兄)	9.23,同上
11.14	颜闰生	25	五脚桥	黄贤娘	23	许辛娘	颜初郎(父)	黄元(宗叔)	10.17,同上
11.16	蔡文福	29	交美西垅	曾帖娘	19	曾良娘	蔡德兴(堂兄)	曾道生(父)	10.9,同上
11.17	颜发	35	乌褒土库	陈音娘	18	郑金娘	颜吕(宗兄)	陈壬松(宗兄)	10.3,同上
11.17	丘亚金	45	簿面街	赖黎西	22	杨观寿娘	丘海生(宗叔)	赖水生(胞兄)	10.3,同上
11.21	杨本	20	小南门	黎真娘	19	戴清娘	杨朝阳(宗兄)	黎鼎昌(父)	10.9,同上

① 丘氏前夫卢钳,结发5年不睦,于去年7月间到堂分离,今恬处年余,愿与柳永结同心,各花押婚簿为照。

11.21	张昭平	26	八茶罐	林杰娘	20	郭乙娘	张园圃(胞叔)	林康宁(胞兄)	10.10,同上
11.23	陈昭周	20	洪溪	张福娘	16	邹世娘	陈彬郎(父,雷)	张清秋(父)	10.13,郑、戴
11.24	许新河	25	大社	吴髻娘	23	林系娘	许德(父)	吴孟(父)	10.10,黄,叶
11.25	黄新客	26	甕菜河	谢抚育娘	18	曾早娘	黄琼琦(堂兄)	谢明水(堂兄)	10.17,同上
11.26	骆宾英	23	茄览抹	林央娘	19	陈森	骆宾泱(父)	林质(父)	10.17,同上
11.26	马克俊	26	窑内	陈云娘	25	林叶娘	马克胆(胞兄)	陈放(宗叔)	10.11,同上
11.26	庄垅	24	茄薄	赖立娘	19	丘云娘	庄叔(宗叔)	赖求(叔祖)	10.13,同上
11.26	黄桂生	`33	暗涧	郑宜娘	18	黄华贵	黄廷龙(父)	郑吉疾(父)	10.11,同上
11.26	李法生	26	占知甲	胡文娘	21	邱云娘	李壮生(胞兄)	胡牙(父)	10.23,同上
11.26	沈筑生	22	望茄寺	陈传娘	18	吴猛	沈银生(父)	陈保郎(胞兄)	10.17,同上
11.26	蔡盛长	27	戈奢园	曾丁娘	19	廖宝娘	蔡冉二(叔父)	曾良冻(父)	10.10,同上
11.26	张亚生	22	王廊	黄水娘	17	潘金娘	张酌生(胞兄)	黄渊生(父)	10.12,同上
11.27	萧德生	40	乌鬼巷	陈未娘	20	曾早娘	萧丙二(宗兄)	陈江淮(宗叔)	10.10,同上
11.27	高荣宗	18	五脚桥	李水娘	18	许信娘	高天求(父)	李保祖(父)	10.17,同上
11.27	张贤水	25	三角桥	林凤娘	17	邱云娘	张双喜(父)	林贵人(父)	10.15,同上
11.28	叶媚	26	小南门	许宁娘	16	郑金娘	叶盒(宗兄)	谢生(宗叔)	10.13,同上
11.26	陈清元	20	公司后	张乙娘	19	陈月娘	陈有徵(父)	张德生(父)	10.13,同上
12.2	郭天德	20	珍旧圩	杨二娘	16	杨一娘	郭联生(胞叔)	杨奎秉(胞兄)弟金文代	10.22,同上
12.2	陈八	32	珍新圩	詹秀娘	18	卢宣娘	陈骞(堂叔)	詹诅(宗叔)	10.19,同上
12.2	许毛吃	23	王园	林及娘	16	黄佳和	许定香(父)	林允(胞伯)	10.17,同上
12.3	陈德宗	22	职宁贞	林本娘	20	林爱娘	陈快生(从叔)	林高律(胞兄)	10.21,同上
12.4	钟文贵	28	圣望港	黄息娘	27	陈月娘	钟天水(胞叔)	黄成结(父)	10.17,同上
12.5	林影茂	34	倒寮	蔡必娘	18	林系娘	林亮(胞叔)	蔡德兴(胞叔)	10.22,同上
12.7	蔡乙水	21	观音亭炮仔园	陈英娘	17	王淑娘	蔡江友(父)	陈柳(父)	11.7,同上
12.7	戴传郎	26	六外新园	黄英娘	24	黄鹤娘	戴佛生(父)	黄叔生(父)	10.26,同上
12.7	温新耳	20	新厝仔	郑州钫	15	戴清娘	温桃源(父)	郑珠(宗叔)	10.24,同上
12.7	黄汉章	20	茄老瓦芝	林机娘	18	杨世修	黄接和(堂兄)	林光远(堂叔)	10.22,同上
12.8	王佳生	21	茄令西垅	林拱娘	21	赖 二 兰娘	王忠官(父)	林焕彩(胞兄)	11.1,同上
12.9	林宗勃	20	妈木	陈光娘	19	赖奴娜	林彰化(父)	陈七生(父)	11.15,同上
12.10	吴未生	18	干冬圩	张卑娘	15	何欲立	吴高生(胞兄)	张有生(父)	12.22,同上

12.10	黄润	33	文丁旧圩	卢芹娘	17	黄罗洞	黄贵(宗兄)	卢壮(父)	12.22,同上
12.11	彭亚二	27	珍旧圩	王丁娘	19	杨远修娘	彭大焕(堂兄)	王亚三(堂叔)	10.26,同上
12.11	许占魁	35	砖仔桥	温根娘	15	胡红娘	许亚六(堂叔)	温亚长(父)	11.18,同上
12.12	杨纫	37	文丁新圩	林朱娘	20	叶叠盛	杨雷(胞叔)	林员(父)	11.18,陈,戴
12.16	陈文	31	圣望港	林谦娘	23	戴清娘	陈学书(宗兄)	林及官(宗兄)	11.20,同上
12.17	林芳湿	18	文丁旧圩	石鸾英	17	林万福	林择(父)	石有山(父)	11.20,同上
12.17	陈添	36	监光猫汝	谢丁娘	19	丘因娘	陈述官(堂兄)	谢秉官(父)	11.5,同上
12.21	杨田居	21	五脚桥	蔡什娘	16	许信娘	杨凉海(父)	蔡列官(父)	11.18,同上
12.23	洪瑞隆	27	茄宁西垅	林梅娘	17	陈月娘	洪万生(父,病,长子叶郎代)	林墨官(父)	11.20,同上
12.23	蔡珍隆	21	班芝兰巷	林新娘	21	林叶娘	蔡碧(宗伯)	林水生(胞叔)	11.21,同上
12.23	叶沦	26	小南门	许和娘	16	郑远娘	叶文隆(堂叔)	许士忠(父)	11.16,同上
12.24	王必	31	小南门把杀	骆金娘	28	曾操娘	王周官(胞叔)	骆八老(胞伯)	11.11,同上
12.24	方如馨	20	文丁把杀	杨什娘	20	李人生	方珍(父)	杨温良(父,胞兄一附代)	11.18,同上
12.24	林赐麟	23	大港墘	陈灿娘	16	吴子娘	林汪官(宗叔)	陈权(父)	11.11,同上
12.30	刘观鳞	21	颜汝	沈微娘	20	谢禄	刘福梅(父)	沈如生(胞兄)	12.12,同上
12.30	林道生	19	八厨沃间	李凤娘	20	陈月娘	林观生(堂叔)	李景郎(父)	11.18,同上
12.31	黄四正	19	文丁卅六间	赖彩娘	19	黄敬	黄厚哥(父)	赖七官(父)	11.20,同上
12.31	陈伍	38	观音亭	郑朝娘	17	曾操娘	陈夺(宗叔)	郑合(父)	11.15,同上
12.31	余秦光	18	观音亭	许娘娜	16	曾操娘	余新客(宗叔)	许赶官(堂叔)	11.20,同上
12.31	林夺	38	八厨沃间	巫丁娘	18	戴清娘	林侃官(胞叔)	巫麟祥(父)	未,同上
12.31	吴怀珠	21	西门	张旁佛娘	18	邱乙娘	吴秀山(堂兄)	张尚官(父)	11.16,同上

总计:184 对

1836 年吧城唐人成婚注册表

月日	新郎	年岁	住址	新娘	年岁	媒妁	男方主婚	女方主婚	备注 结婚日,主事人
1.4	罗乾	48	大南门直街	邱春娘	31	曾造娘	罗昌新(胞叔)	邱文山(胞兄)	乙 11.16,黄永绿,郑若思
1.4	林新玉	23	小南门	李山娘	20	陈月娘	林文山(堂叔)	李麟生(堂叔)	11.20,同上
1.6	黄玉水	22	圣墓港	张凤娘	20	吴珠娘	黄天福(宗叔)	张禄观(宗兄)	11.20,同上

1.11	郭茂	46	五脚桥	吴珠娘	17	潘金娘	郭意(堂叔)	吴寡观(父)	11.28,同上
1.11	管南生	25	八厨沃间	黄闰娘	20	刘约娘	管增哥(父)	黄桂华(胞兄)	11.29,同上
1.12	黄设	42	蕉仔街	杨放娘	30	戴清娘	自己	杨丕(宗叔)	11.29,同上
1.12	黄伋	35	大使庙	蔡理娘	19	林长	黄田(宗兄)	蔡锦观(父)	12.1,同上
1.13	苏珍	40	旧把杀仔	吴勤娘	16	林秀娘	苏国(宗兄)	吴纯官(父)	12.16,同上
1.13	昌牛山	26	新厝仔	黄正娘	22	许新娘	自己	黄传(宗伯)	11.29,同上
1.14	叶三	42	大南门	陈横娘	16	陈经娘	叶盛贵(宗叔祖)	陈瑞明(父)	12.2,同上
1.15	黎亚抄	39	班芝兰	叶月娘	21	潘金娘	黎惟亮(宗叔)	叶相桓(父)	12.6,同上
1.15	许士恩	21	茄揽抹	黄叶娘	21	潘金娘	许本观(父)	黄乌毛(胞伯)	11.29,同上
1.18	张亚全	36	小南门	古新娘	18	杨远修娘	张亚庆(堂叔)	古经伯(堂叔祖)	12.2,同上
1.20	冯炜成	23	监光巫劳由	郭丁娘	16	钟国瑞	冯天广(父)	郭宜官(父)	12.6,同上
1.20	林正和	23	毛仔恶	王鱼淡	18	王天文	林宗(胞兄)	干仕喜(父)	12.7,同上
1.20	郑敬	38	彦汝	林二娘	22	叶江娘	郑顺(胞叔)	林杰生(胞兄)	12.12,同上
1.20	苏宗柳	33	渡仔头	沈挨互娘	21	郭禧	苏清溪(堂兄)	沈职官(胞兄)	12.22,同上
1.20	刘亚闸	25	小南门	杨江娘	20	戴清娘	刘约官(堂叔)	郑吟娘(生母)	12.12,同上
1.21	刘发生	19	芝茂物	谢已娘	17	谢壬癸	刘凤来(父)	谢元江(父)	12.16,同上
1.25	蒲远昌	31	大南门	刘丙娘	20	曾造娘	蒲彬昌(胞兄)	刘汝哥(父)	12.12,同上
1.25	陈荣宗	35	文丁旧圩	江和娘	20	林叶娘	陈德光(堂叔)	江天禄(宗叔)	12.12,同上
1.26	高天生	28	鲑汁巷	陈瑜娘	23	吴珠娘	高允昌(宗兄)	陈猫汝(胞兄)	12.12,郑、黄
1.26	林亚四	28	薄面街	郭流力娘	16	郭壬娘	林亚三(堂伯)	郭富端(堂伯)	12.16,同上
1.27	陈禾生	26	新厝仔	李己娘	17	陈月娘	陈放官(父)	李奎秉(父)	12.16,同上
1.27	叶万	42	小南门	黄雅娘	18	潘金娘	叶亚东(堂兄)	黄丙生(父)	12.13,同上
1.28	邹盛德	34	大南门	骆粧娘	26	郭乙娘	邹见龙(堂兄)	骆深观(父)	12.16,同上
1.29	林珠茶	41	文丁	沈娜娘	18	林万福	林阔(胞叔)	沈清海(堂伯)	12.21,同上
1.30	谢育	30	小南门	黄修娘	21	许新娘	谢缪(堂叔)	黄设(堂兄)	12.22,同上
2.1	黄九	24	廿六间	陈玉娘	19	潘金娘	黄泉(宗叔)	陈有禄(父)	12.26,黄、叶选官
2.2	罗亚富	19	观音亭菜园	詹谦娘	19	潘金娘	罗亚顺(父)	詹长源(宗叔)	12.16,同上
2.6	白泉涌	32	西公巷	蔡龙娘	22	陈月娘	自己	蔡景(父)	12.24,同上
2.6	薛阔	36	珍旧圩	徐保娘	19	吴猛	薛摘(宗叔)	徐如川(堂兄)	12.28,同上
2.10	蒋定光	21	小南门	陈伦娘	18	林叶娘	蒋忠生(胞叔)	陈新客(堂兄)	丙 1.8,同上

2.27	黄定芳	36	新厝仔	林戊娘	19	陈杞娘	黄琰芳(胞兄)	林满盛(堂兄)	1.15,同上
3.1	汤丰泉	19	洪溪	林砼娘	19	吴朱娘	汤仙桃(胞伯)	林显祖(父)	1.20,陈、戴明基
3.1	汤庆	22	洪溪	陈水娘	21	邹世娘	汤仙桃(胞叔)	陈其生(父)	1.20,同上
3.1	黄启照	19	颜汝	林荣娘	17	许信娘	黄希观(父)	林云生(父)	1.19,同上
3.8	高来	34	大港墘	黄朱娘	15	林秀娘	高腾(堂叔)	黄灿(父)	1.26,同上
3.8	杨朱机	37	八戈然	陈蓉娘	20	林叶娘	杨有缘(宗叔祖)	陈庆观(父)	1.26,同上
3.14	徐曲生	20	八厨沃间	刘秋娘	20	许住娘	徐永春(胞兄)	刘凤记(父)	2.4,同上
3.15	杨粪	29	中港仔	陈好娘	18	吴猛娘	杨怀(宗叔祖)	陈滥(宗叔)	2.4,同上
3.17	林允	31	福源栈	张六娘	21	许信娘	林魁(宗叔)	张肖(父)	2.4,同上
3.23	黄荣成	20	珍旧圩	陈金娘	17	卢砼娘	黄珍(胞叔)	陈修(祖父)	2.11,同上
3.23	詹出	40	小南门	朱密娘①	26	陈月娘	自己	自己	丙 2.11,陈、戴
3.24	沈亚满	32	大南门外	邓庚娘	17	郭乙娘	沈文林(胞叔)	邓亚灶(胞叔)	2.17,同上
3.24	苏如生	33	圣望港	杨珠娘	19	许信娘	苏天福(宗兄)	杨檄创(堂叔)	2.11,同上
3.25	萧亚叶	19	惹牙毛吃	刘昂娘	17	林绣娘	萧桂枝(父)	刘亚光(胞叔)	2.11,同上
3.29	黄水凉	23	(缺)	郑进娘	21	邹世娘	黄伦(父)	郑江龙(堂叔)	3.8,同上
3.29	林长青	19	干冬圩	蔡碧娘	16	杨乙娘	林文滔(父)	蔡明元(胞叔)	2.18,同上
4.9	陈江水	17	三间土库	刘保娘	19	林叶娘	陈松(父)	刘阔(父)	3.5,同上
4.9	徐友记	34	小南门	刘江娘②	27	郑宛娘	自己	自己	2.25,郑,黄
4.18	叶松	33	小南门	李金娘	20	郑远娘	叶清波(宗伯)	李籐观(父)	3.14,同上
4.25	黄永成	27	戈奢园	林良娘	15	潘金娘	黄永和(胞兄)	林文仲(宗叔)	3.23,同上.
4.25	杨水宁	24	珍旧圩	蒋菊娘	22	卢宣娘	杨瑞明(胞叔)	蒋子贡(胞兄)	3.14,同上
4.28	杨三才	45	中蓒地	沈月娘③	37	番妇里吗	自己花押	自己花押	3.16,同上
5.3	林俊德	24	质宁贞	曾金娘	20	潘金娘	林青郎(父,宗叔当代)	曾新贤(胞兄)	3.23,黄,叶
5.6	钟清饶	38	八茶罐	蔡长娘	17	陈杞娘	钟鸿儒(堂兄)	蔡增郎(宗叔)	4.18,同上
5.9	刘亚南	28	八厨沃间	古进娘	20	叶江娘	刘木生(胞叔)	陈芳娘(母)	4.3,同上
5.9	林亚三	26	戈劳屈	钟义娘	17	林秀娘	林亚四(胞叔)	钟亚满(父)	4.3,同上

① 朱氏前夫蔡珍已故3年,留下二女:长君娘,次色娘,幼稚孤苦,愿醮与詹为夫妻,永结同心,各花押婚簿。

② 据刘氏称:前夫叶结结发9年,不幸于去年4月22日在泗病故,有该亲叶雪致书为证。生下二子俱不育愿与徐永结夫妻,各无反悔,花押为照。知见人叶田签字。

③ 据沈氏称:前夫黄助先结发18年,生一男明牛11岁,二女枋娘12岁,又八娘9岁于3年前去世。今恬处无以为计,愿再醮杨为夫妻,各无反悔,花押为照。知见人戴保,住在大基内。

5.10	施渊泉	23	廿六间	陈银娘	21	吴子娘	施溪水(堂兄)	陈八观(胞叔)	丙4.8,黄,叶
5.11	胡海记	20	干冬圩	陈嫡娘	18	杨一娘	叶端娘(母)	陈待老(父)	4.3,同上
5.11	柯文章	54	西门	蔡秀娘①	42	陈月娘	自己	自己	缺,同上
5.11	柯能学	19	西门	陈月娘	18	陈月娘	柯文章(父)	陈双奇(宗叔)	4.18,同上
5.11	林元凉	18	文丁新圩	杨尔娘	17	陈武	林兄(胞伯)	杨妈喜(父)	4.3,同上
5.13	黄海水	26	城内旗竿脚	刘顺娘	18	林叶娘	黄天黄(宗兄)	刘回当(胞兄)	4.3,同上
5.13	林吉宁	22	八厨沃间	郑秀娘	23	邹世娘	林启祥(胞兄)	郑开生(宗兄)	4.3,同上
5.16	郭知滑	27	洪溪	黎秀娘	17	潘金娘	郭伦生(宗兄)	黎亚六(父)	4.8,同上
5.19	陈清引	28	西门	马力娘	20	王淑娘	陈麟(宗叔)	马新客(胞兄)	4.13,同上
5.20	吴景文	21	窑内	黄松娘	20	陈江水	吴瑞德(父)	黄碧渊(父)	4.12,同上
5.22	甲大 陈烽烟	45	三宝垄	黄玉娘	20	吴珠娘	陈妈抱(宗伯,雷)	黄长安(父)	4.12,同上
5.24	王赶	27	旧把杀	曾大娘	16	陈月娘	王凤(宗叔)	曾土(父)	4.15,同上
5.24	吴麟三	39	大南门	戴七娘	26	邹世娘	吴文信(胞叔,雷)	戴盛官(父)	4.18,同上
5.24	林生	23	蕉仔街	韩印娘	18	戴清娘	林光彩(宗叔)	韩白奎(胞叔)	4.15,同上
5.25	徐长盛	32	八茶罐	李福娘	19	郭乙娘	徐观文(堂兄)	李基生(堂兄)	4.18,同上
5.25	戴洲春	38	存力	吴粉娘	16	赖龟贞	戴先述(堂叔)	吴末观(父)	5.2,同上
5.26	刘天元	21	丹兰望	余甘娘	16	郑苑娘	刘吉成	徐金炉(宗叔, 朱葛礁)	4.22,同上
5.30	张仁德	35	珍旧圩	蔡俭娘	22	黄惜娘	张摘(胞兄)	蔡春观(父)	4.22,黄、叶
6.3	张振佳	36	奔洛吃丽	沈银娘	24	詹请官	张富官(堂叔)	沈仁生(胞兄)	4.22,戴
6.4	黄清山	21	旧把仔	石英娘	18	林叶娘	黄清寿(胞兄)	石登江(胞兄)	4.26,同上
6.4	阮光印	23	小南门	林玉娘	22	林爱娘	阮开谟(父)	林鸿雁(宗兄)	4.22,同上
6.8	欧和佐	38	丹兰望	张石娘	22	方智	欧光明(胞叔)	张水添(父)	5.1,同上
6.8	唐阔	37	亚森脚 对面菜园	陈福娘	18	潘金娘	唐亚碧(堂兄)	陈梁符(胞叔)	4.29,同上
6.9	李长寿	26	牛郎茄弄	陈因娘	18	郭一娘	李瑞观(父)	陈发(父)	4.30,同上
6.10	黄景亨	32	小南门	杨蜜娘	25	袁未娘	黄景昭(胞兄)	杨文生(胞兄)	5.10,同上
6.15	程亚松	38	珍旧圩	李景娘	17	张阿三	程阿贵(堂兄)	李阿干(父)	5.6,同上
6.21	陈荣华	25	美涧前	吴涧娘	23	邹世娘	陈密(父)	吴宁生(父)	5.16,同上
6.22	蔡文	42	八厨间	吴卅钫	18	许信娘	蔡宏陞(宗叔)	吴八生(堂兄)	5.14,同上

① 据蔡氏前夫林正春结发才2年而故,生一女亦不育。因与柯相依二十余年,并无给婚字,兹愿给婚字,永结同心,各花押为照。

6.27	刘南生	37	乌鬼巷	林丁娘	20	谢丁娘	刘开凤(胞兄)	林插三(宗叔)	5.16,同上
6.28	林琼	29	丹兰望	王森娘	17	吴珠娘	林从(宗兄)	王维翰(堂兄)	5.27,郑、黄
7.1	黄柚	28	五脚桥	林添娘	23	许信娘	黄恩(堂兄)	林江汉(胞兄)	5.27,郑,黄
7.2	林福金	31	西门	陈莺娘	16	许信娘	林振生(宗兄)	陈文龙(堂伯)	5.20,同上
7.4	冯亚二	31	大南门	黎寅娘	22	胡红娘	冯亚三(胞叔)	黎亚善(胞兄)	5.27,同上
7.4	陈亚三	40	遵力	张一娘	17	兰淑祯	陈亚满(宗兄)	张亚六(宗叔祖)	5.27,同上
7.6	陈文梅	39	洪溪	韩裕娘	31	郭一娘	陈贤玉(宗兄)	韩一官(宗兄)	5.27,同上
7.7	韩亚二	34	戈劳屈	朱壬娘	15	林绣娘	韩明瑶(胞叔)	朱新淑(父)	6.3,同上
7.11	严良弼	31	八茶罐	王鸽娘	21	吴子娘	严佛助(宗兄)	王振宗(胞兄)	6.2,同上
7.11	温晋盛	31	三间土库	黄癸娘	14	张南京	温晋旺(胞兄)	黄亚三(父)	12.28,同上
7.25	张佳璋	26	西门	林甘娘	24	郭壬娘	张海生(父)	林得海(胞兄)	6.18,郑、黄
7.26	刘金生	21	芝茂务	谢壬娘	15	邓煌奕	刘凤添(父)	谢悦生(胞兄)	6.20,同上
7.27	林仁泽	18	港口	王武敦	18	许信娘	林明星(祖)	王云观(父)	7.27,同上
7.29	李亚三	28	拔拔丹	陈江娘	17	古亚六	李善长(堂兄)	陈亚三(父)	8.2,同上
8.3	王众	44	旧把杀	陈和娘	24	郭任娘	王三贵(宗兄)	陈雷光(堂兄)	6.25,郑、叶
8.3	廖连生	31	洪溪	黄冬娘	18	苏清娘	廖江龙(堂叔)	黄缵(堂叔)	6.27,同上
8.3	卢金顺	21	小南门	张历娘	23	陈月娘	卢丁秀(父)	张子龙(父)	6.25,同上
8.5	钟苏龙	38	大南门	管丁娘	20	林秀娘	钟安贤(堂兄)	管亚三(父)	6.27,同上
8.8	陈亦	28	圣望港	庄吉娘	19	雅三	陈宝(宗叔)	庄顺兴(宗兄)	8.1,同上
8.8	赖兰	31	旧把杀	李哲娘	23	林秀娘	赖球(胞叔)	李光祯(堂叔)	7.1,同上
8.11	熊享麟	27	大南门	叶连娘	18	潘金娘	熊亚添(胞兄)	叶相(父)	7.3,同上
8.12	张中兴	22	洪溪鉴光迷默	吴包抵	18	潘金娘	张抱(胞叔)	吴托(堂兄)	7.2,同上
8.12	黄荣珠	19	望寮	蒋清娘	19	林藉娘	黄维(父)	蒋桃(父)	8.26,同上
8.16	林康泰	20	文丁旧圩	郑顺娘	21	林万福	林朱茶(堂叔)	郑龙生(父)	7.27,同上
9.5	薛梅生	30	五脚桥	黄冬娘	24	许信娘	薛福生(堂兄)	黄恩(堂兄)	8.6,黄、戴
9.5	杨中经	24	廿六间	林荣娘	22	陈月娘	杨佑(堂叔)	林濑(父)	8.2,同上
9.5	叶孝	33	小南门	翁花娘	23	陈月娘	叶清波(胞叔)	翁渊郎(胞叔)	8.1,同上
9.8	郭祥麟	23	西门	蒋迁娘	18	林叶娘	郭贵生(堂兄)	蒋选(父)	8.22,同上
9.8	林三奇	38	廿六间	罗仁娘	19	许信娘	林颜(堂兄)	罗淑齐(宗叔)	8.6,同上
9.8	蔡逢角	41	八厨沃间	林成娘	19	陈月娘	蔡逢生(胞兄)	林光西(堂兄)	8.2,同上

9.12	蔡曲	19	丹兰望	吴音娘	21	林绣娘	蔡月白(胞叔)	吴山官(父)	8.15,同上
9.12	连俊德	21	珍新圩	甘分娘	15	陈心娘	连凤池(宗叔)	甘父星(堂叔祖)	8.8,同上
9.12	许天来	22	珍旧圩	陈珠娘	23	陈心娘	许宇(宗兄)	陈良(胞兄)	8.16,黄、戴
9.12	甘文直	24	珍旧圩	戴维娘	21	陈心娘	甘文星(堂叔祖)	戴金生(胞兄)	8.16,同上
9.13	郑富	26	新厝仔	林拍娘	19	戴清娘	郑盛宝(宗叔)	林扁隆(宗伯)	8.8,同上
9.14	蔡闽节	31	文丁	赖彩娘	25	林万福	蔡如山(父)	赖梧椿(父)	8.6,同上
9.16	邹亚元	31	大南门	梁胜娘	16	郭二娘	邹亚七(宗兄)	梁协启(父)	8.8,同上
9.19	甘其应	35	珍旧圩	韩奴娜	16	陈朱娘	甘寸(宗兄)	韩扎(堂叔)	8.15,同上
9.19	林启生	21	西门	卢箕娘	18	郭荫娘	林得利(宗兄)	卢荫生(宗兄)	8.18,同上
9.19	林沧浓	23	大南门	何景娘	19	邹世娘	林甲怀德(父)	何拔萃(堂兄)	8.18,同上
9.19	黄田	37	戈劳屈	戴燕娘	23	林绣娘	黄逸成(宗兄)	戴其所(堂叔)	8.22,同上
9.20	周世传	21	大南门	詹贞娘	16	林叶娘	周炎光(父)	詹润(父)	8.14,同上
9.20	陈长寿	28	八茶罐	吴麟娘	18	林叶娘	陈招(宗叔)	吴民生(宗伯)	8.23,同上
9.20	陈国水	19	东门外	郭瑞娘	16	胡红娘	陈水生(宗叔)	郭牛老(父)	8.14,同上
9.21	唐天球	24	珍新圩	杨宣娘	19	陈心娘	唐裁(父)	杨锦文(胞兄)	8.15,同上
9.21	陈同	21	茄令西垅 八茄溶	苏奎芝	16	林吉娘	陈天恩(父)	苏恩郎(祖父)	8.20,同上
9.21	林汉生	24	毛仔蚋岭望	黄珠娘	22	郭一娘	林天吉(父)	黄武陆(胞叔)	8.21,同上
9.22	詹松板	22	小南门	丘慎娘	17	陈月娘	詹卯(父)	丘月里(堂兄)	8.26,同上
9.22	林光辰	32	蕉仔街	黄崑娘	26	戴清娘	林光彩(胞兄)	黄阔德(胞兄)	8.15,同上
9.22	李元生	25	文丁	陈娇娘	20	卢益娘	李元水(胞兄)	陈隆生(父)	8.18,同上
9.23	蔡如岗	39	干冬圩	陈曲娘	25	陈曲娘	蔡旧(堂叔祖)	陈边珠(堂兄)	8.18,同上
9.26	黄蜂	48	蕉仔街	陈棋娘	29	潘金娘	黄三及(宗叔)	陈双奇(胞兄)	8.20,同上
9.26	叶礁	27	小南门	刘绢娘	17	郑宛娘	叶象(堂兄)	刘隆(宗兄)	8.20,同上
9.26	黄鐇	25	中蔀	胡文娘	24	陈曲娘	黄元牙(父)	胡微生(父)	8.22,同上
9.28	吴佛庇	33	洪溪	陈窑娘	21	林叶娘	吴中和(胞兄)	陈阳山(胞伯)	8.26,同上
10.1	涂明元	26	中港仔新厝	戴唐娘	15	邹世娘	涂记(胞叔)	戴水生(父)	丙9.13,黄,黄燎光
10.3	林灿	24	小南门	许局娘	21	许信娘	林从(宗兄)	许荣才(堂伯)	8.26,同上
10.5	陈茯苓	22	公司	李荣娘	16	陈月娘	陈柳(胞叔)	李荣辉(胞兄)	9.2,同上
10.6	黄州钫	32	观音亭	林修娘	22	林世娘	自己	林木(父)	8.26,同上
10.7	林嘉友	23	茭弄西垅	王吟娘	19	赖娘哪	林族(父)	王掬(父) 胞兄坛郎代	9.6,同上

10.7	蔡金水	22	鉴光美色近	廖说娘	17	黄金娘	蔡柔(父)	赖亚四(宗叔)	8.29,同上
10.8	苏遐龄	22	中港仔	林掬娘	19	邹世娘	苏如川(胞伯)	林江汉(祖父)	9.2,同上
10.8	黄长	38	廿六间巷	陈本娘	18	郑金娘	黄朝成(宗兄)	陈睨(堂兄)	8.29,同上
10.13	汤东九	22	三间土库	赖和娘	19	林秀娘	汤东三(胞兄)	赖悦生(胞兄)	9.11,同上
10.17	古亚大	21	高劳屈	陈辖娘	15	林秀娘	古亚友(胞叔)	陈威仪(父,胞兄捷魁代)	9.14,同上
10.20	王严	43	文丁	林荫娘	25	许信娘	王荷莲(堂叔)	林卿(父)	10.6,同上
10.20	王武	23	小南门	林锦娘	18	许信娘	王荷莲(胞叔)	林卿(父)	10.6,同上
10.20	黄润生	23	文丁	陈丙娘	21	林万福	黄亚二(父)	陈清兰(胞兄)	10.13,同上
10.25	刘义兴	20	多啷	林江娘	17	胡吉疾	刘添聪(父)	林福兴(宗兄)	10.5,同上
10.26	黄茭弄	20	文丁	林银娘	18	林万福	黄发生(父)	林长和(胞兄)	10.5,同上
10.26	雍传光	25	五脚桥	连良娘	23	陈月娘	雍仁和(胞伯)	连凤池(胞兄)	10.2,同上
10.29	蔡成	48	小南门	林贞娘	28	邹世娘	蔡竹(堂兄)	林尚(宗兄)	9.21,同上
10.29	陈东佑	38	小南门	张银娘	17	曾操娘	陈亚五(宗兄)	张亚三(父)	10.5,同上
10.30	林思敬	18	大港墘	陈蜜娘	17	邹世娘	林思聪(胞兄,甲)	陈永元(父,甲)	10.5,黄,郑
10.31	吴亚添	26	秦唧眼	古曾娘	18	潘金娘	吴开(父)	古润中(父)	10.5,黄,黄
11.3	陈易所	19	公司后	冯恩娘	19	陈月娘	陈正畴(宗叔)	冯子将(胞兄)	9.29,郑,叶
11.3	陈葛水	23	戎戈兰	廖武娘	18	林谢娘	陈木生(父)	廖申官(父)	10.5,同上
11.3	胡昆山	21	洪溪头	李锦娘	19	林绣娘	胡连生(堂叔)	邓丁娘(母)	丙9.28,郑,叶
11.7	林启云	21	八戈然	戴吉娘	23	吴朱娘	林春水(从兄)	戴仁政(从叔祖)	10.2,郑,叶
11.7	王成溪	19	马木	陈竹娘	19	邹世娘	王清(父)	陈保安(父)	10.12,同上
11.7	陈乔轮	28	甕菜河	张已娘	18	戴清娘	陈竹(堂叔)	张贤玉(父)	10.5,同上
11.9	赖良	32	宁岗	林合娘	18	王天盛	赖坚(堂兄)	林佛(父)	10.14,同上
11.9	洪秋	32	文丁新圩	阮丁钫娘	20	叶永盛	洪典(胞兄)	阮武(父)	10.16,同上
11.9	李长茂	21	小南门	陈金娘	17	许信娘	李甲长官(宗叔)	陈八(胞兄)	10.14,同上
11.9	郑弟	31	班芝兰	林拨娘	16	郑金娘	郑尊(宗兄)	林远(父)	10.5,同上
11.10	沈福生	22	鉴光河北	颜别娘	21	邹世娘	沈傍(父)	颜庇郎(胞伯)	10.14,同上
11.11	黄源芳	40	旧把杀	李朱娘	19	吴宣娘	黄琰芳(堂兄)	李由(父)	10.5,同上
11.11	甘文生	22	珍旧圩	陈连枝娘	18	陈心娘	甘遵(胞叔)	陈全生(胞兄)	10.14,同上
11.11	吴发	26	观音亭	杨开娘	23	戴清娘	吴大成(宗叔)	杨贮连(宗叔)	10.5,同上
11.12	黄品	33	马木	林泉娘	15	曾遭娘	黄株(堂叔)	林芳源(父)	10.19,同上

11.15	谢待老	22	小南门	陈文丁娘	19	戴清娘	谢太山(胞兄)	陈永福(宗叔)	10.14,同上
11.15	邹兵	42	大南门	冯生娘	19	曾操娘	邹笑(堂兄)	冯天恩(父)	10.14,同上
11.15	陈瑞芳	33	小南门	林茂娘	19	陈丹娘	陈岱(堂兄)	林一(父)	10.20,同上.
11.15	林春生	17	大巷内	陈宇娘	16	曾操娘	林魁(堂兄)	陈靖(父)	10.14,同上
11.17	郑观生	33	马云丁	李霞娘	17	陈心娘	郑勤宜(父)	李陆(宗伯)	10.14,同上
11.17	潘三奇	21	丹绒勃六	邱妙娘	20	曾操娘	潘三喜(胞兄)	邱长泰(父)	10.16,同上
11.17	邱昆光	23	小南门内	李选娘	19	林叶娘	邱亚全(宗兄)	李温寿(胞兄)	10.20,同上
11.17	叶增发	41	大南门内	刘辛娘	16	李光明	叶成宝(胞叔)	刘檀寿(宗叔祖)	10.17,同上
11.17	林荣钦	44	大南门内	叶庚娘	17	李光明	林贤凤(宗叔祖)	叶成宝(父)	10.20,郑、叶
11.19	林必郎	29	职宁贞	谢曲娘	29	唐奎秉	林双喜(胞兄)	谢明福(父)	10.19,同上
11.22	林马成	27	大港垅	吴金娘	17	黄金娘	林壳(堂叔)	吴双(胞叔)	10.26,同上
11.23	陈宛生	38	圣望港	林英娘	17	许信娘	陈福生(胞兄)	林坚生(父)	10.19,同上
11.23	傅沧太	37	砖仔桥	袁绣娘	19	胡红娘	傅亚长(宗叔)	袁福生(胞兄)	10.18,同上
11.24	何甲生	23	东门外	林贺娘	20	郑金娘	何水生(堂叔)	林漫泉(胞兄)	10.25,同上
11.25	戴镭	20	干冬圩	蒋戈踏	20	杨一娘	戴略(父)	蒋丑(胞兄)	10.20,同上
11.25	林福荫	26	五脚桥	黄凉娘	17	杨一娘	林君禀(胞伯)	黄贵生(父)	11.4,同上
11.28	林永若	22	小南门	纪金娘	23	卢宣娘	林文仲(父)	纪勤官(父)	11.5,同上
11.29	王养官	25	小南门	李福娘	23	许信娘	王鹤连(胞兄)	李桂生(父)	11.5,同上
11.29	黄文晃	26	水锯顶	陈丁娘	20	陈月娘	黄彩家(胞叔)	陈福生(胞兄)	10.26,同上
11.30	颜德富	23	大南门	何伦娘	18	郭一娘	颜亚六(胞叔)	何己生(胞兄)	10.28,同上
11.30	苏玉	26	文丁旧圩	林红娘	18	李饮	苏悦(胞叔)	林光获(父)	11.5,同上
11.30	丘天福	21	洪溪	王八娘	21	潘金娘	丘孟德(父)	王清和(堂兄)	11.5,同上
11.30	苏清风	20	茄令西垅 八茄蓉	林赤娘	18	何清娘	苏光齐(父)	林凉(胞兄)	11.1,同上
12.1	林雍水	24	西湾	张莲娘	22	萧依娘	林恩田(父)	张瑞文(父)	11.5,黄,戴
12.6	蔡有	37	小南门	林玉娘	17	戴清娘	蔡竹(堂兄)	林魁(宗叔)	11.10,同上
12.7	陈左经	26	绒滑兰	何才娘	26	林谢娘	陈新客(父)	何思合(父)	11.5,同上
12.8	吴亚华	35	中港新厝	钟桂娘	16	古新安	吴亚六(宗叔)	钟亚二(父)	11.4,同上
12.8	陈皆	48	甕菜河	蔡叠娘	25	胡红娘	陈春水(堂兄)	蔡百禄(胞兄) 思远	11.11,同上
12.8	林毓秀	23	乌鬼巷	王律娘	19	吴珠娘	林三水(胞兄)	王突(堂兄)	11.10,同上

12.9	杨英杰	21	麻仔蚋	李佛娘	20	林引娘	杨茂(父)	李添(父)	11.17,黄,戴
12.9	廖亚招	36	西朗桥头	林丙娘	21	李善长	廖廷正(堂叔)	林福星(父)	11.11,同上
12.9	蔡涉渊	36	廿六间	陈来娘	21	邹世娘	蔡竹(堂兄)	陈筱(堂兄)	11.10,同上
12.9	蔡竹	44	廿六间	高宣娘	22	邹世娘	蔡好(堂叔)	高敬信(宗兄)	11.5,同上
12.10	古亚全	45	蕉仔街	郑银娘	20	戴金娘	古亚七(堂兄)	郑江龙(堂兄)	11.10,同上
12.12	陈殿旺	26	廿六间	王荫娘	18	曾操娘	陈殿芳(堂兄)	王苍庚(胞兄)	11.11,同上
12.14	叶椰生	18	文丁旧圩	黄源娘	17	林万福	叶阵(父)	黄桂华(胞兄)	11.22,同上
12.14	林连钟	19	文丁旧圩	黄初娘	18	林万福	林长生(父)	黄东海(胞兄)	12.5,同上
12.15	林冰	36	小南门	沈相娘	20	林万福	林颜(宗兄)	沈香水(胞兄)	11.11,同上
12.16	叶保全	29	中港仔新厝	黄福娘	21	郭一娘	黄球生(胞叔,雷)	叶璇(堂叔)	11.13,同上
12.19	罗德辉	30	戈劳屈	林金娘	19	林绣娘	罗兰(堂兄)	林满(堂兄)	11.18,同上
12.21	林深泉	24	文丁旧圩	郑爱娘	24	刘益娘	林乃(父,堂叔庆祥代)	郑顺(胞叔)	12.11,同上
12.24	郑亚三	38	大南门	叶陛娘	18	胡红娘	郑亚六(胞叔)	叶亚五(父,胞兄叶代)	12.5,同上
12.29	吴杉	21	珍旧圩	陈纲娘	16	卢宣娘	吴澳(父)	陈若(胞兄)	11.25,同上
12.29	吴挺尚	43	大使庙	张郎勃	20	李振纲	吴海清(堂兄)	张庆元(父)	11.25,同上
12.29	陈淇泉	20	班芝兰	詹秋娘	17	吴珠娘	陈长祥(父)	詹光书(父)	11.26,同上
12.31	林一举	19	珍旧圩	甘福娘	18	唐奎炳	林朋(堂叔)	甘顺兴(堂伯)	12.5,同上

总计:223 对

1837 年吧城唐人成婚注册表

月日	新郎	年岁	住址	新娘	年岁	媒妁	男方主婚	女方主婚	备注 结婚日,主事人
1.3	邱布	48	五脚桥	陈宛娘[①]	38	陈月娘	自己花押	自己花押	丙 12.2,黄永禄,黄燎光
1.5	林恒	40	文丁	杨金娘	18	蔡泉	林查(宗叔)	杨仁生(父)	12.5,同上
1.9	陈隆泰	33	珍新圩	林七娘	19	吴孟	陈和(从兄)	林峇生(胞兄)	12.23,同上
1.9	叶血	27	丹绒抚郎	陈乖娘	19	刘章	叶宁(父)	陈七生(胞叔)	12.5,同上

① 据陈氏称:前夫吴传结发才 6 个月身故,氏恬处七载,今愿再醮丘为夫永谐琴瑟,各无反悔,花押存照。知见人张艳娘。

1.9	陈桃生	24	新厝仔	梁州钫	16	陈月娘	陈放官(父)	梁高律(胞兄)	12.11,同上
1.9	戴荣	43	亚森脚	石文娘	25	潘金娘	戴果(宗叔)	石有山(胞兄)	12.12,同上
1.10	张夏	44	珍新圩	林石娘	24	吴猛	张江(堂叔)	林咨生(胞兄)	12.5,同上
1.10	谢亚四	24	干冬圩	罗金娘	18	张叶娘	谢亚二(胞兄)	罗亚长(父)	12.5,同上
1.10	戴泰	32	珍新圩	薛莫娘	18	卢宣娘	戴长(宗兄)	薛摘(宗叔)	12.16,同上
1.11	林俊德	41	五脚桥	吴月娘	19	许信娘	林顺(宗兄)	吴姜生(宗叔)	12.12,同上
1.12	涂义	34	圣望港	蔡贵娘	24	陈月娘	涂记(宗叔)	蔡长山(从叔)	12.11,同上
1.12	郭骞	36	珍新圩	戴茹娘	17	吴猛	郭汉(宗叔)	戴溅(父)	12.16,同上
1.12	刘亚康	42	八振郎安	陈武谆	17	林亚四	刘兴(堂兄)	陈安南(胞兄)	12.11,同上
1.12	许花	40	小南门	丘丁娘	20	邹世娘	许赶(堂兄)	丘亚五(胞兄)	12.11,同上
1.12	王得秀	22	珍旧圩	林莪娘	18	周益娘	王照生(父)	林甘郎(胞叔)	12.9,同上
1.13	柯亚四	44	小南门	李回娘	18	潘金娘	何亚远(宗叔)	李填官(父)	12.15,同上
1.13	杨发居	22	茄令西垅	林朱娘	15	林诗娘	杨娇(父)	林直(父,年老)长子金红代	12.11,同上
1.13	陈带	33	大使庙	曾鹤娘	20	曾操娘	陈焕(堂兄)	曾天养(胞兄)	12.21,同上
1.14	洪荣山	26	文丁新圩	刘宝娘	24	陈红娘	洪其生(父老弱,长子长兴代)	刘红毛(宗叔)	12.12,黄,黄
1.14	蔡万和	32	鉴光戈奢	余丁钫	18	林谢娘	蔡香(父)	余胤(父)	12.12,同上
1.16	张维仁	24	亚森脚	詹牛娘	20	曾操娘	张守已(胞兄)	詹晓(胞叔)	12.12,同上
1.16	苏应记	30	中港仔	林逑娘	21	邹世娘	苏如川(父)	林金生(父)	12.11,同上
1.18	蔡讲	48	职宁贞	杨才娘	24	黄孙娘	自己	杨丁郎(胞兄)	12.16,同上
1.20	刘树	27	洪溪	江吉娘	19	潘金娘	刘永南(胞叔)	江已生(胞兄)	12.18,同上
1.20	夏都	44	王园	杨滔娘	16	许信娘	夏认(堂兄)	杨葛(胞叔)	12.26,同上
1.21	黄文彬	20	监光牛劳由	刘耽娘	18	黄报	黄添(胞兄)	刘汉郎(胞兄)	12.16,同上
1.23	刘巧	27	珍旧圩	詹英娘	23	陈心娘	刘夏(宗叔)	詹文源(胞兄)	12.22,同上
1.23	袁周	23	干质巷	何檀娘	21	邹世娘	袁顺(胞兄)	何拔萃(堂兄)	12.20,同上
1.28	吴临	46	观音亭	陈水娘	19	陈曲娘	吴东海(堂叔)	陈卯(父)	12.23,同上
1.28	王疋	40	槟榔社	黄月娘	16	许信娘	王鼎元(堂兄)	黄汉唐(父)	12.29,同上
2.14	张和尚	54	鉴光猫汝	吴仁娘	22	张长娘	自己	吴荣颜(胞叔)	丁1.4,郑,叶选官
2.14	林毛	26	小南门	庄春娘	16	林叶娘	林魁(宗叔)	庄贯(父)	1.28,同上
2.23	陈福寿	23	鉴光猫汝	许金娘	18	黄敬娘	陈竹(宗叔)	许赶(父)	1.28,同上

2.25	陈清成	20	观音亭	林春娘	19	吴珠娘	陈四美(父,胞兄清珠代)	林魁(宗叔)	1.29,同上
2.28	胡涌泉	22	公馆巷	蔡福娘	18	郭一娘	胡受光(父,达氏)	蔡高生(宗叔)	1.29,同上
3.1	周顺	30	小南门	林婆娘	26	许信娘	周和山(宗兄)	林尚(宗兄)	1.28,黄,戴明基
3.2	张必发	25	丹兰望	汪合娘	18	方智	张必达(胞兄)	汪炎官(父)	1.28,同上
3.2	吴淑王	23	公司后	黄乌娘	22	陈甘娘	吴治(堂叔)	黄波(宗叔)	2.27,同上
3.4	陈素	34	公司后	戴贵娘	19	戴清娘	陈猜(宗兄)	陈贺娘(母)	2.13,黄,戴
3.6	唐吧生	23	珍新圩	詹濬娘	18	黄穆光	唐庇生(宗叔)	詹厨官(父)	2.13,同上
3.11	郭朝廷	34	遵力	张癸娘	25	刘廷旺	郭焕章(宗叔)	张六官(父)	2.17,同上
3.15	李重水	20	毛仔蚋	黄扬娘	20	林万福	李添官(父)	黄天生(胞兄)	2.28,同上
3.15	周卯	39	纳务凡	陈白娘	22	曾操娘	周河山(宗兄)	陈江水(胞兄)	2.13,同上
3.20	唐高黎	20	珍旧圩	吴葵娘	16	卢宜娘	唐麟(父病,女婿刘阔代)	吴保生(父病,胞兄全生代)	2.20,同上
3.28	涂炮	25	圣望港	高有娘	17	潘金娘	涂看(堂叔祖)	高程(父)	2.26,同上
3.29	吴抱振	36	干冬圩	陈文娘	20	邹世娘	吴契(宗叔)	陈和兰(宗伯)	2.28,同上
4.1	陈州钫	20	珍新圩	胡辛娘	17	郭一娘	陈亚八(父)	胡元金(父)	4.1,黄,黄
4.3	吴悦生	14	新把杀	沈清娘	17	曾操娘	吴猛(父)	沈和(堂伯)	4.10,同上
4.7	丘极	41	五脚桥	钟仁娘	27	许信娘	丘娇郎(堂叔)	钟天赐(父)	3.5,同上
4.11	吕亚聪	45	八戈然	朱凤娘①	20	高沛生	自己	自己	3.8,同上
4.12	田光明	24	职宁员	杨英娘	20	杨秀娘	田德生(父,胞兄光耀代)	杨登郎(胞兄)	3.8,同上
4.14	邱清流	42	小南门	黄碧娘	31	陈举娘	邱开生(堂兄)	黄毛(胞伯)	3.12,同上
4.13	陈仙	26	打铁街	蔡灶娘	21	曾操娘	陈理(宗兄)	蔡江友(胞兄)	3.20,同上
4.18	吴墩	35	珍新圩	刘月娘	14	高牙	吴性(堂叔)	刘夏(父)	4.10,同上
4.20	钟亚传	28	大南门	陈麟娘	26	潘金娘	钟云(堂兄)	陈振光(父)	3.20,同上
4.21	傅文英	35	八茶罐	李兴娘	16	杨斗合	傅凤鸣(宗兄)	李光明(宗叔)	3.20,同上
4.22	严满	36	小南门	王惹辖娘	15	戴清娘	严佛助(堂兄)	王妈生(父,胞兄新客代)	3.19,同上
4.26	黄仲福	25	班芝兰	冯观娘	21	林叶娘	黄永快(堂兄)	冯作(堂叔祖)	4.2,黄,黄
4.27	张建喜	35	珍旧圩	苏娘娜	17	陈心娘	张田官(胞兄)	苏天盛(堂叔)	4.10,黄,黄
4.27	王階	37	竹树巷	陈月娘	21	郭一娘	王球生(宗兄)	陈天水(胞伯)	4.14,同上

① 朱氏前夫何亚六结发一年余身故,无子女,恬处年余,愿再醮与李为夫妇,永结同心。知见人默氏陈敦生(签字)。

5.1	胡亚尾	53	丹兰望	王贞娘	27	陈顺娘	胡亚富(堂兄)	王东生(胞叔)	4.3,郑、叶
5.1	陈常四	26	珍新圩	李安娘	17	陈顺娘	陈增长(堂叔祖)	李龙二(宗兄)	4.3,同上
5.2	钟正泊	28	鉴光六州	李女娘	19	潘金娘	钟凤文(父)	李从龙(堂叔)	4.3,同上
5.3	方秀奇	31	打铁街	黄益娘	27	陈月娘	方攀(堂叔)	黄元(堂兄)	4.8,同上
5.6	林天锡	31	珍旧圩	陈湿娘	22	黄报	林平(堂叔)	陈准(胞叔)	4.8,同上
5.6	余霞	35	小南门	李淡娘	17	黄报	余绒(宗叔)	李填(父)	4.2,同上
5.8	李宛然	36	薄面街	陈芝黎	24	戴清娘	李山(宗叔)	陈水(父)	4.10,同上
5.9	黄朝受	44	砖仔桥	王六娘	20	许新娘	黄爻(宗兄)	王评(从兄)	4.10,同上
5.9	周意老	24	丹兰望	陈保娘	18	陈金娘	周淮观(宗叔)	陈准(胞叔)	4.15,同上
5.10	郭青山	27	洪溪	林源娘	29	吴朱娘	郭牛老(宗叔)	林甲怀德(父)	4.10,同上
5.10	郑仲廷	22	大南门	林庚娘	18	赖应观	郑亚三(宗叔)	林亚五(父病,子乾代)	4.14,同上
5.11	李球生	19	中港仔	陈顺兴	15	邹世娘	李庆章(宗叔)	陈子楷(父)	4.13,同上
5.11	戴珍龙	23	丹兰望	曾和娘	21	林绣娘	戴苞(父)	曾德兴(父)	4.26,同上
5.11	林当	33	乌鬼巷	蒋昐娘	16	蒋铺娘	林猜郎(从叔)	蒋楼官(父)	4.17,同上
5.13	陈丹劳	23	八戈然	林金娘	18	郭一娘	陈广观(父)	林光彩(堂伯)	4.14,同上
5.15	陈启川	25	班芝兰	苏英娘	21	陈月娘	陈永元(堂叔,甲大)	苏如川(父)	4.14,郑,叶,戴
5.17	叶仁	26	小南门	李甘娘	17	潘金娘	叶文隆(堂叔)	李文印(宗兄)	丁4.14,郑,叶
5.18	黄文隆	25	丹兰望	陈实娘	16	陈顺娘	黄咏水(宗叔)	陈遵(宗伯)	4.18,同上
5.19	洪奎秉	23	干冬圩	杨莺娘	16	杨乙娘	洪青龙(胞叔)	杨天柱(宗叔)	4.18,同上
5.20	叶振生	17	小南门	林吉娘	17	林叶娘	叶文添(宗叔)	林光宁(堂叔)	4.26,同上
5.21	陈秋京	25	鉴光六州	许全娘	21	许信娘	陈文隆(父)	许永合(胞叔)	5.15,同上
5.26	林和生	27	五脚桥	陈贺娘	18	许信娘	林良(堂兄)	陈德光(父)	4.26,同上
5.27	张国水①	22	珍旧圩	丁江娘	17	曾心娘	张德(堂兄)	丁新(胞兄)	4.26,同上
6.2	刘伦	24	干冬圩	陈贵娘	16	杨一娘	刘富(堂兄)	林爱娘(祖母)	5.10,黄、戴
6.8	杨锦羡	24	圣望港	胡兰低娘	22	邹世娘	杨锦隆(胞兄)	胡甲江汉(父,胞兄大学代)	5.9,同上
6.10	许兴	42	珍新圩	吴七娘	24	高艺	许共(宗叔)	吴传生(胞兄)	5.16,同上
6.12	萧亚三	31	打铁街	孙贵娘	19	郭一娘	萧细妹(宗兄)	孙量贵(父)(胞叔兰代)	5.14,同上
6.12	丘赞来	19	五脚桥	林安娘	19	郭一娘	丘元勋(胞兄)	林恰(宗叔)	5.16,同上

① 见证人,张文,住珍旧圩。

6.20	黄文	25	甕菜河	谢鸾娘	17	陈月娘	黄保生(堂叔)	谢籍(堂叔)	5.23,同上
6.21	陈炉	43	圣望港	杨宜娘[①]	32	吴朱娘	自己花押	自己花押	缺,同上
6.22	陈有重	24	珍旧圩	高福娘	22	卢宣娘	陈唧(父)	高景阳(父)	5.26,同上
6.29	李赞奇	21	小南门	林茵娘	19	邹世娘	李溯(宗叔)	林魁(宗叔)	6.8,同上
7.3	纪珍隆	21	珍旧圩	颜硂娘	21	许信娘	纪勤(父病,胞叔泰山代)	颜文龙(父)	6.7,黄,黄
7.9	陈正凯	31	圣望港	高荣娘	24	吴朱娘	陈金齐(从叔)	高玉林(胞兄,在禁,母陈水娘代)	6.8,同上
7.12	刘钦淑	32	中港仔	李壬娘	16	曾操娘	刘亚六(宗叔祖)	李亚桂(父)	6.13,同上
7.11	李长	30	八茶罐	戴雍娘	30	邹世娘	李永庆(从叔)	戴正德(父)	6.16,黄,郑若思
7.13	王秉文	38	中港仔	李良娘[②]	28	戴清娘	自己	自己	6.15,黄,黄
7.17	黄松	36	窑内	吴宁娘	22	吴朱娘	黄明牛(堂兄)	吴三东(胞兄)	6.18,同上
7.17	刘宁光	24	米涧前	郑良娘	15	郑宛娘	刘宾(堂兄)	郑盛宝(宗叔)	未定,同上
7.19	陈宇	40	八戈然	黄清娘	24	林叶娘	陈述(从兄)	黄当水(宗叔)	7.1,同上
7.24	戴瑞源	27	鉴光河北	张添娘	23	邹世娘	戴慎(胞兄)	张木莎(胞兄)	7.3,同上
7.24	陈赞瑞	27	打铁街	严中娘	18	陈月娘	陈柳(宗叔)	严隆海(堂兄)	缺,同上
7.25	韩东海	49	磨六甲街	杨富娘	20	戴清娘	韩旺(堂兄)	古七娘(母)	6.28,同上
7.26	王全	63	西门内	邹琊娘[③]	37	戴清娘	自己花押	自己花押	6.28,同上
7.31	彭秀合	40	戈劳屈	陈江娘	18	郑金娘	彭上化(胞叔)	陈连三(父,病,胞侄钦增代)	7.4,同上
8.8	王振育	19	大使庙	薛春娘	20	陈月娘	王仁义(父)	薛成就(宗兄)	7.9,郑、叶
8.8	杨泉生	35	甲沓连	林润娘	20	胡温娘	杨笔(父病,宗叔隆代)	林一(宗伯)	8.20,同上
8.14	许文华	28	珍旧圩	郑祯娘	19	陈心娘	许共(父)	郑伴(父)	7.19,同上
8.14	钟亚六	33	小南门	陈丙娘	22	叶亚万	钟发祯(堂兄)	陈庚四(父)	7.18,同上
8.14	曹亚四	35	大使庙	张英娘	19	伍天养	曹润郎(堂叔)	张戊生(堂兄)	7.19,同上
8.14	张仙和	26	甕菜河	梁音娘	24	邹世娘	张千(父)	梁天莎(胞兄)	7.18,同上
8.16	李佳	30	大港墘巷	黄硂娘	19	林叶娘	李敏(宗叔)	黄恩(宗兄)	7.20,同上
8.17	杨良生	31	八茶罐	胡珠娘	18	陈月娘	杨振和(宗叔)	胡伦生(胞兄)	7.20,同上
8.17	陈铭铉	32	槟榔社	黄清娘	19	戴清娘	陈镭(宗叔)	黄汉唐(胞叔)	8.11,郑、叶

① 杨氏前夫严木生结发方2个月不睦,各从别适,无子女,恬处3年,愿与陈为夫妇,永结同心,各花押为照。

② 李氏前夫杨渭已故9年,无儿女,恬处至今终无了局,愿与王为夫,各无反悔,花押在婚簿内为照。知见人猫务(babu马来语,女佣、仆人)春花。

③ 据邹氏供:先夫谢荣光为婚3年而逝,无子女,恬处7年,愿再醮王为夫妇,永结同心,花押为照。

8.19	蔡杉	38	八厨沃间	林顺娘	15	陈月娘	蔡爻(族兄)	林俊德(宗叔)	7.22,同上
8.23	甘炎光	25	观音亭	陈央娘	25	林叶娘	甘绒生(父)	许莺娘(母)	8.3,同上
8.25	高金源	22	珍旧圩	林聚娘	16	陈心娘	高宛生(父)	林文滔(父)	7.28,同上
8.26	杨笋	39	观音亭	陈安娘	24	陈月娘	杨轩(堂兄)	黄裕娘(母)	8.12,同上
8.28	陈汉武	25	观音亭	吴三娘	22	邹世娘	陈春水(父)	吴文仲(胞兄)	8.3,同上
8.31	郑永文	24	八茶罐	许结娘	17	林叶娘	郑蚁(族叔祖)	许福生(父)	8.20,同上
8.31	蔡东升	26	珍旧圩	林跃娘	17	吴猛	蔡成兴(父)	林开(胞伯)	8.4,同上
8.31	陈开	36	窑内	林音娘	17	陈月娘	陈壬水(宗叔)	林修(宗叔)	8.4,同上
9.1	陈炎	36	八戈然	林国娘	19	许信娘	陈伍(族叔)	林荣珍(父)	8.4,黄,戴
9.3	林寒水	19	珍旧圩	陈玉娘	19	黄惜娘	林江水(胞兄)	陈幼观(父)	8.11,同上
9.3	蔡四海	21	丹兰望	王月娘	19	陈顺娘	蔡鼎元(堂兄)	王是官(宗兄)	8.20,同上
9.6	郭志连	36	新厝仔	陈金娘	18	潘金娘	郭牛盐(胞叔)	陈亚三(胞叔)	8.7,同上
9.6	林文光	20	珍旧圩	黄雅娘	17	陈朱娘	林文彩(胞兄)	黄进生(胞叔)	8.12,同上
9.6	曾湖竹	20	文丁	王存娘	21	林万福	曾玉生(堂兄)	王连桂(胞兄)	8.18,同上
9.6	李亚二	30	洪溪	陈悦拔娘	17	陈插汉	李经三(堂兄)	陈亚四(父)	8.12,同上
9.7	陈晋生	36	圣望公巷	许顺娘	23	戴清娘	陈得意(胞兄)	许南阳(堂叔)	8.13,同上
9.8	张姜	36	小南门	陈吉疾	22	林叶娘	张树(胞叔)	陈粤甲(堂兄)	8.11,同上
9.12	吴坚生	29	公司后	曾淑娘	21	陈锥	吴邱生(胞兄)	曾弄生(父)	8.20,同上
9.12	郑兆基	20	大港墘	黄义娘	18	邹世娘	郑清水(胞兄)	黄燎光(父,雷)	8.20,戴,叶
9.13	黄炎光	27	圣望港	李珠娘	18	陈月娘	黄恩光(宗叔)	李玉成(胞伯)	8.18,黄,戴
9.13	蔡德泉	24	窑内	甘碧娘	20	陈朱娘	蔡长山(堂伯)	甘万和(胞叔)	8.20,黄,戴
9.14	刘春元	41	新池	梅娜娘	16	颜亚四	刘亚三(族兄)	梅南哥(胞叔)	8.20,同上
9.15	温淇生	19	小南门	李六娘	18	陈月娘	温海官(胞叔祖)	李顺元(胞兄)	8.20,同上
9.16	王赤	18	丹兰望	胡学娘	17	甘其立	王光炎(父)	胡福喜(父)	8.18,同上
9.18	张甜	34	窑内	许拔娘	25	许信娘	张爱(胞兄)	许嵩(父)	9.2,同上
9.18	周文质	27	五脚桥	林绣娘	16	邹世娘	周其旋(宗兄)	林尚(宗叔)	10.4,同上
9.19	张春连	55	小南门	邓贵娘	15	郑亚三	张亚德(宗叔)	邓丁淑(胞兄)	9.6,同上
9.22	薛王	33	八厨沃间	黄保娘	19	潘金娘	薛祥(宗叔)	黄思光(宗伯)	8.24,同上
9.27	李景山	28	咬劳旺	石香娘	18	梅娘	李荣(堂兄)	石长生(胞兄)	9.16,同上
9.28	邹淄	41	大使庙	陈宁娘	23	戴跳	邹渊(堂兄)	陈开(父)	8.30,同上

10.2	吕河水	21	西湾	胡娇英	21	萧丁娘	吕东观(父)	胡微生(父)	9.11,同上
10.2	杨兴昌	44	干冬圩	黄吉疾	16	杨亚添	杨仲海(父)	黄亚二(堂兄)	9.6,同上
10.3	郑增昌	31	公司后	廖浮厨	17	曾草娘	郑庆裕(宗叔)	廖元世(父)	9.11,同上
10.4	阮光印	23	小南门	侯惜娘	17	刘攀彩	阮开谟(父)	侯易生(胞兄)	9.9,同上
10.10	朱利轩	31	八茶罐	蔡辛娘	17	吴新合	朱玉松(堂叔)	蔡木生(胞兄)	10.2,同上
10.4	蔡光灿	24	文丁	林茹娘	17	王天生	蔡光辉(胞兄)	林文宽(父)	9.16,同上
10.4	张瑞兴	26	卅年	陈挨瓦	20	林叶娘	张镇(父,胞兄雨水代)	陈亚商(父)	9.18,同上
10.10	陈友	29	八茶罐	许银娘	29	陈月娘	陈桃(宗兄)	许文旦(胞兄)	9.16,同上
11.11	吴登山	32	观音亭	林八娘①	22	曾操娘	自己	自己	9.16,同上
11.11	李福生	29	大巷内	韩树娘	22	许信娘	李云霞(宗兄)	韩青山(胞兄)	9.21,同上
10.12	黄连	25	丹兰丁宜	陈蜜娘	17	林万福	黄来(堂叔)	陈亚罐(胞兄)	10.4,黄,黄
10.19	刘亚增	27	大南门	曾癸娘	15	张亚钦	刘鸿敬(宗叔)	曾有福(父)	9.21,同上
10.20	邓团	45	岩密	蔡谨娘	19	林秀娘	邓辛(胞兄)	蔡梅生(父)	10.14,同上
10.20	刘元寿	19	咬勃兰赖	叶看娘	19	胡吉娘	刘千(父)	叶贤(父)	10.11,同上
10.21	林德蛏	24	文丁	黄金娘	20	杨润娘	林春水(宗叔祖)	黄发生(宗兄)	10.2,同上
10.21	陈宪文	21	大港墘	唐银娘	20	陈月娘	陈国顺(胞兄,武直迷)	唐高黎(堂叔)	9.28,黄,叶
10.23	蔡招连	21	珍旧圩	甘日娘	19	吴猛	蔡德源(父)	甘奎生(胞叔)	10.4,黄,黄
10.23	吴寿山	23	小南门	王福娘	22	戴清娘	吴玉风(宗兄)号寿山	王州钫(胞兄)	10.4,同上
10.25	林天赐	23	港口	卢澌娘	19	戴清娘	林明生(父,胞兄天河代)	卢汉(父)	10.26,同上
10.25	陈天理	22	港口倒寮	林桂娘	18	戴清娘	陈保安(父)	林明生(父,胞兄天河代)	10.11,同上
10.25	黄玉成	27	珍新圩	薛鹤娘	19	高讶	黄太簇(胞叔)	薛摘(堂叔)	10.15,同上
10.25	白瑞	22	亚森脚	许奇娘	19	邹世娘	白全勇(堂兄)	许银河(堂叔)	10.1,同上
10.26	严凉水	24	乌鬼巷	叶二娘	16	潘金娘	严清水(堂兄)	叶文隆(族叔)	10.15,同上
10.27	邹永香	31	圣望港	许宝娘	24	林叶娘	邹浪(宗伯)	许科联(宗叔)	10.2,同上
10.27	陈俊祥	18	观音亭	吴敏娘	18	邹世娘	陈濬哲(胞兄)	吴铭铉(父)	10.2,同上
10.30	陈森	35	茄老旺	林帖娘	15	高程	陈甲逢角(宗兄)	林漳化(父)	10.11,同上
11.1	张妈生	27	旧把杀	叶六娘	15	林叶娘	张全(宗叔)	叶廷瑞(宗叔)	10.14,郑,叶

① 据林氏称:与前夫刘尚结发3年身故,产一男名永福,4岁,恬处已四载,愿与吴为夫妇,永结同心,二比花押为照。知见人默氏史顺卓,签字(史顺卓)。

11.1	古隆汉	45	公司后	温冉娘	19	郭壬娘	古兴福(堂叔)	温亚麟(堂叔)	10.11,同上
11.1	杨文艳	23	窑内	高茄律	24	林叶娘	杨琶官(父)	高甲俊杰(胞兄)	10.8,同上
11.1	赖郎	28	宁岗	蔡金佛	18	吴盘	赖帆(胞兄)	蔡前(父)	10.20,同上
11.1	陈光炎	35	外勿洛	萧立娘	22	林绣娘	陈孔是(胞叔)	萧畅(父)	10.4,郑,叶
11.2	梁金山	21	戈劳屈	陈珠娘	21	许信娘	梁玑(父)	陈增(父)	10.20,同上
11.3	王六水	30	渡仔头	戴东娘	20	戴金娘	王南星(堂兄)	戴红毛(父)	10.11,同上
11.3	王文宾	20	三间土库	刘依娘	23	戴清娘	王球生(父)	刘金生(父)	10.20,同上
11.3	陈冉生	34	中港仔	詹朝娘	20	邹世娘	陈青山(胞兄)	詹丁庸(胞兄)	10.11,同上
11.4	郭绵	26	三间土库	林拔娘	22	曾操娘	郭隆(宗兄)	林俊其(堂兄)	10.11,同上
11.6	陈茂林	18	西公巷	李丁娘	16	邹世娘	陈得(父)	李长(父)	10.22,同上
11.6	骆长安	28	茄览末	林淡娘	18	邹世娘	骆笔(堂叔)	林三民(父)	10.16,同上
11.6	郭霖	24	蚊茄赖	杨石娘	20	潘金娘	郭伦生(宗叔)	杨明生(胞兄)	10.15,同上
11.6	吴双霖	29	大使庙	陈已娘	26	潘金娘	吴顺(宗叔)	陈文祥(宗叔)	10.14,同上
11.7	黄泗芳	28	招望把杀	许三娘	18	曾操娘	黄武陆(胞兄)	许再(宗兄)	10.15,同上
11.9	巫宾	30	新池	林金娘	21	黄惜娘	巫贵生(父病,堂侄天德代)	林冉蛮(宗兄)	10.20,同上
11.10	刘亚二	20	芝务勿	何杞娘	19	曾江生	刘亚六(父)	何贵生(父)	10.20,同上
11.13	黄太和	21	五脚桥	李秋娘	19	许信娘	黄润德(父)	李青云(父)	10.21,同上
11.13	刘宜	28	干冬圩	黄良娘	18	杨一娘	刘伦(胞叔)	黄耀(父)	10.22,同上
11.14	罗温生	22	大南门	唐恩娘	22	曾操娘	罗乾凤(父)	唐泌生(父)	10.26,同上
11.14	陈水生	44	大使庙	高端娘	22	林叶娘	陈倡(宗兄)	高尚(宗兄)	10.22,同上
11.15	萧田寿	27	中公司	杨娴娘	24	袁文娘	萧东(胞兄)	杨金山(胞兄)	10.26,同上
11.16	李连水	18	望茄寺	陈月娘	18	吴猛	李天寿(父)	陈喜生(胞兄)	10.26,同上
11.16	钟仁和	29	戈奢园	侯兰娘	20	曾操娘	钟夹(宗兄)	侯盐山(胞兄)	10.20,同上
11.16	黄阴水	22	文丁新圩	林旁佛	20	刘益娘	黄发生(父)	林开泰(宗叔)	11.4,郑,叶
11.17	黄双发	20	职宁贞	陈福娘	19	郑吟娘	黄一观(父,病,弟观生代)	陈福生(胞兄)	11.2,同上
11.18	赖福生	21	洪溪杉板寮	钟壬娘	16	潘金娘	赖元彩(堂叔)	钟清儒(父)	10.26,同上
11.22	陈良	19	文丁茄老旺	林鹤娘	15	杨秀娘	陈孟陆(父)	林生良(父)	11.4,同上
11.28	陈洪亮	27	茄老旺	林秀娘	27	郭一娘	陈岱(宗兄)	林春水(父)	11.5,同上
11.28	黄印	33	丹兰望	杨芬娘	18	戴跳	黄塔(堂兄)	杨长(父)	11.8,同上

11.29	孙潭	32	五脚桥	张江娘	18	黄义盛	孙德承(宗叔)	张光辉(父)	12.10,同上
11.29	林沅	22	丁脚兰	陈宁娘	20	吴慨	林瑞禄(胞兄)隆茂	陈利生(父)	11.27,同上
12.1	陈盖	25	八茶罐	林曲娘	17	陈月娘	陈春(宗兄)	林管生(父,病,族叔亚宝代)	11.5,黄,戴
12.5	李和观	25	日洛马年	林新娘	18	雅池吗	李河淡(胞兄)	林簇(父)	11.20,同上
12.6	范和兰	20	高奢园	林淑娘	18	林万福	范寿(堂兄)	林濑(父)	11.16,同上
12.7	骆丹	21	茄览抹	张一娘	17	杨杰	骆鸟(堂兄)	张奉(宗叔)	11.13,同上
12.7	林田水	21	鉴光无劳由	郭文娘	20	戴金声	林东(父病,胞伯正春代)	郭连安(父)	11.16,同上
12.7	林兴郎	21	鉴光无劳由	杨一娘	19	戴金声	林正春(父)	杨金生(父)	12.12,同上
12.12	陈凤爹	31	薄面街	刘谨娘	18	潘金娘	陈旺二(堂兄)	刘辛(父)	11.27,同上
12.13	徐干荣	38	八茶罐	赖丁娘	14	梁瑞	徐义昌(宗叔)	赖亚六(父)	11.18,同上
12.13	叶瑞生	21	圣望港	陈籍娘	22	邹世娘	叶禧禄(胞叔)	陈思意(胞兄)	11.22,同上
12.14	林镭	19	丹兰望	郑砼娘	18	林秀娘	林得意(父病,宗叔实代)	郑瑞兴(胞兄)	12.5,同上
12.16	钟辛淑	32	珍新圩	汤芝畏	21	林秀娘	钟友四(堂叔祖)	汤东三(父)	11.27,同上
12.18	钟斗寿	27	小南门	黄涂浪	15	潘金娘	钟云淑(宗叔)	黄毛(宗伯)	丁12.5,黄,戴
12.20	黄增	22	干冬圩	杨桂娘	15	刘银娘	黄此(父老,胞兄添代)	杨札束(父)	11.27,同上
12.20	陈坚昌	35	三间土库	吴渊娘	22	吴珠娘	陈文祥(宗兄)	吴祯祥(父)	11.27,同上
12.29	张运秀	21	戈劳屈	钟壬娘	16	林秀娘	张麟良(宗叔)	钟春伯(父)	12.11,同上

总计:217对

1838年吧城唐人成婚注册表

月日	新郎	年岁	住址	新娘	年岁	媒妁	男方主婚	女方主婚	备注 结婚日,主事人
1.2	涂海	42	圣望港	谢壬娘	16	吴宣娘	涂记(堂叔祖)	谢亚四(父)	丁12.11,黄永禄、黄燎光
1.2	陈建兴	31	蕉仔街	曾如妹	16	郭一娘	陈子湘(胞兄)	曾达理(父)	12.13,同上
1.3	阮一	44	珍旧圩	郭潭娘	20	林万福	自己	郭江汉(胞兄)	12.12,同上
1.3	陈钦增	22	戈劳屈	彭新娘	17	曾操娘	陈瑞明(胞叔)	彭上化(父病,胞侄成景代)	12.13,同上
1.3	卢时习	24	文丁	李七娘	19	林万福	卢敏(胞兄)	李仲(父)	12.12,同上
1.5	吴丽水	27	东门外	蔡吉娘	23	曾操娘	吴山观(宗叔)	蔡柔(宗叔)	12.12,同上
1.5	蔡捞	28	廿六间	郑宣娘	20	陈月娘	蔡竹(胞兄)	郑得禄(胞兄)	12.11,同上

1.9	徐记	35	小南门	刘来娘	15	戴清娘	余绒(宗叔)	刘古生(父)	12.19,同上
1.10	杨三辉	22	宁岗	李挨瓦	18	王天盛	杨秋水(胞兄)	李源水(堂兄)	12.18,同上
1.10	赖亚富	29	大南门	李锦娘	19	林叶娘	赖高律(胞兄)	李福庆(父)	12.17,同上
1.13	刘三才	29	圣望港	张音娘	16	邹世娘	刘沦(宗叔)	张卫(宗兄)	12.19,同上
1.17	张秋	27	竹树巷	陈春娘	15	林叶娘	张妈生(族叔)	陈美(宗叔)	12.27,同上
2.10	王如意	23	把杀务朗	黄宣娘	22	戴清娘	王鹏(堂伯)	黄尺(堂兄)	1.21,郑若思,叶选官
2.1	刘蛭	36	珍旧圩	李珀娘	20	林波	刘领(宗兄)	李宽(宗叔)	1.10,黄,黄
2.4	钟丙生	22	中港仔	许维娘	20	潘金娘	钟衡观(父)	许福生(父)	1.18,郑,叶
2.12	康瑞凤	23	新把杀	蔡让娘	19	黄惜娘	康迪民(堂兄)	蔡春(父)	1.21,同上
2.16	曾全生	21	干冬圩	黄英娘	20	杨一娘	曾炉观(父)	黄光场(父)	1.21,同上
2.19	谢和三	36	八秦朗眼	韩李娘	18	林修娘	谢和二(父)	韩明瑶(胞兄)	2.4,同上
2.19	张炳	41	杉板寮	林燉娘	26	戴清娘	张行(堂叔)	林唇(父)	2.2,同上
2.26	韩坤山	25	丹兰望	詹铃娘	15	戴柱	韩万山(胞兄)	詹郎(父)	2.10,郑、叶
3.5	杨其生	19	中蔀	李光勃	19	戴连生	杨三才(父)	李添(父)	2.18,黄、戴明基
3.5	高江水	23	望寮	黄义娘	23	陈专娘	高红毛(胞兄)	黄绵(堂兄)	2.16,同上
3.8	林启祥	22	八戈然	杨蝶娘	20	吴紫娘	林启云(胞兄)	杨锦美(胞兄)	2.16,同上
3.8	黄盐山	22	新厝仔	钟拔娘	16	邹世娘	黄如水(父)	钟天福(父)	2.16,同上
3.8	林恩生	18	戈劳屈	李爱娘	15	林秀娘	林晚(堂兄)	李广生(堂兄)	2.23,同上
3.21	蔡复	27	砖仔桥	许霞娘	23	邹世娘	蔡先(堂兄)	许每生(父)	2.19,同上
3.21	林顺汀	28	小南门	李彪娘	19	陈月娘	林鸿雁(从兄)	李赞基(胞兄)	2.29,同上
3.23	卢松林	32	文丁	陈贤娘①	32	邹世娘	自己	自己	3.1,同上
4.2	陈光瑞	39	大巷内	叶新娘	18	郭一娘	陈强(堂叔)	叶仁儒(父)	3.13,黄,黄
4.6	郑昌华	40	大南门	林来娘	16	张亚添	郑𫇭香(宗叔祖)	林复生(宗叔祖)	3.14,黄
4.9	钟南番	22	五脚桥	陈来娘	21	许信娘	钟凤文(胞叔)	李珠娘(母)	3.20,同上
4.9	王亚引	30	五脚桥	傅满娘	17	许信娘	王亚二(堂兄)	傅鸣凤(胞兄)	3.20,同上
4.19	谢漯	35	珍旧圩	戴柴娘	18	陈心娘	谢成德(宗叔)	戴景基(父)	3.28,同上
4.19	陈王敦	22	大南门	黄瑞娘	20	邹世娘	林英娘(母)	林青山(胞兄)	4.13,同上
4.25	戴有捷	33	八茶罐	陈新娘	18	郭一娘	戴达秀(堂叔)	陈应松(父)	4.8,同上

① 陈氏故夫徐水源结发十四载无子女,螟蛉一子名笃生 18 岁,恬处已 4 年,愿与卢永结同心,花押婚簿为照。

4.25	邹亚寿	23	麻六甲街	许乙娘	20	郑一娘	邹永兴(胞兄)	许占魁(堂叔祖)	4.14,同上
4.26	陈玉莲	21	旧把杀	林玉娘	19	林心娘	陈令(宗兄)	林魁(宗叔)	4.11,同上
4.26	刘金水	21	五脚桥	张怡娘	17	戴清娘	李奇娘(母)	张东兴(胞兄)	4.20,同上
4.27	张涌	23	麻仔蚋	郭盘娘	22	戴连生	张树(堂伯)	郭禄(父)	4.19,同上
4.27	庄维宗	28	五脚桥	苏启娘	23	邹世娘	庄贯(宗叔)	苏如川(胞兄)	4.11,同上
5.2	詹源水	18	珍旧圩	刘冷娘	15	杨一娘	詹深观(父)	刘青茂(父)	4.14,郑,叶
5.2	陈丙	36	小南门	王生娘	18	陈闩	陈庞(族伯)	王爵(父)	4.13,同上
5.9	陈记	29	旧把杀	杨希淡	19	林叶娘	陈参(胞兄)	杨灶(堂兄)	4.19,同上
5.9	林壬水	33	观音亭	黄雍娘	20	许信娘	林成祖(胞兄)	黄光辉(胞兄)	4.27,同上
5.9	沈福生	20	五脚桥	吴音娘	17	许信娘	唐因娘(生母)	吴曲生(胞兄)	4.19,同上
5.10	甘光礼	35	珍新圩	唐招娘	20	黄灿	甘开芳(胞兄)	唐坤(堂兄)	4.20,同上
5.16	洪丽水	24	乌鬼街	刘荷娘	24	林叶娘	洪祝(宗兄)	刘金水(胞兄)	4.23,同上
5.16	胡本宜	18	干冬圩	薛姜娘	17	黄爱娘	胡海记(胞兄)	薛向(堂兄)	4.27,同上
5.21	陈瑞德	20	三间土库	黄咨二	19	沈命	陈逢春(父)	黄甲待老(父)	4.28,同上
5.25	王谐	35	大南门	颜传娘	20	许信娘	王鼎元(宗兄)	颜永老(胞叔)	闰4.11,同上
5.26	苏德生	45	八茶罐	施文娘	24	郭一娘	苏春观(父)	施蜜生(胞兄)	闰4.4,同上
6.1	林宗喜	24	茄弄西垅	陈判娘	18	苏套宜	林焕彩(胞兄)	陈元成(父)	又4.15,黄,戴
6.1	胡文质	22	丹兰州连	陈茄历	18	林秀娘	胡文生(胞兄)	陈三才(胞叔)	4.11,同上
6.5	邱源水	32	五脚桥	詹时妹	23	许信娘	邱牙(堂兄)	詹元(堂叔)	4.18,同上
6.5	张顺同	26	王廍	陈均娘	21	袁味娘	张州钫(胞兄)	陈惠(堂叔)	4.19,同上
6.5	黄陛	47	新厝仔	陈快娘	36	潘金娘	黄葵(父)	陈威仪(宗兄)	4.19,同上
6.5	蔡儒郎	23	职宁贞	黄裕娘	18	许信娘	蔡金生(父)	黄嫌(胞兄)	4.19,同上
6.6	曾容	34	观音亭	赖元娘	19	林叶娘	曾滥(胞兄)	赖七(父年老,堂兄安代)	4.18,同上
6.6	李佛保	19	观音亭	杨宝娘	19	陈月娘	李燕湘(父)	杨光生(宗叔祖)	4.19,同上
6.12	赖美	41	旧把杀	陈水娘	32	林叶娘	赖天球(胞叔)	陈其才(堂叔祖)	4.21,同上
6.13	马长水	36	干冬圩	李新娘	17	杨一娘	马江雨(堂叔)	李润爹(胞兄)	5.16,同上
6.18	陈金生	40	亭仔脚	李吉娘	28	陈月娘	陈春水(宗叔)	李感(宗叔)	4.26,同上
6.18	李江生	29	亭仔脚	林天娘	14	郭一娘	李兴发(父)	林平风(胞叔)	5.3,黄,戴
6.23	林水宝	33	中港仔	刘乙娘	20	简友	林亚三(胞兄)	刘容生(父)	5.24,同上
6.25	陈吉昌	20	大巷内	黄位娘	16	林一娘	陈岱(宗叔)	黄成(父)	5.10,同上

6.28	陈放	57	中港仔	徐玉娘	23	曾操娘	陈重华(宗兄)	徐东海(胞兄)	5.10,同上
6.29	吴江水	28	八茶罐	许香娘	21	陈月娘	吴锲(父)	许松茂(父)	5.10,同上
7.6	李言让	33	八戈然	吴吉娘	21	郭一娘	李景郎(宗叔)	吴九(宗叔)	5.15,黄,黄
7.6	黄溪水	25	大南门	戴栽娘	20	郭一娘	黄泮(胞叔)	戴束(父)	5.17,同上
7.9	宋天生	24	丹兰州连	黄一娘	17	林叶娘	宋齐兴(父)	吴来娘(母)	5.27,黄
7.10	詹水	32	戈奢园	王悦娘	22	邹世娘	詹遵(堂兄)	王然(宗叔祖)	5.24,同上
7.14	陈江水	19	外勿兰	林清娘	17	陈月娘	陈松(父)	林龟(堂伯)	5.26,同上
7.14	陈剑	39	观音亭	丘粉娘	32	陈月娘	陈流水(宗叔)	丘亚魁(胞伯)	5.26,同上
7.15	刘奕郎	19	旧把杀	林淡娘	20	吴珠娘	刘瑞经(父,武直迷)	林北源(父)	6.3,郑,叶
7.16	杨金生	21	亭仔脚	陈芝娘	20	陈新娘	杨振和(父)	陈淮(堂叔祖)	5.27,黄
7.19	萧亚容	28	打铁街	曾庚娘	19	潘金娘	萧新龙(堂叔)	曾亚五(父)	6.4,同上
7.27	张秋	30	亭仔脚	陈参娘	17	邹世娘	张基(从兄)	陈权(宗叔)	缺,同上
7.30	雍三	41	珍新圩	涂生娘	18	陈卑	雍仁和(从伯)	涂记(宗兄)	6.24,同上
7.31	杨乃有	24	丹兰望	李曲娘	18	林秀娘	杨凤生(父)	李芙蓉(父)	6.10,同上
7.31	邹员	40	大使庙	吴吉娘	18	林叶娘	邹弄(宗叔祖)	吴振贤(胞兄)	6.24,同上
8.1	王德雄	21	文丁旧圩	林裕娘	17	林万福	王孟秋(父病,胞兄仕启代)	林旁佛(父)	7.4,郑,叶
8.1	林江水	21	老果头湾	欧粽娘	18	邹世娘	林偕生(胞叔)	欧万生(胞叔)	6.16,同上
8.2	罗水生	40	大南门	杨壬娘	18	潘金娘	罗亚仁(胞叔)	杨朝观(宗叔)	6.24,同上
8.3	李锡	40	八芝连	蔡亨娘	25	陈曲娘	李钦容(堂叔)	蔡灶(父)	6.16,同上
8.15	何德淑	35	戈劳屈	钟江娘	19	吴宣娘	何才三(堂叔)	钟亚满(堂叔)	6.29,郑,叶
8.21	曾德二	27	砖仔桥	林金娘	17	胡红娘	曾焕科(宗叔)	林魁(堂叔)	缺,同上
8.21	林光彩	47	蕉仔街	吴掬娘	25	戴清娘	林妈赐(宗叔)	吴武西(父)	7.4,同上
8.22	洪英和	25	文丁新圩	林莱娘	17	陈爱娘	洪奇生(父年老,胞兄长兴代)	林粪箕(胞兄)	7.8,同上
8.23	温亚五	24	惹牙毛吃	陈壬娘	18	曾亚三	温景宁(父,宗叔恩四代)	陈德秀(胞叔)	7.18,同上
8.23	曾长水	18	七宁贞	郑狮娘	19	邹世娘	曾莱公(父)	郑东山(胞叔)	8.12,同上
8.28	陈峩	35	珍旧圩	戴传娘	20	高讶	陈靖(堂叔)	戴满(胞兄)	8.13,同上
8.29	阮德水	31	文丁	卢陶娘	18	林万福	阮武(父)	卢壮(父病,堂叔祥云代)	8.2,同上
9.5	林及	39	小南门	陈刊娘	26	戴清娘	林溪(宗兄)	陈强(宗兄)	7.19,黄、戴

9.5	杨江水	30	圣望港 杉板寮	陈弼娘	23	许信娘	杨从(堂兄)	陈文生(父)	7.19,黄,戴
9.6	沈文	36	观音亭	陈雅娘	20	林叶娘	沈弁(堂兄)	陈玉满(胞叔)	7.28,同上
9.12	林先宛	40	文丁旧圩	王淡娘	20	林万福	林茶(堂叔)	王绿水(胞兄)	8.12,同上
9.12	王乾生	20	峇峇间	郑坤娘	21	林万福	王生权(胞兄)	郑富生(堂兄)	8.8,同上
9.12	李友	34	珍新圩	陈音娘	19	张赖官	李宽(胞兄)	陈和兰(宗叔)	8.5,同上
9.12	王麟	28	大南门	陈圭娘	16	张赖官	王蛏(堂兄)	陈和兰(宗叔)	8.5,同上
9.13	黄强	30	珍新圩	吴三娘	20	高呀	黄运(堂兄)	吴性(父)	8.2,同上
9.17	吴文山	23	珍旧圩	张宝娘	18	陈质娘	吴文德(胞兄)	张顺风(堂叔)	8.12,同上
9.17	曾如水	21	八茄容 茄逸	丁温娘	18	林鸾娘	曾坐生(父)	丁勇(父)	8.26,同上
9.17	洪加	26	珍旧圩	柯生娘	18	陈质娘	洪祝(宗兄)	柯坎(宗叔)	8.5,同上
9.18	陈清凉	21	小南门	郑月娘	21	戴清娘	陈麟(父病, 宗弟得水代)	郑夹(父)	8.1,同上
9.19	高俊杰 (垅雷)	31	窑内	陈英娘	20	邹世娘	高允昌(宗兄)	陈国顺(胞兄) 武直迷	8.3,黄,戴
9.21	蒋忠生	41	小南门把杀	韩贤娘	26	林秀娘	蒋桃(宗叔)	韩大山(堂兄)	8.12,黄,戴
9.24	林汉淇	21	老果头	丘宙娘	19	邹世娘	林甘郎(父)	丘亚朋(父)	8.8,同上
9.24	张问孝	18	丹绒遵力	郑宁娘	18	杨一娘	张尚隐(父)	郑泮(父)	8.19,同上
9.24	陈和兰	23	监光六州	黄郭娘	20	潘金娘	陈岱(宗兄)	陈曲娘(母)	8.8,同上
9.24	张金生	24	大使庙	杨智娘	20	邹世娘	张亚水(堂叔)	杨同(胞兄)	8.27,同上
9.25	蓝欲兰	20	八茶罐	詹月娘	15	邹世娘	吴品娘(母)	詹宗裕(宗兄)	8.12,同上
9.25	柯文机	29	班芝兰	黄邦娘	16	曾操娘	柯乌(祖父)	黄宛(父)	8.12,同上
9.25	甘广	21	观音亭前	陈来娘	17	曾操娘	甘穆(堂兄)	林叶娘(母)	8.14,同上
9.27	胡大海	23	西湾	李宇娘	21	刘益娘	胡微生(父)	李玉成(父)	8.14,同上
9.27	陈音	20	珍旧圩	叶碧娘	21	陈心娘	陈唧(堂叔)	叶业水(父)	8.12,同上
9.27	陈秋水	33	小南门	黄末娘	25	吴子娘	吴一娘(母)	林占娘(母)	8.12,同上
9.28	蔡将轻	19	丹兰望	刘月娘	16	林绣娘	蔡明(父)	刘赞(父)	8.12,同上
10.1	林德扬	25	西湾	郭宇娘	18	洪永山	林寅(父)	郭连安(父)	8.20,高,黄
10.3	邓申	28	望加寺	谢潘娘	21	陈心娘	邓华桂(堂叔祖)	谢武(父)	8.19,同上
10.3	许戊寅	25	把杀务朗	黄六娘	24	戴清娘	许金水(宗兄)	林潘娘(母)	8.22,同上
10.3	郑华玉	34	珍旧圩	张水娘	18	陈心娘	郑泮(堂伯)	张来(父)	8.19,同上

10.3	张犀	32	打铁街	翁茂娘①	26	胡温娘	自己	自己	8.15,同上
10.4	王长和	22	龙岗	林雅娘	18	林沁娘	王初香(父)	林长庚(父)	8.22,同上
10.5	吴骞	23	廿六间	刘达娘	15	郭一娘	吴发(宗兄)	刘瑞经(胞伯,武直迷,病,子益郎代)	8.19,同上
10.5	古德元	38	戈劳屈	温桂娘	16	郑金娘	古云龙(堂叔)	温云合(堂伯)	8.19,同上
10.5	余吉疾	27	惹牙毛吃	陈棋娘	20	林秀娘	余亚勇(胞叔)	陈元龙(父)	8.20,同上
10.8	叶兰	38	小南门	许福娘	20	戴清娘	叶涯(堂叔祖)	许士忠(族兄)	8.26,高,黄
10.9	谢马蚋	22	干冬圩	陈茹娘	15	戴清娘	谢亚二(堂兄)	陈亚二(父病,兄清水代)	8.26,同上
10.10	王亮	25	龙岗	吴曲娘	20	吴维	王士胤(父病,胞伯喜代)	吴士笑(父)	8.26,同上
10.10	范宗水	23	洪溪	陈流娘②	23	潘金娘	自己	自己	8.23,同上
10.10	张渐	32	珍旧圩	黄生娘	21	阮一	张富(宗叔祖)	黄禄生(父)	8.26,同上
10.11	杨如竹	26	大港墘	梁阴娘	19	邹世娘	杨如松(胞兄)	梁奎炳(父)	8.27,同上
10.11	郑溪水	28	八茶罐巷	李笃娘	18	郭一娘	林莺娘(母)	李坛(父)	8.27,同上
10.12	潘士发	31	大使庙	郑曲娘	24	郑吟娘	清光报(族兄)	郑绒(宗叔)	8.27,同上
10.15	李联昌	36	丹兰望桥头	谢四妹	15	李春魁	李兴发(堂叔)	谢怀勋(父)	9.5,同上
10.17	连文清	19	洪溪	汤球娘	15	陈月娘	连凤池(父)	汤仙鹤(父)	9.8,同上
10.17	林夺	41	八厨沃间	颜月娘	29	戴清娘	林罕(族叔)	颜位生(胞叔)	9.5,同上
10.18	邹荣显	22	圣望港	高训娘	17	邹世娘	邹荣阳(胞兄)	高红毛(父)	9.8,同上
10.20	胡胜妹	29	小南门	黎得娘	18	潘金娘	胡新(堂叔祖)	黎亚三(父)	9.20,同上
10.22	汤东三	43	大港墘	陈镭娘	36	邹世娘	自己	蔡惜娘(母)	9.8,同上
10.22	赵鸭	42	珍新圩	丘珍娘	21	林秀娘	赵英(宗叔)	丘知汶(堂伯)	9.10,同上
10.24	余妈赐	23	马目	林雅娘	23	陈德	自己	林明生(父老,胞兄天河代)	9.18,同上
10.25	古亚责	38	砖仔桥	何丁钫	21	潘金娘	古云龙(堂叔)	何亚钟(堂叔)	9.8,同上
10.26	李亲	47	丹兰望	唐月娘	25	陈操娘	李贵生(堂兄)	李曲娘(母)	9.10,同上
10.28	陈荣乔 朱葛礁	39	圣望港	沈月娘	24	陈操娘	陈幼(堂兄)	沈片(宗兄)	10.9,同上
10.9	洪澳	29	珍旧圩	叶莺娘	18	林秀娘	洪丙(堂兄)	叶典(堂兄)	9.20,高,黄
10.30	黄光兴	23	三间土库	林寿娘	22	邹世娘	黄仰(父)	林吉宁(兄)	10.6,同上
10.30	叶义	45	大南门直街	刘经娘	25	胡红娘	叶复祥(胞叔)	刘亚满(胞叔)	9.26,同上

① 翁氏前夫陈大戆因夫妻不睦当堂离遇,至今已 5 年,欲与张为夫妇,永结同心,各花押在婚簿内。

② 陈氏前夫林启泰结发 4 月身故,无子女,恬处 3 年余,愿与范为夫妇,永结同心,各花押婚簿为照。知见人默氏范大山,签字(大山)。

10.31	李郁	49	茄老旺	林爱娘	41	吴珠娘	自己	林英杰(父)	9.14,同上
11.2	陈秉良	38	八戈然	杨乌娘	18	郭一娘	陈乌尚(堂兄)	杨如松(堂兄)	9.20,郑,叶
11.3	许春和	25	大南门	梁江娘	19	潘金娘	许恩光(堂兄)	梁庆(堂叔祖)	9.18,同上
11.4	杨吉黎	22	珍旧圩	林才娘	15	陈心娘	杨瑞明(胞兄)	林四(堂叔)	9.26,同上
11.6	林金和	25	珍旧圩	陈金娘	21	戴跳	林平(堂叔)	陈修(胞叔)	10.6,同上
11.7	林咏	21	文丁旧圩	沈雍娘	19	林万福	林昂(父)	沈毛(父)	10.24,同上
11.7	王珠生	26	文丁旧圩	林惜娘	25	林万福	王文克(父)	林棒(父)	10.6,同上
11.8	张运动	24	文丁西湾	陈律娘	25	萧意娘	张广盛(胞兄)	陈生(胞兄)	10.11,同上
11.11	许自他	30	茄老旺	蒋添娘	21	郭一娘	许金水(宗兄)	蒋碧水(父,垅雷珍兰)	10.2,同上
11.12	李文生	19	茄老旺	苏蛤娘	16	戴清娘	李文郁(父)	苏光齐(父)	10.14,同上
11.14	林水源	20	文丁旧圩	赖只娘	19	林万福	林两间(父)	赖天来(父)	10.21,同上
11.14	陈清时	20	中港仔	黄妙娘	16	陈月娘	陈清江(从叔祖)	黄新映(父)	10.6,同上
11.17	钟绍兴	30	小南门	叶益娘	16	叶敬娘	钟清荣(宗兄)	叶钦贤(堂叔)	10.2,同上
11.20	林沧尔	20	乌鬼巷	韩贵娘	16	吴子娘	林甲怀德(父)	韩青山(宗兄)	10.16,同上
11.21	方佳生	20	珍旧圩	戴诲娘	17	陈心娘	方琴(父)	戴税(胞叔)	10.16,同上
11.21	张结	20	中公司	杨雅娘	16	陈爱娘	张裕(父)	杨天德(胞叔)	10.24,同上
11.21	林荣和	19	文丁新玕	黄倚娘	19	张荣结	林新观(父)	黄接和(父)	10.12,同上
11.21	林宗	32	干冬圩	戴永娘	20	张荣结	林天贵(胞兄)	戴琴(胞兄)	10.24,同上
11.22	刘桂合	43	小南门	钟丁娘	22	刘清汉	刘信飑(宗叔)	钟锡亮(父)	10.10,郑,叶
11.24	张清水	24	大南门	陈音娘	19	邹世娘	张秋(胞叔)	陈出(宗兄)	10.11,同上
11.26	许福生	17	大巷内	丘英娘	17	郭一娘	许溜(从兄)	丘来(堂叔)	10.16,同上
11.26	高赞	33	西湾	黄金娘	22	陈参	高统(堂兄)	黄才(宗兄)	10.24,同上
11.26	林霞	28	圣望港	陈福娘	16	曾操娘	林务(从叔)	陈偶然(房伯)	10.11,同上
11.26	黄蜂	50	蕉仔街	杨爱娘①	29	卢春娘	自己	自己	10.19,同上
11.29	甘泉	30	珍新圩	张算娘	16	陈心娘	甘评(堂兄)	张卑(父)	10.22,同上
11.29	蒋德发	22	珍旧圩	黄梅娘	17	陈心娘	蒋放(堂兄)	黄金助(堂叔)	10.23,同上
11.29	林蔡	34	公司	庄水娘②	21	陈月娘	自己	自己	10.15,同上

① 杨氏前夫王光保结婚 1 年身故,生一男不育,恬处已 10 年,愿与黄为夫,永结同心,花押婚簿为照。知见人伊父杨志城签字“正”。

② 庄氏前夫陈黑结婚 2 年去世,无子女,恬处 2 年,愿与林为夫,永结同心,各无反悔,花押婚簿为照。

11.29	林三才	22	文丁新圩	陈娇娘	19	林英水	林元(父)	陈英才(父)	10.20,同上
11.29	朱点	31	外勿兰	沈才娘	20	林叶娘	朱按(胞兄)	沈鸢飞(胞兄)	10.24,同上
11.30	刘梓	30	亭仔脚	陈邈娘	25	陈月娘	刘弼(宗兄)	陈偕(胞叔)	10.23,同上
12.3	吴甜	38	珍新圩	石珠娘	17	吴纲	吴松山(堂兄)	石丙火(胞兄)	11.4,同上
12.3	王贺山	26	大使庙	龚金娘	18	林叶娘	王道观(父)	龚泰(父)	10.20,同上
12.3	王发水	22	港口	陈晶娘	18	戴清娘	王建宁(父)	陈永老(父)	11.4,同上
12.5	林光坤	23	茄老旺	骆维娘	17	(缺)	林春水(父病,长子光振代)	骆深观(父)	10.23,同上
12.5	林新建	22	小南门	沈鸾娘	18	邹世娘	林文山(宗叔)	沈宗(胞兄)	10.28,同上
12.5	戴荣俊	18	干冬圩	黄水娘	16	杨一娘	戴略(父)	黄耀(父)	10.28,同上
12.5	叶旋	37	小南门	林锡娘	21	戴清娘	叶存(从兄)	林岐生(胞兄)	10.24,同上
12.5	连居	32	观音亭	王刘娘	22	林叶娘	自己	王元兴(父)	10.24,黄
12.6	黄存	31	新厝仔	陈曲娘	21	戴清娘	黄如水(宗叔)	陈梓(胞叔)	10.23,同上
12.8	陈玉成	26	新山	李雅娘	21	陈清风	陈天就(父)	李毯(父)	11.3,同上
12.8	黎天生	20	小南门	刘仁妹	19	潘金娘	黎鼎昌(父)	刘相千(父)	10.24,同上
12.13	黄良	31	文丁旧圩	杨贤娘	17	林万福	黄泮(堂叔)	杨坑(父)	11.18,同上
12.13	陈虎珀	22	公司	黄永娘	16	郭一娘	陈茯苓(胞兄)	黄泉(父)	11.4,同上
12.13	赖佛师	19	旧把杀	李莲娘	16	林绣娘	赖球(父)	李敢(宗叔)	11.9,同上
12.18	萧亚五	32	牛郎些里	曾三娘	17	林绣娘	萧麟二(堂叔)	曾亚四(堂叔)	11.4,同上
12.20	沈齐	45	圣望港	薛绣娘	22	邹世娘	自己	陈生娘(生母)	11.18,同上
12.20	陈审	36	廿六间	徐发娘	20	郭一娘	陈招(胞兄)	徐曲生(胞兄)	11.12,同上
12.20	陈新客	19	乌褒土库	钟刺娘	16	郭一娘	陈召基(宗叔)	钟石山(胞兄)	11.11,同上
12.21	李恒元	20	亚森圩	陈荫娘	18	邱因娘	李麟生(父)	陈才(父)	11.15,同上
12.24	陈图	23	珍旧圩	李瑞娘	19	陈心娘	陈郎(堂伯)	李宽(父)	11.14,同上
12.26	陈裕	26	八戈然	林和娘	20	曾操娘	陈印(堂叔)	林檬(父)	11.14,同上
12.27	杨虽能	20	茄弄西垅	林加娘	20	薛应娘	杨世修(父)	林接应(父)	11.22,同上
12.27	甘添	32	珍旧圩	李音娘	22	陈心娘	甘调(堂叔)	李陆(宗叔)	11.22,同上
12.27	张祥荣	18	文丁旧圩	曾珍娘	17	林万福	张永情(房叔祖)	曾乌竹(胞兄)	11.22,同上
12.28	黄招先	36	班芝兰	陈金娘	20	吴紫娘	黄仰(宗叔)	陈永元(宗兄)	11.22,同上
12.28	石荣	30	小南门	巫月珠	18	潘金娘	石竹广(胞兄)	巫四合(胞叔)	11.22,黄
12.31	林百和	24	八茄溶	骆三娘	19	曾良和	林朝老(堂兄)	骆珍郎(父)	11.18,同上

12.31	陈如水	21	王园	黄珠娘	18	刘益娘	陈亚白(父)	黄宣生(胞兄)	11.18,同上

总计:206 对

1839 年吧城唐人成婚注册表

月日	新　郎	年岁	住　址	新　娘	年岁	媒　妁	男方主婚	女方主婚	备　注 结婚日,主事人
1.2	曾贞	34	观音亭	蔡水娘	23	林叶娘	曾滥(宗兄)	蔡心安(堂叔)	11.22,黄永禄,高俊杰
1.2	许央	42	洪溪	张如娘	27	潘金娘	许春(宗兄)	张寅郎(胞兄)	11.18,同上
1.3	王文显	26	丹兰望	陈如娘	16	杨一娘	王华居(胞叔)	陈连性(宗伯)	11.22,同上
1.3	叶位	29	小南门	陈香娘	17	戴清娘	叶盒(堂兄)	陈招(胞叔)	11,同上
1.4	熊昌添	38	大南门外	叶瑞娘	17	潘金娘	熊亚灶(宗叔)	叶相(父)	11.22,同上
1.5	陈德三	36	戈劳屈	林剪娘	17	林绣娘	陈杞观(堂兄)	林凤四(胞叔)	11.21,同上
1.5	蔡荣顺	28	文丁葛陶	林彻娘	26	林显祖	蔡子观(父)	林三分(父)	11.22,同上
1.7	蔡淼	29	公馆巷	杨温娘	21	梁五哥	蔡长山(宗叔)	杨百忍(堂兄)	11.27,同上
1.7	蒋配	32	珍旧圩	冯惜娘	20	吴朱娘	蒋窍(从叔)	林珠娘(母)	11.28,同上
1.9	林维二	28	小南门	黄悦娘	24	叶满	林亚三(胞叔)	黄长春(宗叔)	缺,同上
1.10	李亚亲	40	大南门	林贵娘	16	叶增二	李露(宗叔)	林理麟(父)	11.28,同上
1.10	沈福山	20	文丁旧圩	黄笼茄	20	林万福	沈启明(父)	黄茄弄(胞兄)	12.3,同上
1.10	杨守章	38	丹兰望	张宇娘	24	陈思娘	杨亚长(胞叔)	张再生(父)	12.6,同上
1.11	石亚友	35	小南门	庄饮娘	26	袁微娘	石崇棒(胞叔)	庄范(宗叔)	12.2,同上
1.11	洪俊杰	22	亭仔脚	吴奇娘	17	林叶娘	洪敏(父,长子板挂代)	吴山观(祖父)	11.29,同上
1.11	许奎秉	21	八茶罐	陈八娘	20	郭一娘	许天锡(宗兄,垅雷珍兰)	陈木结(胞兄)	12.3,同上
1.11	刘景生	40	窝内红桥	巫来娘	26	林叶娘	刘崙(从兄)	王桂生(堂叔)	12.3,同上
1.12	林福郎	30	戈劳屈	戴新妹	18	吴三娘	林亚四(宗叔)	戴亚杞(父)	11.28,同上
1.16	邓亚炎	31	水闸	林雅娘	18	林绣娘	邓九锡(宗叔)	林炳郎(胞兄)	12.13,同上
1.17	李从	38	八芝连	骆拖娘	23	番妇于吧	李知(堂叔)	骆接光(父)	12.15,高,黄
1.17	梅亚麟	36	惹牙毛吃	吕季妹	16	李亚春	自己	吕亚满(胞叔)	12.5,同上
1.18	陈额	22	八厨沃间	林然娘	19	潘金娘	陈猜(堂兄)	林清(父)	12.6,同上

1.21	唐源水	21	珍旧圩	沈山娘	16	陈诗娘	唐鹤算(从叔)	沈戴官(父)	12.14,同上
1.21	黄铭铉	26	文丁	陈敏娘	17	严余生	自己	陈玫(宗兄)	12.20,同上
1.21	张朗	40	大南门	蔡京娘	16	郑金娘	自己	蔡得春(胞兄)	12.15,同上
1.22	蔡总	22	小南门	叶连娘	18	陈月娘	蔡明元(宗叔)	叶孝(宗兄)	12.13,同上
1.28	雍友忠	27	珍新圩	陈娇娘	18	高牙	雍三(胞叔)	陈八(堂兄)	12.18,同上
1.28	王正	42	旧把杀	钟滑娘	22	潘金娘	王道(房兄)	钟唐(宗兄)	12.20,同上
1.28	王景顺	18	把杀茂朗	蒋英娘	15	戴清娘	王天送(胞兄)	蒋节(父)	1.19,同上
1.30	王拙	31	丹仔丁宜	陈惜娘	16	高牙	王喜(宗兄)	陈春水(从叔)	1.18,同上
1.31	曾兴	28	珍旧圩	戴雪娘	15	林叶娘	曾珍(父)	戴论(胞兄)	12.21,同上
1.31	谢列	26	丹兰望	蔡纸娘	20	陈思娘	谢三官(宗兄)	蔡源水(胞伯)	12.20,同上
1.31	吴丙生	21	鉴光美色近	叶柱娘	16	朱亚八	吴亚乾(胞叔)	叶亚四(父)	12.27,同上
1.31	陈委	37	中港仔	许曲娘	18	陈月娘	陈捶(宗兄)	许湖(宗叔)	12.20,同上
2.1	甘秦岭	28	珍新圩	林清娘	17	高牙	甘开方(堂叔)	林元载(胞兄)	1.4,高,叶选官
2.5	李宗生	19	珍旧圩	郭钟娘	20	陈心娘	李録(父)	郭江汉(胞叔)	1.10,同上
2.5	黄阳居	35	丹兰望	詹色娘	18	方智	黄得(从堂叔)	詹郎(父)	12.30,同上
2.19	吴文仲	28	八茶罐	刘绒娘	19	吴珠娘	吴兑(堂兄)	刘文(父)	1.9,同上
3.1	陈亚二	17	三间土库	兰招娘	15	郭一娘	陈应松(父)	兰益芳(父)	1.21,郑若思,黄燎光
3.5	冯赖	52	大港垅	陈惕娘	27	吴宣娘	冯天恩(房兄)	陈连盛(父)	1.21,同上
3.6	黄顺	27	大南门	邱纪娘	19	潘金娘	黄仁杰(父)	邱亚全(父)	已 1.28,郑,黄
3.7	陈清风	23	丹兰望	刘乾娘	17	吴猛	陈登科(父)	刘赞(宗兄)	1.26,同上
3.7	许弄	32	小南门对面	蔡协娘	22	郑力	许岩(宗兄)	蔡清河(父)	2.8,同上
3.11	廖振明	34	臭桥	钟加郎娘	18	李加罗	廖如天(堂兄)	钟汶水(父)	2.10,同上
3.12	陈钳	30	丹绒	李美娘	18	邱一娘	陈容(堂兄)	李春生(胞叔)	2.3,同上
3.14	赖德	35	珍旧圩	黄金娘	17	叶四	赖贵(堂兄)	黄义新(父)	2.8,同上
3.18	朱习	34	珍旧圩	蒋保娘	21	陈柳	朱辙(堂兄)	蒋达(父)	2.17,同上
3.18	涂觉生	36	洪溪	张酉娘	15	邱天伦	涂亚癸(堂兄)	张朝彩(父)	2.14,同上
3.19	梁士杰	43	新厝仔	王长娘①	34	戴清娘	自己	自己	2.10,同上
3.20	郭永源	31	八茶贯	卢益娘	20	陈心娘	郭茄郎(胞叔)	卢玄(父)	2.10,同上

① 王氏故夫陈隆结发二载去世,无子女,恬处 8 年矣,愿再醮梁,永谐琴瑟,各无反悔,花押为照。知见人默氏,黄如水签字。

3.21	陈清云	31	西门	曾灿娘	20	林叶娘	陈双奇(宗叔)	曾觉生(胞兄)	2.17,同上
3.26	蔡良	26	小南门	温音娘	18	戴清娘	蔡石渊(宗叔)	温记生(胞兄)	2.17,同上
3.27	林长福	30	观音亭	黄蜜娘	19	刘银娘	林良(宗兄)	黄剑(父病,胞兄长生代)	2.18,同上
3.27	陈福生	20	珍旧圩	甘庄娘	19	陈心娘	陈蝉(父)	甘马奏(父)	2.17,同上
3.28	黄春生	30	小南门	文六娘	20	潘金娘	黄如水(宗叔)	文改哥(父)	2.18,同上
3.29	叶张	41	小南门	吴保娘	19	吴子娘	叶松(从兄)	吴双林(胞兄)	2.17,同上
3.29	蔡新客	49	茄泊	李满娘	30	邱一娘	蔡夜(堂叔)	李麟生(胞兄)	2.21,同上
4.2	黄溶川	43	亚森脚	陈鹤娘	28	赖秀娘	自己	陈成(胞兄)	2.18,陈启淮,黄
4.9	陈宗寿	26	小南门	杨生娘	29	许信娘	陈登端(宗兄)	杨隆元(胞兄)	2.18,同上
4.10	王顺德	21	把杀务朗	谢福娘	20	邹世娘	王亚姆(堂叔祖)	谢泰山(胞兄)	3.4,陈,黄
4.12	蔡芋	36	三间土库对面	郑壬娘	22	陈月娘	蔡沛然(宗兄)	郑绒生(宗叔)	3.8,同上
4.15	高盛	42	八厨沃间	邱州钫	17	潘金娘	高腾(宗叔祖)	邱乙(堂兄)	3.15,同上
4.13	罗德福	29	观音亭	甘四娘①	32	陈月娘	自己	自己	2.30,同上
4.15	蔡春水	23	新厝仔	郑丁娘	16	许信娘	蔡叶(父)	郑牛(父)	4.16,同上
4.26	陈枳	28	大港墘	刘梅娘	18	邹世娘	陈妈兴(宗兄)	刘合(父)	3.22,同上
5.3	李六松	20	丹绒	戴丹娘	16	沈二	李日生(胞兄)	戴保(宗叔祖)	4.14,同上
5.8	蔡盛祖	39	窑内	杨朱娘	17	陈月娘	蔡长山(从叔)	杨宛生(父)	3.27,同上
5.10	邱贞	38	鲑汁巷	陈奢娘	26	邹世娘	邱清(堂兄)	陈果司(宗叔)	4.2,同上
5.10	陈文兴	18	珍旧圩	户仁娘	15	陈心娘	陈国珍(父)	卢泮水(父)	4.5,同上
5.10	陈天生	25	圣望港	赖宣娘	23	吴子娘	陈其才(胞叔祖)	赖水生(父)	4.5,同上
5.14	林扁	42	八茶罐	张兑娘	25	邱员	林元生(宗叔)	王喜娘(母,父奢,病)	4.21,同上
5.15	戴俊	38	乌鬼巷	郭彩娘	18	戴清娘	戴炳(宗叔)	郭永麟(胞兄)	4.5,同上
5.15	黄晚	39	乌鬼巷	吴马劳	18	戴清娘	黄溶川(宗兄)	吴猛(从叔祖)	4.7,同上
5.16	陈文贵	25	小南门	吴蕉娘	18	戴清娘	陈荣瑞(父)	吴卢(父病,堂侄力代)	4.25,同上
5.22	蒋全生	21	丹兰望	詹三娘	19	陈心娘	蒋忠生(堂兄)	詹晓(堂叔)	4.14,同上
5.22	郭淮	29	三间土库对面	蔡正娘	18	陈月娘	郭汉(宗叔祖)	蔡阔(堂叔)	4.16,同上
5.22	黄国宝	18	丹兰望	詹操娘	19	陈心娘	黄进生(堂叔)	詹红毛(宗兄)	5.22,同上
5.22	李佳和	20	观音亭	林崧娘	20	郑银娘	李森(堂兄)	林春福(宗叔)	4.14,同上

① 甘氏前夫胡欢结发12年身故,留一男名荣泰10岁,一女名奇娘4岁,恬处6个月,今愿与罗为夫妇,永结同心,各花押为照。

5.23	林每生	19	八厨沃间	钟蛤汶	17	陈月娘	林道生(胞兄)	钟汶水(父)	5.14,同上
5.23	周全	32	打铁街	翁惜娘	24	许信娘	周逊(堂兄)	翁传生(胞兄)	已 5.20,高,叶
5.23	黄泉	26	三间土库	周凤娘	22	陈心娘	黄天(胞兄)	周淮(父)	5.14,同上
5.28	叶念祖	31	小南门	陈丁娘	26	林叶娘	叶旋(堂叔)	陈光接(父)	5.20,同上
5.29	陈永元妈腰	38	班芝兰	黄端娘	17	吴珠娘	陈妈抱(宗叔,原任雷珍兰)	黄文侃(堂伯)	5.8,叶,高,黄,黄
5.29	朱翻	26	八戈然	王览娘①	19	邹世娘	自己	自己	5.21,高,叶
6.6	陈开	25	丹兰望	黄维娘	23	林秀娘	陈芳(房伯)	黄天章(胞兄)	4.28,郑,黄
6.7	陈弼	38	廿六间	张恩娘	21	郭一娘	陈省(房叔)	张元榜(父)	4.28,同上
6.12	王月	28	新池	刘四娘	19	林一娘	王唐(父)	刘德隆(宗兄)	5.14,同上
6.20	王载生	35	班芝兰	吴恩娘	18	陈月娘	王溶根(宗叔)	吴淑凤(堂兄)	6.3,同上
6.21	高慈德	22	观音亭	昌英娘	21	林一娘	高尚(父)	昌玉发(胞兄)	5.13,同上
6.24	管长生	26	八厨沃间	丘癸娘	17	郭一娘	管南生(胞兄)	丘朋(父)	5.16,同上
6.24	丘科	27	五脚桥	颜硂娘	17	土然	丘纯良(父)	颜永老(胞兄)	5.21,同上
6.25	甘长溪	20	八戈然	范益娘	18	郭一娘	甘朝志(父)	范泰山(父)	6.3,同上
6.26	周逊②	32	小南门	许新娘	19	邹世娘	自己	谢奇娘(母)	5.27,同上
6.27	巫野	34	丹兰州连	何仁娘	22	陈月娘	巫谅来(胞兄)	何亚湾(胞兄)	5.22,同上
6.27	何亚增	42	小南门	张十娘	18	潘金娘	何锡山(宗兄)	张于(宗叔)	6.3,同上
6.28	吴长波	21	五脚桥	丘日娘	18	吴珠娘	吴宁生(父)	丘月白(父)	6.2,同上
7.3	吴文仲	28	珍新圩	薛硂娘	16	高牙	吴琛(胞兄)	薛朝元(父)	5.27,陈,黄
7.12	林进生	21	亭仔脚	蔡清娘	14	邹世娘	林炳茂(宗兄)	蔡三(胞叔)	6.11,同上
7.13	杨景文	23	文丁	叶连娘	19	林万福	杨金逢(胞叔)	叶棕生(胞兄)	6.8,陈,黄
7.15	江杨柳	26	圣望港	王朱娘	17	邹世娘	江清源(堂兄)	王东生(父)	6.11,同上
7.17	张球生	50	城内	黄玉娘	28	戴清娘	自己	黄日进(宗兄)	6.11,同上
7.18	叶天福	20	小南门	颜水娘	18	戴清娘	叶兆捶(堂兄)	颜永老(父)	6.19,同上
7.19	黄进山	35	大南门	陈蜜娘	21	陈月娘	黄东启(宗兄)	陈腰(堂叔)	6.20,同上
7.20	李成钢	38	乌鬼巷	叶金娘	18	邹世娘	李云霞(宗兄)	叶建观(父)	6.20,同上
7.23	蔡自启	25	珍旧圩	张贵娘	16	黄惜娘	蔡徵(父)	张治(胞叔)	6.18,同上
7.25	杨贺	21	旧把杀	吴连娘	20	邹世娘	杨琏(胞叔)	吴天来(父)	7.2,同上

① 据王氏称:前夫黄添结发方一年而故,生一女不育,恬处 2 年,愿再醮朱为夫,各无反悔,花押为照。知见人该默林元生(签字)。

② 周逊:知见人该默郑珠。

7.25	谢景云	44	小南门	何意娘	17	郭一娘	谢子缵(宗叔)	何相兰(堂叔)	6.20,同上
7.26	陈登桂	38	戈劳屈	彭庚娘	20	吴宣娘	陈登松(胞兄)	彭大树(胞叔)	6.20,同上
7.30	林文德	20	珍旧圩	詹带娘	23	黄惜娘	林亚博(胞兄)	詹默(宗叔)	6.25,同上
7.31	卢成章	24	文丁	林清娘	18	林万福	卢松林(胞兄)	林孟宗(父)	8.6,同上
8.1	庄恢	31	五脚桥	马爱娘	18	蔡唇	庄贯(宗叔)	马亚宗(胞兄)	6.27,高,叶
8.1	王金石	18	文丁旧圩	张荫娘	16	曾宣娘	王欢(父)	张金生(胞兄)	8.26,同上
8.5	刘东兴	19	鉴光猫厘	丘君娘	19	张富	刘宗文(父)	丘时明(堂叔)	7.2,同上
8.5	杨廷怀	26	八茶贯	伍丁娘	16	郭一娘	杨遇华(堂叔祖)	伍添二(父)	7.5,同上
8.23	陈郎生	37	茄泊	蒋白娘	22	邹世娘	陈圈(宗叔)	蒋忠生(堂兄)	7.19,同上
8.28	林建章	22	窑内	陈潘娘	18	许信娘	林江汉(胞兄)	方爱娘(母)	7.24,同上
8.28	王鹤	21	宁岗	陈禄娘	19	洪喜娘	王明(父)	王节娘(母)	8.5,同上
8.29	陈光文	34	八戈然	郑吉娘	20	吴紫娘	陈乌尚(堂兄)	郑栋樑(父)	7.24,同上
8.29	黄尾	34	职宁贞	康甘娘	32	吴紫娘	黄如水(宗兄)	康珍(堂兄)	8.8,同上
8.29	叶珀	26	旗竿脚	陈曲娘	28	许信娘	叶壬水(堂兄)	陈金生(宗兄)	7.24,高,叶
8.29	涂亚盛	27	小南门	曾悦娘	16	潘金娘	涂亚福(从叔)	曾连秀(胞兄)	7.24,同上
9.2	钟乾五	32	蕉仔街	林癸娘	17	潘金娘	钟廷华(堂叔)	林梅(父)	8.21,郑,黄
9.2	陈光腾	33	丹兰望	靳鹤娘	16	陈顺娘	陈遵(宗叔)	靳振川(父)	8.6,同上
9.4	林友德	20	巴六拔丹	陈凤娘	19	吴猛	林文宣(父)	陈联琛(父)	8.6,同上
9.4	赖沉	31	文丁旧圩	黄拔娘	18	李生	赖强言(宗叔祖)	黄发生(父病,长子明月代)	8.6,同上
9.7	林新佑	22	文丁	骆和娘	18	李生	林同(父)	骆齐(父)	8.22,同上
9.10	林金水	22	丹仔实连	陈钦娘	21	许信娘	林来观(父)	郑养娘(母)	8.14,同上
9.10	叶正祥	48	大港墘	陈海娘	18	黄甲	叶普山(从叔)	陈双林(胞兄)	8.6,同上
9.10	林火	34	乌鬼巷	李平娘	18	戴清娘	林马成(族叔)	李偏(宗叔)	8.15,同上
9.11	李登文	19	珍旧圩	陈锡娘	19	陈孙娘	李感(父)	陈上弦(父)	8.8,同上
9.11	王如川	25	丹兰望	黄荣娘	15	陈孙娘	王纯德(堂叔)	黄国宝(胞兄)	8.8,同上
9.11	赖五湖	26	文丁	陈谦娘	25	李生	赖火生(宗叔祖)	陈温郎(堂叔)	8.8,同上
9.11	林踏	29	茄宁西垅	杨水娘	19	林獭	林彪(堂兄)	杨世修(父)	8.19,同上
9.12	吴田址	20	五脚桥	刘福娘	20	郭一娘	吴云水(父)	刘约(宗叔)	8.8,同上
9.12	蔡运才	33	蕉仔街	钟满娘	16	郭一娘	蔡国全(胞叔)	钟云(父)	8.6,同上

9.13	黄音	25	监光牛劳由	杨荃娘	20	林朝老	黄添(胞兄)	杨骄(父)	8.8,同上
9.18	陶福山	19	新厝仔	苏合娘	18	吴紫娘	自己	苏临生(父)	8.15,同上
9.18	纪得山	18	珍旧圩	陈瑞娘	16	戴清娘	纪国顺(父病,长子泰山代)	陈印(父)	8.12,同上
9.19	洪通	38	小南门	颜金娘	19	林绣娘	洪随(从叔祖)	颜昆山(父病,母胡润娘代)	8.15,同上
9.19	林曲水	22	茄宁西垅八茄容	王安娘	20	颜巍	林七生(胞兄)	王其春(胞兄)	8.22,同上
9.20	许云烈	28	西门内	胡满娘	25	郭一娘	许云贤(堂兄)	胡西郎(宗兄)	8.14,同上
9.23	李纹水	19	茄老旺	洪美娘	16	吴珠娘	李旭(父)	沈光茂(父)	9.16,郑,黄
9.25	兰税	28	茄令西垅	林埃瓦娘	28	吴佛赐	兰昶(族叔)	林族(父)	8.22,同上
9.25	吴水生	38	东门内	刘癸娘	17	吴宣娘	吴江生(胞兄)	刘仕(胞伯)	8.22,同上
9.26	阮彩云	24	公司	陈桢娘	26	吴珠娘	阮光印(宗兄)	陈柳(宗叔)	8.21,同上
9.26	郑子交	31	三间土库	陈谨娘	24	戴清娘	郑服(宗兄)	陈水生(宗兄)	8.21,同上
9.27	吴宇	26	珍新圩	陈应娘	18	陈月娘	吴经(胞兄)	陈崇修(堂兄)	9.14,同上
9.30	巫倬利	31	八戈然	陈绣娘	17	叶水娘	自己	陈亚虎(父)	9.16,同上
9.30	林书礼	21	砖仔桥	戴莺娘	17	陈月娘	林启泰(胞兄)	戴束(父)	8.29,同上
10.4	黄座	31	小南门	林丹娘	20	吴珠娘	黄顺光(宗叔)	林东(父)	10.4,同上
10.6	王荫	28	廿六间	黄维娘	20	邹世娘	王旺(宗叔)	黄发(父)	9.4,同上
10.7	陈音水	19	丹绒茄逸	张雅娘	17	陈月娘	陈权(宗叔)	张天喜(宗叔)	9.14,同上
10.7	林克佳	19	打铁街	吴音娘	19	陈月娘	林文山(父)	吴武西(宗叔)	10.29,同上
10.9	李助长	38	珍旧圩	黄葵娘	17	卢亚四	李亚成(堂叔)	黄亚二(父)	9.14,同上
10.9	林高山	18	文丁旧圩	沈才娘	17	林万福	林清河(父)	沈毛(父)	9.7,同上
10.12	黄进	30	米涧前	林萼娘	19	吴珠娘	黄池(父)	林北源(父)	9.14,同上
10.12	白贵生	24	八茶罐	钟南娘①	19	雅赖	自己押号	自己押号	9.7,同上
10.14	林宗水	26	中港仔	黄成娘	26	林叶娘	林光彩(宗叔)	黄日进(胞兄)	9.14,同上
10.14	林绍考	30	小南门	谢悦娘	20	潘金娘	林三牙(族兄)	谢两(父)	9.14,同上
10.16	林永泰	25	文丁旧圩	陈潘娘	20	林万福	林紫薇(父)	陈温郎(父)	10.15,同上
10.16	黄福履	25	思雅抹	蔡曲娘	22	郑金娘	黄文(父)	蔡森(族叔)	9.14,同上

① 据钟氏称:前夫林亚旺结发四载身故,无儿女,恬处二年余,愿与白贵生永为夫妇,各花押为照。知见人伊堂兄钟辛官(签字,钟辛官)

10.17	李子福	17	八戈然	黄恩娘	15	郭一娘	李伯爵(父,钦赐雷珍兰)	黄淮水(父)	9.14,同上
10.17	沈清云	24	望茄寺武客	叶理娘	16	洪嵩	沈银生(父)	叶恁(堂兄)	已 9.21,陈,黄
10.19	蔡妈叶	22	打铁街	吴雅娘	19	陈月娘	蔡爻(父)	高一娘(生母)	9.14,同上
10.21	吕亚二	35	冉吗陈西唧	吴丙娘	14	廖亚灶	吕亚满(堂兄)	吴亚二(父)	10.21,同上
10.21	钟廷穆	23	甘抹廊	郑传娘	16	张南京	钟发祯(堂叔)	郑敬(胞伯)	10.5,同上
10.21	黄葵	40	丹兰望	戴炳娘	24	林秀娘	黄权高(堂兄)	戴永禄(堂叔祖)	9.21,同上
10.22	谢添三	28	槟榔社	涂申娘	16	叶端娘	谢宝(宗兄)	涂亚三(父)	9.17,同上
10.22	陈有嘉	21	中港仔	吴恒娘	20	戴清娘	陈总岩(堂叔)	吴祯祥(父,山顶伯宁生代)	9.17,同上
10.22	李良兴	19	望茄寺	林就娘	18	许信娘	李天佑(父)	林登山(父)	10.8,同上
10.23	骆东汉	23	茄览抹	张贤娘	22	蔡碧	骆什光(父)	张广盛(父)	9.26,同上
10.25	沈清水	21	鉴光河北	吴桂娘	21	邹世娘	沈榜(父病,兄禢星代)	吴山(父)	9.21,同上
10.28	刘四母	22	五脚桥	谢半娘	19	潘金娘	刘银生(胞伯)	谢祖(父)	9.22,同上
10.28	黄一郎	22	水锯仔顶	萧宝娘	20	袁味娘	黄传生(父)	萧亚四(父)	10.16,同上
10.28	林拱	19	珍新圩	巫月娘	18	杨蜜娘	林心(父)	巫野(堂叔)	10.8,同上
10.28	林茂	21	茄令西垅	谢叶娘	18	沈青龙	林友三(胞叔)	谢三富(胞兄)	10.5,同上
10.30	王永兴	20	勃香	李雪娘	17	林万福	王理生(父)	李齐天(祖,老年,胞叔荣寿代)	10.8,同上
10.31	陈省	39	新港嘴	郭卒娘	28	戴知娘	陈锄(胞兄)	郭宣(父)	10.8,同上
11.1	黄波光①	16	洪溪	邱宝娘	14	沈贵娘	黄碧梧(父)	李蕉娘(母)	11.28,同,叶
11.1	林碧辉	22	大巷内	雷绢娘	20	陈月娘	林茂兰(父)	雷癸(从伯)	10.6,同上
11.4	林江水	25	珍旧圩	许问娘	20	陈心娘	林一举(胞兄)	许共(父)	10.12,同上
11.4	蔡启明	29	乌鬼巷	杨生娘	18	戴清娘	蔡豁然(胞兄)	杨进生(父)	10.5,同上
11.4	林允	22	马目	黄扬娘	19	林獭	林章化(父,子天生代押)	黄子弟(胞兄)	10.12,同上
11.5	吴燕	21	珍新圩	黄二娘	20	高牙	吴力(胞伯)	黄愠(从叔)	10.5,高,叶
11.5	林满	33	灰窑	冯妙娘	20	戴清娘	林罕(从叔)	冯子章(胞兄)	10.12,同上
11.6	周良生	32	乌鬼巷	杨斤娘	24	戴清娘	周三江(宗兄)	杨上浮(胞兄)	10.12,同上
11.7	丁木泉	18	田仔内	李敬娘	16	潘金娘	丁东(父)	李光盛(父)	10.8,同上
11.7	杨明维	21	毛仔蚋	曾金娘	18	黄灿	杨金生(胞伯)	曾发疆(胞兄)	10.8,同上
11.12	谭钦明	31	水锯仔顶	黄珍娘	15	戴丁娘	潭英义(堂叔)	黄三兴(堂叔)	10.8,同上

① 黄波光:知见人该默林元生,签字。

11.13	黄成	28	茄老旺	陈凤娘	23	戴清娘	黄谆(胞叔)	陈德水(宗兄)	10.18,同上
11.13	陈训	32	茄令西垅	王真娘	19	杨世修	陈荣乔(宗兄、朱)	王龟低(父)	10.17,同上
11.14	丘天瑞	26	五脚桥	黄簪娘	18	邹世娘	丘昌(堂兄)	黄天福(宗叔)	10.19,同上
11.14	叶仁义	28	茄览抹	骆经娘	29	蔡七娘	叶西仪(胞兄)	骆深观(父)	10.12,同上
11.16	陈德郎	18	八厨沃间	许睡娘	17	邹世娘	陈奎秉(父,钦赐雷)	许每生(宗伯)	10.12,同上
11.18	邓金生	18	公司	林孚娘	15	吴珠娘	自己	林光宁(堂兄)	10.8,同上
11.20	邹和徵	20	大南门	王西恋	17	邹世娘	邹全生(胞叔)	王孟秋(父)	10.29,同上
11.20	康不老	30	鉴光勿劳由	曾进娘	24	林闲郎	康水(父)	曾金生(父)	10.18,同上
11.22	蔡一水	18	观音亭	詹意娘	14	吴宣娘	蔡江友(父)	詹厨(父)	11.4,同上
11.25	郑维累	19	公司后	韩文娘	15	叶丁娘	郑水生(族兄)	韩札(堂叔)	11.10,同上
11.26	黄镭	39	乌鬼巷	许因娘	21	许信娘	黄天福(堂叔)	许令(胞伯)	12.4,同上
11.27	赖长福	18	文丁	詹钱娘	17	李生	赖姜(父)	詹双(父)	11.10,同上
11.29	丘春生	19	八厨沃间	陈七娘	18	潘金娘	丘来(胞叔)	陈羌(堂叔祖)	11.12,同上
11.29	陈松龄	30	亭仔脚	黄永娘	23	陈月娘	自己	黄永快(堂兄)	11.2,同上
11.29	兰奇养	35	亭仔脚	詹快娘	17	陈月娘	兰奇杰(胞兄)	詹黜(父)	11.2,同上
12.4	钟亚七	30	珍新圩	张二娘	17	钟老妹	钟亚三(胞兄)	张亚隆(胞兄)	11.10,郑,黄
12.4	黄胜川	20	勃香	冯玉娘	15	林万福	黄同(父)	冯武(胞兄)	11.10,同上
12.5	李逢裕	28	珍旧圩	陈丙妹	14	李春魁	李逢澄(堂兄)	陈华(父)	11.10,同上
12.5	蔡皆	29	丹兰望	陈鸾娘	17	林秀娘	蔡源水(堂叔)	陈碧山(族兄)	11.12,同上
12.5	赖五柳	17	文丁邦江	张质娘	17	黄敬	赖亨(父)	张清水(胞兄)	11.12,同上
12.7	许得禄	22	圣望港	骆尺娘	18	吴珠娘	许和尚(宗叔)	骆高达(父病,兄唐瑞代)	11.3,同上
12.9	陈茂林	20	司公巷	林恩娘	17	邹世娘	陈得(父)	林魁(宗叔)	11.12,同上
12.9	吴麟	29	小南门	李月娘	19	陈性	吴佳芳(宗兄,达氏)	李彦(堂兄)	11.5,同上
12.11	何锡爻	26	小南门	刘秀娘	16	潘金娘	何锡山(胞兄)	刘亚勤(父)	11.12,同上
12.11	袁福	26	观音亭	蔡良娘	23	林叶娘	袁顺(堂兄)	蔡高山(胞叔)	11.10,同上
12.11	戴协山	25	质宁贞	蔡川娘	22	潘金娘	戴佛生(父,老年,胞兄沅郎代)	蔡婆祖(父)	11.10,同上
12.12	林金龙	18	把杀务朗	李德娘	23	许信娘	林光宁(宗兄)	李云霞(宗兄)	11.10,同上
12.16	刘亚五	30	八茶罐	李庚娘	20	郭一娘	刘鸿章(宗叔)	李芳润(胞兄)	11.12,同上
12.18	苏青山	19	宁岗	刘丁娘	18	王十盛	苏文章(父)	刘田(堂叔祖)	11.24,同上

12.18	陈汉	21	文丁峇峇干	洪梅娘	21	萧雨娘	陈光明(胞叔)	洪岐生(父,老年,胞兄莺山代)	12.5,同上
12.20	王天文	30	中港仔	许合娘	17	潘金娘	王然(宗叔)	许赶(父)	11.24,同上
12.20	苏凉水	29	北茄容	刘宝娘	19	陈煅文	苏金(父,老年,胞兄举和代)	刘春荫(父)	11.17,同上
12.21	沈高蜜	19	蕉仔街	赖经娘	17	戴清娘	沈请(父)	赖长兴(父年老,兄五成代)	11.17,同上
12.23	林壬光	19	槟榔社	郑苗娘	19	林叶娘	林武光(胞兄)	郑永文(堂兄)	11.24,同上
12.27	李湖	48	廿六间	何君娘	23	郭一娘	李汉陵(宗兄)	何景(堂叔)	11.24,同上
12.28	林逢春	20	文丁	黄静娘	21	柯实	林逢金(堂兄)	何长水(父)	12.5,同上
12.28	林德和	18	戈劳屈	陈访娘	16	吴宣娘	林贵元(父)	陈凛(堂伯)	12.1,郑,黄
12.28	杨茄郎	21	打铁街	林成娘	20	戴清娘	杨传生(父)	林奎高(父)	11.25,同上
12.30	黄长亨	30	大港墘	陈安娘	20	郭一娘	黄仰(宗叔)	陈总岩(族叔)	12.15,同上
12.30	钟荣宗	22	丹兰望	詹雅娘	22	林秀娘	钟汶水(父)	詹招漯(父)	12.1,同上
12.30	王汉章	27	把杀务朗	蔡粮娘	18	戴清娘	王全(堂叔)	蔡光辉(堂兄)	11.28,同上
12.30	李锥	51	大港墘	陈懿	34	吴珠娘	自己	陈政畴(兄)	12.1,同上
12.30	吴金麟	18	小南门	甘任娘	18	吴珠娘	吴兑(父)	甘朝老(父)	12.4,同上
12.30	邱带	42	五脚桥	高文娘	19	邹世娘	邱时(胞叔)	陈瑞娘(生母)	12.8,同上

总计:233 对

1840 年吧城唐人成婚注册表

月日	新郎	年岁	住址	新娘	年岁	媒妁	男方主婚	女方主婚	备注 结婚日,主事人
1.1	黄伯适	26	旧把杀	陈灿娘①	20	戴清娘	自己花押	自己花押	已 11.28,黄永禄,陈启淮
1.2	唐阔	40	五脚桥	杨正娘	29	陈月娘	唐鄙(胞兄)	杨抹(父)	11.28,同上
1.3	杨达德	21	结石珍	陈机娘	15	陈心娘	杨奎秉(宗叔)	陈瑞章(宗兄)	12.8,同上
1.3	洪醉	24	文丁	林粟娘	18	蔡牛	洪祝(宗兄)	林蚶(父)	12.4,同上
1.6	谢诵	30	三间土库对面	唐金娘	21	邹世娘	谢浦(宗叔)	唐泰山(宗兄)	12.8,同上
1.6	李天钟	26	亚森脚	刘猜娘	21	陈月娘	李设(父)	刘喌(宗叔)	12.8,同上

① 据陈氏称:前夫林四麟结发一年去世,生一男不育而殀,恬处 4 年,愿与黄永结夫妇,花押为照。

1.6	刘隆光	22	米涧前	蔡锡娘	18	蔡勤娘	刘作(堂兄)	蔡景(父)	12.8,同上
1.7	区亚忠	31	珍旧圩	陈玲娘	19	汤鹤娘	区有居(宗兄)	陈亚享(父)	12.8,同上
1.8	陈恒春	27	三间土库对面	林瑞娘	17	邹世娘	陈炎(宗兄)	林修(父)	12.22,同上
1.8	蔡掬奎	21	绒高兰	陈水娘	25	林藉娘	蔡石生(父)	陈红毛(父)	12.22,同上
1.9	许春林	43	中港仔新厝	黎尾娘	18	叶英娘	许笃儒(宗兄)	黎天玉(胞兄)	12.7,同上
1.9	蔡节	41	大南门	康益娘	23	吴珠娘	蔡碧(宗叔)	康文祥(胞兄)	12.11,同上
1.10	黄溪	30	观音亭	刘银娘	18	林叶娘	林潘娘(母)	刘药(堂叔)	12.8,同上
1.10	陈厚	32	丹仔蚋	骆合娘	20	林叶娘	陈蜊(宗叔)	骆六(堂兄)	12.11,同上
1.13	陈玉水	22	质宁贞	钟音娘	18	林叶娘	陈木生(胞兄)	钟金生(父)	12.15,同上
1.14	林源宛	25	文登	赖得娘	22	杨绣娘	林分陆(父)	赖梧椿(父)	12.15,同上
1.14	甘桂	32	珍旧圩	欧日丽	19	陈心娘	甘得(父)	欧内(父)	12.15,同上
1.14	张斐章	29	西门	刘线娘	17	杨绣娘	张海生(父)	杨玉娘(母)	12.15,同上
1.17	叶福生	33	城内	张新娘	19	叶丁娘	叶丁五(宗叔)	张亚四(胞叔)	12.22,同上
1.17	洪营	36	小南门	林文娘	25	许心娘	洪丙(胞叔)	林江汉(父)	12.22,同上
1.17	吴插	39	八振郎安	李银娘	14	李亚春	吴开(宗叔)	李连八(父)	12.18,同上
1.7	李青云	42	西门	邱癸娘	23	江秋娘	李杏(宗叔)	邱润(父)	12.15,黄,陈
1.20	王金安	20	中港仔	李蜜娘	16	郭一娘	王诵(父)	李宝(胞兄)	12.20,同上
1.20	杨源水	20	珍旧圩	刘桂娘	17	陈心娘	杨义生(父)	刘桂生(胞兄)	12.20,同上
1.20	颜连芳	21	质宁贞	吴景娘	21	郭一娘	颜永老(胞兄)	吴怀紫(堂兄)	12.22,同上
1.22	吴纠	42	大巷内	蔡敬娘	17	郭一娘	吴透(胞兄)	蔡惹(堂兄)	12.22,同上
1.23	蒋清沛	21	廿六间	张英娘	15	郭一娘	蒋碧水(父,垅雷,同源号)	张长(父)	12.19,同上
1.23	刘天生	42	公司后	李郎娘	19	陈益娘	刘简(从叔)	李亚四(胞叔)	12.22,同上
1.24	甘青山	19	珍旧圩	郭贺娘	18	陈心娘	甘草(胞兄)	郭长辉(胞兄)	1.11,同上
1.24	梁长云	32	小南门	廖凤娘	24	潘金娘	梁五(堂叔)	廖永昌(从叔)	12.22,同上
1.28	李亚满	34	戈劳屈	温癸娘	17	范亚兴	李带叔(堂叔)	温亚五(父)	12.8,同上
2.2	赵舍	27	珍新圩	李温娘	19	吴珠娘	赵歆(胞叔)	李富生(父、朱)	1.16,叶选官,高俊杰
2.13	李元卿	28	八戈然	陈君娘	18	郭一娘	李颜文(胞兄)	陈坎龙(胞叔)	1.14,同上
2.14	陈丹劳	25	蕉仔街	林秀娘	19	陈月娘	陈广(父)	林光臣(堂叔)	1.14,同上
2.14	胡元金	43	大南门	陈雅娘	25	胡红娘	胡光其(从兄)	陈茂乾(父)	1.14,同上
2.17	钟昌	31	大港墘	黄龙娘	18	江秋娘	钟清荣(胞兄)	黄丙生(父)	1.21,同上

2.21	高仕卿	34	圣望港	黄成娘	23	吴珠娘	高作(胞兄)	黄顺光(堂伯)	1.21,同上
2.21	蔡涉渊	40	廿六间	陈质娘	22	陈心娘	蔡宇(堂兄)	陈修(父病,胞兄簸代)	1.27,同上
2.22	陈新才	36	五脚桥	阮希淡娘	26	许信娘	陈新饱(堂叔)	阮把冬(胞兄)	1.21,同上
2.25	张尚	42	小南门	谢贞娘	28	潘金娘	张棒(宗兄)	曾娇娘(生母)	1.27,同上
2.25	郑浅	33	大港墘	严知滑娘	17	戴清娘	郑光弼(胞兄)	严孝(宗伯)	1.28,同上
2.25	林莱	44	小南门	谢冰娘	18	郑恩娘	自己	谢三志(胞叔)	1.247,同上
2.28	吴杨	31	珍新圩	薛严娘	22	陈心娘	吴唇(堂兄)	薛朝元(胞伯)	2.5,同上
3.4	陈乔水	23	中港仔	谢水娘	17	邹世娘	陈碧山(父)	谢早(父)	2.10,郑若思,黄燎光
3.5	杨午	41	旧把杀	叶莺娘	26	吴珠娘	杨辇(堂兄)	叶文生(父)	2.19,郑,黄
3.12	林瑶山	20	大使庙前	蔡曲娘	20	郭一娘	林同观(父)	蔡江友(堂伯)	2.19,同上
3.12	戴名贤	25	亚森脚	陈鸾娘	23	陈月娘	戴荣观(父)	陈文安(父)	2.13,同上
3.13	吴叶	32	珍新圩	戴雅娘	17	陈心娘	吴水盛(从兄)	戴崎(从叔)	2.12,同上
3.14	刘玉珍	29	观音亭	蔡温娘	26	陈月娘	自己押号	自己押号	2.12,同上
3.16	戴顺利	21	干冬圩	吴杯娘	19	杨一娘	戴卿观(父)	吴梁英(父)	2.22,同上
3.17	陈开福	26	观音亭	刘桂娘	18	郑金娘	陈席珍(宗叔)	刘仕(堂叔)	2.19,同上
3.19	李振夏	48	大港墘	戴来娘	20	戴清娘	李锥(堂兄)	戴发生(堂叔)	2.28,同上
3.21	翁清和	24	八戈然	陈银娘	19	郭一娘	翁天水(父)	陈国山(父)	2.19,同上
3.23	谢辉	38	大使庙边	李余娘	23	陈心娘	谢劳(宗兄)	张富娘(生母)	2.26,同上
3.26	黄六满	22	戈劳屈	钟金娘①	17	杜家用	黄长春(堂叔)	钟维海(父)	2.26,同上
3.30	詹朏	46	小南门	李秋娘②	28	陈月娘	自己	自己	3.8,同上
4.7	黄宽	46	大南门	袁香娘	26	江秀娘	黄阔(胞兄)	袁连生(父)	3.10,黄,陈
4.8	陈金土	49	文丁	卢炎娘	25	林万福	陈鸟尚(堂叔)	卢松林(胞兄)	3.12,同上
4.16	陈梓生	36	槟榔社	张血娘	20	江秋娘	陈水源(堂兄)	张饶(父)	3.19,同上
4.16	蔡锦怀	20	甕莱河	郑宇娘	19	吴珠娘	蔡朝宗(父)	郑璇玑(胞兄)	3.27,同上
4.18	蔡坤	28	竹树巷	陈金娘	25	林叶娘	蔡盛(宗兄)	陈高生(堂叔)	4.25,同上
4.25	张二亚	34	小南门	邱兰娘	24	谢亚四	张亚龙(胞兄)	邱亚五(胞伯)	庚 4.25,黄,陈
4.28	潘三喜	30	甘绒勃里禄	黄才娘	32	戴清娘	颜温娘(生母)	黄永顺(胞兄)	4.9,同上

① 1842 年 3 月 25 日公堂会议,为金娘自认与亚九同姓通奸,亚九亦不念六满提拔之恩,判分离。

② 据李氏称:前夫韩玉山结发 2 年去世,恬处 9 年无子女,愿再醮与詹为夫妻,永结同心,各花押批照。知见人默氏蒋忠生签字。

4.28	黄蛛	25	大港墘	李富娘	25	陈秋	黄长亨(从叔)	李钦哲(父)	4.21,同上
5.1	张广生	25	亚森脚	蔡正娘	16	陈月娘	张三万(胞兄)	蔡香(父)	4.2,叶选官,高俊杰
5.4	陈鳌泰	21	涌菜河	王珠娘	19	吴珠娘	陈偕(父)	王三贵(宗叔)	4.21,同上
5.5	郭高奢	32	惹牙毛吃	宋丙娘	15	郭一娘	郭复兴(堂兄)	宋檀秀(堂兄)	4.9,同上
5.6	唐达生	21	望茄寺	蒋松娘	18	郑一娘	唐阔(胞叔)	蒋三槐(胞兄)	4.16,同上
5.6	叶滔	30	班芝兰	余雅娘	19	胡红娘	叶面(堂兄)	余镭(胞兄)	4.10,同上
5.7	李玉辉	22	八芝连	邱鹤娘	20	邹世娘	李万石(宗叔)	邱亚二(父)	5.18,同上
5.12	林本枝	18	小南门	吴达娘	18	吴珠娘	林光宁(堂叔)	吴云深(父)	4.14,同上
5.12	黄荣水	25	新厝仔	朱瑞娘	18	林叶娘	陈维娘(生母)	朱西临(堂叔)	4.14,同上
5.12	陈开生	20	大使庙	黄六娘	18	陈月娘	陈廷瑞(堂兄)	黄坡(父)	4.16,同上
5.12	黄成	42	大巷内	徐叶娘	24	许信娘	黄荣(族兄)	徐东海(胞兄)	4.16,同上
5.13	邱涂	19	五脚桥	王不娘	20	丘因娘	丘长兴(堂兄)	王鼎元(父)	4.16,同上
5.14	陈微生	23	老果头	高山娘	21	林谢娘	陈新客(父)	高供司(父)	4.23,同上
5.15	朱奎炳	20	洪溪头	唐鹤娘	15	叶莺娘	朱友(堂叔)	唐珠生(父)	4.16,同上
5.21	陈江陆	17	小南门	蔡鸾娘	17	许信娘	陈亚富(宗叔)	蔡天定(父)	4.12,同上
5.25	涂连新	41	织宁贞	陈真娘	16	潘金娘	涂日东(胞兄)	陈麟(父)	5.1,同上
5.26	林甲①	45	马穆	陈砖娘	32	林和	自己押号	陈保安(父病,宗兄学诗代)	5.1,同上
6.2	黄亚帆	20	水锯仔顶	吴恩娘	18	陈月娘	黄徐伯(父)	吴三宝(父)	5.9,郑,黄
6.9	刘文拔	17	旧把杀	陈奕娘	15	郭一娘	刘甲瑞经(祖)	陈国山(父)	5.18,同上
6.10	柳亚燕	38	五脚桥	萧浮厨娘	17	江秋娘	柳偏(宗兄)	萧细妹(父)	5.18,同上
6.11	丘龙泉	28	砖仔桥	钟成娘	21	邹世娘	丘仕(胞伯)	钟德兴(胞兄)	5.15,黄,郑
6.12	蔡新客	25	鉴光戈奢	黄雅娘	27	林谢娘	蔡香(堂兄)	黄新客(父)	5.22,同上
6.13	杨集因	31	大南门	许桂娘	18	谢操娘	杨秀荣(胞兄)	许撰(堂伯)	5.19,同上
6.18	戴武生	62	亚森脚	陈音娘	45	戴清娘	戴春光(宗叔)	陈再福(胞兄)	5.20,同上
6.19	陈儒生	24	槟榔社	林音娘	22	许信娘	陈饭(父)	林魁(父)	5.17,同上
6.23	杨甘露	32	圣望港	叶丁娘	17	陈月娘	杨台(宗兄)	叶松(堂兄)	6.7,同上
6.23	薛察	26	小南门	杨庞娘	23	陈月娘	薛向(堂兄)	杨台(堂兄)	5.29,同上
6.24	林茄郎	26	蕉仔街	黄镜娘	17	陈月娘	林光彩(堂伯)	黄奢(父)	6.21,同上

① 知见人廊爹李金印出单。

6.24	苏渺	36	西湾	陈铅娘	22	郑清吉	苏乌记(堂兄)	陈乌尚(宗叔)	5.28,同上
6.25	李振悔	41	冬居	魏蜜娘	15	郭一娘	李振朝(胞兄)	魏光好(胞兄)	5.27,同上
6.30	叶现二	40	大南门	吴潭娘	16	谢由娘	叶得福(堂叔)	吴未(父)	5.30,同上
7.2	李广顺	48	小南门	郑齐娘	22	廖保娘	自己	郑顺(父)	6.14,黄,陈
7.7	何振宗	37	戈劳屈	戴月娘①	29	许信娘	自己	自己	7.12,同上
7.7	黄水	36	小南门	郑佛娘	20	吴猛	黄朝成(堂兄)	郑晚(堂叔)	6.21,同上
7.9	王柳	32	龙岗	陈有娘	19	王天盛	王鼎元(宗兄)	陈商(父)	6.20,同上
7.14	洪律	27	旧把杀	王水娘	19	吴珠娘	洪专(堂叔祖)	王鹤连(父)	6.21,同上
7.14	张清荣	35	洪溪	林文质娘	20	丘因娘	张炮(胞兄)	林开生(宗叔)	6.21,同上
7.14	戴长庚	28	丹兰望	邱福娘	28	林绣娘	戴永(父)	邱极(堂伯)	6.21,同上
7.16	陈讲	42	公司	张成娘	24	陈心娘	陈夏(堂兄)	张德(堂兄)	6.21,同上
7.21	黎亚隆	24	戈劳屈	刘新娘	20	吴端娘	黎亚二(宗兄)	刘江生(父病,堂叔士代)	6.25,同上
7.21	陈长麟	19	观音亭	叶学娘	16	陈月娘	陈濬(宗兄)	叶业水(宗叔祖)	6.28,同上
8.3	王丽水	21	小南门	戴成娘	18	戴清娘	王发生(堂叔)	戴保顺(父)	庚7.12,叶,高
8.6	陈杨柳	21	珍旧圩	王秋娘	21	李时红	陈拔丹(父)	王国课(胞叔)	8.1,同上
8.12	林春回	22	文丁	沈庞娘	22	林万福	林茶(堂叔)	沈质(胞兄)	7.24,同上
8.13	卢三谋	17	文丁旧圩	林羡娘	17	邹世娘	卢壮(父,年老,堂兄松林代)	林逢春(胞兄)	8.5,同上
8.17	陈江流	18	大港墘	杨插娘	16	郭一娘	陈子塔(父)	杨不(宗兄)	8.5,同上
8.18	黄南靖	49	丹兰望	韩瓦娘	29	陈顺娘	黄顺光(宗叔)	韩万生(胞兄)	8.11,同上
8.18	郑栋梁	43	亚森脚	戴容娘②	34	郭一娘	自己	自己	7.22,同上
8.20	连志九	25	八茶罐	黄怀娘	28	陈月娘	连凤池(宗叔)	黄简会(兄)	7.24,同上
8.25	张荣元	20	中港仔	余维娘	19	邹世娘	张新年(堂兄)	余新客(父)	8.12,同上
8.25	李松轩	26	大南门	叶文娘	17	谢操娘	李志亮(胞伯)	叶相(父)	8.20,同上
8.25	陈斗	20	倒寮	林芝娘	21	戴情娘	陈坑(父)	林及(宗叔)	8.10,同上
8.25	赖亚壬	39	高奢园	温一娘	16	赖明全	赖亚二(胞叔)	温亚桂(父)	8.5,同上
8.26	李江水	20	文丁旧圩	林悦娘	18	林万福	李严(父)	林聪明(父)	8.12,同上
8.27	林开方	20	盆禄惹戆	周秋娘	18	陈天福	林佛(父)	周天喜(父)	8.12,同上
8.27	林球生	43	大使庙	吴吉娘	16	邹世娘	林进生(宗叔)	吴福生(宗叔)	8.15,同上

① 戴氏前夫甘焕婚配3年身故,遗一女名布娘已11岁。知见珍旧圩默陈忠呈单为证。

② 戴氏前夫李长结发1年2个月,遗一女不育,今愿与郑为夫妇,永结同心,各花押存照。

8.27	郑发光	21	八茶罐	陈锐娘	17	吴珠娘	郑若思(父,雷)	陈卿(房叔祖)	8.11,陈、叶
8.27	王明垂	40	文丁	康君疾	28	王曲	王旺(宗兄)	康德远(堂叔)	8.18,叶,高
8.28	沈芳	50	惹牙兰	黄东萼	23	郭一娘	自己	黄明(胞兄)	8.15,同上
8.28	廖顺	32	大港墘	许基娘	22	郑金娘	自己	许漳荣(宗叔)	8.4,同上
8.31	谢雍	28	中港仔	戴清娘	25	吴珠娘	谢劳(宗叔)	戴其所(父)	8.5,同上
9.1	吴巽味	18	监光河北	郭俭娘	17	陈月娘	吴执(父)	郭春碧(父)	8.15,郑,黄
9.2	黄江水	19	珍旧圩	陈珪娘	19	陈月娘	黄穆光(胞叔)	陈穆生(父)	8.11,郑,黄
9.2	林和顺	18	文登	卢局娘	17	林万福	林凡(堂兄)	卢坑(父,堂叔祥云代)	8.24,同上
9.3	詹着	40	珍旧圩	林溢娘	18	陈金娘	詹诅(堂叔)	林章(宗兄)	8.18,同上
9.3	刘福郎	33	戈劳屈	曾吉娘	16	廖亚二	刘亚二(堂兄)	曾亚四(堂兄)	8.11,同上
9.3	丘端	30	五脚桥	黄看娘	18	潘金娘	丘时(党兄)	黄奕兴(胞叔)	8.11,同上
9.3	高光成	31	窑内	陈红娘	16	林叶娘	高员(堂兄)	陈双奇(父)	8.14,同上
9.4	陈堤	36	把杀茂朗	卢贵娘	30	戴清娘	陈春(宗兄)	卢祥云(宗叔)	8.11,同上
9.4	谢文水	18	中公司	黄灿娘	16	黄妙娘	谢两(父)	黄魁(父)	8.14,同上
9.4	蔡文元	22	质宁贞	杨央娘	20	郑银娘	蔡高生(父)	杨振和(胞叔)	8.18,同上
9.5	蔡永籐	24	道郎	陈绣娘	22	林叶娘	蔡东山(父)	陈滑生(父)	8.13,同上
9.7	王曲	38	珍旧圩	纪让娘	22	吴猛娘	王存(胞叔)	纪泰山(胞兄)	8.26,同上
9.7	王养	29	小南门	曾捞娘	19	许信娘	王鹤年(堂兄)	曾隆(宗叔)	8.20,同上
9.7	杨春水	20	西门	谢丙娘	17	许信娘	杨轩(宗叔)	谢国英(宗叔)	8.18,同上
9.8	黄尚	33	小南门	陈谦娘[①]	29	戴清娘	自己	自己	8.15,同上
9.8	郭纪	25	加览抹	叶傍娘	18	王其春	郭仁长(父)	叶两仪(胞兄)	8.25,同上
9.9	余海生	24	公司	黄顺娘	20	戴清娘	余川(宗兄)	黄燹(父)	8.20,同上
9.11	李定四	38	簿面	曾亚四娘	17	侯亚同	李亚札(堂兄)	曹曾二(胞叔)	9.5,同上
9.12	黄逸生	20	文丁	叶维娘	18	林万福	黄钦三(父)	叶来淑(父)	8.21,同上
9.14	陈罡	32	圣墓公巷	杨五娘	18	林叶娘	陈印(从兄)	杨银(从兄)	8.24,同上
9.15	李亚康	31	丹仔望	林浮厨娘	18	林秀娘	李光(堂兄)	林文察(胞叔)	8.24,同上
9.16	江高山	21	八茶罐	陈六娘	20	陈月娘	汪荣泉(父)	陈清风(胞兄)	庚8.24,郑,黄
9.17	陈启泰	29	三间土库对面	黄珀娘	18	邹世娘	陈喜(堂兄)	黄捷观(父)	8.25,同上

① 陈氏前夫胡益川结发9年身故,遗一女娇娘9岁,无遗业,恬处至今,愿与黄尚为夫,永结同心,各无反悔,花押在婚簿为照。知见人该默叶孝(沾笔打一圆圈为号)

9.17	赵九	44	八茶罐	黄珠娘	27	陈心娘	赵英(宗兄)	黄生宇(胞兄)	8.24,同上
9.17	林砦砦	20	加览抹	蔡娜厘	18	陈心娘	林发生(胞兄)	蔡果曾(父,于琼良代)	9.1,同上
9.18	石德发	24	小南门	戴琼娘	22	杨一娘	石竹广(堂兄)	戴彩旗(胞兄)	8.25,同上
9.18	詹水生	21	中港公司	陈必娘	22	戴清娘	詹接生(堂兄)	陈奭(宗叔)	8.25,同上
9.18	任关生	37	小南门	陈雷娘	16	许信娘	任从(堂兄)	陈国水(胞兄)	8.25,同上
9.18	丘丽水	21	五脚桥	陈昭娘	20	邹世娘	丘辉观(父)	陈有齐(胞兄)	8.24,同上
9.19	王子贤	25	把杀茂朗	林佑娘	17	戴清娘	王子福(胞兄)	林郎元(父)	9.5,同上
9.22	赖驿生	26	小南门	郑维娘	18	谢春娘	赖永生(胞叔)	郑亚满(父)	9.2,同上
9.23	赖园	33	文登	林心娘	17	林万福	赖长观(堂叔)	林清和(父)	9.16,同上
9.24	林庄居	26	五脚桥	吴茶娘	18	吴珠娘	林金生(胞叔)	吴旋风(父)	9.5,同上
9.24	林玉麟	34	八茶罐	戴叶娘	23	郭一娘	林任生(宗兄)	戴盛(父)	9.6,同上
9.24	陈三珍	22	戈踏歹	王喜娘	22	邹世娘	陈庇生(胞叔)	王俊元(胞叔)	9.6,同上
9.25	林福生	20	小南门	欧益娘	18	吴猛娘	林文山(宗叔)	欧亚来(父)	9.11,同上
9.28	郑挺葵	38	大港垅	林香娘	19	吴猛娘	郑带(宗叔)	林荣珍(父)	9.16,同上
9.29	张渊水	30	二角桥	杨金娘	22	丘因娘	张双喜(父)	杨文山(胞兄)	9.6,同上
9.30	曾合	37	文登	陈才娘	29	邹世娘	曾凤观(堂叔)	陈长溪(胞兄)	9.18,同上
9.30	邹柳生	30	大南门	陈会娘	23	邹世娘	邹金生(胞兄)	陈汉水(胞叔)	9.6,同上
10.6	许知	29	小南门	詹三娘	16	叶敬娘	许花(宗兄)	詹金观(父)	9.16,黄,陈
10.6	刘缵黎	28	茄揽抹	林伙娘	23	蔡勤娘	刘新客(胞兄)	林三荣(胞叔)	9.16,同上
10.9	李亚厝	31	大南门	梁安娘	25	余英娴	李承献(堂叔)	梁亚五(堂叔)	9.21,同上
10.16	陈猫汝	30	观音亭	杨鹤娘	15	郑银娘	陈介福(胞兄)	杨广生(胞叔)	11.5,黄,陈
10.18	黄合成	19	三间土库	陈福娘	14	邹世娘	黄榜元(兄)	陈渭盛(父)	10.3,同上
10.19	丘登岸	18	小南门	詹矶娘	14	赖秀娘	邱亚五(族兄)	詹玉(父)	10.2,同上
10.20	黄秋水	22	新厝仔	严三娘	22	郭一娘	黄永顺(堂兄)	严清水(宗兄)	10.8,同上
10.20	郑翁	28	观音亭	张雅娘	18	林叶娘	郑光艳(胞叔)	张三才(宗叔)	10.2,同上
10.20	郑献瑞	28	班芝兰	甘陈娘	22	邹世娘	郑遵(宗兄)	甘顺兴(父)	10.1,同上
10.20	范亚文	20	杉板寮	陈二娘	18	刘等二	范亚传(宗叔)	陈友(父)	11.18,同上
10.21	黄杞顺	40	文丁旧圩	罗辛妹	20	邹亚壬	黄德元(父,回唐,宗兄长春代)	罗凤书(父,年老,堂兄,罗亚兴代)	10.1,同上
10.21	林永泉	23	港口	陈冥娘	21	陈心娘	林水(父,年老胞兄溪郎代)	陈天兴(族伯)	10.15,同上

10.21	李永泉	25	珍旧圩	林六娘	17	陈心娘	李天赐(父)	林清水(堂兄)	10.8,同上
10.22	陈青番	37	五脚桥	吴良娘	20	邹世娘	陈抄(堂叔)	吴穗(父)	10.3,同上
10.22	梁三祥	40	小南门	钟印娘	17	郑锦娘	梁亚八(堂叔)	钟亚凤(父)	10.2,同上
10.23	林壬生	24	老果头湾	蔡颜娘	26	林谢娘	林开生(宗叔)	蔡连生(父)	10.8,同上
10.24	陈桃	30	中廊	李字娘	24	林亚彩	陈鼎(宗叔)	李宝(父)	10.11,同上
10.26	林卿	25	蕉望	黄水次	20	赖秀娘	林罕(堂叔)	黄成(堂兄)	10.22,同上
10.27	林梓	24	蕉望	张经娘	17	赖秀娘	林衮(宗叔)	张颙(父)	10.16,同上
10.27	胡中庸	23	干冬圩	王金娘	18	杨一娘	胡海奇(堂兄)	王诵(父)	11.16,同上
10.28	邱寸	30	八厨沃间	林纱郎	18	许信娘	邱来(堂叔)	林禄寿(胞叔)	10.15,同上
10.28	黄场	30	大港	张葵娘	15	吴猛	黄茂笔(宗兄)	张德受(胞兄)	10.20,同上
10.29	郭青山	30	洪溪	李垫娘	21	林叶娘	郭汉(宗叔)	李来(胞兄)	10.28,同上
10.29	吴顺	34	过渡仔	蔡佑娘	20	陈月娘	吴沾(宗叔)	蔡碧(宗叔)	10.14,同上
11.2	沈福江	19	文登	杨附娘	18	林万福	沈启明(父)	杨仁生(胞兄)	庚10.14,叶,高
11.2	林妙老	25	八加容	洪景娘	16	陈天兴	林旭观(父)	洪保观(父)	10.19,同上
11.2	高映	34	小南门	陈商娘	18	叶经娘	高位(宗兄)	陈覌(宗兄)	10.22,同上
11.2	杨长水	25	毛仔蚋	康那娘	18	陈月娘	杨茂观(父)	康亲郎(胞兄)	10.28,同上
11.2	曾泽	25	戈劳屈	蔡贵娘	18	黄亚乔	曾亚四(宗叔)	蔡亚三(父)	10.20,同上
11.3	伍星桥	35	戈劳屈	叶顺娘	18	江宣娘	伍登恒(宗叔)	叶锦文(胞兄)	10.15,同上
11.3	吴友	52	公司后	张英娘	19	黄敬娘	吴新郎(宗兄)	张马爱(父)	11.8,同上
11.3	李江水	18	望茄寺	林梅娘	15	陈月娘	李天寿(胞叔)	林豪观(父)	10.22,同上
11.4	汤秋	28	质里旁	林琼娘	20	林叶娘	汤有(胞叔)	林雨水(胞叔)	10.15,同上
11.4	钟亚七	32	文丁	曾潘娘	23	洪禀	钟亚登(宗兄)	曾金沙(父,年老,儿炳文代)	10.26,同上
11.5	吴托	32	质里旁	叶裕娘	20	钟夹	吴日观(堂叔)	叶荫生(父)	10.22,同上
11.5	黄清秀	30	小南门	陈因娘①	25	郑银娘	自己花押	自己花押	10.15,同上
11.5	林元枣	22	西湾	许碧娘	18	洪犀	林昭考(从叔)	许四福(父)	10.22,同上
11.7	林远山	26	大南门	陈叶娘	15	郭一娘	林万山(胞兄)	陈岱观(父)	10.22,同上
11.7	李水来	18	小南门	唐呼娘	16	郑金娘	李獭观(父)	唐泮水(堂伯)	10.22,同上
11.9	蒋全生	22	丹兰望	陈文娘	18	陈新娘	蒋向观(堂叔)	陈茂乾(父)	11.8,同上

① 陈氏前夫钟亚荣婚娶10个月身故,无子女。知见该默戴俊签字。

11.11	林安水	19	质里旁	王瞻娘	17	杨参	林佛观(父)	王理生(堂叔)	11.8,同上
11.11	吴水景	21	文登	王佛娘	19	沈经	吴宙观(父)	王杰生(胞兄)	11.14,同上
11.11	黄运动	25	文登	林集娘	21	陈月娘	黄爻(宗叔)	林影(堂叔)	10.22,同上
11.12	李佛义	18	观音亭	林裕娘	16	郑银娘	李燕湘(父病,胞兄佛保代)	林连(堂叔)	10.26,同上
11.14	张长兴	26	中公司	郑雅娘	18	李生	张长泰(胞伯)	郑玉瑎(胞兄)	10.25,叶,高
11.17	叶好	23	小南门	陈碧娘	17	戴清娘	叶象(胞兄)	陈本生(父)	10.26,同上
11.18	吴贤	25	公司后	何来娘	16	叶经娘	吴水生(堂兄)	李江娘(母)	10.29,同上
11.19	黄蒲生	19	鉴光州瓦	邱潘娘	16	吴珠娘	黄顺光(父)	邱布观(父)	残缺,同上
11.19	苏同喜	21	文丁新圩	曾生娘	21	萧意娘	苏回(从叔)	曾连生(父)	残缺,同上
11.20	吴雪	28	珍旧圩	陈凤娘	16	黄维娘	吴力观(父)	陈钦明(宗叔)	11.2,同上
11.28	黄国宾	19	大南门	钟申娘	17	郭一娘	黄仁杰(父)	钟宏开(父)	11.8,同上
12.1	李富香	39	大巷内	陈山娘	23	丘一娘	李兴发(父)	陈伟(父)	11.18,黄,郑
12.2	陈钦明	31	公司后	李蜜娘	16	邹世娘	陈荣乔(族叔祖,二朱)	李天云(父)	11.18,同上
12.2	林杰生	30	文丁旧圩	陈丁娘	20	林万福	林接应(堂叔)	陈荣宗(父)	11.22,同上
12.3	廖岐生	22	丕松猫抵	陈申娘	18	潘金娘	廖永昌(堂叔)	陈新福(胞兄)	11.27,同上
12.4	林清水	35	老果头	蔡浮厨	23	郑金娘	林龟(堂兄)	蔡香(胞伯)	12.4,同上
12.8	丘图	43	洪溪	林叶娘	28	许信娘	丘亚五(宗兄)	林梨(父)	11.16,同上
12.11	林源记	24	丹绒加逸	黄邑娘	17	沈藉娘	林仕(父年老,胞兄沅代)	黄脱(父年老,胞兄纯良代)	11.20,同上
12.11	许武生	21	小南门	丘泽娘	18	许心娘	许湖(堂叔)	丘天瑞(胞兄)	12.4,同上
12.14	蒋忠生	40	小南门	罗辛娘①	30	戴清娘	自己	自己	11.23,同上
12.14	曾谅基	24	大南门	陈燕娘	22	郭一娘	曾荣宗(父,胞兄启昌代)	陈文梅(父)	11.27,同上
12.14	洪琶	32	亭仔脚	林籐娘	17	邹世娘	洪继(宗叔)	林凿(父,胞兄坤山代)	11.22,同上
12.15	蒋发	32	珍旧圩	陈英娘	18	陈心娘	蒋撮(堂兄)	陈骞(宗叔)	12.4,同上
12.15	黄昭	28	廿六间	陈桂娘	20	戴清娘	黄性(宗叔)	陈岱(宗兄)	11.27,同上
12.22	江福寿	20	珍旧圩	王永璧	18	黄秀娘	江府(父)	王瑞生(父)	12.22,黄,郑
12.16	黄板生	19	丹兰丁宜	方恩娘	16	林万福	黄梨(父)	方珍(父)	12.12,同上

① 罗夫前夫温亚结发 2 年身故,有生不育。知见人该默高天福签字。

12.19	陈郁	30	马穆	林英娘	18	沈藉娘	陈森(胞兄)	林焕彩(胞兄)	12.1,同上
12.19	钟壬生	19	中港仔	徐浮厨	15	沈藉娘	钟宏开(父)	徐丙(胞伯)	辛1.15,同上
12.25	邱陈	30	五脚桥	林贵娘	16	许信娘	邱水(堂叔)	林粦(宗叔)	12.4,同上
12.28	张连兴	32	戈劳屈	何秀娘	22	郭一娘	张秀宜(宗兄)	何国才(父)	12.14,同上
12.28	潘隣生	26	西湾	方英娘	17	许信娘	潘江受(宗叔)	方达生(胞叔)	12.13,同上
12.30	钟文彩	24	昂老陈	文理娘	22	许信娘	钟天赐(胞伯)	文点(父)	12.12,同上
12.30	林州	34	望寮	朱玲娘	21	邹世娘	林广(胞伯)	朱朝阳(胞兄)	12.11,同上
12.30	陈克山	23	绒高兰	吴石娘	20	邹世娘	陈木生(父)	吴楼(胞伯)	12.13,同上
12.30	许汘	36	新港嘴	陈入娘	19	许信娘	许夏(堂兄)	陈春光(父)	12.14,同上
12.31	林当极	22	蕉仔街	黄英娘	17	吴珠娘	林光彩(父)	黄东启(堂叔)	12.11,同上
12.31	陈杞柏	32	大南门	赖锦娘	18	江秋娘	陈亚丁(宗兄)	赖七生(胞叔)	12.14,同上

总计:241对

1841年吧城唐人成婚注册表

月日	新郎	年岁	住址	新娘	年岁	媒妁	男方主婚	女方主婚	备注 结婚日,主事人
1.4	杨坤	30	戈奢园	陈魁娘	17	潘金娘	杨同(胞兄)	陈高生(宗伯)	庚12.20,黄永禄,陈启淮
1.4	林壬郎	25	八茄容	蔡册娘	21	潘金娘	林褒郎(胞兄)	蔡德兴(父)	12.18,同上
1.5	王维翰	42	大南门	林吉娘	22	邹世娘	王太甲(从叔)	林光彩(宗叔)	缺,同上
1.5	林逊贞	37	八茶罐	王才娘	18	邹世娘	自己	王太甲(宗叔)	12.25,同上
1.5	许天来	26	珍旧圩	周鸾娘	19	陈心娘	许文化(堂兄)	周红毛(父)	12.18,同上
1.8	郭利地	22	结石珍	吴味娘	20	陈心娘	郭江汉(胞叔)	吴金生(胞叔)	12.19,同上
1.11	王东生	19	大港墘	胡水娘	16	许信娘	王发生(宗兄)	胡馨(宗兄)	辛1.6,同上
1.11	张连	38	珍新圩	陈英娘	18	吴猛	张匹(堂兄)	陈登科(父)	12.29,同上
1.11	王太山	24	拔拔丹	林明牛	22	沈谢娘	王盈(父)	林麟生(父)	12.26,同上
1.11	李连生	27	珍旧圩	张裕娘	16	李癸发	李全寿(堂兄)	张德润(父)	辛1.11,同上
1.29	曾生	24	八茶罐	陈仁娘	16	陈批	自己	陈南生(父)	12.29,同上
1.29	陈英元	17	戈劳屈	张丙娘	16	林英娘	陈丁六(父)	张亚巧(父)	1.14,同上
2.1	陈汉武	29	观音亭	黄金娘	26	郑金娘	陈春水(父)	黄士元(父)	2.8,高
2.1	邱胜	41	五脚桥	詹壬娘	19	许信娘	邱极(堂叔)	詹松(父)	1.16,高俊杰

2.2	柯德友	26	西门	庄文娘	15	许信娘	柯德山(胞兄)	庄新客(胞兄)	1.16,同上
2.2	李永中	24	圣望港	陈习娘	17	邹世娘	李佳炳(父)	陈新客(父)	4.16,同上
2.3	陈日昇	22	簿面街	黄斑娘	23	戴清娘	陈蜜(宗叔)	黄镭(宗叔)	1.16,同上
2.4	江元	46	小南门内	马爱娘	21	郭一娘	江新福(宗叔)	马克明(宗兄)	1.16,同上
2.8	陈顺便	19	珍旧圩	王请娘	17	林英娘	陈上弦(堂兄)	王存(父)	1.20,同上
2.10	沈伴	38	三间土库对面	杨松娘	18	郭三	沈松(堂叔)	杨从(堂叔)	2.1,同上
2.17	林眉	32	小南门	陈白娘	22	许信娘	林方(堂兄)	陈奎秉(胞伯,甲)	1.29,同上
2.23	曾新年	32	鉴光六州	巫曲娘	23	郭一娘	曾秀魁(堂叔祖)	巫彬(胞兄)	2.8,同上
2.27	颜嘉谈	39	廿六间	戴端娘	19	林叶娘	戴初水(父)	颜裕(宗兄)	2.23,同上
3.1	薛宥	38	珍旧圩	黄云娘	16	陈心娘	薛捷(堂叔)	黄发生(父)	2.12,黄燎光,郑若思
3.2	丘明发	28	质宁贞	林月娘	23	郑银娘	丘天生(父)	林发(父)	2.22,同上
3.4	陈明	26	大港墘	蔡味娘	21	许信娘	陈甲国顺(胞兄)	蔡如川(堂兄)	2.28,同上
3.5	罗节妹	33	惹牙毛吃	古丙娘	16	林隆二	罗亚贤(胞叔)	古亚长(父)	2.15,同上
3.5	兰成	48	班芝兰	陈贺娘①	35	杨一娘	自己	自己	2.15,同上
3.8	林发生	26	劳务员	周秀娘	16	戴清娘	林象(宗叔祖)	周卯(父)	4.22,同上
3.8	林成极	20	蕉仔街	黄文娘	17	吴珠娘	林光彩(父)	黄容海(宗叔)	2.22,同上
3.8	陈丙	39	小南门	林秀娘	21	林叶娘	陈印(宗兄)	林清海(堂兄)	2.21,同上
3.9	叶光南	20	小南门	洪竹娘	19	戴清娘	叶业水(父)	洪章(父)	3.2,同上
3.10	涂亚贵	40	小南门	张润娘	24	江秋娘	涂亚海(胞叔)	张隆二(堂兄)	2.28,同上
3.11	沈命	40	三间土库	陈本娘	25	郭一娘	自己	陈威(胞兄)	2.22,同上
3.11	林金练	42	中港仔	卢招娘	18	郭一娘	林三奇(宗叔)	卢贤(堂兄)	2.22,同上
3.11	王马海	19	中港仔	陈味娘	19	邹世娘	王涌夺(宗叔)	陈满(父)	2.21,同上
3.11	朱汉水	46	八茶罐	林静娘	17	许信娘	朱友(从叔祖)	林尚(宗叔)	2.22,同上
3.18	温亚金	27	戈劳屈	林润娘	18	林秀娘	温星辉(堂叔)	林凤四(父)	3.2,同上
3.18	林元	45	戈劳屈	杨保娘②	24	吴宣娘	自己	自己	3.1,同上
3.23	饶芹生	57	蜜查劳厝口	林传娘③	50	饶亚添	自己	自己	3.2,同上

① 陈氏前夫王阳为婚7年而故,无遗下子女,恬处5年,愿与兰永结同心,各无反悔,花押为照。

② 杨氏前夫韩东海为婚1年身故,遗一女名浮厨,4岁,寡守四载,愿与林为夫,永结同心,花押在婚簿为照。知见该默高天福签字。

③ 林氏前夫陈登为婚半载回唐不知去向,并无子女,恬处20年矣,兹愿再醮饶为夫,永结同心,各无反悔,花押为照。

3.24	林盏	32	甕菜河	戴水娘	19	蔡勤娘	林钟(胞兄)	戴荣(宗叔)	3.6,同上
3.24	吴景孝	22	窑内	林白娘	18	许信娘	吴天来(父)	林朱(父)	3.22,同上
3.25	黄安	40	珍新圩	蒋川娘	18	詹潭	黄长兴(族叔)	蒋楼官(父)	3.13,同上
3.26	郑连	43	兰仔望	曾丁娘	28	吴猛	自己花押	曾野(宗叔)	3.6,黄,郑
3.27	谢两	60	中公司	郑良娘	69	猫厘白月	自己花押	郑宽柔(宗叔)	旧婚,同上
3.27	谢文福	27	中公司	杨永娘	25	猫厘白月	谢两(父)	杨亚七(宗兄)	旧婚,同上
3.27	谢光荣	25	中公司	郑棕娘	20	猫厘白月	谢两(父)	郑海(父病,妻赖沙娘代押)	辛3.13,同上
3.30	傅亚五	29	八茶罐	刘润娘	18	刘仕观	傅亚二(胞叔)	刘亚六(父)	3.15,同上
4.10	林分	27	小南门	吴金娘	15	戴清娘	林实(堂叔)	吴兑(父)	3.24,黄,陈
4.10	郭永元	34	新厝仔	陈福娘	24	吴珠娘	郭茄郎(胞伯)	陈永元(养父)妈腰	3.27,同上
4.10	陈福佑	19	珍旧圩	王鸾娘	18	陈心娘	陈柳(父)	王高禄(父)	3.27,同上
4.13	张清水	18	中廊	郭一娘	18	邹世娘	张树(父)	郭圭炳(父)	3.27,同上
4.13	谢泰山	37	把杀务朗	陈微娘[①]	26	邹世娘	自己	自己	3.22,同上
4.13	蔡正月	16	丹兰望	林郎望	18	林秀娘	蔡登元(父)	林昂(胞兄)	闰31,同上
4.15	李衢	39	大港墘	詹瑞娘	27	林叶娘	李敏(宗叔)	詹诅(族叔祖)	3.27,同上
4.22	陈福	18	望寮	廖明牛	21	林籍娘	陈羌(宗叔祖)	廖申(父)	4.13,同上
4.26	陈清风	38	马穆	林良娘[②]	30	沅籍娘	自己	自己	闰3.6,同上
4.26	吴溪	37	班芝兰	李纯娘	22	邹世娘	吴顺(宗叔)	李云霞(宗叔)	闰3.12,同上
5.3	叶海山	19	大南门内	黄凤娘	17	邹世娘	叶丁瑞(父)	黄爻(宗伯)	4.10,高
5.3	郑南星	20	珍旧圩	陈瑞娘	16	林叶娘	郑淇泉(父)	陈宛生(胞兄)	4.10,同上
5.6	谢助	32	小南门	郑雅娘	16	戴清娘	谢三(胞兄)	郑宗和(祖父病,弟宗茂代)	3.19,同上
5.6	黄昇	38	小南门	高机娘	16	许信娘	黄朝成(宗叔)	高红毛(父)	3.22,同上
5.11	李吉水	19	尖池甲	陈月娘	20	蔡凤娘	李春(胞叔)	陈维(父)	4.2,高
5.12	蔡阵	35	文登	林元娘	15	林万福	蔡荣(宗叔祖)	林夸(父)	4.17,同上
5.17	王高洛	41	珍旧圩	陈登岸	17	陈心娘	王照(族兄)	陈修(父)	4.3,同上
5.17	詹保山	20	珍旧圩	高奭娘	23	陈心娘	詹黜(胞叔)	高远生(父)	4.10,同上

① 陈氏前夫蔡念应结发3年身故,生一男名班让6岁,恬处4年,愿与谢为夫妇,永结同心,各花押在婚簿存照。知见人该默陈敦(签外文名字)。

② 林氏前夫张火结发1年,生一男汉宁12岁,夫妻不睦,各从别适已13年,愿再醮陈为夫永结同心,各无反悔,花押在婚簿存照。知见人马穆把杀廊爹李金印出单。

5.17	刘亚四	24	亭仔脚	何才娘	18	郑金娘	刘顺合(堂兄)	何冲(胞叔)	4.13,同上
5.18	甘音	38	珍旧圩	黄砱娘	23	詹灶	甘渊(父)	黄轸(父)	4.3,同上
5.18	吴玉成	25	洪溪头	蔡谦娘	17	邱引娘	吴治(宗叔)	蔡唇(父)	4.16,同上
5.19	郑屋	36	小南门	杨大娘	24	陈月娘	郑珠(宗叔)	杨犀(胞兄)	4.3,同上
5.21	黄仲润	29	班芝兰	陈软娘	19	吴珠娘	黄永翰(堂兄)	陈永元(父) 妈腰	4.6,公勃低雷,郑,高
5.21	林良	39	大南门	陈春娘	26	郭一娘	林茂兰(宗兄)	陈永元(宗叔) 妈腰	4.16,同上
5.22	戴有振	27	大南门	黄玉娘	19	郑银娘	戴吉卿(宗兄)	黄岐山(堂兄)	4.3,同上
5.22	陈盛	23	大港墘	李旁佛	18	郭一娘	陈子塔(从叔)	李杏(父)	4.10,同上
5.22	王粧	34	大使庙	雍成娘	23	陈月娘	王仁义(堂兄)	雍仁和(父)	4.6,同上
5.24	江龙	33	小南门	许软娘①	32	许信娘	自己花押	自己花押	4.8,同上
5.24	方登榜	20	珍旧圩	钟壬娘	16	陈心娘	方新客(父)	钟全(父)	4.17,同上
5.24	方明博	20	珍旧圩	蒋实娘	16	陈心娘	方新客(宗伯)	蒋贤(从伯)	4.24,同上
5.24	黄景昭	40	小南门	彭娘娜	16	江秋娘	黄亚禧(堂兄)	彭友堂(胞兄)	4.10,同上
5.24	周三江	40	西门	李英娘	24	邹世娘	周河山(宗兄)	李森(胞叔)	4.17,同上
5.24	李松盛	20	大南门	叶来娘	15	王根娘	李志亮(父)	叶亚义(父)	4.10,同上
5.25	丁安	36	观音亭新厝	黄光娘	22	邹世娘	丁拱(从兄)	黄凯(父)	4.16,高
5.25	叶政	44	小南门	王金娘	24	戴清娘	叶文隆(堂叔)	王发生(胞兄)	4.10,同上
5.27	叶崑玉	54	小南门	黄宰娘	28	江秋娘	叶格(宗叔)	黄权生(父)	4.17,同上
5.27	苏浮厨	21	干冬圩	陈当望	16	邹世娘	苏天秀(父)	陈东海(胞兄)	4.18,同上
5.28	张雹	22	珍旧圩	刘才娘	16	陈心娘	张种(胞兄)	刘夏(父)	4.18,同上
5.30	吴昭阳 雷珍兰	34	洪溪	戴撰娘	17	吴珠娘	吴中和(胞兄)	戴万官(从兄)	4.16,陈永元,黄,高
6.1	叶沁	23	小南门	刘利娘	16	蔡勤娘	叶爱(堂叔祖)	刘吉星(父)	4.17,黄,郑
6.2	陈光明	26	度唧	胡森娘	17	陈月娘	陈猫汝(堂兄)	胡亲午(胞叔)	4.17,同上
6.2	郭腾辉	23	观音亭	邱金娘	20	许信娘	郭牛老(宗叔)	邱长兴(宗叔祖)	4.19,同上
6.2	兰在	26	班芝兰	朱瑞娘	20	吴猛	兰德音(堂兄)	朱深(宗叔)	4.17,同上
6.2	吴德	22	八茶罐	蔡才娘	18	沈藉娘	吴猛(宗叔)	蔡茂林(宗叔)	4.18,同上

① 据许氏称:前夫黄英结发六载而亡,无生育,惟过继一男名修到8岁,氏寡守八载,今愿再醮江龙为偶,永谐夫妇,各无反悔,花押在婚簿为凭。

"舍妹软娘,年32岁,先夫结发姓黄名英,嫁于己丑年至甲午岁,计六年,而英官身没,亦无生育。另有过继一男,至今寡经八年,今欲再醮,愿与江龙官为偶,伊年33岁"(红纸禀单)。

6.4	赖针	25	五脚桥	詹纯娘	16	江秋娘	赖亚使(父)	詹亚春(父)	5.13,同上
6.5	严在	36	凹务员	黄廉娘	17	江秋娘	自己	黄扁(宗兄)	4.22,同上
6.5	蔡权	31	干冬圩	戴旁佛	17	郭一娘	蔡杉(宗兄)	戴明徐(堂兄)	4.18,同上
6.5	陈光水	31	丹兰州连	何金娘	18	郭一娘	陈月成(胞兄)	何亚湾(堂兄)	4.24,同上
6.6	黄榜元	33	三间土库	林红娘	18	邹世娘	黄春芳(堂叔祖)	林三水(胞兄)	4.24,同上
6.6	黄存生	26	蕉仔街	陈专娘	24	戴清娘	黄蜂(父)	陈登瑞(宗兄)	4.18,同上
6.8	潘青龙	19	班芝兰	陈秀娘	17	沈藉娘	潘皆(堂兄)	陈清珠(堂叔)	4.24,同上
6.10	林桑树	23	蕉仔街	陈八娘	23	戴清娘	林江汉(父)	陈长溪(宗兄)	4.24,同上
6.10	杨金凤	44	乌褒土库	王六娘	23	沈藉娘	杨茂盛(房兄)	王课观(父)	4.24,同上
6.10	林源泉	33	东门	王安娘	20	郑金娘	林崇清(胞叔)	王课(父)	4.24,同上
6.11	李选	31	大港墘	林福娘	17	吴珠娘	李敏(堂叔祖)	林冬(父)	4.24,同上
6.18	杨滕	39	珍旧圩	吴六娘	20	邹世娘	杨润(宗兄)	吴水盛(父病,堂兄松山代)	5.2,郑,高
6.19	戴明绒	43	亚森脚	林三娘[①]	42	戴清娘	自己押号	自己押号	5.2,同上
6.19	陈冰	26	五脚桥	黄雅娘[②]	16	叶敬娘	陈长发(父)	黄锐(父,在山顶,宗叔祖碧梧代)	5.13,同上
6.19	梁瑞龙	38	五脚桥	钟良娘	22	陈亚二	梁亚五(堂兄)	钟仁和(胞兄)	5.2,同上
6.21	黄匏	22	珍新圩	甘八娘	18	陈心娘	黄字(族叔)	甘亲(父,年老,胞兄国二代)	5.9,同上
6.22	叶安生	21	槟榔社	范悦娘	15	王金娘	叶亚四(宗叔)	范亚文(胞兄)	5.9,同上
6.24	温亚八	32	丹马陈武束	李已娘	15	林秀娘	温亚五(堂叔)	李德宗(堂兄)	5.26,同上
6.24	谢云昌	27	秦唧眼	李秋娘	15	林秀娘	谢连桂(堂叔)	李松章(胞叔)	5.9,同上
6.24	蔡逢角	45	八厨沃间	曾金娘	19	林秀娘	蔡逢生(胞兄)	曾带(堂兄)	5.18,同上
6.24	康伦生	29	大南门	韩根娘	20	林秀娘	康泽民(宗兄)	韩和生(宗叔)	5.20,同上

① 林氏前夫陈球结发8年身故,生儿女俱不育。寡守11年,愿再醮与戴为夫,永结同心,各无反悔,花押婚簿存照。知见人五脚桥默氏黄润德出单为凭。　兹报在甘光五脚桥社林三娘,经已查明,执单为照。上公堂甲必丹大照。辛5月21日黄润德单(红印:源芳)。

② 黄锐有寄书托黄碧梧代理专批照。

信封面书:"袖带至城洪溪交。家黄印碧梧官收展。"红印"墨溪"拜托。辛(1847年)4月14日在马穆封(盖上四个印"龙山",二正位,二斜位)。

信里云:"适接尊谕,诸事咸知,不胜喜悦,但小女雅娘,自幼至今长成,皆蒙叔室抚养之深恩也,其给婚字至于诸事,伏望垂意主裁支持料理。侄自感恩带(戴)德于万一矣。本欲趋视,但此时事务繁多,不得抽身前往贵处相议,幸勿见怪,兹修数字奉知,伏望垂意,耑此奉上。"

家印碧梧叔大人尊前　　愚侄锐顿首拜禀具。"盖四方红印"墨溪"。

6.26	许伦	28	新厝仔	黄蜜娘	28	戴清娘	许亩(祖)	黄溶川(宗兄)	5.13,同上
6.29	郭亚四	25	大南门	陈音娘	19	郭一娘	郭连二(堂兄)	陈茂老(父)	5.13,郑,高
6.29	沈侃	48	把杀务朗	王蛤汶[①]	25	丘因娘	自己	自己	5.13,同上
7.2	刘桂柏	28	观音亭	巫娇娘	17	林秀娘	刘亚二(宗叔)	巫东升(堂兄)	5.20,黄,吴昭阳
7.2	黄清河	28	鉴光无劳由	萧鹤娘	21	许信娘	黄鸠(宗叔)	萧德芳(房兄)	6.2,同上
7.2	廖辉祯	28	戈劳屈	张织娘	19	刘维标	廖二芳(堂叔)	张秀宣(堂叔)	5.19,同上
7.6	李坐	38	结石珍	蒋斤娘	26	高作	李云霞(宗兄)	蒋灌(父)	5.20,同上
7.3	魏欣然	27	八戈然	黄深娘	23	吴珠娘	魏注(房叔)	黄长安(父,堂叔明基代)	6.2,同上
7.13	谢亚让	28	戈劳屈	廖坤娘	16	江秋娘	谢亚四(堂叔)	廖亚四(父)	6.2,同上
7.14	叶庆	34	小南门	李拦娘	19	邹时娘	叶盒(胞叔)	李感(父)	6.1,同上
7.15	林松茂	21	八茶罐	王曲娘	20	郭一娘	林象(父)	王鼎元(父)	6.2,同上
7.15	吴芝来	23	绒高兰	王八娘	17	郭一娘	吴海(宗叔)	王园观(父)	6.1,同上
7.17	戴英杰	20	干冬圩	刘月娘	17	杨一娘	戴粒(父病,胞兄镭代)	刘富(父)	6.2,同上
7.23	陈旋步	30	大港墘	林攀娘	23	邹世娘	陈荷莲(宗叔)	林抢布(堂兄)	7.21,同上
7.27	廖澳生	23	丹兰望	曾娘那	20	林秀娘	廖元四(宗叔祖)	曾郎(父)	6.15,同上
7.28	陈捷魁	33	西门内	李文娘	21	丘印娘	陈感仪(父)	李乾新(从叔)	6.15,同上
7.29	吴奕足	24	州年	李兰娘	17	涂亚二	吴勤安(父)	李兰爹(胞兄)	7.6,同上
8.4	甘武烈	42	班芝兰	林南冥	27	吴珠娘	甘顺兴(宗兄)	林三郎(宗兄)	6.20,黄,陈
8.7	林有德	22	大港墘	陈玉娘	16	邹世娘	林龟(堂叔)	陈朝碧(父)	6.26,同上
8.9	林天合	18	港口	邱水娘	17	戴清娘	林明生(父年老,胞兄天时代)	邱长水(父)	7.10,同上
8.10	李福郎	20	窑内	刘娇娘	17	吴珠娘	李森(胞叔)	刘阔(父)	7.6,黄,陈
8.11	林江水	25	文丁旧圩	罗爱娘	17	林万福	林紫薇(父)	罗李(父)	7.6,黄,陈
8.12	郑顺德	20	文丁旧圩	林如娘	18	林万福	郑隆生(父)	林赐(堂兄)	7.17,同上
8.19	林此恩	24	干冬圩	陈养娘	17	郑银娘	林三郎(胞兄)	陈春阴(胞兄)	7.10,同上
8.19	黄善长	37	戈老屈	陈西娘	17	吴三娘	黄学长(胞兄)	陈亚三(父)	7.12,同上
8.20	张义川	18	珍新圩	陈音娘	15	陈心娘	张拔(父)	陈瑞章(父)	7.12,同上
8.24	蔡登宗	28	巴加容	杨来娘	19	蔡德欣	蔡梁(宗兄)	杨乔(父)	7.12,同上

① 王氏前夫朱弟结发5年身故,生一男付堂伯朱隐养育而殀,寡守2年,愿与沈为夫,永结同心,各无反悔,花押为照。知见人朱隐签字(画圆圈)。

8.28	林克谐	19	打铁街	郑秀娘	20	陈月娘	林文山(父)	郑三福(父)	7.18,同上
8.30	黄玉郎	19	八厨沃间	陈灯娘	17	吴珠娘	黄清源(父)	陈国珍(父)	7.20,同上
9.2	黄淼	35	廿六间	施水娘	24	邹世娘	黄港(宗叔)	施泉(胞兄)	8.2,郑,高
9.2	黄池	35	鉴光猫汝	詹梅娘	19	陈心娘	黄耀(父)	詹出(宗叔)	7.20,同上
9.3	钟亚宁	45	东门	丘灶娘	19	曾秀	钟亚清(宗兄)	丘奭(父)	7.20,同上
9.6	骆妈劳	22	茄揽抹	叶金娘	20	赖秀娘	骆高(父)	叶薛(胞兄)	8.14,同上
9.7	林兰宗	30	八茶贯	薛宜娘	20	赖秀娘	林壬生(宗叔)	薛成就(宗兄)	7.27,同上
9.7	陈德山	20	珍旧圩	李梅娘	18	陈心娘	陈士弦(父)	李篇(宗叔)	8.2,同上
9.7	陈泽	30	洪溪	唐雅娘	26	江秋娘	陈鰲(宗兄)	唐渭水(胞兄)	8.4,同上
9.7	黄沽	38	三间土库对面	戴菊娘	18	吴猛	黄永快(堂兄)	戴塔生(父)	7.26,同上
9.8	李震陵	20	大巷	黄金娘	18	郭一娘	李感(父)	黄新映(堂伯)	8.14,同上
9.10	张荣业	31	槟榔社	石二娘	21	郭一娘	张合老(胞兄)	石英(堂叔)	8.12,同上
9.13	林薰	39	小南门	李和娘	21	戴清娘	林及(宗兄)	李燮(父)	8.12,同上
9.13	林水	20	加揽抹	魏辛娘	19	戴珍	林光廷(父)	魏丹(父)	8.12,同上
9.15	杨前	37	八茶贯	沈音娘	23	胡温娘	杨笋(宗兄)	沈芳(父)	8.10,同上
9.15	林金练	23	文丁	黄员娘	20	林万福	林棒(父)	黄蛛(胞叔)	8.25,郑,高
9.15	杨友生	25	文丁	许爱娘	24	林万福	杨野(族兄)	许章荣(宗兄)	8.8,同上
9.16	兰律	28	珍新圩	周出娘	17	吴文仲	兰其杰(堂兄)	周渺(父)	8.5,同上
9.16	李莱	30	珍旧圩	萧六娘	18	林亚元	李富(堂叔)	萧亚丙(父)	8.12,同上
9.16	王江汉	20	珍旧圩	黎那年	17	赖秀娘	王昭生(父)	黎保生(父)	8.12,同上
9.16	江发珠	32	织宁贞	詹春娘	27	郑银娘	江东(胞叔)	詹广元(父)	8.13,同上
9.18	陈开生	36	八戈然	吴申娘	18	邹世娘	陈木结(宗叔)	吴水玉(父)	8.25,同上
9.18	朱木生	25	小南门	蔡恭娘	19	蔡勤娘	朱得水(胞兄)	蔡柴(宗叔)	8.12,同上
9.18	黄源水	25	大社	林山娘	19	戴清娘	黄恭老(父病,堂叔元文代)	林碧渊(胞兄)	8.19,同上
9.18	蔡永瑞	21	新厝仔	陈凤娘	20	林叶娘	蔡东山(父)	陈春水(父)	8.14,同上
9.20	何顺记	44	炮仔园	林音娘	24	许信娘	何成宗(堂兄)	林壬光(胞叔)	8.24,同上
9.20	林亚二	20	戈劳屈	蒲宇娘	14	吴硂娘	杜亚七(父)	蒲彬昌(父)	8.12,同上
9.20	余运长	31	小南门	钟丙娘	26	郑金娘	余安华(堂叔)	钟亚凤(宗兄)	8.12,同上
9.20	杨松如	24	织宁贞	林温娘	22	许信娘	杨振和(胞叔)	林清水(堂兄)	8.16,同上
9.20	张惠	35	打铁街	王旁娘	23	叶英娘	张宇(宗兄)	王顺德(堂兄)	8.13,同上

9.20	陈隆生	39	茄面	李才娘	20	许信娘	陈炉(宗兄)	李衢(宗叔)	8.14,同上
9.21	吴继	34	渡船仔头	梁英娘	21	邹世娘	吴治(宗叔)	梁庚兴(父)	8.19,同上
9.23	陈天西	21	咬晋吧赖	沈娘娘	16	曾天佑	陈长生(父)	沈美(父)	8.25,同上
9.23	巫永元	17	观音亭	钟丁娘	15	刘仕观	巫东升(父)	钟亚五(父)	12.15,同上
9.23	张德生	20	望茄寺	李吟娘	17	陈月娘	张福生(父)	李天寿(父)	8.12,同上
9.23	陈嘉乐	42	公司	李金娘①	25	戴清娘	自己	自己	8.12,同上
9.23	高西川	23	窑内	陈雪娘	19	许信娘	高俊杰(兄,雷珍兰)	陈登瑞(父)	辛 8.13,郑,陈
9.24	吴侧隐	22	洪溪	陈清娘	20	残	吴昭阳(堂兄,雷珍兰)	陈清时(胞兄)	8.12,郑,高
9.24	庄谈生	28	珍旧圩	陈雅娘	18	陈心娘	庄谈坚(胞兄)	陈蝉(父)	8.14,同上
9.24	蔡寻源	37	西门	林掬娘	16	残	蔡高生(堂叔)	林严山(宗兄)	8.10,同上
9.28	黎嘉彝	37	小南门	赖辛娘	21	江秋娘	黎亚抄(堂兄)	赖益生(胞兄)	8.21,同上
9.28	李川	32	竹树巷	詹唧娘	20	残	李敏(堂叔祖)	詹诅(父)	8.26,同上
9.30	阮德善	20	文丁	赖明娘	20	张长娘	阮武(父年老,族兄光代)	赖七(父年老,宗族祖火生代)	8.24,同上
9.30	林阔	25	绒高兰	吕鹤娘	24	残	林坚生(胞叔)	吕如水(宗叔)	8.19,同上
9.31	黄启恭	25	西门	涂文娘	16	陈宛娘	黄南(宗兄)	涂记(宗叔)	8.26,同上
10.4	张求生	52	小南门	黄成娘②	28	残	自己	自己	8.26,同上
10.4	庄江龙	19	西门	朱委娘	18	郭一娘	庄奇宗(宗兄)	朱隐(宗兄)	8.25,同上
10.4	杨亚番	26	大南门	钟申娘	18	残	杨亚五(宗叔)	钟魁淑(父)	8.27,同上
10.4	徐秋麟	32	八茶罐	赖申娘	21	残	徐亚二(族叔祖)	赖亚六(父)	8.25,同上
10.4	廖庚兴	38	大南门	刘兰娘	18	残	廖亚四(宗兄)	刘光辉(胞兄)	8.25,同上
10.6	陈闻安	26	八茶罐	骆二娘	24	残	陈猫汝(宗兄)	骆四海(胞兄)	8.27,同上
10.6	阮振	27	外一	沈簿娘	18	残	阮淡宝(胞叔)	沈务本(宗伯)	8.26,同上
10.8	邱两	29	五脚桥	陈贞娘	27	残	邱陈(堂叔)	陈满(胞叔)	8.27,同上
10.14	陈长华	24	八茶罐	许文娘	24	残	陈攀郎(胞伯,甲必丹)	许金水(胞兄)	10.10,黄,黄
10.15	陈洋成	23	中港仔	赖绣娘	19	残	陈英发(宗兄)	赖求(父)	9.1,黄,吴

① 李氏前夫叶松结发才 4 个月身故,无子女,恬守 5 年,愿与陈为夫妇,永结同心,各花押在婚簿。知见人该默训出单。

② 黄氏前夫林宗水结发才 3 个月身故,无子女,无奈再醮。

10.18	李天成	45	圣望港	黄诚娘①	27	残	自己	自己	9.6,同上
10.18	詹现山	19	珍鉴光	张务娘	14	残	詹灶官(父)	张亚奇(父)	9.10,黄,吴
10.18	李谷水	25	文丁	黄来娘	17	残	李天生(宗叔)	黄奇(父)	9.10,同上
10.18	吴亚二	35	小南门	赖宝娘	20	残	吴新玉(堂叔)	赖巴生(胞兄)	9.19,同上
10.20	王源水	22	龙岗	苏务娘	17	残	王四喜(父)	苏文章(父)	10.17,同上
10.21	谢新春	41	米涧前	汤力娘	20	残	谢亚一(堂叔)	汤东三(父)	9.19,同上
10.21	王荣胜	34	五脚桥	李那娘	16	残	王亚二(堂兄)	李培盛(堂叔)	9.7,同上
10.26	蒋永昌	20	小南门	涂酉娘	17	残	蒋忠生(父)	涂亚福(父,堂侄亚盛代)	9.27,同上
10.28	黄长溪	23	芝一	李施弼	22	残	黄仔钫(父)	李保生(胞兄)	9.19,同上
10.28	林荣一	24	文丁	杨时娘	22	残	林川(胞叔)	杨德忍(堂叔)	9.22,同上
10.29	林生元	22	中港仔	韩丁娘	15	残	林永秀(胞兄)	韩岱(父)	9.19,同上
10.29	李春	38	残	彭戎娘	27	残	李锋麟(宗兄)	彭纪生(父)	9.17,同上
11.1	翁启漳	21	洪溪	黄敬娘	17	残	翁由纯(父)	黄碧梧(父)	9.22,黄,陈
11.2	苏怀德	19	盐一	洪玲娘	16	残	苏光齐(胞叔)	洪发生(父)	10.2,同上
11.2	黄松溪	25	八戈然	陈石娘	23	残	黄东启(胞叔)	陈偶然(堂叔)	9.28,同上
11.2	陈哲明	19	大一	林杰娘	17	残	陈国顺甲(胞兄)	林文滔(父)	10.2,同上
11.3	吴仁山	21	息甲	洪谨娘	19	残	吴金(父病,堂伯妈市代)	洪寿郎(父)	残,同上
11.8	徐兴官	29	残	钟丁娘②	28	残	自己	自己	9.25,同上
11.8	朱风	32	珍旧圩	蒋秀娘	18	残	朱友(族叔)	蒋房(父)	残,同上
11.9	杨食勇	20	残	陈遇娘	19	残	杨日昇(堂叔)	陈温郎(堂叔)	10.5,同上
11.10	林清	20	文丁	曾月娘	19	残	林赖(父)	曾连生(父)	残,同上
11.12	李茂盛	29	西门	陈一娘	21	残	李观山(父)	陈长水(父)	10.2,同上
11.12	林景真	18	文丁	王秀娘	19	残	林允(胞伯)	王孟垂(父)	残,黄,陈
11.13	张加华	18	八一	陈心娘	18	残	张柔(父病,宗叔丞代)	陈权(父病,宗叔献文代)	10.2,同上
11.13	陈感	40	八厨沃间	许玲娘	28	残	陈梓(宗叔)	许漳荣(宗叔)	残,同上
11.13	苏容秋	21	残	严爱娘	22	残	苏渺(宗叔)	严边(父)	10.10,同上
11.15	王元合	20	把杀	欧州钫	16	残	王益生(父)	欧亚(堂兄)	残,同上

① 黄氏前夫林笨箕住文丁,为婚无给婚字,无儿女,才几个月因夫妇不睦,二比私下甘愿分离。栖身于母姨家4年,兹愿与李为夫,永结同心,各无反悔,花押为照。知见人伊母姨(下缺)。

② 钟氏前夫朱丙三结发9年身故,生一8岁儿子亦身故,愿与徐为夫妇,永结同心。知见人签字(残)。

11.15	欧明友	28	残	蔡贞娘	21	残	欧满生(胞叔)	蔡婆祖(宗叔祖)	10.9,同上
11.15	陈光耀	28	八茶罐	王雅娘	18	残	陈井李(宗兄)	王巴生(宗兄)	残,同上
11.17	郑启基	22	残	胡砼娘	19	残	郑璇玑(胞兄)	胡受光(宗叔)	10.9,同上
11.18	罗每生	24	望茄寺	辜月娘	18	残	罗炎生(胞兄)	辜恭(父)	残,同上
11.19	王修涌	28	残	林潭娘	16	残	王涌裁(胞兄)	林墙(父)	10.14,同上
11.19	陈长庚	31	残	许邛娘	22	残	陈景昕(宗兄)	许清元(父)	10.9,同上
11.20	邓知滑	残	残	杨玉娘	19	残	邓吉郎(胞叔)	杨永泉(胞兄)	10.17,同上
11.20	黄就德	20	结石珍	吴水娘	16	残	黄欢(堂兄)	吴贺(父)	残,同上
11.20	陈壬生	20	内一	欧坠娘	19	残	陈郎生(宗兄)	欧安(父)	残,同上
12.0	叶伦	32	小南门	陈良娘		杨一娘	(缺)	(缺)	
12.8	王源水	23	茄垄西垄	黄让娘	20	杨一娘	(缺)	(缺)	郑,高
12.8	叶一		龙光	王伦娘	21	吴日	叶阴生(父)	王礼面(父)	11.10,同上
12.8	吴高奢	24	龙光	王华娘	23	吴维	吴四笑	残	残,同上
12.8	郭乾	24	北面街	林审娘	20	叶绒娘	郭亚三(宗伯)	林旁佛(宗叔祖)	11.7,同上
12.9	张清泉	21	亭仔脚	林花娘	15	邹四娘	张天喜	林远(父)	12.9,同上
12.9	郑吉水	21	七宁贞	蒋珠娘	16	邹四娘	郑海(宗兄)	蒋忠生(宗叔)	12.2,同上
12.9	焦良生	22	丹兰望	陈鹤娘	19	吴猛	焦漯(父)	陈琛(父)	12,同上
12.9	李加得	17	丹兰望	曾意娘	17	李光靖	李洪进(父)	曾得兴(父)	11.3,同上
12.9	李青	26	旧把杀	林英娘	19	林叶娘	李吉一(宗兄)	林炳茂(堂兄)	辛11,郑,高
12.13	陈永文	20	丹兰州连	范六娘	20	许新娘	陈月生(父)	范廉(胞兄)	11.28,同上
12.13	李天福	19	珍旧圩	刘伴娘	20	陈心娘	李六(父)	刘新福(胞兄)	11,同上
12.13	刘亚乾	25	观音亭	王福娘	16	许新娘	刘碧二(宗叔)	王亚二(宗叔)	11.22,同上
12.16	施光密	30	窑内	陈国娘	20	陈月娘	施连生(堂兄)	陈茂乾(父)	11.14,同上
12.17	甘楝	22	窑内	张寿娘	15	陈月娘	甘万和(胞叔)	张秉(宗叔)	12.22,同上
12.20	陈琼三	32	八茶贯	吴丙娘	16	陈文芳	陈亚五(宗兄)	吴开寿(父)	11.19,同上
12.21	刘锡冢	30	芝弄眼	连丙娘	16	郭一娘	刘藏(父)	连亚福(父)	11.22,同上
12.21	谢亚云	28	蕉仔街	宋州厨	20	郑金娘	谢亚四(胞叔)	宋怀生(胞兄)	11.18,同上
12.22	杨京珍	24	文丁旧圩	刘金娘	22	林万福	杨经文(胞兄)	刘灰生(胞兄)	11.18,同上
12.22	叶亚七	25	敏丁	陈金娘	16	吴亚五	叶栋(胞兄)	陈亚四(堂兄)	11.28,同上
12.22	苏吟	24	北加容	林房弗	20	陈天兴	苏仰(胞兄)	林作(父年老,胞兄咨微代)	11.13,同上

12.22	陈福星	34	观音亭	刘经娘	18	林叶娘	陈一生(胞叔)	刘寸(父年老,胞兄清风代)	11.13,同上
12.22	张坚	34	望加示	吴君娘	20	杨读	张善(宗叔)	吴宗(父)	11.14,同上
12.24	郭疆	39	小南门	许卷娘	24	郑银娘	郭汉(宗叔)	蔡有娘(母)	11.16,同上
12.24	王博章	21	文丁旧圩	沈雅于	20	郭一娘	王孟秋(父病,兄四启代)	沈质(胞兄)	12.6,同上
12.27	林程	36	小南门	陈养娘	22	戴清娘	林魁(宗兄)	陈炉(宗兄)	11.22,同上
12.27	李亚连	29	洪溪	刘万娘	16	叶从妹	李亚六(宗兄)	刘亚五(父)	11.22,郑,高
12.27	刘辛秀	21	珍旧圩	温丁娘	15	张戊生	刘亚五(父)	温亚三(胞叔)	11.18,同上
12.29	黄奢	30	窑内	叶默娘	16	陈月娘	黄欢(宗兄)	叶云开(堂叔)	11.22,同上
12.29	曾炳文	34	文丁新圩	张丙娘	16	张亚贵	曾金生(父病,胞叔亚二代)	张南福(父)	11.19,同上
12.31	李盘长	40	珍旧圩	刘壬娘	20	刘和洪	李兴长(胞兄)	刘秀英(父)	12.11,同上

总计:262 对

1842 年吧城唐人成婚注册表

月日	新　郎	年岁	住　址	新　娘	年岁	媒　妁	男方主婚	女方主婚	备　注 结婚日,主事人
1.3	纪珍隆	25	珍旧圩	戴才娘	25	杨一娘	纪泰山(胞叔)	戴金生(胞兄)	辛 12.6,黄永禄,吴昭阳
1.3	林三郎	30	干冬圩	刘清娘	18	杨一娘	林宗(堂兄)	刘新客(胞兄)	12.6,同上
1.5	沈染	29	茄劳旺	李文娘	19	邹世娘	沈威仪(堂叔)	李郁官(父)	12.11,同上
1.5	张象	30	结石珍旧圩	李曲娘	20	陈心娘	张川(堂兄)	李偏(堂兄)	12.6,同上
1.6	陈元贵	21	干冬圩	钟金娘	15	杨一娘	陈思意(父)	钟山(堂兄)	12.28,同上
1.7	黄天赐	31	珍新圩	王孙娘	19	吴猛	黄亚三(胞叔)	王通(宗叔)	12.6,同上
1.7	洪泼	34	小南门	邱金娘	28	郭一娘	洪敏(堂叔)	邱极(堂叔)	12.5,同上
1.10	汤段	28	息里旁	林淑娘	24	陈扳司儿江海代	汤秋(胞兄)	林坎水(胞兄)	12.3,同上
1.11	杨财源	20	圣望港	林荣娘	17	邹世娘	杨燕(堂叔)	林严山(父)	12.6,同上
1.11	林寿杰	26	丹兰望	蔡英娘	26	陈顺娘	林亚清(堂叔)	蔡皆(胞兄)	12.6,同上
1.11	黄元基	24	窑内	钟流娘	17	许信娘	黄爻(宗兄)	钟侠(堂叔)	12.6,同上
1.12	张刊	25	珍旧圩	庄高娘	18	吴猛	张富(宗叔)	庄忠(堂叔)	12.6,同上
1.12	韩壬申	30	芝郎蓴	林满娘	26	林万福	韩藕(胞兄)	林福应(父)	12.6,同上

1.14	张登宗	16	干冬圩	戴发娘	15	王恭照	张德海(父)	戴每(父)	12.1,同上
1.14	许青云	27	珍旧圩	杨曾娘	24	陈心娘	许兰(父)	杨上富(胞兄)	12.1,同上
1.14	翁元生	32	鉴光六州	辰传娘	21	沈桂娘	翁天水(父)	麦顺(父)	12.6,同上
1.15	郭恭	27	赌公司	蔡龟直	20	叶敬娘	郭茄郎(宗叔)	蔡亚五(宗叔)	12.6,同上
1.18	王群英	29	三间土库	林蕉娘	20	许信娘	王全成(堂兄)	林登彦(胞兄)	12.12,同上
1.18	梁本根	23	八厨沃间	林珠娘	19	陈月娘	自己	林桃生(胞叔)	12.13,同上
1.18	洪球	21	观音亭	连杰娘	18	吴珠娘	洪永文(宗兄)	连金(胞兄)	12.20,同上
1.20	苏炎光	25	簿面街	洪水娘	17	邹世娘	苏宗训(父病,胞兄豹生代)	洪桂馥(宗兄)	12.13,同上
1.21	黄祝	39	八茶罐	巫音娘	18	吴珠娘	黄爻(宗兄)	巫长谋(堂兄)	12.14,黄,吴
1.22	陈楼	36	鉴光猫汝	郭莺娘	17	江秋娘	陈谦(堂兄)	郭壬癸(父)	12.14,同上
1.25	汤吉疾	22	三间土库	彭癸娘	19	邹世娘	汤东三(父)	彭亚五(胞伯)	12.27,同上
1.28	钟亚二	20	蕉仔街	古友娘	17	谢春娘	钟亚祯(堂兄)	谢奇娘(母)	12.28,同上
2.2	王加升	18	旧把杀	唐二娘	16	蔡唇	王士俊(胞叔)	唐光耀(堂兄)	12.24,同上
2.3	陈元生	49	新厝仔	许鲎娘	26	蔡勤娘	陈光接(堂兄)	许壬水(胞兄)	12.27,同上
2.5	林讚谋	28	洪溪	陈德娘	20	郭一娘	林登桂(堂叔)	陈阿吉(堂兄)	12.27,同上
2.6	陈文魁	32	八戈然	林惜娘	19	戴清娘	陈登瑞(宗兄)	林排生(胞兄)	壬1.29,同上
2.21	钟雅乐	22	八厨沃间	郑雅娘	20	许申娘	钟峡(堂兄)	郑央(父)	1.18,同上
2.21	张亚满	27	珍旧圩	戴银娘	18	李桂华	张长生(胞兄)	戴柱(堂叔祖)	1.18,同上
2.22	谢细珠	27	珍旧圩	杨仔钫	26	陈月娘	谢长生(父)	杨轩(堂叔祖)	1.18,同上
2.22	刘新福	30	珍旧圩	林兼娘	24	陈心娘	刘青茂(堂兄)	林乙己(堂兄)	1.21,同上
2.23	钟新凤	27	戈劳屈	林保娘	16	郭一娘	钟庆道(堂兄)	林理麟(父)	1.18,同上
3.4	黄生磊	41	卅年	吴珠娘	21	陈丹娘	黄其清(宗兄)	吴文(父)	2.2,郑若思,高俊杰
3.9	丁山水	19	小南门	叶月娘	18	吴珠娘	丁拱(父)	叶孝(宗叔)	2.16,同上
3.13	刘配	34	干冬圩	汤月娘	17	李生	刘功勋(宗叔)	汤床(父)	2.16,同上
3.16	吴亚四	30	公司后	刘已娘	14	陈丁郎	吴纪淑(堂兄)	刘丕二(父)	2.19,同上
3.22	许自求	32	马目	林新娘	28	王成奎	许增(宗叔)	林执(父年老,兄天禄代)	2.16,同上
3.22	张仰	32	把杀务朗	朱桂娘	18	戴清娘	张工(堂叔)	朱惕(父)	2.16,同上
3.23	陈长光	56	蕉仔街	李蒙娘	26	戴清娘	自己押号	李天生(父)	旧婚,同上
3.30	林马	45	甕菜河	杨来娘	26	邹世娘	林钟(宗叔)	杨伯达(堂兄)	2.30,同上

4.11	戴博安	16	干冬圩	冯兼娘	16	郭一娘	戴万(堂兄)	冯讬(父)	3.5,同上
4.12	黄寿	31	乌褒土库	林有娘	15	谢春娘	自已	林伦生(胞兄)	6.24,黄,吴
4.14	陈三	44	丹绒留连桥	黄字娘	22	许申娘	陈武(堂兄)	黄致诚(胞兄)	3.7,同上
4.18	黄玉山	28	水锯仔顶	杨奴哪	16	吴宣娘	黄峧山(胞兄)	杨盛祖(胞兄)	3.8,同上
4.20	范亚七	27	度唧	王一娘	18	郑金	范腾二(胞兄)	王养(父)	3.28,同上
4.20	林座	35	职里房	沈真娘	16	陈山	林是(堂叔)	沈乐生(父)	3.14,同上
4.26	吴立重	42	小南门	刘辛娘	22	叶京娘	吴永海(堂叔)	刘亚二(父)	3.28,同上
4.27	林远水	34	廿六间	蒋进娘	18	许辛娘	林光琼(宗兄)	蒋清泰(胞兄)	3.15 旧婚,同上
4.28	蒋生	19	珍旧圩	林合娘	16	吴猛	蒋窍(父)	林清和(胞兄)	4.13,同上
5.2	姚恩祥	22	公司后	谢猫骨娘	17	叶敬娘	姚辉鼎(父)	谢芹秀(堂兄)	4.3,黄燎光,陈启淮
5.2	张石	27	小南门	林三娘	22	许信娘	张顺(宗叔)	林眉(宗叔)	3.24,同上
5.3	钟亚昌	27	大港墘	黎静娘	22	叶经娘	钟世创(堂叔)	黎鼎昌(父)	4.13,同上
5.9	叶瑞修	21	公司后	王福娘	18	沈桂娘	叶策(父)	王广照(房兄)	4.13,同上
5.12	李东昇	33	西门内	张昆娘	22	郭一娘	李景郎(父)	张补(宗叔)	4.12,同上
5.12	郑清云	27	三间土库	林蜜娘	25	吴珠娘	郑朝服(堂叔)	林西兴(胞伯)	4.13,同上
5.13	邱春福	19	五脚桥	钟弼娘	16	陈月娘	邱极(父)	钟汶水(父)	4.13,同上
5.13	李元德	19	珍新圩	张碧娘	20	陈月娘	李宽(父病,胞叔有代)	张天喜(父)	4.13,同上
5.13	丘元勋	24	五脚桥	徐福娘	21	戴清娘	丘天生(胞叔)	徐接(父)	4.13,同上
5.17	林拱	22	珍新圩	陈进娘	20	林廪	林心(父)	陈起(父)	4.16,同上
5.18	黄起	32	观音亭	卢蛏娘	19	赖秀娘	黄荣光(胞叔)	王春娘(母)	4.13,同上
5.18	黄进宝	37	戈劳屈	何金娘	17	洪雪娘	黄准郎(胞兄)	何德淑(堂兄)	4.13,同上
5.19	陈缉	29	大港墘	林生娘	22	戴清娘	陈妈兴(胞叔)	林泰山(宗兄)	4.20,同上
5.19	陈武	38	圣望港	黄宣娘	22	许信娘	陈妈兴(宗兄)	黄画郎(宗叔)	4.13,同上
5.19	甘清水	25	哨口	程合娘	20	戴清娘	甘珠山(父)	程岐山(宗叔)	4.16,同上
5.21	吴奋复	27	观音亭	许惜娘	15	邹世娘	吴连(胞兄)	许钦(宗叔)	8.4,黄,陈
5.23	黄水汶	22	中港仔	刘来娘	20	郭一娘	黄永快(堂兄)	刘宁光(堂叔)	4.16,同上
5.24	林放	46	小南门	李发娘	25	郭一娘	林文仲(宗兄)	李景郎(父)	4.27,同上
5.25	温亚三	25	昂干疾	李银娘	24	陈月娘	温亚六(堂叔)	李亚壬(堂兄)	4.20,同上
5.28	陈长光	56	蕉仔街	蔡恤娘	23	戴清娘	陈永瑞(宗兄)	蔡源水(父)	4.27,同上
5.28	黄永珠	26	绒高兰	吴娘哪	20	郑银娘	黄八(父)	吴英(父)	4.27,同上

6.8	林斗	40	小南门	谢金娘	15	吴珠娘	林栋(宗兄)	谢状(宗兄)	5.4,郑,高
6.14	苏豹生	37	北面街	蔡来娘	24	陈秀娘	自己	蔡奎炳(宗兄)	5.7,同上
6.15	陈良	36	观音亭新厝仔	林淑娘①	29	洪惜娘	自己	自己	旧婚,同上
6.16	张亚芹	32	大南门内	钟辛娘	18	江秋娘	自己	钟云(堂兄)	5.11,同上
6.17	林新郎	22	丹兰望	黄悦娘	18	郭一娘	林亚添(胞叔)	黄炎芳(父)	5.18,同上
6.19	王元隆	36	西门	甘志娘②	27	郭一娘	自己	自己	
6.20	林亚才	19	公馆巷	黄春娘	18	赖秀娘	林锦相(宗叔)	萧硂娘(生母)	5.18,同上
6.21	文子明	25	五脚桥	黄伴娘	16	许新娘	文子生(胞兄)	黄场(胞兄)	5.18,同上
6.24	刘作	48	旧鱼涧前	叶直娘③	32	戴清娘	自己	自己	5.18,同上
6.24	周发	45	大南门	陈道娘④	29	蔡雅娘	自己	自己	旧婚,同上
6.25	尹居彩	42	西门	汤带娘⑤	31	朱萃娘	自己	自己	6.2,同上
6.30	林冰	42	小南门	何銮娘	26	吴珠娘	林顺(宗兄)	何东家(父)	6.3,郑,高
6.30	温晋良	31	戈劳屈	陈正娘	17	彭亚七	温亚八(叔祖)	陈札官(宗兄)	6.7,同上
7.2	林素边	36	班芝兰	陈秋娘	20	吴珠娘	林五福(宗兄)	陈正除(胞兄)	5.26,黄,吴
7.8	范成龙	28	洪溪	傅元娘	15	江秋娘	范福(宗兄)	傅亚五(胞兄)	6.2,同上
7.11	江亚三	35	洪溪头	赖戊娘	15	邓南斗	江亚二(宗叔)	赖龙锡(父)	6.7,同上
7.15	陈瑞兴	20	公司后	郭甘娘	18	郭一娘	陈金生(父)	郭汉(宗叔)	6.13,同上
7.20	陈剑	43	观音亭	蔡明娘	26	陈月娘	陈剑自己	蔡德全(胞兄)	6.17,同上
7.22	陈和良	30	鉴光柳厘	涂金娘	18	许新娘	陈干质(父)	涂庇生(父)	6.15,同上
7.22	谢增秀	28	石珍新圩	胡金娘	22	吴猛	谢佳昌(堂兄)	胡西郎(宗叔)	6.26,同上
7.27	傅亚五	35	小南门	范春娘	18	许信娘	傅盘四(胞叔)	范亚传(父)	6.26,同上
8.2	古插三	28	蕉仔街	钟蛮娘⑥	19	叶京娘	自己	自己	6.28,黄,陈

① 林氏前夫黄光垂结发8个月身故,无遗下子女,恬处10年,无奈愿与陈为夫妇,永结同心,各花押在婚簿。批照。知见人黄日进,签字黄日进。

② 甘氏前夫黄和尚结发6年身故,并无生产,恬处3年,无奈愿与王为夫妇,永结同心,各花押在婚簿。批照。

③ 叶氏前夫戴致芳结发5年身故,遗一女银娘8岁,恬处4年,愿与刘为夫妇永结同心,各花押在婚簿。批照。知见人米涧前副默林忠老(签字打×为号)。

④ 据陈氏称:前夫丘杰结发13年身故,留一男光远6岁,一女曲娘10岁,恬处6年,无奈愿与周发为夫妇,永结同心,各花押在婚簿。批照。知见人五脚桥庄瑞基签一"号"字为记。

⑤ 据汤氏称:前夫陈明结发13年身故,留一男崇山6岁,一女俭娘9岁,恬处3年,无奈愿与尹居彩为夫妇,永结同心,各花押在婚簿为批照。知见人默氏林元生。签字林元生三字。

⑥ 钟氏前夫蔡云彩结发4年病卒,遗一男得水,年登3岁,恬处1年,愿与古为夫妇,各花押在婚簿为批照。知见人默氏叶宝哥,签字"叶宝"。

8.3	林瑞兴	18	文丁旧圩	王英娘	16	刘益娘	林庆祥(父)	王严(父)	8.8,同上
8.3	张光淑	23	文丁	邱旦娘	18	刘益娘	张广(父)	丘瓒(父)	7.12,同上
8.4	陈偕	63	大巷内	马习娘①	38	陈月娘	自己	自己	旧婚,同上
8.6	李翠来	19	小南门	钟活娘②	20	郑金娘	自己	自己	7.1,同上
8.9	戴光汉	20	丹绒	陈机娘	17	陈顺娘	戴宝(父)	陈真(父)	7.12,同上
8.11	陈文彬	36	亭仔脚	蔡秀娘	19	陈月娘	陈哲郎(宗兄)	蔡冷泉(父)	7.9,同上
8.11	叶有山	22	望加毛吃	詹绣娘	15	陈月娘	叶亚三(父)	唐晓(父)	7.12,黄,陈
8.11	朱森源	43	八茶罐	蔡壬娘	21	郭一娘	朱权(堂兄)	蔡东山(宗兄)	7.23,同上
8.15	李锦二	34	毛六甲	吴景娘	18	戴清娘	李定四(宗叔)	吴亚双(父病,叔祖瑞五代)	7.12,同上
8.16	杨福方	28	八茶贯	曾寿娘	17	郭一娘	杨亚五(堂兄)	曾亚二(堂叔)	7.23,同上
8.17	李才生	24	文丁旧圩	林猫骨	24	林万福	李重(父病,胞兄厥生代)	林永水(父)	7.23,同上
8.19	叶石动	26	八茶贯	李荣娘	18	郭一娘	叶汀水(父)	李渊(父)	7.18,同上
8.19	陈福寿	23	丹绒	周直娘	21	邱恩娘	陈猜(堂叔)	周怀(父)	7.26,同上
8.24	戴得南	24	新港嘴	周文娘	18	戴金娘	戴红毛(父)	周新客(父病,胞兄光瑞代)	7.24,同上
8.29	张四海	22	珍旧圩	古金娘	16	蔡明娘	张祯祥(父)	古亚八(堂叔祖)	7.30,同上
8.29	方泰山	21	蕉仔街	薛碧娘	18	戴清娘	方妙生(胞叔)	薛观珠(胞叔)	8.4,同上
8.29	沈高蜜	22	蕉仔街	陈爱娘	22	郭一娘	沈清(父)	陈岱(堂叔)	8.4,同上
8.29	陈亚四	26	丹兰望大桥	房丙娘	17	李亚春	陈南寿(堂叔)	房亚顺(堂兄)	8.3,同上
8.30	陈顺明	20	加揽末	胡石娘	18	骆新郎	陈大戆(父)	胡福基(父)	8.21,同上
8.31	范五福	23	窑内	林莲娘	18	林万福	范廉(胞兄)	林墨(父)	8.5,同上
8.31	苏江汉	23	文丁旧圩	陈直娘	21	林万福	苏德山(胞叔)	陈亚回(父)	8.14,同上
9.2	徐进春	36	洪溪	何对娘	19	江秋娘	徐大二(宗叔)	何才(父)	8.5,郑,高
9.5	陈维熊	19	圣望港	叶银娘	16	吴珠娘	陈文瑞(父)	叶添(宗伯)	8.13,同上
9.5	李学长	36	大南门	林丙娘	17	梁亚胜	李兴长(宗叔)	林根(父)	8.5,同上
9.5	詹高山	27	观音亭	吴娘娜	20	林叶娘	詹偕(父)	吴江生(宗叔)	8.19,同上
9.5	陈两文	30	大社	张昭娘	21	郭一娘	陈理(宗叔)	张茂香(胞叔)	8.21,同上

① 据马氏称:前夫李永源结发16年病卒,无生育,恬处1年,愿与陈为夫妇,永结同心,各花押在婚簿批照。知见人陈悦德。

② 钟氏前夫黄北山结发5个月病卒,无女儿,恬处5年,无奈愿与李为夫妇,永结同心,各花押为照。知见人默氏黄如水不到。李奎秉花押(签一“李”字为记)。

9.7	陈肯堂	19	文丁	叶劝娘	19	李生	陈温郎(父)	叶棕(胞兄)	8.17,同上
9.8	蔡妙兴	18	珍旧圩	曾娘哪	15	黄惜娘	蔡转(父)	曾露(宗伯)	8.14,同上
9.8	邱顺德	18	五脚桥	黄月娘	18	许新娘	邱天瑞(堂兄)	黄全观(父)	8.14,郑,高
9.9	赖亚二	30	西门	谢潭娘	18	邱恩娘	赖亚六(宗叔)	谢金生(胞兄)	8.9,同上
9.10	陈金山	20	小南门把杀	林曲娘	20	戴清娘	陈春秋(堂兄)	林同(宗叔)	8.14,同上
9.10	陈壬威	22	丹兰州连	刘容娘	18	许辛娘	陈光水(胞兄)	刘益山(胞兄)	8.15,同上
9.12	韩本郎	23	竹厝巷	杨双娘	17	赖秀娘	韩青山(宗兄)	杨水明(宗兄)	8.14,同上
9.12	郭源泉	20	职宁贞	邱莺娘	17	郭一娘	郭天宗(父)	邱风葱(族叔祖)	8.14,同上
9.14	张和兰	25	珍鉴光猫厘	詹簿娘	18	赖秀娘	张富(父)	詹诅(父)	8.13,同上
9.14	王源长	21	宁光巴郎办让	吴吉文	17	陈朱娘	王和同(宗叔)	吴全(父病,胞兄仁山代)	8.14,同上
9.15	钟良	25	五脚桥	邱呈娘	16	江秋娘	钟仁和(胞兄)	邱布观(父)	8.13,同上
9.15	林文喜	20	丹兰望	许经娘	16	陈顺娘	林雷(胞兄)	许和尚(父)	8.21,同上
9.16	张亚三	38	戈劳屈	刘引娘	22	杨曲娘	张亚敬(堂叔)	刘钦淑(宗兄)	8.19,同上
9.16	夏认	54	八厨沃间	吴美娘	29	王吉娘	自己	吴青云(宗兄)	8.21,同上
9.16	翁丁	45	珍旧圩	陈癸娘	19	郑银娘	翁燕郎(宗兄)	陈枫(堂叔)	8.17,同上
9.19	刘重	33	干冬圩	蔡积娘	19	杨一娘	刘轮(宗叔祖)	蔡丁元(胞叔)	8.21,同上
9.24	周木林	22	砖仔桥	胡际娘	18	陈心娘	周炳文(父)	胡员雷(胞兄,路远不到,堂兄中庸代)	8.21,同上
9.26	黄欢	34	珍新圩	詹发娘	16	吴猛	黄威仪(堂叔)	詹潭(父)	8.26,同上
9.28	黄桐	24	丹兰丁宜	沈干娘	18	林万福	黄连生(胞兄)	沈启明(父病,胞兄福山代)	9.5,同上
9.30	沈海	42	小南门	陈娘哪	17	郑金娘	沈命(堂兄)	陈养(胞兄)	8.28,同上
10.1	李桓义	32	戈奢园	钟戊娘	15	郭一娘	李洪进(胞叔)	钟振声(胞叔)	9.22,同上
10.1	赖恒足	23	文丁	蔡雅娘	19	林万福	赖梧椿(父)	蔡房弗(父病,堂伯如山代)	9.5,同上
10.5	林功勋	27	茄老旺	黄正娘	16	赖秀娘	林功振(胞兄)	黄天送(父)	9.22,同上
10.5	蔡温动	23	茄揽抹	郭中娘	24	赖秀娘	蔡果曾(父,年老,堂兄景良代)	郭仁张(父)	9.13,同上
10.6	叶福源	22	旧把杀	林娘哪	16	沈山娘	叶江水(堂兄)	林俊德(宗叔)	10.15,黄,吴
10.6	邱金生	18	五脚桥	詹生娘	16	陈月娘	邱时(父)	詹润(父)	9.13,同上
10.8	林启祥	26	八戈然	刘进娘	19	郭一娘	林绵(宗叔)	刘新福	9.13,同上
10.8	李振夏	50	大港垅巷	陈正娘	28	林协娘	自己	陈铭铉(胞兄)	9.6,同上

10.10	陈应轩	33	干冬圩	蔡四妹	18	钟文新	陈相(堂兄)	蔡安(堂叔)	9.13,同上
10.10	黄福星	35	观音亭	石蒙娘	25	林协娘	黄亚庆(宗兄)	石游山(胞兄)	9.13,同上
10.10	涂甜	34	窑内	李金娘	20	郑银娘	涂生(堂叔)	李福郎(宗兄)	9.13,同上
10.11	吴沙	20	宁光	林润娘	18	林生娘	吴寡(父)	林中老(胞叔)	9.20,同上
10.11	郑璇玑	30	公馆边	卓宇娘	25	陈辛娘	郑伴(堂伯)	卓黎(堂兄)	9.13,同上
10.12	许炮	31	文丁旧圩	林来娘	19	赖秀娘	许每生(宗叔)	林泽(父未到,胞叔全代)	9.13,同上
10.12	杨朝	24	息里旁	林莺娘	18	王同	杨野(宗兄)	林长兴(父)	10.8,同上
10.17	韩英郎	24	丹兰望	詹美蜜	17	戴宝娘	韩景郎(胞兄)	詹红毛(堂兄)	9.22,同上
10.17	陈奎	16	惹牙毛吃	刘丁娘	16	同亚瞻	陈亚紧(父)	刘丁淑(胞兄)	10.4,同上
10.18	黄鹤璇	22	丹兰望	李绵娘	18	陈顺娘	黄南靖(父)	李麟生(父)	壬 10.10,同上
10.20	杨郎生	19	中廊地	林宝娘	16	郑银娘	杨振生(堂伯)	林青春(父病,胞兄兴郎代)	10.4,同上
10.20	李应成	19	米涧前	黄音娘	19	蔡勤娘	李吉质(堂叔)	邱旺娘(母)	9.20,同上
10.21	方旦	22	大社	王睿娘	22	郭一娘	方祖生(胞兄)	王发育(胞兄)	10.11,同上
10.21	王绿	30	小南门	杨生娘	16	林万福	王锦(族叔)	杨协(父)	10.1,同上
10.22	詹清流	18	职宁贞	谢秀娘	16	郑银娘	詹金声(父)	谢明水(胞兄)	壬 10.9,同上
10.24	张钦	34	大港墘	林财娘	16	林协娘	张甜(堂叔)	林慈(父)	10.4,同上
10.24	陈奇才	52	圣望港	吴宇娘	39	吴珠娘	自己	吴楼(父)	10.11,同上
10.25	兰奇杰	43	大港墘	严福娘	22	陈月娘	兰昶(堂叔)	严孝仁(胞伯)	9.26,同上
10.26	甘长发	22	珍旧圩	郑利娘	20	陈心娘	甘调(父)	郑奇泉(父)	10.10,黄,吴
10.26	林沂泉	20	马穆地	许恭娘	18	许秀娘	林养郎(父)	许其良(父)	10.25,同上
10.26	林沧海	18	雁汝地	黄蜜娘	17	林万福	林佛生(胞伯)	黄未郎(父)	10.10,同上
10.26	曾雷	21	北茄容	陈荅娘	19	许秀娘	曾良河(父)	陈天老(父病,胞兄灼水代)	10.18,同上
10.27	叶甘生	27	戈踏歹	陈远娘	21	谢春娘	叶喜求(胞叔)	陈发生(胞兄)	10.2,同上
10.27	王本箕	19	中港仔	余宝娘	16	沈山娘	王壬癸(宗叔)	余亚霞(胞叔)	10.11,同上
10.28	沈珠明	19	珍旧圩	黄水娘	17	陈心娘	沈玉成(宗叔)	黄穆光(父)	10.4,同上
10.29	陈金泉	22	望寮	潘八娘	20	邹世娘	陈海生(父)	潘三喜(胞兄)	10.16,同上
10.30	黄辣	41	小南门	王谌娘①	31	戴清娘	自己	自己	10.17,同上
10.31	张亚三	24	水锯仔顶	黄福娘	17	蔡庚娘	张有麟(族伯)	黄亚九(父)	10.4,同上

① 王氏前夫谢房结发 9 个月身故,无生子女,恬处 7 年,无奈愿再醮与黄为夫妇,永结同心,各花押为凭。

10.31	王得生	21	文丁旧圩	林弟娘	24	沈京	王杰生(胞兄)	石京娘(生母,宗伯紫微代)	10.19,同上
11.2	黄伯研	26	大港墘	刘玲娘	16	吴珠娘	黄伯适(胞兄)	刘戽(父)	10.4,同上
11.3	郭绍洲	29	大使庙	戴福娘	21	邹世娘	郭绍漳(胞兄)	戴祖成(父)	10.16,同上
11.5	白济猛	29	大港墘	王红娘	14	郭一娘	白仙(胞叔)	王维翰(宗叔)	10.19,同上
11.5	林朝老	22	昂干疾	陈来娘	15	许信娘	林全生(父)	陈永和(宗叔)	10.4,同上
11.7	黄荣仁	25	珍旧圩	张银娘	22	蔡明娘	黄荣生(胞兄)	张龙(父)	10.19,同上
11.8	陈得利	18	小南门	施朱娘	16	赖秀娘	陈学诗(父)	施罗成(父)	10.27,同上
11.8	黄水成	18	小南门	谢月娘	15	许信娘	黄眼(宗叔)	谢凤时(堂叔)	10.6,同上
11.9	纪三红	26	珍旧圩	詹修娘	18	蔡明娘	纪隆生(父)	詹厨(堂叔)	10.11,同上
11.9	林甘生	22	马穆	陈雅娘	16	蔡明娘	林仁水(宗叔)	陈天兴(胞伯)	10.22,同上
11.9	蔡桐	21	北茄容	刘雅娘	19	蔡明娘	蔡溪水(父)	刘麟(胞兄)	10.11,同上
11.10	刘如山	23	五脚桥	苏凤娘	21	陈月娘	李奇娘(生母)	苏德生(胞伯)	11.5,同上
11.10	兰民安	30	大港墘	林端娘	18	邹世娘	兰奇杰(堂兄)	林必慎(宗兄)	10.19,黄,陈
11.10	张造化	18	亚森脚	陈蜜娘	18	沈三娘	张守矩(胞兄)	陈和士(父)	10.19,同上
11.10	柯福	34	五脚桥	韩鸾娘	26	赖秀娘	柯光瑞(宗叔)	韩万生(父)	11.5,同上
11.11	廖顺	34	大港墘	吴十娘	26	林叶娘	自己	吴忠恩(父)	10.19,同上
11.11	陈亚京	36	大南门	邱丙娘	17	洪雪娘	陈亚鼎(胞叔)	邱海生(堂叔)	10.16,同上
11.12	李庆水	28	大南门	危碧霞	17	赖秀娘	李世聘(族叔)	危如松(族兄)	10.11,同上
11.13	李伯泰	33	中港仔	陈硂娘	17	郭一娘	李长官(父,钦赐雷)	陈铿昌(父)	10.15,同上
11.14	林坤山	26	八茶罐	蒋杰娘	20	沈三娘	林凿(父)	蒋天雨(父)	10.15,同上
11.14	丁河水	26	文丁	陈茶娘	16	戴清娘	丁叠(胞叔)	陈明(父)	10.16,同上
11.14	庄纱郎	25	茄泊	刘珠娘	15	戴清娘	庄贯(宗叔)	刘银生(父)	10.27,同上
11.14	钟德莱	27	安恤桥	黄奇娘	15	戴清娘	钟德兴(胞兄)	黄灿(宗兄)	10.18,同上
11.15	林源	34	西门	朱镭娘	29	蔡勤娘	林坤山(堂叔)	朱瑞郎(父)	10.16,同上
11.15	姚锦	32	班芝兰	林磊娘	17	郑锦娘	姚雨水(堂叔)	林反(宗叔祖)	10.18,同上
11.15	陈昌廷	38	珍旧圩	张佳娘	19	刘清汉	陈登桂(堂叔)	张世龙(堂兄)	10.19,同上
11.15	杨本生	27	小南门	张镭娘	23	戴清娘	杨甘露(宗兄)	张文(父)	11.5,同上
11.16	林安生	20	窑内	陈锡娘	18	许信娘	林北源(宗伯)	陈子塔(父)	10.19,同上
11.16	叶甕	21	小南门	黄兰娘	21	赖秀娘	叶才(堂兄)	黄生音(胞兄)	10.19,同上

11.16	陈才	20	大港墘	蔡禧禄	18	陈月娘	陈目(堂叔)	蔡东山(父)	10.19,同上
11.18	纪天富	25	涌莱河	黄和娘	15	沈三娘	罗味娘(生母)	黄有邻(父)	11.18,同上
11.18	范杰水	24	西门	朱发娘	15	江秋娘	范泰山(父)	朱友(族叔祖)	10.28,同上
11.18	林美仁	28	加揽抹	黄软娘	20	沈青龙	林枣(族叔)	黄高洛(父病,宗兄永福代)	11.1,同上
11.21	萧壬生	22	下湾	林涯娘	20	刘易娘	萧亚基(父)	林同(堂兄)	10.25,同上
11.23	陈官爹	30	大南门	林戊娘	15	陈润淑	陈成佳(父)	林亚尚(父)	10.27,同上
11.23	陈学林	34	班芝兰	黄经娘	14	戴清娘	陈性(堂兄)	黄港(堂叔祖)	10.28,同上
11.23	陈淇泉	20	八戈然	林仁娘	16	吴珠娘	陈乌尚(堂叔)	林石(堂叔)	10.27,同上
11.24	曾贞	40	观音亭	沈月娘	20	邹世娘	曾挑(堂兄)	沈然(父)	10.27,同上
11.25	林玉珍	20	干冬圩	汤珠娘	20	杨一娘	林三郎(胞兄)	汤仙鹤(父)	10.28,同上
11.26	陈嘉种	30	八厨沃间	唐追娘	20	江秋娘	陈偶然(族伯)	唐卿获(宗伯)	10.28,同上
11.28	林睿智	19	珍旧圩	周美娘	17	陈心娘	林淇水(父病,堂兄攀生代)	周钏(胞伯)	11.5,同上
11.28	李洪达	34	洪溪	颜旁佛	20	郑千寿	李亚三(胞兄)	颜裕(宗叔)	11.24,同上
11.28	黄长水	26	加弄西垅	郑丹娘	17	沈三娘	黄霖生(父病,堂兄永文代)	郑标(堂兄)	11.10,同上
11.28	林永春	25	马穆	李银娘	17	沈三娘	林生(父)	李捍(父病,胞叔乎代)	11.17,同上
11.30	赖瑞英	22	文丁	李东京	15	林万福	赖黎(父)	李南(父)	11.5,同上
11.30	王长汉	20	龙岗	陈成娘	15	林万福	王初香(父)	陈昆(父)	11.10,同上
11.30	吴坎元	20	牛郎班让	沈荣娘	19	林万福	吴千连(父)	沈葱(父)	11.10,同上
12.7	罗富长	40	大南门	张六娘	15	郑三	罗银盛(宗兄)	张官养(父)	11.16,郑,高
12.7	卢生和	24	息厘房	吴金娘	20	王杰	卢章(父)	吴四照(父)	11.24,同上
12.8	张道成	27	廿六间巷	郑水娘	17	江秋娘	张双喜(胞叔)	郑池(宗叔)	11.16,同上
12.10	蔡瑞和	21	大使庙	林荫娘	19	吴珠娘	蔡成宗(父)	林克(父)	11.17,同上
12.10	黄高芝	20	文丁旧圩	吴娘娜	19	林万福	黄发生(父病,胞兄加弄代)	吴拔萃(胞兄)	11.16,同上
12.12	王长兴	21	加览末	林学娘	20	谢邦	王石(父)	林三英(胞叔)	11.24,同上
12.13	王丁仔钫	38	鉴光万兰	何辛娘	22	李生	王三贵(堂兄)	何甲生(宗兄)	11.17,同上
12.15	詹意	50	八戈然	陈腰娘	30	江秋娘	詹出(宗叔)	陈子(堂叔)	11.17,同上
12.15	李威张	22	文丁旧圩	林石娘	20	陈长娘	李钦容(从叔)	林椿秀(胞叔)	11.24,同上
12.19	石长江	27	观音亭	黄明娘	17	邹世娘	石游山(宗叔)	黄池生(宗叔)	11.24,郑,高

12.19	林集	26	八茶罐	蔡清娘	18	赖秀娘	林鸾生(宗伯)	蔡辖(父)	11.24,同上
12.21	余亚夏	35	小南门	严水娘	19	许辛娘	余开合(堂兄)	严孝仁(父)	11.24,同上
12.21	黄捷音	22	文丁新圩	张石娘	20	黄博厚	黄春(胞伯)	张文(父)	12.8,同上
12.21	洪一	47	文丁旧圩	赖吉娘	22	林万福	洪丙(堂兄)	赖偕(父)	12.15,同上
12.22	陈春风	23	窑内	谢一娘	18	赖秀娘	陈文祥(父)	谢长生(父)	11.28,同上
12.22	林恒	31	大港墘	叶六娘	14	郭一娘	林从(宗兄)	叶添(宗叔)	11.24,同上
12.27	苏德兴	19	砖仔桥	刘癸娘	20	沈山娘	苏德生(胞兄)	刘桂合(父)	11.28,同上
12.27	林义明	18	西门	戴安娘	18	许辛娘	林北原(父)	戴居所(宗叔)	11.28,同上
12.30	高敬信	45	安恤	许真礁	20	邹世娘	高腾(族叔祖)	许云列(胞兄)	12.8,同上

总计:242 对

1843 年吧城唐人成婚注册表

月日	新郎	年岁	住址	新娘	年岁	媒妁	男方主婚	女方主婚	备注 结婚日,主事人
1.2	谢江生	23	观音亭	苏挨瓦	18	赖秀娘	谢亚四(父)	苏江陶(父)	12.16,黄永禄,吴昭阳
1.3	王润德	22	班芝兰	刘月娘	19	郑银娘	王课(父)	刘红毛(宗叔)	12.8,同上
1.4	姚新郎	32	公司后	林喜娘	15	叶敬娘	姚辉鼎(胞叔)	林亚审(父)	12.11,同上
1.4	黄石基	26	珍旧圩	傅水娘	18	王根娘	黄云基(胞兄)	傅进(父)	12.15,同上
1.5	戴忠立	22	米涧前	赖玉娘	19	戴清娘	戴荣(宗叔)	赖丹水(父)	12.8,同上
1.5	林福赐	25	大南门直街	卢曲娘	21	郭一娘	林良(胞兄)	卢新生(宗兄)	12.8,同上
1.5	胡泮水	22	打铁街	陈德娘	21	郭一娘	胡西郎(父)	陈梓(父)	12.16,同上
1.5	黄丁未	36	廿六间巷	张勤娘	20	戴清娘	黄爻(宗叔)	张春元(堂叔)	12.8,同上
1.6	李长溪	26	茄老旺	郑淡娘	21	李分	李永庆(父)	郑中生(堂叔)	12.11,同上
1.7	杨亚亮	34	小南门	梁一娘	18	郭一娘	杨锡山(宗叔)	梁亚丙(父)	12.11,同上
1.9	甘文直	30	珍旧圩	纪贵娘	23	陈心娘	甘朝(堂叔公)	纪泰山(胞兄)	12.11,同上
1.9	施老成	39	洪溪	郑润娘	23	叶敬娘	施成美(宗兄)	郑让生(堂兄)	12.15,同上
1.9	黄石川	42	小南门	陈仟娘	18	郑银娘	黄颜(堂兄)	陈元隆(父)	12.15,同上
1.9	陈宗荣	37	窑内	许雅娘	20	陈月娘	陈渭滨(胞兄)	许石罐(胞叔)	12.15,同上
1.9	钟煌二	38	小南门	林益娘	19	戴保娘	钟凤三(宗叔)	林河春(父)	12.11,同上

1.10	丘文理	36	五脚桥	叶胡娘	17	许信娘	丘国帛(堂兄)	叶孝(宗兄)	12.16,同上
1.11	陈桂森	21	文丁	林一娘	16	许信娘	陈光拔(父)	林坪(堂兄)	12.16,同上
1.16	黄杏	46	文丁	朱楼娘	26	邱一娘	黄春(宗叔)	朱辉(父)	12.22,同上
1.18	陈江亮	32	文登圩	赖宣娘	16	蒋大戆	陈国(宗兄)	赖双贵(胞兄)	12.22,同上
1.19	李康寿	26	公司后	林戊娘	15	古芹二	李金园(宗兄)	林现(宗兄)	12.29,同上
1.21	黄德修	23	八戈然	钟雅娘	15	郭一娘	黄东启(胞叔)	钟亚细(胞叔)	癸1.7,同上
1.21	郭绍漳	35	大使庙	林端娘	25	邹世娘	自己	林远(宗叔)	1.8,同上
1.21	陈贻所	25	公司后	卓源娘	17	沈三娘	陈改畴(宗叔)	卓黎(父)	癸1.7,黄,吴
1.21	范亚六	35	大南门	吴宗娘	18	郭一娘	范山东(胞叔)	吴飞凤(父)	12.26,同上
1.24	余荣门	18	望加勿杀	姚郡直	15	李生	余皆合(父)	姚亚册(父)	12.29,同上
2.16	陈再	24	八茶罐	黄文娘	16	郭一娘	陈弼(宗兄)	黄爻(宗叔)	1.21,同上
2.17	林亚辉	40	望加示	李娘哪	18	杨丙娘	林亚房(胞兄)	李亚定(胞兄)	1.27,同上
2.17	熊乡邻	33	大南门	谢胜娘	16	郭一娘	熊亚造(胞叔)	谢亚来(堂叔)	1.24,同上
2.17	林魁	37	干冬圩	韩银租娘	26	沈帝	林五福(宗兄)	韩札(胞叔祖)	1.21,同上
2.18	郭儒生	21	圣望港	陈莺娘	16	许辛娘	郭淮(宗兄)	陈八(堂叔)	1.21,同上
2.25	杨崇兰	37	打铁街	李任娘	17	郭一娘	杨梅衡(胞叔)	李庚生(宗叔)	1.27,同上
3.6	李寿	29	把杀务朗	高益娘	25	许信娘	李裕兴(宗叔)	高文德(胞叔)	2.12,郑若思,高俊杰
3.10	游云腾	23	望寮	陈正娘	22	赖秀娘	游保生(父)	陈红毛(父)	2.19,同上
3.11	罗传成	36	观音亭	王顺娘①	20	林协娘	自己	自己	旧婚,同上
3.13	陈亨	36	小南门	柯图娘	25	戴清娘	陈启宇(宗兄)	柯德山(胞兄)	2.14,同上
3.14	叶亚增	38	大南门	邓明娘	20	邓已柏	叶亚义(宗叔)	邓亚四(父)	2.22,同上
3.17	陈金山	20	珍旧圩	黄顺娘	20	陈心娘	陈顺便(胞兄)	黄轸(父)	2.21,同上
3.18	张有来	20	窑内	郭铃娘	16	许信娘	张开(父)	郭天宗(父)	2.22,同上
3.20	陈乎	43	小南门	周理娘	24	戴宝娘	陈登(堂叔)	周罗(胞兄)	2.26,同上
3.20	周用	33	大南门	邱庞娘	17	赖秀娘	周荣(宗兄)	邱钟(胞伯)	2.26,同上
3.23	林浴池	36	大巷内	范灿娘	19	沈三娘	林斗(宗兄)	范如松(父)	2.27,同上
3.28	黄亮	31	小南门	吴銮娘②	31	许信娘	自己押号	自己押号	3.3,郑,高

① 据王氏称:前夫黄天赐结发才7个月,不幸卒于壬六月,氏怀孕二个月。至8月14日再醮与罗为夫妇,孕女已产下不育,二比甘愿永结同心,各花押在婚簿存照。

② 吴氏前夫王周结发4年身故,生一男名壁柢,年12岁,寡守9年,愿与黄为夫妇,永结同心,各花押在婚簿存照。知见人该默叶孝(签一圆圈为记)。

4.4	黄财	25	职宁贞	林味蜜	23	郑银娘	黄板生(父)	林木(宗兄)	3.12,黄,吴
4.6	张鉴	46	文丁	吴粉娘	29	林万福	张热(族叔)	吴清云(胞兄)	3.13,同上
4.6	谢相和	31	小南门	黄秀娘①	29	戴清娘	自己	自己	3.15,同上
4.6	陈启明	24	八茶罐	蔡织娘	24	戴宝娘	陈求生(宗兄)	蔡月白(父)	4.1,同上
4.6	陈梅	37	珍旧圩	杨金娘	21	陈心娘	陈苗(从叔)	杨润(宗兄)	3.9,同上
4.9	陈九	28	文丁石桥	黄娘哪	19	李生	陈森(宗叔)	黄蛛(胞叔)	3.17,同上
4.14	薛间	34	珍旧圩	黄硂娘	18	蔡明娘	薛阔(堂兄)	黄元(胞兄)	4.1,同上
4.18	谢亚接	33	圣望港内	陈丁娘	17	江秋娘	谢勋高(堂叔)	陈亚二(堂叔)	3.24,同上
4.18	林深	28	打铁街	吴彦娘	23	郭一娘	林象光(宗叔)	吴宁生(宗伯)	3.22,同上
4.18	纪春风	20	圣望港	戴水娘	18	陈月娘	纪协郎(胞叔)	戴生兴(胞兄)	4.15,同上
4.19	朱由	32	大港墘	黄恩娘	20	吴珠娘	朱春阳(族叔祖)	黄接宁(堂兄)	3.22,同上
4.21	戴海山	19	干冬圩	张勃娘	19	杨一娘	戴万(堂叔)	张广生(胞兄,堂兄长代)	4.3,同上
4.24	潘五美	36	拔拔丹	陈来娘	16	詹灶	潘有庆(宗叔祖)	陈如水(胞叔)	4.3,同上
4.25	陈涌泉	21	亭仔脚	江缎娘	19	沈三娘	陈岱(父)	江成发(堂伯)	4.8,同上
4.26	戴永文	18	亭仔脚	林月娘	17	许心娘	戴宝春(父)	林墨(父)	4.3,同上
5.1	杨北方	21	公司后	陈瑞娘	17	郭一娘	杨亚彩(房叔祖)	陈总岩(房叔)	4.5,黄,陈
5.2	林宗生	28	东门外	王陈娘	30	戴清娘	林江汉(胞叔)	王全禄(胞兄)	4.12,同上
5.2	吴见贤	32	八茶罐	邹玲娘	21	邹世娘	吴锲(宗叔)	邹全生(胞叔)	4.11,黄燎光,陈启淮
5.2	李子亮	24	毛仔蚋毛仔曾	林莺娘	18	郭一娘	李篇(宗叔)	林泰山(宗兄)	4.15,同上
5.5	陈饭	48	小南门	吴谦娘	20	江秋娘	陈亚富(宗兄)	吴振贤(胞兄)	4.15,同上
5.5	谢江龙	38	八茶罐	钟丙娘	18	江秋娘	谢亚四(宗叔)	钟庆道(宗叔)	4.18,同上
5.6	张罕	32	小南门	林浮厨	23	沈三娘	张式在(堂兄)	林湖(堂伯)	4.21,同上
5.8	兰克昌	36	珍新圩	陈良娘	25	黄潘	兰昶(宗兄)	陈衷(父)	4.21,同上
5.8	陈连	29	干冬圩	马曲娘	18	杨一娘	陈西朗(胞兄)	马仁水(堂叔)	4.17,同上
5.9	林四	45	洪溪	潘春娘②	28	许信娘	自己	自己	4.15,同上
5.13	林三贵	21	道郎	宋丙娘	18	古华荣	林水生(胞兄)	宋亚德(父)	4.28,同上
5.15	吴碓	26	珍新圩	林彬娘	19	吴珠娘	吴锲(胞叔)	林次恩(胞兄)	4.21,同上

① 黄氏前夫谢育结发5年身故,生一男献珍,年登7岁,一女娘哪4岁,恬处4年,无奈愿与谢为夫妇,永结同心,各花押为照。知见人该默蒋忠生(签字"蒋忠生"三字)。

② 潘氏前夫丘永泉结发4年身故,生一男不育,愿与林四永结同心。知见人该默赖亚六(签一圆圈为记)。

5.15	黄新池	46	干冬圩	范宝娘	19	江秋娘	黄永祥(堂兄)	范福(宗兄)	4.11,同上
5.15	颜漏	36	八厨沃间	陈发娘	15	赖秀娘	颜永老(堂叔)	陈满(房叔)	4.22,同上
5.16	陈素	30	丹绒	周文娘	16	郑银娘	陈锐(胞兄)	周逊(宗兄)	4.22,同上
5.17	兰牛	28	珍新圩	李丁娘	17	陈心娘	兰昶(宗叔)	李佛(父)	4.27,同上
5.18	刘猫	26	珍旧圩	詹振娘	16	陈心娘	刘新福(宗兄)	詹厨(宗伯)	4.22,同上
5.23	洪泼	36	五脚桥	丘凤娘	15	郭一娘	洪随(房叔)	丘极(堂叔)	5.3,同上
5.30	黄章昭	42	小南门	钟五娘	30	江秋娘	自己	自己	旧婚,同上
6.7	黄捷生	18	甕莱河	李金娘	16	江秋娘	黄有麟(父)	李朝音(父)	5.24,郑,高
6.10	陈江水	16	大港墘	徐良娘	14	郭一娘	陈令(父)	徐甲金炉(父)	缺,郑,高
6.10	何锡山	52	小南门	李二娘	38	彭亚增	何国才(宗兄)	李亚隆(宗兄)	旧婚,同上
6.18	陈广元	18	班芝兰	王谦娘	18	吴珠娘	陈永元(堂兄,妈腰)	王涌夺(堂叔)	癸 5.29,同上
6.19	袁珠生	39	茄簿蔀	吴梅娘	16	张梅娘	袁天顺(堂兄)	吴修观(宗叔)	5.28,同上
6.27	刘亚四	31	把条务朗	邱雅娘	22	戴清娘	刘亚二(胞兄病,自己代押,刘亚四)	邱钟(宗伯)	5.30,同上
6.27	黄碗	44	西门	邓六娘①	24	吴山娘	自己	自己	6.1,同上
6.27	江亚添	50	西门	曾宁娘	25	江秋娘	江亚抄(宗叔)	曾亚三(胞叔)	6.15,同上
6.28	李亚三	30	洪溪	钟登娘②	19	叶景娘	自己	自己	6.2,同上
7.1	王文碧	26	西门	曾音娘	24	郭一娘	王元隆(房叔)	曾顺(宗兄)	6.6,黄,吴
7.1	陈光燦	24	新厝仔	叶茄郎	16	戴清娘	陈元生(父)	叶利添(房伯)	6.12,同上.
7.1	蔡萃郎	21	织宁贞	陈齐娘	19	郑银娘	蔡金生(父)	陈道生(堂叔)	6.12,同上
7.4	林道生	27	八厨沃间	陈味娘	16	陈月娘	林春光(宗兄)	陈印(堂伯)	6.12,同上
7.11	黄波光	20	洪溪	连才娘	21	吴珠娘	黄碧梧(父)	连凤池(父)	6.22,同上
7.12	何长兴	38	小南门	叶安娘	18	林润娘	何干山(宗叔)	叶安山(胞兄)	6.19,同上
7.14	丘元生	43	洪溪	黄锲娘③	28	江秋娘	自己	自己	6.19,同上
7.15	江邦武	34	大港墘	林鸾娘	25	黄春	江盛发(宗兄)	林光振(胞兄)	7.3,同上
7.18	王有哇	27	大使庙	黄金娘	22	郭一娘	王凉海(房叔)	黄瑞(堂叔)	6.26,同上

① 邓六娘又名庚娘,前夫沈亚满于 1843 年 8 月 16 日遵公堂判付离遏,今愿再醮黄碗为夫妇,永结同心,各花押在婚簿存照。知见人该默管亚三(签字画一圆圈为记)。

② 钟氏前夫张亚宽结发 4 年病故,并无生产,恬处年余,愿再嫁与李为夫妇,永结同心,各花押在婚簿批照。知见人伊该默叶成宝(盖方形红印,"叶记成宝"四字)。

③ 黄氏前夫陈八结发 8 年身故,有生下女儿不育,寡守 5 年,愿与丘为夫妇,永结同心,各花押在婚簿存照。知见人该默林新连(盖长方形红印,'默氏林新连'五字)。

7.18	吴永彦	35	槟榔社	张石娘	25	许信娘	吴东海(从叔)	张合老(胞兄)	6.26,黄,吴
7.19	黄长发	18	北茄浪	何戊娘	16	钟江麟	黄奎(父)	何连贵(胞兄)	12.15,同上
7.19	黄群	46	观音亭	赖戊娘	16	陈月娘	黄成(宗兄)	赖亚汀(堂叔)	7.4,同上
7.19	沈愿	31	峇工干廊	骆孝娘	19	林万福	沈质(胞兄)	骆齐(父)	7.17,同上
7.20	黄亚三	38	小南门	张雅娘	16	叶敬娘	黄福郎(胞兄)	张亚三(宗叔祖)	6.26,同上
7.25	李春	32	小南门	叶宝娘	18	蔡勤娘	李润郎(父)	叶可(父)	闰7.15,同上
7.26	王秧	36	小南门	李金娘	25	吴珠娘	王壬癸(堂兄)	李球生(胞兄)	7.3,同上
7.26	汤都	19	珍旧圩	林金娘	16	郭一娘	汤吻(胞伯)	林源水(胞兄)	7.3,同上
7.27	吴连达	22	五脚桥	陈银娘	18	陈月娘	吴忠恩(父)	陈惠(父)	7.14,同上
7.27	陈南	44	亭仔脚	吴满娘	27	陈月娘	自己	吴忠恩(父)	7.4,同上
7.31	林仙桃	28	绒高兰	郑景娘	19	沈三娘	林艳野(胞兄)	郑青云(胞兄)	7.18,同上
8.4	林必慎	34	八戈然	许务娘	21	许心娘	林必达(堂兄)	许龙兴(父病,胞叔朱良代)	旧婚,黄,陈
8.11	蔡宗基	19	珍旧圩	柯雪娘	15	蔡明娘	蔡清和(父)	柯文机(宗叔)	7.18,同上
8.11	张东	19	观音亭	陈曲娘	17	江秋娘	张亚丙(胞叔)	陈贵兴(胞兄)	7.24,同上
8.16	庄清和	18	小南门	赖兰娇	18	李西	庄贯(父)	赖亚六(父)	7.6,同上
8.16	王清风	28	芝高屈	赖三娘	28	林万福	王新客(父病,叔祖子都代)	赖德修(父)	7.26,同上
8.16	黄东启	48	八厨沃间	纪温娘	30	陈月娘	黄仰(宗兄)	纪东生(从兄)	7.17,同上
8.18	邹东球	20	五脚桥	张辛娘	18	戴清娘	邹全生(宗叔)	张赘(从兄)	7.12,同上
8.21	郑永顺	21	鉴光峇厘	吴织娘	16	林凛	郑简(父)	吴腾(父)	7.6,同上
8.22	沈福星	29	鉴光河北	王森娘	19	陈月娘	沈松(从叔祖)	王同生(父)	7.2,同上
8.29	李明生	28	占致甲	吴弟娘	16	郭一娘	李春生(胞兄)	吴修(宗叔)	7.13,同上
8.30	徐民	38	乌鬼巷	王清娘①	34	江秋娘	自己	自己	8.1,黄,陈
8.31	丘玉轩	25	鉴光六州	赖莺娘	18	许心娘	邱长泰(父)	赖观(胞叔)	7.17,同上
8.31	吴文秀	25	王园	何贵娘	18	许心娘	吴汉生(胞兄)	何亚员(叔祖)	7.17,同上
8.31	陈奎	18	中港仔	王深娘	18	许心娘	陈康(父病,从叔印代)	王课(父)	7.14,同上
9.2	昌玉印	20	圣望港	胡顺娘	17	许信娘	昌玉发(胞兄)	胡河水(胞兄)	7.10,郑,高
9.2	吴缵二	35	八戈然	林敬娘	19	黄惜娘	吴沛(堂叔)	林贤(父)	7.12,同上
9.5	李亚文	47	庞务君冷	钟秀娘	21	戴宝娘	李庆章(宗兄)	钟二(胞兄)	7.17,同上

① 王氏前夫林雄结发14年身故,并无生产,恬处3年,无奈愿再醮与徐为夫妇,永结同心,各花押在婚簿批照。知见人默氏谢祝生(签'谢祝生'三字)。

9.5	高溪水	30	茄菪	蒋软娘	18	邱一娘	高仰(父)	蒋明(父)	7.14,同上
9.9	温乙生	22	小南门	李佳娘	26	戴清娘	温亚喜(堂兄)	李仕元(胞兄)	8.15,同上
9.11	王微蜜	21	大南门	詹当娘	19	郭一娘	王顺德(宗兄)	詹晓(从堂叔)	8.24,同上
9.11	许青龙	21	马恩丁	林文娘	16	柯齐	许玉(父)	林天福(父)	8.15,同上
9.11	詹和良	22	织宁员	沈然娘	17	郑银	詹源(父)	沈和(父)	7.24,同上
9.12	黄佛教	25	赌公司	陈玉娘	29	郭一娘	黄顶(父)	陈敦生(父)	8.10,同上
9.12	黄亚宝	22	八厨沃间	林卑抵	20	邱乙娘	黄太和(宗兄)	林生(胞兄)	7.24,同上
9.13	林登彦	33	葛厨	柯德娘	22	林万福	林子龙(堂伯)	柯其安(胞兄)	7.23,同上
9.14	林隆	24	小南门	陈蜜娘	16	江秋娘	林檬(父)	陈烈(父)	7.24,同上
9.14	黄登椿	27	大港墘	吴荣娘	18	许信娘	黄罕(从堂兄)	吴兑(父)	8.1,同上
9.19	冯元益	25	中港仔	陈福娘	17	郭一娘	冯文秋(父)	陈剑(父)	8.8,同上
9.20	陈杰生	22	六外	蔡味娘	23	郑银娘	陈亚琴(父)	蔡高生(父)	8.8,同上
9.21	张添	36	八厨尧	王良娘	22	吴猛	张于(宗叔)	王三六(父)	8.15,同上
9.22	黄杰	36	八茶罐	朱万娘	19	吴猛	黄港(宗叔)	朱德水(从叔祖)	8.29,同上
9.25	罗如生	28	大南门	梁士娘	17	陈珠娘	罗乾凤(父)	梁金水(胞兄)	9.4,同上
9.26	蔡春生	19	圣望港	陈活娘	17	陈月娘	蔡阔(父)	陈瑞珍(父)	8.10,郑,高
9.26	李光	45	丹绒	甘汲娘	26	陈纯娘	李高旱(堂兄)	甘圭(胞兄)	8.8,同上
9.26	叶壬水	22	干冬圩	汤哪娘	18	杨一娘	叶添(宗伯)	汤嘉(族叔祖)	8.15,同上
9.27	陈亚滞	35	二角桥	廖义娘	16	江秋娘	陈京郎(胞兄)	廖元四(父)	8.8,
9.27	陈财源	19	文丁	杨明娘	16	林万福	陈温中(胞叔)	杨壬水(胞叔)	8.13
9.27	林西河	22	文丁	郭五娘	20	刘益娘	林魁(父)	郭郎勃(胞兄)	8.19
9.27	李天一	21	芝郎萼	黄清娘	15	刘益娘	李永和(胞叔)	黄良元(堂叔祖)	8.20
9.27	詹曲生	23	廿六间	洪半娘	22	蔡勤娘	詹兆生(胞兄)	洪计(父)	8.8
9.27	李坤生	22	新港嘴	王淑英	22	刘益娘	李杏(宗叔祖)	王孟秋(父病,胞兄仕启代)	8.15
9.28	叶英水	24	观音亭	陈权娘	23	郑银娘	叶象(宗叔)	陈乙生(堂兄)	8.15
9.28	李萍生	34	中港仔	陈秋娘	17	王宣娘	李甲长官(堂兄)	陈汉水(父)	8.8
9.28	林妙金	20	丹仔蚋	李裕娘	18	王宣娘	林恩齐(宗叔)	李伯候(父)	10.16
9.29	林晴	20	洪溪	冯味娘	16	丘印娘	林新年(宗叔)	黄甘娘(生母)	8.20
9.29	叶保金	36	乌褒土库	黄荣娘	25	沈三娘	叶孝(宗兄)	黄燕(堂兄)	8.8
9.29	刘辛淑	22	冉马陈武楝	张金娘	19	陈由娘	刘亚二(堂叔)	张亚三(父)	8.10

9.29	陈容	47	丹绒	张顺娘	17	沈三娘	陈武(堂叔)	张尚(父)	8.18
9.29	叶亚春	48	蕉仔街	罗益娘	17	江秋娘	叶成宝(胞叔)	罗润盛(胞叔)	8.8
9.30	丘水莲	25	三间土库对面	谢选娘	19	洪实娘	邱清(宗叔)	谢文福(胞兄)	8.10
9.30	吴溪水	18	洪溪	陈水娘	17	吴珠娘	吴中和(父)	陈哲郎(父)	8.13
10.2	林成德	17	丹兰望	萧七娘	17	李光腾	林亚清(父)	萧永孝(父)	8.18,黄,吴
10.4	刘丙郎	18	班芝兰	林丁娘	17	邓丁娘	刘秋妹(父)	林新亮(父)	8.15,同上
10.4	陈蜜	54	旗干脚	邹裕娘①	41	戴清娘	自己	自己	旧婚,同上
10.5	李批郎	21	丹绒	詹淡娘	16	卢春娘	李高祖(胞叔)	詹晓(父)	8.15,黄,吴
10.6	石平辉	26	珍新圩	陈一娘	18	陈心娘	许水娘(生母)	陈子文(父)	8.22,同上
10.7	王文旦	19	西门外	唐梅娘	17	郭一娘	王元标(父)	唐景祥(胞叔)	8.18,同上
10.9	甘仁山	24	珍旧圩	詹娘娜	18	陈心娘	甘文直(胞叔)	詹诅(宗叔祖)	8.22,同上
10.9	吴仕音	28	观音亭	蔡兼娘	21	许辛娘	吴锲(宗叔)	蔡伯夷(胞兄)	8.22,同上
10.9	林讃谋	30	亭仔脚	沈合娘	22	许辛娘	林素边(从兄)	沈然(堂叔)	8.18,同上
10.10	叶绢生	32	八茶罐	陈一娘	24	沈三娘	叶敬(堂兄)	陈春(父)	8.22,同上
10.11	徐氏	38	乌鬼巷	许芬娘	26	李生	自己	自己	旧婚,同上
10.12	黄溶江	55	蕉仔街	林吉娘②	23	戴清娘	自己	自己	8.19,同上
10.12	沈德	31	把杀务朗	卢泉娘	25	戴清娘	沈卓(宗叔)	蔡腰娘(生母)	8.22,同上
10.14	黄意诚	23	王园	林水娘	20	许辛娘	黄岐山(父)	林辛(父)	9.10,同上
10.17	蔡鉴光	20	茄揽末	杨黎娘	19	骆珍郎	蔡灶(父年老,胞兄景良代)	杨字生(父,病,胞兄马恶代)	9.7,同上
10.17	黄地	42	珍新圩	汤娘那	17	吴猛	黄匏(族叔)	汤吾道(宗兄)	8.29,同上
10.18	张德海	51	干冬圩	赖芬娘③	31	王水娘	自己	赖麟(胞兄)	旧婚,同上
10.19	黄荣寿	37	加劳丙芝	周福娘	26	陈月娘	黄明月(堂叔)	刘音娘(生母)	9.2,同上
10.23	吴日生	25	大港墘	张惜娘	17	江秋娘	吴玉生(胞兄)	张宣(父)	9.2,同上
10.24	叶镜	33	乌鬼巷	陈弄娘	17	郭一娘	叶文龙(宗叔)	陈清珠(堂叔)	9.7,同上
10.26	黄连	36	姐望	张彦娘	22	吴珠娘	黄淮隆(宗兄)	张平(宗伯)	9.7,同上

① 邹氏前夫施金生结发6年身故,生一女早夭,恬处2年,无奈再醮与陈蜜于今15年矣,生三男:光华14岁,长华12岁,有华10岁,情因已有儿子故给婚字以定夫妇之道,二比甘愿,各花押在婚簿批照。

② 林氏前夫陈道生结发才6个月身故,并无生产,恬处6年,无奈愿与黄为夫妇,永结同心,各花押在婚簿。

③ 赖氏与张德海结发15年,生三男二女:华宗13岁,富宗9岁,贵宗7岁,河娘11岁,莲娘4岁,情因已有儿女,故给婚字以定夫妇之道,二比甘愿各花押在婚簿批照。

10.27	柯宗必	27	小南门	林娘娜	18	陈长娘	柯光瑞(宗叔)	林天成(父,病,胞兄源代)	9.10,同上
10.27	黄青龙	16	八茶罐	郭金娘	17	许心娘	黄爻(父)	郭汉(父)	9.10,同上
10.28	林启郎	37	马穆	郭沃娘	20	戴清娘	林水(父,病,从兄宝临代)	郭接(胞兄)	9.14,黄,吴
11.1	何观拔	22	八茶贯	叶已娘	15	郭一娘	何粤丰(胞叔)	叶麟瑞(父)	9.22,黄,陈
11.1	欧发生	33	茄泊	庄对娘	20	江秋娘	欧营明(宗兄)	庄贯(宗叔)	9.14,同上
11.1	连亚招	44	公司后	温成娘	19	江秋娘	连亚福(宗兄)	温隆生(父)	10.5,同上
11.1	戴水生	31	观音亭	邱明娘	27	许信娘	戴友(宗兄)	邱大生(胞兄)	10.19,同上
11.1	刘武	33	干冬圩	黄音娘	18	沈三娘	刘伦(宗叔)	黄伯研(宗兄)	9.14,同上
11.4	丘发生	19	八厨沃间	陈二娘	17	许信娘	丘来(父)	陈姜(堂叔祖)	9.21,同上
11.6	林奢	33	小南门	李松娘	18	沈三娘	林武(堂叔)	李秀(父)	10.14,同上
11.8	丘其生	22	五脚桥	陈茶娘	15	叶敬娘	丘来(堂叔)	陈太保(宗叔)	10.10,同上
11.8	丘渊福	22	珍旧圩	范金娘	17	李福生	丘龙相(堂叔)	范伯盛(堂叔祖)	9.22,同上
11.8	林淑齐	22	芝劳力	王琼娘	18	郑维娘	林伯禧(胞兄)	王连生(父)	10.10,同上
11.8	丘章生	20	大南门	李均娘	17	罗昌新	丘文水(父)	李月山(父)	9.22,同上
11.9	杜亚四	30	戈劳屈	谢荣吉	20	谢宣娘	杜亚七(堂叔)	谢乾淑(父)	9.28,同上
11.15	詹水源	31	公司后	蔡春娘	17	陈月娘	詹水生(胞兄)	蔡万(胞伯)	9.23,同上
11.15	林郎勃	24	文丁	戴银娘	16	刘易娘	林阳(胞叔)	戴阳生(父,病,胞兄德元代)	10.5,同上
11.17	雍五传	25	小南门	许艳娘	16	吴珠娘	雍传光(堂兄)	许陇(房伯)	10.1,同上
11.18	许三元	31	失垄吧	李丁娘	17	林英娘	许亚三(堂叔)	李亚珠(父)	10.5,同上
11.20	潘琼祥	33	新港嘴	郭贞娘	25	冯维	潘光报(房叔)	郭宣郎(父)	10.5,同上
11.21	纪深山	21	珍旧圩	林水娘	20	吴珠娘	纪泰山(胞兄)	林永若(从堂兄)	10.5,同上
11.22	周思必	20	州年	沈俭娘	20	林玉田	周天喜(父)	沈逸(胞叔祖)	10.21,同上
11.23	谢冷水	31	五脚桥	林恩娘	27	许心娘	谢桶(堂兄)	林江汉(父)	10.5,同上
11.23	曹河	32	八茶贯巷	陈雅娘	21	郑银娘	曹亚接(宗叔)	陈西(从堂兄)	10.5,同上
11.24	李亚旺	44	观音亭	彭玲娘	26	戴清娘	李亚满(宗叔)	彭奇生(父)	10.4,同上
11.27	蔡北辰	38	大使庙	许水娘	19	许信娘	蔡三(堂兄)	许流(父)	10.10,黄,陈
11.28	林祟顺	27	马穆	黄钫州	22	李生	林分(宗兄)	黄眼(宗叔祖)	10.12,同上
11.28	林高奢	25	北茄榕	蔡丽娘	19	戴清娘	林聪明(胞兄)	蔡柔(宗叔)	10.19,同上
11.28	王板桂	22	文丁	韩审娘	17	戴清娘	王招生(堂兄)	韩本郎(胞兄)	10.26,同上
11.29	林批郎	23	鉴光无劳由	郭高踏	20	沈炎娘	林盛春(父,老年,胞兄兴郎代)	郭録(父)	10.16,同上

11.30	陈文一	23	西湾	林员哪	18	李源水	陈乌龙(父)	林恩长(父)	10.16,同上
11.30	许天锡	21	文丁	沈均娘	17	林万福	许庆喜(父)	沈长山(胞兄)	10.12,同上
11.30	林荣寿	32	公司	蔡吉娘	24	蔡勤娘	林全生(宗叔)	蔡茂林(宗叔)	10.16,同上
12.2	叶三光	38	小南门	陈字娘	20	丘恩娘	叶兰(堂兄)	陈顺生(父)	10.16,郑,高
12.5	叶砖	35	乌鬼巷	李尺娘	20	谢有娘	叶文隆(堂兄)	李山(堂叔)	10.16,同上
12.6	许萍水	36	大港墘	蔡古踏	24	陈月娘	许肥(堂兄)	蔡柔(父)	10.16,同上
12.7	叶走	26	乌鬼巷	陈位娘	26	戴清娘	叶象(堂兄)	陈元寿(堂叔)	10.16,同上
12.8	陈纯祐	20	珍旧圩	蔡欣娘	18	李生	陈瑞章(父)	蔡江河(胞叔)	10.21,同上
12.11	杨笋	38	八茶罐	黄梅娘	20	吴猛	杨卑(堂叔)	黄金钱(胞兄)	12.1,同上
12.12	郑海水	29	八茶巷	龚水娘	17	郭一娘	郑德禄(胞兄)	龚青云(父)	10.26,同上
12.12	张炮	36	马穆	陈飒娘	17	郑银娘	张才(宗兄)	陈培(父)	11.4,同上
12.12	卓九龙	36	丹兰望	林彦娘	17	戴宝娘	自己	林梅(父)	11.11,同上
12.12	李天钟	30	小南门	高安娘	16	郑银娘	李燮(父)	高弟(胞叔)	11.24,同上
12.14	骆汪	19	茄览抹	苏整英	19	黄永福	骆深(父,病,堂叔丹代)	苏光齐(父)	11.4,同上
12.16	吴每	28	大南门	许会娘	24	郭一娘	吴锲(宗叔)	许松茂(父)	10.29,郑,高
12.20	黄溶海	40	马穆	李全娘①	27	戴清娘	自己押号	自己押号	11.1,同上
12.21	林秉茂	31	大港墘	苏渊娘	18	吴珠娘	林再生(宗叔)	苏如川(父)	11.4,郑,高
12.21	林深渊	22	马因丁	沈快娘②	16	方子夏	林天福(胞叔)	沈赉(父)	11.11,同上
12.22	陈一郎	19	麻六甲街	丘丙娘	18	蔡勤娘	陈成佳(胞叔)	邱朋(父)	11.16,同上
12.23	张清源	23	小南门内	蒋根娘	21	戴清娘	张求生(父)	蒋忠生(父)	11.16,同上
12.23	陈生	33	萡面街	李绸娘	20	戴清娘	陈蜜(宗叔)	李朝音(宗伯)	11.16,同上
12.23	戴永智	24	圣望港	李锲娘	23	郭一娘	戴福生(胞叔)	李富(堂叔)	11.29,同上
12.25	苏英	28	北加容	黄亨娘	17	何清娘	苏友(房伯)	黄全(胞兄)	11.11,同上
12.27	李亚八	18	萡面街	刘丙娘	18	许新娘	李定四(从兄)	刘汝哥(父)	11.16,同上

① 据全娘续配陈嘉洛贰个月而夫不幸身故,并无遗下子女,氏寡守贰年矣,兹愿再醮黄溶海为夫妇,永结同心,各花押在婚簿存照。知见人该默林忠老(长方形红印"林忠老"三字)。

附调查申报单:详明李籐官故之长女,先嫁叶松官,往南傍不幸过世,后再嫁陈嘉禄官,故,今又再嫁黄溶江官之弟,此女子名李全娘,居住在簿面街,其母亲给字,合应禀知奉上。公堂列位妈腰甲必丹大电照。癸卯十月念九日默林忠老单(盖红印"林忠老")又:(嫁)叶松四个月,寡守五年,再嫁陈嘉禄二个月,禄故,寡守 2 年。并无遗下子女,今愿再醮黄龙海为夫妇,永结同心,各花押在婚簿存照。知见人该默林忠老。

② 因原婚字失落,即和 1845 年 6 月 30 日再给批照。附有 1845 年 6 月 30 日荷文单一张。内容相同。

12.27	王生	32	龙光	杨君律	16	吴占	王荣泉(胞兄)	杨敢(父)	11.11,同上
12.27	陈泉	22	茄荖西荖	王二娘	23	丁江	陈新容(宗叔)	王明(父,病,宗伯叩代)	11.18,郑,高
12.27	杨霜霖	20	文丁新圩	黄诵娘	15	刘益娘	杨家福(宗叔)	黄江海(父)	11.26,同上
12.27	连从生	30	文丁新圩	赖金丝	15	张长泰	自己	赖馨(父,病,胞兄五柳代)	癸11.11,同上
12.28	蔡长明	47	东居	陈窝娘	27	戴智娘	自己	陈偶然(族兄)	11.15,同上
12.29	萧光焕	18	五脚桥	温丁娘	17	江秋娘	萧细妹(父)	温亚五(父)	11.22,同上
12.29	叶曹	28	旧把杀	李深娘	18	陈月娘	叶云开(宗兄)	李升烟(族叔)	11.11,同上
12.30	钟开云	25	珍旧圩	杨春娘	21	吴旁娘	钟兆春(堂兄)	杨富生(胞兄)	11.16,同上
12.30	甘溪源	20	西门	谢蕉娘	18	郭一娘	甘景泰(父)	谢得水(胞兄)	11.16,同上
12.30	黄文魁	25	鉴光勿劳由	杨发娘	18	林兴郎	黄亚绕(父,病,宗兄长生代)	杨三才(胞伯)	11.16,同上
12.30	林致生	44	观音亭	韩质娘	22	许辛娘	林务(宗叔)	韩旺(从伯)	11.11,同上

总计:242对

1844年吧城唐人成婚注册表

月日	新　郎	年岁	住　址	新　娘	年岁	媒　妁	男方主婚	女方主婚	备　注 结婚日,主事人
1.3	李长衍	36	公司	陈顺娘	19	沈三娘	李永顺(宗叔)	陈偶然(胞伯)	癸12.2,黄永禄,吴昭阳
1.2	林如日	22	甕菜河	谢水娘	20	蔡勤娘	林绍考(堂兄)	谢尚和(从堂兄)	11.18,同上
1.4	颜水	20	旧把杀	苏根娘	16	陈月娘	颜裕(父)	苏天福(宗伯)	11.22,同上
1.4	林告	34	小南门	陈勃娘	19	戴清娘	林实(从堂叔)	陈任威(胞叔)	11.18,同上
1.4	林偕老	19	珍旧圩	欧碧娘	17	陈心娘	林一举(胞兄)	欧乙酉(胞兄)	11.22,同上
1.5	陈文宗	24	窑内	赖顺娘	25	蔡勤娘	陈圈(宗兄)	赖球(房叔祖)	11.18,同上
1.7	饶一财	17	鉴光毛蚋甲	陈三娘	17	戴清娘	饶勤生(父)	陈清水(胞兄)	11.29,同上
1.8	王文福	26	涌菜河	叶云娘	16	蔡勤娘	王长(宗叔)	叶泰山(宗叔)	12.1,同上
1.9	蔡权	30	珍新圩	詹安娘	17	黄泮	蔡葱(宗兄)	詹诅(堂叔祖)	12.2,同上
1.9	叶亚庚	44	洪溪	曾进娘	22	叶敬娘	叶亚壬(宗兄)	曾亚三(胞叔)	11.28,同上
1.9	许陶	34	珍新圩	杨寿娘	17	吴猛	许弄(宗叔祖)	杨塔(父)	12.11,同上
1.9	陈亚六	34	亭仔脚	梁汶娘	18	雅张发	陈亚旺(宗兄)	梁亚水(胞兄)	11.22,同上
1.10	蔡梧	33	廿六间	林董娘	18	陈月娘	蔡有(宗兄)	林大虎(父)	12.2,同上

1.10	苏荣吉	19	观音亭	兰二妹	13	陈月娘	苏天福(从伯)	兰有芳(父)	11.28,同上
1.11	黄长生	40	旧把杀	吴扬娘①	40	郑银娘	自己	自己	11.22,同上
1.12	许春粤	24	公司前	唐三娘	17	郑银娘	许开川(宗叔)	唐获(宗叔)	12.16,同上
1.13	曾巳郎	45	西门	刘丁娘	17	吴旁佛	曾壬三(宗叔)	刘文辉(父)	12.2,同上
1.13	张钦	35	大港墘	陈庞娘	25	江秋娘	张兼(堂兄)	陈红毛(父)	11.16,同上
1.15	叶传六	47	珍旧圩	曹丁娘	17	温清	叶麟瑞	曹冉叔(父)	12.2,同上
1.15	蔡柱	37	西门	戴质娘	21	杨一娘	蔡塾(从堂叔)	戴长(胞兄)	12.2,黄,吴
1.16	韩景郎	29	丹兰望	许热娘	18	陈纯娘	韩札(房叔)	许亚胜(方兄)	12.1,同上
1.18	刘源泉	16	珍鉴光猫厘	朱清娘	17	黄岸	刘杲(父)	朱流(父)	12.4,同上
1.22	陈伦	33	珍旧圩	蒋维娘	20	陈心娘	陈满(从堂叔祖)	蒋伯葵(胞兄)	12.16,同上
1.24	杨启明	25	丹兰丁宜	林娘那	25	林万福	杨快(父,年老,胞兄马内代)	林高禄(胞伯)	12.16,同上
1.24	高乌	29	旧把杀	沈丁娘	18	林万福	高作(宗兄)	沈启明(父,胞兄福山代)	12.23,同上
1.24	俞山	37	圣望港	李八娘	19	洪雪娘	自己	李绿松(胞兄)	12.20,同上
1.27	许武生	24	新厝	邱元娘	17	许信娘	许金水(胞兄)	丘月里(堂叔)	12.10,同上
1.29	陈南生	22	珍旧圩	何戊娘	16	陈心娘	陈清柔(堂叔)	何亚四(父)	12.13,同上
1.29	曾王秀	22	鉴光猫厘	周庚娘	15	陈心娘	曾籐(宗叔祖)	周亚三(胞叔)	甲 1.8,同上
1.30	李亚二	27	小南门	陈戊娘	16	邱一娘	李亚满(叔祖)	陈猫汝(胞叔)	12.18,同上
1.30	张亚元	42	戈劳屈	徐庚娘	14	丘亚三	张亚二(宗兄)	徐连万(父)	12.16,同上
1.30	吴庚良	19	鉴光毛蚋甲	戴雅娘	15	戴清娘	吴寿山(胞兄)	戴梭(父)	1.14,同上
2.1	刘汰	23	大港内	杨七娘	18	戴清娘	刘智(宗叔)	杨荣芳(胞兄)	12.23,黄燎光,陈启淮
2.2	林壬	40	把杀务朗	李沓汝	19	戴清娘	林务(宗叔祖)	李杏(宗兄)	12.16,同上
2.2	赵传	43	小南门	张明娘	16	戴清娘	赵熊(堂兄)	张道生(父)	12.18,同上
2.2	叶万寿	58	新厝仔	林添娘②	30	戴清娘	自己	自己	12.15,同上
2.3	周顺	36	小南门	张然单	26	江秋娘	周番(宗叔)	张亚泰(父老,胞兄温中代)	12.23,同上
2.6	钟亚广	38	公司后	李新娘	16	郭一娘	钟亚二(宗叔)	李细妹(父)	12.25,同上

① 吴氏前夫林球结发3年身故,无子女,恬处18年,愿与黄为夫妇,永结同心,各花押在婚簿存照。知见人该默陈柳出单。

② 林氏前夫黄宙结发8年身故,遗下二男一女亦相继而亡,恬处3年,无奈愿与叶为夫妇,永结同心,各在押在婚簿批照。知见人默氏杨振江(签字“杨振江”)。

2.8	叶诰	24	小南门	黄海娘	16	戴清娘	叶兰(从叔)	黄爻(宗伯)	1.22,黄,陈
2.9	叶龙蛟	31	公司后	郭金娘	22	沈山娘	黄利添(宗叔)	林曲娘(生母)	1.18,同上
2.10	余雷	37	鉴光六州	张雅娘	18	江秋娘	余福寿(族叔)	张亚三(父病,胞兄同代)	12.23,同上
2.12	杨郎喜	16	丹兰望	詹清娘	10	陈顺娘	杨亚长(父)	詹育(父)	癸12.29,同上
2.26	刘亚阑	57	惹牙毛吃	陈生娘	27	何亚二	自己	陈秋(父)	1.11,同上
2.28	许建邦	24	打铁街	杨闰娘	18	郭一娘	许大亨(宗伯)	杨南生(父)	1.22,同上
2.28	戴清秋	22	五脚桥	汤淡娘	17	许辛娘	戴清临(胞兄)	汤源泉(宗兄)	1.12,同上
2.29	刘天福	24	马丹务速	蒋玉娘	18	郭一娘	刘亚阑(堂兄)	蒋彬(族叔祖)	1.22,同上
3.1	温启行	36	息杳吧	钟癸娘	19	温启广	温扬魁(胞叔)	钟锦爹(父)	1.15,郑若思,高俊杰
3.2	林拱春	26	乌褒土库	郑音娘	15	沈三娘	林元生(父)	郑尊(父)	2.3,同上
3.5	彭登郎	28	戈劳屈	张未娘	18	刘维标	彭大秀(胞叔)	张亚三(父)	1.22,同上
3.6	蒋殿恩	38	亭仔脚	吴接娘①	28	戴清娘	自己	自己	1.8,同上
3.15	邱杏	39	五脚桥	张申娘	18	许信娘	丘在(胞叔)	张补(宗叔)	1.28,同上
3.16	林长木	22	窑内	邱面娘	21	戴清娘	林江汉(祖父)	丘昌(从堂叔)	2.3,同上
3.21	曾火明	26	大港	黄贵娘	15	陈月娘	曾侯(胞兄)	黄成(父)	2.13,同上
3.23	温瑞庇	24	中港仔	叶银娘	16	陈月娘	温新泉(从堂兄)	叶旋(父)	2.12,同上
3.27	林成功	48	文丁	吴谦娘	24	郭一娘	林瑞禄(宗叔)	吴宁生(父)	2.30,同上
4.2	丘途	29	丹绒公司	陈那娘	18	许新娘	丘清(宗叔)	陈猜(父病,胞叔并代)	3.5,同上
4.6	黄亚全	30	小南门新厝	古瑞娘	22	陈顺娘	黄亚满(堂叔)	古亚八(父)	2.20,同上
4.9	邓亚秀	36	小南门	戴日娘	18	江秋娘	邓亚解(堂叔)	戴茂勇(父)	2.27,黄,吴
4.12	蔡景福	22	珍旧圩	陈金娘	14	李生	蔡春生(父,病,宗叔成兴代)	陈音(父)	2.27,同上
4.12	柯光扁	34	小南门	林东娘	23	沈三娘	柯汝算(堂叔)	林如日(堂兄)	2.29,同上
4.24	兰秋钦	33	大港墘	杨银娘	21	吴砼娘	兰奇杰(宗兄)	杨振和(父)	3.15,同上
4.24	连缵水	18	大南门	许章娘	18	郭一娘	连太平(父)	许每生(从叔)	3.11,同上
4.24	黄连其	32	五脚桥	郭雪娘	17	许新娘	黄茂淑(堂叔)	郭汉(宗兄)	3.11,同上
4.29	黄锦章 钦赐雷	18	圣望港	高碧娘	15	陈月娘	黄燎光(父, 甲必丹)	高俊杰(父, 雷珍兰)	3.18,黄,郑
5.2	李亚四	40	大南门	赖丙娘	19	江秋娘	李仕球(堂叔)	赖亚桂(堂兄)	3.24,黄,陈

① 吴氏前夫陈粉结发7年身故,生一女各蜜娘,年登6岁,寡守5年,愿再醮蒋为夫妇,永结同心,各花押在婚簿存照。

5.2	洪生	36	文丁	宋娟娘	22	唐批	洪乙(从堂兄)	宋文开(父)	3.25,同上
5.3	刘润昌	39	小南门	叶汉娘[①]	19	沈三娘	自己	自己	4.2,同上
5.4	梁德和	23	高劳屈	官已娘	16	吴璇娘	梁文才(堂兄)	官亚品(父)	3.24,同上
5.4	林肇基	35	八茶贯对面	宋蛮娘	16	沈三娘	林维参(堂兄)	宋传寿(胞兄)	3.27,同上
5.8	李碧郎	20	望茄寺	林辖娘	16	沈三娘	李佛(父)	林观海(胞兄)	4.11,同上
5.10	郭逊标	29	大乾墘	陈莺娘	18	沈三娘	郭艳东(房叔)	陈马兴(父)	3.25,同上
5.10	郭子张	31	小南门	王芳娘	17	沈三娘	郭碧(宗叔)	王道(父)	4.1,同上
5.10	戴溶水	24	中港仔	陈汪娘	17	陈和娘	戴宝(房叔祖)	陈日生(胞兄)	4.10,同上
5.11	李伯虎	27	中港仔	苏成娘	19	郭一娘	李甲长官(胞伯)	苏德生(父)	3.27,同上
5.15	张三元	23	珍旧圩	黄姜娘	18	陈心娘	张德(父)	黄生舆(胞叔)	4.10,同上
5.17	许陇	52	大港墘	杨珠娘	22	许信娘	许惟精(宗兄)	杨纯良(胞兄)	4.4,同上
5.18	林景山	22	绒高兰	蔡惜娘	16	郑银娘	林艳野(父)	蔡香(父,年老,胞叔金山代)	4.11,黄,陈
5.18	吴荣辉	23	大港墘	黄根娘	19	吴珠娘	吴玉生(胞兄)	黄日进(宗兄)	4.4,同上
5.20	黄佛	28	廿六间	李日娘	22	郭一娘	黄港(宗叔祖)	李杏(父)	4.8,同上
5.20	许文	22	把杀务朗	黄友娘	22	戴清娘	许壬水(宗叔)	黄布(父)	4.14,同上
5.23	陈奎炳	23	丹兰州连	钟李娘	19	许信娘	陈亦(宗叔)	钟二(胞兄)	4.14,同上
5.23	许南面	27	乌鬼巷	郭水娘	18	江秋娘	蔡珠娘(生母)	郭友北(父)	4.24,同上
5.25	丘天源	27	圣望港	郑珠娘	20	吴珠娘	邱清(族叔)	郑良友(父)	4.14,同上
5.25	张百三	41	戈劳屈	梁勿娘	22	房洪琳	张麟良(堂叔)	梁五(胞叔)	4.10,同上
5.28	叶妈曾	20	小南门	吴俭娘	20	陈月娘	叶兰(从房叔)	吴曲生(胞兄)	6.7,同上
5.31	谢长生	44	观音亭	林根娘	31	郑银娘	自己	陈水娘(生母)	5.12,同上
5.31	杨亚兴	27	小南门	刘丁娘	18	苏荣娘	杨英(堂兄)	刘王秀(胞兄)	5.16,同上
6.1	戴保生	48	打铁街	苏弼娘	30	蔡勤娘	戴宝(宗兄)	苏得元(父)	4.18,郑,高
6.4	蔡光育	20	西门	林珠娘	18	郭一娘	蔡茂林(宗兄)	林源水(胞兄)	4.24,同上
6.6	黄生	30	比双猫抵	许新娘	16	陈心娘	黄立(胞兄)	许水生(胞兄)	4.24,同上
6.8	黄北居	29	八厨沃间	丁贺娘	20	郭一娘	黄港(宗叔)	丁水生(父)	4.26,同上
6.13	古晋香	30	戈劳屈	梁永娘[②]	24	吴碒娘	自己	自己	4.28,同上

① 叶氏前夫何中兴结发五个月余身故,无子女,恬处年余,愿再醮刘为夫妇,永结同心,各花押在婚簿存照。知见人该默戴春(签字'戴春')。

② 梁氏前夫吴继司结发3个月身故,并无生产,恬处4年,愿与古为夫妇,永结同心,各花押在婚簿批照。知见人伊该默戴春光(签字,戴春光)菅亚三(签字"菅三")。

6.21	何亚花	52	小南门	陈如娘	21	叶敬娘	何亚二(从兄)	陈文(胞兄)	5.20,同上
6.24	郭天恩	23	八厨沃间	靳文娘	17	陈月娘	郭意(父)	靳振全(父)	5.15,同上
6.24	黄饭	35	鉴光猫汝	沈银娘	16	林马	黄地(从兄)	沈帝(父)	5.15,同上
7.3	杨然回	27	小南门	傅已娘	16	吴珠娘	杨桂林(堂叔)	傅凤鸣(父)	5.20,黄,吴
7.4	陈桂山	18	鉴光美色近	丘年劳娘	16	沈三娘	陈清源(宗兄)	邱文在(从堂兄)	5.20,同上
7.5	郑发光	25	乌褒土库	陈荣娘	24	郭一娘	郑甲若思(父)	陈宏椿(胞兄)	5.20,同上
7.12	伍亚良	30	公司	黄三娘	14	陈月娘	伍亚福(堂叔)	黄亚祝(堂兄)	6.4,同上
7.16	王溪水	21	圣望港	杨端娘	19	陈月娘	王炳文(父)	杨由(父)	6.14,同上
7.16	吴逊味	22	鉴光河北	余才娘	17	陈月娘	吴执(父)	余恩生(胞兄)	6.13,同上
7.18	陈福生	37	观音亭	蒋浮抵	18	吴金娘	陈一生(胞叔)	蒋主财(宗兄)	6.14,同上
7.20	叶亚润	36	打铁街后	张蜜娘	18	郭一娘	叶亚万(堂兄)	张亚佑(父)	6.8,同上
7.23	倪利生	21	丹兰望	许春娘	17	戴清娘	倪霜(父)	许壬水(宗叔)	6.14,同上
7.24	叶换	27	竹寮	张来娘	18	沈三娘	叶添(宗叔)	张亚三(胞叔)	6.14,同上
7.24	叶天赐	23	竹寮	赖妹娘	18	沈三娘	叶添(宗叔)	赖亚六(堂兄)	6.14,同上
7.25	陈灿光	22	大巷内	赖惠娘	23	沈三娘	陈本生(父)	赖吾吞(父)	7.4,同上
7.26	苏武盖	26	窑内	黄进娘	23	郑银娘	苏天福(堂伯)	黄昆山(父)	6.21,同上
8.1	黄顺美	21	高劳屈	许力娘	19	郭一娘	黄晚(宗兄)	许渺(父)	6.24,黄、陈
8.2	杨成魁	32	打铁街	萧戊娘	17	郭一娘	杨遇华(宗叔)	萧亚路(胞兄)	6.19,同上
8.2	胡远维	32	干冬圩	郑准娘	17	杨一娘	胡贵长(宗叔)	郑简(宗叔)	6.22,同上
8.6	蔡金水	30	小南门	林秀娘	22	许心娘	蔡柔(父病,宗叔五代)	林良(堂伯)	6.25,同上
8.8	黄寿山	28	圣望港	江戊娘	27	洪雪娘	黄晚(宗兄)	江东(胞叔)	旧婚,同上
8.8	刘连	45	芝弄眼巷	钟四娘	19	冯一娘	刘老飘(堂兄)	钟聪三(胞叔)	6.29,同上
8.13	杨正祖	37	干质巷	王东荨	30	陈月娘	杨五常(堂伯)	王美律(胞兄)	7.6,同上
8.15	温国	22	公司后	何君直	19	江秋娘	温金生(父)	何魁二(胞伯)	7.16,同上
8.15	陈道五	23	渡舟头	冯水娘	20	吴珠娘	陈双岐(生父)	冯元力(宗兄)	7.5,黄,陈
8.17	张平	24	窑内	陈莺娘	20	袁味娘	张爵(宗叔)	陈登科(父)	7.16,同上
8.21	陈凤爹	38	旗杆脚	赖昭娘	17	戴清娘	陈成绪(宗叔)	赖亚任(父)	7.12,同上
8.21	陈亚富	25	龙岗	钟丁娘	18	林万福	陈礼已(父)	钟德妹(胞兄)	10.16,同上
8.21	邓云风	20	观音亭新厝	陈高娘	17	许辛娘	自己	陈遵(父)	7.16,同上
8.24	韩金山	26	窑内	余慈娘	18	许辛娘	韩石山(胞兄)	余偕合(父)即余沈	7.18,同上

8.24	陈君律	19	望寮	李笑娘	18	林者娘	陈五福(胞兄)	李福卿(父)	7.18,同上
9.2	吴南生	28	织宁贞	蔡宣娘	27	郑银娘	吴楼(父)	蔡金生(父)	2.23,郑,高
9.4	杨文泽	22	织宁贞	林月娘	17	陈月娘	杨生(父)	林福寿(父)	8.4,同上
9.13	朱荣寿	25	大南门	陈勃娘	17	郭一娘	朱森(宗兄)	陈茂老(父)	8.18,同上
9.16	苏炎光	28	萡面街	陈深娘	18	吴珠娘	苏吧生(胞兄)	陈水满(宗叔)	8.16,同上
9.16	张奎	19	息里旁	林碧娘	18	许信娘	张亚珍(父)	林猫垅(父)	8.8,同上
9.16	李泰山	23	新港嘴	汤玲娘	22	戴银娘	李彦彬(宗兄)	汤水(父病,胞兄新郎代)	8.13,同上
9.16	黄佛成	22	渡仔头	郭瑞娘	17	郭一娘	黄抽(父)	郭义(父)	8.16,同上
9.17	黄有才	20	丹兰望	卢合娘	15	陈顺娘	黄元(胞兄)	卢瑞源(胞兄)	8.16,同上
9.10	刘万贤	25	芝茂扬	谢娘娜	15	刘赐官	刘凤添(父)	谢云海(父)	8.4,同上
9.11	黄粪箕	26	文丁	杨希淡	16	林万福	黄连生(父病,宗叔天送代)	杨丙(房叔)	8.11,同上
9.17	胡先进	26	干冬圩	戴每娘	16	杨一娘	胡中庸(胞兄)	戴泰山(胞兄)	8.14,同上
9.18	王福全	26	中港仔	陈成娘	21	陈月娘	王庄(胞兄)	陈得水(父)	8.11,同上
9.18	钟石山	28	八茶贯	郑八娘	18	沈三娘	钟山(房兄)	郑音(胞叔)	8.16,同上
9.18	黎亚燕	32	小南门	曾金娘	18	郭一娘	黎亚六(房叔)	曾连寿(父)	8.15,同上
9.19	詹庆云	25	小南门	丘生娘	15	陈月娘	詹出(父)	丘天寿(父)	8.10,郑,高
9.19	陈得水	20	珍旧圩	刘分娘	20	陈心娘	陈上弦(父)	刘禄生(父)	8.14,同上
9.19	陈亚七	28	小南门	邓丁娘	18	邱一娘	陈亚满(房叔)	邓亚解(父)	8.19,同上
9.20	庄西溪	26	大港墘	陈纲娘	17	沈兑译	庄贯(宗叔)	陈跃(父)	8.19,同上
9.21	陈金生	20	内凹	林文娘	16	丘一娘	陈朝合(胞叔)	林源助(胞兄)	8.18,同上
9.21	曾长	48	西门	邹癸娘	15	黄亚九	曾已郎(宗叔)	邹亚长(父)	8.19,同上
9.21	丘利盛	34	戈劳屈	郑招娘	18	沈三娘	丘曲生(胞兄)	郑奎(胞兄)	8.17,同上
9.25	陈景勋	26	萡面街	潘黎娘	17	戴清娘	陈金祷(堂兄)	潘排(父)	8.18,同上
9.25	黄从容	32	昂老陈	苏贞娘	18	郭一娘	黄港(宗叔)	苏珍(房叔祖)	8.14,同上
9.26	林吉疾	38	中港仔新厝	刘发娘	16	陈月娘	林忠源(宗叔)	刘亚六(堂叔祖)	8.24,同上
9.26	黄理	36	公司	林仁娘	16	陈月娘	黄福(族叔)	林鹏(父)	8.18,同上
9.27	陈亚五	31	西郎桥	潘长娘	15	吕亚二	陈华(族叔)	潘五美(宗叔)	8.23,同上
9.27	陈荣昌	31	文丁	林悦娘	17	林顺	陈攀老(堂兄)	林清和(父)	8.26,同上
9.28	沈盲	22	亭仔脚	赖金娘	21	张六	沈极(房叔)	赖强言(父)	8.18,同上

10.2	房逢琳	45	中港仔新厝	王心娘	16	胡红娘	房源兴(房叔)	王永和(胞叔)	8.25,黄,吴
10.3	王银	22	丹兰望	林义娘	21	陈月娘	王六(父)	林珠(宗伯)	8.26,同上
10.5	许亚捷	26	公司后	杨辛妹	15	江秋娘	许亚逢(堂叔)	杨亚四(父)	9.6,同上
10.7	刘贡生	18	干冬圩	蔡水娘	16	杨一娘	刘富(父)	蔡现(父)	8.29,同上
10.7	王溪水	20	亭仔脚	黄发娘①	19	许辛娘	王鹤年(父)	黄溶川(宗伯)	未择日,同上
10.14	谢三友	22	望加寺	杨艳娘	16	沈山娘	谢武(父)	杨全生(堂兄)	9.20,黄,吴
10.15	张亚六	31	蕉仔街	谢已娘	16	江秋娘	张亚九(族叔)	谢长生(族兄)	9.18,同上
10.15	钟德盛	36	小南门	张已娘	16	江秋娘	钟兰昌(堂叔)	张锦官(房叔)	9.6,同上
10.17	陈凉水	25	中港仔	柯桂娘	18	郭乙娘	陈碧山(父)	陈元娘(生母)	9.18,同上
10.19	方福修	24	中公司	叶甲娘	19	许辛娘	方达生(父)	叶血(胞叔)	9.12,同上
10.21	张一生	30	乌鬼巷	吴喜谈	24	沈山娘	张英炎(宗兄)	吴宁生(宗叔)	9.12,同上
10.21	刘得禄	17	干冬圩	柯悦娘	15	戴俊	刘岸(父)	柯章义(父)	9.12,同上
10.21	刘水生	24	珍旧圩	戴西娘	21	陈心娘	刘青茂(堂兄)	戴塔(父)	9.20,同上
10.21	伍亚扩	29	东居	李文娘	19	李亚春	伍昌网(堂兄)	李芳新(胞叔)	9.18,同上
10.24	蔡文质	28	鉴光河北	王维娘	17	陈月娘	蔡梧(从叔)	王涌修(族叔祖)	9.13,同上
10.24	古学贤	20	丹兰望	黄丁妹	18	古亚路	古亚八(父)	黄亚庚(父)	9.18,同上
10.25	赖秉酌	27	大南门	谢仁娘	20	林蜜娘	赖水源(堂兄)	谢淮棠(胞兄)	9.16,同上
10.25	陈恩郎	18	八厨沃间	杨河娘	18	吴珠娘	陈甲奎秉(父)	杨不(从兄)	9.18,同上
10.26	陈桂森	23	文丁旧圩	杨肉官	18	许辛娘	陈光拔(父)	杨世寿(父)	9.22,同上
10.28	方胡	29	珍旧圩	陈开香	20	陈心娘	方烈(族兄)	陈满(宗叔)	10.1,同上
10.29	许一福	23	加揽末	黄奴娘	19	郭一生	许永苗(父)	黄高禄(父,病,堂兄永福代)	10.15,同上
10.30	赖天求	22	文丁新圩	沈曲娘	16	林万福	赖科(胞兄)	沈光茂(父)	10.7,同上
11.2	郑松柏	21	公司后	李必娘	20	戴清娘	郑狮(宗伯)	李金印(父)	9.24,黄,陈
11.2	林绰	23	小南门	王甘娘	18	许信娘	林由(宗兄)	王鹤年(父)	10.10,同上
11.4	余进元	24	观音亭	林金娘	19	蔡勤娘	余德生(堂叔祖)	林永秀(宗兄)	10.2,同上
11.5	吴和生	21	武容	沈福娘	18	杨读	吴宗(父)	沈港(父,年老,胞兄财山代)	10.8,同上
11.5	钟添观	36	小南门	陈已娘	16	江秋娘	钟天增(房叔)	陈亚满(父)	10.1,同上
11.9	黄清和	19	沈旁	廖色娘	16	胡吉娘	黄泉生(父)	廖麟二(父)	10.15,同上

① 和1844年11月22日拜五,公堂案夺,准王鹤年为伊儿王溪水与黄发娘退亲,将婚字邀回美色甘,俾黄发娘遵伊先祖母黄门故黄金娘遗命,改配蒋鼎元为夫妇,伊该亲黄碧梧主婚,谨此批照。

11.9	梁宣华	23	中港仔新厝	刘一娘	19	蔡勤娘	梁天助(堂叔祖)	刘益山(胞兄)	10.15,同上
11.9	詹金生	40	织宁贞	吴曲娘	19	郑银娘	詹愿(堂兄)	吴网(胞兄)	10.22,同上
11.11	郑长	32	大港墘	陈金娘	23	沈三娘	郑盛宝(宗叔)	陈嗣宗(宗叔)	10.11,同上
11.11	邱清谅	23	丹兰望	周曾娘	16	陈顺娘	丘时明(堂伯)	周求安(胞兄)	10.12,同上
11.11	刘元益	21	丹兰望	赖良娘	19	戴清娘	刘吉生(父)	赖亚贵(父)	10.10,同上
11.12	杨宗良	19	乌褒土库	林论娘	18	郑银娘	杨明牛(宗叔)	林光彩(宗叔)	10.8,同上
11.12	胡福宁	23	观音亭	严文娘	18	陈月娘	胡再生(宗兄)	严全(胞兄)	10.8,同上
11.12	吴水生	30	廿六间巷	杨渊娘	19	陈月娘	吴忠恩(宗叔)	杨友(宗叔)	10.16,同上
11.13	杨清元	22	西门	陈清娘	19	许信娘	杨清水(胞兄)	陈文生(宗兄)	10.10,同上
11.13	林茂林	18	茄老旺	卢亮娘	16	许信娘	林光振(父)	卢满水(父)	10.21,同上
11.13	蔡一叠	23	观音亭园内	陈苗娘	15	吴宣娘	蔡江有(父)	陈仙(宗叔)	10.16,同上
11.13	陈高奢	31	鉴光无劳由	杨贵娘	26	戴清娘	陈快生(宗叔)	杨茂(父年老,胞兄君东代)	10.10,同上
11.14	李浅	30	昂老陈	陈鸾娘	17	戴清娘	李杏(堂叔祖)	陈砼生(胞兄)	10.8,同上
11.14	黄咸生	20	小南门	陈珠娘	16	戴清娘	黄尺(父)	陈席(宗叔)	11.6,同上
11.15	叶永福	21	干冬圩	黄心娘	17	杨一娘	叶恩如(父)	黄纪隆(胞叔)	10.11,同上
11.16	戴灿章	21	城内	林惜娘	19	戴清娘	戴焕章(胞兄)	林再生(父)	10.10,同上
11.16	郑文章	20	大鹇	蒋知汶	15	郑银娘	郑清元(父)	蒋睢(父,年老,房叔宾代)	10.14,同上
11.16	谢亚四	55	干刀前	萧清娘①	30	江秋娘	自己	自己	10.10,同上
11.16	苏堂衍	22	茄弄西垄	林万娘	20	郑银娘	苏林生(堂叔)	林源(父年老,胞兄英代)	10.10,黄,陈
11.17	苏天庇	29	中港仔	陈飚娘	18	郭一娘	苏二川(胞伯)	陈甲国顺(胞兄)	10.11,同上
11.18	陈金山	27	小南门	林蜜娘	20	戴清娘	陈蜜(宗叔)	林俊杰(从堂叔)	10.16,同上
11.20	林亚兴	45	蕉仔街	张丹娘	19	谢泰兴	李亚京(堂兄)	张观仰(堂叔)	10.24,同上
11.23	许清连	23	西湾	张雅娘	21	郑银娘	许潮(父)	张亚来(父)	11.2,同上
11.25	甘德元	25	珍旧圩	刘甘娘	22	陈心娘	甘朝(房兄)	刘吉星(房叔)	11.6,同上
11.25	林呼	18	望加寺武容	许娘哪	16	郑引娘	林来(父)	许玉(父)	11.5,同上
11.25	陈才	32	大港墘	沈浙娘	19	李奎炳	陈太保(宗叔)	沈极(父)	10.21,同上
11.27	詹纯和	20	珍旧圩	王软娘	17	陈心娘	詹青源(父)	王高禄(父)	11.2,同上
11.27	张亚申	34	珍旧圩	黄已娘	16	张亚四	张亚六(宗兄)	黄亚接(父)	10.26,同上

① 萧氏前夫刘亚二结发11年身故,生一女音娘亦不育,恬处4年,愿与谢为夫妇,永结同心,各花押婚簿存照。知见人该默张发光(签字“张发光”)。

11.27	李福	24	州发丹	林心娘	18	洪丙	李玉成(父)	林成良(父)	10.21,同上
11.27	张君	22	文丁尾	曾奴娘	16	方于夏	张金(宗兄)	曾金生(房兄)	10.22,同上
12.2	甘云	37	珍旧圩	曾敦娘	16	陈心娘	甘江(从兄)	曾牙(父)	11.18,郑,高
12.2	苏聪	28	北加容	陈弗娘	22	洪雪娘	苏有(父,病,堂兄英代)	陈满(父,病,从叔一生代)	11.3,同上
12.4	林思齐	32	洪溪	黄半娘	20	许辛娘	林象光(族叔)	黄启贤(胞兄)	11.2,同上
12.5	韩禾	32	砖仔桥	曾彩娘	28	陈珠娘	韩旺(堂兄)	曾用生(胞兄)	11.2,同上
12.5	胡宝林	19	大南门	张已娘	16	邱恩娘	胡元金(父)	张钦二(父)	11.6,同上
12.5	蔡桢崧	23	西门	郭淡娘	22	许辛娘	蔡豁然(胞兄)	郭壬癸(胞伯)	11.27,同上
12.5	王武轩	18	西门	魏淑娘	18	郭一娘	王元隆(父)	魏志杠(父)	11.2,同上
12.6	郑肇基	27	三间土库	黄画顿娘	22	郭一娘	郑青云(胞兄)	黄春芳(从叔祖)	11.5,同上
12.7	许琳生	16	鸟园	黄来娘	16	林内	许定香(父)	黄有贵(父)	11.7,同上
12.9	兰奇杰	45	大港墘	曾和娘	25	戴银娘	兰昶(堂叔)	曾荣宗(父,病,胞兄启昌代)	11.6,同上
12.9	钟凤爹	26	珍新圩	廖朱娘	16	廖亚二	钟兴富(堂叔)	廖德玉(父)	11.6,郑,高
12.10	黄荣松	24	观音亭	李麟娘	19	李奎秉	黄知(宗叔)	李文生(父)	11.6,同上
12.10	简敬忠	48	中港仔	黄宁娘	29	郭一娘	简山(族叔)	黄德令(胞兄)	11.21,同上
12.12	许州钫	33	珍旧圩	陈褒娘	17	黄惜娘	许恭(父,病,宗兄宇代)	陈凛(堂伯)	11.15,同上
12.12	蔡葱	40	珍旧圩	陈维娘	28	黄惜娘	蔡转(堂叔)	陈凛(宗叔)	旧婚,同上
12.12	连金	27	洪溪	张三娘	16	叶敬娘	连丙二(胞兄)	张亚智(父)	11.20,同上
12.14	许汗	34	毛亚蚋	黄明娘	26	郭一娘	许大亨(宗兄)	黄结生(父)	11.15,同上
12.16	纪崇德	26	珍旧圩	郑成娘	21	蔡勤娘	纪珍隆(胞兄)	郑启基(胞兄)	11.18,同上
12.16	许佳和	24	茄览末	杨贤娘	19	许清源	许满(父,胞伯每代)	杨奇生(父,族兄杰代)	11.27,同上
12.18	林允基	20	文丁旧圩	张标娘	17	林万福	林未荼(堂叔)	张热(父)	12.5,同上
12.18	林景	20	龙光	郑雅娘	16	郑芳	林大(堂兄)	郑振(父)	11.18,同上
12.19	庄晚生	27	珍旧圩	李五娘	24	陈心娘	庄谈坚(族兄)	张丘娘(生母)	11.13,同上
12.19	陈永閒	26	甘抹地	林桂英	19	邱恩娘	陈迷劳(胞兄)	林宝娘(胞兄)	11.13,同上
12.20	李河东	27	乌褒土库	黄鹤娘	21	蔡勤娘	李弼(宗叔)	黄溪水(堂兄)	11.18,同上
12.20	王欢	31	小南门	龚正娘	16	郭一娘	王笔(堂兄)	龚泰(父)	11.21,同上
12.20	黄偕	34	小南门	江浮厨娘	16	许辛娘	黄港(宗叔)	江甫(胞叔)	11.15,同上
12.23	沈牒	29	文丁旧圩	林修娘	20	林万福	沈启明(堂叔)	林漳化(父)	11.20,同上

12.23	卢长海	18	珍旧圩	郑软娘	18	陈心娘	卢贤(父)	郑其泉(父)	11.26,同上
12.23	蒋子夏	22	珍旧圩	甘赏娘	16	林英娘	蒋子贡(胞兄)	甘调(父)	11.21,同上
12.23	林参秀	21	八厨沃间	高凉娘	20	江秋娘	林合和(胞兄)	高天求(父)	11.21,同上
12.24	叶邓	37	小南门	戴邦娘	24	戴清娘	叶万寿(堂兄)	戴武生(父,病,胞兄文泰代)	11.27,同上
12.24	林欣	41	城内	陈松娘	28	陈月娘	林从(宗兄)	吴锦娘(生母)	甲 11.21,郑,高
12.24	黄拱照	24	文丁新圩	王文娘	23	林坎水	黄光荫(父,年老,胞兄太极代)	王亚戆(父病,胞兄文章代)	11.20,同上
12.24	黄本基	24	望茄寺	谢润娘	18	陈月娘	黄新客(父,病,堂兄东水代)	谢云生(胞叔)	12.5,同上
12.27	林秋	21	八厨沃间	郭辛娘	17	江秋娘	林天送(父)	郭定(父)	12.8,同上
12.30	郑浮厨	18	亭仔脚	陈金娘	18	袁味娘	郑江龙(父)	陈丁(胞兄)	12.10,同上
12.31	林戊寅	47	小南门	昌织娘	30	沈三娘	林海(胞兄)	许灿娘(生母)	甲 11.27,同上

总计:246 对

1845 年吧城唐人成婚注册表

月日	新郎	年岁	住址	新娘	年岁	媒妁	男方主婚	女方主婚	备注 结婚日,主事人
1.2	陈维沁	41	洪溪头	郑雷娘	27	郭一娘	陈汉水(宗兄)	郑金龙(从兄)	甲 11.27,黄永禄,吴昭阳
1.2	张九城	20	戈劳屈	黄金娘	17	曾亚四	张有志(父)	黄太河(堂叔祖)	12.8,同上
1.3	黄景山	18	三间土库	李文娘	14	郭一娘	黄合(祖父,父石生代)	李宽(父,病,宗叔活代)	12.4,同上
1.4	甘庆春	21	珍新圩	王勤娘	17	林助	甘开方(父)	王喜(父)	12.5,同上
1.6	陈珠良	22	茄菪	朱珠娘	19	邱云娘	陈顺(父)	朱辉(胞伯)	12.6,同上
1.6	林永若	31	小南门	刘贞娘	20	蔡勤娘	林文仲(父)	刘梓(从叔)	12.5,同上
1.7	陈忠闰	29	石桥	黄园娘	18	古一生	陈森(宗兄)	黄魁(父)	12.12,同上
1.8	陈德金	38	珍旧圩	张丁娘	19	谢亚五	陈奇(宗叔)	张九(父)	12.6,同上
1.8	陈文质	22	班芝兰	郑怀娘	17	沈三娘	陈本生(堂兄)	郑举精(父)	12.11,同上
1.8	郑亚四	39	大南门	陈秋娘	16	谢有娘	郑亚三(宗兄)	陈亚明(父)	12.17,同上
1.8	苏玉郎	20	北加容	林快娘	20	沈三娘	苏光齐(胞叔)	林万和(胞兄)	12.9,同上
1.10	陈新客	44	珍旧圩	林音娘	23	江秋娘	陈恒(从堂叔祖)	林欣(从堂叔)	12.5,同上
1.10	林润性	31	把杀务朗	张吉娘	19	戴清娘	林泉(父)	张文(宗伯)	12.8,同上

1.10	陈淇泉	22	八戈然	林嵩娘	17	蔡勤娘	陈乌尚(堂叔)	林炳茂(宗叔)	12.4,同上
1.10	陈盈水	25	王园	何鸾娘	17	江秋娘	陈如水(胞兄)	何亚钟(堂兄)	12.8,同上
1.11	陈寿	24	文丁	卢允娘	17	林万福	陈汉(胞兄)	卢永裕(父)	12.11,同上
1.11	林德生	25	北加容	苏水娘	25	林万福	林三分(父,病,胞兄益郎代)	苏英(胞兄)	12.12,同上
1.13	钟壬生	23	公司后	陈娘哪	17	叶敬娘	钟云淑(父)	陈亚满(父)	12.12,同上
1.14	兰育兰	26	小南门	陈色娘	23	陈月娘	吴品娘(生母)	陈金山(堂兄)	12.10,同上
1.14	戴偕	33	丹兰望	胡银娘	20	杨一娘	戴丹成(堂叔)	胡中庸(堂兄)	12.13,同上
1.15	胡大亨	33	秦朗眼	李江娘	15	杨亚松	胡亚彝(胞叔)	李亚坛(堂叔)	12.12,同上
1.18	杨金源	29	圣望港	黄丁娘	18	陈月娘	杨涂心(宗兄)	黄权生(父,病,胞兄才仁代)	12.22,黄,吴
1.20	甘长兴	22	珍旧圩	蔡冰娘	22	林英娘	甘朝(房叔祖)	蔡清和(父)	12.16,同上
1.22	朱豆	32	洪溪	王曲娘	18	许信娘	朱引(宗兄)	王笔(宗叔)	12.19,同上
1.23	黄株	29	乌鬼巷	陈珠娘	26	蔡有	黄潘(房兄)	陈乌尚(堂叔)	12.16,同上
1.23	任炎生	41	亭仔脚	蔡娇娘	21	许信娘	自己	蔡宏觉(胞叔)	12.18,同上
1.27	陈乾	41	珍新圩	甘珠娘	16	张妈生	陈席(族叔)	甘泉(族叔)	12.30,同上
1.28	苏吉时	33	小南门	郭清	17	江秋娘	苏天居(从堂兄)	郭碧(宗叔)	12.22,同上
1.29	彭已爹	26	戈劳屈	萧水娘	17	吴宜娘	彭成化(父)	萧天喜(胞兄)	2.4,同上
1.29	陈莲子	25	珍旧圩	戴近娘	15	吴进宝	陈清风(胞叔)	戴崎(父)	1.17,同上
2.4	王溪水	21	亭仔脚	许和娘	18	郭一娘	王涌夺(宗兄)	许伦水(宗兄)	旧婚,黄,陈
2.18	冯元力	25	公司后	刘戊娘	18	蔡勤娘	冯明兴(堂叔)	刘水秀(堂兄)	1.20,同上
2.22	杨偕	21	大南门	许娇娘	18	郑银娘	杨甘露(宗兄)	许坛(父)	2.2,同上
2.27	詹亚一	28	小南门	胡水娘	22	郭一娘	詹亚安(胞兄)	胡西郎(父)	2.2,同上
3.3	林田丘	22	丹兰望	李珠娘	20	江秋娘	林文彩(胞叔)	李光生(胞兄)	1.26,郑若思,高俊杰
3.4	林菅生	17	大港	张壬娘	16	许信娘	林安生(堂兄)	张唐兰(堂叔)	2.16,同上
3.10	马天分	20	戈劳屈	李秋娘	17	吴宜娘	马新客(堂兄)	李从宗(胞叔)	2.19,同上
3.14	李吉生	36	中廊	杨绒娘	18	李玉成	李珠芳(堂兄)	杨三才(父)	2.15,同上
3.21	吴步	40	珍新圩	甘姣娘	19	陈炳	吴攀(堂兄)	甘株(宗兄)	2.23,同上
3.27	黄量	32	小南门	林三娘	18	陈月娘	黄现(宗叔)	林望(父)	2.22,同上
3.31	吴延陵	23	洪溪	刘妙娘	21	郭逸娘	吴侧隐(胞兄)	刘阙(父)	3.5,同上
3.31	吴元和	18	麻六甲街	王清娘	18	戴清娘	吴寿山(堂叔)	王炳圭(胞兄)	2.28,同上
4.7	罗丙秀	20	洪溪	丘庚娘	16	江秋娘	罗亚寅(父)	丘亚五(父)	3.6,黄,吴

4.8	黄景昭	44	小南门	萧挨勃	17	江秋娘	黄景光(胞兄)	萧细妹(父)	4.4,同上
4.9	刘文全	41	水闸	黎顺娘	18	詹盛仕	刘连(堂兄)	黎应隆(堂兄)	3.12,同上
4.14	张朝佑	36	中港仔	廖丙娘	20	廖亚五	张南京(堂兄)	廖逢麟(父)	3.18,同上
4.17	吴宗茂	21	廿六间	林笺娘	19	郭一娘	吴宁生(宗叔祖)	林东(父)	旧婚,同上
4.21	梁双福	21	萡面街	陈意娘	16	丘印娘	梁瑞隆(堂叔)	陈任松(胞叔)	4.4,同上
4.21	朱亚二	19	珍旧圩	文容娘	16	朱劳郁娘	朱亚贤(父)	文解(父,病,胞兄金生代)	3.16,同上
4.22	潭亚栢	30	水锯顶	黄凤娘	19	陈月娘	谭钦明(堂兄)	黄三兴(堂叔)	3.24,同上
4.26	陈搜	26	珍新圩	赵玉娘	17	张妈生	陈图(堂兄)	赵影(父)	4.6,同上
5.2	庄金福	19	珍旧圩	郑桂娘	18	陈心娘	庄淡坚(宗叔)	郑简(父)	4.13,黄燎光,陈启淮
5.2	丘源水	33	五脚桥	林修娘	23	陈心娘	丘亚卿(父)	林遣(堂伯)	4.6,同上
5.6	黄毛	43	亚森脚	陈生娘	17	陈月娘	黄溶川(宗兄)	陈世幸(父)	4.7,同上
5.6	张泰行	25	丹兰望	陈搭娘	22	陈顺娘	张甘(堂叔)	陈天德(胞兄)	4.20,同上
5.7	邱梓睦	18	五脚桥	赖味娘	16	许信娘	丘水(父)	赖江汉(父)	4.20,同上
5.9	蔡水英	25	珍旧圩	林珠娘	20	陈月娘	蔡顺源(父)	林孝(父)	4.13,同上
5.13	叶秀	18	新厝仔	古岳娘	18	郭一娘	叶利康(堂伯)	古启茂(堂叔祖)	4.20,同上
5.14	王冬蕚	19	八厨沃间	陈玉娘	18	叶敬娘	王球生(宗伯)	陈坎龙(父)	4.13,同上
5.14	林碧	23	文丁	许蜜娘	17	陈心娘	林酣(堂兄)	许宇(父)	5.6,同上
5.15	曾腾蛟	43	旧把杀	张金贵	19	戴清娘	曾沙司(堂叔)	张秋(堂叔)	4.16,同上
5.15	戴一生	19	织宁贞	郑浮厨	18	刘银娘	戴必郎(胞叔)	郑珠林(胞叔)	4.18,同上
5.17	杨紫敏	22	哨口	石宁娘	22	戴清娘	杨热(宗兄)	石长江(胞兄)	4.13,同上
5.19	杨赞山	22	毛仔蚋	郭鹞娘	19	黄灿郎	杨金生(父)	郭龙泉(父)	4.20,黄,陈
5.22	陈旁佛	20	望寮	丁二娘	15	江秋娘	陈红毛(父)	丁漳兴(宗叔)	4.20,同上
5.23	陈卓	29	戈劳屈	张铃娘	16	吴传娘	陈已观(堂兄)	张南淑(父)	5.6,同上
5.23	黄金源	20	西门	林水娘	19	郭一娘	黄港(宗叔)	林坤山(堂兄)	4.27,同上
5.26	陈亚三	45	萡面街	李月娘	16	叶江娘	陈新章(堂兄)	李亚元(从堂伯)	4.27,同上
5.28	吴景文	30	窑内	陈正娘	16	许信娘	吴天来(父)	陈汉水(堂叔)	4.27,同上
5.28	李土全	26	老果头湾	林友娘	21	郭一娘	李儒全(胞兄)	林甘郎(父,病,宗兄偕生代)	4.27,同上
6.3	沈彩山	21	望茄寺	黄春娘	20	郭一娘	沈允(堂兄)	黄年桂(胞兄)	5.11,郑,高
6.11	陈抄	35	八茶贯	何森娘	22	陈月娘	陈目(族叔祖)	何轩(宗兄)	5.11,同上
6.11	陈州钫	18	鉴光六州	林素娘	17	郑银娘	陈满(族叔)	林俊德(父)	6.11,同上

6.12	王荣奇	27	珍旧圩	郑硂娘	17	吴珠娘	王得水(父)	郑盛宝(宗伯)	5.14,同上
6.19	郑挺葵	37	大港墘	洪赖娘	22	郭一娘	郑盛宝(宗兄)	洪信章(父)	7.13,同上
6.19	杨天台	43	马云丁	张俭娘	17	叶庚娘	郑炉(从叔祖)	张上友(父)	5.22,同上
6.19	方两	30	五脚桥	朱贵娘	14	叶庚娘	方焕水(族叔)	朱引(父)	5.18,同上
6.19	江文浦	21	八茶贯	陈露娘	17	沈三娘	谢吉娘(生母)	陈三元(宗叔)	5.18,同上
6.24	杨阳生	39	乌褒土库	张葵娘①	20	叶庚娘	自己	自己	5.21,同上
6.25	沈乾	40	息里房	颜宇窒	21	沈极	沈齐(宗兄)	颜助生(胞伯)	旧婚,同上
7.7	陈笃	34	旧把杀	李群娘	17	戴俊	陈柳(宗兄)	李浮(父)	6.10,同上
7.7	章亚丙	30	公司后	温三娘	19	姚台二	章锦绣(胞叔)	温亚麟(堂兄)	6.18,同上
7.8	何洪基	25	小南门	陈戊娘	18	江秋娘	何国才(父)	陈细三(父)	6.13,同上
7.11	廖亚三	33	昂干疾	黄翰娘	15	林亚丙	廖亚招(胞兄)	黄亚满(父)	6.14,黄,吴
7.12	李沃	32	小南门	林牛娘②	28	吴珠娘	自己	自己	旧婚,同上
7.12	张亚三	28	戈劳屈	梁戊娘	18	房逢林	张丁五(房兄)	梁亚五(父)	6.13,同上
7.15	李亚喜	24	西郎桥	陈炎娘	18	李亚春	李老九(胞叔)	陈亚华(父)	6.19,同上
7.17	陈义	33	珍旧圩	沈曲娘	20	陈月娘	陈忠(宗兄)	沈齐(从叔祖)	6.16,同上
7.21	蔡奎炳	44	丹兰望	沈硂娘③	34	陈月娘	自己	自己	旧婚,同上
7.24	熊亚造	44	大南门	叶全娘	18	郑亚三	熊亚才(宗叔)	叶锦友(胞叔)	6.23,同上
8.2	吴亚二	27	洪溪	韩彬娘④	23	江秋娘	自己	自己	7.1,黄,陈
8.7	兰明月	38	亭仔脚	许梅娘	24	郑银娘	兰昶(宗兄)	许文生(胞叔)	7.22,同上
8.14	张三	27	观音亭	甘宙娘	24	郭一娘	张英(堂兄)	甘德源(胞兄)	7.24,同上
8.14	林昭彰	44	槟榔社	张已娘	17	沈三娘	林新兴(堂兄)	张金生(胞兄)	8.20,同上
8.18	沈鹤算	17	三间土库	丁英娘	18	江秋娘	沈命(父)	丁拱(胞叔)	7.29,同上
8.18	范红毛	35	洪溪	李连娘	18	江秋娘	范魁寿(堂兄)	李源水(父)	8.3,同上
8.20	杨继祖	23	葛陶	苏香娘	17	郑银娘	杨德春(祖父,宗叔,如松代)	苏回(从叔祖)	8,同上
8.21	蔡长海	18	八厨沃间	丘七娘	18	郭一娘	蔡三(父)	丘牙(父)	8.20,同上

① 张氏与前夫黄场于1842年×月×日遵公堂判付离遏,今愿与杨为夫妇,永结同心,各花押在婚簿。知见人默氏杨奎炳。

② 林氏前夫蔡逢角不和,遵公堂判各从别适,愿与李沃为夫妇,永结同心,各花押在婚簿存照。知见人该默不到。

③ 沈氏前夫霍元结发4年身故,生一女瑞娘亦不育,愿与蔡为夫妇花押婚簿。

④ 韩氏前夫黄杰生于1843年3月4日经蒙公堂判付离遏,今愿与吴结为夫妇,永结同心,各花押在婚簿批照。

8.21	林新阴	26	大鸟	杨月娘	19	郭一娘	林新建(胞兄)	杨德章(父)即杨奎炳	8.6,同上
8.22	张炳隆	20	干刀前	李给娘	18	沈三娘	张木厚(宗叔)	李江生(宗兄)	8.6,同上
8.25	陈生奇	20	茄揽末	蔡弄物	20	骆珍郎	陈大戇(父)	蔡富光(祖父,父劳勃代)	8.19,黄,陈
8.27	曾清风	25	珍旧圩	吴娘那	19	陈心娘	曾清池(胞兄)	吴全生(胞叔)	7.29,同上
9.2	谢状	36	小南门	许成娘	21	戴清娘	谢祝生(宗兄)	许云烈(胞兄)	8.6,郑,高
9.4	陈漳兴	20	田仔内	李雅娘	15	江秋娘	陈月生(父)	李亚符(胞伯)	8.13,同上
9.4	蒋三回	27	干冬圩	汤七娘	22	杨一娘	蒋丑(宗兄)	汤床(堂叔)	8.15,同上
9.8	吴国	41	大港墘	蔡来娘	20	陈月娘	吴盾(房兄)	蔡梧(房兄)	8.13,同上
9.9	朱水	37	洪溪	丘珍娘	20	丘恩娘	朱辉(父)	丘荣泉(父)	8.13,同上
9.9	麦傅寿	29	龙岗	王随娘	17	陈由娘	张音娘(生母)	石纯娘(生母)	8.20,同上
9.9	张天喜	42	八茶贯	李曲娘[①]	21	许信娘	自己	自己	8.13,同上
9.10	陈焕文	32	小南门	刘音娘	21	郑银娘	陈进光(父,年老,胞兄炳文代)	刘新桂	8.15,同上
9.10	丘永泉	32	织宁贞	吴水娘	32	郑银娘	丘天生(父)	吴楼(父)	8.13,同上
9.11	苏碧山	27	八戈然	罗勃娘	18	郭一娘	苏豹生(宗叔)	罗葵(胞叔)	8.19,同上
9.11	康粒	34	织宁贞	詹秀娘	20	郭一娘	康智元(胞叔)	詹高(堂叔)	8.20,同上
9.11	詹青云	19	珍旧圩	郑瑞娘	17	陈心娘	詹福州(父)	郑淇泉(父)	8.19,同上
9.13	许壬水	34	大南门	杨二娘[②]	26	蔡勤娘	自己	自己	8.13,同上
9.24	黄张	24	八厨沃间	丁秋娘	19	郭一娘	黄浴水(堂兄)	丁水生(父)	8.17,同上
9.24	王金智	21	文丁	黄银娘	19	黄亚润	王明和(父)	黄同(父)	9.13,同上
9.25	廖义芳	38	鉴光万兰	苏根娘	16	许亚富	廖荣昌(堂叔)	苏天喜(胞叔)	8.27,郑,高
9.26	饶亚城	30	洪溪	潘申娘	15	叶敬娘	饶亚远(宗叔)	潘连桥(父)	8.28,同上
9.13	丁汉章	30	茄弄西垄	林二娘	17	陈全	丁江(父,病,胞叔妈曾代)	林凿(胞叔)	8.20,同上
9.15	赖富生	22	鉴光州画	林来娘	20	沈三娘	赖淮山(宗兄)	林水(胞兄)	8.22,同上
9.18	陈提岸	45	窑内	杨答娘	22	陈月娘	自己	杨正畴(胞兄)	8.27,同上
9.18	黄露水	19	文丁	卢色娘	18	沈三娘	黄合(祖父)	卢松林(胞兄)	10.3,同上
9.18	张奎丙	21	洪溪	黄雅娘	17	丘印娘	张江元(胞兄)	黄亚丁(宗叔)	8.20,同上

① 李氏前夫郑俊结发 4 年身故,无儿女,恬处 4 年,愿与张为夫妇,永结同心,花押婚簿存照。知见人默氏林元生(签字林元生),杨奎炳(签字杨奎炳)。

② 杨氏前夫郭天德结发 5 年身故,曾生二男:金和 10 岁,明和 7 岁,寡守 6 年,愿与许为夫妇,永结同心,各花押在婚簿存照。知见人该默蒲远昌(签字"凭"),葵天定(签字"蔡天定")。

9.18	徐汉水	20	戈劳屈	汤珠娘	15	郑银娘	邱福娘(祖母)	汤贵生(胞兄)	8.20,同上
9.18	严久	28	乌褒土库	陈掬娘	19	沈三娘	严清水(宗兄)	陈柳(父)	8.20,同上
9.20	许经山	19	班芝兰埔	张珠娘	18	陈月娘	许贵(父)	张振名(父)	8.19,同上
9.22	陈红毛	35	洪溪	李吉娘	21	江秋娘	陈水生(宗兄)	李荫水(胞兄)	9.12,同上
10.1	陈玉山	20	蕉仔街	谢庚娘	19	吴珠娘	陈金水(胞兄)	谢金(父)	9.12,同上
10.1	王金安	26	大南门	林玉娘[①]	25	戴清娘	自己	自己	9.5,同上
10.6	曾亚友	22	洪溪	钟辛娘	15	江秋娘	曾亚壬(胞兄)	钟亚二(父)	9.24,同上
10.6	江亚二	32	高奢园	戴凤娘	18	江秋娘	江中兴(宗兄)	戴文山(堂兄)	9.21,同上
10.6	林焕彩	41	茄三微	黄丁娘	39	吴珠娘	林必恩(宗兄)	黄廪生(父)	旧婚,同上
10.6	黄长明	26	茄三微	林莺娘	19	吴珠娘	黄港(宗叔)	林焕彩(父)	9.12,同上
10.6	丘天福	18	洪溪	连阴娘	16	江秋娘	丘明德(父)	连开生(父)	9.13,同上
10.6	詹金福	22	茄力	黄蚶娘	22	郑银娘	詹宣(父,年老,胞兄居安代)	黄杰(胞叔)	9.12,同上
10.6	王悦嵩	36	中港仔	黄二娘	25	郑银娘	王克明(宗叔)	黄传生(父)	9.13,同上
10.8	戴金英	21	文丁旧圩	赖永娘	19	林万福	戴振盛(父)	赖春生(父)	9.24,黄,吴
10.8	王荣寿	19	文丁旧圩	黄维娘	19	林万福	王厘(父)	黄养(父,年老,胞兄雷代)	10.12,,同上
10.8	陈启珍	22	文丁旧圩	刘素英	18	林万福	陈发(父)	刘麟(堂兄)	9.21,同上
10.8	黄忠	19	来纳	陈腔娘	17	邱恩娘	黄吉郎(父)	陈柔(父)	9.19,同上
10.10	陈永老	24	洪溪	张直娘	24	郭一娘	陈标生(父)	张亚爵(父)	9.12,同上
10.11	王聪岩	27	中港仔	温玉娘	17	戴清娘	王庄(宗兄)	温庆记(堂兄)	9.12,同上
10.15	黄捷魁	27	文丁新圩	温掬娘	16	陈传淑	黄春芳(胞伯)	温应时(父)	9.24,同上
10.15	黄光宇	21	三间土库	戴银娘	14	陈月娘	黄仰(父)	戴买(父)	明年,同上
10.16	张造化	31	亚森脚	雍硂娘	22	沈山娘	张守己(胞兄)	雍传光(堂兄)	9.21,同上
10.17	李英赐	20	小南门	王阴娘	19	郭一娘	李英川(胞兄)	王三贵(父)	9.24,同上
10.17	许有志	19	丹兰州连	郭勃娘	18	江秋娘	许养生(宗叔)	郭金山(堂兄)	9.26,同上
10.20	韦亚贵	20	大南门	陈良娘	15	郭一娘	自己	陈串(族兄)	10.3,同上
10.20	钟孙宝	20	招望	刘河娘	20	郭一娘	钟五(父)	刘才(父)	10.17,同上
10.20	黄佩金	30	八戈然	陈宁娘	19	郑银娘	黄有麟(房叔祖)	陈有幸(胞兄)	9.26,同上

① 林氏前夫黄振结发一年半身故,遗一女桂娘7岁,寡守6年,无奈愿与王为夫妇永结同心,各花押婚簿存照。知见人伊该默宋檀秀(签字宋檀秀)。

10.23	黄元	43	西门内	陈玉娘	20	洪雪娘	黄爻(宗兄)	陈印(父)	10.3,同上
10.23	李细姑	18	干冬圩	袁庇色	18	杨乙娘	李梅寿(父)	袁亚朱(父)	10.5,同上
10.24	曾永昌	18	珍旧圩	张八娘	17	陈心娘	曾冷水(父)	张德(父)	10.3,同上
10.24	洪闻一	18	山顶大社	周弄勃	18	曾质娘	洪发生(父)	周先水(胞兄)	10.16,同上
10.25	徐六合	31	八茶贯	张永娘	28	沈三娘	徐泗水	张才(父)	10.3,同上
10.27	魏和生	19	大南门	王闰娘	19	郭一娘	魏枉(父)	王亭良(父)	10.8,同上
10.27	谢祝生	39	中港仔新厝	何文质	19	郭一娘	谢陶(宗兄)	何魁二(宗伯)	10.3,同上
10.28	邹现郎	29	干刀前	林丁娘	19	张二娘	邹亚七(胞叔)	林亚传(从叔祖)	10.3,同上
10.29	赖增寿	20	文丁旧圩	叶协娘	17	林万福	赖沈(堂兄)	叶粽(胞兄)	10.21,黄,吴
10.29	李永德	27	珍旧圩	林雅娘	(缺)	陈心娘	李天赐(父)	李求生(父)	10.5,同上
10.30	王七生	20	渡仔头蔀	郭连娘	20	戴金娘	王绿水(从叔)	郭登岸(胞叔)	10.8,同上
10.31	陈光水	24	织宁贞	詹纱娘	23	郑银娘	陈贯(从堂叔)	詹金山(父)	10.17,同上
10.31	黄玉郎	23	八厨沃间	刘坤娘	18	吴珠娘	黄清源(父)	刘成发(从叔祖)	10.5,同上
10.31	林赛	29	小南门	王宁娘	16	戴清娘	林从(从兄)	王严(父)	10.5,同上
10.31	彭大浚	29	公司后	邓戊娘	18	钟秀彩	彭亚兴(胞兄)	邓亚三(父)	10.5,同上
10.31	李昭源	29	西门	陈良娘	21	蔡勤娘	李江源(胞兄)	陈荣祖(宗兄)	10.12,同上
11.1	戴明秀	27	亚森脚	李曲娘	23	郑银娘	戴荣(父)	李福程(父)	10.12,黄,陈
11.1	谢长庆	44	乌褒土库	赖绒娘	17	郭四哥	谢亚四(宗叔)	赖亚富(堂兄)	10.3,同上
11.6	徐瑞安	19	把杀务朗	沈随娘	16	陈珠娘	徐天生(胞叔)	沈卓(父)	10.10,同上
11.6	甘雨水	42	珍旧圩	许味娘	24	林英娘	甘江(族叔)	许兰(父,年老,胞兄清云代)	10.10,同上
11.6	陈濬哲	30	观音亭	黄淡娘	20	吴珠娘	陈乌尚(堂叔)	黄永禄(父,甲必丹)	10.14,同上
11.6	李芳司	20	毛仔蚋	许结娘	20	郭一娘	李添(父)	许荣妙(父)	10.14,同上
11.8	李春元	21	茄面街	郭音娘	17	沈三娘	李燮(宗叔)	郭绍漳(父)	10.12,同上
11.8	蔡堰	43	廿六间	詹金娘	21	戴清娘	蔡漳(族叔)	詹灶(胞叔)	10.21,同上
11.10	林长沙	23	丹仔蚋	黄雪娘	18	黄炉动	林雷(堂兄)	黄景良(胞叔)	10.17,同上
11.12	朱福荫	20	外勿难	李粉娘	17	沈三娘	朱长(父)	李满(父)	10.26,同上
11.13	林仁福	24	港口	张源娘	17	沈三娘	林明生(祖父,胞叔天时代)	张永泉(父)	10.21,同上
11.13	戴南	26	珍新圩	廖绵娘	20	吴侯	戴崎(宗叔)	廖元(父)	10.21,同上
11.14	陈素	34	榴梿桥	戴发娘	18	沈三娘	陈说(胞兄)	戴买(父)	10.17,同上

11.14	白荫	40	珍旧圩	陈雪娘	20	陈心娘	白勇(堂兄)	陈席(宗叔)	10.21,黄,陈
11.14	郑江生	22	八茶贯	林香娘	18	郭一娘	郑溪水(胞叔)	林乾风(胞叔)	10.21,同上
11.17	甘琴	47	珍旧圩	黄雅娘	22	陈心娘	甘寸(房叔祖)	黄池(宗叔)	10.24,同上
11.17	洪临水	23	茄泊	李友娘	18	丘恩娘	洪计(宗伯)	李雀(父)	10.24,同上
11.18	杨元基	23	五脚桥	林双娘	22	吴敬娘	杨田基(胞兄)	林朝老(胞兄)	10.22,同上
11.20	赖麟	45	珍旧圩	陈仁娘	18	杨一娘	赖球官(宗叔)	陈富郎(堂叔)	10.24,同上
11.21	蔡长喜	23	三间土库对面	吴珠娘	16	陈月娘	蔡三朝(堂兄)	吴执(父,胞兄逊味代)	10.27,同上
11.21	廖含水	30	绒高兰	陈群娘	30	郭一娘	廖韩(胞兄)	陈寿山(胞兄)	11.16,同上
11.22	郑金生	28	马因丁	陈珠娘	18	戴金娘	郑光生(胞兄)	陈天佑(父)	11.2,同上
11.22	刘江海	36	安恤	游甘光	31	郭广元	刘文远(胞叔)	游中源(父,年老,胞兄木生代)	11.4,同上
11.25	陈乌驴	27	三间土库对面	李硂娘	20	吴珠娘	陈亦(宗兄)	李彦(宗兄)	10.27,同上
11.28	杨怀可	30	八茶贯	谢巧娘	16	叶敬娘	杨遇华(胞叔祖)	谢琼秀(父)	11.7,同上
12.2	许瑞昌	17	大巷内	李已娘	17	郭一娘	许云彬(父)	李琳宝(父)	11.12,郑,高
12.2	李福郎	24	观音亭	黄三娘	17	吴珠娘	李森(胞叔)	黄胆(堂伯)	11.7,同上
12.2	陈泰山	21	八茶贯	郑福娘	22	吴珠娘	陈长祥(宗叔)	郑远(父)	11.11,同上
12.3	黄曲安	28	洪溪	余珠娘	21	陈月娘	黄曲水(胞兄)	余福生(父)	11.7,同上
12.3	黄阳	30	戈踏歹	陈勤娘	26	陈心娘	黄汉同(胞叔)	陈婆祖(父)	11.15,同上
12.3	金成宝	24	高奢园	王弟娘	17	江秋娘	自已	王恩生(父)	11.11,同上
12.4	徐天来	23	观音亭	巫掬娘	20	陈月娘	徐水生(宗叔)	巫东生(堂叔)	11.9,同上
12.5	林昌	55	珍新圩	邓丁娘	29	万	自已	邓亚八(父,年老,堂兄亚四代)	旧婚,同上
12.10	王等闲	25	新港嘴	陈娘那	15	戴银娘	王长兴(堂叔)	陈诵(祖父,堂叔温动代)	11.16,同上
12.11	朱水良	20	小南门	吴月娘	20	江秋娘	朱友(父)	吴云水(父,病,胞兄天志代)	11.16,同上
12.15	陈登二	24	珍旧圩	杨菊娘	17	陈恩娘	陈珪明(父)	杨尚浮(胞兄)	12.8,同上
12.15	曾隆安	24	观音亭	张文娘	17	江秋娘	曾明老(父)	张长(从叔)	12.14,同上
12.17	李成金	18	公馆巷	林廉娘	15	江秋娘	李亚友(父)	林富(父)	12.5,同上
12.18	蒋何之	21	珍旧圩	王安娘	15	张齐	蒋吧贵(胞兄)	王尾(胞叔)	12.5,同上
12.27	苏天富	36	打铁街	郭秀娘	18	连亚灶	苏亚通(堂兄)	郭亚理(父)	12.16,同上
12.27	杨亚七	32	度唧	曹雅娘	16	丘恩娘	杨亚福(胞叔)	曹亚二(父)	12.5,同上

12.29	蔡杰生	30	把杀务朗	林只娘	17	戴清娘	蔡茂(宗叔)	林金龙(宗兄)	12.3,同上
12.29	黄和尚	37	小南门	周平娘	17	戴清娘	黄港(宗叔)	周庆(父)	12.3,同上
12.30	陈庞	37	大巷内	刘玲娘	17	沈三娘	陈荣祖(堂兄)	刘作(宗兄)	12.3,同上
12.30	陈元时	22	峇峇干	涂悦娘	22	沈三娘	陈汉(胞兄)	涂长寿(胞兄)	12.10,同上
12.30	黄令	43	八厨沃间	柯根娘	20	叶敬娘	黄港(宗兄)	柯德山(宗兄)	12.3,同上
12.30	林雨	38	新厝仔	黄根娘	20	吴珠娘	林霞(族叔)	黄文侃(堂伯)	12.7,同上
12.31	林玉	21	文丁新圩	王静娘	21	郭一娘	林训(父,病,堂叔福荫代)	王四启(胞兄)	12.13,同上
12.31	何拔萃	39	度唧	颜瑞娘	22	郭一娘	何振宗(胞兄)	颜宝山(宗叔)	12.14,同上

总计:216 对

1846 年吧城唐人成婚注册表

月日	新郎	年岁	住址	新娘	年岁	媒妁	男方主婚	女方主婚	备注 结婚日,主事人
1.2	侯通	27	小南门	张瑞娘	21	郭一娘	侯锦(宗兄)	张才(父)	乙 12.10,黄永禄,吴昭阳
1.5	苏降	31	小南门	杨六娘	21	江秋娘	苏吉时(堂兄)	杨银(堂兄)	12.16,同上
1.6	兰民安	33	大港墘	王汝思	22	吴珠娘	兰奇养(族兄)	王俊元(父)	12.14,同上
1.6	郑金水	18	廿六间	陈招娘	18	郭一娘	郑进生(父)	陈武(父)	12.13,同上
1.8	朱奎炳	30	八厨沃间	王温娘	22	江秋娘	吴权娘(生母)	王姐(父,年老,胞兄桐只代)	12.18,同上
1.8	叶成泰	23	大港墘	林珠娘	24	郭一娘	叶科(堂兄)	林实(父)	12.16,同上
1.12	甘金	23	珍新圩	陈廉娘	19	吴传娘	甘全(房叔)	陈容(父)	丙 1.13,同上
1.12	蔡祥	29	丹绒存力	叶端娘	28	陈月娘	蔡朝宗(宗伯)	叶省泰(堂叔)	12.16,同上
1.14	黄明	21	文丁	宋武容娘	18	洪生	黄高(宗叔)	宋文兴(父)	12.21,同上
1.15	张亚音	25	三间土库	洪三娘	20	陈月娘	张基(宗叔)	洪超一(胞兄)	12.21,同上
1.17	叶南生	38	八戈然	何武容	18	江秋娘	叶亚二(堂兄)	何亚满(胞叔)	1.20,同上
1.22	黄存厚	43	圣望港	陈奭娘	22	林玉记	黄溶川(宗兄)	陈荣乔(族兄,朱)	2.28,同上
1.24	张景隆	20	珍旧圩	戴壬娘	16	洪敏	张天喜(父)	戴亚五(父,病,胞兄江生代)	12.22,同上
2.3	柯本基	20	珍旧圩	吴员娘	16	陈心娘	柯得山(宗叔)	吴鼎(父)	1.10,黄燎光,陈启淮
2.5	黄订	28	圣望港土库	陈君娘	17	戴清娘	黄溶江(宗叔)	陈贴远(房叔)	1.13,同上
2.9	邹河滨	18	大南门	吴软娘	16	郭一娘	邹全生(父)	吴福星(从叔)	1.26,同上

2.10	陈六顺	23	大巷内	郑吉娘	19	沈三娘	陈吻(父,病,宗伯位代)	郑狮(父)	1.15,同上
2.12	甘元章	20	珍旧圩	詹春娘	18	陈心娘	甘评(从叔)	詹甘生(父)	1.20,同上
2.16	戴三阳	20	珍旧圩	陈莺娘	20	陈心娘	戴彩应(堂兄)	陈清香(胞兄)	2.2,同上
2.17	韩放	38	小南门	罗冉娘	20	戴清娘	韩旺(堂叔)	罗梓汉(胞兄)	1.27,同上
2.17	张宝兴	18	珍新圩	甘补娘	17	陈心娘	张千(堂兄)	甘雨水(堂兄)	2.22,同上
2.19	蒋清朝	21	珍旧圩	王鸾娘	20	陈心娘	蒋彦(父)	王江汉(胞兄)	2.5,黄,陈
2.23	陈森	43	石桥	林文理	17	吴珠娘	陈乌尚(宗兄)	林漳化(父)	2.12,同上
2.24	吴振局	27	珍新圩	陈执娘	18	张妈生	吴唇(堂兄)	陈春阴(胞兄)	2.11,同上
2.28	杨福星	28	马穆	林全娘[①]	25	沈三娘	自己	自己	旧婚,同上
3.3	吴阴	28	珍新圩	陈笔娘	22	戴烹	吴扬(堂叔)	陈绵琛(父)	2.18,郑若思,高俊杰
3.4	余明意	20	干冬圩	唐郭娘	17	杨一娘	余好(父)	唐当(胞兄)	2.12,同上
3.6	朱养福	19	小南门	李合娘	19	江秋娘	朱友(父)	李福程(父)	2.18,同上
3.11	郭松林	40	圣望祂土库	陈根娘	18	陈月娘	郭碧(宗叔)	陈乌厘(宗叔)	2.19,同上
3.12	陈戊伯	19	戈劳屈	李庚娘	18	吴宣娘	陈润二(父)	李元二(从堂叔)	2.18,同上
3.19	林行	38	中港仔	高友娘	18	郭一娘	林栋(宗兄)	高敬信(宗兄)	3.1,同上
3.24	蔡清凉	23	把杀务朗	方君娘	20	沈三娘	蔡权生(胞伯)	方茂(父)	3.3,同上
3.25	许云兰	37	珍旧圩鉴光广东	张江娘	17	沈三娘	许云彬(堂兄)	张洪六(胞叔)	3.4,同上
3.25	林细基	18	文丁	王默心	18	江秋娘	林瑞禄(父)	王明和(父)	4.16,同上
3.25	郑瑞珍	22	干冬圩	张宝娘	18	杨一娘	郑榔(父)	张成兴(父)	3.3,同上
3.26	范亚福	46	冬居	张戊娘	19	郭一娘	范亚亮(堂叔)	张桂郎(堂兄)	3.11,同上
3.27	陈瓜	28	珍旧圩	曾进娘	15	陈恩娘	陈廪(宗叔)	曾露(父)	3.15,同上
4.1	赖东	20	息厘旁	郭福娘	17	汤秋	赖郎(堂兄)	郭三(父)	4.10,同上
4.2	周希吉	37	中港仔	巫荫娘[②]	23	陈月娘	自己	自己	4.1,同上
4.3	徐来	34	大使庙	王绒娘	16	郑银娘	徐陶(宗叔)	王鹤山(胞兄)	3.15,黄,吴
4.6	林州钫	17	八茶贯	许水娘	16	沈三娘	林湖(父,病,宗叔象代)	许文凤(父)	3.12,同上
4.11	刘亚风	36	洪溪	谢丁娘	20	江秋娘	刘亚八(堂叔)	许亚发(父)	3.21,同上
4.18	蔡彩文	22	班芝兰	朱观娘	18	戴清娘	蔡元生(父)	朱朝阳(胞兄)	4.8,同上

① 林氏前夫黄彬于1837年遵公堂案夺,判付离遏,现与杨为夫妇,永结同心,花押婚簿。

② 据巫氏云:前夫黄祝结发3年不幸身故,无遗下子女,恬处4年,无奈再醮与周为夫妇,永结同心,各花押在婚簿批照。知见人默氏林元生。

和1846年4月17日拜五。吴甲昭阳官承公堂案夺,为周希吉、巫荫娘二比已经甘愿退婚,拆破婚字,理宜批照。

4.22	叶林	29	班芝兰	王挨拔娘	18	沈三娘	叶滔(胞兄)	王诵(父)	4.13,同上
4.23	柯凤池	28	五脚桥	兰荫娘	19	陈月娘	柯永福(胞兄)	兰昶(族叔祖)	4.8,同上
4.23	许琏昌	23	公司后	钟京娘	19	郭乙娘	许云彬(族叔)	钟兴华(父)	4.3,同上
4.25	郑宇然	21	洪溪头	陈来娘	16	叶庚娘	郑远(宗叔)	陈角(父)	4.16,同上
4.29	朱习	42	鉴光猫厘	康定娘	21	吴腾	朱孚(胞叔)	康一(父,年老,堂兄粒代)	4.8,同上
5.1	伍庚轩	34	发发丹	张庚娘	17	温亚五	伍登恒(胞叔)	张亚桂(父)	4.15,同上
5.1	雍士元	18	五脚桥	黄城娘	17	郭乙娘	雍传光(胞叔)	黄东启(父)	4.12,同上
5.3	薛放头	28	珍旧圩	詹认娘	18	蔡卷	薛那(堂兄)	詹谭(父)	4.15,同上
5.4	胡远杰	24	干冬圩	戴力娘	16	杨乙娘	胡中庸(堂兄)	戴万(父)	4.15,同上
5.6	杨金飏	25	文丁	陈祝娘	15	杨天水	杨坑(父)	陈苞(父)	4.24,同上
5.7	戴明德	26	槟榔社	廖宝娘	28	吴宜娘	戴如山(堂兄)	廖水源(父)	4.15,同上
5.11	林利川	25	大港墘	吴桂娘	15	吴珠娘	林敦厚(父,往泗水,母舅朱深代)	张淡娘(生母)	4.21,同上
5.14	吴探	25	小南门	叶丁仔钫	17	戴清娘	吴宰(宗叔)	叶兰(从堂叔)	4.29,同上
5.16	叶武	31	小南门	蔡报娘	18	沈操娘	黄添(堂兄)	蔡根(宗兄)	4.29,同上
5.20	陈奇恩	31	大港墘	苏潘娘	19	吴珠娘	陈宁(宗叔)	苏林生(父)	5.14,同上
5.22	林玉郎	28	观音亭	李金娘	23	郭乙娘	林清梅(堂兄)	李吉疾(胞伯)	5.11,同上
5.25	陈冗	28	萡风面	王春娘	18	陈思娘	陈真(宗叔)	王光炎(父)	5.10,同上
5.25	林天益	20	东基	陈芳娘	17	郑银娘	林景成(宗兄)	陈新宝(从堂兄)	5.30,黄,陈
5.26	林合	25	干冬圩	蔡贤娘	17	曾玉	林廪(宗叔)	蔡每(父,病,宗叔沧海代)	5.7,同上
5.26	侯轩瑞	19	鉴光猫厘	张秀娘	14	钟亚二	侯亚岱(父)	张有泰(父)	11.20,同上
5.27	林文瑞	22	中港仔	张宣娘	18	沈三娘	林亚二(堂叔)	张菅三(父,病,堂叔角代)	5.4,同上
5.30	吴亚二	28	洪溪	丘丙娘	21	戴金娘	吴亚三(堂兄)	邱亚五(胞叔)	5.14,同上
6.2	许亚德	32	八茶贯	曹辛妹	16	谢运郎	谢亚贵(宗兄)	曹荣伯(父)	5.13,郑,高
6.3	林德麟	28	公司后	王慈娘	22	沈三娘	林锦相(族叔)	王旺(宗叔)	5.10,同上
6.9	黎亚集	28	丹兰望	曾贵娘①	30	李堤娘	自己	自己	5.17,同上
6.10	李拔萃	24	大巷内	王笑娘	17	郭乙娘	李谓泉(胞兄)	王旺(宗叔)	5.20,同上
6.15	廖亚有	36	鉴光猫厘	李旁佛	17	钟亚二	廖亚五(堂叔)	李亚蛮(父)	5.24,同上
6.17	吴远郎	28	亭仔脚	兰奭娘	18	郭乙娘	吴透(父)	兰昶(父,病,堂兄奇杰代)	5.25,同上

① 曾氏前夫郑连结发二载身故遗一男名顺路6岁,恬处4年,无奈愿与黎为夫妇,永结同心,各花押为照。

6.17	黄德	31	小南门	林二娘	16	陈月娘	黄眼(胞兄)	林坪(堂兄)	5.12,同上
6.19	陈登山	21	珍旧圩	钟鹤娘	17	陈恩娘	陈恒(房叔祖)	钟峡(族叔祖)	旧婚,同上
6.30	颜永寿	18	公司后	陈贺娘	18	沈三娘	颜保生(父)	陈抄(父)	5.14,同上
6.30	陈光山	36	五脚桥	丘血娘[①]	22	陈远	自己	自己	闰5.12,同上
7.1	谢亚养	32	丹兰望	张乙娘	20	吴亚二	谢亚四(堂叔)	张桂三(父)	5.19,黄,吴
7.2	黎亚增	30	班芝兰	蔡赦娘	21	江秋娘	黎亚壬(堂叔)	叶贵生(胞兄)	5.19,同上
7.7	李富长	30	吉石珍旧圩	朱丁娘	20	李亚春	李亚二(堂兄)	朱亚纪(父)	5.18,同上
7.9	黄佰川	31	八厨沃间	陈出娘	17	陈月娘	黄溶川(宗兄)	陈宗岩(父,病,宗叔陈平代)	5.26,黄,吴
7.21	管亚先	25	息垄吧	郭恩娘	17	刘清汉	管亚澄(胞叔)	郭亚容(堂伯)	6.2,同上
7.25	李富琳	26	大巷内	涂振娘	17	郭乙娘	李一生(胞叔)	涂亚海(胞叔)	6.18,同上
7.27	陈坎	45	八厨沃间	许月娘	24	沈寝	陈风(宗兄)	许庆喜(父)	6.7,同上
8.3	蔡座	33	丹绒存力	黄金娘	31	郭乙娘	蔡宇(宗兄)	黄曲水(宗叔)	6.14,黄,陈
8.3	丘亚三	31	大南门	钟丁娘	20	郭乙娘	丘德泰(宗叔)	钟云(父)	6.18,同上
8.10	王安南	29	簾仔巷	陈雷娘	19	沈三娘	王克明(宗伯)	陈辛(胞兄)	6.25,同上
8.11	吴猛势	36	大巷内	罗仁娘	23	郭乙娘	吴九(胞叔)	罗亚仁(宗伯)	6.25,同上
8.20	陈长保	18	大港墘	黄照娘	15	郭乙娘	陈妈兴(父,病,从兄桂代)	黄其祥(宗兄)	未择日,同上
8.24	陈文筹	20	珍旧圩	王振娘	18	陈心娘	陈国珍(父)	王顺益(父)	7.10,同上
8.24	林亚四	23	鉴光猫汝	谢贵娘	19	詹灶	林成一(父)	谢增华(父)	7.23,同上
8.26	丘岭	22	劳外红桥	沈文芝	无	郭乙娘	丘亚庆(父)	沈和(胞叔)	7.12,同上
8.27	黄曲水	38	丹兰丁宜	林秀娘	28	沈三娘	黄味郎(堂兄)	林杰生(胞兄)	7.9,同上
8.27	吴杞淑	48	公司后	许瑞娘	16	江秋娘	吴开寿(宗兄)	许云彬(宗叔)	7.8,同上
8.29	朱脬	30	小南门	林睢娘	20	戴清娘	朱有(堂叔)	林智(父,往把东,宗叔滚代)	7.16,同上
8.29	黄渊郎	20	茄劳丙芝	林绒娘	18	王明和	黄荣寿(父)	林子龙(父)	11.11,同上
9.5	宋青淑	18	度唧	徐庚娘	17	刘志飒	宋亚德(父)	徐细满(父)	12.8,郑,高
9.21	蔡文瑞	22	窑内	陈梅娘	17	陈月娘	蔡存智(父)	陈国金(胞兄)	8.8,同上
9.25	侯荣生	18	珍旧圩	薛八娘	17	陈恩娘	侯锦(父)	薛雨溪(胞兄)	8.16,同上
9.25	王三贵	48	西门	何君娘[②]	30	戴清娘	自己	自己	8.15,同上

① 丘氏前夫周勇结发2年身故,无子女,愿与陈为夫妇。知见伊叔丘来。

② 何氏前夫李湖结发四载身故,儿女不育,寡守4年,愿与王为夫,永结同心,花押婚簿。知见人该默林光琼源记。

9.25	李文强	22	甘望安	范鸾娘	20	蔡勤娘	李亚文(堂兄)	范亚良(胞兄)	8.13,郑,高
9.28	王文治	24	丹霞望	陈麻兹	23	郭乙娘	王华几(堂叔)	陈天德(堂兄)	8.16,同上
9.28	陈得水	21	珍旧圩	傅爱娘	20	陈心娘	陈恒(宗叔祖)	傅进(父)	8.13,同上
9.28	杨清机	27	马因丁	黄清娘	27	方子夏	杨坤兴(父,出水,宗叔读代)	黄顺老(父)	8.22,同上
9.28	沈春和	21	五脚桥	苏真娘	19	郭乙娘	沈齐(房叔)	苏珍(宗叔)	8.22,同上
9.28	蔡水广	31	礁内	陈本娘	19	戴清娘	蔡惹(宗兄)	陈德(堂兄)	8.13,同上
9.29	吴满	20	五脚桥	陈发娘	18	吴珠娘	吴亚穗(父)	陈津(宗叔)	8.13,同上
9.28	沈冕	40	小南门	朱桂娘①	21	蔡宝娘	自己	自己	8.15,同上
9.30	陈珠山	34	鉴光猫厘	张鸾娘	28	郭文房	陈只(胞叔)	张挨(堂兄)	8.22,同上
9.30	郑和启	42	亭仔脚	吴金娘	19	叶京娘	郑带(族兄)	吴明牛(堂兄)	8.15,同上
10.1	黄亚五	26	大南门	温壬娘	15	范亚亮	黄亚二(堂兄)	温亚丁(堂兄)	8.13,吴
10.2	王茂生	20	公司后	詹水娘	18	沈三娘	王汉章(宗兄)	詹朏(从叔)	8.18,同上
10.6	林清源	30	西门埔	洪月娘	18	蔡勤娘	林长生(宗兄)	洪金生(胞兄)	8.22,同上
10.6	陈齐郎	24	干冬圩	刘玉娘	23	蔡勤娘	陈卯(父)	刘水源(父)	8.22,同上
10.7	李九元	40	槟榔社	刘座娘	24	江秋娘	李亚五(宗兄)	刘贞元(宗兄)	8.29,同上
10.9	李安贤	30	珍旧圩	陈露娘	17	李亚春	李兴长(从伯)	陈庚五(父)	8.29,同上
10.9	杨添	37	公司后	邓丁娘	19	陈月娘	杨元良(堂叔)	邓三(父)	8.29,同上
10.10	周传生	33	大南门	杨甘娘	19	郭乙娘	周和山(宗叔)	杨得水(父)	8.29,同上
10.12	柯坛	28	结石珍旧圩	冯明娘	22	陈寅娘	柯田(宗兄)	冯濑(宗叔)	8.24,同上
10.13	冯丁郎	20	蕉仔街	汤南媚	19	郭乙娘	冯亚麟(堂叔)	汤东三(父)	11.1,同上
10.14	林亚九	20	公馆巷	张戊娘	19	叶庚娘	林丙四(宗叔)	张亚二(堂兄)	8.29,同上
10.19	陈文党	23	浮里亚廊	欧阳清	14	曾川	陈得水(宗兄)	欧阳和(宗叔祖)	10.4,吴
10.22	罗奕荣	18	文丁过港	张凤娇	19	刘世贤	罗亚辛(父)	张甲生(父)	9.14,同上
10.22	张亚填	34	勿劳劳惹	陈集娘	21	李亚秀	张甲生(宗兄)	陈弁(父,病,堂伯亚齐代)	9.10,同上
10.22	陈光伦	22	小南门	高合娘	15	陈月娘	陈光生(堂兄)	高渊济(宗叔)	9.20,同上
10.22	陈文魁	36	小南门	温蜜娘	18	陈月娘	陈元生(宗叔)	温巳生(胞兄)	9.15,同上
10.22	李基清	19	西湾	谢生娘	20	蔡勤娘	李建(父)	谢漳河(父)	9.14,同上
10.23	王光山	18	拔拔丹	曾九娘	19	陈心娘	王荣(父)	曾廷(父)	9.14,同上

① 朱氏前夫结发一年二个月身故,无子女,恬处 4 年,愿与沈为夫妇,永结同心,花押婚簿。知见人该默蒋本生。

10.23	刘福星	19	城内	黄爱娘	17	戴清娘	刘作(父)	黄生音(族叔祖)	9.12,同上
10.23	林锦河	30	八厨沃间	陈雅娘	18	江秋娘	林沂水(堂兄)	陈月生(胞叔)	10.15,同上
10.23	张协水	28	观音亭	谢芝悦	17	郑银娘	张英(堂兄)	谢乾叔(父)	9.6,同上
10.23	戴义水	22	织宁贞	黄二娘	18	郑银娘	戴合(父,病,胞叔心郎代)	黄绵(父)	9.11,同上
10.24	王马	30	丹兰望	黄文芝	20	陈顺娘	王文湘(堂叔)	黄敬栋(胞兄)	9.14,同上
10.26	蔡锦惠	25	三间土库	任壬娘	17	陈月娘	蔡朝宗(父)	伍亚四(从伯)	9.12,同上
10.26	欧明水	19	织宁贞	王质娘	17	江秋娘	欧勇(父,病,胞伯万生代)	王振宗(胞兄)	10.11,同上
10.26	汪高山	27	大使庙	韦金娘	16	吴砼娘	汪荣泉(父)	常亚贵(胞兄)	9.9,同上
10.26	黄捷茂	25	文丁新圩	叶凤娘	17	林来娘	黄春(胞伯)	叶长西(胞兄)	9.12,同上
10.26	黄渊水	17	哈汶惹域	赖辛娘	16	陈顺娘	黄保生(父)	赖亚四(父)	9.21,同上
10.26	黄发郎	22	窑内	欧七娘	17	蔡勤娘	黄亚来(父)	欧发生(胞兄)	9.20,同上
10.26	韩其河	18	茄泊葩	文二娘	17	蔡勤娘	韩行(父)	文子云(父)	9.12,同上
10.28	李福星	38	班芝兰埔	刘申姑	23	林英娘	李佳美(父)	刘元盛(父)	9.11,同上
11.2	何港	29	小南门	陈发娘	20	沈三娘	何轩(堂兄)	陈扑顺(宗兄)	9.14,黄,陈
11.2	陈富	22	茄老旺	胡蜜娘	21	洪丙	陈良(胞兄)	胡明(父)	10.6,黄,陈
11.3	张振	35	八茶贯	范经娘	18	沈三娘	张漳化(宗兄)	范如松	9.22,同上
11.3	李青山	20	酸柑园地	黄金娘	16	陈由娘	李春生(胞叔)	黄标生(父)	10.7,同上
11.4	朱生泉	21	大港墘	林贞娘	18	郭乙娘	朱深(堂叔)	林庆祥(父,病,胞兄瑞兴代)	10.3,同上
11.4	廖凤二	28	戈劳屈	叶壬娘	15	黄恩进	廖元五(堂叔)	叶亚七(胞伯)	9.22,同上
11.4	陈剑生	20	西门	李贵娘	20	蔡勤娘	陈石(父)	李嗣(宗叔)	9.21,同上
11.5	林渊生	21	毛仔蚋	周梅娘	17	郭乙娘	林和顺(堂叔)	林益娘(生母)	10.12,同上
11.7	林当	25	港口	黄鸾英	19	戴清娘	林水(父,年老,胞兄魁郎代)	黄牛(父)	9.21,同上
11.7	钟离生	25	织宁贞	陈甘娘	21	郑银娘	钟锦生(宗叔)	陈仪生(宗兄)	10.2,同上
11.9	邹九	31	招望	钟已娘	18	郭乙娘	邹亚石(宗兄)	钟亚五(父)	10.18,同上
11.10	吴古	19	望茄寺武容	谢伦娘	16	杨读	吴宗(父)	谢亚狮(父)	10.1,同上
11.11	罗敦	20	大南门	赖已娘	18	江秋娘	罗银盛(父)	赖亚六(父)	10.20,同上
11.11	邓金山	24	中公司	林合娘	22	沈三娘	邓备(父)	林招望(父)	10.4,同上
11.12	蔡明水	24	观音亭	黄仁娘	17	沈三娘	蔡烦(父)	黄初云(胞兄)	10.11,同上
11.14	杨忠信	33	甕菜河	陈雅娘	18	吴珠娘	杨停(宗兄)	陈井(胞叔)	10.3,同上
11.16	陈宗水	30	观音亭	吴恩娘	18	陈月娘	许英娘(生母)	林珠娘(生母)	丙10.18,吴

11.17	张淡	32	干冬圩	蔡域娘	21	李瑞娘	张坚(房叔)	蔡明元(父)	10.11,同上
11.19	吴每	31	尖甓	王鸾娘	23	陈恩娘	吴侯(宗兄)	王高路(父)	10.4,同上
11.19	黄蒲	20	小南门	李必娘	16	戴清娘	黄锐(父)	李弼(宗叔)	10.18,同上
11.24	甘成奇	23	珍旧圩	林珠娘	16	陈心娘	甘透(父)	林廪(父)	10.16,同上
11.24	陈振发	25	珍旧圩	蒋录娘	17	陈心娘	陈顺便(宗叔)	蒋贤(父)	10.12,同上
11.24	方登甲	21	珍旧圩	曾春娘	16	陈心娘	方新客(父)	曾芽(父)	10.18,同上
11.25	刘富	24	八茶贯	王登岸	22	陈月娘	刘粥(堂兄)	王元兴(父)	10.25,同上
11.25	林顺风	21	九仔崙	陈春娘	20	林万福	林黜(宗叔)	陈温郎(父,年老,胞兄庆堂代)	10.12,同上
11.25	林从生	20	港口	苏桃娘	18	林万福	林甫(父)	苏江汉(胞兄)	10.14,同上
11.25	陈炎生	28	宁岗	王日本娘	18	林万福	陈亚松(父)	王杰(胞叔)	10.20,同上
11.26	萧明壬	27	惹牙毛吃	刘冬萼	18	陈心娘	萧桂枝(堂兄)	刘益生(堂兄)	10.18,同上
11.26	陈宝山	25	绒滑兰	许丁兰	21	沈三娘	陈金成(堂兄)	许来畏(父,病,胞兄春和代)	10.12,同上
11.28	郑本	34	吉厘力	黄春娘	24	吴珠娘	郑盛宝(宗叔)	黄宝(父)	10.18,同上
11.28	王夏	27	中港仔	陈潭娘	21	吴珠娘	王光武(胞兄)	陈宁(宗叔)	10.20,同上
11.30	林启云	32	八戈然	连泗娘	19	郭乙娘	林彰化(堂叔)	连凤池(父,胞兄文清代)	10.16,高,陈
11.30	朱清秀	18	丹兰望	蔡申娘	16	李新娘	朱佛生(胞兄)	蔡亚蛮(父,病,宗兄偕代)	10.14,吴
12.2	丁文全	20	鉴光州丙	施合娘	16	郭乙娘	丁东(父)	施老成(父)	10.28,高,陈
12.3	黄寅清	22	小南门	饶清娘	17	吴珠娘	黄清源(宗叔)	饶亚任(父)	10.25,同上
12.3	陈南山	21	公司	朱味娘	21	沈三娘	陈梓(父)	朱豆(族叔)	11.8,同上
12.4	王巴水	40	王蔀对面	林和娘	31	戴金娘	王天(宗叔)	林四(堂叔)	10.20,同上
12.4	蒋文仲	25	小南门	高珠娘	23	蔡勤娘	蒋灯光(宗兄)	高敬信(父)	10.18,同上
12.5	林元彩	20	港口	陈烈娘	20	戴清娘	林有文(祖父)	陈保安(父,病,胞兄天理代)	11.11,同上
12.7	杨桃源	20	珍旧圩	王俭娘	17	陈恩娘	杨润(父,病,胞兄水源代)	王喜(父)	10.28,同上
12.15	谢永成	19	马穆	林玉娘	16	沈三娘	谢旺(父)	林楹(胞伯)	11.3,同上
12.15	甘溪淡	20	西门	陈二娘	18	郭乙娘	甘景泰(父)	陈偕(父)	11.3,同上
12.15	赖保生	22	珍新圩	谢安娘	16	吴硿娘	赖已生(胞兄)	谢亚赞(堂兄)	12.1,同上
12.16	高坎	28	西湾	黄乳娘	19	吴乃贞	高腾(从叔祖)	黄智(堂叔)	11.3,高,陈
12.21	杨拱	29	珍新圩	黄沙娘	18	陈心娘	杨阜(堂叔)	黄金钱(胞兄)	11.17,同上

12.21	甘重阳	30	珍旧圩	陈兑娘	27	陈心娘	甘添(从叔)	陈汉水(父)	11.11,同上
12.21	吴清水	27	戈劳屈	陈呇骨	16	王仁娘	吴洋水(胞叔)	陈快生(宗伯)	12.1,同上
12.22	张德全	22	山顶中公司	郭緞娘	16	丘长水	张四海(父,病,胞兄张长兴代)	郭义(父)	11.11,同上
12.22	王仁禄	39	窑内	丘珍娘	17	郑银娘	王元标(从叔)	邱先仁(族兄)	11.11,同上
12.22	谢亚云	34	干刀对面	钟闰娘	15	郑银娘	谢亚四(胞叔)	钟奎炳(胞兄)	11.8,同上
12.22	许文楚	36	小南门	李发娘[①]	29	戴清娘	自己	自己	旧婚,同上
12.24	蔡苍松	20	珍旧圩	黄发娘	19	陈心娘	蔡清和(父)	黄德周(从兄)	11.22,同上
12.24	黄冷月	26	职宁贞	蔡营娘	19	郑银娘	黄权生(父)	蔡光前(父)	11.14,同上
12.24	简桂香	18	住公司	吴娘娜	16	陈月娘	简登山(父)	吴运(宗叔)	11.11,同上
12.24	林良泉	40	圣望港	韩水娘	33	陈月娘	林求生(堂兄)	韩石山(胞兄)	11.17,同上
12.28	薛鱼	30	珍旧圩	高香娘	19	陈恩娘	薛捷(从叔祖)	高肇基(胞兄)	11.22,同上
12.29	许聘	39	大港墘	冯友娘	17	江秋娘	许肥(堂兄)	冯灝(宗叔)	11.12,同上
12.29	王好	37	甕菜河	陈埔娘	19	郭乙娘	王良生(宗叔)	陈尚(从叔祖)	11.17,同上
12.30	高云郎	42	鉴光万兰	林维娘	21	吴珠娘	高松(宗兄)	林炳茂(从兄)	11.28,同上

总计:198 对

1847 年吧城唐人成婚注册表

月日	新郎	年岁	住址	新娘	年岁	媒妁	男方主婚	女方主婚	备注 结婚日,主事人
1.4	王元坤	28	丹兰望	李天娘	17	陈心娘	王光炎(宗叔)	李等(父)	丙 12.8,黄燎光,陈荣乔
1.4	陈吾捷	26	茂物	蔡招娘	19	蔡勤娘	陈文郁(父)	蔡三(宗叔)	11.22,同上
1.6	林汝福	19	廿六间	王秀丹	18	吴珠娘	林思聪甲(父,在葛,胞叔思敬代)	王壬癸	11.24,同上
1.6	李长海	18	文丁把杀	黄根娘	17	江秋娘	李厥生(父)	黄曲水(从叔)	12.9,同上
1.6	陈同	18	巴龟闰安	林知理	18	雅甘龙	陈武(宗叔)	林呇垅(父)	12.13,同上
1.6	陈水亥	22	山顶江口	王淡娘	16	陈实娘	陈梓(宗叔)	王发育(胞兄)	11.24,同上
1.7	王约	27	乌褒土库	蔡金娘	19	郭乙娘	王诵(宗叔)	蔡惹(父)	11.22,同上
1.7	丘元	26	文丁把杀	沈清娘	16	江秋娘	丘月里(宗叔)	沈聪(父)	12.3,同上

① 李氏前夫林放结发一年三个月身故,遗二女:味娘 4 岁,雪娘 3 岁,恬处 4 年,愿与许为夫妇,永结同心,各花押在婚簿批照。知见人住小南门,洪漳押号,"打园圆"。

1.11	詹德成	22	珍旧圩	周英娘	21	陈月娘	詹朏(房叔)	周红毛(父,病,胞叔建福代)	12.8,同上
1.13	王亚五	45	八茶贯	张七娘	17	叶敬娘	王德郎(宗叔)	张亚二(父)	12.4,同上
1.13	张明基	24	茄荎西荎	方且娘	19	许新和	张茂香(胞叔)	方檀(胞兄)	12.4,同上
1.13	张漳滨	25	职宁贞	蔡周娘	19	陈月娘	张宇(从兄)	蔡高山(父)	11.29,同上
1.18	林淡生	19	鉴光河北	涂宁娘	16	吴珠娘	林传(父)	涂轩瑞(宗叔祖)	12.8,同上
1.19	吴南杞	22	干冬圩	戴和娘	23	杨乙娘	吴振(堂叔)	戴税(父)	12.8,同上
1.20	曾月	30	丹兰娘仔	萧务束	18	林英娘	曾振生(胞兄)	萧惜朝(胞兄)	12.15,同上
1.20	陈墨	50	观音亭	颜莺娘	29	吴砼娘	陈木(宗兄)	颜保生(宗伯)	12.8,同上
1.20	朱勑	26	八茶罐	黄发娘	16	钟亚添	朱汉水(宗兄)	黄有麟(父)	12.4,同上
1.21	陈瑞德	19	戈踏歹	张粮娘	19	沈三娘	陈丁贵(从叔)	张亚泮(房伯)	丁1.7,同上
1.22	冯泉	32	中港仔新厝	洪咮娘	18	郑银娘	冯濑(从叔)	洪大山(胞兄)	12.10,同上
1.26	陈福星	30	五脚桥	丘郡娘	26	郑银娘	陈崑源(宗兄)	丘天瑞(胞兄)	10.15,同上
1.26	黄四方	37	大港	蒋荣娘	18	沈三娘	黄元(族兄)	蒋彦(父)	1.14,同上
1.27	陈荳	24	小南门	蔡素娘	17	戴清娘	陈祐(宗叔)	蔡晃(父)	12.22,黄,陈
1.30	黄东	39	高踏歹	陈蒙娘	26	陈月娘	黄宙郎(族兄)	陈宪文(胞兄)	1.7,同上
1.30	刘渭滨	41	干冬圩	陈玉娘①	32	陈月娘	自己	自己	12.15,同上
2.1	唐丙申	25	珍新圩	甘端娘	18	陈心娘	唐天球(胞兄)	甘德源(胞兄)	12.18,吴昭阳
2.1	林荣山	20	亚森脚	李是娘	16	郭乙娘	林狮(父)	李坤(胞兄)	12.12,同上
2.2	张唐	29	干冬圩	蔡民娘	20	郭乙娘	张声(堂兄)	蔡岭(父)	1.10,同上
2.2	许笋	32	砖仔桥	苏文娘	21	郭乙娘	许每(父)	苏德生(胞兄)	12.22,同上
2.3	陈粮	37	石桥	胡水娘	18	陈弼	陈挺(堂兄)	胡永良(胞兄)	12.20,同上
2.5	黄亚二	27	拔拔丹	邓辛娘	16	陈恩娘	黄添叔(宗兄)	邓辛(从伯)	丙12.22,同上
2.22	黄天水	18	职宁贞	杨约娘	16	郑银娘	黄岭月(宗叔)	杨子生(胞叔)	1.10,同上
2.22	王註	39	小南门	陈绒娘	28	陈月娘	王球生(堂兄)	陈清凉(胞兄)	1.24,同上
2.24	蔡理	31	文丁把杀	沈清娘	17	江秋娘	蔡牛(堂叔)	沈聪(父)	1.14,同上
3.8	戴秀拨	32	旧把杀	陈贵娘	16	郑银娘	戴俊秀(宗叔)	陈明有(父)	1.24,高俊杰,陈启淮
3.10	蔡锦水	25	三间土库对面	赖才娘	23	沈三娘	蔡朝宗(父)	赖春色(堂兄)	2.9,同上
3.11	黄文章	21	亚森脚	杨敬娘	18	郭乙娘	黄溶川(父)	杨成章(胞叔)	1.27,同上

① 陈氏前夫黄嵩梧结发5年身故,遗一女娘仔13岁,恬处8年,无奈再与刘为夫妇,永结同心,各花押为凭。

3.15	陈老笃	30	珍旧圩	甘南媚	21	陈恩娘	陈廪(父)	甘元章(宗叔)	2.15,同上
3.20	郭青山	37	洪溪	陈炳娘	29	郭乙娘	自己	陈抄(宗兄)	2.12,同上
3.25	杨九	35	珍旧圩	戴旁弗	26	陈心娘	杨宜生(宗兄)	戴忠(堂伯)	2.12,同上
3.29	涂亚俊	31	小南门	古吉娘	18	郭乙娘	涂亚盛(堂兄)	古亚全(父)	2.28,同上
4.10	陈新宗	21	戈劳窟	宋庚娘	18	曾亚四	陈玉长(堂兄)	宋檀秀(父)	3.6,黄,苏天庇
4.10	钟亚燕	28	戈劳窟对面	陈辛妹	17	冯巧二	钟秀郎(堂叔)	陈丁六(堂叔)	2.28,同上
4.12	李昭彰	38	干冬圩	林宝娘	21	杨一娘	李连生(宗叔)	林文滔(父)	3.3,同上
4.12	蔡禹力	20	观音亭	黄银娘	18	沈杉娘	蔡还(父)	黄初云(胞兄)	2.28,黄,苏
4.16	黄庆喜	36	小南门	丘庚娘	18	郭一娘	黄添淑(父)	邱海生(父)	3.18,同上
4.16	李亚谷	33	公馆巷	丁阿娜	28	江秀娘	李松轩(堂叔)	丁阿水(胞兄)	3.24,同上
4.19	彭亚三	34	戈劳屈	黎酉娘	21	丘亚庆	彭亚五(兄)	黎来三(父)	3.18,同上
4.26	薛通	35	圣墓港	蔡选娘	19	戴贞娘	薛向(堂兄)	蔡访(父)	3.25,同上
4.30	林必因	42	八戈然	严秀娘	27	沈三娘	林必达(胞兄)	黄收娘(生母)	4.1,同上
5.1	林溪胜	19	小南门	郑韫娘	17	郭乙娘	林远水(族叔祖)	郑进生(宗叔)	4.2,高,陈
5.7	胡顺	38	打铁街	曾辛娘	16	郭乙娘	胡亚信(宗叔)	曾壬(胞叔)	3.24,陈
5.10	林水莲	20	珍新圩	汤娘那	19	陈心娘	林心(父)	汤铁(堂叔祖)	4.19,同上
5.11	朱芳良	19	珍旧圩	蒋吉娘	19	陈恩娘	朱天(父,病,从堂叔敷代)	蒋贤(从堂伯)	4.10,同上
5.11	温成物	32	三间土库	叶井娘	22	陈月娘	温奇生(宗叔)	叶科(堂兄)	4.1,同上
5.12	涂两仪	23	戈劳屈	林二娘	19	吴山娘	涂江淮(胞兄)	林永来(胞兄)	4.10,同上
5.17	蔡登元	49	丹兰望	吴菊娘[①]	34	陈月娘	自己	自己	4.17,同上
5.17	谢火同	40	八茶贯	曾贵娘	19	郑银娘	谢旺(宗兄)	曾初(父)	4.15,同上
5.18	陈清水	23	旧把杀	林银娘	22	陈月娘	陈英发(宗兄)	林吉章(父)	4.13,同上
5.19	高九	37	八厨沃间	詹福娘	19	丘水	高腾(从叔祖)	詹亚春(父)	4.13,同上
5.19	李金员	22	毛亚蚋	戴金娘	15	郭乙娘	李珠良(胞兄)	戴万(父)	4.10,同上
5.25	黄延豫	29	小南门	林钦娘	16	郭乙娘	黄连其(堂兄)	林亚二(父)	4.19,同上
5.26	吴安求	21	甕菜河	钟敏娘	19	沈三娘	吴灿(父)	钟国水(堂叔)	4.16,同上
5.28	钟亚习	21	鉴光万兰	蔡文娘	18	张二娘	钟德才(胞兄)	蔡元生(父)	4.17,高,陈
6.1	杨亚二	42	大南门	罗斤娘	17	张亚二	杨亚润(堂叔祖)	罗亚仁(父)	4.22,陈,吴

① 吴氏前夫林光彩结发6年身故,无儿女,恬处3年,无奈再醮与蔡为夫妇,永结同心。批照。

6.3	黄麟淑	35	小南门	廖恩娘	19	郭一娘	黄恩二(堂兄)	廖元四(父)	4.26,同上
6.4	郭得路	29	圣墓港	吴宁娘	29	陈月娘	郭青山(宗兄)	吴铭铉(父)	4.24,同上
6.11	叶凉溪	38	大港墘	吕润娘	18	郭乙娘	自己	吕亚三(宗叔)	4.30,同上
6.12	李连四	47	洪溪	刘三娘	18	蔡经娘	李明华(胞叔)	刘汤文(父)	5.14,同上
6.18	林金生	23	八戈然	陈金娘	17	郭乙娘	林郭(胞兄)	陈其生(胞叔)	5.15,同上
6.28	叶善	40	廿六间	张成娘	31	戴清娘	叶廷瑞(宗兄)	张才(宗叔)	5.18,同上
7.1	叶三光	35	小南门	陈辛娘	28	戴清娘	叶兰(宗兄)	陈顺生(父)	5.22,黄,苏
7.9	杨和	29	小南门	丘掬娘	18	陈孙	杨元良(堂叔)	丘摆(父)	5.29,同上
7.12	韩荫郎	25	丹兰望	黄乙娘	17	陈顺娘	韩英郎(胞兄)	黄辨(胞兄)	6.8,同上
7.16	钟贵德	27	戈劳屈	林福娘	17	吴砼娘	钟燕郎(宗兄)	林新郎(堂兄)	6.7,同上
7.23	叶亚三	40	红牌地	张银娘	22	蔡勤娘	唐音娘(母)	张玉山(胞兄)	6.19,同上
7.28	戴永文	22	大巷内	蔡砼娘	23	郭乙娘	戴宗宝(父)	蔡照临(父)	6.29,同上
7.28	钟辉	28	五脚桥	高已娘①	22	江秋娘	自己	自己	6.21,同上
8.4	陈光瑞	45	小南门	邬外娘	24	陈江水	陈位(宗兄)	邬桂山(胞叔)	6.28,高,陈
8.11	陈海旋	27	新把杀	甘水娘	18	吴宣娘	陈凤麟(堂叔)	甘钦(胞兄)	7.20,同上
8.12	林清时	21	东门外	吴忝娘	17	郭乙娘	林东升(宗兄)	吴日生(胞兄)	7.26,同上
8.13	叶尧	35	顶泊面茄勃兰	许丁娘	21	戴清娘	叶兰(宗叔)	许贵中(胞兄)	7.13,同上
8.16	陈茂生	20	大南门	黄殷娘	20	蔡勤娘	陈福生(胞叔)	黄宙郎(胞叔)	7.18,同上
8.16	郑明彰	25	戈高兰	韩合娘	18	吴朱娘	郑清元(胞叔)	韩石山(父)	8.17,同上
8.19	杨田基	33	五脚桥	陈英娘	17	江秀娘	杨得喜(胞叔)	陈碧山(族叔)	7.14,高,陈
8.19	陈百福	32	文丁把杀	蔡添娘	18	王金石	陈国香(堂叔)	蔡研(父)	8.19,同上
8.20	林富生	21	小南门	黄明娘	17	吴朱娘	林注(父,病,母郑元娘代)	黄德(胞叔)	7.18,同上
8.20	陈执礼	30	文丁	王莱娘	19	陈经	陈国香(堂叔)	王金石(胞兄)	8.4,同上
8.20	侯亚进	27	晋郎安	范新娇	17	江秋娘	侯亚轩(堂兄)	范亚长(堂兄)	7.18,同上
8.25	黄乾	24	小南门	吴丹娘	17	叶经娘	黄茂必(胞叔)	吴学间(堂兄)	7.26,同上
8.28	张亚元	42	戈劳屈	曾辛娘	17	张南京	张熙(父)	曾达礼(父)	7.26,同上
8.28	王国风	36	大南门	曾长娘	33	戴清娘	王全禄(胞兄)	曾隆生(父)	8.4,同上

① 高氏前夫黄生结发一年身故,无儿女,恬处6年,无奈愿与钟为夫妇,永结同心,各花押为照。知见人默氏陈清风。

8.30	叶象	47	小南门	施曲娘①	32	戴清娘	自己	自己	7.15,同上
8.30	张振元	22	公馆巷	曾清娘②	30	陈顺娘	张木厚(胞叔)	自己	旧婚,同上
8.30	纪万山	20	珍旧圩	甘春娘	16	陈国顺	纪太山(胞兄)	甘透(房伯)	7.26,同上
8.30	胡天意	25	丹绒加逸大社	林魏娘	19	戴清娘	胡福基(父)	林贺志(父,年老,宗叔文禧代)	8.11,陈,吴
9.3	林而全	19	周年地	涂金娘	18	吴明牛	林炳(父)	涂亚四(父)	8.11,同上
9.4	李万顺	48	小南门	林箬娘	16	陈长娘	李广顺(胞兄)	林香(父)	8.22,同上
9.6	陈得水	21	窑内	许钰娘	21	陈丹娘	陈堤岸(父)	许漳荣(父)	8.4,同上
9.7	冯亚洛	28	东居	何孙娘	18	洪雪娘	冯泗德(从叔)	何德淑(宗兄)	8.2,同上
9.7	杜俊杰	22	中港仔新厝	郭元娘	18	吴珠娘	杜永振(父)	郭江汉(父)	8.4,同上
9.7	刘殿	22	干冬圩	蔡地娘	20	黄爱娘	刘求(房兄)	蔡顺元(父)	8.4,同上
9.10	王灯良	43	鉴光万兰	陈喜淡	23	戴清娘	王三贵(堂兄)	陈乌尚(堂叔)	8.11,陈,吴
9.10	黄泉源	21	乌袅土库	蔡碹娘	21	吴珠娘	黄胆(堂叔)	蔡东山(宗伯)	8.4,同上
9.10	林清丽	33	小南门	陈生娘	18	江秋娘	林滚(堂叔)	陈江玉(胞兄)	8.4,同上
9.10	纪四宝	28	珍旧圩	林文娘	19	蔡保娘	纪龙(父)	林坤(父)	8.11,同上
9.13	丘水溶	21	小南门	苏才娘	21	戴清娘	丘昌(堂伯)	苏豹生(父)	8.19,同上
9.13	林燕	23	圣望港	沈炳娘	19	吴三娘	林世(堂伯)	沈潮(父)	8.11,同上
9.15	蔡崇智	22	珍旧圩	陈淑娘	22	陈心娘	蔡得源(父,病,胞兄崇礼代)	陈修(祖父,族叔祖明代)	8.11,同上
9.15	林三丕	20	马穆	陈湾娘	17	许景喜	林仁水(堂叔)	陈益(父)	8.18,同上
9.15	杨三水	40	马穆	林集娘	26	许景喜	杨长福(宗叔)	林仁水(堂叔)	8.20,同上
9.15	许清秀	19	观音亭新厝	钟大娘	18	郭乙娘	许成昌(父)	钟昌荣(胞叔)	8.8,同上
9.16	李税	40	大港墘	苏精娘	19	陈月娘	李獭(堂叔)	苏珍(族叔祖)	8.11,同上
9.16	林莺	26	小南门	朱疋娘	18	陈月娘	林滚(宗叔)	朱友(父)	8.11,同上
9.20	林位坤	32	乌鬼巷	王秋娘	18	吴珠娘	林神祐(堂兄)	王世龙(父)	8.22,同上
9.22	王杰生	37	小南门	叶音娘	18	戴清娘	王求生(从叔)	叶仅(堂兄)	8.18,同上
9.22	陈淇水	22	胡园	方山娘	21	江秋娘	陈如水(胞兄)	方达生(父)	9.6,同上
9.23	陈乐山	38	簾仔巷	张占娘	20	陈月娘	陈炎(宗兄)	张玑(堂兄)	8.25,同上

① 施氏前夫刘江山结发5年身故,生一女珠娘年登10岁,寡守9年,愿与叶再交寅,永结同心,各花押为照。知见人该地副默黄太和(签字黄太和)。

② 曾氏前夫黄亚四结发14年身故,生一男名亚二,年12岁,一女名鹤娘,年四岁,寡守已3年,愿与张为夫妇,永结同心,各花押为照。知见人该默王凉生(签字'王良生'三字)。

9.23	张华宗	17	干冬圩	王戊辛	18	陈月娘	张德海(父)	王孟和(胞叔)	9.6,同上
9.24	范亚禄	28	小南门	陈添娘	20	江秋娘	范亚传(宗叔)	陈札官(父)	8.26,同上
9.24	钟亚金	29	八茶贯	赖庚娘	18	郭一娘	钟亚二(从叔)	赖兴秀(父)	8.19,同上
9.25	丘天元	30	观音亭	吴幸娘①	28	吴珠娘	自己	自己	8.18,同上
9.27	陈联益	18	峇墨安	沈水娘	17	许东生	陈水(胞叔)	沈源水(胞兄)	8.22,陈,吴
9.29	林光武	22	八厨沃间	黄兼娘	20	江秋娘	林福荫(堂兄)	黄柿(宗兄)	8.25,同上
9.29	林溪泉	21	五脚桥	吴砂娘	21	郭乙娘	林因生(父,出外,宗叔必恩代)	吴玉生(宗兄)	9.6,同上
9.29	陈应钟	23	珍戈奢园	甘发娘	17	陈恩娘	陈恒(父)	甘德源(胞兄)	8.25,同上
10.4	陈笃生	20	珍旧圩	林叶娘	17	陈恩娘	陈吟(堂兄)	林锡(堂叔)	8.28,黄,苏
10.6	王竹双	22	乌布土库	陈水娘	18	吴朱娘	王世龙(宗叔)	陈士芳(宗叔)	9.6,同上
10.6	张绿水	28	文丁	王惜娘	16	江秋娘	张金鹤(堂兄)	王荣秀(堂兄)	9.18,同上
10.6	温添秀	28	文丁勿朗亚惹	巫花淡	18	郭乙娘	温海生(父)	巫江生(胞兄)	9.6,同上
10.8	林景真	24	文丁把杀	陈萃娘	——	江秋娘	林有(宗兄)	陈快生(胞叔)	9.2,同上
10.9	江结生	43	鉴光里笔	郑寻娘	21	吴京娘	江龙(宗叔)	郑龙杰(胞伯)	9.18,同上
10.11	张登岸	30	小南门	李羡娘	16	郑银娘	张石古(胞兄)	李朝音(父)	9.30,同上
10.13	陈斗	32	文丁	林温娘	15	赖芬娘	陈得春(宗叔)	林金(父)	9.20,黄,苏
10.14	叶秀茂	21	文丁	黄瓦娘	16	沈三娘	叶棕(胞兄)	黄初寅(父)	10.21,同上
10.18	朱扳	31	五脚桥	张心妹	17	沈三娘	朱佑(宗叔)	张亚四(父)	9.19,同上
10.20	叶澹基	28	大南门	杨合娘	27	戴清娘	叶叟(宗叔)	杨本生(堂兄)	9.20,同上
10.22	刘理四	40	亭仔脚	李红娘	18	叶经娘	刘汝(宗叔)	李经元(堂兄)	9.27,同上
10.23	叶双全	26	式里旁	李三娘	18	江秋娘	叶双贵(胞兄)	李江生(堂兄)	9.18,同上
10.25	李生泰	18	珍旧圩	杨珠娘	14	林马	李富(父)	杨棪(父)	9.27,同上
10.25	杨锦芳	20	八厨沃间	许贵娘	16	江秋娘	杨奎炳(宗叔)	许亚八(胞叔)	9.23,同上
10.26	杨光英	19	大南门	蒋娥高	16	郭乙娘	杨奎炳(父)	蒋子贡(父,病,胞叔子夏代)	10.3,同上
10.27	钟秀荣	23	圣望港	陈甘娘	18	陈月娘	钟文贵(胞叔)	陈灿光(宗兄)	9.19,同上
10.27	吴蛙	32	新把杀	甘井娘	21	黄现	吴胡(从兄)	甘开芳(父)	10.7,同上
10.27	叶治苏	23	中港仔新厝	夏娇娘	19	戴清娘	叶花(父)	夏认(父)	10.7,同上
10.28	郑义生	23	宁岗	林清娘	19	赖亚富	郑天日(父)	林佛生(堂伯)	10.9,黄,苏

① 吴氏前夫陈有佳结发才一年身故,无儿女,恬处8年,愿与丘为夫妇,各花押为照。知见人默氏陈清风。

10.29	刘平芳	25	鉴光马六甲	蔡水娘	18	沈三娘	刘登义(堂兄)	蔡高升(父)	10.18,同上
11.2	黄清秀	19	直洛婆种	詹燕娘	18	蔡勤娘	黄顺老(父)	詹亚炮(父)	10.8,高,陈
11.3	黄庆元	21	文丁	谢娇娘	16	宋解生娘	黄日胜(胞叔)	谢亚三(胞伯)	10.14,同上
11.4	施春连	37	八厨沃间	苏源娘	24	吴敬娘	施有张(宗叔)	苏德生(胞伯)	10.3,同上
11.4	刘朝	34	干冬圩	甘兹英	20	詹淑娘	刘知(从叔)	甘亮(父)	10.14,同上
10.29	李新爹	24	新把杀	黄辛娘	17	李壬淑	李亚贵(父)	黄亚二(父)	10.24,黄,苏
10.29	梁德水	21	大南门外	温壬娘	16	沈三娘	梁文才(父)	温亚丁(父)	10.3,同上
10.29	李协鸡	23	中廊	潘爱娘	21	蔡勤娘	李坤全(胞叔)	潘榜(父)	10.7,同上
11.5	李滋生	18	结石珍	甘娘哪	17	陈心娘	李篇(堂兄)	甘江(父)	10.8,高,陈
11.8	兰川	28	鉴光无来由	陈汶娘	18	胡润娘	兰成(房叔)	陈泰山(父)	10.14,同上
11.8	林举	37	丹兰望	李砼娘	17	刘亚冉	林亚清(堂兄)	李光贞(父)	10.9,同上
11.8	吴道五	25	港口	林必娘	19	陈习娘	吴四杰(父,病,胞叔汝司代)	林天机(胞兄)	10.7,同上
11.9	王武亭	19	西门	黄金娘	17	郭乙娘	王元龙(父)	黄清源(父)	10.18,同上
11.10	林天兴	23	山顶江口	陈才娘	16	叶庚娘	林明生(父,年老,胞兄天河代)	陈桂森(胞兄)	10.18,同上
11.10	吴叶生	22	职宁贞	戴恩娘	16	叶庚娘	吴满(父)	戴合郎(父)	10.8,同上
11.12	陈拱	28	八茶罐	郑色娘	19	陈月娘	陈乐山(堂兄)	郑弼记(父)	10.8,同上
11.17	赖亚智	31	八厨沃间	郭吉娘	16	叶庚娘	赖亚狮(从叔祖)	郭亚鹄(父)	10.24,同上
11.17	李福全	22	马穆道寮	林睿娘	21	陈乙娘	李义(胞兄)	林良生(父,病,胞兄清泉代)	10.21,同上
11.18	张登山	23	王蔀	萧周娘	19	江秋娘	张亚爵(父)	萧松生(父)	10.18,同上
11.18	黄作	40	珍旧圩	林吉娘	16	吴摘	黄保生(房叔)	林露(父)	10.18,同上
11.18	赵返	31	多唧	杨和娘	18	郭乙娘	赵孝(宗兄)	杨祐(父)	10.14,同上
11.18	郑亚经	33	多唧	谢光勃娘	15	张官生	郑亚四(堂兄)	谢亚丙(父)	10.21,同上
11.18	林水贤	20	小南门	龚质娘	18	戴清娘	林实(父)	龚泰(父)	10.18,高,陈
11.18	张荣杰	18	亭仔脚	谢安娘	17	江秋娘	张发(父)	谢金(父)	11.4,同上
11.18	杨得禄	27	大港墘	张有娘	18	沈三娘	杨祐(宗兄)	张开(父)	10.18,同上
11.18	谢天人	21	小南门	蔡鹤娘	16	蔡勤娘	谢双和(宗兄)	蔡百禄(父)	10.18,同上
11.19	郭清池	30	珍旧圩	陈八娘	17	陈心娘	郭约(堂兄)	陈五龙(胞叔)	10.22,同上
11.21	黄合和	18	三间土库	沈凤娘	16	吴珠娘	黄春(从叔祖)	沈青云(族叔祖)	10.24,同上
11.22	陈市	22	廿六间	邱清娘	18	蔡勤娘	陈锁(胞兄)	邱月里(父)	11.2,同上
11.23	温启监	32	大南门	黄壬妹	16	王仅娘	温亚麟(从兄)	黄福二(父)	10.24,同上

11.25	朱孟津	28	职宁贞	陈六娘	18	郑银娘	朱朝阳(胞兄)	陈羌(从叔祖)	10.28,同上
11.26	戴道	19	干冬圩	蔡秀娘	17	陈恩娘	戴弁(宗兄)	蔡清兰(父)	10.28,同上
11.26	林园	27	打铁街	王美娘	20	沈三娘	林长茂(从兄)	王溪水(胞兄)	10.25,同上
11.26	蔡荣和	26	织宁贞	林桂娘	28	郑银娘	蔡曲鸡(胞叔)	林野(胞兄)	10.24,同上
11.26	蔡三义	26	廿六间	林字娘	23	陈月娘	蔡有(堂兄)	林岸(宗兄)	10.22,同上
11.29	王英权	23	小南门	林淑娘	16	郭乙娘	王世龙(宗叔)	林栋(父)	10.24,同上
11.29	林智	31	中港仔	薛浮抵	20	江秋娘	林四(堂叔)	薛广生(父)	11.12,同上
11.30	高位	43	小南门	简绒娘	17	陈京	高敬信(宗兄)	简租(父)	11.5,同上
12.1	吕景山	21	西湾	廖一娘	20	妈峇静	吕国文(父)	廖魁(父)	10.28,陈,吴
12.7	郑元周	18	廿六间	李森娘	18	郭乙娘	郑进生(父)	李云霞(父)	11.4,同上
12.7	黄永福	25	茄览末	陈已娘	23	蔡冷水	黄举春(堂兄)	陈满(父)	11.12,同上
12.7	廖其淑	28	戈劳屈	李壬娘	16	叶亚万	廖亚三(堂兄)	李亚四(胞兄)	11.13,同上
12.8	李桥合	23	芝勃柳州	官教娘	18	李亚四	李七(胞叔)	官品(父)	11.8,同上
12.8	陈谕	45	圣望港	杨传娘	15	沈三娘	陈云(宗叔)	杨壬水(堂兄)	11.10,陈,吴
12.8	周生杰	20	万丹地凹务完	林神娘	17	戴清娘	周卯(父)	林顺棹(父)	11.4,同上
12.8	詹于如	19	新池	卓景娘	19	郭一娘	詹尊(堂叔)	卓黎(父)	11.26,同上
12.9	陈和中	22	八戈然	翁亮娘	19	吴朱娘	陈嗣宗(宗叔祖)	翁由纯(父)	11.5,同上
12.9	廖旋口	20	观音亭	王福娘	16	蔡勤娘	廖顺(宗叔)	王炳炎(胞兄)	11.12,同上
12.9	黄清秀	36	小南门	陈娘哪	18	郭乙娘	黄威仪(宗叔)	陈梓塔(父)	11.8,同上
12.9	刘灶秀	17	结石珍	缪已娘	19	刘配	刘亚五(父)	缪贵利(父)	11.8,同上
12.9	朱长寿	44	戈劳屈	黄庚娘	18	吴萱娘	朱亚福(宗兄)	黄亚彦(父)	11.16,同上
12.10	饶亚盛	31	打铁街	廖文娘	19	张南京	饶瑞田(堂兄)	廖德玉(父)	11.8,同上
12.11	丘亚城	39	小南门	涂已娘	19	戴清娘	丘德泰(宗叔)	涂亚胜(堂兄)	11.16,同上
12.11	陈文清	26	五脚桥	黄四娘	24	詹亚奢	陈崑源(堂兄)	黄曲水(胞兄)	11.27,同上
12.13	赖淮山	32	八茶贯	钟丁娘	21	吴萱娘	赖水生(堂叔)	钟文贵(胞兄)	11.19,同上
12.15	林魏	23	小南门	吴三娘	21	黄汶	林禧侥(从叔)	吴千年(父)	11.12,同上
12.15	林金桥	18	文丁对面港	陈桂娘	17	赖龟静	林淇水(父)	陈天才(父)	11.16,同上
12.17	黄明言	19	亚森脚	刘茄律	16	吴朱娘	黄溶川(宗叔)	刘合(父)	11.16,同上
12.18	陈铺	25	旧把杀	廖文娘	25	戴金娘	陈择(宗叔)	廖元(堂伯)	11.26,同上
12.20	陈信	33	窑内	郑淑娘	26	吴朱娘	陈拔(堂兄)	郑带(宗伯)	11.26,同上

12.20	陈崇	34	丹绒留连桥	吴三娘	27	陈顺娘	陈镇(宗兄)	吴忠恩(宗叔)	11.19,同上
12.21	陈光华	18	薄面街	连宝娘	17	郭乙娘	陈密(父)	连凤池(父)	11.16,同上
12.21	叶泰然	29	小南门	张瑞娘	22	沈三娘	叶廷瑞(宗兄)	张三才(父)	11.26,同上
12.22	林执礼	18	文丁	杨宁娘	18	沈三娘	林雨水(父)	杨肆寿(父)	11.26,同上
12.22	张济川	31	八茶罐	沈森娘	21	沈三娘	张振(从兄)	沈彪(父,胞叔信初代)	11.16,陈,吴
12.22	陈水阁	21	观音亭	黄柏娘	19	陈月娘	陈乌尚(堂叔)	黄巴老(父)	11.19,同上
12.24	陈安六	25	大港墘	王贞娘	16	妈清水	陈宴秋(父)	王严(父,病,宗光武代)	11.28,同上
12.27	赖俊秀	31	蕉仔街	林思娘[1]	20	戴清娘	自己	自己	11.26,同上
12.27	郑义忠	24	文丁砻砻间	王秀娘	19	叶经娘	郑爽(堂叔)	王离(父,胞兄荣寿代)	11.26,同上
12.27	李丁元	20	文丁	林约娘	16	戴清娘	李长元(堂兄)	林薰(宗兄)	12.4,同上
12.27	黄益聘	16	干冬圩	张新娘	17	杨一娘	黄宗才(父)	张巧(父)	12.20,同上
12.27	陈见山	24	丁冬圩	刘森娘	18	杨一娘	陈亿(堂叔)	刘光分(父)	12.25,同上
12.27	李明良	41	占智甲	丘燕娘	21	蔡勤娘	李麟生(胞兄)	丘清凉(胞兄)	12.26,同上
12.27	沈把杀	17	结石珍	陈得娘	15	戴恭	沈帝(父)	陈长庚(宗兄)	12.28,同上
12.28	黄淇老	22	中港仔新厝	唐水娘	20	戴清娘	黄篦(父)	唐必生(胞叔)	11.5,同上
12.28	林亚五	26	戈劳屈	陈梁娘	21	吴萱娘	林亚三(胞兄)	陈玉爹(胞兄)	11.26,同上
12.28	张芋	30	小南门	杨真娘	19	郭一娘	张漳源(族叔祖)	杨和(宗叔)	11.26,同上
12.28	沈亮	29	廿六间	朱福娘	18	沈三娘	沈恩(胞兄)	朱长(胞叔)	11.26,同上
12.29	韩万日	20	茄泊	朱税娘	16	丘恩娘	韩杭(胞兄)	朱恒(父)	12.4,同上

总计:224 对

1848 年吧城唐人成婚注册表

月日	新　郎	年岁	住　址	新　娘	年岁	媒　妁	男方主婚	女方主婚	备　注 结婚日,主事人
1.5	陈敦生	51	八戈然	江珍娘	20	郑丹娘	陈得水(宗兄)	江丙(胞叔)	丁 12.15,黄燎光,苏天庇
1.5	王远	25	文丁把杀	赖立娘	22	林万福	王川(从叔祖)	赖春色(胞兄)	12.4,同上
1.5	潘铭铉	23	墨墨干	黄绒娘	17	林万福	潘江秀(父,胞兄铭芬代)	黄连生(胞兄)	12.4,同上

① 林氏前夫黄修结发一年身故,无男女,恬处 4 年,愿与赖为夫妇,永结同心,各花押为照。知见人默氏林元生。

1.6	李连水	28	望茄寺	陈辛娘	27	江秋娘	李天祐(胞伯)	陈振贡(父,胞兄炳文代)	12.4,同上
1.6	苏随	27	八茶罐	陈顺娘	26	郭乙娘	苏吉时(堂叔)	陈番(堂兄)	12.4,同上
1.7	杨龙元	40	东门外	张福娘	20	戴清娘	杨光成(宗叔)	张发光(父)	12.10,同上
1.7	陈金茂	20	珍旧圩	甘前娘	18	陈心娘	陈志(堂叔)	甘元章(胞兄)	12.11,同上
1.7	朱恭	32	班芝兰	黄香娘	19	郑银娘	朱抛(胞兄)	黄爻(宗伯)	12.4,同上
1.7	钟应礼	41	公司后	涂恩娘	17	叶庚娘	钟茂生(堂兄)	涂州钫(胞兄)	12.10,同上
1.7	甘马迪	28	珍旧圩	李慈娘	16	陈心娘	甘透(宗叔)	李荣赐(胞兄)	12.10,同上
1.7	杨竹	33	簾仔巷	苏清娘①	21	郭乙娘	自己	自己	12.4,同上
1.9	许奎炳	30	八茶罐	陈惜娘	29	郭乙娘	许陇(宗叔)	陈绍周甲(胞兄)	12.10,同上
1.10	戴义全	24	职宁贞	陈奎炳娘	20	郑银娘	戴心郎(胞叔)	陈羌(堂伯)	12.14,同上
1.10	邓汝锦	29	戈劳屈	吕伐娘	20	李亚春	邓亚解(堂叔)	吕亚涡(父)	12.10,同上
1.11	徐沛	31	干冬圩	陈务娘	16	梁三	徐火(堂叔)	陈跃(父)	戊 1.16,同上
1.12	彭已爹	26	戈劳屈	张庚娘	26	林莺娘	彭丙二(堂兄)	张增三(胞叔)	12.15,同上
1.12	陈龙海	23	文丁把杀	黄荐娘	17	蔡长海	陈桂森(胞兄)	黄天送(父)	丁 12.18,同上
1.13	詹社益	30	小南门	胡淋娘	21	郭乙娘	詹传有(胞兄)	胡酉朗(父)	丁 12.16,黄,苏
1.13	黄富生	43	望寮	高宁娘	20	蔡勤娘	黄白(堂兄)	高兴邦(父)	12.18,同上
1.14	林合	26	干冬圩	陈淡娘	18	张琶	林锡(宗叔)	陈瑞章(宗叔)	戊 1.20,同上
1.17	庄元龙	23	中公司	许浮抵	20	胡润娘	庄基宗(宗叔)	许潜龙(堂兄)	12.18,同上
1.19	李接茂	35	文丁	黄欣娘	20	郭乙娘	李江生(堂兄)	黄发生(父)	12.29,同上
1.19	陈祐	35	小南门内	谢添娘	18	郭乙娘	陈文魁(宗兄)	谢双和(宗兄)	12.18,同上
1.20	王妙水	20	甕菜河	彭和娘	16	吴朱娘	陈鹤娘(母)	彭水孔(从叔祖)	同上
1.21	张添郎	26	甲汶惹或	钟辛娘	16	蔡勤娘	张丁五(胞叔)	钟麟长(从叔祖)	12.24,同上
1.21	钟亚三	16	拔拔丹	张壬娘	16	钟应爹	钟锦怀(父)	张亚癸(父)	12.21,同上
1.22	钟东斗	45	鉴光美惜近	宋壬娘	17	曹亚聪	钟亚五(堂兄)	宋檀秀(堂兄)	12.25,同上
1.24	许松茂	23	砖仔桥	卓蜜娘	18	吴萱娘	许裕生(堂叔)	卓隆(胞伯)	12.25,同上
1.24	黎亚壬	52	中港仔新厝	张瑞娘	21	江秋娘	黎亚订(宗叔)	张亚二(堂兄)	丁 12.28,同上
1.26	周现郎	31	蕉仔街	李壬娘	16	黄远娘	邹亚石(堂兄)	李士郎(堂兄)	12.22,同上

① 苏氏前夫黄从容结发3年身故,遗一女喜娘,年登3岁,恬处一年,无奈愿与杨为夫妇,永结同心,各花押批照。知见人默氏陈梓塔(签字盖长方形印红印"默氏陈梓塔")。

1.27	陈亨	40	乌褒土库	朱绣娘①	26	郭乙娘	自己	自己	12.25,同上
2.16	沈兑泽	38	大港墘	黄福娘	21	郭乙娘	沈海(族叔祖)	黄太和(胞兄)	1.16,高俊杰,陈启淮
2.18	李云霞	48	公司后	张四妹	24	郭乙娘	自己	张桂三(父)	旧婚,有二子,同上
2.18	周华生	21	珍旧圩	黄明娘	19	陈心娘	周红毛(父)	黄德周(宗兄)	1.16,同上
2.18	陈永顺	18	珍旧圩	王雪娘	17	陈心娘	陈镭(父)	王纯益(父)	1.20,同上
2.18	杨长福	28	公司	郑吉娘	26	陈月娘	杨沐(宗叔)	郑狮(父)	1.16,高,陈
2.22	王溶寿	22	小南门	许卯娘	18	吴珠娘	王壬葵(族叔祖)	许清宝(宗兄)	1.23,同上
2.22	王协茂	17	丹兰望	蔡瑞娘	16	戴清娘	王光炎(父)	蔡尚(父)	1.23,同上
2.26	蔡维	30	鉴光美色近	王莺娘	19	郑恩娘	蔡金水(宗兄)	王束(父)	1.23,同上
2.28	朱象	24	小南门	林僅娘	19	江秋娘	朱友(堂叔)	林芬(宗叔)	2.1,同上
2.28	谢亚五	34	珍新圩	钟金娘	17	谢庚三	谢亚赞(宗叔)	钟进华(父)	2.1,同上
3.1	曾明	29	观音亭	萧玉讬	21	吴珠娘	曾贞(宗兄)	萧成(堂伯)	1.28,陈,吴昭阳
3.8	叶双贵	27	职女旁	黄云娘	20	蔡金娘	叶丁五(宗兄)	黄同(父)	2.10,同上
3.8	林长庚	62	龙岗	王元娘②	30	陈萃娘	自己	自己	旧婚,同上
3.8	陈东海	20	且望	林水娘	19	郑云娘	陈择(堂叔)	林恩(父)	2.15,同上
3.12	李子昌	21	八戈然	陈玉娘	19	郭乙娘	李春信甲(胞叔祖)	陈文达	2.9,同上
3.13	许灿	31	文丁旧圩	林州钫	19	陈心娘	许宇(宗叔)	林章(父)	2.15,同上
3.13	林盘	31	珍旧圩	陈蜜娘	24	江秋娘	林世(堂叔)	陈恒(从叔)	2.15,同上
3.13	王镇	45	大港墘	黄选娘	16	沈三娘	王驰(宗叔祖)	黄溶江(胞叔)	2.29,同上
3.13	何会	32	亭仔脚	林山娘③	36	沈三娘	自己	自己	2.15,同上
3.16	赵串	42	珍新圩	丘准娘	27	黄潘	赵熊(堂兄)	张兑娘(生母)	2.22,同上
3.17	李贵生	23	八戈然	蔡雪娘	18	郭乙娘	林淡娘(生母)	林万娘(生母)	戊 2.27,同上
3.21	朱闰光	27	砖仔桥	张庚娘	19	叶庚娘	朱岁安(堂兄)	张丁五(堂兄)	2.27,陈,吴
3.21	朱明兴	25	职宁贞网寮	陈贵娘	18	郑银娘	朱朝阳(胞兄)	陈江河(父)	2.22,同上

① 朱氏前夫黄永水结发一年八个月身故,无儿女,恬处 8 年,愿与陈为夫妇,永结同心,各花押为照。知见人该默林元生(签字)。

② 王氏前夫蔡四海结发 3 年身故,遗下一女各兴娘 12 岁,恬处 8 年,无奈愿再醮与林为夫妇,永结同心,各花押为照。知见人默氏高松号。

③ 林氏前夫叶卢竹结发 12 年身故,无儿女,恬处 8 年,愿与何为夫妇,永结同心,各花押批照。知见人该默张发光。

3.21	陈令[①]	46	大港墘	萧音娘	21	沈三娘	自己	萧桂杞(父)	旧婚,同上
3.22	黄光钦	33	小南门	郑月娘	21	沈三娘	黄振裕(父)	郑辉彩(父)	2.21,同上
3.22	戴搁	20	干冬圩	黄挨娘	16	林英娘	戴港(父)	黄生音(族叔祖)	3.8,同上
3.23	陈长水	33	珍新圩	杨英娘	19	陈劝	陈席(宗叔)	杨笋(堂兄)	2.22,同上
3.24	陈得全	21	中港仔	吴宁娘	19	吴珠娘	陈金水(父)	吴崇茂(胞兄)	3.11,同上
3.24	蔡马	35	珍旧圩	苏贵娘	17	陈心娘	蔡桃(宗兄)	苏清水(族叔)	2.29,同上
3.24	陈甕	33	八茶贯	曾清娘	22	郭乙娘	陈感(宗兄)	曾明(堂叔)	2.21,同上
3.28	谢财发	24	洪溪	王凤娘	16	江秋娘	谢亚发(宗叔)	王妈海(宗兄)	2.29,同上
3.29	黄云祥	33	八茶贯	李三娘	20	黄灵淑	黄恩二(堂兄)	李芳壬(堂伯)	3.11,同上
4.8	罗亚春	34	新把杀	谢江娘[②]	19	旧亚秀	罗亚七(堂叔)	谢亚曾(胞叔)	3.11,黄,苏
4.18	吴东	38	圣望港	陈金娘	19	郑银娘	吴清(堂兄)	陈羌(堂伯)	3.16,同上
4.19	吴样	32	鉴光黎笔	李运动	26	郭乙娘	吴佐(堂叔)	李肉骨(堂兄)	3.20,同上
4.26	陈芳标	28	戈劳屈	廖庚娘	19	吴宣娘	陈杞官(堂兄)	廖亚四(堂兄)	3.26,同上
5.3	黄宽裕	19	小南门	沈佳娘	17	郭乙娘	黄颜(父)	沈福纶(房叔)	5.18,高,陈
5.3	林淑源	18	文丁把杀	苏银娘	16	江秋娘	林黜(父)	苏回(父)	4.10,同上
5.4	林清秀	22	东门外	陈生娘	20	吴珠娘	林金龙(宗兄)	陈长庚(宗叔)	4.11,同上
5.4	朱由欢	20	小南门	林仅娘	17	沈三娘	朱抛(房叔)	林光琼(宗叔)	4.8,同上
5.4	汤日新	18	丹绒存力把杀	张敬娘	18	张明光	汤床(父)	张秋池(祖父)	4.12,同上
5.8	吴连亨	30	珍新圩	丘寿娘	20	陈三	吴唇(房兄)	丘妈海(族叔祖)	4.12,同上
5.8	薛凉水	23	珍旧圩	赖经娘	16	陈恩娘	薛两溪(胞兄)	赖亚五(宗兄)	4.12,同上
5.8	丘荣泉	20	五脚桥	陈存娘	17	沈三娘	邱提(父)	陈湖(父)	4.18,同上
5.8	陈永和	25	打铁街	丘已娘	20	陈月娘	陈岱(堂兄)	丘朋(父)	4.12,同上
5.11	朱贵义	33	城内	丘巽娘	17	江秋娘	朱利轩(堂兄)	丘德泰(父)	4.21,同上
5.11	谢赞观	27	珍新圩	锺壬娘	17	沈三娘	谢新春(堂兄)	钟兴(父)	4.12,同上
5.11	江淇水	32	田仔内	林礼娘	24	沈三娘	江盛发(宗兄)	林锦隆(宗兄)	4.22,同上
5.11	林席珍	18	蕉仔街	叶网娘	18	郭乙娘	林光臣(堂叔)	叶花(堂叔)	4.12,同上
5.11	赖当	18	文丁	杜均娘	17	蔡勤娘	赖俊德(父)	杜永振(宗伯)	4.22,同上

① 附有武直迷签名荷文结婚申报单,并交纳结婚费 20 盾,下书:1848.3.20。

② 和 1868 年 4 月 17 日拜五公堂蜜查劳,据谢江娘入禀报失婚字恳赐重抄执照事,列台会议婚字之事,原付终身身后之用,既已失落,则付再抄无妨,准恳可也。存案。

5.11	许云烈	37	西门内	胡娇娘	17	谢奎娘	许云彬(从兄)	胡扬(从伯)	4.21,同上
5.13	李珠良	29	公司后	林箸娘	24	蔡勤娘	李永顺(宗叔)	林文山(父)	4.18,同上
5.15	林奇生	40	公司	杨荫娘	20	沈三娘	林野(宗兄) 文炳	杨蛋(父)	4.21,同上
5.16	林乙生	24	蕉仔街	菅发娘	18	叶庚娘	林亚兴(堂兄)	管亚二(胞伯)	4.19,同上
5.15	张亚来	42	王蔀	欧金娘	23	江秋娘	张爵(胞兄)	欧旱(父)	4.22,同上
5.17	杨裕	45	小南门	陈伴娘[①]	36	陈友娘	自己	自己	4.1,同上
5.17	蔡南	42	小南门	李青娘	25	陈月娘	蔡文(宗弟)	李春桂(宗伯)	4.18,高,陈
5.18	赵变	32	珍新圩	洪英娘	21	黄潘	赵宰(堂叔)	洪旭(堂叔)	4.26,同上
5.18	李仕元	37	日落马年	黄银娘	20	沈三娘	李天福(父)	黄水生(父)	4.22,同上
5.19	陈亚兰	40	吃劳落	古运娘	18	张二娘	陈亚二(宗兄)	古亚二(父)	4.22,同上
5.20	黄照	30	小南门	陈益娘	19	郭乙娘	黄辣(胞叔)	黄妙娘(生母)	4.19,同上
5.22	王西经	34	丹兰望	蒋云娘	19	王象	王开张(堂兄)	蒋会通(父)	4.26,同上
5.22	曾龙淑	25	鉴光毛六甲	邓辛娘	18	宋檀秀	曾亚新(堂叔)	邓亚解(堂叔)	4.26,同上
5.25	叶荣华	35	小南门	林七娘	17	沈三娘	叶兰(宗叔)	林光琼(宗叔)	4.27,同上
5.29	巫荣春	51	廿六间	蔡吉娘[②]	35	江秋娘	自己	自己	4.27,同上
6.3	叶丁五	48	大南门	蔡辛娘	28	江秋娘	自己	蔡彬(胞叔)	5.4,陈,吴
6.6	陈清和	22	结石珍	朱万日	20	陈心娘	陈祖明(堂叔祖)	朱孚(堂伯)	5.11,同上
6.10	陈东君	35	东居	古任娘	16	李亚满	陈桂五(堂兄)	古亚三(胞兄)	5.4,同上
6.13	黄亚洪	23	小南门	刘二娘	18	郭一娘	黄亚三(堂叔)	刘亚二(堂叔祖)	5.14,同上
6.14	吴珠生	21	新把杀	陈临娘	21	陈心娘	吴湖(堂兄)	陈位(父)	6.13,同上
6.17	田亚秀	48	水闸	罗饭娘	23	罗亚春	田亚保(堂兄)	罗亚七(堂叔)	5.18,同上
6.19	陈康宁	22	甕菜河	沈合娘	19	沈三娘	陈板(堂兄)	沈亮(堂叔祖)	5.25,同上
6.20	曾亚三	27	小南门	叶坤娘	17	沈三娘	曾亚五(堂叔)	叶春光(胞兄)	5.24,同上
6.23	戴溅	68	丹兰望	韩吉娘	28	陈顺娘	自己	韩札(堂伯)	戊6.1,陈,吴
6.23	温亚二	39	丹兰望	叶友娘	24	陈顺娘	温石生(胞叔)	叶亚三(父)	6.12,同上
6.24	卓龙	53	观音亭	陈金娘	44	余德娘	卓励(宗叔)	陈新客(父)	6.9,同上

① 陈氏前夫杨波结发10年身故,遗下儿女不育,寡守9年,愿与杨永结同心为夫妇,各花押为凭。知见人该默林栋(签字)。

② 蔡氏前夫丘丁灶结发2年身故,无儿女,恬处12年,愿再醮巫为夫妇,永结同心,各花押为照。知见人默氏林光琼。

6.27	陈含	26	八戈然	叶进娘	23	江秋娘	陈芳(宗兄)	叶策(从叔)	5.26,同上
6.29	林审	24	甕菜河	吴南娘	23	蔡经娘	林坪(堂兄)	吴丁岸(父)	6.5,同上
7.1	杨木山	31	圣望港	范八娘	18	陈月娘	杨新财(胞兄)	吴硂娘(生母)	6.2,黄,苏
7.7	高秋张	36	大港墘	苏金娘	26	余德娘	高腾(胞叔祖)	苏江道(父)	6.12,同上
7.8	陈全郎	21	八厨沃间	刘瑞娘	18	吴珠娘	陈奎秉甲(父)	刘成美(父)	6.13,吴代
7.11	丘亚纶	30	五脚桥	朱京娘	22	叶庚娘	丘海星(宗叔祖)	朱乾(宗叔)	6.13,黄,苏
7.12	刘三	33	干冬圩	吴安娘	17	陈月娘	刘万(族兄)	吴抢振(宗叔)	6.16,同上
7.13	陈友生	27	芝兰六	谢壬娘	17	陈天赐	陈茂亨(父,胞伯茂乾代)	谢龙五(父,堂兄亚三代)	6.16,同上
7.13	沈象	25	三间土库对面	詹荣娘	19	陈月娘	沈爵(堂兄)	詹德生(胞兄)	6.23,同上
7.17	巫新客	28	八厨沃间	张吉娘	19	江秋娘	巫荣春(宗叔)	张江汉(胞伯,病,宗叔,齐代)	7.8,同上
7.21	杨长源甲	41	中港仔新厝	郭笔娘①	41	郭乙娘	自己	自己	旧婚,同上
7.27	谢天生	18	珍旧圩	蒋君娘	18	陈心娘	谢光套(父)	蒋贤(父)	7.11,同上
8.1	张云山	28	观音亭新厝仔	陈鳌娘	30	郑银娘	张金枪(堂叔)	陈春水(父)	7.11,高,陈
8.3	杨一生	34	廿六间	萧镭娘	17	郭乙娘	杨英官(堂兄)	萧细妹(父)	7.2,同上
8.6	李子龙	20	中港仔	陈敬娘	15	郭一娘	李春信甲(祖父)李长哥	陈长光(祖父)	7.11,高,陈妈腰
8.7	陈荣基	20	亭仔脚	李瑞娘	18	江秋娘	陈悦德(父)	李孟良(父)	8.2,高,陈
8.7	吴麟	47	大港墘	杨希淡②	28	蔡勤娘	自己	自己	7.15,同上
8.14	林智良	20	西门	王理娘	19	郭一娘	林俊杰(堂叔)	王元龙(父)	7.22,同上
8.16	石宝山	22	文丁	方养娘	18	江秋娘	石高奢(胞兄)	方戆(堂兄)	8.2,同上
8.16	丘江流	20	五脚桥	陈月娘	21	沈三娘	丘经山(父)	陈圈(宗兄)	8.4,同上
8.17	刘庆郎	39	大南门	张癸娘	16	蔡勤娘	刘亚六(堂叔)	张南京(堂叔)	7.22,同上
8.17	郑永保	31	高踏歹	李添娘	15	郑亚三	郑亚二(堂叔)	李亚壬(父)	8.4,同上
8.18	曾亚二	28	大港墘	陈龟娟娘	20	梁亚五	曾壬五(堂兄)	陈亚七(父)	7.22,同上
8.21	甘天	20	珍旧圩	陈茵娘	16	陈心娘	甘妈佐(父)	陈章宗(胞伯)	8.6,同上
8.21	杨天合	20	茄垄西垄	蔡吟娘	17	詹和宗	杨如水(胞叔)	蔡木生(父)	8.20,同上

① 据郭氏云:前夫黄求生甲结发11年去世,无儿女,恬处11年,无奈愿再醮与外南旺甲必丹杨长源官为夫妇,永结同心,各花押为照。

② 据乌娘即希淡娘云:前夫陈秉良结发4年身故,生一男一女俱不育,恬守7年,无奈愿再醮与吴为夫妇,永结同心,各花押为照。知见人默氏陈敦(签外文名 Tan)。

8.22	黄癸龙	19	洪溪	郭存娘	16	江秋娘	黄新喜(胞兄)	郭万日(胞兄)	8.24,同上
8.24	郭宝	32	珍旧圩	房丙娘	16	萧志	郭长寿(堂叔)	房逢琳(堂叔)	7.29,同上
8.24	何德秀	45	小南门	李英娘①	24	吴珠娘	自己	自己	7.29,同上
8.26	江登	29	廿六间	王音娘	18	郭一娘	江桂卿(堂兄)	王别(父)	8.6,同上
8.28	苏清扶	21	八卦字	蔡线娘	17	苏英水	苏光齐(胞伯)	蔡永顺(堂叔)	8.16,同上
8.28	兰有	27	大港墘	陈周娘	19	吴珠娘	兰嗣勋(堂叔)	陈墨(父)	8.7,同上
8.31	洪坤	29	珍旧圩	李八娘	23	陈恩娘	洪梓(堂叔)	李等(堂叔)	8.13,高,陈
8.31	王庆	30	珍旧圩	陈英娘	18	陈心娘	王促(堂叔)	陈五龙(父)	8.13,同上
9.1	陈幸道	22	文丁旧把杀	沈月娘	16	郭乙娘	陈国(堂伯,病,堂兄拔代)	沈聪(父)	8.12,陈,吴
9.5	吴开作	36	小南门	林灿娘	16	吴珠娘	吴朗江(胞叔)	林传(胞伯)	8.15,同上
9.5	陈神才	44	八厨沃间	杨水娘	20	郭乙娘	自己	杨子生(父)	8.16,同上
9.7	林江生	19	班惹宁眼	王宁娘	17	郭乙娘	林长福(胞兄)	王山(父,病,宗叔求生代)	8.13,同上
9.7	林德发	22	牛郎茄弄	陈来娘	22	郑银娘	林文山(宗兄)	陈传郎(父)	8.13,同上
9.7	蔡放	31	珍新圩	陈文娘	21	黄泮	蔡县(从兄)	陈德水(胞兄)	8.24,同上
9.8	林宇	30	丹兰望	王坤娘	21	陈顺娘	林金(堂叔)	王华儿(宗叔)	8.12,同上
9.11	许栋	27	珍旧圩	蒋麟娘	17	陈心娘	许宇(胞叔)	蒋贤(堂叔)	8.20,同上
9.11	萧佳芳	20	鉴光蔀	陈已娘	18	林振生	萧朱(堂兄)	陈元(从兄)	8.21,同上
9.13	王丑	29	丹绒船力	蔡珠娘	14	叶庚娘	王鹤山(宗兄)	蔡梧(父)	8.28,同上
9.13	王秀才	36	龙岗	陈夏娘	26	叶庚娘	王荣泉(堂兄)	陈天福(父,年老,胞兄永良代)	8.24,同上
9.13	许高	33	珍旧圩	纪飘娘	27	陈心娘	许炎(宗兄)	纪龙生(父)	8.28,同上
9.14	叶煦	25	三间土库	徐癸娘	16	沈三娘	叶式花(宗叔)	徐华麟(从叔祖)	8.27,同上
9.15	张阿	31	八茶贯	沈月娘	16	沈三娘	张济川(堂兄)	沈安(父)	8.24,同上
9.15	叶雨	26	八厨沃间	翁必娘	22	沈三娘	叶武(堂兄)	翁恩郎(父)	8.27,同上
9.18	李亚八	24	洪溪	杨戊娘	21	江秋娘	李亚三(胞叔)	杨满(堂兄)	8.27,同上
9.18	陈年文	22	江口	苏平娘	24	江秋娘	陈郎勃(堂兄)	苏荣(胞兄)	8.24,同上
9.23	胡天喜	20	中公司	张旺木娘	17	江秋娘	胡有明(父)	张同(父)	9.10,同上
9.25	林福安	17	马目	李兰里	16	余霞	林锦笺(父)	李天汉(父)	10.10,同上
9.27	曾高房	19	文丁州六安	张梅娘	17	林文德	曾亚岁(父)	张清水(胞兄)	9.16,同上

① 李氏前夫叶石东结发5年身故,遗一男一女,恬处2年,无奈再醮与何为夫妇,永结同心,各花押为照。知见该默陈杞官签字。

9.27	郑开懋	32	大港墘	陈二娘	19	陈月娘	郑明文(父,病,宗叔郎代)	陈钦命(父)	9.4,同上
9.28	吴贵龙	18	乌褒土库	詹良娘	16	吴珠娘	吴青云(堂伯)	詹接生(从兄)	9.11,同上
9.28	李南阶	21	加老旺	陈岑娘	19	吴敬娘	李钦墉(父)	陈金生(胞兄)	9.12,同上
9.28	陈高奢	23	戈劳旺	戴交娘	18	吴传娘	陈结水(胞兄)	戴清早(胞兄)	9.12,同上
9.28	林春山	24	丹绒勃育	辜银娘	22	郑银娘	林野(父)	辜君使(父)	9.10,同上
10.2	陈明机	33	丹兰望	曾丁娘	22	陈顺娘	陈真(宗兄)	曾登元(堂兄)	9.10,黄,苏
10.2	赵深渊	42	槟榔社	马安娘	30	沈三娘	自己	马明记(父)	9.11,同上
10.2	柯前定	41	鉴光河北	林回娘	18	陈月娘	自己	林贵仁(胞伯)	9.12,同上
10.2	韩朝慕	18	观音亭	梁山娘	16	谢庚娘	韩杭(父)	梁天助(父)	9.24,同上
10.3	钟已申	20	打南满	曹老被	19	温昌廷	钟亚荣(父)	曹亚冉(父)	9.12,同上
10.4	林东山	18	文丁	沈坤娘	17	林万福	林瑞禄(父)	沈滩(父)	10.24,同上
10.4	林福因	22	文丁	黄银娘	19	林万福	林明宗(父)	黄雷生(胞兄)	10.16,同上
10.4	黄亚四	47	小南门	刘凤娘	19	黎和兴	黄礼江(堂兄)	刘亚六(胞叔)	9.12,同上
10.6	朱辛	25	竹树巷	钟恩娘	19	叶经娘	朱亚福(堂叔)	钟秀生(堂兄)	9.12,同上
10.6	黄青松	19	亭仔脚	林竹娘	16	沈三娘	黄金钱(宗叔)	林三阳(父)	9.21,同上
10.6	黄庚水	19	惹牙毛吃	张壬娘	17	黄银娘	黄添淑(父)	张润郎(父)	10.3,同上
10.6	钱和尚	30	乌鬼巷	黄及娘	22	戴清娘	自己	黄保生(父)	9.21,同上
10.9	郑和兰	27	丹兰望	陈水娘	17	陈顺娘	郑瑞兴(堂兄)	陈孔是(父)	10.10,同上
10.9	林五福	50	乌鬼巷	许卜娘	21	陈顺娘	自己	许登岸(父)	10.3,黄,苏
10.13	陈枫木	24	大南门	张英娘	19	戴清娘	陈风椿(胞兄)	张金铭(父)	10.24,同上
10.13	汤元利	20	蕉仔街	王奕娘	19	吴珠娘	吴吟娘(母)	王森水(胞兄)	9.21,同上
10.13	林亚容	30	大南门	叶癸娘	16	叶经娘	林亚六(宗兄)	叶亚五(宗兄)	9.26,同上
10.17	王拔萃	41	旧把杀	李辛娘	19	郭一娘	王求生(父)	李春(胞兄)	9.24,同上
10.18	卓返	32	八厨沃间	陈染匆	15	沈三娘	卓办(堂叔)	陈太保(父)	10.6,同上
10.18	吴文渊	22	文丁新圩	陈东鹄	17	钟文贵	吴龙生(胞兄)	陈天赐(父)	10.3,同上
10.19	张水源	18	丹兰望	叶成娘	17	陈顺娘	张才(胞伯)	叶亚三(堂叔)	10.4,同上
10.19	柯瀛洲	20	结石珍	刘庆娘	20	陈心娘	柯本机(胞兄)	刘禄生(父)	10.6,同上
10.20	谢召捷	27	水锯顶	邹月娘	21	吴敬娘	谢亚四(胞伯)	邹明理(父)	10.3,同上
10.23	许清泉	18	小南门	李惜娘	16	郭一娘	许每生(宗叔祖)	李甲长官(叔祖)	10.3,黄,高
10.23	黄偕全	26	戈劳屈	许蕉娘	22	吴萱娘	黄如全(胞兄)	许文凤(父)	10.10,黄,苏

10.23	黄崇见	32	加览抹	林安娘	22	陈月娘	黄长安(宗叔)	林汉水(胞兄)	10.6,同上
10.30	赵鹄	25	新把杀	甘英娘	22	陈心娘	赵歆(胞叔)	甘卓(父)	10.10,同上
10.30	陈西风	21	北加容	许辛娘	23	吴经娘	陈芳(堂叔)	许四方(胞兄)	10.20,同上
10.30	黄长流	20	西湾	林和娘	16	林旁佛	黄蛛(胞叔)	林元水(父)	10.6,同上
11.1	叶金水	21	窑内	李娘那	18	吴敬娘	叶泰山(父)	李银(父)	10.26,高
11.3	张永炎	36	槟榔社	林春娘	18	吴敬娘	自己	林来(宗叔)	10.24,同上
11.3	陈长水	18	珍旧圩	罗曲娘	20	林莺娘	陈五龙	罗传生(宗叔)	10.15,同上
11.4	唐奕潭	35	八茶贯	李福娘	24	沈三娘	唐会南(宗叔)	李吉质(父)	10.14,高
11.6	林芳莲	18	廿六间巷	黄昭娘	17	江秋娘	林田生(父,外出,胞兄溪全代押)	黄太和(堂叔祖)	10.24,同上
11.6	林吉生	20	八厨沃间	陈荫娘	20	江秋娘	林夺(父)	陈光圆(父)	10.6,同上
11.6	陈新	25	大港墘	李英娘	20	郭乙娘	陈纲(从叔祖)	李威(父)	10.24,同上
11.7	廖象	31	丹兰望	焦森娘	24	陈顺娘	廖脍(宗叔)	焦漯(父)	10.17,同上
11.8	黎贵郎	26	芝弄眼巷	林金娘	18	黄二娘	黎亚三(父)	林登淑(父)	10.24,同上
11.8	詹山郎	18	班芝兰埔	梁源娘	17	郭乙娘	詹接生(宗兄)	梁待老(父)	10.24,同上
11.8	沈壬水	21	珍旧圩	林文娘	19	陈心娘	沈青云(宗叔)	林板生(父,病,宗兄咨生,代)	10.25,同上
11.8	林清溪	21	五脚桥	许辛娘	18	江秋娘	林锦河(胞兄)	许丁香(父,病,胞兄廪生代)	10.15,同上
11.8	陈健水	22	大社	黄惜娘	18	胡润娘	陈元章(父)	黄东海(父,病,宗叔珠池代)	10.24,同上
11.9	陈文水	30	望茄寺	黄宝娘	18	沈三娘	陈锦绣(胞兄)	黄水凉(堂叔)	10.17,同上
11.9	许凤珍	25	新池	陈白石	20	郭乙娘	许每生(胞叔,宗叔裕生代)	陈宪文(胞兄)	10.17,同上
11.9	高天成	24	八厨沃间	张水娘	21	江秋娘	高松(父)	张上(从伯)	10.17,同上
11.10	吴福山	23	大南门	许合娘	23	胡润娘	吴建贤(堂叔)	许松茂(父)	10.19,同上
11.10	陈松柏	20	丹绒公司	郭宁娘	17	蔡勤娘	陈井(胞叔)	郭义(父)	10.26,同上
11.13	张振荣	21	八戈然	陈妙娘	17	吴珠娘	张木厚(父)	陈乌尚(宗叔)	10.24,同上
11.13	李亚庆	36	班芝兰埔	张癸娘	16	胡润娘	李兴长(父)	张亚三(宗叔)	10.24,同上
11.14	李郡生	29	中港仔	郭平娘	17	戴清娘	李启丰(宗兄)	郭绍周(堂兄)	10.24,同上
11.14	叶春水	22	加览末蓈	黄让娘	18	林永顺	叶两样(胞兄)	黄麟寿(堂兄)	11.8,同上
11.14	戴长安	17	干冬圩	吴凤娘	14	陈恩娘	戴北安(胞兄)	吴每(父)	戊10.26,高
11.15	陈彩二	24	大当对面	谢辛娘	18	叶冉四	陈亚清(堂兄)	谢荣时(堂兄)	10.26,同上

11.16	蔡霎烟	48	廿六间	郑江娘	23	沈三娘	蔡宇(宗兄)	郑溪水(胞叔)	10.26,同上
11.22	丘传彝	39	砖仔桥	李三娘	24	吴硿娘	邱德泰(宗叔祖)	李加河(胞兄)	11.8,同上
11.22	陈来	31	八茶贯	谢明娘	17	戴金娘	陈丁(宗兄)	谢凤试(父)	11.15,同上
11.23	叶水	23	小南门	王美女	16	胡润娘	叶存(堂叔)	王柳(父)	11.8,同上
11.24	陈德海	23	旧把杀	卢再娘	18	沈三娘	陈铺(胞兄)	卢祯祥(父)	11.8,同上
11.24	王妈富	26	珍旧圩	杨森娘	20	陈心娘	王壬癸(堂叔)	杨润(堂叔)	11.8,同上
11.24	陈日	39	甕菜河	林曲娘	19	沈三娘	陈别(宗兄)	林郭(堂兄)	11.1,同上
11.26	陈哲明甲	26	大港墘	唐雅娘	27	郭乙娘	陈国顺甲(胞兄)	唐会南(堂叔)	11.10,高,陈
11.28	刘傅	31	干冬圩	张西娘	20	苏江道	刘配(宗兄)	张明水(父)	11.8,高
11.28	刘绍麟	36	芝弄眼	黎银娘	17	黎兴振	刘继昌(堂叔)	黎应隆(堂兄)	11.10,同上
11.29	陈霞	28	中港仔新厝	颜清娘	23	戴清娘	陈玉成(从兄)	颜永老(父)	11.18,同上
11.29	杨琴诗	25	珍旧圩	郑英娘	20	陈心娘	杨润(胞叔)	郑启基(胞兄)	11.15,同上
11.29	王庄林	19	息厘旁	林红娘	19	戴清娘	王金水(胞兄)	林突(父)	11.22,同上
11.29	黄坑	38	观音亭	古选娘	17	郑银娘	黄群(宗兄)	古亚八(宗叔祖)	11.8,同上
11.29	黄启贤	26	洪溪	林谦娘	25	吴珠娘	黄全(族叔祖)	林万山(胞叔)	11.8,同上
11.29	沈骆	22	文丁把杀	郑莺娘	18	林万福	沈聪(胞叔)	郑富生(胞叔)	11.9,同上
11.30	蔡拔	25	小南门	何奚娘	21	蔡勤娘	蔡成(胞叔)	何亚远(堂叔)	11.15,同上
12.1	简敬忠	50	中港仔	杨恒娘	22	沈三娘	简登山(族叔)	杨定光甲(宗叔)	12.20,陈,吴
12.2	丘望获	32	五脚桥	陈七娘	18	沈三娘	丘月里(堂族)	陈必成(胞叔)	11.15,同上
12.2	洪英水	21	大巷内	林大娘	21	蔡勤娘	洪桂馥(宗叔)	林文山(宗叔祖)	11.8,同上
12.2	丘内水	20	八厨沃间	刘辛娘	18	郭一娘	丘代生(父)	刘儒秀(胞伯)	11.22,同上
12.4	黄甘	32	望加寺	沈真娘	20	郭一娘	黄溶川(宗叔)	沈操(父)	11.15,同上
12.4	张体元	19	亚森脚	戴惜娘	18	陈月娘	张三才(父)	戴有进(胞兄)	11.10,同上
12.4	黄青山	21	窑内	詹蕉娘	17	郑银娘	黄轸(胞伯)	詹修(父)	12.7,同上
12.4	杨田基	36	五脚桥	戴英娘	17	江秋娘	杨得喜(胞叔)	戴眺(堂叔)	11.10,同上
12.4	丘庆宗	38	五脚桥	蔡坤娘	17	吴景娘	邱顺德(胞叔)	蔡文(宗叔)	11.14,同上
12.5	洪长	35	结石珍	张珠娘	17	陈心娘	洪加(堂叔)	张天喜(胞叔)	11.15,同上
12.7	孙畜	29	石桥	陈成娘	21	陈心娘	孙亚兰(宗叔)	陈乌尚(宗叔)	11.19,同上
12.7	林明水	22	石桥	陈石娘	18	陈心娘	林彰化(父)	陈云行(堂叔)	11.15,同上
12.7	詹真酷	25	结石珍	黄荣娘	20	陈心娘	詹着(堂叔)	黄亚立(胞兄)	11.18,同上

12.11	林成才	18	廿六间	张兰娘	16	沈三娘	林光琼(父)	张渊太(父)	11.22,同上
12.13	吴松	22	观音亭	刘仁娘	19	郑银娘	吴斉(堂叔公)	刘银生(父)	11.22,同上
12.13	叶盛	34	小南门	陈莱娘	22	江秋娘	叶璇(堂叔)	陈满(父)	11.22,同上
12.13	田亚员	25	水闸	李金娘	19	钟亚二	田亚保(堂兄)	李亚春(父)	11.22,同上
12.14	王用助	26	珍旧圩	戴根娘	19	陈恩娘	王壬癸(堂叔)	戴恭(族叔祖)	12.13,同上
12.14	方丁未	19	结石珍	陈兴娘	18	陈恩娘	方新客(父)	陈暖(父)	12.5,同上
12.15	洪剑	37	结石珍	蒋潘娘	18	陈恩娘	洪茄(堂叔)	蒋贤(堂叔)	11.22,同上
12.15	王亚拜	27	大南门	陈德娘	16	陈亚清	王亚五(堂兄)	陈亚三(胞叔)	12.2,同上
12.19	兰盖	34	结石珍	甘顺娘	25	戴恭	兰克昌(堂兄)	甘文直(胞兄)	12.4,同上
12.21	徐艳京	34	蕉仔街	黄来娘	23	陈顺娘	徐锦成(堂兄)	黄振生(父)	12.8,同上
12.23	林源水	24	西门	丁丁娘	22	蔡勤娘	林得利(宗叔)	丁愧(胞伯)	12.13,同上
12.23	陈淇水	20	干冬圩	侯甲妹	15	杨一娘	陈发生(父)	侯其连(胞兄)	12.22,同上
12.27	兰森树	27	班芝兰	张辖娘	18	郭一娘	兰成(堂叔)	张彦科(父)	12.8,同上
12.27	沈仁里	24	小南门	陈银娘	15	沈三娘	沈潮(宗叔)	陈炎(父,病,宗伯瑞珍代)	12.6,同上
12.28	徐抽	49	职宁贞	蔡成娘	36	沈三娘	徐天生(宗兄)	蔡连(父)	12.15,同上
12.29	卢江川	25	文丁	林秋娘	21	沈三娘	卢松林(胞兄)	林敬真(胞兄)	12.16,同上

总计:264 对 (原登记有 114 号)

1849 年吧城唐人成婚注册表

月日	新郎	年岁	住址	新娘	年岁	媒妁	男方主婚	女方主婚	备注 结婚日,主事人
1.2	王妙庆	32	丹兰望	胡金娘	23	杨乙娘	王广照(父)	胡中庸(堂兄)	12.15,黄燎光,苏天庇
1.4	林悦	30	小南门	杨闰娘	17	郭乙娘	林滚(宗叔)	杨淡水(父)	12.14,同上
1.4	蔡清源	28	新池	方荣娘	18	郭乙娘	蔡奇生(胞兄)	方乃(父)	12.16,同上
1.8	陈三	27	珍旧圩	甘乙娘	20	陈心娘	陈檬(堂兄)	甘寸(父)	12.20,同上
1.8	高晋	36	珍旧圩	张高奢	21	陈心娘	高梓(宗兄)	张墨(父)	12.27,同上
1.8	兰探	43	观音亭	吴娇娘	21	沈三娘	兰盖(族兄)	吴国兴(宗叔)	12.20,同上
1.8	蒋奎	21	珍旧圩	张秋娘	19	李造	蒋霸贵(胞兄)	张天喜(胞叔)	12.6,同上
1.11	文子新	25	五脚桥	林南娘	27	郑银娘	文子生(胞兄)	林野(宗兄)	12.20,同上

1.12	张壬瑞	17	把杀明牛	谢恩娘	15	刘南扬	张麟良(宗兄)	谢李生(父)	12.26,同上
1.12	叶振生	28	大港墘	林雅娘	22	吴珠娘	叶普山(族叔)	林彰化(父)	已1.22,同上
1.13	蒋辛钟	19	结石珍	甘真娘	15	陈恩娘	蒋[illegible](父)	甘天来(堂叔)	1.10,同上
1.15	古南香	36	新把杀	刘法娘	16	吴萱娘	古亮(堂兄)	刘秀振(胞伯)	12.27,同上
2.5	陈天来	35	惹牙毛吃	胡福娘	23	吴萱娘	陈秋(父)	胡吟水(父)	1.19,高
2.10	李庆章	38	三间土库	吴福娘	27	江秋娘	李奎炳(堂叔)	吴宁生(父)	1.28,同上
2.14	吴炮	36	结石珍	陈悦娘	20	陈心娘	吴朕(堂兄)	陈远(堂兄)	2.3,同上
2.15	林松镇	36	文丁	张贤娘	27	林查	林魁(堂叔)	张广(父,足痛,胞兄光惜代)	2.7,同上
2.20	林奇观	21	班芝兰	陈福娘①	22	吴经娘	林叔郎(堂兄)	自己	2.3,同上
2.21	李木火	38	结石珍	蔡快娘	26	陈顺娘	李天赐(宗兄)	蔡元生(堂兄)	2.12,高俊杰
2.23	叶龙水	19	结石珍	詹蜜娘	19	陈心娘	叶典(堂兄)	詹福州(父)	2.7,同上
2.23	林开昌	20	结石珍	蒋英娘	18	陈心娘	林永元(父)	蒋贤(堂伯)	2.16,同上
2.24	李登元	20	西门	陈骨娘	18	蔡勤娘	李江元(宗兄)	陈茂乾(父)	2.4,同上
2.26	胡福寿	27	丹绒勃禄	林恩娘	27	沈三娘	胡受光(宗伯)	林元生(父)	2.10,同上
2.28	张水溶	17	丹兰望	陈根娘	16	陈吉娘	张元(胞兄)	陈天德(堂兄)	2.14,同上
2.28	陈苞	36	圣望港	戴近娘	18	吴珠娘	陈饶(宗兄)	戴信(父)	2.24,同上
3.1	张一	37	珍旧圩	李春娘	19	陈恩娘	张浩(堂兄)	李篇(父)	2.17,陈启淮,吴昭阳
3.2	沈纯良	18	职宁贞	吴已娘	10	郭乙娘	沈和(胞叔)	吴老(胞伯)	2.18,同上
3.7	陈补	37	甕菜河	王罗治	17	沈三娘	陈吾吉(宗兄)	王良生(宗伯)	2.17,同上
3.7	郭盏	32	珍旧圩	许珍娘	——	——	郭茄郎(宗叔)	许青云(胞兄)	2.22,同上
3.8	林月宁	29	小南门	杨幸娘	26	戴清娘	林实(宗叔)	杨荣光(父)	2.28,同上
3.8	李九	36	小南门	何银娘	18	戴清娘	李醒(族叔)	何亚员(堂兄)	2.24,同上
3.23	赖九盛	18	马腰兰	陈癸娘	17	刘清汉	赖乃生(堂叔)	陈亚兴(父)	3.8,同上
3.23	朱亚盐	36	戈劳屈	陈春娘	20	戴福星	朱沛寿(堂叔)	陈丁郎(父)	3.6,同上
3.23	温亚友	32	五脚桥	傅癸娘	17	吴珠娘	温亚七(胞叔)	傅凤鸣(父)	3.6,同上
3.28	唐宗良	20	亭仔脚	林恳娘	18	江秋娘	唐奎炳(父)	林西河(宗叔)	3.9,陈,吴

① 陈渭盛请伊女福娘要与林奇观交寅恳给婚字,据福娘云:前夫黄丝牛即黄合成结发3年身故,并无生产,寡守6年,无奈再醮与林奇观为夫妇,永结同心。

台问林奇观曰:汝曾有交寅否?答曰:未也,晚恳自己主婚,将情申详大妈腰裁夺。妈腰批曰:经令林奇观寻伊宗亲或其母主婚方可给婚字。

恳给婚人伊父陈渭盛(签字 Tan)。知见人该默氏汤东三(签字)。

3.28	甘振东	19	珍新圩	吴叶娘	17	陈恩娘	甘金(从叔)	吴丁仔钫(父)	3.16,同上
3.28	林徐洲	20	文丁旧圩	谢鸯娘	17	陈恩娘	林金(父)	谢真(宗叔祖)	3.14,同上
4.10	萧位浚	25	望茄寺	李董娘	18	沈三娘	萧仰富(从兄)	李珀郎(胞兄)	4.6,黄,苏
4.12	黄西莫	24	小南门	林素娘	24	郭乙娘	黄友麟(宗伯)	林香(父)	4.13,同上
4.12	颜绍	35	大南门	谢招娘	16	郭乙娘	颜位(堂叔)	谢雍(宗兄)	3.29,同上
4.17	洪超一	34	圣望港	林冥劳	22	吴珠娘	洪桂馥(宗叔)	林永若(胞兄)	4.4,同上
4.17	郭闰三	20	高奢园	郑记娘	18	江秋娘	郭润生(胞兄)	郑银生(父)	4.7,同上
4.18	黄溶江	61	蕉仔街	林福娘	22	郭一娘	黄元(宗叔)	林高律(胞兄)	旧婚,同上
4.18	甘开	34	结石珍	张玉娘	18	陈恩娘	甘评(宗叔)	张喃(父)	4.7,同上
4.20	洪卜	29	结石珍	刘鹤娘	19	陈水娘	洪梓(胞叔)	刘硷(父)	4.2,同上
4.24	张英炎	37	槟榔社	李添娘	21	沈三娘	张应瑞(胞兄)	陈宙娘(母)	4.14,同上
4.26	张理	23	八茶贯	林高丽	21	吴经娘	张永情(胞叔)	林侃(父)	4.15,同上
4.26	陈砼生	20	亭仔脚	卓敏娘	17	郑银娘	陈太保(族叔)	卓龙(胞伯)	4.7,同上
5.2	戴彩竹	23	珍旧圩	王贵娘	21	陈心娘	戴彩应(胞兄)	王荣(祖父)	4.22,高
5.2	李佛议	27	观音亭	蔡福娘	24	吴珠娘	李佛保(胞兄)	蔡江友(宗叔祖)	4.19,高
5.4	卢待老	28	鉴光河北	吴水娘	19	蔡勤娘	卢祯祥(父)	吴云水(父,胞兄天志代)	4.14,同上
5.5	李振荣	22	小南门	王莲娘	19	江秋娘	李獭(父)	黄惠娘(生母)	4.18,同上
5.8	蔡已生	31	戈劳屈	巫雅娘①	31	郭乙娘	自己	自己	4.17,同上
5.8	梁双池	20	甕菜河	陈润娘	15	郭乙娘	梁待老(宗叔)	陈文生(宗叔)	4.21,高
5.9	廖凤二	31	干冬圩	钟未娘	17	钟应爹	廖云超(宗叔)	钟锦爹(父)	4.26,同上
5.10	高玉成	26	敏冬吗	林英娘	16	沈三娘	高敬信(宗兄)	林栋(宗叔)	4.21,同上
5.10	黎荣宗	21	织宁贞	郑英娘	21	郑银娘	黎茄低(父,病,胞兄进福代)	郑子林(胞叔)	4.14,同上
5.10	王鹤山	37	廿六间	叶荫娘	18	江秋娘	王笔(宗兄)	叶粟(父)	4.21,同上
5.12	韩龙山	26	干质巷	叶水娘	20	吴珠娘	韩石山(胞兄)	叶旋(堂叔)	4.6,同上
5.12	蔡文福	22	窑内	韩蜜娘	18	吴珠娘	蔡俊智(父)	韩石山(父)	4.6,同上
5.12	苏长	45	小南门	杨荣娘②	21	江秋娘	苏珍(堂兄)	杨元凉(堂兄)	4.26,同上

① 巫氏前夫罗子郎结发6年(无给婚字)在占璧身故,无生育,寡守12年,无奈愿再嫁与蔡为夫妇,永结同心,各花押批照。知见人该默陈杞官。

② 据陈味娘请云,氏系杨怀之寡妻,为小女杨荣娘今欲与苏长成婚,但苏长在万丹,其妻实已故,伏祈结付婚字,王成其事,是恳批照。陈味娘押号。

5.15	林亚六	32	戈劳屈	陈未娘	21	吴旋娘	林福郎(堂兄)	陈炳文(父)	4.27,同上
5.16	陈建兴	36	珍新圩	李壬娘	19	郭天喜	陈连任(堂兄)	李雁行(父)	4.28,同上
5.16	林明理	30	珍旧圩	王明娘	17	陈恩娘	林碧(从兄)	王江汉(胞兄)	4.28,同上
5.16	林天福	40	观音亭	陈寿娘	30	吴珠娘	林智生(宗兄)	陈长上(父)	4.28,同上
5.19	温亚云	26	八厨沃间	王闰娘	15	江秋娘	温亚清(堂兄)	王亚二(父)	又 4.3,同上
5.21	温观生	35	芝弄眼巷	詹慈娘	24	张亚定	温亚才(宗叔)	詹赵(族叔)	又 4.18,同上
5.29	蒋永水	23	珍旧圩	钟乙娘	15	陈恩娘	蒋上(父)	钟连官(父)	又 4.13,同上
5.30	王子吾	23	乌褒土库	钟凤娘	16	沈三娘	王生结(堂兄)	钟盖(从叔祖)	4.19,同上
5.31	高亭兴	23	亭仔脚	陈寿娘	20	郭乙娘	高敬信(父)	陈瑞兴(胞兄)	又 4.19,高
5.31	罗得春	20	西门	张和娘	18	戴清娘	罗葵(宗伯)	张振元(宗兄)	4.13,同上
5.31	蔡浮炉	18	圣望港	王六娘	16	沈三娘	蔡润(父)	王金安(宗叔)	4.27,同上
6.1	叶管	44	大港墘	沈江娘	20	沈三娘	叶丁(堂叔)	沈亚壬(胞兄)	4.13,陈,吴
6.1	王五祥	22	文丁	阮高郎	21	沈三娘	王德雄(胞兄)	阮德水(父)	5.6,同上
6.1	章亚喜	26	中港仔	叶韩信	20	沈三娘	章荣锦(堂伯)	叶韩居(胞兄)	4.19,同上
6.5	杨亚荣	38	戈劳屈	张辛娘	18	吴萱娘	杨开和(宗叔)	张秀宜(堂兄)	4.28,同上
6.6	林金和	33	五脚桥	陈八娘	23	江秋娘	林淇水(堂兄)	陈月生(胞叔)	4.27,同上
6.6	颜明机	20	新池	蔡金娘	18	沈三娘	颜文信(父)	蔡茂林(宗叔)	4.28,同上
6.7	杨奎炳	42	大南门	施睦娘①	41	郭一娘	自己	自己	旧婚,同上
6.8	陈吉生	28	结石珍	王水娘	26	陈心娘	陈瑞章(宗兄)	王天生(堂叔)	又 4.19,同上
6.8	萧炳元	27	中港仔	黄水娘	25	吴珠娘	萧成(堂叔)	黄东启(宗叔)	4.27,同上
6.11	甘英金	20	结石珍	蒋双娘	15	陈心娘	甘清山(堂叔)	蒋畅(堂叔祖)	4.27,同上
6.11	赵振乡	18	新把杀	李恩娘	17	陈心娘	赵 揞欠(父)	李凤生(胞兄)	4.28,同上
6.12	许水莲	32	中港仔	陈雪英	25	戴清娘	许足龙(宗叔)	陈清凉(胞兄)	4.28,同上
6.20	高灯光	36	干冬圩	刘月娘	15	杨一娘	高二(胞叔)	刘贵先(父)	5.11,同上
6.26	吴天芝	30	五脚桥	李萱娘	20	吴经娘	吴云水(父)	李长衔(宗叔)	6.10,同上
6.28	陈荣泰	18	廿六间	沈绒娘	16	郭一娘	陈偕(父)	沈青云(族兄)	6.12,同上
6.29	陈鹊	28	珍新圩	黄孽娘	20	郭一娘	陈夫(堂叔)	黄溶川(宗叔)	4.10,陈,吴
7.4	罗德水	21	戈劳屈	钟雅娘	18	江秋娘	罗亚三(父)	钟锦元(堂叔)	5.19,黄,苏

① 据施氏供云:前在文丁与林武光结发三个月,无给婚字而夫身故,无儿女。氏再醮杨奎炳于今年 25 年矣,念氏与杨同心协力,许久尚未有给婚字,兹恳给婚字,氏愿与杨奎炳永结夫妇百年偕老,各花押为照。

7.5	曾百雅	38	大港墘	高荣娘	27	吴珠娘	曾清朝(宗叔)	高缉(父,病,宗叔受将代)	5.14,同上
7.10	沈景山	22	珍旧圩	林敬娘	21	陈心娘	沈添(族叔祖)	林盘(胞兄)	6.15,同上
7.17	陈得水	19	观音亭	赖君娘	17	吴珠娘	陈宗(从叔祖)	赖亚三(宗叔)	7.9,同上
7.17	沈清泉	23	槟榔社	魏银娘	19	郭乙娘	沈清水(胞兄)	魏振生(父)	6.6,同上
7.23	古镜	21	丹兰望	李癸娘	17	陈顺娘	古亚八(堂伯)	李亚三(父)	6.10,同上
7.27	丘儒生	19	五脚桥	王音娘	18	郑银娘	邱先仁(父)	王旺(从叔祖)	6.18,同上
7.28	罗海爹	18	大南门内	吴秀娘	16	李亚三	罗亚七(父)	吴龙二(胞叔)	6.12,同上
7.30	杨振生	52	惹牙兰	陈彩娘	28	蔡勤娘	杨陂(族叔)	陈偶然(族兄)	6.18,同上
7.31	陈绍南	23	洪溪	谢荣娘	16	吴珠娘	陈绍周甲(胞兄)	谢金生(宗伯)	6.18,吴,苏
8.1	李御实	42	茄老旺	张对娘	22	谢更娘	李永庆(堂伯)	张酌(父)	6.18,高
8.2	吴顺正	24	亚森脚	张蜜娘	28	吴珠娘	吴南阳(胞兄)	张文(父)	6.18,同上
8.2	李亚贵	27	结石珍	田辛娘	19	李亚春	李细二(父)	田亚保(父,病,宗亲秀麟代)	6.18,同上
8.2	林忠全	20	文丁	陈珠娘	18	吴经娘	林青云	陈发(父)	7.8,同上
8.9	王平贵	29	小南门	顾集娘	19	戴清娘	王溪水(堂兄)	颜保生(宗叔祖)	6.24,同上
8.9	李学长	42	冉马丹武	郭让娘	16	谢玉成	李井二(族叔)	郭焕章(父)	6.27,同上
8.11	林长水	24	窑内	王国娘	16	吴珠娘	林安生(胞兄)	王孟和(父)	6.27,同上
8.13	陈江川①	19	三间土库	林真娘	16	林正娘	陈松(父)	林漳化(宗伯)	6.27,同上
8.14	黄其妙	20	鉴光茄力	钟贵娘	16	陈顺娘	黄源(胞兄)	钟亚三(父)	8.14,高
8.14	戴江发	18	珍旧圩	施音娘	18	林荣娘	戴彩应(堂兄)	施志成(父)	7.8,同上
8.14	朱水良	24	小南门	张君直	22	戴清娘	朱友(父)	张上(宗叔)	7.8,同上
8.14	江水生	19	旧把杀	胡三娘	18	蔡勤娘	江成发(父)	胡扬(从叔祖)	7.16,同上
8.15	黄水生	23	文丁过港	郑取娘	22	沈三娘	黄初云(胞兄)	郑成恩(父)	7.8,同上
8.16	高畴	23	窑内	古癸娘	17	戴金娘	高腾(族叔祖)	古士巨(父)	7.1,同上
8.17	杨研	27	公司	潘贵娘	17	沈三娘	杨溢(父)	潘偕(堂兄)	7.3,同上
8.17	何亚三	44	戈劳屈	钟金娘	18	陈顺娘	何德淑(堂兄)	钟凤三(父)	7.8,同上
8.17	李日升	21	砖仔桥	陈宾娘	21	郑银娘	李细妹(父)	陈琴(父)	7.13,同上
8.17	翁溪祥	20	八茶贯	叶深娘	18	沈三娘	翁源(父)	叶武(堂兄)	7.2,同上
8.21	吴杞郎	21	戈劳屈	杨郎勃	20	吴经娘	吴长伯(堂叔)	杨亚春(父)	7.9,同上

① 1864年4月1日陈江川入禀称:交寅婚字失落,恳重抄一张以为执照。列台经酌议准恳。

8.21	张玉荣	45	大南门	何凤娘	19	郭一娘	张锦廷(堂兄)	何招秀(父)	7.20,同上
8.22	颜待老	28	东居	陈吉娘	18	蔡勤娘	颜保生(堂伯)	陈乌尚(堂叔)	7.13,同上
8.23	李峇郎	29	结石珍	唐兑娘	15	陈恩娘	李红毛(胞兄)	唐源水(胞兄)	7.13,同上
8.24	陈卿芳	20	文丁	王月娘	16	林万福	陈温郎(父,无暇,子卿东代)	王厘(父,年老,子荣秀代)	7.21,同上
8.26	陈思聪	17	班芝兰	张真娘	19	郭一娘[1]	陈永元(父,妈腰)	张木厚(父)	已酉7.13,吴,苏
8.27	余亚三	40	鉴光广东	刘癸娘	26	张正三	余亚禄(胞叔)	刘魁二(父)	7.16,高
8.29	丘宗喜	22	五脚桥	张贞娘	17	吴经娘	丘顺德(胞兄)	张江(父)	8.14,同上
9.6	张极	45	观音亭	詹来娘	20	陈水娘	张惠(堂兄)	詹接生(宗叔)	7.18,同上
9.11	刘瑞祥	19	丹兰望	曾心容	19	陈顺娘	刘奇昌(父)	曾添(胞叔)	8.4,同上
9.14	张锦廷	49	小南门	彭养娘[2]	35	郭乙娘	自己	自己	旧婚,同上
9.15	谢明水	42	籐仔巷	杨美娘[3]	48	郑银娘	自己	自己	旧婚,同上
9.17	周绍	25	小南门	陈硂娘	22	吴珠娘	周和山(宗叔)	陈逢觉甲(父)	8.4,陈,陈荣乔
9.17	张新客	31	大使庙	林味娘	25	蔡勤娘	张木厚(堂兄)	林求(父)	8.10,同上
9.19	杨仁秀	18	高老屈	郑丁娘	17	陈杞官	杨英爹(宗伯)	郑仑香(父)	8.10,同上
9.19	刘生恩	26	五脚桥	李训娘	20	郑银娘	刘益山(堂兄)	李对生(胞叔)	8.13,同上
9.19	刘顺发	19	八厨沃间	黄快娘	15	江秋娘	刘清兰(父)	黄果断(父)	10.6,同上
9.20	庄三才	20	珍旧圩	林本娘	20	陈恩娘	庄淡坚(宗叔)	林雨水(堂兄)	8.18,同上
9.21	黄伍和	32	干那低巷	刘乙娘	15	沈三娘	黄亚五(宗兄)	刘亚三(父)	8.8,同上
9.21	黄麟凤	21	八戈然	苏峇娘	20	郭乙娘	黄太山(父)	苏德生(父)	8.13,同上
9.22	王瑞英	22	江口	许格娘	20	赖淮山	王忠(父,年老,胞兄鸡生代)	许宗发(胞叔)	8.14,同上
9.24	林清水	20	望茄寺	沈薇娘	20	陈金娘	林高奢(父)	沈赉(父,年老,胞兄青云代)	8.14,同上
9.24	王开张	32	丹兰望	蔡六娘	22	陈顺娘	王广照(从叔)	蔡元水(父)	8.21,同上
9.24	张文卓	18	五脚桥	萧慈娘	17	江秋娘	张枞(父)	萧应玺(父)	8.19,同上
9.24	林深	34	圣望港	陈庇娘	18	吴珠娘	林燕(堂兄)	陈浦(堂兄)	8.14,同上

① 媒妁郭一娘签名“百子千孙”四字。

② 彭氏前夫李顺奇结发方一年身故,无生育,恬处1年,无奈与张锦廷为夫妇,于今8年,生二男:佛九3岁,佛士一岁,因前未给婚字,故现欲给字以正夫妇之义,永结同心,各花押为照。默氏知见黄亚五(签字)。

③ 杨氏请云:前夫张琴结发6年身故,无生育,恬处4年,无奈再与谢明水为夫妇,于今年20年,已生一女名良娘,年16岁,因前无给婚字,故今欲给婚字,以正夫妇之义,永结同心,各花押为照。知见人默氏汤朱三(签字)。

9.25	杨钟	22	保种	郑英娘	21	沈三娘	杨泥塔(宗叔)	郑牛(从叔祖)	8.14,高,陈荣乔
9.25	兰元水	17	马云丁	沈沙娘	18	沈三娘	兰甘泉(父)	沈亮(族叔祖)	8.14,同上
9.25	商石山	22	把杀明牛	张新娘	16	李江生	商才(父,病,母王味娘代)	张亚昌(父)	8.12,同上
9.27	洪辨	37	亭仔脚	陈慈娘	——	吴庚娘	洪敏(族叔祖)	陈牛(父)	8.21,同上
9.27	叶恐	22	小南门	张和娘	17	郑银娘	叶某(堂叔)	张德海(父)	8.26,同上
9.28	赖亚展	28	文丁	房桂娘	17	房仰佐	赖亚衡(堂兄)	房兴(父)	8.19,同上
10.1	魏和生	23	大南门	詹心娘	18	郑银娘	魏振生(胞叔)	詹晓(堂伯)	8.21,陈,黄
10.1	余九学	36	打铁街	古孟娘	16	郭一娘	余东发(堂叔)	古南香(堂叔)	8.21,同上
10.1	周木厚	28	大南门	陈艳娘	25	江秋娘	周炳文(父)	陈满(宗叔)	10.11,同上
10.1	黄愿水	20	职宁贞	蔡杯石	18	郑银娘	黄音清(父)	蔡有结(父,病,宗叔戊寅代)	8.21,同上
10.1	韩壬	24	观音亭	郭全娘	16	陈瑞娘	韩杭(堂叔)	郭隆(宗叔)	8.22,同上
10.2	林嵩岳	26	小南门	苏彦娘	22	郭一娘	林溪胜(堂叔)	苏应奇(胞兄)	8.18,同上
10.2	林蜜水	34	小南门	黄结娘	23	江秋娘	林从(宗兄)	黄权高(父)	8.26,同上
10.2	辛平安	18	干冬圩	叶芝黎	17	杨一娘	黄六娘(母)	叶近贤(父)	8.26,同上
10.3	詹其和	21	小南门	蒋榜娘	21	蔡勤娘	詹豁然(堂伯)	蒋褚(胞伯)	8.19,同上
10.8	朱亚双	29	八茶贯	刘武娘	22	郭一娘	朱亚炎(堂兄)	刘秋妹(父)	8.28,同上
10.8	叶炎生	20	结石珍	张民娘	16	陈恩娘	叶典(堂叔)	张箩(父)	8.26,陈,黄
10.9	许爽	31	中港仔	黄萱娘	17	郭一娘	许久(堂叔)	黄篦(堂叔)	9.2,同上
10.10	许振文	24	小南门	钟蕉娘	18	郭一娘	许花(父)	钟山(堂兄)	8.28,同上
11.11	蔡文只	21	职宁贞	赖雅娘	17	沈三娘	蔡任生(父)	赖亚贵(父)	9.11,同上
11.13	黄海水	39	簿面街	刘格娘[①]	35	蔡勤娘	自己	自己	9.12,同上
10.15	刘亚昌	38	芝弄眼	赖辛娘	19	林亚兴	刘亚德(堂叔)	赖文水(堂兄)	9.2,同上
10.17	王武大	22	圣望港	林水娘	23	郭一娘	王壬癸(宗兄)	林振生(父)	9.6,同上
10.17	林江河	19	织宁贞	王辛娘	17	陈水娘	林清水(宗叔)	王亚五(父)	庚4月未定日,同上
10.18	黄文仲	25	新厝仔	李心娘	22	吴珠娘	黄东启(宗叔)	李景郎(祖父)	9.13,同上
10.19	李亚福	32	圣望港杉板寮	丘巫旺	17	江秋娘	李亚三(堂兄)	丘亚性(父)	9.12,同上
10.19	刘妹辛	39	洪溪	罗壬娘	18	罗亚二	刘亚位(堂叔)	罗亚贤(父)	9.12,同上
10.19	萧大兴	22	八茶贯	林宁娘	18	许贵记	萧锅(叔祖)	林一举(宗兄)	9.11,同上

① 刘氏前夫甘双元,结发16年身故,经生下二男一女,长男甘现文,年14岁,次男长文10岁,三女春娘6岁。因贫穷已极,无奈再醮与黄结为夫妇。该默陈中元证明是实,于是准给婚字,各花押为照。知见人该默陈中元签字。

10.21	胡亨	29	八茶贯	罗九娘	17	张二娘	胡阳(堂兄)	罗昌瑞(堂叔)	9.12,同上
10.22	洪瑞源	22	茄老旺猫腰	陈浮抵	17	江秋娘	洪文炳(父)	陈在(父)	9.14,同上
10.23	余海生	31	公司	蔡金娘	22	吴经娘	余清郎(宗兄)	蔡光卒(胞叔)	9.9,同上
10.26	李荣山	28	圣望港	杨明娘	16	吴经娘	李燕生(胞兄)	杨傅(父)	9.12,同上
10.30	高文献	25	大港墘	黄静娘	18	吴珠娘	高恩郎(宗兄)	黄荣寿(父)	10.6,陈,黄
10.31	苏習	26	文丁	黄任娘	16	郭一娘	苏回(堂叔)	黄郁文(堂兄)	10.4,同上
10.31	林发	26	西湾	刘水娘	16	郭一娘	林振玉(父)	刘坤东(父)	10.11,同上
10.31	朱壬三	41	中港仔	李庚娘	20	郭一娘	朱利轩(堂兄)	李经元(堂兄)	9.20,同上
11.3	王桂林	31	八厨沃间	林让娘	19	吴经娘	王亚斗(堂叔)	林启祥(宗叔)	10.3,吴,陈濬哲
11.5	甘溪宗	23	西门	王月娘	16	蔡勤娘	甘溪源(胞兄)	王庸寿(宗兄)	10.11,同上
11.6	颜嘉谈	47	八厨沃间	戴富娘	21	江秋娘	颜永老(宗兄)	戴中立(宗兄)	10.30,同上
11.7	张中秋	24	洪溪	翁顺娘	20	沈三娘	张江源(胞兄)	翁恩郎(胞伯)	10.6,同上
11.7	李淳登	21	吃宁宁	陈美娘	22	谢天佐	李壬爹(堂伯)	陈亚富(胞兄)	10.19,同上
11.8	李全寿	40	珍旧圩	钟桂娘	27	李魁	李亚春(堂兄)	钟亚二(胞兄)	11.15,同上
11.9	曾金生	20	廿六间巷	沈文丁	16	郭乙娘	曾顺(从叔祖)	沈安(族叔)	旧婚,同上
11.12	林良	46	渡船头	陈硂娘	27	陈水娘	林文伊(宗叔)	陈绍周甲(宗兄)	10.3,同上
11.12	林永和	20	西门	王娘娜	19	蔡勤娘	林得利(胞叔)	王光炎(堂叔)	10.3,同上
11.12	陈江水	30	宝黎地	张三娘	16	钟英秀	陈六生(胞兄)	张亚桂(父)	10.17,同上
11.13	丘三	23	丹兰望	彭庚娘	20	陈顺娘	丘朋(父)	彭亚五(胞伯)	10.6,同上
11.14	卢永海	22	文丁	林德娘	21	沈三娘	卢三谋(胞兄)	林谦(父)	10.21,同上
11.15	严光彩	36	职宁贞	黄春娘	23	沈三娘	严其率(胞兄)	黄一(父,年老,胞兄音清代)	10.14,同上
11.19	林二	28	小南门	郑庆娘	21	沈三娘	林奢(族叔)	郑狮(父)	10.6,同上
11.20	詹正琴	18	珍旧圩	简月娘	15	陈恩娘	詹吉(父)	简银司(父,病,胞兄四海代)	10.6,同上
11.21	徐智章	27	窑内	范美娘	15	江秋娘	徐瑞章(胞兄)	范亚严(父)	10.16,同上
11.21	林皆木	20	茄老旺	黄根娘	20	洪炳	林升良(父)	黄养(父,足疾,胞兄雷声代)	10.21,吴,陈
11.22	曾蒙	38	丹兰望	刘高律	22	蔡勤娘	曾建忠(宗兄)	刘吉生(父)	10.18,同上
11.22	李长宗	22	珍旧圩	黄缪娘	15	陈恩娘	李篇(堂兄)	黄潘(宗叔)	10.16,同上
11.22	钟玉水	22	质宁贞	曾雅娘	20	沈三娘	钟金生(父)	曾长水(宗兄)	10.25,同上

11.23	姚今春	24	油车	陈庚娘	20	蔡勤娘	姚太二(从叔祖)	陈宣(父)	10.18,同上
11.24	洪员	38	公司	吴娇英	18	陈水娘	洪一(族叔)	吴妈市(父)	10.25,同上
11.28	邱沧海	21	五脚桥	陈贤娘	18	吴珠娘	邱继昌(父)	陈子塔(父)	10.16,同上
11.28	江文浦	25	亭仔脚	王美娘	18	陈水娘	江成发(宗叔)	王旺(宗叔)	10.16,同上
11.28	陈水河	22	西湾	黄山娘	21	沈三娘	陈新客(父)	黄微郎(父,病,胞兄有余代)	10.18,同上
11.28	陈凤麟	36	亭仔脚	张和娘	16	陈水娘	陈卯(堂叔)	张雨水(父)	10.26,同上
11.29	张亚恒	31	八茶贯	胡音娘	25	郭乙娘	张锦廷(堂叔)	胡胜妹(堂兄)	10.12,同上
11.29	赵添财	19	珍新圩	林凤娘	20	陈心娘	赵影(父)	林博厚(胞兄)	11.11,同上
11.29	林亚龙	45	水闸	房瑞娘	18	李润长	林亚传(堂叔)	房亚顺(父)	10.18,同上
11.29	张德海	20	鉴光六州	黄礼娘	20	江秋娘	张茂香(父)	黄春(胞叔)	10.28,同上
11.29	林正基	44	五脚桥	王菊娘	33	江秋娘	林冉闽(从叔)	王良生(从伯)	10.18,同上
12.1	黄道生	21	小南门	张二娘	18	郭一娘	黄胆(父)	张云山(堂叔)	10.20,苏
12.1	王益	34	圣望港	朱桂娘	16	沈三娘	王东(宗伯)	朱宫(堂叔祖)	10.21,同上
12.4	温晋良	38	戈劳屈	胡辛娘①	29	林英娘	自己	自己	10.26,同上
12.4	赖坤生	19	道啷	卢针娘	18	郑银娘	赖亚元(父)	卢七(堂叔)	10.28,苏
12.5	许得介	22	文丁	林贵娘	21	吴经娘	许龙兴(父)	林光振(父)	11.3,同上
12.10	吴佳山	33	珍旧圩	曾红娘	21	陈心娘	吴唇(堂叔)	曾荣昌(胞兄)	11.10,同上
12.10	叶亚七	33	珍旧圩	林银娘	21	张二娘	叶日生(胞兄)	林金生(堂叔)	11.11,同上
12.10	汤朽	27	珍旧圩	纪庚娘	21	陈心娘	汤钧(从叔)	纪泰山(胞兄)	11.11,同上
12.11	陈奇清	24	亚森脚	蒋镭娘	18	郭一娘	陈日生(宗兄)	蒋清合(父)	11.11,同上
12.12	张龙瑞	20	冉仔丹式束	涂三娘	20	黄壬娘	张亚三(父)	涂亚二(父)	11.11,同上
12.12	林全生	20	甕菜河	陈硂娘	20	沈三娘	林光琼(宗叔)	陈冉生(胞叔)	11.3,同上
12.13	陈长华	18	泊面街	龚君娘	18	郭乙娘	陈密(父)	龚泰(父)	11.3,同上
12.14	张长吉	21	旧把杀	詹雪娘	18	沈三娘	张荣水(父)	詹青元(胞兄)	11.11,同上
12.15	王妈临	21	奔洛丁仔	曾贵娘	18	王三贵	王有哇(胞叔)	曾任郎(胞兄)	11.28,同上
12.17	陈夫节	41	旧把杀	黄玉娘	20	陈恩娘	陈浩(堂兄)	黄香(胞叔)	11.17,同上
12.17	张登安	24	观音亭	林贞娘	23	郑银娘	蔡金娘(母)	林戊寅(胞叔)	11.10,同上

① 胡氏前夫陈贵观结发6年身故，生二男，新客年11岁，希淡年9岁，恬守6年，无奈愿再醮与温结为夫妇，永结同心，各花押为照。知见人颜亚六，签字“颜思璋”。

12.17	黄元茂	22	观音亭	梁荣娘	20	江秋娘	黄新映(父)	梁待老(宗伯)	11.11,同上
12.19	郑淡水	18	旧把杀	陈春娘	18	吴珠娘	郑成宝(父)	陈寿山(父)	11.10,同上
12.19	李亚瓩	21	望茄寺	刘柔娘	18	胡结质娘	李亚丁(胞兄)	刘东生(父)	11.21,同上
12.19	李明元	18	亭仔脚	林万娘	18	蔡勤娘	李彦(宗兄)	林亚卫(宗伯)	11.11,同上
12.20	陈根	31	大巷内	谢金娘	18	江秋娘	陈纲(从叔)	谢登兴(宗叔)	11.20,同上
12.21	朱福基	22	望茄寺	黄浮抵	17	沈三娘	朱安(父)	黄生与(胞叔)	11.17,同上
12.21	郭水生	31	望茄寺	李则娘	20	胡吉娘	郭春生(胞兄)	李江水(胞兄)	11.14,同上
12.21	陈会软	28	望茄寺	张对娘	20	沈三娘	李珠娘(母)	张快山(父)	12.15,同上
12.21	杨国良	26	大港墘	周山娘	16	郭一娘	杨汀(从叔)	周然(父)	11.17,苏
12.24	黄金郎	19	丹绒存力	蔡凤娘	15	杨一娘	黄旧(胞伯)	蔡荷池(父)	11.15,同上
12.24	蔡谦容	24	北茄容	林娘哪	25	卢高龙	蔡永顺(堂叔)	林天养(胞伯,病,胞兄仁寿代)	11.6,同上
12.27	陈鸣凤	21	道仔头蔀	李旦娘	20	江秋娘	陈乌尚(宗兄)	李肉骨(堂兄)	11.20,同上
12.27	林高员	22	丹兰望	钟七娘	20	陈顺娘	林亚三(父)	钟亚四(堂兄)	11.17,同上
12.27	陈恒	27	小南门	叶劣娘	16	郭一娘	陈玉成(宗叔)	叶亩(父)	12.15,同上
12.27	陈拔	26	小南门	吴来娘	18	江秋娘	陈宗寿(堂兄)	王纱娘(母)	11.16,同上
12.27	李亚七	31	大南门	邓然娘	20	陈友娘	李亚造(堂叔)	邓亚端(父)	11.20,同上
12.28	颜四海	22	五脚桥	许曲娘	21	江秋娘	颜永老(父)	许文(亲兄)	11.17,同上
12.28	杨三贵	22	新厝仔	陈镭娘	23	黄壬娘	杨光荫(亲兄)	陈迷唧(父)	11.27,同上
12.29	张曾	40	八茶贯巷	曾月娘	22	吴经娘	张章元(宗兄)	曾祯(从兄)	11.24,同上
12.29	林金鹿	26	圣望港	蔡清娘	16	郭一娘	林趁(堂叔)	蔡涉渊(父)	11.27,同上
12.29	高继昌	24	打铁街	张二娘	20	沈三娘	高位(胞叔)	张叶水(宗兄)	11.24,同上
12.29	朱三潮	21	小南门	何贺娘	21	郭一娘	朱翰(父)	何才(宗伯)	11.20,同上

总计:245 对

1850 年吧城唐人成婚注册表[①]

月日	新郎	年岁	住址	新娘	年岁	媒妁	男方主婚	女方主婚	备注 结婚日，主事人
1.2	黄金麟	17	王蔀	戴娇英	17	江秋娘	黄贤襄(父)	戴傅生(父)	已 11.27，苏天庇
1.3	林翔	41	竹寮	陈大娘	20	陈水娘	林实(从叔)	陈宪文(胞兄)	12.4，同上
1.3	张亚二	28	中港仔	古福娘	18	吴珠娘	张连江(胞兄)	古亚接(父)	12.3，同上
1.3	谢京郎	33	吃劳洛	钟桂娘	17	郭乙娘	谢亚四(宗叔)	钟云淑(父)	12.3，同上
1.3	陈六	38	鉴光红兀	林董娘	22	吴敬娘	陈饶(族兄)	林天送(父)	11.28，同上
1.4	廖亚桂	37	旗干脚	黄乙娘	15	廖亚三	廖亚四(堂叔)	黄全满(父)	11.23，同上
1.5	侯永茂	18	结石珍	陈员娘	16	陈恩娘	侯锦(父)	陈景浔(父)	11.27，同上
1.7	王百发	22	丹兰望	陈六娘	17	陈恩娘	王成德(父)	陈结水(胞兄)	12.4，同上
1.7	王清安	20	甘毛里	蔡金凤	16	黄汉良	王连生(父)	蔡丙三(宗叔)	12.3，同上
1.8	杨源基	27	五脚桥	唐根娘	22	江秋娘	杨田基(胞兄)	唐镭(宗叔)	11.28，同上
1.10	陈盖	37	珍新圩	詹香娘	20	张妈生	陈夫节(房兄)	詹还生(胞兄)	12.3，同上
1.15	陈宙	27	籐仔巷	郭鹤娘	19	吴珠娘	陈甘郎甲(宗叔)	郭地理(胞兄)	12.7，同上
1.15	黎亚全	19	芝弄眼巷	郭辛娘	16	兰秀华	黎亚兰(父)	郭连二(叔祖)	12.16，同上
1.16	张洪源	25	结石珍	陈娘那	21	陈心娘	张得生(父)	陈长鉴(胞兄)	12.16，同上
1.18	李广昌	44	班芝兰	曾壬娘	18	黄亚四	李井二(堂叔)	曾亚九(父)	12.10，同上
1.23	张年新	27	西门	吕月娘	27	蔡勤娘	张上(宗叔)	吕亚三(从叔)	12.15，同上
1.24	陈瑞兴	21	簿面街	黄音娘	18	陈顺娘	陈密(宗伯)	黄应水(父)	旧婚，同上
1.28	戴协顺	23	干冬圩	陈月娘	22	郭乙娘	戴顺利(胞兄)	陈永终(堂叔)	12.22，同上
1.30	陈俊英	18	洪溪	黄才娘	18	江秋娘	陈亚招(胞伯)	黄已生(堂叔)	庚 1.6，高俊杰，陈启淮
1.31	程庚生	20	珍旧圩	黎福娘	17	林亚七	程亚松(父)	黎已郎(父)	12.22，同上
1.31	廖亚大	40	八戈然	叶癸娘	17	林七	廖连生(堂兄)	叶南生(宗兄)	12.30，高，陈
1.31	陈吉生	22	鉴光六州	丘丁娘	16	江秋娘	陈传成(父)	丘瑞德(父)	12.24，同上
2.2	林长春	28	大使庙	李利娘	17	郑银娘	林七(族兄)	李连四(族叔)	12.22，陈荣乔，黄锦章
2.6	黄闰成	42	文丁	陈结雅	25	吴经娘	黄桂香(堂兄)	陈亚贵(胞兄)	12.30，同上

① 公馆婚簿纸出自福建"漳州东门街立彩纸栈自造"。毓记主人。

2.28	蔡象	40	结石珍	陈清娘	25	陈恩娘	蔡桃(堂兄)	陈南(父)	1.20,同上
2.28	黄松茂	28	惹牙兰	陈赞娘	25	郑银娘	黄印(宗兄)	陈江水(堂兄)	1.20,同上
3.11	陈四福	22	结石珍	蒋文娘	21	陈心娘	陈瑞章(父)	蒋锦檀(父)	2.5,同上
3.20	李逢源	18	亭仔脚	纪亭娘	18	郭乙娘	李彦(父)	纪柑(父)	2.14,同上
3.20	陈昭元	34	杉板寮	戴凤娘	15	吴珠娘	陈兜(堂兄)	戴东水(父)	2.18,同上
3.20	叶双五	40	蕉仔街	邓云娘	25	古亚全	叶丁五(堂叔)	邓亚让(堂兄)	旧婚,同上
3.21	赖佛赐	30	旧把杀	温乙娘	16	蔡保娘	赖美(堂兄)	温亚麟(从叔祖)	2.11,同上
3.21	陈天增	22	洪溪	黎清娘	18	江秋娘	陈亚带(堂兄)	黎天生(胞兄)	3.10,同上
3.21	李仕元	39	占致甲	杨雪娘	21	蔡勤娘	李天福(父)	杨远生(父,病,胞兄杨启明代)	2.15,同上
3.23	林长山	19	窑内	钟八娘	19	陈水娘	林江汉(父,年老,胞叔桑树代)	钟亚二(从兄,病,从兄山代)	2.14,同上
3.25	范式庆	21	中港仔	黄瑞娘	16	江秋娘	范亚禄(胞兄)	黄景昭(宗叔)	2.21,同上
3.30	周木水	26	大南门	刘甲娘	17	陈水娘	周炳文(父)	刘福星(胞叔)	2.25,同上
4.2	黎科祥	36	戈劳屈	李一娘	16	蔡余娘	黎园仁(堂兄)	李振昌(父)	2.21,陈,苏
4.2	叶春生	18	新厝仔	陈州钫	17	吴经娘	叶策(宗伯)	陈葵山(胞兄)	2.25,陈,苏
4.6	陈音	29	公司	李山娘	16	吴经娘	陈尚(堂叔)	李成金(堂叔)	2.24,同上
4.9	蔡春水	24	中廊	邓清娘	23	陈光生	蔡一(父)	邓曲生(父)	2.28,同上
4.10	涂金生	19	文丁	郭光鳖	17	谢亚三	涂得四(父)	郭润生(堂叔)	3.10,陈,苏
4.10	陈汶水	19	鉴光未来由	郭锦娘	19	胡润娘	陈泰山(父)	郭江汉(父)	4.5,同上
4.15	陈英豪	20	新厝仔	黄良娘	17	郭乙娘	陈玉成(父)	黄眼(父)	3.10,同上
4.17	章喜爹	29	大南门	陈壬娘	29	江秋娘	章亚二(堂叔祖)	陈亚二(父)	3.10,同上
4.17	张木山	23	观音亭	吴香娘	21	吴珠娘	张长安(胞兄)	吴富生(父)	3.10,同上
4.18	陈登章	60	职宁贞	江言吉	36	江秋娘	自己	江冬(胞叔)	3.18,同上
4.19	杨亚三	35	戈劳屈	高一娘	16	张亚九	杨亚满(从叔)	高亚见(堂叔)	3.9,同上
4.20	黄承恩	20	芝弄眼	陈甲娘	17	黄亚五	黄亚礼(父)	陈亚五(胞叔)	3.10,同上
4.20	李福新	22	五脚桥	王山娘	15	江秋娘	李文生(胞叔)	王盛璋(父)	3.20,同上
4.22	钟亚四	20	五脚桥	赖宁娘	19	江秋娘	钟天增(父)	赖亚三(父)	4.19,同上
4.24	洪泼	43	五脚桥	丘武敦	15	郭一娘	洪梓(堂兄)	丘春福(堂兄)	3.20,同上
4.26	吴清寿	32	槟榔社	张月娘	19	张二娘	吴永颜(宗叔)	张吉生(堂叔)	4.8,同上

4.26	廖亚六①	30	西门	张连招	16	廖亚二	廖亚德(堂叔)	张祥盛(父)	3.20,同上
4.30	郑能竭	25	外勿兰	何柚娘	17	郭一娘	郑六一(父)	何锡(父)	8月,同上
5.1	黄丕水	39	小南门竹寮	陈进娘	26	陈水娘	黄溶川(宗叔)	陈清珠(堂叔)	4.1,同上
5.2	陈六笑	36	大港墘	林如娘	20	吴敬娘	陈偶然(房兄)	林忠老(父)	4.3,同上
5.3	兰钫	35	小南门	陈群娘	17	吴敬娘	兰有(族叔)	陈南山(胞叔)	4.8,同上
5.7	游润	31	亭仔脚	邱贵娘	16	陈有娘	游海(宗叔)	邱牙(族叔祖)	4.7,同上
5.7	蔡靓	23	廿六间	戴富娘	22	黄蛛娘	蔡有(胞伯)	戴顺利(胞兄)	4.5,同上
5.10	黄德山	22	丹兰望	丘二娘	16	陈顺娘	黄秉郎(胞叔)	丘亚三(堂兄)	4.1,同上
5.11	叶大振	32	大港墘	郑月娘②	23	郑银娘	自己	自己	4.8,同上
5.13	杨竹	36	大港墘	陈正娘	28	吴敬娘	杨兼(堂兄)	陈长(堂叔)	4.5,高,陈
5.15	王国风③	39	大南门	童金娘	16	蔡勤娘	自己	范运娘(生母)	旧婚,同上
5.16	李财源	19	珍旧圩	林心娘	19	陈有娘	李鼎(父)	林琴棋(父)	4.15,同上
5.17	潘有良	21	城内	邹荣娘	20	郭一娘	潘排光(父)	邹全生(父)	4.8,同上
5.17	颜文信	42	新池	高温娘④	28	郑银娘	自己	自己	4.13,同上
5.18	张捷	31	大港墘	陈硂娘	21	江秋娘	张玑(宗叔)	陈振生(胞叔)	4.22,同上
5.18	吴偕	22	班芝兰埔	曾水娘	17	叶敬娘	吴国兴(族叔祖)	曾明老(宗兄)	4.15,同上
5.18	陈说雨	32	籐仔巷	林满娘	25	江秋娘	陈漳(堂兄)	林振生(宗兄)	庚4.11,同上
5.18	许不	31	圣望港	张新娘	20	江秋娘	许久菲(族叔)	张琥(父)	未定,同上
5.22	钟亚兴	29	东居罗治间	黄本娘	15	张二娘	钟乙六(宗兄)	黄亚略(宗兄)	4.22,同上
5.24	廖顺	42	籐仔巷	谢合娘	22	江秋娘	自己	谢怀同(胞兄)	4.15,同上
5.28	谢丙郎	32	珍新圩	陈辛娘	16	谢庚三	谢庚扬(堂叔)	陈亚兴(父)	旧婚,同上
5.29	陈丹劳	36	蕉仔街	黄莾娘	22	郭乙娘	陈筇(堂兄)	黄泉(父)	庚4.22,同上
5.29	吴添寿	25	八茶贯	林才娘	18	叶庚娘	吴连淑(胞伯)	林得生(宗伯)	4.22,同上
5.30	钟亚二	19	大南门	陈辛娘	17	李亚四	钟英秀(胞叔)	陈流明(父)	4.22,同上

① 廖亚六结婚申报书(红纸):男家主婚亲堂叔廖亚德,新壻廖亚六,年30岁,厝西门。女家主婚亲生父张祥盛,新娘张年招,年16岁,媒约,廖亚二。

② 郑氏前夫黄克锦结发3年身故,无生育,恬处3年,无奈再醮与叶为夫妇,永结同心,各花押为照。知见人该默蔡伯福(签字)。

③ 王国风请云:为拙妻身故,于去年唐4月初二日晚再娶童金娘为妻,未给婚字,因今年唐二月有生一男,故要给婚字,以正夫妇之道,又拙妻其姓缺少,无人主婚,兹恳伊生母范莲娘主婚,伏乞恩准是祷。

④ 高氏前夫邹永贤结发4年身故,无生育,恬处8年,无奈再醮与颜为夫妇,永结同心,各花押为照。知见人默氏蔡伯福(签字)。

5.31	纪珍隆	34	珍旧圩	林阴娘	19	陈心娘	纪杰生(堂叔)	林淇泉(从叔)	4.24,高,陈
5.31	管勤盛	19	中港仔新厝	谢得娘	19	张二娘	管燕合(父)	谢亚容(父)	5.2,同上
6.3	古插六	26	蕉仔街	林辛娘	16	郭亚六	古亚全(胞伯)	林七(父)	5.4,陈,黄
6.4	叶天养	20	大南门	罗顺娘	20	罗阿七	叶双五(堂兄)	罗亚二(父)	正月已完婚,同上
6.6	李亚信	31	结石珍	张月娘	16	张亚三	李桂长(堂兄)	张桂郎(父)	5.11,同上
6.12	唐层记	22	八厨沃间	林六娘	21	郭一娘	唐奎炳(堂兄)	林万山(胞叔)	4.29,同上
6.12	张平山	20	中港仔	郑昂娘	17	郭一娘	张亚水(胞叔祖)	郑弟(父)	5.25,同上
6.23	柯知光	58	茄老旺	陈伴娘	43	邹福娘	自己	陈登科(堂兄)	——,同上
6.24	彭运郎	24	观音亭新厝仔	温一娘	16	陈顺娘	彭亚五(胞伯)	温亚三(堂伯)	5.17,同上
6.26	詹令元	19	结石珍	陈结娘	17	陈心娘	詹德生(胞叔)	陈国珍(堂叔)	6.6,同上
7.1	郑建贵	42	圣望港	陈福娘	26	郭一娘	郑盛宝(宗叔)	陈茯苓(从兄)	6.4,吴昭阳,陈濬哲
7.2	张广生	25	职宁贞	郑希淡	19	陈水娘	张守已(宗兄)	郑望国(父)	5.28,同上
7.5	陈亚二	20	牛郎沙里	李连娘	18	詹亚五	陈亚三(胞兄)	李丁二(父)	6.4,同上
7.23	曾庚郎	21	西门	黄合娘	20	胡闰娘	曾亚二(父)	黄恩(宗兄)	7.26,同上
7.26	李瑞荣	30	鉴光红兀	陈金娘	16	吴经娘	李文生(父)	陈光灿(胞兄)	9.16,同上
7.31	陈得水	27	结石珍	李玉娘	17	陈心娘	陈德山(胞兄)	李元(继兄)	6.27,同上
8.2	吴巷	22	珍旧圩	韩水娘	19	吴宰	吴利(堂叔)	韩降(胞叔)	6.27,陈,苏
8.2	张亚清	30	中港仔	涂有娘	16	房凤林	张亚九(宗叔)	涂亚华(宗叔)	6.27,同上
8.3	古宝泉	22	五脚桥	林英娘	21	郭一娘	古新(父)	林吉章(父)	7.3,同上
8.3	廖亚德	28	中港仔	陈辛娘	16	李春魁	廖亚月(堂兄)	陈亚兴(父)	6.27,陈,苏
8.5	蔡乔木	18	班芝兰	王高娜	17	雅文贵	蔡海(父)	王红毛(父)	12月,同上
8.12	苏金鹤	21	泊面街	陈和娘	20	沈三娘	苏豹生(父)	陈双奇(父)	7.13,同上
8.14	刘海郎	13	珍旧圩	陈二妹	11	钟英秀	刘亚四(父)	陈丁五(父)	幼婚未定,同上
8.14	刘康郎	11	珍旧圩	陈三娘	9	钟英秀	刘亚四(父)	陈丁五(父)	幼婚未定,同上
8.17	沈发光	26	鉴光毛甲	卢一娘	17	陈水娘	沈合生(亲兄)	卢新生(堂叔)	8.17,同上
8.19	蒋育	30	丹兰望	戴水娘	29	蔡勤娘	蒋全生(胞兄)	戴丹成(胞兄)	7.22,同上
8.26	李山基	21	望加寺	黄力娘	17	沈三娘	李佛(父,病,兄碧郎代)	黄顺罗(父,病,兄缵寿代)	8.10,同上
8.26	曾仁和	18	小南门	简传娘	18	郭乙娘	曾翁(父)	简租(堂叔)	8.3,同上
8.28	杨淇泉	21	打铁街	丘玉娘	21	陈水娘	杨德水(父)	邱昭老(父)	8.6,同上
8.29	陈赫	19	三间土库	张阁娘	17	吴经娘	陈松(胞叔)	张德海(宗伯)	7.28,同上

9.2	韩瑞和	29	丹兰望	曾孙娘	27	刘水娘	韩扎(堂叔)	曾柳生(堂兄)	8.4,高,陈
9.4	朱来观	23	戈劳屈	黎秀娘	16	钟阿燕	朱恩寿(堂叔)	黎应隆(父)	8.19,同上
9.6	陈且	28	文丁把杀	黄德娘	16	黄博厚	陈国香(堂叔)	黄春(父,年老,胞兄金勃代)	8.10,同上
9.6	陈盏	28	小南门	王梅娘	18	江秋娘	陈光瑞(堂兄)	王注(堂叔)	8.10,同上
9.7	方荣华	18	职宁贞	曾娘娜	18	陈水娘	方热(父)	曾梅川(宗兄)	8.17,同上
9.9	黄文义	20	珍旧圩	蒋质娘	18	陈心娘	黄永仁(堂兄)	蒋子贡(胞兄)	8.10,同上
9.9	刘条	36	新把杀	廖有娘	18	刘助	刘玉官(堂兄)	廖元(父)	8.10,同上
9.9	李三才	24	泊面街	蔡分娘	18	蔡勤娘	李金福(堂伯)	蔡及生(宗兄)	8.10,同上
9.10	林榜	29	小南门	萧和娘①	30	吴经娘	林搞(宗兄)	自己	8.10,高,陈
9.10	陈玉山	20	鉴光留离	林玉娘	18	江秋娘	陈问梅(胞伯)	林光臣(宗叔)	8.13,同上
9.11	林文碧	20	八戈然	陈明娘	23	江秋娘	林龙(胞兄)	陈得水(父)	8.10,同上
9.11	黄东林	21	西门	戴萱娘	19	蔡勤娘	黄天和(父)	戴发生(父)	8.17,同上
9.11	黄淑亨	21	槟榔社	吴福娘	18	沈三娘	黄权高(父)	吴富生(堂叔祖)	8.10,同上
9.12	林万山	42	大南门	陈浮抵	29	谢庚娘	林良(从兄)	陈长溪(宗兄)	8.10,同上
9.12	叶神郎	34	大南门	杨三娘	15	叶亚禄	叶通生(父)	杨亚盛(父)	8.10,同上
9.12	林薄荷	20	观音亭	薛雅娘	17	胡润娘	林毛(堂叔)	薛梅生(堂伯)	8.22,同上
9.12	曾天增	21	八茶贯	陈成娘	18	郑银娘	曾好名(堂叔)	陈墨(父)	8.10,同上
9.13	王培	25	丹兰望	曾坤娘	17	陈恩娘	王协裕(堂兄)	曾庞(胞叔)	8.10,同上
9.16	吴江元	25	望茄寺	张娜娘	22	杨读	吴亚五(父)	张玉和(胞兄)	8.17,同上
9.17	连炎照	18	洪溪	陈银娘	17	郭一娘	连凤池(父)	陈席珍(父)	8.19,同上
9.17	杨清亮	20	丹兰望	钟茄低	18	吴经娘	杨衍水(堂叔)	钟山(堂兄)	8.13,同上
9.18	林崇基	36	结石珍	陈银娘	23	陈心娘	林康宁(堂兄)	陈荣宗(堂兄)	8.14,同上
9.19	张云生	21	望茄寺	李乞娘	18	郭一娘	张福生(父,年老,胞兄德生代)	李珠良(胞兄)	8.24,同上
9.19	刘壬郎	33	洪溪	温月娘	17	黄丁长	刘亚维(堂兄)	温亚三(父)	8.24,同上
9.19	吴启明	23	小南门	张一娘	19	郑银娘	吴敦立(宗兄)	张永文(胞兄)	8.24,同上
9.20	张历	32	大港墘	陈发娘	18	郑银娘	张玑(从堂叔)	陈红毛(父)	8.17,同上
9.21	赖强	20	实理旁	吴巫厓	18	林宁岗	赖郎(胞叔)	吴仁山(胞兄)	8.24,高,陈
9.23	黄坤水	24	五脚桥	袁巳娘	20	江秋娘	黄海水(堂兄)	袁天孙(父)	8.24,同上

① 萧氏前夫黄清和结发6年身故,生一男一女俱不育,恬守5年,无奈再醮与林为夫妇,永结同心,各花押为照。知见人默氏,盖长方形红印,上书“中港仔默简敬中”。

9.23	刘亚张	30	洪溪杉板寮	郭杯石	18	江秋娘	刘亚八(胞叔)	郭振凤(胞兄)	8.24,同上
9.25	黄海水	40	泊面街	陈碧娘	23	郭一娘	自己	陈瑞珍(父)	8.22,同上
9.26	陈逢义	49	八戈然	何秋娘	24	郭一娘	陈逢觉甲(胞兄)	何拔萃(从兄)	8.24,同上
9.26	丘桂郎	18	结石珍	朱癸娘	18	刘清汉	丘龙相(父)	朱亚巳(兄)	8.24,同上
9.30	林玉旦	23	干冬圩	刘雅娘	15	陈心娘	林次寅(胞兄)	刘夏(父,回唐,房兄透代)	9.8,同上
10.4	苏长弓	20	加揽抹	廖宝娘	18	李是	苏光齐(胞叔)	廖南生(父)	9.20,陈荣乔,黄锦章
10.7	沈得喜	17	窑内	黄西娘	18	郑银娘	沈青云(从兄)	黄光朝(胞兄)	9.8,同上
10.7	黄盏	24	丹兰望	王廉治	21	吴珠娘	黄寅清(胞兄)	王涌夺(胞叔)	9.9,同上
10.7	赖峨峰	20	文丁	陈粪箕	18	吴明牛	赖五柳(胞兄)	陈江湖(父)	9.9,同上
10.7	林日生	30	打铁街	李浮抵	30	郭一娘	林振南(胞兄)	李粥成(宗叔)	9.8,同上
10.8	林长生	28	戈劳屈	饶癸娘	18	黄壬娘	林亚传(宗叔)	饶一才(宗兄)	9.6,同上
10.8	江高阵	41	廿六间	李桃娘	24	郭一娘	江登卜(堂叔)	李麟生(父)	9.18,同上
10.9	林位珍	19	文丁	苏龟论娘	15	郭一娘	林长全(父)	苏回(堂伯)	10.6,同上
10.9	王福全	32	中港仔	杨来娘	21	郑银娘	王妆(胞兄)	杨泥(宗叔)	9.15,同上
10.10	戴金麟	23	文丁	涂雪娘	21	吴经娘	戴行义(父)	涂明元(堂叔)	10.6,同上
10.10	林敬天	20	文丁	陈惜娘	18	刘彦	林敬真(胞兄)	陈温郎(父,胞兄卿东代)	9.20,同上
10.10	侯令	35	八茶罐	陈水娘	16	林僭	侯通(族叔)	陈福生(父)	9.8,同上
10.14	廖白二	36	冉马丹武東	宋伦娘	16	曹亚添	廖亚四(堂叔)	宗檀秀(堂兄)	9.18,同上
10.16	许清溪	18	小南门	黄白娘	17	郭乙娘	许清泉(胞兄)	黄清源(父)	9.18,陈,黄
10.17	陈光兴	18	石桥	戴玉娘	17	高泉	陈九(堂兄)	戴俊(宗叔)	庚3.24,陈,黄
10.17	罗亚巳	32	乞劳洛	谢贵娘	18	叶长生	罗亚七(堂兄)	谢亚赞(堂叔)	庚9.18,同上
10.19	林福郎	22	观音亭	谢银娘	17	黄淑娘	林智生(宗叔)	谢菲(叔祖)	10月,同上
10.19	杨光瑞	18	大南门	薛辛娘	18	郭一娘	杨奎炳(父)	薛福生(胞伯)	9.18,同上
10.19	詹能治	19	丹兰望	陈釉娘	18	胡润娘	詹晓(父)	陈席(宗叔)	9.20,同上
10.21	古光珠	36	大当前	赖白娘	17	陈金娘	古亚全(胞伯)	赖亚清(宗伯)	9.18,同上
10.22	叶冉四	30	水锯顶	汤力娘①	30	叶亚东	叶双五(堂叔)	自己	9.23,同上
10.24	林文式	18	大社	陈秀娘	18	刘红毛	林六(父)	陈良(堂叔)	10.12,同上

① 汤氏前夫谢新春结发8年身故,生一男不育,恬守3年,无奈愿与叶结为夫妇,永结同心,花押为照。知见人该默古亚全签字。

10.25	黄德生	30	文丁毛仔蚋	郭雅娘	22	郭一娘	黄廪生(堂兄)	郭六(堂兄)	10.6,同上
10.28	陈成均	19	茄泊	黄壁娘	19	陈水娘	陈茄郎(父)	黄遵(胞叔)	10.6,同上
10.29	李清江	21	大港墘	丘泵佛	19	江秋娘	李敏(父)	丘天元(胞叔)	10.12,同上
10.30	林维	20	小南门	黄百娘	19	郭一娘	林从(父)	黄青松(胞兄)	10.6,同上
10.30	赖接水	21	亭仔脚	林贤娘	20	张亚六	赖伙生(父)	林瑞兴(胞兄)	10.12,同上
10.30	王江元	20	结石珍	陈春娘	20	陈恩娘	王粒生(胞兄)	陈永终(堂兄)	10.2,同上
10.30	林福缘	21	文丁	陈金娘	20	郭一娘	林成功(父)	陈水(胞叔)	10.21,同上
10.30	王庆德	23	文丁	蔡玉簪	20	郭一娘	王孟和(胞叔,胞兄庆怀代)	蔡木海(胞兄)	10.18,同上
10.30	林阳春	24	文丁新圩咨窑	张时娘	20	吴经娘	林新(父)	张四海(父)	10.8,同上
11.1	赖亚焕	33	茄泊	李壬娘	19	张二娘	赖亚富(堂兄)	李亚井(堂伯)	10.6,吴,陈
11.4	王漳溪	26	丹兰望	吴万字	16	刘水娘	王遂生(父)	吴森(父)	10.14,同上
11.5	庄其昌	24	五脚桥	陈月娘	19	吴经娘	庄基宗(胞兄)	陈千维(堂兄)	10.6,吴,陈
11.6	杨福元	21	结石珍	柯金娘	16	陈心娘	杨润(堂叔)	柯粪箕(堂叔)	10.12,同上
11.6	林文德	24	文丁新圩	沈音娘	20	江秋娘	林福荫(堂叔)	沈福江(堂兄)	10.16,同上
11.6	赖英发	20	文丁	陈春娘	19	江秋娘	赖吾椿(父)	陈明冬(父,病,胞兄利生代)	10.12,同上
11.6	郑炎生	20	公司	林五娘	20	蔡勤娘	郑维羆(胞兄)	林炳茂(堂兄)	10.12,同上
11.7	蔡金良	26	职宁贞	陈二娘	17	陈心娘	蔡连(父)	陈留明(宗叔祖)	10.12,同上
11.7	黄汉水	21	职宁贞	陈君娘	20	郑银娘	黄音贞(父)	陈海生(父)	10.17,同上
11.7	蔡庆怀	24	茄览抹	苏窃娘	18	刘江海	蔡奎炳(父)	苏已远(父)	10.14,同上
11.8	林德元	23	观音亭	苏音娘	21	郑银娘	林六山(父)	苏碧山(胞叔)	10.21,同上
11.8	林汉郎	22	大南门	叶娘娜	22	吴经娘	林清秀(胞兄)	叶进德(胞兄)	10.21,同上
11.11	黄两进	22	马穆	李文娘	17	李语	黄锐(父,病,胞兄蒲代)	李两(堂叔)	10.21,同上
11.11	陈玉山	35	亚森圩	韩福娘	26	阮緺娘	陈位(胞兄)	韩福生(胞兄)	10.13,同上
11.13	庆纱囊	32	茄泊	丁月娘	19	郑殷娘	庄贯(族叔)	丁愧(父)	10.20,同上
11.14	蔡德水	18	观音亭	戴银娘	16	郭一娘	蔡粮(堂兄)	戴中立(堂兄)	10.12,同上
11.14	孙添麟	34	八茶贯	邱壬娘	19	江秋娘	孙兰(堂叔)	丘已隆(胞兄)	10.28,同上
11.14	李良兴	30	望茄寺	黎真礁	17	张二娘	李天游(父)	黎保生(父)	10.21,同上
11.15	李南海	22	茄老旺	方坤娘	21	吴经娘	李钦墉(父)	方达生(父)	11.2,同上
11.16	丘江福	20	五脚桥	陈生娘	20	沈三娘	丘经山(父)	陈崑元(宗兄)	10.21,同上
11.19	陈取	33	新把杀	韩坤娘	19	刘水娘	陈石(从堂兄)	韩万生(父)	11.8,同上

11.19	叶博	21	小南门	黄求娘	21	陈瑞娘	叶然(宗兄)	黄品(父)	10.21,同上
11.20	陈德山	19	窑内	郭和娘	19	吴珠娘	陈堤岸(父)	郭春元(父)	10.24,同上
11.20	詹朱良	21	文丁颜汝	黄来娘	16	李漯娘	詹遵(堂叔)	黄致(父)	11.3,同上
11.21	李蜜	36	大港墘	陈鸾娘	22	江秋娘	李岁(胞兄)	陈自得(父)	10.21,同上
11.22	丘说晚	26	八厨沃间	黄才娘	21	吴经娘	丘春日(胞叔)	黄丕(父)	10.12(毕婚),同上
11.23	胡远跃	28	干冬圩	吴丁娘	15	张秀娘	胡远杰(胞兄)	吴莲(父)	10.22,同上
11.25	黄松溪	22	新把杀	曾娇娘	15	江秋娘	黄元基(堂兄)	曾牙(堂伯)	11.5,同上
11.25	叶英福	28	干冬圩	陈森娘	21	张秀娘	叶天生(堂兄)	陈辨珠(父)	11.5,同上
11.26	徐登健	34	大使庙	丘香娘	20	郑银娘	自己(因少同姓,所有者俱是下辈,不得主婚,故也)	丘极(堂兄)	10.28,同上
11.27	陈必得	21	文丁	王美娘	16	沈三娘	陈荣宗(父,堂兄卿东代)	王釉(堂叔)	10.27,同上
11.27	林初兴	21	大社	黄钟娘	21	沈三娘	林三分(父,病,胞兄益郎代)	黄洪(堂叔)	11.10,同上
12.2	林丙生	35	小南门	赖浮抵	25	林成娘	林金水(堂兄)	赖亚辛(父)	11.16,同上
12.3	林池	30	文丁新山	陈美娘	21	赖亚四	林真(宗兄)	陈逢觉甲(堂伯)	11.16,同上
12.4	戴仙桃	19	干冬圩	陈瑞娘	19	郭一娘	戴岁(父,欠安,胞兄道代)	陈绵(父)	11.14,同上
12.5	黄光炎	20	蕉仔街	林妙娘	17	郭一娘	黄溶江(父)	林福寿(父)	11.12,同上
12.6	沈邦	38	职宁贞	陈每娘	18	郑银娘	沈河(宗兄)	陈福(胞兄)	11.12,同上
12.6	张毛水	20	八道尧	田月娘	16	蔡保娘	张上(父)	田秀麟(堂叔)	11.8,同上
12.9	张烟	33	结石珍	吴珍娘	17	林英娘	张达(堂兄)	吴汀(父)	11.12,同上
12.9	丁韩居	23	马木	王月娘	19	陈转	丁愧(胞叔)	王能饱(胞兄)	11.19,同上
12.11	谢柞酋	20	槟榔社	林旺娘	19	陈水娘	谢明水(宗叔)	林嘉和(父)	11.14,同上
12.11	丘龙	21	文丁	李七娘	21	陈水娘	丘仁高(父)	李壬爹(堂兄)	11.16,同上
12.13	廖金郎	33	戈劳屈	胡辛娘	17	江秋娘	廖亚四(胞叔)	胡西郎(堂叔祖)	11.14,同上
12.14	黄有福	23	文丁	林送娘	20	沈三娘	黄未郎(父)	林清和(父,疯痛,胞兄高山代)	11.20,同上
12.16	甘有元	19	结石珍	黄心娘	16	詹灶	甘评(父)	黄学周(父)	11.28,同上
12.16	王再生	45	鉴光美色近	曾保娘	21	陈友娘	王良生(宗叔)	曾壬五(堂叔)	11.26,陈,苏
12.18	陈邦彦	23	渡仔头	赵济娘	19	沈三娘	陈荣祖(父)	赵影(宗叔)	11.28,同上
12.19	侯锦秀	18	水闸	叶丁娘	16	林英娘	侯轩官(堂兄)	叶三(父)	12.13,同上
12.20	余鸣凤	24	观音亭	谢旦娘	16	郑银娘	自己(因无同姓,故也)	谢祖秀(父)	11.20,同上

12.23	叶天文	22	渡仔头	王高娜	23	刘江海	叶穴(胞兄)	王南生(父)	11.12,同上
12.24	沈浴	27	小南门	王接娘	22	陈友娘	沈寝(堂兄)	王源兴(父,痛,宗叔长生代)	11.21,同上
12.24	谢德生	18	西门内	萧伦娘	16	谢庚娘	谢亚二(父)	萧亚四(父,病,胞兄福生代)	11.28,同上
12.27	叶夜生	26	文丁	黄寅娘	16	林万福	叶棕生(胞兄)	黄贵安(胞兄)	12.3,同上

总计:223 对

1851 年吧城唐人成婚注册表

月日	新郎	年岁	住址	新娘	年岁	媒妁	男方主婚	女方主婚	备注 结婚日,主事人
1.4	潘鱼水	21	洪溪	曾鸾娘	20	郭一娘	潘马九(父)	曾壬五(宗叔)	12.13,高俊杰,陈荣乔
1.6	刘春福	22	丹兰望	蔡弼娘	17	李瑞娘	刘德茂(胞兄)	蔡明元(胞叔)	12.11,同上
1.6	吴长水	20	打铁街	陈娘娜	18	吴经娘	吴福良(宗叔)	陈亚二(宗叔)	12.13,同上
1.7	林抱	37	小南门	温分娘	18	吴经娘	林实(宗叔)	温亚三(胞兄)	12.10,同上
1.7	张亚维	35	新厝仔	袁英娘	17	张二娘	张兰桂(宗叔)	袁福(堂叔)	12.13,同上
1.8	王纯英	23	八厨沃间	陈杏娘	18	郭一娘	王顺德(堂叔)	陈壬维(宗兄)	12.24,同上
1.8	施尚景	23	小南门竹寮	邹多娘	20	郭一娘	施溪水(宗叔)	邹员(宗兄)	12.27,同上
1.8	汤谨	27	文登	李元娘	21	陈心娘	汤旦(堂叔)	李厥生(父)	12.15,同上
1.8	蔡住	32	结石珍	侯明娘	17	陈心娘	蔡桃(宗兄)	侯锦官(父)	12.12,同上
1.9	余焕光	24	八茶贯	林德娘	18	古亚五	余九鹤(堂叔)	林亚三(堂叔)	12.10,同上
1.9	黄金江	24	吉石珍	王健娘	18	陈心娘	黄夏官(父)	王术官(胞叔)	12.18,同上
1.10	陈八	33	三间土库	曾保娘	29	陈贵娘	陈丙(堂叔)	曾开业(胞兄)	12.13,同上
1.10	吴亚望	34	大南门	叶丙娘	15	巫来新	吴亚新(宗叔)	叶南星(堂兄)	12.25,同上
1.10	马新连	20	干冬圩	林日娘	17	张守娘	马宁(堂兄)	林新郎(堂兄)	12.12,同上
1.10	蔡京河	33	吉石珍	林吉娘	23	陈心娘	蔡高奢(堂叔)	林苔官(父)	辛 1.10,同上
1.14	许版	40	公司前	林吉娘	37	吴经娘	许达(堂兄)	林茂寅(胞叔)	12.17,同上
1.17	严新泽	18	乌褒土库	陈品娘	18	沈三娘	严洪(堂叔)	陈袋(父)	12.18,同上
1.20	蔡勤郎	20	廿六间	曾蜜娘	18	江瑞娘	蔡偃(胞叔)	曾顺(堂叔)	12.3,同上
1.20	陈秋林	22	八厨沃间	黄粪箕	17	江瑞娘	陈满(父)	黄北其(宗兄)	12.22,同上

1.27	俞稍婆	33	油车	曾丁娘	14	范亚亮	俞亚二(堂叔)	曾亚丙(父)	未定,同上
2.11	何汝	31	新把杀	陈蜜娘	18	陈恩娘	何进步(堂兄)	陈吉生(胞兄)	1.16,陈启淮,黄锦章
2.15	陈荣椿	20	八戈然	蔡贞娘	20	吴经娘	陈瑞珍(父)	蔡河池(父)	1.16,陈,黄
2.17	丘士郎	26	大南门	蔡双娘	20	吴经娘	丘插清(宗叔)	蔡经维(父)	1.23,同上
2.24	李伯达	22	中港仔	陈云娘	24	郭一娘	李长官(甲大,父)	陈铿昌(父)	1.29,同上
2.24	叶石长	24	小南门	陈兴娘	29	张二娘	叶丁五(胞叔)	陈炳文(胞兄)	1.29,同上
2.25	陈植姜	34	五脚桥	蔡眉娘	25	江秋娘	陈沃认(胞叔)	蔡宏觉(胞叔)	1.30,同上
2.25	朱三奇	31	西门	黄谨娘①	26	谢庚娘	朱祐(宗兄)	自己	1.20 毕婚,同上
2.25	陈灿光	29	圣望港	林凤娘	18	林州钫	自己	杨瑞祖(父)	1.25,同上
2.26	刘长水	23	结石珍	李门娘	18	陈心娘	刘禄生(父)	李篇(堂伯)	2.10,同上
3.3	陈修	26	结石珍	郑雍娘	24	林英娘	陈振(堂兄)	郑启基(胞兄)	2.8,同上
3.3	许传居	21	洪溪	陈福娘	18	沈三娘	许初生(父)	陈捷生(胞兄)	2.9,同上
3.5	萧守	34	窑内	林孟娘	29	黄壬娘	萧成(堂兄)	林壬光(胞兄)	2.14,同上
3.5	庄瑞芳	33	吉石珍	陈鸾娘	24	陈因娘	庄成杰(胞叔)	陈长福(胞兄)	2.20,同上
3.5	何陶	24	公一	李曲娘	20	沈三娘	何智(堂叔)	李文生(父)	2.8,同上
3.17	汤生	(缺)	(残缺)	詹妇娜	16	陈因娘	汤铁(宗叔祖)	詹吉(宗叔祖)	2.27,同上
3.17	郑奭	36	圣望港	陈锡娘	17	江珠娘	郑艳(宗叔)	吴玉娘(母,即故陈政妻)	2,同上
3.17	黄纯福	23	小南门	高坚娘	18	江珠娘	黄贵招(宗兄)	高兆昌(胞兄)	2,同上
3.20	苏开生	21	(缺)	陈贵娘②	18	蔡勤娘	自己	自己	2,同上
3.19	刘当	(缺)	(残缺)	程惹辖	18	张修娘	刘南(父)	林柏娘(母)	2.21,陈濬哲
3.24	陈马力	32	小南门	刘明娘	23	蔡珍娘	陈聪(堂兄)	刘天元(胞兄)	2.28,陈
3.27	廖福寿	30	干冬圩	刘六娘	19	张亚义	廖谨轩(父)	刘锦贤(胞兄)	3.2,同上
3.28	叶旁	29	八茶贯	刘传娘	19	陈瑞娘	叶兰(堂叔)	刘论官(父)	2.28,同上
3.28	黄开助	31	小南门	王敏娘	19	郭乙娘	黄仲润(堂兄)	王沉(父)	2.27,同上
4.3	薛广生	44	职宁贞	林金娘	20	陈水娘	薛结(胞叔)	林已光(胞伯)	3.5,陈,苏天庇
4.16	黄晴山	34	结石珍	王哪娘	17	陈心娘	黄汉堂(堂兄)	王吸(堂叔祖)	3.23,同上

① 黄氏前夫林余结发6年身故,生男女各一,男名东英3岁不幸,女名丹娘5岁,恬守2年,无奈愿与朱为夫妇,永结同心,花押为照。知见人副默林崇清(签字)。

② 陈氏前夫××(残缺)……已向公堂折破婚字,恬守至今,愿与黄永结同心,决无后悔,各花押为照。知见(签字,残缺)。

4.24	李寿	56	望茄寺	江金娘[①]	40	吴经娘	李亚满(宗叔)	江盛发(宗叔)	—,同上
4.25	林每	24	结石珍	詹梅娘	22	陈恩娘	林章(宗兄)	詹劝生(宗兄)	3.26,同上
4.26	叶僚	25	大港墘巷	陈宛娘	23	郭乙娘	叶对(堂叔)	陈福(从叔)	4.1,同上
4.28	马长云	30	戈劳屈	谢丙娘[②]	36	蔡勤娘	自己	自己	4.1,同上
5.1	王金城	28	小南门	林明娘	17	戴杂娘	王求生(宗叔)	林惠官(父)	未定,同上
5.1	张永元	23	东门外	林茂娘	20	郭一娘	张守已(宗叔)	林高律(父)	4.8,同上
5.2	陈振英	24	西门	林金娘	20	郭一娘	陈快生(父)	林伦生(胞兄)	4.18,同上
5.5	刘朱元	21	干冬圩	黄活娘	20	张秀娘	刘蓝(宗叔)	黄水生(父)	4.18,同上
5.5	王方	23	三甲六州	陈音娘	21	沈三娘	王庆桂(宗兄)	陈佳官(堂兄)	4.11,同上
5.5	陈细	27	丹兰望	蔡曲娘	16	李珠娘	陈岱(从叔)	蔡评(堂兄)	4.11,同上
5.5	谢阿接	42	干质巷	刘心娘	19	蔡勤娘	谢阿二(宗兄)	刘屯(父,病,侄福星代)	4.11,高,陈
5.6	张丁翰	22	丹绒遵力	王水娘	22	杨一娘	张明水(父)	王戈洛(父)	4.14,同上
5.6	胡新文	30	恒易力	许奭娘	28	蔡勤娘	胡新武(胞兄)	许开川(从叔)	4.14,同上
5.6	陈霸	30	廿六间	张谦娘	20	郭一娘	陈橡(宗叔)	张浮田(胞叔)	4.28,同上
5.7	林泮	33	职宁贞	陈安娘	32	沈三娘	林仙伦(堂兄)	陈周山(胞兄)	4.14,同上
5.11	谢财发	28	槟榔社	林彦娘[③]	25	吴经娘	自己	自己	4.12,同上
5.13	陈福安	33	窑内	吴银娘	27	蔡宝娘	陈圈(宗叔)	吴寿山(父)	4.20,同上
5.14	李亚庚	30	八茶贯	陈习娘	23	陈瑞娘	李广顺(父)	陈贵兴(胞兄)	4.18,同上
5.14	陈山景	22	吉石珍	戴学娘	18	陈心娘	陈吉生(胞兄)	戴江发(胞兄)	4.20,同上
5.21	沈北海	28	三间土库对面	吴抚束	22	郭一娘	沈轻(父)	吴瑞(父)	4.25,同上
5.23	詹佳桐	23	吉石珍	周曲娘	19	陈心娘	詹青元(胞兄)	周华生(堂兄)	5.2,同上
5.23	黄经	34	八厨沃间	林月娘	18	江慈娘	黄白(胞兄)	林宰予(胞兄)	4.25,同上
5.24	刘信近	39	槟榔社	张庚娘	22	谢庚娘	刘亚三(堂叔)	张癸三(堂叔)	4.26,同上
5.24	萧阿荣	34	戈劳屈菜园	陈英娘	22	沈三娘	萧阿已(父)	陈子德(父)	5.2,同上
5.28	李温	19	大港墘	庄英娘	17	郭一娘	李铁石(宗叔)	庄贯官(父)	5.10,同上
5.30	林福山	23	公司	徐水娘	16	吴珠娘	林福情(宗兄)	徐甲金炉(宗叔)	4.22,同上

① 此系元婚,今补给之。知见默杨成章(签字“杨成章”三字)。

② 谢氏前夫杨乙生结发 13 年,并无子女。经于 3 年前公堂判离遏,今愿与马为夫,永结同心。花押在婚簿为照。知见人默柯德山(签字“柯德山”)。

③ 林氏前夫卓九龙结发才数月去世,无儿女,恬处 8 年,愿与谢为夫,永结同心,花押为照。丹兰望默氏番力心为证。

6.5	张和	30	鉴光六州	叶丙娘	16	江瑞娘	张锦廷(宗兄)	叶亚四(宗叔)	5.9,陈,黄
6.6	廖钦元	28	打铁街	房乙娘	17	廖凤二	廖亚四(堂兄)	房腾兴(父)	5.10,同上
6.6	巫子松	28	廿六间	许贵娘	19	钟佛赞	巫春荣(堂兄)	许阿成(父)	5.10,同上
6.10	黄蓬节	20	旧把杀	刘水娘	17	吴珠娘	黄文侃(父)	刘槼(堂叔)	5.16,同上
6.11	蔡松茂	20	观音亭新厝	柯金娘	17	陈水娘	蔡东山(父)	柯德山(宗叔)	5.21,同上
6.12	李成全	28	丹兰望	黄发娘	22	林荣娘	李亲(胞伯)	黄源其(宗叔)	5.16,同上
6.13	陈任瑞	18	结石珍	黄位娘	17	陈恩娘	陈正和(堂兄)	黄宗彦(从堂兄)	5.7 毕婚,同上
6.14	陈文开	32	中港仔	柯近娘	17	沈三娘	陈碧山(胞叔)	陈源娘(生母)	5.23,同上
6.16	钟土标	31	吉石珍	陈丙娘	16	钟锦爹	钟锦怀(胞叔)	陈亚五(胞叔)	5.24,同上
6.16	林荣春	18	小南门	李娇娘	18	郭一娘	林及(父)	李敏(父)	6.18,同上
6.17	陈长	42	大巷内	何一娘	31	郭一娘	陈尚(从兄)	何东家(父)	5.23,同上
6.25	刘杰老	39	八多尧	黄水娘	18	胡润娘	刘文德(胞兄)	黄长生(堂兄)	6.12,同上
6.27	蔡东生	20	文登	唐癸娘	19	余亚乔	蔡辛伯(父)	唐长二(堂叔)	6.3,同上
6.28	陈宝麟	22	泊面	钟二娘	20	江瑞娘	陈龙飞(父)	钟昌荣(胞叔)	6.4,同上
6.30	丁得山	21	小南门	李壬娘	17	郭一娘 丁漳兴(父)	李万周(父)	李万州	辛 6.4,同上
6.30	甘奎章	26	吉石珍	林月娘	18	陈寅娘	甘评(堂叔)	林亚劳(堂叔)	6.8,同上
6.30	林顺意	25	职宁贞	沈阳娘	20	陈因娘	林亚华(父)	沈盐源(宗叔)	6.12,同上
7.7	丘思洲	21	五脚桥	蒋金娘	21	吴经娘	丘珠木(胞兄)	蒋天喜(堂叔)	6.12,陈,黄
7.7	王文德	20	西门	陈音娘	18	郭一娘	王元标(父)	陈文达(父)	6.11,同上
7.18	洪雍	25	廿六间巷	林金娘	21	吴京娘	洪英水(堂叔)	林文山(父)	6.28,同上
7.20	陈源水	24	亭仔脚	林雍娘	22	沈三娘	陈碧山(宗伯)	林茂寅(父)	7.7,同上
7.23	杨金秋	28	文登	黄伦娘	19	江秋娘	杨坑(堂叔)	黄长水(胞伯)	6.29,同上
7.25	黄双全	22	罗冉帛	陈悦娘	20	戴英其	黄清泉(胞兄)	陈葛生(父)	7.1,同上
7.29	陈回	34	西公巷	韩玉娘	27	吴京娘	陈钱(父)	韩福生(堂兄)	7.6,同上
8.1	许德水	21	文丁	何金娘	18	陈奎炳	许清结(父)	何长经(胞兄)	未定,苏,陈
8.9	林光水	20	八茶贯	吴宇娘	18	郭一娘	林光裕(胞兄)	吴富生(宗叔)	7.19,同上
8.9	唐亚晚	25	文丁石桥	何三娘	22	郭一娘	唐开基(胞伯)	何亚远(叔祖)	7.12,同上
8.9	林富生	26	七宁贞	许成娘	22	郑银娘	林野(宗兄)	许银河(父)	8.20,同上

8.11	许清扬	19	婆种马云登	郑英娘	18	林英娘	许玉(父)	郑水源(父)	8.12,同上
8.11	张篆	28	鉴光猫厘	侯一娘	15	林英娘	张厚(胞叔)	侯玖(父)	8.12,同上
8.12	黄亚汤	26	甲汶惹或	林梅娘	18	许栋娘	黄香(父)	林炉(父)	7.19,同上
8.13	巫九郎	34	大南门	李宣娘	17	江珠娘	巫达才(胞叔)	李庚华(父)	7.28,同上
8.14	林玉泉	24	西门	陈绣娘	24	陈瑞娘	林元旦(胞叔祖)	陈国山(父)	7.21,同上
8.15	刘河水	35	八厨沃间	詹炎娘	20	陈瑞娘	刘维(堂兄)	詹其和(堂兄)	8.4,同上
8.16	蔡笨洛	25	加览抹	王凤娘	18	游宝临	蔡良水(父)	王启昌(父)	8.12,同上
8.18	陈天福	23	大社	林高黎	18	胡润娘	陈元章(父)	林应希(宗叔祖)	8.10,同上
8.19	黄文生	23	渡仔头	陈六娘	18	李肉骨	黄佛生(胞兄)	陈任生(胞兄)	8.4,同上
8.20	陈明水	22	文丁牛劳油	詹香娘	20	林崑	陈元(堂兄)	詹金福(胞兄)	8.10,同上
8.21	陈大川	24	公司	林金娘	19	陈因娘	陈庚(堂兄)	林章(父)	8.10,同上
8.22	黄溶川	55	亚森脚	林文澜①	38	郭一娘	自己	自己	8.10,同上
8.25	杨造	31	吉石珍	林怀娘	19	陈因娘	杨润(宗叔)	林皆(宗叔)	8.5,同上
8.25	周木林	31	大南门	李文娘	28	陈瑞娘	周炳文(父)	李天赐(胞兄,年老, 子永德代)	8.12,同上
8.25	胡才善	30	八茶贯	钟辛娘	15	钟佛增	胡赏笏(族叔)	钟兴华(父)	8.4,同上
8.27	李天麟	59	婆种地	温珠娘	40	吴经娘	李兴(从叔)	温泉(从叔)	旧婚,同上
8.28	吴兴	36	大使庙	周回娘	24	陈瑞娘	自己	周炳文(父)	8.12,同上
8.28	沈隆生	26	圣望港杉板寮	兰子娘	15	吴珠娘	沈安(宗叔)	兰英杰(宗兄)	8.12,苏,陈
8.29	王光山	23	巴力发丹	黄于娘	22	陈因娘	王松柏(从叔)	黄永成(宗叔)	8.26,同上
8.30	蔡秋河	26	小南门竹寮	颜和娘	22	郭一娘	蔡金水(宗叔)	颜永老(堂叔)	8.12,同上
8.30	王精	24	甕菜河	黄掩娘	24	沈三娘	王田(堂兄)	黄戈奢(父)	8.10,同上
9.1	李亚连	45	小南门	涂贵娘	20	蔡勤娘	李长发(堂叔祖)	涂亚华(父)	8.14,高,吴江水
9.2	陈盏	32	吉石珍	刘硂娘	22	林英娘	陈冬意(从叔)	刘亏官(父)	8.10,同上
9.3	方茄郎	20	望茄寺	林松娘	20	杨读	方子夏(父)	林天福(父)	8.26,同上
9.4	黄秀生	36	戈奢园	赖金娘	20	江绣娘	黄亚均(堂叔)	赖玉水(胞兄)	8.24,同上

① 据林氏称:1829年与暹客叶四贵结发才2年回暹身故,并无儿女,恬守22年,今愿再醮黄溶川,永结同心,各无反悔,花押在婚簿为证。

9.4	黄桂郎	39	八茶贯	郑意娘	27	江绣娘	黄秀元(胞兄)	郑经官(父)	8.26,同上
9.5	郭通	30	吉石珍	殴西娘	22	刘水娘	郭盏(堂兄)	殴亚知(父)	8.16,同上
9.6	叶金钱	22	小南门	张月娘	22	吴珠娘	叶保全(宗兄)	张居官(堂兄)	8.19,同上
9.6	赖亚喜	30	羌园	余德娘	18	江珠娘	赖阿机(宗叔)	余丁庆(宗兄)	8.4,同上
9.8	白天生	21	吉石珍	林梅娘	21	陈心娘	白勇(族叔)	林一举(宗叔)	8.16,同上
9.8	戴景文	28	丹兰望	韩德娘	20	刘水娘	戴清风(堂兄)	韩瑞和(胞兄)	8.19,同上
9.10	叶亚保	32	洪溪	王招娘	18	江珠娘	叶亚凤(堂兄)	王亚二(宗兄)	8.26,同上
9.10	江田	28	大南门	王国娘	20	吴经娘	江盛发(宗叔)	王东生(父)	8.19,同上
9.12	廖振生	20	望寮	杨和娘	19	吴经娘	廖汉水(胞兄)	杨其生(父,病,堂侄吉生代)	8.19,同上
9.15	钟亚昌	42	道郎	姚未娘	17	林喜兰	钟新伯(宗兄)	姚新郎(宗兄)	8.26,同上
9.16	林新爵①	25	大南门	黄姜娘	21	吴珠娘	林三阳(父)	黄明言(胞兄)	又 8.4,同上
9.17	邱衣锦	33	五脚桥	赖兴娘	16	吴经娘	邱月裡(堂叔)	赖亚贵(父)	8.26,同上
9.17	李天恩	24	文登	林丹娘	16	沈三娘	李盈科(胞叔)	林长泉(父)	又 8.20,同上
9.18	王沛	26	丹兰望	陈珠娘	18	陈圈	王坑(堂兄)	陈石(父,病,族叔敦代)	8.24,高,吴
9.22	陈乞	29	新厝仔	黄银娘	20	郭一娘	陈牛(父)	黄知株(父)	又 8.10,同上
9.23	吴淑良	23	大南门	曾妙娘	22	吴珠娘	吴南阳甲(胞兄)	曾开业(胞叔)	8.20,同上
9.23	郭振富	28	巴拔丹	官辛娘	21	钟相	郭阿聪(宗叔)	官阿品(胞叔)	8.6,同上
9.23	丁表	43	小南门	沈灶娘	16	吴经娘	丁拱(堂兄)	沈潮(父)	8.20,同上
9.26	林金水	21	三间土库巷	陈水娘	21	沈三娘	林犀官(父)	陈评官(父)	8.13,同上
9.29	吴贵四	43	洪溪	罗二娘	18	罗阿二	吴干寿(胞兄)	罗阿贤(父)	8.20,同上
9.29	吴癸酉	21	吉石珍	陈疆娘	18	陈寅娘	吴历(父)	陈敬寻(堂兄)	8.20,同上
9.29	林茅屋	25	加览末	王锐娘	20	林光瑶	林三荣(胞叔)	王其春(父)	8.25,同上
10.1	陈有华	18	菭面街	林端娘	16	郭一娘	陈蜜官(父)	林炳茂(父)	8.10,陈启淮,陈荣乔
10.1	张钦钟	21	文登	林娘仔	21	江秀	张夫热(父)	林福荫(堂叔)	10.12,陈,陈
10.1	方文隆	24	新圩	黄秀娘	21	陈水娘	方金发(堂叔)	黄拱照(胞兄)	8.11,同上
10.2	林敦	23	港口	叶鹤娘	17	胡润娘	林甫(父)	叶连(堂叔)	8.23,同上

① 林新爵系林甲怀德官之嫡孙过继林三阳,知见人林沧汝(签字)。

10.2	许简	27	五脚桥	邱莪娘	15	吴京娘	许玖(堂兄)	丘春福(堂兄)	8.11,同上
10.4	刘添源	20	八茶贯	吴顺娘	16	沈三娘	刘富(堂叔)	吴甲江水(父)	8.20,同上
10.6	黄顺福	23	公馆巷	王一娘	15	蔡勤娘	黄顺阳(胞兄)	王光华(宗叔)	8.18,同上
10.6	陈江	30	马云丁	吴跃娘	26	杨读	陈鼎(堂兄)	吴宗官(父)	8.18,同上
10.6	林吉	25	马云丁	邹纱娘	20	杨读	林高郎(胞兄)	邹瑞(堂叔)	8.18,同上
10.6	蔡伦生	25	职宁贞	黄娇娘	20	郑银娘	蔡再生(父)	黄得水(胞兄)	8.18,同上
10.7	蔡依滨	23	大南门	杨曲娘①	20	张银娘	自己	自己	8.21,同上
10.8	张阿七	18	大南门	郑金娘	13	陈瑞娘	张贵三(父)	郑亚四(父)	未定,陈,陈
10.8	陈再	34	丹兰望	郑山娘	23	朱佛生	陈茂乾(父)	郑良水(父)	8.17,同上
10.9	唐溪	22	洪溪	黄七娘	19	蔡勤娘	唐其香(宗兄)	黄天来(胞兄)	8.25,同上
10.12	陈德海	20	马穆把杀	王希淡	18	叶闲居	陈培(父,病,堂叔陈新代)	王连生(父)	9.6,同上
10.13	陈亚二	24	八戈然	郭有娘	17	曾安娘	陈兴昌(胞兄)	陈克临(父)	9.10,同上
10.15	李荣宗	23	大南门	吉森娘	19	郭一娘	李彦文(父)	古新(父)	8.25,同上
10.15	陈凤致	28	戈劳屈	杨五娘	18	谢庚娘	陈福寿(堂兄)	杨阿满(宗叔)	8.28,同上
10.17	陈亚烈	34	观音亭	罗换娘	16	罗亚德	陈亚吉(堂兄)	罗伦玉(父)	8.25,同上
10.18	蔡文周	20	质宁贞	詹月娘	17	吴经娘	蔡戈生(父,病,胞叔金生代)	詹金生(宗叔)	9.7,同上
10.24	戴佛佑	25	槟榔社	林吟娘	20	吴经娘	戴其所(堂叔)	林三贵(宗兄)	9.10,同上
10.31	郑吾忠	29	文登	王文娘	20	郭一娘	郑义忠(胞兄)	王坑(胞叔)	9.10,同上
11.4	洪福水	22	州八丹	林裕娘	17	郑银娘	洪长兴(父)	林西园(父)	9.18,陈,黄
11.7	林长润	24	西门	陈吉娘	20	郑银娘	林壬光(胞叔)	陈记(堂兄)	9.15,同上
11.8	王七士	21	渡仔头	廖奴那	19	刘丁宜	王南星(父)	廖孟阳(父,病,胞兄皆代)	10.3,同上
11.8	邱涂	39	五脚桥	张来娘②	25	吴京娘	自己	自己	9.19,同上
11.10	郭瑞良	19	观音亭	陈德娘	18	郑银娘	郭子章(堂叔)	余山娘(母)	10.8,同上
11.10	唐双燕	33	文登	陈文笃	26	蔡勤娘	唐乍(父)	陈捷魁(宗兄)	10.2,同上

① 杨氏前夫黄天水结发方一年当堂离遏,无生育,恬处5年,愿与蔡永结同心,各花押在婚簿为记。知见人默黄权高(签字"黄权高")。

② 张氏前夫叶鞍结发8年身故,生一女名满娘7岁,恬守已2年,愿再醮邱涂为夫,永结同心,花押为照。知见人默氏吴金麟。

11.10	郑成福	25	亭仔脚	许全娘	20	蔡勤娘	郑狮(宗叔)	许文旦(父)	9.28,同上
11.12	郑清河	19	颜汝	林西娘	17	郭端娘	郑成兴(父)	林岸官(父)	10.22,陈,黄
11.13	张亚六	22	大南门	叶英娘	17	陈瑞娘	张桂三(父)	叶麟瑞(父)	10.10,同上
11.14	黄开麟	31	吉石珍	谢亚银	14	李锦龙	黄善长(堂叔)	谢桂六(宗兄)	未定,同上
11.15	陈振和	18	廿六间	林森娘	16	郭乙娘	陈蜜(宗叔)	林新建(胞伯)	10.3,同上
11.15	林偕	41	二角桥	杨水娘	20	吴经娘	林金灿(堂兄)	杨田基(堂兄)	10.1,同上
11.15	胡天畴	20	中公司	郭日娘	20	沈三娘	胡有明(父)	郭登元(胞兄)	10.10,同上
11.18	黄兆丕	20	亭仔脚	林江娘	21	郭一娘	黄文侃(堂伯)	许只娘(祖母)	9.28,同上
11.19	薛荣水	24	吉石珍	黄宣娘	17	陈勤娘	薛佑(堂兄)	黄成雨(胞叔)	10.3,同上
11.19	蔡明纯	19	文登	吴贵娘	17	林酌	蔡荣(父)	吴福来(胞伯)	10.3,同上
11.20	戴田水	22	职宁贞	林六娘	17	沈三娘	戴心郎(父)	林水生(父)	10.13,同上
11.21	林英	31	新厝仔	张文吉娘	22	沈三娘	林实(堂叔)	张德恩(堂兄)	10.1,同上
11.22	杨迪	30	道郎	黄益娘	17	吴经娘	杨俨(宗兄)	黄太山(胞兄)	10.8,同上
11.22	蔡起凤	28	红桥	陈巫腰	21	沈三娘	蔡永和(胞兄)	陈左经(胞叔)	10.8,同上
11.24	杨灿奇	19	文登旧圩	吕经娘	19	沈三娘	杨访(父)	吕当(父,病,子溪水代)	10.12,同上
11.24	颜内	21	五脚桥	唐合娘	20	江瑞娘	颜永老(父)	唐阔官(父)	10.8,同上
11.24	陈笨箕	28	丹兰望	唐文律	20	蔡月白	陈有德(胞兄)	唐毛涌(父)	10.12,同上
11.24	黎厚燕	40	小南门	叶甲娘	18	江瑞娘	黎园仁(堂叔)	叶义淑(父)	10.12,同上
11.24	吴文仲	40	公司	陈祯娘	24	沈三娘	吴登岸(宗兄)	陈江水(堂兄)	10.8,同上
11.26	林合婚	25	文登	丘攀娘	21	江瑞娘	林合应(胞兄)	丘月里(堂叔)	10.12,同上
11.27	黄陶朱	39	丹兰望	陈发娘	21	林长华	黄兆基(宗叔)	陈赐(堂兄)	10.8,同上
11.27	洪丙	30	奔洛赖	许三娘	15	吴经娘	洪章(宗叔)	许赞老(父)	10.8,陈,黄
11.27	蒋庵官	28	吉石珍	侯英娘	18	林英娘	蒋甚(胞叔)	侯本(父)	10.15,同上
11.28	薛淼	22	吉石珍	傅曲娘	21	陈寅娘	薛鱼(胞兄)	傅进官(父)	10.12,同上
11.28	吴出	37	大巷内	韩奴仔	18	蔡勤娘	吴进步(堂兄)	韩进朝(父)	10.8,同上
11.29	刘成	24	观音亭	李山娘	17	蔡勤娘	刘崙(堂叔)	李蒴(父)	10.22,同上
11.29	赖合郎	20	亭仔脚	黄丁娘	15	蔡勤娘	赖沈(宗叔)	黄亚摇(父)	11.14,同上
12.2	涂文赞	21	吉石珍	戴顺娘	15	陈寅娘	涂觉(父)	戴江发(胞兄)	1.8,苏,陈

12.2	刘屋	27	大使庙	陈绢娘	20	沈三娘	刘为(堂兄)	陈滥(父)	10.15,同上
12.2	谢天成	20	新厝仔	洪坤娘	16	沈三娘	谢祝生(父)	洪永文(宗叔)	10.22,同上
12.3	夏性	21	八厨沃间	黄贤娘	20	林景河	夏认(父)	黄东海(父)	10.12,同上
12.3	丘龙兴	17	干冬圩	张德娘	16	廖凤观	邱阿三(父)	张阿二(父)	10.15,同上
12.3	张奎炳	17	文登曹洛	梁一娘	17	郭一娘	张裕胜(父)	梁应和(父)	10.22,同上
12.5	林亚七	25	戈劳屈	范金娘	17	黄吟娘	林亚传(堂叔)	范奎寿(父)	10.22,同上
12.8	黄寅生	42	戈奢园	张跃娘	19	江瑞娘	黄炎(堂兄)	张来官(父)	10.22,同上
12.9	廖协茂	22	丹兰望	王寿碧	22	刘水娘	廖茄(胞兄)	王瑞生(父)	10.22,同上
12.10	黄权	32	廿六间	刘吉娘	16	江水娘	黄王(堂叔)	刘阿插(堂兄)	10.22,同上
12.10	黄掬水	21	吉石珍	刘雅娘	18	陈心娘	黄文义(堂兄)	刘透(宗叔)	10.25,同上
12.10	张光荫	27	文登	郑三娘	17	江水娘	张光惜(胞兄)	郑连生(胞兄)	11.5,同上
12.10	陈登闲	21	望茄寺	郑文娘	18	沈三娘	陈纯当(父)	徐劳娘(母)	10.22,同上
12.11	蔡协	21	职宁贞	林端娘	15	沈三娘	蔡金生(父)	林福寿(父)	10.22,同上
12.11	李天佑	61	婆种地	蔡水娘	58	吴经娘	李兴(宗叔)	蔡诰(堂叔)	旧婚,苏,陈
12.11	陈先进	29	文丁茄老旺	林夹娘	23	洪丙娘	陈和(胞叔)	林生良(父)	10.26,同上
12.12	张水生	22	五脚桥	林音娘	21	洪水娘	张顺(父)	林天送(父)	10.19,同上
12.15	陈绒	25	观音亭	江六娘	23	戴金娘	陈浦(胞兄)	江盛发(堂叔)	11.3,同上
12.16	王坑	31	丹兰望	蔡珠娘	28	陈快娘	王苗官(宗伯)	蔡天定(胞叔)	10.26,同上
12.16	王光炎	54	丹兰望	蔡丽娘	31	陈快娘	王苗官(胞兄)	蔡天定(胞兄)	旧婚,同上
12.17	颜猫汝	22	丹绒不绿	苏如不老娘	22	郑银娘	颜文信(胞兄)	苏临生(父)	12.12,同上
12.22	钟辛二	26	新把杀	吴戊娘	18	陈寅娘	钟松佰(堂叔)	吴教官(堂叔)	11.7,同上
12.23	林信德	20	西门	沈玉娘	16	蔡勤娘	林皆(胞兄)	沈饭(堂叔)	11.14,同上
12.23	陈欲达	31	小南门	蔡金娘	25	蔡勤娘	陈江川(堂叔)	蔡亚五(父)	11.7,同上
12.24	马大河	24	鉴光美色近	杨伦娘	24	吴经娘	马明基(父,病,母何水娘代)	杨盛祖(胞叔)	11.21,同上
12.24	卓赤邦	32	西湾	郭文娘	18	赖经娘	卓使(族叔)	郭义(父)	11.16,同上
12.27	简继智	28	望茄寺	詹福娘	19	郑银娘	简租(堂叔)	詹朏(堂叔)	未定,同上
12.27	郭尚	24	新把杀	陈银娘	17	陈心娘	郭盏(宗兄)	陈水官(父)	11.9,同上
12.27	赖德伦	31	城内	陈水娘	17	张二娘	赖阿奇(胞叔)	陈甲生(父)	11.7,同上

12.29	陈得水	55	八戈然	沈水娘	28	戴金娘	陈子塔(宗叔)	沈福星(宗叔)	11.,同上
12.29	黄种	21	大港墘	林谨娘	19	潘士发	黄池(族兄)	林朱茶(父)	11.16,同上
12.29	杨启明	22	阿森圩	庄钦娘	22	吴经娘	杨远生(父)	庄其宗(父)	12.16,同上
12.29	李标生	22	大南门	许官娘	22	蔡勤娘	李彦文(堂叔)	许裕生(父)	11.14,同上
12.30	章阿喜	33	戈劳屈	黄坤娘	18	黄壬娘	章阿七(胞叔)	黄添淑(父)	11.18,同上
12.30	许翁	27	吉石珍	黄月娘	22	陈心娘	许弁(胞兄)	黄生雨(胞叔)	11.14,苏,陈
12.30	李子昌	24	八戈然	沈未娘	21	郭一娘	李子福(胞兄)	沈景山(胞兄)	11.18,陈,黄

总计:237对

1852年吧城唐人成婚注册表

月日	新郎	年岁	住址	新娘	年岁	媒妁	男方主婚	女方主婚	备注 结婚日,主事人
1.1	王明德	20	讫郎班让	吴鹤娘	22	郑银娘	王七生(胞叔)	吴文仲(堂兄)	11.14,高俊杰,吴江水
1.2	黄运	27	新把杀	陈谒娘	23	刘玉	黄五味(胞兄)	陈联琛(父)	11.14,同上
1.2	陈月	25	廿六间	丘抱娘	26	沈三娘	陈陶(堂叔)	丘月里(堂叔)	11.19,同上
1.2	吴已来	24	东居	何恒娘	23	张二娘	吴亚二(堂兄)	河欧湾(胞叔)	11.16,同上
1.3	康文钦	27	五脚桥	丘宁娘	16	吴经娘	康周东(堂兄)	丘马海(父)	11.21,同上
1.3	赖宏忠	25	西门	钟癸娘	19	赖宏贵	赖相德(父)	钟秀彩(父)	11.27,同上
1.5	杨兜	27	甕菜河	郭温娘	17	蔡勤娘	杨汀官(族叔)	郭茄郎(祖父)	11.19,同上
1.6	陈乖熊	27	八戈然	吴瞻娘	15	陈水娘	陈乌尚(父)	吴力(堂兄)	11.19,同上
1.7	钟长生	23	公司后	丘婢娘	19	江秀娘	钟云(父)	丘亚辛(胞兄)	11.27,同上
1.7	林直	28	丹绒公司	陈秀娘	20	蔡勤娘	林开生(胞兄)	陈抛官(父)	11.27,同上
1.9	陈聪	35	小南门	叶二娘	16	蔡勤娘	陈芬(堂兄)	叶对(父)	12.5,同上
1.10	刘增兰	22	吉石珍	黄辛娘	18	钟应爹	刘亚五(宗兄)	黄润叔(胞兄)	11.22,同上
1.10	陈举	28	吉石珍	蒋三娘	19	陈寅娘	陈水官(堂叔)	蒋企官(胞伯)	11.24,同上
1.12	邱长沙	18	五脚桥	许月居娘	17	郑银娘	丘天瑞(父)	许文凤(父)	11.28,同上
1.15	张阿进	35	公馆巷	李金娘	20	吴经娘	张缘泰(堂兄)	李寿昌(父)	11.28,同上
1.19	陈纳	32	丹兰望	吴篇娘	21	陈劝娘	陈石(堂兄)	吴福生(父)	12.3,同上
1.19	肖亚四	36	鱼涧把杀	徐二妹	16	吴江生	肖营长(堂兄)	徐华麟(胞伯)	12.1,同上

1.19	陈厚	32	西光巷	林添娘	25	沈三娘	陈城(堂兄)	林松茂(胞兄)	12.5,同上
1.21	林文山	22	观音亭	苏爱娘	21	郑银娘	林微力(堂叔祖)	苏汉(胞兄)	12.4,同上
1.22	黎德荣	28	吉石珍	许金娘	15	李衡石	黎庆四(宗叔)	许云兰(父,病,堂弟云彬代)	12.12,同上
1.23	吴肇凤	31	蕉仔街	钟喜娘	16	古亚三	吴达观(堂兄)	钟辛淑(父)	12.12,高,吴
1.24	叶兴	27	小南门	陈寅娘	19	吴经娘	叶兰(胞叔)	陈松龄(胞叔)	12.19,同上
1.24	严有传	30	洪溪	李音娘	19	江秀娘	严麟生(父)	李谈光(父)	12.12,同上
1.24	许贵昌	29	鉴光万兰	曾北娘	19	谢庚娘	许云彬(胞叔)	曾栋官(胞叔祖)	12.10,同上
1.27	吴茂	35	新把杀	张森娘	20	陈寅娘	吴透(胞叔)	张德(堂叔祖)	12.12,同上
1.28	黄元球	24	洪溪	庄职娘	21	郭一娘	黄东启(宗伯)	庄亚贯(宗叔祖)	12.19,同上
1.28	谢壬生	20	干冬圩	刘壬娘	20	谢亚六	谢怀珍(父)	刘格冰(胞兄)	12.16,同上
1.28	蔡葱	52	吉石珍	吴才娘	27	陈寅娘	蔡转(从叔)	吴海官(父)	12.13,同上
1.28	许景致	41	吉石珍	吴菊娘	16	陈寅娘	许每生(宗叔)	吴森官(父)	12.20,同上
1.28	许宇	54	吉石珍	黄湾娘	34	陈寅娘	许每生(堂叔)	黄八官(堂兄)	旧婚,同上
1.28	李接舆	22	文丁把杀	林梅娘	15	吴经娘	李温生(胞叔)	林木官(父)	12.12,同上
1.28	吴玉成	35	中港仔	郑爱娘	21	沈三娘	吴沛(堂叔)	郑松柏(胞兄)	1.4,同上
1.28	张光	30	打铁街	林意娘	18	吴经娘	张学官(堂叔)	林正哥(堂兄)	12.16,同上
1.29	徐太山	31	职宁贞	陈有娘	20	沈三娘	徐曲官(宗叔)	陈克山(胞兄)	12.20,同上
1.29	梁彩球	24	观音亭	詹茂娘	14	蔡勤娘	梁天助(父,妻黄淑娘代)	张株娘(母)	12.16,同上
1.30	吕广顺	30	文登	张华娘	28	沈三娘	吕亚三(堂兄)	张金生(宗兄)	12.12,同上
1.30	许守已	28	小南门	陈雅娘	25	沈三娘	许久(宗叔)	陈高福(胞兄)	12.12,同上
2.5	陈德水	21	大使庙	黄三娘	20	沈三娘	陈长祯(堂兄)	黄德秀(堂兄)	12.19,同上
2.5	杨庆才	41	小南门	温丙娘	16	陈恩娘	杨庆兰(兄)	温桂义(父)	12.19,同上
2.6	钟青元	18	观音亭	甘娘娜	16	吴坚娘	钟山(堂兄)	甘永光(堂叔)	1.10,同上
2.7	李亚兴	27	东居	许戊娘	16	郑亚四	李庚华(堂叔)	许龙光(胞叔)	1.15,同上
2.7	林亚四	40	臭桥	邱丁娘	15	黄壬娘	林福郎(堂叔)	丘石长(父)	辛 12.19,陈,陈
2.28	孙亚旺	25	大南门	陈丙娘	17	范亚亮	孙亚兰(宗叔)	陈亚清(堂兄)	1.10,同上
3.8	杨曲	26	小南门	陈芳娘	17	郭一娘	杨造(胞叔)	陈春生(胞叔祖)	2.1,陈启淮,黄锦章
3.11	陈经丙	20	吉石珍	戴明月	17	陈寅娘	陈丁锡(父)	戴三阳(胞兄)	1.24,同上
3.12	钟文贵	45	窑内	叶意娘	31	郑银娘	钟伦生(堂兄)	林英娘(母)	2.8,同上

3.12	李嘉谟	35	洪溪	丘却娘	21	江秀娘	李铁石(族叔)	丘昌官(堂叔祖)	1.26,同上
3.15	许石山	32	吉石珍	詹烟娘	17	薛丕娘	许弁(堂兄)	詹修(父)	2.1,同上
3.17	蔡阿富	27	水锯	曾英娘	17	江秀娘	蔡阿福(堂兄)	曾建忠(父)	2.8,同上
3.19	丘尊贤	23	八厨沃间	陈旋娘	20	郭一娘	丘大生(堂叔)	陈崑源(父)	2.8,同上
3.20	黄有章	22	亚森脚	戴福娘	20	郭一娘	黄溶川(父)	戴有进(宗兄)	2.3,同上
3.20	蔡存智	50	观音亭	林仁娘①	48	蔡勤娘	自己	自己	旧婚,同上
3.22	吴余文	27	新把杀	陈寅娘②	17	陈寅娘	吴唇官(父)	陈五龙(堂叔)	2.8,同上
3.22	康秋冬	29	公司	李日娘	19	陈水娘	康超(宗兄)	李拔萃(胞叔)	2.5,同上
3.24	吴抱	27	小南门	王雅娘	20	吴经娘	吴水生(堂兄)	王永泉(胞兄)	2.22,同上
3.24	林永成	26	职宁贞	杨吉娘	27	—	林野文(宗叔)	杨球生(父)	2.8,同上
3.29	何甫	26	新把杀	吴全娘	16	陈寅娘	何讲(宗叔)	吴毛官(父)	2.22,同上
3.30	刘簿	28	把杀明牛	张新娘	22	曾进生	刘丹官(胞兄)	张富伯(父)	2.25,同上
3.30	洪丽水	37	麻六甲街	罗八娘	24	张二娘	洪桂馥(堂叔)	罗乾凤(父)	2.16,同上
4.1	吴立	24	小南门	丘香娘	22	林助	吴炮(堂兄)	丘马海(胞叔)	2.22,同上
4.7	黄金英	18	三间土库	林种娘	16	郭一娘	黄石生(父)	林德兴(胞叔)	未定,苏天庇,陈濬哲
4.8	陈俊杰	21	小南门	林雅娘	18	江秋娘	陈巳生(父)	林福荫(宗兄)	2.22,同上
4.9	陈珍	29	干冬圩	叶雅娘	21	张修娘	陈尹(堂叔)	叶永福(胞兄)	2.22,同上
4.15	张荣寿	28	槟榔社	陈美娘	17	陈瑞娘	张荣炎(宗叔)	陈盛宝(父)	2.28,同上
4.15	李漯	26	大港垅	林花娘	23	陈金娘	李铁石(宗叔)	林仙伦(父)	3.2,同上
4.15	叶天贵	32	公司后	王来娘	22	吴经娘	叶振生(宗兄)	王碧水(堂兄)	2.29,同上
4.26	吴亚道	32	结石珍	曾新娘	19	张亚元	吴亚四(堂叔)	曾秀二(父)	2.28,同上
4.21	陈石哥	24	文丁圩	胡奴勿	17	高绍武	陈粱(堂叔)	胡荣寿(父)	3.14,同上
4.23	杨天水	24	结石珍	庄伦娘	21	陈恩娘	杨杰生(堂叔)	庄淡生(宗叔)	3.14,同上
5.2	李阿祥	29	鉴光茄力	张三娘	18	沈阿三	李伟四(父)	张龙伯(父)	4.8,高,吴
5.6	许景福	21	戈奢园	张八娘	17	江秀娘	许文生(父)	张永寿(堂兄)	4.12,同上
5.7	陈大兴	22	亭仔脚	林汉娘	17	吴经娘	陈松龄(宗叔)	林炳茂(宗叔)	2.13,同上
5.13	李春源	28	旗竿脚	许珠娘	18	陈水娘	李弼(宗叔)	许湖(父)	4.5,同上

① 林氏前夫郑春结发十八载身故,无生育。氏已恬处20年,今愿再醮蔡为夫,永结同心,各无反悔,花押为照。知见人默曾明老(签字)。

② 新娘与媒妁同名,原文如此。

5.16	高琼瑶	21	窑内连志娘	18	郭一娘百子千孙	高俊杰(父,甲必丹)	连凤池(父)	4.8,陈荣乔,陈濬哲
5.17	陈三元	25	丹兰望	王宣娘	25 李随娘	陈奎(胞兄)	王双格(父,路运,堂叔玩代)	4.5,高,吴
5.19	林炎芦	22	招望	韩庚娘	19 刘水娘	林太山(堂兄)	韩瑞和(胞兄)	4.12,同上
5.19	蒋针	27	吉石珍	张俭娘	22 陈寅娘	蒋尚(族叔)	张任郎(父)	4.9,同上
5.21	涂林生	38	打铁街	谢石娘	17 沈三娘	自己(在吧无同姓)	谢茂生(胞兄)	4.5,同上
5.21	陈阿四	38	大南门	吴音娘	21 张二娘	陈丁六(胞叔)	吴庚四(胞兄)	4.8,同上
5.21	陈燕	30	圣望港	姚幼娘	17 吴经娘	陈饶(堂兄)	姚德郎(宗兄)	4.12,同上
5.24	韩文生	21	亭仔脚	彭润娘	18 谢庚娘	韩旺官(父)	彭隆生(胞兄)	4.15,高,吴
5.24	何康荣	26	小南门	李娘娜	21 谢庚娘	何阿坦(父)	李亚丁(父)	4.14,同上
5.25	王源水	23	八劳巴丹	陈慰娘	19 林英娘	王成德(堂叔祖)	陈东倚(胞叔)	4.14,同上
5.27	陈新奎	22	戈劳屈	林陵娘	16 黄二娘	陈井观(父)	林亚有(父)	4.18,同上
5.28	王富	26	窑内	黄炎娘	23 蔡勤娘	王文官(堂兄)	黄留馨(宗叔)	4.19,同上
5.28	曾水荣	20	廿六间巷	陈贵娘	19 蔡勤娘	曾顺观(父)	陈清河(胞兄)	4.14,同上
5.29	吴曲生	36	水锯	陈依娘	23 陈水娘	吴登山(堂兄)	陈择(宗叔)	4.14,同上
5.29	黄太武	30	干冬圩	戴八娘	17 张周娘	黄卜其(堂叔)	戴顺利(胞兄)	4.14,同上
5.29	陈永全	22	槟榔社	蔡朝娘	20 陈水娘	陈仕元(父)	蔡宗基(堂兄)	4.16,同上
5.29	黄锦怀	26	马穆	林娘娜	21 吴经娘	黄宗建(胞叔)	林马劳(父)	4.14,同上
5.29	朱天河	36	大乌	黄水娘	19 张二娘	朱尾生(叔祖)	黄木生(堂叔)	4.17,同上
6.3	陈水生	27	必藉龟窒	王顺娘	15 黄壬娘	陈抛(堂叔祖)	王悦嵩(宗叔)	4.19,陈,陈
6.12	张癸二	28	大南门	郭带娘	15 郭一娘	张朝梅(堂叔)	郭亚光(堂叔)	4.28,同上
6.21	高桥带	32	文丁	郭增律	19 刘亚三	高亚燕(堂兄)	郭龙宗(父)	5.10,同上
6.25	梁亚奎	53	小南门	林珠娘①	37 江珠娘	自己	自己	4.15,同上
6.30	黄荣山	25	窑内	李惠娘	25 江珠娘	黄英杰(宗叔)	李赞基(胞兄)	5.22,同上
7.3	李亚伦	28	洪溪	叶悦娘	24 江珠娘	李琼胜(宗兄)	叶亚四(宗兄)	6.5,陈,黄
7.7	钟斗寿	46	西门	黄九娘	23 郭一娘	钟昌荣(宗叔)	黄容章(宗兄)	6.9,同上
7.7	詹发生	47	职宁贞	蔡金娘	19 郑银娘	詹金生(宗叔)	蔡秋水(胞兄)	5.24,同上
7.11	吴安然	26	八戈然	李瑞娘	16 沈三娘	吴江水(堂叔、雷)	李长官(胞叔祖、甲)	5.28,陈,黄

① 林氏前夫黄存中交寅十七载身故,无儿女,寡守4年,愿与梁亚奎缔结同心,永为夫妇,各毋反悔。询默氏林栋供如林珠娘所云。

7.16	陈长芳	25	大港墘	许清娘	22	郭一娘	陈国顺(胞兄)	许竹苞(父)	6.5,高,黄
7.19	甘进西	20	结石珍	陈来娘	16	陈一娘	甘振东(胞兄)	陈清风(父)	6.11,陈,黄
7.27	林润玉	32	大南门	曹新娘	17	张二娘	林亚七(堂叔)	曹秉郎(堂叔)	6.16,同上
7.27	叶元庄	28	鱼间把杀	蒋水娘	20	刘水娘	叶存(堂叔)	蒋庆余(堂叔)	6.15,同上
7.28	朱拔其	19	大港墘	林珠娘	19	郭一娘	朱深(父)	林泰山(父)	6.16,同上
7.29	徐坤福	33	职宁贞	郑畾娘	20	沈三娘	徐曲(胞叔)	郑成福(堂叔)	6.23,同上
7.3	陈東	30	小南门	丁润娘	20	吴经娘	陈荣乔(叔祖、雷)	丁水生(父)	6.28,同上
8.6	张添郎	25	马劳爸丹	刘丙娘	15	蔡勤娘	张桂郎(胞叔)	刘达二(胞叔)	6.29,苏,陈
8.9	黄笨珍	18	三间土库	杨秀娘[①]	16	郭一娘	黄合和(胞叔)	杨源基(胞叔)	10.6,同上
8.11	缪亚杨	17	望茄寺	陈丙娘	17	叶亚志	缪傍佛(胞兄)	陈亚五(父)	7.4,同上
8.12	林东山	18	宁岗	蔡奂娘	15	陈水娘	林嘉和(兄)	蔡心安(宗叔)	6.23,同上
8.12	沈福生	38	鉴光湖北	陈灿娘	22	郑银娘	沈吟(胞伯)	陈石山(父)	7.14,同上
8.12	黄龙海	27	结石珍	詹进娘	19	陈心娘	黄藩(堂叔)	詹福州(父)	7.14,同上
8.16	洪奎秉	38	干冬圩	朱玉娘	19	张修娘	洪长寿(堂兄)	朱萦怀(胞兄)	7.24,同上
8.16	康粒	41	结石珍	陈芬娘	20	陈云娘	康德水(堂兄)	陈水生(宗叔)	7.1,同上
8.20	曾亚满	23	鉴光猫厘	郑玉娘	16	陈云娘	曾壬秀(胞兄)	郑发生(胞兄)	7.14,同上
8.20	伍元瑞	21	州把丹	赖良娘	19	张金娘	伍春桂(胞叔)	柯曲娘(母,赖门)	7.25,同上
8.23	黄采发	18	旧把杀	陈添娘	15	郭一娘	黄威仪(父)	陈瑞兴(堂兄)	7.14,同上
8.24	蒋漳厥	20	结石珍	叶垒娘	22	陈云娘	蒋贤(父)	叶亚七(胞叔)	7.16,同上
8.24	沈宝	32	圣望港	陈甘娘	17	郑银娘	沈亚六(堂兄)	陈亚二(父)	8.3,苏,陈
8.25	沈德海	19	文丁	黄金娘	17	郭一娘	沈苍(父)	黄日新(胞叔)	8.3,同上
8.26	余奇生	19	鉴光猫汝	高罔娘	19	陈云娘	余亚丁(胞叔)	高阴生(堂叔)	7.19,同上
8.30	罗思唐	25	大南门	张二妹	17	江秋娘	罗德辉(堂叔)	张润伯(堂伯)	8.13,同上
9.1	陈清秀	22	小南门	苏福娘	16	蔡勤娘	陈芬(堂叔)	苏吧生(胞叔)	8.6,高,吴
9.3	林松涛	24	廿六间巷	施娇娘	20	江秀娘	林田生(父)	施老生(父)	8.3,同上
9.6	许来生	30	吉石珍	薛明娘	17	陈寅娘	许同官(堂兄)	薛两溪(父)	8.3,同上
9.7	黄德章	18	圣望港	吴灿娘	17	郭一娘	黄燎光(父、甲)	吴麟官(父)	8.3,高,陈
9.8	戴木生	29	新把杀	傅修娘	17	林英娘	戴董(堂兄)	傅新喜(父)	8.16,高,吴

① 女家伊父杨替基在禁中,伊叔代为主婚。

9.8	彭元仁	42	吉石珍	陈登娘	18	黄音娘	彭太秀(堂叔)	陈珍官(父)	8.3,同上
9.9	庄隆	24	八茶贯	胡金娘	20	陈瑞娘	庄贯(宗叔)	胡新妹(宗兄)	8.3,同上
9.9	柯六	36	水锯	王莺娘	21	郑银娘	柯天成(堂兄)	王奎东(父)	8.3,同上
9.9	叶流	29	中港仔	王朱娘①	29	吴经娘	自己	自己	旧婚,同上
9.9	江瓜田	38	小南门	刘温娘	22	陈瑞娘	江登北(胞叔)	刘天元(胞兄)	8.6,同上
9.11	杨长福	31	圣王庙	陈月娘	17	吴经娘	杨染官(宗叔)	陈卫官(父)	7.29,同上
9.14	陈琳四	32	戈劳屈	吴秀娘	16	黄壬娘	陈杞观(胞叔)	吴亚添(父)	8.12,同上
9.14	黄福元	21	小南门	李银娘	19	吴经娘	黄新喜(堂兄)	李亚友(父)	8.6,同上
9.15	林南安	18	文登	洪宥娘	19	洪管	林禄(父)	洪吟官(父)	8.14,同上
9.15	罗亚列	18	婆种	谢顺娘	17	沈三娘	罗章盛(父)	谢武官(父)	8.13,同上
9.15	方映	19	马云登	郑奕拔	18	郑文水	方碧水(父)	郑宁官(父)	8.13,高,吴
9.15	钟文荣	29	圣望港	吴月娘	18	郑银娘	钟文贵(胞兄)	吴江水(父)	8.6,同上
9.17	陈央	20	望寮	张石娘	25	郑银娘	陈红毛(父)	张卫官(堂叔)	8.28,同上
9.20	陈松茂	20	八厨沃间	沈讫丽	17	郭一娘	陈清风(父)	沈清泉(胞兄)	8.20,同上
9.20	张轻隆	28	吉石珍	余全娘	20	陈寅娘	张天喜(父)	余好官(父)	8.13,同上
9.21	陈亚三	33	西门	杨二娘	19	黄亚四	陈壬五(堂兄)	杨亚满(宗叔)	8.15,同上
9.22	叶亚禄	46	油车	唐吉娘	23	陈瑞娘	叶天生(胞兄)	唐其香(胞兄)	8.13,同上
9.22	罗亚四	19	文登过港	孙丙娘	17	林丙	罗亚新(父)	孙奇生(父)	8.16,同上
9.23	林简	40	公司	叶宁娘	20	陈心娘	林素边(族叔)	叶元瑞(父)	8.19,同上
9.23	陈得水	29	吉石珍	李悦娘	28	陈心娘	陈金山(胞叔)	李水生(宗叔)	8.17,同上
9.27	黄经	35	八厨沃间	谢惠娘	18	吴经娘	黄白(胞兄)	谢罪(父)	8.15,同上
9.27	王海源	17	戈劳屈	戴秀娘	14	谢庚娘	王盛璋(父)	戴添麟(父)	8.20,同上
9.29	吴友文	21	大南门	邹长娘	19	张裕娘	吴荫(堂兄)	邹崑山(胞叔)	8.20,同上
9.29	李老实	31	小南门	张质娘	20	张二娘	李朝音(堂叔)	张瑞芳(父)	8.28,同上
9.30	许罩	27	公司	郭丹娘	17	沈三娘	许菲官(父)	郭绍周(宗叔)	8.20,同上
9.30	赖老郁	18	旧把杀	刘携娘	17	江秀娘	赖观澜(堂兄)	刘朝(堂叔)	8.27,同上
9.30	李崑母	30	圣望港	徐宁娘	28	沈三娘	李弼官(宗叔)	蔡刘娘(母)	8.20,同上
10.1	林长溪	31	打铁街	方音娘	18	陈水娘	陈质娘(母)	方来娘(姑)	8.27,陈,陈

① 王氏前夫陈工夫结发才2年病故,无儿女,寡守已9年,今愿再醮叶为夫,永结同心,各无反悔,花押为照。知见人达氏胡受光(签字“胡受光”)。

10.6	何南荣	20	麻六甲街	郑药娘	20	谢庚娘	何亚坦(父)	郑额(胞叔父)	8.28,同上
10.7	陈石荣	40	绒戈兰	李雅娘	25	沈三娘	陈祖敬(胞兄)	李如川(胞兄)	8.27,同上
10.7	周巴实	22	茄茎哇芝	杨雅娘	18	沈三娘	周宗绍(宗叔)	杨世修(父)	8.27,同上
10.8	蔡清仰	30	公司后	李惠娘	19	沈三娘	蔡广厚(堂兄)	李云霞(父)	9.11,陈,陈
10.13	陈荣瑞	23	港口	林进娘	21	郭一娘	陈汉水(胞兄)	林全(亲兄)	10.8,同上
10.13	陈景伙	28	籐仔巷	王永娘	17	陈金娘	陈鸿麟(堂兄)	王恩(父)	10.20,同上
10.13	林安成	18	文丁	陈芝黎喂 又名惜娘	19	郭一娘	林清河(父)	陈永元(宗叔) 玛腰	9.20,同上
10.13	陈合成	20	甘抹	谢挨瓦	18	郭一娘	陈哲明甲(胞叔)	谢文福(父)	8.28,同上
10.14	陈料	29	籐仔巷	罗照娘	24	陈金娘	陈盛(堂叔)	罗传成(宗叔)	9.11,同上
10.16	朱象	28	小南门	王糜娘	19	杨丙娘	朱友(堂叔)	王良生(宗伯)	9.11,同上
10.18	高奎	20	窑内	纪三娘	17	郭一娘	高文员(堂伯)	纪甘(父)	9.11,同上
10.18	张重行	38	洪溪	赵金娘	20	吴庚娘	张荣炎(胞叔)	赵亲贤(父)	9.12,同上
10.18	李玉添	22	宝寮	曾看娘	20	吴庚娘	李应弼(父)	曾亮和(父)	10.24,同上
10.20	沈魁	29	鉴光湖北	张福娘	14	张二娘	沈潮(父)	张进光(胞叔)	9.20,同上
10.21	陈六英	27	观音亭	许丰娘	19	蔡芹娘	陈鸾光(父)	许初(父)	9.12,同上
10.22	沈添全	17	三间土库	吴吉娘	16	陈金娘	沈天爵(父)	吴兑(父)	10.27,同上
10.22	沈景美	20	结石珍	林日娘	22	陈金娘	沈水墙(堂兄)	林皆(胞兄)	9.11,同上
10.26	饶亚菁	26	小南门	刘水娘	17	郭一娘	饶瑞田(堂叔)	刘永南(宗叔祖)	9.20,同上
10.26	赵鹄	29	新把杀	王兰娘	18	陈恩娘	赵宰(堂叔)	王喜(父)	10.26,同上
10.28	高大雅	30	窑内	朱锦娘	18	林荣娘	高腾(宗叔)	朱长生(父)	10.1,同上
10.28	丘三求	21	五脚桥	甘和娘	20	江珠娘	丘月里(父)	甘永光(父)	10.3,同上
10.28	周羌	23	中港仔	叶曲娘	18	沈三娘	周宗绍(宗叔)	洪怀娘(母)	10.3,同上
10.28	杜乖	32	七宁贞	黄分娘	18	郭一娘	杜俊杰(宗兄)	黄景(父)	10.17,同上
10.28	王森林	20	亚森脚	高友娘	17	沈三娘	王旺(父)	高位(父)	9.20,陈,陈
10.30	林荣生	24	小南门	蔡坤娘	21	沈三娘	林分(父)	蔡梧(堂兄)	10.8,同上
10.30	林长源	26	马目	沈裕娘	23	黄福	林天养(胞兄)	沈炰(胞兄)	10.3,同上
10.30	林顺智	20	马目	蔡绒娘	20	郑银娘	林景庸(胞兄)	蔡东(胞兄)	10.17,同上
11.1	陈日进	21	圣望港	温三娘	17	吴经娘	陈干生(宗叔)	温亚丁(堂兄)	10.3,陈,黄
11.5	魏俊德	24	西门	张七娘	18	蔡勤娘	黄良娘(生母)	张慕名(宗兄)	10.3,同上

11.9	许人	36	毛仔蚋岑望	沈知娘	18	沈三娘	许肥(宗叔)	沈达(父)	10.24,同上
11.12	王发水	18	甕菜河	陈扬娘	18	张二娘	王淼水(胞兄)	陈荣乔(宗叔,雷)	10.8,同上
11.13	陈齐	26	新把杀	林笨娘	21	张周娘	陈长水(堂叔)	林玉旦(胞叔)	10.8,同上
11.13	蔡如生	26	吉石珍	詹员娘	18	陈寅娘	蔡葱(宗叔)	詹晓(堂叔)	10.14,同上
11.16	郑克	36	大港墘	陈惜娘	20	郑银娘	郑光弼(堂叔)	陈荣泰(堂兄)	10.10,同上
11.16	陈春风	31	鱼涧把杀	游银娘	21	黄秋娘	陈江水(宗兄)	游浦生(父)	10.17,同上
11.18	陈续弦	28	观音亭	丘文娘	18	郭一娘	陈长溪(从兄)	丘庆宗(父)	10.8,同上
11.20	陈尚	35	打铁街	苏春娘	21	谢庚娘	陈廪官(堂兄)	苏文质(胞兄)	10.10,同上
11.22	杨锦隆	21	道唧	林招娘	17	郭一娘	杨永元(父)	林冉蛮(父)	11.2,同上
11.22	谢双二	24	振郎安	曹每娘	18	林英娘	谢亚松(堂叔)	曹冉官(父)	10.18,同上
11.23	陈国水	31	观音亭	王五娘	18	郑银娘	陈四德(堂兄)	王山(父)	10.18,同上
11.23	罗亚杞	35	西门内	余金娘	16	范亚量	罗乾凤(宗叔)	余亚二(父)	10.13,同上
11.23	黄亚善	36	中港仔	李良娘	21	李长发	黄亚云(堂叔)	李亚春(父)	10.17,同上
11.25	陈光辉	25	把杀务郎	郑合娘	17	沈三娘	陈偶然(族叔)	郑日金(父)	10.17,同上
11.26	陈长茂	19	旧把杀	戴斐娘	18	郭一娘	陈长庚(胞兄)	戴宗宝(族兄)	10.17,陈,黄
11.26	兰牛	38	新把杀	陈鹤娘①	30	林英娘	自己	自己	10.17,同上
12.27	简瑶	32	监光牛劳由	林兰娘	22	吴经娘	简敬忠(从兄)	林光振(父,病,胞弟光耀代)	11.2,同上
12.1	黄亦通	16	干冬圩	张丙娘	17	郑喜娘	黄宗裁(父)	张亚辛(父)	10.27,苏,陈
12.6	丘顺良	23	丹兰望	蔡味娘	19	刘水娘	丘栋梁(胞兄)	蔡经维(父)	11.17,同上
12.6	张体仁	25	亚森脚	丘惜娘	23	沈三娘	张才(父)	丘幸(堂兄)	10.27,同上
12.7	陈光化	21	文丁	吴香娘	20	陈必	陈光兄(堂兄)	吴马市(堂叔)	11.2,同上
12.8	林青云	25	文丁	王全娘	23	沈三娘	林清水(胞兄)	王庆怀(胞兄)	11.22,同上
12.9	詹福寿	40	质宁贞	蔡挨勃	20	郑银娘	詹发生(叔父)	蔡壬生(胞叔)	11.23,同上
12.9	纪秉和	20	结石珍	林绩娘	18	陈恩娘	纪泰山(父)	林永元(父)	11.2,同上
12.10	李金花	21	结石珍	张丁娘	16	张秀娘	李锦龙(胞兄)	张壬水(胞兄)	11.2,同上
12.11	黄荣华	18	丹兰丁宜	许金娘	16	吴敬娘	黄曲水(父)	许清杰(父,病,胞兄得水代)	11.18,同上
12.15	叶辛郎	28	八茶罐	谢乙娘	18	叶亚禄	叶亚安(胞叔)	谢喜淑(父)	11.14,同上
12.15	王光彩	21	文丁	曹丁娘	16	黄顺良	王士启(胞兄)	曹新兴(胞兄)	11.10,同上

① 陈氏前夫蕉娘结发 3 年身故,生一男名友生 10 岁,恬处 9 年,今愿与兰为夫,永结同心,各无反悔,花押存照。知见人默蔡奎炳。

12.16	黄元	19	牛郎沙里	丘安娘	15	陈恩娘	黄戆(堂兄)	庄月娘(母)据云,其父已故,无嫡亲	11.11,同上
12.16	郑小	36	丹兰望	陈荣娘	19	蔡乾	郑茂(堂叔)	陈神助(父)	11.15,同上
12.20	古插六	34	蕉仔街	邓帽劳	17	张二娘	古亚接(堂叔)	邓亚敢(父)	11.14,同上
12.20	古亚友	33	砖仔桥	刘丕娘	21	张二娘	古亚接(胞叔)	刘亚四(堂兄)	11.22,同上
12.20	黄道生	24	小南门	陈乙娘	17	陈巾娘	黄颜(堂叔)	陈章均(胞叔)	11.16,同上
12.22	庄成全	19	班芝兰	李发娘	18	陈瑞娘	庄来哥(父)	李学长(父)	11.14,同上
12.22	江光远	36	文丁	苏结娘	21	吴敬娘	江邦武(堂兄)	苏金秋(父)	12.8,同上
12.24	蔡长海	25	八厨沃间	苏音娘	18	林攀水	蔡三(父)	苏江生(堂叔)	11.25,苏,陈
12.27	施致	28	结石珍	杨恭娘	20	陈心娘	施尊贤(宗叔)	杨润(堂叔)	11.22,同上
12.28	钟文才	36	五脚桥	林挨勃	27	郭一娘	钟国瑞(堂兄)	林吉昌(父)	11.22,同上
12.31	许碖	32	新厝仔	陈全娘	28	陈金娘	许菲(宗叔)	陈水生(宗伯)	11.22,同上
12.31	黄景川	20	宁岗	林润娘①	16	吴敬娘	黄桐(父)	黄金娘(母)	12.3,同上

总计:225对

1853年吧城唐人成婚注册表

月日	新郎	年岁	住址	新娘	年岁	媒妁	男方主婚	女方主婚	备注 结婚日,主事人
1.4	叶知	25	新厝仔	石茂娘	20	江秀娘	叶走(从叔)	石德广(父)	12.5,高俊杰,吴江水
1.5	陈连生	38	干冬圩	林娘娜	22	曾进生	陈宝郎(胞兄)	林天福(胞叔)	12.8,同上
1.5	高朝元	21	七宁贞	陈英娘	17	郑银娘	高红毛(父)	陈江河(胞叔)	12.15,同上
1.5	黄协元	23	七宁贞	陈本娘	18	郑银娘	黄绵(父)	陈永良(父)	12.8,同上
1.10	叶天福	18	大南门	陈癸娘	20	张二娘	叶双五(堂叔)	陈亚二(堂兄)	12.3,同上
1.11	王土山	23	中港仔	刘丁娘	16	郑银娘	王发生(父)	刘秉福(胞兄)	12.1,同上
1.11	陈长华	35	八戈然	林合娘	22	陈瑞娘	陈长溪(胞兄)	林得意(父)	12.3,同上
1.13	吴日升	22	职宁贞	沈丙娘	19	郭一娘	吴楼(胞伯)	沈亚任(胞兄)	12.12,同上
1.14	叶光武	30	新厝仔	谢英娘	18	吴经娘	叶万寿(父)	谢真(堂叔)	12.22,同上
1.14	吴应言	27	吉石珍	陈阁娘	18	陈寅娘	吴福星(堂兄)	陈五龙(父)	12.15,同上

① 据云:女家林门无嫡亲人可为主婚。

1.14	张遂意	21	吉石珍	刘兼娘	16	陈寅娘	张九(堂叔祖)	刘水生(胞叔)	12.10,同上
1.15	王深	29	竹树巷	张水娘	16	郭一娘	王庄(宗兄)	张上(堂叔)	12.8,同上
1.17	詹威仪	23	大鸟	严笨箕	18	张二娘	詹高山(宗叔)	严彛山(父)	12.18,同上
1.18	林亚添	24	中港仔	李丁娘	16	谢庚娘	林长生(堂叔)	李轩郎(父)	壬 12.22,同上
1.20	林双连	24	戈劳屈	陈清娘	17	陈水娘	林必达(从兄)	陈堤岸(宗叔)	癸 1.10,同上
1.24	饶亚壬	60	小南门	林淡娘	31	沈三娘	自己	自己	旧婚,同上
1.25	张分生	24	大港墘	陈子娘	16	陈金娘	张端官(父)	陈芬(堂叔)	1.6,同上
2.14	苏仞千	38	大港墘	林杰娘[①]	32	吴敬娘	自己	自己	1.10,陈启淮,陈濬哲
2.23	杨源德	20	西门	陈江娘	20	蔡芹娘	杨振成(堂叔)	陈春岩(胞兄)	2.19,同上
2.23	刘进榜	18	干冬圩	苏幸娘	18	张修娘	刘富(父)	苏明长(胞兄)	2.1,陈,陈
2.24	蔡章兴	22	丹兰望	黄凤娘	17	刘水娘	蔡章立(堂兄)	黄容章(堂兄)	1.27,同上
2.28	温春郎	27	大南门	李酉娘	17	郭一娘	温肩鉴(从叔)	李杜香(堂伯)	2.3,同上
3.1	黄板	28	班芝兰	林秀娘	19	江秀娘	黄福(胞兄)	林庶生(胞兄)	1.26,陈荣乔,苏天庇
3.2	钟亚二	25	大南门	陈癸娘	16	郭一娘	钟魁淑(父)	陈清水(胞叔)	4.16,同上
3.2	叶荣水	18	亭仔脚	陈浮厨	18	郑银娘	叶恐(胞兄)	陈玉麟(胞兄)	2.2,同上
3.10	章亚三	26	戈劳屈	饶三娘	18	黄壬娘	章亚四(胞叔)	饶瑞田(堂叔)	2.8,同上
3.10	章亚满	30	戈劳屈	黄润娘	19	饶三郎	章捷官(胞兄)	黄南二(父)	2.24,同上
3.10	陈吉泉	25	槟榔社	杨益娘	19	陈瑞娘	陈士元(父)	杨甘生(父)	2.12,同上
3.10	黄萃	28	五脚桥	丁经娘	19	郭一娘	黄辣(堂叔)	丁水生(父)	2.2,同上
3.11	刘亚二	31	洪溪	孙丙娘	18	江秀娘	刘润郎(胞兄)	孙兰观(父)	2.13,同上
3.11	邓宜福	31	圣望港	罗一娘	19	张二娘	邓三(堂兄)	罗华光(父)	2.8,同上
3.11	黄曲生	29	吉石珍	陈福娘	24	陈心娘	黄汉唐(胞兄)	陈国山(父)	2.11,同上
3.11	陈和中	28	八戈然	林满娘	21	郭一娘	陈逢义(堂叔)	何音娘(生母)	2.8,同上
3.14	巫榸	29	观音亭边	陈金娘	20	郑银娘	巫东生(从兄)	陈峻岸(胞兄)	2.19,同上
3.16	黄北源	20	质宁贞丹绒	蔡朱娘	18	郭一娘	黄寅(堂伯)	蔡金生(胞叔)	2.11,同上
3.18	廖亚德	33	五脚桥	古戊娘	16	房逢琳	廖亚四(堂兄)	古亚添(父)	2.11,同上
3.19	赖春水	33	文登	林饮娘	30	郭一娘	赖春色(胞兄)	林嘉和(宗叔)	2.14,同上
3.24	谢爵生	44	八茶贯	蔡权娘	19	雅文贵	谢亚德(堂兄)	蔡海官(父)	2.20,同上

① 林氏前夫叶清泰结发 8 年无生男女,今已寡居二载,情愿再醮,永结同心。默氏林栋云所言是实。签名"栋"。

3.31	高助	36	新把杀	赖丹娘	20	蔡酥	高偶然(胞兄)	赖雍(宗叔)	3.10,同上
4.8	陈阔	25	新把杀	黄妙娘	18	陈寅娘	陈长水(堂叔)	黄溶川(堂叔)	3.5,高,黄锦章
4.9	王佛恩	21	宁岗	骆兼娘	18	王宇力	王俭官(父)	骆四海(堂兄)	3.8,高,黄
4.11	张体昌	22	亚森脚	陈振娘	18	郭一娘	张三才(父)	陈长溪(父)	3.8,同上
4.11	陈亚五	32	大南门	张庚娘	20	曹彩郎	陈六生(宗兄)	张亚龙(父)	3.21,同上
4.15	曾亚二	31	丹兰望	林仓娘	20	刘水娘	曾登元(堂兄)	林炎炉(胞兄)	3.17,同上
4.16	叶天禄	18	大南门内	古丙娘	18	黄壬娘	叶天福(胞兄)	古亚六(父)	3.26,同上
4.16	廖茄	36	文登	林泉娘	22	郭天恩	廖魁官(堂兄)	林合应(胞兄)	3.6,同上
4.18	古亚壬	22	蕉仔街	何新娘	16	谢庚娘	古清官(胸兄)	何亚增(宗叔)	3.21,同上
4.18	郭青山	43	窑内	黄艳娘	19	吴经娘	自己	黄西(父)	4.6,同上
4.19	赖葵元	26	西光巷	陈莲娘	16	吴经娘	赖美(堂叔祖)	陈兵(宗伯)	3.24,同上
4.23	林天生	30	西门	曾水娘	18	谢庚娘	林壬千(宗叔)	曾亚远(胞兄)	3.18,同上
4.25	沈朝省	26	三间土库对面	刘金娘	16	陈金娘	沈天爵(父,在浪,堂沈扁代)	刘朝官(从叔)	4.2,同上
4.27	李宾	34	新厝仔	韩水娘	30	沈三娘	李弼(堂叔)	韩金山(堂兄)	4.2,同上
4.29	马广寿	31	王蔀	张英娘	21	沈三娘	自己	张周(宗叔)	未定,同上
5.3	胡和	34	旧把杀	刘春娘	22	吴经娘	胡胜妹(宗兄)	刘清兰(堂叔)	4.8,陈,陈
5.6	李文山	21	水锯	吴望娘	18	江秀娘	李亚四(父)	吴抱官(堂叔)	4.24,同上
5.11	蔡文元	35	职宁贞	吴心娘	22	吴经娘	蔡高生(父)	吴楼官(父)	4.13,陈,黄
5.12	陈琼瑞	20	观音亭	余雪娘	19	郭一娘	陈濬哲(父、雷)	高南娘(母,母舅甲必丹高俊杰代)	4.16,同上
5.17	王福	29	丹兰望	陈美娘	16	陈真	王苗(宗族)	陈新助(父)	4.15,陈,陈
5.17	钟贵五	26	丹兰望	黎曲娘	17	李喜方	钟昌荣(宗兄)	黎亚海(父)	4.22,同上
5.17	颜德贵	33	槟榔社	刘戊娘	16	刘赐官	颜亚六(胞叔)	刘钦若(父)	4.14,同上
5.19	蔡五美	34	洪溪	陈水娘	17	翁丁娘	蔡桓(宗叔)	陈抄(宗叔)	4.15,同上
5.20	李懒	61	小南门	张申娘①	25	吴经娘	自己花押	自己花押	旧婚,陈,陈
5.21	何浮厨	20	戈劳屈	刘悦娘	15	陈寅娘	何才三(父)	刘钦二(胞叔)	4.20,同上
5.21	张大二	29	珍新圩	何锡娘	22	张二娘	张朝梅(堂叔)	何才三(父)	4.20,同上
5.21	潘鱼水	24	洪溪	林亚劳	17	江秀娘	潘马九(父)	林瑞禄(堂兄)	4.20,同上
5.25	甘全生	22	珍旧圩	蒋福娘	19	陈心娘	甘荣泉(胞兄)	蒋贤(父)	4.20,同上

① 张氏前夫陈奇结发 3 年身故,无生男女,恬处 2 年,愿再醮与李为夫,永结同心,各无反悔,花押。廊爹(糖厂主)人蔡梧签字(签一“梧”字)。

5.25	叶添郎	18	文登	杨田娘	16	廖云长	叶亚凤(堂叔)	杨东水(胞兄)	4.24,同上
5.28	陈分	32	丹兰望	石福娘	17	陈超	陈鸿麟(从兄)	石清水(父)	4.30,同上
5.28	丘三河	17	五脚桥	杨笨基	16	郭一娘	邱昌(族叔)	杨进江(父)	4.24,同上
5.28	彭才郎	36	振郎安	甘五娘	15	(缺)	彭太秀(胞叔)	甘富秀(父)	4.22,同上
6.2	林奎	20	砖仔桥	丘清娘	18	邹丁娘	林位参(父,病在山顶,祖母许志娘代)	邱乙伯(堂兄)	5.6,苏,陈
6.3	徐乾坤	20	观音亭	陈来娘	16	沈三娘	徐金炉(父、武)	陈长光(祖父)	5.6,同上
6.6	黄元基	36	度啷	蔡炎娘	31	吴经娘	黄景谅(堂兄)	蔡德元(胞伯)	5.2,同上
6.6	冯亚禄	30	水锯	钟浮厨	18	张二娘	冯亚发(堂兄)	钟戊生(祖父)	4.23,同上
6.6	黄式金	28	小南门	朱祝娘	21	吴经娘	黄循(宗兄)	朱安(父)	5.13,同上
6.11	李亚文	57	蕉仔街	郑音娘	25	吴庚娘	李墙(堂叔)	郑光文(胞兄)	5.13,同上
6.17	黄其超	40	五脚桥	傅福娘	19	蔡勤娘	黄思经(胞叔)	傅凤鸣(父)	5.18,同上
6.17	刘德江	22	干冬圩	林柏娘	18	郭一娘	刘庠官(父)	林永秀(父)	5.16,同上
6.23	陈振芳	21	洪溪	丘七娘	20	江秀娘	陈振威(胞兄)	丘昌(堂叔)	6.6,同上
6.24	钟士桐	36	小南门	萧文娘	16	郭一娘	钟昌荣(宗兄)	肖细味(父)	5.22,同上
6.27	邓郎生	28	甘蜜	李乙娘	19	刘宜娘	邓亚端(父)	李亚满(胞叔)	5.27,同上
6.27	叶亚五	35	大南门	丘辛娘	17	张辛娘	叶义(宗叔)	丘亚三(堂兄)	6.5,同上
7.1	丘庚兴	21	石桥	赖绒娘	19	张二娘	丘亚二(父)	赖亚富(父)	6.6,高,黄
7.4	李元生	22	五脚桥	丘毛讫	20	吴经娘	李霞(宗叔)	丘天元(胞叔)	6.5,同上
7.4	陈荷莲	58	观音亭	张和娘	15	郑银娘	自己	张亚珠(父)	6.5,同上
7.5	戴长英	19	干冬圩	冯娇娘	15	江秀娘	戴顺利(胞叔)	冯讬(父)	6.11,同上
7.5	黄国兴	23	望茄寺	沈盼娘	22	郭一娘	黄亚告(父)	沈赖官(父)	6.12,同上
7.7	丘高才	25	五脚桥	高娘仔	15	陈金娘	丘马海(胞叔)	高松(父病,子泉成代)	6.11,同上
7.7	黄桂合	36	八茶贯	李丁娘	17	李亚四	黄秀元(胞叔祖)	李亚满(胞伯)	6.12,同上
7.7	伍亚崑	35	珍旧圩	黄友娘	17	姚亚添	伍亚五(胞叔祖)	黄新宗(父)	6.11,同上
7.8	蔡壬癸	19	丹兰望	林汉娘	17	陈寅娘	蔡天定(父)	林金水(父)	6.12,同上
7.11	王祯祥	27	圣望港	黄愔娘	23	沈三娘	王元标(宗叔)	黄燎光(父,甲)	6.11,同上
7.15	李应求	25	八茶贯	郑元娘	23	郭一娘	李富生甲(父)	郑光弼(房叔祖)	7.5,同上
7.21	邹和珠	18	大南门	陈秀娘	18	陈瑞娘	邹崑山(胞叔)	陈益郎(父)	9.13,同上
7.23	李龙昌	22	大南门	何官娘	22	张二娘	李庚华(父)	何招寿(宗兄)	7.9,同上

7.25	叶谈	26	鱼涧把杀	黄吉娘	22	蔡水娘	叶存官(堂叔)	黄道生(堂兄)	6.26,同上
7.29	黄青山	32	小南门	陈秀娘①	27	吴经娘	自己	自己	7.15,同上
7.30	杨光艳	20	大南门	林五娘	23	郭一娘	杨奎炳(父,子光荣代)	林得发(胞兄)	6.26,同上
8.2	林正顺	20	公司后	洪桂娘	17	陈瑞娘	林锦相(父)	洪俊杰(胞叔)	7.5,陈,陈
8.4	蒋敬意	26	班芝兰巷	李温娘	20	吴景娘	蒋灯光(堂兄)	李本(堂叔)	7.3,无
8.4	陈得水	27	窑内	蒋炎娘②	27	吴景娘	自己	自己	旧婚,同上
8.5	王亚二	49	五脚桥	甘深娘③	41	吴经娘	自己	自己	7.3,无
8.5	杨桂兰	36	小南门	谢二娘	17	吴经娘	杨及尚(宗叔)	谢友淑(胞兄)	7.13,无
8.13	钟德生	26	公馆巷	张癸娘	21	黄壬娘	钟亚添(堂叔)	张水生(胞兄)	7.14,陈,陈
8.15	陈天烈	33	大港墘	王推娘	20	沈三娘	陈玉山(宗兄)	王球生(祖父)	7.19,同上
8.15	涂愿生	25	吉老旺	赖蕉娘	23	吴经娘	添明光(堂叔)	赖丁生(胞兄)	7.19,同上
8.15	叶青华	22	圣望港	江炎娘	17	吴经娘	叶州钫(祖父)	江福(父)	未定,同上
8.16	蔡于宾	25	大南门	丁浮厨	20	郑银娘	蔡高山(父)	丁文泉(堂兄)	8.12,同上
8.22	陈官荣	21	倒寮	李三娘	17	郑丹娘	陈辑(胞叔)	李天汉(父,病,姊夫王月代)	7.21,同上
8.24	林玉麟	29	五脚桥	江和娘	17	郭一娘	林吉昌(宗叔)	戴银娘(祖母)	癸7.21,同上
8.24	林长六	23	大港墘	李碧娘	21	陈瑞娘	林长恒(胞兄)	李威官(父)	8.8,同上
8.24	陈龙水	25	吉石珍	吴必娘	16	陈寅娘	陈恒(从叔)	吴森官(父)	8.9,同上
8.25	李子德	18	八戈然	林梨娘	17	郭一娘	李甲长(叔祖)	林启云(父)	7.26,同上
8.27	蔡文通	20	观音亭	林六娘	17	蔡根娘	蔡存智(父)	林登基(胞兄)	8.2,同上
8.28	陈果	28	茄览抹	王和娘	18	杨园娘	陈正凯(宗兄)	王森水(胞叔)	8.16,同上
8.29	林循棹	20	八茶罐	蒋临娘	18	郭一娘	林彰化(父)	蒋灯光(父)	8.8,同上
8.29	林亚钱	36	丹兰望	李本娘④	25	番娘泯喃	自己	自己	未定,同上
8.29	林已郎	23	窑内	连必娘	17	番其钧	林亚三	连理官(父)	8.2,同上
8.31	蔡灯光	22	三间土库对面	王三娘	15	谢庚娘	蔡三朝(父)	王永全(堂兄)	8.9,同上
9.1	陈田德	18	亚参圩	沈温娘	17	谢庚娘	陈振生(伯)	沈饭(叔)	8.4,陈,苏

① 陈氏前夫李漂结发7年而故,生二女:海娘8岁,该娘6岁,恬处4年,愿与黄永结同心,各无反悔,批照。知见人李亚友,签字画圆圈。

② 蒋氏前夫陈福生结发3年身故,无子女,恬处7年,愿与陈为夫妻,永结同心,各无反悔。知见人默曾明老。

③ 甘氏前夫唐亚倍结发18年身故,生一男名文秀12岁,恬处8年,愿以王为夫妻,永结同心。知见人默黄天助。签名:"黄天助"。

④ 李氏前夫陈笃交寅生一女名那仔,年5岁。夫故已5年,寡居至今,愿再醮林为夫,永结同心。花押存案。

9.1	黄青松	24	大巷内	张月娘	25	郑仁娘	黄金钱(胞叔)	张云山(胞兄)	8.9,同上
9.3	黄元文	19	三间土库	陈敬娘	18	蔡勤娘	黄合和(胞兄)	陈国顺(胞兄,武直迷)	8.10,陈启淮,陈荣乔
9.5	戴辉	18	干冬圩	黄温娘	20	曾进生	戴洁苒(堂兄)	黄山丁(胞兄)	8.8,陈,苏
9.5	梁奕成	31	五脚桥	谢一娘	19	张二娘	梁换成(胞兄)	谢长和(父)	8.11,同上
9.5	薛车森	24	吉石珍	杨伦娘[①]	22	陈寅娘	自己	自己	8.8,陈,苏
9.6	黄宗标	24	丹兰望	王癸娘	22	郭一娘	黄六使(房兄)	王川官(堂叔)	8.16,同上
9.7	范振达	21	洪溪	梁顺娘	18	蔡勤娘	范新儒(父)	梁攀仑(父)	8.8,同上
9.7	陈显	34	小南门	黄彦娘	25	蔡勤娘	陈聪(堂兄)	黄文仲(胞兄)	8.9,同上
9.8	李伸郎	31	珍新把杀	吕江娘	18	林英娘	李亚四(宗兄)	吕满(父)	8.12,同上
9.8	林青龙	24	文丁	周招娘	20	沈三娘	林清水(兄)	赖友娘(母)	8.10,同上
9.9	张富宗	19	干冬圩	叶乙娘	19	黄壬娘	张德海(父)	叶双五(堂兄)	8.12,同上
9.10	申二	30	洪溪	杨三娘	15	吴亚辛	自己	杨三(宗兄)	8.11,同上
9.10	叶亚焕	28	吧八丹	李丁娘	17	郭一娘	叶仪哥(宗叔)	李松轩(胞兄)	8.14,同上
9.10	钟成宝	21	招望	何吉娘	17	吴桂娘	钟亚五(父)	何连贵(胞兄)	8.16,同上
9.10	吴甘寿	19	干冬圩	陈字力	18	张秀娘	吴天福(父)	陈德居(父)	8.21,同上
9.14	黄有余	31	文登	陈金娘	21	石有山	黄未郎(父)	陈七生(父)	8.20,同上
9.15	邱群妹	32	珍旧把杀	刘娘哪	19	邓亚凤	丘亚庆(宗叔)	刘亚四(父)	8.21,同上
9.15	黄承煜	36	三间土库对面	蔡素娘	18	陈瑞娘	黄永快(堂叔)	蔡涉渊(父)	8.17,同上
9.18	叶盛	29	小南门	李云娘	25	陈王娘	叶亩(堂兄)	李麟生(父)	一,同上
9.21	卓清泉	31	观音亭	高堆娘	21	钟银娘	陈音娘(母)	高联捷(父)	8.20,同上
9.23	曾某	25	乌鬼巷	吴发娘	20	吴镜娘	曾百雅(宗兄)	吴佛庇(父)	8.17,同上
9.26	戴发生	26	珍旧圩	汤宣娘	15	张秀娘	戴文龙(胞兄)	汤应验(父)	9.13,同上
9.27	陈新踏	19	大港墘	丘昌娘	15	郭一娘	陈江流(胞兄)	丘昌(堂叔)	8.26,同上
9.27	郑学	24	望加寺	张兴娘	20	吴镜娘	郑六一(堂叔)	张德生(胞兄)	9.13,同上
9.28	林福潭	18	文登	陈陶娘	18	郭一娘 百子千孙	林逢湿(胞叔)	陈永元(父,玛腰)	9.2,陈,苏
9.30	邱土培	20	洪溪	张挨勃	20	江秀娘	丘奚生(父)	张唐(父)	9.7,同上
10.3	李佛成	24	观音亭	郑兼娘	21	郑银娘	李佛宝(胞兄)	郑献瑞(父)	9.13,高,黄

① 杨氏先夫林月交寅二载而亡,无儿女,恬处至今,愿与薛为夫,永结同心,各无反悔,批照。知见人小南门总甲萧美郎。签字“萧美郎”。

10.10	王春波	19	丹兰望	林登娘	16	黄壬娘	王涌夺(胞叔)	林文光(父)	9.16,同上
10.12	郑清源	19	颜汝	林金娘	18	郭端娘	郑生云(父)	林满生(父)	10.5,同上
10.13	林维	23	小南门	詹英娘	20	沈三娘	林从(父)	詹其和(堂兄)	9.28,同上
10.13	吴天生	28	西门	林临娘	20	谢庚娘	吴扬安(堂兄)	林福溪(堂兄)	9.14,同上
10.14	罗敦取	23	大南门	陈贵娘	21	江秀娘	罗敦台(胞兄)	陈丁郎(父)	9.28,同上
10.17	颜炳观	28	大南门	陈贵娘	21	郭一娘	颜亚六(父)	陈宣岐(父)	9.16,同上
10.17	林有志	25	打铁街	陈长娘	25	江秋娘	林振南(胞兄)	陈堤岸(胞伯)	9.19,同上
10.18	简桂香	24	公司	陈宣娘	18	谢庚娘	简祖(叔祖)	陈祐(父,亲兑代)	9.28,同上
10.19	丘仓廪	21	五脚桥	林珠娘	15	沈三娘	丘昌(父)	林禄(父)	10.5,同上
10.20	黄永和	18	小南门	雍鹤娘	15	郭一娘	黄清秀(父)	雍仕元(堂兄)	9.19,同上
10.20	黄亚莫	28	小南门	刘水娘	18	蔡勤娘	黄友邻(堂叔)	刘仁纳(堂兄)	9.28,同上
10.20	李兴居	20	望茄寺	陈金娘	17	张秀娘	李碧郎(胞兄)	陈辨珠(亲叔)	10.20,同上
10.22	王七生	28	渡仔头廊	林端娘	21	刘江海	王南星(父)	林申(父)	10.2,同上
10.25	汤日兴	24	干冬圩	马七娘	16	詹断	汤宗(父)	马明水(父)	10.8,同上
10.25	郑新客	27	小南门	余水娘	20	郑银娘	郑牛(宗叔)	佘正(父)	10.19,同上
10.27	颜注	24	小南门	张玉娘	21	杨诗娘	颜绍(胞兄)	张在新(父)	9.28,同上
10.27	卢瑞和	20	鉴光河北	江成娘	16	(缺)	卢祯祥(父)	江福星(父)	—,同上
10.28	叶振郎	22	戈劳屈	林登娘	17	黄壬娘	黄瑞麟(父)	林新添(父)	10.9,同上
11.2	林友	19	望茄寺	杨黎西	19	吴庚娘	林亚来(父)	杨钟(堂兄)	10.6,陈濬哲,陈启淮
11.2	林倍城	22	港口	王丹娘	23	吴庚娘	林全(胞兄)	王仕启(父)	10.13,同上
11.2	李顺琪	19	文丁	林俊娘	17	吴庚娘	李福寿(父,病,堂叔合婚代)	林逢湿(父)	10.14,同上
11.2	林满水	20	茄老旺	黄秋娘	19	洪梅	林成良(父)	黄天送(—)	10.11,同上
11.2	蔡漳水	21	干冬圩	赖阿那	20	陈益	蔡闪(父)	赖亚二(胞兄)	10.11,同上
11.4	简天德	36	职宁贞	林粪箕	23	郑银娘	简祖(叔祖)	林野(父)	10.17,同上
11.4	高亚兴	37	大南门	叶娇娘	17	巫七	高亚建(宗叔)	叶春元(胞兄)	10.8,同上
11.4	黄原存	24	东居	陈理娘	19	蔡勤娘	黄细(胞兄)	陈荣祖(父)	10.11,同上
11.4	李青元	28	鉴光州瓦	刘一娘	17	江秋娘	李对生(胞叔)	刘亚二(父)	10.13,同上
11.5	陈如南	21	三间土库	林旁娘	17	沈三娘	陈永元(堂叔祖,玛腰)	林月宁(堂兄)	10.11,同上
11.6	沈松茂	18	大使庙	许玉娘	19	郭一娘 百子千孙	沈青云(父)	许清泉(胞兄)	10.8,同上

11.8	廖辉龙	32	戈劳屈	李运娘	17	赖亚五	廖亚二(堂兄)	李福三(父)	10.14,同上
11.9	杨新德	21	班芝兰巷	林荣娘	21	陈金娘	杨锦文(宗叔)	林炳茂(宗叔)	10.11,同上
11.9	蒋友	33	吉石珍	詹君娘	18	陈寅娘	蒋成源(堂叔)	詹吉官(父)	10.14,同上
11.10	陈石生	17	新厝仔	林成娘	16	蔡勤娘	陈文达(宗叔)	林桐(父)	10.19,同上
11.10	蔡元英	19	丹兰望	吴玉娘	19	刘水娘	蔡经维(父)	吴顺(宗兄)	10.14,同上
11.11	杨新材	23	中港仔	林宝娘	20	江秀娘	杨乙生(堂叔)	林全生(胞兄)	10.13,同上
11.12	曾亚辛	27	振郎安	李雅娘	20	曾亚福	曾亚二(堂兄)	李亚长(胞伯)	10.20,同上
11.17	罗江水	41	槟榔社	魏淑娘	22	杨四娘	罗乾凤(父)	魏进生(父)	11.23,同上
11.17	程抄	31	干冬圩	林雅娘	18	张珠娘	程亚松(宗叔)	林助(宗伯)	11.17,陈,陈
11.18	廖增寿	45	小南门	孙丙娘	16	郭一娘	廖运南(宗叔)	孙亚兰(父)	10.20,同上
11.18	陈燕飞	23	八茶罐	刘金娘	20	郭一娘	陈光瑞(族叔)	刘添源(胞兄)	10.19,同上
11.19	徐絛	35	大南门	邬沙娘	22	陈金娘	徐举文(族叔)	邬元禄(堂兄)	10.20,同上
11.19	郑瑞源	25	职宁贞	陈未娘	20	郑银娘	郑章老(父)	陈传生(父)	10.24,同上
11.24	刘祝	34	公司后	叶田娘	21	陈水娘	刘沧(宗叔)	叶仁和(父)	10.27,同上
11.24	戴甘	32	廿六间	颜南娘	20	蔡勤娘	自己	颜文信(胞兄)	11.3,同上
11.25	邹亚锦	30	新把杀	陈玉娘	16	林月娘	邹亚四(胞叔)	陈美(宗叔)	11.7,同上
11.28	蔡经修	24	茄览末	刘雪娘	21	陈万	蔡奎炳(父)	刘江海(父)	11.12,同上
11.30	叶金标	18	中港仔	何增娘	17	郭一娘	叶廷瑞(宗叔)	何粤丰(父)	11.3,同上
11.30	黄崑山	20	东君	沈八娘	19	蔡勤娘	黄保生(父)	沈春生(胞兄)	11.11,同上
12.1	谢国治	34	八茶罐	王登娘	19	沈三娘	谢陶(亲叔)	王太甲(父)	11.19,陈,苏
12.1	冯英杰	36	公司后	黎丁娘	17	沈三娘	冯文秋(父)	黎亚三(父)	11.10,同上
12.2	杨江	26	甕菜河	陈庚娘	16	郭一娘	杨前(堂叔)	林满娘(母)	未定,同上
12.5	纪茂盛	21	珍旧圩	李红娘	16	陈寅娘	纪龙生(堂兄)	李荣德(胞叔)	11.19,同上
12.5	钟乾五	37	蕉仔街	李哲娘	18	蔡勤娘	钟亚四(宗叔)	李金二(堂兄)	11.19,同上
12.8	汤隆源	26	干冬圩	吴益娘	16	张秀娘	汤德全(堂叔)	吴唇(父)	11.19,同上
12.9	叶巧	30	扫口	黄挨勃	26	陈金娘	叶走(胞兄)	黄传时(胞兄)	11.18,同上
12.10	郑其章	26	职宁贞	陈望吃	16	刘荣娘	郑宗茂(叔祖)	陈枣奎(堂叔)	11.11,陈,苏
12.10	林浸水	28	乌布涂库	吕亚律	17	沈三娘	林日生(宗叔)	吕文福(胞兄)	11.12,同上
12.10	林文龙	22	珍旧圩	陈哪娘	17	陈云娘	林彰(宗叔)	陈丁仔方(父)	11.28,同上
12.12	黄二全	23	窑内	王合娘	19	陈金娘	黄亚来(父)	王成权(父)	11.19,同上

12.13	徐亚桂	31	中港仔	赖戊娘	16	江秋娘	徐兴观(胞叔)	赖亚三(父)	11.19,同上
12.14	沈聪	23	文登	许凤娘	23	霍亚贡	沈福江(宗兄)	许隆兴(亲伯)	12.8,同上
12.15	李亚恭	28	惹牙毛吃	钟友娘	19	张二娘	李井义(堂兄)	钟新淑(堂兄)	11.19,同上
12.15	许得宜	22	珍旧圩	李宣娘	22	郭乙娘	许竹苞(父)	李文和(叔)	11.19,同上
12.15	兰亚琅	29	小南门	杨对娘	19	江秋娘	兰甲淑(堂兄)	杨亚五(堂叔)	11.27,同上
12.16	邓逢春	21	窑内	杨鸾娘	19	杨四娘	邓正招(胞叔)	杨清凉(胞兄)	11.19,同上
12.16	陈图谋	18	中港仔	高文娘	18	吴庚娘	陈偶然(祖父)	高衍度(堂兄)	11.24,同上
12.16	郭九老	25	内凹	黄绵娘	22	杨物老	郭建郎(堂叔)	黄光俊(堂兄)	11.27,同上
12.16	连炎照	21	洪溪	黄鸾娘	16	郭乙娘	连凤池(父)	黄光福(父)	11.25,同上
12.20	郭万山	18	西门	陈玉娘	15	谢庚娘	郭三月(宗叔)	陈尚(父)	未定,同上
12.21	王栢生	25	小南门	叶渊娘	20	沈三娘	王杰生(胞兄)	叶保全(堂叔)	12.9,同上
12.21	赖老郁	19	旧把杀	刘其娘	16	沈三娘	赖美(堂兄)	刘亚札(胞兄)	12.3,同上
12.21	阮金机	30	文登新圩	陈玉娘	21	吴庚娘	阮德水(胞兄)	陈汉(胞兄)	12.7,同上
12.22	薛文	26	鉴光麻六甲	叶阿娘	17	蔡勤娘	薛金水(胞兄)	叶盛(堂叔)	12.10,陈,苏
12.28	吴隆三	42	鉴光六瓦	李运娘	18	李添四	吴隆二(兄)	李亚新(父)	12.10,同上
12.28	温壬福	22	惹牙毛吃	黄丁娘	17	蔡辛伯	温亚二(父)	黄兰寿(父)	12.10,同上
12.28	黎福安	28	珍新把杀	曾桂娘	20	黄壬娘	黎亚振(堂兄)	曾发文(胞兄)	12.8,同上
12.29	周庚元	23	洪溪	林蜜娘	18	江秀娘	周旭庆(父)	林廪(堂叔祖)	12.14,同上
12.30	何隆宾	24	窑内	巫文娘	17	郑银娘	何顺其(父)	巫祯(父)	12.8,同上

总计:225 对

1854 年吧城唐人成婚注册表

月日	新　郎	年岁	住　址	新　娘	年岁	媒　妁	男方主婚	女方主婚	备　注 结婚日,主事人
1.4	李和生	24	亭仔脚	萧宁娘	24	沈三娘	李弼(堂叔)	萧成(堂叔)	癸 12.17,高俊杰,黄锦章
1.5	吴直郎	23	绒高兰	张君娘	20	陈寅娘	吴海(父)	张文(父)	12.8,同上
1.6	杨汉水	20	八厨沃间	郭来娘	17	郭一娘	杨清水(胞兄)	郭绍周(宗叔)	12.8,同上
1.7	黄三兵	30	吉石珍	苏智娘	17	陈因娘	黄宾(堂叔)	苏明长(父)	12.10,同上
1.11	郑新客	19	甕菜河	陈春娘	16	郭一娘	郑盛宝(宗伯)	陈光宁(堂叔)	甲 1.22,同上

1.11	黄金同	23	珍旧圩	杨老实	18	陈寅娘	黄下(父)	杨水良(宗兄)	12.20,同上
1.12	蒋看	26	珍旧圩	陈瑞娘	15	黄杰	蒋耻(叔)	陈荣祖(父)	1.19,同上
1.12	陈荣茂	20	珍旧圩	刘贤娘	18	陈寅娘	陈清柔(父)	刘透(父)	1.18,同上
1.13	戴明山	20	大南门	蒋水娘	19	沈三娘	戴文岱(父)	蒋灯光(宗叔)	1.27,同上
1.13	陈莱补	52	小南门	刘月娘	38	郑银娘	陈坪(宗叔)	刘崙(宗叔)	12.17,同上
1.13	简祖	52	杉板寮	徐文职	28	郑银娘	简三多(堂叔)	徐六合(胞兄)	12.17,同上
1.16	郑荣辉	17	三间土库	陈英娘	15	(缺)	郑清水(胞伯)	陈长尚(宗叔)	12.20,同上
1.17	庄清水	19	班芝兰	钟乙娘	18	蔡勤娘	庄文意(父,病,弟四贵代)	钟连(宗兄)	12.20,同上
1.17	林金和	37	五脚桥	陈必娘	20	江秀娘	张旺娘(母)	陈光员(父)	12.20,同上
2.10	巫世妹	29	万丹	洪雪娘	22	吴庚娘	巫荣春(宗叔)	洪荣水(堂叔)	甲 2.14,陈启淮,陈濬哲
2.21	叶岩郎	27	杉板寮	许宁娘	19	吴庚娘	叶象(宗兄)	许云生(宗叔)	2.14,同上
2.21	陈亚添	21	大南门	钟恩娘	19	张二娘	钟亚清(父)	钟奎炳(胞兄)	2.2,同上
2.23	张新藏	24	恒勿叻	郭吉娘	17	张二娘	张荣扬(宗兄)	郭万山(宗兄)	1.29,同上
3.1	林僣	44	公司	陈银娘	17	吴经娘	林贵(宗叔)	陈亚四(堂兄)	2.7,陈荣乔,苏天庇
3.1	王四桂	18	西门	郑闹热	18	沈三娘	王顺德(族叔)	郑六一(父)	2.8,陈,苏
3.6	黄癸己	27	珍十五间	李粪箕	15	陈心娘	黄溶川(宗叔)	李景(父)	2.28,陈,苏
3.6	蔡章发	25	丹兰望	黄登娘	20	李水娘	蔡章庆(胞兄)	黄亚桂(父)	2.15,同上
3.6	黄命隆	23	新圩	陈八娘	22	陈心娘	黄金钱(胞叔)	陈国山(父)	2.14,同上
3.6	涂亚五	20	巴拔丹	李癸娘	18	黄壬娘	涂亚二(父)	李亚癸(宗叔)	2.20,同上
3.8	黄才生	25	圣望港	李英娘	17	陈寅娘	黄明基(父)	李和贯(父)	2.14,同上
3.8	梁亚开	26	戈劳屈	林宣娘	17	陈寅娘	梁亚及(胞叔)	林二官(胞叔)	3.5,同上
3.13	戴得禄	33	大南门	蔡金娘	21	郑银娘	戴荣(父)	蔡金良(胞兄)	2.21,同上
3.15	吴丁二	25	芝郎眼	林庚娘	25	黄壬娘	吴亚添(亲叔)	林长生(父)	2.20,同上
3.17	许德元	22	八茶罐	梁发娘	21	郭一娘	林胜娘(亲母)	梁德水(叔)	2.28,同上
3.18	简三仕	30	望茄寺	沈宣娘	19	郑银娘	简祖(堂兄)	沈饭(父)	2.26,同上
3.20	余岐山	24	干冬圩	胡球英	16	林英娘	余好(父)	胡本义(父)	3.5,同上
3.23	陈文珠	20	观音亭	曾马劳	15	(缺)	陈捷魁(父)	曾庞(胞叔)	一,同上
3.27	傅蛟	28	珍旧圩	陈生娘	21	陈寅娘	傅进(胞叔)	陈新奇(堂叔)	4.5,同上
3.28	陈湖	41	亭仔脚	沈软娘	22	郑银娘	陈振生(宗兄)	沈清云(族伯)	3.2,同上

3.30	杨亚三	34	戈劳屈	丘祝娘	16	杨亚福	杨亚满(宗叔)	丘亚三(宗叔)	3.13,同上
4.6	文天锡	28	职宁贞	田挨勃	17	郑银娘	文自修(胞叔)	田光明(父)	3.12,高,黄
4.4	廖亚二[①]	23	戈劳屈	杨金娘	20	黄任娘	廖亚四(宗兄)	杨亚建(父)	3.10,同上
4.20	王顶礼	18	圣望港	谢芳娘	17	郭一娘	王冬生(父)	谢永春(胞兄)	4.11,同上
4.24	叶江水	25	鉴光猫厘	刘辛娘	19	林英娘	叶武生(胞兄)	刘亚四(父)	4.2,同上
4.25	李金生	21	占卑甲	黄八娘	17	郭乙娘	李孟良(父)	黄兰香(胞叔)	4.14,同上
4.25	杨金声	34	班芝兰	陈柔娘	21	郭一娘	杨如松(宗叔)	陈国水(堂叔)	4.5,高,黄
4.26	陈文生	24	珍新把杀	叶湿娘	20	陈寅娘	陈青龙(父)	叶永福(胞兄)	4.11,同上
4.28	陈英文	21	丹绕	巫傍娘	19	黄肯	陈珍(父)	巫荣春(宗叔)	4.4,同上
4.29	陈振美	21	毛仔蚋中蓓	李味娘	17	郭一娘	陈逢角(堂叔)	李钦庸(堂叔)	4.22,同上
5.2	苏亚辉[②]	31	班芝兰	黄务娘	17	刘仕	苏林(宗兄)	黄荣瑞(胞兄)	4.14,陈,陈
5.3	王得路	20	文登 据云是吧生长	林奴娜	17	王诵	王严(父)	林振隆(胞兄)	4.17,同上
5.4	黄德郎	32	圣望港 据云来吧 11 年	陈润娘	17	吴经娘	黄西斗(宗叔)	陈亚二(父)	4.13,同上
5.8	杨太兴	20	珍旧圩 吧生	施满娘	16	江秀娘	杨担(父)	施泉(父)	4.18,同上
5.8	吴祖兴	27	新把杀 吧生	洪好娘	27	陈心娘	吴福生(父)	洪梓(宗叔)	4.11,同上
5.8	陈灶明	19	窑内 吧生	何水娘	16	蔡勤娘	陈堤岸(叔祖)	何才三(堂叔)	6.15,同上
5.9	王武荣	23	窑内	邱七娘	15	江珠娘	王仁乐(堂叔)	丘三河(胞兄)	4.18,同上
5.9	刘育	22	米涧前	姚思娘	18	谢庚娘	刘龙光(胞叔)	曹干疾娘(母)	4.28,同上
5.10	杨兆宗	41	新把杀 据云来吧 15 年,曾娶妻已故	胡金娘	26	郭一娘	杨忠信(堂兄)	胡西郎(父)	4.28,同上
5.17	谢记生	26	竹寮,吧生	李庚娘	16	张二娘	谢喜淑(堂叔)	李亚三(父)	4.28,同上
5.21	李长安	21	鉴光州瓦	林丁娘	18	郭一娘	李长源(胞兄)	林木生(堂兄)	4.28,—
5.21	蔡维[③]	38	八厨沃间	林精娘	25	吴经娘	蔡三(堂叔)	林毛(宗兄)	4.25,—
5.23	施清泰	20	廿六间	陈添娘	17	郭一娘	施溪水(父)	陈益郎(父)	5.2,—

① 默氏陈杞观证见此人系吧生。签字“公正”。

② 据云在唐来吧十三载。

③ 据云蔡前妻已故,今乃续娶。

5.24	许肥	54	招望十八间	黄耽娘	24	沈三娘	许久(堂兄)	黄成(胞叔)	5.20,—
6.3	吴亚二	34	据云来吧十二年	叶青娘	20	郭一娘	吴长白(堂叔)	叶双桂(胞兄)	5.16,陈,苏
6.5	连清风	51	茄泊	杨微娘	29	沈宜娘	连亚招(宗兄)	杨远声(父)	5.16,同上
6.9	方登景	22	珍旧圩	甘色娘	17	陈寅娘	方新客(父)	甘砚(堂叔祖)	5.24,同上
6.11	张丙四[①]	27	羌母园	陈登娘	18	黄壬娘	张亚二(胞叔)	陈亚开(父)	6.24,同上
6.27	张育生	22	五脚桥,吧生	丘元娘	21	陈金娘	张德海(宗兄)	邱蹇郎(父)	6.18,同上
6.29	陈笃生	25	圣望港	黄爵娘	20	郑银娘	陈香国(堂兄)	黄容川(胞伯)	6.5,同上
7.7	李亚桂	22	拔拔丹	钟丁娘	18	罗亚已	李松轩(胞兄)	钟亚四(父)	7.8,同上
7.7	黄元宁	20	望茄寺,吧生	周水娘	18	陈寅娘	黄生与(父)	周林生(胞兄)	6.18,同上
7.11	李添福	22	文登旧圩,吧生	吴娘那	15	徐煌初	李凤吟(胞伯)	吴仙(父)	6.25,同上
7.18	章亚三	21	西门,吧生	古瑞娘	20	蔡芹娘	韦亚快(胞兄)	古亚全(父)	7.16,同上
7.19	占亚顺[②]	27	蕉仔街	叶猫汝	21	黄壬娘	古插三(堂兄)	叶丁五(父)	7.6,同上
7.20	李清秀	20	大港墘	黄茶娘	18	江秀娘	李景郎(祖父)	黄天助(父)	7.5,同上
7.21	欧求	23	职宁贞	钟五娘	21	张二娘	欧万生(父)	钟魁淑(父)	7.20,同上
7.22	黄淮水	20	新把杀	赵清娘	20	陈寅娘	黄金钱(堂叔)	赵清香(胞兄)	7.5,同上
7.26	叶窝[③]	33	打铁街	严鸾娘	31	沈三娘	叶保全(堂叔祖)	严长元(胞兄)	润7.26,同上
8.1	沈永水	20	芝郎萼,吧生	林巾娘	20	赖科	沈光茂(父)	林华生(父)	7.20,陈濬哲
8.2	邹亚欢	27	蕉仔街	谢萼冬	16	张二娘	邹亚石(亲叔)	谢庚扬(叔)	7.27,同上
8.7	曾亚添[④]	41	丹兰望斜桥	陈戊娘	17	陈亚五	曾亚四(叔祖)	陈杞观(堂伯)	7.21,同上
8.14	陈维罢	27	圣望港	郑淡娘	30	陈金娘	陈文瑞(父)	郑富(父)	7.10,陈
8.15	朱江山	19	竹树巷,吧生	曾来娘	17	朱江娘	朱亚福(父)	曾壬五(父)	7.5,同上
8.19	黄清香	26	职宁贞	林秋娘	20	陈云娘	黄清元(胞兄)	林盘(兄)	7.11,同上
8.20	苏绍宗	17	中港仔	陈淑娘	18	郭一娘	苏天庇(父,雷)	陈国顺(父,雷)	润7.2,高,黄
8.28	陈仕敬	21	丹兰望	蔡成娘	21	李申娘	陈登基(堂兄)	蔡天定(堂叔)	7.8,陈
8.28	张有春	18	八多尧	陈溅娘	18	陈金娘	张在新(堂叔)	陈福星(宗叔)	7.14,同上
8.31	蒋灯光	23	珍旧圩	郭荣娘	19	陈心娘	蒋成元(胞兄)	郭振山(胞兄)	7.25,同上

① 知见副默番贞式礼蛮云,果是在吧生长。

② 1847年11月8日,3749号案夺居吧。

③ 1854年6月24日,1820号案夺居吧。

④ 默氏陈杞观云:此人已居吧18年(签“公正”二字)。

8.31	陈荣瑞	22	新厝仔	詹碧娘	18	郭一娘	陈玉成(父)	詹发生(宗兄)	7.18,同上
9.4	韩扎	68	丹兰望	张申娘[①]	44	—	自己花押	自己花押	旧婚,—
9.6	钟润爹	39	巴力拔丹	温英娘[②]	17	蔡新伯	钟应爹(胞兄)	温亚二(父)	7.18,—
9.6	谢监生	18	中公司	廖粤娘	16	戴金娘	谢暨(父)	廖南星(父)	8.14,—
9.8	蔡秋鹤	29	观音亭	沈玉娘[③]	19	吴经娘	自己	自己	7.19,黄
9.18	罗敦台[④]	28	大南门	古福娘	23	谢庚娘	自己	自己	旧婚,7.11,陈,黄
9.19	洪子元	22	干冬圩	刘娘那	16	曾进生	洪皆(父)	刘亚五(父)	8.10,黄
9.19	刘增元	20	遵力	陈鸾娘	20	曾进生	刘仕元(胞兄)	陈保即(父)	8.17,同上
9.19	许匏仔	22	吉石珍	高君疾	16	陈寅娘	许宇(父)	高因生(堂叔)	8.14,同上
9.19	蒋英发	20	吉石珍	吴壬娘	19	陈寅娘	蒋清(父)	吴亚琼(父)	8.10,同上
9.20	林水	23	职宁贞	陈贞英	16	郑银娘	林天富(父)	陈庞(胞兄)	8.17,黄
9.20	陈联茂	21	文登旧圩	沈新娘	20	陈寅娘	陈联益(胞兄)	沈福山(堂兄)	8.14,同上
9.20	纪登合	19	吉石珍	黄安娘	19	陈寅娘	纪太山(父)	黄音生(堂兄)	8.14,同上
9.21	黄玉成	44	吉石珍	钟月娘	26	陈寅娘	黄玉麟(胞兄)	钟玉兴(胞兄)	8.24,同上
9.22	梁登寿	23	灰窑	杨木娘	16	吴兼娘	梁貌水(父)	杨忠信(堂叔)	8.11,同上
9.22	兰深渊	22	大港墘	陈灶娘	21	沈三娘	兰长流(父)	陈堤岸(父)	8.14,同上
9.25	黄国泰	19	珍旧圩	张娇娘	16	陈寅娘	黄谅(父)	张秋(族叔祖)	8.12,陈,黄
9.25	宋慈年	20	职宁贞	蒋猫力	18	张二娘	宋孽成(父)	蒋甚(胞叔)	8.17,同上
9.25	邱汉水	42	职宁贞	李章娘	21	蔡芹娘	丘龙泉(堂兄)	李如川(胞兄)	8.14,同上
9.27	杨西海	18	吉石珍	吴玉娘	17	陈寅娘	杨金生(胞叔)	吴三官(父)	8.11,同上
9.29	廖亚光	21	八茶贯	刘癸娘	21	张二娘	廖亚三(父)	刘永南(父)	8.14,同上
9.29	许照兴	19	马云丁	杨芳娘	18	张耽	许玉(父)	杨卢(胞伯)	8.17,同上
9.30	吴佳新	20	观音亭	陈宣娘	18	蔡勤娘	吴修(父)	陈成才(胞叔)	8.10,同上
10.7	薛文秀	18	珍把杀	陈惠娘	19	陈寅娘	薛向(堂叔)	陈登二(堂兄)	8.20,高,陈
10.7	李亚四	32	珍芝兰	王春娘	16	江亚五	李井义(亲叔)	王春信(宗叔)	9.1,同上

① 据张申娘称:自16岁与韩扎结发,生二子不育,仅有一女名丁娘,年9岁,弟念夫妻许久未给婚字,今愿给字,以固终身之好。

② 来吧18年,前妻已故,再续娶。

③ 沈氏前夫林心德结发才年余,于1853年当堂离遏,无儿女,恬处年余,今愿再醮与蔡永结同心,各无反悔,花押在婚簿为照。

④ 默氏张鹰扬知见(签字用外文 Thio Engiam)。

10.9	吴水生	23	王蔀	林鸾娘	18	郑银娘	吴青云(父)	林荣宗(胞叔)	8.22,同上
10.10	陈玉淋	21	賭公司	谢淑娘	21	郭一娘	陈侪(父)	谢明水(父)	8.22,同上
10.10	许仕芳	23	茄览抹	叶鉴光	20	吴庚娘	许仕禄(胞兄)	叶长寿(胞兄)	8.22,同上
10.11	卢全	18	槟榔社	高来娘	19	张二娘	张必娘(母)	高天恩(父)	10.5,同上
10.12	江亚四	32	洪溪	林贺娘	24	蔡勤娘	江亚二(胞兄)	林义明(胞兄)	8.24,同上
10.12	赖万才	18	文登	黄菊娘	17	萧吉娘	赖俊色(父)	黄良(父,病,堂兄眼代)	9.10,同上
10.14	苏木林	27	五脚桥	王珠娘	19	吴庚娘	苏天机(宗叔)	王义兴(宗叔)	8.24,同上
10.20	张荣合	24	王蔀	冯山娘	19	沈三娘	张玉山(父)	梁诗冶(母)	9.1,高,陈
10.23	黄玉书	30	珍旧圩	张荣吉	21	黄壬娘	黄亚招(父)	张和观(堂兄)	9.16,同上
10.26	陈同香	24	王园	林希娘	16	郭一娘	陈如水(堂叔)	林温郎(胞兄)	9.19,同上
10.26	陈蜂	37	珍新把杀	蔡中娘	22	吴庚娘	陈长水(宗兄)	蔡偃(叔)	9.16,同上
10.26	陈青山	34	小南门	黄宜娘	20	吴庚娘	陈清风(胞兄)	黄未郎(父)	9.19,同上
10.30	杨景良	19	八厨沃间	苏海娘	18	郭一娘	杨清水(父)	苏遐龄(父)	9.26,同上
10.30	林克明	30	窑内	黄元娘	25	谢庚娘	林壬光(宗叔)	黄亚接(父)	9.16,同上
10.30	林良和	21	茄窒	曾情娘	18	戴金娘	林雹厨(父)	曾连生(父)	9.16,同上
11.1	林茂福	20	茄老旺	王娘娘	17	郭一娘	林光昆(父)	王柳(父)	10.8,苏,陈思聪
11.1	张贵宗	18	干冬圩	施宁娘	17	郭一娘	张鼎宗(胞兄)	钟坤娘(母)	9.28,同上
11.3	吴金员	24	观音亭新厝仔	李仁娘	27	郭一娘	吴富生(宗叔)	李佛保(胞兄)	11.25,同上
11.6	方新科	22	中公司	林元娘	17	郑银娘	方达生(父)	林光连(胞兄)	10.14,同上
11.7	林荣老	22	大南门	张贺娘	18	吴经娘	林精秀(胞兄)	张凤银(胞兄)	9.29,同上
11.9	陈瑞源	20	公司	吕锥娘	17	沈三娘	陈瑞兴(胞兄)	吕亚三(堂叔)	9.22,同上
11.10	颜金福	20	乌鬼巷	韩浮厨	18	吴经娘	颜绵芳(胞叔)	韩本郎(胞叔)	9.24,同上
11.11	王元旦	20	马穆	黄奈娘	17	沈三娘	王双连(胞兄)	黄初云(父)	10.7,同上
11.11	李月明	18	中港仔	杨丝娘	17	郑银娘	李细妹(父)	杨赞力(父)	未定,同上
11.11	蔡其章	20	廿六间	林珠娘	18	陈金娘	蔡涉渊(父)	林芳泰(宗叔)	9.24,同上
11.13	陈相敬	20	八茶贯	叶浮厨	19	郭一娘	陈振和(胞兄)	叶永福(胞兄)	10.14,同上
11.13	陈钦福	18	珍新圩	张金娘	20	林月娘	陈八(父)	张红毛(父)	10.5,同上
11.15	钟昌荣	39	大港墘	叶壬娘	23	张二娘	钟茂生(宗兄)	叶丁五(堂叔)	10.8,同上
11.15	陈俊水	34	渡仔头部	苏爱娘	18	沈婆娘	陈乌尚(堂伯)	苏江官(父)	10.14,苏,陈
11.16	李亚四	50	大南门	黎丙娘	19	林民南娘	李士球(宗叔)	黎亚增(堂兄)	9.28,同上

11.17	苏禄山	21	病厝后	陈宣娘	19	蔡勤娘	苏天喜(父)	陈玉满(父)	11.16,同上
11.20	许德风	20	新把杀	陈恭娘	17	郭一娘	许松茂(父)	陈瑞章(父)	10.8,同上
11.21	丘重阳	27	五脚桥	黄曲娘	17	杨只娘	邱提老(堂叔)	黄汶水(父)	10.8,同上
11.21	杨福	34	新厝仔	甘溪娘	18	肖及娘	杨忠信(堂兄)	刘英娘(母)	10.5,同上
11.21	钟珍三	27	珍新圩	陈基娘	18	陈寅娘	钟新三(胞兄)	陈满(宗叔)	10.14,同上
11.22	陈日进	21	八多挠	张七娘	16	肖及娘	陈日新(堂兄)	张宣官(父)	11.22,同上
11.22	蔡文章	28	七宁贞	戴川娘	19	郑银娘	蔡文元(胞兄)	戴心郎(父)	10.13,同上
11.22	刘文渊	26	洪溪	蔡生娘	22	郑银娘	刘崙(宗兄)	蔡文元(堂兄)	10.21,同上
11.23	徐明水	23	文登新圩	赖悦娘	17	张梁叔	徐昆宥(父,病,胞兄如山代)	赖木(胞叔)	10.8,同上
11.23	林清秀	27	大南门	周贺娘[①]	27	吴经娘	自己	自己	11.1,同上
11.23	陈茂岩	23	大巷内	傅善娘	17	谢庚娘	陈清凉(宗叔)	傅祯祥(堂叔祖)	10.8,同上
11.24	许松	24	褒种地	张雅娘	21	杨天来	许玉(胞伯)	张戽(亲叔)	10.21,同上
11.27	吴脍才	20	甕菜河	陈英娘	18	郭一娘	吴韫(父)	陈启佑(父)	10.14,同上
11.27	林元	38	打铁街	张直娘	24	蔡勤娘	林崑山(堂兄)	张秋(宗兄)	10.13,同上
11.27	张汉陵	25	马目	林蕉娘	23	蔡剑客	张甜(宗叔)	林荣瑞(父)	10.21,陈
11.28	邓亚兰	20	珍广东	朱亚娇	18	朱亚亲	邓亚凤(胞叔)	朱亚五(父)	10.20,同上
11.28	陈宁山	22	八戈然	林银娘	17	曾丁娘	陈标生(父)	林有翼(父)	未定,同上
11.29	陈千乘	36	公司	黄山娘	19	吴经娘	陈宪文(宗叔)	吴吟娘(生母)	10.14,—
11.30	黄大嘉	32	槟榔社	张凤娘	18	陈金娘	黄亚高(堂兄)	张天喜(堂叔)	10.14,—
11.30	彭戈奢	34	八茶贯	陈亥娘	33	吴经娘	彭大秀(堂兄)	陈如水(堂叔)	10.21,—
12.6	何长庚	20	文登	林阳娘	19	沈宝娘	何臻(叔)	林谦(父)	11.26,陈,黄
12.7	张居盛	18	珍旧玕	曾安娘	19	陈寅娘	张光吐(父)	曾梅村(父)	11.4,同上
12.8	王明水	17	西门	杨碧娘	17	郭一娘	王凉海(父)	杨热(堂兄)	11.4,同上
12.9	欧秋	40	职宁贞	陈月娘	28	郑银娘	欧满生(胞兄)	陈石(胞叔)	11.24,同上
12.11	涂江淮	34	戈劳屈	陈翠娘	28	蔡勤娘	涂明元(堂叔)	陈福生(父)	12.5,同上
12.11	王正淮	19	港口	陈寄娘	16	杨三水	王富郎(父)	陈福全(堂兄)	11.12,同上

① 据周氏供称:前夫吴衡于1851年11月24日去世,结发才一年,无儿女,寡守4年,愿再醮林清秀永结同心,各无反悔,花押存照。鉴光毛甲默氏陈南秀出单为凭。

吴衡官卒于和1851年11月24日身故,年42岁,理事人姪蛋春,经已报明并无物业,合应通知,此上家甲必丹美色甘,和1854年11月23日默氏陈南秀(红印)单。

12.13	李伯适	20	中港仔	蒋经娘	17	郭一娘百子千孙	李长(父,钦赐甲,病,胞伯达代)	蒋清泰(胞兄)	甲 10.28,同上
12.14	许淡勿	27	巷干疾	宋芳娘	17	黄壬娘	谢杞娘(母)	宋隆生(胞叔)	11.4,同上
12.18	詹亚丁	27	洪溪	吴一娘	20	饶二	詹攀(宗兄)	吴亚辛(父)	未定,同上
12.18	郑成安	22	亭仔脚	许良娘	18	蔡勤	郑成福(胞兄)	许文凤(父)	11.4,同上
12.20	林长源	27	小南门	蔡月娘	18	陈金娘	林奢(宗叔)	蔡春水(胞兄)	11.16,同上
12.21	黄壬水	21	珍新把杀	甘绒娘	19	张妈生	黄保顺(堂叔祖)	甘开芳(堂叔)	11.19,同上
12.21	黄峇峇	20	渡仔头	苏无吃娘	18	郑银娘	黄天赐(胞叔)	苏乌鬃(胞兄)	11.4,同上
12.27	郑忠诚	19	大巷内	林丝娘	20	蔡勤娘	郑坐(父)	林光耀(父)	11.26,同上
12.27	陈三珍	38	砖仔桥	王劳智	17	张二娘	陈清河(胞兄)	王振宗(堂叔)	11.12,陈,黄
12.27	陈春	25	小南门	林月娘	20	张二娘	陈清凤(宗兄)	林康宁(堂叔)	11.19,同上
12.27	曾国梁	19	三十六间	林观娘	17	叶文德	曾目(胞叔)	林两仪(堂兄)	11.16,同上
12.27	黄萍	39	占仔蚋	陈宝娘	16	谢庚娘	黄元(宗兄)	陈班府(父)	11.19,同上
12.29	冯兴	20	珍旧圩	朱全娘	18	陈寅娘	冯文秋(胞伯)	朱宏亮(胞叔)	11.20,同上
12.30	杨廷玉	27	砖仔桥	许曲娘	20	谢庚娘	杨波岸(宗叔)	许奎炳(宗叔)	11.12,同上
12.30	林松茂	22	观音亭	黄根娘	17	郑银娘	林天福(父)	黄成(父)	11.12,同上

总计:179 对

1855 年吧城唐人成婚注册表

月日	新郎	年岁	住址	新娘	年岁	媒妁	男方主婚	女方主婚	备注 结婚日,主事人
1.4	陈文元	21	绒戈兰	曾姜娘	16	沈三娘	陈葛水(胞兄)	曾长水(父)	甲 12.7,高俊杰,陈逢义
1.4	郭荣元	18	毛仔蚋部	郑雅娘	16	林兴郎	郭光水(父)	郑吟(父)	11.19,同上
1.6	叶州钫	73	圣望港	吴保娘	40	萧吉娘	自己花押	吴刘(父)	11.26,同上
1.6	陈孟孙	28	八厨沃间	徐水娘	21	蔡勤娘	陈国水(堂叔)	徐兴观(堂叔)	11.19,同上
1.6	戴文新	25	职宁贞	黎玉娘	20	郑银娘	戴振郎(胞叔)	黎天福(堂兄)	12.12,同上
1.9	韩其和	27	茄簿	汤朱娘[①]	25	钟银娘	自己	自己	11.15,同上
1.9	黄溪水	41	西门	陈尺娘	32	蔡勤娘	黄长生(堂兄)	陈春水(父)	11.26,同上

① 汤朱氏前夫徐汉水结发生一女名和娘,年 9 岁。因夫妻不和于 1851 年当堂离遏,女归夫家,今恬处 4 年,再醮与韩,永结同心,各无反悔,花押为照。

1.10	陈永春	19	新港口	王归事娘	16	陈玉生	陈崑东(胞叔)	王叠雄(父)	12.6,同上
1.10	林琼文	25	文登旧圩	许奴那	22	陈玉生	林椿寿(胞叔)	许现龙(堂兄)	12.6,同上
1.11	陈松柏	23	公司	潘英娘	21	吴经娘	陈国顺甲(宗叔)	潘皆官(父)	12.2,同上
1.11	颜明机	25	职宁贞	陈月娘	28	陈寅娘	颜文信(父,自己明基代)	陈春官(父)	11.26,同上
1.11	唐敬记	31	珍新圩	李荣娘	18	陈寅娘	唐天球(胞兄)	李宣(胞兄)	12.1,同上
1.11	陈吉昌	21	文登	林菊娘	21	陈寅娘	陈森元(胞兄)	林光振(父)	12.8,同上
1.12	温汝福	31	丹兰望	李葵娘	20	林金娘	温亚五(胞叔祖)	李锦龙(胞兄)	12.9,同上
1.12	陈亚赛	28	八戈然	黄艮娘	24	郭一娘	陈乌尚(堂叔祖)	黄东启(宗叔)	11.26,同上
1.12	陈云追	18	珍旧圩	郑七娘	18	陈寅娘	陈引(胞叔)	郑南星(胞兄)	缺,同上
1.14	蔡瑞源	25	八厨沃	庄甘娘	18	(缺)	(缺)	(缺)	缺,同上
1.17	吴萃英	23		魏银娘	23	郭一娘	吴甲南阳(胞兄)	魏和(胞兄)	缺,高,陈
1.17	刘添秀	20	文登新圩	罗已娘	16	沈壬生	刘清贤(堂叔祖)	罗亚新(父)	缺,同上
1.19	肖奎炳	20	观音亭前	颜金娘	17	黄吟娘	肖成(父)	颜金水(胞兄)	甲 12.18,同上
1.22	吴秀贤	26	丹兰望	黄丁娘	18	黎连兴	吴亚四(堂叔)	黄亚桂(父)	12.12,同上
1.22	曹信郎	18	实南巴	邓已文	16	林英娘	曹彩郎(堂兄)	邓甲生(胞兄)	12.18,同上
1.22	黄元生	20	吉石珍	詹哇娘	17	林英娘	黄宗彦(胞兄)	詹青鸾(胞兄)	1.8,同上
1.23	林新基	18	圣望港	黄秀娘	18	沈三娘	林部(父)	黄明基(堂叔)	1.12,同上
1.24	蔡光辉	18	槟榔社	胡邹娘	16	刘金娘	蔡高山(父)	胡崑山(父)	12.11,同上
1.25	陈闹热	22	戈劳屈	曾赞娘	23	黄壬娘	陈丙官(父)	曾丙生(胞兄)	乙 1.18,同上
1.29	戴康健	35	文登	阮渊娘	24	林炭	戴保(堂兄)	阮得水(胞兄)	12.18,同上
1.31	陈国忠	20	大南门	张金娘	16	郑银娘	陈清水(胞兄)	张英炎(胞叔)	乙 1.23,同上
2.1	黄安	25	文丁	林文娘	21	林温良	黄全(胞兄)	林顺邻(胞兄)	12.18,同上
2.5	郑水生	66	八茶罐	陈民娘①	41	沈三娘	自己	自己	旧婚,同上
2.5	林荣山	23	丹兰实连	杨黎西	18	吴敬娘	林日升(堂叔)	杨浮底(堂叔)	12.20,同上
2.5	郑元和	20	西门	陈言娘	17	肖吉娘	郑格(父)	陈元年(胞兄)	1.23,同上
2.6	王结理	41	西门	郑琼娘	31	沈三娘	王元龙(宗兄,钦赐雷)	郑水生(父)	12.25,同上
2.27	陈必文	21	新厝仔	钟登娘	19	张二娘	陈焕文(胞兄)	钟亚凤(父)	1.18,同上
2.28	李荣宗	27	大南门	叶水娘	27	吴经娘	李彦文(父)	叶长生(胞兄)	1.16,同上

① 咸丰四年十二月十九日,即吧 1855 年 2 月 5 日给。陈氏前夫林程结发三载,生下二女,一故,一名生娘年 2 岁,孀守 14 年,愿再醮郑水生为夫,永结同心,各无反悔,各自花押为日。默氏见证,许奎炳。

3.1	林闰德	21	洪溪头	邹悦娘	21	(缺)	林敬良(胞叔)	邹天福(胞兄)	1.17,陈濬哲,黄锦章
3.3	李国水	24	公司后	丘细娘	18	谢庚娘	李轩郎(堂叔)	丘水客(堂兄)	1.18,同上
3.8	钟德兴	43	恒勿力	巫来娘	17	张壬娘	钟亚五(堂兄)	巫丙生(父)	2.26,同上
3.9	吴淑良	27	大南门	曾福娘	24	郭一娘	吴甲南阳(胞兄)	曾开业(胞叔)	1.23,同上
3.11	杨正谊	32	甕菜河	沈日娘	21	肖及娘	杨自基(堂兄)	沈安(父)	3.14,同上
3.11	熊享麟	46	水锯	李猫汝	17	刘金娘	熊亚添(胞兄)	李助郎(堂兄)	1.21,同上
3.22	丘亚四	31	巴六拔丹	李细妹	17	李亚二	丘报贤(堂叔)	李福三(父)	2.14,同上
3.22	兰五曲	33	珍新圩	高惜娘	17	张妈生	兰斗盖(堂兄)	高助(堂兄)	2.22,同上
3.23	丁木全	34	五脚桥内	林坤娘	20	郭一娘	丁东(父)	林福情(胞兄)	2.24,同上
3.26	黄德崇	23	廿六间	陈睿娘	23	郭一娘	黄东启(父)	陈成畴(胞兄)	2.22,同上
3.27	林朝元	30	戈劳屈	戴红娘	17	郭一娘	林朝老(胞兄)	戴记生(父)	2.15,同上
3.28	陈卫	46	大使庙	杨登娘	16	杨已娘	陈福牛(宗兄)	杨珠玑(宗叔)	2.22,同上
3.28	杨科元	29	吉石珍	周双娘	20	林英娘	杨润(父)	周林生(堂兄)	2.22,同上
3.28	谢平生	20	吉石珍	何友娘	19	杨亚才	谢万顺(父)	何清泉(父)	2.19,同上
3.30	李秀程	23	小南门	翁粥娘	16	郭一娘	李长茂(宗兄)	翁恩郎(胞伯)	3.14,同上
3.31	张朝唐	27	圣望港	严姑娘	26	陈金娘	张受天(胞兄)	严长元(胞兄)	2.15,同上
4.2	施有山	31	西门	陈深娘	22	郭乙娘	施渊泉(宗兄)	陈快生(父)	4.12,同上
4.4	刘顺发	21	八厨沃间	林智娘	17	谢庚娘	刘亚兰(父)	林生(父)	2.22,同上
4.6	郭文德	23	大港墘	黄发娘	20	陈金娘	陈曲娘(母)	黄明顺(父)	4.5,同上
4.10	罗亚五	43	干疾巷	钟丙娘	20	黄壬娘	罗亚纪(堂兄)	钟秀二(堂兄)	2.29,同上
4.11	刘亚二	31	戈劳屈	郑庚娘	16	黄壬娘	刘壬生(胞兄)	郑亚增(父)	2.25,高,陈
4.12	林大戆	28	绒戈兰	黄巾娘	18	郑银娘	林德余(父)	黄秀(胞伯)	—,同上
4.16	朱亚炎	42	戈劳屈	廖娘那	20	彭亚俊	朱佩寿(堂叔)	廖宙芳(堂兄)	3.2,同上
4.18	吴庚四	26	蕉仔街	叶已娘	17	黄壬娘	吴南斗(堂叔祖)	叶双五(堂兄)	3.14,同上
4.20	钟荣元	26	珍旧圩	李辛娘	15	陈寅娘	钟亚七(胞叔)	李菊二(父)	3.11,同上
4.23	甘庆意	20	珍旧圩	郑吉疾	18	陈寅娘	甘庆成(胞兄)	郑居全(父)	3.14,同上
4.23	涂岸郎	30	观音亭	杨庚娘	20	郑银娘	徐江淮(堂兄)	陈贺娘(祖母)	—,同上
4.24	钟贵生	30	蕉仔街	曾机娘	17	蔡勤娘	钟德盛(宗兄)	曾亚五(父)	3.14,同上
4.30	郑茂泉	21	班芝兰巷	沅松娘	20	陈金娘	郑献瑞(父)	阮光印(胞兄)	3.20,同上
5.3	吴永福	22	观音亭	林新娘	16	郑银娘	吴登山(父)	林秉茂(宗叔)	4.2,—

5.11	吴季阳	22	吉石珍	柯安娘	18	陈寅娘	吴力(父)	柯前定(堂叔)	4.2,同上
5.11	李永昌	21	公司后	许奇娘	18	沈三娘	李霞(父)	许松茂(父)	4.2,同上
5.14	靳渊生	21	丹兰望	许贺娘	18	陈寅娘	靳乙生(胞兄)	吴质娘(母)	4.8,同上
5.14	蒋长机	22	吉石珍	薛友娘	19	陈寅娘	蒋子贡(父)	薛永好(堂兄)	4.12,同上
5.16	兰加	34	亚片公司	陈振娘	16	郑银娘	兰长流(堂兄)	陈美(堂叔)	—,苏天庇,陈思聪
5.18	简植扑	26	呀兀	杨贞娘	18	郭乙娘	简嘉平(族叔)	杨永文(胞叔)	4.24,同上
5.18	李亚喜	34	巴拔丹	陈左娘	16	钟壬爹	李癸中(堂兄)	陈端(胞兄)	4.11,同上
5.23	黄正川	23	东门外	江卑娘	17	张如娘	黄恩生(胞伯)	江如水(父)	4.11,同上
5.23	林岐山	25	曹洛	王茶娘	17	苏文章	林天贵(胞叔)	王隆(父)	4.16,同上
5.24	蔡漳水	20	丹兰望	林山娘	21	郭一娘	蔡景新(父)	林彰(父)	4.18,同上
5.26	高传生	19	抽奎桥	林永娘	20	沈三娘	高恩郎(父)	林江河(胞兄)	5.1,苏,陈
5.31	李英利	39	丹绒	黄音娘	16	沈三娘	李显祖(宗兄)	黄赞郎(父)	4.17,同上
6.6	林亚兴	32	大南门	冯音娘	18	张二娘	林亚三(堂叔)	冯亚二(父)	6.12,同上
6.13	梁昭龄	33	公司后	李金娘	19	郭一娘	梁亚五(堂叔)	李庚华(父)	5.7,同上
6.14	詹六山	20	公司	黄巩娘	17	肖吉娘	詹接生(父)	黄海水(堂叔)	5.30,同上
6.20	叶文贵	18	八茶罐	林专娘	18	陈金娘	叶廷瑞(宗叔)	林蜜水(堂兄)	5.10,同上
6.20	叶贵山	24	蚊加毛吃	陈佛娘	17	肖吉娘	叶百山(胞兄)	陈笃生(胞兄)	5.18,同上
6.20	刘亚友	28	大使庙	陈英娘	22	郑银娘	刘赐(父)	陈满(堂伯)	5.10,同上
6.28	吴斗二	38	八茶贯	林明娘	18	林亚显	吴龙二(堂叔)	林锦相(亲叔)	5.22,同上
6.28	王永兴	29	亚参脚	邬兴娘	27	沈三娘	王旺(父)	邬元禄(堂兄)	5.18,同上
6.29	林和成	20	廿六间	许匏厨	16	郭一娘	林光琼(父)	许奎炳(宗兄)	6.12,同上
7.3	谢亚窕	27	大南门	黄招娘	22	刘金娘	谢芹四(堂兄)	黄学长(父)	6.13,同上
7.4	赵清水	18	珍新把杀	陈山娘	16	陈寅娘	赵清香(胞兄)	陈八(父)	5.29,同上
7.4	郑天癸	30	油车	谢江娘	22	郑银娘	郑辉彩(宗叔)	徐惜娘(母)	6.12,同上
7.11	吴辛二	44	芝朗眼	古勃娘	22	谢庚娘	吴亦足(堂叔)	古清元(胞兄)	6.12,同上
7.17	李长光	25	观音亭	戴宣娘	16	郑银娘	李森(父)	戴彩应(父)	6.16,同上
7.19	张俊深	19	大港墘	曾英娘	18	陈金娘	张才(宗叔)	曾伯雅(宗叔)	6.12,同上
7.19	戴瑞源	45	鉴光河北	陈淑娘	27	肖吉娘	戴东水(胞兄)	陈灿光(宗兄)	6.26,同上
7.21	许德江	19	大南门	林仪娘	19	郭一娘	许裕生(胞叔)	林奇观(胞兄)	6.26,同上
7.23	王河水	23	新厝仔	谢厘勿娘	16	郭一娘	王溪水(胞兄)	谢天仁(堂叔)	6.13,同上

7.27	傅凤习	40	惹牙毛吃	黄丁娘	19	赖广源	傅盘俊(父)	黄亚五(伯父)	6.18,同上
7.31	谢英俊	22	窑内	林金娘	23	陈金娘	林福娘(母)	林炳茂(宗叔)	—,同上
8.3	邹亚禄	28	蕉仔街	张丙娘	20	张二娘	邹亚石(堂兄)	张亚恒(堂兄)	8.3,苏,陈
8.8	吴根元	19	五脚桥	陈银娘	16	郭一娘	吴富生(父)	陈吉(胞叔)	7.16,同上
8.10	陈开补	27	甕菜河	朱清娘	16	吴经娘	陈坪(堂兄)	朱西麟(父)	7.11,同上
8.18	黄端庄	18	圣望港	郭瑞娘	18	蔡芹娘	黄明言(宗兄)	郭永元(堂叔)	7.22,同上
8.18	何双任	48	洪溪头	韩月娘	18	谢庚娘	何亚垣(宗兄)	韩其和(胞兄)	8.16,同上
8.20	林每生	19	蕉仔奎	叶干娘	16	谢庚娘	林伦生(胞兄)	叶粟(父)	8.6,同上
8.22	刘长佑	23	吉石珍	吴奴那	16	陈寅娘	刘禄生(父)	吴力(宗叔)	7.18,同上
8.22	陈荣兴	21	观音亭	林坤娘	19	吴庚娘	陈德兴(胞兄)	林当(宗叔)	7.21,同上
8.24	杨永元	23	东门外	陈水娘	22	张二娘	杨荣宗(堂兄)	陈福(宗兄)	8.6,同上
8.28	陈阳茂	21	八厨沃门	蔡探娘	22	沈三娘	陈珍生(胞叔)	蔡桓(父)	8.18,同上
8.28	陈荣泉	25	槟榔社	丘和娘	17	蔡芹娘	陈仕元(父)	丘亚仙(父)	9.19,同上
8.29	王日昇	24	西门	戴秋娘	23	蔡芹娘	王周(父)	戴虎山(胞兄)	8.3,同上
9.1	李顺成	23	吉石珍	陈保娘	16	沈三娘	李长宗(胞兄)	陈天赐(胞兄)	7.28,黄锦章
9.3	林投	18	望茄寺	李山娘	17	沈三娘	林来(父)	李水生(父)	8.20,同上
9.5	李同梧	23	美色近	赖泳娘	20	陈金娘	李福星(父)	赖俊德(父)	8.3,同上
9.5	刘亚五	34	砖仔桥	郑珠娘	22	郑银娘	刘天进(堂叔)	郑光弼(宗叔)	8.22,同上
9.7	丘长水	21	五脚桥	叶瑞娘	20	郭一娘	邱昌(堂叔祖)	叶绵(父)	8.3,同上
9.10	甘永团	18	新把杀	陈朝娘	20	陈寅娘	甘么(父)	陈吟(父)	8.4,同上
9.10	侯文福	20	鉴光猫厘	杨玉娘	17	陈寅娘	侯本(父)	杨担(父)	8.18,同上
9.11	黄瑞源	25	西门	王福娘	17	蔡芹娘	黄长生(堂叔)	王瑞贤(胞叔)	8.13,同上
9.13	蔡文专	24	丹兰望湾桥	林癸娘	15	吴经娘	蔡彩文(胞兄)	林秋(父)	8.13,同上
9.13	叶光南	34	新厝仔	詹良娘	33	吴经娘	叶保全(兄)	詹接生(堂叔)	8.6,黄
9.14	陈珍水	19	吉石珍	蒋茂娘	19	陈金娘	陈壬水(胞兄)	蒋銮(父)	7.21,同上
9.15	王文成	20	丹兰望	连坤娘	17	沈三娘	王文显(胞兄,钦赐甲)	连凤池(祖父)	8.20,高,陈
9.18	许铣淮	24	大巷内	陈银娘	26	蔡芹娘	许彬官(父)	陈俭生(胞兄)	8.14,黄
9.18	张瑞芳	45	槟榔社	杨满娘	26	刘金娘	自己	杨光荫(胞兄)	8.20,同上
9.20	何宗海	20	五脚桥	张凤娘	17	吴经娘	何亚满(父)	张缘泰(父)	9.16,同上

10.1	魏俊德	28	西门	李山娘[①]	21	吴经娘	自己	自己	8.20,同上
10.1	王撮	45	珍新圩	陈景娘	29	陈心娘	王喜(宗兄)	陈偶然(胞伯)	8.27,—
10.1	周青山	23	吉石珍	廖保娘	18	陈心娘	周华生(堂兄)	廖新客(胞兄)	8.30,黄
10.2	吴文月	31	大使庙	林音娘	19	吴经娘	吴荣辉(宗兄)	林恩迎(胞叔)	8.27,同上
10.4	陈蔡	23	亭仔脚	叶登娘	18	吴经娘	陈旋(堂兄)	叶天生(宗叔)	9.4,同上
10.8	黄太山	20	新把杀	纪登娘	22	陈寅娘	黄金钱(父)	纪太山(父)	9.10,同上
10.9	高妈意	38	大使庙	蔡知娘	22	吴经娘	高张(宗兄)	蔡田文(父)	9.18,同上
10.10	钟亚七	27	大南门	曾已娘	17	刘金娘	钟天生(胞兄)	曾鼎观(父)	9.10,同上
10.10	陈永添	20	中港仔	张联娘	16	郭一娘	陈文达(父)	张德海(父)	9.16,同上
10.11	钟亚五	26	丹兰望	陈丙娘	20	吴经娘	钟天生(堂叔)	陈宣官(父)	9.22,同上
10.11	徐友生	25	八茶贯	陈春娘	22	沈三娘	徐金炉甲(宗叔)	陈国山(胞叔)	9.10,同上
10.11	郭九思	22	大使庙	杨罗智	16	陈金娘	郭福生(胞叔)	杨水宁(堂兄)	9.10,同上
10.13	黄从容	35	旧把杀	陈容娘	20	沈三娘	黄亮(堂兄)	陈长芳(堂叔)	8.4,高,陈
10.13	赖万卷	28	芝郎安	李庚娘	16	黄壬娘	赖亚五(堂叔)	李全寿(父)	9.16,同上
10.13	黄金英	21	三间土库	洪绣娘	20	黄壬娘	黄石生(父)	洪桂馥(宗叔)	9.19,同上
10.16	陈兆峰	21	八戈然	林一娘	20	郭一娘	陈乌尚(父)	何音娘(母)	9.10,同上
10.16	曾财源	22	鉴光六州	刘六娘	20	蔡勤娘	曾新年(父)	刘益山(宗兄)	9.25,高,陈
10.22	侯亚进	38	小南门	黄曲娘	17	曾隆娘	侯亚轩(宗兄)	黄来兴(堂兄)	9.16,同上
10.22	杨亚长	35	吧八丹	黎福娘	16	钟任爹	杨亚生(堂兄)	黎福爹(胞兄)	9.16,同上
10.22	黄子仪	31	小南门	蔡然娘	24	郭一娘	黄京(堂叔)	蔡佛(父)	10.2,同上
10.23	郑英茂	18	八茶贯	黄玉娘	17	蔡芹娘	郑光搿(堂叔)	黄前经(胞兄)	9.16,同上
10.23	陈柔佳	26	吉石珍	杨淑娘	17	陈心娘	陈志(父)	杨如生(父)	9.26,同上
10.24	郭乙生	33	洪溪杉板寮	骆记娘	17	黄济娘	郭亚燕(胞叔)	骆秀(父)	9.16,同上
10.25	金玉麟[②]	32	小南门	五贞娘	22	吴经娘	自己	自己	旧婚,同上
10.29	李亚三	27	吉石珍	曾五娘	17	邓亚凤	李亚信(堂兄)	曾秀三(父)	9.26,同上
10.30	丘科观	31	小南门	范双娘	15	黄吟娘	邱亚三(堂叔)	范亚传(父)	10.4,同上
11.5	柯朱弁	28	小南门	杨良娘	22	郭一娘	柯扁(宗兄)	杨曲(胞兄)	10.26,同上

① 李氏前夫刘成,交寅才8个月未有儿女,即当堂离遏,恬处3年,今愿与魏永结同心,各无反悔,花押为照。

② 此婚乃本年5月30日案牍第18号,先苟合,未给婚字,今二比愿再合,故又给字成婚批照。知见人伊胞兄邱从生(签字邱从生)。

11.5	陈长奕	19	五脚桥	王着娘	18	吴经娘	陈姜(房叔祖)	王国凤(父)	10.10,同上
11.7	连海水	20	大当前	林喜娘	16	刘金娘	连赞水(胞兄)	林执礼(胞兄)	10.16,同上
11.8	王明水	18	西门	陈菊娘	17	沈三娘	王凉海(父)	陈茯苓(父)	10.5,同上
11.8	王瑞敬	21	大南门园内	詹金娘	21	郭一娘	王全成(父)	詹山郎(胞兄)	10.10,同上
11.12	李嘉猷	22	洪溪	蒋寿娘	15	沈三娘	李铁石(宗叔)	蒋庆余(堂兄)	10.13,同上
11.12	叶冉四	36	东居	曾傍佛	18	李丁仔钫	叶亚五(堂兄)	曾亚二(胞兄)	10.10,同上
11.12	郑秋中	20	廿六间	沈金水	19	郭一娘	郑清水(父)	沈海生(胞叔)	10.14,同上
11.13	蔡如生	28	职宁贞	黎来娘	18	郑银娘	蔡伦生(胞兄)	黎保生(胞叔)	10.13,同上
11.15	黄典	27	新把杀	陈红娘	17	林荣娘	黄溶川(宗叔)	陈长水(房叔祖)	10.12,同上
11.15	陈亚美	26	吉石珍	谢癸娘	18	杨亚才	陈亚五(父)	谢满盛(父)	10.10,陈
11.15	林猫微	28	宇绒联登	戴文娘	20	郑银娘	林天福(胞叔)	戴心郎(胞伯)	10.19,同上
11.17	谢怀宁	26	大使庙后	黄癸娘	20	张二娘	谢怀桐(胞兄)	黄丕水(宗叔)	10.13,同上
11.19	林必庆	23	文登	黄润娘	15	郭美娘	林谦生(父)	黄荣寿(父,雷)	10.19,陈,陈
11.20	黄福星	24	七宁贞	陈旺娘	20	郑银娘	黄汉水(胞兄)	陈戈奢(胞兄)	10.16,同上
11.22	林得发	22	牛浪州弄	许蛮娘	22	郑银娘	林文山(宗叔)	许晚(胞叔)	10.16,同上
11.22	方登合	21	吉石珍	陈马劳	17	陈寅娘	方新客(父)	陈丁仔钫(父)	10.24,同上
11.29	王有仰	22	王蔀	赖闲娘	16	蔡勤娘	王贷(叔)	赖文年(父)	10.23,苏,陈
12.1	陈椿源	20	观音亭	吴贤娘	16	郭一娘	陈水生(胞伯)	吴杨安(父)	11.6,—
12.5	施崑山	20	八厨沃间	林出娘	18	蔡芹娘	施老成(父)	林松茂(胞兄)	11.6,—
12.11	李长春	17	外勿兰	甘奎娘	17	沈三娘	李弼(宗叔)	甘永光(堂兄)	11.15,陈,黄
12.15	林金水	25	中港仔	柯根娘①	21	吴经娘	自己	自己	11.1,同上
12.18	陈荣水	18	新把杀	李爱娘	17	沈三娘	陈联琛(父)	李弼(父)	12.2,陈
12.19	王荣瑞	20	小南门	黄保娘	20	沈三娘	王顺德(父)	黄渊浪(宗兄)	11.22,同上
12.27	蔡得水	23	中港仔	丁巩娘	16	沈三娘	蔡心安(堂叔)	叶鸾娘(祖母)	12.6,陈,黄
12.27	黄泰山	49	八戈然	洪质娘	28	陈金娘	黄蛛(宗叔)	洪超一(胞兄)	11.22,同上
12.27	唐天球	43	新把杀	杨新娘	28	陈寅娘	唐鹤算(从兄)	杨永元(堂叔,病,子戊水代)	12.6,—
12.27	林信德	24	西门	曾润娘	20	蔡芹娘	林皆(胞兄)	曾桂生(胞兄)	11.22,同上
12.27	邹明声	20	新把杀	钟三娘	17	林荣娘	邹亚文(父)	钟壬淑(胞叔)	12.2,同上

① 柯氏前夫陈文开结发 4 年,于 1853 年去世,未有儿女,恬守 3 年,愿再醮林永结同心,各无反悔。

12.28	王天恩	16	小南门	吴珠娘	16	郑银娘	王周官(胞叔)	吴明山(堂兄)	12.6,—
12.28	许宇	54	吉石珍	林和娘	20	陈寅娘	许久(宗兄)	林玉生(胞兄)	乙 11.25,—
12.29	黄渊泉	25	乌鬼巷	李锦娘	18	林二娘	黄溶川(宗叔)	李光凉(胞兄)	11.22,陈,黄
12.31	黄搭葛	28	戈奢园	李宇力娘	23	吴庚娘	黄安良(宗叔)	李春生(胞叔)	12.2,同上

总计:183 对

1856 年吧城唐人成婚注册表

月日	新郎	年岁	住址	新娘	年岁	媒妁	男方主婚	女方主婚	备注 结婚日,主事人
1.2	陈溪林	18	大港墘	黄良娘	17	郭一娘 百子千孙	陈甘郎(父,钦赐甲必丹)	黄溶川(父)	乙 12.2,高俊杰,陈逢义
1.5	罗亚三	20	戈劳屈	张庚娘	16	黄吟娘	罗华光(父)	张壬生(堂叔祖)	12.8,同上
1.5	魏荣水	26	大南门	曾来娘	23	刘金娘	魏和生(胞兄)	林玉娘(母)	12.3,同上
1.5	陈光查	43	圣望港	李裁娘	28	郭一娘	陈益郎(堂兄)	李长沛(胞叔)	12.13,同上
1.7	李金员	30	公司	张水娘	17	张二娘	李子良(胞兄)	张进光(父)	12.2,同上
1.8	林搭	27	小南门	李玑娘	17	吴庚娘	林奢(族叔)	李敏(父)	12.13,同上
1.9	王包少	28	八茶贯	陈明娘	22	郭一娘 百子千孙	王欢官(胞叔)	陈逢觉(父,钦赐雷)	12.5,同上
1.9	黄荣水	28	绒戈兰	薛雅娘	21	吴经娘	黄荣珠(胞兄)	薛德生(父)	12.13,同上
1.14	黄奎炳	18	八多尧	陈栢娘	15	吴庚娘	黄寅生(堂叔)	陈灿光(宗兄)	12.14,高,陈
1.14	叶年	26	小南门	陈爱娘	24	蔡勤娘	叶造长(宗兄)	陈满(父)	12.13,同上
1.16	张元亨	20	吉石珍	徐坤娘	16	陈寅娘	张质(父)	徐仁和(父)	12.12,同上
1.18	黄青荣	20	亭仔脚	李袋娘	19	陈金娘	黄青松(胞兄)	李彦(堂叔)	12.20,同上
1.18	詹嘉禾	27	小南门	陈诗娘	15	陈心娘	詹福州(堂伯)	陈强(父)	12.20,同上
1.21	张茂山	22	吉石珍	韩音娘	19	陈心娘	张天喜(胞叔)	韩札(父)	12.16,同上
1.21	许德海	22	珍新把杀	杨福娘	15	黄任娘	许松茂(父)	杨清水(堂兄)	12.16,同上
1.23	陈生保	35	八戈然	蔡珍娘	20	曾昂娘	陈豆(从兄)	蔡心安(宗叔)	1.12,同上
1.28	朱亚几	47	珍旧把杀	刘庚娘	36	朱亚志	朱亚五(宗叔)	刘开二(伯)	12.27,同上
2.2	刘财	31	大使庙后	林其娘	19	吴敬娘	刘为(父)	林芸(父)	1.12,苏天庇,陈思聪
2.13	林生	29	中港仔	蔡水娘	16	郭一娘	林长源(宗兄)	蔡有(堂叔)	1.18,同上
2.14	叶正诗	40	中港仔	梁保娘	20	曾戎娘	叶策(宗叔)	梁天助(父)	1.24,苏,陈

2.14	王镭	23	小南门	李春娘	19	蔡勤娘	王镭曲(胞兄)	李耿中(父)	1.26,同上
2.16	柯富	28	观音亭	高巫娘	20	郑银娘	柯前定(堂兄)	高文员(堂叔)	1.18,同上
2.21	黄源承	23	籐仔巷	陈蕉娘	20	郭一娘	吴吟娘(母)	陈匹(父)	1.24,同上
2.22	高鹏	22	圣望港	韩循娘	19	刘水娘	高秋张(堂叔)	韩君宗(堂兄)	1.20,同上
2.22	韩怀仁	19	亚森脚	邹谌娘	17	郭一娘 百子千孙	韩青山(父, 钦赐雷)	邹清水(父)	1.27,同上
2.23	刘亚辉	42	八戈然	黄便娘	22	杨子娘	刘永南(堂叔)	黄启昭(父)	2.16,同上
2.26	黄坛	35	小南门	陈金娘	17	曾戎娘	黄蛛(堂叔)	陈太保(父)	2.6,同上
2.27	纪兰桂	19	小南门	刘玉娘	17	郭一娘	纪甘(父)	刘畚(宗兄)	1.26,同上
2.28	陈天宝	36	班芝兰	邱棕娘	20	吴敬娘	陈荣宗(宗兄)	丘妈海(宗叔)	4.15,同上
3.7	高穆河	20	西门内	周昭娘	19	蔡勤娘	高渊济(宗兄)	周建中(父)	2.7,陈,黄
3.10	庄西溪	38	小南门	陈红娘	22	蔡勤娘	庄瑞居(宗兄)	陈竹苞(堂兄)	2.17,同上
3.10	方木溪	21	砖仔桥	黄月娘	16	郭一娘	方田(父)	黄岩(父)	2.16,同上
3.12	杨永顺	35	珍新把杀	李丙妹	21	丘绿水	杨忠信(堂兄)	李亚二(父)	2.17,同上
3.13	林北山	29	龙岗	黄玉娘	27	陈水娘	林启明(胞叔)	黄汶(堂叔)	旧婚,同上
3.19	林容	29	小南门	陈英娘	20	曾戎娘	林贻德(堂叔)	陈芬(堂兄)	2.17,同上
3.19	洪新来	37	亚森脚	陈蜜娘	27	郑银娘	洪圆(宗兄)	陈正畴(宗兄)	2.16,同上
3.20	林沧渊	34	竹树巷	许水娘	24	沈三娘	林沧汝(胞兄)	许金水(父)	2.24,同上
3.22	林德泰	23	乌鬼巷	陈吟娘	21	郭一娘	林三水(父)	陈清珠(父)	2.19,同上
3.22	邱清河	23	八厨沃间	沈金娘	18	陈金娘	邱大生(父)	沈福星(父)	2.19,同上
3.25	叶朝枞	27	小南门	兰福娘	20	曾戎娘	叶宇(堂兄)	兰奇杰(宗叔)	旧婚,同上
3.25	黄乾	18	五脚桥	庄宁娘	16	吴敬娘	黄杏(堂叔)	庄瑞居(父)	4.5,同上
3.25	林光琼	53	廿六间	陈鹤娘	27	吴敬娘	林再立(宗叔)	陈维(父)	2.19,陈濬哲,黄锦章
3.26	黄长辉	19	班芝兰	林清娘	23	萧吉娘	黄仲润(父, 钦赐雷)	林光琼(父)	2.25,陈,陈
3.28	黄金源	18	棋干脚	萧丁娘	18	蔡勤娘	黄海水(父)	肖炎贞(胞兄)	2.24,陈,黄
4.7	杨沓戁	23	打铁街	陈密娘	18	吴敬娘	杨傅(祖父)	陈延晖(宗兄)	3.10,高,陈
4.14	蔡榜生	18	丹兰望	李月娘	17	陈寅娘	蔡和尚(父)	李亚文(父)	3.16,同上
4.20	陈永元	53	班芝兰	叶合娘	49	郭一娘 百子千孙	陈松(宗兄) 长发号	叶廷瑞(宗叔)	—,高俊杰,高西川
4.20	陈思睿	17	班芝兰	杨赞娘	18	郭一娘 百子千孙	陈永元(父, 玛腰)	杨得水(父)	3.28,同上
4.22	陈日芳	32	吉石珍	吴珠娘	20	林荣娘	陈莲子(宗兄)	吴力(父)	3.28,高,陈

4.22	卢发贵	20	大南门	吴其容	16	陈三逸	卢亚进(堂叔)	吴飞凤(父)	3.28,同上
4.24	余海生	40	公司	林清娘	27	蔡勤娘	余新客(宗叔)	林玉泉(胞兄)	3.21,同上
4.26	陈如陵	21	廿六间	黄菊娘	20	沈三娘	陈英发(父)	黄林垣(亲兄)	4.14,同上
4.28	吴辛郎	34	洪溪	郑戊娘	19	刘辛娘	吴亚彝(堂兄)	郑进生(胞兄)	4.1,同上
4.28	徐荣京	21	钱郎安	吴来娘	21	林荣娘	徐兴观(堂叔)	吴亚七(父)	3.28,同上
4.29	巫采良	29	观音亭	陈山娘	18	郑银娘	巫派(胞兄)	陈丁山(胞叔)	4.8,同上
4.29	刘江文	20	洪溪	陈新娘	16	郭一娘	刘木生(父)	陈亚吉(父)	4.8,同上
5.2	洪景恩	20	中港仔	陈俊娘	17	吴敬娘	洪仕(父)	陈卫(父)	3.28,苏,陈
5.3	朱联派	30	竹树巷	林秀娘	19	吴敬娘	朱深(宗叔祖)	林沧汝(胞叔)	4.8,同上
5.5	庄玉水	20	丹劳娘仔	戴伦娘	17	陈寅娘	庄淡生(父)	戴辉(胞兄)	4.11,同上
5.6	吴青龙	26	八茶罐	郭秋娘	19	吴敬娘	吴青云(堂伯)	许杨娘(母)	4.8,同上
5.8	梁待老	49	吉石珍	蔡龙娘	25	曾戎娘	梁天助(堂叔)	蔡长山(堂叔祖)	4.8,同上
5.9	洪新	21	八厨沃间	郑甘密	22	谢庚娘	洪管(堂叔)	郑堂(父)	4.8,苏,陈
5.13	蔡本	31	吉石珍	陈日娘	22	陈心娘	蔡德元(父)	陈德山(胞兄)	4.15,同上
5.13	蒋拨	20	吉石珍	陈一娘	18	陈心娘	蒋快春(父)	陈远(父)	4.15,同上
5.15	张承贵	23	小南门	曾瑞娘	21	张二娘	张辛宗(胞兄)	曾亚一(叔祖)	4.15,同上
5.15	杨三贵	29	新厝仔	张顺娘	25	郭一娘	杨光荫(胞兄)	沈含娘(母)	4.15,同上
5.23	谢盏	25	小南门	徐英娘	18	沈三娘	谢浦(堂兄)	徐有记(父)	4.29,同上
6.18	杨植梧	33	班芝兰	李珍娘	26	肖吉娘	杨如松(宗叔)	李本(胞叔)	6.6,陈,黄
6.19	朱得兴	32	新把杀	李古娘	16	李亚四	朱亚康(胞叔)	李锦龙(胞兄)	6.6,同上
6.23	陈其路	27	吉石珍	曾却娘	25	陈宣娘	陈瑞章(堂兄)	曾牙(父)	5.27,同上
6.26	叶山河	20	打铁街	温新娘	16	肖吉娘	叶保全(堂叔)	温熊(宗叔)	6.19,同上
6.26	李助郎	38	大南门	黎京娘①	18	刘金娘	李亚五(胞叔)	黎天水(胞兄)	5.22,同上
6.30	曾玉山	18	丹兰望	宋郡娘	14	刘水娘	曾登源(父)	宋青龙(父)	6.10,同上
7.4	文天锡	29	质宁贞	廖必娘	24	吴敬娘	文思明(胞叔)	廖咸水(胞兄)	6.12,同上
7.6	张贵淑	23	戈劳屈	胡伦娘	22	黄壬娘	张丙郎(胞叔)	胡元金(父)	6.10,同上
7.8	涂辛长	25	小南门	叶滨娘	15	肖吉娘	涂亚华(父)	叶山鹤(堂兄)	6.8,同上
7.8	陈源春	18	丹兰望	郭宁娘	17	蔡勤娘	陈额(父)	郭万仁(胞兄)	6.19,同上

① 此因成婚于5月22日不暇,故于廿四日给婚字。

7.10	蔡阳秀	20	道啷	陈中娘	20	刘金娘	蔡曲(父)	陈松龄(堂兄)	6.24,同上
7.11	张亚生	26	吉石珍	陈伦娘	17	刘亚四	张亚辛(堂兄)	陈亚六(堂叔)	6.18,同上
7.18	苏泉	36	杉板寮	林雅于	22	曾戎娘	苏江沱(宗兄)	林天夫(父)	6.19,同上
7.21	温亚七	47	八厨沃间	古文娘	21	黄吟娘	温亚五(堂叔)	谢其娘(母)	6.26,同上
7.31	陈平瑶	20	窑内	施贵娘	18	郭一娘	陈堤岸(父)	施罗生(父)	7.4,高,陈
8.4	袁福山	24	王蔀	张水娘	20	刘金娘	袁天孙(父)	张和财(胞兄)	7.14,苏,陈
8.4	李乔木	24	甕菜河	柳福娘	17	沈三娘	李弼(宗叔)	柳登岸(堂叔)	7.12,同上
8.8	蔡天助	18	吉石珍	方水娘	17	陈寅娘	蔡葱(父)	方新客(父)	7.12,苏,陈
8.11	徐天成	37	大南门	郑根娘	20	刘金娘	徐健(宗叔)	郑元和(堂兄)	7.21,同上
8.21	李秋仁	25	丹兰望	郭伍娘	15	钟应爹	李亚四(堂叔)	郭焕章(父)	8.4,同上
8.22	陈荣水	21	吉石珍	张伦娘	17	陈寅娘	陈清柔(父)	张文孝(父)	8.8,同上
8.22	黄再生	22	吉石珍	薛伯娘	18	陈寅娘	黄青山(胞兄)	薛文秀(胞兄)	8.11,同上
8.25	叶源和	20	吉石珍	詹坤娘	19	陈寅娘	叶源荣(胞兄)	詹清畴(父)	8.4,同上
8.27	黄天吉	31	圣望港	阮必娘	30	郑银娘	黄山水(胞兄)	阮光印(宗兄)	8.9,同上
8.30	陈巳生	20	公司	杨贤娘	19	郭一娘	陈梓(父)	杨珠生(父)	8.12,同上
8.30	陈双基	23	西门	何言娘	23	蔡勤娘	陈长茂(堂兄)	何拔萃(父)	8.9,同上
9.1	吴经纶	22	大南门	朱宏娘	18	郭一娘 百子千孙	吴南阳(父, 钦赐雷)	朱深(父)	8.11,黄,陈
9.2	姚有生	32	大南门	赖金娘	18	范亚亮	姚台二(堂叔)	赖君生(胞兄)	8.10,同上
9.2	赖亚友	26	丹兰望	范晴娘	15	谢庚娘	赖天香(父)	范禄(宗兄)	8.18,同上
9.2	张全宗	17	干冬圩	古淡娘	_17	郭一娘	张鼎宗(胞兄)	古德观(胞伯)	8.12,同上
9.3	林伦生	19	竹寮	陈梅娘	16	萧吉娘	林中老(父)	陈子夏(父)	8.16,同上
9.3	黄福星	22	望茄寺	沈好娘	19	曾戎娘	黄亚酷(父)	沈赉(父)	8.16,同上
9.5	陈新奎	26	戈劳屈	钟庚娘	17	黄吟娘	陈井观(父)	钟亚七(父)	12.20,同上
9.5	陈继成	18	戈劳屈	颜林娘	18	黄吟娘	陈井观(宗叔祖)	颜德福(父)	8.18,同上
9.7	黄清渊	20	八厨沃间	王赞盛娘	16	郭一娘 百子千孙	黄燎光(宗叔, 原任钦赐甲大)	王元龙(父, 雷珍兰)	8.21,陈,高
9.8	刘顺秀	22	五脚桥	梁三娘	15	谢庚娘	刘清兰(父)	梁瑞源(父)	8.21,陈,黄
9.9	陈永吉	19	臭桥	谢不力	17	曾戎娘	陈垅(胞叔)	谢春水(胞兄)	8.16,陈,黄
9.11	林沧喜	20	丹兰望	王桃娘	20	曾绒娘	林昂(父)	王太甲(叔祖)	8.21,同上
9.12	许德兴	18	新把杀	陈来娘	15	黄吟娘	许松茂(父)	陈寅对(胞兄)	8.18,同上

9.13	杨粪箕	22	吉石珍	康森娘	19	陈心娘	杨润(宗叔)	康思成(堂兄)	8.16,同上
9.20	胡燕生	42	荣勿叻	许叻娘	24	陈水娘	胡隆(胞叔)	许其章(胞兄)	8.27,同上
9.20	沈子美	20	吉石珍	徐豁娘	17	郑银娘	沈亮(宗叔祖)	徐坤福(胞叔)	9.28,同上
9.23	陈豹变	33	小南门	刘缘娘	18	曾戎娘	陈妈力(胞兄)	刘源益(胞兄)	8.30,同上
10.2	蔡益利	29	丹兰望	刘恭娘	23	刘水娘	蔡源水(堂叔祖)	刘盏(父)	9.16,高,陈
10.2	谢天兴	24	西门	丘西娘	23	谢庚娘	谢天仁(胞兄)	丘元勋(宗叔祖)	9.7,同上
10.6	林世川	18	吉石珍	李双娘	18	林荣娘	林老(父)	李文彬(堂兄)	9.28,同上
10.8	刘才郎	26	鉴光湖北	张帙娘	16	萧吉娘	刘奕郎(堂兄)	张曾(父)	10.4,同上
10.10	曾春水	42	乌保土库	蔡活娘	21	萧吉娘	曾角生(胞兄)	蔡帖(胞兄)	9.16,同上
10.11	林荣泉	17	圣望港	沈丹娘	17	郑银娘	林滔(堂兄)	沈德喜(宗兄)	10.16,同上
10.13	林长英	18	窑内	陈和娘	17	吴经娘	林长润(胞兄)	陈长茂(宗兄)	9.21,同上
10.14	陈琼球	21	观音亭	林凤娘	18	郭一娘 百子千孙	陈濬哲(父,雷)	林及(父)	9.22,高,黄
10.17	吴碧山	18	八茶罐	陈必娘	18	蔡勤娘	吴安然(宗兄)	陈江水(胞兄)	9.22,高,陈
10.21	庄文意	41	观音亭	李清娘	24	蔡勤娘	庄土桂(胞兄)	李天福(父)	10.2,同上
10.21	范乙伯	22	珍把杀	刘秀娘	18	刘仕	范丙生(父)	刘亚闰(父)	9.28,高,陈
10.21	许得胜	23	珍把杀	周砼娘	18	陈寅娘	许竹苞(父)	周华生(胞兄)	9.29,同上
10.22	陈荣文	18	亭仔脚	张新娘	15	谢庚娘	陈悦德(父)	张同(胞叔)	9.28,同上
10.24	朱亚保	26	观音亭	李丙娘	21	李亚胜	朱亚安(堂叔)	李培胜(父)	11.14,同上
10.29	李光前	28	旧把杀	林碧娘	21	郭一娘 签字:人	陈甘郎(宗叔, 钦赐甲必丹)	林安生(宗叔)	10.2,同上
10.29	陈登禄	27	珍把杀	杨冬鹄	19	陈心娘	陈恒(宗叔)	杨壬生(胞兄)	10.18,同上
10.29	杨一富	21	班芝兰	范英娘	16	郑银娘	杨一斗(堂兄)	范红毛(胞伯)	10.10,同上
10.29	李木生	20	戈劳屈	陈春娘	18	郑银娘	李光盛(父)	陈珍生(父)	10.10,同上
10.29	张昱	24	五脚桥	吴伯娘	22	吴敬娘	张补(宗叔)	吴珠生(胞兄)	10.20,同上
10.30	廖玲	34	西门	陈北娘	25	谢庚娘	廖掇(堂叔)	陈盐生(胞兄)	10.10,同上
10.31	黄长生	20	新把杀	高宣娘	20	陈寅娘	黄金钱(堂兄)	高音生(父)	10.9,同上
10.31	郑永元	22	吉石珍	余权娘	20	陈寅娘	郑其全(父)	余吉疾(父)	10.10,同上
11.3	王丽水	38	中港仔	戴来娘	28	曾戎娘	王光华(堂兄)	戴伯群(胞兄)	10.10,苏,陈
11.3	陈江助	25	大港墘	江惜娘	20	蔡勤娘	陈江流(堂兄)	江桂卿(堂兄)	10.12,同上
11.3	谢浦	26	八茶贯	苏碧娘	25	蔡勤娘	谢祝生(宗兄)	苏天顾(父)	10.12,同上

11.3	林色贤	18	文丁新圩	陈富娘	17	蔡勤娘	林德阳(父)	陈金生(父)	10.18,同上
11.3	林雨水	32	吉石珍	陈淑娘	19	陈寅娘	林皆(胞叔)	陈永谅(父)	10.18,同上
11.3	蔡员	28	窑内	陈密娘	16	蔡勤娘	蔡竹(胞伯)	陈堤岸(堂叔祖)	10.20,同上
11.3	林板贞	20	质宁贞	李香娘	16	沈三娘	林善伦(父)	李启右(胞兄)	11.10,同上
11.5	黄文枣	27	吉石珍	蒋卓娘	20	张思娘	黄文宗	蒋丑(父)	10.12,同上
11.5	康文钦	32	五脚桥	邱梅娘	22	吴敏娘	康蒸民(宗兄)	丘妈海(宗叔祖)	10.12,苏,陈
11.5	詹祯祥	27	观音亭	曾潘娘	26	郑银娘	詹接生(宗叔)	曾新喜(父)	10.19,同上
11.6	许亚怀	38	砖仔桥	邹春娘	20	刘金娘	许亚笃(胞伯)	邹亚文(父)	10.18,同上
11.6	韩海生	23	丹兰望	黄月娘	23	刘水娘	韩君宗(胞兄)	黄咏(胞叔)	10.12,同上
11.11	甘文柔	22	吉石珍	黄蒲娘	18	陈寅娘	甘砚(父)	黄拔(父)	10.16,同上
11.11	陈吾发	28	观音亭	林灶娘	26	蔡勤娘	陈文旭(父)	林长福(父)	10.19,同上
11.12	贺亚利	38	小南门	汤丙娘	19	黄吟娘	贺有寿(堂叔)	汤桂生(宗兄)	10.16,同上
11.14	叶源和	21	中港仔	庄吟娘	18	郭一娘	叶保全(堂叔)	庄清汉(堂叔)	—,同上
11.14	简魁	32	质宁贞	古闰娘	19	郑银娘	简租(堂叔)	詹宝娘(母)	10.19,同上
11.20	林志生	26	观音亭	吴添娘	16	曾戎娘	林二(胞兄)	吴光盾(堂叔)	10.26,同上
11.27	曾纲	41	丹兰望	陈卑娘	21	徐雁娘	曾亚仁(堂叔)	陈清风(胞兄)	11.1,同上
11.28	黄得	28	班芝兰	杨昱娘	18	肖吉娘	黄开祚(堂兄)	杨汀(父)	12.10,同上
11.29	黄板	32	班芝兰	杨二娘	18	郑银娘	黄福(胞兄)	杨一斗(胞兄)	12.13,同上
11.29	涂大戆	20	窑内	叶伦娘	16	郑银娘	涂潮(堂叔)	叶泰山(父)	11.14,同上
11.29	龚汶水	20	廿六间	林宁娘	18	吴敬娘	龚文六(宗兄)	林江文(父)	11.18,同上
12.1	杨光和	20	中港仔	蒋真娘	19	蔡芹娘	杨丙(宗叔)	蒋清(父)	12.10,陈,黄
12.1	王自富	30	丹兰实连	蔡美娘	29	曾绒娘	王太甲(宗叔)	蔡贩(宗叔)	12.10,同上
12.1	邱然生	40	五脚桥	张心娘	27	蔡勤娘	邱寸(堂兄)	张来(堂叔)	11.18,陈,黄
12.3	甘贞水	23	吉石珍	阮竹娘	21	陈寅娘	甘寸(父)	阮谟(父)	11.18,同上
12.3	张德茂①	21	吉石珍	黄满娘	18	陈寅娘	张桃(父)	黄国大(胞兄)	7.3,同上
12.4	陈澄水	20	乌布土库	蔡良娘	19	曾戎娘	陈玉友(父)	蔡长山(堂叔祖)	11.18,同上
12.5	唐光耀	42	吉石珍	黄玉娘	29	陈银娘	唐鹤算(堂兄)	黄清泉(胞兄)	11.14,同上
12.6	兰亚三	45	道郎	彭癸娘	24	黄吟娘	兰春才(堂叔)	彭亚七(胞叔)	11.18,同上

① 据男家主婚张桃云:因女家之父病重,是为先前成婚而后给婚字。批照。

12.6	叶吞	28	小南门	谢生娘	17	郭一娘	叶光南(宗兄)	谢天兴(胞叔)	11.11,同上
12.7	许清波	18	小南门	吴福娘	15	沈三娘	许清泉(胞兄,钦赐雷)	吴碧山(胞兄)	11.18,同上
12.9	黄文龙	34	新厝仔	林罗娘	16	吴敬娘	黄元基(宗兄)	林淡生(胞兄)	11.17,同上
12.11	黄水成	32	西门	赖宁娘	19	谢庚娘	黄眼(宗叔)	赖沉(宗伯)	11.27,同上
12.12	高畴	32	新厝仔	蔡曲娘	20	吴敬娘	高泉(宗叔)	蔡三(宗叔)	11.18,同上
12.13	郭贯生	26	三间土库	陈宴娘	23	郭一娘	郭怀(堂叔祖)	陈文达(堂叔)	11.17,同上
12.17	曹京生	26	望茄寺	刘荣娘	26	陈一娘	林金娘(母)	刘禄生(堂叔)	11.29,同上
12.17	柳登岸①	25	中港仔	蔡勤娘	17	谢庚娘	自己	蔡乔木(胞兄)	12.2,同上
12.22	陈千成	42	观音亭	李宝娘	25	蔡勤娘	陈红毛(堂兄)	李长派(胞叔)	12.13,陈,黄
12.24	刘帆	20	班芝兰	林美娘	17	郭一娘	刘崙(父)	林福安(胞兄)	12.24,同上
12.29	张美	30	把条务朗	高金抹	19	吴敬娘	张进光(宗叔)	高泉(父)	12.10,同上
12.29	陈多谋	21	中港仔	赖金娘	21	吴敬娘	陈碧麟(胞叔)	赖天香(堂伯)	12.9,同上
12.29	李亚二	21	东居	杨庚娘	17	刘金娘	李格彬(父)	杨亚福	12.10,同上
12.30	陈松茂	24	八厨沃间	谢州钫	18	曾戎娘	陈珍生(胞叔)	谢亚三(堂叔)	12.9,同上

总计:177 对

1857 年吧城唐人成婚注册表

月日	新　郎	年岁	住　址	新　娘	年岁	媒　妁	男方主婚	女方主婚	备　　注 结婚日,主事人
1.3	陈勤顺	25	三间土库	张笨箕	22	蔡勤娘	陈朴顺(胞兄)	张奎炳(胞叔)	丙 12.9,高俊杰,陈逢义
1.5	姚添郎	36	大南门	陈福娘	17	刘金娘	姚台二(堂叔)	陈亚清(堂叔)	1.20,同上
1.5	叶万	22	小南门	冯柳娘	18	沈三娘	叶兰(宗叔)	冯水漳(宗叔)	12.14,同上
1.5	吴詹福	31	新把杀	汤连娘	23	陈浮	吴唇(堂兄)	汤福星(堂叔祖)	12.13,同上
1.6	林永寿	32	大南门	翁茄律	16	刘金娘	林泰山(宗兄)	翁寅郎(胞伯)	丁 1.7,同上
1.6	卢太山	22	戈劳屈	管新娘	17	黄吟娘	卢辰生(父)	管亚五(堂兄)	12.19,同上
1.13	张玉衡	20	丹劳娘仔	甘荣娘	17	林荣娘	张仁德(父)	甘蛋(胞叔)	12.12,同上
1.14	蔡建和	18	鉴光广东	吴寅娘	19	陈一娘	蔡桃(父)	吴发生(父)	1.7,同上

① 柳登岸云:晚并无该亲且父母早故。批照。

1.16	温一生	32	东居	蔡福娘	22	陈宝	温亚五(宗兄)	蔡苍(堂叔)	12.28,同上
1.20	赖坤生	22	大当前	温桂娘①	16	刘金娘	赖亚清(父)	温贵生(父)	12.9,同上
2.10	刘清水	20	丹兰望	萧冬娘	20	刘永娘	刘知(堂伯)	肖亚碨(父)	1.21,苏天庇、陈思聪
2.16	郑尼姑	32	圣望港	蔡铅娘	20	郑银娘	郑光弼(堂叔)	蔡文(父)	1.26,同上
2.23	陈蜂	40	新把杀	邹芳娘	20	沈砼娘	陈长水(宗叔)	邹员(宗兄)	2.22,同上
2.26	钟发生	61	毛六甲	叶音娘②	40	吴敬娘	自己花押	自己花押	旧婚辛丑年3月15日,同上
2.27	丘尊贤	28	八厨沃间	黄音娘	20	吴敬娘	邱顺德(宗叔)	黄曲水(宗叔)	2.13,同上
3.2	刘六壬	19	吉石珍	甘顺娘	16	陈寅娘	刘蛏(父)	甘振东(胞兄)	2.13,陈濬哲,黄锦章
3.5	林盘	40	吉石珍	杨金娘	28	陈寅娘	林四(堂兄)	杨润(宗叔)	2.20,同上
3.7	古亚逢	38	美色近	钟接娘	17	蔡勤娘	古西斗(宗叔祖)	钟昌荣(宗叔)	2.22,同上
3.10	肖松林	40	窑内	李坤娘	22	郑银娘	萧寿(堂叔)	李遍生(父)	3.21,同上
3.15	郑初	34	大港垅	白二娘	22	郑银娘	郑光弼(宗兄)	白勇(堂叔)	2.27,同上
3.15	梁亚通	29	小南门	涂海娘	17	郭一娘	梁亚五(堂叔)	涂亚盛(父)	4.13,同上
3.20	马克俊	48	窑内	林三娘	21	蔡勤娘	马克明(胞兄)	林协邦(胞兄)	2.27,同上
3.20	许庚子	18	吉石珍	李已娘	16	陈寅娘	许清油(宗叔)	李永得(胞叔)	3.26,同上
3.26	陈亚七	38	吉石珍	罗桂娘	15	郑贵娘	陈东(堂兄)	罗亚杞(堂叔)	4.4,同上
3.26	林茂水③	21	质宁贞	刘元娘	17	朱端娘	李然娘(母)	刘孙秀(堂兄)	3.10,同上
4.1	陈天赐	18	圣望港	宋凤娘	16	郑银娘	陈亚庚(堂兄)	宋贵生(宗叔祖)	3.22,高,陈
4.1	涂亚丙	42	西门	黄桂娘	15	肖其君	涂亚用(堂兄)	黄丁长(堂兄)	3.18,同上
4.6	林清溪	18	美色近	詹双娘	16	郭一娘	林长春(父)	詹宝山(宗兄)	3.26,同上
4.8	蒋玉真	29	吉石珍	黄古娘	22	陈寅娘	蒋鸾(堂兄)	黄如水(胞兄)	3.20,同上
4.9	黄青秀	29	窑内	李水娘	16	肖吉娘	黄妈意(父)	李奎炳(祖父)	3.19,同上
4.9	林清水	22	西门内	郭达娘	21	蔡勤娘	林忠老(宗叔)	郭江生(父)	3.26,同上
4.10	林观生	30	亭仔脚	菅近娘	19	曾戎娘	林安生(堂兄)	菅南生(父)	4.7,同上
4.11	钟百寿	32	小南门	郑郡娘	18	郭一娘	钟昌荣(宗兄)	郑盛宝(宗叔)	4.4,同上
4.14	梁南伸	29	三间土库	李辛娘	17	张仁娘	梁昭彝(胞叔)	李秋仁(胞兄)	4.4,高,陈

① 因女家主婚告病,故越日给婚字在后。

② 叶音娘,前夫胡廷瑞结发五载身故,无儿子。寡守三载,无奈再醮与钟发生为夫妇,永为同心,各无反悔,二比各花押为照。知见人默氏吴金麟(签字)。

③ 据女家主婚云:因将近交寅之时有病不能赴堂花押。批照。

4.14	刘亚四	29	小南门	陈吉娘	18	郭一娘	刘亚五(胞叔)	陈建兴(胞叔)	4.4,同上
4.20	王灶生	17	窑内	李发娘	17	郑银娘	王文碧(宗兄)	李登宗(胞兄)	4.16,同上
4.27	杨南龙	28	大南门	李瑞娘	21	张学敏	杨桂兰(宗兄)	李学长(父)	4.13,同上
4.29	林启宁	22	廿六间巷	黄媚娘	17	郭一娘	林启川(胞兄)	黄其老(胞兄)	4.20,同上
4.29	陈平山	23	圣王庙	谢怀娘	19	曾戎娘	陈正畴(宗兄)	谢东(父)	4.16,同上
4.30	杨成根	32	吉石珍	戴砼娘	20	林荣娘	杨如松(宗兄)	戴光汉(堂叔)	4.20,同上
4.30	廖炎生	24	打铁街	刘润娘	22	蔡勤娘	廖增寿(宗兄)	刘永南(父)	4.16,同上
5.1	黄丙水	22	惹牙毛吃	罗辛娘①	17	黄壬娘	黄添淑(父)	罗江夏(父)	4.13,苏,陈
5.5	钟逢生	19	公司	吴裕娘	17	郑银娘	钟贵生(胞兄)	吴三(父)	4.13.苏,陈
5.6	刘长清	21	吉石珍	吴益娘	17	陈心娘	刘禄生(父)	吴守德(父)	4.20,同上
5.7	胡卅郎	18	牛朗沙星	戴丹娘	17	黄吟娘	胡财生(父)	戴明贤(宗兄)	4.20,同上
5.9	林金英	20	大南门	高福娘	16	吴敬娘	林水贤(宗叔)	高继昌(宗兄)	4.24,同上
5.11	吴金元	21	五脚桥	陈理娘	17	蔡勤娘	吴富生(父)	陈泽(父)	4.20,同上
5.11	庄清水	20	吉石珍	周二娘	19	林荣娘	庄生结(胞叔)	周卅郎(胞兄)	4.24,同上
5.13	伍亚石	35	戈劳屈	姚癸娘	15	谢庚娘	伍亚旺(堂叔)	姚伸郎(父)	4.28,同上
5.18	郑孙郎	29	槟榔社	钟友娘	21	张二娘	郑禄(胞叔)	钟连官(胞叔)	4.28,同上
5.25	李春水	19	鬼鬼巷	王友娘②	20	郭一娘	李福星(父)	王栢生(胞叔)	4.13,同上
6.3	吴宗流	19	观音亭	林海娘	15	郑银娘	郭桂娘(母)	林金水(胞兄)	又 5.21,陈,黄
6.3	洪荣山	28	亭仔脚	骆良娘	19	吴敬娘	洪荣水(胞兄)	骆丹(父)	5.24,同上
6.9	颜光辉	32	大使庙	黄珠娘	21	郭一娘	颜田野(胞兄)	黄攀(宗叔祖)	旧婚,同上
6.15	张开生	32	窑内	林雪娘	20	萧金娘	张碧珍(堂兄)	林承爵(堂兄)	5.6,同上
6.15	林山河	21	吉石珍	张雅于	18	陈寅娘	林皆(宗叔)	张文(父)	5.17,同上
6.18	黄青松	28	大巷内	钟八娘	29	肖吉娘	黄德秀(堂兄)	钟荣宗(胞兄)	5.10,同上
6.19	杨波源	21	吉石珍	廖武娘	20	陈寅娘	杨润(胞叔)	廖龙观(胞兄)	5.6,同上
6.24	孙亚步	30	大南门	杨癸娘	15	刘金娘	孙德承(堂叔)	杨亚福(父)	5.10,同上
6.25	吴间建	25	八茶贯	韦和娘	20	蔡勤娘	吴复兴(堂叔)	韦亚快(胞兄)	5.15,同上
6.30	黄六使	44	亚森脚	林七娘	24	刘金娘	黄溶川(宗叔)	林玉成(胞兄)	旧婚,同上

① 和 1857 年 8 月 18 日拜三,据两家主婚到公堂请恳折破婚字,因自给婚字以后两家多主不安,然婚字虽给,尚未过门。到日列台吊证男家黄丙水,女家罗辛娘,二比俱供不愿为夫妇,于是本堂准其折破婚字。批照。

② 因女家主婚病不能起床,致本日给婚字。批照。

7.1	杨启全	18	亚参圩	李福娘	18	沈硂娘	杨启明(胞兄)	李仕元(堂兄)	5.12,高,陈
7.3	黄贱郎	21	大南门	商武敦	17	刘金娘	黄福二(父)	商坤海(胞兄)	5.16,同上
7.3	钟成雷	18	招望	黄庚娘	18	蔡勤娘	钟细五(父)	黄捷兴(堂伯)	5.14,同上
7.7	陈术生	26	水锯顶	兰溪娘	19	谢庚娘	陈长庚(宗叔)	兰育兰(父)	6.6,同上
7.13	许亚怀	39	砖仔桥	林端娘	25	谢庚娘	许亚笃(胞伯)	林荣水(堂叔)	5.24,同上
7.13	林帼智	26	吉石珍	申森娘	21	陈寅娘	林汉智(胞兄)	申平安(胞兄)	6.5,同上
7.14	温润新	34	东居	蔡瑞娘	15	黄壬娘	温乙生(宗叔)	蔡葱(堂叔)	6.6,同上
7.15	李连生	20	观音亭	黄传宗	16	黄壬娘	李升炯(宗兄)	黄辣(宗叔)	6.2,同上
7.17	刘亚东	28	惹牙毛吃	温京娘	19	陈寅娘	刘永南(宗叔)	温桂五(父)	6.6,同上
7.23	陈荣发	24	八厨沃间	骆每娘	18	蔡勤娘	胡惜娘(母)	骆珍郎(父)	6.7,同上
7.24	洪天庇	21	五脚桥	谢三娘	21	郭一娘	洪天助(胞兄)	谢明水(宗叔)	6.5,同上
7.24	林坤佑	21	公司后	叶惠娘	18	郭一娘	林锦相(父)	叶宝全(父)	6.10,高,陈
7.24	朱登郎	36	丹仔望	黄其娘	19	郭一娘	朱永寿(宗叔)	黄亚三(父)	6.6,同上
7.30	温亚周	35	小南门	杨庚娘	18	蔡勤娘	温亚云(宗兄)	杨亚连(父)	6.19,同上
7.31	沈石	26	五脚桥	苏粿娘	16	谢庚娘	沈安(胞伯)	苏新郎(父)	6.19,同上
8.3	张富宗	24	大南门	王金娘	20	张二娘	张鼎宗(胞兄)	王德水(胞兄)	6.20,苏,陈
8.8	吴玉才	21	观音亭	杨锦娘	18	郭一娘	吴修(父)	杨光荣(胞兄)	6.20,同上
8.11	杨泮水	22	八厨沃间	陈文娘	21	郭一娘	杨清水(胞兄)	陈珍生(胞叔)	7.3,同上
8.13	涂吉庆	34	小南门	叶丁娘	21	蔡勤娘	涂亚俊(堂兄)	叶双五(堂叔)	7.14,同上
8.19	陈春风	38	观音宁	王真娘①	29	郭一娘	自己	自己	旧婚,同上
8.24	梁亚一	35	五脚桥	林庚娘	18	张二娘	梁亚三(堂兄)	林春爹(父)	7.14,同上
8.25	叶亚添	31	槟榔社	钟壬娘	16	张二娘	叶亚集(堂叔)	钟亚义(堂兄)	8.22,同上
8.27	张振名	22	大南门	蒋元娘	18	郭一娘	张振荣(堂兄)	蒋子贡(父)	7.14,同上
8.27	康简生	49	吉石珍	王绒娘	18	陈寅娘	康皆生(叔祖)	王盛德(父)	7.13,同上
9.3	刘亚四	40	小南门	沈春娘	20	吴敬娘	刘昌伯(堂兄)	沈桥(父)	旧婚2.17,陈,黄
9.3	刘拱照	21	吉石珍	杨点娘	19	陈一娘	刘别(父)	杨长源(父)	8.2,同上
9.7	陈槟郎	26	吉石珍	张新娘	22	肖吉娘	陈远生(父)	张亚二(父)	7.26,同上
9.7	黄德修	38	打铁街	林合娘	23	曾戎娘	黄元基(宗兄)	林太江(父)	8.17,同上

---

① 王氏前夫陈文宙结发六载身故,未有儿子,恬守二载,无奈再醮与陈永结同心,各无反悔,二比花押在簿。知见人默氏李昆茂(签字"李崑茂"三字)。

9.7	王光裕	56	西门	陈鹤娘	28	肖吉娘	王沧涵(宗叔)	陈吉(胞叔)	7.25,同上
9.7	胡宝琳	32	臭桥	林荣娘	25	曾戎娘	胡福彝(堂兄)	林太江(父)	8.17,同上
9.8	王章波	31	丹仔望	李绒娘	26	刘水娘	王瑞生(父)	李亨元(胞兄)	8.7,同上
9.8	李魁真	30	窑内	丘横娘	16	吴敬娘	李亚连(胞叔)	丘亚生(父)	8.2,陈,黄
9.10	黄亚润	32	八茶贯	钟庚娘	18	刘金娘	黄西斗(宗叔)	钟南扳(父)	8.2,同上
9.10	李亚宁	35	大南门	张丙娘	22	谢庚娘	李亚楼(宗兄)	张欣野(胞伯)	8.2,同上
9.11	张水露	24	吉石珍	刘伦娘[①]	16	陈寅娘	张文(宗叔)	刘桂生(胞兄)	8.2,同上
9.14	林进生	38	丹绒	李水娘	23	吴敬娘	林皆生(胞兄)	李定光(父)	8.3,同上
9.17	王文信	18	西门	郑荣娘	15	郭一娘	王元标(父)	郑清水(父)	8.2,同上
9.17	陈英吉黎	23	亭仔脚	林砼娘	22	曾绒娘	陈宪文(堂叔)	林清水(父)	8.2,同上
9.17	沈登元	27	杉板寮	杨卜娘	23	肖吉娘	沈隆生(胞兄)	杨金生(宗兄)	8.12,同上
9.21	陈咸	38	八戈然	董丁娘	21	吴敬娘	陈美(宗兄)	范连娘(母)	8.17,同上
9.22	吴延陵	35	窑内	杨白娘[②]	20	吴敬娘	自己花押	自己花押	旧婚,同上
9.22	李富合	21	吉石珍	张已娘	19	陈寅娘	李天寿(父)	张登麻(父)	8.22,同上
9.24	叶伸郎	36	蕉仔街	谢委娘	16	谢庚娘	叶双五(宗兄)	谢京郎(宗叔)	8.18,同上
9.24	丘帽山	26	五脚桥	陈力娘	16	蔡勤娘	邱提老(宗叔祖)	陈壬为(宗兄)	8.10,同上
9.24	黄德求	19	小南门	丘水娘	19	蔡勤娘	黄清秀(胞伯)	丘遐生(父)	8.10,同上
9.24	林浮厨	21	质宁贞	黄坤娘	17	黎敏娘	林著(宗兄)	黄万(父)	8.18,陈,黄
9.24	谢亚四	24	大南门	蔡心娘	24	黄玩娘	谢京郎(堂叔)	蔡一郎(父)	8.17,同上
9.28	杨文锦	19	丹兰望	林逊娘	18	郭一娘	杨自池(父)	林溪胜(宗叔)	8.20,同上
9.28	苏涌泉	32	西门	杨汝娘	18	谢庚娘	苏天喜(胞叔)	杨进江(父)	9.4,同上
9.28	林克加	37	五脚桥	杨水娘	19	吴敬娘	林文山(父)	杨文生(父)	8.22,同上
9.28	纪克明	42	甕菜河	张发娘	26	肖吉娘	罗美娘(母)	张来(胞叔)	8.17,同上
9.29	刘如山	30	五脚桥	王钟娘	20	沈砼娘	刘金山(胞兄)	戴生娘(母)	8.17,同上

① 和1858年2月3日丁丑十二月二十日公堂封印,玛腰同列台俱在座,据张文同刘桂生、陈寅娘所请,准张水露即名张明和,刘伦娘即名刘伦那注明在(婚)簿,但公勃低朱葛礁及两家主婚及媒妁人当再花押在簿。存案。

男家主婚张文,沾笔画圆圈,女家主婚刘桂生,沾笔画斜"十"字,媒妁人陈寅娘,沾笔画圆圈,公勃低雷珍兰陈濬哲签字,黄锦章签字。

② 杨氏前夫王明水,交寅才4个月,于1855年7月13日,公堂案夺判付离逷,今愿再与吴延陵为夫,永结同心,决无反悔,各花押为照。

1855年7月13日,王明水禀妻杨白娘交寅才4个月,屡次逃奔,不时怒欲举刀自刺,似以多端乞分离。白娘愿从。

9.30	薛永言	26	王蔀	林恩娘	25	蔡勤娘	薛永和(胞兄)	林景秀(胞兄)	8.27,同上
10.6	郑做	24	大港墘	甘饶娘	20	林英娘	郑光弼(胞叔)	甘寸(堂叔祖)	8.24,高,陈
10.6	纪太山	45	吉石珍	戴淑娘	28	陈寅娘	纪伴龙(从堂兄)	戴里亨(胞兄)	8.26,同上
10.6	王文生	23	丹兰望	李二娘	21	刘金娘	王光炎(父)	李亚文(父)	8.22,同上
10.7	吴滂泉	25	大使庙	蔡贵娘	23	郑银娘	吴中和(堂叔)	蔡东山(父)	8.26,同上
10.9	陈必	32	中港仔	王炎娘	24	吴敬娘	陈光兴(堂叔)	王春英(胞兄)	9.6,同上
10.10	陈松茂	23	洪溪	余挨不娘	19	吴敬娘	许接娘(母)	余理秀(父)	9.4,同上
10.12	谢亚鼎	30	八茶罐	吴庚娘	18	吴敬娘	谢京郎(宗叔)	吴达(父)	10.7,同上
10.12	陈青龙	19	丹兰望	罗州钫	19	沈宣娘	陈宣(父)	罗亚六(胞叔)	9.1,同上
10.12	郑茂山	21	班芝兰	吴其娘	19	肖吉娘	郑献瑞(父)	吴亚福(胞兄)	8.28,同上
10.14	陈俊逸	21	大港墘	张全娘	21	郭一娘	陈国顺(胞伯,雷珍兰)	张瑞兴(胞伯)	9.4,同上
10.15	张妈串	28	观音亭	黄妹娘	23	蔡勤娘	张宝生(宗叔)	黄仕兴(宗兄)	8.28,同上
10.19	叶源丰	30	五脚桥	何合娘	21	吴敬娘	叶走(堂叔)	何逢光(胞兄)	9.15,同上
10.22	林清源	24	丹劳实连	邱芳娘	19	蔡勤娘	林金和(胞兄)	丘提老(父)	9.13,高,陈
10.23	蔡伯溪	20	戈劳屈	丁芳娘	18	黄吟娘	蔡德全(父)	丁木全(父)	9.13,同上
10.23	陈长寿	23	吉石珍	黄来娘	19	陈寅娘	陈国山(父)	林石娘(母)	9.13,同上
10.23	颜亚润	26	大南门	黄德娘	16	刘金娘	颜德富(堂兄)	黄德成(堂叔)	9.24,同上
10.25	郑春林	20	廿六间	马淋娘	25	郭一娘	郑肇基(父,协雷)	马克明(父)	9.18,同上
10.26	古运郎	28	砖仔桥	何壬娘	16	刘金娘	古西斗(父)	何亚双(父)	9.16,同上
10.26	陈清海	20	吉石珍	傅对娘	21	陈寅娘	陈吟(父)	傅有进(父)	9.24,同上
10.26	蔡连好	25	新厝仔	许金连	20	郭一娘	蔡梧(从堂叔)	许裕生(父)	9.18,同上
11.2	詹飘水	27	吉石珍	薛长娘	19	陈寅娘	詹曲(胞叔)	薛贵(胞叔)	9.29,苏,陈
11.3	许敦厚	33	大使庙	陈曲娘	18	吴敬娘	许久(宗叔)	陈偕(父)	9.29,同上
11.4	赖淮山	42	八茶贯	陈权娘	21	蔡勤娘	赖沉香(宗兄)	陈叠(父)	9.22,同上
11.5	郑仲山	23	八厨沃间	陈音娘	23	蔡勤娘	郑狮(宗叔)	陈羌(堂叔祖)	10.8,同上
11.6	张意诚	18	八茶罐	陈率娘	16	郭一娘	张狮(父)	陈墨(父)	9.24,同上
11.8	王武员	18	西门	陈郎娘	18	郭一娘 百子千孙	王元龙(父,雷珍兰)	陈仕偕(父)	9.29,陈,高
11.12	李得吉	17	丹绒榴连桥	蔡三娘	17	沈宣娘	李瑞(父)	蔡兰(父)	10.14,苏,陈

11.14	郑伏	66	旧把杀	林玉娘[①]	45	郑银娘	自己花押	自己花押	旧婚,同上
11.14	杨明珠	22	旧把杀	郑灿娘	20	郑银娘	杨涂甘(宗兄)	郑伏(父)	10.2,同上
11.16	叶亚怀	40	东居	林武娘	20	曾绒娘	叶亚五(堂兄)	林淑郎(胞伯)	10.2,同上
11.21	李新厚	18	三间土库	陈英娘	17	郭一娘	李永利(父)	陈甘郎(父、甲)	10.8,陈,高
11.21	谢梓举	34	质宁贞	李美娘	20	吴敬娘	谢萝(宗兄)	李兴(宗叔)	10.14,苏,陈
11.25	李百盛	20	中港仔	朱英娘	18	吴经娘	李百虎(胞兄)	朱乾(父)	10.14,同上
11.25	杨江水	25	质宁贞	黄银娘	23	郑银娘	杨生(父)	黄音贞(父)	10.18,同上
11.26	游金声	46	洪溪	卢君粧	17	蔡勤娘	游开林(胞叔)	卢亚七(父)	10.17,同上
11.26	叶万盛	25	观音亭	陈淑娘	17	刘金娘	叶亚水(胞兄)	陈天受(胞兄)	10.20,同上
11.27	江邦武	48	中公司	郑碧娘	29	吴经娘	江前(从堂叔)	郑水生(父)	10.17,同上
11.30	甘清吉	22	吉石珍	陈玉琪	18	陈寅娘	甘寸(父)	陈哮(父)	10.25,同上
11.30	甘文得	44	吉石珍	蒋春娘	26	陈寅娘	甘寸(宗叔祖)	蒋企(宗叔祖)	10.25,同上
11.30	颜我	34	小南门	黄三娘	31	曾绒娘	颜绍(宗兄)	黄吧老(父)	10.17,同上
11.30	苏亚辉	34	东居	冯凤娘	16	曾绒娘	苏天顾(宗叔)	冯亚发(堂伯)	10.17,同上
12.2	杨成章	17	三间土库	王淑娘	19	杨烈火	杨野(父)	王俭(父)	11.13,陈,黄
12.7	谢文焕	22	洪溪	林芳	18	蔡勤娘	谢喜官(宗叔)	林长溪(宗叔)	11.3,同上
12.7	林维	27	小南门	张月娘	23	刘金娘	林密水(宗叔)	张长恩(胞兄)	11.3,同上
12.8	叶英郎	38	大南门	廖吉疾	17	谢庚娘	叶双五(宗兄)	廖亚四(父)	11.3,同上
12.9	李亚四	50	大南门	钟亚妹	17	刘金娘	李亚带(宗叔)	钟亚三(父)	11.3,同上
12.10	李毓元	26	五脚桥	沈淞娘	18	蔡勤娘	李万周(父)	沈饭(胞叔)	11.3,同上
12.11	谢亚四	24	丹仔望	倪秀娘	18	刘金娘	谢亚桂(堂兄)	倪侃生(胞叔)	11.3,同上
12.15	张新宗	29	亨勿叻	黄州钫	30	谢庚娘	张荣炎(宗叔)	张月娘(母)	11.3,同上
12.16	陈长江	20	旧把杀	高一娘	21	曾绒娘	陈长庚(胞兄)	高永宗(父)	11.4,同上
12.16	沈江流	28	圣望港杉板寮	陈汶娘	17	曾绒娘	沈隆生(胞兄)	陈茄郎(父)	11.15,同上
12.21	黄东林	28	惹牙兰	赖帙娘	23	蔡勤娘	黄天河(父)	赖亚富(胞叔)	11.15,同上
12.22	陈金彩	32	甕菜河	林金娘	24	刘金娘	陈荣祖(宗叔祖)	林荣水(胞兄)	11.28,陈,黄
12.27	林玉兴	18	丹兰望	王金娘	18	蔡勤娘	林文广(父)	王文显(亲兄,钦赐甲必丹)	11.15,高,黄
12.28	梁朝阳	22	吉石珍	连水娘	22	谢庚娘	梁待老(父)	连必成(父)	11.19,同上

① 林氏前夫陈荣生结发四载不幸去世,无儿女,恬处4年,再与郑伏为夫妇,因尚未给婚字,伏恳恩准给婚字为凭,永结同心,二比花押。知见默氏林芳泰签字。

12.28	陈英	24	竹寮	林月娘	16	黄吟娘	陈檬(宗叔祖)	林朝老(宗兄)	11.25,同上
12.29	赖甲间	18	八厨沃间	陈敏娘	16	吴敬娘	赖亚三(父)	庄惜娘(母)	11.19,同上
12.29	梁大海	33	大港墘	廖新娘	17	黄吟娘	梁亚一(宗叔)	廖添郎(父)	11.19,同上
12.30	陈太山	25	鉴光万兰	郑然娘	17	吴敬娘	陈亚四(堂兄)	郑弟(堂叔)	11.26,同上
12.30	陈成宗	23	八戈然	吴彦娘①	16	连泽源	陈球(父)	吴美(父)	11.26,同上
12.30	张金殿	19	乌保土库	官永娘②	15	吴敬娘	张合老(父)	官泰山(父)	11.28,同上

总计:175 对

1858 年吧城唐人成婚注册表

月日	新　郎	年岁	住　址	新　娘	年岁	媒　妁	男方主婚	女方主婚	结婚日,主事人,籍贯
1.4	吴珠文	21	吉石珍	蒋饮娘	18	陈寅娘	吴力(宗伯)	蒋快(父)	11.28,高俊杰,陈逢义,吧生
1.4	陈光奈	44	廿六间	王秀娘	18	陈寅娘	陈玉山(宗兄)	王撮(父)	11.25,同上
1.5	林愈	38	小南门	许山娘	20	蔡勤娘	林夜光(堂叔)	许壬水(父)	12.3,同上,唐生
1.6	简宾	39	亭仔脚	王丁娘③	23	曾绒娘	自己	自己	旧婚,同上
1.13	徐瑞安	32	大使庙	范日娘	20	蔡勤娘	徐永全(堂叔)	范亚严(父)	12.3,同上,吧生
1.16	黄德山	23	亚森脚	蔡经娘	23	刘金娘	黄恩(父)	蔡茂林(宗叔)	11.26,同上,吧生
1.13	古南贤	42	丹仔望	黄菊娘	23	肖吉娘	古琴张(堂兄)	黄彬(父)	12.10,同上,吧生
1.13	林智	36	旧把杀	赖三娘	25	蔡勤娘	林深(宗兄)	赖美(父)	12.2,同上
1.21	郭大有	36	八戈然	陈林娘	23	郭一娘	郭元亨(堂叔)	陈乌尚(堂伯)	12.12,同上
1.21	叶轩二	32	小南门	谢来娘	18	黄吟娘	叶亚五(宗兄)	谢亚桂(父)	12.14,同上
1.23	蒋珠元	22	吉石珍	张存娘	18	陈寅娘	蒋相(堂叔)	张质(父)	12.14,同上,吧生
1.25	戴木水	29	大港墘	陈宁娘	24	肖吉娘	戴东水(堂兄)	陈振生(胞叔)	12.14,同上,吧生
1.25	陈福星	23	毛六甲	杨新娘	17	郭一娘	陈阳生(堂兄)	杨亚四(堂叔)	12.19,高,陈,有默单
1.26	陈锦文	33	新厝仔	林温娘	21	曾绒娘	陈焕文(胞兄)	林经河(父)	12.14,同上,吧生
2.1	陈智生	21	吉石珍	蔡水娘	17	陈寅娘	陈光觉(父)	蔡蛮水(胞叔)	12.20,苏天庇,陈思聪,吧生

① 峇峇默氏吴隆生花押,签字“吴龙生”三字。

② 峇峇然王德森有单报知。

③ 王氏前夫谢国治交寅四载,因不和睦判离,于 1856 年 6 月 27 日蒙公堂案夺折破婚字,今愿再醮与简为夫妇永结同心,各无反悔,二比各花押在簿。批照。圣望港默氏黄天吉,签名“黄天吉”。

2.2	杨源水	20	吉石珍	林存娘	16	林英娘	杨桃元(胞兄)	林金生(父)	1.18,同上,吧生
2.2	刘廷贤[①]	20	观音亭	黄碧娘	20	曾戎娘	刘伦(宗叔)	黄清秀(宗兄)	1.18,同上
3.8	汪高山[②]	39	大使庙	林合娘	16	郑银娘	自己	林启令(堂兄)	1.22,陈濬哲,黄锦章,吧生
3.11	陈亚三	38	大南门	吴应娘	16	刘金娘	陈亚插(胞兄)	吴亚辛(父)	2.4,同上
3.16	魏荣水	29	大南门	黄水娘	24	刘金娘	魏和生(胞兄)	黄捷兴(父)	2.7,同上
3.17	张天球	29	大南门	黄质娘	19	刘金娘	张天德(胞兄)	黄坤生(堂叔)	2.13,同上
3.20	曾长生[③]	19	观音亭	杨五娘	17	郑银娘	曾新喜(父)	杨弓(父)	2.14,同上,吧生
3.21	谢天生	28	吉石珍	曾德娘	26	林荣娘	谢祝生(宗叔)	曾开业(胞叔)	2.13,同上
3.23	朱太山	19	把杀务朗	邱日娘	16	郭心娘	朱亚福(父)	丘寸(父)	2.12,同上
3.24	叶妈益	30	小南门	陈七娘	20	肖吉娘	叶兴(堂兄)	陈启祐(父)	2.14,同上
3.26	黄逢泰	42	杉板寮	张桂娘	32	蔡勤娘	黄荣宗(堂兄)	张长安(堂兄)	2.14,同上,吧生
3.26	陈景元	23	中港仔	曾曾娘	18	曾绒娘	陈文宗(宗兄)	曾百雅(宗叔)	2.19,同上,吧生
3.30	梁亚三	36	五脚桥	叶绒吉娘	20	刘金娘	梁亚五(堂叔)	叶石长(堂兄)	旧婚,陈,黄,唐生
4.1	苏长生	25	吉石珍	江盛娘	17	郭一娘	苏清水(堂叔)	江福寿(父)	3.2,高,陈,吧生
4.8	黄宗水	20	五脚桥	林河娘	22	蔡勤娘	黄九(父)	林文山(父)	3.2,同上,吧生
4.8	陈双白	32	丹绒公司	戴娇娘	16	郑银娘	陈井(胞叔)	戴曲生(父)	3.2,同上
4.9	张登鹤	23	王蔀	古凤娘	19	吴经娘	张木生(父)	古江生(父)	2.27,同上
4.14	陈央	23	职宁贞	朱月娘	23	郑银娘	陈红毛(父)	朱朝阳(胞兄)	3.5,同上
4.16	洪清秀	29	槟榔社	沈新娘	18	吴敬娘	洪桂馥(宗兄)	沈英(父)	3.6,同上,吧生
5.1	熊享彝	46	槟榔社	刘艾娘	23	曾绒娘	熊亚添(胞兄)	刘亚四(宗兄)	1.10,苏,陈
5.4	陈瑞兰[④]	22	八戈然	马田娘	21	郭一娘	陈逢义(父,雷)	马克俊(父)	3.29,陈思聪,高西川
5.8	曾山林	21	吉石珍	林东娘	21	陈寅娘	曾永昌(胞兄)	林盘(亲兄)	4.5,苏,陈
5.8	蔡理水	19	质宁贞	李五娘	21	郑银娘	蔡左溪(父)	李如全(父)	4.4,同上
5.15	陈松美	19	乌保土库	郑挨不娘	16	蔡勤娘	陈国水(父)	郑松柏(父)	4.5,同上

① 和1817年2月3日遵公堂案夺准其离遏,其子女归夫抚养。

② 兹报大使庙界内汪高山官,年39岁,系吧生长,今要给婚字,此上公馆甲必丹大人尊照。和1858年3月8日报,盖印。公堂和1871年8月11日案夺准其离遏。

③ 兹报曾长生系在敝社吧生长,其父系是曾新喜,今欲交寅,理该章禀公馆列台甲必丹为照。和1858年3月17日"默氏李佛议"(长方形红印)顿。

④ 据钦赐雷珍兰陈逢觉官云:此陈瑞兰乃胞弟亲生之子,前经有立过书与胞弟陈逢义过房为传,伊后嗣合应据实禀明花押在簿。签名:"陈逢角"。

5.18	苏登山	23	八戈然	杨武敦	18	谢庚娘	苏天喜(父)	杨龙元(父)	4.20,同上,吧生
5.19	林金生	21	丹仔望	谢森娘	18	刘水娘	林密水(宗兄)	谢桂(父)	4.10,同上,吧生
5.20	郑两汉	20	大南门	严双娘	18	肖吉娘	郑梓经(宗兄)	严文质(胞叔)	4.16,同上,吧生
5.20	薛西魁	25	珍新把杀	林质娘	25	林英娘	薛柜(堂兄)	林汉智(胞兄)	4.16,同上,吧生
5.20	沈北元	27	吉石珍	王毓娘	20	林英娘	沈任水(胞兄)	王德水(胞叔)	4.13,同上,吧生
5.25	黄成功	21	簿面街	方水娘	21	蔡勤娘	黄道生(堂兄)	方木溪(胞兄)	4.16,同上,吧生
5.22	陈基福	18	大港墘	徐碧娘	15	郭一娘	陈江流(父)	徐金炉(父,原任武直迷)	4.20,陈,高
5.25	甘成河	29	吉石珍	张泗娘	27	陈全娘	甘文生(宗叔祖)	张泗二(胞兄)	4.16,苏,陈,吧生
5.26	蔡合龙	26	旧把杀	陈发娘	20	曾绒娘	蔡亚五(父)	陈清凉(父)	4.18,同上,吧生
5.26	朱木生	42	小南门	杨和娘	20	刘水娘	朱得水(胞兄)	杨士章(父)	4.16,同上,吧生
5.28	李清露	20	戈劳屈	戴英娘	22	刘金娘	李清音(胞兄)	戴永文(兄)	4.19,同上,吧生
6.1	钟金生	25	吉石珍	兰甘娘	15	林荣娘	钟发生(胞兄)	兰颂(父)	4.26,陈,黄,吧生
6.4	许永寿	19	吉石珍	谢娘那	18	林永娘	许亚三(父)	谢万顺(父)	5.10,同上,吧生
6.5	陈显	38	小南门	黄令娘	23	李荣娘	陈云均(宗兄)	黄文仲(胞兄)	4.25,同上,唐生
6.10	蔡城	36	公司后	薛水娘	24	郑爱娘	蔡有(堂叔)	薛祐(堂兄)	5.3,同上,唐生
6.10	钟德水	24	八茶贯	林音娘	18	吴敬娘	钟亚四(父)	林崇清(宗兄)	5.22,同上,吧生
6.18	许亚八	50	杉板寮	袁爵娘	25	郑银娘	许亚成(宗兄)	袁天水(宗叔)	5.12,陈,黄,吧生
6.23	林青春	22	吉石珍	杨飘抵	20	曾绒娘	林偕(宗叔)	杨金生(胞叔)	5.14,同上,吧生
6.24	陈仁生	28	大使庙	林硂娘	17	郭一娘	陈墨(宗叔)	林必因(堂叔)	5.28,同上,吧生
6.25	吴捷贤	17	秦郎安	李东娘	18	黄壬娘	吴亚添(父)	李英文(父)	5.22,同上,吧生
6.26	刘记生①	28	洪溪	李子娘	18	蔡勤娘	刘永南(父)	李结炳(宗兄)	5.22,同上,唐生
6.26	梁德水	32	大南门	黄凤妹	17	刘金娘	梁亚五(堂兄)	黄登淑(父)	5.24,同上,吧生
6.26	曾新客	19	槟榔社	陈癸娘	16	钟亚添	曾壬五(宗伯)	陈亚三(父)	5.24,同上,吧生
6.28	杨章发	28	吉石珍	丘丑娘	18	林荣娘	杨润(宗叔)	邱一(父)	5.24,同上,吧生
6.29	林海生	18	公司	谢密娘	18	郭一娘	林长溪(父)	谢金全(宗兄)	5.24,同上,吧生
6.30	黄增光	21	北甘望安	杨琪娘	20	黄壬娘	黄文龙(父)	杨亚双(父)	6.5,同上,吧生
7.7	丘亚富	26	质宁贞	陈山娘	21	谢庚娘	丘翰(父)	陈亚插(父)	6.11,高,陈
7.13	林光夏	23	八茶贯	韩天娘	19	刘金娘	林光裕(胞兄)	韩进朝(父)	6.5,同上,吧生

① 刘记生自唐来吧,有案夺字 1856 年 2 月 9 日第 360 号,1856 年 2 月 27 日批出。

7.13	高燃芝	19	窑内	李闰娘	15	曾绒娘	高员(堂伯)	李国瑞(胞兄)	6.10,高,陈,吧生
7.16	郑元玑	23	廿六间	蒋再娘	19	蔡勤娘	郑进生(父)	蒋本生(宗叔)	7.11,同上
7.16	蔡永和	37	绒戈兰	曾兰娘	20	郑银娘	蔡祖佳(胞叔)	曾山四(胞兄)	6.8,同上,吧生
7.20	张由二	27	毛六甲	林金娘	20	蔡勤娘	张欣野(堂伯)	林淑郎(父)	6.22,同上,唐生
7.24	王溪水	28	鉴光州瓦	丁音娘	18	曾绒娘	王妈曲(堂兄)	丁水生(父)	7.28,同上,唐生
7.27	许长协	27	八戈然	陈毛力	18	谢庚娘	许银河(父)	陈玉珩(堂兄)	6.29,同上,吧生
7.28	陈天禄	23	班芝兰	曾香娘	19	郭一娘	陈席珍(父)	曾永昌(宗叔)	6.23,同上,吧生
7.30	陈长寿	28	吉石珍	李川娘	19	陈寅娘	陈长禄(胞兄)	李清魁(胞兄)	7.27,同上,吧生
8.9	郭金和	23	吉石珍	赖粉娘	19	林荣娘	郭贵生(胞叔)	赖亚五(堂兄)	7.18,苏,陈,吧生
8.9	高木和	22	美色近	陈希淡	22	蔡勤娘	高仰(宗兄)	陈甲生(父)	7.20,同上,吧生
8.13	巫初出	28	八茶贯	冯戊娘	21	吴敬娘	巫子松(胞兄)	冯老二(父)	7.22,同上,唐生
8.13	温新德	28	小南门	钟心娘	15	蔡勤娘	温亚娘,(宗叔)	钟钦五(堂叔)	7.11,同上,唐生
8.14	陈永春	21	吉石珍	杨质娘	16	陈寅娘	陈清柔(父)	杨三良(胞兄)	7.20,同上,吧生
8.25	刘亚洪	28	洪溪	严汝话	21	谢庚娘	刘成长(堂叔)	严临生(父)	7.20,苏,陈,吧生
8.14	李亚三	34	吉石珍	赖庚娘	19	陈寅娘	李亚喜(胞兄)	赖亚清(堂叔)	7.22,同上,唐生
8.27	杨一斗	28	观音亭	洪贞娘	26	肖吉娘	杨如松(宗伯)	洪球(宗叔)	7.21,同上,吧生
8.30	薛德海①	24	质宁贞	杨六娘	17	黎敏娘	薛广生(父)	杨赞水(宗叔)	8.6,同上,吧生
8.30	叶读书	23	小南门	庄荔枝	17	蔡勤娘	叶某(父)	庄瑞居(父)	8.6,陈,黄,吧生
9.2	黄标	31	大港磨仔纳	詹和娘	23	吴敬娘	黄溶川(宗叔)	詹宝山(堂兄)	8.13,同上,唐生
9.3	林御	27	小南门	刘水娘	20	蔡勤娘	林搭(从堂兄)	刘福星(从宗兄)	8.6,同上,唐生
9.6	杨临生	27	戈劳屈	黄欢娘	17	陈寅娘	杨成富(胞叔)	黄龙海(堂叔)	8.13,同上,吧生
9.6	张仕元	23	戈奢园	黄协娘	20	蔡勤娘	张质(堂叔)	黄元(父)	8.16,同上,吧生
9.8	戴水河	20	亚森脚	林石娘	20	刘金娘	戴明贤(胞叔)	林景亮(胞叔)	8.6,同上,吧生
9.13	刘观生	20	鉴光州瓦	赖新娘	18	李荣娘	刘金水(父)	赖亚二(父)	8.13,同上,吧生
9.15	丁新儿②	21	鉴光州瓦	邱清娘	17	吴敬娘	丁水生(父)	邱兑(父)	8.12,同上,吧生
9.16	薛已昌	26	戈劳屈	甘软娘	18	陈水娘	薛观生(胞叔)	甘泉生(从堂兄)	8.14,同上,吧生
9.16	陈章老	20	戎戈兰	杨经娘	19	方凤娘	陈葛水(父)	杨珠生(父)	8.20,同上,吧生
9.25	林清河	37	质宁贞	曾江妹	24	陈寅娘	林福秀(胞兄)	曾秀五(父)	8.30,同上,吧生

---

① 质宁贞默氏薛广生之子。

② 鉴光州瓦默氏丁水生之子。

9.28	阮乾元	20	圣望港	黄桂娘	18	肖吉娘	阮开茂(父,病,堂兄芝力代)	黄传宗(胞兄)	8.23,同上,吧生
9.28	陈荣杰	21	八茶贯	梁灶娘	21	郭一娘	陈湘敬(胞兄)	梁德水(胞兄)	8.29,同上,吧生
10.1	汤玉典	17	大南门	黄根娘	18	曾绒娘	汤鸿(父)	黄传寿(堂兄)	8.27,高,陈,吧生
10.2	林榜①	37	小南门	刘灿娘	20	肖吉娘	林栋(宗叔)	刘廷贤(宗兄)	8.29,同上,唐生
10.2	陈三英	25	旧把杀	周山娘	19	蔡勤娘	陈长庚(堂叔)	周宗绍(宗兄)	8.27,同上,吧生
10.4	王必宗	18	丹兰望	黄和娘	15	曾绒娘	王川(堂叔祖)	黄灿郎(父)	8.28,同上,吧生
10.7	郭春生	43	丹那实连	江美娘	25	谢庚娘	郭金山(堂兄)	沈碧娘(母)	9.10,同上,吧生
10.8	章亚喜	40	戈劳屈	黄二娘	20	黄壬娘	章亚七(宗兄)	黄福星(宗叔)	9.10,同上,唐生
10.9	陈嘉生	45	新把杀	王贤碧	25	刘水娘	陈茂乾(宗叔)	王瑞生(父)	10.11,同上,吧生
10.9	魏文登	22	打铁街	林水娘	18	曾绒娘	魏和生(堂兄)	林坤山(宗兄)	9.10,高,陈,吧生
10.11	廖炎生	25	打铁街	吴福娘	16	谢庚娘	廖增寿(宗兄)	吴春爹(父)	9.19,同上,吧生
10.11	谢信	40	槟榔社	李英娘	17	谢庚娘	谢京郎(宗兄)	李来(父)	9.14,同上,吧生
10.12	林丁机	32	大使庙	陈饶娘	22	曾绒娘	林池生(宗伯)	陈双林(宗叔)	9.10,同上,吧生
10.13	林有庆	23	观音亭	蔡丁娘	20	郭一娘	林有益(堂兄)	蔡金水(父)	9.12,同上,吧生
10.15	杨戊生	30	观音亭	郭班娘	20	蔡勤娘	杨第二(胞兄)	郭龙(宗叔)	9.18,同上,吧生
10.15	钟亚四②	29	五脚桥	黎秋娘	19	曾壬五	钟亚添(宗兄)	黎天生(父)	9.24,同上,吧生
10.18	马长茂	23	窑内	涂福娘	20	李荣娘	马克明(父)	涂庇生(堂伯)	9.22,同上,吧生
10.19	黄亚六③	29	戈劳屈	张一娘	14	饶亚二	黄亚烟(宗兄)	张亚二(宗伯)	9.19,同上,唐生
10.20	庄永和	26	吉石珍	陈金娘	20	陈寅娘	庄淡生(宗叔)	陈素(父)	9.24,同上,吧生
10.22	林志明	22	小南门	张淑娘	21	郭一娘	杨正谊(宗兄)	张红毛(父)	8.8,同上,吧生
10.22	张浚河	40	竹树巷	卢孝娘	20	陈炳娘	张开(宗叔)	卢辰生(父)	9.22,高,陈,吧生
10.22	杨永吉	22	美色近	许经娘	21	蔡勤娘	杨光荫(父)	许初(父)	9.21,高,陈,吧生
10.23	黄金水	22	毛六甲	郑三娘	20	肖吉娘	黄德垅(父)	郑淡美(父)	9.16,同上,吧生
10.23	黎亚维	31	丹把杀	廖若娘	20	黄壬娘	黎连兴(宗兄)	廖增寿(宗兄)	9.19,同上,唐生
10.25	陈天庇	20	大港墘	王虎娘	17	郭一娘	陈清凉(父)	王元标(父)	9.22,同上,吧生
10.25	高妈意	41	大使庙	石经娘	26	肖吉娘	高项(宗兄)	石有山(宗叔)	9.22,同上

① 1850年9月10日在公馆给婚字,娶肖和娘,年30岁。女家主婚伊自己,男家主婚伊宗兄林搞,媒约吴经娘。因肖和娘已故,今再娶刘灿娘为妻。批照。

② 据男家主婚人钟亚添住小南门云,宗弟钟亚四在吧生长,1850年4月22日曾在公馆给婚字娶赖宁娘为妻,男家主婚伊父钟天增,女家主婚伊父赖亚三,媒约人江秋娘,赖宁娘于上年已故,故再娶黎秋娘为妻。

③ 据默氏李佛诚报单云:黄亚六系唐生长,住敝界,献案夺字1846年4月23日第1369号又13号准居吧。

10.25	王道阳	28	砖仔桥	林蝶娘	20	肖吉娘	王俊元(宗叔)	林温生(父)	9.22,同上,吧生
10.29	林夜	38	小南门	黄满娘	19	邓挂娘	林栋(宗兄)	黄发辛(胞兄)	10.25,同上,唐生
10.30	邹水淑	23	蕉仔街	许新娘	18	谢庚娘	邹亚壬(宗叔)	许春林(父)	10.16,同上,吧生
11.3	胡隆	37	观音亭	林生娘	26	肖吉娘	胡胜妹(宗兄)	林清(宗叔)	10.2,苏,陈,吧生
11.5	林南海	18	洪溪	许水娘	18	蔡勤娘	林瑞禄(父)	许杨生(父)	10.13,同上,吧生
11.8	巫加祥	28	打铁街	王癸娘	16	郭一娘	巫荣春(宗叔祖)	王邹义(宗叔)	10.24,同上,吧生
11.9	刘谨	20	薄面街	陈金娘	17	曾绒娘	刘顿(父)	陈桂五(胞伯)	10.17,同上,吧生
11.11	郑甘水	22	八茶罐	陈瑞娘	15	吴经娘	郑狮(父)	陈每生(胞叔)	10.26,苏,陈,吧生
11.11	温亚安	33	三间土库	李灶娘	18	吴经娘	温亚珠(胞叔)	李福三(父)	10.24,同上,唐生
11.11	蒋清珠	24	小南门	陈荫娘	18	陈寅娘	蒋灯光(宗叔)	陈建福(胞兄)	10.13,同上,吧生
11.11	丘海生	33	大南门	戴英娘	15	谢庚娘	丘从生(胞兄)	戴明德(宗兄)	10.22,同上,吧生
11.12	吴云琳	18	大巷内	李月娘	15	蔡勤娘	吴透(父)	李弼(父)	10.22,同上,吧生
11.13	高琼玑	20	礁内	吴瑞娘	21	郭一娘 百子千孙	高俊杰(父、甲必丹)	吴南阳(胞叔,钦赐雷)	10.13,陈,郑
11.16	唐传生	20	吉石珍	徐色娘	18	黄左娘	唐源水(父)	徐凤山(父)	10.23,苏,陈,吧生
11.16	徐添花	20	小南门	李坤娘	19	蔡勤娘	徐有记(父)	李天钟(父)	10.22,同上,吧生
11.16	刘观连	37	丹兰娘仔	郭荫娘	14	何壬娘	刘秀芳(父)	谢二妹(母)	11.1,同上,吧生
11.18	陈金全	28	中港仔	苏佛娘	18	吴敬娘	陈荣祖(胞叔)	苏宗安(胞兄)	11.20,同上,吧生
11.20	吴亚四	42	槟榔社	钟辛娘	18	黄壬娘	吴阿全(堂兄)	钟亚五(父)	11.22,同上,唐生
11.20	林温山[1]	19	戈奢园	陈瑞娘	15	吴敬娘	林春福(父)	陈福生(胞叔)	10.22,同上,吧生
11.20	薛景贯	25	职宁贞	沈金娘	23	吴敬娘	薛红吃(父)	沈亚壬(胞兄)	10.23,同上,吧生
11.20	郑文质	22	八茶贯	陈銮娘	18	曾绒娘	郑光弼(宗叔)	陈康宁(胞兄)	10.16,苏,陈,吧生
11.21	陈瑞德	40	三间土库	林美娘	16	郭一娘 百子千孙	陈逢义(胞叔,雷)	林有翼(宗叔)	10.24,黄,陈
11.22	许仁桂	23	砖仔桥	林艳娘	21	刘金娘	许亚八(胞叔)	林淡生(胞兄)	11.10,苏,陈,吧生
11.23	胡木生	23	砖仔桥	颜桂娘	16	刘金娘	胡坤山(父)	颜亚六(父)	10.24,同上,吧生
11.25	高海水	16	吉石珍	蒋焦娘	16	陈寅娘	高景阳(宗叔祖)	蒋成元(父)	10.26,同上,吧生
11.25	陈碧泉	18	吉石珍	王良娘	15	陈寅娘	陈壬水(胞兄)	王及生(胞叔祖)	11.2,同上,吧生
11.26	蔡拔	35	小南门	蒋文娘	18	曾绒娘	蔡佛(宗叔)	蒋梓财(父)	10.24,同上,唐生

① 据默氏萧江源报单云:林温山系吧生长。1874年10月6日公堂判分离。

11.26	李松昌	32	丹兰望	黄已娘	20	刘亚二	李亚寿(宗叔)	黄亚桂(父)	10.27,同上,唐生
12.1	李永生	23	大使庙	詹辛娘	18	吴敬娘	李寿昌(父)	詹亚登(宗叔)	10.28,陈,黄,吧生
12.2	林汉琛	18	小南门	郭二娘	22	曾绒娘	林溪胜(父)	郭福生(胞伯)	10.28,同上,唐生
12.3	蒋朝基	22	吉石珍	黄全娘	16	蔡勤娘	蒋子贡(父)	杨丹娘(母)	11.6,同上,吧生
12.3	周科銮	34	八茶罐	郭箩娘	19	刘金娘	周宗绍(宗兄)	郭隆(宗伯)	旧婚,同上,唐生
12.4	刘立其	36	中港仔	简英娘	18	肖桔娘	刘兴为(宗兄)	简敬忠(父)	11.3,陈,黄,唐生
12.6	林金松	19	圣望港	陈报娘	18	郭一娘	林金禄(胞兄)	陈青番(父)	11.15,陈,黄,吧生
12.6	宋永山	27	戈劳屈	邱贞娘①	25	谢庚娘	自己	自己	11.14,同上,吧生
12.8	张德源	20	吉石珍	吴镭娘	18	陈寅娘	张桃(父)	吴唇(堂叔)	11.19,同上,吧生
12.10	林三朝	20	水锯社	郑海娘	18	肖吉娘	林元旦(父)	郑清闲(胞兄)	11.8,同上,吧生
12.10	林森	20	质宁贞	黄宽娘	17	吴敬娘	林州伦(堂伯)	黄快(宗叔)	11.8,同上,吧生
12.14	谢贵元	25	秦郎安	罗西娘	18	谢庚娘	谢各四(宗兄)	罗华江(父)	11.19,同上,吧生
12.14	古保林	21	蕉仔街	钟糠娘	16	黄壬娘	古云中(父)	钟亚五(宗伯)	12.13,同上,吧生
12.15	王旺	67	亚森脚	骆吉疾	29	曾绒娘	王月(宗兄)	骆毛狮(胞兄)	交寅未定,同上,唐生
12.16	王春寿	36	美色近	连荣娘	17	吴敬娘	王汉章(宗兄)	连金水(胞兄)	11.15,同上,吧生
12.17	杨铁	33	小南门	谢殿娘	19	蔡勤娘	杨浩(宗兄)	谢天生(堂兄)	11.22,同上,唐生
12.20	陈益二	36	二揽末	余春娘	29	陈三娘	陈财(宗叔)	余永美(胞兄)	12.13,陈,黄,吧生
12.21	肖明泉	26	五脚桥	许尊娘	17	吴敬娘	肖细妹(堂伯)	许亚笃(父)	11.22,同上,吧生
12.22	杨分明	22	毛六甲	夏一娘	22	谢庚娘	杨龙云(宗叔)	杨荣陶娘(母)	11.22,同上,吧生
12.22	陈振河	24	惹牙兰	徐金娘	16	郭一娘	陈快生(父)	徐进孙(父)	12.21,同上,吧生
12.22	吴荣辉②	37	中港仔	李兴娘	20	曾绒娘	吴玉生(胞兄)	李文和(父)	12.13,同上,吧生
12.22	陈泉	29	大港墘	李源娘	22	郭一娘	陈鸟厘(宗叔)	李威(父)	12.20,同上,唐生
12.23	陈金荣③	36	毛六甲	邱凤娘	22	谢学梁	陈凤爹(宗兄)	邱亚三(胞兄)	戊10.16,同上,唐生
12.23	何木生	26	戈劳屈	周合娘	19	陈丙娘	曾丙娘(母)	周顺喜(宗叔)	12.4,同上,吧生
12.29	蔡青连	26	大巷内	吴曲娘	19	曾绒娘	蔡桓(宗叔)	吴蕴(父)	12.4,同上,唐生
12.29	蔡梧	42	廿六间	邹贵娘	16	肖桔娘	蔡三(宗兄)	邹亚壬(父)	12.4,同上

① 据邱贞娘云:前夫金玉麟交寅两载,未有儿子。因其待氏有亏,1856 年 12 月 19 日公堂已判离遏,今愿与宋永山结为夫妇,永结同心,二比花押存案。知见人副默杨清水,签字,“杨清水”。据默氏涂江淮报单云,宋永山系吧生长。

② 原任默氏吴荣辉系吧生长。

③ 据饶亦才云:陈金荣原系新客,1857 年 10 月 8 日来吧,已经人在晚字内,1857 年 10 月 31 日第 3112 号准居吧,与晚充为海屿厨工。　遵玛腰批云:准可给婚字,系戊(1858)10 月 10 日再批。

12.29	钟贵四	37	戈劳屈	谢济娘	19	曾绒娘	钟亚五(宗兄)	谢喜观(宗兄)	12.4,同上,唐生
12.29	黄仁利[①]	20	乌鬼巷	蔡水娘	16	曾绒娘	李贵娘(宗母)	蔡浮炉	12.6,陈,黄,吧生
12.31	李国顺	21	砖仔桥	王对娘	19	谢庚娘	李友(堂兄)	王亭淙(堂叔)	12.14,同上,吧生

总计:177 对

1859 年吧城唐人成婚注册表

月日	新郎	年岁	住址	新娘	年岁	媒妁	男方主婚	女方主婚	结婚日,主事人,籍贯
1.3	郑天助	21	大使庙	林尊娘	22	郭一娘	郑有庆(父)	林光琼(宗伯)	12.4,高俊杰,陈逢义,吧生
1.5	黄增生	22	八戈然	温壬娘	17	黄任娘	黄亚四(宗兄)	温亚三(宗叔)	12.19,同上,吧生
1.6	王春吉	27	观音亭	吴友娘	21	刘金娘	王旺(宗叔)	吴清辉(父)	12.8,同上,吧生
1.10	何南荣	26	惹牙兰	黄顺娘	22	蔡勤娘	何亚增(胞叔)	黄天和(父)	12.8,同上,吧生
1.11	甘福生	18	惹牙兰	黄木娘	18	肖桔娘	甘溪源(宗叔)	黄谈(父)	12.13,同上,吧生
1.11	吴老生	20	西门	汤桂娘	16	曾绒娘	陈水娘(母)	汤壬水(堂兄)	12.13,同上,吧生
1.13	孙栢海	23	大南门	洪全娘	20	刘金娘	孙得胜(父)	洪西(宗伯)	12.19,同上,吧生
1.14	朱斗四	19	吉石珍	郭庚娘	19	陈寅娘	朱亚贤(父)	郭修元(父)	12.19,同上,吧生
1.14	詹宝山	37	吉石珍	王琴娘	22	陈寅娘	詹清元(宗叔祖)	王春波(胞兄)	已 1.18,同上,吧生
1.18	杨长水[②]	22	美色近	林雅于	19	刘金娘	杨清水(宗叔)	林其生(胞兄)	12.4,同上,吧生
1.19	陈甘露	23	公司边	戴宝娘	22	曾绒娘	陈玉琳(胞兄)	戴俊(宗叔)	12.20,同上,吧生
1.19	谢海生	35	大港墘	杨坤娘	21	曾绒娘	谢坤生(宗兄)	杨涂(父)	1.18,高,陈,吧生
2.9	张承万	37	中港仔	王曲娘	20	吴敬娘	张补(宗叔)	王旺(宗叔)	1.8,苏天庇,陈思聪,唐生
2.22	林若山	26	戈劳屈	涂月娘	27	谢庚娘	林捷七(宗兄)	涂轩瑞(父)	2.2,同上,吧生
2.23	宋长泰	20	丹仔实连	简水娘	17	李荣娘	宋贵生(胞伯)	简其明(父)	1.24,同上,吧生
2.23	钟玉兴	34	质宁贞	陈文娘	30	李荣娘	钟利生(胞兄)	陈锦茂(胞兄)	1.25,同上,吧生
2.24	叶贵生[③]	21	蕉仔街	李癸娘	27	吴亚二	叶双五(父)	李亚二(宗叔)	2.2,同上,吧生
2.25	黄丙瑞	24	戈劳屈	曾欲娘	22	黄壬娘	黄福生(宗兄)	曾四相(宗兄)	1.26,同上,吧生

① 据默氏罗儒生报单云:此黄仁利系吧生长。令罗儒生花押在簿,签字“罗儒生”。

② 此系先成亲而后给婚字。据默氏吴金麟报单云:杨长水系吧生长。

③ 据默氏钟亚五报单云:叶贵生系在吧生长。(注:女大于男 6 岁。)

2.25	杨金水	28	西门	江那娘	19	吴敬娘	杨毛惹(父)	江清贤(胞兄)	2.11,同上,吧生
2.28	范锦兴	40	大南门	李福娘	16	范亮	范传(宗叔)	李已官(父)	2.16,同上,唐生
3.3	徐清水	21	丹兰娘仔	詹三娘	17	陈寅娘	徐仁和(父)	詹著(父)	3.18,陈濬哲,黄锦章,吧生
3.11	黄明和	21	水锯仔	汤贵娘	18	谢庚娘	黄保生(父,病,子坤山代)	汤长生(父)	2.16,同上,吧生
3.11	蓝亚栗[①]	40	观音亭	卢珠娘	18	曾绒娘	蓝探(宗叔)	卢亚七(宗叔)	2.24,陈,黄,唐生
3.15	吕亚三	22	实滑巷	黄达娘	18	钟亚三	吕亚满(父)	黄杰(宗叔)	2.18,同上,吧生
3.22	陈丙郎	28	打铁街	李卜娘	20	蔡勤娘	陈亚德(父)	李老实(父)	2.23,同上,吧生
3.23	甘和顺	20	毛六甲吉疾	陈深娘	21	曾绒娘	甘全(父)	陈清珠(父)	3.8,同上,吧生
3.26	沈青叶	19	望加寺港口	黎癸娘	17	曾绒娘	沈青云(胞兄)	黎东盛(父)	2.28,同上,吧生
4.8	张玉荣	34	洪溪	陈葱娘	20	蔡勤娘	张荣炎(宗叔)	陈长水(胞兄)	2.23,高,陈,吧生
4.13	吴基来	31	亚森脚	何溺娘	16	谢庚娘	吴南斗(父)	何亚增(胞叔)	4.6,同上,吧生
4.13	杨水源	35	吉石珍	林安娘	32	陈寅娘	杨钦诗(堂兄)	林露水(胞兄)	旧婚,同上,吧生
4.20	邱一隆	26	戈劳屈	赖仕娘	18	谢庚娘	邱已隆(胞兄)	赖亚二(父)	已 4.2,高,陈,吧生
4.26	林玉水	26	班芝兰	甘音娘	26	曾绒娘	林松茂	甘荣光(父)	4.2,同上,吧生

总计:32 对

1861 年吧城唐人成婚注册表

月日	新　郎	年岁	住　址	新　娘	年岁	媒　妁	男方主婚	女方主婚	结婚日,主事人,籍贯
9.27	郑邦基	23	旧把杀	周森娘	20	刘金娘	郑朝服(父)	周青山(胞兄)	—,陈濬哲,黄清渊
9.27	陈福生	—	吧生残缺	—	—	—	—	—	—,同上,吧生
9.27	李东卿	22	八茶罐	林磨劳	17	—	李长派	(残缺)	—,同上
9.27	陈金孝	—	吧生	李怒娘	—	谢庚娘	—	李砼	8.25,陈,黄
10.8	郭海[②]	30	公司后	郑色娘	25	蔡勤娘	郭敬(堂兄)	郑成福(胞兄)	辛,黄锦章,陈
10.8	邹亚二	23	蕉仔街	吴平娘	17	曾三娘	邹水淑(胞兄)	吴文仲(堂叔)	9.18,同上

① 献案夺字 1847 年 5 月 19 日第 1747 号又 13 号准居吧。默氏李佛议报单云:蓝亚栗居伊界内,有案夺字。

② 献案夺字和 1859 年 1 月(缺)以准居吧。又批此案夺字(缺)……何差误……。

和 1861 年 10 月 22 日兹面谕郑成福云:郭海之案夺字系是假的,其实是郭祥,非是郭海,亦非是郭上海。至其婚姻之事,付他打算得宜,郑成福签字。

10.9	李子昭	21	观音亭	蔡淡娘	16	郭一娘 百子千孙	李伯达(堂叔，雷珍兰)	蔡梧元(堂叔)	9.11,同上
10.10	范德春	21	大使庙	温二娘	20	谢庚娘	范亚严(堂兄)	温乙生(宗叔)	9.21,同上
10.10	蔡志	29	质宁贞	苏菰律	20	曾玉娘	蔡伦生(胞兄)	苏禄山(堂兄)	10.13,同上
10.11	谢瑞祥	37	美色近	陈月娘	20	曾玉娘	谢天仁(堂叔)	陈枝才(父)	10.10,同上
10.16	甘永顺	19	吉石珍	曾色娘	20	陈云娘	甘文生(堂叔祖)	曾永富(宗兄)	10.16,同上
10.17	陈良	28	八茶罐	林窗娘	18	曾玉娘	陈光泼(父)	林瑞禄(堂伯)	10.27,同上
10.17	李兰水	21	公司后	丘经娘	20	曾玉娘	李国水(胞兄)	丘春福(胞兄)	9.21,同上
10.21	黄永发	19	小南门	陈洲娘	18	李英娘	黄清秀(父)	陈德郎(父)	9.24,同上
10.22	王金山	20	观音亭	林俊娘	20	郭一娘	王砖(父)	林思敬(父)	9.21,同上
10.23	甘文进	18	吉石珍	叶望娘	14	郭一娘	甘六艺(胞兄)	叶甕(堂叔)	11.24,同上
10.23	纪泰山	49	吉石珍	黄才娘	29	郭一娘	纪伴庸(堂兄)	黄双全(胞兄)	9.23,黄,陈
10.24	陈菰生	22	吉石珍	黄六娘	20	陈寅娘	陈长庚(堂兄)	黄淮水(胞兄)	9.26,同上
10.25	蔡三勇	24	质宁贞	林山娘	21	蔡勤娘	蔡江先(父)	林清水(父)	10.2,同上
10.29	高地①	30	新厝仔	刘已娘	17	刘勤娘	高仰(堂叔)	刘木生(父)	10.9,同上,唐生
10.30	陈子杰	35	大使庙	罗来娘	21	曾玉娘	陈子基(胞兄)	罗拜(父)	10.29,同上
11.1	甘玉珍	23	吉石珍	戴鸾娘	20	陈寅娘	甘光谅(宗伯)	戴江发(胞兄)	10.11,陈,郑,吧生
11.5	吴明泉②	18	丹绒勃育	邱娘那	15	肖吉娘	吴金生(父)	丘安然(胞叔)	10.14,同上,吧生
11.6	林全禄	24	小南门	许森娘	22	陈三娘	林渭珍(堂兄)	许裕生(父)	10.12,同上,吧生
11.7	林任贵	20	小南门	叶音娘	18	刘根娘	林栋(父)	叶春生(堂兄)	10.11,同上,吧生
11.7	郭荣传	19	大使庙	钟劳智	19	曾绒娘	郭绍漳(父)	钟良(父)	辛10.12,同上,吧生
11.8	张佛生	24	班芝兰	陈淑娘	24	肖吉娘	张陈恩(胞兄)	陈链昌(叔)	10.12,同上,吧生
11.9	谢泰源	20	珍把杀	徐满娘	17	陈寅娘	谢嘉官(堂兄)	徐仁和(堂叔)	10.9,同上,吧生
11.9	戴淇水③	23	质宁贞	林如娘	22	薛志娘	戴心郎(父)	林红毛(父)	10.18,同上,吧生
11.11	江豹即仁淑	20	小南门	陈海娘	16	郭一娘	江桂卿(堂叔)	陈抄(父)	10.11,陈思聪,郑肇基,唐生
11.13	谢吉水	21	洪溪头	温娘娜	16	林贞娘	谢金生(父)	温乾(父)	10.16,同上,吧生
11.18	吴浩基	27	小南门	石五娘	22	陈三娘	吴佐(堂叔祖)	石荣(父)	11.24,同上,唐生

① 献案夺字1861年7月27日第2610号准居吧。

② 据默氏番州里难来单云：此吴明泉果是吧生之人。

③ 据默氏戴心郎云：其子淇水果是吧生长，签字“戴心郎”。

11.18	林观①	39	大巷内	陈加娘	19	肖吉娘	林玩(堂兄)	陈学新(堂兄)	10.27,同上,唐生
11.24	甘坤海	18	圣望港	黄安娘	19	郭乙娘	甘寅(叔祖)	黄燎光(父,甲)	10.29,陈濬哲,陈思聪
11.25	林龙海	28	圭汁巷	刘曲娘	17	肖吉娘	黄凤娘(母)	刘国水(父)	辛11.14,陈,郑
11.26	钟江郎②	22	珍新把杀	张吉娘	22	陈寅娘	钟辛二(堂兄)	张武吉(胞兄)	11.7,同上,吧生
11.27	戴东水	25	干冬圩	陈春娘	22	蔡勤娘	戴东生(胞兄)	陈长庚(胞兄)	10.29,同上,吧生
11.28	陈合水	21	质宁贞	欧十娘	18	黎敏娘	陈燕生(父)	欧和良(父)	11.8,同上,吧生
12.2	黄永良	25	三间土库	吴椒娘	21	蔡勤娘	黄景山(胞兄)	吴光楣(堂叔祖)	11.8,陈,高西川
12.3	朱振荣	23	洪溪	陈娘娜	21	谢庚娘	朱豆(堂叔)	陈红毛(父)	11.8,同上
12.3	陈吾	37	小南门	章丁娘	17	谢庚娘	陈亚二(堂兄)	章亚满(堂叔)	11.24,同上,唐生
12.5	颜珠凉	24	五脚桥	钟吟娘	21	陈宝娘	颜永文(亲伯)	钟文彩(父)	辛11.12,陈,高
12.5	叶天文	24	小南门	张情娘	16	郭一娘	叶纯(堂兄)	黄成娘(母)	11.12,同上
12.6	吴大吉	22	新把杀	兰水娘	20	蔡勤娘	吴唇(父)	兰奇杰(宗叔)	11.14,同上
12.10	林志源③	21	大港墘	李曲娘	16	陈三娘	林玩(堂叔)	李崑茂(宗叔)	11.14,同上
12.10	陈江浩	23	大使庙	林音娘	16	肖吉娘	陈成才(堂叔)	林天宝(胞兄)	11.14,同上
12.10	刘清水	24	丹兰望	王浩娘	23	李瑞娘	刘元益(宗兄)	王春波(堂兄)	11.14,同上
12.11	陈成结	24	五脚桥	陶水娘	16	谢庚娘	陈球(父)	陶福山(父)	11.28,同上
12.12	肖旗观	37	八戈然	林未娘	20	陈三娘	肖地荣(宗叔)	林长溪(宗叔)	11.20,同上
12.16	杨焕来	23	大南门	黎春娘	18	刘勤娘	杨亚欢(堂叔)	黎建三(堂叔)	11.18,同上
12.18	吴文山	21	丹兰娘仔	陈发娘	15	陈意娘	吴金因(堂兄)	陈偕生(父)	11.24,同上
12.20	黄拱照	21	圣望港	詹金娘	18	肖吉娘	黄宽裕(胞兄)	詹巫生(堂兄)	11.24,同上
12.23	连海水	26	大南门	叶信娘	18	刘金娘	连濽水(胞兄)	叶福(堂兄)	12.8,同上
12.27	林球④	31	小南门	蔡杰娘	19	蔡勤娘	林夜光(堂兄)	蔡德全(父)	12.6,同上
12.28	何进郎⑤	28	美色近	温水娘	19	刘勤娘	何亚增(父)	温亚金(父)	12.27,同上,唐生
12.31	陈明源	20	毛六甲	林益娘	20	李英娘	陈兼生(宗叔)	林元(父)	12.8,同上,唐生
12.31	吴福春	21	新把杀	陈雪娘	21	陈一娘	吴日生(父)	陈笃加(父)	12.8,同上

总计:57对

① 据默氏张意诚来单云:此人果是林观,献案夺字1852年7月3日第1661号准居吧。

② 据默氏吴荫来单云:钟江郎果是吧生。

③ 据默李昆茂云:李曲娘之父李长生现住茂物界寮兼染病,不能亲落城主婚,即托伊代主婚,签名"李崑茂"。

④ 献案夺字1852年7月3日第1661号准居吧。

⑤ 献案夺字1857年10月31日第3112号准居吧。

1862年吧城唐人成婚注册表

月日	新郎	年岁	住址	新娘	年岁	媒妁	男方主婚	女方主婚	结婚日,主事人,籍贯
1.6	陈茂盛①	22	美色近	何污娘	22	蔡勤娘	陈荣椿(胞兄)	何亚坦(宗叔)	12.13,陈濬哲,黄清渊,唐生
1.6	刘吉庆	45	吉石珍	陈锡娘	25	蔡勤娘	刘蛏(宗叔)	陈远生(父)	12.13,同上
1.6	钟亚五②	36	丹兰望	李挨勃	18	李亚四	钟昌荣(堂兄)	李亚喜(堂叔)	12.13,同上,唐生
1.6	李东溪	25	王蔀	张锦娘	18	蔡勤娘	李灯光(父)	张木生(父)	12.20,同上,吧生
1.9	黄南水	18	质宁贞	戴笑娘	16	薛志娘	黄财仁(父)	戴心郎(胞伯)	壬1.18,同上,吧生
1.13	陈曲生③	28	大南门	冯戊娘	24	刘金娘	自己	自己	12.20,同上,唐生
1.11	李广汉	17	晋郎安	黄登娘	16	陈保娘	李经元(父)	黄森苓(胞兄)	12.13,同上,吧生
1.11	梁联观	32	小南门	饶二娘	16	刘勤娘	梁亚五(堂叔)	饶亚任(父)	12.16,同上,吧生
1.11	钟文山	33	丹仔实连	许森娘	15	蔡勤娘	钟文彩(堂兄)	许清保(堂兄)	12.28,陈,黄,吧生
2.15	林义明	38	西门	张粪箕	23	蔡勤娘	林坤山(宗兄)	张发光(父)	壬1.25,黄锦章,陈思聪
2.18	饶景星	38	毛六甲	谢润娘	20	谢庚娘	饶亚六(堂兄)	谢喜观(堂叔)	1.23,同上,唐生
2.20	连东琳④	25	大南门	巫炳娘	17	刘勤娘	连赞水(胞兄)	巫九隆(宗叔)	1.23,同上,吧生
2.20	林德光⑤	18	八厨沃间	李鹤娘	20	蔡勤娘	林桃生(父)	李彦文(父)	2.2,同上
2.20	陈伯达	23	吉石珍	沈铿娘	20	陈云娘	陈超(父)	沈珠明(父)	2.5,同上
2.24	陈乙郎	38	五脚桥	徐丙娘	17	肖吉娘	陈京郎(堂叔)	徐进孙(父)	2.3,同上
2.26	李顺和	18	大南门	黄秀娘	19	刘金娘	李福星(父)	黄清寿(胞伯)	2.3,同上
2.27	肖国海	25	圣望港	李新娘	19	萧吉娘	肖金寿(堂叔)	李卿申(父)	2.16,同上

---

① 公堂1872年4月29日判付离遏。

② 默氏周州郎来单指明,钟亚五又名钟贵五,系旧客,献旧婚字,1853年5月17日交寅黎曲娘,因其妻已故,生下子女俱幼,恳再交寅抚养儿女。

③ 冯戊娘供云:前夫巫初出交寅3年身故,无儿女,寡守3年,无奈愿再嫁与陈曲生恳给婚字。据大南门默氏罗儒生报云:冯戊娘前夫巫初出住八茶贯已故,献旧婚字交寅1858年8月13日,3年身故无儿女。3年寡守,再交寅陈曲生系旧客,案夺字1852年5月15日第1250号准居吧,永结为夫妻,给婚字,二比各花押在簿存案。知见默氏罗儒生。

④ 默氏报单:兹报大南门界内连东琳25岁,系吧生,婚配巫炳娘年17岁,男主婚伊胞兄连赞水,女主婚伊宗叔巫九隆,现要给婚字,禀知陈明,耑此奉上正堂甲必丹大人尊照,和1862年2月18日晚生默氏林承爵(红长方形印)单。

⑤ 公堂1875年7月6日拜二判离。

3.11	陈少长	24	吉石珍	黄金娘	22	曾绒娘	陈江水(堂兄,雷)	黄明海(胞兄)	2.12,陈思聪,郑肇基
3.15	叶兴	38	小南门	吴元娘	19	曾绒娘	叶存(堂叔)	吴登山(父)	3.18,同上,唐生
3.18	郑亚三	27	戈劳屈	陈傍佛	21	陈宝娘	郑亚丁(父)	陈双林(宗叔)	3.20,同上,吧生
4.8	蒋近元	19	五脚桥	杨崑娘	18	陈三娘	蒋殿魁(胞叔)	林永元(胞叔)	3.15,陈,高
4.9	汤碧修	22	竹树巷	林勤娘	21	郭一娘	汤二素(父)	林章(父)	3.20,同上
4.9	昌金环	18	毛六甲	张海娘	18	蔡勤娘	昌牛山(父)	张一生(父)	4.3,同上
4.10	黄成道	22	小南门	叶和娘	17	曾戎娘	黄日(父)	叶亩(父)	4.13,陈逢义,高西川
4.14	郑得儒	23	八多尧	陈怪娘	20	陈褒娘	郑亚发(胞兄)	陈鼎(父)	4.6,同上
4.16	高明牛	22	大南门	胡友娘	18	刘勤娘	高溥润(宗叔)	胡坤山(父)	3.30,同上
4.16	方大戆	23	七宁贞	巫水娘	22	薛质娘	方文(父)	巫宾(父)	4.15,同上
4.16	陈深水	25	职宁贞	朱脉娘	22	薛质娘	陈燕生(胞叔)	宋朱年(胞兄,伊父病)	4.9,同上
4.18	林勇全	23	丹绒勃育	叶若娘	23	曾玉娘	林艳野(父)	叶甘生(父)	4.13,同上
4.22	吴日陞	44	亚森脚	黄抄娘	23	曾戎娘	吴玉生(胞兄)	黄红毛(父)	4.3,同上
4.23	汤源泉	49	文登新圩	李根娘	48	戴凤娘	自己	自己	—,同上
4.24	张有德	26	砖仔桥	谢丁娘	16	陈褒娘	张亚奎(堂叔)	谢赞二(父)	4.12,同上
4.30	陈清和	20	八茶贯	甘传娘	16	蔡勤娘	陈湘敬(胞兄)	甘钦(父)	4.13,同上
4.30	林清流	18	廿六间巷	丘娘那	16	蔡勤娘	林文山(父)	丘梓木(父)	4.18,同上
5.2	黄鼎成	22	大南门	谢荣娘	20	刘勤娘	黄福二(父)	谢瑞祥(胞兄)	4.13,陈,黄,吧生
5.3	熊亚婶	33	大南门	李已娘	24	范亚亮	熊亚添(胞伯)	李亚桂(胞兄)	4.13,同上,唐生
5.6	饶亚辉	19	小南门	柯春娘	16	郭一娘	饶亚任(父)	柯芳池(父)	4.14,同上,吧生
5.6	庄板贵	19	茄簿	杨崑娘	20	谢奎娘	庄州郎(父)	杨财源(堂伯)	4.20,同上,吧生
5.7	庄瑞居①	57	五脚桥	李深娘	37	李永娘	自己	自己	旧婚,同上
5.7	陈德海②	20	窑内	翁海娘	20	李永娘	陈堤岸(父)	翁清和(父)	4.18,陈,黄,吧生
5.7	邹邦贵	20	盆洛褒种	朱水娘	16	肖吉娘	邹荣阳(父)	朱长(父)	4.18,同上,吧生

① 据李深娘供云:前夫叶曹十年前公堂判离,寡守7年,至1860年乃醮庄瑞居为夫,今见夫妻果情投意合,必无违负之日,恳给婚字。庄瑞居亦云:诚如李深娘所言,恳给婚字。查公堂案牍1853年7月8日案夺李深娘叶曹离遢。知见人默氏张山河。签名"张山河"。

② 据默氏巫亚野来单云:陈德海果是吧生,其报单云:兹丹仔实连界内陈提岸官之子名德海,年20岁,系吧生长,要娶翁清和官之女名海娘,年20岁,今欲给婚字,伏乞给与,耑此奉上公馆甲必丹尊照。壬戌(同治元年)四月初八日和1862年5月6日晚生"默氏巫野"(红长方形印)单。

5.14	许不[①]	49	八茶贯	蔡画娘	32	肖吉娘	许文怀(宗叔)	黄汉娘(母)	旧婚,同上,唐生
5.15	甘荣秋	18	班芝兰	廖丁娘	16	肖吉娘	甘太阳(父)	廖内生(堂兄)	4.27,同上,吧生
5.15	冯谨山	21	大南门	李潘娘	19	刘勤娘	冯亚二(父)	李正瑞(父)	4.27,同上,吧生
5.15	赖东生	31	大南门	李第娘	18	刘勤娘	赖宏桂(宗叔)	李连二(胞叔)	4.27,同上,吧生
5.15	陈长庚	40	观音亭	吴丙娘	19	曾绒娘	陈长芳(堂叔)	陈芳娘(母)	4.27,同上,吧生
5.16	丘水容[②]	36	廿六间	林毛力	26	蔡勤娘	自己	自己	旧婚,同上,唐生
5.22	潘文光	23	大使庙	古绣娘	20	蔡勤娘	潘仕发(胞叔)	古新(父)	4.28,陈,黄,吧生
5.22	许贵香	17	吉石珍	陈未娘	16	陈恩娘	许亚三(父)	陈亚六(祖父)	5.10,同上,吧生
6.3	蔡春盛	43	洪溪杉板寮	巫黎娘	23	肖吉娘	蔡有(堂叔)	巫治(父)	6.22,黄,陈,唐生
6.3	丘思琼	24	丹绒	蔡有娘	16	谢庚娘	丘枝头(父)	蔡曲(胞叔)	5.14,同上,吧生
6.13	梁亚福	32	八多尧	黄锦娘	18	陈保娘	梁亚魁(从堂兄)	黄亚绍(宗叔)	5.27,同上
6.13	李新奇	18	毛六甲街	杜新娘	16	肖吉娘	李亚八(胞叔)	杜亚四(父)	5.29,同上
6.14	张心正	20	八茶罐	郑东娘	17	蔡勤娘	张狮(父)	郑进生(父)	5.27,同上
6.23	陈明智	22	吉石珍	方软娘	21	陈云娘	陈中元(父)	方登榜(宗伯)	8.27,同上
6.24	李木桂	24	戈劳屈	林生娘	25	肖吉娘	李银良(父)	林双树(宗叔)	5.27,同上
6.27	欧森英	17	丹兰望	郑海娘	17	郭一娘	欧亚珠(父)	郑清水(父)	6.28,同上
6.28	林光彩	23	三间土库对面	魏桂娘	23	曾玉娘	林海水(胞兄)	魏和生(胞兄)	6.17,同上
7.2	许炳曾	20	新厝仔	郑丙娘	17	刘金娘	许春(父)	郑经(兄)	6.28,陈,郑,吧生
7.3	赵清秀	20	新把杀	黄龟年	17	陈银娘	赵清香(胞兄)	黄泰山(胞兄)	6.28,同上,吧生
7.3	谢壬生	31	新把杀	黄曾娘	17	陈银娘	谢亚九(堂叔)	黄贵生(胞伯)	6.20,同上,吧生
7.4	陈长波	18	吉石珍	林金凤	17	郭一娘	陈江水(父,雷)	林奢(堂伯)	6.22,陈,郑
7.12	曹发寿	21	结礁邦	李春娘	17	李亚四	曹彩郎(父)	李丙生(胞兄)	6.28,同上,吧生
7.23	陈棋楠	20	亚森脚	李合娘	17	刘金娘	陈清炎(堂兄)	李伯达甲(亲胞兄,武直迷)	7.3,郑,连文清
7.27	郭荣春	29	班芝兰	林心娘	24	肖吉娘	郭珠妙(堂兄)	林思敬(父)	7.8,同上
7.28	林永仪	23	水锯	李近娘	17	郭一娘	林新建(父)	李丹水(胞叔)	7.3,陈,郑
8.7	黄添水	24	吉石珍	方巴吉	21	陈寅娘	黄玉成(父)	方然(胞兄)	7.28,陈,高
8.8	陈补突	20	丹绒	李仁娘	17	蔡勤娘	陈永源(胞兄)	李对生(父)	7.22,陈,高

① 据八茶罐默张意诚来单云:此许不果是旧客。前经有给婚字于1850年(5月18日)娶过张新娘为妻。

② 林氏前夫李梓德身故,寡守6年,前有女亦故,今愿再醮丘为夫永结同心,默吴龙生知见。签名"吴龙生"。献案夺字1846年5月1日即第1472号又13号准丘水容居吧。

8.9	黄笨赐	21	丹仔实连	王君娘	17	曾玉娘	黄宽裕(宗叔)	王未密(父)	8.14,同上
8.16	冯泰老	41	五脚桥	李金娘	34	肖吉娘	冯子章(宗叔)	李必成(宗兄)	8.7,同上
8.18	黄永海	24	三间土库	戴专娘	17	蔡勤娘	黄景山(胞兄)	戴伯昆(胞叔)	7.24,同上
8.25	丁卜琳	18	亭仔脚	陈未娘	19	谢庚娘	丁笛(宗兄)	陈汝仕(父)	8.19,同上
8.25	郭仁和	21	大使庙	林奴那	18	李英娘	郭隆(父)	林其力(父)	8.14,同上
8.25	蔡拔①	39	小南门	丁麻娘	20	谢庚娘	蔡有(宗叔)	丁笛(宗叔)	8.18,同上,唐生
8.25	李明源	31	公司后	余金娘	18	谢庚娘	李河山(宗兄)	张雅年(母)	8.7,同上
8.27	赖显耀	22	中港仔	杨银娘	20	刘勤娘	赖沉香(父)	杨尊贤(胞兄)	8.19,同上
8.27	吴莲只	30	新把杀	赖春娘	19	陈云娘	吴福山(胞兄)	赖沉香(宗叔)	8.7,同上
8.28	颜安然	22	五脚桥	杨福娘	20	李英娘	颜之内(胞兄)	杨源基(宗兄)	8.12,同上
8.29	李月明②	26	砖仔桥	古红娘	24	郭一娘	李细妹(父)	古德观(堂叔)	8.21,同上
8.30	林浮	32	亭仔脚	叶罗智	19	李荣娘	林夜光(宗兄)	叶面(父)	8.7,同上,唐生
9.4	蔡文山③	27	圣望港	杨瓜娘	18	曾玉娘	蔡三(堂伯)	杨振宁(胞兄)	8.21,陈,黄
9.4	叶庚寿	23	水锯社	刘水娘	18	叶二娘	叶双五(堂兄)	刘亚四(胞叔)	8.18,同上
9.11	林顺德	19	观音亭	陈作荣	17	刘勤娘	林宜明(堂兄)	陈税(堂叔)	8.18,同上
9.11	林文琛	22	大港墘	陈壬娘	21	李英娘	林生(宗叔)	陈允盛(父)	8.27,同上
9.11	吴景孝	43	毛六甲	陈合娘	31	李英娘	吴寿山(宗兄)	陈水生(宗伯)	8.21,同上
9.11	黄长润	22	五脚桥	陈苞厨	23	肖吉娘	黄太和(父)	陈挨勃(胞兄)	8.28,同上
9.11	余天由	21	新厝仔	钟金娘	18	蔡勤娘	余海生(宗叔)	钟山(胞伯)	8.21,同上
9.12	黎合瑞	22	小南门	李梅娘	17	蔡勤娘	黎天生(父)	李乙香(胞兄)	8.27,同上
9.16	饶仕合	36	吉石珍	邓福娘	18	谢庚娘	饶瑞田(堂叔)	邓亚端(父)	8.27,同上,唐生
9.19	梁荣春	26	观音亭	许富娘	27	刘金娘	梁江兴(父)	许云彬(父)	8.13,同上
9.23	沈光耀	18	圣望港	郑云娘	17	肖吉娘	沈福星(父)	郑春水(胞兄)	旧婚,同上
9.23	李亚三	44	结石珍	林壬娘	21	刘金娘	李学长(宗叔)	林唐观(宗兄)	又8.12,同上,唐生
9.24	庄玉山	21	丹兰娘仔	沈包娘	21	陈云娘	庄淡星	沈景美(胞兄)	闰8.12,同上,吧生
10.1	林任水	19	戈劳屈	曾官娘	17	李英娘	林桂源(祖父)	曾容(胞兄)	又8.16,黄,陈

① 献案夺字蔡拔于1848年4月8日第1060号从王上案夺1844年3月16日第8号又1844年12月27日第7号准居吧。

② 公堂于1873年7月5日判离。

③ 蔡三请知,因伊父蔡心安眼目失明,即代主婚。

10.3	陈朝吉	18	八茶贯	戴河娘	15	李英娘	陈未(堂叔)	戴永文(父)	8.26,黄,陈
10.7	梁北麟	19	小南门	刘满娘	18	刘勤娘	梁亚五(父)	刘盛叔(堂兄)	8.28,同上
10.15	丘清水	51	毛六甲	郑七娘	29	蔡勤娘	丘岱生(堂兄)	郑松柏(堂兄)	8.28,同上
10.17	吴清汉	21	水锯	黄德妹	16	卓一娘	吴坤山(胞兄)	刘新娘(母)	8.26,黄,陈
10.24	李淑宝	22	八茶贯	林园娘	19	李英娘	李弼成(宗叔)	林昆裕(宗兄)	9.21,同上
10.27	陈长生	25	大使庙	林味娘	23	李英娘	陈瑞荣(宗叔)	林玉水(胞兄)	9.6,同上
10.28	杨清道	32	丹兰望	黄娘那	24	谢庚娘	杨山(父)	黄传寿(胞兄)	9.21,同上
10.28	张裙元	20	大南门	陈桂娘	17	陈三娘	张永炎(宗叔)	陈缓(父)	旧婚,同上
10.31	戴日进	24	大使庙	颜水娘	16	蔡勤娘	戴东水(宗伯)	颜永文(堂叔)	9.21,同上
11.3	林登兴	22	公司	温新娘	19	陈三娘	林启祥(堂伯)	温一生(父)	9.21,陈,郑
11.4	林亚成	19	戈罗屈	涂烛妹	16	李英娘	林芹爹(父)	涂壬生(胞兄)	9.18,同上
11.7	郑九生	22	质宁贞	韩七娘	17	黎敏娘	郑阳生(胞叔)	韩朝谟(堂叔)	9.18,同上
11.13	黄亚三	42	戈劳屈	廖申娘	19	陈保娘	黄福二(宗兄)	廖亚四(父)	10.3,同上,唐生
11.15	郭长春	18	毛六甲	吴厨娘	18	谢庚娘	郭三元(父)	吴顺美(父)	10.11,同上
11.17	黎亚三①	35	毛六甲	黄癸娘	20	李英娘	黎亚四(胞叔)	黄庚瑞(堂兄)	9.29,同上,唐生
11.17	吴祖致	23	新把杀	陈金娘	20	陈云娘	吴福生(父)	陈长水(胞叔)	10.11,同上
11.17	林金海	21	观音亭	黄甘娘	20	李英娘	林任光(父)	黄茄全(宗兄)	10.6,同上
11.18	刘木生	24	惹致	钟丙娘	14	李时娘	刘亚添(父)	钟秀君(胞兄)	10.6,同上
11.20	杨宝生	36	戈奢园	唐宝娘	18	蔡近娘	杨满(堂兄)	唐泼(父)	10.12,同上
11.21	郭江海	22	戈劳屈	李叠娘	19	郭一娘	郭高奢(父)	杨合娘(母)	10.2,同上
11.21	钟亚戊	37	小南门	叶雅娘	19	吴山娘	钟辉(堂兄)	叶江淮(胞兄)	10.3,同上,唐生
11.23	连文清	43	洪溪	黄清娘	19	蔡勤娘	连凤池(父)	黄景山(胞兄)	10.11,郑,陈
11.24	李衍明	23	竹树巷	林侯娘	19	陈参娘	李开烂(父)	林玩(堂伯)	10.12,陈,郑
11.25	陈金荣	22	旧把杀仔	林水娘	21	刘金娘	陈斗(堂叔)	林该(父)	10.16,同上
11.27	欧神寿	25	王蔀	林海娘	19	蔡勤娘	欧碗(父)	林生光(胞兄)	10.23,同上
11.27	高心	24	廿六间	蔡桂娘	17	蔡勤娘	高畴(堂兄)	蔡梧(父)	10.16,同上,唐生
11.28	林晋	32	中公司界	林理娘	17	刘勤娘	林活水(堂兄)	林俊杰(胞兄)	10.11,同上,唐生
12.2	杨精	26	杉板寮	陈羔娘	26	肖吉娘	杨如松(堂叔)	陈长溪甲(父)	10.16,陈,高

① 献案夺字1852年5月28日第1356号准黎亚三居吧,默陈南秀单。

12.2	叶景山	18	大巷内	罗尊娘	16	陈三娘	叶纯(宗叔)	罗敦泰(父)	11.8,同上
12.3	方顺意	20	吉石珍	唐傍娘	20	陈云娘	方登榜(父)	唐火土(堂兄)	10.25,同上
12.3	陶发生	21	西门	张海娘	17	肖吉娘	陶福山(父)	张赞光(父)	10.23,同上
12.4	陈美	30	小南门	叶连花	18	郭一娘	陈铖(宗兄)	叶长水(胞兄)	10.16,同上,唐生
12.11	黄佛友[①]	25	大使庙	骆叶娘	21	曾三娘	黄彬(父)	骆春林(堂叔)	10.23,同上
12.15	朱河清	17	槟榔社	李丁娘	16	曾三娘	朱恩寿(父)	李长生(父)	11.12,同上
12.16	李酉郎	26	戈劳屈	许南娘	16	刘勤娘	李亚五(堂叔)	许恒盛(父)	11.12,同上,唐生
12.18	王权	30	旧把杀	陈腾娘	18	肖吉娘	王妈海(宗兄)	陈明球(父)	11.7,同上,唐生
12.19	吴瑞生	20	圣望港	邱左娘	17	肖吉娘	吴贤生(堂叔祖)	丘长兴(胞叔)	11.8,陈,高
12.22	黄元	41	丹兰望	陈笨娘	25	陈一娘	黄杰(堂兄)	陈宪文(父)	11.5,同上
12.22	朱二生	21	戈劳屈	陈巩娘	18	谢庚娘	朱天祖(父)	陈珍(父)	11.22,同上
12.23	郑招荣	23	新厝仔	张珠娘	27	李英娘	郑周经(胞叔)	张振名(堂兄)	11.8,同上
12.23	张茂当	21	观音亭界	吴二娘	16	钟新娘	张德海(宗伯)	吴已山(父)	11.8,同上
12.24	林炳洋[②]	24	丹戎勃育	陈登娘	17	李英娘	林壬生(宗叔)	陈奎元(父)	11.15,同上
12.24	蔡瑞兴	30	大使庙	张白娘	21	李英娘	蔡三(堂叔)	张佛生(胞兄)	11.12,同上
12.26	简天贵	33	中港仔	黄温娘	28	郭一娘	简敬忠(堂兄)	黄荣寿甲(宗兄,雷)	11.16,同上
12.27	蔡文福	35	大使庙	朱音娘	29	蔡勤娘	蔡文瑞(胞兄)	朱木生(胞叔)	11.18,同上
12.29	蔡德寿	23	公司后	彭一娘	18	曾清娘	蔡青松(宗兄)	彭元仁(父)	11.18,同上
12.30	黄淑利	21	槟榔社	苏炎娘	17	肖吉娘	黄淑亨(胞兄)	苏碧山(父)	11.18,同上
12.30	林亚对	33	小南门	钟森娘	20	蔡勤娘	林亚连(父)	钟新凤(父)	11.18,同上,唐生
12.30	叶长泰	18	大港墘	李发娘	18	肖吉娘	叶普山(父)	李长宗(堂叔祖)	11.18,陈,高
12.30	黄金山	19	丹兰望	李彩娘	17	陈云娘	黄应水(父)	李家德(父)	11.15,同上
12.30	李亚全	20	吉石珍	林南棉	17	陈云娘	李亚二(父)	林亚六(胞兄)	11.22,同上
12.31	章亚三	42	戈劳屈	林二妹	19	陈云娘	章亚七(宗叔)	林亚二(父)	11.16,同上,唐生

总计:146 对

① 因女家之父有母丧,又在山顶加揽抹,即付伊堂叔骆春林为主婚。

② 据林壬生云:因宗兄林海水在山顶又身带病,即令晚代主婚,押号(打×)。

1863年吧城唐人成婚注册表

月日	新郎	年岁	住址	新娘	年岁	媒妁	男方主婚	女方主婚	结婚日,主事人,籍贯
1.3	陈兆宁	21	八戈然	王兔娘	20	李永娘	陈乌尚(堂叔)	王元标(父)	壬11.19,高西川,黄清渊
1.5	郑元合	23	廿六间	林生娘	17	林爻钫	郑进生(父)	林光泰(胞伯)	11.18,陈,黄
1.6	陈宪武	30	大港墘	黄逊娘	20	郑银娘	陈宪文(胞兄)	黄益谦(胞兄)	11.22,同上
1.7	蔡锦湖	25	观音亭	吴音娘	24	陈三娘	蔡锦淮(胞兄)	吴坤山[①](胞兄)	11.18,同上
1.8	郑春荣[②]	22	廿六间	黄荔娘	17	郭一娘	郑清水(伯)	黄燎光(祖父、甲)	12.2,陈濬哲,陈江水
1.10	黄寅	26	小南门把杀	廖二娘	25	陈三娘	黄眼(父)	廖亚进(堂兄)	11.22,陈,黄,唐生
1.10	许茶进	22	八戈然	郑旺娘	18	沈有娘	许读奇(宗伯)	郑添生(胞叔)	11.22,陈,黄
1.10	黄德山	29	大南门	张珠娘	15	陈三娘	黄水生(宗兄)	张坤元(胞兄)	11.26,同上
1.16	郭潭泉	23	观音亭新厝仔	钟民娘	19	李英娘	郭元魁(父)	钟文彩(父)	12.4,同上
1.21	钟亚二	34	干质巷	黄凤娘	16	陈宝娘	钟亚四(堂兄)	黎二娘[③](母)	12.14,同上
1.28	陈永良	36	日落马年	李云娘	22	蔡勤娘	陈叠(堂叔)	李对生(父)	癸1.18,同上
1.29	蒋百盛	22	吉石珍	郑群娘	18	陈云娘	蒋章阔(胞兄)	郑明章(父)	12.14,同上
1.29	陈益郎	18	丹仔实连	王水娘	24	陈三娘	陈贺良(父)	刘哲娘(母)	1.5,同上
1.31	林永仪	23	水锯	张福娘	16	李英娘	林新建(父)	张上(父)	12.18,同上
2.3	李清水	20	八厨沃间	陈蕉娘	17	李英娘	李弼成(宗兄)	陈荣基(堂叔)	1.19,黄锦章,陈文速
2.4	徐长寿	20	小南门	陈叠娘	20	刘勤娘	徐亚桂(宗兄)	陈福星(族叔祖)	旧婚,黄,陈
2.10	苏绍兰	25	中港仔	江金娘	17	肖吉娘	苏遐龄(堂叔)	江文圃(父)	1.5,同上,吧生
3.5	黄福祥	33	小南门	杨理娘	26	曾章娘	黄巷(堂兄)	杨永元(堂兄)	1.26,陈思聪,郑肇基
3.10	黄溪	36	小南门	朱金娘	21	谢庚娘	黄快出(父)	朱桂枝(胞兄)	2.8,同上,唐生
3.10	徐亚三	35	中港仔	陈炳娘	17	谢庚娘	徐亚桂(胞兄)	陈福寿(堂叔)	1.26,同上,唐生
3.13	叶六	41	小南门	林双娘	21	刘勤娘	叶正诗(堂兄)	林玉水(堂兄)	1.24,同上,唐生
3.18	刘秋贵	35	杉板寮	叶英娘	19	刘勤娘	刘永南(堂伯)	叶亚庚(父)	2.8,同上,唐生

① 据吴坤山云:因伊父吴中和身病,即伊代主婚。

② 公堂1873年11月14日判离,(犯事人狱后,家贫不和)。

③ 据黎二娘供云:伊夫黄门并无该亲,即伊自主婚。

3.20	张亚七	32	竹树巷	陈茂娘	16	张室娘	张桂三(父)	陈壬生(父)	2.22,同上,吧生
3.29	韩庚槐①	23	八戈然	黄佳娘	18	郭一娘	韩廷章(兄,雷)	黄燎光(父,甲)	2.21,高,黄,吧生
4.7	高明元	21	大使庙	陈鸾娘	17	肖吉娘	高瑞芳(堂兄)	陈六顺(父)	4.18,陈,高,吧生
4.8	张福元②	28	乌布土库	苏低娘	21	肖吉娘	张体元(宗兄)	苏遐龄(父)	2.8,同上,吧生
4.15	王丁山	20	三间土库	陈梅娘	18	郭一娘	王全成(堂伯)	陈贤(父)	癸3.6,陈,高,吧生
4.18	刘玉彝	24	八茶罐	谢已娘	15	李英娘	刘亚二(堂兄)	谢庚扬(父)	3.6,同上,吧生
4.22	曾清	22	吉石珍	赖绒娘	21	陈云娘	曾长春(胞兄)	陈其娘(母)	4.4,同上,吧生
4.23	谢玉山	24	杉板寮	蔡银娘	19	蔡勤娘	谢文远(胞兄)	蔡祖寿(堂叔)	3.9,同上
5.5	叶伸郎	36	竹树巷	陈丁娘	17	陈三娘	叶亚五(宗兄)	陈观爹(父)	3.24,同上,唐生
5.6	吴振和	20	竹树巷	阮垅娘	18	刘勤娘	吴淑良(胞叔)	丘新娘(母)	3.20,同上,吧生
5.7	杨发财	18	新把杀	林经娘	17	陈云娘	杨料宗(堂叔)	林淡生(父)	4.4,同上,吧生
5.12	赖荣贤	22	砖仔桥	钟金娘	20	刘根娘	赖亚四(父)	钟亚工(父)	4.12,同上,吧生
5.15	黄添才	21	吉石珍	陈红娘	17	刘勤娘	黄玉成(父)	陈国水(父)	4.7,同上,吧生
5.15	陈良生	25	丹仔望	吴半娘	22	李是娘	陈清风(胞兄)	吴守德(堂兄)	4.18,同上,吧生
5.19	林文生	27	戈奢园	钟调娘	18	蔡勤娘	林伦生(胞兄)	钟亚五(堂叔)	4.28,同上,吧生
5.19	唐才生	22	二揽抹	施保娘	18	曾贞娘	唐水生(胞兄)	施光蜜(父)	4.10,陈,陈,吧生
5.20	朱登郎	36	西门外	谢荣娘	20	曾英娘	朱亚辛(胞叔)	谢亚接(父)	4.12,同上,唐生
5.21	潘溪水	20	丹绒勃六	林鸾娘	18	薛姊娘	潘三喜(父)	林吟生(父)	4.14,同上
5.23	杨亚亦	33	八茶罐	蔡木娘	17	陈三娘	杨爵(胞叔)	蔡偃(父)	4.14,同上,唐生
5.27	邹乾良	22	槟榔社	陈秀娘	21	刘勤娘	邹荣阳(宗叔祖)	陈提岸(胞伯)	4.18,同上,吧生
5.27	熊亚锦③	32	戈劳屈	古丁娘	17	陈保娘	熊亚添(宗伯)	古插三(父)	4.14,同上,唐生
5.27	陈文笔	19	吉石珍	唐闹热	19	陈云娘	陈国山(胞叔)	唐江河(胞兄)	4.15,同上,吧生
5.28	林双奇④	22	丹绒	甘水娘	22	谢庚娘	林佳生(父)	甘长溪(父)	4.18,同上,吧生
5.28	张悌水	33	八茶贯	陈梓娘	22	曾三娘	张永炎(宗叔)	陈蜜生(堂叔)	4.14,同上,吧生
5.29	沈保生	22	新把杀	许金娘	23	陈寅娘	沈茄密(胞侄)	许艳(宗兄)	4.18,同上,吧生
5.30	黄金寿	23	八戈然	杨鸾娘	23	蔡勤娘	黄英川(宗伯)	杨约(宗伯)	4.14,同上,吧生

① 韩庚槐,泗水生长。因其父甲必丹韩肇兴不到,遂由韩甲长子雷珍兰韩廷章代押。

② 据乌布土库默王德森单云:张福源果是吧生。

③ 据默黄然单云:系唐生长,据大朱批在单内有猷案夺字 1845 年 6 月 27 日第 2341 号又 13 号准居吧。

④ 据番默氏吗洛报单云:此林双奇系吧生长,批照。

6.1	李伸四	25	戈劳屈	黄淡娘	26	叶二娘	李亚新(宗兄)	黄田(父)	4.21,黄,黄,吧生
6.2	李佳茂	20	圣望港	陈金娘	22	曾生娘	林玩(父)	陈显(堂叔)	5.11,同上,唐生
6.4	林玉兴	25	丹兰望	王然娘	23	李时娘	林文德(胞叔)	王赤(宗兄)	4.18,同上
6.10	廖盛郎	35	八戈然	陈三娘	16	谢庚娘	廖亚桂(堂兄)	陈京郎(父)	4.28,同上,唐生
6.13	刘金钱	21	八厨沃间	林均娘	20	李英娘	刘吉庆(胞叔)	林长衡[①](堂兄)	5.2,同上
6.22	李碧河	20	吉石珍	方深娘	18	陈云娘	李永德(胞叔)	方登榜(父)	5.29,同上,吧生
6.24	郑顺东	18	吉石珍	陈河娘	16	郭一娘	郑南生(父)	陈纯祐(父)	5.11,同上,吧生
6.25	黄天河	24	观音亭	李志娘	21	曾清娘	黄崑水(宗兄)	李得山(胞兄)	6.1,同上,吧生
6.29	蔡梧所	36	八茶贯	陈景娘	35	蔡勤娘	蔡三(宗叔)	陈牛(父)	5.20,同上,唐生
7.2	吴源流	20	洪溪	甘必娘	16	曾贞娘	吴佛庇(父)	甘溪源(父)	癸6.1,陈,陈,吧生
7.2	林朝生	18	小南门	王拔娘	17	李永娘	林宽绰(父)	王溪永(父)	5.21,同上,吧生
7.3	杨光成	19	大南门	黄灶娘	19	刘金娘	杨光荣(胞兄)	黄水凉(父)	6.4,陈,陈,吧生
7.3	蔡文琳	24	大使庙	丁成娘	19	蔡勤娘	蔡文瑞(胞兄)	丁木全(父)	5.21,同上,吧生
7.4	陈宗立[②]	20	毛六甲	叶亦娘	18	陈三娘	陈金鱼(宗叔)	李润娘(母)	5.20,同上,吧生
7.7	黄清源	19	丹兰娘仔	吴锦娘	19	黄枣娘	黄文宗(叔)	吴江生(父)	6.4,同上,吧生
7.10	蔡碧泉	21	吉石珍	高艳娘	18	陈寅娘	蔡葱(父)	高江水(父)	6.20,同上,吧生
7.11	张春英	29	八厨沃间	陈慈娘	28	刘金娘	张保(父)	陈荣祖(父)	6.4,同上,吧生
7.11	林丙三	38	小南门	古丙娘	18	蔡勤娘	林捷七(堂叔)	古亚鸿(堂叔)	6.4,同上,吧生
7.13	杨金川[③]	32	八戈然	马桂娘	35	谢庚娘	自己	自己	旧婚,同上,吧生
7.27	吴文玉	22	大使庙	张吉娘	18	肖吉娘	吴文月(胞兄)	陈茂东(胞兄)	6.18,同上,吧生
7.28	刘瑞源	27	丹兰望	黄玉娘	24	陈保娘	刘瑞生(胞兄)	黄希淡(宗兄)	6.18,同上,吧生
8.11	饶火郎	18	毛六甲	黄红娘	18	郭一娘	饶奕才(父)	黄春福(宗叔)	7.4,高,郑,吧生
8.12	朱炎章	17	新厝仔	李玉娘	17	蔡勤娘	朱木生(父)	李天钟(父)	7.4,同上,吧生
8.17	戴清怀	20	戈劳屈	刘铜娘	20	肖吉娘	戴彩应(父)	刘为凤(胞叔)	8.18,同上,吧生
8.22	谢文辉	24	毛六甲吉疾	杨色娘	16	陈三娘	谢祝生(父)	杨门陈氏(祖母)	8.18,同上,吧生
8.25	李伦生	24	丹兰望	林茂娘	17	陈三娘	李锦龙(堂兄)	林新郎(父)	8.4,同上,吧生

① 据林启云报云:因有带母之丧服,此侄女林均娘主婚付伊堂侄林长衡代,所供是实,签名。

② 据默氏吴文仲单云:陈宗立果是吧生。据番默氏亚骨单云:伊父叶溪果是因病不能行动,伊母李润娘代押。

③ 马氏前夫林长生住戈劳屈,已故5年无子女。因为林长生次室,无得业,日食难度,愿再醮杨金川永结夫妇,二比各自花押在簿存案。前夫无给婚字。据默氏吴龙生来单云:杨金川是吧生。

8.28	林思迎	42	鉴光牙叠	黄日娘	26	肖吉娘	林戊寅(宗叔)	黄荣宗(胞叔)	7.17,同上,吧生
9.4	丘江海	21	八厨沃间	赖舍娘	22	陈三娘	丘玩水(胞叔)	赖存贵(父)	8.8,陈,陈,吧生
9.7	范昆和	24	新把杀	陈毛蝎	16	叶儒娘	范亚三(父)	陈林生(胞叔)	8.3,同上,吧生
9.10	方文生	24	戈劳屈	李益娘	24	陈寅娘	方成(父)	李明良(父,病,子金生代)	8.6,同上,吧生
9.15	吴淇丰	19	亚森脚	陈美娘	16	郭一娘百子千孙	吴荣辉(父)	陈甘郎(父,钦赐甲)	8.8,同上
9.15	彭杞郎	25	戈劳屈	邓三妹	17	陈保娘	彭亚七(父)	邓丙生(胞兄)	8.6,同上,吧生
9.16	陈亚三	28	戈劳屈	温禄娘	16	陈保娘	陈亚二(胞兄)	温双荣(堂兄)	8.18,同上,吧生
9.17	胡考	37	水锯社	张坤娘	26	刘金娘	胡亚喜(宗叔)	张妈九(父)	8.8,陈,陈,唐生
9.17	詹彝祥	19	毛六甲吉疾	杨贞娘	16	刘金娘	詹曲生(宗叔)	杨亚三(堂兄)	8.15,同上,吧生
9.24	陈土库	18	砖仔桥	李吉娘	19	郭一娘	陈三珍(父)	李伯达(胞叔,雷)	8.19,同上
9.26	林碧生	18	大港墘	陈凤娘	19	郭一娘	林玩(堂伯)	冯水娘(母)	8.29,同上,吧生
9.26	彭丙龙	18	戈劳屈	侯已娘	15	叶二娘	彭壬龙(堂兄)	侯亚监(胞叔)	10.18,同上,吧生
9.26	王天恩	28	小南门	林桂娘①	33	蔡勤娘	自己	自己	8.15,同上,吧生
9.27	连益昌	21	洪溪	陈雪娘	19	陈勤娘	连文清(父,雷)	陈清珠(父)	8.18,同上
9.28	黄旱	33	观音亭	张保娘	24	肖吉娘	黄经(宗叔)	张有来(堂兄)	9.2,同上,唐生
9.30	蔡金声	46	八厨沃间	许灶娘	21	张新娘	蔡三(宗叔)	许彬(宗叔)	8.28,同上,吧生
9.30	黄文龙	29	吉石珍	李乌娘	17	陈寅娘	黄文宗(胞兄)	李亚友(宗叔)	8.24,同上,吧生
10.5	刘广三	20	砖仔桥	黄戊娘	16	叶二娘	刘亚六(父)	黄亚五(父)	8.29,黄,黄,吧生
10.6	温全郎	20	新厝仔	黄快娘	16	陈保娘	温亚三(父)	黄金堂(胞叔)	9.14,同上,吧生
10.7	郭亚奎	32	小南门	李英娘	18	陈三娘	郭乙生(堂叔)	李庚华(父)	9.4,同上,唐生
10.7	陈福龄	18	洪溪	古根娘	16	蔡勤娘	陈长华(父)	古新(父)	8.29,同上,吧生
10.7	林文良	22	吉石珍	甘木娘	17	陈云娘	林江水(胞伯)	甘长兴(父)	9.4,同上,吧生
10.13	张振富	21	八戈然	陈瑞娘	22	蔡勤娘	张振名(堂兄)	陈朴顺(父)	8.30,同上,吧生
10.15	钟云三	22	丹兰娘仔	曹已娘	15	刘贵娘	钟应爹(胞伯)	曹彩郎(父)	—,同上,吧生
10.20	李木生②	19	砖仔桥	钟质娘	15	刘勤娘	李寿昌(父)	钟应郎(胞兄)	9.18,同上,吧生
10.21	林格瑞	37	文登大社	张发娘	17	肖吉娘	林亚四(胞叔)	张恩乐(堂伯)	9.14,同上,吧生

① 据林桂娘供云:氏前住鉴光毛六甲与陈万水结发才 2 年,有生不育,因不和睦,公堂判离准。恬守 11 年,愿醮与王天恩永结同心,各无异志,二比各花押在簿。知见人原任默氏苏金鹤。

② 据钟应郎云:胞兄钟英发犯事不能到公馆主婚,今晚到公馆主婚代押号。据默陈加郎单云:此李木生是吧生。

10.22	邹悦生	20	廿六间	蔡月娘	16	蔡勤娘	邹润淑(胞伯)	蔡梧(父)	9.20,同上,吧生
10.23	温南裕	37	小南门	钟代娘	16	陈三娘	温生珠(堂叔)	钟辉(父)	旧婚,同上,吧生
11.3	陈日新	22	吉石珍	赖宣娘	22	陈云娘	陈国富(父)	赖保生(父)	9.27,陈,陈,吧生
11.3	蔡有枝①	19	丹兰望	黄音娘	20	李时娘	蔡章庆(胞叔)	黄癸已(宗叔)	10.13,同上,吧生
11.4	丘永春	23	鉴光六外	许谟娘	19	朱全娘	丘汉(父)	许旋玑(堂兄)	10.6,同上,吧生
11.5	林长海	21	亭仔脚	陈美娘	23	陈三娘	林振益(宗叔)	陈月盛(胞伯)	10.21,同上,吧生
11.7	郑房	31	三间土库对面	黄琳娘	23	肖吉娘	郑光弼(宗叔)	黄源茂(宗叔)	10.21,同上,唐生
11.12	许罩	38	新厝仔	蔡本娘	31	肖吉娘	许水莲(堂兄)	蔡一水(胞叔)	10.26,同上,唐生
11.13	黄妈贤	18	班芝兰巷	刘月娘	19	肖吉娘	黄福(父)	杨七娘(母)	10.12,同上,吧生
11.14	黄比	33	水锯	甘森娘	17	陈三娘	黄土滨(宗亲)	甘腾(父)	10.12,同上
11.16	李亚澄②	32	晋朗安	吴登娘	17	戴癸娘	李亚海(胞叔)	吴亚添(父)	10.21,同上,唐生
11.18	戴坤山	26	八厨沃间	林桂娘	25	曾贞娘	戴榜佛(父)	林清溪(宗叔)	10.21,同上
11.18	刘翁	25	吉石珍	叶鸯娘	21	陈寅娘	刘透(宗兄)	叶集福(胞兄)	10.17,同上
11.19	陈濬祥	44	观音亭	李素娘	17	郭一娘	陈濬哲(胞兄,甲)	李威(祖父)	10.12,陈,连
11.23	杨德郎	20	洪溪	黄桂娘	18	沈有娘	杨亚连(父)	黄亚四(堂叔)	10.21,陈,陈
11.23	叶春源	34	三间土库	伍金娘	20	刘金娘	叶妈奕(堂兄)	伍淮(父)	10.21,同上,吧生
11.26	黄永和	28	小南门	林央娘	20	郭一娘	黄清秀(父)	林观生(堂叔)	10.19,同上,吧生
11.30	陈梧全	25	吉石珍	甘玉娘	22	汤给娘	陈梧捷(胞兄)	甘玉珍(胞兄)	10.21,同上,吧生
11.30	吴明水	35	槟榔社	罗心娘	26	肖吉娘	吴日(堂兄)	罗儒生(胞伯)	10.21,同上,吧生
12.1	邹和珠	28	毛六甲勿杀	陈英志	22	钟辛娘	邹河滨(堂兄)	陈西林(胞兄)	10.26,高,郑,吧生
12.3	许春河	28	丹兰望	蔡曲娘	25	李四娘	许潜(堂叔)	蔡经维(父)	11.1,同上,吧生
12.4	黄水生	22	洪溪	林和娘	15	陈三娘	黄天和(宗伯)	林永和(胞叔)	11.10,同上,吧生
12.4	温福泰	32	八厨沃间	陈戊娘	16	蔡勤娘	温亚珠(堂叔)	陈亚泰(父)	11.17,同上,吧生
12.5	郭坤辉	24	水锯顶	肖吉娘	18	谢姜娘	郭怀(父)	肖直(父)	10.6,同上,吧生
12.7	郭进富	32	旧把杀	林秀娘	19	陈三娘	郭大有(堂兄)	林松茂(父)	11.5,同上,吧生
12.9	陈长生	27	日洛马年	林狮娘	19	蔡勤娘	陈牛(父)	林亚富(父)	11.17,同上,吧生

① 据蔡昌庆报云:因伊胞兄蔡昌盛身病心神不定,即代他到公馆主婚押号,批照。据默氏王春波单云:蔡有枝果是吧生。

② 献案夺字1852年×月21日第434号准居。默氏吴亚添云:此人果是李亚澄,此字果其自己案夺字,签名:"吴亚添"。

12.10	陈深郎	24	大使庙	李福娘	18	蔡勤娘	陈任郎(兄)	李獭(祖父)	11.3,高,郑,吧生
12.15	许元振	27	槟榔社	陈佳娘	22	刘根娘	许文旦(父)	陈秋林(宗兄)	11.10,同上,吧生
12.17	陈福水	35	纲寮	郑和娘	20	陈寅娘	陈祖溪(胞兄)	郑国水(胞兄)	11.16,同上,吧生
12.17	林寝	27	新厝仔	陈来娘	19	肖吉娘	林珠(胞伯)	陈圈(父)	11.22,同上,唐生
12.18	杨天富	26	戈奢园	叶温娘	23	肖吉娘	杨亚连(宗叔)	叶泰山(宗伯)	11.10,同上,吧生
12.18	陈厅	45	公司后	邹秀娘	18	刘勤娘	陈美(堂兄)	邹和珠(堂兄)	11.10,同上,唐生
12.22	李仪	25	中港仔	吴藻娘	17	陈三娘	李伯虎(父)	吴玉生(父)	11.13,同上,唐生
12.23	熊亚禄	40	大南门	曾丙娘	18	朱全娘	熊亚添(堂兄)	曾秀二(父)	11.27,同上,唐生
12.24	吴亚二	34	晋郎安	李聪妹	18	李秀娘	吴亚四(胞叔)	李亚喜(父)	11.25,同上
12.29	洪传助	19	小南门	朱山娘	21	刘金娘	洪超一(宗叔)	蔡吟娘(母)	11.24,同上,吧生

总计:136 对

1864 年吧城唐人成婚注册表

月日	新　郎	年岁	住　址	新　娘	年岁	媒　妁	男方主婚	女方主婚	结婚日,主事人,籍贯
1.6	丘合成	21	八厨沃间	简水娘	20	陈三娘	丘登翰(堂兄)	简贵扬(胞兄)	12.12,陈濬哲,陈文速,吧生
1.6	陈顺便	41	吉石珍	戴銮娘	25	冯兰娘	陈福(宗兄)	戴合郎(宗伯)	12.16,同上,吧生
1.8	李成华	29	戈劳屈	许雷娘	16	陈宝娘	李九元(宗叔)	许来恒(父)	11.9,同上,吧生
1.9	丘连秀	26	戈劳屈	张地娘	25	陈宝娘	丘已隆(胞叔)	张德思(兄)	11.4,同上,吧生
1.11	林雨水①	20	窑内	刘养娘	16	郭一娘	林桑树(父)	刘金钱(宗兄)	12.9,同上,吧生
1.12	王文豪	18	八戈然	赖甲娘	20	刘金娘	王元标(父)	赖富(胞叔)	12.9,同上,吧生
1.12	张亚旺	33	蕉仔街	赖癸娘	21	陈三娘	张兴俊(堂兄)	赖亚三(父)	12.6,同上,吧生
1.14	卓连章	37	小南门	林然娘	20	刘勤娘	卓班(宗叔)	林金龙(宗叔)	12.13,同上,唐生
1.21	章顺郎	37	戈劳屈	黄荣娘②	18	陈五娘	章亚满(宗叔)	黄亚绍(宗叔)	12.14,同上,唐生
1.23	郑善修	33	大港墘	林雪娘	20	朱全娘	郑光弼(宗叔)	林生(宗叔)	12.18,同上,唐生
1.26	蔡春水	24	新厝仔	郭良娘	18	陈三娘	蔡金明(胞叔)	郭合进(胞叔)	1.21,陈,陈,吧生

① 公勃低勘察,此林雨水果是吧生长,系林桑树之子。

② 据住臭桥年 38 岁林质娘云:氏夫黄亚五已故 10 年,今小女黄荣娘交寅章顺郎,黄亚绍主婚,所言是实,花押“+”。

2.1	肖香美	20	班芝兰埔	李戊娘	16	刘勤娘	肖亚二(堂兄)	李康寿(宗兄)	12.26,黄,黄,吧生
2.2	许何水[1]	20	大使庙	陈七娘	19	陈三娘	许水涟(宗叔)	陈炳山(胞叔)	12.30,同上,吧生
2.2	李恒义	29	小南门	陈珠娘	26	肖吉娘	李振(胞兄)	陈席珍(父)	甲 1.25,同上,唐生
2.20	甘坤助[2]	19	西门	吴让娘	16	陈三娘	甘溪源(父)	吴佛庇(父,病,长子源流代)	甲 1.21,同上
2.26	陈荣坤	23	毛六甲	詹灶娘	21	汤吉娘	陈荣椿(胞兄)	詹高山(宗叔祖)	旧婚,黄锦章,黄清渊
2.29	杨其进	21	乌布土库	林坤娘	21	曾丙娘	杨北万(父)	林金水(父)	旧婚,同上
3.1	李千宗	23	大使庙	戴左娘	19	蔡勤娘	李升烟(宗叔)	戴琴(父)	1.26,陈,陈,吧生
3.1	林永福	21	珍新把杀	谢娘那	20	陈寅娘	林拱(父)	谢朝(胞兄)	甲 1.28,同上,唐生
3.3	周绿山	26	珍把杀	陈君娘	15	陈寅娘	周青山(胞兄)	陈瑞章(宗伯)	3.16,同上,吧生
3.11	邱瑞良	20	三间土库对面	黄珍娘	16	肖吉娘	邱亚秀(胞叔)	黄双令(胞兄)	2.13,同上,吧生
3.11	曾发生	22	珍把杀	黄辛娘	18	陈寅娘	曾壬寿(宗兄)	黄贵生(堂叔)	甲 2.13,同上,吧生
3.14	陈祝	41	旧把杀	林秀娘	25	蔡勤娘	陈贺(宗兄)	林福安(胞兄)	2.13,同上,唐生
3.16	沈前	33	下湾	郑热娘	23	蔡勤娘	沈偏(宗兄)	郑地(父,病,子中山代)	—,同上,唐生
3.19	黄亚寿	40	中港仔	邓壬娘	23	陈三娘	黄恩二(堂叔祖)	邓炎寿(父)	2.18,同上,唐生
3.22	王玉华[3]	18	西门	任文娘	18	郭一娘	王元龙(祖,钦赐甲)	杨光阴(母舅)	2.24,陈,陈
3.23	张庚爹	35	大南门	古登娘	18	陈三娘	张亚三(堂兄)	古宝琳(胞兄)	2.24,陈,陈,吧生
3.23	张显	27	小南门	吴匏厨	23	肖吉娘	张谦(宗叔)	吴修(父)	2.18,同上,唐生
3.24	黄成东	22	丹兰望	温润娘	16	李诗娘	黄元(胞叔)	温有生(堂兄)	2.20,同上,吧生
3.26	范永山	22	洪溪	唐明娘	22	蔡勤娘	范和兰(父)	唐吧生(父)	2.23,同上,吧生
4.3	李子凤	18	大南门	黄金娘	19	郭一娘	李伯达(胞叔,雷)	黄清寿(父)	甲 3.2,郑肇基,陈
4.6	刘亚四	38	吉石珍	吴山娘	21	陈寅娘	刘透(宗叔)	吴炮(堂叔)	3.10,高西川,郑,唐生
4.15	叶福	33	八厨沃间	罗水娘	17	刘金娘	叶天禄(堂叔)	罗亚春(父)	4.3,高,郑,唐生
4.15	李金山	20	把杀明牛	陈甕娘	22	陈三娘	李明良(父病,子金山代)	陈叠(父)	4.22,同上,吧生
4.19	黄永生	30	观音亭	胡荣娘[4]	17	曾贞娘	黄桐瑞(宗叔)	胡胜妹(宗叔)	4.19,同上,吧生

① 公堂 1872 年 10 月 14 日判离。

② 据吴源流请云:俨父吴佛庇因染病未行,因婚事甚急是以委晚(为长子)到堂代押。据默陈振河来单云:甘坤助果是吧生长,要于 1864 年 2 月 28 日交寅吴让娘为妻。2 月 24 日据默陈振河再来单报云:因嫁主婚伊父吴佛庇之病沉重,是以不得待至唐正月 21 日,易此本月 20 日唐正 15 日完婚明白。

③ 和 1864 年 3 月 11 日公堂设嘧,据蔡娇娘投禀并献一挂州字和 1864 年 3 月 9 日间梁礁緞奚吉洛所做第 39 号,因蔡娇娘有事托伊母舅杨光荫主婚代押。列台阅毕,俱议可以承受。

④ 据胡荣娘生母番妇其吗云:伊夫胡甘曹已故 4 年,此女果其养育,今甘愿付伊夫亲人胡胜妹主婚,花押“O”。

4.22	朱河田	18	小南门	许勃娘	18	肖吉娘	朱象(堂叔)	许璇玑(堂兄)	4.10,高,郑,吧生
4.23	黄贤田	26	小南门	丘丙娘	19	刘金娘	黄亚九(堂兄)	丘登兰(胞兄)	3.27,同上,吧生
4.25	黄已郎	26	大南门	余合娘	19	刘金娘	黄福二(父)	余九(宗叔)	3.27,同上,吧生
4.25	刘樑仪	17	新厝仔	吴软娘	17	蔡勤娘	刘元益(胞叔)	吴顺美(胞兄)	3.30,同上,吧生
4.26	陈干乘	48	八戈然	黄荣娘	24	陈五娘	陈乌尚(宗叔)	黄元新(宗兄)	4.3,同上,唐生
4.26	丘清寿	33	蕉仔街	韩丙娘	19	陈五娘	丘亚四(堂兄)	韩细二(父)	3.26,同上,唐生
4.28	刘亚傅	32	观音亭	张一娘	20	薛志娘	刘兴四(堂兄)	张壬生(父)	3.27,同上,唐生
5.2	林友生	35	小南门	温庚娘	15	郭一娘	林景安(宗叔)	温亚云(父)	4.3,陈陈,唐生
5.4	张万合①	25	新把杀	黄经娘	20	薛织娘	张宝兴(胞叔)	黄岩(父)	4.10,同上,吧生
5.6	叶织	33	八茶贯大巷内	丘山娘	19	刘金娘	叶保全(堂兄)	丘基水(堂叔)	4.10,陈,陈,唐生
5.9	王春溪	24	丹兰望	韩来娘	17	李瑞娘	王春波(胞兄)	韩谒郎(父)	4.10,同上,吧生
5.9	蒋基和	20	结石珍	王根娘	20	—	蒋子贡(父)	王镭(堂叔)	—,同上
5.11	黄东山	17	小南门	曾水娘	16	陈三娘	黄玉泉(父)	肖束娘(母)	4.11,同上,吧生
5.11	陈兼	30	大港墘	丘青娘	21	陈恩娘	陈评(堂叔)	丘文理(父)	4.21,同上,唐生
5.12	高存信	24	洪溪	王月娘	18	蔡勤娘	高大雅(堂叔)	王昆(父)	4.10,同上,吧生
5.19	余龙昌②	34	小南门	钟维娘	18	刘勤娘	余霁山(堂叔祖)	钟兴富(胞叔)	4.20,同上,唐生
5.20	汪昆鸾	24	大使庙	兰元娘	21	曾清娘	汪高山(父)	兰亚丹(胞兄)	4.24,同上,吧生
5.31	杨汉江	21	吉石珍	唐红娘	19	陈寅娘	杨达德(父)	唐火土(堂兄)	4.28,同上,吧生
6.1	叶江波	21	打铁街	陈润娘	23	蔡勤娘	叶保全(父)	陈金声(堂伯)	甲5.8,黄,黄,吧生
6.4	蔡文全	27	中港仔	张瑞娘	19	刘勤娘	蔡文长(胞兄)	张桃(堂叔祖)	5.2,同上,吧生
6.14	丘已丑	36	五脚桥	陈甘娘	23	蔡勤娘	丘提老(堂叔祖)	陈杰生(胞兄)	5.27,同上,吧生
6.17	陈君为	35	吉石珍	詹雪娘	27	陈寅娘	陈有诰(堂叔)	詹窍(宗伯)	5.16,同上,唐生
6.23	丘亚二	34	小南门	蒋温娘	16	曾清娘	丘亚善(宗叔)	蒋荣昌(父)	6.4,同上,吧生
6.28	罗彝二	43	水锯社	钟亚妹	21	曾贞娘	罗亚六(堂叔)	钟新凤(父)	6.10,同上,唐生
6.28	游观必	35	廿六间	周波娘	24	曾贞娘	自己	林寿娘(母)	5.30,同上,唐生
6.30	吴光山	19	公司	黄养娘	17	肖吉娘	吴丁仔钫(父)	黄荣宗(堂叔)	旧婚,同上,吧生
7.5	丘清溪	44	五脚桥	王齐娘	29	刘勤娘	丘妈海(堂叔)	王光华(堂兄)	6.7,陈,陈,唐生

① 据默氏吴荫来单云:张万合果是吧生长。又1864年6月17日报,男女经毕婚,并无生端。

② 据钟兴富云:其侄女维娘之父钟兴三已故。签名。据默林捷七单云:余龙昌又名余亚三,果是旧客,献案夺字1863年6月1日第1999号准居吧。又默单云:经于甲4月20日毕婚。

7.5	叶土文	21	乌保土库	吴邑娘	17	曾贞娘	叶甘生(父)	吴榜全(胞兄)	6.7,同上,吧生
7.5	詹东秀	20	新把杀	张炳娘	19	陈寅娘	詹友二(父)	张添郎(堂兄)	6.22,同上,吧生
7.6	刘传妹①	56	小南门	温丙娘	19	刘勤娘	刘新道(堂兄)	温亚康(堂兄)	甲 6.14,陈,陈,唐生
7.8	林文清	21	班芝兰	陈月娘	20	杨端娘	林奇楠(宗兄)	陈瑞全(胞叔)	6.10,同上,吧生
7.8	钟桂芳	23	小南门	谭金娘	19	刘勤娘	钟亚六(父)	谭钦明(父)	6.10,同上,吧生
7.17	郑春锡	20	廿六间	黄三娘	19	郭一娘	郑肇基(父,雷)	黄直燕(堂叔)	6.22,同上
7.26	刘文章	24	槟榔社	林一娘	17	刘金娘	刘尔(胞兄)	林万(堂叔)	8.12,同上
8.3	吴淇亨	19	亚森脚	陈贤娘	16	郭一娘	吴荣辉(父)	陈长芳(胞叔)	7.2,高,郑
8.11	曾浩然	19	吉石珍	蔡顺娘	19	陈寅娘	曾金生(堂伯)	蔡苍松(胞叔)	7.20,高,郑,吧生
8.18	江恻隐	19	吉石珍	王珠娘	16	李新娘	江福寿(父)	王光照(祖父)	8.4,同上,吧生
8.19	陈胤	34	亭仔脚	蔡音娘	15	沈友娘	陈含(堂兄)	蔡豁然(父)	8.12,同上,唐生
8.24	吴坤生	19	打铁街	徐玉娘	20	陈三娘	吴江水(父)	徐秋三(胞叔)	8.4,同上,吧生
8.26	李酉郎	28	戈劳屈	肖一娘	16	叶二娘	李亚四(堂兄)	肖亚辛(父)	8.4,同上,吧生
8.29	黄癸巳②	37	新把杀	王庚娘	18	李诗娘	黄溶川(宗叔)	王光炎	8.11,高,郑,唐生
8.30	薛攀桂	22	新把杀	张勃娘	20	陈寅娘	薛两魁(胞叔)	张仁(父)	8.4,同上,吧生
8.30	林同胞	22	新把杀	吴福娘	16	陈寅娘	林永元(胞兄)	吴进局(父)	8.4,同上,吧生
9.1	李千红	18	槟榔社	陈珠娘	16	郭一娘	李子福(父)	陈振威(父)	8.13,陈,陈,吧生
9.1	叶友明	20	望加毛吃	黎那娘	18	李瑞娘	叶岐山(胞叔)	黎亚四(堂兄)	8.13,陈,陈,吧生
9.6	陈得海	21	结石珍	邹桂娘	18	陈恩娘	陈得山(胞兄)	邹阿滨(父)	8.10,同上,吧生
9.7	刘南祯	27	中港仔	黄戊娘	17	刘金娘	刘南祥(胞兄)	黄西斗(父)	8.12,同上,吧生
9.8	高登兴	31	乌堡土库	谢木娘	16	蔡勤娘	高畴(堂兄)	谢京郎(堂叔祖)	8.12,同上,吧生
9.9	甘朴源	20	北加垅安	杨发娘	21	李瑞娘	甘评(父)	杨兰田(父)	8.22,同上,吧生
9.9	张和生	35	大使庙	陈爱娘	32	陈三娘	张云山(堂兄)	陈任郎(胞兄)	8.18,陈,陈,吧生
9.10	黄荣华	24	毛六甲	郑砼娘	19	郭一娘	黄文仲(宗叔)	郑成福(宗叔)	8.18,同上,吧生
9.10	陈亚寿	40	水锯社	常五娘	16	曾增娘	陈亚兰(宗兄)	常亚裕(父)	8.13,同上,唐生
9.11	黄续兴	18	圣望港	兰绒吉	17	郭一娘	黄燎光(祖父,甲)	兰奇杰(伯父)	8.21,黄,陈
9.14	陈合水	26	质宁贞	黄葱娘	18	薛织娘	陈燕生(父)	黄大成(祖父)	8.20,陈,陈

① 伊母林友娘供云:果然伊女甘愿交寅刘传妹。献案夺字 1851 年 8 月 2 日第 3419 号准刘居吧。

② 献案夺字 1852 年 12 月 17 日第 4213 号准居吧。黄癸巳前妻已故于 1864 年 7 月间,因子女尚幼,不得已再娶。

9.20	林金钟	21	小南门	李经娘	18	刘勤娘	林奢(父)	李朝墓(堂兄)	8.27,同上,吧生
9.20	陈钺	37	小南门	林音娘	21	蔡勤娘	陈豹(宗兄)	林仲老(宗叔)	8.25,同上,唐生
9.20	刘友生	21	毛六甲吉疾	许芝黎蜜	20	蔡勤娘	刘斐然(堂兄)	许砼(宗叔)	8.25,同上,吧生
9.26	温钦二	35	戈劳屈	李完娘	20	许硂娘	温双荣(胞兄)	李福三(父)	9.10,同上,唐生
9.27	林登秋	16	葛礁邦	薛文娘	17	陈云娘	林瑞全(胞兄)	薛兰(宗兄)	9.10,同上,吧生
9.28	叶纯金	20	观音亭	詹国娘	18	陈三娘	叶好(堂兄)	詹高山(叔祖)	9.8,同上,吧生
9.28	薛文东	18	吉石珍	陈登娘	17	陈寅娘	薛文秀(胞兄)	陈彬郎(堂兄)	甲9.10,陈,陈,吧生
9.29	王清月	19	结石珍	陈逸娘	18	陈寅娘	王江汉(堂叔)	陈文笔(胞兄)	9.10,同上,吧生
10.3	陈碧元	21	结石珍	王来娘	16	杨传娘	陈得山(堂兄)	王庸修(父)	9.10,黄,黄,吧生
10.12	李一郎	20	小南门西势	章九娘	16	陈三娘	李亚亮(父)	章亚满(堂叔)	10.6,同上,吧生
10.14	沈展	35	大使庙	刘水娘	19	刘勤娘	沈廷才(胞兄)	刘珠寿(父)	9.20,同上,唐生
10.18	杨白	26	亚森脚	郑心娘	16	蔡勤娘	杨志明(宗兄)	郑进生(父)	10.8,同上,唐生
10.19	陈荣寿	25	班芝兰	黄荣娘	23	曾增娘	陈垅(父)	黄坤山(胞兄)	9.17,同上,吧生
10.20	沈福星	50	圣望港	黄金娘	31	蔡勤娘	沈寝(堂兄)	黄才生(胞兄)	9.24,同上,吧生
10.24	高炳观①	19	八戈然	周清娘	18	曾增娘	高皆(父)	周亚进(胞兄)	10.3,同上,吧生
10.26	张詹生	27	美色近	何春娘	19	曾增娘	张灿(宗兄)	何康荣(堂兄)	10.9,同上,吧生
10.27	王贵阳	35	小南门	庄文娘	19	刘勤娘	王庸修(宗兄)	庄长水(胞兄)	10.11,同上,吧生
10.27	饶建凤	34	小南门	钟微娘	19	刘勤娘	饶瑶凤(堂兄)	钟煌生(胞兄)	10.2,黄,黄,唐生
10.27	黄东水	26	圣望港	张白娘	22	刘勤娘	黄和尚(胞伯)	张任生(胞叔)	10.8,同上,吧生
10.28	陈溪水	31	美色近	黎汶娘	18	刘勤娘	陈咸生(堂叔)	黎亚松(堂兄)	10.13,同上,吧生
10.28	詹平茂	30	结石珍	庄登娘	21	陈恩娘	詹宝山(宗叔)	庄淡星(父)	10.12,同上,吧生
10.31	曾金海	24	大港墘	许奎炳	27	郭一娘	曾百雅(父)	许清泉(胞兄,钦赐雷)	10.6,同上
11.1	叶妈岱	30	小南门	林纪瑛	16	薛炽娘	叶三光(堂叔)	林珠(父)	10.8,陈,陈,唐生
11.1	郑本生	48	丹兰低巷	夏珠娘	25	薛炽娘	郑绒生(宗叔)	夏德意(胞兄)	10.8,陈,陈,吧生
11.2	康言水	18	戈劳屈	刘陵娘	18	陈三娘	康伦祥(父)	刘千三(胞兄)	10.8,同上,吧生
11.2	林荣山②	25	八戈然	陈金娘	17	蔡勤娘	林明月(堂兄)	陈天寿(父)	10.13,同上,吧生

① 和1864年11月18日公堂案夺,准古皆抄付婚字付他儿子古炳观执照。原系姓古非姓高也。批明。古亚皆,64岁住洪溪,入禀因交寅字错用高姓,恳换本姓。默氏吴良生云:入界献默单亦云姓古,非晚之误,莫非高、古同音之误也。古亚皆云:晚未诗书,致有此误,恳换本姓。

② 据默吴龙生单云:系吧生长。遵公堂1871年1月27日案夺,准离遏批照。

11.2	陈玉金	22	八厨沃间	吴攀娘	19	刘勤娘	陈珍生(胞叔)	吴连达(父)	10.16,同上,吧生
11.2	杨来生[①]	22	小南门	黄匏抵	19	刘勤娘	杨志明(胞兄)	黄畅(宗叔祖)	10.16,同上,吧生
11.8	林永仪	25	东居	杨三娘	24	郭一娘	林新建(父)	杨一篇(胞兄)	10.12,同上,吧生
11.9	刘金茂	20	吉石珍	林渊娘	22	叶二娘	刘金钱(胞兄)	林文光(父,病,长子玉兴代)	10.16,陈,陈,吧生
11.10	陈六乙	22	鉴光广东	钟玉娘	15	冯那娘	陈亚六(宗叔)	钟应标(胞叔)	10.24,同上,吧生
11.11	邓新客	30	小南门	廖佐娘	19	刘勤娘	邓才郎(宗兄)	廖炎生(胞兄)	10.16,同上,吧生
11.11	詹文庆	23	吉石珍	陈冬葶	15	刘勤娘	詹还生(胞叔)	陈冉生(父)	10.18,同上,吧生
11.11	甘长居	30	晋朗安	陈三娘	21	杨永娘	甘平(堂叔)	陈连里(父,病,长子火生代)	10.16,同上,吧生
11.14	钟天赐	25	大使庙	蒋来娘	25	蔡勤娘	钟锦如(宗兄)	蒋阳生(胞兄)	10.18,同上,吧生
11.14	陈亚良	36	新厝仔	张癸娘	20	叶二娘	陈桂五(堂伯)	张连生(父)	10.24,同上,唐生
11.16	陈真孙	27	小南门	郭伴娘	18	蔡勤娘	陈听(父)	郭玉水(堂兄)	10.22,同上,吧生
11.19	钟南八	26	八多尧	丘乙娘	19	陈保娘	钟贵伯(父)	丘安然(伯)	11.6,同上,吧生
11.21	黄慷慨	38	吉石珍	蒋银娘	20	陈寅娘	黄杰(宗叔)	蒋今右(堂叔)	11.6,同上,唐生
11.22	林炎灶	22	乌堡土库	柯江娘	18	刘勤娘	林炎炉(胞兄)	柯荣之(胞兄)	11.6,同上,吧生
11.22	苏振隆	23	旧把杀仔	林曲娘	19	陈三娘	苏吉时(叔祖)	林克昌(胞兄)	11.6,陈,陈,吧生
11.24	胡辛全[②]	18	戈劳屈	黄水娘	16	叶二娘	胡大兴(父)	黄镭(胞叔)	10.27,同上,吧生
11.24	林铭振	22	戈劳屈	蒋双娘	22	叶二娘	林必因(堂伯)	蒋缄(堂兄)	12.11,同上,吧生
11.28	林春元	18	戈劳屈	曾疾娘	18	刘勤娘	林亚二(胞兄)	曾丁郎(胞兄)	11.1,同上,吧生
11.28	韩长吉	19	丹兰望	王琳娘	15	李诗娘	韩景郎(父)	王大川(堂叔祖)	11.16,同上,吧生
11.29	陈任发	21	窑内	马芳娘	20	蔡勤娘	陈提岸(胞伯)	马克俊(父)	11.6,同上,吧生
12.1	朱亚四	25	戈劳屈	陈映娘	24	陈寅娘	朱恩寿(堂叔)	陈玉长(父,朱)	11.6,高,陈
12.8	陈瑞梧	27	廿六间	林质娘	26	刘勤娘	陈豹(堂叔)	林桑树(宗叔)	11.16,高,郑,唐生
12.8	余亚愽	30	小南门	梁金娘	25	刘勤娘	余亚焕(宗兄)	梁德水(胞兄)	11.19,同上,唐生
12.10	陈金祝	33	观音亭	黄河娘	17	蔡勤娘	陈芬(堂叔)	黄光福(父)	甲 11.15,同上,吧生
12.13	黄瑞英	46	洪溪	罗丙娘	19	蔡勤娘	黄亚合(宗兄)	罗亚乌(胞叔)	12.11,高,郑,唐生
2.14	黄大孝	20	乌堡土库	陈水娘	18	蔡勤娘	黄浦(胞兄)	陈注(父)	11.19,同上
2.15	沈曲生	27	大使庙	康文娘	23	薛一娘	沈龙生(堂兄)	康承酌(堂兄)	11.20,同上,吧生
2.15	黄四川	20	小南门	苏和娘	16	蔡勤娘	黄谅(从堂叔)	苏碧山(父)	11.5,同上,吧生

① 据默叶万单云:系吧生。据杨志明云:唐8月2日已经交寅,签名"杨志明"。

② 据默黄然单云,果是吧生。1874年7月25日公堂判离。

12.16	杨宗良	38	大使庙	郑碧娘[①]	36	曾成娘	自己	自己	11.19,同上,吧生
12.19	王文豹	21	新把杀	钟维娘	20	蔡维娘	王喜(宗伯)	钟新二(堂兄)	11.27,同上,吧生
12.19	许元基	20	亚森圩	蔡金娘	20	汤吉娘	许文凤(父)	蔡祖寿(堂叔)	11.27,同上,吧生
12.20	陈元兴	20	三间土库	王水娘	19	刘勤娘	陈逢觉(胞叔祖,钦赐雷)	王庄(父)	12.5,同上,吧生
12.21	蔡赞郎	23	质宁贞	刘友娘	22	蔡勤娘	蔡财生(父,病,子伦生,代)	刘奕郎(父)	11.27,同上,吧生
12.24	胡光元[②]	25	西门	简英娘	24	刘金娘	自己	自己	12.18,同上,唐生
12.24	李时已	31	观音亭	庄房娘	23	刘金娘	李福郎(宗叔)	庄清河(宗叔)	12.24,高,郑,唐生
12.27	张亚三	28	戈劳屈	罗娘娜	19	叶二娘	张桂淑(堂叔)	罗亚七(堂伯)	12.18,同上,吧生
12.28	杨应四	29	大南门	赖辛娘	24	赖亚四	杨福郎(堂兄)	赖恩六(宗兄)	12.5,同上,唐生
12.29	李丰生	30	五脚桥	何泉娘	22	曾贞娘	李亚四(胞兄)	何宗宝(胞兄)	12.11,同上,吧生
12.29	吴亚三	33	大南门	苏复娘	16	曾贞娘	吴亚四(胞叔)	苏福二(父)	12.11,同上,唐生
12.29	钟北三[③]	36	五脚桥	张兴娘	15	曾贞娘	钟亚添(宗兄)	张海郎(胞兄)	12.18,同上,唐生
12.30	何金安	22	毛六甲	李桂娘	22	曾贞娘	何广荣(宗兄)	李新客(胞兄)	12.11,同上,吧生
12.30	袁松茂	27	观音亭	黄志娘	16	曾贞娘	袁清隆(胞兄)	黄友郎(堂兄)	12.8,同上,吧生

总计:157 对

1865 年吧城唐人成婚注册表

月日	新　郎	年岁	住　址	新　娘	年岁	媒　妁	男方主婚	女方主婚	结婚日,主事人,籍贯
1.9	萧瑞漳	38	班芝兰	黄柏娘	22	刘均娘	萧寿(堂叔)	黄桐水(父)	甲 12.26,陈濬哲,陈文速,唐生
1.9	杨亚新	35	大南门	邓西娘	16	张新娘	杨亚二(堂叔)	邓丁淑(堂叔侄女)	甲 12.18,同上,唐生
1.11	徐荣修	24	大使庙	李那娘	15	林冬桂	徐金炉(父,武)	李禄(父)	12.14,同上
1.16	陈怀生	31	观音亭	黄金娘	17	曾增娘	陈两仪(宗叔)	黄清松(父)	12.25,同上,吧生
2.8	郭天赐	36	观音亭	施有娘	16	曾增娘	郭绍洲(宗兄)	黄宣娘(母)	乙 1.17,黄锦章,黄清渊,吧生

① 郑氏前夫江武经已身故,无子女遗业,孀守 7 年难度愿再醮杨为夫。杨宗良亦前妻已故三年余,愿再娶郑氏为妻永结同心。据默氏张意诚单云:郑碧娘前夫已早故,杨宗良果系吧生。

② 简氏前夫刘立其已故 6 年,无子女,孀守 6 年,因亲老弟幼乏人看顾,愿与胡为夫,永结同心。献案夺字 1862 年 7 月 2 日第 26 号王上案夺胡光元准居吧。

③ 据默林承爵单云:吴亚三又名吴春贤,1860 年 5 月 25 日第 1766 号案夺准居吧。

2.15	陈永文	19	丹兰娘仔	李清娘	17	陈寅娘	陈登仔钫(父)	李亚福(父)	1.30,同上,吧生
2.16	林助	29	亚森脚	曾玉娘	18	冯兰娘	林华(胞叔)	曾荣昌(父)	旧婚,同上,唐生
2.17	吴佛成	18	水锯社	张兵娘	18	陈三娘	吴水生(父)	张老二(父)	2.8,同上,吧生
2.17	叶金山	21	水锯社	张丙娘	20	曾增娘	叶海山(宗叔)	张白三(父)	1.29,同上,吧生
2.17	王水生	20	大南门	张荣娘	16	刘勤娘	王麟观(父)	张造化(父)	1.24,同上,吧生
2.20	陈豹	40	小南门	刘兰娘	21	蔡勤娘	陈聪(堂兄)	刘金水(父)	2.1,黄,黄,唐生
2.20	林丛	25	小南门	陈伯娘	19	蔡勤娘	林球(堂叔)	陈田(堂叔)	2.8,同上,唐生
2.20	唐元水	21	新把杀	沈奴那	19	陈恩娘	唐天求(父)	沈妈九(父)	2.12,同上,吧生
2.22	张新观	24	结石珍	钟味娘	18	冯篮娘	张泰山(胞兄)	钟亚七(父)	2.4,同上,吧生
2.27	张安水	20	鉴光猫厘	林亥娘	16	冯篮娘	张传(胞兄)	林魏(父)	2.15,同上,吧生
2.27	陈心	27	小南门西	李恭娘	18	郭一娘	陈斗(堂叔)	李敛(父)	2.15,同上,唐生
2	许同①	44	珍把杀	林莺娘	25	—	许高(堂兄)	林源(祖父)	—,—,—
3.6	朱水生	21	牛郎加弄	潘州钫	21	刘金娘	朱豆(父)	潘先(父)	2.18,陈,陈,吧生
3.10	林文仲	35	竹树巷	郑根娘	18	刘金娘	林桑树(宗叔)	郑猫汝(堂伯)	2.20,同上,吧生
3.20	陈得明	21	吉石珍	邹笨娘	18	郭一娘	陈金山(父)	邹荣阳(宗叔)	3.27,同上,吧生
3.20	黄木山	28	质宁贞	张茫娘	20	郭一娘	黄北原(胞兄)	张合郎(堂兄)	3.1,陈,陈,吧生
3.20	赖佛明	33	旧把杀	马曲娘	24	郭一娘	赖美山(堂兄)	马诚意(堂兄)	3.4,同上,吧生
3.24	兰森树	44	小南门	叶是娘②	30	蔡勤娘	自己	自己	2.26,同上,唐生
3.20	陈茂	33	吉石珍	刘攀娘	25	陈寅娘	陈连子(宗兄)	刘禄生(父)	3.17,同上,唐生
4.3	张致和	35	小南门	谢德娘	16	曾贞娘	张亚奎(堂叔)	谢京郎(父)	3.20,高西川,郑肇基,唐生
4.10	庄玉水	29	吉石珍	杨娇娘	22	陈寅娘	庄淡星(父)	杨志明(胞兄)	3.22,同上,吧生
4.10	薛启明	25	戈劳屈	陈回娘	22	蔡均娘	薛梅生(父)	陈玉盏(堂叔)	4.6,同上,吧生
4.13	丘长贵	22	八厨沃间	刘初娘	20	蔡均娘	丘天瑞(父)	刘如山(父)	3.22,同上,吧生
4.13	陈德兴	18	毛六甲	郭鹰娘	20	刘金娘	陈文山(父)	郭金山(父)	4.3,同上,吧生
4.15	陈德彰	19	中港仔	郑根娘	18	郭一娘	陈金水(父)	郑肇基(父,雷)	4.3,高,连,唐生
4.20	杨机亮	22	打铁街	陈蜎娘	19	曾贞娘	杨亚二(父)	陈兰宗(父)	4.24,高,郑,吧生

① 据默氏林永元来单云:许同之妻于去年甲子唐 10 月 15 日身故,台查明未期年不得再续。(登记注册单打×作废)。

② 叶氏自洪前夫丘东水于 1861 年经公堂判离,今守志 4 年,思无子女,终无了局,愿与兰森树为夫,永结同心。默氏陈光辉单云:诚如所言。查案簿叶氏经公堂判离,系 1861 年 11 月 22 日。献案夺字 1846 年 4 月 24 日第 1394 号又 13 号准兰森树居吧。

4.24	陈金良	32	吉石珍	徐和娘	19	陈寅娘	陈金茂(胞兄)	徐仁和(父)	4.6,同上,吧生
4.25	李三瓜	27	观音亭	陈硂娘	21	钟桂娘	李登(胞兄)	陈春芳(父)	4.6,同上,唐生
4.28	陈茂永	22	鉴光猫汝	沈活娘	19	曾贞娘	陈永椿(胞兄)	沈欢(父)	4.20,同上,吧生
4.30	吴福全	19	洪溪	王谈娘	17	郭一娘	吴溪水(堂兄)	王元龙(祖,钦赐甲)	4.13,高,连文清
5.1	陈秋水	18	丹兰娘仔	吴白娘	16	陈寅娘	陈福生(父)	吴长京(胞兄)	4.12,陈,陈,吧生
5.3	蒋珠元	30	吉石珍	杨下不娘	22	陈宣娘	蒋莱志(父)	杨西海(堂兄)	4.13,同上,吧生
5.5	陈佳	35	大港墘	胡月娘	16	蔡勤娘	陈尚(族叔)	胡佛(父)	4.12,同上,唐生
5.10	林水源	22	观音亭	许瓜娘	19	曾贞娘	林三桂(父)	许春风(宗兄)	4.21,同上,吧生
5.11	陈荣山	36	大港墘	游萱娘	20	薛质娘	陈斗(宗兄)	游保琳(父)	4.29,同上,吧生
5.13	欧亚二	31	八茶贯	王隆娘	19	蔡红娘	欧碗(宗叔)	王桂林(父)	4.21,同上,唐生
5.15	苏育	32	八戈然	陈汉娘	19	曾增娘	苏天喜(父)	陈亚额(堂叔)	4.27,陈,陈,吧生
5.15	李清桂	35	鉴光万兰	冯水娘	18	钟辛娘	李弼成(宗叔)	冯子昌(宗叔)	4.27,同上,吧生
5.15	邹文元	25	亚森脚	陈根娘	22	杨端娘	邹荣阳(叔祖)	陈疆场(胞兄)	5.22,同上,吧生
5.16	吴永成	24	班芝兰	陈愠娘	19	刘金娘	吴登山(父)	陈水生(父)	4.24,同上,吧生
5.19	梁南生	28	五脚桥	傅禄娘	21	沈有娘	梁亚三(堂兄)	傅亚四(胞伯)	5.3,同上,吧生
5.19	陈一水	22	西门	邓有娘	17	沈有娘	陈松茂(胞兄)	刘娘(母)	5.6,同上,吧生
5.20	田河清①	21	丹那实连	谢庚娘	16	罗丁娘	田秀麟(父)	谢长庆(父)	5.2,同上,吧生
5.23	周玉成	48	丹兰望	王凤娘	30	李四娘	周州郎(宗叔)	王光炎(宗叔)	旧婚,同上,吧生
5.23	黄头	33	丹兰望	王合娘	15	李四娘	黄溶川(宗叔)	王光炎(父)	旧婚,同上,唐生
5.30	陈光桔	26	砖仔桥	黄洪溪	25	刘勤娘	陈瑞荣(宗兄)	黄淑亨(胞兄)	5.11,同上,唐生
6.1	韩二元	23	丹兰望	陈匏厨	18	李四娘	韩坤山(父)	李裙娘(母)	5.18,黄,黄,吧生
6.1	林若山	31	戈劳掘	李俊娘	18	陈三娘	林登岸(胞兄)	李亚全(胞兄)	5.22,黄,黄,吧生
6.3	郑国辉	25	珍把杀	詹雪娘	24	朱瑞娘	郑炎生(堂叔)	詹平茂(胞兄)	5.20,同上,吧生
6.9	黄绍章②	22	(缺)	吴三娘	21	薛质娘	黄松溪(父,堂弟德崇代)	吴龙三(堂叔)	5.22,同上,吧生
6.14	吴文全	34	新把杀	陈娇娘	23	吴宣娘	吴进局(堂兄)	陈长水(堂叔祖)	又5.3,同上,唐生
6.15	李彬源	24	八茶贯	戴凤娘	20	曾增娘	李弼成(宗叔)	戴怀(父)	又5.3,同上,吧生
6.24	林文淑	23	大使庙	蔡密娘	16	刘金娘	林桑树(宗叔)	蔡德全(父)	5.8,同上,吧生
6.27	林江水	26	洪溪	商辛娘	18	刘勤娘	林亚连(胞兄)	商崑海(胞兄)	5.10,同上,吧生

① 据默巫野单云:系吧生。公堂1876年3月23日嗒内判离。

② 据默张山河单云:系吧生。据伊堂叔黄德崇云:其父黄松溪往泗水为商,令其代押,签名"黄德荣"。

6.27	李钟育	35	小南门	黄春娘	16	刘勤娘	李庚华(宗伯)	黄庆喜(父)	5.21,同上,唐生
7.2	李丙生	31	八厨沃间	王灶娘	18	刘金娘	李庚华(堂叔)	王亚应(父)	5.16,陈,陈,吧生
7.5	黄景梓[①]	26	鉴光州瓦	郑律娘	26	沈友娘	黄青龙(堂伯)	郑秀恩(胞兄)	5.17,同上,吧生
7.6	洪锦良	21	鉴光河北	戴娇娘	15	刘金娘	洪园(父)	戴俊(族伯)	5.17,陈,陈,吧生
7.10	林曲	28	八多尧	廖金娘	17	王宇娘	林永成(父)	廖亚运(父,年老,子应龙代)	5.25,同上,吧生
7.18	徐亚养	38	廿六间	邹登娘	19	曾贞娘	徐应奎(堂叔)	邹水淑(胞兄)	6.11,同上,唐生
7.23	陈江雨	19	吉石珍	刘益娘	20	郭一娘	陈江水(胞兄,雷)	刘得禄(父,雷)	6.10,同上
7.24	魏勇赞	42	大港墘	黄裕娘	18	曾贞娘	自己	黄诗(堂兄)	6.10,同上,唐生
7.26	陈继志	18	班芝兰	林质娘	16	蔡勤娘	陈永元(父,妈腰)	林清和(从叔祖)	6.19,陈,陈
7.27	蔡章和	22	丹兰望	林良娘	20	李诗娘	蔡景星(父)	林开生(父)	6.15,陈,陈,吧生
7.28	彭一观	21	戈劳屈	胡肉娘	17	叶二娘	彭登郎(父)	胡亚彝(宗叔)	6.11,同上,吧生
7.31	李亚三	35	戈劳屈	廖庚娘	16	叶二娘	李赞观(堂兄)	廖亚四(父)	6.19,同上,唐生
8.5	陈元龙	24	大使庙	丘碧娘	17	郭一娘	陈清珠(父)	丘水容(父)	6.19,高,郑,吧生
8.7	魏春德	38	西门	李意娘	28	钟辛娘	魏长生(堂兄)	李亚友(堂叔)	6.29,同上,吧生
8.7	蔡青山	22	吉石珍	侯根娘	15	钟辛娘	蔡昭显(父)	侯荣照(胞叔)	6.20,高,郑,吧生
8.10	纪文魁	22	大使庙	丘月娘	21	刘金娘	纪伴庸(父)	丘春福(父)	6.22,同上,吧生
8.17	陈碧全	24	吉石珍	蒋存娘	22	冯那娘	陈任水(胞兄)	蒋清阔(胞兄)	7.5,同上,吧生
8.19	陈道成	22	中港仔	韩吉娘	18	蔡勤娘	陈碧麟(父)	韩木山(父)	7.21,同上,吧生
8.21	张瑞意	34	吉石珍	陈谦娘	27	李诗娘	张仁德(堂叔)	陈亚额(宗叔)	7.8,同上,吧生
8.23	吴建文	37	吉石珍	郭哉娘	23	陈寅娘	吴炮(堂叔)	郭上官(胞兄)	7.14,同上,吧生
8.31	陈登烈	27	小南门	李朱娘	19	蔡勤娘	陈豹变(胞叔)	李光月(胞兄)	7.19,同上,唐生
9.6	陈炳耀	20	乌堡土库	林二娘	21	钟昔娘	陈敖泰(父)	王来娘(母)	旧婚,陈,陈,吧生
9.14	薛板龙	20	新把杀	黄利娘	17	吴硿娘	薛两魁(胞叔)	黄淮水(宗兄)	7.28,同上,吧生
9.18	甘宋泰[②]	18	丹兰娘仔	陈红娘	16	吴山娘	甘天生(父)	陈水生(胞叔)	8.13,同上,吧生
9.18	陈枕风	26	职宁贞	林邦娘	17	薛职娘	陈枕水(胞兄)	林海水(父)	8.17,同上,吧生
9.20	张有源	25	大南门	李新娘	15	钟辛娘	张宝生(父)	李板生(父)	8.22,陈,陈,吧生
9.20	吴泰仓[③]	26	新把杀	蔡选娘	17	吴硿娘	吴文全(堂叔祖)	蔡凤(父)	8.13,同上,唐生

① 据番默毛含抹至室来单云:黄景梓是黄松之子,见其人果是吧(生)。

② 据默庄玉水单云系吧生。1876 年 10 月 5 日公堂判离。

③ 据默吴荫单云:系旧客有案夺字,献倒案字 1852 年 5 月 15 日第 1250 号准居。

9.20	叶亚纶	38	廿六间	黄金娘	20	曾增娘	叶天禄(堂叔)	黄诗(堂兄)	8.18,同上,唐生
9.22	纪玉山	20	中港仔	甘力娘	20	刘仅娘	纪克明(父)	甘春虎(胞兄)	8.12,同上,吧生
9.22	蔡恩山	24	职宁贞	叶颜娘	17	曾增娘	蔡如郎(父)	叶甘生(父)	8.12,同上,吧生
9.22	陈朴顺	20	公司后	王成娘	20	曾增娘	陈夫(堂兄)	王俊杰(胞兄)	8.3,同上,吧生
9.23	欧柱	17	丹兰望	蒋沁娘	16	钟新娘	欧亚珠(父)	蒋天义(父)	8.12,同上,吧生
9.24	李克承	24	八茶罐	雍海娘	21	蔡勤娘	李应求(胞叔)	雍士元(宗兄,雷)	8.12,同上
9.30	吴大吉	25	新把杀	黄德娘	20	罗登娘	吴唇(父)	黄捷兴(父)	8.26,同上,吧生
9.30	温亚三	30	三间土库	陈劳致	16	蔡勤娘	温亚云(宗兄)	陈亚七(宗叔)	8.26,同上,唐生
10.2	陈维衡	18	毛六甲	连纯娘	16	刘金娘	陈仕密(祖父)	连凤池(祖父)	8.18,陈,黄
10.3	李珍	25	旧把杀	洪荣娘	22	蔡有娘	李彦(胞伯)	李钱娘(母)	8.19,黄,唐生
10.5	何亚阳	22	班芝兰	苏无然娘	17	叶二娘	何文七(胞兄)	苏无益(父)	8.29,黄,吧生
10.5	黄福	33	戈劳屈	陈锦娘	23	李瑞娘	黄种(堂兄)	陈神助(父)	8.26,同上,唐生
10.5	黄清贤	30	戈劳屈	陈登娘	24	李瑞娘	黄泗贤(胞兄)	陈全益(宗叔)	8.26,同上,吧生
10.9	高永兴	21	美色近	许梭娘	19	王宇娘	高梓盛(堂兄)	许临生(父)	8.26,同上,吧生
10.13	温新德	35	小南门	黎丁娘	19	蔡勤娘	温福三(宗兄)	黎亚福(父)	9.8,同上,唐生
10.14	陈德成	22	水锯社	林金娘	21	曾增娘	陈永合(堂兄)	林朝老(父)	9.8,同上,吧生
10.15	许焕章	21	八茶贯	林荫娘	20	郭一娘	许奎炳(父)	林光坤(父)	9.11,黄,陈,唐生
10.20	杨捷宏①	28	小南门	石凤娘	19	刘勤娘	杨庆才(堂叔)	石荣(父)	9.10,黄,唐生
10.23	陈长生	25	洪溪	范戊娘	18	钟新娘	林秀娘(母)	范亚六(父)	9.14,同上,吧上
10.23	黄亚盛	48	竹树巷	温得妹	18	钟新娘	黄福长(堂兄)	温亚金(父)	9.8,同上,唐生
10.23	黎贵生	36	新把杀	叶瑞娘	24	张密娘	黎亚维(堂叔)	叶日生(父)	9.8,黄,唐生
10.23	林俊德	19	大港墘	陈福娘	17	刘仅娘	林嵩萼(宗叔)	陈六顺(父)	9.8,同上,吧生
10.25	刘亚兴	36	洪溪	吴能娘	23	蔡勤娘	刘朱寿(宗叔)	吴扬安(父)	—,陈,陈,唐生
10.25	戴金源②	28	五脚桥	梁善娘	25	刘仅娘	戴俊(堂叔祖)	梁德水(宗叔)	9.6,同上,吧生
10.31	钟西山	22	苿加垅岸	陈壬娘	24	李新娘	钟应爹(父)	陈载(父)	9.17,同上,吧生
10.31	丁德海	28	小南门	陈钱娘	28	王宇娘	丁漳兴(父)	陈辨珠(父)	9.17,同上,吧生

① 据默叶万单云是旧客。献案夺字 1863 年 2 月 26 日第 415 号准居吧。又据默李贵生单云:已于唐 9 月 10 日完婚。

② 据默陈山景单云:梁待老果染病令伊弟德水代主婚。据默钟钦五单云:戴金源吧生长。又来单云已于唐 9 月 6 日完婚。

11.2	宋长春	21	丹兰实连	陈七娘	22	王曲娘	宋富生(祖父)	陈玉麟(胞兄)	9.17,高,黄,吧生
11.7	钟安汶	20	吧六甲	李一娘	19	曾贞娘	钟新昌(堂叔)	李彦(堂伯)	9.20,同上,吧生
11.9	李有	34	应莱河	郑和娘	28	钟新娘	李弼成(宗叔)	郑成福(胞兄)	10.29,同上,唐生
11.9	林启昌	19	圣望港	李木娘	16	钟新娘	林玩(父)	李弼成(宗叔祖)	10.3,同上,吧生
11.10	张丁发	19	戈劳屈	陈丁娘	19	张九城	张九城(父)	陈亚四(父)	10.11,同上,吧生
11.10	林菅良	26	观音亭	蔡曲娘	21	刘均娘	王强光(堂叔)	蔡锦怀(宗兄)	9.24,高,黄,吧生
11.10	王文旦	41	西门	黄雷娘	27	王宇娘	王元标(父)	黄东启(宗伯)	10.4,同上
11.11	蔡三也	23	丹兰实连	钟报娘	22	蔡勤娘	蔡员(堂兄)	钟山(父)	10.3,同上,吧生
11.13	赵随和	39	新把杀	薛惜娘	24	邓桂娘	赵变(堂叔)	薛文佑(父)	10.3,同上,唐生
11.13	唐清松	20	新把杀	陈庚娘	16	曾增娘	唐吧生(父)	陈建兴(父)	10.4,同上
11.14	郭宗隆	25	杉板寮	何金娘	24	刘金娘	郭隆(宗叔)	何顺记(宗叔)	9.28,同上,吧生
11.16	赖亚三	26	戈劳屈	陈壬娘	24	曾增娘	赖灶生(宗叔)	陈亚二(胞兄)	10.11,同上,吧生
11.17	林金水	18	窖内	郑良娘	16	刘金娘	林桑树(父)	郑清水(父)	10.4,同上,吧生
11.20	陈春山	19	—	罗二娘	15	刘金娘	陈一郎(父)	罗亚春(父)	10.12,同上
11.21	球本	17	文丁	黄碧娘	19	曾思娘	王德生(胞叔)	黄荣寿(祖,钦赐甲)	10.12,同上
11.22	叶荣发	25	新厝仔	林发娘	23	蔡勤娘	叶保全(堂伯)	林远水(父)	10.12,同上,吧生
11.23	黄浮明	23	水锯社	韩光勃	19	曾增娘	黄学长(父)	韩庚生(宗兄)	10.11,同上,吧生
11.23	刘长观	21	吉礁邦巷	赖庚娘	16	戴癸娘	刘亚四(父)	赖恩四(胞伯)	10.12,同上,吧生
11.24	廖常仁①	19	八茶罐	谢坤娘	19	蔡勤娘	廖亚三(父)	谢贵元(胞兄)	10.11,高,黄
12.2	薛永水	27	五脚桥	林明娘	26	曾贞娘	薛永火(胞兄)	林金河(父)	10.16,郑,陈,吧生
12.3	陈雷	22	吉石珍	刘杂娘	24	林已娘	陈强(父)	刘江海(堂兄)	10.22,同上,吧生
12.3	陈福麟	21	窖内	王琼娘	19	刘金娘	陈长庚(宗兄)	王炳生(胞兄)	10.23,同上,吧生
12.5	柯清隆	25	鉴光毛甲	薛彩娘	20	薛志娘	柯江龙(胞兄)	薛两魁(胞叔)	10.23,同上,吧生
12.8	黄永杰	20	三间土库	陈曾娘	16	蔡勤娘	黄景山(胞兄)	陈长生(堂兄)	10.29,同上,吧生
12.13	黎广来	36	戈劳屈	傅娘那	18	许硂娘	黎亚维(堂叔)	傅凤鸣(父)	11.11,同上,唐生
12.15	叶永圈②	22	小南门	吴麟娘	17	刘金娘	叶亩(父)	吴永生(父)	11.21,同上,吧生
12.16	薛红生	19	吉石珍	叶协娘	19	林基娘	薛丕(父)	叶保全(父)	11.6,同上,吧生
12.16	王祯祥③	17	丹兰望	陈全娘	18	刘金娘	王文成(胞叔)	陈清珠(父)	11.21,陈,陈

① 据默氏陈泰山来单云:廖常仁系坤甸生长。献案夺字 1856 年 5 月 6 日第 1265 号准居吧。

② 据默氏李贵生单云果是吧生,又据默黄清秀来单云已于 1866 年 1 月 7 日毕婚。

③ 王祯祥又名王必兴,签名(外文)。1872 年 11 月 22 日公堂判离。

12.17	陈瑞宇	22	八茶罐	高水娘	21	蔡勤娘	陈逢角(父，钦赐雷)	高渊济(父)	11.3,同上
12.18	陈文贵	20	干冬圩	胡汰娘	16	郭一娘	陈江泰(父,雷)	胡鉴阳(胞兄)	11.6,同上,唐生
12.19	刘文轩	20	戈劳屈	李丁娘	19	郭一娘	刘伸郎(父)	李永三(父)	11.11,郑,陈,吧生
12.19	伍光安	19	水锯社	钟丁娘	19	郭一娘	伍亚扩(宗叔)	钟又新(父)	11.19,同上,吧生
12.20	张荣全	20	吉石珍	邓来娘	18	张绥娘	张枪(父)	邓云风(父)	11.11,同上,吧生
12.28	陈德文	19	窑内	高曾娘	17	王曲娘	陈德山(兄)	高湿(堂兄)	9.6,旧婚,吧生
12.28	曾一水	30	新池	钟义娘	16	钟新娘	曾山任(胞兄)	钟亚七(堂伯)	11.19,同上,吧生
12.28	杨长海	27	新厝仔	温金娘	19	蔡勤娘	杨偕(堂兄)	温国水(父)	12.5,同上,吧生
12.28	马登成	24	窑内	李抵娘	21	蔡勤娘	马克俊(父)	李彦文(父)	11.14,郑,陈,吧生
12.28	蔡有本	34	三板寮	李荣娘	17	蔡勤娘	蔡牛(堂叔)	李金山(胞兄)	11.14,同上,唐生
12.29	杨如松	60	廿六间	陈荫娘	24	蔡勤娘	杨兹基(宗兄)	陈敬元(胞兄)	11.16,同上,吧生
12.29	叶祯祥	32	结石珍	高河娘	20	林其娘	叶集福(胞兄)	高清发(胞兄)	11.24,同上,吧生
12.31	邱清全[①]	24	五脚桥	李兰娘	23	钟癸娘	邱岱生(父)	韩秀娘(母)	11.15,同上,吧生

总计:153 对

1866 年吧城唐人成婚注册表

月日	新　郎	年岁	住　址	新　娘	年岁	媒　妁	男方主婚	女方主婚	结婚日,主事人,籍贯
1.4	龚汶水	29	廿六间	陈音娘	21	蔡均娘	龚追(宗兄)	陈山景(宗叔)	乙 11.24,连文清
1.4	温钦二	37	丹仔望	李月娘	17	李秀娘	温新德(堂叔)	李亚增(父)	11.21,同上,唐生
1.5	杨排生	29	观音亭	廖毛娘	26	许癸娘	杨永元(父)	廖福寿(宗叔)	12.6,同上,吧生
1.6	罗佛养	39	戈劳屈	黄辛娘	15	曾增娘	罗亚六(堂叔)	黄亚超(堂叔祖)	11.11,同上,唐生
1.11	李永五	39	珍把杀	候二娘	21	何山娘	李锦龙(宗叔)	侯轩观(父)	12.2,同上,唐生
1.19	庄清汉	29	鉴光滑	林和娘	21	蔡勤娘	庄清河(胞兄)	林永秀(父)	12.5,同上,吧生
1.20	苏长几	49	八戈然	叶秀娘	26	蔡勤娘	自己	叶保全(宗叔)	12.5,同上,唐生
1.24	杨四顺	25	水锯社	林乌娘	17	汤吉娘	杨兜(堂叔)	林新荫(父)	12.12,同上,吧生
1.26	刘元章	36	丹兰望	钟加娘	22	李四娘	刘盏(父)	钟荣宗(父)	12.12,同上,吧生
1.27	陈奎炳	20	五脚桥	谢万娘	17	刘勤娘	陈天增(宗叔)	谢丁郎(宗兄)	12.12,陈,连,吧生

① 女方主婚伊父因病不到,伊母韩秀娘代押。据默氏钟钦五来单云此邱清全果是吧生。

2.2	谢伯适	48	观音亭	李银娘	31	蔡勤娘	谢凉水(堂兄)	李弼成(宗兄)	丙1.18,高西川,连,吧生
2.3	张长安	40	大使庙	蒋雪娘	28	薛职娘	蔡金娘(母)	蒋漳阔(胞兄)	1.18,高,连,吧生
2.27	石敬宜	22	观音亭	林劳致	19	曾增娘	石克明(父)	林三桂(堂叔)	1.18,高,连,吧生
3.3	饶齐①	32	小南门西势	刘玉娘	19	刘勤娘	饶奕才(宗叔)	刘亚四(父)	1.19,郑肇基,陈,唐生
3.3	王永山	22	观音亭	杨源娘	19	郭一娘	王粧(父)	杨守金(宗叔)	1.19,郑,陈,吧生
3.6	林天才	22	新厝仔	王全娘	—	蔡勤娘	林桑树(堂叔)	王度(父)	1.24,郑,陈,吧生
3.6	赵玉水	19	珍把杀	陈新娘	16	张瑞娘	赵沈(父)	陈纯佑(父)	2.4,同上,吧生
3.12	李天赐	31	鉴光猫汝	丘云娘	19	彭兰娘	李德昌(宗兄)	丘亚三(宗叔)	2.9,同上,吧生
3.13	李清辉	19	毛六甲	王根娘	16	刘根娘	李丹水(胞叔)	王庸修(父)	2.9,同上,吧生
3.15	连长庚	19	洪溪	张瑞娘	18	蔡勤娘	连凤池(祖父)	张振华(胞兄)	2.5,陈文速,陈江流
3.16	杨宁纪	20	新把杀	钟合娘	19	吴宣娘	杨宗耳(宗叔)	钟坤山(堂兄)	2.10,郑,陈,吧生
3.16	蒋成元	42	劳丹媚	张登娘	19	李诗娘	蒋天义(堂叔)	张亚润(父)	2.3,同上,吧生
3.16	黄孔皆②	26	吉石珍	朱水娘	20	彭兰娘	黄他(宗叔)	朱芳(父)	2.9,同上,唐生
3.22	叶加郎	18	吉石珍	江亦娘	18	林德娘	叶一生(父)	江福寿(堂伯)	2.13,同上,吧生
3.31	洪彩	39	亚森脚	张乖娘	24	刘根娘	洪新来(堂叔)	张妈九(父)	2.23,同上,唐生
3.31	吴金水	33	八戈然	丘二娘	18	蔡勤娘	吴天志(堂兄)	丘安然(胞伯)	2.23,同上,吧生
4.4	蔡白哲	20	吉石珍	周清娘	18	薛志娘	蔡葱(父)	周春和(父)	2.27,陈,黄,吧生
4.10	许长泰	22	砖仔桥	郑福娘	18	钟辛娘	许荳签(堂叔)	郑元周(宗兄)	2.27,同上,吧生
4.13	张衍福③	27	八戈然	陈凤娘	15	蔡勤娘	张绍南(堂兄)	陈乌尚(父)	3.4,同上
4.17	黄偃	32	新把杀	林温娘	18	吴宣娘	黄大目(堂兄)	林拱(胞伯)	3.19,同上,唐生
4.18	张漏秀④	36	小南门	黄庚娘	17	王曲娘	张鼎扬(宗叔)	黄西斗(父)	3.22,同上,唐生
4.19	钟亚杞	38	八厨沃间	刘周娘	23	钟辛娘	钟钦五(宗兄)	刘珠寿(堂兄)	3.8,陈,黄,唐生
4.19	陈顺郎	27	吉石珍	林铁娘	16	张垂娘	陈远生(父)	林清秀(胞伯)	3.19,同上,吧生
4.24	钟启明⑤	39	三间土库	朱辛娘	16	曾贞娘	钟亚木(堂叔)	朱来观(父)	3.19,同上,吧生

① 据默张立昌单云系旧客。猷案夺字1847年6月3日第1946号又13号准居吧。又夹一武直迷签收结婚申报书,全以荷文书写印刷体内,填上男家姓名、年龄、住址、女家姓名年龄,按1828年5月31日第30号规定,收取结婚费5盾,其下盖上巴城养济院椭圆形图章。有武直迷签名。

② 据默陈山景云:黄孔皆唐山来,猷案夺字1863年2月7日第481号又1号准居吧。

③ 猷旧婚字1861年4月30日交寅陈莺娘,今已故。据默吴龙生1866年5月18日单云:已与陈凤娘完婚矣。

④ 猷案夺字1846年4月23日第1389号准居吧。1873年12月15日公堂判离。

⑤ 据默姚长生单云:此钟启明果系吧生回唐再来者。6月16日又来单云已完婚。

4.26	杨金荣	35	导郎	许密娘	24	薛施娘	杨永元(父)	许春风(宗兄)	3.22,同上,吧生
4.26	陈二	36	五脚桥	杨秀娘	20	薛施娘	陈天增(宗兄)	杨天富(胞兄)	3.19,同上,唐生
4.30	陈冷水	23	八戈然	林爱娘	22	蔡勤娘	陈淇泉(父)	林吉泉(胞兄)	3.19,同上,吧生
5.5	王炎昌	24	观音亭	江识娘	15	蔡勤娘	王光华(宗叔)	李道娘(母)	3.22,陈,陈,吧生
5.5	黄涌水	33	戈劳屈	钟玉娘	19	叶二娘	黄钟(胞叔)	钟坤山(堂兄)	3.22,同上,唐生
5.8	赖亚三	19	吉石珍	杨已娘	18	叶二娘	赖添郎(父)	杨安郎(宗兄)	4.6,同上,吧生
5.9	黄德箕	25	观音亭	蔡吕娘	20	蔡勤娘	黄清秀(胞伯)	蔡清松(宗叔)	4.7,同上,吧生
5.11	郑仲宏①	25	公司后	林曲娘	18	汤吉娘	郑二妹(胞叔)	林玩(父)	4.13,同上,吧生
5.15	蔡连好	34	观音亭	余蜜娘	22	蔡勤娘	蔡梧(堂伯)	余亲元(堂兄)	4.7,陈,陈,吧生
5.16	蔡源和	20	丹绒	林丹娘	20	吴硿娘	蔡皆再(胞兄)	林清良(父)	4.14,同上,吧生
5.16	杨清云	21	大使庙	黄硿娘	17	曾增娘	杨新才(父)	黄荣宗(父)	4.13 同上,吧生
5.17	陈东兴	21	纲寮	涂鹤娘	19	薛职娘	陈江河(胞叔)	涂发生(胞兄)	4.10 同上,吧生
5.18	许田	28	亚森脚	林蜜娘	20	曾增娘	许桂巽(胞兄)	林华(堂叔)	旧婚同上,吧生
5.22	林经章	20	丹兰望	王丹娘	16	李四娘	林万热(胞兄)	王赤(父)	4.14 同上,吧生
5.23	林枞桂	22	丹兰望	刘进娘	20	李四娘	林盛德(父)	刘武(父)	4.14,同上,吧生
5.25	林水生	23	洪溪	徐白色娘	17	蔡勤娘	林吉生(堂兄)	徐碧水(胞兄)	4.21,同上,吧生
5.26	李文疾	26	戈劳屈	黄来娘	17	王宇娘	李九元(宗叔)	黄妈儒(宗叔)	4.16,同上,吧生
5.30	刘德孙	21	珍把杀	陈盘娘	21	张瑞娘	刘亚四(堂兄)	陈亚二(父)	4.28,同上,吧生
5.31	陈朗	37	小南门	黄发娘	20	刘勤娘	陈钺(宗兄)	黄寅清(父)	4.21,同上,唐生
6.4	蒋玉振	38	珍把杀	陈浮都娘	25	李四娘	蒋銮(堂兄)	陈宣(父)	4.28,高,连,吧生
6.7	叶满东②	28	旧把杀	陈每娘	27	王菊娘	叶普山(堂叔祖)	陈三英(胞兄)	5.26,同上,旧客
6.8	钟汉水	19	乌布土库	陈水娘	18	蔡勤娘	钟三姑(宗叔)	陈涌泉(父)	4.28,同上,吧生
6.13	陈有恭③	24	中港仔	沈金娘	18	蔡勤娘	陈荣祖(叔祖)	沈深(养父)	5.8,同上
6.13	彭春	25	小南门西势	林文娘	16	刘勤娘	彭南润(胞兄)	林源泽(胞伯)	5.10,同上,吧生
6.16	廖秋贵	34	洪溪	刘戊娘	17	刘勤娘	廖亚六(堂兄)	刘亚寿(堂兄)	5.16,同上,唐生
6.22	陈德二	40	鉴光猫厘	林戊娘	29	李四娘	陈亚二(宗兄)	林若山(胞兄)	5.16,同上,唐生

① 据默氏林坤祐来单云系吧生。又来单云:已经交寅即交去婚字。

② 据默黄仓蓉单云系旧客,又来单报,已见交寅,婚字领毕。

③ 据沈深云:沈金娘系堂弟沈福生之女过房与晚为女,及讯沈福生,据云果系如此。据默徐亚桂单云:陈有恭系吧生长,7月5日又来单云已完婚。

6.25	甘文生[①]	56	珍把杀	胡玉娘	22	李四娘	甘彭(堂兄)	胡振玉(胞兄)	5.26,同上,吧生
6.29	陈进元	24	圣望港	周音娘	18	蔡勤娘	陈进安(胞兄)	周元益(胞兄)	5.26,同上,吧生
7.7	谢亚四	28	鉴光峇厘	彭锦娘	18	郑桂娘	谢双郎(胞兄)	彭丙龙(胞兄)	6.3,郑,陈,唐生
7.10	黄添福	23	新厝仔	李安娘	19	薛志娘	黄接生(胞兄)	李仪川(父)	6.18,陈,连,吧生
7.12	温福隆	22	公司后	陈荫娘	20	刘金娘	温熊(父)	陈笃生(堂叔)	6.4,郑,陈,吧生
7..12	吴偕全	25	乌褒土库	郭任娘	22	刘金娘	吴瑞德(堂叔)	许阳娘(母)	4.6(旧婚),郑,连,吧生
7.14	吕景郎	32	戈劳屈	陈安娘	21	王宇娘	吕桧(宗叔)	陈金生(伯)	6.4,同上,唐生
7.14	余永成	24	公司	陈山娘	21	蔡勤娘	余海生(父)	陈金生(伯)	6.4,同上,吧生
7.17	谢天竹	25	吉石珍	陈月娘	28	薛诗娘	谢天生(胞兄)	陈德山(胞兄)	6.22,同上,吧生
7.21	蔡昆山	21	八多尧	涂良娘	21	蔡勤娘	蔡三夜(胞兄)	涂大戆(堂兄)	6.10,郑,陈,吧生
7.24	甘得利	21	新把杀	张挨勃	17	吴硂娘	甘振东(堂兄)	张万合(亲叔)	6.22,同上,吧生
7.26	余金生	40	圣望港	钟美娘	22	曾贞娘	余英美(宗兄)	钟山(堂兄)	6.16,同上,吧生
7.26	简桂华	22	乌布土库	曾鹤娘	17	曾贞娘	简桂阳(胞兄)	曾生(父)	5.16(旧婚),同上,吧生
7.26	刘已酉	18	珍把杀	林端娘	16	张瑞娘	刘金山(堂兄)	林珍官(胞伯)	6.25,同上,吧生
7.27	黄江玉	18	八茶罐巷	潘友娘	18	刘金娘	黄青松(父)	潘吗九(父)	7.2,同上,吧生
8.2	王炳文	23	八厨沃间	丘吉娘	16	蔡勤娘	王全成(堂伯)	丘江福(堂叔)	7.2,陈,黄,吧生
8.3	林斗	24	旧把杀	郑美娘	21	刘金娘	林华(堂叔)	郑服(父)	6.28,同上,唐生
8.7	蔡水生	20	大使庙	白和娘	18	曾贞娘	蔡文(父)	白印(父)	7.8,同上,吧生
8.21	甘成德	24	吉石珍	彭水娘	18	李书娘	甘成和(胞兄)	彭元仁(宗兄)	7.20,同上,吧生
8.29	丘思珍	23	丹绒	吴雅娘	25	汤吉娘	丘枝头(父)	吴清硂(胞兄)	8.9,同上,吧生
8.30	李长贵	23	戈奢园	赖辛娘	16	蔡勤娘	李亚二(父)	赖亚二(父)	8.6,同上,吧生
8.30	杨天生	24	班芝兰	郑和娘	21	刘金娘	杨前(父)	郑金水(父)	8.8,同上,吧生
8.31	王秉汉	23	旧把杀仔	李梅娘	16	蔡勤娘	王光华(父)	李端(父)	8.1,同上,吧生
9.3	蔡永福	22	丹兰望	林钮娘	19	钟辛娘	蔡皆(父)	林仕哲(胞叔)	8.8,陈,陈,吧生
9.10	林盘	49	鉴光猫厘	蒋保娘	22	吴永娘	林炳(堂叔)	蒋銮(父)	8.6,同上,唐生
9.11	陈妈招	20	吉石珍	李清娘	16	蔡勤娘	陈长水(叔祖)	李彦(祖)	8.22,陈,陈,吧生
9.12	郭潭泉	26	观音亭前	陈一娘	22	汤吉娘	郭永源(父)	陈林生(堂叔祖)	8.12,同上
9.13	赖荣水	23	小南门	王文得	18	刘金娘	赖沉香(宗叔)	王麟(父)	8.12,同上,吧生

① 据默陈山景单云系吧生,7月15日又来单云已完婚。1873年2月27日公堂判离。

9.11	郭长福	21	大使庙	林发娘	20	王曲娘	郭绍洲(父)	林德泰(堂兄)	8.12,同上,吧生
9.11	李良生	24	中港仔	温闰娘	19	薛志娘	李亚四(堂伯)	温礼淑(堂兄)	8.8,同上,吧生
9.13	林长茂	26	五脚桥	颜和娘	25	蔡勤娘	林凉泉(父)	颜永文(叔祖)	8.8,同上,吧生
9.14	李丹水	31	乌布土库	陈海娘	21	王宇娘	李应求(宗兄)	陈逢觉(叔祖,钦赐雷)	8.8,同上
9.17	汪鸢飞	20	文登	黄玉娘	19	曾珠娘	汪隙(父)	黄荣寿(祖,钦赐甲)	8.9,黄,陈
9.18	朱斗四	27	珍把杀	赖辛娘	16	张水娘	朱东斗(胞兄)	赖恩三(堂叔)	9.4,陈,陈,吧生
9.20	陈永泉	23	丹兰娘仔	刘登娘	22	张缓娘	陈荣良(父)	刘景(宗叔)	8.26,同上,吧生
9.20	陈文明	18	新厝仔	袁运娘	17	蔡勤娘	陈凉水(宗叔)	袁文水(胞兄)	8.15,同上,吧生
9.20	陈疆场	30	五脚桥	蒋水娘	16	蔡勤娘	陈碧麟(宗叔)	蒋样(父)	8.29,同上,吧生
9.22	陈栋源	26	观音亭	翁茄沙	19	曾增娘	陈水生(父)	翁由纯(父)	丙8.22,陈,陈,吧生
9.25	陈邦顺	27	大使庙	林鹤娘	17	刘金娘	陈荣祖(父)	林廷兴(胞兄)	8.22,同上,吧生
9.27	李亚二	38	小南门	黄新娘	16	刘金娘	李炳生(胞兄)	黄亚五(父)	9.14,同上,唐生
9.27	李东庆①	27	乌布土库	洪传娘	20	庄吉娘	李长派(父)	洪圆(宗叔)	8.22,同上,吧生
9.27	叶长安	22	新厝仔	张燕娘	23	汤吉娘	叶保全(宗伯)	张绵(宗叔)	8.22,同上,吧生
10.4	魏庆庸	24	亭仔脚	李珠娘	16	刘金娘	魏亮工(父)	李清念(父)	9.11,高,连文清,唐生
10.8	张新贵	33	小南门	陈蜜娘	26	王宇娘	张新长(胞兄)	陈珍生(父)	9.5,同上,吧生
10.10	陈永元玛腰	65	班芝兰	罗而宝娘	45	郭一娘百子千孙	陈荣祖(堂兄)	罗思唐(堂叔)	9.2,同上
10.12	林对	30	吉石珍	吴标娘	22	李意娘	林碧(堂叔)	吴挝(父)	9.20,同上,唐生
10.13	李然三	36	三间土库	曾选娘	16	曾贞娘	李轩郎(宗兄)	曾亚三(父)	9.14,同上,唐生
10.15	张空	37	亭仔脚	钟癸娘	20	薛志娘	张绵(宗兄)	钟奎炳(胞伯)	9.11,同上,唐生
10.18	陈琼瑞	33	观音亭	吴苹娘	22	郭一娘	陈濬哲(父,妈腰)	吴日星(父)	10.11,陈,连
10.20	叶纯延	20	三间土库对面	陈蜜娘	16	汤吉娘	叶纯全(胞兄)	陈芳木(父)	9.20,高,连,吧生
10.24	张北四	21	结石珍	陈林娘	21	林岐娘	张佳珠(胞兄)	陈于二(父)	10.5,高,连,吧生
10.25	林河水	18	蛮劳安	赵海娘	18	刘金娘	林奇生(父)	赵变(父)	9.20,同上,吧生
10.25	谢亚有	28	丹兰望	吴已娘	18	李诗娘	谢双郎(堂叔)	吴亚四(胞叔)	9.28,同上
10.26	戴宇水②	24	甘望安	颜和娘	16	李诗娘	戴光罕(父)	颜永文(堂伯)	9.26,同上,吧生

① 据默王德森单云系吧生。讯林文娘即洪传娘之生母供云:氏明知李东庆素有心神不定,氏愿以小女洪传娘配之,并无反悔,批照。

② 据默番劳音来单云:此戴宇水果系吧生。公堂1872年8月30日判离。

11.2	罗亚六	24	戈劳屈	朱高娘	16	叶二娘	罗亚四(胞兄)	朱三元(胞兄)	10.1,郑,陈,吧生
11.6	林德元	26	亭仔脚	卢音娘	26	王宇娘	林福情(父)	卢辰生(父)	10.6,同上,吧生
11.6	陈顺昌	24	大港墘	刘英娘	26	张瑞娘	陈登气(父)	刘旺(胞兄)	10.5,同上,吧生
11.8	林景山	27	廿六间巷	严金娘	19	薛志娘	林文山(父)	严德郎(堂兄)	10.12,同上,吧生
11.8	黄荣成	27	大使庙	林水娘	20	王曲娘	黄光攀(宗叔)	林坤祐(宗兄)	10.5,同上,吧生
11.9	吴瑞兴	20	西门	王马娘	21	王宇娘	吴源流(宗兄)	王元标(父)	10.9,同上,吧生
11.9	许东升	27	八茶贯	陈奇娘	18	刘金娘	许铣淮(堂兄)	陈湘敬(堂兄)	10.12,郑,陈,吧生
11.9	吴文玉	25	大使庙	陈明娘	23	曾贞娘	吴文月(胞兄)	陈金山(父)	10.6,同上,吧生
11.9	张信	34	西门	邱长娘	25	王宇娘	张曲生(胞兄)	邱天瑞(父)	10.12,同上,吧生
11.14	李接兴	22	观音亭	林福娘	23	蔡勤娘	李佛议(父)	林坤山(宗叔)	10.19,同上,吧生
11.14	叶庚裕	21	小南门	饶金娘	18	刘金娘	叶庚淑(胞兄)	饶奕才(父)	10.19,同上
11.16	黄亚添	48	水锯社	薛永娘	24	蔡勤娘	黄登淑(宗叔)	薛梅生(父)	10.26,同上,吧生
11.16	张德水	18	吉石珍	蒋穴娘	20	李诗娘	张亚满(父)	蒋彩志(父)	10.19,同上,吧生
11.17	王荣水	29	西门	严如娘	17	钟辛娘	王继昌(堂叔)	严淋生(父)	10.12,黄,陈,吧生
11.19	郑元镭	21	鉴光猫汝	黄荣娘	18	薛志娘	郑元和(胞兄)	黄文宗(父)	10.10,同上,吧生
11.21	刘文	20	系里园	陈玑娘	18	郑贵娘	刘海郎(胞兄)	陈亚三(父)	10.19,同上,吧生
11.21	卓连章①	36	槟榔社	许订娘	22	曾贞娘	卓德邦(堂叔)	许金水(父)	10.29,同上,唐生
11.22	刘秀顺②	32	五脚桥	朱癸娘	25	曾贞娘	刘亚兰(父)	朱恩寿(胞兄)	10.19,同上,吧生
11.23	李金水	18	毛六甲	杨寅娘	20	薛志娘	李亚八(父)	杨宗良(堂叔)	10.24,黄,陈,吧生
11.26	黄亚九	36	小南门	林庚娘	17	张瑞娘	黄景昭(堂叔)	林炳观(父)	11.15,同上,唐生
12.3	蒋新客	35	八厨沃间	林文娘	22	林密娘	蒋庚珠(堂兄)	林庚秀(父)	11.8,陈,连,吧生
12.3	古玉山	23	吉石珍	刘照娘	20	刘金娘	古海郎(胞兄)	刘文义(胞兄)	11.10,同上,吧生
11.29	甘吉山	21	吉石珍	汤照娘	21	张瑞娘	甘彭(堂叔祖)	汤德生(堂叔)	11.10,同上,吧生
12.10	许文举	18	吉石珍	詹习娘	19	张瑞娘	许灿(父)	詹平茂(胞兄)	11.14,同上,吧生
12.13	邹乾顺	22	槟榔社	陈水娘	17	王曲娘	邹乾良(胞兄)	陈凉水(父)	11.14,同上,吧生
12.14	刘吉生	18	毛六甲	叶借娘	17	曾清娘	刘亚义(堂叔)	叶恐(父)	11.16,同上,吧生
12.15	叶金山	22	水锯	陈何娘	22	曾清娘	叶妈曾(堂兄)	陈如水(父)	11.13,同上,吧生
12.19	陈永寿	20	中港仔	黄戈那	18	刘金娘	陈永添(胞兄)	黄海安(胞兄)	11.24,同上,吧生

① 默沈登元单云有案夺字,献案夺字 1851 年 4 月 23 日第 1389 号又 13 号准居。

② 默氏丘钦五来单云系吧生,公堂 1874 年 10 月 3 日判离。

12.20	施斟	33	吉石珍	陈基娘	22	王宇娘	施智(堂兄)	陈席珍(父)	11.17,同上,唐生
12.24	杨江水	18	吉石珍	吴问娘	17	冯那娘	杨泰兴(胞兄)	吴味生(父)	11.25,同上,吧生
12.28	杨长水	18	新把杀	陈福娘	15	许硿娘	杨料宗(父)	陈碧麟(堂叔)	丁1.10,陈,连,吧生
12.28	李士生	21	小南门	黄光娘	21	曾清娘	李树花(兄)	黄雷(叔)	11.24,同上,吧生
12.28	黄亚金	23	乌布土库	钟金娘	18	王乌娘	黄绍曾(叔)	钟亚四(叔)	11.26,同上,唐生
12.28	李信观	25	戈劳屈	林于淡	17	张辛娘	李康寿(堂叔)	林亚文(堂伯)	12.5,同上,唐生
12.29	林全	32	小南门	李清娘	22	刘金娘	林顿(堂兄)	李天钟(父)	12.25,同上,唐生

总计:149对

1867年吧城唐人成婚注册表

月日	新郎	年岁	住址	新娘	年岁	媒妁	男方主婚	女方主婚	结婚日,主事人,籍贯
1.3	林近兴	26	新把杀	甘癸娘	18	吴硿娘	林沓汝(父)	甘文生(父)	丙12.5,陈思聪,陈光华,吧生
1.3	赵右	26	吉石珍	蔡秀娘	16	张瑞娘	赵约(父)	蔡自(父)	12.6,陈,陈,唐生
1.7	陈霜东	23	吉石珍	黄必娘	18	张瑞娘	陈清柔(胞伯)	黄长水(胞兄)	12.12,同上,吧生
1.8	黄万生	22	新把杀	张金娘	16	黄癸娘	黄开发(宗叔)	张庚生(父)	12.8,同上,吧生
1.10	陈春生	49	吉石珍	张水娘	15	张瑞娘	陈远生(胞兄)	张前官(父)	12.20,同上,吧生
1.11	刘桂新	18	导郎	冯福娘	16	张辛娘	刘桂柏(叔)	冯亚八(堂叔)	12.18,同上,吧生
1.11	梁亚三	40	大南门	钟辛娘	16	沈癸娘	梁德水(宗叔)	钟润五(父)	12.24,同上,唐生
1.16	杨先发①	21	吉石珍	郑荫娘	18	刘金娘	杨福源(胞叔)	郑南生(父)	旧婚,乙5.28
1.18	曾乙四	37	三间土库	钟金娘	23	王曲娘	曾亚二(堂兄)	钟新凤(父)	丁1.15,同上,唐生
1.22	杨合结	24	小南门	李淑娘	23	蔡勤娘	杨兜(宗叔)	李报萃(胞叔)	丙12.23,同上,吧生
2.16	江联	33	新池	许景娘	27	刘勤娘	江桂卿(宗叔)	许豆签(堂叔)	丁1.20,高西川,吴荣辉,唐生
2.22	廖亚四	36	臭桥戈劳屈	彭庚娘	18	李四娘	廖棋合(堂兄)	彭才郎(堂兄)	1.24,同上,唐生
2.26	林永昌	20	中港仔	张珠娘	18	刘勤娘	林永顺(兄)	张棕(父)	1.27,同上,吧生
2.26	徐进有	20	丹兰望	戴寅娘	21	李四娘	徐炎京(父)	戴日山(胞叔)	2.12,同上,吧生

① 1877年5月24日公堂密查劳,据杨福入禀称:侄杨光发婚字失落,恳重抄一张为凭,列台会议准其重抄,即此批照(朱葛礁赖观澜签名)。1877年5月27日领去。

3.5	林湘田	41	公司后	李丁娘	21	曾贞娘	林凤文(宗兄)	李亚喜(堂叔)	2.4,黄,陈江流,唐生
3.8	陈森	20	大港墘	张音娘	20	蔡勤娘	陈清凉(父)	张永元(父)	2.5,同上,吧生
3.9	陈连宗	35	三间土库	杨成娘	23	汤吉娘	陈文山(宗叔)	杨州钫(父)	2.12,同上,吧生
3.18	陈森茂	28	八厨沃间	雍传娘	20	刘金娘	陈珍生(胞叔)	雍光荣(宗兄)	2.20,同上,吧生
3.21	黄杨甫	25	亚森脚	朱珍娘	20	薛志娘	黄仕鹤(堂伯)	朱源(堂叔)	2.20,同上,垅旧客
3.23	赵言旋	45	八茶贯	张良娘	22	蔡勤娘	赵约(宗叔)	张进光(父)	2.20,同上,唐生
3.26	许天助	23	新厝仔	李温娘	23	蔡勤娘	许肥(胞伯)	李珠良(父)	3.17,同上,唐生
3.30	陈源泰	18	三间土库	郑雅娘	18	刘金娘	陈逢角(胞叔祖,钦赐雷)	郑肇基(父,原任雷)病,兄郑清水代[①]	2.26,黄清渊,李子昌
4.12	钟三	35	八劳北丹	陈辛娘	17	彭那娘	钟亚标(胞叔)	陈添郎(父)	3.28,陈,连文清,唐生
4.13	张苞金	22	新厝仔	郑曲娘	23	蔡勤娘	张谦(宗叔)	郑松柏(父)	4.11,同上,吧生
4.15	林交	25	珍把杀	薛瑞娘	19	温癸娘	林合目(堂叔)	薛柜(父)	3.24,同上,唐生
4.19	邓煌春	36	大使庙	黄庚娘	22	汤吉娘	邓亚照(胞叔)	黄和明(胞兄)	3.24,同上,吧生
4.19	沈长满	19	珍把杀	方叶娘	18	张瑞娘	沈水墙(父)	方登榜(父)	4.11,同上,吧生
4.25	侯玉河	21	新把杀	蔡厨娘	18	张瑞娘	侯荣照(胞叔)	蔡茂林(宗伯)	3.28,同上,吧生
4.29	叶煌基	23	八厨沃间	张成娘	19	曾增娘	叶保全(父)	张枪(父)	4.11,同上,吧生
5.2	许春松	21	八茶贯	陈福娘	24	蔡勤娘	许彬观(父)	陈雷(堂叔)	4.5,陈,陈,吧生
5.6	蔡光辉	31	洪溪	林淡娘	21	汤吉娘	蔡启明(堂叔)	林永山(堂叔)	4.11,同上,吧生
5.7	王登郎	21	戈劳屈	刘参娘	21	钟辛娘	王光山(胞叔)	刘清山(胞兄)	4.11,陈,陈,吧生
5.9	陈金元	19	鉴光猫厘	张养娘	20	冯篮娘	陈荣宗(父)	张猫汝(宗兄)	4.16,同上,吧生
5.13	黄长楠[②]	21	班芝兰	陈寿娘	22	刘金娘	黄永羡(父,浪甲)	陈濬哲(父,玛腰)	4.11,高,陈
5.14	黄玉华	22	晋郎安	叶庚娘	18	汤吉娘	黄亚绍(父)	叶天禄(胞叔)	4.13,陈,陈,吧生
5.15	陈宗荣	23	八厨沃间	张如娘	21	杨端娘	陈丕典(父)	谢秀娘(母)	4.12,同上
5.16	杨玉英	30	打铁街	肖玉娘	28	蔡勤娘	杨亚杜(父)	肖娘扶(胞叔)	4.22,同上
5.17	谢荣生	36	八戈然	陈合娘	33	蔡勤娘	谢信(宗兄)	陈壬郎(胞兄)	4.16,同上,唐生
5.23	傅庆淑	19	小南门	杨纪娘	18	刘金娘	傅亚三(胞伯)	杨亚郎(胞兄)	4.27,同上,吧生
6.3	吴柏和	28	毛六甲勿杀	苏子娘	19	薛职娘	吴寿山(宗兄)	苏明结(胞兄)	5.8,高,吴,吧生
6.11	朱河清	22	大南门	钟令娘	19	—	朱恩寿(父)	钟天生(父)	5.19,同上,吧生

① 郑肇基报病,伊兄郑清水代押,签名“郑清水”。

② 黄长楠系浪(北加浪)生长,献浪路字……13 号。

6.22	韩俊英	19	丹兰望	朱雅娘	18	李四娘	韩水生(胞叔)	朱德禄(胞兄)	5.23,同上,吧生
7.4	许水山	21	鉴光实连	刘福娘	16	钟辛娘	许有芝(父)	刘德元(伯)	6.13,黄,陈,吧生
7.8	戴清淮	24	戈劳屈	郭妙娘	20	王曲娘	戴彩应(父)	郭元泉(父)	6.13,同上,吧生
7.9	杨渊	21	戈劳屈	张桂娘	17	张辛娘	杨成祖(父)	张荼兴(父)	8.14,同上,吧生
7.10	罗亚六	28	戈劳屈	刘丁钫	17	叶二娘	罗亚三(胞兄)	刘亚四(父)	6.13,同上,吧生
7.12	卢令观	23	戈劳屈	陈来娘	22	李诗娘	卢令全(胞兄)	陈咨骨(胞兄)	6.25,同上,吧生
7.15	林福来	28	观音亭	杨明娘	24	刘金娘	林启祥(宗伯)	杨如松(父)	7.15,同上,吧生
7.16	林珠芳	22	乌布土库	许谨娘	21	王字娘	林毓秀(堂叔)	许铣淮(堂兄)	7.16,同上,吧生
7.18	卢泰水	20	戈劳屈	温壬娘	16	薛志娘	卢辰生(父)	温亚五(胞叔)	7.18,同上,吧生
7.18	张清水	21	新把杀	范玉娘	22	温已娘	张宝恩(父)	范亚三(父)	7.18,同上,吧生
7.23	蒋六生	28	吉石珍	詹全娘	16	温已娘	蒋寄于(宗叔祖)	詹顺元(父)	7.23,同上,吧生
7.31	洪文泉	25	吉石珍	侯存娘	16	温已娘	洪坤(堂兄)	侯辛秀(父)	7.31,同上,吧生
8.1	黄草山	25	吉石珍	吴正娘	21	张瑞娘	黄草生(胞兄)	吴辉生(父)	8.1,同上,吧生
8.5	陈生结	30	五脚桥	杨本娘	19	蔡勤娘	陈明球(父)	杨箭(父)	8.13,陈,连,吧生
8.8	陈嵩山	19	洪溪	赖辛娘	17	钟新娘	陈亚兰(父)	赖登岸(胞叔)	8.4,同上,吧生
8.9	叶裕明	23	鉴光汝安	李顺娘	25	李四娘	自己	李吉水(父)	7.19
8.10	颜福①	37	亭仔脚	高密娘	23	蔡勤娘	颜秀(堂叔)	高妈意(堂叔)	旧婚,同上,旧客
8.15	陈登乙	22	吉石珍	杨炮娘	25	张瑞娘	陈菰生(宗兄)	杨达德(胞叔)	7.21,同上
8.15	许光前	18	新把杀	陈六娘	18	吴宣娘	许艳(父)	陈天福(父)	8.2,同上,吧生
8.16	陈瑞福	20	八茶贯	李探娘	20	蔡勤娘	陈逢觉(父,钦赐雷)	李伯达(堂叔,雷)	7.19,同上
8.16	张亚二	36	八茶贯	杨安娘	15	曾增娘	张亚寿(胞兄)	杨亚四(父)	8.24,同上,唐生
8.20	冯崑山	27	亚森脚	范庚娘	18	刘勤娘	冯宾郎(堂叔)	范亚传(宗叔祖)	8.2,同上,吧生
8.22	蒋淇河	27	珍把杀	许会娘	18	温杞娘	蒋子夏(胞叔)	许文凤(父)	8.11,同上,吧生
8.24	陈春水	22	观音亭	邓玉娘	16	张新娘	陈贵兴(父)	邓亚二(父)	9.7,同上,吧生
8.27	邹天炎	18	鉴光猫厘	林密娘	16	张瑞娘	邹河滨(父)	林松茂(父)	8.13,同上,吧生
9.29	林集福	21	丹兰娘仔	宋音娘	19	张瑞娘	林皆生(父)	宋日生(父)	8.19,陈,连,吧生
9.29	张庚子	25	珍把杀	李端娘	20	张瑞娘	张理记(堂叔)	李财元(胞兄)	8.8,同上,吧生
9.29	康振忠	23	—	陈发娘	21	张瑞娘	康辛积(堂叔)	陈傍佛(堂叔)	8.11,同上,吧生

① 据默氏林坤佑来单云系旧客。献美色甘婚字1862年10月6日第5号又677号。

9.3	郭角水	24	八茶贯	蔡冉目	19	刘金娘	郭合宁(父)	蔡景良(父)	8.18,陈,陈,吧生
9.3	许彬观	58	八茶贯	李赤娘	31	刘金娘	许春琳(宗叔)	李三才(宗兄)	8.15,同上,吧生
9.4	翁金城	23	洪溪	刘士娘	18	汤吉娘	翁由纯(堂叔祖)	刘戴二(胞伯)	8.18,同上,吧生
9.4	陈三禄	22	旧把杀	涂裙娘	21	曾贞娘	陈三英(堂兄)	涂明元(宗兄)	8.13,同上,吧生
9.5	吴文氿	23	美惜近	谢蜜娘	21	汤吉娘	吴建贤(父)	谢金泉(宗叔)	8.16,同上,吧生
9.5	钟南秀	23	毛六甲吉疾	范三娘	20	蔡勤娘	钟亚辉(胞叔)	范锦兴(胞叔)	8.12,同上,吧生
9.7	李源昌	24	槟榔社	谢瑞娘	22	曾贞娘	李永昌(胞兄)	谢泰源(堂兄)	8.12,同上,吧生
9.7	苏绍源	23	乌保土库	陈好娘	18	刘金娘	苏遐龄(父)	陈戈奢(堂伯)	8.15,同上,吧生
9.10	赖润泽	22	八茶贯	林翰娘	17	刘金娘	赖沉香(父)	林福潭(叔)	8.14,同上,吧生
9.10	李永日	18	吉石珍	黄春娘	18	李诗娘	李生泉(胞叔)	黄亚作(父)	8.18,陈,陈,吧生
9.10	李炳远	26	导郎	黄赞娘	15	汤吉娘	李淑宝(胞兄)	黄波光(宗叔)	8.24,同上,吧生
9.12	张德海	38	三角桥	杨春娘	22	汤吉娘	张永秀(堂兄)	杨尚浮(父)	8.16,同上,吧生
9.19	邹邦基	20	八茶贯	王美娘	21	刘金娘	邹荣阳(父)	王凉海(父)	8.24,同上,吧生
9.19	蒋永和	17	吉石珍	吴传娘	16	张瑞娘	蒋寄于(父)	吴炮(堂叔)	8.27,同上,吧生
9.19	薛天好	20	吉石珍	甘金娘	20	张瑞娘	薛鱼(父)	甘文生(父)	8.28,同上,吧生
9.20	温瑞金	21	水锯社	陈辛娘	17	刘金娘	温乙生(父)	陈建兴(父)	9.3,同上
9.27	邹亚才	38	晋朗安	叶乙娘	23	戴已娘	邹其郎(堂兄)	叶亚七(父)	9.20,同上,唐生
9.28	江良秀	19	丹兰实连	韩宝娘	16	张辛娘	江如水(父)	韩壬(父)	9.16,同上,吧生
9.28	吴才生	29	吉石珍	严溪娘	28	张辛娘	吴炮(堂叔)	严德郎(堂叔)	9.2,同上,吧生
10.4	杨文魁	20	茂物	陈玉娘	17	刘勤娘	杨子担(父)	陈甘郎(父,钦赐甲必丹)	9.10,高,李
10.4	丘连生	29	毛六甲	钟庚娘	18	汤吉娘	丘亚祐(堂叔)	钟亚辉(父)	9.17,高,吴,唐生
10.9	张勤海	19	观音亭	谢清娘	18	张辛娘	张和兰(父)	谢佳水(胞兄)	10.15,高,吴,吧生
10.9	郑耸[①]	35	旧把杀	杨衫娘	20	曾增娘	郑光粥(宗叔)	杨兜(宗兄)	9.16,同上,唐生
10.10	黄长山[②]	21	观音亭	张白娘	17	蔡勤娘	黄开祚(堂叔)	张兰新(父)	9.20,同上,吧生
10.10	欧新亨	27	王部园	单三娘	17	蔡勤娘	欧碗(父)	张乙娘(母)	9.21,同上,吧生
10.10	石金生	21	小南门西势	林音娘	16	薛职娘	石荣(胞叔)	林坤祐(宗叔)	10.12,同上,吧生
10.10	廖桂爹	42	结石珍	肖辛娘	17	温已娘	廖亚六(堂兄)	肖亚新(父)	9.21,同上,唐生
10.12	梁汉和	18	小南门	黄闰娘	17	刘勤娘	梁德水(父)	丘庚娘(母)	9.20,同上,吧生

① 献王上案 1867 年 5 月 24 日第 29 号准居吧。

② 默郭绍洲单云系吧生。公堂于 1875 年 1 月 21 日判离。

10.15	蔡有礼	21	丹兰望	叶乙娘	19	李四娘	蔡章生(父)	叶硎(父)	10.8,同上,吧生
10.17	钟亚三	43	中港仔	陈兴娘	17	王曲娘	钟昌爹(堂叔祖)	陈天增(父)	10.3,同上,唐生
10.18	李亚五	38	丹兰望	陈酉娘	19	李四娘	李汝堂(堂兄)	陈乙郎(胞叔)	10.13,同上,唐生
10.18	陈振斗	29	八戈然	叶青娘	17	薛职娘	陈淇泉(堂兄)	戴邦娘(母)	9.26,同上,唐生
10.21	甘清水	34	珍把杀	陈发娘	27	张瑞娘	甘俊(父)	陈清柔(父)	10.13,同上,吧生
10.23	钟润近	25	八厨沃间	许青娘	25	刘金娘	钟锦如(父)	许和水(胞兄)	10.3,高,吴,吧生
10.24	蔡清山	21	职宁贞	林桂娘	18	曾增娘	蔡如郎(父)	林平阳(胞兄)	10.8,同上,吧生
10.24	刘长春	22	珍把杀	唐泉娘	21	张瑞娘	刘别(父)	唐天球(父)	10.15,同上,吧生
10.25	黄足	24	鉴光猫厘	甘秀娘	18	冯那娘	黄他(堂兄)	甘先(父)疾,叔祖文生代	10.1,同上,唐生
10.25	黄福山	20	新把杀	庄伦娘	21	张瑞娘	黄泰山(胞兄)	庄玉水(兄)	10.3,同上,吧生
10.28	林御	36	小南门	赖淑娘	29	王曲娘	林奢(堂叔)	赖观澜(父,特授朱葛礁)	10.4,高,李,旧客
10.30	朱炎昌	21	中港仔新厝仔	黄迷劳	22	蔡勤娘	朱木生(父)	黄淑亨(胞兄)	10.12,高,吴,吧生
11.4	翁文泰	22	新厝仔	陈金娘	22	蔡勤娘	翁清和(父)	陈国山(堂叔祖)	10.15,黄,陈,吧生
11.5	李德龙	18	文丁把杀	陈厥娘	18	林南靖娘	李长海(父)	陈志锐(父)	10.15,同上
11.7	杨登俊	28	晋朗安	黄凤娘	21	戴已娘	杨亚荣(堂兄)	黄赐贤(堂叔)	10.23,同上,唐生
11.12	陈永秀	22	鉴光猫厘	吴色娘	18	冯那娘	陈荣和(宗兄)	吴全生(父)	10.21,同上,吧生
11.12	杨启福	20	亚森圩	陈庚娘	18	曾贞娘	杨启明(胞兄)	陈新宗(父)	10.24,黄,陈,吧生
11.15	周玉成	46	丹兰望	张八娘	23	叶二娘	周州郎(堂叔)	张淡水(父)	10.21,同上,吧生
11.15	郑文水	21	吉石珍	陈赛娘	21	温已娘	郑南生(父)	陈德水(父)	11.6,同上,吧生
11.18	黄福章①	18	圣望港	许砼娘	15	刘勤娘	黄锦音(胞兄,钦赐甲)	许大兴(父)	10.24,同上
11.19	林合应	50	文丁把杀	陈乙娘	26	张辛娘	林木百(堂叔)	陈星四(堂兄)	11.24,同上,吧生
11.21	黄溥	42	五脚桥	陈福娘	19	曾贞娘	黄有余(堂叔)	陈春元(胞兄)	10.29,同上,吧生
11.25	黄清和	20	观音亭	赵木娘	18	王曲娘	黄玩(父)	赵变(父)	11.16,同上,吧生
11.26	丘双凤	28	毛六甲	杨远娘	21	王曲娘	丘灶向(父)	杨亚平(堂叔)	11.6,同上,吧生
11.28	黄德生②	34	大使庙	林玉娘	20	蔡勤娘	黄万禄(堂兄)	林吉生(堂叔)	11.19,同上,唐生
11.28	杨有水	22	新把杀	钟丁娘	21	温金娘	杨茂生(堂叔)	钟伸二(堂兄)	11.16,同上,吧生
12.2	庄荣登	18	五脚桥	蔡红娘	16	蔡勤娘	庄瑞居(父)	蔡攀龙(胞兄)	11.16,陈,连,吧生

① 1892 年 4 月 2 日再给副字。朱葛礁抄。

② 献案夺字 1865 年 6 月 26 日第 2428 号又 2 号准居吧。

12.2	陈德兴[①]	20	毛六甲勿杀	苏雪娘	18	刘勤娘	陈文山(父)	苏金鹤(父)	11.16,同上,吧生
12.3	蔡三恭	20	毛六甲吉疾	张诵娘	19	刘勤娘	蔡奇春(父)	张永水(父)	11.13,陈,连,吧生
12.3	林朝全	20	小南门东	苏宣娘	16	刘勤娘	林宽绰(父)	苏吉时(父)	11.15,同上,吧生
12.4	刘乙瑶[②]	40	洪溪三板寮	黄日娘	18	王菊娘	刘陈秀(堂叔)	黄亚辛(父)	11.16,同上,唐生
12.5	梁亚福[③]	37	砖仔桥	刘文质	27	罗丁娘	梁亚奎(堂兄)	刘南祥(胞兄)	11.18,同上,吧生
12.5	简子宫	31	中港仔	李逊娘	17	刘勤娘	简竹根(堂叔)	李长茂(父)	11.13,同上,唐生
12.5	林祺祥	27	打铁街	蔡淮娘	19	汤吉娘	林本支(父)	蔡崇松(胞叔)	11.19,同上,吧生
12.5	洪玉	21	结石珍	刘银娘	—	温奇娘	洪梓(父)	刘金元(胞兄)	11.22,同上,唐生
12.12	林勇全[④]	28	丹绒勃育	陈质娘	21	朱全娘	林明水(兄)	陈佳(父)	11.20,同上,吧生
12.12	陈荣瑞	35	中港新厝仔	丘萼娘	22	曾增娘	陈玉成(父)	丘汉水(父)	11.20,同上,吧生
12.13	颜子美	28	结石珍	欧玉娘	19	蔡勤娘	颜福(堂兄)	欧亚珠(父)	11.22,同上,唐生
12.18	陈景福	30	结石珍	张源娘	23	张瑞娘	陈登二(堂兄)	张建元(胞兄)	11.26,同上,吧生
12.20	陈车	29	新把杀	杨贞娘	19	温杞娘	陈蜂(堂叔)	杨料宗(堂叔祖)	12.5,陈,连,唐生
12.21	赖戊郎	23	八厨沃间	钟癸娘	—	刘勤娘	赖亚三(父)	钟连桂(父)	12.10,同上,吧生
12.21	陈江淮[⑤]	24	结石珍	吴娘那	—	温杞娘	陈瑞章(父)	吴燕(父)	12.5,同上,吧生
12.24	洪碧煊	18	水锯社	甘锡娘	19	—	洪超一(父)	甘溪淡(父)	12.18,同上,吧生
12.24	洪光荣	17	五脚桥	林东娘	18	刘金娘	洪文泼(父)	林参寿(父)	12.5,同上,吧生
12.28	陈作霖	18	廿六间	何顺娘	17	曾增娘	陈宪文(堂叔祖)	何港光(胞兄)	12.5,同上,吧生
12.30	方夺侯[⑥]	53	八戈然	林秀娘	18	曾增娘	方文良(宗叔)	林长福(胞伯)	12.12,同上,唐生
12.30	卢锦和	23	文丁把杀	张淡娘	19	张新娘	卢成章(父)	张天喜(祖父)	12.11,同上
12.31	温亚宝	38	水锯社	张四娘	16	彭那娘	温乙三(堂叔)	张亚四(堂叔)	12.11,同上,唐生
12.31	熊昌四[⑦]	39	大南门	杨新宇	17	张新娘	熊亚禄(胞兄)	杨亚欢(父)	12.12,陈,连,唐生
12.31	陈清溪	26	乌布土库	黄咨屈	27	蔡勤娘	陈泰山(宗叔)	郑寺勃娘(母)	12.12,同上,吧生

总计:147 对

① 献黄金水单云系吧生长。

② 献案夺字 1858 年 5 月 31 日第 1935 号准居吧。

③ 默赖恩贤单云系吧生长。

④ 默番州林单云系吧生。男家主婚其父林山仑报疾伊子明水代。

⑤ 默氏陈山景来单云系吧生长。

⑥ 献案夺字 1861 年 7 月 30 日第 2826 号准居吧。

⑦ 献案夺字 1859 年 5 月 24 日第 1947 号准熊昌四居吧。

1868年吧城唐人成婚注册表

月日	新郎	年岁	住址	新娘	年岁	媒妁	男方主婚	女方主婚	结婚日,主事人,籍贯
1.4	黄德龙	38	水锯社	陈面娘	20	汤吉娘	黄元春(胞兄)	陈金相(堂兄)	12.4,陈思聪,陈光华,吧生
1.7	陈振源	27	小南门	高娘娘	20	刘金娘	陈溪(宗兄)	高渊济(父)	12.18,同上,唐生
1.7	林顿	33	小南门	张合娘	21	蔡勤娘	林初(堂兄)	张荣寿(堂叔)	12.22,同上,唐生
1.11	陈汉然	21	圣望港	丘兰娘	16	曾贞娘	陈南山(父)	丘光熊(堂兄)	12.18,同上,吧生
1.11	杜海生	23	戈劳屈	林酉娘	17	曾贞娘	杜亚二(父)	林银生(堂叔)	12.21,同上,吧生
1.21	蒋添发	20	小南门	叶珠娘	18	刘金娘	蒋佳生(叔祖)	叶振生(父)	戊1.16,同上,吧生
2.10	黎运发	35	鉴光猫厘	曹新妹	18	冯那娘	黎德用(宗叔)	曹彩郎(父)	1.22,高西川,吴荣辉,唐生
2.10	白玉明	26	毛六甲	甘红娘	22	曾贞娘	白印(堂叔)	甘清水(堂叔)	1.23,同上,吧生
2.17	赖明基	24	圣望港	林三娘	19	刘金娘	赖美(父)	林文清(胞兄)	2.5,同上,吧生
2.20	吴玉河	19	吉石珍	曾宙娘	18	张瑞娘	吴炮(父)	曾月德(胞兄)	2.22,高,吴,吧生
2.20	洪四美	42	观音亭	杨悦娘	29	谢茂娘	洪新来(宗兄)	杨忍光(父)	旧婚,同上,唐生
2.22	林清云	22	吉石珍	张土娘	21	温根娘	林乙已(父)	张有声(胞兄)	2.22,高,吴,吧生
2.22	张冷泉	24	吉石珍	余奎娘	22	温根娘	张仙元(父)	余明夷(父)	2.8,同上,吧生
2.27	唐金泉	23	吉石珍	杨振娘	23	温已娘	唐火土(胞兄)	杨碧哲(堂兄)	2.20,同上,吧生
3.2	郭天音	25	三间土库	陈壬娘	22	汤吉娘	郭天赐(胞兄)	陈疆场(胞兄)	2.15,黄清渊,陈,吧生
3.3	刘亚黎	26	吉石珍	周玉娘	20	张瑞娘	刘扁(父)	周花生(胞兄)	2.21,同上,唐生
3.6	黄天福	21	邦牙垅安	余如娘	19	温金娘	黄锡已(父)	余甲生(父)	2.23,同上,吧生
3.7	张茂[①]	38	大港墘	庄尾娘	23	张辛娘	张水(胞叔)	刘意娘(母)	2.15,同上,唐生
3.10	温亚礼	22	三间土库	谢壬娘	17	张辛娘	温亚三(堂叔)	谢酉五(父)	2.29,同上,唐生
3.11	刘四满	28	洪溪	吴庚娘	19	蔡勤娘	刘亚兴(胞兄)	吴亚辛(父)	3.19,同上,唐生
3.18	李八[②]	29	大使庙	陈英娘	18	汤吉娘	李礼(堂兄)	陈宇宙(宗叔)	2.29,同上,垅生
3.21	林宁	30	圣望港	蔡宛娘	18	王曲娘	林金禄(宗叔)	蔡三义(父)	3.13,同上,旧客
3.30	蓝咸庆	18	戈劳屈	陈炎娘	18	薛志娘	蓝森树(堂叔)	陈如陵(胞兄)	4.13,黄,陈,吧生

---

① 献案夺字1867年7月10日第186号准居吧。公堂于1876年9月28日判离。

② 默杨宗良来单云:李八从垅(三宝垅)来吧。据女家之母刘朝娘云:明知是垅人,甘愿为婿。

4.6	张肇奕	28	大港垅	温禀娘	17	刘金娘	张祖集(堂叔)	温亚云(父)	3.28,陈,连文清,唐生
4.6	张庚爹	39	竹树巷	詹三娘	17	温已娘	张桂二(宗兄)	詹友二(父)	3.29,同上,吧生
4.10	陈得胜	32	公司后	杨秀娘	18	温已娘	陈兴(胞叔)	杨料宗(堂叔祖)	3.28,同上,唐上
4.11	詹水红	22	窑内	苏照娘	20	汤吉娘	詹高山(父)	苏永吉(父)	4.4,同上,吧生
4.11	张石稳	37	中港仔	李深娘	18	蔡勤娘	张鹏飞(堂兄)	李成金(父)	3.28,同上,唐生
4.18	林面	40	干疾巷	黄凉娘	24	王曲娘	林长溪(堂兄)	黄亚保(父)	4.4,同上,吧生
4.18	李叻	30	班芝兰	张碧娘	30	汤吉娘	李任(堂兄)	张长恩(胞兄)	4.16,同上,唐生
4.21	黎亚安	38	鉴光眠因丁	叶丙娘	23	薛志娘	黎亚四(堂叔)	叶乙生(父,病) 叶亚七(叔,代)	4.4,同上,唐生
4.28	许宜曾	19	新厝仔	黄登娘	16	刘金娘	许春淋(父)	黄恩义(父)	4.22,同上,吧生
4.29	林北山	21	丹兰望	王宁娘	18	刘金娘	林仕哲(宗叔)	王必助(胞兄)	4.16,陈,连,吧生
4.30	王金淮	17	吉石珍	甘森娘	16	张瑞娘	王坤(父)	甘天生(父)	4.18,同上,吧生
5.2	陈宗模	35	三间土库	叶乞娘	19	蔡勤娘	陈元状(族叔)	叶荣华(父)	4.19,陈,李子昌,唐生
5.4	郑贵林	28	班芝兰	丘银娘	17	张辛娘	郑成福(堂兄)	丘翰(堂兄)	4.16,同上,唐生
5.4	陈文远	23	中港仔	何丁娘	18	汤吉娘	陈碧麟(父)	何文质(从堂叔)	4.18,同上,吧生
5.4	陈旦	21	小南门	丘咨骨娘	17	汤吉娘	陈显(胞叔)	丘汉水(父)	4.19,同上,唐生
5.5	陈基路	39	珍把杀	蔡辉娘	33	温勤娘	陈瑞章(堂兄)	蔡东(堂叔)	4.15,同上,吧生
5.8	施青华	20	廿六间	林森娘	19	杨传娘	施智(宗叔)	林嵩岳	4.18,同上,吧生
5.11	蔡清顺	20	公司后	吴阴娘	18	曹增娘	蔡茂林(祖)	吴景良(父)	4.25,同上,吧生
5.14	郭腾云	28	丹兰实连	陈或娘	25	王曲娘	郭元泉(宗叔)	陈奎炳(父)	旧婚,4.20,吧生
5.14	黄亚伦	34	槟榔社	范五娘	16	王曲娘	黄西斗(堂叔)	范锦兴(堂叔)	又4.8,同上,唐生
5.23	徐亚二	20	甲汶系里	林壬娘	17	张辛娘	徐剑淑(堂兄)	林戊生(堂兄)	又4.6,陈,李,吧生
5.27	黄长寿	23	戈劳屈	陈银娘	19	王菊娘	黄如全(父)	陈金相(堂叔)	4.10,同上,吧生
5.28	沈亚发	25	大使庙	丘庚娘	19	曾增娘	沈辛姐(堂叔)	丘三才(父)	4.10,同上,唐生
5.30	苏粮	43	小南门	黄能娘	27	曾增娘	苏吉特(堂叔)	黄庚子(胞兄)	4.15,同上,唐生
6.9	钟安文	23	毛六甲勿杀	林水娘	25	曾增娘	钟亚昌(宗叔)	林西河(父)	4.24,高,沈,吧生
6.23	杨秀贤	28	小南门	钟西娘	20	罗亚彝	杨应贤(胞兄)	钟亚燕(父)	5.14,同上,唐生
6.29	陈文光	19	新把杀	唐七娘	20	温勤娘	陈雀(宗叔)	唐天求(父)	5.18,同上,吧生
6.29	邱永生	26	丹兰实连	钟近娘	20	张新娘	邱一(父)	钟文竭(叔祖)	6.8,同上,吧生

7.2	黄贱郎	33	大南门	黎桂娘[①]	26	曾增娘	自己	自己	5.16,黄,陈,吧生
7.3	温金河	23	戈劳屈	林义妹	20	曾贞娘	温亚五(父)	林新郎(父)	6.14,黄,陈,吧生
7.11	黄元和	27	戈劳屈	吴密娘	20	汤吉娘	黄如川(胞伯)	吴善元(胞叔)	5.28,同上,吧生
7.13	熊亚福	31	公司后	杨二娘	17	曾贞娘	熊亚申(堂兄)	杨亚荣(父)	5.27,同上,唐生
7.14	陈文淋	26	八戈然	丁敏娘	22	薛志娘	陈逢义(父,原雷)	丁木全(父)	5.27,黄,沈,唐生
7.17	黄新恩	28	晋郎安	马癸娘	23	郑桂娘	黄阿绍(宗叔)	马生寅(堂兄)	6.22,黄,陈,吧生
7.18	郑炎华	22	观音亭导郎	许葱娘	22	王菊娘	郑茂泉(胞兄)	许清芬(胞兄)	6.8,同上,吧生
7.21	朱和	38	窑内	杨卯娘	21	曾贞娘	朱笃(胞兄)	杨宗良(父)	6.8,同上,唐生
7.22	张增龙	24	鉴光猫厘	罗金娘	17	彭篮娘	张亚四(堂叔)	罗亚旺(父)	6.9,同上,吧生
7.23	黄长蟲[②]	20	班芝兰	张煖娘	17	刘勤娘	黄永羡(父,浪甲必丹)	张振华(胞叔)	6.8,同上,浪生长
7.24	叶长安	24	观音亭	黄河娘	20	曾增娘	叶保全(宗伯)	黄启昭(父)	6.7,同上,吧生
8.14	李长清	27	槟榔社	戴音娘	17	蔡勤娘	李渊明(宗兄)	戴琴(父)	6.28,陈,吴,吧生
8.21	陈德怜	20	丹仔实连	杨文雅	22	王菊娘	陈炳耀(胞兄)	杨涂(父)	7.6,陈,吴,吧生
8.21	刘亚二	28	晋郎安	赖近娘	22	曾增娘	刘盛淑(堂兄)	曾南迷娘(母)	8.13,同上,吧生
8.26	蔡然志	32	大使庙	王木娘	31	汤吉娘	蔡浮炉(胞兄)	王道山(胞兄)	7.13,同上,吧生
8.31	钟新凤五	43	槟榔社	黄已娘	18	王菊娘	钟新凤(胞兄)	黄学长(父)	7.20,同上,唐生
9.1	林亚七	31	丹仔低巷	陈福娘	16	张辛娘	林亚五(胞叔)	陈房爹(胞叔)	8.20,连,陈,唐生
9.2	张茂山	21	新厝仔	翁金娘	18	刘金娘	张绵(父)	翁清河(父)	8.6,同上,吧生
9.2	陈福全	22	把杀明牛	赖音娘	20	蔡勤娘	陈梅龙(胞叔)	赖沉(宗叔)	8.29,同上,吧生
9.10	林福乾[③]	27	文登把杀	郭珠娘	22	汤吉娘	林福满(胞兄)	郭绍渊(父)	8.6,同上,吧生
9.10	蔡经海	20	大使庙	张和娘	19	曾增娘	蔡文瑞(父)	张新客(父)	8.12,同上,吧生
9.12	梁茄意[④]	19	中港仔	谢顺娘	15	张辛娘	梁大海(父)	谢京郎(父)	8.26,同上,唐生
9.17	黄淑宝	23	吉石珍	吴令娘	24	温已娘	黄玉成(堂叔)	吴惟生(父)	8.6,同上,吧生
9.17	黄垣	28	吉石珍	陈玉娘	30	温经娘	黄玉成(堂叔)	陈中元(父)	8.15,连,陈,唐生

---

① 黎桂娘自供:前夫李亚四已故,孀守8年,留下一女李喜娘于本年4月内又不幸身故,零丁一身,难以度日,愿再醮与黄为夫。黄贱亦供:前妻已故,愿与桂娘永结同心。“兹报黄灿郎官年33岁,系吧生住大南门界内,合应呈明。此奉上公堂甲必丹大人电鉴。和1868年7月2日默氏陈锦文(长方形红印)单”(结婚申报书) 1856年7月20日向救济院武直迷,交5盾结婚费,号码452。

② 查人口簿内于1868年7月2日登系浪生长,且献浪路字1868年6月24日第364号。

③ 文丁默王金石单云系吧生。林福满因病不到,令堂弟林南安代押号,签名“林南安”。

④ 献案夺字1867年7月3日第5号准居吧。公堂1871年8月11日判离。

9.17	杨奢	25	吉石珍	林碧娘	18	李辛娘	杨坐(堂叔)	林文广(父)	8.10,同上,唐生
9.19	许文泉	19	吉石珍	戴曲娘	18	张瑞娘	许灿(父)	戴江发(堂兄)	8.12,同上,吧生
9.24	吴文佈	19	五脚桥	甘红娘	17	刘金娘	吴连达(父)	甘溪潭(父)	8.21,同上,吧生
9.24	黄篆	36	新把杀	陈杞娘	18	李诗娘	黄永(堂叔)	陈春(堂叔)	8.12,同上,唐生
9.25	陈福星	20	新把杀	钟伦娘	17	张辛娘	陈淇泉(父)	钟伸二(父)	8.13,同上,吧生
9.25	康碧应	23	吉石珍	甘金娘	20	张瑞娘	康粒(父)	甘金水(父)	8.26,同上,吧生
9.26.	李金淮	23	八茶贯	杨六娘	23	蔡勤娘	李震陵(胞兄)	杨一富(胞兄)	8.14,同上,吧生
9.28	王炳生	19	丹兰望	廖一娘	18	李诗娘	王光山(父)	廖叶茂(堂叔)	8.21,同上,吧生
9.28	甘成全	34	吉石珍	陈六娘	23	温已娘	甘成河(胞兄)	徐妙娘(母)	8.19,同上,吧生
9.28	蒋顺郎	23	丹兰望	王二娘	18	李诗娘	蒋安郎(胞兄)	王春波(堂兄)	8.27,同上,吧生
9.30	王天恩	32	小南门	林南娘	21	杨端娘	王日新(堂叔)	林必因(父)	8.19,同上,吧生
9.30	陈瑞梧	31	亭仔脚	肖快娘	18	杨端娘	陈道忠(堂叔)	肖秀(父)	8.26,连,陈,唐生
9.30	袁文瑞	27	大使庙	林盐娘	18	曾贞娘	袁宗茂(堂兄)	林传厚(父)	8.21,同上,吧生
10.5	林清溪	29	美惜近	刘昭娘	20	汤吉娘	林坤山(宗伯)	刘透(父)	9.2,陈,李,吧生
10.9	高大德	34	惹致	陈凤娘	22	李四娘	高山(胞兄)	陈腾(父)	8.26,同上,唐生
10.9	陈春	34	吉石珍	林贞娘	18	温已娘	陈溪(宗叔)	林顺碧(父)	8.26,同上,唐生
10.12	蔡润德	24	吉石珍	陈水娘	21	张瑞娘	蔡自(宗叔)	陈山景(堂叔)	9.8,同上,唐生
10.16	李清海	23	大港墘	黄水娘	17	刘金娘	李然(宗叔)	黄明言(父)	9.8,同上,唐生
10.16	巫赐道①	26	八厨沃间	许金娘	20	曾贞娘	巫赐发(胞兄)	许亚三(父)	9.12,同上,唐生
10.17	林俊英	20	大港墘	杨帝娘	20	黄宣娘	林嵩岳(宗叔)	杨如松(宗伯)	旧婚 9.1,同上,吧生
10.19	陈忠②	20	打铁街	许雪娘	19	刘金娘	陈江悦(父)	许毛(宗叔)	旧婚 6.14,同上
10.19	吴赞元	21	新把杀	黄鸾娘	18	张瑞娘	吴挝(父)	黄文仪(堂叔)	9.20,同上,吧生
10.19	钟天生	22	水锯社	刘金娘	18	蔡勤娘	钟新凤(父)	刘已郎(胞兄)	9.8,陈,李,吧生
10.19	沈炳麟③	26	廿六间	李海娘	23	汤吉娘	沈杨娘(母)	李弼(宗叔)	旧婚 8.26,同上,吧生
10.20	张荣春	34	槟榔社	陈和娘	20	张辛娘	张荣寿(胞兄)	陈云定(胞兄)	9.10,同上,吧生
10.21	王玉华	22	惹牙兰	张瑚娘	23	刘金娘	王武轩(父)	张振华(胞兄)	乙 1.18,同上,吧生
10.21	陈光淑	27	绒戈兰	蔡顺娘	20	杨传娘	陈葛水(父)	蔡水(父)	9.22,同上,吧生

① 默钟钦五单,献案夺字 1864 年 8 月 27 日第 3049 号又 1 号准居吧。公堂 1872 年 11 月 7 日判离。

② 此陈忠又名陈文仲前 8 月 26 日第 664 号已详干刀。褒黎司批准可付给婚字。

③ 默徐亚养单云系吧生。沈杨娘云伊所生付其兄沈桂林过房为子。公堂 1871 年 11 月 17 日判离。

10.22	林春水	20	窑内	詹成娘	20	蔡勤娘	林奇观(父)	詹山郎(父)	9.17,同上,吧生
10.23	陈永福	20	中港仔	韩朝娘	18	杨端娘	陈永添(胞兄)	韩金山(叔祖)	9.12,同上,吧生
10.26	徐辛郎①	23	戈劳屈	李观娘	22	罗丁娘	徐亚桂(宗兄)	李亚喜(堂兄)	9.20,同上,吧生
10.26	黎善光	24	小南门	黄壬娘	17	汤吉娘	黎亚四(父)	黄亚云(父)	9.20,同上,吧生
10.27	郭腾顺	20	丹兰实连	白专娘	18	王曲娘	郭腾云(胞兄)	白济猛(父)	9.20,同上,吧生
10.27	叶荫福	22	新厝仔	施才娘	19	蔡勤娘	叶三光(父)	施尚纲(父)	9.17,同上,吧生
10.27	黄泰波	20	小南门西势	邓金娘	19	张辛娘	黄景昭(父)	邓让三(胞叔)	10.21,陈,李,吧生
10.31	刘卿云	33	蕉仔街	李辛娘	18	陈德娘	刘亚六(叔祖)	李亚七(父)	9.20,同上,唐生
11.2	梁大海②	45	中港仔	韩丙娘	23	张辛娘	自己	自己	10.4,高,沈
11.3	叶亚帝	36	洪溪	曾辛娘	18	张辛娘	叶元志(堂兄)	曾亚二(父)	9.20,同上,唐生
11.10	沈景坤③	30	吉石珍	陈质娘	25	张瑞娘	沈水墙(堂兄)	陈清柔(父)	10.21,同上,吧生
11.10	吕庆长	27	中港仔	林宽娘	19	刘金娘	吕景郎(宗叔)	林奢(父)	10.6,同上,唐生
11.11	吴大发	20	新把杀	罗山娘	16	张瑞娘	吴唇(父)	罗敦台(堂叔)	10.11,同上,吧生
11.12	陈光辉	33	大使庙	曾色娘	23	汤吉娘	陈德海(堂叔)	曾亚三(父)	10.2,同上,吧生
11.13	林荣华	21	小南门	周和娘	16	刘金娘	林富生(父)	周德生(胞叔)	10.12,同上,吧生
11.13	方厚	26	劳外	蔡金娘	20	汤吉娘	方榜元(父)	蔡一基(父)	10.15,同上,吧生
11.17	范新郎	26	小南门	陈金娘	16	蔡勤娘	范亚传(父)	陈岩(堂叔)	10.12,同上,吧生
11.17	陈琼山	26	戈劳屈	徐三娘	19	张辛娘	陈桂五(父)	徐进孙(父)	10.12,高,沈,吧生
11.19	李皆	36	小南门	黄桂娘	16	张辛娘	李亚林(宗叔)	黄戊生(父)	10.10,同上,吧生
11.19	黄碑	26	旧把杀仔	王水娘	17	曾贞娘	黄波(胞兄)	王荣权(父)	10.11,同上,唐生
11.20	康振义	19	结石珍	蒋宁娘	18	张瑞娘	康振忠(胞兄)	蒋河志(父)	10.25,同上,吧生
11.20	陈金泉④	18	大南门	王喜娘	19	蔡勤娘	陈德山(父)	王国风(堂叔)	10.9,同上,吧生
11.20	余赛	34	小南门东势	蔡砱娘	16	蔡勤娘	余仲美(堂叔)	蔡金水(父)	10.12,同上,旧客
11.21	林天兴	43	吉石珍	张润孛娘	23	曾贞娘	林文德(堂兄)	张齐越(父)	10.10,同上,吧生
11.23	陈瑞山	20	公司后	李琳娘	19	钟织娘	陈瑞全(堂兄)	李金生(胞兄)	10.16,同上,吧生
11.24	李荣光	21	丹兰实连	徐月娘	19	汤吉娘	李福郎(父)	徐瑞安(父)	11.16,同上,吧生

① 默廖亚三单云:徐辛郎系徐细妹之子,吧生。李关娘系李逢裕之女。

② 韩氏云:前夫邱亚五已故4年,生下一女仅11个月亦故,并无家业,今已无依,愿再醮梁为夫永结同心。默氏钟亚五所云:相同,果然实情。签名"钟亚五"。

③ 默陈山景单云:系吧生。

④ 公勃低沈(松茂)已查,系吧生。

11.27	庄登泉	22	圣望港	钟蜜娘	20	张辛娘	庄攀龙(父)	钟锦如(父)	10.21,同上,吧生
11.27	薛启明	28	戈劳屈	林海娘	20	张辛娘	薛梅生(父)	林明福(胞兄)	10.23,同上,吧生
11.27	柳岳	32	丹兰望	林乾娘	24	李辛娘	柳三(宗兄)	林太山(胞兄)	10.16,同上,唐生
11.28	龚德郎	29	廿六间	周永娘	27	张瑞娘	龚汶水(胞兄)	周经(堂兄)	10.16,高,沈,吧生
11.28	陈腾云	21	新把杀	吴春娘	15	张瑞娘	陈坤茂(堂兄)	吴耳(父)	10.21,同上,唐生
12.1	郑金福	25	水锯社	谢杞娘	20	陈吉娘	郑亚传(堂叔)	谢连三(从堂叔)	10.29,黄,陈,吧生
12.1	邓甲郎	25	小南门	李月娘	22	刘金娘	邓才郎(堂兄)	李新客(胞兄)	10.22,同上,吧生
12.1	李千年	21	八戈然	蒋凤娘	16	黄三娘	李子福(宗伯)	蒋炎生(胞兄)	10.20,同上,吧生
12.3	陈清领	29	珍把杀	林音娘	20	张瑞娘	陈山景(宗兄)	林如山(胞兄)	11.6,同上,旧客
12.3	陈寄	26	亭仔脚	林芹娘	26	蔡勤娘	陈植清(堂叔)	林福情(父)	10.23,同上,唐生
12.4	郑江龙	20	西门	刘心娘	19	曾贞娘	郑淡水(堂兄)	刘德水(宗叔)	旧婚 9.26,同上,吧生
12.4	吴灶炳	21	水锯社	林灿娘	18	曾贞娘	吴皆(堂兄)	林谐(父)	旧婚 9.8,同上,吧生
12.7	赖九盛	37	八厨沃间	刘德娘	19	刘金娘	赖雁升(堂叔)	刘亚四(父)	10.29,同上,吧生
12.8	张春爹	27	戈劳屈	林均娘	24	汤吉娘	张福二(胞伯)	林亚三(堂兄)	11.10,同上,吧生
12.9	张亚二①	24	吉石珍	刘晚娘	20	冯那娘	张丁麻(父)	刘亚四(父,年迈,子海郎代)	11.4,黄,陈,吧生
12.10	叶亚三②	39	小南门	梁壬娘	17	张辛娘	叶轩二(堂叔)	梁亚德(父)	11.4,同上,唐生
12.10	杨碧协	24	吉石珍	陈其娘	19	温已娘	杨碧哲(胞兄)	陈国山(父)	11.4,同上,吧生
12.15	黄源瑞	22	槟榔社	游云娘	22	薛志娘	黄挨勃(堂叔)	游保生(父)	11.11,同上,吧生
12.18	陈有能	24	毛六甲	谢水娘	18	蔡勤娘	陈光华(胞兄,雷)	谢金泉(宗兄)	11.7,同上,吧生
12.18	丘文邦	18	八厨沃间	周山娘	17	杨传娘	丘沧海(父)	林秀娘(生母)	11.14,同上,吧生
12.21	周壬癸	31	晋朗安	陈应娘	17	温已娘	周亚六(堂兄)	陈国水(父)	11.16,同上,吧生
12.30	颜百川	19	槟榔社	林左娘	16	曾增娘	颜百良(胞兄)	林亚五(父)	12.4,同上,吧生
12.30	林南阳③	17	大港墘	郑区娘	17	刘勤娘	林维泰(宗兄)	郑进生(祖父)	11.28,同上,吧生
12.31	陈金咏④	20	槟榔社	李连娘	21	刘金娘	陈金语(胞兄)	李子福(父)	11.19,同上,茂物生长

总计:152 对

① 默陈山景单云:吧生,并叙明刘亚四果老不能行,令子代押。

② 献案夺字 1846 年 5 月 1 日第 1472 号又 13 号准居吧,公堂 1876 年 12 月 23 日判离。

③ 默黄明言单云:系吧生长,郑进生果系染病令伊子元周代为押号。

④ 默氏卢源泉来单云:此陈金咏系茂物生长。

1869 年吧城唐人成婚注册表

月日	新郎	年岁	住址	新娘	年岁	媒妁	男方主婚	女方主婚	结婚日,主事人,籍贯
1.4	陈嵩山	20	水锯社	刘彩娘	20	曾贞娘	陈亚兰(父)	刘进榜(宗叔)	戊 11.24,陈文速,吴荣辉,吧生
1.5	李亚三	50	吉石珍	曾森娘	18	温已娘	李亚长(堂叔)	曾水生(父)	11.29,同上,唐生
1.6	黄云安	20	戈劳屈	陈戊娘	21	张辛娘	黄亚绍(堂叔)	陈金生(堂叔)	12.2,同上,吧生
1.8	陈清香	42	美惜近	王着娘[1]	30	张辛娘	自己	自己	旧婚 11.26,同上
1.8	陈振河	34	惹牙兰	黄六娘	18	蔡勤娘	陈永老(宗兄)	黄和尚(胞伯)	12.19,同上,吧生
1.8	陈明孝	40	八厨沃间	张要娘	30	蔡勤娘	陈明顺(胞兄)	张灼(父)	12.12,同上,吧生
1.9	黄亚绍	63	晋郎安	彭丙娘	53	张辛娘	黄清贤(宗叔)	彭大秀(堂兄)	旧婚 12.18,旧客
1.11	陈顺发	18	丹兰望	黄于禄娘	18	李计娘	陈世(父)	黄灿郎(父)	12.11,同上,吧生
1.16	吴荣生	27	观音亭	陈两娘	17	刘金娘	吴丁山(父)	陈水生(父)	12.8,同上,吧生
1.18	邹文智	25	大南门	许金娘	20	张辛娘	邹文元(胞兄)	许大兴(父)	12.18,同上,吧生
1.19	张荣春	25	吉石珍	林画娘	20	张瑞娘	张桃(父)	林仕铁(父)	12.15,同上,吧生
1.19	薛全生	22	吉石珍	吴成娘	18	冯那娘	薛文秀(堂兄)	吴德寿(父)	12.14,陈,吴,吧生
1.20	郑圆	40	吉石珍	陈荣娘	19	张瑞娘	郑南生(胞叔)	陈丁一(胞兄)	已 1.11,同上,旧客
1.21	林新全	31	观音亭	黄福娘	26	曾贞娘	林渊泉(堂兄)	黄古论(胞兄,病伊叔源茂代)	12.12,同上,唐生
1.21	蒋戊寅	26	吉石珍	王水娘	22	温已娘	蒋河志(宗叔祖)	王荣其(父)	12.12,同上,吧生
1.23	陈德全	41	中港仔	黄清娘	30	刘金银	陈金水(父)	黄清渊(胞兄,雷)	12.12,陈,陈江流
1.25	林德生	20	砖仔桥	陈清娘	19	罗登娘	林新荫(宗叔)	陈斯立(胞兄)	12.13,陈,吴,吧生
1.27	罗月郎	23	乌布土库	伍发娘	16	曾贞娘	罗亚兴(族叔)	刘已娘(母)	12.20,同上,吧生
1.29	陈凉海	32	洪溪	赖六娘	18	蔡勤娘	陈红毛(宗叔)	赖新龙(父)	12.19,同上,吧生
2.20	林亚二	36	戈劳屈	傅一娘	20	冯那娘	林欣二(堂叔)	傅凤鸣(父)	已 1.22,连,陈,唐生
2.27	简子宫	33	中港仔	陈位娘	21	汤吉娘	简竹根(堂叔)	陈妈招(胞兄)	1.20,同上,唐生

① 王氏自供:前夫陈长奕遵公堂 1858 年 3 月 26 日案夺已离遏,寡守 10 年,愿再醮陈为夫,永结同心。默氏蔡祯祥云:果系寡守,签名“蔡祯祥”。查 1868 年 12 月 28 日第 1086 号妈腰详陈清香恳居吧。

3.2	黄启泰[①]	19	甲里圭芝	连金娘	17	刘金娘	黄荣寿甲(祖父,病,伊妻周福娘代)	连凤池(祖父)	已1.20,陈思聪,李子昌
3.5	蔡珍碧	37	新厝仔	周淮娘	16	温已娘	蔡章发(堂兄)	周华生(父)	已1.25,同上,浪生长
3.5	李风云	19	小南门新厝	郭居娘	18	王曲娘	李沃(父)	郭锦云(堂叔)	2.8,同上,吧生
3.12	蔡清理	22	八茶贯	涂森娘	20	蔡勤娘	蔡吾连(父)	涂良义(父)	2.13,同上,吧生
3.12	黄珠山	21	五脚桥	蔡富娘	18	蔡勤娘	黄蒲(父)	蔡松茂(父)	2.6,同上,吧生
3.16	黄奇雪[②]	26	鉴光猫厘	杨瑞娘	20	冯那娘	黄文宗(父)	杨亚生(堂叔)	2.9,同上,吧生
3.16	温亚焕	40	大使庙	陈帽年娘	20	曾贞娘	温亚三(堂叔)	陈主忠(堂兄)	2.12,同上,唐生
3.18	颜江临	10	打铁街	许宝娘	18	刘金银	颜联芳(父病,子志内代)	许春琳(堂伯)	2.18,同上,吧生
3.20	廖北	26	惹呀兰	黄香娘	24	蔡勤娘	廖玲(堂兄)	黄水凉(宗叔)	2.9,同上,唐生
3.25	叶维夏	26	亭仔脚	许清娘	19	蔡勤娘	叶三元(堂叔)	许金水(父)	3.6,同上,唐生
3.31	林登兴[③]	29	公司旧把杀	杨龙娘	22	汤吉娘	谢益娘(母)	胡勤娘(母)	2.23,陈,李,吧生
3.31	林华	46	亚森脚	黄恭娘	24	张辛娘	林金禄(堂兄)	黄登贤(堂兄)	旧婚,陈,李,旧客
3.31	叶永来	21	小南门东	刘来娘	21	张辛娘	叶亩(父)	刘进榜(胞兄)	2.23,同上,吧生
4.2	黄克昌	27	公司后	林有娘	19	张辛娘	黄文仲(堂叔)	林亚三(堂叔)	2.29,高西川,沈,吧生
4.2	涂亚三	27	小南门西	温癸娘	17	薛职娘	涂亚二(胞叔)	温庚辛(父)	3.13,同上,旧客
4.14	蔡光昱	20	观音亭	杨砼娘	17	王曲娘	蔡汉如(堂兄)	杨野(祖父)	3.14,同上,吧生
4.14	苏添寿[④]	31	旧把杀	薛清娘	21	温已娘	苏长论(宗叔)	薛鱼(父)	3.6,同上,唐生
4.20	李戊寅	23	五脚桥	杨凤娘	18	汤吉娘	李坐(堂伯)	杨兜(父)	3.21,同上,唐生
4.21	高德目[⑤]	30	圣望港	曾水娘	21	曾贞娘	自己	自己	3.12,同上,垅生
4.24	黄万羡	25	亭仔脚	杨珠娘	16	蔡勤娘	黄坛(族叔祖)	杨前(父)	3.28,同上,唐生

① 台问:黄荣寿何不到?周福娘云:伊夫黄荣寿病重不能下城,令伊代花押。台又问:黄荣寿尚有伯叔兄弟否?答:无。又问:黄启泰生长何处?答:生于甲里圭芝,即故雷珍兰黄渊郎之子。签字:画圆圈。台问:连锦娘果愿配黄荣寿之孙,现黄荣寿果病不能到城否?连凤池答曰:果然。签名:"连凤池"。

② 默曾壬秀单云系吧生。公堂1871年10月20日判离。

③ 默黄苍容单云系吧生长。公堂1873年10月7日判离。退回1879年3月31日结婚证书,内容格式与婚簿注册相同,仅由朱葛礁签名(公勃低不签名,仅由朱写上姓)盖上圆形有皇冠的大印,上书:"Nederl:oost-Indie",下书:"Klen-zprel"交回武直迷签收。荷文结婚申报书,No280第10号,收费5盾,1869年3月30日,盖上椭圆形大印,印中书"Batavia",上书:"Kollegie van Boedelmeesteren"。

④ 查详字稿簿,果有苏添寿入字恳赐居吧。

⑤ 据曾氏云:前夫黄东山于1865年经公堂判离,并无子女。查案牍于1865年9月14日果判黄东山与曾水娘离遏。查入口簿,高德目果系来垅。

4.27	曾东海	20	小南门	陈端娘	17	王曲娘	曾友(父)	陈文速(父,雷)	4.28,同上,唐生
4.27	蔡三才	24	毛六甲	袁坤娘	23	蔡勤娘	蔡永水(胞叔)	袁天顺(父)	旧婚戊 12.12,同上,吧生
4.27	张亚芳	24	三间土库	黎桂娘	17	汤吉娘	张智和(胞兄)	黎登(胞叔)	3.25,高,沈松茂,唐生
4.27	徐常山	22	大使庙	杨宁娘	17	汤吉娘	徐瑞安(父)	杨州钫(宗叔)	4.6,同上,吧生
4.28	陈瑞国	38	大使庙	杨美娘	19	汤吉娘	陈浚水(堂叔)	杨宗良(父)	3.29,同上,唐生
4.28	杨宗良	44	大使庙	黄存娘①	44	汤吉娘	自己	自己	3.19,同上
5.3	吴良生	27	只仔低	罗必娘	19	罗丁娘	吴扬安(宗兄)	罗敦台(父)	4.10,黄,陈,吧生
5.8	叶秋饮	34	小南门	吉庚娘	20	曾贞娘	叶保全(宗伯)	古安郎(堂兄)	4.13,同上,唐生
5.8	梁山观	34	美惜近	廖坤娘	17	罗丁娘	梁德郎(堂叔祖)	廖成郎(堂叔)	4.13,同上,唐生
5.8	林金我	21	廿六间	朱日娘	17	蔡勤娘	林观(堂兄)	朱恭(父)	4.19,同上,唐生
5.11	吴炳麟	24	晋朗安	叶登娘	20	冯娜娘	吴春爹(堂叔)	叶海山(父)	4.13,同上,吧生
5.11	罗清文	44	观音亭	袁和娘	31	王曲娘	罗拜(堂叔)	袁松茂(胞兄)	4.5,同上,吧生
5.13	洪卫	30	吉石珍	陈香娘	18	温已娘	洪量(胞叔)	陈雷生(胞兄)	4.13,同上,唐生
5.13	李昆茂	47	鉴光猫汝	古柳娘	16	汤吉娘	李奎炳(宗伯)	古南贤(胞伯)	4.5,黄清渊,陈光华
5.15	林启涌	32	亭仔脚	沈海娘	25	蔡勤娘	林启泉(胞兄)	沈德喜(胞兄)	4.13,同上,吧生
5.15	徐永和	22	质宁贞	张色娘	19	薛志娘	徐仁和(堂叔)	张仕郎(父)	4.11,同上,吧生
5.18	沈有庆	24	吉石珍	蔡抱娘	19	曾贞娘	沈淡水(堂叔)	蔡尚吉(堂兄)	4.12,同上,吧生
5.18	林山郎	22	丹兰望	苏音娘	20	李诗娘	林亚钱(胞叔)	苏成宗(父)	4.13,同上,吧生
5.18	蔡祯松	48	新厝仔	戴桃娘	28	蔡勤娘	蔡豁然(胞兄)	戴利亨(堂兄)	4.12,同上,吧生
5.19	黄万绿	38	八厨沃间	叶出娘	32	张辛娘	黄送(堂兄)	叶保全(父)	旧婚癸亥 10.20,同上,吧生
5.19	苏金印	22	毛六甲	邓贵娘	20	张辛娘	苏光炎(父)	邓云凤(父)	4.13,同上,吧生
5.19	兰而贺	22	导郎	丘元娘	17	钟安娘	兰奇杰(胞伯)	丘衣锦(父)	4.19,同上,吧生
5.19	林珍	32	五脚桥	黄音娘	19	张辛娘	林光裕(堂兄)	黄万绿(堂兄)	4.19,同上,唐生
5.19	陈菰生	30	吉石珍	张逐娘	20	张瑞娘	陈长庚(堂兄)	张乾元(胞兄)	4.10,同上,吧生
5.19	李锦莲	28	丹兰望	林森娘	22	李诗娘	李捷喜(堂兄)	林亚腾(父)	4.13,同上,唐生
5.19	丁木水	20	洪溪三板寮	林璧娘	15	汤吉娘	丁德山(堂叔)	林延(胞叔)	4.21,黄,陈,吧生
5.20	钟和柳	30	行勿力桥	谢癸娘	17	曾贞娘	钟亚木(宗叔)	谢接生(父)	4.11,同上,唐生

① 黄氏云:前夫林招财已故25年并无子女,亦无遗业,今愿再醮杨为夫,永结同心。默氏高瑞芳来单亦云诚如所言。

5.20	蔡荣任	25	吉石珍	陈金娘	24	冯那娘	蔡崇松(胞叔)	陈中元(父)	4.16,同上,吧生
5.20	洪助	31	吉石珍	蒋明娘	24	温已娘	洪坤(堂叔祖)	蒋金水(胞兄)	4.19,同上,唐生
5.20	苏典	30	吉石珍	黄万日娘	20	温已娘	苏仞千(宗叔祖)	黄石枝(父)	4.19,同上,唐生
5.21	詹继和	19	吉石珍	方晏娘	19	温已娘	詹宝山(父)	方登榜(胞伯)	4.12,同上,吧生
5.22	颜泾石	26	三间土库	杨壬娘	18	蔡勤娘	颜福(堂兄)	杨鼎龙(父)	4.16,同上,唐生
5.24	刘振	30	吉石珍	林叶娘	18	张瑞娘	刘乌番(堂兄)	林玉丹(父)	4.19,同上,唐生
5.25	赵元兴	21	鉴光猫厘	蒋有娘	17	张瑞娘	赵珍(堂兄)	蒋扬(父)	4.22,同上,吧生
5.25	冯炎兴	36	吉石珍	蒋河娘	23	张瑞娘	冯春生(堂兄)	蒋丁已(堂兄)	4.19,同上,吧生
5.25	薛平全	20	吉石珍	徐丁娘	20	温已娘	薛平合(堂兄)	徐仁和(父)	4.19,同上,吧生
5.26	陈明才[①]	20	八茶罐	王合娘	21	曾贞娘	陈逢觉(祖父,钦赐雷)	王德森(父)	4.19,黄,陈
6.3	陈取	32	观音亭	杨忍娘	24	张辛娘	陈岩(堂叔)	杨塗(父)	4.24,陈,吴,唐生
6.3	丘春昌[②]	23	小南门	陈安汶娘	18	汤吉娘	丘和观(堂叔)	陈亚三(堂兄)	5.2,同上,唐生
6.5	杨启山	21	乌保土库	朱色娘	18	杨端娘	杨州钫(父)	朱水(父)	5.3,同上,吧生
6.5	郭长禄	20	观音亭	张碧娘	20	汤吉娘	郭绍洲(父)	张体昌(父)	4.26,同上,吧生
6.18	王成章	17	公司后	陈鹤娘	17	汤吉娘	王福全(父)	陈已生(胞兄)	5.13,同上,吧生
6.18	马孟道	40	新厝仔	丘宝娘	23	蔡勤娘	马新客(堂叔)	丘天瑞(父)	5.15,同上,唐生
6.23	陈金生	42	新把杀	黄癸娘	37	张辛娘	陈亚四(堂叔)	黄桂生(堂叔)	旧婚,同上,吧生
6.24	陈维泰	20	毛六甲	赵和娘	17	杨端娘	陈光华(父,特授雷)	赵变(父)	5.19,黄,李
6.25	甘金	33	吉石珍	戴鸾娘	21	温已娘	甘彭(堂叔祖)	戴天辉(胞兄)	5.23,陈,吴,唐生
6.26	吴涩	25	亚森脚	李敬娘	24	张瑞娘	吴日生(堂叔)	李文和(父)	5.27,同上,唐生
6.29	蔡茶水	25	丹兰望	马巾娘	21	李书娘	蔡茶生(胞兄)	马新客(父)	6.4,陈,吴,吧生
6.29	邹亚发	25	新把杀	吴美娘	17	罗丁娘	邹其郎(堂兄)	吴添长(父)	5.25,同上,唐生
6.29	林江水	62	八戈然	谢水娘	31	杨端娘	林松茂(堂叔)	徐成娘(母)	5.25,同上,吧生
7.1	梁南生	33	五脚桥	傅德娘	19	汤吉娘	梁亚三(堂兄)	傅亚三(堂叔)	6.3,连,陈,吧生
7.2	郑水生	25	大南门	张怒那	21	曾贞娘	郑光粥(宗兄)	张佳珠(胞兄)	5.25,同上,吧生
7.6	吴金郎	33	戈劳屈	陈壬娘	18	王菊娘	吴灶生(胞兄)	陈桂五(父)	6.4,同上,吧生
7.7	蔡高生[③]	18	丹绒	林金娘	18	蔡勤娘	蔡圆(堂兄)	林长六(宗叔)	6.4,同上,吧生

① 公堂1877年4月12日判离。

② 献案夺字1864年8月27日第3049号又1号准居吧。

③ 默番马洛来单云系吧生。公堂1871年12月28日案夺准二比分离。

7.9	林全禄	32	美惜近	徐和娘	24	汤吉娘	林渊泉(宗兄)	徐汉水(父)	6.10,同上,吧生
7.19	李亚昌	31	小南门	梁壬娘	18	王曲娘	李祥织(堂兄)	梁亚昭(父)	6.21,同上,吧生
7.21	李灶	37	旧把杀	白英娘	16	曾贞娘	李沃(宗叔)	白济猛(父)	6.22,同上,唐生
7.22	张武隆	24	—	李一娘	21	李诗娘	张泰山(胞兄)	李春芳(胞兄)	6.21,同上,吧生
7.26	黄进生	37	吉石珍	林尾娘	29	张瑞娘	黄清山(胞兄)	林汉智(胞兄)	6.21,同上,吧生
7.28	张清明	38	戈劳屈	林合娘	16	曾贞娘	张老二(堂叔)	连必娘(母)	7.2,连,陈,吧生
7.28	赖海水①	20	观音亭	张金娘	16	汤吉娘	赖坤生(父)	张海郎(胞兄)	8.21,同上,吧生
7.29	甘坤田	22	八戈然	黄吃黎	22	杨瑞娘	甘坤山(胞兄,病,弟坤海代)	林碧娘(生母)	6.24,同上
8.13	张佛桃	21	八戈然	许桂娘	20	钟辛娘	彭养娘(母)	许松茂(父)	7.18,陈,李,吧生
8.16	吴庆周	18	五脚桥	李秀娘	18	汤吉娘	吴连达(父)	李彦(祖父)	7.18,同上,吧生
8.17	吴亲龙	35	戈劳屈	园荣娘	21	汤吉娘	吴亲右(胞兄)	园成官(父)	7.14,同上,吧生
8.21	林得寿	20	顶八厨沃间	许良娘	18	蔡勤娘	林桃生(父)	许得水(父)	7.21,同上,吧生
8.24	许亚八	60	洪溪	周尔娘	26	罗丁娘	许亚三(宗叔)	周木林(宗叔)	7.22,同上,吧生
8.28	林清珍	21	美惜近	甘音娘	19	戴癸娘	林嵩岳(宗兄)	甘文生(堂叔)	8.14,同上,吧生
8.28	钟亚四	27	戈劳屈	郑娘那	16	戴癸娘	钟亚昌(宗叔)	郑戊生(胞伯)	8.8,陈,李,吧生
8.31	叶水	24	亭仔脚	吴金娘	16	张辛娘	叶中庸(堂叔)	韩海娘(母)	8.5,同上,唐生
9.6	林如石羡	28	旧把杀	王宝娘	23	张辛娘	林求(宗叔)	王光华(父)	8.5,高,沈,唐生
9.6	杨永彪	23	亚森脚	张淡娘	20	蔡勤娘	杨白(宗叔)	张吗九(父)	8.7,同上,唐生
9.7	陈清安	27	丹兰实连	林必娘	26	汤吉娘	陈月生(父)	林南海(胞兄)	8.7,同上,吧生
9.7	蔡勅②	23	观音亭	高南棉	20	汤吉娘	蔡清连(堂兄)	高珠生(堂叔)	8.9,同上,唐生
9.7	简竹根	30	中港仔	洪娘娜	16	汤吉娘	简赐福(堂叔)	洪界(父)	8.11,同上,唐生
9.7	江粟燕	22	吉石珍	沈河娘	21	温已娘	江福寿(父)	沈淡水(父)	8.21,同上,吧生
9.8	郭福庆	26	三间土库	李桂娘	17	王曲娘	郭绍周(堂叔)	李震陵(父)	8.5,同上,吧生
9.9	林江文	45	中港仔	巫招娘	28	罗丁娘	林坤(宗叔)	巫亚野(父)	8.14,同上
9.10	陈俊义	20	中港仔	吴芳娘	21	杨传娘	陈金水(祖父)	吴荣辉(父,雷)	8.11,同上
9.10	李金全	21	珍把杀	欧佳娘	19	温已娘	李加令(父)	欧俊德(父)	8.11,高,沈,吧生
9.11	杨仲尚	27	新把杀	吴丁娘	16	朱友娘	杨料宗(堂叔)	吴炮(父)	8.14,同上,唐生
9.11	赖天水	22	把杀明牛	王麟娘	18	朱友娘	赖玉成(父)	王文河(父)	8.14,同上,吧生

① 默陈敬宗单云系吧生。公堂 1873 年 6 月 21 日判离。

② 查新客簿内果见蔡勅入字悬居吧。

9.13	孙传后	21	八戈然	黄坤娘	16	张辛娘	孙孝(胞叔)	黄文仲(宗叔)	8.14,同上,吧生
9.13	苏成周	20	大使庙	陈英娘	17	张永娘	苏毓泉(宗叔)	陈边珠(宗叔)	8.11,同上,葛生
9.15	王德	27	丹兰望	陈春娘	20	李诗娘	王戆(父)	陈额(父)	8.14,同上,唐生
9.15	李清元	48	亚森脚	何音娘	22	蔡勤娘	李元(胞兄)	何宗海(胞兄)	8.14,同上,旧客
9.15	黎发兴	25	小南门	饶三娘	19	汤吉娘	黎亚麟(父)	饶亚辉(胞兄)	8.26,同上,吧生
9.17	陈更	32	新把杀	甘戈律	22	朱发娘	陈振溪(父)	甘得利(胞兄)	8.22,同上,唐生
9.21	李登岸	24	戈劳屈	陈英娘	23	王曲娘	李丁凤(堂兄)	陈亚二(父)	8.24,同上,吧生
9.21	蒋梓明	25	吉石珍	王淮娘	17	温已娘	薛文囿(父)	王元水(父)	8.26,同上,吧生
9.21	陈长元	26	吉石珍	方洁娘	25	温已娘	陈清河(堂兄)	方登榜(宗伯)	8.21,同上,吧生
9.22	陈金梅	23	西门	蔡音娘	18	蔡勤娘	陈咸生(父)	蔡文瑞(胞伯)	8.21,高,沈,吧生
9.23	冯色源①	35	戈劳屈	廖癸娘	17	罗丁娘	冯柏胜(堂兄)	廖棋古(父)	9.26,同上,唐生
9.24	林正	27	小南门	李英娘	20	张辛娘	林御(堂兄)	李震陵(堂叔)	8.21,同上,唐生
9.28	陈庚二	35	廿六间	钟辛妹	19	汤吉娘	陈水郎(胞叔)	钟生郎(父)	9.5,同上,唐生
9.30	蔡维茄	22	甘望安	陈真娘	17	李诗娘	蔡评(父)	陈招田(胞兄)	9.8,同上,吧生
10.2	巫加琳	35	打铁街	陈秀娘	17	蔡勤娘	巫山林(宗兄)	陈金仁(堂兄)	8.28,黄,陈,吧生
10.5	陈德郎	19	晋朗安	赖姜娘	19	戴癸娘	陈亚三(父)	赖九三(胞叔)	9.13,同上,吧生
10.6	刘永和	25	打铁街	苏淑娘	21	张辛娘	刘亚真(堂叔)	苏木全(堂叔)	9.7,同上,吧生
10.7	林亚四	32	戈劳屈	许月娘	21	张辛娘	林亚二(胞兄)	许亚二(堂叔)	9.8,同上,唐生
10.7	陈增添	31	戈劳屈	李乙妹	15	张辛娘	陈亚三(堂兄)	李亚德(伯父)	9.13,同上,唐生
10.8	李广克	20	晋朗安	蔡宝娘	18	李诗娘	李经元(父)	蔡三夜(胞兄)	9.14,同上,吧生
10.9	张世隆	36	吉石珍	李润娘	19	黄癸娘	张新郎(堂兄)	李亚信(父)	9.14,同上,唐生
10.11	沈珠兴	30	吉石珍	张里勿	19	张瑞娘	沈永墙(宗叔)	张有来(父)	9.14,黄,陈,吧生
10.11	陈清茂	34	新把杀	朱惹喝	17	温已娘	陈继盛(父)	朱咨味(父)	9.22,同上,吧生
10.11	陈庚水	24	新把杀	詹俊娘	20	蔡勤娘	陈清龙(胞兄)	詹子舟(胞伯)	9.13,同上,吧生
10.12	陈维隆	18	毛六甲	黄板娘	18	王曲娘	陈光华(父,雷)	黄文侃(祖父)	9.13,同上
10.12	沈山林②	17	公司后	刘癸娘	17	汤吉娘	沈元勅(父)	刘亚四(父)	9.13,同上,吧生
10.13	赖祯祥③	21	八茶罐巷	柯森娘	19	蔡勤娘	赖沉香(父)	林东娘(母)	9.14,同上,吧生

① 查新客簿 1861 年 1 月 16 日第 177 号案夺,准冯色源往海屿做工可居。

② 默林坤祐单云系吧生。公堂 1876 年 3 月 30 日判离。

③ 默张意诚单云系吧生。公堂 1874 年 1 月 14 日判离。

10.20	林克绍	44	圣望港	陈乙娘	32	汤吉娘	林文山(父)	陈国山(父)	10.11,同上,吧生
10.22	黄玉成	23	中港仔	谢凤娘	19	杨端娘	黄溪水(父)	谢祝生(父)	9.28,同上,吧生
10.26	丘亚四	39	吉石珍	许慰娘	17	温巳娘	丘亚三(堂兄)	许亚二(堂兄)	10.5,同上,唐生
10.26	周木林	50	大南门	杨桂娘	23	罗丁娘	周亚安(宗叔)	杨万龙(胞兄)	10.4,同上,吧生
10.27	黄桂兰	23	巴八丹	陈信娘	17	温巳娘	黄亚二(父)	陈新发(父)	10.1,同上,吧生
10.28	黎亚三	30	新把杀	张新妹	19	张辛娘	黎亚维(宗叔)	张丁麻(父)	10.28,同上,唐生
10.28	高嘉谷	35	美惜近	朱林娘	25	汤吉娘	高大振(宗叔)	蔡吟娘(母)	9.28,黄,陈,唐生
10.28	陈荣福	23	吉石珍	方卜娘	23	张瑞娘	陈清柔(父)	方登榜(胞伯)	10.16,同上,吧生
11.2	陈邦兴	23	槟榔社	杨淡娘	15	王曲娘	陈长华(宗叔)	杨金生(父)	10.5,陈,吴,吧生
11.2	蔡安水	19	吉石珍	黄得娘	17	温巳娘	蔡景福(父)	黄送(堂兄)	10.5,同上,吧生
11.4	杨木生	23	小南门	苏仞娘	16	杨端娘	杨志明(胞兄)	苏吉时(父)	10.1,同上,吧生
11.5	陈密生	47	勃镭	杨根娘	21	罗丁娘	陈惟熊(宗叔)	杨亚三(胞叔)	10.6,同上,吧生
11.5	戴仁	39	八厨沃间	许丁娘	29	蔡勤娘	戴貌(胞兄)	许全水(父)	10.5,同上,准居
11.9	谢辛山	19	戈劳屈	邱福娘	16	张辛娘	谢南妹(父)	邱玉全(父)	10.11,同上,吧生
11.9	朱对扬	20	大港墘	李添娘	21	张辛娘	朱源泉(堂叔)	李碧郎(父)	10.11,同上
11.9	邱燕山	18	五脚桥	蔡炎娘	17	蔡有	邱吾厚(父)	蔡凤(父)	10.26,同上,吧生
11.10	丘亚四	33	美惜近	郑生娘	16	蔡勤娘	丘祯祥(堂叔)	郑亚发(父)	10.26,同上,唐生
11.10	刘捷清	33	亭仔脚	黄桂娘	17	蔡勤娘	刘亚二(宗兄)	黄福元(父)	10.11,陈,吴,唐生
11.12	李大有①	34	大港墘	庄金娘	24	杨端娘	李沃(宗叔)	庄瑞居(宗叔)	10.11,同上,唐生
11.12	陈元印	27	中港仔	温丹娘	20	张辛娘	陈碧麟(宗叔)	温瑞熊(父)	10.20,同上,唐生
11.13	陈长合	24	八戈然	郑南娘	20	薛志娘	陈永老(父)	郑淡水(父)	10.16,同上,吧生
11.18	陈建	25	三间土库	张博娘	20	汤吉娘	陈宗谟(族兄)	张云山(父)	10.28,同上,唐生
11.19	翁成章	20	小南门	林河娘	15	王曲娘	翁启祥(父)	林坤祐(宗叔)	10.26,同上
11.23	刘亚五	20	甲汶系里	廖三娘	17	温巳娘	刘海郎(胞兄)	廖凤二(父)	11.10,同上,吧生
11.24	黄冉妹	22	大南门	古集娘	21	张辛娘	黄鼎盛(胞兄)	古海郎(胞兄)	10.26,同上,吧生
11.26	邹亚四	35	西郎桥	邓庚娘	20	温巳娘	邹盛(胞兄)	邓亚凤(父)	10.28,同上,唐生
11.26	黄增	26	小南门	丘观娘	23	汤吉娘	黄福祥(堂叔)	丘凤云(胞兄)	10.25 同上,唐生
11.30	洪天助	38	亭仔脚	林明娘	24	汤吉娘	洪俊杰(宗叔)	林炳汉(胞兄)	11.5,同上,吧生

① 献案夺字1868年11月8日第11号准居吧。公堂1873年9月1日判离。

11.30	巫魁	26	廿六间	陈合娘	17	沈景娘	巫赐道(堂兄)	陈岩(宗叔)	11.10,同上,唐生
12.1	廖亚四	34	戈劳屈	章壬娘	18	蔡勤娘	廖元祥(堂兄)	章亚喜(父)	11.3,连,陈,唐生
12.1	陈钦土	24	新把杀	许曾娘	23	张辛娘	陈山川(父)	许德兴(胞兄)	10.26,同上,吧生
12.2	张衍福	32	廿六间	陈和雅	23	杨端娘	张绍南(堂兄)	陈芝黎畏(父)	11.13,同上,唐生
12.3	苏绍经	21	中港仔	陈音娘	20	张辛娘	苏天庇(父,原雷,病,子绍宗代)	陈濬哲(父,玛腰)	11.13,同上
12.4	朱辛宁[①]	26	—	郭和娘	23	汤吉娘	朱亚带(堂叔祖)	郭绍洲(堂叔祖)	11.10,同上,吧生
12.7	吴心	28	亭仔脚	何曹娘	18	汤吉娘	吴玉树(堂叔祖)	何金生(胞兄)	11.17,同上,唐生
12.7	钟秀春	21	大使庙	林包娘	16	汤吉娘	钟文杰(父)	林西河(堂叔)	11.5,同上,吧生
12.9	陈贵发	18	戈奢园	林沙娘	16	蔡勤娘	陈英杰(堂叔)	林德成(胞兄)	11.10,同上,吧生
12.9	高明德	31	吉石珍	张硂娘	19	张瑞娘	高荣兴(胞兄)	张品山(父)	11.10,同上,吧生
12.9	林求山	25	鉴光望寮	辜瑞娘	23	薛质娘	林水(堂兄)	辜清元(父)	11.14,同上,吧生
12.9	薛文曲	32	戈劳屈	王水娘	17	朱裕娘	薛杞丛(胞兄)	王光山(父)	11.17,同上,吧生
12.11	张九	25	旧把杀	施坤娘	16	薛志娘	张长恩(宗兄)	施智(父)	11.10,同上,唐生
12.11	蔡皆再	30	丹绒	黄分娘	27	朱发娘	蔡凤(宗叔)	黄于疾(堂叔)	11.13,同上,吧生
12.13	蔡火淋	20	毛六甲	陈助娘	16	蔡勤娘	蔡泉水(父)	陈市(父)	11.23,连,陈,吧生
12.14	陈伯达	30	大使庙	林佳娘	29	汤吉娘	陈石(堂兄)	林荣瑞(胞叔)	11.15,同上,吧生
12.17	梁亚荣[②]	28	五脚桥	徐癸娘	17	曾运娘	梁亚德(堂叔)	余成章(父)	11.17,同上,唐生
12.17	谢乙生	25	甲汶系里	徐庚妹	20	郑亚四	谢连三(堂伯)	徐辛郎(堂叔)	11.29,同上,吧生
12.23	李文郎	29	丹兰实连	古荣娘	22	薛志娘	李生花(胞兄)	古亚喜(宗兄)	12.8,同上,吧生
12.27	温亚三	45	小南门	彭癸娘	17	张辛娘	温银芳(堂叔)	彭大秀(父)	12.4,同上,唐生
12.29	朱亚兰	40	观音亭	丘蜜娘	21	汤吉娘	朱松溪(宗兄)	丘忠良(堂叔)	12.8,同上,唐生
12.30	何简东	31	小南门	陈观娘	17	张辛娘	何南荣(堂兄)	陈奎炳(胞兄)	12.9,同上,吧生

总计:200对

① 默钟钦五单云系吧生。公堂1871年10月20日判离。

② 默钟亚五单云系旧客,献案夺字1866年8月16日第3052号准居。公堂1873年6月12日拜四判离。

1870 年吧城唐人成婚注册表

月日	新郎	年岁	住址	新娘	年岁	媒妁	男方主婚	女方主婚	结婚日，主事人，籍贯
1.3	李千文	18	八戈然	陈八娘	18	杨瑞娘	李子昌(父，特授雷)	陈逢义(父，原任雷)	已 12.6，陈思聪，连文清
1.3	王仁生	23	毛六甲吉疾	黄宝娘	18	张辛娘	王美生(父)	黄四体(胞兄)	12.8，陈，李子昌
1.5	白宾	42	亭仔脚	陈山娘	16	汤吉娘	白玉明(宗叔)	陈东山(宗兄)	12.8，同上，唐生
1.7	黄灿辉	21	八厨沃间	李阳娘	17	张辛娘	叶保全(父)	李福信(父)	12.8，同上，吧生
1.13	王碧端	19	美惜近	林银娘	17	蔡勤娘	王元标(伯祖)	林嵩岳(父)	12.18，同上，吧生
1.13	王登水	26	吉石珍	纪发娘	19	张瑞娘	王江汉(父)	纪浩生(胞伯)	12.15，同上，吧生
1.17	梁亚三	24	中港仔	李南冥	19	张辛娘	梁亚悦(胞叔)	李亚全(胞兄)	12.19，同上，唐生
2.8	郑成昌	19	亭仔脚	林金娘	18	汤吉娘	郑成福(宗叔)	林金生(父)	庚 1.14，高，沈，吧生
2.12	谢锡畴	18	大港墘	詹根娘	19	薛志娘	谢明水(父，病，弟怀生代)	许宇力(母)	1.13，高西川，沈松茂，吧生
2.14	陈文章	21	吉石珍	蔡周娘	23	张瑞娘	陈文笔(胞兄)	蔡青山(胞兄)	1.28，同上，吧生
2.14	黄豆	32	丹兰望	王凤娘	18	李诗娘	黄咏水(堂叔)	王光炎(父)	1.21，高，沈，唐生
2.15	陈东裕	24	三间土库	丘荣娘	19	张辛娘	陈泰山(宗叔)	丘庚龙(父)	1.26，同上，吧生
2.24	吴不	32	丹仔纳	陈滩娘	21	谢伯适	吴日生(宗叔)	陈六一(父)	2.12，同上
2.26	涂亚捷①	31	戈劳屈	杨辛娘	20	张辛娘	涂亚庆(堂叔)	杨亚长(父)	2.8，同上，唐生
3.9	李敬观	23	大南门	钟辛娘	20	余九郎	李亚康(父)	钟顺宝(父)	2.29，黄，陈，吧生
3.10	陈光煜	20	新厝仔	张水娘	20	杨传娘	陈荣和(父)	张荣炎(父)	2.12，同上，吧生
3.15	李有	39	八茶贯巷	兰观娘	20	黄茄郎娘	李番(宗兄)	兰九(宗叔)	2.26，同上，唐生
3.17	温亚集②	33	八厨沃间	钟卜娘	21	薛志娘	温亚云(宗兄)	钟亚六(父)	3.21，同上，唐生
3.22	吕民	27	八茶贯	张福娘	20	汤吉娘	吕瓜(堂叔)	张粉(胞兄)	2.26，同上，唐生
3.26	陈其昌	20	中港仔	李全娘	17	杨端娘	陈基南(胞兄)	李伯达(父，雷)	2.29，同上
3.31	王法生	19	洪溪	江金娘	20	汤吉娘	王文基(堂叔)	江如水(堂兄)	3.10，同上，吧生
4.2	温荣光	26	吉石珍	彭癸娘	18	张辛娘	温乙三(堂叔)	彭元仁(父)	3.10，陈，吴，唐生
4.4	何金安	28	毛六甲	杨葱娘	22	汤吉娘	何光荣(宗兄)	杨振永(胞兄)	3.3，陈，吴荣辉，吧生

① 查新客簿见 1869 年 10 月 2 日第 2 号案夺准居吧。

② 献案夺字 1867 年 7 月 22 日第 2 号准居吧。公堂 1877 年 4 月 17 日判离。

4.4	叶川山	37	大南门	陈音娘	26	汤吉娘	叶楼(堂兄)	陈月生(祖)	3.12,同上,吧生
4.7	严德章	37	乌保土库	林泉娘	27	蔡勤娘	严德郎(胞兄)	林文山(父)	3.12,同上,吧生
4.12	陈荣才	30	吉石珍	蔡宜娘	23	朱友娘	陈金玉(堂叔)	蔡祖秀(堂叔)	3.17,同上,唐生
4.13	刘喜郎①	37	砖仔桥	李二娘	18	朱亚四	刘伸郎(胞兄)	李祖二(胞兄)	3.19,同上,旧客
4.15	邹亚五	20	蕉仔街	张辛娘	20	薛老娘	邹水淑(胞兄)	张壬生(父)	3.19,同上,吧生
4.22	江水连	28	八厨沃间	蔡顺娘	20	蔡勤娘	江桂卿(宗叔)	蔡根郎(父)	4.2,同上,唐生
4.22	古丁秀	24	新把杀	陈已娘	17	张瑞娘	古安郎(堂伯)	陈明基(父)	4.1,同上,吧生
4.23	梁荣辉	20	占卑甲把杀	蒋奭娘	24	汤吉娘	梁百忍(父)	蒋秋水(胞兄)	4.1,同上,吧生
4.26	朱三奇	24	旧把杀	陈金娘	23	杨传娘	朱水生(胞兄)	陈疆场(胞兄)	4.4,同上,吧生
4.26	王荣贵	18	丹兰实连	林春娘	17	汤吉娘	王明德(父)	林吧山(胞兄)	4.8,同上,吧生
4.29	胡元亮	22	丹兰望	陈坤娘	16	张辛娘	胡癸山(父)	陈梓经(父)	4.4,陈,吴,吧生
5.3	余秦	39	亭仔脚	郑记娘	18	汤吉娘	余尧相(堂兄)	郑朝廷(堂叔)	4.8,连,陈,旧客
5.4	陈湿	28	大港墘	谢良娘	19	蔡勤娘	陈未(宗兄)	谢祝生(父)	4.29,同上,唐生
5.6	梁带湘	27	五脚桥	陈庚娘	21	蔡勤娘	梁亚三(父)	陈亚带(父)	4.12,同上,唐生
5.10	陈海山	18	观音亭	吴绣娘	17	汤吉娘	陈和兴(宗叔)	张乙娘(母)	4.22,同上
5.11	陈成宝	50	—	许忠娘	41	蔡勤娘	陈千成(宗兄)	许奎炳(宗叔)	4.22,同上,垅生
5.13	叶燕庆	28	丹仔望	林鱼娘	19	杨传娘	林金(公,宗岳代押号)	叶窕(堂兄)	4.14,同上,唐生
5.13	陈江	35	亭仔脚	沈留娘	20	王金城	陈心抽(堂叔)	沈炳麟(堂兄)	4.14,同上,唐生
5.14	林灿明	18	亭仔脚	黄振娘	18	杨传娘	林达(宗叔)	黄元枝(宗叔)	4.16,同上,吧生
5.17	沈顺昌	18	班芝兰界	黄景娘	18	杨传娘	沈添全(父)	黄麟凤(父)	4.28,同上,吧生
5.19	廖联生	27	打铁街	陈癸娘	18	薛志娘	廖炎生(胞兄)	陈彩二(父)	4.28,同上,唐生
5.20	杨红猫	26	班芝兰	林新娘	18	汤吉娘	沈必娘(母)	杨汀(父,病) 林天助(宗叔)	4.22,同上,唐生
5.21	陈亚尊	26	吉石珍	黎福娘	18	张瑞娘	陈添郎(堂兄)	黎德荣(父)	4.28,连,陈,唐生
5.23	王必则②	19	丹兰望	刘瑞娘	17	张才娘	王文成(胞叔)	刘德茂(父)	5.15,同上
6.1	赖福郎	19	洪溪	吴癸娘	16	汤吉娘	赖亚二(父)	吴润禄(父)	5.21,陈,李,吧生
6.1	吴亚均	27	中港仔	冯连娘	20	罗丁娘	吴亚三(堂兄)	冯群山(胞兄)	5.18,同上,唐生
6.2	戴天送	30	旧把杀	黄粪箕	22	杨传娘	戴乙已(堂兄)	黄当我(堂兄)	5.14,同上,吧生

① 默氏梁汉和来单云:刘喜郎为副默,旧客。

② 据陈文速甲云:现今弟之挂州掌案尚未成事,但婚簿既给伊叔主婚固是合成,其婚字与取可也。陈文速签字。献美惜甘案夺 1879 年 7 月 21 日第 1148 号又 1200 号准王必则成婚。

6.8	陈奖礼[①]	41	观音亭	杨福娘	29	汤吉娘	陈奖佳(胞兄)	杨赞水(胞叔)	6.19,同上,吧生
6.14	杨亚三	35	八厨沃间	赖算娘	17	杨传娘	杨锦全(宗叔)	赖生伦(父)	5.21,同上,唐生
6.14	卢亚五	29	五脚桥	梁荣娘	16	饶瑞田	卢亚龙(胞兄)	梁荣曾(胞兄)	5.21,同上,唐生
6.21	巫奕贤	38	大南门	刘吐娘	19	汤吉娘	巫赐道(宗兄)	刘丁二(宗叔)	6.13,同上,唐生
6.23	黄岐山	22	戈劳屈 惹牙毛热	梁荫娘	19	薛职娘	黄亚二(胞叔)	梁亚长(父)	6.14,同上,吧生
6.30	温亚思	27	八厨沃间	林水娘	21	张辛娘	温润淑(堂叔)	林滕英(父)	6.19,陈,李,唐生
7.1	余赛[②]	36	八厨沃间	林天娘	20	罗丁娘	余永美(宗兄)	林丁才(胞兄)	6.26,高,沈,唐生
7.6	黄天佑	18	公司后	柯宾娘	16	杨传娘	黄再生(堂伯)	柯永文(堂叔)	6.13,同上,吧生
7.7	陈把源	21	观音亭	李融娘	27	汤吉娘	陈水生(父)	李长沛(父,病, 侄英卿代)	6.12,同上,吧生
7.7	林荣华[③]	24	小南门	陈凉娘	19	汤吉娘	林章(堂兄)	陈玉盏(父)	6.13,同上,唐生
7.8	黄清淳	21	八厨沃间	叶保娘	21	张新娘	黄清渊(胞兄、雷)	叶柳生(胞叔)	6.12,同上,吧生
7.11	李康福	30	丹兰望	徐乙娘	16	李诗娘	李亚五(堂兄)	徐彝二(胞兄)	6.19,同上,唐生
7.12	陈东发	25	吉石珍	蒋鸾娘	22	张瑞娘	陈德山(父)	蒋佳生(宗伯)	6.19,同上,吧生
7.13	张亚禄	30	公司后	陈玉娘	17	汤吉娘	张新郎(宗叔)	陈冉生(父)	6.26,同上,唐生
7.14	陈甲和	21	毛六甲	林清娘	19	汤吉娘	陈瑞英(胞叔)	林长润(父)	6.20,同上,吧生
7.19	卢胜纶	38	晋朗安	李已娘	22	曾层娘	卢亚桂(宗兄)	李进才(堂兄)	6.26,高,沈,唐生
8.1	洪荣林	21	吉石珍	王奎娘	16	张瑞娘	洪敛(父)	王春波(堂叔)	7.18,黄,陈,吧生
8.3	韩存德	21	戈劳屈	高钓娘	22	汤吉娘	韩金山(胞伯)	高荣兴(胞兄)	7.10,同上,吧生
8.8	刘金钱	27	顶八厨沃间	苏邦娘	23	蔡勤娘	刘吉庆(胞叔病, 子金茂代)	苏遐龄(父)	7.18,同上,吧生
8.11	林甲郎	37	槟榔社	刘庚娘	21	陈成娘	林杞观(宗兄)	刘连二(堂兄)	7.18,同上,唐生
8.13	林香郎	44	小南门	陈荣娘	25	汤吉娘	林亚添(堂叔)	陈彩二(堂兄)	7.28,同上,唐生
8.15	陈春池	20	招望	吴端娘	18	张辛娘	陈念祖(父)	吴项(父)	8.14,同上,吧生
8.16	阮昆芳	22	大港墘	沈批娘	21	杨端娘	邱根娘(母)	吴以垅娘(母)	7.22,同上,吧生
8.16	林日纯	29	戈奢园	钟丙娘	15	张辛娘	林裕郎(堂叔)	钟戊郎(父)	7.29,同上,唐生
8.18	赖长辉	21	新把杀	赵密娘	21	薛职娘	赖保生(父)	赵清水(胞叔)	7.29,同上,吧生
8.18	黄老贵[④]	30	亚森脚	张九娘	19	薛职娘	黄癸秀(宗兄)	张天必(父)	8.6,同上,吧生

① 据默郭绍洲来单云系吧生长。

② 献案夺字1870年1月21日第7号准居吧。公堂1879年7月12日判离。

③ 献案夺字1869年10月2日第2号准居吧。高甲大请知,1871年7月25日副挨实连已面喻林荣华陈良娘夫妇,须从公堂1871年3月17日第172号所详于3月15日判离遏。

④ 默林承爵单云系吧生。公堂1872年4月19日判离。

8.19	陈荣寿	22	结石珍	张玉娘	18	张瑞娘	陈清柔(父)	张荣荷(父)	8.10,黄,陈,吧生
8.19	廖亚旺	35	戈劳屈	黄癸娘	18	张新娘	廖棋合(堂兄)	黄阿绍(父)	8.19,同上,唐生
8.22	陈碧峰	37	吉石珍	李旺娘	22	张瑞娘	陈汉水(宗叔祖)	李造(父)	7.27,同上,吧生
8.22	连文清	51	——	李丙娘	16	杨传娘	连凤池(父)	李盛能(堂叔)	8.10,同上
8.23	郑荣全	27	洪溪	连永娘	17	张辛娘	郑淡水(宗叔)	连亚六(堂兄)	8.9,同上,吧生
8.27	涂文珍	61	大使庙	郑理勿娘	35	吴德生	涂明元(叔祖)	郑裕生(胞兄)	旧婚,同上,唐生
8.29	李令	27	中港仔	张罕娘	21	汤吉娘	李如切(堂兄)	张绵(父)	8.6,同上,唐生
8.29	黄江玉	22	八茶贯	王发娘	26	汤吉娘	黄青松(父)	王朴章(父)	8.13,同上,吧生
8.30	林双鸾	20	新把杀	王桂娘	20	李瑞娘	林淡生(父)	王春波(叔祖)	8.9,同上,吧生
8.30	李荣文	23	吉石珍	薛蜜娘	18	张瑞娘	李永生(父)	薛鱼(父)	8.10,同上,吧生
8.30	严成和	20	质宁贞	温修娘	19	杨传娘	黄春娘(母)	温罴(堂兄)	8.22,同上,吧生
8.31	施清安	20	廿六间	朱怀娘	20	杨传娘	钟柔娘(母)	蔡壬娘(母)	旧婚,同上,吧生
9.2	黄四粟	18	小南门	邹福娘	18	陈成娘	黄四川(胞兄)	邹炳麟(胞兄)	8.16,陈,吴,吧生
9.6	张金生	28	砖仔桥	谢乙娘	16	罗丁娘	张金海(胞兄)	谢嵩淑(堂兄)	8.20,同上,吧生
9.6	邹宪郎[①]	30	新把杀	张金娘	15	罗丁娘	邹亚文(父)	胡音娘(母)	8.16,同上,吧生
9.6	陈永禄	24	吉石珍	朱贵娘	20	张瑞娘	陈大成(堂叔)	朱芳观(父)	8.23,同上,唐生
9.8	杨长发[②]	18	廿六间	陈英娘	18	杨端娘	杨志明(胞叔)	陈水生(宗叔祖)	8.16,同上
9.9	王甘霖	22	唐病厝前	郭补娘	18	蔡勤娘	王元标(祖父)	郭腾云(胞兄)	8.16,同上,吧生
9.12	林永祥	19	大南门	丁凤娘	17	杨传娘	林承爵(父)	丁漳兴(祖父)	9.8,同上,吧生
9.12	陈和二	28	晋郎安	张壬娘	19	邹亚二	陈亚二(堂叔)	张亚三(父)	8.23,同上,唐生
9.14	张金和	23	旧把杀	郭水娘	20	朱全娘	张进光(堂叔)	郭成美(堂叔)	8.23,同上,吧生
9.14	张佳义	23	五脚桥	林炎娘	20	杨端娘	张德生(父)	林清溪(父)	8.23,同上,吧生
9.14	李全员	40	五脚桥	丘玉娘	25	杨端娘	李福信(堂兄)	丘顺德(宗叔)	8.27,同上,吧生
9.14	古丙福	25	鉴光猫厘	丘二娘	17	李四娘	古壬福(胞兄)	丘亚七(胞伯)	9.5,陈,吴,吧生
9.15	吴春源[③]	18	小南门东	张凤娘	17	刘灶娘	吴立(父)	张渊(父)	9.2,同上,吧生
9.15	张永山[④]	20	丹兰州连	蔡壬娘	19	刘灶娘	张红毛(胞叔)	蔡未(父)	8.23,同上,吧生

① 默钟伸二单云系吧生。公堂 1872 年 3 月 18 日判离。

② 默徐养单云系吧生。据陈泽源云:家父六顺因欠项被禁,不得主婚,况晚未有娶妻,故托宗叔祖陈水生到堂代为主婚押号,批照。

③ 默纪兰桂云系吧生,公堂 1872 年 10 月 25 日判离。

④ 默曾龙泉单云系吧生。公堂 1871 年 9 月 27 日案夺判离。

9.16	方顺兴	22	珍把杀	黄山娘	17	张瑞娘	方登甲(父)	黄宽圃(胞叔)	9.6,同上,吧生
9.16	王清全	21	大南门	姚丁娘	17	罗丁娘	王永兴(堂叔)	姚林福(父)	8.23,同上,吧生
9.21	林亚周	36	八厨沃间	古绣娘	17	罗丁娘	林湘兰(堂兄)	古福六(胞叔)	9.2,同上,唐生
9.22	许甚然	31	八茶罐	戴瑞娘	19	钟辛娘	许金水(宗叔)	戴伯坤(胞叔)	9.8,同上,唐生
9.22	刘玉彝	31	八茶罐	罗已娘	22	彭乙娘	刘西二(堂兄)	罗亚兴(堂叔祖)	9.2,同上,吧生
9.23	蔡六山	29	质宁贞	吴荣娘	19	薛志娘	蔡祖佳(胞兄)	吴合生(胞兄)	9.22,同上,吧生
9.24	丘和尚	28	亚森脚	林凤娘	20	陈成娘	丘光添(堂叔)	林华(父)	旧婚,同上,吧生
9.28	柳丁岸	39	新厝仔	吴基娘	23	张辛娘	自己	吴亚三(宗兄)	9.8,同上,吧生
9.28	林天德	21	亚森脚	黄水娘	19	张辛娘	林华(堂叔)	黄双溪(父)	9.8,同上,吧生
9.28	李文忠	25	戈劳屈	陈庚娘	21	张辛娘	李德长(胞伯)	陈德水(胞叔)	9.15,陈,吴,吧生
9.29	黄连	38	戈劳屈	杨瑞娘	22	罗丁娘	黄红痣(堂叔)	杨西海(堂兄)	9.8,同上
10.1	张振名	35	亚森脚	陈贞娘	27	李明娘	张天必(宗叔)	陈泰山(宗叔)	10.1,连,陈,吧生
10.1	吴水生	28	乌布土库	陈恭娘	23	朱接源	吴杨安(宗兄)	陈宪武(胞叔)	9.15,同上,吧生
10.4	刘亚禄①	30	班芝兰	侯乙娘	19	罗丁娘	刘亚三(堂兄)	侯亚监(堂伯)	9.15,同上,唐生
10.5	许清云	27	大使庙	洪英娘	17	张辛娘	许专(宗叔)	洪泗美(堂兄)	9.19,同上,吧生
10.7	纪益和	22	西门	李有娘	22	蔡勤娘	纪兰桂(堂兄)	李已三(胞叔)	9.16,同上,吧生
10.8	陈金河	25	戈劳屈	邓良娘	17	汤吉娘	陈桂五(父)	邓煌春(父)	9.19,同上,吧生
10.10	陈振坪	28	八戈然	郑莲花	16	杨端娘	陈振琼(堂兄)	郑参(父)	10.17,同上,垅生
10.13	张坤源	20	观音亭	林桂娘	20	汤吉娘	张浮友(父)	林维祥(胞兄)	9.22,同上,吧生
10.19	梁营和	24	亚森脚	黄清娘	19	蔡勤娘	梁德水(胞叔)	黄桂华(父)	10.4,同上,吧生
10.24	李亚富②	22	公司后	黎珠娘	22	朱全娘	李希活(宗兄)	黎亚四(宗叔)	10.24,同上,唐生
10.25	王金龙	32	水锯社	蔡理勿娘	21	林职娘	王永兴(胞叔)	蔡国生(父)	10.10,连,陈,吧生
10.29	张亚扬	42	八厨沃间	肖红娘	18	钟辛娘	张顺郎(堂兄)	肖炳二(父)	10.7,同上,唐生
10.31	甘兴	31	珍把杀	阮进娘	28	张瑞娘	甘振乾(堂叔)	阮培(堂兄)	10.17,同上,唐生
10.31	张源水	23	珍把杀	蒋云娘	19	张瑞娘	张亚满(堂叔)	蒋登元(胞兄)	10.14,同上,吧生
11.1	陈长茂	22	大使庙	叶文娘	20	汤吉娘	陈竹苞(父)	叶大进(父)	10.14,陈,李,吧生
11.2	蔡三和	22	毛六甲	张贵娘	16	蔡勤娘	蔡永水(胞叔)	张进光(胞伯)	10.14,同上,吧生
11.2	朱心田	18	大港墘	黄蜜娘	18	汤吉娘	朱源泉(堂叔)	黄文仲(宗叔)	10.20,同上,吧生

① 献案夺字 1867 年 5 月 24 日第 29 号准居吧。公堂 1873 年 10 月 29 日判离。

② 默陈道谋单云系旧客,献案夺字 1868 年 1 月 8 日第 16 号准居吧。1879 年 8 月 7 日公堂判离。

11.3	郭佛佑	27	观音亭	陈美娘	21	杨端娘	郭潭泉(胞兄)	陈桑碧(父)	10.28,同上,吧生
11.3	杨书云	26	小南门	朱开娘	16	钟亚四	杨雨三(堂兄)	朱亚潰(堂叔)	旧婚 7.28,同上,唐生
11.4	陈妈仁[①]	20	旧把杀	叶掬娘	18	杨端娘	陈敬忠(堂叔祖)	黄求娘(母)	10.22,同上,吧生
11.4	高海瑞[②]	24	观音亭	陈金娘	18	汤吉娘	高项(父)	陈三英(堂叔)	10.13,同上
11.4	蔡炳茂	26	洪溪	黄及娘	18	杨端娘	蔡辖然(胞伯)	黄福全(胞兄)	10.14,陈,李,吧生
11.5	朱源泉	32	大港墘	曾富娘	25	汤吉娘	朱联沛(宗叔)	曾亚二(宗叔)	旧婚,同上,旧客
11.7	洪源顺	21	珍把杀	郑萼娘	20	陈六娘	洪坤(父)	郑南生(父)	10.26,同上,吧生
11.8	吴香水	32	新把杀	甘迎娘	21	朱酉娘	吴应然(堂兄)	甘长基(胞叔)	10.22,同上,唐生
11.8	黄尼姑	23	新把杀	吴奭娘	18	朱酉娘	黄癸巳(堂叔)	吴应然(父)	10.26,同上,唐生
11.8	李元章	27	槟榔社	施弗娘	24	邹荫娘	张思娘(母)	施光密(父)	又 10.4,同上,吧生
11.9	戴新求	20	八厨沃间	康玉娘	19	汤吉娘	戴永文(父)	李日娘(母)	又 10.2,同上,吧生
11.9	黄亚宝	29	晋朗安	李乙娘	16	林金娘	黄亚八(宗叔)	李锦龙(父)	10.22,同上,唐生
11.10	甘文成	21	新把杀	黄爱娘	21	朱酉娘	甘淑向(父)	黄天水(胞兄)	10.28,同上,吧生
11.15	陈昭明	28	八厨沃间	杨清娘	20	汤吉娘	陈珍生(父)	杨得水(祖父)	又 10.5,同上,吧生
11.16	连益章[③]	28	洪溪	黄玉娘	20	汤吉娘	连凤池(祖父)	黄德章(胞兄)	11.29,同上
11.16	吴福增	20	廿六间	张鸾娘	18	蔡勤娘	吴光楯(堂叔)	张绍南(父)	10.26,陈,李,吧生
11.6	卢利生	23	珍把杀	叶国娘	19	陈六娘	卢长海(父)	叶龙水(父)	又 10.2,同上,吧生
11.17	黎贤江	26	小南门西	林清娘	24	李四娘	黎亚四(父)	林生德(父)	10.8,同上,吧生
11.18	许权	30	观音亭	蒋音娘	18	杨端娘	许天乞(宗叔)	蒋桂生(胞叔祖)	10.2,同上,旧客
11.23	丘英杰	23	丹绒	杨海娘	18	蔡勤娘	丘枝头(父)	杨源基(胞叔)	10.15,同上,吧生
11.23	黄白魁	18	甘光猫厘	王端娘	16	蔡勤娘	黄文仪(堂叔)	王深(父)	10.8,同上,吧生
12.1	蔡金荣	18	珍把杀	许坤娘	19	陈六娘	蔡景福(堂叔)	许灿(父)	10.18,高,沈,吧生
12.2	郭宗龙	34	甘光毛六甲	刘七娘	30	蔡勤娘	郭隆(宗叔)	刘廷贤(胞兄)	10.12,同上,吧生
12.8	杨金助	22	珍把杀	王曲娘	19	朱瑞娘	杨天水(堂叔)	王文献(堂兄)	10.20,同上,吧生
12.12	许水山	24	丹仔州连	黄顺娘	17	汤吉娘	许有志(父)	黄四体(胞兄)	10.27,同上,吧生
12.16	许得意[④]	29	大港墘	郑诗娘	16	陈新娘	许长协(宗兄)	郑进生(祖父)	11.11,同上,唐生

① 默林斗单云系吧生。黄求娘云夫叶传于唐己巳年四月回唐,有做粱礁字付氏挂州,女儿掬娘交寅陈妈仁,氏有寄信通知。

② 默郭绍洲单云吧生。公堂1875年4月27日拜四判离,其子高玉山归伊父抚养。

③ 遵公堂1870年11月23日案夺,连益章居慈未阕,不得成婚,当折破婚字。(查现守继母之丧,按唐例居丧未阕,不得嫁娶。况为名门之子,尤为悖礼,当折破婚字,须待服阕,方可成婚)。

④ 查入字簿系巨港人,有入字悬居吧。据默徐亚养来单云:郑进生病不能步,令伊子郑金水到堂代为押号。

12.16	杨长二	18	—	纪玉娘	18	陈六娘	杨坐(父)	纪洁生(胞伯)	11.12,高,沈,吧生
12.22	薛启云	26	戈劳屈	王和娘	21	汤吉娘	薛梅生(父)	王秉汉(堂兄)	11.10,同上,吧生
12.22	林德海	19	小南门东	廖德娘	17	薛职娘	林水贤(父)	廖顺(父)	11.11,同上,吧生
12.28	李结炳	34	鉴光毛甲	沈然娘	29	罗登娘	李亚傍(宗叔)	沈丁元(堂兄)	旧婚,同上,吧生
12.27	黄文章	22	大使庙	陈云恤娘	17	蔡勤娘	黄光启(堂兄)	陈天来(堂兄)	11.11,同上,吧生
12.29	吴志源	31	网茄汝瓜	曾柏娘	22	罗登娘	吴未生(宗兄)	曾长生(胞兄)	11.18,同上,吧生
12.30	李永合①	25	干冬圩	陈锦娘	20	罗登娘	李文和(父)	陈荣泰(父)	11.11,同上,吧生
12.30	张顺观②	38	八茶贯	黄山娘	18	李明娘	张添三(堂兄)	黄进生(胞叔)	11.13,同上,唐生

总计:164 对

1871 年吧城唐人成婚注册表

月日	男家	年岁	类别	住址	女家	年岁	媒妁	男方主婚	女方主婚	备注 结婚日,主事人
1.3	詹生	26	准居	旧把杀	林罗致	17	罗丁娘	詹主(堂兄)	林碧元(父)	庚 11.14, 黄清渊,陈光华
1.4	陈榜	29	准居	珍把杀	甘东娘	19	朱瑞娘	陈长水(宗祖叔)	甘金(堂叔)	11.18
1.5	黄清言	20	吧生	观音亭新厝	梁山娘	19	钟辛娘	黄源茂(父)	梁新福(父)	11.18
1.5	陈元水	22	吧生	小南门东	李奇娘	19	陈生娘	陈读(堂兄)	李珠良(父)	11.18
1.10	杨长水	22	吧生	新把杀	范凤娘	21	朱酉娘	杨料宗(父)	范荣山(胞兄)	11.29
1.12	赖九山	26	吧生	打铁街	李婉娘	20	林音娘	赖亚三(堂叔)	李亚友(堂叔祖)	12.5
1.12	赖雁升	30	准居	新厝仔	黄柳娘	18	谢职娘	赖德伦(堂叔)	黄纪郎(胞兄)	12.5
1.23	丘开麟	28	准居	小南门	黄王娘	19	张辛娘	丘亚二(堂兄)	黄亚五(父)	12.5,陈
1.24	杨德贤	27	准居	八茶罐	钟有娘	20	蔡勤娘	杨锦全(堂叔)	钟钦五(堂叔)	12.9
1.24	陈文山	20	吧生	中港仔	柯景娘	16	钟新娘	陈碧麟(父)	娘仔风智(母)	12.8
1.26	邓宝郎	32	准居	槟榔社	熊娘那	24	薛职娘	邓亚端(堂叔)	熊享麟(父)	12.9
1.26	赵泉	32	准居	—	侯灯娘	17	张瑞娘	赵友(堂叔祖)	侯荣照(胞叔)	12.12
1.28	陈如意	31	旧客	新把杀	郭八娘	23	张瑞娘	陈连子(宗兄)	郭天赐(胞兄)	12.9
1.28	吴川成	21	吧生	亚森脚	曹金娘	19	汤吉娘	吴摇(父)	曹亚桂(父)	12.12

① 据干冬圩默廖亚五来单云系吧生。据默梁汉和单云:李永合欲娶陈锦娘。

② 默张意诚单云系旧客,献案夺字 1845 年 6 月 3 日第 1990 号又 13 号准居吧。

1.31	王保传	18	吧生	亚森脚	胡福娘	18	汤吉娘	王成权(父)	胡海记(堂伯)	12.12
2.16	吴再兴	26	准居	小南门西	林贞娘	24	张辛娘	吴宏基(宗兄)	林坤裕(宗兄)	辛 1.22,陈、吴荣辉
3.1	李荣泰	22	吧生	亚森脚	余玉娘	22	杨传娘	李彦文(父)	余永成(胞兄)	1.22,连文清、陈江流
3.8	苏毓祥	37	准居	水锯社	赖荣娘	29	杨传娘	苏英甫(胞兄)	赖贵生(堂兄)	1.22
3.9	张显	35	准居	二十六间	陈荣娘	21	蔡轻娘	张绵(宗兄)	陈逢角甲(堂伯)	1.22
3.9	黄三元	31	—	大使庙	陈和娘	21	李明娘	黄佛有(胞兄)	陈吉宁(堂叔)	1.22
3.11	王四季	37	—	公司后	沈宁娘	22	张信娘	王攀贵(堂叔)	沈丁元(堂兄)	1.22
3.15	彭南云	38	吧生	丹仔地巷	戴安娘	22	汤吉娘	彭亚二(宗叔)	戴西山(胞兄)	2.1
3.16	蔡维金	19	—	丹那实连	章南媚	17	林酥娘	蔡三夜(胞兄)	章水生(宗兄)	旧婚
3.20	黄隆生	19	—	西门	李朱娘	19	陈生娘	黄蒲(堂叔)	李磋(堂伯)	2.5
3.20	杨泰山	19	—	吉石珍	甘凤娘	17	陈六娘	杨泰兴(胞兄)	甘彭(堂兄)	2.14
3.22	谢亚淳	30	准居	公司后	杨怜娘	17	罗丁娘	谢友三(堂兄)	杨凤观(父)	2.6
3.24	陈亚福	30	准居	旧把杀	张炳娘	18	李四娘	陈东官(堂伯)	张宗照(胞叔)	2.28
3.24	吴亚爵	27	准居	中港仔	黄喜娘	18	张信娘	吴亚均(胞叔)	黄亚善(父)	2.28
3.24	欧夏	48	旧客	吉石珍	林汉娘	33	杨端娘	欧珠(胞叔)	林山河(胞兄)	旧婚
3.25	陈丁己	20	吧生	八戈然	林言娘	21	杨端娘	陈和中(父)	林如川(父)	2.19
3.28	林码铁	36	旧客	旧把杀	陈恒娘	22	汤吉娘	林吟(堂叔)	陈学新(父)	2.11
3.30	李云兰	23	吧生	珍	陈东娘	22	张瑞娘	李清元(父)	陈金山(父)	2.20
3.30	赖亚振	25	准居	丹仔望	许吉娘	18	张瑞娘	赖德伦(堂叔)	许曲三(父)	2.18
3.31	李千朝	17	吧生	公司	陈凤娘	16	陈成娘	李伯达(叔祖、雷)	陈甘郎(祖父、甲)	2.18,黄清渊,陈江流
3.31	黄胆智①	25	准居	新厝仔	许礁娘	17	蔡勤娘	黄增(堂兄)	许豆签(父)	2.18
4.1	蔡长寿	27	吧生	圣望港	杨荣娘	26	汤吉娘	蔡文(堂叔)	杨如松(父)	2.18 陈、李子昌
4.3	陈浮	33	准居	丹仔地巷	王贵娘	24	张辛娘	陈岩(宗兄)	王江水(胞兄)	2.20
4.8	梁连三	34	旧客	大南门	刘富娘	19	张辛娘	梁德水(堂叔祖)	刘允秀(胞兄)	2.22
4.11	陈田	40	旧客	小南门	林周娘	17	陈结娘	陈天珠(宗叔)	林惹里(父)	3.15
4.25	杨忠	29	准居	戈劳掘	陈蜜娘	17	朱瑞娘	杨料宗(宗叔)	陈长水(父)	3.12
4.29	林有章	24	吧生	兀望汝加沓	叶来娘	20	张辛娘	林元旦(父)	叶金标(宗兄)	旧婚
5.4	邓万郎	25	吧生	小南门	叶瑞娘	17	陈成娘	邓甲郎(胞兄)	叶天禄(父)	4.8,高西川、沈松茂

① 查新客簿黄胆智 1870 年 5 月 13 日搭烟舟肥州丕实连勃璘来叻,果有入字恳居吧。

5.6	黄登贤	38	旧客	三间土库	林有娘	25	汤吉娘	黄松德(宗兄)	林金禄(宗叔)	旧婚
5.6	黄清道	19	吧生	观音亭	韦莲娘	20	张信娘	黄源茂(父)	陈良娘(母)	3.25,1877.5.13 离婚
5.10	温兴隆	38	旧客	大使庙	颜癸娘	19	张信娘	温双荣(堂叔)	颜德富(父)	4.5
5.13	梁亚曾	30	旧客	结石珍	曹庆娘	18	戴宇娘	梁兰友(堂叔)	曹彩郎(父)	4.5
5.20	赵亚珊	29	旧客	大南门	陈庚娘	17	张信娘	赵亚荣(宗兄)	陈辛郎二(叔公)	4.10
5.22	林悦强	30	旧客	八戈然	黄枣娘	26	蔡勤娘	林悦昆(胞兄)	黄坛(宗叔)	4.8
5.22	詹顺利①	20	吧生	结石珍	沈自娘	18	朱瑞娘	詹佳东(胞叔)	沈朴(胞叔)	4.10
5.22	康新赤	32	吧生	新把杀	陈毛保娘	18	朱瑞娘	康新喜(胞兄)	陈皆于(父)	4.18
5.23	陈水生	26	吧生	丹仔望	黄长娘	23	李瑞娘	陈良生(胞兄)	黄元和(堂兄)	4.11,1871.11.17 离婚
5.24	洪光聘	21	准居	五脚桥	钟荫娘	16	汤吉娘	洪泼(父)	钟坤山(堂兄)	4.24
5.26	吴腾凤	19	吧生	亚森脚	陈珍娘	21	杨瑞娘	吴荣辉(胞叔、雷)	陈振亨(胞兄)	4.11
5.31	高世山	37		大港墘	陈庄娘	18	陈生娘	高顺丰(父)	陈文速(父、雷)	4.28
5.31	薛文溪②	33	准居	大港墘	黄登娘	23	陈生娘	薛文猷(宗叔)	黄寅清(父)	4.17
5.31	詹顺德	23	吧生	鉴光毛甲	吴元娘	20	汤吉娘	詹高山(宗叔)	陈水娘(母)	4.18
6.2	丘文房	21	—	大港墘	陈凤娘	16	杨端娘	丘沧海(父)	陈江流(父)	4.24,黄、陈
6.2	林房	24	准居	小南门	陈金娘	19	陈辛娘	林御(胞兄)	陈妈力(父)	4.24
6.2	李偕元	25	吧生	甘望安	沈密娘	19	陈生娘	李文姜(父)	沈德喜(父)	4.27
6.7	刘亚兴	26	准居	大使庙	黄榜兀娘	19	曾良娘	刘亚四(堂兄)	黄亚进(父)	4.24
6.7	钟香二	33	准居	东居	王周娘	20	谢职娘	钟连桂(堂兄)	王顺连(胞兄)	6.2
6.7	邹亚寅	32	准居	晋郎安	谢挺娘	24	谢职娘	邹亚水(胞兄)	谢贵元(胞兄)	4.24
6.7	蒋怀	33	准居	小南门西	陈历娘	19	蔡勤娘	蒋 庵(堂叔)	陈水阁(堂叔)	4.25
6.8	张锦山	29	准居	小南门西	李七娘	26	罗丁娘	张亚秀(胞兄)	李奎炳(胞兄)	4.24
6.8	古轩郎	27	吧生	鉴光万兰	刘一娘	17	罗丁娘	古捷郎(胞兄)	刘亚二(堂叔)	4.27
6.8	廖仁合	38	准居	八茶罐	邹蔡娘	18	蔡勤娘	廖亚三(父)	邹安寿(父)	4.24
6.12	梁联升③	30	准居	大南门	谢喜娘	19	薛职娘	梁德水(堂叔祖)	谢亚豆(堂叔)	4.27
6.13	林德发	29	吧生	亭仔脚	叶鸾娘	16	汤吉娘	林福情(父)	叶东田(胞兄)	5.18

① 默陈山景单系吧生。凭双方主婚及媒人云：此亲本欲 8 月成婚，因女方之父沈任水病，使伊弟沈朴代主婚。双方主婚人签名“沈朴”、“詹佳东”。

② 默黄明言单云：薛文溪经入字倒案字未出。已查新客簿 1869 年 9 月 19 日搭火舟茄卑多劳。

③ 查新客簿梁联升 1870 年 11 月 5 日搭烟舟茄啤多劳来实叻，果有入字悬居吧。

6.19	何江水	22	吧生	水锯社	林本娘	23	罗丁娘	何文质(堂兄)	林参寿(父)	5.18
6.27	陈朝水	28	浪生	三间土库	林道娘	20	杨端娘	陈清松(宗兄)	林坤山(宗叔)	5.15
6.28	杨江	44	旧客	亭仔脚	陈媛娘	24	蔡勤娘	杨前(堂叔)	李叶娘(母)	旧婚
6.30	黄应兆①	32	准居	珍把杀	王邦娘	19	张瑞娘	黄藕(胞叔)	王妈富(父)	5.22
7.3	吴亚琳	25	准居	冬基望牙巷	黄炳娘	16	谢七娘	吴亚四(宗叔)	黄亚道(胞叔)	5.18,陈、吴
7.4	赵炎兴	23	吧生	结石珍	张戊妹	24	张瑞娘	赵萼(父)	张癸生(胞兄)	5.22
7.10	连敬材	31	吧生	乌布土库	陈溪娘	17	陈生娘	黄怀娘(母)	陈树源(宗兄)	6.8
7.10	吕宙	33	唐生	小南门	林让娘	20	李瑞娘	吕景郎(宗叔)	林连伍(堂兄)	6.2
7.14	林奇生	63	吧生	丹仔望	黄音娘	33	王缵绪	林文德(堂叔)	黄灿郎(父)	旧婚,1861.2
7.14	朱金水	27	吧生	洪溪	邹登娘	17	汤吉娘	朱亚带(父)	邹锦郎(堂叔)	6.8
7.22	钟己爹	22	吧生	五脚桥	廖桂娘	20	张信娘	钟进喜(胞叔)	廖福寿(父)	6.14
7.25	陈海郎	23	吧生	八厨沃间	郭毛娘	21	蔡勤娘	陈任郎(胞兄)	郭天赐(胞兄)	6.12
7.27	林兔绰	23	准居	旧把杀	王茂娘	19	杨端娘	林斗(堂兄)	王荣其(父)	6.13
7.27	黄璘华	31	准居	观音亭	钟一娘	17	张信娘	黄亚烈(胞叔)	钟德顺(父)	6.19
7.27	王克明	22	吧生	小南门	陈密娘	17	陈生娘	王板桂(父)	陈清风(父)	6.20
7.31	廖亚任	26	旧客	圣基港	许壬娘	20	汤吉娘	廖增寿(胞叔)	许桂增(胞兄)	6.14
8.3	郭德淋	28	唐生	小南门	叶基娘	18	汤吉娘	郭龙(宗叔)	叶永水(父)	6.20,连、陈
8.3	蒋永乔	20	吧生	结石珍	高江娘	18	张信娘	蒋桂于(父)	高永兴(堂叔)	旧婚,1871.4
8.4	林江南	22	吧生	结石珍	蔡酒娘	19	朱瑞娘	林汉智(父)	蔡如生(父)	6.20
8.5	李白兔	18	吧生	蕉仔街	黄枝头	19	汤吉娘	李于招(宗兄)	黄泉(父)	7.12,1874.1.14离婚
8.7	高江淮	19	—	窑内	陈衍娘	17	杨端娘	高琼瑶(父,雷)	陈光华(父,雷)	6.24
8.11	许有安	24	吧生	八戈然	黄维娘	24	李宙娘	许求(堂兄)	黄元春(堂叔)	6.27
8.14	叶克承	19	吧生	大港墘	洪四娘	20	陈生娘	叶振生(父)	洪剑生(父)	7.5
8.15	张绵	51	—	新厝仔	陈微娘	43	汤吉娘	张吗九(堂兄)	陈进海(胞兄)	旧婚
8.18	傅长溪	19	吧生	鉴光广东	戴违娘	17	朱瑞娘	傅交(胞叔)	戴彩竹(父)	7.15
8.22	陈王春	42	吧生	加劳抹	刘三娘	21	陈六娘	陈荣宗(胞兄)	刘永生(宗兄)	7.12
8.22	郭凤祥	34	准居	小南门	涂锦娘	17	陈生娘	郭亚兴(堂兄)	涂亚庆(堂叔)	7.20
8.23	叶清溪	18	吧生	小南门	王圆娘	17	陈生娘	叶纯(父)	王光彩(父)	7.24

① 李新客簿黄应兆于1869年2月9日搭甲板吧突劳若来自厦,果有入字恳居吧。

8.23	王涿玉	22	—	—	林劳致	17	陈生娘	王欢(父)	林永贤(父)	7.24
8.24	古荣海	27	吧生	五脚桥	汤传娘	25	杨端娘	古新(父)	汤如素(胞叔)	7.12
8.24	许汉	23	吧生	亭仔脚	张深娘	17	陈生娘	许守已(宗叔)	张绵(父)	7.20
9.7	韩存良	21	吧生	戈劳屈	陈鸾娘	23	杨端娘	韩金山(胞叔)	陈恩郎(父)	8.10,李子昌
9.16	陈柴头	24	准居	结石珍	杨荣娘	18	张瑞娘	陈长水(堂叔公)	杨坐(父)	8.10
9.16	黄冉妹	24	吧生	大南门	廖四娘	16	谢七娘	黄纪郎(堂兄)	廖凤二(父)	8.10
9.18	钟亚五	23	吧生	戈劳屈	张圆娘	16	郑基娘	钟亚四(胞兄)	张九城(父)	8.21
9.18	游源水	27	吧生	网寮	杨凤娘	21	薛七娘	游恩定(父)	杨三桂(父)	8.10
9.18	薛攀郎	21	吧生	新把杀	韩爱娘	21	朱瑞娘	薛平合(堂兄)	韩木山(父)	8.22
9.19	古海浪	35	吧生	戈劳屈	吴缎娘	28	张信娘	古成爹(堂兄)	吴登山(宗叔)	8.10
9.19	陈玉泉	18	吧生	结石珍	杨周娘	19	张瑞娘	陈山景(父)	杨福源(父)	8.12
9.19	黄炎山	20	吧生	大南门	姚坤娘	18	张信娘	黄友成(胞叔)	姚长生(父)	8.19
9.20	谢煌合	42	准居	砖仔桥	丘双娘	18	曾和娘	谢亚定(堂兄)	丘亚生(堂叔)	8.10
9.20	甘基源	19	吧生	邦亚垅安	蔡全娘	19	李瑞娘	甘鹏(父)	蔡沓美(父)	8.17
9.21	陈明老	19	—	砖仔桥	吴吉娘	17	蔡勤娘	陈三珍(父)	吴秀山(宗伯)	8.10
9.22	巫魁	28	准居	二十六间	赖绢娘	17	张信娘	巫亚刘(堂兄)	赖恭显(父)	8.10
9.28	黄玉水	22	吧生	八戈然	李冬娘	21	陈生娘	黄麟凤(父)	李伯盛(胞叔)	8.21
9.29	李连生	34	吧生	大使庙	巫本娘	23	薛七娘	李佛议(宗兄)	巫金山(堂兄)	8.24
10.3	林对	40	准居	班芝兰	王金娘	22	蔡勤娘	林祖枣(胞叔)	五光华(父)	8.19,高,沈
10.5	许田	33	准居	大港墘	林图娘	19	陈生娘	许得意(宗兄)	林天德(胞兄)	旧婚
10.5	林佛元	25	准居	丹那实连	韩凤娘	17	罗登娘	林桑树(叔公)	韩金山(胞伯)	8.24
10.5	黄玉	18	吧生	三间土库	王露芝	15	汤吉娘	黄笨珍(堂兄)	王文成(父)	8.24
10.6	叶福星	20	吧生	洪溪	丘榜娘	16	陈生娘	叶参(胞兄)	邱长生(胞伯)	旧婚
10.11	戴京发	22	吧生	望寮	蔡然娘	21	蔡勤娘	戴义水(父)	蔡礼水(胞兄)	9.13
10.14	陈文炳	17	吧生	八戈然	李三娘	17	薛七娘	陈逢义(父、雷)	李伯适(父、万丹甲)	9.4
10.20	蔡登意	31	吧生	大使庙	王民娘	21	汤吉娘	蔡一水(父)	王自富(堂叔祖)	9.26
10.23	郭长福	26	吧生	观音亭	陈泉娘	24	汤吉娘	郭绍洲(父)	陈珍生(胞叔)	9.16
10.24	李亚杞	29	唐生	槟榔社	叶梨物娘	20	蔡勤娘	李亚林(宗兄)	叶双贵(父)	9.21
10.25	颜福山	25	吧生	八厨沃干	黄桂娘	22	汤吉娘	颜永文(堂叔祖)	黄珠垂(父)	9.16,高、沈

10.26	古水二	24	吧生	洪溪	林全娘	20	张信娘	古意水(胞兄)	林启明(胞兄)	9.16
10.30	陈清河	21	吧生	惹牙兰	林和娘	16	陈生娘	陈荣椿(父)	林文隆(父)	10.7
10.31	夏赵	23	吧生	八厨沃间	林福娘	23	蔡勤娘	夏德建(堂叔)	蒋信娘(母)	8.19
11.2	陈东发①	22	准居	三间土库	赖任娘	20	陈新娘	陈阿均(堂叔)	赖亚书(胞叔)	10.7,陈、黄
11.2	简桂成	32	吧生	乌布土库	李七娘	18	汤吉娘	简天德(胞兄)	李青(父)	10.10
11.4	詹淑兴	24	吧生	吉石珍	林惠娘	18	张瑞娘	詹还生(父)	林约(父)	9.28
11.7	丘彬郎	18	吧生	洪溪	张清娘	18	汤吉娘	丘顺德(宗叔)	张全生(胞兄)	10.13
11.8	黄头	37	唐生	新把杀	王招娘	23	李瑞娘	黄癸已(堂兄)	王春波(堂兄)	9.30,黄、陈
11.9	伍和秀	35	准居	槟榔社	刘丙娘	16	卢登娘	伍金二(堂叔)	刘亚五(父)	10.10
11.9	陈东元	25	吧生	结石珍	郑添娘	18	汤吉娘	陈金山(叔祖)	郑房生(胞兄)	10.10
11.9	徐匏厨	22	吧生	丹仔望	黄绣娘	15	李瑞娘	徐炎京(父)	黄德水(堂叔)	旧婚,8.5
11.10	丘光添	37	旧客	三间土库	林银娘	22	何金娘	丘水容(宗兄)	林子凤(胞兄)	10.28
11.10	林步谐	38	唐生	结石珍	蒋美娘	24	薛七娘	林盒(宗叔)	蒋河志(胞叔)	10.2
11.10	陈友文	27	吧生	砖仔桥	蒋坤娘	19	薛七娘	陈三贵(胞叔)	蒋河志(宗叔祖)	10.7
11.11	李达四	25	旧客	王脚桥	黄桂娘	19	李瑞娘	李达三(胞兄)	黄亚桂(父)	10.10
11.13	蔡番薯	26	唐生	结石珍	蒋美娘	23	薛七娘	蔡聚(宗叔)	蒋鸡(胞叔)	10.2
11.15	林裕绰②	25	唐生	旧把杀	蔡舍娘	23	汤吉娘	林斗(堂兄)	蔡奇章(胞兄)	10.4
11.15	陈博郎	32	旧客	结石珍	赖金娘	16	朱瑞娘	陈千寿(宗兄)	赖添郎(胞伯)	10.10
11.16	陈壬子	18	吧生	结石珍	吴本其娘	17	张瑞娘	陈山景(宗伯)	吴炮(宗伯)	10.13
11.17	洪柔	25	旧客	打铁街	李潭娘	16	林生娘	洪新来(堂叔)	李初兴(胞兄)	11.17
11.18	游彬③	25	吧生	五脚桥	陈金娘	15	汤吉娘	游观必(堂叔)	陈粮(父)	10.14
11.20	连益章④	29	吧生	洪溪	黄玉娘	21	汤吉娘	连炎照(父)	林碧娘(母)	10.13
11.20	杨亚四	44	唐生	洪溪	陈禄娘	17	何金娘	杨亚福(宗叔)	陈亚带(父)	10.22
11.20	钟清基	26	吧生	戈劳屈	黄润娘	19	谢七娘	钟亚七(叔祖)	黄天生(胞叔)	10.21
11.22	詹水红	24	吧生	大使庙	江顺娘	22	何金娘	詹高山(父)	江水生(父)	10.14
11.22	蔡金山	24	吧生	望寮	杨柳娘	22	何金娘	蔡祖家(祖)	杨亚福(父)	10.14

① 查陈东发于1869年12月16日搭甲板牙胡牙亚来自吗九,有入字恳居吧。

② 默林斗单云系林裕绰唐生长。查入口词簿1870年2月22日到吧,搭火舟君冷安黎旦兰,已入字恳居吧。

③ 献亚朗字1871年7月1日准开亚朗在五脚桥兑油等货。

④ 连炎照献过房书。连益章原系伊胞兄雷珍兰连文清之子,因多病于庚午年十月十五日立过房书与连炎照为嗣。

11.24	施大琳[1]	36	—	小南门	陈攀娘	22	罗丁娘	施智(堂兄)	陈荣桂(伊兄)	10.14
11.27	汪再[2]	31	唐生	惹牙兰	黄绒娘	27	丘砣娘	江克福(堂兄)	黄岐山(胞兄)	10.18
11.28	杨源泰	20	吧生	大港墘	蔡贵娘	17	张信娘	杨育(堂叔)	蔡牛(父)	10.21
11.30	丘朋顺	22	吧生	芝宁贞	冯江娘	22	吴信娘	邱汉水(父)	冯彬郎(父)	10.27
12.4	丘文簿	27	吧生	戈劳屈	赖职娘	16	罗登娘	郑灶娘(母)	赖佛明(胞叔)	11.6,陈、吴
12.5	李祥二	30	唐生	八多尧	蔡木娘	24	罗登娘	李德长(宗伯)	蔡三夜(胞兄)	10.28
12.5	李长源	24	吧生	五脚桥	陈七娘	21	吴新娘	李金员(父)	陈任京(胞叔)	11.13
12.7	朱辛能	28	吧生	五脚桥	陈水娘	16	汤吉娘	朱亚泰(堂叔)	陈清水(堂兄)	11.6
12.11	黄添贵	18	吧生	八多尧	许丁娘	15	陈奇娘	黄亚云(父)	许茂林(宗兄)	11.6
12.12	李金山	20	吧生	结石珍	邹金娘	17	陈六娘	李春生(胞叔)	邹河滨(父)	11.6
12.12	陈杞芳	23	唐生	结石珍	詹四娘	18	张瑞娘	陈亚二(胞叔)	詹友二(父)	11.6
12.14	吴鼎贤[3]	30	唐生	公司后	黄润娘	21	罗金娘	吴璘妹(堂叔)	黄亚清(胞叔)	11.6
12.15	黄清松	44	吧生	八茶罐	陈竹娘	38	汤吉娘	自己	自己	旧婚。前夫黄承煜已故。
12.18	蒋茂寅	26	吧生	结石珍	蔡益娘	24	罗登娘	蒋荷志(宗叔)	蔡清山(堂兄)	11.11
12.21	黄朝成	33	唐生	新巴杀	王美蜜娘	18	李诗娘	黄癸已(堂叔)	王文生(胞叔)	11.13
12.21	陈江华	20	吧生	观音亭	颜云娘	16	汤吉娘	陈水阁(父)	颜永文(胞叔祖)	11.22,1876.4.20,离婚
12.23	林申甫	21	吧生	八戈然	王致娘	18	杨瑞娘	林嵩岳(父)	王元标(祖父)	11.18
12.28	叶亲[4]	35	唐生	丹仔望	黄粗娘	17	李瑞娘	叶登(胞兄)	黄天裕(胞兄)	11.20
12.29	蒋福泰	24	吧生	结石珍	钟渺娘	20	汤吉娘	蒋福金(胞兄)	钟文杰(堂叔祖)	11.27
12.29	林玉海	17	吧生	新厝仔	叶碧娘	18	汤吉娘	林成美(胞兄)	叶窕(堂叔)	12.23

总计:171 对

1872 年吧城唐人成婚注册表

月日	男家	年岁	类别	住址	女家	年岁	媒妁	男方主婚	女方主婚	备注 结婚日,主事人
1.3	刘德观 又名丙淑	36	准居	新厝仔	陈娘娜	19	吴新娘	刘亚二(宗族)	江丁娘	旧婚 9.16,连文清、陈光华
1.8	韩开仁	23	吧生	公司后	陈金娘	20	张信娘	韩金山(宗叔)	陈金山(父)	1.10

① 查入口词簿施大琳 1871 年 2 月 9 日搭甲板吧多劳若自厦来,已入字恳居,尚未接倒案字。

② 默陈振河单云唐生,查入口词簿 1869 年 6 月 18 日搭烟舟茄啤多劳,已入字恳居,未接案夺。

③ 默林坤佑单云新客,查入口词簿 1871 年 3 月 24 日火舟茄啤多劳来吧,已入字恳居。

④ 据新客簿 1869 年 12 月 19 日,叶亲搭甲板汉士来自厦门,经入字恳居,未出案夺。

1.9	饶亚舟	26	准居	小南门	古乙娘	17	罗丁娘	饶瑞田(堂叔)	古亚顺(父)	12.5
1.9	林生	29	准居	亭仔脚	蔡金娘	17	汤吉娘	林新全(宗兄)	蔡德水(堂叔)	12.26
1.10	李荣怀	22	吧生	结石珍	戴文娘	18	张瑞娘	李水生(父)	戴长文(胞叔)	旧婚 11.16
1.11	陈纯佑	48	吧生	结石珍	林依娘	37	张瑞娘	陈清柔(胞兄)	林文山(父)	12.19
1.11	李鞋①	27	唐生	八厨沃间	吴方娘	18	杨端娘	李水泉(堂兄)	吴唇(祖父)	12.12
1.12	施招源	25	吧生	结石珍	张音娘	26	张瑞娘	施智山(宗叔)	张红毛(父)	12.14
1.13	陈长保	19	吧生	大使庙	黄珠娘	21	汤吉娘	陈绒(父)	黄长生(堂叔)	12.11
1.15	谢日星	21	吧生	结石珍	黄加娘	20	朱瑞水	谢天生(父)	黄吉山(父)	12.11
1.15	唐瑞生	48	吧生	结石珍	戴煖娘	28	朱瑞娘	陈皆娘(母)	载帽垅(父	12.9
1.19	黄粒	30	准居	八厨沃间	王凤娘	16	陈登烈	黄马大(宗叔)	王金城(父)	12.19
2.21	林元和	23	吧生	冬基	郭明娘	22	薛七娘	林德发(父)	郭广生(父)	1.24.李子昌
2.24	徐贵生	36	吧生	茄览末	陈乙娘	18	朱瑞娘	徐亚顺(胞兄)	陈亚二(父病,伊兄早麦代)	1.17
3.1	谢佛恩	24	吧生	大使庙	郭七娘	20	陈生娘	谢允贴(堂兄)	郭亚饶(宗叔)	2.2,高西川
3.1	洪养②	31	—	结石珍	许平娘	21	陈六娘	洪坤(堂叔)	许同(父)	1.24
3.12	林天寿	20	吧生	圣望港	蔡勿娘	18	杨端娘	林金禄(父)	蔡奇昌(父)	2.16
3.18	李寿生	20	吧生	结石珍	曾那娘	18	张信娘	李亚信(父)	曾亚二(父)	2.20
3.19	赵桃	35	旧客	结石珍	洪文笃娘	24	朱瑞娘	赵变(堂叔)	洪龙(堂叔)	2.16
3.19	刘金水	26	吧生	大使庙	张安娘	16	汤吉娘	罗发娘(母)	张长海(宗兄)	2.16
3.21	冯谨山	31	吧生	大南门	张敬娘	18	薛七娘	冯宾郎(堂叔)	张和兰(父)	3.6
3.29	章来盛	24	准居	小南门	钟娴娘	21	张信娘	章喜爹(胞叔)	钟天生(父)	2.23
4.5	宋长泰	33	吧生	鉴光毛六甲	林美娘	33	汤吉娘	自己	自己	3.1,前夫陈长生已故
4.9	张光	35	准居	小南门	章八娘	16	陈生娘	张添郎(堂叔)	章亚满(父)	3.13,黄清渊
4.9	陈宗谟	39	准居	三间土库	杨纫娘	15	陈生娘	陈元状(宗叔)	杨育(父)	3.18,黄、陈
4.13	李亚二	34	准居	小南门	宋辛娘	22	张信娘	李亚炳(兄)	宋就二(兄)	3.13,黄,陈
4.18	马初开	26	吧生	西门外	许常娘	23	杨端娘	马天云(父)	许铣淮(胞兄)	4.22
4.19	吴佳松	23	吧生	结石珍	詹山娘	21	朱端娘	吴佳成(胞兄)	詹爵(堂伯)	3.14

① 默钟钦五单云李鞋是唐生长。查人口词簿 1870 年 5 月 29 日搭火舟君冷安年直兰厦来,已入字未接案夺。

② 查新客簿于 1869 年 7 月 11 日搭火舟君冷安思卑仔来吧,已经入字恳居吧。

4.19	刘金镭[①]	23	吧生	结石珍	吴领娘	17	朱端娘	刘吉庆(父)	吴清和(胞叔)	3.25
4.22	赵炎基	20	吧生	结石珍	施翁娘	16	张瑞娘	赵萼(父)	施智山(父)	3.25
4.22	彭海江	25	吧生	戈劳屈	陈水娘	22	陈生娘	彭大秀(父)	陈玉长(父,朱)	3.18
4.24	林文清	30	吧生	大使庙	吴吧娘	23	张信娘	林文协(胞兄)	吴顺正(父)	4.2
4.25	林香[②]	31	准居	圣望港	许必娘	19	汤吉娘	林俊(宗兄)	许泰山(父)	4.25
4.27	陈三壮[③]	41	唐生	旧巴杀	林格娘	21	王金城	陈栋(堂兄)	林八卦(胞兄)	3.21
5.1	戴有福	21	吧生	甘望安	陈君娘	20	李瑞娘	戴光汉(父)	陈登基(父)	4.13,吴荣辉
5.1	黄亮文	18	吧生	新巴杀	王瑞娘	17	张信娘	黄淮水(父)	王凉海(叔祖)	4.11
5.4	陈清安	28	吧生	顶八厨沃间	韩以淡娘	21	张信娘	陈文珠(堂兄)	韩君宗(父)	4.7
5.4	李崇基	25	吧生	小南门	陈日娘	22	杨端娘	李贵生(父)	陈珍生(胞叔)	4.13
5.7	蓝杰[④]	29	唐生	八戈然	许荣娘	18	杨端娘	蓝九(父)	许毛(堂叔)	4.20
5.8	李长水	21	吧生	结石珍	吴銮娘	21	张瑞娘	林景娘(母)	吴水林(堂兄)	4.11
5.8	陈崇道	22	吧生	大港墘	蔡干娘	22	陈长庚	陈盛(父)	蔡东海(堂叔)	4.12
5.8	王范	32	唐生	西门	黄五娘	26	杨端娘	王深(堂叔)	黄东义(胞兄)	4.6
5.10	余亚钜	36	唐生	小南门	朱带娘	17	陈生娘	余金生(堂叔)	朱亚赞(堂叔)	4.8
5.10	黄四川	28	吧生	小南门	林速娘	18	陈生娘	黄坛(宗叔)	林清溪(父)	4.11
5.11	温清竹	23	吧生	八厨沃间	陈白娘	21	陈信娘	温各水(父)	陈冉生(父)	4.12
5.13	黄长顺	21	吧生	结石珍	杨面娘	17	朱瑞娘	黄凤山(父)	杨八佐(父)	4.20
5.13	林必达	22	吧生	丹仔望	徐里勿娘	22	李瑞娘	林亚钱(堂叔)	许捧佛(父)	4.12
5.13	叶福全	18	吧生	冬基	周福娘	17	李瑞娘	叶海山(父)	周木林(父)	4.17
5.13	刘新秀	22	唐生	洪溪三板寮	吴乙娘	18	谢七娘	刘水山(堂兄)	吴霖妹(堂叔)	4.12
5.15	梁淡松	22	吧生	美色近	施包娘	18	陈生娘	梁双池(父)	施清安(胞叔)	4.12
5.16	郑发福	38	吧生	亭仔脚	叶汶娘	23	杨端娘	郑佐(宗兄)	叶普山(父)	4.20
5.21	梁亚木[⑤]	26	唐生	五脚桥	徐任娘	15	陈金娘	梁亚三(堂叔)	徐凤兰(胞兄)	4.20

① 默陈山景单云系吧生，其文曰："兹报结石珍办内吧生长刘金镭年23岁，要娶吴领娘年17岁为妻，恳求婚字一纸赐他成亲是幸，男家主婚刘吉庆(父)，女家主婚吴清和(叔)，此奉上公馆列位甲必丹照。1872年4月17日默氏陈山景(红印)单。"美色甘武直迷氏1872年4月18日第6/293号，按照1828年5月31日第30号规定收取结婚费5盾(盖上长圆形火印)。全文以荷文书写。

② 默黄天吉单云林香是唐生长，查新客簿1869年4月24日搭火舟黎花叻来，已入字恳居吧。1873年6月5日离婚。

③ 默林斗单云陈三壮是唐生，查新客簿1869年12月19日搭甲板欧吗伦自厦来，已入字恳居吧。

④ 默吴金水单云蓝杰是唐生，查新客簿1872年1月15日搭甲板吗里来吧，已入字。

⑤ 默钟钦五单云是唐生。查新客簿1869年1月8日搭甲板逸者辖律氏吗九(澳门)来，已入字恳居吧。

5.21	蒋辛郎	22	吧生	槟榔社	陈容娘	22	陈心抽	蒋安郎(胞兄)	陈学(父)	4.16
5.23	徐彦	38	唐生	五脚桥	杨五娘	29	汤吉娘	徐添花(宗兄)	杨一富(胞兄)	4.20
5.23	甘海生	23	吧生	观音亭	林本娘	22	汤吉娘	甘太阳(父)	刘清娘(母)	6.2
5.23	李万长	23	吧生	丹仔望	韩凤娘	16	李瑞娘	李清基(父)	韩生(胞叔)	4.20
5.24	陈江水	19	吧生	新仔厝	黄渺娘	16	汤吉娘	陈沛(堂兄)	黄文仲(父)	4.20
5.27	吴龙水	18	吧生	公司后	陈玉娘	18	杨端娘	吴忖(父)	陈泉(堂叔)	4.27
5.28	高贤才①	31	唐生	八厨沃间	蔡木娘	22	何金娘	高纲(堂兄)	蔡燕(父)	4.27
6.7	古成龙	20	吧生	砖仔桥	曹然娘	18	罗丁娘	古新(叔祖)	曾茂兴(胞叔)	5.12,1878.11.28离婚
6.11	陈松伯	33	吧生	道郎	林辛娘	22	谢七娘	陈桂五(父)	林已有(父)	6.11,连、陈
6.12	温亚登	34	旧客	结石珍	林乙娘	18	张信娘	温亚安(宗叔)	林亚二(父)	5.12
6.13	黄秉	30	唐生	新巴杀	林水娘	20	朱有娘	黄篆(堂叔)	林拱(胞伯)	5.18
6.13	冯顺	27	吧生	丹那州连	杨已娘	20	陈生娘	冯子昌(父)	杨西海(堂兄)	5.18
6.15	詹元泰	20	吧生	小南门	黄惠娘	20	杨端娘	詹宝山(堂伯)	黄有章(父)	5.12
6.15	蒋文庵	31	吧生	结石珍	陈瑞娘	24	朱瑞娘	蒋江河(胞兄)	陈亚添(堂叔)	6.10
6.15	侯水行	22	吧生	结石珍	徐宝娘	21	朱瑞娘	侯登寒(父)	徐仁和(父)	5.18
6.18	谢允贴②	54	吧生	旧把杀	张音娘	34	——	自己	自己	旧婚
6.27	巫山林	30	吧生	——	陈娇娘	29	薛七娘	巫金山(宗兄)	李瑞娘(母)	6.6
6.27	刘坤郎	26	吧生	戈劳屈	陈志娘	24	罗丁娘	刘任生(堂伯)	陈清春(胞叔)	6.6
6.27	古亚安	27	唐生	西门	丘荣娘	19	陈生娘	古亚鸿(胞叔)	丘英二(堂叔)	5.27,连、陈
7.1	张亚桂	45	唐生	洪溪	邹利娘	16	陈新娘	张亚华(宗叔)	邹永水(父)	旧婚,李
7.8	钟舟鼎	20	吧生	小南门西	黄宝娘	18	杨端娘	钟天生(叔祖)	黄金山(胞兄)	6.16
7.11	温绍熙	32	旧客	大港墘	郑凤娘	16	杨端娘	温罢(叔祖)	郑邦几(胞兄)	6.16
7.12	陈昭河	19	吧生	大港墘	蓝秀娘	17	杨端娘	陈甘郎(父,钦赐甲)	蓝奇杰(父)	6.9,黄、陈
7.13	戴银山	21	吧生	结石珍	沈石娘	21	杨端娘	戴姜水(叔)	沈隆生(父)	6.13,李
7.17	黄国和	18	吧生	结石珍	吴七娘	18	朱友娘	黄淮水(宗兄)	吴古(父)	6.16
7.17	张万合	33	吧生	新巴杀	沈金娘	22	朱端娘	张宝兴(胞叔)	沈水墙(父)	6.22
7.17	傅应淑	19	吧生	戈劳屈	林水娘	15	陈英娘	傅凤鸣(父)	叶七娘(母)	7.2
7.22	叶龙兴	27	吧生	丹仔望	陈戈那娘	20	李瑞娘	叶沁(父)	陈超(堂叔)	6.23

① 默钟钦五单云是唐生,查新客簿 1869 年 12 月 19 日搭甲板欧吗伦厦来,已入字恳居。

② 默氏谢允同伊妻张音娘到堂云:野合至今 20 年并无结婚字,今已偕老,气投情洽,故恳结婚字以至白首。

7.23	叶先[①]	20	唐生	毛六甲	黄卯娘	18	吴信娘	叶纯全(叔祖)	黄荣宗(伯父)	7.2
7.23	钟炳金	32	唐生	五脚桥	杨寅娘	19	何金娘	钟连二(胞叔)	杨鼎龙(父)	6.21
7.24	陈成元	29	吧生	茄簿	赖水娘	16	张信娘	陈金声(堂伯)	赖加郎(宗叔)	6.23
7.24	侯文才	21	吧生	新巴杀	蔡金娘	18	朱瑞娘	侯文山(胞兄)	蔡清海(胞兄)	7.8
7.26	薛水生	31	吧生	洪溪三板寮	陈蒜娘	19	陈信娘	薛海山(胞兄)	陈呈(宗叔)	6.23,1876.1.6,公堂判离
7.27	林才圣[②]	25	唐生	戈劳屈	王金娘	18	何金娘	林长荣(宗叔)	王春吉(父)	6.23
8.3	饶皆昌	18	吧生	毛六甲	钟乙娘	18	陈生娘	饶奕才(父)	钟乾五(父)	7.2.高
8.5	汤基意	17	吧生	文丁	陈来娘	16	张信娘	汤源泉(父)	陈文渊(堂兄)	8.16
8.6	吴水生	27	吧生	西门外	陈音娘	24	汤吉娘	吴老生(胞兄)	陈顺合(胞兄)	7.5
8.7	杨福海	23	吧生	结石珍	林二娘	20	陈六娘	杨襟书(父)	林淡生(父)	7.13
8.13	陈茂荣	22	吧生	北戈然	黄乞娘	23	杨端娘	陈明定(堂叔)	黄锡(宗叔)	1878.5.9,离婚
8.19	林源瑞	24	吧生	惹牙兰	陈荣娘	20	吴信娘	林三阳(父)	陈凉水(父)	7.22
8.23	丘亚八[③]	25	唐生	观音亭	叶娘那	16	李申娘	丘靖寿(宗叔)	叶丁(宗叔)	8.6
9.2	黎福郎	23	吧生	戈劳屈	戴珠娘	16	谢七娘	黎新隆(胞兄)	戴明德(堂伯)	8.8,黄、陈
9.3	严志宁	25	吧生	小南门	刘闰娘	16	陈生娘	严德郎(堂兄)	刘庚文(父)	8.13
9.5	郭长寿	21	吧生	观音亭	黄成娘	19	汤吉娘	郭绍洲(父)	黄金堂(父)	8.13
9.6	陈敬福	27	吧生	槟榔社	余水娘	24	杨端娘	陈明(堂叔)	余永美(父)	8.6
9.7	叶浅[④]	29	旧客	八茶罐	张合娘	24	何金娘	叶玛益(胞叔)	张德元(父)	8.16
9.7	叶永茂	22	吧生	观音亭道郎	张劳致娘	22	汤吉娘	叶泰山(祖)	张荣宗(胞兄)	8.13
9.7	刘日生	21	吧生	八茶罐	陈秀娘	20	汤吉娘	刘添源(父)	陈碧麟(父)	8.13
9.10	洪亚五	34	旧客	大使庙	沈淑娘	17	何金娘	洪祺生(堂叔)	沈辛姐(堂叔)	旧婚
9.10	王春魁	29	吧生	丹仔望	陈玉娘	22	李瑞娘	王春波(堂兄)	陈丁基(堂伯)	8.16
9.11	甘壬癸	24	吧生	结石珍	陈心娘	23	陈七娘	甘永顺(胞兄)	陈纯祐(父)	8.20
9.12	蔡俊氏	37	唐生	鉴光猫厘	张福娘	20	陈六娘	蔡吾速(堂兄)	张缎(堂兄)	8.13
9.12	黄已秀	24	吧生	丹仔望	韩森娘	22	李瑞娘	黄晋生(胞叔)	韩景郎(父)	8.25

---

① 默陈亚二单云系唐生长。查新客簿 1871 年 3 月 14 日搭甲板目兜夷卜吉叻来,已入字恳居。公堂 1876 年 8 月 10 日判离。

② 默黄庚瑞单云唐生长。献吧冬(巴东)字 1868 年 4 月 7 日第 371 号西字。又吧冬望车汝路字 1872 年 4 月 16 日第 75 号、1872 年 4 月 22 日到吧。

③ 默范禄单云唐生。查新客簿 1869 年 2 月 16 日搭牙胡牙亚甲板吗九来,经入字恳居吧。

④ 查新客簿 1869 年 4 月 24 日搭烟舟茄皋多唠叻(新加坡)来,已入字恳居。

9.14	汤子龙	19	吧生	毛六甲	叶水娘	19	陈生娘	汤二素(胞伯,钦赐甲)	叶庚淑(堂叔)	8.25
9.14	林朝生	27	吧生	小南门	陈福娘	21	陈生娘	林宽绰(父)	陈灿光(父)	8.20
9.16	黄源兴	18	吧生	圣望港	林伊淡娘	19	汤吉娘	黄锦章(父)	林聪(父)	8.23
9.17	叶军后	21	吧生	美色近	林吉娘	16	陈辛娘	叶建(堂叔)	李芬娘(母)	8.20,1873.11.19离婚
9.17	余随碧	26	准居	公司后	吴宾娘	19	陈辛娘	余快(堂叔)	吴田(父)	8.17
9.17	林炳辉	20	吧生	圣望港窑内	蔡万娘	18	陈辛娘	林吉生(堂叔)	蔡风(父)	旧婚
9.23	肖光元	40	吧生	戈奢园	蔡葛娘	24	李执娘	肖秩德(堂兄)	蔡志俾(堂叔)	8.26,1874.7.25离婚
9.28	陈元[①]	27	旧客	结石珍	刘针娘	17	朱瑞娘	陈乌(宗叔)	简色娘(母)	8.27
9.30	黄大艳	20	吧生	丹仔实连	钟旁佛娘	17	罗丁娘	黄玛意(堂叔)	钟伸二(堂兄)	9.12
10.1	林景山	24	吧生	观音亭班芝兰	叶吉娘	22	汤吉娘	林荣山(父)	叶卯(胞兄)	9.3,吴
10.2	钟有利	27	吧生	观音亭道郎	黄良娘	22	张信娘	钟顺宝(父)	黄桂生(胞伯)	9.3
10.3	梁俊湘	19	吧生	小南门	黄枳娘	20	谢日娘	梁亚三(堂伯)	黄财仁(父)	9.19
10.5	黎美生	25	吧生	真郎安	余蜜娘	16	汤吉娘	黎阿琏(堂兄)	余清郎(父)	9.12
10.5	赵泰山	20	吧生	新巴杀	黄江娘	16	杨端娘	赵清水(胞叔)	黄再生(父)	9.12
10.7	甘吉文	23	吧生	结石珍	蔡坐娘	23	李瑞娘	甘洁山(胞兄)	蔡干忠(胞伯)	9.12
10.8	许明伦	25	吧生	安恤	杨七娘	17	李明娘	许州方(堂兄)	杨宁元(父)	10.3
10.9	朱炎昌	26	吧生	新厝仔	吴金娘	25	李执娘	朱木生(父)	吴建贤(父)	9.12
10.9	陈清木[②]	26	唐生	大港墘	黄来娘	16	汤吉娘	陈顺便(宗叔)	黄新良(父)	9.12
10.10	温阿能[③]	29	唐生	中港仔	肖礼勿娘	16	张信娘	温杞郎(父)	肖亚能(父)	9.13
10.10	刘庆喜	36	唐生	导郎	张六娘	19	林桔娘	刘春二(堂兄)	张和兰(堂叔)	9.13,1865.6.2第2105号
10.11	林堃安[④]	20	吧生	亚森脚	吴茗娘	20	李执娘	林百华(父)	吴荣辉(父,雷)	9.12,黄、陈
10.11	钟缵祥	30	准居	丹仔望	梁济娘	16	李瑞娘	钟奇笔(堂叔)	梁荣曾(胞兄)	9.13,吴
10.18	吴淇丰	28	吧生	亚森脚	李乔娘	20	何金娘	吴荣辉(父,雷)	李季庆(父)	9.17,黄连
10.19	陈安顺	20	吧生	冬基	郑礼娘	17	张信娘	陈奇清(父)	郑亚诗(堂伯)	9.19.吴
10.21	邓宗水	28	吧生	观音亭道郎巷	陈英娘	25	汤吉娘	邓云凤(父)	陈春芳(堂伯)	9.26
10.21	李秀禄	25	吧生	小南门	张友娘	20	吴辛娘	李清永(胞叔)	张永春(胞叔)	10.16

① 查新客簿1869年12月20日搭甲板干礁智厦来,已入字恳居。

② 默张高单云系唐生长,查新客簿1870年1月10日搭甲板派惹厦来,已入字恳居吧。

③ 默郑新客单云系唐生长,献案夺字1867年10月24日第47号准居,公堂1881年5月20日判离。

④ 林百华入禀因感风有病,托宗兄代为押号,为伊子林堃安年20岁配吴荣辉甲之女名茗娘年20结为伉俪。

10.21	苏亚占	38	唐生	小南门	宋裕娘	20	吴辛娘	苏亚富(兄)	宋亚桂(叔)	10.13
10.21	陈亚墩	35	唐生	洪溪	刘乙娘	20	陈信娘	陈亚左(胞兄)	刘梅兴(父)	9.22
10.21	马灿辉	23	吧生	丹兰望把杀沓汝	杜山娘	22	陈成娘	马新客(父)	杜俊杰(父)	9.25
10.22	杨国顺	21	吧生	大南门	林玉娘	19	李执娘	杨奇发(堂兄)	林毓秀(堂伯)	9.26
10.23	陈永昌	20	吧生	结石珍	纪恩娘	22	陈六娘	陈清柔(父)	纪结生(胞叔)	10.16
10.25	余俊极	27	垄生	八戈然	杨彩娘	22	李执娘	余君(堂叔)	杨联庆(宗叔)	9.27
10.25	江仕贵	28	吧生	八厨沃干	杨望吃娘	23	李执娘	江亚二(胞叔)	杨双印(胞兄)	10.10
10.25	丘和云	18	吧生	八厨沃干	杨何娘	17	李执娘	丘东水(宗兄)	杨坪(堂叔)	10.3
10.30	方留清	23	唐生	观音亭	赖快娘	19	张信娘	方夺侯(父)	赖沉香(父)	旧婚
10.31	郑光山	32	吧生	西门	陈必娘	22	谢七娘	郑茄底(堂兄)	陈顺合(堂兄)	旧婚
10.31	余上元	22	唐生	观音亭	黄悦娘	19	谢七娘	余瑞碧(堂叔)	黄茂松(堂兄)	10.17,1869.1.19,第7号
10.31	曾登郎	36	吧生	甲汶丝里	丘北娘	25	谢七娘	曾癸生(胞兄)	丘元勋(胞叔)	10.9
11.1	刘文水	32	吧生	大使庙	吴佳娘	20	汤吉娘	刘添源(宗叔)	吴发景(胞兄)	10.3,连,陈
11.2	杨金福	23	吧生	观音亭道郎	邹望娘	23	罗丁娘	杨金荣(胞兄)	邹文元(胞兄)	10.13 连.陈
11.2	叶影	38	唐生	小南门东	林金娘	18	罗丁娘	叶助长(堂叔)	林金生(胞叔)	10.3
11.4	蔡奇山	18	吧生	二十六间	林添娘	16	杨端娘	蔡奇章(胞兄)	林德泰(父)	10.10
11.4	陈滴水	31	唐生	五脚桥	叶元娘	23	谢七娘	陈基(堂叔)	叶深(父病,胞兄兴代)	10.10
11.5	蔡文瑞	48	吧生	观音亭	陈甘娘	28	汤吉娘	蔡文(宗叔)	陈金榜(胞兄)	10.24
11.5	甘长文	22	吧生	结石珍	杨蕉娘	19	朱瑞娘	甘永全(父)	杨金助(胞兄)	旧婚
11.5	陈有嘉	27	吧生	乌布土库	蔡贵娘	19	杨端娘	陈志锐(叔公)	蔡松茂(父)	10.16
11.6	叶贵生	34	吧生	西门外	潘巳娘	19	蔡申娘	叶亚任(胞叔)	潘亚德(叔公)	10.16,1874.4.21,离婚
11.6	温念庭	24	吧生	砖仔桥	黄丙娘	17	谢七娘	温亚五(堂叔)	黄亚勋(父)	10.13
11.6	吴大佛	21	吧生	大港墘	黄文娘	18	李执娘	吴唇(父)	黄青松(父)	10.13
11.6	熊阿盛	29	唐生	晋郎安	黄丙娘	17	谢七娘	熊德福(堂叔)	黄亚清(叔公)	10.13
11.7	丘兴福	31	唐生	旧把杀	曾清娘	19	何金娘	丘亚盛(胞兄)	曾楠生(父)	10.10
11.8	陈金燕①	26	唐生	小南门东	李金娘	18	陈生娘	陈源水(堂叔)	李金助(胞兄)	10.16
11.9	陈宝昌	20	吧生	新把杀	薛音娘	17	陈六娘	陈山景(宗叔)	薛文秀(父)	10.13
11.9	黄云祥	31	唐生	结石珍	陈振娘	18	何根娘	黄亚五(堂兄)	陈亚六(父)	10.13

① 默纪兰桂单云是唐生,查新客簿 1869 年 2 月 9 日搭甲板吧突劳若厦来,已入字恳居吧。

11.11	苏绍徽	22	吧生	中港仔	林从尼娘	17	张信娘	苏绍宗(胞兄)	林清泉(父)	10.17
11.11	叶东乔	39	唐生	导郎	钟音娘	24	罗丁娘	叶石观(堂兄)	钟贵德(父)	10.13
11.18	曾清春	27	吧生	甘光猫厘	甘协娘	17	陈六娘	曾清(堂兄)	甘永顺(胞叔)	10.20
11.19	郭亚饶①	35	唐生	八厨沃间	施焉娘	16	李执娘	郭金盛(宗兄)	施清安(宗兄)	10.27
11.20	林北元	31	吧生	洪溪	王来娘	24	陈执娘	自己	自己	旧婚,前夫陈碧源,已故
11.20	林长水	23	吧生	新厝仔	陈娘那	17	陈执娘	林永秀(父)	陈辨珠(叔公)	10.28
11.20	李记长	29	吧生	戈劳屈	甘音娘	20	张信娘	李亚三(堂叔)	甘金水(父)	10.28
11.29	张文魁	22	吧生	乌布土库	庄娘那	19	李执娘	张清泉(父)	庄文龙(亲伯)	旧婚
12.2	曾玉利②	27	吧生	乌布土库	丘山娘	25	张信娘	曾春水(父)	丘巳亚(堂兄)	11.8,高、陈
12.4	陈维庆	19	吧生	二十六间	杨城娘	17	许吉娘	陈长华(父)	杨金生(父)	11.8
12.4	丘佛保③	22	吧生	八厨沃干	叶福娘	15	朱瑞娘	丘元勋(父)	叶元荣(父)	11.15
12.5	刘万立	25	准居	珍把杀	赵竹娘	21	陈六娘	刘真(堂兄)	赵添(父)	11.11
12.7	陈返	29	唐生	结石珍	王说娘	17	朱水娘	陈连祉(胞叔)	王妈富(父)	11.11
12.7	庄清安④	37	吧生	望牙赖	蓝曾娘	31	朱水娘	庄沙郎(宗兄)	蓝牛(宗叔)	11.11
12.10	高心⑤	30	旧客	三间土库	郑色娘	17	谢七娘	高大振(堂兄)	郑香(宗叔)	11.17
12.13	杨占福	30	准居	八茶罐	高金娘	26	陈生娘	杨前(堂叔)	高湿(堂叔)	旧婚
12.13	施天送	32	旧客	小南门	高玉娘	17	陈生娘	施智(堂兄)	高湿(堂叔)	12.18
12.13	吴章兴⑥	22	吧生	芝令精	江明娘	18	薛七娘	吴合成(父)	江水生(父)	11.15
12.20	黄雷⑦	26	唐生	戈劳屈	王九娘	23	朱瑞娘	黄种(堂叔)	王文豹(胞兄)	11.27
12.20	廖昌秀	36	唐生	班芝兰	黄职娘	17	谢七娘	廖连爹(宗叔)	赖英娘(母)	11.27
12.21	温瑞光	24	吧生	冬基	梁水娘	19	谢七娘	温乙生(父)	林宣娘(母)	12.3
12.24	李清风	23	吧生	甘光猫汝	曾发娘	21	陈生娘	李清辉(胞兄)	曾伯雅(父)	12.10,番默杉媚温
12.24	沈炳彝	30	吧生	二十六间	梁翠娘	28	李执娘	沈掬生(堂兄)	梁荣春(胞兄)	12.3
12.27	丘宗喜	44	吧生	洪溪	赖果娘	27	李执娘	丘顺德(胞兄)	赖桂(宗兄)	11.29

① 默陈阳茂单云唐生长,查新客簿 1869 年 2 月 8 日搭火舟高窒厘必叻来,已入字恳居吧。

② 默王德森单云是吧生。据曾玉利云,丘山娘因疾过继与韩青山甲为女,后易姓名为韩万兰。

③ 据男家之母徐福娘云伊夫丘元勋病,令伊堂弟丘清溪到堂代押,徐福娘花押"○"。12 月 6 日该默到陈阳茂到堂证实此事。

④ 默番名猫符珍来单云庄清安是吧生。1873 年 8 月 15 日公堂判离。

⑤ 默陈泰山单云是唐生,查新客簿 1869 年 12 月 19 日搭甲板欧吗伦厦门来,已入字恳居吧。

⑥ 默薛金山单云吴章兴是吧生。公堂 1873 年 12 月 12 日判离。

⑦ 默黄庚瑞单云是唐生,查新客簿 1869 年 12 月 19 日搭甲板欧吗伦厦门来,已入字恳居吧。

12.27	刘立[①]	35	唐生	结石珍	黄来娘	18	朱瑞娘	刘乌番(堂叔)	黄汉堂(父)	12.20
12.27	沈亚三	26	唐生	不生	陈巳娘	15	何金娘	沈辛姐(堂叔)	陈亚初(堂叔)	12.6
12.27	巫俊英	20	吧生	大南门	熊谦娘	19	陈粉娘	巫奕贤(胞叔)	熊亨彝(胞叔)	12.16
12.28	卢其发[②]	20	唐生	旧把杀	杨生娘	18	张信娘	卢信昌(堂叔)	杨坪(父)	12.3
12.30	周开兴	26	吧生	八多窑	陈炳娘	17	张信娘	周开仁(胞兄)	陈添郎(堂兄)	12.3
12.30	黄泰昌	31	唐生	五脚桥	杨福娘	22	汤吉娘	黄妈乾(堂兄)	杨源基(胞叔)	12.11
12.31	丘顺兴	22	吧生	亚森脚	李观娘	17	薛芝娘	丘龙泉(父)	李伯盛(宗叔)	12.14
12.31	林俊德	32	吧生	大港墘	陈金娘	18	许吉娘	林嵩岳(宗叔)	陈云顺(父)	12.7

总计:191 对

1873 年吧城唐人成婚注册表

月日	男家	年岁	类别	住址	女家	年岁	媒妁	男方主婚	女方主婚	备注 结婚日,主事人
1.3	杨顺和	29	吧生	丹仔望	张登娘	26	李瑞娘	杨章学(堂兄)	张泰荣(父)	12.12,黄清渊,韩怀然
1.3	赵炎兴	24	吧生	结石珍	黄七娘	19	张信娘	赵萼(父)	黄道源(胞叔)	12.7(韩)
1.6	庄明元	23	吧生	八戈然	林银娘	23	汤吉娘	苏丁娘(母)	林必咽(父)	12.14.韩
1.9	丘思基	23	吧生	丹绒	温碧娘	18	许吉娘	丘枝头(父)	温罴(堂兄)	12.17
1.10	王必兴	25	吧生	丹仔望	陈永娘	15	许吉娘	王文成(胞叔)	陈江流(父,甲)	12.14,黄,李子凤
1.11	蔡东[③]	31	唐生	五脚桥	丘癸娘	15	蔡预	蔡凤(堂叔)	丘建郎(堂叔祖)	12.14,黄,韩
1.14	洪有珠[④]	24	唐生	小南门	张贵娘	24	何金娘	洪华轶(堂叔)	张金生(堂兄)	12.14
1.14	黄卫	26	唐生	班芝兰	甘瑞娘	18	谢七娘	黄捷(胞叔)	甘东生(父)	12.21
2.17	钟九全	20	吧生	结石珍	杨包娘	18	杨三娘	钟应标(父)	甘娘那(母)	1.22
2.17	谢文理	23	吧生	五脚桥	陈任娘	22	许吉娘	谢鼎观(堂兄)	陈东义(胞兄)	1.29,连文清、李
2.21	雷德利	20	吧生	八多尧	赖润娘	19	何金娘	曾癸生(父)	赖亚才(胞叔)	1.26
2.24	张善福	22	准居	中港仔	林发娘	19	陈生娘	张承万(父)	林搭(堂叔)	2.3
3.4	李天禄	25	吧生	鉴光猫厘	张根娘	24	陈六娘	李天赐(胞兄)	张明牛(胞兄)	2.3,陈江流,李子昌

① 默陈山景单云是唐生长。查新客簿 1872 年 2 月 13 日搭林振源甲板船厦来,已入字恳居吧。

② 默林斗单云系唐生长。查新客簿 1871 年 11 月 25 日搭甲板都兰年些叻业,已入字恳居吧。

③ 唐生,默钟钦王单。查新客簿 1869 年 12 月 19 日搭甲板欧吗伦自厦来,已入字恳居。

④ 唐生,默叶庚淑单。查新客簿 1869 年 6 月 28 日搭实旦劳奇顺火舟,已入字恳居。

3.6	苏绍弦	21	吧生	中港仔	黄高芝	21	张信娘	苏绍宗(胞兄)	林碧娘(母,兄黄德章代)	2.18
3.6	曾桂生	21	吧生	亚脚桥	周已娘	15	张信娘	曾木生(胞兄)	周亚富(胞叔)	2.12
3.7	陈藤	32	唐生	八茶罐	叶银娘	19	陈生娘	陈碧麟(堂叔)	叶三光(父)	2.18,李子昌
3.11	蔡漳寿	26	吧生	丹仔望	陈万丹娘	18	陈六娘	蔡漳水(胞兄)	陈取(堂叔)	2.18
3.12	黄长源	20	吧生	结石珍	薛水娘	17	朱瑞娘	黄进生(父)	薛文秀(父)	2.16,陈
3.13	李崇垤	22	吧生	小南门	黄璞娘	20	许吉娘	李贵生(父)	黄清秀(父)	2.18
3.13	谢丁弿	33	吧生	圣望港	丘鸾娘	27	许吉娘	谢江生(胞叔)	丘大生(父)	2.25
3.15	陈采四	44	唐生	蕉仔街	黄庚娘	16	蔡经娘	陈子福(宗叔)	陈连娘(母)	3.18
3.17	汪再	23	唐生	惹牙兰	陈莲只娘	21	李执娘	汪克(堂兄)	陈秋林(父)	2.25
3.20	李光辉	25	吧生	亭仔脚	五曲娘	17	李执娘	李拔萃(胞叔)	王约司(宗叔)	2.25
3.21	苏齐①	28	新客	五脚桥	黄因娘	23	李执娘	苏仞千(宗伯)	黄水生(堂兄)	2.25
3.27	陈水生	24	吧生	大使庙	蔡全娘	24	汤吉娘	陈光辉(堂兄)	蔡金山(胞兄)	3.1
3.28	李后望	18	吧生	蕉仔街	黄巳娘	15	薛七娘	李亚傍(父)	黄亚日(父)	3.10
4.2	吴亚欢②	31	新客	丹兰望	丘银娘	20	李四娘	吴开四(堂叔祖)	丘龙相(胞叔祖)	3.8,吴荣辉,陈江流
4.7	余月利	21	吧生	结石珍	吴温娘	20	薛七娘	余奎生(父)	吴长生(胞兄)	3.14
4.11	杨文星	18	吧生	亭仔脚	蔡音娘	15	杨端娘	杨江(父)	蔡清连(父)	4.13

月日	男家	年岁	类别	住址	女家	年岁	住址	媒妁	男方主婚	女方主婚	备注 结婚日,主事人
4.16	韩天福	20	吧生	新巴杀	梁大娘	17	结石珍	朱有娘	韩厨(堂兄)	梁德水(堂叔)	3.28
4.17	颜启璋③	34	新客	大港墘	郑桃娘	20	小南门	陈生娘	颜福(堂兄)	郑汉(父)	4.1
4.19	蒋旺生	23	吧生	珍把杀	李必娘	22	茂物	陈六娘	蒋六生(胞兄)	李长美(胞兄)	4.17
4.19	林碧	52	旧客	珍巴杀	蒋六娘	32	珍巴杀	陈六娘	林漳(宗兄)	蒋六生(胞兄)	4.17
4.21	钟登郎	26	吧生	北劳八丹	温碧包娘	20	西郎桥	陈六娘	钟亚三(堂叔)	温壬福(父)	4.4
4.22	黄福连	20	吧生	圣望港	徐福娘	17	公司前	汤吉娘	黄笨珍(父)	徐友生(父)	3.19,吴
4.28	陈玉笔	36	准居	珍把杀	蒋山娘	22	珍把杀	李瑞娘	陈中元(堂叔)	蒋江河(胞兄)	4.15
4.28	陈清寿	20	吧生	珍巴杀	林直娘	19	珍巴杀	陈六娘	陈纯裕(胞伯)	林汉智(父)	4.8

---

① 默钟钦五单。据干刀番才副出单,苏齐勿里洞来,路字在干刀 1872 年 9 月 12 日第 332 号到吧,9 月 18 日第 721 号。

② 查新客簿吴亚欢于 1869 年 1 月 8 日搭甲板逸者律来自吗九,有入字恳居吧。

③ 查新客簿颜启璋于 1869 年 12 月 19 日搭甲板欧马伦来自厦门,有入字恳居吧。

4.28	陈闹热	41	吧生	大南门	谢巳娘	15	大南门	张辛娘	陈新奎(胞兄)	谢新郎(父)	4.13
4.29	陈登国[①]	40	新客	丹仔望	王卯娘	18	丹仔望	李四娘	陈案(堂兄)	王漳溪(父)	4.13
4.30	李亚荣	28	准居	公司后	梁異娘	18	公司后	陈和娘	李聚昌(堂兄)	梁亚昭(父)	4.13
5.6	蔡维露	24	吧生	甘望安	张勃娘	24	甘望安	张信娘	蔡朋(父)	张大亨(父)	4.18,高西川,陈文炳
5.9	陈海源	29	吧生	圣望港	杨平娘	18	圣望港	汤吉娘	陈凉水(胞叔)	杨财源(父)	4.22
5.10	林朝怀	22	吧生	小南门	翁育娘	21	小南门	陈生娘	林宽绰(父)	翁启祥(父)	4.19
5.12	王文旦	49	吧生	八戈然	杨山娘	24	八戈然	张信娘	王元标(父病,胞叔凉海代)	杨源基(父)	4.22
5.12	李亚海	38	旧客	大南门	刘春娘	18	亚森脚	郭基娘	李荣水(宗兄)	刘新有(堂兄)	4.22
5.12	杨佛山	23	吧生	八茶贯	陈清娘	18	八茶贯	罗登娘	杨百万(父)	陈有诰(父)	4.22
5.12	蒋泉寿	26	吧生	结石珍	罗四娘	19	结石珍	杨端娘	蒋百生(胞兄)	罗敦台(胞叔)	4.22
5.13	周亚富	40	旧客	八多尧	赖宇娘	16	八多尧	张信娘	周壬癸(宗叔)	赖添郎(胞伯)	4.22
5.13	高汀海	26	—	丹仔望	陈丹娘	26	丹仔望	李瑞娘	高大母(胞兄)	陈登基(胞叔)	4.22
5.14	谢文栈	30	准居	小南门	蔡淡娘	18	小南门	陈生娘	谢曲微(胞叔)	蔡奇章(父)	1.29
5.15	林亚四	41	旧客	洪溪	刘春娘	20	洪溪	罗丁娘	林友生(胞兄)	刘亚四(父)	4.26
5.16	郑德禄[②]	23	旧客	班芝兰	杨七娘	24	班芝兰	汤吉娘	郑秉(堂叔)	杨一富(胞兄)	4.22
5.19	黄顺五	35	旧客	小南门	胡义娘	20	小南门	汤吉娘	黄彝淑(宗叔)	胡鸿喜(堂兄)	4.26
5.26	吴亚三	39	吧生	五脚桥	林曲娘	20	五脚桥	谢七娘	吴奕足(宗兄)	林文海(胞兄)	5.7
5.29	钟伦游	20	吧生	新巴杀	叶山娘	18	新巴杀	朱友娘	钟伸二(父)	叶淡(父)	5.8
5.31	钟福郎	26	吧生	结石珍	刘桂娘	21	结石珍	陈六娘	钟亚二(胞叔)	刘德顺(胞兄)	5.17
5.31	许荣山	23	吧生	三间土库	古只娘	18	三间土库	陈六娘	许玉贵(宗兄)	古安郎(宗兄)	5.14
6.5	黄源波	22	吧生	干冬明惹岸	李豪吃娘	17	—	许结娘	黄亚登(父)	李金山(胞兄)	5.21,黄,韩
6.5	颜奇生	25	吧生	甘望安	黄玉娘	27	—	许结娘	颜丙观(堂兄)	黄景山(胞兄)	5.18
6.7	温亚景	33	旧客	珍巴杀	陈福娘	17	戈劳屈	张辛娘	温亚万(堂兄)	陈继成(父)	5.21
6.23	陈振敬	24	吧生	八戈然	吴兰娘	17	八戈然	许吉娘	陈长华(父)	吴顺正(父)	6.12,韩
6.26	利亚德	36	旧客	大南门	沈梅娘	29	大南门	薛职娘	利亚璋(胞叔)	沈隆生(胞兄)	6.14
6.28	蒋永发	39	吧单	观音亭	陈金娘	19	洪溪	杨端娘	苏永吉(胞兄)	陈红毛(父)	6.19
6.30	杨宝生	18	吧生	砖仔桥	五福娘	18	砖仔桥	汤吉娘	杨亚欧(父)	王德安(胞兄)	6.13

① 查新客簿陈登国于1869年2月9日搭甲板巴突劳若,来自厦门,有人字恳居。

② 旧客,默蔡连好单,垅路字1871年5月27日第853号,5月31日第590号到吧。公堂1874年12月17日判离。

6.30	周振器	33	唐生	小南门东	谢莲娘	18	小南门东	陈生娘	周清风(胞叔)	谢曲微(宗叔)	6.19
7.1	庄荣炉	31	旧客	五脚桥	何曾娘	19	五脚桥	吴新娘	庄瑞居(父)	何龙屏(父)	6.20,连
7.1	刘叶瑞	18	吧生	八多尧	石育娘	17	八多尧	何金娘	刘连凤(父)	石荣山(胞兄)	6.14
7.10	陈廷柱	58	浪生	三间土库	杨言娘	20	三间土库	杨端娘	陈江山(堂叔)	杨永吉(胞兄)	6.26
7.14	黄妈成	28	吧生	三间土库	林红娘	25	三间土库	张信娘	黄光攀(父)	林新荫(父)	6.26
7.1	洪汇川	38	准居	旧巴杀	詹曲娘	15	旧巴杀	汤吉娘	洪新来(堂叔)	詹六山(胞兄)	6.19
7.2	高梓龙	19	旧客	美色近	陈寅娘	20	美色近	陈生娘	高渊济(父病,胞兄梓盛代)	陈炳郎(胞兄)	6.15
7.15	许莲子	25	吧生	大南门	林春娘	21	大南门	许吉娘	许罩(胞兄)	林德泰(宗叔)	6.26
7.18	陈长茂	25	吧生	大使庙	蔡荣娘	18	大使庙	汤吉娘	陈竹苞(父)	蔡庇(堂兄)	6.26
7.22	丘清顺	31	垅生	旧巴杀	唐匏里娘	18	旧巴杀	陈生娘	丘光添(堂兄)	唐亚拔(父)	闰6.4,李子凤
7.25	林坤辉	22	吧生	八茶罐	郑快娘	15	八茶罐	许吉娘	林光裕(伯父)	郑坐(祖,病,母舅陈疆增代)	6.4
7.28	林桑义	34	吧生	圣望港	黄海娘	16	圣望港	汤吉娘	林福星(堂兄)	黄流(堂叔)	6.18
8.9	杨亚和[①]	30	新客	新巴杀	郑戊娘	17	新巴杀	罗金娘	杨亚永(胞兄)	郑亚传(父)	7.10
8.11	冯亚添	31	旧客	槟榔社	黄四娘	21	槟榔社	汤吉娘	冯柏胜(堂叔)	黄福三(胞兄)	6.27
8.14	吴亚昌	29	唐生	新巴杀	邹九娘	22	新巴杀	陈六娘	吴亚谨(胞兄)	邹亚文(父病,胞兄贤郎代)	7.2
8.18	李回兰	39	准居	八厨沃间	邓补都娘	20	八厨沃间	陈生娘	李仁寿(胞叔)	邓长寿(父)	7.10
8.21	林福彝	19	吧生	毛六甲	李认娘	18	毛六甲	陈生娘	林登观(堂兄	李亚三(堂叔)	7.2
8.25	黄羡[②]	27	唐生	戈劳屈	陈贞娘	19	戈劳屈	陈桂娘	黄富(堂叔)	陈文生(胞兄)	8.23
8.25	邓贵生	32	吧生	晋郎安	戴酉娘	17	晋郎安	李信娘	邓亚凤(胞叔)	戴老汉(父)	7.16,1875.11.11,离婚
8.25	黄玉焕	24	吧生	晋郎安	曾甲娘	20	晋郎安	许吉娘	黄阿绍(父)	曾新观(父)	7.11
8.26	陈契[③]	45	唐生	二十六间	赖八娘	22	二十六间	吴信娘	陈岩(堂叔)	赖佛明(胞叔)	8.5
8.27	张彩曾[④]	25	新客	班芝兰	姚板娘	22	班芝兰	陈生娘	张长恩(堂兄)	姚锦和(父)	7.9
9.2	詹德海	24	吧生	丹仔望	刘娘那	20	巴杀咨汝	李信娘	詹顺元(父)	刘亚三(父)	7.14,吴
9.9	陈三奇[⑤]	25	浪生	新厝仔	罗水娘	26	新厝仔	吴信娘	陈光棒(父)	自己	8.7
9.11	许文福	20	吧生	结石珍	纪金娘	20	结石珍	陈六娘	许灿(父)	纪平和(父)	8.4,陈

① 已查杨亚和于1871年12月19日搭甲板亚直里那吗九来,有入字恳居。

② 唐生,默黄庚瑞单。查新客簿1869年12月5日搭火舟叻来,已入字。公堂1882年4月21日判离。

③ 唐生,默徐养单。查新客簿1869年2月9日搭甲板吧多劳若,已入字。

④ 旧客,默叶连好单,查新客簿1870年10月29日搭甲板伴劳卑礁,已入字。

⑤ 浪生,默黎发兴单,罗水娘前夫叶亚鸿,结发10年身故,生一女9岁,恬守3年,余无奈再醮,愿与陈三奇永结同心,所供是实。

9.11	李晋郎[①]	27	旧客	丹仔望	钟红溪娘	19	丹仔望	陈信娘	李亚五(堂兄)	钟长生(父)	7.23
9.11	张狮观	21	吧生	戈劳屈	刘三娘	17	戈劳屈	谢七娘	张九城(父)	刘桂麟(胞兄)	8.13
9.17	林荣茂	24	吧生	小南门	陈秀娘	17	新厝仔	陈生娘	林荣华(胞兄)	陈荣瑞(父)	8.7
9.17	林和信	21	吧生	丹仔望	陈水娘	16	丹仔望	李瑞娘	林奇生(父)	陈子经(父)	8.10,吴
9.18	袁如郎	21	吧生	茄簰	庄灿娘	22	茄簰	汤吉娘	袁珠生(父)	庄沙郎(父)	8.7
9.19	巫均郎	26	唐生	五脚桥	丘水娘	18	五脚桥	戴二娘	巫赐道(堂兄)	丘泗酒(父)	8.4
9.22	张春和	32	吧生	结石珍	林三娘	23	文丁	陈六娘	张红毛(父)	林福缘(胞兄)	8.8
9.25	李猫让	17	吧生	蕉仔街	蔡明娘	17	毛六甲	陈增娘	李白兔(胞兄)	林福娘(母)	8.14
9.25	洪大戆[②]	31	——	圣望港	吴良娘	24	新圩	戴二娘	洪宽柔(堂叔)	吴珠生(父)	8.17
9.26	李合水	20	吧生	毛六甲	林文娘	20	惹犇安	张辛娘	李三才(父)	林木生(堂兄)	8.16
9.27	李令	30	准居	小南门	张波欲娘	17	新厝仔	陈生娘	李丘陵(胞兄)	张绵(父)	8.13
9.27	刘桂麟	20	吧生	砖仔桥	詹安娘	18	丹仔望	张辛娘	刘炎二(堂叔)	詹顺发(父)	8.13
9.29	黄闹番	34	准居	新巴杀	林玉娘	19	榴连桥	陈丁妹	黄富(堂叔)	林清良(父)	8.13
9.29	廖金山	24	吧生	职宁贞	刘财娘	25	甘光州洼	汤吉娘	廖文恩(胞叔)	刘金水(父)	8.14
9.29	汪抛	48	旧客	小南门西	蔡漠娘	36	小南门西	陈辛娘	汪高山(堂兄)	林来娘(母)	旧婚
9.29	郑顺郎	33	吧生	丹仔望	汪多娘	18	小南门	陈辛娘	郑德意(胞兄)	汪抛(父)	8.14
9.29	李登岸	26	吧生	甲汶系里甘光广东	谢笨娘	16	—	陈辛娘	李亚喜(堂叔)	谢亚松(父)	8.18,吴荣辉,陈光华
9.30	林海元	26	吧生	水锯社	颜馆娘	17	观音亭	张信娘	林三桂(胞伯)	颜福(堂兄)	8.18
10.1	王东宝	24	吧生	茄览抹	陈德娘	20	洪溪	张信娘	王天恩(堂兄)	陈宗寿(胞叔)	8.14,高
10.2	简增纯	18		中港仔	许水娘	19	吃鲁笃	汤吉娘	简增绪(胞兄)	许清泉,甲(父)	8.18
10.3	薛福成	27	吧生	水锯社	杨吉娘	24	圣望港	汤吉娘	薛海山(从堂兄)	杨青云(胞兄)	8.18,陈
10.3	李文常	19	吧生	甘光猫厘	甘福娘	17	结石珍	陈六娘	李永全(父)	甘吉文(父)	8.14
10.6	陈彩布[③]	23	唐生	结石珍	黄金娘	16	结石珍	何金娘	陈味(堂叔祖)	黄藕(父)	8.27
10.8	余君	27	唐生	八茶罐	洪宝娘	20	结石珍	陈生娘	余尧相(宗叔)	洪剑(父)	8.28
10.11	刘开基[④]	20	唐生	二十六间	林让娘	16	二十六间	张信娘	刘祝(堂叔)	林在(宗叔)	8.28
10.13	张源水	31	吧生	五脚桥	刘劳致娘	21	大使庙	汤吉娘	陈根娘(母)	吴瑞娘(母)	8.28

① 旧客,默吴亚欢单。查新客簿 1869 年 12 月 27 日搭火舟叻来,已入字。

② 查新客簿 1869 年 1 月 13 日搭甲板格力士密来自厦,有入字恳居。

③ 唐生,默陈山景单。查新客簿 1869 年 12 月 19 日搭甲板厦(门)来,已入字恳居。

④ 唐生,默徐养单。查新客簿 1869 年 12 月 28 日搭火舟厦(门)来。

10.22	张亚三	26	唐生	结石珍	李登妹	22	结石珍	薛七娘	张新郎(宗叔)	李笨基(胞兄)	9.13
10.24	黄汉生	20	吧生	圣望港	林多娘	19	珍	许吉娘	黄源春(父)	林藕钫(胞兄)	9.13,高
10.27	蔡坤和	28	吧生	圣望港	黄三娘	20	五脚桥	吴新娘	蔡瑞源(堂兄)	黄坛(宗伯)	9.19
10.27	林庆章	24	吧生	亭仔脚	詹水娘	19	窑内	陈新娘	林丰年(父)	詹高山(父)	9.13
10.27	李亚炳[①]	32	唐生	小南门	黄秋娘	21	小南门	陈生娘	李庚华(叔祖)	黄亚烈(父)	10.4
10.27	钟德兰	23	吧生	乌布土库	陈秋娘	21	八茶罐	陈新娘	钟亚五(叔祖)	陈三丕(父)	9.13
10.29	李接基	22	—	观音亭	洪来娘	20	观音亭	何金娘	李佛议(父)	洪容(父)	9.19
10.29	陈振芳	41	—	珍巴杀	钟煊娘	19	珍巴杀	陈新娘	李壬娘(母)	钟开意(父)	9.20,陈
10.29	戴有福	23	吧生	甘望安	黄辛娘	23	—	李四娘	戴光汉(父)	黄清郎(父)	9.13
10.31	丘燕芳	20	吧生	五脚桥	李大娘	21	—	吴辛娘	丘吾厚(父,病,子丘燕山代)	李珠良(父)	9.21
10.31	戴有生	32	吧生	大使庙	叶辉娘	20	—	许吉娘	戴仁(堂兄)	叶妈益(父)	9.22
11.1	吴应生	20	—	新把杀	张寅娘	21	—	陈生娘	吴辉生(父)	张亚义(父)	9.13,黄
11.7	林宗英	40	吧生	五脚桥	吴良娘	24	石桥	陈新娘	林清溪(胞兄)	吴文寿(父)	10.11
11.12	姚金生	22	吧生	公司后	黎戊娘	16	甘光爪亚	吴新娘	叶来娘(母)	黎庚寅(父)	10.4
11.13	余朝有	37	唐生	小南门	范白娘	25	观音亭	汤吉娘	余盘(宗叔)	范伍福(父)	10.3
11.14	阮漳源	20	吧生	结石珍	黄宝娘	18	干冬圩	陈六娘	阮培(父)	黄甘(胞叔)	10.3
11.20	周坤山	24	吧生	大南门	黄山娘	20	大南门	薛七娘	周木林(胞伯)	黄然(父)	10.18,韩
11.20	雍永芳	22	吧生	五脚桥	刘坤娘	16	油车	戴二娘	雍光荣(堂叔)	刘亮淑(父)	10.17
11.26	陈温返	36	唐生	新巴杀	涂琦娘	21	结石珍	陈六娘	陈杞(堂叔)	涂文赞(父)	10.16
11.26	黄海汉	18	吧生	小南门	刘理娘	17	公司后	杨端娘	黄永和(父)	刘祝(父)	10.18
11.27	王甘霖	25	吧生	西门	陈水娘	20	北戈然	陈生娘	王文旦(父)	陈和中(父)	10.11
11.27	陈瑞钟	19	吧生	甘光万兰	戴音娘	19	乌布土库	陈生娘	陈文渊(堂叔)	戴明山(父)	10.27
11.28	林水星	25	吧生	丹仔望	张春娘	18	茄老旺	李信娘	林腾英(父)	张四言(父,茄老旺钦赐甲)	10.21
12.1	蔡一	—	吧生	结石珍	方一	—	—	陈六娘	蔡一(父)	方一(父)	10.16 连
12.1	甘金水	20	吧生	结石珍	薛面娘	18	结石珍	陈六娘	甘清武(堂兄)	薛鱼(父)	10.18
12.1	杜重阳	21	吧生	八戈然	赖水娘	20	文丁	陈生娘	杜俊杰(父)	赖敦厚(父)	11.11
12.3	许荣山[②]	22	吧生	毛六甲	林本娘	18	冬基	许吉娘	许璇玑(父)	林新建(父)	10.18

① 唐生,默林金钟单。查新客簿 1870 年 8 月 6 日搭甲板其来,已入字恳居。

② 吧生,默陈亚三单。1883 年 10 月 8 日公堂判离异。张朝福。

12.4	高标荣	31	吧生	大港墘	郭荣娘	27	观音亭	汤吉娘	高心(亲兄)	郭龙(父)	10.21
12.4	叶鸿禧[①]	24	唐生	旧巴杀	陈政娘	17	槟榔社	汤吉娘	叶秋钦(堂兄)	陈金相(父)	10.25
12.6	郭发家	30	—	班芝兰	林桂娘	19	班芝兰	杨端娘	郭绍州(宗叔)	林金禄(父)	10.25
12.8	陈登芳	31	唐生	新巴杀	蒋月娘	20	甘光猫厘	陈六娘	陈杞(堂叔)	蒋看(父)	10.27
12.9	李华光	19	吧生	八厨沃干	黄乙娘	20	八厨沃干	陈辛娘	李荣光(胞兄)	黄蒲(父)	10.26
12.11	陈章汉	33	吧生	丹兰实连	邹福娘	26	竹巷	张信娘	陈章元(胞兄)	邹乾顺(堂兄)	10.25
12.13	吴赞源[②]	26	吧生	新把杀	刘任娘	21	干冬圩	陈六娘	吴挝(父)	刘捷魁(堂兄)	11.11
12.17	吴杨水	38	吧生	亭仔脚	黄如娘	23	亭仔脚	汤吉娘	吴金水(胞兄)	黄坤水(堂兄)	11.16
12.20	陈登水	—	—	珍圩	曾七娘	—	珍圩	陈六娘	陈纯佑(堂叔)	曾进生(父)	11.16

总计:151 对

1874 年吧城唐人成婚注册表

月日	男家	年岁	类别	住址	女家	年岁	住址	媒妁	男方主婚	女方主婚	备注 结婚日,主事人
1.3	陈必达	26	吧生	观音亭	罗记娘	16	观音亭	汤吉娘	陈霖生(胞伯)	罗拜(胞伯)	11.20 陈江流,李子昌
1.3	谢文准	38	唐生	旧把杀	王朱娘	20	结石珍	许吉娘	谢曲微(堂叔)	王郎全(叔祖)	11.16
1.6	温严贵	21	吧生	珍	廖二妹	17	珍	谢七娘	温亚五(堂叔)	廖逢四(父)	12.1
1.6	叶壬	26	唐生	小南门	李金娘	22	小南门	陈生娘	叶瑞(父)	李配(宗叔)	11.23
1.6	陈金山	34	吧生	圣望港	蔡粉娘	18	结石珍	何金娘	陈凉水(宗叔)	蔡金二(父)	11.23
1.9	黄董	34	唐生	亭仔脚	许速娘	20	观音亭	陈生娘	黄增(堂叔)	许胤(父)	11.23
1.12	周开仁	32	唐生	八多尧	彭已娘	17	臭桥	陈六娘	周亚富(胞叔)	彭炳龙(胞兄)	12.4
1.14	黄亚裕	29	唐生	小南门	赵丙娘	18	戈劳屈	何金娘	黄亚新(胞兄)	蓝庚娘(母)	12.10
1.15	陈泉	31	吧生	乌布土库	黄毛娘	29	甘光沙洼	汤吉娘	陈仁生(宗兄)	黄景州(堂叔)	12.8
1.17	纪益顺	33	吧生	西门外	李传娘	20	结石珍	汤吉娘	纪伴庸(堂伯)	李永生(父)	12.8
1.21	李辛福	38	唐生	圣望港	钟新娘	24	新厝仔	林发娘	李亚满(宗兄)	钟亚四(宗叔)	12.10
1.22	詹坤宗	20	吧生	大使庙	黄三白娘	20	瓮菜河	曾和娘	洪半娘(母)	黄文隆(胞兄)	12.8

① 唐生,默刘文章。查新客簿 1870 年 9 月 12 日搭火舟来吧,已入字。

② 吧生,默黎亚义单。其单云:兹报新吧杀界内吧生吴赞源年 26 岁,欲配与官冬圩刘三鱼之女刘任娘年 21 岁,男家主婚伊父吴挝,女家主婚伊堂兄刘捷官,理合禀明伏祈给交寅字为照,此奉上陈府即玛腰大大人监照。1873 年 12 月 12 日默氏黎亚义(长方形印)单。1879 年 10 月 27 日经公堂判离。其子才 11 个月,暂养在伊母至七岁方准取回,每月给伊母银 7.5 盾。

1.22	戴海山	29	吧生	打铁街	张能娘	27	三板寮	谢七娘	戴荣生(宗兄)	张推源(胞兄)	12.11
1.23	林昌	31	唐生	公司后	丘月娘	23	五脚桥	戴二娘	林靖(堂兄)	陈春娘(母)	12.8
1.26	王廷辉	20	吧生	丹仔望	马坤娘	21	丹仔望	李瑞娘	王春波(父)	马辛客(父)	12.15
1.27	李毛	27	唐生	班芝兰	刘奎娘	17	观音亭	谢七娘	李配(堂兄)	刘金水(堂叔)	12.15
1.28	陈其长	35	唐生	结石珍	薛里娘	27	结石珍	陈六娘	陈味(堂叔)	薛文圃(父)	12.15
1.28	林乌皮	28	唐生	结石珍	陈凤娘	26	结石珍	朱瑞娘	林约(堂兄)	陈菰生(胞兄)	12.18
1.28	叶亚森	33	吧生	蕉仔街	杨巳娘	19	打铁街	钟阿娘	叶石长(堂兄)	杨亚彝(父)	12.16
1.30	陈永禄	27	吧生	大南门	吴寿娘	16	铁门牛郎沙里	薛七娘	张生娘(母)	吴进然(父)	12.16
2.3	蓝龙二	32	唐生	戈劳屈	彭丙娘	18	导郎	谢七娘	蓝钦三(堂叔)	彭元仁(堂伯)	12.20,吴荣辉,陈光华
2.10	郑仲清	24	吧生	圣望港	李万娘	23	观音亭	汤吉娘	郑仲宏(胞兄)	李连生(堂叔)	12.28
2.27	饶亚康	24	唐生	甘光沓汝	邓三娘	17	大使庙	汤吉娘	饶瑞田(堂叔)	邓煌春(父)	1.14
3.4	李成贵	31	吧生	戈奢园	叶万娘	30	直劳低巷	吴新娘	李培垣(堂叔)	叶保全(堂叔)	1.21,高西川,陈文炳
3.7	林荣河	31	吧生	东基	洪坤娘	22	八多尧	汤吉娘	林壬光(胞叔)	洪德山(宗叔)	1.20
3.7	陈基芳	22	吧生	茂物	高淑娘	23	大使庙	杨端娘	陈基楠(胞兄)	高文献(父)	1.27
3.9	李总	32	唐生	丹那低巷	林州钫娘	19	美色近	陈生娘	李八(堂兄)	林有德(胞兄)	2.5
3.10	颜汶砼	20	吧生	小南门	李粟娘	18	八厨沃干	陈生娘	颜锦福(父)	李荣光(胞兄)	1.27
3.10	赖亚三	34	吧生	珍	白恩娘	16	珍	陈六娘	赖德伦(堂兄)	黄娘那(母)	1.27
3.10	陈克昌	22	—	大港墘	丘添娘	23	八厨沃干	汤吉娘	陈长芳(父)	丘清良(父)	2.8
3.17	林益①	27	唐生	五脚桥	蔡娇娘	15	五脚桥	何金娘	林振(宗兄)	蔡吾连(宗兄)	2.5
3.19	吴坤贵	23	吧生	新巴杀	陈生娘	23	新巴杀	陈增娘	吴进局(父)	陈干乘(父)	2.16
3.19	林长海	18	吧生	新厝仔	王陆娘	15	新厝仔	陈增娘	林永秀(父)	王茂山(父)	2.13
3.19	许德河	25	吧生	珍圩	陈荣娘	26	珍圩	朱永娘	许竹苞(父)	陈水生(父)	2.1
3.24	杨乔木②	23	唐生	乌鬼巷	陈理勿娘	21	乌鬼巷	杨端娘	杨兆庆(父)	戴凤娘(内祖妈)	2.12
3.24	戴担③	36	唐生	珍	蒋暮娘	21	珍	陈六娘	戴有财(堂叔)	蒋戆(父)	2.12
3.25	张川	26	唐生	结石珍	林福娘	16	结石珍	陈六娘	张套(伯年老,子成对代)	林约(父)	2.13
3.31	林魏荣	21	吧生	戈劳屈	戴河娘	18	戈劳屈	郑二娘	林云山(堂兄)	戴光汉(胞兄)	2.17
4.2	肖振永	24	吧生	甘光猫汝	黄金娘	19	惹牙兰	吴新娘	肖光源(父)	黄盾(胞兄)	2.27 黄清渊,韩怀然

① 查新客簿林益于1871年1月16日搭甲板尧汉仔妈里也厦来,有入字恳居吧。

② 默叶再兴单云婿唐生,献案夺字1873年12月18日第8号案夺准居吧。公堂1880年1月15日判离。

③ 默陈景云山婿唐生。查新客簿1871年2月7日搭洪彩之船,已入字恳居。

4.2	李清淑	22	吧生	臭桥	林宾劳娘	18	广东	谢七娘	李广安(堂兄)	林有(胞叔)	2.17
4.7	廖运秀	29	唐生	班芝兰	张七娘	17	观音亭	曾和娘	廖昌秀(胞兄)	张壬生(父)	2.24
4.9	郑和①	38	唐生	旧巴杀	赖海娘	24	旧把杀	许吉娘	郑周经(堂兄)	赖?水(父)	3.12
4.13	陈长和	26	吧生	亭仔桥	蒋钱娘	19	珍	汤吉娘	陈永老(父)	蒋理评(父)	旧婚,癸12.10
4.15	钟庚焕	35	唐生	八茶贯	谢戊娘	17	八茶贯	吴金娘	钟进合(宗叔)	谢鼎观(父)	3.7
4.16	赖硂炉	40	汶生	八茶罐	李纯娘	32	八茶罐	李瑞娘	赖滚生(宗兄)	李生金(宗兄)	3.2
4.16	戴文秀	30	唐生	臭桥	杨振娘	17	望义山	李瑞娘	戴国全(堂兄)	杨启基(父)	3.11
4.17	许财源	29	吧生	亭仔脚	丘翠娘	18	五脚桥	汤吉娘	许玉山(胞兄)	丘水容(父)	3.13
4.24	纪昌盛	18	吧生	小南门	黄获娘	18	小南门	陈生娘	纪兰桂(父)	黄成银(胞伯)	3.13
4.29	刘连姑②	26	唐生	珍圩	黄金娘	17	珍圩	陈六娘	刘宝(胞兄)	黄红记(堂叔)	3.24
4.30	李树	32	唐生	旧巴杀	黄银娘	21	旧巴杀	李八娘	李求(堂叔)	黄荣宗(父)	4.9
5.4	杨佳诗	21	吧生	芝不低	张石娘	16	中港仔	汤吉娘	杨兰美(父)	张抱金(胞兄)	4.18,连文清,李子凤
5.6	傅和宝	37	吧生	珍	陈狮娘	27	珍	陈六娘	傅交(胞兄)	陈德水(父)	3.25
5.6	黄溪	24	唐生	小南门	谢清娘	17	小南门	陈生娘	黄挝(宗叔)	谢光仪(堂兄)	3.25
5.11	蒋成基	19	唐生	珍	李诗娘	18	珍	陈六娘	蒋扶(胞叔)	李锦华(父)	4.9
5.11	丘亚三	44	吧生	丹兰望	林七娘	24	洪溪	李瑞娘	丘信郎(堂叔)	林伦献(胞兄)	4.4
5.15	林秀观	42	旧客	丹仔望	古汶娘	23	美色近	陈生娘	林亚四(堂叔)	古亚鸿(父)	4.1
5.19	夏德见	30	吧生	新池桥	蔡佳志娘	23	亭仔脚	陈信娘	夏曲(宗兄)	蔡福元(父)	4.5
5.19	林云德	24	吧生	丹那望	温从娘	20	大南门	谢七娘	林新郎(父)	温亚五(堂叔)	4.18
5.19	李广泰	17	吧生	真郎安	叶银娘	16	甘望安	谢七娘	李经元(父)	叶登(宗叔)	4.9
5.20	杨亚恭	35	唐生	大南门	熊谦娘	18	大南门	谢七娘	杨亚欢(堂叔)	熊享彜(胞叔)	4.16
5.20	陈坤龙	19	吧生	戈劳屈	林宇娘	19	新巴杀	谢七娘	陈悌元(父)	林拱(父)	4.24
5.20	林拱	54	吧生	新巴杀	薛良娘	34	新巴杀	谢七娘	林答鲁(宗兄)	薛文囿(堂兄)	旧婚,甲戌
5.21	曾月德	35	吧生	珍	纪音娘	20	甘光广东	陈六娘	曾长春(胞兄)	纪结生(胞叔)	4.13
5.21	翁文达	26	吧生	新厝仔	雍榜娘	20	观音亭	汤吉娘	翁清河(父)	雍永芳(胞兄)	4.16
5.21	肖景山	25	吧生	中港仔	杨海娘	20	珍	陈生娘	肖寿(堂叔祖)	杨福源(父)	4.12
5.23	杨香生	38	吧生	水锯社	陈三娘	27	—	陈辛娘	杨庚贵(宗叔)	陈秋霖(宗叔)	5.23
5.26	戴益茂	23	吧生	甘光吧望叉山	林坤娘	22	丹那望	李瑞娘	戴光汉(宗叔)	林阿钱(胞叔)	4.16

① 默林斗单云婿唐生，查新客簿 1873 年 10 月 30 日第 6171 号副谈奇新客人字郑和已在内。

② 查新客簿，刘连姑于 1871 年 2 月 7 日搭甲板实达厦来，有入字恳居。

5.26	苏绍本	29	吧生	八茶罐	陈生娘	25	八茶贯	汤吉娘	苏遐龄(父)	陈泰山(父)	4.12
5.26	温亚东	30	唐生	小南门	吴壬娘	19	蕉仔街	陈信娘	温亚珠(胞叔)	吴奕足(宗叔)	4.16
5.27	高端养	20	吧生	甲汶日落	汤木娘	16	甲汶日落	吴金娘	高源(父)	汤玉田(父)	4.16
5.27	刘亚乙	31	吧生	洪溪	王文娘	17	洪溪	吴金娘	刘亚八(宗兄)	王光艳(宗兄)	4.19
5.28	连福全	21	吧生	洪溪	苏东娘	20	中港仔	陈生娘	连凤池(祖父)	苏绍宗(胞兄)	4.18,高,李
6.1	吴安然	47	吧生	八茶罐	陈秀娘	22	八茶罐	李八娘	吴清焕(堂叔祖)	陈玉长(父,朱)	4.26,陈,李
6.1	周亚六[①]	37	—	八多窑	杜戊娘	17	戈劳屈	谢七娘	周亚富(堂兄)	杜亚二(父)	4.19
6.1	叶有桂	25	唐生	八茶罐	黎北娘	24	公司后	吴水娘	叶春元(宗叔)	黎亚四(胞叔)	4.24
6.3	王碧宏	21	—	西门	许珠娘	17	冬基	陈生娘	王武亭(父)	许清溪(父,钦赐雷)	4.26
6.4	李拱	31	唐生	惹宁安	柯曲娘	19	惹宁安	汤吉娘	李配(堂兄)	柯贻经(堂叔)	4.23
6.5	郑双白	29	唐生	亭仔脚	陈荣娘	22	针仔蚋树	何金娘	郑周经(宗兄)	陈景元(胞兄)	4.23
6.6	陈坤元	22	吧生	八厨沃间	冯林娘	17	直落戆	何金娘	陈旺(堂叔)	冯彬郎(父)	4.24
6.8	李亚禄	25	唐生	八茶罐	姚金娘	19	三间土库	汤吉娘	李观源(宗叔)	姚长生(父)	5.1
6.13	蔡有实	29	唐生	戈劳屈	黄文娘	16	戈劳屈	吴信娘	蔡欢(叔祖)	黄小种(父)	5.6
6.15	廖天水	24	吧生	藤仔巷	李来娘	19	大港墘	何金娘	谢合娘(母)	李长议(宗叔)	5.2
6.17	林有祥	21	吧生	二十六间	黄山娘	19	—	陈生娘	林沧如(叔祖)	黄明言(父)	5.8,李
6.22	钟利贞	26	吧生	小南门	李丁妹娘	18	吧八丹	陈信娘	钟亚己(父)	李芹山(胞兄)	5.18
6.23	肖佛罴	29	吧生	圣望港	李森娘	20	王园	汤吉娘	肖地永(胞叔)	李启元(胞兄)	5.13
7.14	陈永瑞	28	吧生	班芝兰	蔡武娘	15	班芝兰	戴二娘	陈再生(胞叔)	沈七娘(母)	6.2,吴,陈
7.14	陈炳宗	22	吧生	砖仔桥	江森娘	18	八茶罐	汤吉娘	陈荣泰(父)	江雨露(父)	6.13
7.15	陈水良	20	吧生	结石珍	黄六娘	18	吧八丹	陈六娘	陈山河(胞叔)	黄雷生(胞兄)	6.13
7.15	黄有慎	29	唐生	二十六间	叶秀娘	18	八厨沃干	张信娘	黄四川(堂叔)	叶保全(父)	6.8
7.16	林兴财	54	唐生	新厝仔	丘兼娘	25	五脚桥	汤吉娘	林永茂(堂叔)	丘天瑞(父)	6.6
7.16	邓木山	23	吧生	戈劳屈	黎笨娘	19	小南门	张信娘	邓立生(父)	黎剑昌(父)	6.13
7.20	许源溪	27	吧生	亚森圩	林珠娘	20	加览抹	汤吉娘	许源基(胞兄)	林生安(胞叔)	6.12
7.22	王德山	23	吧生	丹那丁仪	陈二娘	17	水锯社	王英娘	王平安(堂兄)	陈明顺(堂伯)	6.13
7.22	陈成章	23	吧生	新巴杀	许邦娘	25	新把杀	朱友娘	陈祀(叔祖)	许德兴(胞兄)	6.13
7.23	朱吉生	26	吧生	戈劳屈	古戊娘	15	咨腰兰	谢七娘	朱二生(胞兄)	古德郎(堂伯)	6.13

① 默余亚三单周亚六吧生,献案夺字 1852 年 5 月 15 日第 1250 号准居,1874 年 12 月 12 日因疮毒判离。

7.23	施鹤送	24	吧生	八厨沃干	洪珠娘	25	观音亭	陈信娘	施智(宗叔)	洪天助(父)	6.13
7.25	林益源	21	吧生	五脚桥	郑福娘	20	新厝仔	吴金娘	林合婚(父)	陈三娘(母)	6.20
7.28	郑两仪	17	吧生	亭仔脚	戴凤娘	18	劳纳	何金娘	郑亚经(宗叔)	戴子龙(父)	6.20
7.30	林坤元	27	吧生	观音亭	郑贵娘	24	观音亭	王英娘	林振生(胞叔)	郑天贵(宗叔)	6.18
7.30	叶白	30	唐生	公司后	许因娘	16	小南门	陈信娘	叶光标(堂叔)	许金水(宗叔)	6.20
8.1	黄珍珠	19	吧生	小南门	翁碧娘	20	小南门	陈生娘	黄镭(父)	翁启祥(父)	7.2,高,陈
8.6	朱清江	20	吧生	大南门	邓邻娘	20	甘蜜	张信娘	朱先福(父)	邓亚端(祖)	7.8
8.7	陈坤元	22	吧生	结石珍	蔡色娘	18	丹那望	李四娘	陈全郎(父)	蔡章法(父)	6.27
8.15	杨长宗	23	吧生	结石珍	林佳娘	20	北戈然	吴信娘	杨福源(父)	林嵩岳(父)	7.8
8.20	洪荣茂	22	吧生	八茶罐	朱荣娘	23	西门	汤吉娘	洪永水(宗叔)	朱玉理(堂兄)	7.25
8.21	陈亚珍	29	唐生	洪溪	廖乙娘	20	洪溪	陈信娘	陈亚初(堂兄)	廖亚六(父)	7.18
8.21	李福三	33	旧客	新厝仔	巫凤娘	19	大南门	赖新娘	李炳南(堂兄)	巫亚贤(胞叔)	7.18
8.31	刘亚登	32	唐生	槟榔社	邹欧娘	18	五脚桥	王英娘	刘全六(堂伯)	邹锦郎(堂叔)	7.28
9.2	梁亚展	28	唐生	五脚桥	范科律娘	17	小南门	林周娘	梁亚亨(堂叔)	范亚旋(堂兄)	旧婚,黄,韩
9.5	蔡清和	21	吧生	臭桥	王拔娘	23	亭仔脚	张信娘	蔡牛(宗叔)	王俭(堂伯)	8.10
9.7	黄德音	18	吧生	圣望港	庄素娘	16	干冬圩	陈吉娘	黄送(堂兄)	庄中央(父)	7.26
9.7	薛攀柳	22	吧生	新巴杀	蔡福娘	19	结石珍	陈六娘	薛丙合(堂兄)	蔡金英(胞兄)	8.7
9.7	洪清①	23	唐生	大使庙	叶水娘	19	大使庙	汤吉娘	洪大戆(堂兄)	叶大振(父)	8.3
9.12	丘光景	20	吧生	导郎	林登娘	20	导郎	戴二娘	丘双凤(胞兄)	林永顺(父)	8.10
9.14	张春爹	34	吧生	臭桥	李宁娘	19	戈劳屈	陈肩娘	张癸生(胞兄)	李亚满(父)	8.19
9.14	李亚祥	26	唐生	三间土库	黎福娘	16	西郎桥	李信娘	李德安(堂兄)	黎亚凤(父)	8.10
9.14	曾陈幸	21	吧生	观音亭	巫水娘	19	大鸟	王英娘	曾天生(父)	巫山林(堂兄)	8.10
9.14	郭金海	23	吧生	洪溪	黄盘娘	21	西门	陈信娘	郭三龙(堂兄)	黄小昌(胞兄)	8.17
9.14	王四十②	40	唐生	观音亭	林金娘	17	冬基	王英娘	王福全(胞叔)	林启明(父)	8.16
9.15	廖敬传	39	唐生	丹那望	郭壬娘	23	丹那望	李信娘	廖连四(堂伯)	郭振富(父)	8.10
9.15	张聪观	37	旧客	戈劳屈	陈金娘	25	戈劳屈	李信娘	张癸淑(堂兄)	陈辛郎二(胞叔)	旧婚
9.16	许金沙	18	吧生	—	李秋娘	17	—	许吉娘	许清泉(父,雷)	李子昌(父,雷)	8.10
9.16	蔡耀宗	19	唐生	甘光猫厘	邹硂娘	17	甘光猫厘	陈六娘	蔡耀勋(胞兄)	邹河滨(父)	8.13

① 唐生,默胡永泰单。查新客簿1871年789份副淡寄来新客入字恳居100张,洪清在内。

② 默范禄单,王四十唐生,查新客簿1864年1月21日已入字准居。公堂1881年9月6日判离。

9.16	林和成	39	吧生	中港仔	黎厨娘	24	丹那望	许吉娘	林良泉(宗叔)	黎鼎(堂兄)	8.10
9.17	蒋珀郎	23	吧生	丹那望	吴经娘	18	干冬圩	李信娘	蒋安郎(胞兄)	吴启丰(胞叔)	8.10
9.17	陈添雨	29	唐生	乌布土库	高金娘	17	八厨沃干	何金娘	高绸(父)	陈严(宗叔)	8.17
9.21	李衍辉	21	吧生	窑内	周缘娘	17	大南门	汤吉娘	李衍明(胞兄)	周木林(父)	8.24
9.21	杨大头	30	唐生	新巴杀	甘寅娘	20	吧八丹	吴金娘	杨清竹(堂叔)	甘友元(胞兄)	8.18
9.21	林尚鼎	21	吧生	小南门	许德娘	21	新厝仔	汤吉娘	林清溪(胞叔)	许红贡(堂兄)	8.19
9.22	林夏猛	28	浪人	圣望港	丘金娘	24	丹绒	张信娘	林金禄(堂叔)	丘枝头(父)	8.17
9.22	杨房佛	25	吧生	戈劳屈	康和娘	16	把杀巷	何金娘	杨烟(胞兄)	康新测(宗兄)	8.20
9.23	吴增三	25	吧生	水锯社	刘水娘	20	干冬圩	张信娘	吴州钫(胞兄)	刘金福(胞叔)	8.17
9.23	袁亚迪	27	唐生	砖仔桥	杨馆娘	20	八茶罐	李粉娘	袁松茂(宗兄)	杨新客(胞兄)	8.18
9.24	陈利乾	26	唐生	新把杀	黄巳娘	21	新巴杀	朱友娘	陈齐(堂叔)	黄癸巳(父)	8.17
9.25	林功信	36	旧客	八厨沃干	杨桂娘	18	八厨沃干	许吉娘	林启云(父)	沈日娘(母)	8.24
9.28	钟荣利	23	吧生	乌布土库	张大娘	18	甘光邦昂	张信娘	钟亚四(宗叔)	张光远(父)	8.19
9.29	吴明光	26	吧生	八厨沃干	陈尧娘	24	八厨沃干	陈信娘	吴阳安(父)	陈疆增(胞兄)	8.24
9.29	庄永元①	41	吧生	毛六甲	廖娘那	20	冬基	曾和娘	何红娘(母)	廖亚二(胞兄)	8.24
10.6	林金安	20	吧生	美色近	黄色娘	20	—	许吉娘	林碧煌(堂叔)	黄淑利(胞叔)	9.9,连,李
10.7	甘福秀②	24	吧生	新圩	林珠娘	27	—	陈六娘	甘清武(胞兄)	林友德(胞叔)	9.4
10.8	杨亚永	28	唐生	小南门	王水娘	18	毛六甲	陈信娘	杨秀贤(堂叔)	王镭(父)	9.2
10.15	陈亚远	25	唐生	洪溪头	张水娘	20	洪溪头	陈信娘	陈亚二(胞伯)	张登轮(胞叔)	9.9
10.16	甘金和	19	吧生	新巴杀	陈仁娘	18	二十六间	陈生娘	甘明智(父)	陈长华(父)	9.19,李
10.19	张亚四	40	旧客	珍巴杀	陈毛独娘	16	—	吴辛娘	张亚广(堂叔)	陈添郎(堂叔)	9.19
10.22	林从喜	21	吧生	小南门	陈英娘	21	喳木干	陈信娘	林金钟(胞兄)	陈朝吉(胞兄)	9.19
10.23	吴存罩	48	唐生	小南门	陈满娘	34	西门	王英娘	吴立(宗兄)	陈德郎(父)	9.16
10.26	陈金水	24	吧生	八茶罐	戴贞娘	20	八茶贯	陈信娘	陈逢觉(父,雷)	戴东生(父)	10.10
11.2	陈维盛	45	吧生	砖仔桥	罗密娘	24	芝宁贞	吴金娘	陈东(堂叔)	罗天茂(胞兄)	10.7,陈,李
11.6	梁荣曾	32	唐生	五脚桥	林丙娘	19	吉洞吃黎	张信娘	梁福(堂叔)	林德龙(胞兄)	10.22
11.9	陈永曲	28	吧生	八多窑	吴斗娘	18	八多窑	汤吉娘	陈永文(胞兄)	吴亚三(父)	10.19
11.10	陈喜	29	唐生	新巴杀	蔡桂娘	21	结石珍	陈六娘	陈齐(堂叔)	蔡贵生(胞兄)	10.7

① 默陈亚二单，庄永远吧生，公堂 1876 年 7 月 20 日判离。

② 吧生，默黎亚义单。甘清武因往亚齐为商，求其姑丈刘六壬到堂代押号。

11.12	陈昌业	36	准居	小南门东	林海娘	17	—	张辛娘	陈田(宗兄)	林惹俚(父)	10.14
11.13	许焕章	30	吧生	八茶贯	吴荣娘	19	—	何金娘	许奎炳(父)	吴燕(父)	10.13
11.13	郭鸿钧	19	吧生	圣望港	沈坤娘	20	槟榔社	许结娘	郭荣传(宗兄)	沈松茂(父,原任雷)	10.13
11.13	欧丁未	36	吧生	结石珍	徐金娘	20	结石珍	陈六娘	欧俊德(胞兄)	徐仁和(胞伯)	10.10
11.14	杨海山	24	吧生	冬基	韩淡娘	19	小南门	李粉娘	杨金荣(胞叔)	韩光裕(胞叔)	10.13
11.16	黎兰心	31	唐生	珍	李丙娘	19	珍	朱瑞娘	黎儒林(堂兄)	李宽秀(父)	10.21,李
11.16	邓文恒	25	吧生	亭仔脚	陈登娘	18	亭仔脚	朱瑞娘	邹文元(胞兄)	陈允藏(父)	10.14
11.16	温亚桢	38	唐生	珍	周庚娘	25	珍	王英娘	温亚润(堂兄)	周壬癸(胞兄)	10.10
11.16	叶元求	21	吧生	观音亭	陈音娘	19	观音亭	王英娘	叶傍(父)	陈永兴(父)	10.28
11.20	徐柳絮	38	旧客	小南门	甘凤娘	38	珍	何金娘	徐秉章(堂叔)	甘明智(堂叔)	旧婚
11.24	黄双溪	40	吧生	新巴杀	陈闰娘	30	新巴杀	汤吉娘	黄源茂(堂兄)	谢丁娘(母)	10.21
11.25	黄文采	18	吧生	三间土库对面	徐水娘	18	小南门	许吉娘	黄松得(父)	徐柳絮(父)	10. 21,陈,李
11.26	蔡百源	21	吧生	结石珍	郭俭娘	19	结石珍	徐六娘	蔡百全(胞兄)	郭天音(胞兄)	10.21
12.4	温全富	24	吧生	新厝仔	张铨娘	17	八茶贯	李粉娘	温亚三(父)	张贵宗(父)	10. 28,吴,陈
12.7	吴水福	24	吧生	班芝兰	廖三娘	17	—	吴惜娘	吴丁山(父)	肖寿(父)	11.3
12.7	张庚爹	45	吧生	亚森脚	叶拆娘	20	—	吴金娘	张登麻(堂兄)	叶亚娇(父)	11.2
12.8	陈深渊	19	吧生	茂物	林炎娘	20	丹那实连	李必娘	陈松林(父)	林桑树(父)	11.2
12.9	陈长生	27	吧生	观音亭	曾波娘	22	毛六甲	王英娘	陈维罴(堂兄)	曾江郎(父)	11.21
12.11	韩欣然	18	吧生	亚森脚	许友娘	17	毛六甲	许吉娘	韩怀仁(胞兄,雷)	许璇巩(父)	11.5
12.12	蔡心和	22	吧生	芝宁贞	黄淑娘	22	圣望港	张信娘	蔡景文(胞叔)	黄天吉(胞叔)	11.17
12.14	林亚咎	28	准居	丹仔望	韩元娘	20	丹仔望	张辛娘	林亚钱(堂叔)	韩坤山(父)	11.17
12.15	王邦立	22	吧生	丹那望	韩苏娘	18	丹那望	李四娘	王春波(宗叔)	韩扇郎(父)	11.17
12.15	戴红	43	唐生	班芝兰	杨荫娘	23	班芝兰	郑周经	戴国全(堂叔)	杨包(父)	旧婚
12.16	余忠	37	唐生	结石珍	陈马蚋娘	23	洪溪	陈六娘	余秦(堂兄)	陈语水(父)	11.15
12.18	林吉郎	20	吧生	班芝兰	邹英娘	18	班芝兰	陈信娘	罗壬娘(母)	邹亚禄(胞叔)	11.15
12.19	邹建衡	25	吧生	槟榔社	李再娘	20	洪溪	吴新娘	邹乾顺(胞兄)	李清辉(胞兄)	11.17
12.22	陈顺昌	19	吧生	二十六间	张煌娘	18	北戈然	许吉娘	陈千乘(父)	张振华(胞叔)	12.4
12.22	许棕	32	唐生	新巴杀	甘碧娘	16	新巴杀	陈六娘	许梗(堂兄)	甘友(父)	11.21
12.23	巫宜德	25	吧生	丹仔实连	俞雪娘	19	圣望港	吴信娘	巫赐道(宗叔)	李白娘(母)	11.26

12.23	林温山[①]	35	吧生	直劳低港	李坤娘	17	丹那实连	吴信娘	林香郎(宗兄)	李禄松(父)	11.11
12.24	陈宗道	23	吧生	大港墘	黄鸾娘	18	新厝仔	陈信娘	陈盛(父)	黄开祚(父)	12.4
12.28	陈文龙	20	吧生	水锯社	许新娘	19	水锯社	陈信娘	陈亚兰(父)	许铣淮(胞叔)	11.26
12.28	章乙郎	20	吧生	公馆巷	陈秀娘	19	小南门	陈信娘	章亚喜(父)	陈亚满(堂兄)	11.26
12.28	庄天维	32	吧生	甘光猫厘	郭福娘	27	结石珍	陈六娘	庄永结(胞叔)	郭玉水(堂兄)	11.26
12.30	陈琼球	39	吧生	观音亭	王桃娘	17	毛六甲	汤吉娘	陈浚哲(父,妈腰)	王武亭(父)	11.22,高,陈
12.31	甘清发	23	吧生	新把杀	杨松娘	23	珍	陈六娘	甘明(伯父)	杨汉江(胞兄)	11.26,吴,陈
12.31	张恺[②]	25	唐生	大港墘	黄金娘	17	乌布土库	汤吉娘	张水(胞叔)	黄谨上(父)	11.26

总计:188 对

1875 年吧城唐人成婚注册表

月日	男家	年岁	类别	住址	女家	年岁	住址	媒妁	男方主婚	女方主婚	备注 结婚日,主事人
1.4	陈成淡	29	吧生	五脚桥	林文娘	18	五脚桥	许吉娘	陈启禄(堂叔)	林炳汉(胞叔)	12.4,高西川,陈文炳
1.6	王庆德	47	吧生	文丁	张英娘	30	瓮菜河	吴信娘	王庆怀(胞兄)	张山河(父)	12.10
1.6	陈水郎	37	旧客	蕉仔街	林戊娘	17	结石珍	杨丁娘	陈亚顺(堂兄)	林武生(堂叔)	12.4
1.11	江正馨	23	唐生	三间土库	黄柑娘	18	三间土库	何金娘	江远(堂兄)	黄光攀(父)	12.10
1.11	钟桂五	32	吧生	班芝兰	杨戊娘	17	槟榔社	何金娘	钟天赐(叔祖)	杨福观(父)	12.11
1.12	王安生	20	吧生	亭仔脚	龚梅娘	18	二十六间	陈生娘	王活水(父)	龚汶水(父)	12.13
1.12	杨天盛	26	吧生	小南门	李乙娘	18	甘光荷北	陈信娘	杨福观(胞伯)	李亚六(胞叔)	12.10
1.12	郑雹[③]	30	唐生	亭仔脚	陈全娘	20	西门	汤吉娘	郑曲(宗叔)	陈德郎(父)	12.17
1.13	黄四体	26	吧生	甘光猫汝	林缎娘	17	毛六甲	陈信娘	黄亚日(堂兄)	林深水(父)	旧婚
1.13	丘亚生	34	吧生	戈奢园	黄有娘	15	戈奢园	陈信娘	丘德邦(堂兄)	黄亚日(父)	12.10
1.13	吴文才	23	吧生	结石珍	陈金娘	21	结石珍	陈六娘	吴桂友(父)	陈任水(父)	12.9
1.13	林金源	18	吧生	结石珍	蒋金娘	17	结石珍	陈六娘	林顺碧(父)	蒋六生(胞叔)	12.10
1.14	吴登瑞	29	吧生	结石珍	黄安娘	18	真郎安	朱瑞娘	吴才生(胞兄)	黄期明(胞兄)	12.10

① 丘亚生单林温山吧生。公堂 1877 年 4 月 12 日判离。

② 唐生,默蔡其所单。查新客簿 1871 年 11 月 25 日叻来搭甲板,已入字悬居吧。

③ 唐生,默刘祝单。查新客簿 1872 年 1 月 15 日厦来,已入字。

1.16	黄煅	42	吧生	新把杀	钟维娘	31	丹那望	李瑞娘	黄癸巳(堂兄)	钟德水(胞叔)	12.17
1.18	陈金榜	34	吧生	美色近	王音娘	27	瓮菜河	许吉娘	陈和尚(堂叔)	王光彩(胞叔)	12.17
1.23	蔡登元	35	吧生	结石珍	张伴娘	25	结石珍	陈六娘	蔡崇松(堂兄)	张红元(胞叔)	12.24
1.25	陈长寿	40	吧生	结石珍	蒋灿娘	26	结石珍	陈六娘	陈纯佑(堂兄)	蒋安郎(胞兄)	1.23
1.28	钟钦五	45	旧客	五脚桥	陈新娘	18	干冬圩	朱敏娘	钟进合(堂叔)	陈亚二(父)	12.24
2.11	李茂土	22	唐生	中港仔	林元娘	21	毛六甲	陈生娘	李爻(胞叔)	林仲润(父)	1.5，黄清渊,韩怀然
2.15	黄力	26	唐生	丹那望	张心娘	19	丹那望	李瑞娘	黄豆(堂兄)	张瑞恭(胞叔)	1.16
2.18	林春生	18	—	北戈然	郑山娘	21	北戈然	许吉娘	林嵩岳(堂叔)	郑国辉(胞兄)	1.16
2.18	黄长生	24	吧生	美色近	蔡月娘	22	打铁街	陈生娘	黄青松(宗兄)	蔡清仰(父)	1.23
2.18	黄漏番	37	旧客	新巴杀	曾宁娘	18	新巴杀	陈六娘	黄浦(堂叔)	曾长怀(胞兄)	2.10
2.20	梁歪	28	旧客	小南门	杨凤娘	16	亭仔脚	吴信娘	梁守文(堂兄)	杨江(父)	1.23
2.23	谢乙牛	20	吧生	真郎安	刘壬娘	18	新巴杀	陈六娘	谢亚二(堂兄)	刘清元(胞兄)	1.25
3.1	王振乾	25	吧生	观音亭	赖才娘	17	中港仔	许吉娘	王福全(堂叔)	赖渭源(父)	2.7,连文清,李子昌
3.1	蔡两仪	33	吧生	丹那望	李凤娘	21	大港墘	杨瑞娘	蔡榜生(胞兄)	李震陵(父)	2.6
3.1	罗顺秀	24	旧客	小南门	何已娘	17	圣望港	陈信娘	罗璘二(宗叔)	何亚汉(父)	2.3
3.2	梁亚竹	25	唐生	五脚桥	赖秀娘	17	甘望安	汤吉娘	梁亚三(胞叔)	赖德隆(父)	2.3
3.3	李都	23	准居	观音亭	黄玉娘	18	小南门西	陈生娘	李登宝(父)	黄坛(父)	1.30
3.3	蔡佛比	26	吧生	观音亭	李凤娘	20	圣望港	陈生娘	蔡三才(宗兄)	李拔萃(父)	2.10
3.4	谢登寿	22	吧生	圣望港	张庄娘	18	针仔蚋树	何金娘	谢鼎观(宗兄)	张聪观(宗兄)	1.29
3.8	谢振敦	18	吧生	洪溪	连合娘	18	旧巴杀	许吉娘	谢允贴(父)	连赞水(父)	2.14
3.8	罗文英	19	吧生	乌布土库	黄梅娘	18	五脚桥	陈信娘	罗往水(宗叔)	黄蒲(父)	2.7
3.10	邓运生	23	吧生	导郎	杨金娘	21	导郎	王英娘	邓振丰(父)	杨金荣(胞兄)	2.14
3.11	连凉水	19	吧生	洪溪	黄海娘	17	毛六甲	陈信娘	连凤池(父)	黄寅清(宗叔)	2.16
3.12	王秀生	25	吧生	公司后	陈江娘	18	窑内	何金娘	王四季(堂兄)	陈朴顺(宗叔)	2.14
3.12	周德元	20	吧生	丹那望	李德娘	18	冬基	何金娘	周宁(胞叔)	李木桂(胞叔)	2.11
3.15	林松茂	19	吧生	窑内	吴淑娘	21	观音亭	李八娘	林克慎(堂叔)	吴金员(父)	2.14
3.24	邓煌春	45	吧生	大使庙	叶妹娘	18	导郎	汤吉娘	邓振丰(堂兄)	叶冉四(叔祖)	2.21,李子凤
3.27	叶森四	25	唐生	蕉仔街	张已娘	19	蕉仔街	许吉娘	叶亚森(胞兄)	张聪观(堂兄)	2.27
3.27	高文思	27	吧生	圣望港	汤质娘	16	惹宁安	陈生娘	高大振(宗叔)	汤玉展(父)	2.21
3.27	李晋元	25	吧生	戈奢园	杨傍佛娘	19	小南门	陈生娘	李添郎(堂兄)	杨时雨(堂兄)	2.21

4.1	黄木生	21	吧生	导郎	胡丝娘	17	牛郎沙里	王英娘	黄亚明(父)	胡州郎(父)	3.5,陈江流,李
4.6	梁亚荣	34	唐生	大南门	罗春娘	19	砖仔桥	杨端娘	梁福官(堂兄)	罗敦取(父)	3.5
4.20	周坤和	21	吧生	大南门	戴茵娘	19	观音亭	何金娘	周木林(胞伯)	戴明生(胞叔)	4.1
4.22	丘荣麟	21	吧生	小南门	刘和娘	18	毛六甲	林枝娘	丘亚佑(堂兄)	刘亚二(堂叔)	旧婚
4.23	高世元	34	吧生	芝干黎	李山娘	19	大使庙	戴二娘	高顺风(父年老,胞兄世曲代)	李六(父)	3.27,陈,李
4.26	陈亚祷[①]	31	唐生	高劳屈	李庚娘	16	洪溪	谢七娘	陈亚芳(胞兄)	李亚林(父)	3.28
4.26	白龙[②]	33	垄生	五脚桥	王珠娘	16	圣望港	何金娘	白谈(堂叔)	王永兴(胞伯)	3.27
5.1	翁文福	23	吧生	新厝仔	许贤娘	20	新巴杀	陈生娘	翁清河(父)	许德兴(胞叔)	4.5,吴荣辉
5.3	潘万水	20	吧生	毛六甲	韩温娘	20	亚森脚	杨传娘	潘有良(父)	韩怀仁(父,雷)	4.4,吴,陈
5.3	杨平	27	旧客	八茶贯	梁七娘	16	珍圩	陈六娘	杨坪(宗叔)	梁德水(宗叔)	4.12
5.5	陈元德	22	吧生	珍圩	黄友娘	21	—	陈六娘	陈忠元(父)	黄明龙(堂叔)	4.15
5.5	吴记隆	45	旧客	新圩	赖柑娘	16	—	陈六娘	吴灶生(堂叔)	赖活水(父)	4.19
5.7	刘凤兴	27	吧生	导郎	林流娘	18	珍圩	王荣娘	刘可兴(胞兄)	林柱臣(宗叔)	4.5
5.7	吴亚六	29	准居	东基	陈砼娘	19	臭桥	张辛娘	吴亚三(胞兄)	陈新奎(父)	6.14
5.12	刘赛	32	旧客	旧把杀	林玉娘	19	旧把杀	杨端娘	刘盛祝(堂兄)	林斗(堂兄)	4.12
5.12	刘金水	33	吧生	毛六甲	王凤娘	17	观音亭	汤吉娘	刘才郎(宗叔)	王新客(父)	4.12
5.12	陈添奇	20	浪生	新厝仔	罗六娘	16	新厝仔	吴辛娘	陈光棒(父)	罗敦台(堂叔)	4.10
5.12	高仲[③]	32	—	圣望港	张文娘	19	五脚桥	吴辛娘	高瑚(宗叔)	张公生(胞兄)	4.12
5.13	戴丁发	22	吧生	五脚桥	刘源娘	17	观音亭	郑二娘	戴永生(胞兄)	刘天生(父)	4.12
5.20	陈笨郎	40	吧生	珍圩	张宝娘	26	五脚桥	陈六娘	陈彬郎(胞兄)	张德生(父)	4.28,陈光华
5.21	王初山	24	吧生	二十六间	施宝娘	20	观音亭	王荣娘	王欢(父)	施马恩(父)	4.19
5.26	许玉贵	35	吧生	甘光猫厘	戴领娘	28	职宁贞	谢职娘	许方(父)	戴永(胞兄)	4.24
6.3	蔡天赐	19	吧生	戈奢园	林六娘	18	公司	陈新娘	蔡金水(胞伯)	林子安(胞叔)	4.30,高,陈
6.4	许移山	25	唐生	水锯社	丁金娘	17	小南门	许吉娘	许子程(胞兄)	丁笛(父)	5.14
6.11	温亚六	46	吧生	望加勿杀	赖娘那	20	珍	谢七娘	温亚三(胞兄)	陈江娘(母)	5.14
6.18	赖兴观	31	旧客	大南门	黄戊娘	18	大南门	张辛娘	赖添郎(堂叔)	黄纪郎(胞叔)	6.8
6.19	杨亚二	25	唐生	丹那望	李丁娘	19	丹那望	陈六娘	杨亚明(胞叔)	李招光(胞兄)	6.13

① 唐生,默丘亚生单。查新客簿 1874 年 11 月 9 日副淡附其口词恳居。公堂 1880 年 3 月 11 日判离。

② 默钟钦五单,白龙从(三宝)垅来 4 年。公堂 1878 年 1 月 12 日判离。

③ 献案夺字 1868 年 11 月 2 日第 13 号准居。1879 年 3 月 20 日公堂判离。

6.24	赖金生	29	吧生	旧把杀	李银娘	18	五脚桥	许吉娘	赖佛明(父)	李传能(父)	6.6
6.25	吴奇生[①]	23	吧生	结石珍	陈惜娘	23	茂物	汤吉娘	吴良娘(姊)	陈思显(父)	旧婚
7.7	张瑞前	20	吧生	五脚桥	丘秀娘	17	五脚桥	吴信娘	张体仁(父)	丘忠良(父)	6.13,黄,韩
7.7	林溪川	49	吧生	瓮菜河	王珍娘	29	大使庙	许吉娘	陈温阳娘(母病,子林丰年代)	王悦嵩(父)	6.14,黄,韩
7.8	吴庚水	20	吧生	牛郎沙里	古无庭娘	17	牛郎沙里	许娘那	吴有(父)	张二娘(母)	6.16
7.9	叶全海	35	吧生	大南门	蒋丁娘	20	丹那望	汤吉娘	叶金山(胞兄)	蒋顺郎(堂兄)	6.9
7.9	梁悦富	22	唐生	公司后	韩丁娘	19	公司后	汤吉娘	梁北麟(宗兄)	韩荣光(胞兄)	6.14
7.12	郭瑞岩	27	旧客	旧把杀	甘和娘	18	新巴杀	陈六娘	郭荣春(堂兄)	甘明(父)	9.18
7.12	范超五	32	唐生	八茶罐	谢双娘	19	砖仔桥	吴景娘	范海四(堂叔)	谢京郎(父)	9.13
7.16	简长奇	33	唐生	亭仔脚	丘纱娘	20	五脚桥	陈信娘	简传瑞(堂叔)	丘厚(父)	9.18
7.16	韩元珠	18	吧生	丹那望	林真礁娘	17	丹那望	李四娘	韩坤山(父)	林成德(父)	9.24
7.22	谢德靖	26	旧客	小南门	陈冬葶	18	干冬圩	陈生娘	谢允贴(宗叔)	陈章兴(胞兄)	6.22
7.23	邹亚贤	33	旧客	大南门	张丁娘	19	蕉仔街	许吉娘	邹亚善(宗兄)	张华生(胞叔)	6.26
8.3	胡明良	45	吧生	洪溪	郑凤娘	26	三间土库	陈信娘	胡隆(亲兄)	郑春淋(宗兄)	7.8,连,李
8.5	陈桂芳	24	吧生	大使庙	李因娘	23	大使庙	陈信娘	陈学新(父)	李碧郎(父)	7.14
8.6	沈顺兴	21	吧生	班芝兰	李森娘	18	干冬圩	许吉娘	沈添全(父)	李荣华(胞叔)	7.11
8.6	黄长美	25	浪生	三间土库	叶长娘	17	亭仔脚大巷内	汤吉娘	黄长发(宗叔)	叶玛益(父)	7.18
8.12	范六兴	31	唐生	新厝仔	李乙娘	21	新厝仔	杨端娘	范锦兴(堂兄)	李晋源(堂兄)	7.22
8.13	蔡太水	26	唐生	公馆巷	刘金娘	18	海屿	戴二娘	蔡典(堂叔)	刘景川(父)	7.15
8.25	叶城	29	旧客	小南门	陈娘仔	16	中港仔	陈增娘	叶纯(父)	陈金水(祖父)	8.6
8.27	赵清秀	31	—	新圩	李汝没娘	19	中港仔	杨端娘	赵清水(胞兄)	李维达(父,甲)	8.8
8.30	蔡有约	25	吧生	残	张吗娘	19	—	许增桂	蔡庆章(父)	张助(堂叔)	8.6
8.31	陈源福	24	吧生	三间土库	沈森娘	18	槟榔社	吴辛娘	陈奖礼(父,朱)	沈松茂(父,原任雷)	8.3
9.1	吴永观	23	吧生	—	钟坤娘	18	—	王荣娘	吴亚四(胞叔)	钟文彩(父)	8.18,陈,李
9.1	黄钟英	24	吧生	小南门	许敬娘	20	—	谢石娘	黄东义(堂兄)	许铣淮(父)	8.9
9.2	杨好[②]	33	旧客	珍	蒋东葶	20	珍	陈六娘	杨八尘(堂叔)	蒋缄(父)	8.9
9.6	刘俊秀	27	吧生	观音亭	陈苏娘	20	导郎	汤吉娘	刘亚权(堂兄)	陈西凉(父)	8.20
9.6	吴盒[③]	26	旧客	新巴杀	甘顺娘	24	—	吴保娘	吴大苍(堂兄)	甘友元(父)	8.13

① 吧生,默蒋玉振单。据茂物万律名望些沾劳那来单云:亲听吴奇不肯为伊弟奇生主婚。

② 查新客簿于 1870 年 12 月 15 日搭甲板巴亚来(自)暹,有人字恳居吧。

③ 查新客簿吴合于 1872 年 1 月 15 日搭甲板吗里来自厦门,有人字恳居吧。

9.7	赖明其	31	吧生	观音亭	林京娘	19	五脚桥	李白娘	赖佛明(堂叔)	林清良(父)	8.13
9.7	陈得宜	30	吧生	结石珍	蔡柳娘	18	结石珍	陈六娘	陈子贤(父)	蔡崇松(父)	8.13
9.7	吴竹春	20	吧生	小南门西	许成婚	19	打铁街	吴四娘	吴过才(父)	许长协(父)	8.16
9.8	陈岐山	22	吧生	八茶罐	黄佐娘	22	八茶罐	杨端娘	陈玉长(公朱)	黄金山(胞兄)	8.13
9.9	黄南旁	22	吧生	戈奢园	文武娘	19	芝令贞	沈隆生	黄水生(胞兄)	文瑞(胞兄)	8.13
9.10	徐敬忠①	27	唐生	五脚桥	黄珠娘	19	五脚桥	陈信娘	徐岸(堂兄)	黄妈乾(父)	8.13
9.11	王坤与	21	吧生	夏远	张坤娘	19	戈奢园	薛丝娘	王坤水(胞兄)	张俊英(宗叔)	8.17
9.11	林丙山	30	吧生	戈劳屈	钟庚娘	16	晋郎安	谢七娘	林若山(胞兄)	钟亚弗(堂兄)	8.20
9.13	钟廉义	28	旧客	丹仔望	曹巳娘	17	诗里园	陈信娘	钟崇郎(胞叔)	曹焕郎(堂伯)	8.17
9.13	林貌官	33	旧客	八茶贯	蔡福娘	17	八茶贯	陈信娘	林在(堂叔)	蔡典(父)	9.13
9.13	黄清水	22	吧生	槟榔社	洪拓娘	23	公司	陈信娘	黄天财(胞叔)	洪俊杰(父)	8.20
9.21	阙安元	27	唐生	戈劳屈	吴三娘	15	冬基	谢七娘	阙文华(堂叔)	吴元四(胞叔)	8.28
9.23	陈清水	38	吧生	西门外	许丁娘	19	杉板寮	吴信娘	陈亚二(堂叔)	许桂增(养父)	9.4
9.28	钟德才	45	吧生	音勿叻	张杨娘	21	槟榔社	陈生娘	钟生娘(胞姊)	张阿六(父)	9.12
9.29	黄根生	19	吧生	圣望港	林春娘	19	戈劳屈	吴信娘	黄荣宗(父)	林面(父)	9.13
10.1	陈亚庆	36	旧客	大南门	巫安娘	16	大南门	汤吉娘	陈亚均(堂叔)	巫奕贤(胞叔)	9.12,吴,陈
10.4	陈油	30	唐生	小南门	叶玉娘	21	小南门	陈生娘	陈溯泗(父)	叶苏(父)	9.15
10.5	杨添鱼	33	旧客	结石珍	张修娘	32	结石珍	陈六娘	杨景良(宗兄)	张桃(父)	旧婚
10.5	赵文盛	28	唐生	结石珍	张吉娘	24	结石珍	陈六娘	赵顺萼(宗叔)	张桃(父)	9.12
410.6	高松柏	21	吧生	亭仔脚	谢来娘	21	小南门	李八娘	高永兴(胞叔)	谢天仁(父)	9.13
10.13	范亚万	33	旧客	观音亭道郎	陈根娘	18	道郎	张信娘	范锦扬(堂兄)	陈已志(宗兄)	9.25
10.14	林绍兴②	21	吧生	北戈然	余和娘	18	公司后	许吉娘	林松茂(宗伯)	余永水(胞兄)	9.19
10.19	熊亚恒	30	旧客	大南门	冯西拨娘	20	大南门	张信娘	熊享彝(堂伯)	冯东(父)	10.4,陈光华
10.19	丘连贵③	22	吧生	蕉仔街	黄芝礼默娘	17	真郎安	李八娘	丘官郎(堂兄)	黄已明(胞兄)	9.25
10.20	李克承	34	—	八茶贯	丘雪娘	22	五脚桥	许吉娘	黄泊娘(母,母舅黄清渊甲代)	丘吾厚(堂叔)	10.3
10.22	胡清安	41	吧生	丹兰望	陈海娘	30	丹兰望	李信娘	胡金源(堂叔)	陈礼员(胞兄)	10.10
10.26	叶有桂	26	唐生	三间土库	蔡云娘	16	三间土库	李粉娘	叶春源(宗叔)	蔡清言(胞兄)	10.3

① 唐山,默钟金(钦)五单。查新客簿 1866 年 10 月 15 日搭火轮峇伦实律板达批劳来自叻,案夺字第 2614 号。

② 默许求单,林绍兴吧生,公堂 1879 年 10 月 9 日判离。

③ 默叶亚森单,丘连贵吧生,公堂 1876 年 6 月 17 日判离。

10.29	林春海	18	吧生	亭仔桥	杨兴娘	18	亭仔桥	汤吉娘	林英(父)	杨坪(父)	10.20
10.30	钟荣芳	31	吧生	五脚桥	王珠娘	28	五脚桥	李八娘	钟钦五(胞叔)	王庸泉(父)	10.10
10.30	颜瑞璋	23	吧生	五脚桥	王巳娘	17	砖仔桥	李八娘	颜志内(父)	王攀桂(父)	10.10
10.30	张明山	21	吧生	戈劳屈	李丹娘	17	新厝仔道郎	李八娘	张永和(父)	李富唐(胞叔)	10.17,吴,陈
10.30	曾新桂	32	旧客	茄礁邦巷	刘巳娘	17	茄礁邦巷	李粉娘	曾玉山(堂兄)	刘亚义(宗叔)	10.20
11.1	温振观	19	吧生	小南门	黎巳娘	17	新巴杀	陈信娘	温亚云(父)	黎亚维(父)	10.16,高,陈
11.2	江四海	35	吧生	打铁街	钟荣娘	17	音叻	陈信娘	江仕贵(宗兄)	钟德海(父)	10.17
11.3	陈明老	21	吧生	砖仔桥	何乙娘	18	砖仔桥	谢七娘	陈三珍(父)	何魁生(父)	10.10
11.3	吴荣基	22	吧生	大使庙	林秀娘	18	大使庙	王英娘	吴宁杰(胞叔)	林博厚(堂叔)	10.10
11.3	钟成瑞①	29	—	查望	颜维娘	18	观音亭	王戊娘	钟有梧(父,原喳望雷)	颜德富(堂叔)	10.7
11.3	谢又添	31	准居	玛腰兰	李英娘	16	玛腰兰	王戊娘	谢亚庚(胞兄)	李亚盛(堂兄)	10.8
11.4	杨西川	26	准居	旧把杀	许德纳娘	19	小南门	杨佳娘	杨本茶(叔祖)	许天乞(父)	10.10
11.4	李友	39	旧客	八茶贯	周爱娘	21	八茶贯	吴信娘	李八(宗叔)	周宗绍(父)	10.17
11.5	钟坤山	34	吧生	戈奢园	陈玉娘	22	戈奢园	吴辛娘	钟亚五(堂伯)	陈亚怜(父)	10.16
11.5	叶明腰	22	吧生	五脚桥	蔡砼娘	20	公馆巷	王荣娘	叶金山(堂兄)	蔡吾连(宗叔)	10.13
11.8	刘月恒	21	吧生	八茶罐	许金娘	16	水锯社	许吉娘	刘添源(父)	许清溪(父)雷	10.16
11.8	冯亚业	26	准居	新巴杀	李好娘	17	丹仔望	曾河娘	冯色源(堂叔)	李希活(堂叔)	10.17
11.8	黄红面②	26		戈劳屈	蔡百娘	18	丹仔望	黄山娘	黄小种(堂叔)	蔡两仪(父)	10.17
11.8	郑庆兴	23	吧生	亭仔脚	蔡恩娘	20	洪溪	戴二娘	郑成福(父)	蔡光辉(父)	10.16
11.9	丁泰山	20	吧生	五脚桥	李登娘	18	导郎	吴辛娘	丁木金(父)	李长洸(父)	10.22
11.10	杨意堂③	25	旧客	大南门	黎能娘	15	小南门	吴金娘	杨贵堂(堂兄)	黎亚汉(父)	10.19
11.11	郑庆瑞	20	吧生	亭仔脚	陈海娘	18	亭仔脚	陈信娘	郑成安(父)	陈凉水(父)	10.22
11.11	吴赞魏	25	吧生	新巴杀	蒋沁娘	20	甘光峇厘	陈六娘	吴挝(父)	蒋看(父)	10.19
11.11	吴和阳	20	吧生	结石珍	蔡海娘	17	流连桥	陈六娘	吴建文(父)	蔡皆财(胞兄)	10.27
11.13	林湧泉	37	吧生	职宁贞	谢庚娘	18	槟榔社	王庚娘	林允根(胞兄)	谢庆英(父)	10.17
11.15	阮志元	25	准居	打铁街	李曾娘	21	打铁街	陈信娘	阮金禄(宗兄)	李清杨(胞兄)	10.21
11.15	蔡廷焕	21	—	欧罗吧	黄荔芝	21	北戈然	陈信娘	蔡清仰(父)	黄德章(胞兄)	10.21

① 默陈亚添单。喳望雷珍兰钟成瑞之父原任喳望雷珍兰钟有梧老病,胞兄钟顺宝代押。

② 查新客簿 1869 年 12 月 19 日搭甲板汉士由厦来吧,果有入字恳居吧。

③ 查新客簿 1870 年 11 月 24 日搭甲板乌里实得来自吗九,有入字恳居吧。

11.15	黄宗兴	28	吧生	毛六甲	林秀娘	22	毛六甲	陈信娘	黄锦章(父)	林溪胜(父,西垅,原甲必丹)	10.22
11.15	汤金全	20	吧生	毛六甲	陈寅娘	19	结石珍	陈六娘	汤二素(胞叔,美色甘钦赐甲必丹)	陈荣茂(父)	11.2
11.17	曹于落	25	吧生	观音亭	陈丹娘	19	导郎	谢七娘	黄甘柏娘(母)	陈壬必(父)	11.3
11.17	吴长和①	28	吧生	新巴杀	陈和娘	20	丹兰望	胡娇娘	吴文全(堂叔祖)	陈长海(宗叔)	10.28
11.22	甘玉合	26	吧生	结石珍	张玉娘	26	结石珍	朱水娘	甘獭(堂叔)	张桃(宗伯)	11.4
11.22	温锦发	39	旧客	小南门	李娘那	26	小南门	杨启娘	温亚二(堂叔)	李新增(父)	11.2
11.22	庄清间	39	吧生	甘光万兰	杨和娘	33	八厨沃干	林坤山	庄沙郎(堂兄)	杨得水(祖父)	11.11
11.25	高心②	34	旧客	大南门	丘吉娘	25	大南门	张吉疾	自己	自己	11.1
11.25	钟承恬	20	吧生	中港仔	何羌娘	16	大使庙	陈信娘	钟广隆(父)	何亚炳(宗叔)	11.8
11.30	吴宏基	41	旧客	小南门	陈二娘	33	北戈然	许吉娘	吴咸利(堂叔)	陈长华(胞叔)	11.8
11.30	陈瑞兰	39	吧生	八茶罐	苏心娘	26	八茶罐	汤吉娘	陈逢觉(胞叔,钦赐雷)	苏遐龄(父)	11.8
11.30	陈天	28	唐生	结石珍	黄曲娘	21	结石珍	汤吉娘	陈红广(堂叔)	黄和生(堂伯)	11.8
12.1	陈长发	25	吧生	大使庙	李水娘	21	圣望港	李百娘	陈长生(胞兄)	李嘉谟(父)	11.15,黄,韩
12.2	谢亚二	37	准居	五脚桥	廖已娘	17	戈劳屈	钟亚二	谢松爹(胞叔)	廖进爹(父)	11.11
12.2	陈振江	30	吧生	八戈然	丘本娘	26	洪溪	吴金娘	陈长华(胞叔)	丘岱生(祖父)	11.8
12.2	温祥二	38	旧客	五脚桥	古安娘	17	蕉仔街	吴金娘	温亚添(堂兄)	古盛观(父)	11.11
12.3	钟崎山	26	吧生	丹那望	林员娘	24	丹那望	李瑞娘	钟得水(堂兄)	林亚钱(胞叔)	11.15
12.3	杨清俊	20	旧客	新巴杀	吴六娘	19	结石珍	陈六娘	杨料宗(堂兄)	吴古(父)	11.16
12.4	薛文曲	32	吧生	巴八丹	王硂娘	22	甲汶诗里	朱友娘	薛枝丛(胞兄)	王百发(父)	11.12
12.6	蓝元直	21	吧生	八茶罐	陈德娘	19	五脚桥	汤吉娘	蓝恒(宗兄)	陈夏(父)	旧婚 8.13
12.7	许德慎③	42	吧生	结石珍	陈敬娘	42	公司	李粉娘	许德真自己	自己	旧婚
12.7	陈彩布	25	旧客	结石珍	王詹娘	22	结石珍	朱瑞娘	陈添丁(胞兄)	王元水(父)	11.18
12.10	陈绍南	49	—	洪溪	林英娘	32	洪溪	许吉娘	陈贞娘(胞姊)	刘为娘(母)	旧婚
12.10	陈永寿④	26	吧生	亚森脚	林雍娘	17	洪溪	许吉娘	陈永禄(胞兄)	刘为娘(祖母)	11.15

① 默黄泰山单,吴长和吧生。公堂 1875 年 12 月 7 日判离。

② 旧客,默杨光炎单。丘吉娘云:前夫王正文因夫妇不合,于 1869 年 12 月 21 日公堂判离,寡守 6 年无奈再醮,与高愿结偕老同心。已查案簿,果如所供,批照。

③ 婿吧生,珍默蒋玉振单。陈敬娘云:前夫李子龙已故 16 年,有螟蛉男名李千朝,21 岁,已经娶妇,然子妇别居,绝不肯养,氏寡守无计难以度日,愿再醮与许结同心偕老。台曰:按唐例凡寡妇欲再醮,前夫所有遗业,当交还儿子收掌。敬娘诺退。

④ 默许永单陈永寿吧生,公堂 1876 年 8 月 3 日判离。

12.13	王锦祥	18	吧生	乌布土库	林贤娘	17	乌布土库	许吉娘	王凉海(祖父)	林功坤(祖父)	11.20
12.13	庄清贤[①]	23	吧生	小南门	张一娘	18	洪溪	陈生娘	庄隆(父)	张留思(父)	11.17
12.14	黄鸣谦	19	吧生	小南门	许宁娘	18	文丁	张信娘	黄寅清(父)	许得水(父)	11.22
12.14	张佳珠	33	吧生	结石珍	黄金娘	20	结石珍	陈六娘	张仁(胞叔)	黄文宗(胞叔)	12.2
12.14	陈贤	61	吧生	小南门	李富娘	30	圣望港	陈六娘	陈宗寿(堂兄)	李永卿(胞兄)	12.6
12.14	郑猴	35	旧客	公司后	李甚娘	18	公馆巷	李粉娘	郑巧(宗兄)	曾分娘(母)	11.29
12.15	江水连	33	准居	二十六间	陈珠娘	27	八戈然	张永娘	江仁淑(堂叔)	陈瑞兰(堂兄)	12.21
12.17	颜启昌	32	旧客	小南门	郑添娘	16	小南门	陈信娘	颜福(堂兄)	郑汉(父)	11.22
12.21	陈德顺	20	—	班芝兰	林帖娘	17	山顶妈目	吴新娘	陈金祝(父)	林明贤(父)	12.13
12.21	丘福源	20	—	五脚桥	钟玉娘	21	观音亭	吴新娘	丘衣锦(父)	钟文彩(父)	12.2
12.22	陈糁[②]	38	—	班芝兰	谢凤娘	25	新厝仔	张信娘	自己	自己	丙子 2.1
12.22	丘思成	20	吧生	丹绒	谢狮娘	19	劳丹巷	陈信娘	丘枝头(父)	谢淮生(胞伯)	12.2
12.23	张石宝	20	吧生	八茶罐	郑登娘	18	甘光猫汝	李粉娘	张金生(父)	郑江龙(胞兄)	11.29
12.23	赵德和	18	吧生	新把杀	邹栾娘	15	大南门	杨端娘	赵清水(父)	邹乾顺(胞兄)	12.6
12.23	林一	35	旧客	小南门	王艳娘	25	毛六甲	谢七娘	林碧(宗叔)	王国风(父)	12.9
12.27	黄荣昌	29	浪生	八茶罐	胡合娘	17	观音亭	张信娘	黄光福(宗伯)	胡隆(父)	12.1
12.27	王福郎	26	吧生	结石珍	陈元娘	18	圣望港	张信娘	王荣真(父)	陈金彩(父)	11.29.旧婚
12.27	吴福堂	22	吧生	二十六间	陈寅娘	22	北戈然	陈生娘	吴光盾(叔祖)	陈逢觉(伯,钦赐雷)	12.2
12.29	陈启昌	19	吧生	观音亭	丘老智娘	16	八厨沃干	汤吉娘	陈维罴(胞叔)	丘元勋(父)	12.29
12.29	郭宁才	20	吧生	真郎安	吴庚妹	16	真郎安	王英娘	郭亚全(宗叔)	吴灶生(宗叔)	丙子 1.2
12.29	黄卫	28	旧客	观音亭	叶音娘	20	观音亭	王英娘	黄胆智(堂兄)	叶旁(父)	12.6
12.30	薛水生	30	吧生	结石珍	陈泉娘	29	结石珍	陈六娘	薛文秀(堂兄)	陈顺便(堂叔)	12.9
12.31	唐碧河	24	吧生	结石珍	黄水娘	22	结石珍	朱瑞娘	唐瑞生(父)	黄风山(胞叔)	12.10

总计:199 对

① 默纪兰桂单,庄清贤吧生。公堂 1876 年 12 月 9 日判离。

② 召讯陈糁供云:晚前妻在汶已死 4 年。所供是实。谢凤娘供云:前夫黄玉成自 1869 年 10 月新婚六月未孕,夫妻不合,于 1870 年 4 月 29 日公堂判离。依母寡守 5 年,自思年少未有子女度日艰苦,愿与陈结白首同心。

1876年吧城唐人成婚注册表

月日	男家	年岁	类别	住址	女家	年岁	住址	媒妁	男方主婚	女方主婚	备注 结婚日，主事人
1.3	蔡建龙	20	吧生	欧罗吧	苏柔娘	19	中港仔	陈生娘	蔡清仰(父)	苏绍宗(胞兄)	2.10，连文清(甲)，李子凤(雷)
1.3	刘德顺	30	吧生	结石珍	陈玩娘	24	结石珍	朱瑞娘	刘亚二(堂兄)	陈金山(胞叔)	12.15，连，李
1.3	蒋金钟	24	吧生	结石珍	曾银娘	22	结石珍	陈六娘	蒋和志(叔祖)	曾壬水(胞叔)	12.13，连，李
1.3	郭教	39	旧客	——	李织娘	17	——	杨和娘	郭红猴(堂兄)	李泰山(父)	12.13，连，李
1.3	赖亚水	30	旧客	玛腰兰	曾德娘	19	八多尧	陈基娘	赖东郎(胞叔)	曾癸生(父)	12.10，连，李
1.4	蔡式玉	22	吧生	观音亭	叶逢娘	20	观音亭	许吉娘	蔡文瑞(父)	叶兴(父)	12.13，连，李
1.4	李光宗	24	唐生	毛六甲	张七娘	19	惹牙兰	王英娘	李亚禄(堂兄)	张佛桃(胞兄)	12.10，连，李
1.7	康德合	24	吧生	八厨沃干	黄长娘	19	八厨沃干	谢七娘	康承爵(堂兄)	黄甲汶(胞叔)	12.20，连，李
1.10	邓成郎	26	吧生	小南门	吴一娘	21	砖仔桥	胡娇娘	邓甲郎(胞兄)	赖恩娘(母)	12.19，连，李
1.11	白寿山	32	唐生	北戈然	颜音娘	28	呀览安	戴二娘	白武漱(宗叔)	颜我(堂叔)	12.20，连，李
1.12	吴长和	28	吧生	新巴杀	徐五娘	26	戈劳屈	胡娇娘	吴文泉(叔祖)	徐汉瑞(父)	12.19，连，李
1.12	蔡荣香	18	吧生	珍	郭贴娘	19	干冬圩	陈六娘	蔡永壬(胞兄)	郭泰山(父)	12.20，连，李
1.14	刘连四	32	唐生	观音亭	廖庚娘	16	甲汶日落	杨瑞娘	刘亚五(堂叔)	廖桂二(堂伯)	12.20，连，李
1.17	黄秀木	40	准居	笨落丁仔	江玉娘	24	观音亭	汤吉娘	黄金生(胞兄)	江文圃(父)	1.26，连，李
2.10	陈炳耀	38	吧生	窑内	蔡江娘	21	新厝仔	李八娘	陈德山(胞兄)	蔡清凉(父)	1.19，陈江流，李子昌
2.10	梁福泉	22	吧生	大南门	李甲汶娘	22	洪溪	许吉娘	梁德水(叔祖)	李成桂(胞兄)	1.19，陈，李
2.11	张金海	38	吧生	砖仔桥	谢顺娘	19	砖仔桥	何文娘	张信(堂兄)	谢亚四(胞叔)	1.26，陈，李
2.11	黄连生	20	唐生	三间士库	曾金娘	19	美色近	许吉娘	黄登贤(堂兄)	曾江郎(父)	1.26，陈，李
2.11	黄元姐	39	准居	三间士库	谢喜娘	16	砖仔桥	吴辛娘	黄桂生(宗叔)	谢京郎(父)	1.20，陈，李
2.14	丘亚鸿	28	唐生	八茶罐	陈丁岸娘	18	八茶罐	陈信娘	丘亚四(宗叔)	陈应宝(宗兄)	1.26，陈，李
2.15	黄三福	21	吧生	大使庙	陈勿娘	18	大使庙	曾和娘	黄佛友(胞兄)	陈炳山(父)	1.26，陈，李
2.18	杨章贤	34	唐生	结石珍	许丙娘	21	结石珍	陈文娘	杨亚明(堂兄)	许福寿(胞兄)	2.2，陈，李
2.24	黄煆	44	唐生	新巴杀	曾曲娘	22	新巴杀	陈六娘	黄富(堂兄)	曾瑞(胞伯)	2.3，陈，李
2.28	陈两古	35	唐生	甘光猫厘	甘緞娘	24	甘光猫厘	朱瑞娘	陈味(胞叔)	甘振墘(堂叔祖)	2.16，陈，李

2.28	许霜[①]	41	唐生	八茶罐	沈日邦娘	21	公司后	王英娘	许胤(宗兄)	沈山林(胞兄)	2.5,陈,李
3.1	黄淑	19	旧客	小南门	林玉娘	16	小南门	吴信娘	黄挝(父)	林斗(堂叔)	2.17,吴荣辉,陈光华
3.1	黄乾	28	旧客	小南门	林环娘	20	小南门	陈信娘	黄坛(堂叔祖)	林水贤(父)	2.12,吴,陈
3.1	佘仲美	48	旧客	亭仔脚	李龟汝娘	21	文丁	陈成娘	佘继发(堂叔)	李荣科(祖父,失明,伊侄成金,代)	2.26,吴,陈
3.1	黄国泰	22	吧生	珍	蒋金娘	20	珍	陈六娘	黄玛座(堂兄)	蒋生元(胞伯)	2.12,吴,陈
3.1	陈振源	36	旧客	小南门	蒋水娘	22	结石珍	陈六娘	陈溪(宗兄)	蒋六生(胞兄)	2.12,吴,陈
3.3	叶枫	18	旧客	小南门	陈银娘	19	文丁	李八娘	叶妈益(堂兄)	陈子经(堂叔)	2.10,吴,陈
3.4	刘阿三	19	旧客	观音亭	陈福娘	17	小南门	许吉娘	刘善庆五(胞叔)	陈亚诰(父)	2.22,吴,陈
3.8	韩允礼	20	无写	泗水来	简宇娘	26	中港仔	陈信娘	韩允元(胞兄)	简竹根(堂叔祖)	2.16,吴,陈
3.10	佘亚二	34	准居	槟榔社	李阴娘	15	槟榔社	张辛娘	佘亚秦(宗叔)	叶文叻娘(母)	2.22,吴,陈
3.11	陈茂生	21	唐生	五脚桥	徐辛娘	19	五脚桥	陈兔	陈福昌(父)	徐添花(胞兄)	2.21,吴,陈
3.13	王天恩	39	吧生	小南门	钟绿娘	17	观音亭	王英娘	王日新(堂叔)	钟文彩(父)	2.24,吴,陈
3.13	陈光秩	26	唐生	廿六间	郑心娘	18	八茶罐	王英娘	陈有水(堂叔)	郑茂泉(堂叔)	2.21,吴,陈
3.14	蔡木林	21	吧生	毛六甲	许福娘	20	毛六甲	李八娘	蔡松茂(胞叔)	许清风(父)	2.21,吴,陈
3.31	谢清水	26	吧生	美色近	蔡任娘	22	喳望	黄荣华	谢天仁(宗叔)	蔡六山(胞叔)	4.14,吴,陈
4.7	李万	29	唐生	公司	陈益娘	20	甘光猫厘	陈六娘	李琛(堂叔)	陈日芳(父)	3.20,高西川,陈文炳
4.10	黄振生	44	吧生	结石珍	陈何娘	21	结石珍	朱瑞娘	黄文采(胞兄)	陈在禄(堂兄)	3.20
4.12	蔡德水	20	吧生	结石珍	梁顺娘	19	结石珍	张信娘	蔡自(父)	梁德水(堂叔祖)	4.4
4.18	陈腾蛟	31	唐生	结石珍	甘快娘	26	结石珍	朱瑞娘	陈连心(胞兄)	甘成和(胞叔)	4.5
4.22	饶昌三	20	吧生	毛六甲	张良娘	20	干冬圩	吴辛娘	饶奕才(父)	张金宗(父)	4.6
4.24	钟新郎	36	准居	水锯社	叶金娘	16	竹树巷	吴金娘	钟东山(堂兄)	叶亚三(堂兄)	4.11
4.24	黎亚恩	35	吧生	水锯社	钟庚娘	17	观音亭	王永娘	黎亚四(父)	钟亚寿(父)	4.3
4.25	谢文运	29	唐生	旧把杀	林元娘	20	道郎	李粉娘	谢允贴(堂兄)	林九(父)	4.7
4.26	周龙云	25	唐生	旧把杀	林玉娘	16	五脚桥	戴二娘	周宗绍(宗叔)	林夜光(堂叔祖)	4.7
4.27	张沈炀	23	吧生	打铁街	吴珠娘	27	五脚桥	陈生娘	张绍南(父)	吴红毛(父)	4.7
4.28	林佛保	22	吧生	惹牙兰	陈益娘	19	甘光峇汝	王英娘	林坤山(堂叔)	陈缄吉(堂叔)	4.7

① 许霜自云:1875 年 9 月间自(直)葛来吧为商,住葛 5 年,其妻已故。

5.1	赖庚山	27	吧生	结石珍	刘庚娘	17	结石珍	朱瑞娘	赖有二(宗叔)	刘盛叔(父)	4.18,黄清渊,韩怀然
5.2	丘亚晋	37	唐生	乌布土库	叶巴娘	17	二南抹	黄杞二	丘亚德(宗叔)	叶超(父)	4.16
5.3	林荣春[①]	23	吧生	东门外	李瑞娘	22	立叻	吴信娘	林万全(父)	李标生(父)	4.21
5.3	丁甲寅	23	吧生	班芝兰	吴力娘	21	班芝兰	吴信娘	丁除义(父)	吴奕足(父)	4.13
5.3	周德源	39	吧生	丹那望	陈成娘	27	丹那望	陈生娘	周州郎(宗兄)	陈良生(胞兄)	4.14
5.6	叶允忠	25	吧生	结石珍	黄马蚋娘	20	结石珍	陈六娘	叶再兴(堂兄)	黄夙山(父)	4.18
5.8	欧金瑞	19	吧生	结石珍	杨甘娘	20	结石珍	王英娘	欧下(父)	杨料宗(父)	4.24
5.9	黄金同	46	吧生	结石珍	杨文娘	24	结石珍	陈六娘	黄文宗(宗兄)	杨泰山(胞兄)	4.21
5.9	杨长宇	20	吧生	小南门	刘是娜	19	石桥	王英娘	杨怀民(宗叔)	刘趋(宗叔)	4.17
5.10	林位民	25	吧生	亭仔脚	李宝娘	21	亭仔脚	李粉娘	林水霜(胞兄)	李百金(胞叔)	4.21
5.11	李益魁	33	准居	旧把杀	黄茶娘	22	乌鬼巷	李粉娘	李深(堂叔)	陈受娘(母)	4.24
5.12	蔡清河[②]	31	吧生	砖仔桥	胡生娘	26	道郎	陈信娘	蔡德水(堂叔)	胡隆(父)	4.28
5.17	李鞋勃	19	吧生	五脚桥	许粦娘	18	新厝仔	戴二娘	李金员(父)	许洪贡(堂兄)	4.3 旧婚
5.26	张北仕	31	吧生	结石珍	陈万日娘	26	结石珍	陈六娘	张佳珠(胞兄)	陈荣水(胞兄)	5.11
5.26	陈荣万	44	准居	圣望港	饶满娘	16	圣望港	陈辛娘	陈亚保(堂叔)	饶亚齐(父)	5.10
5.26	黎金水	24	吧生	小南门	朱癸娘	24	结石珍	吴信娘	黎天生(父)	朱增郎(堂叔)	5.10
5.29	郑天贵	51	吧生	班芝兰	康淡娘	25	结石珍	汤吉娘	郑绵元(胞叔)	康伯行(宗兄)	5.13
5.30	叶长言	23	吧生	结石珍	黄文娘	21	结石珍	陈六娘	叶谈(父)	黄振生(父)	5.11
5.30	黄元益	38	吧生	结石珍	陈金娘	22	观音亭	陈六娘	黄元铃(胞兄)	陈光辉(父)	5.10
6.1	张海郎[③]	31	吧生	望牙勿杀	黄毛雅娘	17	丹那望	谢七娘	张顺郎(堂兄)	黄德水(胞叔)	5.14,连文清,李子凤
6.7	林仪川	43	吧生	小南门	丘蟳娘	26	洪溪	许吉娘	林幸遇(堂叔)	丘再生(祖父)	5.20
6.8	谢亚祥	34	准居	水锯社	林毛雅娘	18	戈劳屈	吴辛娘	谢京郎(堂叔)	林仕军(堂兄)	5.26
6.8	兰亚锦[④]	27	准居	戈劳屈	李乙娘	22	珍圩	李亚四	兰运才(堂兄)	李贵郎(父)	5.20
6.22	郭鸿喜	22	唐生	戈劳屈	黄辛娘	26	戈劳屈	陈生娘	郭亚皆(堂兄)	黄庚瑞(父,病,子长寿代)	5.3
6.22	林清美	23	吧生	结石珍	薛温娘	21	本落吃丽	陈六娘	林文良(胞叔)	薛荣水(父)	5.19
6.22	庄顺发	32	唐生	小南门	林淑娘	21	小南门	陈生娘	庄荣炉(堂兄)	林宽绰(父)	5.11

① 1880 年 10 月 15 日判离。

② 附有半页婚书,内容与成婚注册存案相同,但无主婚人及媒妁人签名或花押,仅有朱葛礁签名。

③ 1880 年 7 月 23 日公堂判离。

④ 1881 年 4 月 8 日判离。

6.29	张徽密	21	吧生	珍圩	杨三娘	19	甘光广东	陈六娘	张明牛(堂兄)	杨金生(胞兄)	5.19
6.29	李崇岳	23	吧生	小南门东	林寅娘	17	丹仔望	杨端娘	李贵生(父)	林山郎(胞兄)	5.11
6.29	钟如水①	21	吧生	珍圩	李水娘	18	——	陈六娘	钟利生(父病,子玉内代)	李金海(胞兄)	5.16
6.30	陈协源	44	吧生	丹仔望	曾月娘	30	珍圩	陈六娘	陈基(堂叔)	曾水瀛(堂叔)	5.11
7.4	丘朱威	23	吧生	五脚桥	刘基娘	20	八茶罐	戴二娘	丘沧海(胞伯)	刘亚建(父)	5.18,陈,李
7.5	黄辰观	21	吧生	中港仔	谢顺娘	16	八厨沃干	吴信娘	黄彝淑(父)	谢杞二(堂兄)	5.24
7.5	苏清水	29	吧生	乌布土库	陈金娘	20	乌布土库	王英娘	苏清和(胞兄)	陈三丕(父)	5.18
7.6	黎亚浩	19	吧生	结石珍	钟娘那	19	甲汶诗里	许吉娘	黎亚维(叔祖)	钟亚赞(父)	5.24
7.13	王德全	30	吧生	五脚桥	徐奴娜	20	丹仔望	汤吉娘	王永山(胞兄)	徐炎景(父)	6.18
7.13	陈奇生	19	吧生	大南门	叶瑞娘	16	文丁	李粉娘	陈辨珠(叔公)	叶永禄(父)	6.10
7.13	郭三结	38	旧客	旧把杀	蒋香娘	26	结石珍	陈六娘	郭绍洲(堂叔)	蒋雅(堂兄)	5.25
7.15	洪明哲	24	吧生	公司后	陈松娘	21	五脚桥	汤吉娘	洪俊杰(父)	陈疆增(胞叔)	6.3
7.18	丘三喜	26	旧客	毛六甲	林赞娘	21	毛六甲	戴二娘	王连桂(胞兄)	黄庚娘(母)	6.4
7.21	李文锦	24	吧生	礼拜巴杀	陈宴娘	21	打铁街	胡娇娘	李永富(父)	陈广成(父)	6.5
7.24	陈长发	23	吧生	观音亭	林如娘	20	槟榔社	谢职娘	陈石(父)	林德元(堂伯)	6.14
7.24	曾沓汝	29	吧生	水锯社	林甲汶娘	22	蕉仔街	谢职娘	曾木生(胞兄)	林已有(父)	6.10
7.24	林永元	41	吧生	惹牙篮	吴福娘	19	洪溪	钟顺娘	林松茂(堂兄)	吴福全(胞兄)	6.10
7.24	王双邻	23	吧生	五脚桥	范戊娘	19	——	李和娘	王亚应(父)	范亚根(堂叔)	6.18
7.25	戴长时	30	旧客	大使庙	杨金娘	18	圣望港	汤吉娘	戴中海(堂叔)	张菊娘(母)	6.10
7.27	黄木	20	唐生	小南门	詹梦娘	20	小南门	许吉娘	黄大目(堂兄)	詹元泰(胞兄)	6.19
7.27	徐亚彝	37	无写	把八丹	曹对娘	17	把八丹	陈六娘	徐亚二(胞叔)	曹彩郎(父)	6.13
7.27	杨亚二	29	唐生	吧八丹	曹双娘	17	吧八丹	陈六娘	杨亚明(胞叔	曹彩郎(父)	6.13
7.28	涂彝湘	28	唐生	八戈然	陈意娘	18	巴杀鱼间	陈信娘	涂彝刚(胞兄)	陈亚二(父)	6.15
7.29	刘亚盛	45	旧客	戈劳屈	温巳娘	18	圣望港	钟亚四	刘继昌(宗叔)	温亚三(父)	6.19
7.31	钟伸三	49	吧生	新把杀	戴顺娘	21	公司	陈六娘	钟伸二(胞兄)	戴长文(胞叔)	6.17
7.31	林坤	36	唐生	戈劳屈	王直娘	23	毛六甲	谢七娘	林顺碧(堂叔)	王国风(父)	6.19
8.10	廖尊恩	32	唐生	毛六甲	曾运娘	17	西朗桥	曾英娘	廖煌恩(堂兄)	曾亚添(父)	6.24,吴荣辉,陈光华
8.10	蔡满	19	吧生	新把杀	刘红娘	19	八厨沃间	吴信娘	蔡凤(父)	兰帙娘(母)	7.7,吴,陈

① 1879年8月7日公堂判离。

8.15	徐万挺	27	吧生	毛六甲	丘顺娘	26	大南门	吴金娘	徐金炉(族兄,子秉章代)	丘顺兴(胞兄)	7.2
8.17	徐旺生	32	旧客	洪溪	刘辛娘	16	洪溪	陈信娘	徐亚六(堂叔)	刘庆郎(父)	7.6
8.21	兰丕显	41	唐生	珍	许娘那	24	珍	朱瑞娘	兰熟(堂兄)	许高(父)	7.16
8.21	刘贵郎	24	吧生	丹那望新巴杀	卓兴娘	23	丹那望	新巴杀	朱瑞娘	刘木生(堂兄)	张乙娘(母)
8.24	刘凰兴	22	吧生	导郎	石癸娘	22	小南门	张信娘	刘可兴(胞兄)	石天禄(胞兄)	7.22
8.26	郑元和	19	吧生	亭仔脚	林二娘	19	乌布土库	许吉娘	郑尼姑(父)	林福情(宗叔)	7.9
8.26	高金江[①]	19	吧生	大港墘	吴里勿娘	19	把杀亚奄	吴意德	高地(胞叔)	李什娘(母)	7.16
8.26	陈三端	22	吧生	五脚桥	叶春娘	19	大南门	陈信娘	陈夏(父)	叶出(父)	7.11
8.26	林弄	27	唐生	小南门	石莲娘	25	小南门	吴信娘	林柱达(宗叔)	石天禄(胞兄)	旧婚
8.31	宋子江[②]	31		小南门	陈良娘	25	小南门	汤吉娘	自己	自己	旧婚
9.6	林火红	28	吧生	结石珍	朱结娘	18	新厝仔	陈六娘	林碧(宗伯)	朱木生(父)	8.4,高西川,陈文炳
9.6	陈德元	26	吧生	大使庙	钟淡娘	19	小南门	陈信娘	陈六顺(父)	钟百寿(父)	8.4
9.11	杨宁香	20	吧生	新把杀	陈乙娘	18	亭仔脚	王英娘	杨宁基(胞兄)	陈道谋(父)	8.6
9.15	沈甘郎	26	吧生	洪溪	马理勿娘	18	丹那望	许吉娘	沈德善(父)	马振隆(养父)	8.7
9.15	颜昌	28	唐生	小南门	蔡丁娘	24	公司后	李粉娘	颜锦福(宗兄)	蔡三仪(父)	8.8
9.15	丘永道	22	吧生	洪溪	蔡山娘	21	亭仔脚	陈信娘	丘元勋(宗叔)	蔡福元(父)	8.11
9.16	谢振威	23	吧生	本落吃黎	詹血娘	21	结石珍	许吉娘	谢天仁(堂叔)	詹清云(父)	8.4
9.18	王得明	24	吧生	结石珍	詹修娘	20	结石珍	朱瑞娘	王元水(胞兄)	詹平茂(胞兄)	8.13
9.18	王润生	21	吧生	吧八丹	张月娘	24	丹那望	朱瑞娘	王光山(父)	张大亨(父)	8.16
9.18	杨长顺	19	吧生	结石珍	薛居娘	17	结石珍	朱瑞娘	杨座(父)	薛板桂(堂兄)	8.14
9.18	徐会禄	21	吧生	结石珍	王荣娘	20	结石珍	朱瑞娘	徐举文(父)	王文豹(胞兄)	8.17
9.19	麦秋安	24	吧生	洪溪	王春娘	20	公司后	吴辛娘	麦传寿(父)	王四季(父)	8.21
9.20	蔡淋泉	25	吧生	丹那实连	张三娘	21	吃浪班让	谢七娘	蔡坤山(胞兄)	张顺郎(堂兄)	8.17
9.22	甘长美	23	吧生	珍	饶四娘	24	小南门	陈六娘	甘永泉(父)	饶亚辉(胞兄)	8.16
9.22	吴毛[③]	21	唐生	珍	黄合娘	18	八劳八丹	陈六娘	吴古(父)	黄镭(胞兄)	8.6
9.22	陈饱	28	唐生	廿六间	李娘那	25	西门	戴二娘	陈霭(宗兄)	李八(父)	8.17

① 1878年8月1日判离。

② 默纪兰柱来单云:陈良娘前夫林荣华因夫妻乖迕,经于1871年3月15日公堂判离,今再嫁宋子江乃父母之命,自己亦云甘愿。查公堂案簿果有记载。宋子江签名"愿"。

③ 查新客簿吴毛于1869年12月19日搭甲板亚马伦来(自)厦门,果有人字恳居吧。

9.23	林坤英	22	吧生	观音亭	郑木娘	17	大港墘	汤吉娘	林坤辉(胞兄)	郑佐(父)	8.14
9.25	戴敬海	22	吧生	大使庙	杨登娘	17	大使庙	戴一枝	戴天送(宗叔)	杨第二(胞伯)	8.14
9.28	丘连贵	23	吧生	蕉仔街	刘文娘	18	戈奢园	戴二娘	丘达贵(胞兄)	刘亚八(胞叔)	8.14
9.30	陈兴福①	23	茂生	茂物	许寿娘	19	砖仔桥	李粉娘	陈清扶(胞叔)	许文明(胞叔)	旧婚8.4
10.10	刘亚广	43	旧客	厨沃间	马坤娘	23	五脚桥	钟四娘	刘春兰(堂叔)	马长发(宗兄)	9.2,黄,林
10.10	王泽聚②	32	吧生	美色近	郑福娘	28	廿六间	戴二娘	自己	自己	8.23
10.12	陈亚三	33	准居	砖仔桥	张笨娘	17	抽奎桥	谢质娘	陈盛五(堂叔)	张天水(父)	9.1
10.14	陈招和	23	吧生	大港墘	蔡海娘	19	洪溪	许吉娘	陈甘郎(甲,父病,长子溪淋代)	蔡光辉(父)	8.28
10.17	张田基	28	吧生	二南末	李颜娘	18	甘望宜山	蔡辛娘	张容(胞叔)	李仕元(胞伯)	9. 8,黄清渊,林元寿
10.17	邹亚发	32	唐生	晋郎安	郑润娘	20	戈劳屈	陈七娘	邹亚寅(堂叔)	郑亚三(父)	9.13
10.17	林前	31	唐生	窑内	黄孝娘	20	北戈然	汤吉娘	林碧生(堂兄)	黄小昌(堂兄)	9.14
10.20	饶亚再	31	唐生	小南门	吴有娘	16	甘光沙洼	谢添娘	饶亚齐(叔祖)	吴亚三(父)	9.13
10.21	张水生	18	吧生	戈劳屈	彭庚娘	17	新厝仔	戴二娘	张癸淑(父)	彭丁郎(胞伯)	9.13
10.21	钟元傅	19	吧生	戈奢园	陈桂娘	19	戈奢园	钟辛娘	钟煌生(父)	陈亚怜(父)	9.11
10.23	黄亚平	29	唐生	大南门	李纯娘	18	大南门	张信娘	黄亚盛(胞叔)	李东水(父)	9.13
10.23	赖友郎③	38	唐生	新巴杀	黎丁娘	20	戈劳屈	谢七娘	赖东郎(堂兄)	黎福安(父)	9.13
10.24	罗亚先	31	旧客	戈劳屈	廖季娘	20	戈劳屈	谢七娘	罗亚六(胞叔)	廖益四(堂兄)	9.10
10.24	朱德增	19	唐生	八茶罐	李三娘	17	甘光荷北	胡娇娘	朱阿赞(宗叔)	李现郎(父)	9.13
10.24	赖清涟	21	吧生	结石珍	李金云	17	结石珍	胡娇娘	赖恩六(父)	李运生(堂叔)	9.13
10.26	李亚三	28	吧生	甘光猫厘	彭登娘	20	结石珍	陈六娘	李亚四(堂兄)	彭元仁(父)	9.13
10.26	温亚二	35	唐生	班芝兰	陈温娘	17	大南门	许吉娘	温阿儿(堂兄)	陈盛五(堂叔)	9.13
10.26	吴顺良	25	吧生	打铁街	陈密娘	23	结石珍	吴信娘	吴清水(父)	陈长源(胞兄)	9.13
10.28	钟庆祥	30	旧客	丹那望	廖润娘	20	新巴杀	吴信娘	钟桂五(胞叔)	廖元祥(父)	9.19
10.28	邹顺德	26	吧生	亚森脚	周金娘	24	大南门	张信娘	邹乾顺(堂兄)	周木林(胞伯)	9.20
10.28	陈居长	38	唐生	结石珍	薛合娘	28	结石珍	陈六娘	陈午(堂叔)	薛英水(堂叔)	9.19

① 茂物生。进赘。茂物默陈光花单。

② 郑福娘供云:前夫陈得章结发才8月身故,遗一娠孕女儿名那芝,今年10岁,氏寡守10年,无所依托。不得已再醮王,愿结同心。台谕:唐人规例,凡要再嫁之寡妇,前夫所生男女当归还夫家抚养。

③ 唐生,默黄泰山单。查新客簿1869年3月9日到吧,已入字悬居。公堂1880年10月22日判离。

10.28	苏绍有[①]	21	吧生	乌布土库	林来娘	16	班芝兰	许吉娘	苏遐龄(父,病,胞兄绍源代)	林启云(父,病,伊兄天赐代)	9.13
10.30	黄万山	21	吧生	新巴杀	张一娘	18	结石珍	陈六娘	黄泰山(胞兄)	张明牛(胞兄)	9.26
10.31	黄金龙	20	吧生	八厨沃间	陈十娘,又名高低娘	20	北戈然	张信娘	黄清渊(父,甲必丹)	陈逢觉(胞伯,钦赐雷)	9.19,高西川,李子昌
11.1	张佛桃	28	吧生	北戈然	王来娘	19	班芝兰	王英娘	张顺郎(堂兄)	王德全(堂叔)	10.4,连文清,陈文炳
11.2	卢瑞河	43	吧生	圣望港	陈凤娘	31	圣望港	汤吉娘	卢连贵(宗兄)	陈财(父)	9.20
11.2	蔡桂瑞	22	吧生	质宁贞	黄珠娘	21	甘光荷北	郑元娘	蔡荣和(父)	黄源春(父)	10.5
11.6	薛平全	29	吧生	珍	杨远娘	26	珍	陈六娘	薛攀贵(堂兄)	杨顺秋(胞兄)	10.4
11.6	彭炳三	25	吧生	珍	温已娘	18	珍	陈六娘	彭炳龙(胞兄)	温江寿(胞兄)	10.6
11.6	赖亚贵	37	唐生	圣望港	李已娘	18	五脚桥	戴二娘	赖亚润(堂兄)	李木姐(父)	10.3
11.8	钟锦爹[②]	60	旧客	亭仔脚	陈戊娘	29	亭仔脚	钟亚四	自己	自己	旧婚
11.13	田河清[③]	32	吧生	八茶贯	张珠娘	21	乌布土库	陈新娘	田秀麟(父)	张清泉(胞兄)	10.16
11.16	温路生	25	唐生	砖仔桥	廖炳娘	21	戈劳屈	许吉娘	温亚登(堂叔)	廖武二(堂伯)	10.5
11.17	李灶	25	吧生	五脚桥	梁水娘	21	毛六甲	陈信娘	李珠良(父)	梁双池(父)	10.8
11.17	薛添饮	18	无写	结石珍	蔡红娘	17	公司后	杨端娘	薛文秀(父)	蔡奇章(父)	10.8
11.17	刘松增	25	吧生	戈劳屈	谢丙娘	21	结石珍	杨端娘	刘继昌(父)	谢亚二(父)	10.13
11.18	张茂	42	无写	沃干	叶满娘	22	惹彝安	许吉娘	张绵(宗兄)	叶长泰(胞兄)	10.11,连文清,陈文炳
11.18	王礼	33	旧客	公司后	林金娘	15	——	许吉娘	王约司(宗叔)	林文道(堂叔)	10.8
11.21	熊亚兴	23	唐生	大南门砖仔桥	钟才娘	18	吾楼卓	张信娘	熊享彝(堂伯)	钟天生(胞兄)	10.13
11.21	赵免	24	唐生	结石珍	洪二娘	18	结石珍	陈六娘	赵桃(堂兄)	洪坤(父)	10.18
11.21	叶新发	19	吧生	五脚桥	杨有娘	16	打铁街	胡娇娘	叶石长(父)	杨金福(胞兄)	10.13
11.21	谢亚庚	35	旧客	马腰兰	张有娘	16	马腰兰	朱瑞娘	谢水生(堂叔	张丙四(父)	10.16
11.22	谢天宝	25	吧生	结石珍	黄温娘	17	结石珍	陈六娘	谢天清(胞兄)	黄元龄(父)	10.19
11.22	黄元能	20	吧生	小南门	韩雪娘	18	亚森脚	许吉娘	黄标辉(父)	韩怀仁(胞兄,雷)	10.16

① 公堂1877年1月2日设密查劳。据林天赐入禀,仝伊兄林功信到堂,请自唐9月12日给婚字,约唐13日要成婚。及回家其父已殁,因是此婚不成。公堂案夺是日将婚字打死,即日第4号致书与唐美色甘知情。

② 旧客,默林坤佑单云:钟锦爹与陈茂娘野合至今14年,生下男女4人,今愿成明婚以给交寅字。但此系野合旧婚二比甘愿,故今夫妇到堂,自己押号,批照。

③ 1877年6月7日判离。

11.22	庄里物	22	吧生	茄薄	江金娘	18	小南门	蔡辛娘	庄沙郎(父)	江雨露(宗叔祖)	10.18
11.23	李寿原[①]	24	吧生	红支柚	吴水娘	16	毛六甲	李八娘	李文姜(父)	吴永寿(宗叔)	10.16
11.27	林庆茂	25	吧生	公司后	古丁娘	26	五脚桥	汤吉娘	林溪泉(父)	古新(祖)	10.16
11.27	杨德金	21	吧生	水锯社	曾硿娘	21	水锯社	汤吉娘	杨元基(堂兄)	曾木生(胞叔)	10.18
11.28	吴古	45	旧客	结石珍	蔡粉娘	42	结石珍	钟亚四	吴甫(胞叔)	蔡凤(堂兄)	旧婚
11.30	黄炳	34	旧客	新巴杀	康英娘	20	甘光猫厘	陈六娘	黄永朝(堂兄)	康振忠(胞兄)	10.25
12.2	王甘霖	28	吧生	北戈然	杨八娘	25	班芝兰	李粉娘	王文旦(父)	杨一富(胞兄)	10.18
12.5	郑佛思	19	吧生	结石珍	沈亭娘	17	结石珍	陈六娘	郑用生(堂叔)	沈朴源(父)	11.8
12.11	黄木生	25	吧生	美色近	林金娘	16	直劳低巷	陈六娘	黄亚日(堂叔)	林金生(父)	11.9
12.11	杨宗璧	29	旧客	小南门	温德娘	16	结石珍	陈六娘	杨亚满(胞叔)	温有良(父)	11.12
12.11	黄和水	20	吧生	结石珍	林活娘	21	丹仔娘那	陈六娘	黄文座(父)	林集(胞兄)	11.9
12.11	蒋扶	44	旧客	结石珍	张柔娘	32	结石珍	林音娘	蒋抹(胞兄)	张满(堂叔)	旧婚
12.12	江石山	20	吧生	大使庙	陈碧娘	19	大使庙	汤吉娘	江水生(父)	陈绒(父,病,子登宝代)	11.9
12.14	李出郎	37	唐生	大南门	张好娘	27	大南门	张信娘	李亚傍(堂叔)	张桂二(堂叔)	11.3
12.15	陈升魁	27	准居	西郎桥	林顺娘	26	丹仔望	李粉娘	陈全益(父)	林大山(胞兄)	11.9
12.16	张绍南	53	旧客	打铁街	陈三娘	32	八戈然	李粉娘	张绵(堂兄)	陈长华(胞叔)	旧婚
12.19	林振福	52	吧生	毛六甲	曾文娘	24	公司	戴二娘	林文突(宗兄)	曾亚三(父)	11.9,李子凤,李子昌
12.19	陈东发	28	唐生	八茶罐	丘顺娘	16	新厝仔	吴信娘	陈应祝(宗叔)	丘亚盛(父)	11.24
12.19	林长寿	20	吧生	小南门	高英娘	17	厨沃间	蔡辛娘	林荣生(胞叔)	高绸(父)	11.8
12.19	洪文全	34	吧生	甘光猫厘	曾茂娘	17	甘光猫厘	陈六娘	洪坤(胞兄)	曾秀二(父)	11.18
12.19	叶卯生	31	吧生	公司后	王文利娘	27	文丁	汤吉娘	叶吞(堂叔)	王光彩(胞叔)	11.9
12.21	丘光显	34	旧客	真郎安	朱庚娘	17	吧八丹	陈乙娘	丘亚四(堂叔)	朱亚安(父)	11.20
12.21	傅任淑	20	吧生	戈劳屈	邓乙娘	22	甲汶惹挨	王英娘	傅新淑(胞兄)	邓立生(父)	11.12
12.23	陈榜元	23	吧生	小南门	王杰娘	20	小南门	王英娘	陈清风(胞伯)	王河瑞(父)	11.22
12.23	余俊极	32	垅生	北戈然	杨内娘	25	公司	戴二娘	余秦(宗叔)	杨赞水(宗叔)	11.12
12.27	赵恩	35	唐生	结石珍	吴其娘	22	结石珍	陈六娘	赵推(堂兄)	吴佳山(父)	11.20
12.27	陈德和	19	吧生	结石珍	吴进娘	19	新巴杀	陈六娘	陈金山(父)	吴长河(胞兄)	11.20

① 1879 年 4 月 12 日判离。

12.27	张金生	44	吧生	戈劳屈	王音娘	20	丹那实连	胡娇娘	张永和(堂兄)	王茶二(父)	11.16
12.27	卜保能	24	吧生	小南门	李吉娘	22	小南门	陈信娘	卜亚章(堂叔)	李新增(父)	11.12

总计:207对

1877年吧城唐人成婚注册表

月日	男 家	年岁	类别	住 址	女 家	年岁	住 址	媒妁	男方主婚	女方主婚	备 注 结婚日,主事人
1.2	陈金水	23	吧生	结石珍	郑老知娘	18	结石珍	朱瑞娘	陈榕捷(父)	郑能元(父)	丙11.28吴荣辉,陈光华
1.2	张国材	19	吧生	大南门	陈惠娘	19	北戈然	朱瑞娘	张振铭(父病,堂弟振华)	陈清祥(胞兄)	11.23.吴、陈
1.3	魏朝	41	旧客	观音亭	方茶娘	19	观音亭	杨和娘	魏扁(堂兄)	方文标(宗伯)	11.22
1.10	丘冲突	22	吧生	五脚桥	黄识娘	19	茄劳洼芝	陈信娘	丘如生(父)	黄福山(胞兄)	11.28
1.16	陈观元	28	唐生	甘光沓厘	朱德娘	24	甘光沓厘	陈六娘	陈亚彛(宗兄)	朱恩寿(父)	12. 4
1.17	侯玉和	30	吧生	新把杀	黄宜娘	19	新把杀	朱有娘	侯荣照(胞叔)	黄癸己(父)	12.11
1.18	蔡三奇	28	吧生	毛六甲	陈文娘	18	新厝仔	王英娘	蔡桥木(宗叔)	朱凤娘(母)	12.8
1.23	林金钟	33	吧生	小南门	黄醉娘	21	北戈然	杨瑞娘	林在(堂叔)	黄全寿(堂叔)	12.19
1.27	郑春林	38	吧生	廿六间	蔡福娘	18	旗杆脚	戴二娘	郑肇基甲(父)	蔡合龙(父)	12.15
1.29	杨金贤	37	吧生	班芝兰	钟巳娘	18	公司	林益娘	杨亚三(堂兄)	钟亚木(父)	12.22
2.5	骆亚养	35	唐生	甘光沓厘	廖永娘	17	三板寮	钟亚四	骆亚长(堂兄)	廖亚二(父)	1.6.高西川
2.5	王清江	16	吧生	八茶罐	戴端娘	16	茂物	李粉娘	王胞(父)	戴东生(父)	12.26
2.20	林秀藤	22	吧生	亭仔脚	高金娘	17	小南门	杨和娘	林秀喜(胞兄)	高然芝(胞叔)	1.20
2.24	张锦祥	20	吧生	丹那望	蔡娘那	18	丹那望	李粉娘	张恭茶(父)	蔡章立(父)	1.17
3.1	李夜	24	准居	小南门	吴玉娘	22	廿六间	郑二娘	李派有(堂兄)	韩海娘(母)	1. 20. 黄渊清,林元寿
3.5	张长木	24	吧生	结石珍	丘如娘	25	结石珍	陈六娘	张长里(胞兄)	丘如生(堂兄)	2.8
3.8	吴屋泉	29	唐生	新巴杀	陈文娘	22	干冬圩	朱瑞娘	吴香水(堂叔)	陈文成(父)	2.6
3.13	张清松	20	唐生	小南门	蔡然娘	20	廿六间	陈信娘	张柏淮(胞兄)	蔡奇章(胞兄)	2.8
3.13	陈顺福	21	吧生	廿六间	沈新娘	19	乌布土库	王英娘	陈千乘(父)	沈长寿(父)	2. 8
3.14	梁亚德	33	唐生	公司	钟兰妹	18	蕉仔桥	杨乙娘	梁亚用(堂叔)	钟进合(堂叔)	2.4
3.15	罗亚安	37	唐生	班芝兰	孙老智娘	20	大使庙	戴二娘	罗日新(堂叔)	孙亚甫(父)	2.26
3.19	邱华山	31	旧客	班芝兰	杨香娘	18	班芝兰	许吉娘	邱荣山(胞兄)	陈清娘(母)	2.13黄,林

3.24	丘荣贵	30	唐生	五脚桥	邹云娘	18	五脚桥	陈六娘	丘戊彝(堂兄)	邹锦郎(叔祖)	2.18
3.27	刘亚四	36	唐生	大使庙	任巳娘	19	大使庙	王英娘	刘亚禄(堂兄)	伍兰生(父)	2.18
4.3	郭华兴	29	唐生	小南门	傅运娘	18	戈劳屈	黄四娘	郭凤祥(堂兄)	傅新淑(胞兄)	2.29,连文清,陈文炳
4.4	曾天生	28	吧生	槟榔社	杨二娘	25	大南门	钟亚四	曾富爹(堂兄)	杨亚欢(父)	2.25
4.6	吴当水	22	吧生	班芝兰	李山娘	18	冬基	许吉娘	吴开生(父)	李木桂(胞叔)	2.26
4.6	高亚发	25	唐生	旧巴杀	黄如娘	18	窑内	李英娘	高梓盛(堂兄)	黄友郎(父)	2.25
4.7	李锦能	28	吧生	甲汶惹挨	梁秀娘	18	五脚桥	郑媛娘	李锦连(堂兄)	梁荣曾(胞兄)	2.26
4.9	林亚三	38	吧生	吉石珍	刘戊娘	20	吉石珍	钟亚四	林武生(胞兄)	刘亚二(堂叔)	3.11
4.10	涂有德	22	吧生	大使庙	陈山娘	25	丹那娘仔	谢七娘	涂两亿(胞叔)	陈清春(胞叔)	3.2
4.17	刘亚洪	47	吧生	洪溪	梁戊娘	20	诗里旁	钟四娘	刘亚义(堂兄)	黄玉娘(母)	3.10
4.20	唐汝琳	25	吧生	八茶罐	吴水娘	16	圣王庙	许吉娘	唐戊生(宗兄)	郑成娘(母)	3.16
4.21	刘春林	32	吧生	中港仔	陈春娘	22	观音亭	张信娘	刘南祥(胞兄)	陈贵兴(父)	4.4
4.23	陈亚润	33	旧客	大南门	许心娘	18	槟榔社	吴信娘	陈亚集(堂兄)	许亚五(父)	2.18
4.24	谢双兴	32	唐生	公司	黎桂娘	17	公司	黄四娘	谢学章(堂兄)	黎亚经(父)	3.26
4.26	何年	44	旧客	大使庙	王茶娘	18	大使庙	黄四娘	何良全(堂叔)	王扇(父)	旧婚
4.28	叶瑞清	20	吧生	小南门	陈音娘	19	中港仔	黄四娘	叶吞(父)	陈金水(祖)	4.6
4.30	李金添	27	吧生	珍	曾炎娘	20	臭桥	吴信娘	李金龙(胞兄)	曹炳生(父)	3.20
4.30	黄长水	21	吧生	西门外	陈色娘	16	西门外	吴信娘	黄草生(堂兄)	陈茂盛(父)	3.23
5.3	杨有任	29	唐生	小南门	王元娘	18	亭仔脚	李粉娘	杨金蝉(胞兄)	王福全(父)	旧婚,李、李
5.8	陈仁达	33	唐生	新厝仔	黄西娘	17	五脚桥	陈信娘	陈广成(宗兄)	黄亚赞(宗兄)	4.3
5.9	陈谭	30	唐生	小南门	林来娘	20	小南门	吴信娘	陈桃(宗兄)	林燦明(宗兄)	4.1
5.9	蔡锦源①	21	吧生	丹那望	陈利娘	22	茂物	吴信娘	蔡景星(祖父)	陈元标(父)	4.18
5.9	林却	38	唐生	五脚桥	王连娘	24	结石珍	钟亚四	林俊(堂兄)	王庆(父)	4.1
5.11	黄福麟	21	吧生	大南门	姚锦娘	19	砖仔桥	张信娘	黄幼成(胞叔)	姚添郎(父)	4.5
5.11	丘文福	31	吧生	戈劳屈	张灶娘	19	小南门	谢七娘	邱文扑(胞兄)	张钦郎(父)	4. 8
5.11	蔡桂全	19	吧生	芝宁贞	范发娘	19	大使庙	张信娘	蔡荣和(胞兄)	王热娘(母)	4. 12
5.14	谢亚六	37	唐生	砖仔桥	曾任娘	17	西郎桥	张信娘	谢金郎(堂叔)	曾添(父)	4.3
5.14	张文魁	27	吧生	美色近	林金娘	20	毛六甲	李粉娘	张清泉(父)	林长福(胞伯)	4.4

① 蔡景星,芝民郎雷珍兰。陈元标,茂物雷珍兰。

5.15	张盈科	18	吧生	廿六间	周秋波娘	17	竹寮	张信娘	张朝福(父)	周有伦(父)	4.9
5.15	洪坤生	33	唐生	结石珍	杨金娘	21	结石珍	陈六娘	洪办(堂叔)	杨白协(胞叔)	4.8
5.16	新粹轩	26	吧生	结石珍	陈心娘	25	结石珍	陈六娘	薛粹成(胞兄)	陈三桂(胞兄)	4.11
5.16	梁亚森	29	唐生	戈劳屈	黎结娘	18	戈奢巷	黄四娘	梁亚讼(堂兄)	黎亚丁(父、)	4.13
5.18	姚亚良	28	唐生	砖仔桥	陈戊娘	20	砖仔桥	何文娘	姚添郎(堂叔)	陈炳磷(胞兄)	4.15
5.19	李荣才	22	吧生	珍	林珍娘	22	直劳低巷	陈六娘	李水生(父)	林金钟(宗兄)	4.18
5.22	李泡	33	准居	观音亭	谢锦娘	16	大使庙	汤吉娘	李有(宗兄)	谢存义(父)	4.15
5.22	蔡永合	17	吧生	戈奢园	洪水娘	17	大使庙	李粉娘	蔡金水(父)	洪天助(父)	4.15
5.22	钟双贵	24	吧生	毛六甲	陈玉娘	24	乌布土库	戴二娘	钟南秀(胞兄)	陈嘉会(父)	4.15
5.22	章亚二[①]	33	准居	戈劳屈	古酉娘	17	甘蜜	古职娘	章亚满(叔祖)	古锦二(堂兄)	4.13
5.22	王金生	23	吧生	班芝兰	蔡正娘	22	八多尧	李百娘	王谈生(宗兄)	蔡祖秀(父)	4.15李、李
5.23	刘吉星	32	吧生	毛六甲	罗和娘	20	蚊交物杀	王荣娘	刘亚二(堂叔)	罗亚四(父病),弟六代	4.15
5.23	陈溪水	45	吧生	毛六甲	朱珠娘	22	戈劳屈	谢职娘	余前娘(母)	朱二生(胞兄)	4.12
5.24	罗辛德	22	吧生	戈劳屈	马荣娘	20	丹那望	黄四娘	罗亚三(父)	马繁辉(堂兄)	4.22
5.24	肖振山	27	吧生	惹牙兰	戴剑娘	27	圣望港	李八娘	肖广源(父)	戴茂垅(父)	4.16
5.30	魏荣快	28	吧生	水锯社	陈吉娘	18	水锯社	汤吉娘	魏登生(胞兄)	陈寿(胞兄)	4.22
5.30	陈相	28	旧客	五脚桥	郭坤娘	16	大使庙	戴二娘	陈武(堂兄)	郭表(父)	4.22
6.1	林多	27	唐生	八茶罐	周合娘	20	廿六间	黄四娘	林貌(胞兄)	周振气(堂兄)	4.29
6.1	李登宾	19	吧生	洪溪	钱贵娘	17	洪溪	戴二娘	李丁凤(父)	钱亚发(父)	4.22,吴,陈
6.6	赵蜜	26	旧客	结石珍	林香娘	18	干冬圩	刘秋娘	赵崔(堂兄)	林玉旦(父)	4.28
6.7	张源水	37	吧生	毛六甲	蔡凤娘	19	甘光鸡骨	汤吉娘	陈吉娘(母)	林福娘(母)	4.29
6.7	林秋湖	21	吧生	西门外	胡水娘	18	安恤	陈信娘	林智量(父)	胡真文(父)	4.29
6.8	谢妈通	22	唐生	结石珍	杨恩娘	18	结石珍	陈六娘	谢妈岱(兄)	杨生根(宗叔)	4.15,旧婚
6.11	周海秀	40	旧客	八多尧	曾德妹	19	八多尧	陈乙娘	周亚富(堂叔)	曾德利(胞兄)	5.7
6.13	陈才发	21	吧生	结石珍	肖玉娘	16	冬基	陈六娘	陈其楼(父)	肖亚叶(父)	5.17
6.19	谢存义	48	旧客	观音亭	许连娘	26	老丹巷	汤吉娘	自己	自己	旧婚
6.21	赖桂全	32	吧生	小南门	杨伦娘	24	小南门	李粉娘	赖曾寿(父)	杨怀民(宗兄)	5.21
6.23	温亚五	29	唐生	三间土库	钟巳娘	19	结石珍	张信娘	温亚祯(胞兄)	钟士标(父)	5.20

① 献案夺字1868年2月27日第16号准居,公堂1881年9月6日判离。

6.27	吴亚五	23	吧生	洪溪	黄壬娘	16	中港仔	胡娇娘	吴庆湘(胞兄)	黄麟叔(堂叔)	5.24
6.29	杨透	29	唐生	小南门	陈片娘	22	小南门	李粉娘	杨江(宗兄)	陈梅(胞伯)	5.21
7.2	杨水	37	旧客	新吧杀	蔡七娘	27	新把杀	陈六娘	自己	自己	旧婚,高、黄
7.9	张其祥①	35	准居	大港墘	陈乙娘	16	班芝兰	郑万娘	张桃生(堂叔)	陈如渊(宗兄)	6.1
7.11	蔡益郎	18	吧生	珍	李茂娘	16	大港墘	陈六娘	蔡自(父)	李长清(堂叔)	6.14
7.11	林已龙	23	吧生	惹牙兰	黄葱娘	20	惹牙兰	胡娇娘	林永元(父)	黄东淋(宗叔)	6.7
7.11	淋光炳	28	旧客	廿六间	陈刘娘	21	廿六间	胡娇娘	游恭显(堂叔)	陈岩里(胞叔)	6.5.高西川.黄
7.11	陈源禄	24	吧生	三间土库	胡七娘	20	——	吴辛娘	陈奖礼(父.朱)	胡鉴阳(胞兄)	6.6
7.13	温福云	30	吧生	旺埔园	陈甘娘	43	沃干	陈六娘	温建(父)	陈恩郎(胞叔)	6.15
7.14	赵松	37	旧客	结石珍	林竭娘	16	结石珍	陈六娘	赵变(堂叔)	林杜执(堂兄)	6.7
7.17	巫宜昌	21	吧生	丹那实连	潘心娘	16	毛六甲	郑满娘	巫宜德(胞兄)	清炳芳(堂兄)	6.18
7.23	丁福全	21	吧生	小南门	陈梅娘	18	公司前	陈辛娘	丁漳兴(祖父)	陈文渊(堂兄)	6.16
7.25	黄国兴	22	吧生	八厨沃间	蓝松娘	20	窑内	许吉娘	黄锦章(父)雷	蓝深渊(父)	6.20
7.25	丘盛二	36	准居	道郎	张戊娘	20	道郎	钟辛娘	丘群妹(堂兄)	张亚高(父)	6.18
7.25	傅兴	30	准居	大港墘	施珠娘	20	观音亭	戴二娘	傅和(宗兄)	施妈恩(父)	6.19
7.26	林和兴	19	吧生	乌布土库	蔡水娘	19	八多绕	陈元娘	林西河(宗叔)	蔡三椰(胞兄)	6.30
7.28	李金山	23	吧生	八多尧	沈海娘	20	五脚桥	陈巳娘	李亚旺(胞叔)	沈接生(父)	6.19
7.30	杨亚勋	20	唐生	槟榔社	李二娘	20	圣望港	张信娘	杨王恭(堂兄)	李兰瑞(父)	6.26
7.31	姚清林	27	吧生	三间土库	游丁娘	16	洪溪	陈辛娘	姚临福(堂叔公)	游恭显(宗伯)	6.25
8.3	王淡山②	28	吧生	甘光毛甲	林美娘	16	甘光峇汝	李八娘	王刁(堂叔)	林宇(父)	旧婚,黄、林
8.6	郑添福③	24	吧生	小南门	陈灯娘	23	旗杆脚	胡娇娘	郑新容(父)	陈永和(父)	7.4
8.11	许双道	25	吧生	观音亭	伍春娘	17	牙览蛮	王英娘	许吉职(父)	伍元(堂叔)	7.11
8.20	林源茂④	21	吧生	亭仔脚	吴廉娘	20	干冬圩	许吉娘	林坤祐(宗叔)	吴阳水(宗叔)	7.18
8.20	林松花	22	吧生	五脚桥	刘本娘	16	五脚桥	陈信娘	林宗英(父)	刘文义(堂兄)	10.20
8.30	黄亮和	21	吧生	新把杀	连那只娘	18	洪溪	朱友娘	黄淮水(父)	连赞水(堂伯)	8.13
9.1	林碧梧	35	吧生	大港墘	韩香娘	21	干质巷	许吉娘	林仪川(堂叔)	韩金山(父)	8.24,连,陈

---

① 献吧冬(巴东)案夺字 1873 年 2 月 18 日第 155 号准居兰地。

② 吧生,默肖庚水单。1878 年 12 月 12 日判离。

③ 吧生,默叶庚淑单。1880 年 3 月 11 日判离。

④ 吧生,默吴龙水单。1880 年 1 月 31 日判离。

9.1	饶光泉	19	吧生	西门外	丘友娘	18	甘光峇汝	吴信娘	饶亚齐(堂叔)	丘江流(父)	8.3
9.3	许玉桂	37	吧生	珍圩	李送娘	18	戈劳屈	李柏娘	许亚捷(宗叔)	李夫(胞兄)	7.29
9.5	陈茂松	22	吧生	圣望港	刘江娘	18	戈旦歹	汤吉娘	陈维熊(父)	刘桂磷(胞兄)	8.10
9.6	蒋振磷	23	吧生	单仔望	王宇娘	21	甲汶系里	钟亚四	蒋安郎(胞兄)	王伯澄(父)	8.3
9.7	蔡玉泉	21	吧生	珍圩	薛全娘	18	珍圩	陈六娘	蔡宗松(堂叔祖)	薛水生(胞兄)	8.4
9.8	庄文德	19	吧生	珍圩	赵德娘	18	新圩	许吉娘	庄玉水(父)	赵清水(父)	8.11
9.8	许文玉	21	吧生	珍圩	唐金娘	20	新圩	陈六娘	许灿(父)	唐青松(胞兄)	8.10
9.8	纪昌盛	21	吧生	小南门	林六娘	19	廿六间	钟辛娘	纪和尚(父)	林沧如(叔祖)	8.10
9.10	张志郎	27	吧生	大南门	刘庚娘	18	月兰娘仔	钟辛娘	张桂二(堂叔)	刘观连(父)	8.10
9.10	康碧水	23	吧生	砖仔桥	陈茶娘	21	砖仔桥	郑二娘	自己	自己	旧婚
9.10	黄哲	36	准居	公司后	林元娘	20	五脚桥	钟亚四	黄正(堂兄)	林清完(胞叔)	8.10
9.11	王礼	34	旧客	公司后	涂暖娘	19	巷干津	曾乌娘	王宗权(宗叔)	涂良仪(父)	9.11
9.12	黄壬郎	26	吧生	大南门	邹金娘	20	芝兰埔	胡娇娘	黄亚祥(父)	邹水淑(宗叔)	8.22
9.14	吴应然	18	——	大港墘	黄惠英	15	干冬圩	吴信娘	吴南阳(祖、雷)	黄益谦(父)	8.13
9.14	潘景赫	19	吧生	茂物	陈瑞娘	18	毛六甲	李粉娘	潘清全(父,甲)	陈光华(父,雷)	8.12
9.14	王进华	24	吧生	五脚桥	李意娘	22	文登	吴信娘	王庸泉(父)	李俊其(父)	8.17
9.17	黄炽焕	26	吧生	茄劳末	陈壬娘	16		陈六娘	黄云祥(胞叔)	陈义芳(父)	8.22
9.17	陈寿厚	29	吧生	道郎	林金娘	18	戈劳屈	汤吉娘	陈永威(胞伯)	林秀观(堂兄)	8.13
9.20	叶英才	20	吧生	小南门东	林俊娘	17	文登	钟亚四	叶万(父)	林赞绪(胞兄)	9.6
9.20	梁亚果	32	准居	戈劳屈	涂能娘	17	戈劳屈	钟亚四	梁亚有(堂兄)	涂子龙(胞兄)	8.17
9.20	方顺老	25	吧生	珍	沈冯娘	20	珍	朱水娘	方登经(父)	沈把虱(堂叔祖)	8.18
9.22	詹继昌	36	吧生	结石珍	徐芳娘	21	结石珍	陈六娘	詹宝山(父)	徐举文(父)	8.17
9.24	王璨光	23	吧生	大使庙	黄水娘	20	亭仔脚	许吉娘	王柏生(父)	黄青松(父)	8.28
9.27	曾亚二	43	唐生	甘光猫厘	陈娘那	33	甘光猫厘	陈六娘	曾秀二(宗兄)	陈峇峇(胞兄)	9.6
10.1	丘新凯	20	吧生	小南门	刘来娘	18	甘光毛甲	胡娇娘	丘盛观(胞叔)	刘亚二(宗叔)	9.6,李,李
10.1	丘江海	37	吧生	五脚桥	赖秀娘	21	南靖帝君	胡娇娘	丘衣锦(堂兄)	赖文泰(胞兄)	9.6
10.1	林金海	22	吧生	乌布土库	丘文娘	20	干质巷	李粉娘	林抱(父)	丘金龙(父)	9.1
10.5	杨福全	28	吧生	中港仔	陈枣娘	28	中港仔	钟亚四	杨美生(胞兄)	陈金榜(胞兄)	11.5
10.8	陈亚能	35	唐生	戈劳屈	谢癸娘	15	戈劳屈	王英娘	陈义芳(堂叔)	谢亚四(父)	9.6

10.10	杨载欣	20	吧生	打铁街	林英娘	20	小南门	陈信娘	杨赞水(父)	林宽绰(父)	9.18
10.10	许清池	32	唐生	水锯社	蔡霜娘	21	公司	李粉娘	许房退(宗兄)	蔡勤(父)	9.6
10.15	高江维	25	吧生	窑内	李顺娘	23	红支抽	吴信娘	高琼瑶(甲,父)	李文姜(父)	9.15
10.15	杨宗尧	36	唐生	中港仔	古瑞娘	20	针仔蚋巷	郑元娘	杨延瑞(堂叔)	古亚鸿(父)	9.18
10.15	温全生	25	吧生	新厝仔	林味蜜娘	20	丹仔望	戴二娘	温亚三(父)	林山郎(胞叔)	9.18
10.17	罗天富	25	唐生	甘光毛甲	温然娘	25	新厝仔	戴二娘	罗儒生(父)	温亚三(父)	9.18
10.19	欧福全	17	吧生	丹那娘仔	张色娘	15	丹那娘仔	陈六娘	欧登味(父)	张坤东(父)	9.18
10.20	蒋妈用	20	吧生	丹那望	刘惠娘	20	干冬圩	李八娘	蒋妈喜(胞兄)	刘德禄(胞伯)	9.15
10.22	林振麟①	26	吧生	牙览安	江葱娘	18	呀览安	郑满娘	林元水(宗叔)	江四季(堂兄)	9.24
10.24	许三水②	21	吧生	观音亭	蔡毛力娘	16	道郎	汤吉娘	许泰山(父)	蔡乔木(父)	10.10
10.30	周坤玉	24	——	大南门	吴温娘	22	大南门	钟亚四	周木林(胞伯)	吴翠荣(父)	10.17
11.1	徐金榜	20	吧生	小南门	甘珠娘	17	北戈然	许吉娘	徐柳絮(父)	甘坤田(胞叔)	10.13,吴,陈
11.1	甘七源	21	吧生	结石珍	林甘娘	21	结石珍	陈六娘	甘有源(兄)	林瑞泉(父)	10.7
11.1	李金山	25	吧生	结石珍	杨清娘	24	结石珍	陈六娘	李顺生(胞叔)	杨汉江(胞兄)	10.3
11.7	饶育芳	30	旧客	小南门	陈壬娘	16	小南门	李粉娘	饶仁芳(堂兄)	陈亚满(父)	10.13
11.7	余亚三③	40	吧生	蕉仔街	钟辰娘	22	臭桥	王惠娘	张保娘(母)	钟日生(父)	10.14
11.8	李亚福	29	唐生	珍	赖壬妹	16	珍	朱瑞娘	李宽秀(父)	赖兴三(父)	10.14
11.8	史云章④	28	旧港	丹仔望	曾汉娘	24	丹仔望	朱瑞娘	自己	曾邦二(父)	10.13
11.8	谢乙己	20	吧生	结石珍	张任娘	16	结石珍	朱瑞娘	谢宾生(父)	张德朗(父)	10.13
11.9	吴壬和	18	吧生	新把杀	李辛娘	17	杉板寮	张信娘	吴水林(父)	李木姐(父)	10.13
11.9	陈良才	18	吧生	亭仔脚	赖凤娘	19	旧吧杀	李粉娘	陈德水(父)	赖佛明(父)	10.10
11.9	杨海泉	31	唐生	新吧杀	黄乙娘	23	真郎安	李粉娘	杨章贤(堂叔)	黄玉华(胞兄)	10.22
11.10	黄金铃	22	吧生	洪溪	林森娘	18	洪溪	陈信娘	黄波光(父)	林宽生(父)	10.22
11.12	薛列辉	26	吧生	戈劳屈	张发娘	23	戈劳屈	杨合娘	薛启云(胞兄)	张亚六(胞兄)	10.14
11.12	蔡川文	30	旧客	甘光些瓜	陈坤娘	20	大使庙	胡娇娘	蔡凤(堂叔)	陈卯(堂兄)	10.10
11.12	谢高润	23	吧生	大史庙	阮桂娘	17	圣望港	戴二娘	谢贵三(胞叔)	阮培(堂叔)	10.14

① 望龟汝生,默陈吉全单。

② 默氏黄新良来单云,吧生。公堂 1879 年 8 月 7 日判离。

③ 吧生,默叶亚森单。1878 年 11 月 28 日判离。

④ 默西山单,旧港生。在吧无宗亲,自己押号。查其旧港路字 1877 年 3 月 27 日第 169 号。

11.15	邹文炎[①]	28	吧生	甘光猫厘	陈则娘	19	结石珍	陈六娘	邹河滨(父)	陈东元(胞兄)	10.17
11.15	罗亚运	31	吧生	小南门	刘辛娘	17	臭桥	陈六娘	罗亚富(胞叔)	刘亚满(父)	10.14
11.16	叶亚盛	22	吧生	臭桥	陈占娘	22	甘光猫厘	李金娘	荣石长(堂叔)	张英娘(母)	10.18
11.16	林袋	24	唐生	结石珍	李清娘	24	结石珍	林和娘	林潘(堂叔)	李才源(父)	10.28
11.19	林天福[②]	21	吧生	圣望港	李鹅娘	16	旧吧杀	陈信娘	林金禄(父)	李昆栋(父)	10.28
11.19	郭添益	24	吧生	丹那望	曾里娘	20	丹那望	黄娇娘	郭振富(父)	曾新客(父)	10.21
11.19	李锡坤	33	旧客	五脚桥	叶文娘	17	打铁街	黄娇娘	李锡珠(堂兄)	叶成郎(父)	10.21
11.19	曾寿山	18	吧生	丹那望	郭对娘	18	丹那望	黄娇娘	曾新客(父)	郭振富(父)	10.21
11.20	詹佛应[③]	23	吧生	大南门	陈金娘	18	大南门	陈生娘	詹亚鼎(堂兄)	陈新奎(父)	10.22
11.21	许庆祥	23	吧生	结石珍	杨金娘	22	结石珍	陈六娘	许德宜(父)	杨西海(父)	10.22
11.21	陈长全	19	吧生	观音亭	苏宝娘	18	惹牙兰	李八娘	陈振河(胞叔)	苏木林(堂叔)	10.28
11.21	林木合	20	吧生	结石珍	陈顺娘	18	结石珍	吴金娘	林清恩(堂叔)	陈雨南(堂兄)	10.22
11.22	黄鸣水	21	吧生	丹那望	陈莺娘	16	观音亭	吴信娘	黄富清(胞伯)	陈浚哲(祖父,玛腰)	10.22,高,陈
11.30	杨清底	35	吧生	道郎	严齐娘	26	王埔园	吴金娘	杨金荣(堂兄)	严江汉(胞兄)	10.28,吴,陈
11.30	陈悟	32	唐生	珍圩	蔡淮娘	21	新圩	吴金娘	陈连心(胞兄)	蔡芳(父)	10.28
12.3	吴昌来	23	吧生	砖仔桥	陈宇力娘	23	干质巷	王英娘	吴亚三(父)	陈芳爹(父)	10. 22,旧婚,高,黄
12.6	曾成发	30	唐生	小南门	陈接娘	25	大南门	王英娘	曾添绍(宗叔)	陈永禄(胞兄)	11.12
12.10	肖友二	23	吧生	甘光咨厘	白戌娘	16	甘光咨厘	陈六娘	肖亚辛(父)	白添生(胞兄)	11.18
12.14	陈渊源	29	吧生	结石珍	林淑娘	19	结石珍	陈六娘	陈全郎(父)	林长寿(胞兄)	11.11
12.19	林亚四	23	吧生	干质巷	曾博娘	22	惹牙兰	吴金娘	林亚珍(堂兄)	曾亚二(父)	11.19
12.19	邹水淑	42	吧生	班芝兰	罗恭娘	20	班芝兰	罗阿安	邹亚贤(堂叔)	罗阿日(父)	11.19
12.21	韩清源	21	吧生	丹那实连	陈金娘	18	新巴杀	吴金娘	郭全娘(母)	陈益谦(胞兄)	11.20
12.22	李亚三	43	唐生	吧八丹	温巳娘	19	结石珍	吴金娘	李锦龙(堂伯)	温汝福(父)	11.21
12.27	陈东发	31	吧生	结石珍	杨未娘	18	结石珍	陈六娘	陈德海(胞叔)	杨泰山(胞兄)	11.26
12.28	刘广仁	34	旧客	公司	钟福娘	17	臭桥	王英娘	刘亚坤(堂兄)	钟燕(父)	12.4

总计:184 对

① 吧生,默杨思安单。1880 年 1 月 31 日判离。

② 默林坤佑单云新客,查入口词簿 1871 年 3 月 24 日火舟茄啤多劳来吧,已入字恳居。

③ 吧生,默黄永闹单,1880 年 10 月 22 日判离。

1878年吧城唐人成婚注册表

月日	男家	年岁	类别	住址	女家	年岁	住址	媒妁	男方主婚	女方主婚	备注 结婚日,主事人
1.2	钟登郎	31	吧生	姜园	温文娘	20	姜园	陈六娘	钟亚三(堂叔)	温任福(父)	丁 12.5,连文清,黄福章
1.3	韩有来	24	吧生	大使庙	李才娘	23	大南门	李八娘	韩文成(父)	李和生(胞兄)	12.4
1.5	范亚渊	31	吧生	甘光毛六甲	傅丁娘	22	入多窑	戴二娘	范亚森(胞兄)	傅亚六(父)	12.10
1.5	朱怡庆	19	吧生	亚森脚	张玉娘	19	冬基	钟信娘	朱沛(父)	张品山(父)	12.10
1.7	王全生	38	吧生	八茶罐	陈玉娘	22	大使庙	许吉娘	王习(宗叔)	陈春水(父)	12.18
1.7	陈荣基	30	吧生	观音亭	吴荣娘	20	冬基	许吉娘	陈敬元(胞叔)	吴开(胞叔)	12.10
1.7	杨正春	29	唐生	五脚桥	林老知娘	16	洪溪	陈仪娘	杨占福(宗叔)	林温山(父)	12.22
1.7	蒋茄意	51	吧生	结石珍	欧菊娘	30	结石珍	郑万娘	蒋和志(胞兄)	欧进生(胞兄)	12.18
1.8	杨长池	36	吧生	新吧杀	王珍娘	20	丹那望	张地娘	杨大会(堂叔)	王光炎(祖父)	12.10
1.8	王亚丁	41	旧客	针仔蚋巷	邹亚娘	18	针仔蚋巷	吴金娘	王亚秀(堂叔)	邹国安(父)	12.16
1.10	李亚二	25	吧生	洪溪	王水娘	17	竹寮	蔡辛娘	李杞观(父)	王日进(父)	12.10
1.14	肖江水	28	吧生	甘光毛甲	颜森娘	20	小南门	陈仪娘	肖细禄(胞叔)	颜锦福(父)	12.18
1.21	王河池	22	吧生	文丁	林宝娘	21	乌布土库	李丁娘	王金石(父)	林文福(堂兄)	1.17
1.21	梁水	23	吧生	戈劳屈	刘海娘	18	丹那实连	曾和娘	梁双福(堂伯)	刘登楠(堂叔)	1.26
1.22	叶邦	20	唐生	小南门	陈梅娘	19	小南门	曾和娘	叶妈益(堂兄)	陈德郎(父)	旧婚
2.16	刘亚曾	28	吧生	惹致	王金娘	19	惹致	汤吉娘	刘继昌(父)	王漳溪(父)	1.18 李子凤 林元寿
2.21	吴古珍	23	吧生	八厨沃干	王梅娘	20	观音亭	许吉娘	吴尽武(胞叔)	王金生(胞兄)	4.21
2.21	刘连进	20	吧生	洪溪	林水娘	16	洪溪	陈信娘	刘庆文(父)	林宽生(父)	2.6
2.21	陈顺意	22	吧生	导郎	罗宇娘	16	小南门	李八娘	陈顺合(胞兄)	罗西良(宗兄)	2.3
2.21	郑炳琳	25	吧生	西门外	刘易娘	24	甘光些洼	胡娇娘	郑发九(堂叔)	刘金水(父)	2.2
2.22	王顺景	23	吧生	洪溪	吴金娘	23	八厨沃干	许吉娘	王庸修(父)	吴杨安(父)	2.12
2.23	吴光其	20	吧生	结石珍	陈山娘	20	导郎	陈六娘	吴桂阳(父)	陈乌九(堂叔)	1.29
2.26	翁文兴	21	吧生	新厝仔	邹乙娘	18	新把杀	戴二娘	翁清河(父)	邹淡阳(堂兄)	2.2
2.28	蔡才兴	25	吧生	丹那望	陈养娘	20	丹那望	汤吉娘	蔡壬癸(父)	陈良生(堂伯)	2.7

2.28	院高山	22	唐生	结石珍	许印娘	19	结石珍	陈六娘	阮培(父)	许耕田(胞叔)	2.6
2.28	黎亚三	37	旧客	新吧杀	黄红娘	21	新池桥	汤吉娘	黎亚维(宗叔)	黄霖成(堂叔)	2.3
3.1	许长春	26	吧生	圣望苍	严溪不娘	22	二南抹	戴二娘	林吉娘(母)	严江汉(胞兄)	2.7，陈文炳,李子昌
3.1	吴兴圈	24	唐生	公司后	谢金娘	22	五脚桥	陈信娘	吴胞月(胞兄)	谢盏(父)	2.3
3.1	伍亚喜	26	准居	大南门	陈金娘	23	洪溪	吴信娘	伍昌浑(胞叔)	陈亚连(父)	2.7
3.2	张义乙[①]	24	吧生	窑内	韩吉娘	24	丹那实连	李八娘	张有来(胞伯)	郭全娘(母)	2.7
3.6	吴春生	31	吧生	戈劳屈	林辛娘	18	戈劳屈	胡娇娘	吴清水(胞叔)	林清水(父)	2.13
3.6	刘明湖	32	吧生	结石珍	冯信娘	20	结石珍	陈六娘	刘德顺(胞兄)	冯永桥(胞兄)	2.12
3.9	杨燕	32	吧生	冬基	吴金娘	22	洪溪	张信娘	杨能机(堂兄)	吴金山(父)	2.7
3.11	甘石蟹	34	旧客	新把杀	杨瑞娘	26	流连桥	汤吉娘	甘永端(叔祖)	林登辉(堂兄)	2.14
3.13	陈景章	22	吧生	大港墘	丘福娘	18	大南门	吴七娘	陈玉琳(父)	钟山娘(母)	2.16
3.13	陈照山	20	吧生	圣望港	黄水娘	19	乌布土库	吴仪娘	陈菜(宗叔)	林美娘(母)	2.14
3.14	简元里	25	吧生	班芝兰	王色娘	17	观音亭	李八娘	简和兰(堂叔)	王春生(父)	2.14
3.15	甘高山	36	旧客	结石珍	林烟之娘	24	文丁	陈六娘	甘成和(堂兄)	林拱照(父)	旧婚
3.18	陈明山	23	吧生	八茶罐	谢瑞娘	19	大南门	陈仪娘	陈玉长(父,雷)	谢亚四(父)	2.21
3.19	刘荣恩[②]	35	唐生	蕉仔街	谢癸娘	16	干冬圩	吴金娘	刘亚庚(胞叔)	谢福生(胞兄)	2.19
3.22	廖尊恩	34	准居	毛六甲	黄丙娘	23	毛六甲	许吉娘	廖亚锦(堂叔)	黄亚明(胞叔)	2.24
3.25	古沓汝	20	吧生	大使庙	李福娘	16	观音亭	曾乌娘	黄曲娘(母)	李接基(宗兄)	2.28
3.28	林丁举	40	——	大使庙	涂必娘	23	三板寮	戴二娘	林阳生(宗兄)	陈清娘(母)	3.12
3.29	叶金榜	36	唐生	大港墘	林老知娘	19	西门	许吉娘	叶金标(胞兄)	林元旦(祖父)	2.28
4.6	林功坤	63	——	八茶罐	詹灯娘	24	八茶罐	陈仪娘	林宗兴(堂叔)	詹胞生(胞兄)	3.5,吴辉,陈光华
4.8	陈万昌	25	吧生	新巴杀	郭荣娘	22	干冬圩	陈六娘	陈宝昌(胞兄)	郭泰山(父)	3.19
4.11	梁阿章	49	吧生	吧把丹	黄城娘	20	观音亭	陈六娘	梁阿三(堂叔)	石潘娘(母)	3.23
4.18	吴威利	38	准居	八茶罐	张砣娘	21	打铁街	李粉娘	吴阳三(胞兄)	张绍南(父)	3.19.陈
4.23	钟庚郎	29	吧生	丹那望	傅亦娘	19	甲汶丝里	吴金娘	钟丁郎(胞兄)	傅亚六(宗祖叔)	4.4
4.25	黄亚四	29	旧客	中港仔	钟庚娘	19	打铁街	吴金娘	黄麟淑(堂叔祖)	钟肇聪(父)	4.3

① 吧生，默林炎灶单。张有来病，其姑张温娘代。

② 唐生，默叶亚森单，献案夺字 1872 年 4 月 4 日准开裁缝店。

5.1	吴天求	34	唐生	结石珍	钟寒止娘	16	结石珍	陈六娘	吴蕾(堂叔)	钟东山(宗叔)	4. 6，黄清渊，许焕章
5.1	郭发曾	19	旧客	真郎安	陈癸娘	17	真郎安	陈丁娘	郭亚楷(父)	陈添柱(堂兄)	4.3
5.3	詹春德	30	吧生	窑内	许炎娘	28	大使庙	李粉娘	詹高山(宗叔)	许光耀(父、)	4.11
5.3	林裕	28	准居	小南门	江清娘	19	乌布土库	张信娘	林水玄(宗兄)	江雨露(父)	4.11
5.3	钟再鼎	27	吧生	小南门	李戊娘	21	甘光广东	郑元娘	钟又鼎(胞兄)	李亚喜(父)	4.11
5.3	林亮武	21	吧生	新巴杀	王七娘	19	毛六甲	朱友娘	林金禄(宗伯)	王武亭(父)	4.12
5.8	陈金和	21	吧生	廿六间	王玉娘	20	小南门	汤吉娘	陈丁水(祖父)	王荣瑞(父)	4.18
5.9	林清祥①	19	吧生	观音亭	陈森娘	17	五脚桥	许吉娘	林溪胜(祖父)	陈疆增(父)	4.18
5.9	曾运生	47	吧生	甘光广东	陈娘那	23	干冬圩	陈六娘	曾豕官	陈亚五(父)	4.16
5.19	叶金在	22	吧生	新厝仔	陈俭娘	18	大使庙	吴仪娘	叶璞(父)	陈树源(堂叔)	4.18
5.9	洪光梯	40	旧客	王望泚	丘登娘	26	八厨沃干	胡娇娘	洪千(堂叔)	丘天瑞(父)	4.18
5.10	钟伦遂	20	吧生	新把杀	甘满娘	22	结石珍	张信娘	钟伸二(父)	甘永泉(父)	4.18
5.11	洪宽柔	32	旧客	打铁街	赖宗娘	16	二南抹	李八娘	洪新来(宗叔)	赖显耀(宗兄)	4.21
5.13	黄荣宗	20	吧生	旧吧杀	卓凤娘	19	观音亭	李八娘	黄万选(堂兄)	卓泉(父)	4.21
5.13	李佛诚②	49	——	砖仔桥	王贞娘	47	砖仔桥	林金娘	自己	自己	旧婚
5.14	吴长缓	35	旧客	班芝兰	陈水娘	17	新池桥	李八娘	吴兴基(胞兄)	陈月娘(姑)	4.15
5.17	叶柳	25	旧客	戈劳屈	蔡荫娘	20	丹那望	吴金娘	叶所物(堂叔)	蔡章水(堂兄)	4. 18
5.17	曹水长	27	旧客	戈劳屈	刘招娘	17	巴八丹	曾乌娘	曹承郎(胞叔)	刘亚四(父)	4.26
5.17	李亚淦	38	旧客	八厨沃干	邹连娘	18	班芝兰	胡娇娘	李绍廉(堂叔)	邹水淑(父)	4.22
5.18	林碧启	19	吧生	乌鬼港	沈荣娘	18	八茶罐	王恩娘	林金禄(宗叔祖)	沈篇(父)	4.22
5.25	蒋妈助	26	吧生	丹仔望	刘娘那	23	丹仔望	陈六娘	蒋妈喜(胞兄)	刘瑞元(宗兄)	4.25
5.28	陈财	42	旧客	戈劳屈	胡娘那	30	戈劳屈	林宝娘	陈亚三(胞兄)	胡宝淋(父)	5.2
6.4	李金桂	27	吧生	戈劳屈	叶文娘	23	戈劳屈	胡娇娘	李木桂(胞兄)	叶春源(宗兄)	5.13，连，黄
6.7	梁杞生	34	吧生	水锯社	涂娘那	18	水锯社	吴仪娘	林金娘(母)	涂两仪(胞叔)	5.10
6.12	韩灿水	22	吧生	戈劳屈	温八娘	21	西门	陈仪娘	吴惹伊(内祖妈)	温长美(胞兄)	5.23

① 林溪胜，原万丹甲必丹。

② 李佛诚甲，原为默氏。王氏到公堂献禀贴云：前夫陈安六，因夫妇不和，经于1859年4月1日判离，生二子归前夫抚养。今愿与李佛诚永结伉俪，恳赐婚书为照。查案簿属实。

6.17	黄长寿	30	吧生	帽劳间	陈乙娘	18	茂物芝民浪	刘周娘	黄庚瑞(父)	陈发贵(父)	6.18
6.20	罗运福	33	唐生	臭桥	李秀兰	15	猪母巷	戴二娘	罗佛养(父)	李亚三(父)	5.25
6.22	温浚官	29	吧生	小南门	张七娘	15	文丁	陈信娘	温亚云父)	张福二(父)	6.6
6.26	洪千官	31	唐生	五脚桥	林汉娘	23	五脚桥	胡娇娘	洪扁(堂兄)	林合婚(父)	6.5
6.28	洪文贵	24	唐生	大使庙	陈明娘	28	圣望港	李八娘	洪汇川(族叔)	陈俊英(胞兄)	6.1
7.1	李锡聪	23	唐生	丹那望	钟厨娘	18	丹那望	吴金娘	李锡深(胞兄)	钟桂五(父)	6.5,李,林
7.1	黄冉妹	31	吧生	大南门	蒋保娘	19	结石珍	张信娘	黄鼎盛(胞兄)	蒋成源(胞伯)	6.8
7.5	苏笃顺①	28	——	三间土库	黄文笃娘	18	圣望港	许吉娘	苏万安(父)	黄德章(父)	6.12
7.11	蔡清河	20	吧生	大使庙	叶二娘	20	西门	胡娇娘	蔡国老(宗叔)	叶亚娇(堂叔)	6.5
7.12	李金成	25	吧生	大使庙	陈荣娘	25	旧吧杀	陈新娘	李衍明(堂兄)	陈长生(胞兄)	6.15
7.12	赖亚志	24	吧生	晋即安	黄春娘	18	观音亭	张新娘	赖恩八(叔)	黄戊淑(叔祖)	6.7
7.24	陈然生	21	吧生	丹那望	杨白娘	22	结石珍	陈六娘	陈金山(胞叔)	杨襟书(父)	7.6
7.27	许耀宗	19	吧生	东基	陈增娘	17	甘光毛内甲	吴新娘	许清波(父)甲	陈六顺(父)	7.6
7.29	黄草生	36	吧生	结石珍	谢银娘	26	结石珍	陈六娘	黄元龄(宗兄)	谢天生(胞兄)	7.20
8.7	李新增	55	吧生	小南门	陈汉娘	30	八厨沃干	戴二娘	李令尹(宗叔)	陈珍生(父)	7.13,陈,李
8.7	谢柏林	24	吧生	马淡安	李酉娘	18	结石珍	张信娘	谢双郎二(父)	李锦添(胞叔)	7.28
8.13	章长庆	20	吧生	北戈然	朱新娘	18	杉板寮	胡娇娘	章亚满(父)	曹炳妹(母)	7.28
8.14	何吉轩	31	旧客	圣望港	饶好娘	16	毛六甲	陈信娘	何亚朝(宗叔)	饶壬勋(父)	7.20
8.17	黄亚五	31	旧客	中港仔	陈音娘	19	中港仔	吴金娘	黄辰观(宗叔)	陈焕八(宗叔)	旧婚
8.22	陈灿荣	18	吧生	亭仔脚	罗娘那	18	观音亭	吴仪娘	陈道谋(父)	罗思唐(父)	8.5
8.22	郭腾宝	25	吧生	月那实连	范和娘	29	窑内	胡娇娘	郭腾云(胞兄)	范五福(胞叔)	8.5
8.24	梁春松	26	吧生	北戈然	黄长娘	25	结石珍	陈六娘	梁特昌(堂兄)	黄文仪(胞兄)	8.5
8.26	丘亚发	35	唐生	蕉仔桥	钟壬妹	17	蕉仔街	吴金娘	丘亚德(堂兄)	钟永瑞(胞兄)	8.5
8.28	甘福山	24	吧生	新巴杀	吴英娘	22	结石珍	朱珠娘	甘福寿(胞叔)	吴秀文(父)	8.13
8.28	杨长恩	19	吧生	结石珍	黄福娘	15	巴劳八丹	陈六娘	杨坐(父)	杨松(胞兄)	8.12
8.28	郑源和	21	吧生	亭仔脚	王来娘	20	西门	吴新娘	郑雷姑(父)	王日新(父)	8.12
8.28	黄汉土	32	吧生	乌布土库	丘那娘	20	甘光峇汝	钟思娘	黄宝(父)	丘沧海(胞兄)	8.5
8.29	余春生	33	吧生	结石珍	陈吉疾娘	24	结石珍	陈六娘	余佳生(胞兄)	陈径丙(胞兄)	8.12

① 苏万安,猫冬甲必丹。

9.2	蔡明秀	19	吧生	中港仔	郑香娘	21	班芝兰	许吉娘	蔡文通(父)	郑茂泉(父)	8.21,黄,许
9.2	黄得水	24	吧生	丹仔望	杨冒劳娘	23	丹仔望	林春娘	黄灿郎(父)	杨顺德(胞兄)	8.16
9.2	廖元清	28	吧生	戈劳屈	侯质礼维娘	24	戈劳屈	林壬娘	廖武二(堂伯)	侯添寿(胞兄)	8.12
9.3	叶顺兴	29	吧生	大南门	赖高娘	20	公司	李文娘	叶好(父)	赖茂龙(胞兄)	8.20
9.3	范亚三	33	吧生	把杀鱼间	蔡文娘	18	北戈然	钟顺娘	范六兴(堂叔)	蔡长流(父)	8.16
9.4	赵德和	21	吧生	新把杀	陈官娘	18	八戈然	许吉娘	赵清水(父)	张珍娘(母病,弟振华代)	8.12
9.4	钟水贤	38	吧生	大使庙	陈孝娘	27	毛六甲	吴金娘	钟奎炳(父)	陈清风(胞叔)	8.16
9.5	古长河	25	吧生	五脚桥	钟合娘	25	道郎	胡娇娘	古新(祖父)	钟文杰(叔公)	8.15
9.5	赖长兴	20	吧生	新巴杀	沈枝娘	19	结石珍	吴新娘	赖保生(父)	沈景坤父)	8.16
9.6	黄彭来	28	吧生	八厨沃干	林连娘	24	小南门	苏英娘	黄静乾(堂兄)	林水玄(父)	8.12
9.6	温亚赞	26	唐生	三间土库	曾壬娘	17	八多绕	戴二娘	温亚东(胞兄)	曾富爹(父)	8.16
9.6	丘清发	27	吧生	大南门	林坤娘	22	西门	戴二娘	丘荣春(堂叔)	林松茂(父)	8.19
9.6	罗闰秀	36	准居	洪溪	廖甲娘	19	小南门	丘七娘	罗亚福(堂兄)	廖添德(胞叔)	8.16
9.7	黄光福	26	吧生	温东爪亚屿	吴宇力娘	17	北戈然	林四妹	黄文水(胞叔)	吴金水(堂叔)	8.16
9.9	谢炳辉	36	唐生	结石珍	曾经娘	19	结石珍	陈六娘	谢天生(胞兄)	曾运生(胞兄)	8.19
9.10	杨渊泉	23	吧生	廿六间	白锦娘	18	亭仔脚	郑元娘	杨坪(胞叔)	白清标(胞兄)	8.19
9.12	苏仁恭	19	吧生	美色近	巫石娘	20	美色近	汤吉娘	苏金鹤(父)	巫山林(宗兄)	4.2旧婚
9.18	林真庆	21	吧生	小南门	陈娘那	22	文丁	许吉娘	林仪川(父)	陈秀(父)	9.11
9.25	林金汉	24	吧生	圣望港	陈寒娘	21	结石珍	汤吉娘	林光绍(父病,兄克家代)	陈长安(父,堂兄顺友代)	9.11
9.26	庄荣炉	36	旧客	五脚桥	陈月娘	17	八茶罐	胡娇娘	庄瑞居(父)	陈丁壬(堂伯)	9.5
9.28	肖隆仪	22	吧生	公司	杨福娘	21	蕉仔街	张信娘	肖寿(宗叔)	杨万龙(胞兄)	9.11
9.28	张生章	22	吧生	观音亭	郭索娘	19	结石珍	陈六娘	长定安(父)	陈二娘(母)	9.11
9.30	沈四海	21	吧生	大南门	林荫娘	19	窑内	张信娘	沈丁元(父)	刘沧汝(父)	9.11
9.30	房亚河	29	旧客	打铁街	叶力娘	17	干冬圩	许吉娘	房亚元(父)	叶亚进(父)	9.21
10.2	林淇安	24	吧生	大南门	胡銮娘	17	北戈然	杨音娘	林华(父)	胡龙(父)	9.11,连、黄
10.4	李权	37	唐生	巴杀鱼间	钟巳娘	20	蕉仔街	李八娘	李亚康(堂叔)	钟亚五(父)	9.12
10.7	连禄生	22	——	洪溪	陈顺娘	18	毛六甲	郑满娘	连炎照(父)	陈光华(父、雷)	9.18
10.9	林直顺	21	吧生	结石珍	陈水娘	19	结石珍	陈六娘	林瑞川(胞兄)	陈三癸(堂叔)	9.24
10.10	杨赞煌	19	吧生	大南门	蒋福娘	19	结石珍	张信娘	杨光荣(父)	蒋子夏(胞叔)	9.24

10.10	张登文[①]	26	吧生	结石珍	王娘娜	20	丹仔望	吴金娘	张江(堂叔)	王培(堂叔)	9.24
10.11	邓良兴	32	吧生	丹仔望	廖丹娘	22	丹仔望	陈六娘	邓立生(堂兄)	廖茂(父)	9.21
10.11	李东山	29	吧生	吧八丹	丘新娘	19	小南门	陈六娘	李琼山(胞兄)	丘春昌(堂兄)	9.24
10.21	叶振生	22	吧生	美色近	周婉娘	22	结石珍	朱瑞娘	叶元河(父)	周青山(父)	10.6
10.23	陈溪泉	22	吧生	新把杀	白却娘	22	结石珍	朱有娘	陈济(父)	白文水(父)	10.3
10.24	李杞长	33	吧生	干质卷	彭山娘	26	结石珍	张信娘	李亚梦(堂兄)	邹进娘(母)	10.16
10.28	黄番薯	30	唐生	班芝兰	杨布娘	18	导郎	汤吉娘	黄胤(宗叔)	杨双波浪(父)	10.6
10.28	黄玉山	23	吧生	结石珍	杨力娘	23	巴杀亚森	陈六娘	黄金堂(父)	杨启明(父)	10.14
10.28	许福寿	29	吧生	结石珍	曾癸娘	17	结石珍	陈六娘	许云兰(父)	曾亚七(父)	10.14
10.28	姚彭	32	唐生	小南门	曾文娘	18	戈劳届	许吉娘	姚琶(堂兄)	曾添绍(父)	10.24
10.29	蒋祐郎	22	吧生	丹娜望	蔡裙娘	17	丹那望	林俊娘	蒋安郎(胞兄)	蔡万卒(父)	10.5
10.30	叶福顺	18	吧生	水锯社	陈靴娘	17	水锯社	陈仪娘	叶海山(父)	陈照昆(胞兄)	10.14
10.30	杨江海	21	——	三间土库	叶来娘	20	小南门	陈信娘	杨金生(父)	叶保全(堂伯)	10.9
11.2	钟华郎	24	吧生	结石珍	吴燦娘	17	蕉仔街	张信娘	钟亚标(父)	吴金麟(胞兄)	10. 18，李，林
11.4	林音水	21	吧生	美色近	陈清娘	19	亭仔脚	吴信娘	林碧煌(胞叔)	陈邦仲(堂叔)	10.16
11.4	林坤生	26	吧生	大使庙	蓝山娘	17	导郎	汤吉娘	林坤元(胞兄)	蓝武亭(父)	10.16
11.6	林金贵	36	吧生	五脚桥	叶乙娘	19	观音亭	张音娘	林壬贵(胞兄)	叶亚娇(父)	10.16
11.6	林文良	34	吧生	结石珍	黄和娘	20	结石珍	陈六娘	林文选(堂兄)	黄元益(父)	10.16
11.6	刘焕文	20	吧生	甘光峇厘	廖木娘	20	甘光峇厘	陈六娘	刘奇生(父)	廖龙二(父)	10.18
11.7	陈有嘉[②]	34	吧生	新厝仔	林洋娘	22	冬基	李粉娘	陈允臧(堂叔)	林德发(父)	10.16
11.9	苏绍有	23	吧生	乌布土库	林来娘	18	班芝兰	李粉娘	苏遐龄(父)	连玉娘(母)	旧婚.11
11.11	钟友生	21	吧生	五脚桥	杨戊娘	17	五脚桥	陈仪娘	钟金榜(父)	杨庚贵(胞叔)	10.18
11.11	王新客	22	吧生	小南门	陈凤娘	20	导郎	陈信娘	王日新(堂兄)	陈长江(父)	10.27
11.15	刘西元	21	吧生	结石珍	林秋娘	20	观音亭	陈六娘	刘长清(父)	林清娘(宗叔)	10.27
11.15	龚傈	29	唐生	旧巴杀	江水娘	18	观音亭	陈仪娘	龚满(堂兄)	江水连(堂兄)	11.4
11.18	罗德运	27	唐生	甘光峇厘	姚宣娘	20	三间土库	吴金娘	罗春芳(胞叔)	姚清淋(胞兄)	10.27
11.22	丘江涧	20	吧生	吧八丹	残缺	18	甲汶丝里	林八娘	丘群妹(父)	刘海郎(胞伯)	11.3
11.23	陈亚珍	33	唐生	洪溪	王景娘	22	洪溪	许吉娘	陈亚福(堂兄)	王自福(父)	11.1

① 默氏蒋玉振来单云吧生。1880 年 7 月 23 日公堂判离。

② 另附新厝仔默氏叶金山呈交结婚申报书一份。

11.25	李玉山	23	吧生	结石珍	唐一娘	21	新把杀	陈六娘	李春生(父)	唐天求(父)	11.10
11.29	谢锡畴	26	吧生	大港墘	陈山娘	17	观音亭	吴金娘	谢怀生(胞叔)	陈琼球(堂兄)	11.18
12.2	黄一武	24	唐生	新厝仔	林一娘	22	小南门	陈颜娘	黄胆智(宗叔)	林金钟(胞兄)	11.13,陈、李
12.2	吴亚载	44	唐生	海屿	陈招妹	15	小南门	高执娘	吴亚连(宗兄)	陈亚佑(父)	11.15
12.5	林荣萌	20	吧生	新厝仔	陈乌娘	20	八厨沃间	陈新娘	林文碧(父)	陈珍生(叔公)	12.6
12.5	陈清福	21	浪生	大使庙	薛阴娘	22	戈罗屈	雅永文	陈泰山(宗叔)	薛启云(胞兄)	11.15
12.10	丘赞生	21	吧生	亚森脚	蔡福娘	19	班芝兰	吴金娘	丘体(宗兄)	蔡水(宗兄)	11.22
12.11	黄清汉	21	吧生	洪溪	杨荣娘	18	洪溪	许吉娘	黄福华(堂叔)	杨清河(胞兄)	11.24
12.12	朱增郎	23	吧生	甘光峇厘	陈癸娘	16	峇厘	胡娇娘	朱恩寿(父)	陈亚三(父)	12.2
12.12	许周	44	唐生	新厝仔	余料娘	24	圣望港	杨音娘	许明高(堂叔)	余金源(胞兄)	11.22
12.18	吴梅	29	旧客	窑内	黄物娘	17	干质巷	李八娘	吴项(宗叔)	黄荣贵(胞叔)	12.8
12.19	张济生	44	唐生	大南门	郑庚娘	19	大南门	胡娇娘	张福三(堂兄)	郑丁兴(堂兄)	11.27
12.21	颜迪祥	32	准居	大港墘	吴艳娘	19	观音亭	陈颜娘	颜福(堂兄)	吴有文(父)	12.9
12.23	陈清临	18	吧生	观音亭	吴四德娘	17	小南门	陈信娘	陈弟元(父)	吴宏基(父)	12.6
12.27	陈美章	26	吧生	八戈然	林老畏娘	15	文丁	陈信娘	陈茂荣(胞兄)	林茶匙(父)	12.18
12.28	洪梅花	22	唐生	八茶罐	陈生娘	18	吃弄班让	胡娇娘	洪景位(堂叔)	陈清水(宗叔)	12.18
12.31	蔡海	35	准居	圣望港	黄清水娘	18	三间土库	陈言娘	蔡吾速(宗叔)	黄松得(父)	12.15

总计:177 对

1879 年吧城唐人成婚注册表

月日	男家	年岁	类别	住址	女家	年岁	住址	媒妁	男方主婚	女方主婚	备注 结婚日,主事人
1.3	洪江水	21	吧生	大使庙	沈成娘	21	三间土库	陈新娘	洪俊杰(叔祖)	沈添全(父)	12.16,黄清渊
1.6	陈癸生	34	唐生	甘峇由兰	曾癸娘	17	甲汶丝里	陈六娘	陈福郎(堂叔)	曹发寿(胞叔)	12.16
1.8	黄杰仁	26	吧生	洪溪社	王詹娘	18	瓮菜河	吴新娘	黄江隆(堂叔)	王光彩(父)	12.18
1.8	袁文山	38	吧生	观音亭	吴音娘	26	窑内	李八娘	袁松茂(堂兄)	吴连娘(亲姑)	12.20
1.9	甘源泉	23	吧生	甘光毛六甲	刘壬娘	17	毛六甲	陈新娘	甘长溪(父)	戴水娘(母)	12.13
1.14	罗凤喜	28	唐生	晋郎安	叶元娘	21	晋郎安	胡娇娘	罗亚二(堂兄)	叶春源(堂兄)	1.12
2.10	王源生	20	吧生	班芝兰	郑砼娘	21	新厝仔	许吉娘	王活水(父)	郑秋中(父)	1.27,连文清

2.10	徐柳絮[1]	43	——	小南门	陈专娘	22	新厝仔	陈新娘	徐颜(宗兄)	陈曰(宗叔)	1.26
2.14	韩长庇	20	吧生	丹那望	林壬娘	16	公司	许吉娘	韩景郎(胞伯)	林登兴(父)	2.26
2.15	钟福桥	37	唐生	五脚桥	袁水娘	18	丹那实烈	胡娇娘	钟亚辉(胞叔)	袁清良(父)	2.8
2.18	丘湘粦	29	唐生	小南门	贺恩娘	19	小南门	郑满娘	丘春昌(堂兄)	贺亚礼(父)	2.8 黄福章
2.18	王荣春	21	吧生	小南门	陈义娘	21	廿六间	陈信娘	王天恩(父)	陈长华(父)	2.5
2.20	林桥	42	旧客	洪溪	陈梅娘	24	洪溪	吴信娘	林一(宗兄)	陈长生(胞兄)	2.5
2.20	戴游海	24	吧生	巴甘望安	韩酉娘	16	巴甘望安	张信娘	戴有水(胞兄)	韩坤山(叔祖)	2.17
2.24	陈瑞泉	20	吧生	圣望港	林新娘	19	甘光毛甲	杨音娘	陈江凑(父)	林流力(父)	2.10
2.24	曾万来	22	吧生	水锯仔	沈田娘	20	水锯仔	陈言娘	曾邦彦(叔公)	沈丁元(父)	2.14
2.24	柯清龙	39	吧生	结石珍	王长娘	23	砖仔桥	陈言娘	柯江龙(胞兄)	王振龙(胞兄)	2.17
2.26	杨天宝	26	唐生	大南门	林鸾娘	21	大南门	汤吉娘	杨天送(胞兄)	林华(父)	2.10
2.26	赵德海	20	吧生	新巴杀	叶煌娘 番包厨娘	17	小南门	许吉娘	赵清水(胞叔)	叶庚淑(父)	2.21
2.26	吴亚锦	25	准居	新巴杀	曾桂娘	18	丹那娘仔	陈六娘	吴汉漳(父)	曾亚伍(父)	2.16
3.5	蔡有水	26	吧生	丹那望	叶鸾娘	18	结石珍	吴金娘	叶长安(堂叔)	蔡章庆(叔)	2.17 林元寿
3.8	江涉	33	唐生	八厨沃间	林秋娘	16	小南门	胡娇娘	江武(堂兄)	林露(父)	2.22 李子昌
3.13	叶荷[2]	24	唐生	亭仔脚	袁荣娘	16	观音亭	李八娘	叶片(堂叔)	袁坤山(堂叔)	2.24
3.14	陈同华	20	吧生	洪溪	王景娘	20	洪溪	戴二娘	陈英杰(胞叔)	王庸修(父)	2.25
3.27	蒋益郎	20	吧生	丹那望	林劳不 黎娘	20	新巴杀	林春娘	蒋顺郎(堂兄)	林文德(叔公)	3.9,林元寿
3.29	陈德成	31	唐生	五脚桥	李玉娘	16	针吗呐	戴二娘	陈清富(堂叔)	李泉(父)	3.10
4.9	张江发	21	吧生	结石珍	林焕娘	17	小南门	陈六娘	张桃(祖父)	林仪川(父)	3.23,陈亚诰
4.10	黄罗水	22	吧生	大使庙	刘德娘	19	干冬圩	许吉娘	黄胤(父)	刘东(父)	3.27
4.17	蒋古律	22	吧生	丹那望	王罗致娘	24	结石珍	林珠娘	蒋安郎(胞兄)	王元水(父)	3.29
4.23	杨红毛	21	吧生	导郎	林七娘	20	打铁街	陈言娘	杨金荣(父)	林和盛(父)	闰 3.12
4.24	陈永全	34	吧生	吉礁邦巷	饶春娘	22	甘光峇 劳甲	胡娇娘	陈天来(父)	饶亚齐(胞伯)	3.12
4.28	黄江发	20	吧生	大使庙	张珠娘	19	大使庙	汤吉娘	黄新年(父)	张体仁(宗叔)	旧婚
4.28	邓顺连	19	吧生	结石珍	刘任娘	18	甘光猫厘	陈六娘	邓茂生(父)	刘海文(胞叔)	4.6
4.29	林民安	20	无写	牙览安	彭盘娘	19	牙览安	陈雁娘	林文协(父病, 子文政)	彭丁郎(堂伯)	3.12

① 挨实连夺案字 1857 年 10 月 10 日,不列号。

② 1878 年 12 月 30 日第 8592 号从副淡之书有入口词恳居。

4.29	利乙郎	25	吧生	八茶罐	连吉娘	20	窖内	郑万娘	利亚德(宗叔)	连炎照(胞兄)	3.14
5.1	陈基衡	20	吧生	北戈然	蔡雪娘	17	新巴杀	朱友娘	陈淇泉(堂伯)	蔡凤(父)	3.12,许焕章
5.2	陈贵	23	旧客	大港墘	丘砼娘	15	大港墘	张信娘	陈丁水(堂叔)	丘汉水(父)	3.28
5.2	钟东岳	23	吧生	蕉仔街	陈运娘	19	大南门	张信娘	钟乾五(父)	陈盛五(堂叔)	3.21
5.5	陈俊信	24	无写	珍巴杀	黄凤娘	21	八厨沃间	吴新娘	陈汶水(父)	黄清渊(甲,父)	3.24
5.5	高琼琳	19	无写	窖内	王梅娘	18	甘光毛六甲	吴新娘	高西川(父,原任甲)	王武亭(父)	4.2
5.5	杨永良	25	吧生	亚森脚	黄来娘	15	亚森脚	李八娘	杨光炎(宗叔)	黄造(父)	4.14
5.12	李思明	20	吧生	观音亭	陈砼娘	18	巴惹牙兰	李佛娘	李震陵(父)	林金娘(母)	4.2
5.12	李昆山	20	吧生	八戈然	杨翕娘	22	五脚桥	胡娇娘	李金生(堂兄)	杨元水(堂叔)	3.28
5.16	阮春山	26	望龟汝生	吃郎班让	陈娘那	21	戈罗屈	戴二娘	阮春山自己	陈淡郎(胞兄)	3.28
5.17	李朝启①	26	吧生	八厨沃间	高芳娘	24	结石珍	吴金娘	韩水娘(母)	赖旦娘(母)	5.17
5.21	徐泽	20	吧生	廿六间	杨劳娘	16	洪溪	陈信娘	徐添花(父)	杨荣全(胞兄)	4.10
5.21	江粟燕	32	吧生	结石珍	李小娘	22	五脚桥	陈六娘	江福寿(父)	李金员(父)	4.19
5.22	李接光	25	无写	砖仔桥	陈禄娘	18/	小南门	吴新娘	李沸诚(父,钦赐雷)	陈亚诰(父,雷)	4.12,许焕章,林元寿
5.23	陈观	28	准居	结石珍	张棕娘	20	甘光咨厘	陈六娘	陈梗(堂兄)	张传(父)	4.12 许焕章
5.23	廖顺生	21	吧生	新把杀	陈壬娘	18	公司后	陈言娘	廖亚二(堂叔)	陈和尚(父)	6.22,许焕章,郑宴祥
5.23	叶深兰	21	准居	丹仔望	陈安娘	26	丹仔望	黄景	叶房(堂兄)	陈沃(父)	4.7
5.24	周坤仪	19	吧生	大南门	陈银娘	17	八戈然	钟新娘	周木林(父)	陈和中(父)	4.19
5.26	许温柔	18	无写	水锯社	曾灿娘	15	槟榔社	陈信娘	许清溪(父,钦赐雷)	曾金海(父)	4.12
5.26	潘荣辉	19	吧生	洪溪	罗热娘	18	小南门	戴二娘	潘禧水(胞兄)	苏美娘(母)	4.19
5.28	朱奇	25	吧生	毛六甲	黄三娘	23	槟榔社	许吉娘	王维娘(母)	黄泗贤(堂兄)	4.10
5.28	林德福	21	吧生	观音亭	刘白娘	17	大使庙	陈信娘	林永顺(父)	刘金水(胞兄)	4.12
5.30	刘经英	24	吧生	丹仔望	林实娘	24	丹仔望	林俊娘	刘经珠(胞兄)	林山郎(胞兄)	4.19
5.30	陈备	27	准居	小南门	张曲娘	17	八茶罐	吴金娘	陈鉞(堂叔)	张粉(父)	4.19
6.4	钟伦达	19	吧生	真郎安	陈森娘	21	结石珍	张言娘	钟仲二(父)	陈清春(父)	4.28,陈文炳
6.5	洪忠	28	准居	观音亭	叶桃娘	21	新厝仔	陈新娘	洪新来(父)	叶璞(父)	4.21
6.5	张俊英	45	吧生	戈奢园	兰二娘	32	大港墘	吴新娘	张仕郎(宗兄)	兰饭(堂叔)	4.26

① 公堂1880年10月15日判离。

6.6	林位定	42	吧生	美色近	郑灶娘	25	亭仔脚	李八娘	林竹生(宗叔)	郑景兴(胞兄)	4.19
6.6	黄长安	24	吧生	新巴杀	郭玉娘	19	观音亭	朱友娘	黄泰山(父)	郭绍洲(父)	4.26
6.6	赵邦发	23	吧生	结石珍	叶镭娘	21	结石珍	陈六娘	赵顺鹄(父)	叶庚水(父)	4.28
6.6	陈瑞荣	40	吧生	八茶罐	古金娘	20	大使庙	李八娘	陈瑞金(胞兄)	古达松(胞兄)	4.26
6.9	黄鼎盛[①]	39	吧生	砖仔桥	陈春娘	27	砖仔桥	邓亚凤	黄杞郎(胞兄)	陈盛五(宗叔)	旧婚
6.12	肖宗水	37	吧生	惹牙兰	陈让娘	20	干冬圩	黄英娘	肖光元(胞兄)	陈漳兴(胞兄)	4.26
6.12	林俊麟	26	吧生	大南门	陈福娘	18	结石珍	陈信娘	林彝爹(堂兄)	陈然生(堂兄)	4.28
6.14	房德钊	29	唐生	戈劳屈	郭壬娘	18	大南门	戴二娘	房亚先(宗叔)	郭亚番(父)	4.28
6.16	杨溪	31	唐生	新把杀	吴元妹	23	真郎安	杨癸娘	杨地(堂叔)	吴丁二(父)	5.17
6.25	蔡长水	21	吧生	班芝兰	张邦娘	20	五脚桥	吴金娘	蔡连好(父)	张明牛(父,又名水河)	5.11,黄福章
6.25	颜春海	32	吧生	大南门	杨庚娘	20	小南门	张信娘	颜德福(父)	杨怀国(胞兄)	5.13
6.25	丘春复	25	唐生	小南门	黄北色娘	18	小南门	李粉娘	丘春昌(堂兄)	黄亚勋(堂叔)	5.13
6.26	伍亚三	32	唐生	小南门	丘甲汶娘	19	小南门	胡娇娘	伍端二(胞叔)	丘亚星(胞兄)	5.10
6.27	陈生淡	34	吧生	八厨沃干	叶友娘	24	大南门	陈信娘	陈坤道(宗兄)	叶皆(父)	5.17
6.27	徐华山	21	吧生	甲汶诗里	廖七娘	16	甲汶诗里	陈六娘	徐彝二(堂兄)	廖锦三(堂叔)	5.22
6.27	林福伸	37	吧生	打铁街	郑夏娘	24	乌布土库	吴金娘	林登观(宗叔)	郑银四(宗叔)	5.11
6.28	郭孙二	25	吧生	本落喳买	张庚娘	19	臭桥	吴金娘	郭桂生(父)	张丁马(父)	5.13
6.28	陈继仰	20	吧生	十八间	唐和娘	18	新巴杀	许吉娘	许金娘(母)	唐丁巳(父)	5.11
7.3	陈定淑[②]	28	—	大港墘	黄桂娘	20	道郎	吴金娘	陈尚(堂兄)	黄子仪(父)	旧婚,林元寿
7.10	梁亚三[③]	40	准居	毛六甲	李莱娘	19	道郎	陈新娘	梁金泉(堂兄)	李祖谦(堂兄)	5.17,许焕章,代
7.11	李亚文	33	唐生	新把杀	林东娘	20	臭桥	吴金娘	李鹤彝(堂叔)	林友桂(父)	6.13
7.18	邓水生	19	吧生	大使庙	朱福娘	18	大使庙	许吉娘	邓煌春(父)	朱二生(堂叔)	6.12
7.21	杨海山	30	吧生	水锯社	纪盘娘	27	乌布土库	吴信娘	杨金荣(胞叔)	纪伴庸(父)	6.10,许焕章代
7.22	蔡三才	35	吧生	西门	陈娇娘	26	茄劳旺	戴二娘	蔡松茂(胞叔)	陈温良(胞兄)	6.9
7.22	张梗香	38	唐生	西门	赵丹娘	22	戈劳屈	吴信娘	张祖缉(宗叔)	兰江娘(母)	6.13,许焕章
7.23	吴文山	18	吧生	牛郎茄弄	陈六娘	20	北戈然	胡娇娘	吴光水(父)	陈长华(胞叔)	6.16

① 吧生,默黄永闸单美色甘 1879 年 6 月 9 日第 8/360 号(指交结婚费 5 盾收费单)。

② 经查新客入口词恳居燕地挂号簿,副淡公文 1879 年 6 月 14 日第 3903 号,第 41 号有入王字,尚未倒案给之。二朱批照。

③ 献大淡之案夺字 1855 年 1 月 26 日第 241 号。

7.23	吴木生	23	吧生	观音亭	陈水娘	21	八茶罐	胡娇娘	吴赤(堂伯)	陈岐山(堂叔)	6.23
7.23	高览[①]	31	—	圣望港	张俭娘	21	臭桥	胡娇娘	高畴(堂兄)	张龙水(胞叔)	6.19
7.24	谢桂喜	30	准居	公司后	李癸妹	17	八道尧	吴金娘	谢双喜(胞兄)	李裕成(胞叔)	6.13
7.25	吴才二	37	唐生	冬基	郑金娘	16	冬基	郑元娘	吴亚四(堂叔)	郑亚九(宗叔)	6.13
7.28	杨春良	22	吧生	结石珍	林源娘	20	结石珍	陈六娘	杨启全(父)	林瑞川(父)	6.16
7.28	钟杰郎	25	吧生	丹那望	范金娘	18	班芝兰	戴英娘	钟庆祥(堂兄)	范禄卿(父)	6.22
7.29	钟福郎	32	吧生	结石珍	郑景娘	18	槟榔社	陈六娘	钟金生(堂兄)	郑成安(父)	6.19
7.29	杨泰白	22	吧生	结石珍	陈热娘	28	结石珍	陈六娘	杨泰山(胞兄)	陈永文(胞兄)	6.14
8.5	梁照	31	旧客	小南门	黄璧娘	24	小南门	郑满娘	梁歪(堂叔)	黄钟英(胞兄)	6.22 陈文炳
8.8	李南田	28	吧生	打铁街	陈总娘	23	茂物	陈言娘	李寿禄(叔)	陈梧捷(父)	6.27
8.11	陈荣辉	28	吧生	戈奢园	朱有娘	19	五脚桥	郑元娘	陈亚满(堂兄)	朱金水(胞兄)	6.27
8.11	陈仕忠	22	吧生	兀望牙赖	李金娘	16	甘光毛甲	李勋娘	陈仕长(胞兄)	李长生(胞兄)	6.28
8.15	李新奇	35	吧生	毛六甲	吴庚娘	20	槟榔社	张信娘	李亚八(胞叔)	吴亚德(父)	7.5,陈文炳
8.18	许耀基	19	无写	东基	陈欣娘	17	八厨沃间	许吉娘	许清波(父,钦赐雷)	陈长波(父,文登雷)	7.4,陈亚诰
8.18	黄日邦	21	吧生	小南门	叶银娘	17	洪溪	李八娘	黄蒲(堂伯)	叶永禄(父)	旧婚,陈文炳
8.19	吴松芳	23	吧生	结石珍	蔡何娘	22	观音亭	陈六娘	吴佳山(父)	蔡清顺(胞兄)	7.19
8.22	兰亚炳	39	准居	砖仔桥	刘门娘	22	圣望港	张新娘	兰富叔(胞叔)	刘文渊(父)	7.14
8.27	黄壬郎	28	吧生	大南门	朱二娘	22	羡仔巷	张信娘	黄亚祥(父)	朱大山(父)	8.4
9.2	蒋永德	27	吧生	结石珍	詹水娘	26	结石珍	陈六娘	蒋茄意(父)	詹平茂(胞兄)	8.4,黄福章
9.9	詹清河	23	吧生	甘光毛甲	戴瑞娘	22	旗杆脚	戴二娘	钟炳娘(母)	戴根娘(胞大姐)	7.28
9.11	陈玉田	34	吧生	小南门东势	丘缘娘	23	洪溪	古吉娘	陈玉珩(胞兄)	丘大生(祖父)	8.3,黄福章
9.16	丁仲	49	准居	大港墘	林德娘	27	观音亭	李八娘	丁谦让(堂叔)	林赞炉(宗兄)	8.13,张朝福
9.16	蔡乔松	18	吧生	淡物兰	刘金娘	17	惹致	戴英娘	蔡榜生(父)	刘木生(父)	8.7
9.18	吴武	31	准居	戈劳屈	陈银娘	21	戈劳屈	陈言娘	吴竹枝(宗兄)	林月娘(母)	8.13
9.18	戴永美	24	吧生	砖仔桥	刘登娘	23	砖仔桥	陈言娘	戴水源(父)	刘润秀(胞兄)	8.12
9.22	黄奇立	20	吧生	观音亭	吴炎娘	18	廿六间	吴信娘	黄登贤(父)	吴福增(堂叔)	8.13
9.22	杨长和	21	吧生	新巴杀	郑一娘	20	美色近	戴二娘	杨料宗(父)	郑元周(父)	8.16
9.22	汪荣昌	22	吧生	小南门	梁和娘	19	毛六甲	陈信娘	汪兴(堂兄)	林珠娘(母)	8.12

① 查1870年12月22日有入口词,王上末有倒案。

9.22	黄永全	26	吧生	西门	张班娘	18	毛六甲	戴二娘	黄灶山(堂兄)	郭金娘(母)	8.12
9.22	古帝宗	20	吧生	咨腰兰	郑扶娘	20	结石珍	蔡山娘	古亚远(父)	郑佛水(胞兄)	8.16
9.22	王纯东	22	吧生	丹兰娘仔	吴金娘	19	大南门	朱友娘	王庆(父)	吴偕(堂叔)	8.9
9.22	蔡金水①	65	—	戈奢园	许来娘	44	戈奢园	汤吉娘	自己	自己	旧婚1869年
9.24	林亚奎	31	无写	结石珍	陈集娘	20	臭桥	李粉娘	林柱臣(堂叔)	陈亚贤(堂兄)	8.16,张朝福
9.25	马初明	23	吧生	西门外	黄顺娘	19	巴惹牙兰	吴新娘	马初开(胞兄)	黄金山(胞兄,病,弟金河代)	8.19
9.25	许建智	44	准居	结石珍	詹桂娘	22	结石珍	陈六娘	许红贡(堂兄)	詹发生(父)	8.20
9.25	吴江文	21	吧生	八多瑶	陈水娘	22	八多窑	陈阅娘	吴亚三(父)	陈增丰(胞伯)	8.20
9.25	陈君茂	23	吧生	结石珍	詹香娘	21	结石珍	陈六娘	陈炯丙(父)	詹标水(父)	8.16
9.25	钟如松	26	吧生	砖仔桥	吴如娘	23	窝罗吧	陈言娘	钟贵生(堂兄)	吴金水(胞兄)	8.20
9.26	陈水良	20	吧生	圣望港	林碧娘	20	五脚桥	李八娘	陈维麗(胞伯)	林宗英(堂叔)	8.16
10.6	郑佳音	31	唐生	旧巴杀	钟乙娘	18	砖仔桥	李粉娘	郑可(宗兄)	钟壬生(父)	9.3,许焕章
10.6	李子达	34	唐生	戈劳屈	徐三娘	20	戈劳屈	戴二娘	李亚万(堂兄)	徐辛郎(胞兄)	8.26
10.10	杨亚四	33	唐生	公馆巷	刘顺娘	16	戈劳屈	吴金娘	杨亚二(胞兄)	刘新坤(父)	9.6
10.13	黄福进	21	吧生	大南门	王福娘	18	甘光毛甲	张信娘	黄炎山(胞兄)	王山林(父)	9.13
10.15	王丁水	18	吧生	结石珍	卢二宝娘	18	结石珍	陈六娘	王江元(父)	郑焕娘(母)	10.3
10.16	陈兴郎	25	吧生	结石珍	林金娘	20	结石珍	陈六娘	陈彬郎(胞兄)	林碧(堂叔)	9.12,李亚二
10.16	李金和	24	唐生	结石珍	黎杞娘	21	结石珍	黎有娘	李金龙(宗叔)	黎亚二(父)	9.11
10.18	高赞水	25	吧生	观音亭	林掬娘	22	观音亭	李粉娘	林水娘(内祖妈)	林春水(胞兄)	9.6
10.20	陈德郎	27	准居	新巴杀	罗戊妹	22	戈罗屈	吴新娘	陈梅粦(胞叔)	罗亚五(父)	9.12
10.21	温睿观	18	吧生	小南门	朱雄娘	17	小南门	吴金娘	温亚云(父)	朱亚均(堂兄)	9.12
10.21	沈有庆	34	吧生	甘光毛甲	林温娘	22	槟榔社	陈六娘	沈干刀(胞叔)	林坤水(胞兄)	9.12
10.22	黄通	28	唐生	结石珍	许松娘	19	结石珍	陈六娘	黄再生(堂叔)	许哥(父)	9.17
10.24	潘亚生	27	唐生	新巴杀	李西娘	19	结石珍	陈六娘	潘亚祥(胞兄)	李宽秀(父)	9.12
10.24	陈永泰	21	吧生	大使庙	庄元娘	17	洪溪	汤吉娘	陈鸿业(胞兄)	李月娘(母)	9.16
10.25	陈福水	22	吧生	大港墘	许高芝	19	干疾巷	戴二娘	陈溪琳(父)	黄瑞娘(母)	9.12
10.25	陈卜顺	34	吧生	亭仔脚	梁六娘	19	吧八丹	张信娘	陈保兴(堂叔)	梁亚宗(父)	10.2

① 许氏云:前夫庄新客1859年病故,守孀10年难得度日,不得已于1869年与蔡金水结同心,至今十载,乞公堂给婚字为照。

11.3	王进云	23	唐生	圣望港	李月娘	21	圣望港	杨音娘	王焕(堂兄)	李嘉谟(父)	10.3,黄福章
11.3	陈清溪	18	吧生	公司后	许惜娘	16	打铁街	杨音娘	陈瑞山(堂兄)	许邑(堂叔)	9.26
11.3	张德媚	23	吧生	结石珍	余音娘	23	结石珍	陈六娘	张德水(胞兄)	余佳生(父)	10.2
11.8	郭冬城	37	吧生	大使庙	谢惜娘	24	新厝仔	汤吉娘	郭龙(父)	谢允贴(堂叔)	10.3,张朝福
11.8	陈源兴	20	吧生	结石珍	梁缄娘	17	结石珍	陈六娘	陈荣茂(父)	蔡雍娘(母)	10.10
11.8	杨双春	24	唐生	小南门	郑居娘	15	小南门	郑元娘	杨春蝉(堂叔)	郑汉(父)	10.2
11.10	巫亚二	33	准居	大港墘	钟兰娘	18	峩罗洛	张新娘	巫奕贤(堂叔)	钟天生(胞兄)	10.3,黄福章
11.11	黄水河	24	吧生	北戈然	许巳娘	19	惹牙兰	戴二娘	黄戊生(父)	周二娘(母)	10.2
11.11	谢亚二①	42	准居	丹那实连	廖戊娘	22	戈罗屈	戴二娘	谢新秀(胞兄)	廖武二(堂伯)	10.3
11.12	徐荣辉	20	吧生	小南门	陈泉娘	18	亭仔脚	陈雁娘	徐柳絮(父)	陈丁水(父)	10.9
11.13	王长生	21		惹牙兰	许褒娘	21	冬基	吴信娘	王文旦(胞伯)	许清溪(父,钦赐番)	10.3
11.13	龚传	19	准居	旧把杀	李水娘	18	观音亭	陈信娘	龚慓(胞兄)	李然(父)	10.2
11.14	蔡英利	30	吧生	结石珍	胡贞娘	25	观音亭	李八娘	蔡崇松(父)	胡甘明(堂叔)	10.7,张朝福
11.14	蔡溪林	22	吧生	毛六甲	连启芝	20	毛六甲	杨恩娘	蔡松茂(胞叔)	连炎照(父)	10.3,张朝福
11.14	杨水	32	准居	观音亭	吴是娘	20	圣望港	胡娇娘	杨江(堂叔)	吴春生(父)	10.3
11.14	李亚岩	19	准居	小南门西势	黄蜜娘	20	观音亭	杨恩娘	李毛(堂兄)	黄仁利(父)	10.14
11.17	许三水	23	吧生	大使庙	曾玉娘	20	大使庙	李八娘	许泰山(父)	曾八娘(胞姑)	10.24
11.17	肖新添	30	准居	公司后	陈万丹娘	18	君冷地	吴金娘	肖九(堂叔)	陈四梅(父)	10.10
11.17	林仕永	22	吧生	结石珍	蒋来娘	19	结石珍	李八娘	林深水(父)	蒋扶(堂叔)	10.3
11.17	林碧良	23	吧生	大使庙	陈笨箕娘	21	结石珍	吴金娘	林苍二(父)	陈登如(父)	10.7
11.18	曾利福	33	吧生	北戈然	彭庚娘	18	道郎	戴二娘	曾亚二(父)	彭丁郎(堂伯)	10.26
11.19	郑清流	21	无写	新厝仔	苏檠娘	20	中港仔	陈信娘	郑元周(胞伯)	苏绍宗(胞兄)	10.10
11.20	邹亚星	32	准居	晋郎安	肖双娘	17	蕉仔街	吴金娘	邹水淑(堂兄)	肖亚文(宗兄)	10.15
11.22	陈荣记	24	吧生	丹那实连	巫意娘	18	新厝仔	杨音娘	陈炳耀(胞叔)	巫山林(宗叔)	10.18
11.24	李子生	22	无写	中港仔	郭金仙娘	17	美色近	陈信娘	陈伯达(胞伯,钦赐甲)	黄建娘(母)	10.15
11.24	林永玉	25	吧生	新巴杀	陈真娘	21	西门	朱有娘	林拱(父)	陈清风(父)	10.24,张朝福
11.25	李金水	20	吧生	茄呇窑兰	吴硂娘	17	观音亭	吴金娘	李桂林(胞兄)	丘春娘(母)	10.17
11.25	陈东福	23	吧生	砖仔桥	叶春娘	19	巴惹牙难	陈元娘	陈东元(胞兄)	叶幸二(堂叔)	10.17

① 据谢亚二献王上之案夺字 1869 年 1 月 20 日第 703 号准居燕地批照。

11.26	郑天水	22	无写	高奢地	丘营娘	20	劳外地	吴金娘	郑文根(父)	丘汉水(父)	10.20
11.27	林吉祥	24	吧生	廿六间	李任娘	23	小南门	吴信娘	林永祥(胞兄)	李明牛(胞兄)	10.19
11.28	张记登	27	唐生	乌布土库	陈顺娘	18	砖仔桥	戴二娘	张顺郎(堂兄)	陈亚旌(父)	10.24
11.28	黄水狮	27	唐生	臭桥	李伸娘	20	臭桥	陈六娘	黄盾(堂叔)	李亚润(堂伯)	10.24
12.3	连长生	27	吧生	洪溪	王乙娘	15	竹寮	陈信娘	连赞水(父)	王景祥(胞叔)	10.24,陈亚诰
12.5	李千森	18	无写	北高然	沈安娘	18	结石珍	李八娘	李子昌(伯,原任雷)	沈景坤(父)	10.26
12.5	林珍郁	18	无写	文丁	陈萱娘	18	毛六甲	郑满娘	林淑元(父)	陈光华(胞伯,原任雷)	10.25
12.8	吴照汉	22	无写	亚森脚	林花娘	19	结石珍	陈雁娘	吴荣辉(胞叔,原任雷)	林斜执(胞兄)	10.28,陈文炳
12.8	钟三	40	准居	吧八丹	林丙娘	24	吧八丹	吴金娘	钟亚标(堂叔)	林新郎(父)	11.3
12.10	陈继生	20	吧生	八厨沃间	许良娘	17	洪溪	陈信娘	陈广元(堂叔)	许璇玑(父)	11.3
12.11	甘庆云	18	吧生	北高然	林瑞娘	16	小南门	杨音娘	甘坤海(父)	林宽绰(祖父,病,父朝生代)	11.3
12.13	郭荣传	37	无写	观音亭	许丹娘	21	八茶罐	陈元娘	郭绍洲(胞叔)	许奎炳(父)	11.11
12.13	张绵曾	22	唐生	三间土库	王水娘	19	班芝兰埔巷	戴二娘	张阳春(父)	王河水(堂叔)	11.3
12.15	赖文传	20	吧生	干疾巷	王甲汶娘	16	水锯社	吴金娘	赖显耀(宗叔)	王春吉(父,病,母林六娘代)	11.16
12.17	刘四泉	23	吧生	观音亭	陈寿娘	15	观音亭	陈元娘	刘永福(父)	陈悌元(父)	12.2
12.18	陈登庸	25		三间土库	林惹辖娘	17	班芝兰	许吉娘	陈宪武(胞叔)	林智量(宗叔)	11.7
12.19	丘春宏	27	准居	小南门	黄新娘	19	小南门	陈信娘	丘春昌(胞兄)	黄裕泰(胞兄)	11.12
12.20	郑成德	20	吧生	水锯社	刘存娘	20	甘光毛甲	陈信娘	郑茂泉(父)	刘亮淑(父)	11.10
12.22	方顺同	23	吧生	结石珍	王月娘	22	甘光抵荷	陈六娘	方丁京(父)	王四季(宗兄)	11.20,陈文炳
12.24	蔡春旁	31	旧客	八茶罐	肖佛娘	23	公司后	李粉娘	蔡连好(堂叔)	肖清文(胞兄)	旧婚
12.29	刘乙二	37	唐生	洪溪	朱贵娘	17	大使庙	吴金娘	刘添三(堂兄)	朱亚均(堂叔)	11.21
12.30	温亚四①	31	唐生	丹那望	李壬娘	18	吧八丹	张信娘	温亚二(胞兄)	李亚二(父)	11.21
12.31	古藤凤②	37	唐生	打铁街	陈碧娘	18	打铁街	吴金娘	古江福(宗兄)	陈广成(父)	交寅巳卯,11.20

总计:193 对

① 唐生,丹那望默钟西山单。献案夺字 1875 年 11 月 11 日第 9 号准居。

② 唐生,打铁街默钟肇聪单。献案夺字 1879 年 3 月 10 日第 10 号。

1880年吧城唐人成婚注册表

月日	男家	年岁	类别	住址	女家	年岁	住址	媒妁	男方主婚	女方主婚	备注 结婚日，主事人
1.2	邹德垣	38	准居	观音亭	陈文娘	18	道郎	陈六娘	邹亚贤(宗兄)	陈亚添(宗叔)	11.11，黄福章
1.5	蔡得水	22	吧生	望寮	黄淑娘	18	结石珍	吴金娘	蔡金山(堂兄)	黄祖生(父)	12.3
1.6	胡永利	20	吧生	吃郎班让	林水娘	18	海屿	戴二娘	胡胜妹(祖父)	杨贞娘(母)	旧婚，黄福章
1.7	张清惟	23	吧生	结石珍	蔡周火娘	19	丹那实连	陈六娘	张亚二(胞叔)	蔡登(父)	12.6
1.9	杨连官	27	无写	新巴杀	甘满娘	19	新巴杀	黄贵娘	杨料宗(叔)	甘宗友(父)	12.6
1.10	陈笃	26	唐生	大南门	丘茄汶娘	18	大南门	戴元娘	陈枝楠(堂兄)	丘亚盛(宗叔)	11.30
1.10	赵惟唐①	30	准居	结石珍	薛什娘	22	结石珍	陈六娘	赵惟裕(堂兄)	薛卒城(胞兄)	12.6
1.12	黄有章	49	吧生	大港墘	将月娘	30	结石珍	许吉娘	黄标辉(宗兄)	蒋金寿(胞兄)	12.4
1.13	黎炎生	22	吧生	小南门	陈有娘	19	甘光峇汝	吴申娘	黎秀忠(胞兄)	陈乙郎(父)	12.12
1.13	陈志仁	26	准居	结石珍	黄茂娘	17	结石珍	陈六娘	陈锦川(堂叔)	黄他(父)	12.14
1.13	卜亚章	27	准居	旧巴杀	曾金娘	20	旧巴杀	李八娘	卜亚添(堂叔)	曾亚三(父)	8.16
1.15	陈三木	27	吧生	公司后	叶玉娘	20	甘光河北	郑元娘	陈源泉(宗兄)	叶双桂(胞叔)	12.14，黄福章
1.16	李亚令	41	准居	公司后	叶庚娘	20	丹仔望	吴金娘	李亚富(堂兄)	叶亚三(父)	12.12，赖长辉
1.26	黄杞麟	35	准居	小南门	杨笨娘	16	洪溪	吴金娘	黄彬麟(胞兄)	杨运四(父)	12.21
1.29	甘得露	26	无写	结石珍	林荔枝	20	圣望港	杨音娘	甘坤田(堂叔)	林明良(胞兄)	12.21
2.17	薛扁	34	准居	结石珍	林木娘	22	结石珍	陈六娘	薛红(堂叔)	林木合(胞兄)	庚，1.13，吴经纶
2.25	谢亚六	36	唐生	戈劳屈	陈三娘	20	槟榔社	许吉娘	谢双喜(堂叔)	陈亚五(堂叔)	1.20
2.27	邹天炎	31	吧生	甘光峇厘	张顺娘	18	丹那望	陈六娘	邹和滨(父)	张亚满(父，病，子德顺代)	1.23
2.27	陈汉隆	24	无写	新厝仔	肖塔娘	17	洪溪	戴二娘	陈清香(父)	肖光源(父)	1.23
3.8	钟炳合	40	唐生	洪溪	饶春娘	16	圣望港	郑满娘	钟连二(胞叔)	饶亚齐(父)	2.6，陈亚诰
3.8	黎亚四	26	唐生	新巴杀	郭焕娘	18	打铁街	吴金娘	黎亚三(堂叔)	郭成美(堂叔)	2.6
3.11	钟水生	23	吧生	大港墘	黄本基娘	20	大港墘	李分娘	钟亚三(胞叔)	陈理娘(母)	旧婚，1878.11.6 陈亚诰
3.11	刘荣丕	24	吧生	大使庙	李乙娘	20	大使庙	曾和娘	刘进榜(宗兄)	苏淡娘(母)	2.2

① 献案夺字 1879 年 3 月 29 日第 1143 号准赵惟唐居燕地。

3.12	蔡伙	32	唐生	打铁街	林新娘	18	五脚桥	胡娇娘	蔡典(宗叔)	林亚四(父)	2.6
3.17	杨三其	32	准居	新巴杀	许金娘	19	新巴杀	朱有娘	杨乌番(堂叔)	许光前(胞兄)	2.21
3.26	李光旺	34	吧生	惹八	叶水娘	23	干冬圩	林俊娘	李经元(父)	叶永福(父)	2.22
4.2	谢连长	36	准居	班芝兰	刘金兰娘	18	戈奢园	戴二娘	谢亚存(宗兄)	刘亚八(胞叔)	2.27,张朝福
4.5	韩春新	21	吧生	戈罗屈	陈永娘	21	圣望港	吴金娘	韩金山(父)	余春娘(母)	3.10
4.5	刘可兴	48	准居	道郎	吴三娘	17	东基	张新娘	刘桂二(堂叔)	吴亚友(堂叔)	2.28
4.9	高恒忠	18	北加浪生	三间土库	张淑兰	18	中港仔	李云娘	高大振(父)	张善福(胞兄)	3.10
4.10	吴光令	20	吧生	结石珍	胡水娘	18	大使庙	陈六娘	吴桂阳(父)	胡水连(胞兄)	3.11
4.13	曾四海	26	吧生	槟榔社	吴良娘	23	亚森脚	陈言娘	曾金海(胞兄)	吴萃英(父)	3.11,张朝福
4.14	黄仕山	30	旧客	小南门	钟三娘	17	蕉仔街	郑满娘	黄秉均(堂兄)	钟进喜(堂叔)	旧婚
4.16	林鹤鸣	20	文岛生	小南门	张乙娘	18	大使庙	李八娘	林鹤守(胞兄)	张心正(父)	3.18
4.20	黄顺良	20	吧生	珍圩	詹土娘	20	珍圩	陈六娘	黄亚作(父)	詹茂龙(父)	3.18
4.20	黄活	29	旧客	珍圩	林月娘	21	珍圩	陈六娘	黄长(堂叔)	林顺碧(父)	3.24
4.21	刘科祥	34	旧客	戈劳屈	赖威娘	18	道郎	吴金娘	刘映六(堂兄)	赖文清(胞兄)	3.18,李亚二
4.21	汪帆	33	旧客	顶八厨沃干	赖霭娘	20	顶八厨沃干	戴二娘	汪再(胞兄	赖甲文(堂叔)	3.18,李亚二
4.21	许遇聖	23	旧客	小南门	林明娘	19	道郎	陈信娘	许雨来(叔祖)	林荣顺(父)	3.19
4.23	陈基山	20	无写	圣望港	许恩娘	18	八茶罐	陈言娘	陈江流甲(父)	许奎炳(父)	3.18
4.23	黄恩奎	30	准居	八茶罐	张辛娘	20	八茶罐	戴二娘	黄福华(胞伯)	张顺郎(父)	3.29
4.23	饶发祥	31	准居	丹那实连	傅庚娘	21	八多尧	吴金娘	饶亚裕(堂兄)	傅亚六(父)	4.1
4.26	康文广	29	准居	公司后	李玉娘	24	亭仔脚	吴金娘	康清盆(堂兄)	李八(宗叔)	4.26
4.30	陈永水	32	吧生	丹仔娘那	黄柳娘	21	丹仔娘那	陈六娘	陈永文(胞兄)	黄饶斧(胞叔)	3.27,李亚二
5.3	陈清波①	20	吧生	结石珍	詹茂娘	16	结石珍	陈六娘	陈长安(父)	詹西河(父)	5.26,陈文炳
5.3	刘文德	31	无写	圣望港	陈银娘	23	大使庙	吴金娘	刘文瑞(胞兄)	陈光辉(父)	4.8
5.7	陈亚生	40	准居	洪溪	丘发娘	19	五脚桥	郑满娘	陈亚助(堂兄)	丘天瑞(父)	4.8
5.10	林绍兴	26	吧生	八果然	薛井娘	26	八多尧	陈元娘	林铭河(堂兄)	薛启云(胞兄)	4.8
5.10	陈文益	23	吧生	丹仔望	韩彬娘	20	八骂劳	戴荣娘	陈清茂(胞兄)	韩景郎(父)	4.19
5.12	叶松发②	21	吧生	小南门西势	苏蝦娘	21	惹牙兰	丘吉娘	叶金生(父)	苏松柏(胞兄)	4.8

① 吧生,默蒋玉振单。公堂1882年1月27日案夺判离。

② 默黎发兴单云是吧生,由纳务安来吧城完婚。

5.13	黄妈裕	27	吧生	三间土库	张疆娘	27	望茄寺	陈雁娘	黄光攀(父)	张珠水(宗叔)	4.8
5.13	黄妈贤	35	吧生	班芝兰	陈和娘	27	西门外	陈雁娘	黄光攀(胞叔)	陈清水(宗兄)	4.18
5.13	王平生	32	吧生	丹仔望	钟爱娘	29	丹仔望	林春娘	王光山(父)	钟德水(胞叔)	4.12
5.13	巫亚四	35	吧生	小南门	陈文娘	24	班芝兰	陈言娘	巫奕贤(堂叔)	陈亚兰(胞兄)	4.13
5.18	陈炎辉	21	吧生	观音亭	黄淡娘	18	八茶罐	陈言娘	陈敬宗(父)	林美娘(母)	4.15,沈景坤
5.18	王恩水	23	吧生	结石珍	杨丁娘	23	结石珍	陈六娘	王丁水(堂兄)	杨西海(父)	4.18
5.18	周发王	27	准居	八多尧	曾辛娘	20	八多尧	陈乙娘	周亚富(堂叔)	曾德利(胞兄)	4.22
5.18	黄蛟	24	准居	八骂劳	陈合娘	19	观音亭	吴金娘	黄怡铁(堂叔)	陈永兴(父)	4.15
5.19	黄成然	25	吧生	小南门	陈十娘	25	打铁街	杨音娘	黄元茂(胞叔)	陈成元(胞兄)	4.18,陈文炳
5.19	王德水	19	吧生	丹那望	黄锡娘	17	丹那望	戴英娘	王文生(父)	黄锦文(父)	4.15
5.19	叶英才[①]	23	吧生	小南门	杜勃娘	16	文丁新巴杀	李粉娘	叶佛生(胞叔)	杜俊杰(宗叔)	4.18
5.21	王岳	27	准居	打铁街	黄油娘	21	观音亭	杨音娘	王永权(堂叔)	叶惜娘(母)	4.22
5.21	张在生	31	准居	蕉仔街	许源娘	16	蕉仔街	陈辛娘	张长发(堂叔)	许继官(胞兄)	4.18
5.24	刘添三	40	准居	砖仔桥	黄顺娘	21	八茶罐	吴金娘	刘运官(堂兄)	黄文凤(父)	4.24
5.24	林光福	34	吧生	大使庙	陈贵娘	21	大使庙	曾和娘	林振生(宗叔)	陈炳山(父)	4.22
5.28	黄润	27	吧生	八茶罐	李添娘	20	班芝兰	李粉娘	黄默(堂兄)	李登(父)	4.29,陈文炳
6.21	丘金山	26	无写	戈奢园	郑福娘	23	戈奢园	郑满娘	丘连福(宗兄)	关福麟(宗兄)	6.4,赖长辉
6.21	张德顺	24	无写	结石珍	陈己娘	22	丹绒畏氏	林金娘	张亚满(父)	陈亚为(父)	5.18,赖长辉
6.21	叶亚佑	31	无写	吃郎吃丽	陈乙娘	19	吃郎吃丽	吴金娘	叶亚四(父)	陈光华(雷,胞兄)	5.28
6.23	沈振基	21	吧生	槟榔社	许能娘	20	东基	吴新娘	沈松茂(父,雷)	许清波(父,钦赐,雷)	5.19
6.23	谢妈岱[②]	33	准居	班芝兰	杨蚋娘	35	班芝兰	吴金娘	谢曲微(宗叔病,嵩庆代)	杨州钫(胞兄)	旧婚
6.26	张荣锡	23	无写	中港仔	李温礼娘	18	中港仔	李粉娘	张善福(堂兄)	李潭(父病,胞弟李淆代)	6.13
7.2	黄八寿	26	吧居	戈罗屈	陈木娘	21	大南门	张新娘	黄庚瑞(父)	陈双喜(胞兄)	5.28,许焕章
7.2	叶亚三	32	准居	毛六甲	张秀娘	17	八厨沃间	郑元娘	叶亚寿(堂兄)	张顺郎(胞叔)	7.2
7.5	张源兴	22	无写	三间土库	王蜜娘	20	廿六间	李八娘	陈奖礼朱(父)	王初山(胞兄)	6.8
7.5	梁悦贵	25	吧生	公司	郭甲妹	17	公司	李粉娘	梁悦富(宗兄)	郭凤祥(胞兄)	6.8

① 默氏林金钟来单云婿是吧生。叶英才父叶万在文丁禁图圄中不能亲到公馆押号,乃出单委伊弟叶佛生为主婚。

② 献案夺字 1867 年 8 月 17 日第 307 号准居燕地。谢曲微因病不能到堂押号,委谢嵩庆代之。

7.12	郭富	48	无写	八茶罐	蔡坤娘	28	八茶罐	吴金娘	郭骞(宗叔)	蔡长寿(胞兄)	6.30
7.13	陈乙郎	26	吧生	戈劳屈	林壬娘	21	八厨沃间	陈言娘	陈松柏(胞兄)	林清水(父)	6.12
7.13	田德水	27	吧生	八茶罐	钟秀娘	18	八茶罐	吴金娘	田秀僯(父)	钟煌生(父)	6.19
7.13	余焕成	33	准居	八劳八丹	张癸娘	18	八茶罐	吴金娘	余亚三(堂叔)	张亚杨(胞伯)	6.19
7.14	黄奇和[①]	30		三间土库	林荣娘	19	亭仔脚	陈言娘	黄琴烈(堂兄)	林碧生(堂兄)	6.12
7.14	许如水	22	吧生	望寮	陈能娘	15	吧戎戈兰	吴金娘	许文水(胞兄)	陈葛水(祖父)	6.12
7.19	黄于	26	准居	丹兰望	蔡根娘	20	丹兰望	戴英娘	黄玉春(宗兄)	蔡壬癸(父)	6.19,吴经纶
7.21	黄义垅	18	无写	三间土库	刘瑞娘	17	丹仔望	陈言娘	黄光攀(父)	刘元一(父)	6.18
7.21	黎兰书	26	准居	新巴杀	温顺娘	21	大南门	杨音娘	黎亚维(父)	温念劬(胞兄)	6.26
7.21	陈东光	23	吧生	八茶罐	黎文娘	20	新巴杀	杨音娘	陈东裕(胞兄)	黎亚维(父)	6.26
7.22	洪对	35	准居	戈奢园	邹福娘	20	洪溪	陈言娘	洪宽柔(堂叔)	邹水生(胞兄)	6.19
7.23	李富郎	30	准居	惹致	甘细娘	18	丹仔望	戴永娘	李亚玉(堂叔)	甘棠(父)	6.19
7.26	兰金玉	26	吧生	丹那实连	赖密娘	18	槟榔社	李八娘	兰深渊(父)	赖俊秀(父)	6.30
7.26	张品山	45	吧生	水锯社	康和娘	30	结石珍	陈六娘	张顺郎(堂兄)	康娘那(胞姑)	6.26
7.26	范成	29	准居	新厝仔	李豆娘	24	甕荣河	吴金娘	范亚坤(宗兄)	李衍明(宗叔)	6.26
6.26	甘坤茂	22	吧生	西门惹牙兰	黄淡娘	21	西门	惹牙兰	吴新娘	甘长溪(堂叔公)	黄东林(父)
7.29	王炳林	22	吧生	公司后	林文娘	20	五脚桥	胡娇娘	王四季(父)	林宗英(胞叔)	6.27
8.11	韩文川	20	无写	亚森脚	黄伍娘	20	结石珍	许吉娘	韩怀仁(父)	黄再生(父)	7.16,陈亚诰,甲
8.11	朱定光	17	吧生	新厝仔	叶荣娘	17	新厝仔	吴新娘	朱温柔(父)	叶璞(父)	8.11
8.18	林振元	41	无写	大使庙	叶笨箕娘	31	大使庙	吴金娘	林良(族叔)	叶保全(宗叔)	旧婚,陈文贵,雷
8.25	黄长楠,甲	34	无写	班芝兰	林拨娘	18	丹那望	杨音娘	黄光攀(族叔祖)	林山郎(堂叔)	8.1
8.25	李亚富默[②]	32	吧生	公司后	邓南挨娘	22	八茶罐	张信娘	李亚刚(宗兄)	邓长寿(父)	8.8
9.2	林亚四	22	准居	水锯社	张密娘	22	干冬圩	吴金娘	林德隆(胞兄)	张端阳(父)	8.1,张朝福
9.6	陈清友	21	无写	中港仔	许历娘	22	冬基	吴信娘	陈瑞全(胞叔)	许清溪(父,钦赐雷)	8.8
9.6	郑荣结	23	无写	廿六间	陈必娘	21	珍圩	杨音娘	郑春淋(父)	陈彬郎(父)	8.12
9.6	李梅生	26	无写	甘光惹八	陈都娘	20	结石珍	何文娘	李木生(胞兄)	陈松德(堂叔)	8.8
9.7	吴有敬	23	无写	大使庙	江珠娘	23	观音亭	杨音娘	吴能杰(胞叔)	江文圃(父)	8.8
9.7	陈振辉	35	无写	蕉仔街	甘辉娘	22	—	何文娘	陈宗秀(堂叔)	甘溪淡(父)	8.12

① 献唐美惜甘案夺字 1880 年 7 月 7 日第 1065 号/1093 号。林碧因病,伊亲母詹近娘代押。

② 李亚富系公司后默氏(街长)。

9.7	戴金荣	22	无写	丹戎上帝爷	陈山娘	20	三角桥	戴二娘	戴明星(堂叔)	陈文成(胞兄)	8.8
9.8	胡振文	57	无写	甘光毛甲	张生娘	26	结石珍	吴金娘	胡振生(宗叔)	张英源(宗叔)	8.14
9.8	陈岐山	27	无写	八茶罐	杨心娘	27	美色近	李芬娘	陈玉长(胞叔,钦赐雷)	林保娘(母)	8.8
9.8	陈清阳	18	无写	八茶罐	利癸娘	18	八茶罐	李芬娘	陈玉长(祖父)钦赐雷	利乙郎(胞兄)	8.20
9.8	沈海生	33	无写	戈劳屈	徐敬娘	19	砖仔桥	陈新娘	沈山林(胞叔)	徐荣水(父)	8.8
9.8	张肇基	21	无写	观音亭	魏音娘	18	杉板寮	陈新娘	张金河(堂兄)	魏三福(堂叔)	8.8
9.9	林开元	23	无写	公司后	胡水娘	16	文丁马牧	吴金娘	林荣茂(胞伯)	胡德发(父)	8.16
9.10	钟阶	30	准居	八多尧	刘庚娘	21	八多尧	陈乙娘	钟士标(堂叔)	刘连凤(父)	8.21
9.10	陈岐山	21	无写	甘光州哇	吴咨骨娘	17	甘光州哇	李八娘	陈卯(父)	吴龙水(宗兄)	8.14
9.11	郑长兴	34	唐生	大港墘	涂掬娘	24	大使庙	陈雁娘	郑逢异(宗叔)	涂明元(宗叔)	8.12
9.13	黄江海	20	吧生	亭仔脚	甘壁娘	18	八戈然	许结娘	黄青荣(父)	甘坤海(胞叔)	8.14
9.13	蔡春泰	22	准居	亭仔脚	陈春娘	20	新巴杀	李芬娘	蔡春榜(胞兄)	陈清海(胞兄)	8.17
9.13	詹全生	33	吧生	结石珍	杨而娘	21	结石珍	陈六娘	詹清风(叔公)	杨银生(胞兄)	8.14
9.20	李亚二	39	无写	班芝兰	叶英娘	15	槟榔社	吴金娘	李锦龙(堂兄)	叶亚寿(胞叔)	8.21,李亚二,雷
9.21	赵德武	20	无写	新巴杀	陈月娘	19	大港墘	吴金娘	赵清水(胞叔)	陈溪淋(父)	8.24
9.21	连敬材	40	吧生	乌保土库	戴水娘	23	观音亭	吴金娘	戴乙志(堂伯)	黄怀娘(母)	8.22
9.23	林柏六	30	观音亭	准居	刘丹娘	29	道郎	张新娘	林柱臣(宗兄)	刘可兴(胞兄)	9.10
9.30	黎发林	45	准居	中港仔	王瑞娘	18	观音亭	李八娘	黎兴维(宗叔)	王文质(胞叔)	9.5
10.1	黄达	24	唐生	戈劳屈	郑辛娘	21	槟榔社	戴二娘	黄红记(父)	郑亚万(父)	9.4,陈文炳,甲
10.2	陈概秀	32	唐生	小南门	丘曾娘	19	小南门	吴金娘	陈有来(堂叔)	丘春昌(堂兄)	9.4
10.4	吴咸利	40	无写	打铁街	王音娘	21	乌布土库	李粉娘	吴咸泰(胞兄)	王德森(父)	9.14,沈景坤,雷
10.4	李亚二	39	准居	班芝兰	黄炉兀娘	19	槟榔社	吴金娘	李亚伦(堂兄)	黄连盛(胞兄)	9.14
10.11	陈顺才	21	吧生	廿六间	甘清娘	21	新巴杀	吴信娘	陈千乘(父)	甘明(父)	9.14,陈文炳
10.11	蔡欲徒	27	旧客	新巴杀	吴镭娘	20	新巴杀	朱有娘	蔡以文(胞兄)	吴水林(父)	9.21
10.11	蔡幸	20	吧生	新巴杀	吴壬娘	19	真郎安	朱友娘	蔡凤(父)	吴伸二(父)	9.16
10.11	陈亚三	36	旧客	戈劳屈	邹乙娘	22	班芝兰	胡娇娘	陈德福(胞叔)	邹水淑(父)	9.16
10.15	林茂金	18	吧生	乌鬼巷	陈能娘	18	五脚桥	许吉娘	林光坤(父)	陈丁壬(堂兄)	9.18
10.15	林子锦	22	吧生	砖仔桥	梁复娘	20	甘光毛甲	胡娇娘	杨清娘(母)	梁心益(胞兄)	9.21
10.27	涂清传	21	吧生	小南门	温玉娘	18	冬基	吴金娘	涂吉庆(父)	温瑞全(兄)	10.5,沈景坤

10.29	黄亚协	27	旧客	小南门	罗金娘	19	甘光蛮兰	何文娘	黄亚均(堂兄)	罗敦圣(胞伯)	10.5
10.29	白清标	36	吧生	结石珍	黄安娘	36	结石珍	陈六娘	白赤(堂叔)	黄草生(堂兄)	10.5
10.29	卜亚喜	26	旧客	戈劳屈	林早娘	22	戈劳屈	李八娘	卜亚四(堂叔)	林长生(父)	9.28
11.3	黄炳郎	25	吧生	甘光毛 甲	詹白娘	23	丹那望	戴二娘	黄登元(胞兄)	詹毛礼(胞兄)	10.5,黄福章
11.3	洪铳	30	准居	结石珍	许金娘	16	结石珍	陈六娘	洪龙(叔祖)	许红光(堂叔)	10.8
11.4	丘荣基	20	吧生	五脚桥	林列娘	21	大巷内	李八娘	丘水(父)	林玉水(父)	11.4
11.4	郭鸿道	23	无写	圣望港	陈渊娘	19	中公司	胡娇娘	郭鸿钧(胞兄)	陈金豹(父病,堂伯金象代)	10.7
11.4	李亚晋	27	唐生	小南门	钟运娘	19	新池桥	林香郎	李达二(叔祖)	钟北四(父)	10.12
11.4	朱南昌	19	吧生	结石珍	吴水娘	19	结石珍	陈六娘	朱斗四(父)	吴秀文(父)	10.12
11.4	温钦元	33	唐生	结石珍	卢癸娘	18	些荷勿杀	胡娇娘	温亚登(胞兄)	卢松芳(父)	10.8
11.5	杨瑞环	21	吧生	小南门	郭平娘	19	观音亭	许吉娘	杨志喜(胞叔)	郭绍洲(叔祖)	10.8
11.5	蒋银成	18	吧生	珍	薛添娘	18	珍	陈六娘	蒋章和(父)	薛梓城(胞兄)	10.20
11.5	蔡杆	27	唐生	珍	许珍娘	19	广东	陈六娘	蔡俊是(堂叔)	许九(父)	10.12
11.5	唐碧汉	26	吧生	珍	庄良娘	16	珍	陈六娘	唐瑞生(父)	庄成结(胞伯)	10.8
11.6	张友德	23	吧生	观音亭导郎	严福娘	23	大南门	杨音娘	张皆(父)	严凉水(父)	10.19
11.6	廖亚钦①	38	唐生	大使庙	刘癸娘	18	新厝仔	吴金娘	廖亚鼎(宗叔)	刘亚庚(父)	10.5
11.8	黄荣华	40	吧生	班惹宁安	陈开娘	27	五脚桥	郑满娘	黄标辉(宗叔)	陈长华(父)	11.4
11.8	林金福	22	吧生	戈奢园	洪贺娘	18	观音亭	李八娘	林克家(父)	洪超一(父)	10.19
11.9	陈东华	21	吧生	戈奢园	蔡福娘	19	戈奢园	杨音娘	陈正河(胞叔)	蔡金水(父)	10.12
11.9	赵世嵩	26	唐生	新巴杀	黄有娘	19	班芝兰	曾和娘	赵维裕(堂叔公)	黄金娘(胞姊)	10.12
11.11	赵邦和	21	无	结石珍	郑登娘	20	结石珍	陈六娘	赵萼(父)	郑佛(胞兄)	10.11,黄福章
11.11	王登辉	23	无	结石珍	刘茂娘	19	结石珍	陈六娘	王江汉(父)	刘真(父)	11.14
11.11	李加财	20	无	结石珍	甘寿娘	20	结石珍	陈六娘	李长合(堂叔)	甘獭(堂叔)	10.19
11.11	胡福寿	20	无	八茶罐	陈顺娘	17	小南门	林永娘	胡隆(父)	陈宗寿(祖父)	10.19
11.13	吴金全	25	无	小南门	林来娘	22	八戈然	吴金娘	丘香娘(母)	林嵩岳(父)	10.20
11.13	杨顺良	23	唐生	新巴杀	王质娘	17	丹兰望	戴永娘	杨酒洞(堂兄)	王招生(胞兄)	10.19
11.15	杨德隆	26	无	小南门西势	肖川娘	25	巷梭龙	吴金娘	杨对明(胞伯)	肖明任(父)	10.20,陈文贵,雷,代

① 唐生,默郭荣传云婿唐生,献案夺字1873年7月15日第3号。

11.16	叶涂	31	无	大使庙	蔡桂娘	29	大公司	陈言娘	叶大振(父)	蔡一帖(父)	10.19,赖长辉
11.16	姚自荣	36	无写	大南门	谢维娘	33	大南门	张新娘	张新娘(亲婶)	谢基垄(胞兄)	10.14
11.16	林碧宏[①]	51	无写	吃郎班让	陈安娘	33	五脚桥	张新娘	吴玉娘(母)	徐发娘(母)	10.16
11.26	吴淇美	20	无写	亚森脚	甘美娘	17	北戈然	许吉娘	吴荣辉(父,原雷)	甘坤海(父)	11.2
11.26	林德江	20	吧生	小南门东	郑箕枝娘	16	八厨沃间	许吉娘	林水絃(父)	郑肇基(祖父,原雷)	10.29
11.29	叶瑞昌	28	旧客	小西门西	张发娘	20	小南门西	吴金娘	叶庚淑(堂兄)	张亚缉(父)	11.8
11.30	蒋辛酉	25	吧生	结石珍	黄却娘	22	结石珍	陈六娘	蒋会(父)	黄进生(父)	11.8,赖长辉
11.30	洪碨[②]	30	唐生	结石珍	王振娘	23	结石珍	陈六娘	洪坤(堂叔)	王坤(父)	11.16
12.1	林江郎	21	吧生	结石珍	张得娘	20	吧八丹	陈六娘	林炳三(父)	张桂二(父)	11.4,许焕章
12.3	朱荣如	18	吧生	猫目十	甘有娘	17	新巴杀	朱有娘	朱福基(父)	甘长居(宗叔)	11.8
12.4	林金水	23	吧生	观音亭新厝仔	颜川娘	21	小南门	杨音娘	林芳祥(父)	颜锦福(父)	11.11
12.6	熊喜泰[③]	30	唐生	槟榔社	李连彩	21	槟榔社	张信娘	熊裕盛(胞兄)	李希活(父)	11.13
12.9	吴金湖	26	旧客	小南门	庄祯娘	24	小南门	吴金娘	吴付(宗叔)	庄龙(父)	11.11
12.11	王金沙	20	吧生	乌布土库	林罍娘	19	甘光峇汝	陈元娘	王凉海(祖父)	林智良(父)	12.11
12.11	李绍云	32	吧生	甘光广东	张增娘	21	小南门	吴金娘	李亚喜(父)	张粉(堂兄)	12.3
12.15	陈其还	22	吧生	丹仔望	徐应娘	20	丹仔望	戴英娘	陈德福(胞叔)	徐清由(胞叔)	11.15
12.16	赵清水	45	吧生	新巴杀	黄受娘	21	新巴杀	吴金娘	赵顺萼(堂兄)	黄癸巳(父)	11.22,吴经纶
12.18	刘永福	47	吧生	班芝兰	李悦娘	31	结石珍	陈六娘	林白娘(母)	李长水(胞兄)	11.25
12.21	蔡玉山	27	吧生	八厨沃干	王荫娘	23	槟榔社	李八娘	蔡宇力(父)	王德安(堂兄)	11.25
12.23	陈清帖	29	吧生	大使庙	黄光娘	26	大使庙	吴金娘	沈元娘(母)	黄笨珍(父)	11.25
12.23	李尧宗	21	吧生	窑内	林寿娘	18	窑内	陈雁娘	李衍明(胞兄)	林沧汝(父)	11.24
12.24	吴有能[④]	24	唐生	甘光荷北	黄音娘	16	八茶罐	陈雁娘	吴果(胞兄)	黄荣华(宗叔)	辛1.4
12.28	甘登源	20	吧生	结石珍	许绒娘	18	结石珍	陈六娘	甘成和(父)	许文泉(堂叔)	旧婚
12.29	肖振山[⑤]	28	吧生	惹牙兰	王喜娘	19	大南门	吴洁娘	肖光元(父)	王振乾(胞兄)	12.3

总计:184 对

① 吴玉娘即故林茂垅之妻,徐发娘即故陈新之妻。

② 洪碨献案夺字 1878 年 12 月 30 日第 72 号,其父洪魏在唐山。

③ 唐生,默佘亚义单云唐生,献案夺 1879 年 3 月 10 日第 10 号。

④ 默梁淡松来单云婿唐生,献案夺 1877 年 12 月 15 日第 14 号。

⑤ 吧生,默陈振河单云婿吧生。

1881 年吧城唐人成婚注册表

月日	男家	年岁	类别	住址	女家	年岁	住址	媒妁	男方主婚	女方主婚	备注 结婚日，主事人
1.4	郑亚三	44	吧生	甘光毛甲	刘德娘	22	甘光毛甲	胡娇娘	郑亚二(胞兄)	黄清娘(母)	庚 12.17 陈亚诰
1.4	游开科	27	准居	八厨沃间	陈全娘	23	八厨沃间	杨音娘	游光炳(堂叔)	陈明顺(父)	12.9
1.4	叶两字	28	吧生	丹那望	李怪娘	20	惹牙兰	胡娇娘	叶所勿(堂叔)	李清扬(胞兄)	12.10
1.4	钟又鼎	32	吧生	丹那实连	刘癸娘	18	八茶贯	胡娇娘	钟钦五(堂叔)	刘亚乾(父)	12.16
1.5	黎亚逢[①]	25	旧客	戈劳屈	涂四娘	22	八多窑	陈乙娘	黎和彝(堂兄)	涂亚三(胞叔)	12.16
1.6	叶元求	27	无写	班芝兰	甘月娘	24	观音亭	李八娘	叶旁(父)	甘水娘(胞姑)	12.10
1.6	吴宁玉	25	吧生	八戈然	蔡丕娘	18	巴惹牙兰	戴二娘	吴汉基(父)	蔡奕郎(父)	12.20
1.8	高保全	20	吧生	新厝仔	陈球娘	18	茂勿	吴吉娘	高地(父)	陈基循(胞兄)	12.17
1.11	石元	30	无写	砖仔桥	陈水娘	22	砖仔桥	吴吉娘	石金生(堂兄)	陈瑞福(父)	12.12
1.12	梁禄华	29	准居	廿六间	张癸娘	18	臭桥	林宝娘	梁开贵(堂兄)	张凤爹(父)	12.17
1.13	吴音山	25	无写	小南门西势	陈力娘	19	亭仔桥	杨音娘	吴阳水(胞叔)	陈如璋(胞叔)	辛 1.22
1.15	陈恩水	22	无写	望寮	林淡娘	18	流连桥	陈言娘	陈珠兴(胞兄)	林元得(父)	1.8
1.19	张毓敏	33	无写	公司后	陈完娘	21	戈罗屈	张新娘	张顺郎(堂兄)	陈亚三(胞叔)	12.24，陈文贵
1.18	陈亚栖	39	旧客	洪溪三板寮	王瑞娘	22	三板寮	李八娘	陈亚二(堂兄)	王自富(父)	12.24
1.18	周永美	29	吧生	圣望港	王顺娘	21	洪溪三板寮	李八娘	陈桃娘(母)	王自富(父)	12.24
2.17	饶壬勋	45	准居	西门外	谢来娘	20	西门外	戴二娘	饶瑞田(胞叔)	谢五满(堂兄)	1.21，李亚二
2.18	许忠涂	21	旧客	大港墘	陈玉娘	21	中港仔	许吉娘	许风(堂叔)	刘明娘(母)	1.22，张朝福
2.23	曾冉三	30	准居	丹那实连	余音娘	19	圣望港	李云娘	曾福五(堂兄)	余天有(父)	2.2，李亚二
2.26	李亚三	30	准居	戈罗屈	谢乙娘	17	八真郎安	杨福娘	李亚秀(堂兄)	谢顺二(父)	2.5
3.1	林金水	26	吧生	丹绒公司	张山娘	21	丹绒公司	陈言娘	林元德(宗叔)	张德生(父)	2.12，陈文炳
3.3	潘长立	22	吧生	小南门东界	阮木娘	20	浮罗牙弄	陈言娘	潘贻钦(父)	阮乾元(父)	2.18
3.4	赖长发	21	无写	新把杀	黄贵娘	20	新把杀	吴金娘	赖保生(父)	黄淮水(父)	2.7
3.8	刘宝	37	准居	结石珍	黄贵娘	17	结石珍	吴金娘	刘真(胞兄)	黄他(父)	2.14

① 默黄庚瑞云婿旧客，献案夺字 1874 年 3 月 20 日第 15 号。

3.8	陈坤山	28	吧生	大使庙	王赞娘	19	五脚桥	陈言娘	陈亚兰(胞叔)	王荣山(胞叔)	2.14
3.12	黄领发	51	吧生	公司后	林顺娘	17	公司后	郑元娘	黄辰连(堂兄)	林宋基(胞兄)	2.16
3.14	丘丁春	25	吧生	戈奢园	林庚娘	20	职宁贞	吴金娘	丘金福(胞兄)	林温良(父)	2.16
3.15	李荣芳	23	无写	音勿劳	熊丙娘	22	大南门	钟新娘	李标生(父)	熊裕盛(胞兄)	2—
3.29	肖亚建	37	准居	戈罗屈	傅乙娘	17	五脚桥	胡娇娘	肖地永(堂叔)	傅烈三(父)	沈景坤
4.9	刘岐山	21	吧生	洪溪	黄锡娘	19	芝郎屋	郑满娘	刘景郎(父)	黄水生(父)	赖长辉
4.16	吴锦荣	24	吧生	新把杀	陈玉娘	19	五脚桥	朱友娘	吴光水(堂兄)	陈严(宗叔)	黄福章
4.19	陈文行	22	吧生	班芝兰	林水娘	16	槟榔社	陈雁娘	陈亚兰(父)	林亚金(堂叔)	3—
4.23	丘浩光	21	吧生	新厝仔	林柱娘	19	毛六甲	陈雁娘	丘亚德(堂叔)	林金昌(胞兄)	3—
4.25	温浚观	18	吧生	小南门	吴香娘	18	大鸟	郑满娘	温亚三(父)	吴光水(父)	3—
4.25	徐亚书	23	吧生	巴八丹	丘阴娘	18	新厝仔	郑满娘	徐达成(堂叔)	丘盛郎(父)	3—
4.29	郑杰清	21	吧生	西门	骆浮娘	17	五脚桥	李八娘	郑元和(父)	骆淡巳(胞姊)	4
4.29	李金生	24	吧生	丹那实连	甘蒜娘	27	牙物	吴金娘	李衍明(堂兄)	甘文彬(祖父)	4.10
5.2	丘亚有	24	准居	旧把杀	胡职娘	19	文丁新圩地	许吉娘	丘亚盛(堂兄)	胡真福(父)	3.16,许焕章
5.4	沈顺荣	22	无写	班芝兰	陈日娘	20	旗杆脚	吴吉娘	沈添全(父)	陈溪淋(父)	4.10
5.5	蒋建流	25	无写	结石珍	陈美娘	20	观音亭	陈六娘	蒋扶(堂叔)	罗来娘①(母)	4.18
5.6	林金芝	26	无写	圣望港	蔡福娘	27	望寮	郑满娘	林克慎(父)	蔡金山(胞兄)	4.18
5.9	李松龄	25	吧生	圣望港	蔡音娘	20	槟榔社	林永娘	林嘉谟(父)	蔡光辉(父)	4.18
5.9	李明牛	32	吧生	小南门东界	叶里勿娘	20	观音亭	许吉娘	李俭(堂兄)	叶邓生(堂兄)	4.18
5.10	陈卿隆	37	无写	文丁宜乳宁	蔡美娘	21	廿六间	吴金娘	陈卿芳(胞兄)	蔡奇文(胞兄)	4.18
5.10	吴妈鳌	30	准居	丹仔望	蒋满娘	23	甘光咨厘	戴永娘	吴逢基(堂兄)	蒋元担(堂叔)	4.18
5.13	刘焕文	23	无写	甘光咨厘	陈礼物娘	20	干冬圩	陈六娘	刘基生(父)	陈名利(堂兄)	4.22
5.14	林怗	29	准居	旧把杀	余发娘	23	小南门	吴金娘	林来发(堂叔)	许娇娘(母)	4.18
6.2	庄前官	32	吧生	五脚桥	陈英娘	25	圣望港	吴金娘	庄荣炉(堂兄)	陈维罴(胞叔)	5.9,陈亚诰
6.2	黄裕光	34	准居	厨沃间	朱酉娘	18	大使庙	吴金娘	黄亚四(堂兄)	朱亚君(胞兄)	5.22
6.3	刘亚易	38	准居	直劳低巷	林生娘	21	洪溪	吴金娘	刘亚八(堂兄)	林乌坤(胞兄)	5.10
6.4	郭亚景	40	准居	戈劳屈	何丁娘	23	戈劳屈	张信娘	郭应隆(堂叔)	何易深(父)	5.10
6.4	丘有财	27	北加浪生	大使庙	肖质娘	25	大使庙	许吉娘	丘有德(胞兄)	肖奇生(胞叔)	5.16

① 罗来娘夫陈梓杰4年前已去世。

6.7	林亚有	38	准居	戈劳屈	陈已娘	20	戈劳屈	吴金娘	林增二(堂兄)	陈亚八(父)	5.13
6.9	黎亚用	27	准居	戈劳屈	叶发娘	17	戈劳屈	吴金娘	黎亚丁(胞叔)	叶连桂(父)	旧婚
6.13	邹荣兴	20	吧生	真郎安	邓桂娘	19	结石珍	陈六娘	邹亚捷(胞叔)	邓庚郎(胞兄)	5.22
6.16	傅宝淑	19	吧生	戈劳屈	张梅娘	16	丹那实连	李粉娘	傅亚六(胞叔)	张光生(胞兄)	6.8.陈文贵
6.21	李子游	23	吧生	五脚桥	杨笨娘	21	大南门	李八娘	李伯盛(父)	杨光荣(胞伯)	6.8
6.28	何税郎	23	吧生	水锯社	范炳娘	16	甘光蛮兰	陈言娘	何亚汉(堂叔)	范阿禄(堂兄)	6.8
6.29	林捷钦[①]	26	吧生	八厨沃间	戴美娘	26	圣望港	李八娘	李碧娘(母)	陈淑娘(母)	6.12,陈亚诰
6.30	陈登逢	22	吧生	圣望港	杨色娘	18	圣望港	陈言娘	陈德海(父)	杨清云(胞兄)	6.19 陈亚浩
7.1	侯知高	21	吧生	甘光峇厘	纪春娘	18	甘光峇厘	陈六娘	侯文才(胞叔)	纪长玉(胞兄)	6.14,张朝福
7.2	刘德庆	20	吧生	甘光毛甲	巫蒲土娘	16	小南门	吴吉娘	刘友生(堂叔)	巫佳松(堂兄)	6.24
7.5	林登前	25	吧生	班芝兰	黄凤娘	18	班芝兰	许吉娘	林菅泰(父)	黄光攀(胞叔祖)	6.15
7.7	谢壬观	40	准居	牛郎州里	钟甲娘	18	五角桥	吴金娘	谢亚二(胞叔)	钟癸二(父)	6.19
7.8	陈春福	23	吧生	导郎	黄利勿娘	18	惹能安	吴金娘	陈仁生(父)	郑山娘(母)	6.17
7.8	简焕彩	24	准居	旧巴杀	李金娘	19	结石珍	吴金娘	简长奇(堂叔)	李加令(父)	6.15
7.11	梁亚明	29	准居	砖仔桥	周福娘	19	丹仔望	戴永娘	梁亚元(堂叔)	周福水(胞兄)	6. 18
7.14	韩有生	32	吧生	惹致	陈文娘	24	惹致	林存娘	韩坤山(堂兄)	陈玉麟(胞兄)	6.22
7.14	邓水生	21	吧生	大使庙	古武娘	20	小南门	许吉娘	邓煌春(父)	古安郎(堂兄)	6.24
7.18	蔡钦水	25	旧客	水锯社	钟美娘	23	甘光峇汝	钟新娘	蔡番薯(堂兄)	钟启明(堂兄)	6.24,李亚二
7.20	吴九旺	36	准居	公司后	杨邓娘	20	结石珍	郑元娘	吴忖(堂叔)	杨奇(胞伯)	7.20
8.11	黄尼古	34	旧客	新把杀	甘凤娘	24	新把杀	吴金娘	黄大目(堂兄)	甘明智(父)	7.20,陈文炳
8.23	陈文质	32	无写	纲邦加里巴礁	凃庚娘	22	戈罗屈	戴永娘	陈初龙(父)	凃文清(父)	7.4,张朝富,雷
8.23	吴爱	23	准居	本落丁仔	许及娘	20	本落丁仔	吴金娘	吴光水(宗叔)	许周(宗叔)	7.11
8.24	李真	29	准居	新厝仔	叶曲娘	29	新厝仔	吴金娘	李亚五(堂兄)	叶璞(父)	旧婚,沈景坤,雷
8.26	朱荣林	28	吧生	圣望港	石高禄娘	25	新把杀	吴金娘	蔡吟娘(母)	石窒母(父)	7.8,张朝福
9.1	黄海全	18	无写	公司后	刘桃娘	19	公司后	许吉娘	黄海汉(胞兄)	刘子(堂叔)	7.11,黄福章
9.14	钟永全	20	吧生	甘光万兰	王丁娘	15	大使庙	何文娘	钟德海(父)	王题二(父)	8.10
9.15	李清香	31	吧生	惹牙兰	朱养娘	29	毛六甲	胡娇娘	王贵娘(母)	杨寅娘(母)	8.6

① 默单云婿是吧生,李碧娘是故林六之妻,陈淑娘是故戴瑞元之妻。

9.21	黄应明	35	准居	新把杀	陈冷娘	19	结石珍	吴金娘	黄癸已(堂叔)	陈味(父)	8.6,赖长辉
9.22	方清隆	30	吧生	大使庙	钟笨娘	21	水锯社	张信娘	刘江娘(母)	钟立麾(胞兄)	8.12
9.24	胡德和	22	吧生	新把杀	陈茂娘	21	新把杀	张信娘	胡州郎(父)	陈南(父)	8.6.黄福章
9.24	黄二涼	20	吧生	毛六甲	陈凤娘	20	洪溪	陈雁娘	黄良生(父)	陈亚怜(父)	8.10
9.24	刘金登	31	准居	甘光爪亚	张二妹	17	戈劳屈	王文娘	刘亚盛(堂叔)	张两郎(胞伯)	8.6
9.26	张文标	20	吧生	八戈然	王英娘	16	班芝兰	李八娘	张全宗(父)	王活水(父)	8.12
9.28	陈显志	20	无写	戈奢园	连加芝	16	洪溪	吴吉娘	陈英杰(父)	连文清(祖父,钦赐甲)	8.10,赖长辉,雷
9.29	杨木生	40	无写	班芝兰	李茄弄	18	中港仔	陈珠娘	杨荣辉(宗兄)	李伯达(父,钦赐甲)	8.12
9.29	吕来福	37	准居	如南抹	王碧娘	25	如南抹	杨音娘	吕木生(堂兄)	王文旦(胞兄)	8.10
10.5	叶真	31	准居	丹那望	林润娘	20	文丁	林春娘	叶畜(堂叔)	林宗岳(父)	8.17,吴经纶,雷
10.5	谢传生	22	吧生	洪溪	罗娘那	18	小南门	胡娇娘	谢文远(父)	苏美娘(母)	8.24
10.6	陈藏雅	28	旧客	大港墘	黄红娘	16	乌布土库	吴金娘	陈碧湖(堂叔)	黄荣宗(堂叔)	8.17
10.7	罗应运	28	旧客	戈罗屈	张端娘	18	结石珍	吴金娘	罗应慈(堂兄)	张亚乾(堂叔)	8.20
10.10	韩桂芳	20	无写	亚森脚	许根娘	16	八茶罐	许吉娘	韩怀仁(胞伯)	许奎炳(祖父)	8.23,张朝福
10.20	吴荣海	24	无写	大使庙	李位娘	26	干职巷	杨音娘	吴连娘(胞姑)	叶鸾娘(母)	9.2.吴经纶
10.20	李永元	22	无写	甘光美色近	陈清娘	20	美色近	李芬娘	李有真(宗兄)	陈料(父)	9.1
10.24	高明顺	20	吧生	大使庙	苏水娘	17	水锯社	陈雁娘	高然芝(父)	苏荣(父)	9.4
10.28	张财元[1]	25	吧生	大南门	陈集娘	25	结石珍	杨音娘	张福三(父)	陈明智(胞兄)	9.14
11.4	蔡有包	23	吧生	丹兰望	马哇路娘	19	丹兰望	吴金娘	蔡章庆(胞伯)	马杰辉(胞叔)	9.20,陈亚诰
11.8	黄灶生	34	准居	中港仔	朱桂娘	19	巴劳八丹	吴金娘	黄时明(堂叔)	朱清远(堂叔)	10.8
11.10	王天水	40	唐生	丹兰望	李庚娘	22	巴劳八丹	戴永娘	王文生(胞兄)	李芹山(胞兄)	9.20
11.10	许笨箕	21	无写	新厝仔	洪长娘	17	圣望港	李云娘	许红老(堂兄)	朱宣娘(母)	10.11
11.14	古亚七	32	准居	巴劳八丹	丘三娘	18	巴劳八丹	陈六娘	古亚锦(堂叔)	丘亚四(父)	10.5
11.16	蔡廷渊	24	无写	胡卢巴	陈贞娘	20	毛纳甲	许吉娘	蔡清仰(父)	陈有华(父)	9.29,陈文贵,雷
11.16	马永山	20	无写	甘光峇汝	陈姓娘	20	新池	杨音娘	马长发(父)	陈树源(父)	10.8
11.17	高贴成	17	无写	美色近	李定娘	19	毛纳甲	吴金娘	陈淡娘(母)	李八(宗兄)	10.5
11.17	吴钦三	40	准居	三间土库	廖菊娘	20	打铁街	郑元娘	吴崑维(堂叔)	廖锦昭(父)	10.8

① 婿系大南门默张福三之子。

11.22	陈长溪	25	无写	新把杀	黄灶娘	20	新把杀	朱有娘	陈生张(胞兄)	黄壬水(胞伯)	10.8
11.22	吴国兴	21	无写	新把杀	刘庚娘	22	甘光广东	陈六娘	陈坤茂(姨丈)	刘新生(父)	10.10
11.22	陈荣禄①	35	准居	结石珍	杨顺娘	19	班芝兰	陈六娘	陈味(宗叔)	沈日娘(母)	10.8
11.23	梁连清②	27	——	砖仔桥	朱八娘	17	砖仔桥	何文娘	梁荣仁(堂兄)	朱亚荣(胞叔)	10.8
11.23	蔡清泉③	32	准居	戈劳屈	陈一娘	20	导郎	林英娘	蔡友实(胞兄)	陈进财(父)	10.5,陈文贵,雷
11.23	陈乌述	25	准居	结石珍	黄宣娘	17	甘光万难	陈六娘	陈传炉(堂兄)	钟丙娘(母)	10.13
11.23	曹桂兴	30	吧生	戈劳屈	郭丹娘	17	泗里旁	吴金娘	曹达元(父)	郭明机(胞兄)	10.8
11.24	简春水	25	吧生	新厝仔	沈印娘	20	吧八丹	李粉娘	简竹娘(族兄)	沈温成(父)	10.11
11.25	李德郎	30	无写	水锯社	郑快娘	16	惹牙兰	林永娘	李亚彝(父)	郑炳林(堂兄)	10.6
11.25	蔡启祥	22	无写	丹兰望	吴山娘	21	丹兰望	戴永娘	蔡榜生(胞伯)	吴基来(父)	10.13
11.25	郑亚二	26	准居	新把杀	陈癸娘	19	甘光峇厘	戴永娘	郑文二(堂叔)	陈德二(父)	10.5
11.28	王什	43	准居	班芝兰	陈笑娘	23	公司	吴吉娘	王庸修(宗叔)	陈溪水(堂叔)	10.13
11.28	刘如生	24	无写	五脚桥	林音娘	17	洪溪	吴金娘	刘金水(亲伯)	林伦贤(堂叔)	10.13
11.28	黄念华	20	无写	大南门	李秀娘	20	砖仔桥	吴吉娘	黄鼎盛(父)	李佛诚(父)	10.11
11.29	王建裕	23	吧生	丹那望	曾来娘	20	甘光广东	戴英娘	王春溪(胞叔)	曾秀二(祖父)	10.18
12.1	曾镭	27	吧生	冬基	陈新娘	20	峇腰兰	吴金娘	曾接福(堂兄)	陈振(父)	10.18,张朝福
12.1	洪奇	34	准居	大使庙	叶快娘	16	大使庙	吴金娘	洪容(宗叔)	叶大振(父)	10.20
12.6	林朝云	21	无写	大巷内	吴秀娘	20	亚森脚	许吉娘	林光坤(祖父)	吴南阳(祖父,钦赐雷)	10.18
12.6	陈亚四	22	唐生	新把杀	邹丁娘	15	甘光广东	戴英娘	陈盛淑(堂兄)	邹亚干(堂叔)	10.21
12.8	吴雨水	27	准居	丹那望	许媚丝	19	呀南安	吴金娘	吴文田(堂兄)	许水(堂叔)	10.20
12.12	高庭庆	21	旧客	大港墘	蒋和娘	18	大使庙	吴金娘	高地(宗叔)	蒋丁乙(父)	10.22
12.15	兰有福	29	吧生	毛六甲	饶金娘	17	毛六甲	吴金娘	兰佳(堂兄)	饶火郎甲(堂兄)	10.25
12.15	谢恩祥	29	准居	甘光峇厘	钟丙娘	16	丹那娘那	陈六娘	谢鸿祥(胞兄)	钟云三(父.)	11.4
12.19	陈振坚	31	吧生	八戈然	杜银娘	20	文登	吴洁娘	陈振江(胞兄)	杜重阳(堂兄)	11.12,李亚二,雷
12.21	王荣喜	21	无写	结石珍	徐亨娘	17	结石珍	陈六娘	王源水(胞叔)	徐会禄(胞兄)	11.14.李亚二

① 陈荣禄献案夺字1869年10月2日第423号,沈日娘故杨将义之妻。

② 查梁连清来吧4年入字未出,默梁福全报单。

③ 献案夺字1875年7月7日第7号,默黄八寿来单。

12.22	杨瓶	28	准居	小南门	蔡受娘	20	亭仔脚	胡娇娘	杨江(胞叔)	蔡典(父)	11.12
12.23	曾喜安	22	吧生	大使庙	叶禄娘	18	八茶罐	杨音娘	曾天生(父)	叶春源(宗叔)	11.13
12.23	陈明水	23	旧客	公司	林掬娘	20	圣望港	吴金娘	陈登贵(父)	林荣茂(堂叔)	11.5
12.24	叶任	34	旧客	小南门	陈旺娘	18	小南门	杨音娘	叶寝(堂兄)	陈春水(堂兄)	11.8
12.24	饶昌四	23	吧生	毛六甲	林玉娘	18	导郎	许吉娘	饶火郎甲(胞兄)	林开科(胞兄)	11.8
12.27	林恕漳	22	吧生	乌鬼巷	蔡英娘	17	干冬圩	胡娇娘	林德兴(祖父)	蔡金连(父)	11.27
12.27	陈文琳	38	旧客	八戈然	林传娘	26	八戈然	吴洁娘	陈水旺(胞兄)	林松茂(父)	旧婚
12.27	吴金源	27	吧生	结石珍	杨录娘	24	结石珍	陈六娘	吴桂阳(堂兄)	杨福源(父)	11.16
12.27	胡荣珍	22	吧生	结石珍	甘职娘	18	结石珍	陈六娘	胡宝林(父)	甘春山(胞兄)	11.12
12.28	梁亚壬	25	准居	五脚桥	陈要娘	15	直劳低巷	郑满娘	梁亚亨(胞叔)	陈南松(胞兄)	11.14,陈亚二
12.29	黄钟英	30	吧生	小南门	林东望娘	20	槟榔社	吴金娘	黄东义(堂兄)	林百福(胞叔)	11.17
12.29	朱佛子	18	吧生	甘光杏厘	郭内娘	16	甘光杏厘	林英娘	朱河清(胞兄)	郭三郎(堂叔)	11.14
12.31	杨宽林①	20	吧生	思治马劳	梁娘那	20	思治马劳	吴金娘	杨启川(胞叔)	梁荣辉(胞兄)	11.14,张朝福,雷

总计:143对

1882年吧城唐人成婚注册表

月日	男家	年岁	类别	住址	女家	年岁	住址	媒妁	男方主婚	女方主婚	备注 结婚日,主事人
1.3	陈西川	22	无写	结石珍	张连娘	19	干冬圩	朱瑞娘	陈彬郎(胞伯)	张发(父)	11.27 陈文炳,甲
1.4	梁亚明	29	无写	砖仔桥	黎砼娘	16	新厝仔	吴金娘	梁应清(胞叔)	黎亚汉(父)	11.5
1.5	许任郎	22	无写	大使庙	徐和娘	19	大使庙	陈言娘	许太山(父)	徐秉章(宗叔)	12.3
1.6	黄詹裕	26	准居	晋郎安	陈普娘	18	戈罗屈	吴金娘	黄亚裕(胞兄)	陈义芳(父)	11.26
1.10	洪墩	32	准居	结石珍	许罗那	21	结石珍	朱瑞娘	洪梯(堂兄)	许同(父)	12.8
1.11	侯添寿	30	无写	州哇勿杀	陈福娘	20	戈劳屈	陈曲娘	丘庚娘(母)	陈德二(宗叔)	12.4
1.11	杨元龙	37	无写	大使庙	梁春娘	21	戈劳屈	吴金娘	杨包(胞叔)	梁水(堂兄)	12.3
1.12	林广成	21	无写	洪溪	戴银娘	18	泗里旁	李芬娘	林奇南(父)	谢乙娘(祖母)	12.17
1.14	侯荣照	38	无写	干冬圩	周凤娘	24	大南门	李芬娘	侯明娘(胞姊)	周坤山(胞兄)	12.3

① 女方主婚其父梁百思因病,胞兄梁荣辉代押,把杀明牛之柔仔眼码伊来单云婿吧生。

1.20	张金生	18	吧生	小南门	蒋惜娘	18	五脚桥	许吉娘	张茂山(胞兄)	蒋丁已(宗叔)	12.16 沈景坤,雷
1.23	陈受益	23	吧生	新巴杀	赵基娘	18	结石珍	吴金娘	陈江凑(堂叔)	赵萼(父)	12.21
1.23	侯元生	23	无写	洪溪	丘温娘	16	洪溪	吴金娘	侯登献(胞叔)	丘万丁(父)	12.12
1.31	余安然	28	准居	公司后	何戊娘	18	打铁街	吴金娘	余瑞碧(堂叔)	何松茂(堂叔)	12.17
2.1	张能山	24	无写	望寮	郑水娘	20	西门	许吉娘	张能阳(胞兄)	郑新客(父)	1.23.黄福章,甲
2.3	王永顺	19	吧生	美色近	李汉娘	17	导郎	许吉娘	王武员(父)	李长光(父)	12.18
2.6	蔡景龙[①]	35	吧生	甘光峇厘	张春娘	27	——	陈六娘	蔡白哲(堂兄)	张桃(堂伯)	1.23
2.11	詹礼水	22	无写	——	刘清娘	19	——	陈六娘	詹发生(胞兄)	刘拱熙(父)	1.18
2.13	姚珠良	36	无写	班芝兰	叶水娘	24	班芝兰	吴金娘	姚朱永(胞兄)	叶房(父)	1.19
3.13	黄寿前	24	准居	小南门东界	叶硿娘	18	观音亭	林永娘	黄所正(堂叔)	叶绢(父)	2.3,吴经纶,雷
3.20	温五桂	37	吧生	小南门	涂何娘	20	甘光些瓦	吴金娘	温亚三(堂兄)	林麟娘(母)	2.15
3.27	李亚仁	30	吧生	巴劳八丹	朱已娘	24	结石珍	陈六娘	李路达(胞叔)	朱始兴(胞兄)	2.22
3.27	梁桐华	25	准居	公司后	黎旁佛娘	19	八戈然	吴金娘	梁耀南(堂兄)	黎亚登(父)	2.21
3.28	梁锦华	19	无写	小南门东界	陈癸娘	19	结石珍	吴金娘	梁北麟(父)	陈文笔(父)	2.22
3.28	李带有	32	准居	甘光峇厘	郭贵娘	20	茄揽末	戴永娘	李亚新(胞叔)	郭亚九(堂兄)	2.22
3.30	廖亚二	35	准居	戈罗屈	丘辛娘	19	戈罗屈	吴金娘	廖亚焕(胞兄)	丘锦龙(父)	2.6
3.31	李福近	22	无写	结石珍	吕壬娘	20	卅哇勿杀	陈六娘	李长合(胞叔)	吕亚月(胞叔)	2.22
3.31	黄金山	43	无写	美色近	陈玉娘[②]	30	望勿牙杀	吴金娘	黄亚娇(堂叔)	陈溪林(胞兄)	2.22
4.3	刘赞文	22	无写	甘光峇厘	欧已娘	22	结石珍	陈六娘	刘基生(父)	欧夏(父)	2.22 陈文贵,雷
4.3	谢文恬	23	无写	小南门	陈水娘	22	小南门	吴吉娘	谢妈岱(堂兄)	陈源水(堂叔)	2.29
4.11	吴淡水	22	无写	新巴杀	张木娘	22	结石珍	朱有娘	吴香水(堂叔)	张桃(祖父)	2.29
4.11	许亚添	36	无写	洪溪	陈宝娘	16	洪溪	郑元娘	徐亚六(堂叔)	陈福星(堂叔)	3.13
4.11	杨志喜	43	无写	小南门东	詹活娘	25	窑内	吴金娘	杨江(堂叔)	詹高山(父)	2.28
4.19	朱增郎	35	准居	吧八丹	林悦娘	18	洪溪	吴金娘	朱亚均(堂兄)	林亚添(父)	3.11
4.20	郑亚旺[③]	30	准居	大南门	郑三娘	20	大南门	吴金娘	邹亚贤(堂叔)	郑庆兴(堂兄)	旧婚
4.22	林朝栋	20	无写	亭仔脚	陈茵芝娘	17	干冬圩	许吉娘	林碧悟(父)	陈文贵(兄)雷	3.11
4.22	李子震	20	吧生	钟港仔	陈明娘	19	毛六甲	许吉娘	陈伯达(父)雷	陈有华(父)	3.13

① 甘光峇厘默杨思安单云婿吧生。

② 陈玉娘是故杨文魁之妻,批照。

③ 默余亚义报单,献案夺字1873年11月9日第2号。因女有家业,俟美色甘倒案字,方能给婚字。

4.25	许德彰	29	吧生	新巴杀	陈燕娘	22	五脚桥	朱友娘	许德兴(胞兄)	陈珍生(叔祖)	3.14
5.1	许绳泰	34	垅生	惹亚兰	陈晏娘	20	砖仔桥	吴金娘	许明珠(宗兄)	陈玉琳(父)	3.14 张朝福
5.3	巫炳光	37	准居	大南门	陈砼娘	17	大南门	钟辛娘	巫正祥(堂叔)	陈亚添(宗叔)	3.16
5.4	蔡清金	26	准居	八茶罐	蒋已娘	19	把杀明牛	胡娇娘	蔡典官(胞伯)	蒋秋水(父)	4.11
5.5	温华寿	29	准居	廿六间	黄桂娘	16	五脚桥	吴金娘	温旺兴(宗叔)	黄赞成(堂兄)	3.24 李亚二,雷
5.10	蒋坤荣	33	无写	结石珍	李土娘	29	干冬圩	陈六娘	蒋仔夏(父)	李永顺(胞兄)	4.6
5.11	蔡奇凤	20	无写	廿六间	陈碧娘	20	茂物	许吉娘	蔡奇文(胞兄)	陈源普(胞叔)雷	4.21
5.11	廖江贤	35	无写	旧把杀	王香娘	23	结石珍	许吉娘	廖振生(堂伯)	王荣基(父)	3.27
5.12	徐俊杰	34	无写	丹兰望	梁瑞娘	20	戈罗屈	戴永娘	余 兰(堂兄)	梁笨箕(胞兄)	4.12
5.12	钟得海	40	无写	甘光蛮兰	杨文娘	19	蕉仔街	何文娘	钟贵生(宗兄)	杨肇准(父)	3.27
5.15	温亚保	35	旧客	八厨沃干	李金娘	18	卄六间	吴金娘	温亚云(堂叔)	李盛能(父)	4.6
5.16	甘丙乙	23	吧生	戈劳屈	蒋基娘	20	丹那望	朱瑞娘	甘永端(父)	蒋顺郎(胞叔)	4.10
5.17	章长庆	24	吧生	八戈然	陈辛娘	22	道郎	胡娇娘	章金满(父)	陈仁生(父)	4.13
5.19	徐亚兆	28	无写	廿六间	温就娘	19	加揽末	胡娇娘	徐维芬(堂叔)	温亚润(父)	4.10
5.19	程亚珍	29	准居	戈奢园	钟海娘	17	洪溪	郑元娘	程庚郎(堂叔)	钟进喜(堂叔)	4.15
5.20	陈存智	22	吧生	结石珍	许日娘	21	结石珍	陈六娘	陈传炉(胞兄)	许燦(父)	4.12
5.20	黄建顺	19	吧生	新吧杀	林文娘	21	吃郎班让	郑元娘	黄双溪(父)	林丰年(堂叔)	4.12
5.22	李绍德	23	无写	八茶罐	陈马娘	23	干冬圩	郑元娘	李锦辉(胞叔)	陈纹水(父)	4.24
5.23	许温德	19	无写	东基	王荫娘	17	西门内	许吉娘	许清溪(父)雷	王武亭(父)	4.10
5.23	詹怀珍	21	无写	结石珍	陈海娘	21	结石珍	陈六娘	詹宝山(祖父)	陈荣茂(父)	4.10
5.23	黄琴然	34	无写	三间土库	陈羽然娘	18	大使庙	杨音娘	黄琴烈(胞兄)	陈平山(父)	4.26
5.25	蔡炳发	30	吧生	八戈然	石六娘	25	小南门	洪三娘	蔡近郎(父)	石天禄(堂兄)	4.12
5.25	罗亚贵	18	吧生	惹致	王纯娘	16	惹致	杨音娘	罗亚支(父)	王荣山(胞叔)	4.15
6.1	林近山	43	吧生	导郎	吴英娘	24	吃郎班让	杨荫娘	林三贵(堂兄)	陈金彩(父)	4.23 赖长辉
6.2	黄 羡	36	旧客	新巴杀	赵月娘	27	新巴杀	吴金娘	黄他(堂兄)	赵变(堂兄)	4.19
6.6	黄增二	40	准居	八多尧	李金娘	25	巴劳八丹	郑元娘	黄财明(堂叔)	李亚炳(胞兄)	4.28
6.7	林熙	36	旧客	结石珍	杨乙娘	23	结石珍	陈六娘	林顺碧(堂叔)	杨榜佛(胞兄)	旧婚.许焕章
6.14	肖体永	56	无写	窑内	黄来娘	36	窑内	陈言娘	肖明壬(堂兄)	黄汉水(堂兄)	4.29
6.16	李谢荣	27	准居	惹致	汤宣娘	18	惹致	戴英娘	李贤榜(堂叔)	汤东生(堂伯)	5.17
6.16	林荣基	28	吧生	小南门	温发娘	20	瓮菜河	吴吉娘	林荣茂(胞兄)	温长美(堂叔)	5.10

6.21	陈福源	23	吧生	新巴杀	郑鸾娘	18	干冬圩	朱友娘	陈淇泉(父)	郑德源(胞兄)	5.11
6.27	江远志	21	准居	小南门东界	杨亚律娘	17	打铁街	胡娇娘	江嘉猷(堂叔)	杨新客(胞叔)	5.13
6.27	甘碧山	20	吧生	新巴杀	胡和娘	21	干冬圩	吴金娘	甘友(父)	胡文来(胞叔)	5.21
6.29	郭腹应	33	旧客	八茶罐	赖珠娘	20	打铁街	胡娇娇	郭振富(堂叔)	赖九山(父)	5.22
6.30	陈亚福	34	准居	甘光峇厘	梁瑞娘	21	大港墘	陈雁娘	陈建祥(宗兄)	梁连三(父)	4.25
7.13	陈地	46	无写	结石珍	张羊娘	30	结石珍	陈六娘	陈齐(堂兄)	张川(堂叔)	6.10 黄福章
7.17	陈人丁	30	准居	戈劳屈	郑水娘	17	丹若干	吴金娘	陈木(堂兄)	郑戆(父)	6.21
7.17	黄永泉	37	吧生	大使庙	陈丁娘	16	新厝仔	吴金娘	黄道朱(堂叔)	陈厚(父)	6.13
7.18	张山泰	22	吧生	结石珍	唐登娘	19	结石珍	朱瑞娘	张桃(祖父)	唐金盏(胞叔)	6.10
7.18	林炎生	18	吧生	戈劳屈	杨职娘	16	乌鬼巷	吴金娘	林德和(父)	杨育(父)	6.13
7.19	戴江水	25	吧生	丹绒上帝爷	张美娘	21	丹绒 新桥	吴金娘	戴镭(堂兄)	张伍水(父)	6.10
7.20	古亚柳	23	吧生	甘光毛甲	廖丙娘	17	望加寺 劳哇老果	吴金娘	古顺观(堂叔)	廖亚三(胞叔)	6.13
7.21	林煌泰	29	吧生	牛郎 些里	吴瑞娘	19	牛郎 些里	陈六娘	林世集(胞兄)	吴有生(父)	6.13
7.25	钟如松	30	吧生	甘光 牙得	黄吉娘	23	圣望港	吴金娘	钟癸生(胞兄)	黄再生(父)	6.19
7.28	陈丙水	27	吧生	吧进即安	廖乙娘	18	戈罗屈	杨音娘	陈壬为(胞兄)	廖武二(堂伯)	6.16.张朝福
8.10	林旺	28	准居	打铁街	颜福娘	25	干职巷	吴金娘	林来发(堂叔)	颜文旦(胞叔)	6.28
8.17	古金生	20	无写	戈劳屈	叶吉娘	26	槟榔社	何文娘	古考文(祖叔)	叶偕(父)	7.14
8.18	张锦康	27	旧客	结石珍	黄亚被娘	15	圣望港	林英娘	张淑二(堂伯)	黄四员(胞兄)	7.11
8.23	吴九生	27	准居	三间土库	黄甲文娘	21	五脚桥	郑满娘	吴亚珠(宗兄)	黄顺发(胞兄)	8.4
8.26	张春水	32	吧生	结石珍	朱信娘	18	妈腰兰	陈六娘	张红毛(父)	朱天生(父)	7.14
8.30	朱兆熊	31	吧生	圣望港	林有娘	25	瓮菜河	林永娘	朱荣琳(胞兄)	林启龄(父)	7.24
9.7	邹亚生	35	准居	些哇勿杀	肖合娘	18	蕉仔街	吴金娘	邹亚贤(堂叔)	肖在新(堂兄)	8.4 陈亚浩
9.7	叶甘郎	30	吧生	槟榔社	邱壬娘	21	毛六甲	何文娘	叶壬郎(堂兄)	邱群妹(堂叔)	8.6
9.13	陈夙夜	27	吧生	结石珍	刘金娘	17	结石珍	吴金娘	陈金良(胞叔)	刘真(堂叔)	8.4
9.18	林德水	40	浪生	乌布土库	丁连娘	23	小南门	李芬娘	林菅谅(宗兄)	丁德山(父)	8.24 陈文贵
9.18	杨亚喜	35	吧生	砖仔桥	黄宋娘	20	杉板寮	何云娘	杨亚恭(族兄)	黄亚娇(父)	8.13
9.18	林景水	18	无写	丹仔望	温必娘	18	西朗桥	吴金娘	林新郎(父)	温壬福(父)	8.13
9.18	刘荣新	32	无写	戈劳屈	林二妹	20	戈劳屈	李芬娘	刘丙三(父)	林银生(父)	8.18

9.19	许庆瑞[①]	26	吧生	结石珍	蔡基娘	22	芝民郎	朱水娘	许得宜(父)	蔡漳水(伯)	8.16
9.19	徐长生	27	准居	八茶贯	林恩娘	17	窑内	杨音娘	徐乾香(堂叔)	林锅安(族叔)	8.24
9.21	薛飞熊	22	吧生	结石珍	林番娘	20	洪溪	吴金娘	薛梓城(父)	林基南(父)	8.29
9.23	陈昆玉	18	吧生	八茶贯	刘瑞娘	17	八厨沃	许吉娘	陈泰山(父)	刘金钱(父)	8.18
9.26	吕谦让	27	唐生	公司后	许梅娘	18	蕉仔街	吴金娘	吕添丁(族叔)	许清芳(族叔)	9.8
9.27	陈厚洛	32	唐生	珍	蔡荣娘	23	珍	吴金娘	陈发清(堂叔)	蔡金英(胞兄)	8.22
9.30	陈金智	24	无写	公司后	郑蜜娘	18	大港墘	杨音娘	陈基蔡(父)	郑佐(父)	8.20
9.30	李亚能	30	无写	戈罗屈	张甲娘	19	臭桥	洪三娘	李亚铭(堂兄)	张丙三(叔祖)	8.24
9.30	郑源基	19	无写	结石珍	陈基娘	17	结石珍	吴金娘	郑南生(祖父)	陈衣楠(堂兄)	8.24
10.2	余运德	29	唐生	甲汶诗里	邹三娘	22	新巴杀	吴金娘	余新郎(堂叔)	邹安寿(堂叔)	8.28 张朝福,雷
10.5	程亚正	41	无写	甘光六州	黄质娘	19	美色近	吴金娘	程亚建(堂叔)	黄友四(胞叔)	9.8
10.12	江振协	19	吧生	砖仔桥	陈钟娘	17	毛六甲	吴吉娘	江仁淑(父)	陈茂萤(父)	9.8
10.13	黄文桂	22	吧生	结石珍	陈河娘	21	结石珍	吴金娘	黄进生(堂伯)	陈彬郎(父)	9.8
10.4	田增盛	32	准居	新厝仔	廖乙娘	18	干冬圩	吴金娘	田戊元(堂兄)	廖亚汉(堂兄)	9.13
10.17	梁泰贵	30	无写	美色近	刘新娘	22	美色近	何文娘	梁北麟(宗叔)	刘清妹(胞兄)	9.11
10.20	叶亚四	32	准居	大当前	钟音娘	20	公司后	杨音娘	叶石长(堂叔)	钟长生(父)	9.11
10.23	蔡坤山	37	吧生	丹那实连	蒋花娘	25	结石珍	林英娘	蔡三夜(胞兄)	蒋子夏(父)	10.2 李亚二
10.23	邱逢波	23	吧生	洪溪	林文娘	19	八厨沃	吴金娘	邱清河(父)	林理娘(母)	9.18
10.23	饶亚伦	28	旧客	丹那实连	李宋娘	17	丹那实连	胡娇娘	饶亚勋(堂叔)	李子照(父)	9.18
10.26	张春元	20	吧生	大南门	苏金娘	20	惹致	张信娘	张荣春(胞叔)	苏荣宗(父)	10.2
10.26	张启明	37	吧生	丹那地	谢六娘	22	旧把杀	陈雁娘	张茂(宗兄)	谢允贴(父)	9.18
10.27	叶森二	38	准居	圣望港	李有娘	18	大南门	吴金娘	叶石长(堂兄)	李希彩(父)	9.20
10.30	陈亚二	20	吧生	二南抹	詹乙娘	18	槟榔社	郑满娘	陈奎炳(堂兄)	詹和兴(堂兄)	10.11
10.31	吴润四	29	准居	新巴杀	田戊娘	16	新巴杀	黄威娘	吴亚发(堂叔)	田亚敬(父)	10.2
11.4	黄亚福	40	准居	中港仔	林乙娘	18	芝宁贞	吴金娘	黄时明(堂叔)	林路三(父)	10.2.陈文炳
11.7	陈奎炳	38	吧生	洪溪	何北娘	17	干职巷	郑满娘	陈甘水(堂叔)	何干东(堂叔)	10.4
11.8	林福水	24	无写	班芝兰	杨振娘	20	班芝兰	吴吉娘	林东山(胞叔)	杨荣辉(继父)	10.2
11.9	林永南	21	无写	西门外	黄道娘	21	结石珍	吴金娘	林玉泉(父)	黄登瑞(胞兄)	10.12

① 默吴桂阳报单云婿吧生。男主婚许竹苞祖父,其父得宜代。女主婚蔡景成祖父,其伯漳水代。

11.9	黄坤水	28	无写	职宁贞	林福娘	21	职宁贞	吴能娘	黄荣珠(父)	林明水(父)	10.9
11.10	陈天文	20	无写	新巴杀	黄保娘	20	新巴杀	朱有娘	陈瑞全(父)	黄泰山(父)	10.11
11.11	吴淇恩	34	无写	亚森脚	陈斗娘	22	茂物	许吉娘	吴荣辉(父,雷)	陈琼祥(胞叔)	10.11
11.13	黄江水	19	无写	结石珍	陈金娘	16	甘光巴厘	戴永娘	黄壬水(堂兄)	陈金元(堂叔)	10.12
11.13	黄光华	27	无写	结石珍	郑燕娘	22	结石珍	朱瑞娘	黄光炎(胞兄)	郑南生(胞伯)	10.11
11.14	陈珠房	27	准居	结石珍	蒋炎娘	22	结石珍	陈六娘	陈心妇(堂兄)	蒋建流(堂兄)	10.15
11.14	林长山	25	吧生	窑内	范宝娘	21	窑内	杨音娘	林宗语(胞伯)	范五福(父)	10.16
11.14	温旺美	18	吧生	音勿叻	林方娘	18	毛六甲	洪山娘	温接庆(父)	林三朝(父)	10.13
11.15	陈存信	22	无写	茂物	许辉娘	21	东基	许吉娘	陈庆文(父)	许清溪(胞叔,钦赐雷)	10.9
11.16	陈溪泉	26	吧生	新巴杀	李玉娘	22	小南门	朱有娘	陈齐(父)	李秀禄(堂兄)	10.13
11.16	蔡贵路	27	准居	新巴杀	黄蛤娘	17	新巴杀	朱有娘	蔡凤(堂叔)	黄煅(堂伯)	10.9
11.16	赖显耀	42	无写	中港仔	陈有然娘	25	惹牙兰	胡娇娘	赖明奇(宗叔)	陈杰宗(胞兄)	10.16
11.17	陈连宗	50	无写	三间土库	林仁娘	27	瓮菜河	吴金娘	陈泰山(宗兄)	林丰年(父)	1.13
11.17	陈清金	26	无写	八茶贯	杨江娘	26	大南门	吴金娘	陈太兴(父)	杨亚班(父)	10.11
11.18	叶清山	20	吧生	五脚桥	李宁娘	19	打铁街	胡娇娘	叶明耀(胞兄)	李炳远(堂叔)	10.11
11.18	涂周良	27	吧生	戈劳屈	王瑞娘	16	戈劳屈	李令娘	陈海娘(母)	王德郎(父)	10.13
11.20	谢佛生	25	吧生	荷劳巴	张水娘	18	惹牙兰	吴金娘	谢文辉(胞叔)	张海平(父)	10.18
11.20	曾北荣	23	吧生	丹那实连	吴炳娘	17	丹那望	张信娘	曾亚五(堂叔)	吴亚四(堂伯)	10.17
11.24	龚荣琳	22	吧生	美色近	陈润娘	15	美色近	吴金娘	龚德郎(父)	叶乙娘(母)	10.23
11.25	李亚梅	29	准居	水锯社	林英娘	19	水锯社	钟辛娘	李亚六(胞叔)	林戊 生(父)	10.26
11.27	曾亚二	66	无写	八戈然	刘新妹	42	八戈然	吴金娘	曾亚二(自己)	刘发生(父)	旧婚
11.29	丘新客	27	吧生	小南门西界	张朴娘	21	文丁石桥	胡娇娘	丘盛观(胞叔)	林音娘(母)	10.26
12.2	林德源	25	吧生	芝宁贞	黄水娘	22	芝宁贞	吴金娘	林顺惠(父)	黄汉水(胞伯)	11.2
12.2	古申四	30	准居	中港仔	邓瑞娘	17	——	张信娘	古安郎(堂兄)	邓亚再(父)	12.2.黄福章.甲
12.11	丘庆荣	29	吧生	丹那望	李令娘	27	丹那望	郑满娘	丘亚三(胞兄)	李亚上(堂叔)	11.8
12.11	吴毛瑞	22	准居	大港墘	许受娘	18	西门	陈雁娘	吴文吉(堂兄)	许长协(宗叔)	11.3
12.15	陈税	43	准居	结石珍	张江娘	16	结石珍	陈六娘	陈地(宗叔)	张长安(胞叔)	11.18
12.16	丘金龙	44	吧生	戈劳屈	陈欲娘	22	西门	吴金娘	丘杞隆(胞叔)	陈坤良(堂兄)	11.8
12.20	黄亚三	27	准居	新巴杀	赖四娘	18	马窑兰	吴金娘	黄庆寿(堂兄)	赖从俊(胞兄)	11.19

12.27	阮昆煌[①]	35	吧生	砖仔桥	李足娘	24	毛钠甲	许吉娘	阮取源(宗兄)	李新增(父)	11.22.李亚二
12.27	邹亚典[②]	33	准居	水锯社	郑桂娘	20	臭桥	吴金娘	邹亚贤(堂兄)	郑亚富(父)	11.26
12.28	黄深海[③]	34	准居	班芝兰	叶壬娘	25	老丹巷	许吉娘	黄光攀(叔公)	郭金娘(母)	11.20
12.28	叶佛池[④]	26	吧生	八戈然	林福娘	17	惹牙兰	吴金娘	钟丁娘(母)	林金贵(父)	12.9
12.30	张春桂	31	无写	八茶贯	钟丁娘	16	八茶贯	郑满娘	张顺郎(宗叔)	钟进喜(伯)	11.22 张朝福

总计:156 对

1883 年吧城唐人成婚注册表

月日	男家	年岁	类别	住址	女家	年岁	住址	媒妁	男方主婚	女方主婚	备注 结婚日,主事人
1.4	余玉冷	24	无写	丹那娘仔	李温娘	17	丹那娘仔	朱瑞娘	余佳生(父)	李双基(父)	12.3,吴经纶
1.4	许基昌	24	无写	结石珍	陈二娘	21	结石珍	吴瑞娘	许东山(胞伯)	陈彬郎(胞伯)	12.3
1.6	马克俊	73	无写	大使庙	詹雪娘	51	大使庙	朱瑞娘	自己	自己	旧婚
1.6	陈振文	29	吧生	班芝兰	叶寿娘	21	亭仔脚	胡娇娘	陈大目(宗兄)	叶妈益(父)	12.15
1.6	吴阳	33	准居	中港仔	黄辛娘	16	杉板寮	胡娇娘	吴咸泰(宗叔)	黄荣宗(叔祖)	12.3
1.8	林红廣	36	准居	结石珍	高云娘	17	结石珍	吴金娘	林顺碧(宗叔)	高戴居(胞叔)	12.3
1.9	李春	22	准居	小南门	许水娘	17	大南门	林水娘	李源隆(堂叔)	颜永娘(母)	12.3
1.9	吴戊生	20	无写	丹仔实连	张鸾娘	16	洪溪	张申娘	叶已娘(母)	张廪汉(胞兄)	12.8
1.10	高世曲	48	无写	入厨沃干	陈鸾娘	24	八戈然	吴吉	高顺风(父病,高富代)	陈和中(父)	12.3
1.10	林松枝	23	无写	五脚桥	郑汀娘	21	槟榔社	胡娇娘	林宗英(父)	郑仲宏(胞叔)	12.8
1.13	蔡明河	36	无写	洪溪惹年	林玉娘	18	观音亭	陈言娘	蔡溪明(堂叔)	林荣顺(父病,思敬代)	12.13
1.16	黄富路[⑤]	27	准居	戈劳屈	陈永娘	19	望牙勿杀	吴金娘	黄钦然(堂叔)	陈已秀(堂叔)	12.20,沈景坤.雷
1.17	邹增兴[⑥]	34	准居	晋郎安	张乙娘	18	戈劳屈	陈雁娘	邹德垣(堂叔)	张桂淑(父)	1.18,陈文炳,甲

① 默(氏来)单云婿吧生长。

② 献案夺字 1882 年 10 月 9 日第 1598 号准居。

③ 献案夺字 1878 年 9 月 30 日第 110 号。郭金娘为故陈九之妻。

④ 默单云婿是吧生。钟丁娘即故叶乔之妻。

⑤ 默黄八寿报单,献案夺字 1876 年 8 月 14 日第 16 号。

⑥ 默黄壬癸报单,献案夺字 1867 年 8 月 17 日第 296 号。

1.18	谢天宝	31	吧生	结石珍	黄文娘	26	望加足	朱水娘	谢天生(胞兄)	黄元益(胞叔)	12.15
1.19	叶甜	23	准居	小南门东	蔡龟直娘	23	小南门西	朱贵娘	叶源(胞叔)	蔡简东(宗叔)	1.11
1.19	林辇	24	准居	结石珍	黄温娘	18	臭桥	郭笃娘	林主教(堂兄)	黄钟(父)	12.14
2.20	谢谓	24	准居	丹仔望	叶茂娘	18	丹仔望	吴金娘	谢连(胞兄)	叶登(父病,胞兄瑞麟代)	1.18,陈文贵
2.21	梁元生	22	无写	巴劳八丹	刘怡娘	23	甘光猫厘	吴金娘	梁亚长(父)	刘新盛(父)	1.18
2.22	曾亚保	40	准居	八高然	胡山娘	21	吃郎班让	吴金娘	曾亚二(堂伯)	胡荣利(兄)	1.24
2.22	陈大生	32	无写	高罗屈	林见娘	17	高罗屈	朱有娘	陈瑞古(堂兄)	林西川(叔祖)	1.24
2.23	吕宙	44	准居	小南门	陈庚娘	24	小南门	吴金娘	吕握(族叔)	陈青龙(堂叔)	1.18
3.2	徐秉章	48	无写	大使庙边	陈绒娘	34	大使庙边	吴金娘	徐金炉 甲(父)	陈文贵 甲(兄)	同治二年7.16,张朝福
3.9	潘中立	22	无写	小南门东界	赖约娘	21	新巴杀	陈颜娘	潘贻钦(父)	赖保生(父)	2.14
3.17	陈维松	20	无写	毛六甲	赵快娘	22	新巴杀	陈颜娘	陈光华 甲(胞伯)	赵清水(父)	李亚二,雷
3.17	洪货①	30	唐生	结石珍	吴何娘	20	——	陈六娘	洪龙(胞叔)	吴何水(胞兄)	2.24
3.19	张亚元	35	准居	大使庙	叶心娘	19	班芝兰	吴金娘	张顺郎(堂兄)	叶元观(父)	2.15
3.22	黄长木	21	无写	结石珍	杨怀娘	18	结石珍	朱水娘	黄再生(父)	杨光发(父)	2.20
3.27	李江水	23	无写	亚森脚	梁振娘	24	亚森脚	吴金娘	李秀亭(父)	梁德水(父)	2.26
3.30	李新丁	27	无写	毛六甲	陈萱娘	20	毛六甲	吴金娘	李新显(胞兄)	陈崑崙(胞兄)	2.23
3.31	方顺连	27	无写	结石珍	陈玉娘	23	结石珍	朱水娘	方登合(叔)	陈永春(父)	2.27
4.4	许金山	21	无写	高老屈	简屏娘	22	高老屈	吴结娘	许清溪 甲(胞叔)	简增绪(胞兄)	3.2,陈文炳,甲
4.6	郭长寿	60	浪生	旧把杀	林荣娘	24	班芝兰	吴金娘	郭红猴(堂兄)	林银生(胞兄)	3.3
4.7	林天生	21	吧生	圣望港	张珠娘	20	结石珍	陈希娘	林金禄(父)	张桃(祖)	3.9
4.7	林涟漪②	19	吧生	小南门	郑彬芝	18	结石珍	陈岸娘	林金禄(族叔祖)	郑南生(祖父)	3.22
4.13	蔡梧速	56	旧客	打铁街	陈凤娘	30	打铁街	吴金娘	蔡典(堂叔)	陈梅(胞叔)	3.16,陈文炳
4.17	钟亚海	32	准居	八戈然	刘丁娘	17	中港仔	吴金娘	钟亚炳(堂叔)	刘南祯(父)	3.17,沈景坤,雷
4.17	余亚晋	38	准居	新巴杀	李金娘	19	新巴杀	朱水娘	余庆郎(胞兄)	李亚已(胞兄)	3.20
4.19	李文金③	19	准居	望加寺褒种	郭庚娘	16	观音亭	吴结娘	李热水(胞叔)	郭长福(父)	12.20
4.19	陈美物	23	无写	加劳旺	黄来娘	21	槟榔社	杨音娘	黄源茂(胞叔)	陈民洛(族兄)	3.16

① 洪货(簿内签名洪好)1879年11月1日来吧。1883年1月30日第53号入案夺字未出。

② 吧生,婿系故林及之孙。

③ 据高礼义关都报字,1883年4月18日第6号第358号。

4.21	廖亚凤	22	无写	结石珍	李毛力	20	结石珍	吴金娘	廖亚汉(堂兄)	李发琳(叔父)	4.11
4.27	颜三能	21	无写	公司后	林总娘	18	公司后	吴金娘	颜三元(胞兄)	林菅亮(父)	4.3,张朝福
4.30	李和堂	28	唐生	惹致	杨金娘	18	惹致	吴结娘	李启芳(胞叔)	杨启川(胞叔)	4.15
5.1	陈丁巳	32	无写	八戈然	林露娘	24	甕菜河	吴吉娘	陈和中(父)	林启川(伯)	3.25,赖长辉
5.7	许清奉	22	无写	廿六间	郑毛只	20	廿六间	吴金娘	许利见(堂兄)	郑永春(堂兄)	4.3
5.7	陈琼珍	23	无写	观音亭	王安芝	21	丹兰望	吴结娘	陈琼瑞甲(胞兄)	王必助(堂兄)	4.11
5.7	黄奇和	34	准居	三间土库	林水娘	19	槟榔社	吴金娘	黄琴烈(堂兄)	林乞(父)	4.7
5.7	刘瑞秀	32	准居	观音亭	李宝娘	24	小南门	林永娘	刘亚六(堂兄)	李荣昌(父)	4.14
5.7	杨添鱼	41	准居	结石珍	许泉娘	28	结石珍	吴金娘	杨威仪(胞兄)	许梗(堂伯)	4.5
5.9	朱亚兰	54	准居	大南门	吴水娘	20	水锯社	胡娇娘	朱亚四(胞兄)	吴明世(父)	4.16
5.10	王粪箕	24	无写	西门	李蜜娘	19	观音亭	林永娘	蔡端娘(母)	李然(胞叔)	4.11
5.11	陈维龙	27	无写	巴汝逸	吴河娘	21	新巴杀	何文娘	温山娘(母)	吴水香(叔祖)	4.14
5.11	刘亚保	39	准居	砖仔桥	温锦娘	19	结石珍	朱水娘	刘添二(堂兄)	温能(父)	4.14
5.17	王邦中	32	准居	结石珍	林芳娘	20	结石珍	吴金娘	王坤(胞叔)	林木合(胞兄)	4.21,张朝福
5.19	陈瑞华	22	准居	洪溪	李顺娘	22	洪溪	李分娘	陈英杰(胞叔)	李新盛(兄)	4.14
5.21	李子凤妈腰	37	无写	亚森脚	简攀娘	22	高罗屈	许吉娘 吴吉娘	陈硂娘(令堂太夫人)	杨恒娘(令堂)	4.20,张朝福,赖长辉
5.22	陈来观	27	准居	公司	李金娘	20	班芝兰	吴金娘	陈淡(堂叔)	李登宝(父)	4.21,张朝福代
5.22	钟登山	17	无写	望加寺	黎玉兰	17	水锯社	钟新娘	钟伯二(父)	黎广来(父)	4.20
5.22	甘发宁	26	无写	毛六甲	何郭娘	20	八高然	吴金娘	甘长溪(父)	何恩元(胞兄)	4.14
5.29	丘亚达	38	准居	圣望港	曾乙娘	19	竹寮	吴金娘	丘兰芳(胞叔)	曾亚三(父)	5.11,赖长辉
5.30	林真耀	21	无写	小南门东界	黄庆永	17	新巴杀	郑元娘	林仪川(胞伯)	邹八妹(母)	4.28,张朝福代
6.1	许在元	39	无写	大使庙	黄在娘	18	道郎	张贵娘	许玉山(胞兄)	黄元茂(父)	4.28,吴经纶
6.7	熊天生	25	准居	槟榔社	李悦娘	19	把劳八丹	张新娘	熊亚恒(胞叔)	李鹤文(堂兄)	5.11
6.11	杨光辉	28	无写	顶八厨沃间	林炎娘	24	公司后	吴金娘	杨基全(父)	林渊泉(父)	5.9
6.11	李文祥	28	无写	甘光峇厘	刘明娘	17	江东圩	詹温娘	李全生(父)	刘一生(堂叔)	5.13
6.13	薛德水	25	无写	新巴杀	黄桥娘	21	结石珍	朱有娘	薛枝枞(父)	黄再生(堂叔)	5.16
6.18	黄万胜	22	准居	毛六甲	郑谦娘	22	甘光乌吧	郭笃娘	黄荣宗(堂伯)	郑无周(父)	5.19

6.19	梁亚助	34	准居	五脚桥	钟金娘	17	五脚桥	吴金娘	梁南生(胞叔)	钟亚五(父)	5.19
6.20	黄木生	21	无写	丹那望	王毛督	20	丹那望	戴荣娘	丘字娘(母)	王见治(堂叔)	6.14
6.21	陈疆寿	38	准居	二南末对面	吴美娘	19	结石珍	吴金娘	陈疆增(堂兄)	吴丁己(胞兄)	5.20
6.25	薛攀龙	38	无写	新巴杀	杨亥娘	21	结石珍	朱有娘	薛攀贵(胞兄)	杨天水(父)	5.28
6.25	洪吉成	18	无写	班芝兰	王圭精	18	圣望港	朱有娘	洪锦良(父)	王鸿禧(兄)	5.21
6.27	吴淇亭	38	无写	亚森脚	许凤娘	27	结石珍	林永娘	吴荣辉 甲(父)	许得慎(父)	5.28
6.30	钟东山	45	无写	结石珍	林炎娘	17	朽桥	吴结娘	钟应标(堂叔)	林长生(族伯)	6.3
7.2	梁亚芳	28	无写	高罗屈	林炳妹	18	水锯社	李宁娘	梁亚果(宗兄)	林若山(父)	6.5,甲,陈文贵
7.2	蔡文英	32	无写	丹兰望	李发娘	20	惹致	戴永娘	蔡观令(从堂兄)	李佳仁(父)	6.7
7.9	陈传胪	49	准居	结石珍	蔡蕉娘	38	结石珍	刘明娘	陈在禄(叔)	蔡天助(胞兄)	6.13
7.9	吴登基	25	无写	结石珍	蔡山娘	22	结石珍	刘明娘	吴基发(堂兄)	蔡天助(父)	6.12
7.10	蔡维路	33	无写	惹致	李娘娜	17	加呇腰难	刘明娘	蔡维溪(胞兄)	李骏凤(父)	6.12
7.13	洪碧电	24	无写	美色近	林金娘	21	观音亭	林永娘	洪超一(父)	林克家(胞伯)	6.19
7.17	薛大万	26	无写	结石珍	吴香娘	23	结石珍	陈六娘	薛大好(胞兄)	吴桂友(父)	6.26,沈景坤
7.25	薛亚邻	35	准居	州哇勿杀	郑发娘	16	西门	刘明娘	罗龙喜(堂兄)	郑春霖(胞兄)	6.30
7.25	郑荣兴	30	无写	毛六甲	王东鹄	21	毛六甲	陈岸娘	郑仲宏(堂兄)	王永山(父)	6.25
7.26	苏松柏	28	无写	北戈然	陈爰娘	24	北戈然	吴结娘	苏仲伦(胞叔)	陈瑞福(胞叔)	6.26
8.1	叶色泉	22	无写	结石珍	杨顺娘	17	三板寮	陈岸娘	叶长安(胞叔)	杨清云(父)	7.14,赖长辉
8.4	杨海泉	37	准居	新巴杀	陈纯娘	21	八茶罐	张辛娘	杨湘元(兄)	陈玉长甲(父)	7.6
8.4	梁亚二	34	准居	新巴杀椰园	韩容娘	25	新巴杀椰园	陈登娘	梁亚名(兄)	张娘那(母)	7.10
8.13	蔡得水	27	无写	结石珍	张水娘	22	江东圩	陈六娘	蔡自(父)	张秀芳(父)	7.16
8.15	宋崑华	20	无写	美色近	丘文娘	17	小南门	许结娘	宋乙观(父)	丘亚盛(父)	7.20,吴经纶
8.20	王有碹	19	无写	水锯社	陈美娘	19	圣望港	胡娇娘	王合(父)	陈俊英(父)	8.2
8.21	谢清桂	22	无写	新厝仔	林癸娘	22	大南门	张辛娘	何文质娘(母)	林清秀(父)	8.5
8.22	罗福来	23	无写	毛六甲	赵大娘	17	二角桥	何文娘	罗敦台(父)	赵元宣(父)	8.16
8.23	田秋和	25	准居	进郎安	陈戊娘	16	进郎安	黄丁娘	田锦集(伯父)	陈登二(父)	7.27
8.29	徐锦部	29	无写	大使庙	林美娘	18	结石珍	李芬娘	徐祥山(堂兄)	林宇顺(父)	8.13
9.1	陈百泉	28	无写	美色近	詹温娘	24	亚森脚马鬼巷	林永娘	陈六顺(父)	詹祯祥(父)	8.5,沈景坤代
9.3	李千赐	18	无写	八戈然	沈那蓝	18	结石珍	吴结娘	李子昌甲(父)	沈景坤甲(父)	8.8,陈文贵代

9.3	林茂音	20	无写	结石珍	叶桂娘	17	结石珍	陈六娘	林良文(父)	叶长泰(父)	7.20
9.4	黄长利	23	无写	结石珍	郑蓁娘	20	结石珍	钟辛娘	黄进生(父)	郑南生(伯)	8.5
9.4	方炳辉	21	无写	望加赖	黄梧娘	21	结石珍	钟辛娘	方木溪(父)	黄进生(父)	8.5
9.4	陈雨露	23	无写	三间土库	林巴娘	23	望加寺	杨音娘	陈宪武(叔祖)	林水泉(父,脚病)①	8.10
9.5	丘水元	22	无写	结石珍	陈蜜娘	17	望加寺	钟辛娘	丘三求(胞叔)	陈心(父)	8.18
9.5	张亚高	24	准居	洪溪	陈辛娘	18	羌园	张亚二	张亚远(胞兄)	陈造元(胞伯)	8.16
9.6	钟运郎	29	无写	班芝兰	冯恩娘	18	大南门	张辛娘	钟亚木(父)	冯亚禄(父)	8.10
9.7	邓庚顺	36	准居	水锯社	傅丁娘	17	五脚桥	钟辛娘	邓添二(胞叔)	傅亚宝(父)	8.7,陈文贵
9.7	陈任山	32	无写	美色近	李珠娘	19	竹寮	钟辛娘	陈亚二(堂兄)	李基湘(父)	8.9
9.10	郑亚网	22	无写	西门	张一娘	19	西门	钟辛娘	郑荣茂(宗兄)	张长寿(父)	8.11
9.11	杨简	31	准居	结石珍	吴毛狮娘	19	结石珍	钟辛娘	杨春官(胞兄)	吴嘉山(胞叔)	9.15
9.11	黎世廷	28	准居	新巴杀	朱丙娘	18	巴八丹	郑满娘	黎世章(堂兄)	朱清远(堂叔)	8.21
9.11	赖乔南	24	无写	八迷劳	张有娘	18	八迷劳	钟辛娘	赖亚二(父)	张福三(胞叔)	8.18
9.15	黄榴	34	无写	新巴杀	甘安娘	17	丹兰娘仔	钟辛娘	黄种(堂叔)	甘双发(兄)	8.18
9.18	纪平良	21	无写	结石珍	杨金娘	18	结石珍	朱水娘	纪平贤(兄)	杨泰山(胞叔)	8.21,沈景坤
9.18	林桂生	21	无写	臭桥	罗元娘	21	臭桥	钟辛娘	林亚四(胞叔)	罗亚四(父)	8.24
9.18	王郭寿	29	无写	大港墘	陈来娘	20	新巴杀	钟辛娘	王鸿禧(胞兄)	陈齐(父)	8.24
9.19	谢天郎	37	准居	八茶罐	钟戊娘	16	八茶罐	钟辛娘	谢任观(胞叔)	钟桂二(堂叔)	8.23
9.21	吴水良	31	——	班芝兰	郑顺娘	18	班芝兰	林荣娘	吴永寿(胞兄)	郑天贵(父)	8.24
9.21	黄戊英	26	无写	臭桥	李八娘	18	臭桥	钟辛娘	黄金然(堂叔)	李合水(胞兄)	8.30
9.26	曾水瑞	19	无写	结石珍	陈大娘	21	北戈然	郭卜娘	曾月水(伯父)	陈瑞福(叔父)	9.3
9.26	饶亚四	22	准居	小南门	陈丙娘	18	小南门	胡娇娘	饶育芳(胞兄)	陈亚满(父)	9.3,沈景坤,雷
9.27	吴亚炎	38	准居	巴劳八丹	丘务娘	26	巴劳八丹	钟辛娘	吴亚发(堂叔)	丘亚群(父)	9.6
10.1	陈长初	18	无写	丹兰望	张时娘	18	新巴杀	戴英娘	陈子径(父)	林二娘(母)	9.3,张朝福
10.4	李石元	19	无写	军宁	周成娘	19	文登	钟辛娘	李金山(父)	周久安(父)	9.14
10.4	黄文仪	20	无写	三间土库	陈山娘	21	廿六间	钟辛娘	黄松得(父)	陈干乘(父)	9.15
10.6	蒋丁巳	51	无写	班芝兰	张宝娘	30	西门	钟辛娘	蒋清建(宗兄)	张德生(父)	9.7
10.8	王德近	30	无写	砖仔桥	梁子娘	17	砖仔桥	何文娘	王德进(堂兄)	梁心全(父)	9.14

① 林水泉脚病,堂叔林益代。

10.8	蔡满	26	无写	新巴杀	曾玉娘	21	观音亭新厝仔	朱有娘	蔡凤(父)	陈贵娘(母)	9.14
10.10	蔡荣利	33	无写	圣望港	陈文娘	21	圣望港	吴结娘	蔡浮炉(父)	陈永添(堂兄)	9.14
10.13	林福能	22	无写	臭桥巷干职巷	张江娘	18	臭桥巷干职巷	钟辛娘	林长荣(胞叔)	戴和娘(母)	9.21
10.16	李闰安	33	无写	大港墘	王祝娘	22	大港墘	钟辛娘	李坤东(宗叔)	王德森(宗叔)	9.18,李亚二
10.19	刘经珠	30	无写	丹仔望	林添娘	26	丹仔望	戴英娘	刘百仁(胞兄)	林淡老(父)	9.25
10.22	陈清波	23	无写	结石珍	张娘那	18	结石珍	陈六娘	陈国水(叔公)	张明牛(叔)	10.5
10.22	杨元德	20	无写	班芝兰	吴蚵娘	18	班芝兰	钟辛娘	杨木生(父)	吴光水(父)	10.9
10.22	戴有贤	37	无写	红牌	郭润娘	22	红牌	钟辛娘	戴有水(胞兄)	郭贵生(父)	10.12
10.26	李文献①	36	无写	水锯社	林直娘	18	水锯社	钟新娘	李如切(宗兄)	林永仪(父)	9.14,李亚二,甲
10.31	陈和尚	29	无写	五脚桥	魏恭娘	16	西门	钟辛娘	陈文速甲(堂兄)	黄裕娘(母)	10.11
11.1	张木生	21	无写	鉴光峇厘	叶贵娘	21	鉴光峇厘	钟辛娘	张安章(叔祖)	叶庚瑞(父)	10.12,陈文贵
11.1	何俊好	22	无写	槟榔社	杨水娘	18	槟榔社	何文娘	何文质(胞叔)	杨亚满(父)	10.19
11.1	钟庚郎	24	无写	公司后	李庆娘	17	公司后	钟辛娘	钟长生(父)	李新奇(父)	10.12
11.2	黄洁源	19	无写	马服	林丹娘	20	美色近	钟辛娘	黄大才(父)	林嵩岳(堂兄)	10.17
11.3	薛芝福	23	无写	绒高兰	欧丹娘	21	质宁贞	吴宁娘	薛高惹(父)	欧明水(父)	10.12
11.5	郭明发	38	无写	八多尧	徐白娘	25	八多尧	杨音娘	郭来(堂叔)	徐锦郎(堂兄)	10.9
11.7	朱清龙	21	无写	结石珍	吴辉娘	20	大港墘	胡娇娘	朱德海(父)	吴南阳②(祖父,钦赐雷)	10.13,张朝福,陈文贵
11.7	谢振麟	28	无写	小南门	林印文娘	18	小南门	吴结娘	谢振瑞(胞兄)	林水弦(父)	10.17
11.12	张贤寿	35	准居	洪溪	钟武娘	16	巷苏兰	钟辛娘	张南二(堂兄)	钟南八(父)	10.19
11.12	陈顺海	23	无写	绒高兰	刘文银	19	绒高兰	钟辛娘	陈甲水(祖父)	刘金山(祖父)	10.19
11.13	甘福生	20	无写	结石珍	洪乙娘	16	结石珍	陈六娘	甘成和(父)	洪文泉(父)	10.20
11.13	林开科	27	无写	公司边	丘坤娘	24	公司边	林永娘	林和兴(胞叔)	丘荣春(父)	10.17
11.14	蔡永山	22	无写	八戈然	钟长娘	22	甘光峇汝	杨音娘	蔡长流(父)	钟亚结(父)	10.20,陈文贵
11.14	李休	28	无写	打铁街	汤英娘	22	公司后	杨音娘	李抱(堂叔)	王益娘(母)	11.15
11.15	蓝芋头	24	准居	丹兰望	黄色娘	20	丹兰望	戴永娘	蓝远(堂叔祖)	黄同(父)	10.19
11.16	苏锦维	30	无写	西门外	古安娘	27	美色近	钟辛娘	苏振隆(堂叔)	古原全(堂叔)	10.19,许耀基,雷

① 前单被火烧之无存批明,1926年12月30日公堂朱陈再给。(原单第116号)

② 吴南阳因身有恙,命其子甲必丹经纶舍花押。

11.20	余忠	46	准居	五脚桥	陈明娘	25	洪溪	钟辛娘	余秦(堂兄)	陈如水(父)	10.29
11.26	张国兴	24	无写	水锯社	林伦娘	16	新池桥	吴结娘	张凤爹(父)	林八祥(叔)	11.3
11.26	吴福堂	30	无写	廿六间	陈福娘	19	八厨沃	吴结娘	吴江武(叔)	陈启昌(叔)	11.8
11.30	林瑞源	26	无写	打铁街	张瑞娘	24	槟榔社	胡娇娘	江罗娘(母)	张新贵(堂兄)	11.5
12.5	钟彩二	31	准据	五脚桥	李红娘	21	结石珍	胡娇娘	钟考四(族兄)	李宽秀(父)	11.12,甲,吴经纶
12.5	郑永发	22	无写	新厝仔	廖娇娘	17	打铁街	钟辛娘	郑秋中(父)	廖亚鼎(叔)	11.25
12.10	杨长沙	22	无写	新巴杀	甘智娘	19	新巴杀	朱有娘	杨料宗(父)	甘聪有(父)	11.19
12.11	林长和	28	无写	大使庙	蔡利娘	24	打铁街	吴结娘	林胜德(父)	蔡勤郎(父)	11.18
12.13	郑春养	30	无写	高罗屈	刘丙娘	18	高罗屈	吴结娘	郑成安(宗叔)	刘清均(父)	11.15,郑春锡,雷
12.17	张金洲	26	无写	结石珍	薛金娘	21	结石珍	朱瑞娘	张玉衡(父)	薛扳桂(堂兄)	11.24
12.19	吴赞泰	29	无写	新巴杀	邹桂娘	19	丹仔恁劳	钟辛娘	吴赞源(胞兄)	邹邦基(亲叔)	11.27
12.19	梁亚二	31	无写	惹牙兰	古娘那	18	惹牙兰	钟辛娘	梁北彝(堂兄)	肖加郎娘(母)	11.24,郑春锡,雷
12.19	丘英杰	36	无写	丹绒	庞娈娘	24	圣望港	林永娘	丘枝头(父)	冯琼海(胞兄)	11.24
12.19	李木桂	45	无写	干职巷	丘英娘	32	大使庙	杨音娘	李银良(父)	丘春福(父)	12.2
12.20	黄亚伦	36	准居	洪溪	罗乙娘	19	班芝兰	何文娘	黄亚协(堂叔)	罗敦圣(父)	12.2
12.24	林长辉	20	无写	丹仔望	王巳志娘	19	丹仔望	吴洁娘	林山郎(堂叔)	王天水(胞叔)	12.24
12.27	甘溪和	34	无写	结石珍	方月娘	22	结石珍	朱瑞娘	甘有元(胞兄)	方登合(父)	12.2
12.27	钟犹做	35	无写	醮望	吴福娘	24	小南门	张山娘	钟顺宝(父)	吴天(堂叔)	11.13
12.28	李松鸾	22	无写	旧把杀	林挨勃娘	18	圣望港	杨音娘	李嘉谟(父)①	林镭(父)	12.7
12.28	徐新郎	33	准居	结石珍	曾甲娘	20	班芝兰	张辛娘	徐兴五(堂叔)	曾哇鲁(堂兄)	12.2
12.28	邹水淑	48	无写	廿六间	丘有娘	29	洪溪	钟辛娘	邹汉章(堂叔)	丘亚福(堂叔)	12.3
12.31	兰纪福	20	吧生	砖仔桥	谢金娘	18	结石珍	何文娘	曾凤娘(母)	谢天生(父)	12.10,吴经伦
12.31	吴金麟	25	无写	观音亭	梁观娘	15	结石珍	张贵娘	吴杞来(堂叔)	梁荣仁(堂兄)	12.10

总计:172 对

① 李嘉谟脚疾,令伊子李松龄代押。

1884年吧城唐人成婚注册表

月日	男家	年岁	类别	住址	女家	年岁	住址	媒妁	男方主婚	女方主婚	备注 结婚日，主事人
1.3	刘登生	19	无写	丹仔望	戴七娘	18	丹仔望	钟辛娘	刘清水(父)	戴有水(胞兄)	12.10，赖长辉，雷
1.3	郭长全	30	无写	班芝兰	纪白娘	24	班芝兰	陈雁娘	郭绍洲(父)	纪平贤(胞叔)	12.9
1.4	柯玉林	35	无写	结石珍	甘道娘	23	结石珍	陈六娘	柯昆(叔父)	甘永泉(父)	12.20
1.5	林燕山	23	无写	乌鬼巷	郭六娘	25	中港仔	李云娘	林斗(堂兄)	郭成美(堂叔)	12.10
1.7	郑东波	22	无写	旧巴杀	林球娘	16	十八间	钟辛娘	郑邦几(父)	林清红(堂叔)	12.9
1.7	薛添寿	30	无写	结石珍	刘来娘	16	结石珍	郭笃娘	薛文秀(父)	刘真(叔)	12.13
1.7	蓝顺郎	19	无写	惹牙兰	江荣卒	20	八茶罐带巷	郭笃娘	蓝乙秀(父)	江四桂(叔祖)	12.14
1.7	陈和水	24	无写	丹仔望	林清娘	30	丹仔望	戴永娘	陈登国(宗叔)	林玉兴(胞叔)	12.14
1.12	陈寿云	32	无写	甘光猫厘	黎孙娘	21	新巴杀	陈彦娘	陈福云(胞兄)	黎亚维(父)，甲	甲申1.12
1.12	钟亚标	60	无写	结石珍	彭丁娘	27	臭桥	陈彦娘	钟应标(堂兄)	彭海光(胞兄)	1.12
1.12	高宝兴①	20	无写	中港仔新厝仔	陈文笃	17	石桥	陈彦娘	高地(父)	陈长波甲(兄)	12.23
1.14	黄肇松	27	准居	美色近	梁万娘	18	文登	钟辛娘	黄肇木(堂兄)	梁金点(父)	12.10
1.14	饶灵	35	准居	大使庙	杨丁娘	30	公司	杨音娘	饶欢(堂兄)	杨金城(胞兄)	12.23
1.16	郭亚锦	37	准居	新巴杀	朱金娘	28	结石珍	朱瑞娘	郭学芹(堂叔)	朱增四(胞兄)	12.24，沈景坤
1.18	吴良德	32	无写	八戈然	钟坤娘	20	八厨沃干	郑满娘	吴翰基(父)	钟德凤(兄)	12.24
2.13	庄芳圃	33	无写	结石珍	黄约娘	22	结石珍	陈六娘	庄盛(堂兄)	黄曲水(宗叔)	2.3，张朝福，甲
2.15	罗德运②	37	准居	甘光峇厘	姚丁娘	18	三间土库	洪宣娘	罗光和(堂叔)	姚清淋(胞兄)	1.27
2.25	甘锦章	22	无写	大港墘	张瑞娘	18	槟榔社	吴洁娘	甘明(堂叔)	张荣春(叔)	2.6，郑春锡代
2.25	张玉溪	25	无写	新巴杀	蔡金娘	17	大使庙	朱瑞娘	张宝兴(父)	蔡番薯(叔)	2.5
2.26	吴佛成	39	无写	水锯社	刘丙娘	19	东基	张新娘	吴亚六(堂叔)	刘亚彬(堂兄)	2.20
2.26	甘海生	27	无写	结石珍	陈石娘	17	文登	张辛娘	甘长基(胞叔)	陈振山(父)	2.26
2.27	许本基	24	无写	新厝仔	林吉娘	22	八戈然	吴洁娘	许红贡(堂叔)	林嵩岳(父)	2.16

① 默氏陈森林报其前所给婚字已失，恳再补，1898年5月13日公堂再补给，谨记。

② 罗德运案夺字1874年2月9日第1422号准居。

2.28	黎学麟	33	准居	观音亭导郎	罗茶娘	18	观音亭导郎	张贵娘	黎亚丁(堂伯)	罗亚初(堂兄)	2.12
2.29	章长庆	26	无写	八戈然	陈海娘	28	八戈然	吴洁娘	章亚满(父)	陈和中(父)	2.16
3.3	陈发祥	29	无写	观音亭导郎	李来娘	22	惹牙兰	吴洁娘	陈亚添(父)	李清香(胞兄)	2.19,李亚二
3.6	张亚元	33	准居	洪溪	钟二娘	16	亭仔脚	张新娘	张福二(宗叔)	钟进喜(父)	2.19
3.6	巫炳光	39	准居	大南门	陈丁娘	18	导郎	张贵娘	巫盛四(胞兄)	陈亚均(父)	2.13
3.7	郭生财	26	无写	八茶罐	甘面脂	22	惹牙兰	许洁娘	郭招财(胞兄)	甘长溪(堂叔)	2.15
3.10	薛荣华	20	无写	西门	许银娘	19	结石珍	朱娘	薛攀桂(父)	许灿(父)	2.19
3.10	黄寡来	32	准居	旧巴杀	郭锦娘	22	亭仔脚	胡娇娘	黄深海(堂兄)	郭敬(父)	2.26,李亚二甲
3.11	黄带兴	30	准居	八多窑	梁万娘	19	臭桥	胡娇娘	黄添二(堂伯)	陈庚娘(母)	2.19
3.12	林金助	20	吧生	结石珍	薛合娘	18	结石珍	钟辛娘	林碧(父)	薛文东(父)	2.28
3.13	杨木生	43	吧生	班芝兰	韩怀娘	22	丹仔望	李勋娘	杨荣辉(堂兄)	韩水生(堂兄)	2.19
3.18	杨金生	35	无写	朽桥	曹炎娘	22	朽桥	钟辛娘	杨阿二(胞叔)	曹达元(父)	2.26,林元贞
3.20	吴缵元	37	无写	新巴杀	黄眉娘	22	茂物	吴结娘	林彬娘(母)	黄大叶(父)	2.29
3.15	柯文定	26	无写	新厝仔	林子娘	17	圣望港	杨音娘	何文仲(兄)	林昆玉(父)	2.19,李亚二,甲
3.21	黄亚泗	35	准居	打铁街	李伸娘	22	结石珍	洪宣娘	黄彬麟(堂兄)	李宽秀(胞伯)	2.28,林元贞
3.28	蔡来兴	22	无写	打铁街	林月娘	21	五脚桥	郑满娘	蔡宗顺(父)	林壬桂(父)	3.13,沈景坤
3.29	吴铿然	18	无写	亚森脚	李匏厨	19	亚森脚	吴吉娘 陈雁娘	吴南阳(祖父,钦赐雷)	李子凤(父,玛腰)	3.8,李亚二,沈景坤代
4.15	叶纪元	26	无写	水锯社	许巳娘	16	观音亭	胡娇娘	叶壬生(父)	李珠娘(母)	3.22,陈文贵,甲
4.19	王绍庆	24	无写	班芝兰	陈全娘	19	槟榔社	吴洁娘	郑正娘(外妈)	陈宪武(父)	3.27,许耀基,雷
4.21	郑水风	23	无写	职宁贞	黄顺娘	18	职宁贞	李伯娘	郑奇章(父)	黄安水(父)	4.3
4.22	郑玉	26	准居	三间土库	吴利勿娘	16	结石珍	李伯娘	郑乇喜(堂叔)	吴甫(堂叔祖)	4.17
4.26	洪金波	28	准居	小南门	杨江娘	18	大使庙	李伯娘	洪浮(堂叔)	杨长海(父)	4.11
4.28	梁广安[①]	26	无写	丹兰望把杀	涂基娘	19	八多窑	李伯娘	梁北麟(堂叔)	涂亚三(父)	4.8,吴铿然,雷
5.1	李金汉	30	无写	圣望港	薛蜜娘	19	观音亭新厝仔	张贵娘	李金水(宗叔)	薛海山(父)	4.10,吴经纶,甲
5.1	蔡文风	23	无写	丹仔实连	林敬娘	17	窑内	杨音娘	蔡以文(堂兄)	林沧汝(父)	4.10
5.2	黄五美	29	无写	结石珍	王利娘	25	小南门	张辛娘	黄文义(父)	王河水(父)	4.11

① 案夺字 1882 年 6 月 4 日第 787 号.雷珍兰许耀基已退任,雷珍兰吴铿然代押。

5.3	卜阿四	31	准居	臭桥	钟乙娘	20	丹仔娘仔	李伯娘	卜阿球(堂叔)	钟科郎(父)	4.21
5.5	许金宝	22	无写	东旗	黄燕喜	16	班芝兰	许结娘	许金池(胞兄)	黄长楠(父,钦赐雷)	4.17,吴经纶,郑春色,雷
5.5	梁亚七	25	准居	结石珍	陈丁娘	18	结石珍	陈锡娘	梁亚荣(堂兄)	陈亚三(父)	4.21,吴经纶
5.5	曾亚桂	35	准居	丹仔实连	钟九娘	23	结石珍	陈锡娘	曾福五(堂兄)	钟应标(父)	4.23
5.6	王良仪	24	无写	班芝兰	刘杏娘	21	班芝兰	林永娘	王活水(胞叔)	叶却娘(母)	4.20
5.6	许子章	22	无写	甘光毛六甲	古坤娘	16	臭桥	何文娘	许癸昌(父,又名州钫)	古金生(胞兄)	4.17
5.7	陈东水	23	无写	八茶罐	陈源娘	16	观音亭	郭笃娘	郑尼姑(父)	陈凉(堂叔)	4.17,吴经纶
5.8	李顺祐	23	无写	望加寺	饶秀娘	23	毛六甲	胡娇娘	李碧郎(父)	饶和郎(胞兄)	4.21
5.8	钟金和	19	无写	巴冉汶	涂文娘	17	巴冉文	林永娘	钟金山(兄)	涂亚七(父)	4.24
5.8	石源泉	21	无写	甕莱河	周钱娘	20	结石珍	林永娘	石天禄(堂兄)	周华生(父)	4.17
5.9	吴淇美	24	无写	亚森脚	陈莲娘	18	结石珍	吴结娘	吴荣辉(父,钦赐雷)	陈长安(父)	4.21
5.10	李景福	43	无写	水锯社	高凤娘	27	结石珍	李伯娘	李开郎(堂叔)	蔡光九(母舅)	再婚
5.12	张茂水	19	无写	小南门	吴桂娘	19	文登	吴洁娘	张茂山(胞兄)	吴明杰(父)	4.17
5.12	黄玉树	26	无写	八厨沃干	张瑞娘	20	五脚桥	郭笃娘	黄浦(父)	张体仁(父)	4.20
5.16	黄成美	25	无写	班芝兰	潘杞娘	24	班芝兰	林永娘	黄和兴(堂叔)	高凤娘(母)	4.26,郑春锡,雷
5.16	黄亚四	30	无写	甘光峇厘	朱巳娘	26	结石珍	陈六娘	黄云祥(堂叔)	朱兰爹(胞兄)	4.26
5.21	蔡金元	28	无写	丹绒勃六	范文质娘	24	东旗	蔡姿娘	蔡文至(父)	范春生(胞兄)	4.28
6.3	刘连凤	51	无写	八多尧	陈登娘	50	八多尧	李伯娘	刘前味(堂叔)	陈乙妹(姑)	旧婚,赖长辉
6.9	李亚雍	38	准居	斯加务绵	丘宛娘	24	马腰兰	李伯娘	李明秀(堂叔)	丘德崇(胞兄)	5.22
6.27	戴中海	34	无写	八厨沃间	黄音娘	25	八厨沃间	李八娘	戴永文(父)	黄然(堂叔)	5.14,沈景坤
7.5	吴金水	19	无写	圣望港	张沃娘	18	西门	郑满娘	娘仔旁弗(祖妈)	张安生(父)	5.21,张朝福,甲
7.9	杨得成①	41	准居	公司路丹巷	蓝甲娘	17	东基	李伯娘	杨有顶(堂叔)	蓝运才(堂兄)	6.6
7.10	涂南兴	23	吧生	西门外	杨富娘	22	西门外	李伯娘	涂亚庆(堂叔)	杨建龙(兄)	5.24
7.12	谢裕五	39	准居	小南门	张戊娘	17	臭桥	张辛娘	谢锦郎(胞叔)	张炳三(胞叔)	6.6
7.21	黄忠发	25	吧生	甘光峇厘	陈娘那	23	新巴杀	陈六娘	黄清风(父)	陈宝昌(胞兄)	6.6
7.21	林钦和	21	吧生	三间土库	黄蜜娘	19	旧巴杀	陈六娘	林顶山(父)	黄琴烈(宗叔)	6.26
7.21	林利宜	34	准居	小南门	丘笃娘	24	丹绒	林永娘	林顺碧(堂叔)	丘枝头(父)	6.7

① 据杨得成案夺字系杨彭之名,因他后再改名德成,乃 1874 年 5 月 20 日第 143 号。

7.22	李万钟	28	准居	五脚桥	温顺娘	19	五脚桥	陈颜娘	李亚监(堂兄)	温南裕(父)	6.11
7.23	李亚琳	30	准居	小南门	曾乌娘	17	八戈然	钟新娘	李恒福(堂兄)	曾亚二(父)	6.21
7.31	刘春南	37	吧生	丹仔实连	郑木娘	25	中港仔 李伯娘	刘新生(胞兄)	郑秋中(父)	6.20	
8.6	陈基福	32	无写	水锯社	梁音娘	24	毛六甲	张贵娘	陈碧麟(堂兄)	梁亚霖(胞叔)	6.21,李亚二
8.6	黎如水	26	无写	职宁贞	古福娘	25	职宁贞	张贵娘	黎进杨(胞叔)	古清杨(胞兄)	6.20
8.9	戴长抱	39	无写	圣望港	黄音娘	20	八茶罐	杨音娘	戴有生(堂兄)	黄炎山(宗兄)	6.20
8.12	谢长麟	44	无写	圣望港	许珠娘	28	八厨沃干	郭笃娘	谢允贴(宗叔)	许元振(父)	6.28
8.12	林三煌	26	准居	小南门	梁芳娘	22	小南门	李伯娘	林高能(堂兄)	梁荣辉(胞兄)	8.12
8.25	蒋漳苏	21	吧生	丹那娘仔	詹合娘	25	丹那娘仔	郭笃娘	蒋双清(父)	詹平茂(兄)	8.6,林元贞,雷
8.28	黄玉连	28	吧生	新巴杀	陈点娘	15	江东圩加连窒	李伯娘	黄玉官(兄)	陈发清(叔祖)	7.16,陈文贵,甲
9.3	刘杨保	31	准居	茂物	陈文娘	17	新巴杀	张新娘	刘新龙(胞叔)	陈德福(叔祖)	7.16
9.15	李火土	33	无写	砖仔桥	王长娘	20	圣望港	郭笃娘	李珠良(父)	王振乾(胞兄)	8.10,许耀基
9.15	邹天贝	21	无写	甘光广东	施林娘	18	新巴杀	陈六娘	邹天炎(胞兄)	施仕佳(父)	8.10
9.16	刘登淑	28	吧生	丹那望新巴杀	张云娘	23	观音亭	张贵娘	刘贵郎(胞兄)	张金德(胞兄)	8.3
9.17	陈如祥	29	无写	打铁街	郭西垅娘	17	打铁街	郑满娘	陈瓜水(堂兄)	郭成美(兄)	8.3,陈文贵,甲
9.18	庄清渊	32	无写	小南门	林土娘	31	结石珍	戴水娘	庄龙(父)	林火红(胞兄)	8.3
9.18	沈亚二	35	准居	结石珍	林新妹	16	结石珍	李伯娘	沈兰香(堂兄)	林亚二(父)	8.12
9.19	陈长辉	24	吧生	新巴杀	纪珍娘	20	新巴杀	朱瑞娘	陈长基(胞兄)	纪秉贤(胞兄)	8.6
9.22	黄一基	24	无写	大使庙	钟瑞娘	18	东门	陈彦娘	黄新客(堂兄)	钟亚连(父)	8.10
9.22	黄文辉	26	无写	万郎	林瑞娘	25	丹仔望	李伯娘	黄懋漳(胞叔)	林长生甲(父)	8.12
9.23	郑庆基	23	无写	公司后	周合娘	19	八厨沃干	胡娇娘	郑成安(父)	郭梅娘(母)	8.10
9.25	陈开隄二朱	23	无写	中港仔	林渊济娘	18	新池	郭作娘	陈秀荣(父)	林永义(父)	8.10
9.25	许耀勋	20	无写	东基	叶乖娘	15	小南门	吴结娘	许耀基(兄)雷	叶清溪(兄)	8.10
9.25	陈振福	29	无写	五脚桥	甘凤娘	21	结石珍	郑元娘	陈长华—	甘双泰—	8.19
9.25	黄庆寿	30	准居	晋郎安	邹保娘	19	八芝兰	郑满娘	黄廷轩(堂叔)	邹水淑(父)	8.12,陈文贵,甲
9.25	陈遵海	22	无写	盆洛秦那	吴音娘	19	小南门	郭作娘	陈汶水(父)	吴金泉(胞兄)	8.18,陈文贵
9.25	文金海	23	无写	质宁贞	蔡笔娘	17	质宁贞	吴洁娘	文三元(父)	蔡赞郎(父)	8.17
9.26	王进臣	18	无写	西门	叶财娘	18	洪溪	许洁	王日新(堂伯)	叶海山(叔祖)	8.10

9.27	蔡纪宗	19	无写	君宁	连珠娘	19	五脚桥	郑满娘	蒋秋水(父)	连凉水(胞兄)	8.11
9.29	张国选	25	无写	槟榔社	蒋秀娘	22	结石珍	李八娘	张振华(堂叔)	蒋杞和(胞叔)	8.17
9.29	许厚	25	准居	八茶罐	陈苞娘	18	江东圩	李八娘	许果忠(宗兄)	陈和进(父)	9.2
10.1	黄炎生	22	无写	亭仔脚	林寿娘	17	茂物芝茂力	许结娘	黄青荣(父)	林奇生(父)	8.24，吴经纶，甲
10.2	叶锦繡	28	吧生	戈罗窟	李宝娘	16	八戈然	李伯娘	叶天禄(父)	黄贵娘(母)	8.18
10.3	陈品芳	24	无写	丹仔实连	韩贵娘	21	大南门	杨音娘	陈炳耀(堂叔)	韩桂芳(胞兄)	8.24
10.4	张东巽	24	无写	中港仔	钟甜娘	21	旧巴杀	吴洁娘	张绍南(父)	钟壬生(父)	8.22
10.4	丘坤城	29	准居	小南门	林二娘	20	甘光咨汝	李伯娘	丘亚四(堂兄)	林亚毓(堂兄)	8.20
10.4	蓝求官	34	准居	新巴杀	黄美娘	31	新巴杀	朱有娘	蓝古代(堂叔)	戴软娘(母)	8.17
10.4	张祥云	22	吧生	新巴杀	陈新娘	17	丹仔娘那	陈六娘	张亚二(堂叔)	陈亚安(父)	8.18
10.7	苏清河	25	无写	甘光咨汝	黄砼娘	18	水锯社	林永娘	苏荣结(父)	钟勋娘(母)	8.22
10.7	蔡朝清	28	准居	新巴杀	丘金娘	29	戈罗屈菜园	李伯娘	蔡凤(叔祖)	丘文卜(胞兄)	8.20
10.10	李旺伦	21	无写	马穆	林裕娘	21	小南门	李伯娘	李合凤(父)	林金钟(胞兄)	9.2，吴经纶，甲
10.10	张六	21	无写	甘光呇厘	郭恩娘	17	甘光广东	李伯娘	张木生(堂兄)	郭林叔(堂兄)	8.24
10.11	甘松芳	20	无写	新巴杀	黄加力娘	16	圣望港	李伯娘	甘明(父)	黄益元(堂叔)	9.5
10.16	林燕山	20	无写	毛六甲	蔡灿娘	18	毛六甲	李八娘	林金安(胞兄)	蔡松茂(胞叔祖)	9.2，郑春色，雷
10.17	黄荣发	20	无写	大港墘	谢良吉	18	五脚桥	许结娘	黄明言(父)	谢德靖(宗兄)	9.5
10.24	陈永昌	18	无写	小南门	蔡蜜娘	18	丹仔望	李勋娘	陈作霖(父)	蔡有礼(义父)	9.14
10.28	叶克和	20	无写	美色近	丘君娘	19	拔雷乙	陈彦娘	林碧梧(表兄)	丘登兴(父)	9.23
11.3	张秀杰	20	无写	大使庙	徐凤娘	19	大使庙	吴洁娘	张心正(父)	徐逊鼎(祖)①	9.14
11.3	蒋清富	21	无写	公司后	王镜娘	21	西门	李八娘	蒋光厝(父)	王日新(胞伯)	9.23
11.3	王普济②	29	准居	小南门	杨碧娘	18	小南门	李八娘	王孩提(堂兄)	杨水生(父)	舅(旧)婚
11.7	龚永怀	21	无写	廿六间	陈英娘	19	毛六甲	吴洁娘	龚德郎(胞叔)	陈瑞宇(父)	9.23，沈景坤，雷
11.11	何迪亨	39	准居	戈罗屈	黎戊娘	17	大公司	胡娇娘	何亚汉(堂叔)	黎亚春(胞兄)	10.2
11.11	温亚四	39	准居	廿六间	陈新娘	17	东居	胡娇娘	温亚五(堂兄)	陈盛淑(异母兄)	9.27
11.12	梁驾鳌	26	无写	观音亭	黄乙娘	20	茂物	李伯娘	梁敦喜(胞兄)	黄神灵(父)	10.16

① 雷珍兰徐逊鼎因病不到，伊子朱葛礁(书记)秉章舍代押。

② 王普济案夺字 1881 年 11 月 1 日第 254 号准居。女家系山顶巴郎班让，后日要持来该处默单。

11.14	陈永福	23	无写	丹那实连	林罗智娘	20	圣望港	许结娘	陈炳耀(父)	林金禄(父)	10.13
11.14	陈金荣	25	无写	廿六间	宋金娘	17	美色近	李分娘	陈登水(父病,子金鹤代)	宋乙观(父)	10.2,沈景坤
11.18	曾下勃	29	无写	里马汝龟	黄穆娘	21	观音亭	林永娘	曾乙郎(堂叔)	黄亚明(父)	10.6
11.19	潘荣辉	24	无写	洪溪	陈有娘	24	新甘光	李伯娘	潘喜水(堂兄)	陈启平(堂兄)	10.3
11.20	柳秉章	22	无写	五脚桥	吴顺娘	20	观音亭	洪宣娘	柳瑞源(父)	吴友文(父)	10.9
11.21	王坤宝	21	无写	结石珍	沈宝娘	17	西门	陈岸娘	王文信(父)	沈水墙(祖父)	10.21
11.24	梁登居	18	无写	茄庞吃山	谢居娘	16	茄庞吃山	林江娘	梁杏汝(父)	谢江有(胞兄)	10.14,赖长辉,雷
11.24	郑景兴	32	无写	亭仔脚	杜日本	26	八厨沃间	陈岸娘	许宣娘(母)	杜俊杰(父)	10.11
11.25	钟求恭	30	无写	丹仔望	丘采娘	20	丹仔望	戴永娘	钟求山(胞兄)	丘亚三(父)	10.13
11.26	蔡连水	25	无写	绒高兰	郑音娘	25	绒高兰	李伯娘	蔡伦生(父)	郑而水(胞兄)	10.13
11.26	丘秉顺	37	无写	六牛哇	林水娘	25	安恤	李伯娘	丘汉水(父)	林荣茂(胞伯)	1.13
11.26	吴谨水	23	无写	凹务雍	陈水娘	18	丹那绒然	张贵娘	吴挥牛(父)	陈顺佑(宗叔)	10.13
11.29	郑长兴	38	准居	大港墘	谢传娘	22	洪溪	胡娇娘	郑邦几(宗兄)	谢文远(父)	10.19,吴经伦,甲
12.2	陈建[①]	42	准居	导郎	林国娘	22	大港墘	林永娘	陈同养(宗兄)	林启全(胞伯)	10.20,张朝福,甲
12.2	曾永全	30	无写	结石珍	李山娘	19	巴杀任马辖	李伯娘	曾壬秀(胞伯)	李全生(父)	10.25
12.2	谢俊兴	25	无写	新巴杀	赖秀娘	20	丹那望	吴结娘	谢贵元(父)	赖灶生(父)	10.21
12.3	詹土山	20	无写	结石珍	杨河娘	20	结石珍	陈元娘	詹茂龙(伯父)	杨长义(堂叔)	10.21
12.3	陈亚秀	32	无写	君宁	朱伯娘	20	洪溪	郑满娘	陈亚万(胞叔)	朱新能(堂兄)	10.21,张朝福,甲
12.4	方青松	33	准居	八茶罐	朱雁娘	22	大港墘	吴结娘	方木溪(宗叔)	朱源泉(胞叔)	10.19
12.8	杨会	24	准居	结石珍	黄清娘	17	戈罗屈	钟辛娘	杨简(胞兄)	黄然(父)	11.2
12.12	刘元贞	19	准居	大南门	赵兰桂	17	大南门	钟辛娘	刘希安(胞兄)	赵宏大(父)	10.17
12.13	洪建发	19	无写	圣望港	黄能娘	15	丹那望	郭笃娘	洪吉(父)	黄振玉(堂叔)	11.2
12.15	曾万春	27	无写	窑内	李鸾娘	22	五脚桥	杨音娘	曾万来(胞兄)	李清辉(过房兄)	11.2
12.16	黄娘香	32	准居	八厨沃干	林维娘	20	五脚桥	黄细娘	黄利发(堂叔)	林清源(父)	11.10,李晋郎
12.18	吴亚番	34	准居	八劳八丹	许七娘	23	甘光猫厘	陈六娘	吴亚顺(堂叔)	许新修(胞兄)	11.8
12.22	李碧树	23	无写	亚森脚	叶金娘	20	中港仔	李婚娘	李如切(父)	叶亚攀(父)	11.8
12.23	王茄郎	25	无写	结石珍	阮嫩娘	18	结石珍	杨荫娘	王元水(堂叔)	阮培(父)	11.27
12.23	杨文成	25	无写	甘光毛甲	高毕娘	18	伦达	杨荫娘	杨分明(父)	高然芝(父)	11.20

① 据陈建案夺字失落,于和 1866 年 2 月 15 日第 628 号吧城大淡稽明,副淡补给。

12.27	徐亚六	30	吧生	干职巷	沈本娘	20	公司后	许结娘	徐亚三(堂叔病,伊母代)	沈山林(胞兄)	11.12
12.27	林金水	25	吧生	圣望港	叶瑞娘	22	五脚桥	郭笃娘	林宇(父)	叶玉山(父)	11.13
12.29	陈六和	19	吧生	海屿	吴里物	19	新巴杀	朱有娘	陈溪水(父)	邓水娘(母)	11.21,李晋郎
12.29	薛明亮	45	准居	小南门	韩菊娘	18	结石珍	李伯娘	薛水丕(堂兄)	韩天福(堂兄)	12.5
12.30	丘亚仲	34	准居	小南门	吴莲妹	25	晋郎安	陈令娘	丘亚四(堂叔)	吴丁郎二(父)	11.21
12.31	詹溪泉	20	无写	结石珍	陈鹭娘	18	观音亭	陈彦娘	詹宝山(父)	陈琼瑞(父)雷	11.20
12.31	杨德音①	31	准居	旧巴杀	林意娘	20	洪溪	林永娘	杨坤地(堂叔)	林奇南(父)	12.3

总计:164 对

1885 年吧城唐人成婚注册表

月日	男家	年岁	类别	住址	女家	年岁	住址	媒妁	男方主婚	女方主婚	备注 结婚日,主事人
1.2	雍英金	27	无写	庞茄赖	林来娘	16	道郎	张贵娘	雍光荣(堂叔)	林光夏(父)	11.26,李亚二,甲
1.3	王济玉	21	无写	丹兰望	甘森娘	18	槟榔社	李伯娘	王必助(父)	甘清溪(堂叔祖)	11.29
1.5	饶壬勋	48	准居	惹牙兰	侯癸娘	27	沙哇勿杀	林永娘	饶齐杏(堂兄)	侯添寿(胞兄)	11.21
1.6	刘思忠	25	无写	班芝兰	李宝娘	18	小南门	吴结娘	刘永福(父)	李顺基(父)	12.3
1.7	巫亚四	39	准居	小南门	古戊娘	17	东基	杨音娘	巫发庭(堂叔)	古鸿(父)	11.29
1.8	林长茂	20	无写	丹那庞	叶新娘	18	丹那庞	吴洁娘	林长辉(胞兄)	叶深(父)	11.30
1.8	梁亚二	31	无写	新巴杀	林雨娘	16	新巴杀	张辛娘	梁悦盛(堂兄)	林亚七(父)	12.3
1.9	林戊己	18	无写	水锯社	廖丁娘	18	中港仔	张辛娘	林德龙(父)	廖亚鼎(父)	11.29
1.9	巫和祥	33	准居	大港墘	丘纪娘	26	洪溪	李伯娘	巫奕贤(宗叔)	丘呈春(胞兄)	12.3
1.12	蔡有生	23	吧生	丹那庞	陈睦娘	16	丹那庞	吴结娘	蔡章庆(胞叔)	陈亮海(胞兄)	12.3
1.12	陈贵兴	25	吧生	新巴杀	朱巳娘	16	新巴杀	陈丹娘	陈添郎(堂叔)	朱常庆(堂叔)	11.30
1.15	马永福	20	吧生	新甘光	刘福娘	18	甘光州瓦	吴洁娘	马长发(父)	高蜜娘(母)	12.17
1.17	王汉山	23	吧生	水锯社	许海娘	20	丹那珍宜	吴洁娘	王春吉(父)	许喈鹿(胞伯)	12.10,林元贞,雷
1.20	陈岐山②	31	吧生	八茶罐	叶玉娘	20	甘光州哇	郑满娘	陈玉长(父)	叶父达(堂叔)	12.12
1.22	龙家德	41	准居	新巴杀	刘茂娘	33	——	张韦娘	龙逢烟(堂叔)	刘连鸿(胞兄)	12.21,林元贞,雷

① 据杨德音案夺字 1881 年 11 月 1 日第 105 号。和 1885 年 7 月 3 日抄给。

② 男家主婚父钦赐雷珍兰陈玉长因病,令其子陈河山代押。

1.23	胡清仁	27	无写	丹兰望	江占娘	27	结石珍	戴永娘	胡万河(父)	江夙应(胞兄)	12.10
1.24	许长泰	42	无写	观音亭	新厝仔郑保娘	34	观音亭新厝仔	李伯娘	许文山(宗兄)	郑成安(宗叔)	12.10
1.24	何福全	23	无写	丹那实连	林谦娘	23	丹那实连	许结娘	何庚水(堂兄)	林金水(胞兄)	旧婚
1.24	李长波	22	无写	丹那实连	吴福娘	23	观音亭	许结娘	李衍明(父)	吴永寿(父)	12.10
1.24	林恭水	27	无写	丹那实连	李地娘	20	丹那实连	许结娘	林金水(胞兄)	李衍明(父)	1.24
1.26	王传章	22	无写	砖仔桥	陈贵娘	19	砖仔桥	许结娘	王娇娘(姑)	陈明老(胞兄)	12.12
1.27	吴贵阳	51	吧生	结石珍	戴玉娘	27	圣望港	郭作娘	吴贵有(胞兄)	陈叔娘(母)	12.24
1.27	廖亚集	20	无写	结石珍	陈丁娘	18	结石珍	李八娘	廖亚凤(胞兄)	陈财二(父)	1.16
1.29	王顺	36	无写	丹那望	蔡六娘	22	丹那望	戴英娘	王婴(堂兄)	蔡终日(胞叔)	12.25
1.31	廖亚五	31	准居	臭桥	黎抚娘	17	臭桥	吴结娘	廖亚二(堂兄)	黎亚维(堂伯)	1.8
2.2	陈玉琳	20	吧生	新巴杀	洪尔娘	15	甘光广东	朱瑞娘	陈清茂(堂伯)	洪佛官(堂兄)	旧婚,陈文贵,甲
2.24	温亚鼎	28	准居	甘光峇里	赖乙娘	19	八劳八丹	李伯娘	温禄官(堂兄)	赖亚智(堂兄)	1.16,许耀基,雷
2.24	高贡	27	准居	八厨沃干	王丁娘	20	八厨沃干	吴结娘	高贤(堂兄)	林山娘(母)	1.22
3.4	陈粿	24	准居	小南门	黄添娘	17	臭桥	吴洁娘	陈榴(堂叔)	黄盾(父)	1.25,吴经纶,甲
3.6	黄周山	37	无写	美色近	林未娘	24	美色近	郭笃娘	黄蒲(父)	林清溪(堂兄)	1.22
3.6	何绿竹	30	无写	班芝兰	吴下勃娘	21	班芝兰	吴结娘	何天北(宗叔)	吴东水(胞兄)	1.22
3.9	杨蝉	33	准居	小南门	谢凤娘	21	观音亭	李伯娘	杨水(堂兄)	谢登麟(堂兄)	2.13
3.18	黄增祥	30	准居	苏垅巷	钟林娘	23	道郎	吴结娘	黄声(堂叔)	钟贵振(胞叔)	2.7,吴经纶,郑春色,雷
3.20	黄来斗	32	准居	新巴杀	林谨娘	18	丹那望	戴永娘	黄朝成(堂叔)	林巾章(父)	2.13,郑春色
3.23	林拔	43	准居	望茄勿杀	许乱娘	23	戈罗屈	郭笃娘	陈乡里(堂叔)	黄盾(姨丈)	旧婚
3.23	蔡新兴	42	无写	北茄劳	庄茂山娘	18	圣望港	郭笃娘	蔡江山(堂兄)	庄丁全(胞兄)	2.27
3.25	蓝金土	31	无写	丹那实连	袁然娘	21	丹那实连	杨音娘	蓝永言(堂叔)	袁清冷(父)	2.13
3.26	纪昌盛	29	无写	小南门	陈石娘	22	茂物	林永娘	纪和尚(父)	陈文忍(胞叔)	2.16
4.1	李亚近	31	准居	小南门	饶金娘	17	圣望港	杨音娘	李珠澜(堂叔)	饶亚齐(父)	2.27,赖长辉,雷
4.3	范碧郎	18	无写	小南门	钟新娘	16	小南门	吴洁娘	范亚旋(堂兄)	钟心田(堂叔)	2.27
4.9	陈琼珠	24	无写	观音亭	龚和娘	20	廿六间	许洁娘	陈琼瑞 甲(胞兄)	龚永怀(胞兄)	2.27,赖长辉,沈景坤
4.11	陈文质	37	无写	庞邦	王山娘	24	旧巴杀	戴永娘	陈初龙(堂兄)	王庸修(堂叔)	2.27,沈景坤,雷

4.16	王宇	27	准居	廿六间	李月娘	17	廿六间	陈颜娘	王坤元(堂叔)	李八(父)	3.13,许耀基,雷
4.21	李茄照	29	无写	八戈然	林七娘	29	小南门	洪山娘	李永宗(堂兄)	林朝生(堂兄)	旧婚
4.21	黄淮水	51	无写	新巴杀	陈魁娘	35	茂物	李伯娘	黄癸巳(宗兄)	陈庆汉(胞兄)	旧婚,许耀基
4.24	黄钟水	19	无写	臭桥	李娇娘	17	大南门	许结娘	黄水龟(父)	李高车(父)	3.26
4.25	江叔和	23	无写	结石珍	吴丹娘	23	结石珍	胡娇娘	江淑燕(胞兄)	吴桂阳(父)	3.22,赖长辉,雷
4.29	薛得水	27	无写	新巴杀	张秀娘	26	结石珍	朱有娘	薛枝棕(父)	张玉衡(父)	3.22
5.1	张客	45	无写	二览末	陈乙娘	22	二览末	李伯娘	张训(堂兄)	陈敬乙(胞兄)	3.21,李晋郎
5.5	黄邦洁	22	无写	新巴杀	杨安娘	16	流连桥	戴永娘	黄鸣泉(堂兄)	杨鸡(父)	4.9,张朝福,甲
5.5	余亚二	33	准居	巴虱亚森	杨色娘	18	巴虱亚森	戴永娘	余广杨(堂兄)	杨启川(胞叔)	3.27
5.5	巫耀郎	37	准居	小南门	郑瑞娘	18	五脚桥	杨音娘	巫亚四(堂兄)	杨三娘(母)	3.26
5.7	陈国官①	26	准居	五脚桥	吴基娘	18	五脚桥	林永娘	陈垅(堂叔)	吴庆周(胞兄)	3.26
5.8	郑心清	33	吧生	惹牙兰	梁浮厨娘	20	新厝仔	李伯娘	郑元和(父)	梁北麟(父)	3.26
5.9	陈运生	31	准居	新巴杀	赖辛妹	15	玛由兰	刘南娘	陈远(胞叔)	赖清连(胞兄)	3.27
5.19	戴有根	28	无写	惹致	陈三娘	22	结石珍	郑满娘	戴有水(胞兄)	陈金良(父)	4.11,李晋郎,雷
5.19	陈金茂	20	无写	丹那庞	戴毛迄	20	惹致	郑满娘	陈珠生(父)	戴有水(胞兄)	4.11
5.19	蔡文隆	35	无写	新巴杀	张淡娘	34	结石珍	黎有娘	蔡和生(胞兄)	张红毛(胞叔)	4.8
5.19	叶戈野	54	无写	杉板寮	蔡月娘	25	丹仔庞	郑满娘	叶春源(堂兄)	蔡游奕(堂兄)	4.14
5.21	黄宣哲	19	无写	江东圩	林照娘	17	槟榔社	许洁娘	黄益谦(父,甲必丹)	林元贞(父,雷)	4.16,郑春色,李晋郎
5.21	陈富老	40	无写	砖仔桥	潘敬娘	25	毛六甲	李伯娘	陈玉琳(堂兄)	潘有良(父)	4.9,李晋郎,雷
5.21	李广渊	40	准居	大南门	黄润娘	18	打铁街	何文娘	李万钟(堂叔)	黄亚协(堂兄)	4.11
5.22	纪东山	24	吧生	打铁街	白福娘	23	丹那娘仔	杨音娘	纪玉山(胞兄)	白安生(父)	4.22
5.22	陈全德	26	无写	西门	杨发娘	21	乌罗巴	杨音娘	陈凉海(宗叔)	杨三桂(胞叔祖)	4.18
5.26	黄火目	25	准居	新巴杀	杨清娘	17	新巴杀	林瑞娘	黄维仲(宗叔)	杨友得(父)	4.18
5.29	郑益不	27	吧生	安恤	赵曲娘	20	结石珍	朱瑞娘	郑积(胞叔)	赵添(父)	4.22
5.29	陈妙	27	准居	小南门	郑宣娘	16	五脚桥	洪山娘	陈妍(堂兄)	郑钦福(父)	5.9
6.1	林峰山	43	准居	观音亭	蔡古娘	22	观音亭	陈彦娘	林得(堂叔)	蔡清顺(胞兄)	4.25,李亚二,甲
6.3	李平海	25	无写	臭桥	林力娘	19	武容	林保娘	李荣华(胞叔)	林景瑞(父)	5.5

① 据陈国官案夺于1879年3月29日第1900号准居。

6.4	李亚长	26	无写	亭仔脚	饶敏娘	25	圣望港	李伯娘	李亚陶(堂兄)	饶亚齐(父)	旧婚
6.4	温德炎	18	吧生	八多沃干	梁吉娘	17	砖仔桥	许吉娘	温瑞全(父)	梁德水(祖父)	5.16,林元贞,雷
6.26	梁锦郎	31	准居	五脚桥	钟成娘	18	五脚桥	李伯娘	梁南生(堂叔)	钟亚三(父)	5.18
7.4	李惠安	25	准居	小南门	范唐娘	22	班芝兰	李伯娘	李广源(堂兄)	范亚保(堂兄)	6.11,陈文贵,甲
7.13	赵德顺	20	无写	新巴杀	陈淑慎娘	19	大公司	吴洁娘	赵德山(堂兄)	陈文贵(父,甲)	6.11,李晋郎,许耀基
7.13	詹亚英	41	无写	道郎巷	张庚娘	16	臭桥	李伯娘	詹亚友(堂叔)	张藏观(父)	6.16,陈文贵,甲
7.13	黄亚迎	23	无写	新厝仔	涂秋连娘	17	公司后	李伯娘	黄亚四(胞叔)	涂捷兴(父)	6.6
7.14	丘寿臣	28	无写	八厨沃干	温寿娘	18	汝巷	何文娘	丘罢执(胞叔)	吴丁娘(母)	6.8许耀基,雷
7.15	许春华	22	无写	臭桥	邓芳娘	22	观音亭道郎巷	林永娘	许清苯(宗兄)	邓宗水(父)	6.11
7.16	詹日升	25	无写	大使庙	林而娘	21	大使庙	陈彦娘	詹春德(胞兄)	林南海(父)	6.12
7.17	严水元	29	无写	质宁贞	黄顺娘	20	洪溪	李伯娘	严春水(堂兄)	黄赞山(胞兄)	6.12
7.18	李亚彬	35	准居	小南门	温松妹	18	结石珍	李伯娘	李广源(堂叔)	温亚富(父)	6.12
7.20	陈源振	20	无写	结石珍	谢宽娘	18	结石珍	李伯娘	陈永茂(父)	谢泰元(父)	6.11,徐秉章
8.5	朱振丰	25	准居	朽桥	熊春娘	17	槟榔社	李八娘	朱应芳(胞兄)	熊亚锦(父)	7.7,吴经纶
8.7	陈亚二	22	无写	吧生	刘寅娘	20	——	胡娇娘	陈永郎(堂兄)	刘亚乾(父)	6.28
8.19	陈钦元	22	无写	圣望港	郑文娘	21	观音亭	杨荫娘	陈江凑(叔祖)	林春娘(母)	7.16,郑春色
8.20	吴焕郎	32	准居	晋郎安	钟丁癸娘	19	高劳屈	李八娘	吴丁二(堂兄)	钟统群(堂兄)	7.22
8.20	巫亚六①	31	准居	砖仔桥	刘炎娘	19	砖仔桥	何文娘	巫奕贤(堂叔)	刘文章(父)	7.22
8.22	彭荣辉	21	无写	三间都库	朱苦郁名浮厨	19	圣望港	林永娘	彭亚满(父)	朱吴天(父)	7.21,郑春色,雷
8.24	陈壬癸	19	无写	甘光猫厘	黄烛娘	16	甘光猫厘	李八娘	陈永春(父)	黄进生(父)	7.21
8.24	杨长传	20	无写	班芝兰	陈春娘	20	洪溪	李八娘	杨一富(父)	陈英杰(胞叔)	7.21
8.26	朱睿智	21	无写	大港唇	刘灶娘	15	三间土库	李八娘	朱源泉(堂叔)	刘花光(父)	7.20
9.1	甘水厚	19	无写	新巴杀	李炽娘	18	道郎	林永娘	甘长居(父)	李长光(父)	8.2,赖长辉,雷
9.3	李振贵	26	无写	洪溪	刘光娘	16	洪溪	郑玩娘	李成贵(胞兄)	刘敬郎(父)	8.12,沈景坤,雷
9.3	刘连振	27	无写	洪溪	丘炳娘	21	石桥	郑玩娘	刘庚文(父)	丘金山(堂叔)	8.3
9.7	李宗淮	18	无写	结石珍	黄金娘	18	新巴杀	李八娘	李益魁(胞叔)	黄癸巳(父)	8.3

① 又名镜泉,案夺字在1884年11月29日第7号。

9.8	李金龙	20	无写	小南门	许汉娘	21	东居	吴结娘	李清毅(胞叔)	许金山甲(胞兄)	8.9
9.11	陈庆麟	21	无写	丹那庞	黄八娘	17	乌布土库	吴结娘	陈初龙(父)	林美娘(母)	8.12
9.12	龚永基	26	无写	廿六间	曾送娘	26	西门	吴结娘	龚德郎(父)	陈任娘(祖母)	8.11
9.12	王森	33	无写	圣望港	蔡真娘	24	质宁贞	吴结娘	王河水(胞叔)	蔡纶生(父)	8.12
9.14	林清溪	33	无写	美色近	陈森娘	29	美色近	李八娘	林荣生(胞叔)	陈吉全(父)	8.3
9.15	韩桂昌	18	无写	亚森脚	陈利娘	20	廿六间	林永娘	韩欣然(胞叔)	陈俊仪(堂兄)	8.12
9.15	庄惜时	26	准居	结石珍	陈新娘	28	结石珍	陈元娘	庄芬圃(堂叔)	陈传胪(胞兄)	8.9
9.15	杨金水	21	无写	结石珍	谢麟娘	20	五脚桥	陈元娘	杨允忠(父)	谢文辉(父)	8.12
9.16	肖牛郎	20	无写	大使庙	杨洁娘	16	乌布土库	李薰娘	肖求(父)	杨州钫(胞兄)	8.11
9.17	朱青麟	22	吧生	结石珍	王谦娘	18	惹牙兰	郭卓娘	朱德海(父)	王文信(父)	8.15,赖长辉,雷
9.17	甘金让	26	准居	八茶罐	王鸡娘	25	西门	李八娘	甘长溪(堂叔祖)	王文英(胞兄)	8.12
9.19	许明风[①]	32	准居	望加寺盆洛丁仔	李发娘	24	五脚桥	李八娘	许红光(父)签名红贡	李金远(父)	8.19 赖长辉,雷珍兰
9.22	吴沓沓	25	无写	结石珍	李赞娘	25	圣望港	李八娘	吴武(堂叔)	王灶娘(母)	8.16
9.22	何求泉	47	准居	廿六间	陈致里	28	廿六间	李八娘	何古都(宗兄)	陈铃(堂叔)	8.16
9.24	郑清流	27	无写	大港墘	黄遗娘	20	小南门	张振娘	郑成安(宗叔)	黄仁利(父)	8.23
9.24	丘云禄	38	准居	乌巴	章宇然娘	18	蕉仔街	胡娇娘	丘阿四(堂兄)	章亚满(父)	8.26
9.24	王炳琳	26	无写	顶八厨沃间	钟贵娘	27	甘光牙叠	张桂娘	王四季(父)	钟如松(胞兄)	8.19
9.25	王先庆	22	无写	亚森脚	陈根娘	19	槟榔社	沈贞娘	王光彩(父)	陈水凉(胞兄,病,叔显义代)	8.26
9.30	吴启顺	25	无写	砖仔桥	梁珠娘	20	大使庙	张桂娘	吴启香(胞兄)	梁汉罗(胞叔)	8.24
9.30	陈佐章	23	无写	北戈然	赵金娘	19	水闸	李八娘	陈清标(胞叔)	赵炳(父)	8.23
9.30	林琼山	21	无写	小南门西势	叶珠娘	17	旂杆脚	李八娘	林长海(父)	何清娘(母)	9.8
10.1	张丕新	25	无写	公司后	叶绿娘	20	庞茄勿杀	李八娘	张亚杨(胞伯)	叶保全(祖父)	8.26,李晋郎,雷
10.1	余永顺	39	无写	海屿	陈经娘	25	圣望港	李薰娘	余天友(堂兄)	陈春水(父)	8.24
10.9	叶亚勋	40	准居	小南门	王荫娘	20	石桥,丁辖	李八娘	叶亚四(堂叔)	王茂生(胞伯)	旧婚
10.12	陈永禄	23	无写	窑内	林森娘	19	窑内	杨阴娘	陈炳耀(父)	林金水(父)	9.11,李晋郎,雷
10.12	陈蒿芝	21	无写	北戈然	林一娘	20	小南门	吴结娘	陈和中(父)	林金钟(父)	9.18
10.12	陈福宝	24	无写	新巴杀	潘禄娘	17	茂物	吴结娘	陈淇泉(父)	潘景焕(兄)	9.8

① 案夺字 1882 年 2 月 7 日第 269 号准居。

10.13	黄有贵	22	无写	石仔桥	李芳娘	16	石仔桥	李八娘	黄金长(堂兄)	李顺和(父)	9.11
10.13	詹德元	23	无写	真农安	温罗对	18	新巴杀	李八娘	詹亚二(宗叔)	温亚能(宗叔)	9.13
10.15	李锦长	42	无写	廿六间	陈金娘	18	五脚桥	李八娘	李文忠(堂兄)	陈朱元(父)	9.16
10.17	詹球发	20	无写	亭仔桥	林银娘	18	石桥	郑满娘	詹开阳(父)	林江山(胞兄)	9.13
10.19	陈亚六	43	准居	结石珍	黄春娘	15	班芝兰埔	李八娘	陈亚五(堂叔)	黄书麟(父)	9.13
10.20	许金璋	19	无写	高罗屈	李柑娘	16	万郎	许吉娘	许金山甲(胞兄)	李秀亭(父)	9.18
10.20	郑庆源	22	无写	公司后	张金娘	22	亭仔脚	许吉娘	郑成安(父)	张森(族叔)	9.25
10.20	周亚韶	25	准居	八多柔	叶有娘	19	朽桥	李八娘	周开轩(胞兄)	张丙娘(母)	9.25
10.23	杨练	33	准居	新巴杀	甘怀娘	21	巴南庞安	黄谓娘	杨溪(堂叔祖)	甘博元(父)	10.3
10.18	陈慎堂[1]	47	准居	义塾	简容娘	19	廿六间	郑满娘	陈宗寿(族叔)	简春水(胞兄)	10.2
10.28	丘芳泰	26	无写	八厨沃干	林碧娘	20	西门	李八娘	丘泉(胞叔)	林保(胞叔)	10.2
10.29	梁亚森	37	准居	戈罗屈	廖细妹	17	丹那实里也	李八娘	梁亨利(堂叔)	廖昌秀(堂叔)	9.23
11.3	黄长辉	21	无写	结石珍	许淡娘	18	结石珍	李八娘	黄再生(父)	许文基(父)	10.3，林元贞，雷
11.5	吴浩然	22	无写	亚森脚	苏芸娘	24	中港仔	吴结娘	吴南阳甲(祖父)	苏绍宗甲(父)	10.6，沈景坤，林元贞
11.5	温环观	18	无写	小南门	叶熟娘	17	结石珍	郑满娘	温拔观(胞兄)	叶长安(父)	10.3，林元贞
11.6	林荣基	18	无写	丹那庞	蔡辉娘	18	丹那庞	戴英娘	林北山(父)	蔡章庆(胞伯)	10.5
11.7	吕月满	31	准居	戈劳屈	杨森娘	19	戈劳屈	李八娘	吕亚月(胞兄)	杨德贵(胞兄)	10.5
11.7	刘亚彬	27	准居	班芝兰	林茂娘	18	干质巷	李八娘	刘观秀(宗叔)	林银生(父)	10.5
11.9	陈民安	18	无写	小南门	李德娘	19	观音亭	吴结娘	陈作霖(父)	李银良(祖，子木贵代)	10.16
11.11	余应恒	30	无写	槟榔社	钟德娘	18	竹寮	张辛娘	余九朗(堂叔)	钟新运(父)	10.13
11.11	李亚任	34	准居	小南门	张五娘	18	庞茄寺	李八娘	李亚佑(堂兄)	张亚缉(父)	10.13
11.12	叶东成	22	无写	三间土库	李束娘	21	小南门	李八娘	叶春源(父)	李再生(堂兄)	1.13
11.12	黄戊生	28	无写	小南门	戴明娘	18	——	杨荫娘	黄观生(胞兄)	戴昌记(胞兄)	10.13
11.16	陈桂华	29	吧生	新厝仔	叶金娘	21	观音亭	许结娘	陈桂芬(胞兄)	叶纯全(父)	10.19，沈景坤，雷，代
11.17	冯荣保[2]	25	无写	甘光惹牙	林菊娘	20	葛峇邦	李八娘	冯珍娘(姑婆)	林炎灶(父)	11.8
11.17	郑垂拱	26	吧生	砖仔桥	丘和娘	18	五脚桥	李八娘	郑仲宏(胞叔)	丘同养(父)	10.13
11.18	林珠文	20	无写	结石珍	薛海娘	18	结石珍	陈六娘	林西泉(父)	薛文东(父)	10.19

① 陈慎堂即陈德生年 47 岁，案夺字 1880 年 7 月 16 日第 3074 号，系义塾正师。

② 冯荣保父母皆没，其兄冯荣朝居在巴东。

11.23	陈逢聘	32	准居	旧巴杀	李癸娘	23	戈罗屈	胡娇娘	陈建寅(宗兄)	杨庚娘(母)	10.26,李晋郎,雷
11.25	颜服	23	准居	小南门	陈茂娘	23	顶八厨沃干	张桂娘	颜迪祥(堂兄)	陈明顺(父)	10.20,沈景坤
11.25	林活生	20	无写	巴戎戈兰	蔡赞娘	19	巴戎戈兰	许娘那	林攀贞(父)	蔡庆文(父)	11.8
11.30	梁庚湘	26	吧生	五脚桥西	范一娘	18	甲汶惹吓	李八娘	梁南生(堂叔)	范亚旋(父)	10.26
12.4	林捷钦	30	吧生	五脚桥	朱峒娘	19	新厝仔	郭独娘	林碧梧(堂兄)	朱炎昌(胞兄)	11.2,许耀基,雷
12.9	陈丰业	30	吧生	大使庙	周勃娘	25	大南门	杨荫娘	叶如娘(母)	周崑山(胞兄)	11.8,陈文贵,甲
12.9	黄振山	22	无写	班芝兰	许珠娘	18	八茶罐	许结娘	黄长楠 甲(父)	许奎炳(祖父)	11.8
12.11	薛振泰	25	无写	新厝仔	曾蜜娘	18	槟榔社	林荣娘	薛海山(父)	曾一水(堂叔)	11.8
12.11	丘松文	22	无写	五脚桥	林寅娘	20	观音亭	李芬娘	丘东水(父)	林吉生(父)	11.9
12.11	彭永泉	23	无写	甘光猫厘	甘有娘	18	结石珍	陈元娘	彭元仁(父)	甘由元(堂叔)	11.19
12.11	许清凉	23	无写	庞寮	杨雍娘	17	——	张闺娘	许清香(胞兄)	杨亚北(父)	11.15
12.12	方顺德	29	无写	结石珍	陈宇然娘	19	惹牙兰	陈颜娘	方登合(父)	陈永添(堂兄)	11.10
12.14	温瑞金	18	无写	戈劳屈	梁罗智娘	16	公司后	陈颜娘	戴江娘(母)	李金娘(母)	12.6
12.17	薛荣华	21	无写	勃汝韦	黄清娘	21	大南门	陈颜娘	薛攀贵(父)	黄鼎盛(父)	11.16
12.18	吴赞宗	26	无写	新巴杀	庄炎娘	23	结石珍	李八娘	吴赞源(胞兄)	庄玉水(父)	11.19,许耀基
12.21	林天昌	21	无写	戈劳屈	蔡水娘	20	观音亭	林英娘	薛连娘(母)	蔡文瑞(父)	12.13,许耀基
12.23	李亚达	31	准居	小南门	古壬娘	16	小南门	李八娘	李亚恒(堂叔)	古轩郎(父)	11.22
12.24	邹兴建	22	吧生	八茶罐	王吉娘	20	西门	李八娘	邹邦基(胞叔)	王文旦(父)	11.22
12.24	饶昌伍	22	无写	毛六甲	刘庚娘	17	美色近	林莺娘	饶皆昌(胞兄)	刘亚乾(宗伯)	11.22
12.29	陈红毛①	26	准居	结石珍	蔡奇娘	16	丹那实	里野李八娘	陈六(堂兄)	蔡登(父)	12.31,陈文贵,甲
12.30	韩光华	19	吧生	戈劳屈	梁荣娘	16	戈劳屈	杨贵娘	韩荣光(父)	梁亚二(堂叔)	12.6
12.31	陈子兴	33	无写	质宁贞	蔡鸾娘	26	槟榔社	李八娘	蔡利水(表兄)	蔡光辉(父)	12.6

总计:171 对

① 陈红毛案夺字1882年2月7日第947号。

1886 年吧城唐人成婚注册表

月日	男家	年岁	类别	住址	女家	年岁	住址	媒妁	男方主婚	女方主婚	备注 结婚日，主事人
1.2	许温厚	18	无写	东居	李伦娘	16	八戈然	许结娘	许温柔(兄)	李子昌甲(祖)	12.3，吴经纶，甲
1.5	林炎生	21	无写	戈老屈	陈福娘	20	戈老屈	李八娘	林德和(父)	陈于水(父)	12.10
1.5	温亚章	21	准居	亚森脚	梁润妹.	16	五脚桥	李八娘	温亚德(父)	梁亚新(父)	12.3
1.11	沈盛荣	29	准居	结石珍	黄庚娘.	16	结石珍	李八娘	沈亚二(堂叔)	黄际贤(父)	12.18
1.12	吴金水	24	吧生	新巴杀	陈戎吉娘	23	亭仔脚	李八娘	吴丁己(胞兄)	陈道谋(父)	12.13
1.12	谢漂①	27	新客	结石珍	蒋合娘	21	甘光咨厘	李八娘	谢长(堂兄)	蒋大学(胞兄)	12.9
1.18	林爵良	28	无写	戈老屈	曾凤娘	28	槟榔社	胡娇娘	林朝元(父)	曾金海甲(胞兄)	12.16，郑春锡，雷
1.19	黄亚二	32	准居	圣望港	王拔娘	25	蕉仔桥	李八娘	黄灶生(胞兄)	王淡山(胞兄)	12.20
1.20	陈合义	26	无写	结石珍	曾英娘	20	结石珍	李八娘	陈奇炉(堂伯)	曾水瑞(胞兄)	丙 1.18
1.20	陈木水	20	无写	新巴杀	丘惜娘	20	五脚桥	朱瑞娘	陈水南(胞叔)	丘仲佛(胞兄)	12.21
1.26	陈麒旺	19	无写	新把杀	赵香娘	16	新把杀	李八娘	陈文忍(胞叔)	赵惟裕(父)	1.24
2.11	温宾初(雷)	30	吧生	小南门	黄葡萄	17	新巴杀	郑满娘	温亚云(父，子俊观代)	黄添财(堂伯)	1.10
2.12	游再祥	28	无写	乌布土库	韩道娘	17	巴杀明灯	李浑娘	林文理娘(母)	韩水生(父)	1.11，沈景坤，雷
2.15	詹怀琼	22	无写	结石珍	陈明娘	22	结石珍	李八娘	詹继昌(父)	陈永茂(父)	1.18
2.20	陈镇山	29	无写	八茶罐	李一娘	21	干冬圩巴马琳	张新娘	陈玉长(父)雷	李登敬(胞叔)	1.21，赖长辉，甲
2.24	卓扁②	23	准居	小男门西势	黄益娘	21	结石珍	李八娘	卓镭(胞叔)	黄成道(父)	1.23，郑春锡
3.10	林华彝	29	吧生	槟榔社	李清兰	16	大南门	李八娘	林荣彝(胞兄)	李四乐(父)	2.15 张朝福，甲
3.11	刘登美	20	吧生	丹那庞	王水娘	16	丹那庞	李八娘	刘清水(父)	王登裕(胞兄)	2.16
3.11	丘子英	25	无写	新厝仔	钟万益娘	17	查庞无垠	杨音娘	丘亚盛(父)	钟顺宝(父)	2.10
3.12	龚满	40	准居	旧把杀	朱武吉娘	18	大使庙	李八娘	龚德郎(宗兄)	曹炳娘(母)	2.14
3.17	梁亚诵	38	准居	荣匆叻	李月娘	20	庞牙巷	张慎娘	梁亚禄(胞叔)	林信娘(母)	2.19
3.19	杨华	25	准居	丹那庞	欧基娘	22	丹那庞	戴永娘	杨宗奥(堂叔)	欧参永(父)	2.16
3.24	陈周	25	准居	结石珍	黄勃娘	17	甘光咨厘	李八娘	陈万水(胞兄)	黄他(父)	2.23

① 阅副淡 1885 年 11 月 25 日付新客谢漂或木票，已入字恳居燕地，其案夺字未出。

② 案夺字 1885 年 1 月 12 日第 3888 号准居燕地。

4.13	伍亚二	（缺）	准居	五脚桥	林多娘	18	五脚桥	黄锡娘	伍亚文(胞兄)	林清元（父）	3.16,李晋郎,雷
4.14	朱蔡涓[1]	31	准居	大南门 丹那底巷	张赞娘	21	大南门 丹那底	李八娘	朱亚兰(宗兄)	张香春(胞叔)	3.15
4.14	许耀水	22	无写	东居	沈文娘	18	八厨沃间	许洁娘 郭笃娘	许耀基(胞兄,雷)	沈振基(胞兄)	3.16,郑满锡,李晋郎
5.3	肖顺钟[2]	27	准居	廿六间	陈七娘	18	洪溪 戈奢园	李八娘	伍亚什(兄)	陈福生(父)	5.2,陈文贵,甲
5.5	李锦章	27	无写	乌布土库	沈粮娘	23	牛郎沙里	李八娘	李炳远(叔祖)	沈保生(父)	4.6,林元贞,雷
5.5	钟德凤	40	无写	八厨沃间	张海娘	25	八戈然	李八娘	钟心田(堂兄)	张振华(父)	4.16
5.5	陈东合	25	无写	结石珍	王旦娘	24	结石珍	李八娘	陈德章(父)	王荣基(父)	4.6
5.8	张玉振	21	无写	甘光峇厘	郑山芝	17	结石珍	李八娘	张木生(胞兄)	郑南生(祖)	4.16,陈文贵,甲
5.8	张本基	29	无写	茄马腰兰	李壬娘	19	甘光广东	李八娘	张增观(父)	李亚贵(堂兄)	4.11
5.10	王登义	28	准居	丹那庞	马岑娘	19	丹那庞	李八娘	王婴(堂兄)	马有德(胞叔)	4.13,曾金连,雷
5.12	杨光怀	24	无写	加峇连	林绒娘	20	窑内	李八娘	杨金良(父)	林雨水(父)	4.16,林元贞,雷
5.14	杨长宗	25	无写	结石珍	黄音娘	20	茄马腰兰	李八娘	杨福源(父)	黄东义(父)	4.27,陈文贵,甲
5.17	陈辉文	22	无写	顶八厨沃间	林轮娘	21	丹那庞	许洁娘	陈深郎(父)	林长辉(胞兄)	4.16,林元贞
5.17	郭亚扬	30	准居	小南门	刘嫩娘	16	戈奢园	李八娘	郭亚宜(堂兄)	刘亚八(堂叔)	4.16
5.17	李云秀	33	准居	戈奢园	刘已娘	18	戈奢园	李八娘	李福郎(堂兄)	刘亚八(父.)	4.16
5.17	李壁基[3]	30	准居	甘光峇厘	吴春娘	25	新巴杀	黄维娘	李魁(堂兄)	吴水淋(父)	4.18
5.19	彭已秀	28	无写	甲文 加劳巴	叶四 吾诺娘	26	甲文 加劳巴	李八娘	彭元仁(堂兄)	叶春元(堂兄)	4.18
5.20	梁亚五	26	吧生	结石珍	陈周娘	17	结石珍	李八娘	梁亚二(堂兄)	陈仁生(父)	4.27
5.25	曾清山	22	无写	乞郎班让	许枝娘	23	东居	郭笃娘	曾金连(宗兄)	许耀基(兄)雷	4.27
5.29	卓宅	28	准居	圣望港	蔡美娘	16	甘光沙昼	李八娘	卓清(堂兄)	蔡文通(胞伯)	4.27,林元贞,雷
6.18	古亚宙	26	准居	蕉仔街	黄顺 娘	20	甘光毛甲	李八娘	古鸿五(堂伯)	黄亚协(堂叔)	5.18,许耀基,雷
6.21	黎亚进	36	准居	戈劳屈	吴干匿娘	22	打铁街	胡娇娘	黎金元(堂叔)	吴清水(父)	5.26

① 据朱蔡涓或瓜,案夺字 1883 年 10 月 22 日第 16 号。

② 据肖顺钟即名顺松案夺字 1883 年 10 月 22 日第 16 号。

③ 据李璧基又名松养案夺字 1874 年 11 月 11 日第 1 号。

6.28	林金水	20	无写	结石珍	陈古都娘	20	结石珍	李八娘	林碧(父)	陈新祐(堂兄)	6.4
6.28	林凤章	20	无写	结石珍	吴见娘	20	结石珍	李八娘	林茂杞(父)	吴文泉(父)	6.10
7.2	黄临生	(缺)	无写	甘光峇厘	甘真娘	26	甘光峇厘	李八娘	黄乾顺(堂兄)	甘有源(堂伯)	6.10,郑春锡,雷
7.8	林长裕	19	无写	惹牙兰	陈素琼	19	庞牙勿杀	李分娘	林大斗(族叔)	陈秀莹(父)	6.16
7.9	黄恩二	42	准居	八多瑶	陈二妹	15	戈老屈	李八娘	黄福华(宗叔)	陈丙二(父)	6.17,沈景坤,雷
7.12	陈福才	22	无写	砖仔桥	连宁娘	17	洪溪	许洁娘	陈富老(父)	连炎照(祖)	6.16
7.13	李亚炎	39	准居	小南门	林升娘	18	槟榔社	李八娘	李裕祥(堂兄)	林戊生(父)	7.14
7.13	蔡天和	20	无写	廿六间	陈益娘	18	茂物	吴洁娘	蔡奇文(父)	陈源标(父,甲必丹)	6.17,郑春锡,雷
7.16	杨长庚	22	无写	结石珍	薛灯娘	23	结石珍	李八娘	杨八坐(父)	薛平合(胞叔)	6.17
7.21	李近东	34	准居	甘光峇厘	黄宝娘	17	甘光峇厘	李八娘	李造(胞伯)	黄他(父)	6.22
7.23	任亚什	37	准居	八茶罐	刘梅娘	17	戈奢园	李八娘	自己	刘庆郎二(堂伯)	7.5
7.23	詹宝山	27	无写	结石珍	黄吟娘	18	新厝仔	李八娘	林乙娘(母)	黄小钟(父)	6.24
7.31	张春桂	36	准居	八茶罐	林庚娘	17	毛六甲	李八娘	张顺郎(宗叔)	林新基(父)	7.4
8.5	谢璨瑞	22	吧生	洪溪	林玉娘	20	观音亭	李八娘	谢文远(胞伯)	林博厚(父)	7.8,赵德和,雷
8.10	谢振昌	25	准居	沙洼勿杀	丘丁娘	20	揸莫间	黄让娘	谢鸿祥(胞叔)	丘兰秀(父)	7.12
8.14	詹佛云	31	吧生	槟榔社	肖发娘	25	槟榔社	李八娘	詹亚有(堂伯)	肖细禄(父)	7.17
8.17	蒋祥荣	26	吧生	结石珍	甘珠娘	24	结石珍	张贵娘	蒋子夏(堂伯)	甘清水(父)	8.4
9.23	唐铁山	33	吧生	巴杀峇汝	蔡云娘	32	巴杀峇汝	朱有娘	唐天求(父)	蔡青山(胞兄)	8.4
8.25	吴以明	29	无写	结石珍	唐武钫娘	22	结石珍	李八娘	吴桂阳(宗兄)	唐宝(伯祖)	8.8
8.26	刘金钱	28	无写	班芝兰	杨宝娘	27	大南门	李八娘	刘亚访(堂兄)	杨宝生(胞兄)	8.2
8.26	陈寿全	18	无写	八戈然	周伦娘	17	大南门	许洁娘	陈和中(父)	周木林(父)	8.29
8.28	许本基	25	无写	江东圩	韩文卓娘	19	丹那庞	戴杏娘	许文泉(堂兄)	韩如源(胞叔)	8.4
8.30	林荣宝	24	无写	八戈然	黄茂娘	17	导郎	杨音娘	林文碧(父)	黄凤(父)	8.8
9.1	林江德	29	吧生	结石珍	许新娘	18	丹那庞	黄荣娘	林汉智(胞叔)	许春和(父)	8.8,李晋郎,雷
9.1	林德全	24	无写	导郎	郭益娘	20	丹那些里渊	张桂娘	林金山(父)	郭藤顺(胞叔)	8.8
9.1	黄突水	27	无写	旧巴杀	林日娘	17	班芝兰	张桂娘	黄突海(胞兄)	林官亮(父)	8.11
9.4	郑东望[①]	23	无写	毛六甲	林维娘	18	干质巷	李八娘	郑邦几(父)	林朝元(父)	8.8
9.4	李延龄	29	无写	南靖	黄鸾娘	26	八厨沃间	陈颜娘	李寿禄(堂叔)	黄清渊(父,钦赐玛腰)	8.11,郑春锡雷,李晋郎雷

① 1886年9月21日抄给。1923年6月27日公堂朱陈再抄(交寅至今37年—另一纸条)。

9.4	简从政①	24	无写	八厨沃间	许秀娘	21	东居	陈颜娘	黄氏(母)	许金山(胞兄,雷)	8.11
9.4	钟观荣	29	无写	观音亭	高荣娘	19	大使庙	李八娘	钟庚福(堂兄)	高本基(堂叔)	8.11,李晋郎,雷
9.7	李丙官	29	无写	丹那丁宜	沈丁娘	23	丹那丁宜	詹发娘	李贵生(父)	沈稳生(父)	8.20
9.8	叶振生	28	无写	戈老屈	周癸娘	22	结石珍	李八娘	叶源和(父)	周乐山(父)	8.20
9.9	林纬光	19	无写	槟榔社	李茂娘	18	小南门	吴洁娘	林元贞(父,雷)	李金龙(胞兄)	8.21,郑春锡,李晋郎
9.15	赖天伦	23	无写	中港仔	陈山娘	20	公司	郭笃娘	赖显耀(父)	陈妈昭(父)	8.29,李晋郎
9.23	张亚观	23	无写	丹那庞	杨明娘	18	八厨沃间	张贵娘	张书爹(父)	杨汉水(堂祖叔)	9.13
9.27	梁锦江	23	无写	公司	陈宇娘	19	文登	李八娘	李金娘(母)	陈允藏(父)	旧婚
9.27	古财源	23	无写	呀勿	王安芝	21	五脚桥	李八娘	古北源(胞兄)	王玉华(父)	8.30
9.28	陈和尚	34	无写	圣望港	许金娘	20	大使庙	李八 娘	陈维熊(胞叔)	许光传(宗兄)	9.13
9.29	林俊麟	33	无写	槟榔社	丘金英娘	27	小南门	李金娘	范金娘(母)	丘亚佑(父)	9.13
10.4	温子山	27	无写	甲汶惹系	黄二娘	25	大南门	李八娘	温金和(胞叔)	黄壬华(堂兄)	9.13,陈文贵,甲
10.4	王意诚	20	无写	巴劳八丹	温那蓝	19	丹那庞	李八娘	王光山(父)	温清新(胞兄)	9.13
10.5	黄长东	20	无写	结石珍	陈炎娘	18	结石珍	李八娘	黄再生(胞叔)	陈长安(胞伯)	9.13
10.5	甘任生	20	无写	结石珍	叶纪娘	15	迈腰兰	李八娘	甘成德(父)	叶淡(父)	9.16
10.6	黄仲发	27	无写	新巴杀	曾水娘	20	新巴杀	朱音娘	黄清风(父)	曾秀七(父)	9.20,郑春锡代
10.7	黄宣献	18	无写	江东圩	王森娘	20	文登	郭笃娘	黄益谦(父)甲	王求本(父)	9.18,郑春锡,雷,赵德和,雷
10.7	许明亮	27	无写	结石珍	谢庚娘	26	结石珍	杨音娘	许宣寿(堂叔)	谢平生(父)	9.16,郑春锡
10.8	林长基	22	无写	八厨沃干	王成娘	23	小南门	杨音娘	林渊泉(父)	王天恩(父)	9.13
10.11	黄七水	18	无写	大使庙	林水娘	18	丹那娘仔	陈颜娘	黄新良(父)	林集(父)	9.18
10.12	黎兰干	21	吧生	新巴杀	谢茂娘	22	新巴杀	李八娘	黎亚维(父)	谢贵元(父)	10.8
10.12	沈明顺	22	吧生	惹致	陈面娘	16	惹致	李八娘	郑嫲娘(母)	陈登国(父)	10.12,陈文贵,甲
10.19	吴保生	25	无写	直那地巷	朱江娘	15	班芝兰	张新娘	吴木(胞叔)	朱亚兰(父)	10.8,林元贞,雷
10.22	朱双根	25	无写	加猫羔兰	李娘那	18	丹那庞	李八娘	朱天生(父)	李金龙(祖父)	9.28,陈文贵,甲
10.22	曾亚成	25	准居	戈劳屈	赖已娘	18	新巴杀	李八娘	增亚三(胞叔)	赖喜秀(父)	9.28,赵德和,雷

① 男家主婚伊母黄氏,伊母舅黄清渊钦赐玛腰代押。

10.26	陈顺兴	25	无写	丹那庞	甘福娘	22	新巴虱	李八娘	陈顺发(胞兄)	甘有源(堂叔)	10.11,陈文贵
10.26	唐荣水	21	无写	新巴虱	薛成娘	20	皮寮	李八娘	唐青松(父)	薛攀桂(父)	10.8
10.30	黄和源	28	无写	结石珍	朱福娘	19	结石珍	李八娘	黄和瑞(胞兄)	朱凤良(父)	10.13,林元贞,雷
10.30	叶连生	26	无写	公司后	陈勃娘	21	公司后	陈岸娘	叶科二(堂叔)	陈脉(父)	10.26
11.1	黄振清	18	无写	班芝兰	许成娘	18	莪罗浴	郭笃娘	黄长楠(伯父,雷)	许金山(胞兄,雷)	10.12,赵德和,雷
11.1	朱南山	29	无写	甘光广东	张思娘	16	砖仔桥	李八娘	朱璨郎(胞兄)	张亚二(胞伯)	10.8
11.2	陈元良①	27	准居	大港墘	郑戴娘	18	文登	李八娘	陈清木(叔)	郑日升(叔)	10.12
11.3	陈南松	26	无写	戈奢园	林贵娘	17	窑内	李八娘	陈如璋(胞叔)	林雨水(父)	10.12
11.4	陈清顺	27	无写	顺治桥	林水娘	26	甘光峇厘	李八娘	陈茂生(父)	林奇贵(胞兄)	10.12
11.5	叶水益	22	无写	丹那庞	韩华娘	22	丹那庞	李八娘	叶深(父)	韩瑞生(堂兄)	10.19
11.5	李清山	23	无写	中港新厝仔	叶阴娘	22	五脚桥	李八娘	李南桂(堂兄)	叶金山(堂叔)	10.17
11.5	胡木林	18	无写	江东圩	陈国娘	16	江东圩	李八娘	胡攀桂(父)	陈基明(父)	旧婚
11.6	杨鹅②	22	准居	新巴虱	薛文娘	21	结石珍	李八娘	杨三其(父)	薛文秀(堂兄)	10.14
11.8	潘万淑	23	无写	毛六甲	黄连娘	18	大巷内	李八娘	潘有良(父,子万水代)	黄青荣(父)	10.20
11.8	叶到	32	准居	小南门	黄福娘	22	八厨沃间	李八 娘	叶壬(堂叔)	黄金生(胞兄)	10.19,许耀基,雷
11.9	刘长寿	30	准居	五脚桥祠堂	温春娘	20	甘光沙洼	李八娘	刘亚禄(堂叔)	温五贵(父)	10.20,赖长辉,甲
11.12	林瑞发	26	无写	丹那沙里渊	杨本基娘	22	小南门	李八娘	林长荣(胞叔)	杨志喜(父)	10.26
11.12	曾福义	18	无写	丹那庞	李裕绒娘	18	庞加寺	李八娘	曾新客(父)	李白郎(父)	10.20
11.12	陈远	34	准居	甘光毛甲	杨三娘	23	砖仔桥	李八娘	陈文珍(堂叔)	杨基郎(胞兄)	10.26
11.12	叶亚四	38	准居	小南门	温顺娘	16	大南门	李八娘	叶志嵩(堂叔)	温亚德(父)	11.5
11.16	陈森泉	26	无写	新巴杀	张福娘	17	江东圩	朱瑞娘	陈齐官(父)	陈仙丹(父)	10.26
11.20	薛水生	45	无写	巴杀鱼干	陈宜娘	32	大南门	李八娘	薛海山(堂兄)	陈森茂(堂兄)	旧婚,许耀基,雷
11.24	陈如威	21	无写	结石珍	许桂娘	16	结石珍	李八娘	陈传炉(父)	许文巳(父)	11.10
11.26	叶水生	20	无写	观音亭	郑金娘	18	班芝兰	杨音娘	叶金山(堂兄)	郑茂泉(胞伯)	11.10
11.27	丘连芳③	35	准居	旧巴杀	杨炳娘	16	戈老窑	李八娘	丘亚桂(宗兄)	王壬娘(母)	11.15

① 案夺字在第498帙,1883年9月14日第2696号。

② 案夺字在第195号部,1879年1月7日第119号。

③ 据丘连芳或兰芳案夺字1883年9月14日150帙第718号。

11.29	丘亚炽	22	准居	望加寺	李庚娘	17	结石珍	李八娘	丘荣生(胞叔)	李锦龙(父)	11.5
11.29	李王润	20	无写	班芝兰	林山娘	18	班芝兰	李八娘	李派有(父)	林夏添(胞兄)	11.10
11.30	杨运茂	27	无写	班芝兰	林元娘	18	槟榔社	李八娘	杨三贵(宗叔)	林亚锦(胞叔)	11.11
11.30	郑添财	27	准居	小南门	张丙娘	21	小南门	李八娘	郑知(堂伯)	张顺郎(堂叔)	11.7
12.1	丘继兴	21	无写	丹绒	刘劳勃娘	19	大使庙	陈颜娘	丘枝头(祖)	刘爻(胞兄)	11.11,沈景坤,雷
12.3	饶亚宽	22	无写	小南门	张霜娘	16	小南门	李八娘	饶亚齐(堂叔祖)	张有德(堂叔)	11.24,郑春锡,雷
12.4	叶水源	21	无写	道郎	李杨娘	16	五脚桥	张桂娘	叶金山(堂兄)	李茂寅(父)	11.16
12.9	黄荣恢	21	无写	八茶罐	张月娘	18	班芝兰	许吉娘	黄荣锦(胞兄)	张茂山(父)	12.23,沈景坤,雷
12.13	陈振淼	18	无写	甘光惹年	蔡明娘	16	质宁贞	李八娘	林恩娘(母)	蔡曾郎(父)	旧婚,郑春锡
12.15	李元生	26	吧生	戈罗屈	张杰娘	19	甘光毛甲	李八娘	李寿生(胞兄)	张天瑞(父)	11.24
12.15	陈双喜[①]	31	无写	大南门	邱桂娘	24	洪溪	李八娘	陈福生(堂兄)	丘荣春(胞兄,病)	旧婚
12.15	林长吉	28	无写	大使庙	唐水娘	24	五脚桥	李八娘	林长森(胞兄)	唐长水(父)	12.2
12.18	钟甲秀	23	无写	美色近	郭金娘	19	大使庙	李八娘	钟亚三(胞兄)	施和娘(母)	12.2
12.19	翁秀章	25	吧生	小南门	林玉娘	17	窑内	李八娘	叶深娘(母)	林金水(父)	12.8
12.21	吴奕豹[②]	32	准居	小南门	张豁娘	24	惹牙兰	李八娘	张体仁(胞伯)	吴宏基(宗兄)	12.2,郑春锡
12.24	黎荣水	29	无写	新厝仔	林然娘	22	五脚桥	郭笃娘	黎合瑞(胞兄)	林宗英(父)	12.7
12.27	胡老咨	23	无写	甘光毛甲	陈景娘	21	甘光毛甲	郑满娘	胡元瑞(胞伯)	陈延晖(宗叔)	丁亥1.5
12.27	林振意	20	无写	小南门	丘癸娘	18	查莫闲	郑满娘	林仪川(胞伯)	丘连秀(父)	12.9
12.28	曾萃水	22	无写	结石珍	陈金娘	17	结石珍	郭笃娘	曾月生(胞伯父)	陈澄水(叔祖)	12.28
12.28	许珠章	24	无写	甘光毛甲	林意禄娘	18	蕉仔街	郭笃娘	许文明(宗叔)	林清和(胞兄)	12.10

总计:143对

1887年吧城唐人成婚注册表

月日	男家	年岁	类别	住址	女家	年岁	住址	媒妁	男方主婚	女方主婚	备注 结婚日,主事人
1.5	陈兴宗	26	无写	大使庙	许道娘	25	新厝仔	陈颜娘	陈福昌(胞叔)	许元生(胞兄)	12.20 赵德和

① 女方主婚丘荣春因病,堂叔金山代。

② 案夺字1886年2月27日无号。

1.8	温镇生[①]	21	准居	甘光武我	黄益娘	14	直那地巷	李八娘	温曾贤(父)	黄缵成(父)	12.20
1.11	李玉山	32	无写	结石珍	赖吉娘	23	结石珍	李八娘	李春生(父)	赖江山(堂叔)	12.20
2.11	陈新维	20	无写	甘光峇汝	廖庚娘	18	戈老屈	李八娘	陈乙郎(祖)	廖盛郎(父)	1.27,李晋郎,雷
2.22	吴俊宝	30	无写	毛六甲	冯凤娘	20	圣望港	陈颜娘	叶芳娘(母)	冯景波(胞兄)	2.5,赵德和
3.5	庄清元	21	无写	小南门	沈术娘	20	文丁	李八娘	庄隆(堂兄	沈赞二(堂兄)	2.12,赖长辉,甲,李晋郎
3.7	方永福[②]	41	准居	小南门	叶瑞娘	20	丹那庞	李八娘	方木溪(宗兄)	叶丁(父)	2.15,李晋郎
3.9	杨亚灿	29	准居	大南门	谢炳娘	22	砖仔桥	张辛娘	杨亚来(堂兄)	熊宣娘(母)	2.28
3.14	蒋种	26	准居	丹仔望	杨戊义娘	21	丹仔望	李八娘	蒋润(堂兄)	杨顺周(父)	2.23
4.1	侯德文	20	吧生	新巴杀	薛七娘	19	结石珍	李八娘	侯玉河(父)	薛文秀(堂兄)	3.14,沈景坤,甲
4.13	谢新龙	36	准居	巴劳八丹	郭山娘	19	鉴光猫厘	李八娘	谢星泉(堂叔)	郭三郎(堂叔)	3.21
4.23	李永生	22	无写	大港墘	蒋红娘	19	结石珍	李八娘	李长清(父)	蒋鸡亚依(祖)	4.10 林元贞
4.23	吴青龙	53	无写	新巴杀	王喂娘	27	新巴杀	李八娘	吴友生(胞兄)	王光彩(父)	4.2
4.26	李开源	41	无写	红牌	蔡水娘	21	甘光广东	李八娘	李文姜(父)	蔡伯结(父)	4.10,陈文贵代,甲
4.26	李水山	34	准居	结石珍	钟辛娘	17	五脚桥	郭笃娘	李禄义(堂兄)	钟亚辉(父)	4.7,沈景坤,甲
4.29	许金耀	19	准居	东居	沈杨娘	17	八厨沃间	许洁娘	许金山(胞兄)雷	沈振基(胞兄)	4.9,陈文贵
5.2	梁连进	30	吧生	砖仔桥	李金娘	18	江东圩	苏丁娘	陈丁娘(母)	李锦利(胞兄)	4.16,郑春锡
5.3	陈松和[③]	26	准居	旧巴虱	林玉娘	19	大南门	李八娘	陈云(堂兄)	林华	4.23
5.3	陈癸生	25	吧生	戈罗屈	宋金娘	20	戈罗屈	李八娘	陈松柏(父)	宋木礼(胞兄)	4.19
5.7	陈水生	20	吧生	毛六甲	李辛娘	17	朽桥	杨荫娘	陈知(父)	李祥棉(胞伯)	4.16
5.9	林逸	49	准居	小南门	杨凤娘	22	乌鬼巷	李八娘	林思伯(胞叔)	杨宗良(胞叔)	旧婚
5.10	黄蛋	28	准居	结石珍	杨有娘	18	乌鬼巷	李八娘	黄岸(堂兄)	杨宗良(胞伯)	4.23
5.10	林茂堂	20	无写	乌鬼巷	李福娘	17	公司后	李八娘	林功坤(父,子茂金代)	曾云娘(母)	4.18 郑春锡
5.11	张建照	35	准居	新巴杀	黄辛妹	17	新巴杀	李八娘	张能照(胞兄)	黄亚保(父)	4.22
5.17	李新显	43	吧生	茂物	伍保娘	28	三间土库	李八娘	李新凤(胞兄)	伍兰秀(胞兄)	4.28,许耀基,雷
5.18	蔡乃赓	40	准居	八厨沃间	丘不娘	20	五脚桥	许洁娘	蔡乃振(胞兄)	丘天瑞(祖)	又4.4

① 据温镇生案夺字1878年8月8日491帙第72号。

② 据方永福案夺字和1886年2月27日无帙亦无号头。

③ 案夺字1882年1月15日第3号。林华,脚疾,子淇安代。

5.26	高旺	31	准居	丹那庞	王合娘	17	丹那庞	李八娘	高大母(堂叔)	王义(父)	又4.21
5.28	丘燎金	24	吧生	丹绒	王碧娘	19	丹绒	陈岸娘	丘枝头(父)	王瑞茂(父)	又4.10
5.31	余永端	24	无写	公司	郑树善娘	20	槟榔社	李芬娘	余永顺(胞兄)	郑仲宏(父)	4.10
6.3	许耀兴	23	无写	东居	王娘娜	19	丹那庞	许洁娘	许耀基(胞兄,雷)	王天水(父)	4.14,沈景坤,雷
6.3	林元旦	29	吧生	蕉仔街	李文卓娘	18	甘光马来由	李八娘	林春元(胞兄)	李清荣(胞兄)	旧婚
6.11	杨若钦	30	准居	小南门	肖文娘	22	八道尧	李八娘	杨乔木(胞兄)	肖明伍(父)	4.27
6.14	傅顺樣	28	准居	旧巴杀	郑凤娘	18	旧巴杀	李八娘	傅评理(胞叔)	郑乞食(胞叔)	4.29,郑春锡,雷
6.23	薛清炎	20	吧生	新巴虱	陈娴娘	21	新巴虱	李八娘	薛攀龙(父)	陈冷水(父)	5.9
6.27	吴文庆[①]	37	旧港	砖仔桥	叶奕娘	17	道郎	张桂娘	吴明德(宗叔)	叶仕德(胞叔)	5.6,沈顺乾,甲
7.2	黄能水	32	无写	结石珍	吴合娘	18	结石珍	李八娘	黄肥水(堂兄)	吴桂阳(堂叔)	5.17,赵德和,雷
7.6	朱亚振	40	准居	八茶罐	叶鲁娘	16	惹牙兰	李八娘	朱亚友(胞叔)	叶庚寿(父)	6.19
7.7	杨缵松	25	吧生	大南门	赖春娘	21	戈老屈	许洁娘	杨光荣(父)	赖亚三(父.)	5.27
7.13	林锦顺	24	吧生	公司前	吴从娘	21	八戈然	李八娘	林允顺(胞兄)	吴宏基(父)	5.27
7.15	潘立斋	34	准居	班芝兰	刘织娘	19	甘光毛甲	李八娘	潘炳芳(堂兄)	刘廷贤(堂兄)	5.27
7.16	丘亚寰[②]	28	准居	小南门	徐壬娘	16	干质巷	陈掬娘	丘连贵(堂兄)	徐亚六(胞叔)	5.28
7.23	林琼珠	21	吧生	小南门	丁菊娘	22	小南门	李八娘	林长海(父)	丁德海(父)	6.16
7.26	叶金山	46	无写	新厝仔	林燦娘	29	大使庙	陈颜娘	叶读(堂兄)	林信德(父)	6.11
7.26	黄益抱	17	准居	丹那庞	韩春娘	17	丹那庞	陈颜娘	黄豆(父)	韩志生(胞叔)	6.14
7.28	甘庆章	22	吧生	甘光咨厘	张音娘	18	结石珍	李八娘	甘永泉(父)	张阳春(堂叔)	6.12
7.30	叶赵[③]	24	准居	红牌吧冥芬	王东萼	22	新厝仔	杨音娘	叶苍(堂兄)	林速娘(母)	6.11
8.3	蔡三才	43	无写	小南门	杨厉娘	29	五脚桥	李八娘	蔡松茂(胞叔)	杨汉水(胞叔祖)	6.16,赖长辉,甲
8.3	杨生	35	准居	大南门	黄庞娘	16	美色进	李八娘	杨天宝(堂兄)	黄元新(堂叔)	6.18
8.4	曾泰山	25	吧生	结石珍	陈连娘	24	茂物	陈颜娘	曾秀二(祖)	陈元理(父)	6.19
8.5	李亚史	39	准居	中港仔	黄四娘	22	大南门	李八娘	李香泉(堂叔)	黄彦寿(胞兄)	6.26
8.6	余振山	22	吧生	公馆巷	杨良娘	17	班芝兰	郭笃娘	余九朗(父)	杨三桂(父)	6.25
8.9	李亚伍	35	准居	大南门	冯凤娘	25	大南门	李八娘	李亚四(堂兄)	冯谨山(父)	7.3

① 吴文庆旧港生长。吴明德即公馆达氏。

② 丘亚寰案夺字1879年11月20日第31号。1887年7月16日公堂朱张心正给。1909年2月20日抄给。伊女丘新娘取单,1931年11月18日公堂朱陈文成再抄给。

③ 据叶赵案夺字1883年12月29日第XX号,报遗失。

8.12	李景昌[①]	24	准居	戈老屈	钟娘娜	19	丹那庞	李八娘	李亚能(堂兄)	钟财禄(胞兄)	6.26
8.15	张拱亮	21	吧生	中港仔	杨才娘	21	大南门	许结娘	张荣锡(堂兄)	杨光炎(胞伯)	6.25
8.15	古亚添	34	准居	小南门东	肖庚娘	18	砖仔桥	李八娘	古顺观(堂兄)	肖亚禄(父)	6.29
9.2	陈光淋	27	吧生	新厝仔	刘富娘	17	道郎	李八娘	陈荣瑞(胞叔)	刘壬秀(祖)	7.22,沈景坤,甲
9.2	陈添义	30	准居	砖仔桥	李金娘	26	小南门	李八娘	陈连贵(堂兄)	李荣昌(父)	7.18
9.2	黄泰泳	28	吧生	小南门	陈已娘	18	小南门	杨音娘	黄泰波(胞兄)	陈亚满(父)	7.26
9.8	郭润安	19	吧生	公司后	王宁芝娘	17	丹那庞	李八娘	郭亚杨(堂叔)	王庭裕(堂兄)	8.8
9.13	杨杞卿	39	准居	大南门	陈辛娘	17	朽桥	张辛娘	杨娈齐(堂兄)	陈洪超(父)	8.9
9.14	陈典位	38	吧生	美色近	李金娘	31	观音亭	李八娘	李音娘(母)	蔡盾娘(母)	8.10
9.17	陈维白	21	吧生	毛六甲	李娜芝	20	中港仔	张桂娘	陈长华(胞伯)	李伯达(父,甲必丹)	8.9,林元贞
9.20	许水山	41	吧生	毛六甲	郑来娘	25	新厝仔	李八娘	许天水(堂叔)	郑春淋(堂叔)	8.9
9.20	詹荣宗	31	吧生	大使庙	陈宝娘	20	大使庙	陈颜娘	詹祯祥(父)	陈兴宗(胞兄)	8.9
9.20	郑荣发	26	无写	新厝仔	蔡宗娘	18	毛六甲	李八娘	郑春淋(堂叔)	蔡松茂(胞叔祖)	8.9
9.20	黄九赛	27	准居	新巴杀	张良娘	16	新巴杀	朱有娘	黄榕(堂叔)	林绿娘(祖母)	8.13
9.20	杨玉珍	22	吧生	丹那庞	林细娘	19	丹那庞	朱有娘	杨海土(父)	林太老(胞兄)	8.11
9.24	杨清德	28	无写	勃雷	宋凤娘	19	石桥	李八娘	杨溪山(胞兄)	宋贵(父)	8.16
9.26	郭腾和	30	吧生	丹那实里渊	肖蜜娘	19	观音亭窑内	李八娘	郭腾顺(胞兄)	肖地永(父)	8.17
9.26	高鼎郎	24	无写	结石珍	陈银娘	24	八厨沃间	李八娘	高明德(宗叔)	陈疆增(父)	8.16
9.26	杨德寿	24	无写	大使庙	陈文娘	24	大巷内	郭笃娘	杨清云(堂兄)	陈淮浦(父)	8.23,林元贞,雷
9.27	李登财	25	吧生	毛六甲	温清娘	17	干质巷	陈颜娘	李梅生(胞叔)	戴庚娘(母)	8.20
9.27	邓昆水	24	吧生	巴劳八丹	林学娘	20	文丁加南末	陈颜娘	邓桂生(堂叔)	林潮(堂叔)	8.17
9.27	丘庚郎	28	吧生	砖仔桥	陈金娘	25	干质巷	李八娘	丘芹妹(堂叔)	涂月娘(母)	8.16
9.28	王传福	22	吧生	砖仔桥	张物娘	17	二脚桥	李八娘	王传章(胞兄)	张金海(胞叔)	8.16
9.28	李成珍	27	吧生	大使庙	张冥劳娘	23	马腰兰	李芬娘	刘金娘(母)	张坤东(父)	8.18
10.3	钟登郎	28	吧生	结石珍	李树娘	19	班芝兰	李八娘	钟士标(父)	李现五(胞叔)	8.24,郑春锡,雷
10.3	李进安	28	准居	结石珍	钟癸娘	20	结石珍	李八娘	李现五(胞叔)	钟士标(父)	8.24
10.5	肖昇生	31	准居	道郎	卢淋娘	17	亚森脚	赖二娘	肖亚建(堂兄)	卢亚铭(父)	8.22

① 李景昌又名亚景,案夺字1882年8月15日第50号。

10.11	邹亚秀	27	准居	新巴虱	林壬娘	16	马腰兰	赖二娘	邹新郎(胞兄)	林天养(父)	9.4
10.11	王乙生	22	吧生	班惹能安	陈心娘	22	甘光万兰	赖二娘	王山林(父)	陈六顺(父)	9.4
10.12	林松珍	30	吧生	小南门	翁芳娘	27	中港仔新厝仔	赖二娘	林宗荣(胞叔)	翁文达(胞兄)	9.10
10.12	林亚粦	35	准居	结石珍	黄茂娘	22	马腰兰	赖二娘	林亚奎(胞叔)	黄祥云(堂叔)	9.4
10.17	王嘉福	21	吧生	丹那庞	周淡娘	19	结石珍	赖二娘	王平生(父)	周华生(父)	9.16,许耀基,雷
10.18	涂维庆	23	吧生	观音亭	王里仁娘	19	毛六甲	赖二娘	涂明元(祖叔)	王金山(父)	9.17
10.20	谢清忠	23	吧生	结石珍	阮六娘	22	结石珍	赖二娘	谢天竹(父)	阮忠娘(胞姐)	10.13
10.26	陈福利	22	吧生	巴甘庞安	苏梅娘	17	巴甘庞安	赖二娘	陈阳(父)	苏生宗(父)	9.18
10.27	龚韶	25	准居	小南门	杨碧娘	24	公司	陈颜娘	龚得郎(宗叔)	杨成(胞叔)	9.14,许耀基,甲
10.27	高和尚	33	准居	丹那庞	黄余禄娘	23	丹那庞	赖二娘	高世曲(宗叔)	黄水凉(父)	9.16
10.28	黄通草	34	准居	朽桥	钟庚娘	18	甲汶勿杀	张辛娘	黄种(胞叔)	钟荣郎(父)	10.20
10.29	赖秀	27	准居	楂庞	林仁娘	17	楂庞	赖二娘	赖夏(胞叔)	林恒(胞叔)	9.14
10.31	叶文才	22	无写	新厝仔	谢淡娘	23	五脚桥	赖二娘	叶庚叔(父)	谢文辉(父)	9.25
11.3	陈炎基	25	无写	结石珍	吴连娘	23	结石珍	赖二娘	陈丁二(父)	吴昭汶(胞兄)	10.8,赖长辉,甲
11.9	王新喜	25	吧生	圣望港	杨信娘	22	新巴杀	赖二娘	王荣喜(胞兄)	杨长水(胞兄)	10.2
11.9	蔡幸	27	吧生	新巴杀	陈发娘	23	茄南末	朱佑娘	蔡凤(父)	陈亚惟(父)	10.9
11.12	吴金榜	35	无写	荖月巷	陈灿娘	22	五脚桥	赖二娘	吴天(堂叔)	陈佐(堂叔)	10.8
11.15	陈森林①	38	中国生长	八厨沃干	林福娘	21	圣望港	赖二娘	陈江雨甲大(堂兄)	林宗荣(胞叔)	10.8
11.18	吴文松	21	吧生	结石珍	陈登娘	18	结石珍	赖二娘	吴丁芝(堂兄)	陈传炉(父)	10.13
11.22	赵生蚵	27	无写	鉴光猫厘	蒋直娘	25	结石珍	赖二娘	赵变(堂伯)	蒋建流(胞兄)	10.13,赖长辉,甲
11.22	陈丰霖	35	准居	温律海屿	叶新娘	20	温律海屿	赖二娘	陈进才(堂叔)	叶亚元(父)	10.20
11.24	蔡三水	23	吧生	劳俄仔	张美娘	18	结石珍	赖二娘	蔡如生(父)	张永存(父)	8.9旧婚
11.28	王义芳	27	吧生	圣望港	杨清娘	18	道郎	李芬娘	王隆泉(堂伯)	杨锦荣(父)	10.21
11.28	林长福②	20	吧生	大使庙	陈恬娘	16	八戈然	杨音娘	林新建(祖)	陈文琳(父)	10.21
11.28	蔡玫芳	34	准居	大巷内	丘维娘	23	五脚桥	赖二娘	蔡凤(宗叔)	丘荣山(胞兄)	10.19
11.29	王聪睿	25	无写	惹致	陈娘娜	24	丹那庞	赖二娘	王章江(胞叔)	陈文力(胞叔)	10.20
11.29	陈顺合	48	无写	道郎	王鸾娘	28	惹致	赖二娘	陈太兴(堂兄)	王章江(胞叔)	10.20,续弦

---

① 据陈森林案夺字1883年5月8日第2号。"中国生长"系原文所书。

② 公勃低甲必丹赖长辉官告退,甲必丹赵德和官代押(查赖甲大签字一直到此11月30日,赵甲大并未签字)

11.30	林卫生	21	吧生	甘光峇厘	曹连娘	17	茄焦邦	赖二娘	林挺秀(父)	曹发寿(父)	10.21
11.30	张文岱	40	准居	小南门	陈英娘	26	甘光河北	赖二娘	张三(堂兄)	陈金荣(胞兄)	10.20
11.30	彭炳龙	42	准居	戈老屈	黄庆娘	29	洪溪	赖二娘	林永娘(母)	黄永全(堂兄)	10.19
12.1	蔡山泉	20	吧生	结石珍	陈保娘	21	甘光浮芦	赖二娘	蔡玉泉(胞兄)	陈六因(父)	10.27,沈景坤,甲
12.1	林悦生	22	吧生	巴绒骨兰	柯琳娘[①]	18	砖仔桥	赖二娘	林办真(父)	柯江龙(父)	11.4
12.1	林长华	22	无写	丹那庞	陈官娘	23	茂物	许笃娘	林长辉(胞兄)	陈元标(堂兄,甲大)	10.19
12.6	陈清水	18	准居	结石珍	吴顺娘	17	打铁街	赖二娘	陈莲心(父)	吴竹春(胞兄)	11.3
12.6	林其珍	29	准居	结石珍	陈和娘	17	结石珍	赖二娘	林戊已(宗兄)	陈莲心(父)	11.3
12.12	赖长发	27	无写	新巴杀	连荔枝	19	洪溪	赖二娘	赖保生(父)	连益章甲(胞伯)	11.3,郑春锡,甲
12.12	柯尔簿	25	准居	新巴虱	陈河娘	17	新巴虱	朱有娘	柯耀琛(胞兄)	陈龟官(父)	11.3
12.13	李兴林	18	吧生	潭汶	陈荣娘	17	毛六甲	杨音娘	李金龙(胞兄)	陈长华(胞伯)	11.19,沈景坤,甲
12.17	刘荣章	24	吧生	甘光峇厘	杨伦娘	19	结石珍	赖二娘	刘清元(父)	杨坐(堂伯)	11.12
12.19	曹基生	25	无写	毛六甲	翁温娘	23	小南门	赖二娘	曹泰山(胞叔)	翁秀章(胞兄)	11.11
12.19	陈振河	53	无写	惹牙兰	李玉娘	30	结石珍	李芬娘	陈深娘(胞姊)	李顺生(父)	10.13
12.20	黄登竹	20	无写	结石珍	阮妙娘	20	结石珍	赖二娘	黄福宝(父)	阮培(父)	11.19,郑春锡,甲
12.20	伍兰秀	41	无写	圣望港	林贞娘	28	道郎	赖二娘	叶春源(姊夫)	林金山(胞兄)	11.11
12.21	饶保霖	22	吧生	毛六甲	马金娘	17	鉴光猫汝	赖二娘	饶和郎甲(父)	马初开(父)	11.8,沈景坤,甲
12.21	黄水生	20	吧生	庞寮	陈彬劳娘	20	质宁贞	赖二娘	黄福星(父)	陈深芳(父)	11.11,郑春锡
12.22	王荣生	20	吧生	胡炉巴	陈有娘	16	八戈然	赖二娘	王武员(父)	陈助昌(胞兄)	11.19
12.24	林仪川	54	吧生	小南门	黄吉娘	21	毛六甲	郑满娘	林金禄(宗叔)	林三娘(母)	10.21旧婚,沈景坤,甲
12.27	朱添寿	22	吧生	结石珍	杨桂娘	20	结石珍	郭笃娘	朱德海(父)	杨乌蚶(父)	11.15
12.27	余玉冷	24	吧生	丹那娘仔	李温娘	17	丹那娘仔	——	余佳生(父)	李双基(父)	此条被删除
12.28	郭见置	35	准居	五脚桥	李进娘	20	结石珍	赖二娘	郭敬(堂叔)	李宇(父)	11.16
12.28	许长海	23	吧生	水锯社	陈珍娘	16	道郎	赖二娘	许开元(堂叔)	陈碧麟(宗伯)	11.16
12.28	唐瑞江	20	吧生	结石珍	林积娘	19	朽桥	赖二娘	唐水生(堂伯)	林文福(父)	11.19
12.30	詹亚恩[②]	35	准居	道郎	廖壬娘	16	中港仔	张桂娘	詹亚友(堂兄)	廖亚鼎(父)	11.16

① 柯琳娘又名柯冬萼。

② 据詹亚恩案夺字1873年6月20日第27号。

12.30	方顺良	27	吧生	结石珍	吴猫厘娘	19	结石珍	赖二娘	方丁合(父)	吴振耀(父)	11.19

总计:133 对

1888 年吧城唐人成婚注册表

月日	男家	年岁	类别	住址	女家	年岁	住址	媒妁	男方主婚	女方主婚	备注 结婚日,主事人
1.6	徐金和	20	吧生	小南门	李那娘	18	八戈然	赖二娘	徐柳絮(父)	李子昌 (胞伯,雷)	11.28,郑春锡
1.7	黎荣寿①	43	准居	巴甘庞安	丘万丹娘	18	胡巴	赖二娘	黎世俊(堂叔)	丘亚四(父)	11.19,旧婚
1.9	刘进水	20	吧生	结石珍	陈老娘	18	结石珍	赖二娘	刘长春(父)	陈文广(父)	12.3
1.11	张南生	26	吧生	丹仔庞	林和娘	18	丹仔庞	赖二娘	张音(父)	林山郎(父)	12.3
1.12	陈文叶	24	准居	新巴杀	詹良娘	24	新巴杀	赖二娘	陈照和(宗兄)	詹文庆(父)	12.3
1.12	叶亚鼎	33	准居	甘光惹牙	赖二娘	21	丹那丁宜	赖二娘	叶随盛(胞兄)	林茂生(堂兄)	12.2
1.12	郭亚海	32	准居	武兀	曹云娘	20	巴劳八丹	赖二娘	郭贤书(堂叔)	曹发寿(胞叔)	12.14
1.17	李永元	28	吧生	新巴杀	陈闹实娘	16	新巴杀	赖二娘	李玉山(宗叔)	陈文广(父)	12.3,王文信,雷
1.21	黎天福	49	吧生	质宁贞	陈钦娘	30	观音亭	张桂娘	黎进杨(胞兄)	陈长庚(父)	12.17,郑春锡,甲
1.21	王福良	24	吧生	巷漏丹	韩雪娘	17	文登	赖二娘	王荣基(父)	韩启明(父)	12.10
1.23	谢耀光	22	无写	东居	戴心娘	19	茂物	许洁娘	许耀宗(胞兄)	戴金池(父)	12.18,王文信,雷
1.27	曹鼎寿	26	准居	结石珍	李金娘	19	结石珍	胡娇娘	曹南福(父)	李带有(堂叔)	戊 1.19
2.1	饶亚耀②	40	准居	小南门	古汉娘	30	小南门	赖二娘	饶壬勋(堂兄)	古北元(堂兄)	旧婚,许耀基,甲
2.1	张善厚	21	吧生	乌布土库	李接娘	18	公馆巷	赖二娘	张绍南(宗叔)	李生金(父)	1.22
2.3	陈世根	30	准居	茂物	郭求娘	20	八戈然	赖二娘	陈有(堂叔)	郭进富(父)	12.24
3.7	谢于珍	30	准居	吧冉文	钟捷娘	17	茄南末伦达沙厨	赖二娘	谢亚汉(胞兄)	钟亚越(父)	2.2,林元贞,雷
3.9	伍荣泰	36	吧生	惹牙兰	吴明娘	27	惹牙兰	赖二娘	蔡娇娘(母)	郑音娘(母)	7.29 旧婚
3.20	刘澄水	20	吧生	丹仔庞	王以娘	16	丹仔庞	赖二娘	刘清水(父)	王文成(父)	2.13,李晋郎,雷
3.20	黄霞	28	准居	丹仔庞	王宝娘	22	丹仔庞	赖二娘	黄豆(胞叔)	王文成(胞兄)	2.13

① 据黎荣寿又名黎亚荣案夺字 1879 年 5 月 7 日第 13 号。

② 案夺字 1876 年 4 月 14 日第 8 号。旧婚于光绪丁丑(1877)年农历三月十二日。

3.20	赵德江	22	吧生	新巴杀	许荣娘	20	戈老屈	郭笃娘	赵德和(胞兄,雷)	许耀基(胞兄,甲必丹)	2.13,郑春锡,李晋郎
3.29	林甘泉	21	吧生	巴绒古兰	叶纯娘	19	惹牙兰	赖二娘	翁心娘(母)	叶保全(祖)	2.27,李晋郎
3.30	林天生	25	吧生	圣望港	张桂娘	18	应莱河	许洁娘	林金禄(父)	张茂山(父)	2.20 续娶
3.31	林亚秀①	53	准居	八厨沃间	陈合娘	30	五脚桥	赖二娘	林亚香(胞叔)	陈明阳(胞叔)	2.27
4.19	徐盖章	23	无写	毛六甲	纪木娘	23	毛六甲	赖二娘	徐荣水(堂叔)	纪平和(父)	3.15,林长辉
4.27	张面	29	准居	结石珍	蒋乙娘	20	丹那庞	赖二娘	张文(堂叔)	蒋顺郎(父)	4.4
4.30	兰双全②	60	唐生	大使庙	林渠娘	41	八戈然	赖二娘	蓝崇德(堂兄)	林茂松(父)	4.3
5.1	丘庆荣	35	吧生	丹那庞	许桂娘	26	廿六间	赖二娘	丘亚三(父)	钟福娘(内祖母)	3.30,许金宝,雷珍兰
5.3	黄炳麟	24	吧生	小南门	李硂娘	18	廿六间	钟辛娘	黄观生(胞兄)	李盛能(父)	4.3
5.4	黄顺东	21	吧生	结石珍	王杞娘	18	结石珍	赖二娘	黄草山(父)	王丁水(父)	4.8
5.11	陈炎从	20	吧生	西门	戴补娘	18	道郎	赖二娘	陈吉全(父)	戴清淮(父)	4.16
5.11	邹天生	29	吧生	峇里广东	潘文娘	20	毛六甲	赖二娘	邹天炎(胞兄)	潘有良(父)	4.8
5.16	陈继安	28	无写	班芝兰	刘瑞娘	25	打铁街	张贵娘	陈宇宙(父)	江旋娘(母)	4.17
5.17	陈顺添	28	无写	结石珍甘光武兀	林寺娘	24	新巴杀	詹发娘	陈登秀(父)	林敬兴(胞伯)	4.13
5.18	陈顺斗	21	准居	小南门	甘金娘	20	三间土库	赖二娘	陈建寅(宗叔)	甘金章(胞兄)	4.13
5.19	吴福寿	25	准居	新巴杀	黄松娘	16	新巴杀	赖二娘	吴香水(堂叔)	王照娘(母)	4.17
5.19	侯润源	27	准居	戈老屈	彭炳娘	23	戈老屈	赖二娘	侯润连(胞兄)	彭海江(胞叔)	4.20
5.23	叶银来	22	准居	丹那庞	蔡水娘	18	丹那庞	赖二娘	叶隆兴(父)	蔡保生(胞兄)	4.24
5.23	徐登元	22	无写	鉴光惹牙	郭生娘	21	丹那沙里渊	赖二娘	徐亚二(堂兄)	郭腾顺(胞叔)	4.17
5.24	王茂硂	21	无写	俄老洛	黄加璋娘	17	三间土库	胡娇娘	王合(父)	黄奇立(胞兄)	4.18
5.25	吴水宁	23	吧生	惹牙兰	李八娘	22	五脚桥	赖二娘	吴福全(父)	李金员(父)	4.20
5.25	吴元福	34	吧生	晋郎安	梁益娘	18	戈老屈	赖二娘	吴登二(父)	梁亚育(宗叔)	4.24
5.26	赖明奇	44	吧生	班芝兰	叶万丹娘	21	小南门	赖二娘	叶天文(父)	陈千乘(母舅)	4.24
6.8	林俊发	39	吧生	砖仔桥	王秀娘	24	小南门	赖二娘	林碧梧(宗叔)	王河水(父)	5.1,王文信,雷
6.26	林金汕	22	无写	中港仔	甘音娘	21	观音亭	赖二娘	林丁才(父)	甘珍娘(祖姑)	5.22
7.2	陈进木	20	吧生	结石珍	杨桃娘	18	新巴杀	赖二娘	陈沧波(父)	杨长水(父)	6.3,许耀基,甲

① 据陈亚信又名林亚秀大淡案夺字1860年12月18日第4434号。

② 蓝双全系唐生长案夺字被海水淹没。默氏王浪山1888年4月24日来单(荷文)。1888年5月14日抄给。

7.3	温丁英	22	吧生	鉴光沙瓦	吴井娘	19	五脚桥	赖二娘	温五柱(胞伯)	吴庆周(父)	6.4
7.4	黄期	33	吧生	鉴光沙瓦	吴辉娘	17	干质巷	赖二娘	黄曲水(堂兄)	吴东成(父)	6.4
7.9	陈福海	23	吧生	砖仔桥	黄凤娘	16	毛六甲	赖二娘	陈福老(父)	黄海汉(胞兄)	6.14
7.11	许海水	23	吧生	新厝仔	黄海娘	23	大巷内	赖二娘	许源生(胞兄)	黄青荣(父)	6.8
7.12	田丁安	22	吧生	五脚桥	黄宗娘	23	惹加直劳	赖二娘	田河清(父)	黄德鸾(父)	6.21
7.13	薛文东	42	吧生	结石珍	陈意娘	24	小南门	张桂娘	薛文秀(胞兄)	陈宗寿(胞叔)	6.8
7.14	胡荣宗	25	吧生	亚森脚	陈海娘	20	大公司	赖二娘	胡昭水(宗叔)	陈妈招(父)	6.14
7.17	吴明杞	21	吧生	砖仔桥	林兰娘	19	亚森脚	赖二娘	吴风杞(宗叔)	林华(父)	6.14,赵德和,雷
7.21	黄水贺	26	吧生	班芝兰	苏市娘	17	结石珍	赖二娘	黄坡水(宗叔)	苏添寿(父)	6.16
7.23	徐芳谷	23	无写	大使庙	杨金娘	18	勃壘	赖二娘	徐万景(堂叔)	杨溪山(父)	6.18
8.9	郭亚锦	42	准居	新巴杀	朱文质娘	22	结石珍	赖二娘	郭亚四(胞兄)	朱增四(胞兄)	7.2,林元贞,雷
8.13	詹淇水	23	吧生	文登	郭秀娘	23	鉴光河北	赖二娘	卢宣娘(母)	郭长春(父)	8.11
8.16	陈文全	22	吧生	道郎	丘福娘	22	五脚桥	张贵娘	陈嵩山(胞兄)	丘忠良(堂伯)	7.12,李晋郎,雷
8.18	伍亚福①	40	准居	亚森脚	黄有娘	16	朽桥	钟辛娘	伍亚寿(堂叔)	黄任水(父)	7.22
8.27	李亚新	32	准居	五脚桥	林新娘	17	猫腰兰	赖二娘	李奕福(胞兄)	林辛二(父)	8.5
8.28	江夏②	30	准居	打铁街	王灿娘	17	鉴光淡母劳	赖二娘	李色娘(母)	王琨玉(胞兄)	8.2
8.28	林锦华③	32	准居	大使庙	温巳娘	18	二脚桥	赖二娘	林盛堂(堂叔)	温福星(堂兄)	8.5
9.3	叶祖继	22	吧生	五脚桥	陈万日娘	23	丹那低巷	郑元娘	叶保全(祖)	陈奎炳(父)	8.2,许耀基,甲
9.4	陈宝昌	36	吧生	结石珍	李水娘	20	美色近	陈颜娘	陈永茂(宗兄)	刘照娘(母)	8.5,续弦
9.4	李荣丰	31	吧生	毛六甲	熊福娘	17	毛六甲	赖二娘	李标生(父)	熊开元(堂叔)	8.3,续弦
9.5	黄田温	22	吧生	鉴光惹牙	吴利娘	20	观音亭	郑满娘	黄天实(胞兄)	吴坤生(胞兄)	8.5
9.5	李生梓	26	吧生	干质巷	林银娘	17	八厨沃间	郑满娘	李新源(兄)	林德光(伯)	8.5
9.12	曾嘉山	19	吧生	砖仔桥	沈祖娘	18	鉴光沙瓦	许洁娘	曾金连(胞兄)	沈有庆(父)	8.14
9.12	张德昌④	25	准居	旧把杀	蒋山娘	25	结石珍	陈颜娘	张柏淮(胞兄)	蒋奎(父)	8.11
9.14	廖八水	22	吧生	庞寮	丘仁娘	19	劳俄瓦	赖二娘	廖文云(父)	丘荣春(胞兄)	8.22,林长辉,雷
9.17	陈赞元	29	吧生	新巴杀	蒋淡娘	24	结石珍	赖二娘	陈溪琳(父)	蒋梓(堂兄)	8.16

① 据伍亚福案夺字 1873 年 11 月 9 日第 2 号。1874 年 2 月 5 日第 271 号。

② 江夏案夺字 1878 年 9 月 10 日第 16 号。1878 年 9 月 30 日第 90 号。

③ 林锦华案夺字 1886 年 5 月 9 日第 12 号。1886 年 5 月 27 日无号。

④ 案夺字 1882 年 1 月 15 日第 3 号。1882 年 2 月 7 日第 941 号。

9.17	张瑞安	19	吧生	中港仔	陈彬永娘	17	结石珍	赖二娘	张茂山(宗兄)	陈全郎(祖)	8.14
9.22	陈良才	23	吧生	茂物	邹圭娘	22	丹那磷劳	赖二娘	陈基循(父)	邹邦基(胞叔)	8.14
9.25	郑壬水	36	吧生	戈老屈	李镜娘	21	鉴光广东	赖二娘	郑东生(胞叔)	李生川(父)	9.10
9.27	林春海	28	无写	五脚桥	许里勿娘	21	五脚桥	赖二娘	林文娘(姑)	许茂发(胞兄)	8.29
9.27	黄亚智[①]	32	准居	大南门	钟保娘	17	乌布土库	赖二娘	黄亚萍(堂叔)	钟亚苏(父)	8.26
9.28	李令	45	准居	小南门	张毛吃娘	20	砖仔桥	赖二娘	李重(堂兄)	张茂山(胞妹)	8.26
10.5	戴荣顺	21	吧生	惹致丹那庞	陈挨勃娘	21	惹致丹那庞	赖二娘	戴有水(父)	陈登基(堂伯)	9.10,郑春锡
10.25	陈茂基	29	无写	亭仔脚	林日娘	22	道郎新厝	赖二娘	陈淮浦(父)	林永顺(父)	10.1,许金宝
10.25	甘清富[②]	24	准居	结石珍	沈姐娘	18	朽桥	赖二娘	甘清水(宗叔祖)	沈强(父病,子福才代)	10.4
10.28	陈维龙	22	吧生	八厨沃干	林保娘	17	窑内	许洁娘	陈继昌(堂叔)	林金水(父)	9.28
10.29	曾清秋	23	无写	大港唇	钟启娘	20	茄劳旺	陈岸娘	曾金连(宗兄)	钟丰盛(父)	10.5
10.31	赵梓	39	准居	新巴杀	蒋奎娘	26	结石珍	赖二娘	赵变(叔祖)	蒋谦(父)	10.4
11.1	涂子龙	33	吧生	朽桥	林文娘	18	观音亭	赖二娘	涂明光(堂伯)	林德和(胞伯)	10.12,郑春锡,甲
11.3	叶習[③]	41	准 居	班芝兰	郭专娘	16	八多柔	胡乔娘	叶旁(胞叔)	郭腾顺(堂叔)	9.28
11.7	黄英	19	吧生	巷庞巫	谢衣禄娘	19	八茶贯	赖二娘	黄造(父)	谢爪亚(胞兄)	10.15,王文信,雷
11.7	陈春茂	24	吧生	小南门	蔡基娘	19	直劳地巷	朱有娘	陈顺佑(胞伯)	蔡开力(父)	10.12
11.8	蔡振声	23	吧生	打铁街	杨森娘	16	亭仔脚	胡娇娘	蔡登(堂叔)	杨石如(堂叔)	10.12,郑春锡,甲
11.10	徐本山	27	吧生	芝基泥	杨芬娘	20	洪溪	赖二娘	徐贵二(宗兄)	杨清河(胞兄,病,子王振代)	10.15
11.10	杨亚信	29	准居	巴劳八丹	曹应妹	18	巴劳八丹	赖二娘	杨亚明(堂叔)	曹发寿(胞叔)	10.26,王文信,雷
11.12	薛长	36	准居	结石珍	洪音娘	19	结石珍	赖二娘	薛扁(兄)	洪水(叔)	10.24,郑春锡,甲
1.13	钟德兴	21	吧生	丹那庞	陈良娘	16	结石珍	赖二娘	钟西山(父)	陈德章(堂兄)	10.16
11.14	赵德顺	23	吧生	新巴杀	王吉娘	18	江东圩	赖二娘	赵德和(堂兄)雷	王炎光(堂兄)	10.12,续弦,王文信
11.14	蒋如生	20	吧生	甘光沯厘	杨芹娘	17	结石珍	赖二娘	蒋大学(堂叔)	杨泰山(父)	10.17,郑春锡
11.15	陈维衡	41	吧生	毛六甲	温丁娘	22	巴劳八丹	赖二娘	陈长华(胞叔)	温亚源(堂兄)	10.17
11.15	朱百安	25	吧生	丹那庞	陈信娘	18	丹那庞	赖二娘	朱美力(宗伯)	陈文质(父)	10.22
11.17	张秀芳	23	吧生	八茶罐	李衍娘	23	八茶罐	赖二娘	张心正(父)朱	李联辉(胞叔)	10.17,王文信,雷
11.17	郭荣居	29	吧生	廿六间	陈杨娘	24	廿六间	胡娇娘	郭敬(父)	黄凤娘(母)	10.16

① 案夺字 1879 年 3 月 10 日第 10 号。1879 年 3 月 20 日第 379 号。

② 案夺字 1884 年 12 月 12 日第 3 号。

③ 案夺字 1884 年 10 月 10 日第 3 号。

11.20	庄志观	30	准居	预八厨沃干	黄一娘	19	大南门	赖二娘	庄寿荣(宗叔)	黄有寿(父)	10.22
11.21	陈亚章	36	准居	结石珍	温裕妹	16	结石珍	赖二娘	陈阿五(胞叔)	温亚富(父)	10.22
11.22	邹荣兰	30	准居	大南门	张壬娘	15	道郎新厝仔	赖二娘	邹乔祥(宗叔)	张德兴(父)	10.24,郑春锡,雷
11.23	沈天佑	18	吧生	结石珍	陈春娘	20	结石珍	赖二娘	沈长满(宗叔)	陈丁二(堂叔)	10.22,王文信,雷
11.26	蓝水①	28	准居	南旁	陈江娘	23	五脚桥	赖二娘	蓝云(父)	陈万娘(姑)	10.24,王文信,林长辉代
11.27	吴长生②	38	吧生	五脚桥	颜瑞娘	30	五脚桥	赖二娘	吴金顺(宗兄)	颜瑞宗(胞兄)	10.26,王文信
11.28	颜福山	42	吧生	顶八厨沃间	陈烟娘	28	中港仔	赖二娘	颜安然(宗叔)	陈俊义(胞兄)	11. 9
11.30	刘亚衍	37	准居	观音亭	卢春娘	20	泗里旁	林江娘	刘登贤(堂兄)	卢赞德(胞兄)	11.2
12.1	林祥五	31	准居	洪溪	陈文娘	19	五脚桥	赖二娘	林祥四(胞兄)	陈本基(胞兄)	12.20,许耀基,甲
12.5	李亚富	28	准居	结石珍	曹金娘	17	甘光峇厘	赖二娘	李廷辉(堂叔)	曹新郎(父)	11.6
12.13	高乙水	30	吧生	庞寮	郑毛力娘	17	绒古兰	赖二娘	高汶水(胞兄)	郑奇章(父)	11.15
12.13	廖亚二	29	吧生	巷干质	陈寅娘	21	新巴杀	赖二娘	廖禄晋(胞兄)	陈玉琳(胞兄)	11.14
12.15	钟亚立	45	准居	戈老屈	李瑞娘	25	鉴光浮罗	赖二娘	钟科郎(堂兄)	李亚喜(胞伯)	11.21
12.15	李水敬	36	吧生	槟榔社	杨敬娘	21	巴杀亚森	赖二娘	李永卿(胞兄)	杨启川(胞叔)	11.21
12.17	徐秉章 朱葛礁	52	吧生	大使庙	林本娘	33	窑内	赖二娘	徐万顷(宗叔)	林新建(父)	11.15,赵德和,雷
12.19	施连培	41	准居	旧巴虱	陈谦娘	20	结石珍	赖二娘	施国治(堂叔)	陈青春(父)	11.22
12.21	郭俊杰	34	吧生	班芝兰	蔡荫娘	19	甘光胡北	郭笃娘	郭必达(堂兄)	余密娘(母)	12.8
12.24	蓝德昌	22	吧生	八戈然	陈笨娘	17	五脚桥	赖二娘	蓝双全(父)	陈基衡(胞兄)	12.3
12.28	林恕清	27	吧生	三间土库	郭桂娘	20	观音亭	赖二娘	林辉水(父)	郭荣传(父)	12.8
12.28	洪见发	23	吧生	圣望港	陈银娘	24	大使庙	陈岸娘	洪四美(父)	陈丁庸(堂叔)	12.8
12.31	林其桂	32	吧生	结石珍	蔡海娘	30	结石珍	赖二娘	林碧(叔祖)	蔡金英(堂叔)	12.5

总计:119 对

① 据蓝水直浴勿洞大淡案夺字 1888 年 5 月 3 日第 21 号。蓝水现寓大巷内。

② 吴长生吧生,现寓加劳旺。

1889 年吧城唐人成婚注册表

月日	男家	年岁	类别	住址	女家	年岁	住址	媒妁	男方主婚	女方主婚	备注 结婚日，主事人
1.3	蔡青秀	25	吧生	公司	陈青娘	25	三间土库	许洁娘	蔡奇章(父)	陈长芳(胞叔祖)	12.12，林元贞，雷，郑春锡代
1.9	方顺補	27	无写	结石珍	陈金娘	16	结石珍	赖二娘	方登合(父)	陈元(父)	12.13，林元贞，雷
9.11	陈物[①]	25	准居	迁术	余饶娘	18	窑内	赖二娘	陈霭(堂叔)	余秦(堂兄)	戊 12.12
12.2	吴亚根[②]	37	准居	结石珍	梁桂娘	20	庞牙勿杀	钟辛娘	吴官福(堂兄)	谢杞娘(母)	己 1.22
3.1	吴振炎[③]	27	准居	公司后	李能娘	21	小南门	赖二娘	吴咸泰(父)	李大有(堂叔)	2.2，许金宝，雷
3.4	詹金水	24	吧生	新巴虱	李如娘	22	新巴虱	赖二娘	詹东寿(父)	李伯金(父)	2.17
3.4	黄文水	21	吧生	新巴虱	陈然娘	21	新巴虱	朱福娘	黄福山(父)	陈长溪(胞兄)	2.13
3.5	刘朝山	18	吧生	结石珍	黄红娘	18	牛郎沙里	赖二娘	刘真(堂叔)	吴因娘(母)	2.7
3.5	李千年	42	吧生	八戈然	陈娘那	21	八厨沃干	赖二娘	李子溪(堂叔)	陈基衡(堂兄)	12.13
3.6	吴振和	46	吧生	大南门丹那底巷	李淡娘	17	大南门丹那底巷	赖二娘	吴萃荣(堂叔)	李文质(父)	2.20
3.7	袁水生	22	吧生	丹那式里连	赵荫娘	18	打铁街	赖二娘	袁章能(父)	赵玉水(父)	2.7
3.13	陈春溪	21	吧生	小南门	纪金娘	23	毛六甲	朱珠娘	陈纯祐(胞伯)	纪平和(父)	2.16，郑春锡，甲
3.13	焦有水	21	吧生	丹那庞	黄荫娘	24	丹那庞	赖二娘	焦友生(父)	黄寅清(堂伯)	2.16
3.15	高水台	29	准居	八厨沃间	陈甘娘	26	八戈然	赖二娘	高生毛(堂兄)	陈和中(父)	2.24
3.20	杨沛然	19	吧生	文登	陈毛笃	19	廿六间	赖二娘	杨绿水(父)	欧森永(生父)	2.24
4.3	陈三瑞	34	吧生	五脚桥	许澳娘	20	五脚桥	胡娇娘	陈荣瑞(堂兄)	许茂发(胞兄)	3.8，许耀基，甲
4.8	陈振观	30	吧生	五脚桥	林珠娘	19	竹寮	赖二娘	陈长华(父)	林最(父)	4.16
4.12	朱发水	22	吧生	八茶罐	陈荣珠	22	八茶罐	陈颜娘	陈养娘(母)	陈河山(父)	3.20
4.12	邓必水	25	吧生	结石珍	朱汉娘	18	八茶罐	陈颜娘	邓戊生(父)	陈养娘(母)	3.20
4.15	姚抚稷[④]	29	准居	小南门	吴福娘	27	亚森脚	胡乔娘	姚若天(堂叔)	吴南阳甲(祖父)	3.20，许耀基，连福全
4.23	陈金沙	21	吧生	新巴杀	张桂娘	19	鉴光咨厘	朱有娘	陈淇泉(祖，子冷水代)	张春元(祖)	3.28，连福全，雷

① 据陈物再抄案夺字 1885 年 7 月 9 日第 15 号。

② 据吴亚根案夺字 1879 年 5 月 7 日第 13 号。

③ 案夺字 1885 年 8 月 8 日第 19 号。

④ 案夺字 1886 年 8 月 13 日第 4 号。钦赐雷吴南阳病，其子钦赐甲经纶代。

4.23	陈顺维	20	吧生	结石珍丹那丁义	薛南冥娘	20	结石珍	赖二娘	陈长寿(父)	薛平合(父)	4.3
4.24	谢亚任①	28	准居	三间土库	林瑞娘	15	惹牙兰	赖二娘	谢亚四(堂叔)	林金桂(父)	4.3
4.30	陈添顺	19	吧生	洪溪	高声娘	18	窑内	杨音娘	陈英杰(叔祖)	高江淮(父)	4.10
5.9	甘水海	21	吧生	新巴杀	薛和娘	21	结石珍	赖二娘	甘长居(父)	薛添福(堂兄)	4.19,王文信,雷
5.11	蔡大雨	30	准居	新巴杀	陈玉娘	20	毛六甲	赖二娘	蔡聪耳(堂叔)	陈长华(父)	4.16
5.15	郑延龄	21	吧生	廿六间	李水娘	20	乌鬼巷	赖二娘	郑春淋(父)	李大有(堂叔)	4.27
5.18	陈维泰	40	吧生	毛六甲	丘和娘	24	观音亭	赖二娘	陈长华(胞叔)	黄把色娘(母)	4.23
5.18	许善秀	36	准居	丹那娘仔	陈糟娘	17	丹那娘仔	赖二娘	许东三(父)	陈六一(父)	4.19
5.25	林水生	22	吧生	毛六甲	温嘉芝娘	17	丹那庞	赖二娘	林长顺(堂兄)	温福祥二(叔祖)	5.11
6.1	王培壁	35	吧生	小南门	韩和娘	21	干七巷	赖二娘	王日新(堂叔)	韩金山(父,老病,妻余珠娘代)	5.8,李晋郎,甲
6.5	陈继盛	30	吧生	八厨沃间	吴顺娘	19	吧汝昂安	赖二娘	陈继昌(胞兄)	吴开花(胞兄)	5.12
6.5	钟荣全	28	吧生	荣勿吻	纪福娘	34	甘光毛甲	赖二娘	钟德海(父)	纪平和(父)	5.13
6.20	陈亚福	41	准居	大港墘	钟瑞娘	19	五脚桥	赖二娘	陈文璇(堂叔)	钟有利(父)	5.26,郑春锡,甲
6.21	熊盛	46	准居	朽桥	杨南冥娘	16	朽桥	赖二娘	熊亚尊(堂叔)	杨万邦(堂伯)	5.25,王文信,雷
6.22	王日升	26	吧生	小南门	熊美娘	19	大南门	赖二娘	王河水(父)	熊章安(胞兄)	6.6,郑春锡,甲
6.25	黄景兴	17	吧生	圣望港	李端娘	18	八戈然	赖二娘	黄福章(父,甲)	李子昌(父,雷)	5.29
6.29	陈清硂	21	吧生	亭仔脚	张福娘	17	应莱河	江颜娘	陈荣坤(父)	张茂山(父)	6.6
6.29	林仁义	19	吧生	小南门	杨闰娘	17	亚森脚	杨音娘	林金钟(父)	杨国顺(父)	6.10
7.3	廖亚瑞	44	准居	毛六甲	古壬娘	18	小南门	赖二娘	廖振合(胞兄)	古亚二(父)	6.10,李晋郎,甲
7.2	陈汉专	37	准居	大使庙	钟新娘	19	大使庙	赖二娘	陈招然(堂兄)	钟亚三(堂叔)	6.10
7.2	丘毓祥	25	准居	新巴杀	曾森娘	17	丹那沙连	赖二娘	丘亚琅(父)	曾北荣(胞兄)	6.11
7.10	薛曲墉	24	吧生	结石珍	吴山娘	20	结石珍	赖二娘	薛梓城(父)	吴桂阳(父)	6.21
7.11	蒋贵②	23	唐生	结石珍	沈蜜娘	17	俄老洛	赖二娘	蒋卫(胞叔)	沈温生(胞伯)	6.21
7.13	李休	34	准居	公司后	林水娘	26	大使庙	赖二娘	李苞(堂兄)	林传厚(胞叔)	7.8
7.17	钟亚仲	28	准居	新巴杀	黄兰娘	20	晋郎安	杨音娘	钟彩二(胞兄)	黄玉焕(胞叔)	6.29,许金宝,雷
7.18	蒋金水	25	吧生	结石珍	杨蜜娘	25	新巴杀	赖二娘	蒋碧生(父)	杨三才(胞叔)	6.22

① 案夺字 1883 年 12 月 9 日第 25 号。

② 此人系唐生长,已入口词恳居燕地,据沈甲大详称:既有利路在此并无犯法等事。

7.19	林景隆	29	吧生	小南门	杨炎娘	25	八厨沃间	赖二娘	林朝生(胞兄)	杨载欣(堂叔)	4.19,旧婚
7.27	刘清元	40	吧生	万郎	丘申娘	26	八厨沃间	郑满娘	刘清秀(胞兄)	丘清泉(胞叔)	6.21
8.7	高福寿	20	吧生	大使庙	李银娘	180	毛劳甲	许洁娘	高然芝(胞叔)	李风云(父)	7.18,郑春锡,甲
8.7	赖多山	29	吧生	大使庙	陈意娘	17	洪溪	张桂娘	赖海水(胞兄)	陈山林(父)	7.12
8.12	刘庆川	21	吧生	八厨沃间	黄莲子娘	17	文登	赖二娘	刘金钱(父)	黄登全(父)	8.14
8.14	洪英端	20	吧生	五脚桥	曾宝娘	19	西门	赖二娘	洪光荣(父)	曾东海(父)	7.23
8.15	黄长茂	23	吧生	新巴杀	薛宣娘	19	新巴杀	赖二娘	黄泰山(父病,弟福山代)	薛攀龙(父)	8.3,连福全,雷
8.22	郑叠[①]	30	准居	结石珍	陈群娘	20	结石珍	赖二娘	郑南生(宗叔)	陈传炉(宗叔)	8.4,郑春锡,甲
8.24	吴德清	32	吧生	戈老屈	林英娘	22	大巷内	赖二娘	吴亚三(宗叔)	林智良(宗叔)	8.2
8.26	刘怡色	20	吧生	旧巴杀	林水娘	22	新巴杀	赖二娘	刘锦兴(堂叔)	林金兴(父)	8.9,连福全,雷
8.27	张明辉	26	吧生	乌鲁巴	陈已娘	17	乌鲁巴	赖二娘	张高第(宗兄)	陈荣椿(父)	8.13
9.3	陈春风	24	吧生	丹那庞	韩桂娘	22	丹那庞	赖二娘	陈清龙(父)	韩瑞生(胞叔)	8.22,许耀基,甲
9.6	杨玉振	25	吧生	直劳地巷	陈咨汝娘	25	丹那庞	赖二娘	杨清河(父,堂弟光辉代)	陈登郎(父)	8.22
9.6	曾盛	31	准居	新厝仔	钟燕娘	19	圣望港	赖二娘	曾天来(宗兄)	刘春娘(母)	8.14
9.7	颜华生	20	无写	结石珍	杨淑娘	21	结石珍	赖二娘	颜晓(父)	杨光发(父)	8.10,旧婚
9.7	温海源	40	准居	廿六间	梁金娘	22	甘光沙瓦	赖二娘	温富泽(堂叔)	梁南生(胞叔)	8.21
9.7	洪吧秀	21	无写	小南门	余茄纱娘	20	加劳瓦兰	陈颜娘	洪清(父)	余焕松(胞兄)	9.1
9.7	王甘松	20	吧生	西门	陈高芝	18	洪溪	赖二娘	王文旦(父)	陈英杰(父)	8.22
9.9	陈桂苑	30	吧生	大港墘	林乙娘	16	直禄巫容	赖二娘	陈桂芳(胞兄)	林景瑞(父)	9.5
9.9	黄长溪	20	吧生	结石珍	陈凤娘	21	结石珍	赖二娘	黄凤山(父)	陈永春(父)	8.21
9.10	王贱	36	准居	丹那庞	蔡允娘	20	丹那庞	赖二娘	王婴(胞兄)	蔡永福(父)	8.22
9.12	薛添水	19	吧生	结石珍	马美娘	18	窑内	赖二娘	薛文东(父)	马登盛(父)	8.22
9.12	李亚晋	38	准居	巴劳八丹	徐添娘	18	巴劳八丹	赖二娘	李亚松(堂兄)	徐均六(父)	8.21
9.14	庄文章[②]	22	吧生	结石珍	郑保芝	18	结石珍	赖二娘	沈苞娘(母)	郑南生(祖)	8.21
9.16	蔡长禄	25	吧生	结石珍	洪水娘	20	结石珍	赖二娘	蔡百哲(堂叔)	洪文泉(父)	8.28,连福全,雷
9.16	蒋玉传	17	吧生	结石珍	林红娘	16	鉴光惹瓦	赖二娘	蒋奎(祖)	林德应(胞兄)	9.2
9.21	陈成发	21	吧生	五脚桥	赖声娘	18	五脚桥	赖二娘	陈澄水(父)	赖牛郎(堂叔)	9.10

---

① 据玛腰 1889 年 8 月 11 日第 1269 号报,郑叠做龟麟东(线轴 gelendong)生理,每月获利银 10 盾,每年巴酌(商业税)银 6 盾,有生活计,所行良善,未尝犯罪。

② 庄文章吧生长。免费。

9.24	陈开元	24	吧生	巴劳八丹	王文质	21	巴劳八丹	赖二娘	陈思忠(父)	王光山(父)	9.2
9.24	高江源①	22	无写	丹那实连窑内	陈菊娘	21	毛六甲	张桂娘	高江淮(胞兄)	陈长华(胞叔祖)	9.7
9.25	吴益明	30	无写	亚森脚	陈园娘	18	五脚桥	赖二娘	吴翠英(父)	陈厚(父,外祖丘天瑞代)	9.5
9.25	马维金	18	吧生	丹那庞	黄柏娘	17	干质巷	赖二娘	马有德(胞叔)	黄长寿(父)	8.22
9.26	薛添钦	30	吧生	结石珍	甘根娘	19	新巴杀	赖二娘	薛文秀(父)	甘碧山(胞兄)	9.5
10.1	赵炎基	36	吧生	结石珍	蒋茂娘	33	巴劳八丹	赖二娘	赵炎兴(胞兄)	蒋戊寅(宗兄)	旧婚续弦,李晋郎,甲
10.1	丘庚兰	30	吧生	巴劳八丹	赵和娘	20	结石珍	赖二娘	丘亚群(父)	赵炎兴(胞兄)	9.24
10.5	陈顺娘	25	吧生	大使庙	蒋甘美里娘	20	中港仔	郭笃娘	陈春水(父)	蒋炎生(父)	9.13
10.11	范渊明	42	吧生	毛六甲	黄网娘	28	道郎	赖二娘	范森林(胞兄)	黄汉桥(胞兄)	9.26,续弦
10.16	温亚有	29	准居	新厝仔	黄已娘	19	小南门	郭笃娘	温敏秀(父)	黄观生(胞兄)	10.10
10.16	蔡阳	27	吧生	大南门	陈芝娘	21	砖仔桥	黄水娘	蔡勤郎(堂伯)	曾宝娘(母)	9.24,林长辉,雷
10.16	钟亚泉	33	准居	荣勿叻	廖苞娘	21	江东圩	赖二娘	钟亚木(宗叔)	廖龙观(父)	9.28
10.16	徐振和	30	吧生	美色近	周罗致娘	22	沙瓦勿杀	赖二娘	徐振发(胞兄)	周壬癸(父)	10.12.删
10.19	吴清秀	25	吧生	打铁街	陈福娘	22	大使庙	郑满娘	吴竹春(胞兄)	陈可全(胞伯)	10.4
10.21	谢清义	21	吧生	结石珍	薛佳娘	16	结石珍	赖二娘	谢天竹(父)	薛文秀(父)	10.4
10.25	陈坤章	26	吧生	鉴光惹牙	甘福娘	25	鉴光惹牙	赖二娘	陈长寿(胞叔)	甘永顺(父)	10.6
10.28	陈有	24	准居	旧巴杀	张珠娘	20	班芝兰	赖二娘	陈地(宗叔)	张清池(父)	10.19
10.30	陈玉和	20	吧生	新巴杀	唐端娘	20	新巴杀	赖二娘	陈玉林(胞兄)	唐天求(父)	10.11
10.31	林和悦	23	吧生	巴绒古兰	陈荫娘	18	质宁贞	赖二娘	林办贞(父)	陈旺(父)	10.18
11.4	林自安	39	吧生	丹那实连	王金娘	21	观音亭	赖二娘	林自兴(胞兄)	王春生(父)	10.18,赵德和,雷
11.4	钟伦游	36	吧生	新巴杀	曾经娘	23	洪溪	赖二娘	钟伸二(父)	曾清山(胞兄)	10.18
11.5	罗水生	25	吧生	朽桥	林桂娘	17	朽桥	赖二娘	罗时蛮(胞叔)	林亚丰(父)	10.18
11.6	杨顺利	25	吧生	亭仔脚	黄金娘	20	亭仔脚	赖二娘	杨照(堂叔)	黄钦郎(父)	10.18
11.7	甘添福	26	吧生	西门	黄森娘	18	江东圩	赖二娘	甘长溪(堂叔祖)	黄癸(父)	10.22
11.7	杨壬生	25	无写	江东圩马轮劳沓宁宗	陈江娘	19	茄泊	黄三妹住江东圩巴杀	杨亚龙(父)	陈元求(父)	10.22
11.8	陈元寿	37	吧生	毛六甲	杨桑娘	22	美色近	赖二娘	陈清怗(堂兄)	杨青云(堂叔)	10.19,赵德和,雷
11.8	黄伯麟	34	准居	美色近	范山娘	19	毛六甲	赖二娘	范渊明(父)	黄亚四(堂叔)	10.22

① 高江淮系钦赐甲必丹高琼瑶之子。

11.8	谢再二	38	准居	结石珍	张七娘	23	结石珍	赖二娘	谢平生(堂叔)	张粪箕(胞兄)	10.19
11.8	高石丰	39	准居	丹那庞	许坤娘	20	丹那庞	赖二娘	高芳树(堂兄)	许麟(堂兄)	10.22
11.13	陈山泉	22	吧生	五脚桥	丁保娘	21	小南门	赖二娘	陈疆增(父)	丁德海(宗叔)	11.2
11.13	杨文锦	29	吧生	五脚桥	陈河娘	25	五脚桥	赖二娘	杨汉水(胞叔祖)	陈疆增(父)	11.2
11.14	邹亚兴	38	准居	竹仔巷	张宝娘	19	朽桥	赖二娘	邹三郎(宗兄)	张永元(堂兄)	1.25
11.21	张其炜[①]	36	准居	新厝仔	林癸娘	17	圣望港	赖二娘	张凤林(父)	林亚六(父)	10.4 旧婚,许金宝,雷
11.27	李忠顺	18	吧生	甘光峇厘广东	叶足娘	18	甘光峇厘广东	赖二娘	李天赐(胞叔)	叶元英(父)	11.16
12.2	丘柏斗	32	文岛生	砖仔桥	陈寿娘	22	乌鬼巷	陈颜娘	丘福源(宗兄)	陈建寅(宗叔)	11.23,郑春锡,甲
12.4	陈福顺	22	吧生	巷芝马劳	李荣助娘	23	巷芝马劳	赖二娘	陈金山(胞叔)	李亚波(胞叔)	11.23
12.4	叶木金	30	吧生	圣望港	陈寿娘	26	新厝仔	赖二娘	叶荣池(父)	陈荣瑞(父)	11.16
12.7	吴钦杰	21	吧生	八戈然	蔡媛娘	18	结石珍	赖二娘	吴宏基(父)	蔡卜和(胞叔)	11.23
12.8	曾德全[②]	41	准居	砖仔桥	蔡春娘	21	砖仔桥	赖二娘	曾二成(宗伯)	蔡阳(胞兄)	11.20
12.13	詹怀居	22	吧生	结石珍	徐芳玉	16	大使庙	赖二娘	詹继昌(父)	徐秉章(叔父)	11.26
12.16	林子新	22	吧生	美色近	陈壬娘	18	美色近	胡娇娘	林子意(胞兄)	洪茄诗娘(母)	12.3
12.25	田德水	36	吧生	八茶罐	黄元娘	23	八茶罐	赖二娘	田河清(胞兄)	黄永和(父)	12.9
12.19	陈贤福	36	准居	新巴杀	吴发娘	19	结石珍	赖二娘	陈坤茂(堂叔)	吴桂阳(堂叔)	12.8
12.24	李天助	21	吧生	窑内	陈盛娘	24	大港墘	赖二娘	李衍和(宗叔)	陈澄水(宗叔)	12.9,林长辉,雷
12.30	刘春生	36	吧生	三板寮	郭金娘	16	圣望港	赖二娘	刘亚屏(族叔)	郭长春(父)	12.1 旧婚

总计:119 对

1890 年吧城唐人成婚注册表

月日	男家	年岁	类别	住址	女家	年岁	住址	媒妁	男方主婚	女方主婚	备注 结婚日,主事人
1.10	陈观[③]	31	准居	八茶罐	彭缘娘	23	八茶罐	赖二娘	陈见祥(胞伯)	彭亚满(父)	1.9,连福全,雷
1.22	徐振怀	20	吧生	八茶罐	陈良娘	18	茂物	赖二娘	徐德隆(父)	陈钦一(父)	1.8,李晋郎,甲
1.28	彭荣光	22	吧生	八茶罐	蔡欣娘	18	大使庙	赖二娘	彭亚满(父)	蔡水生(宗叔)	庚 1.9

① 案夺字 1874 年 3 月 31 日第 8 号。

② 曾德全又名德秀,案夺字 1872 年 10 月 23 日第 15 号。

③ 据陈观案夺字 1887 年 5 月 8 日第 4 号。

2.8	陈金安	23	吧生	廿六间巷	叶琼娘	20	八茶罐	赖二娘	陈澄水(父)	叶传生(过房父)	1.23,许金宝,甲
2.10	郭振声	27	吧生	公司后	翁炎娘	20	小南门	赖二娘	郑色娘(母)	翁秀章(胞叔)	1.23
2.20	张光辉	22	吧生	鉴光猫厘	陈球娘	19	五脚桥	赖二娘	张春源(父)	陈森茂(父)	2.9
2.22	李双楠	22	准居	结石珍	陈堆金娘	17	结石珍	赖二娘	李风云(宗兄)	陈在禄(父)	2.19
2.24	谢添水	24	吧生	新厝仔	钟真娘	16	亚森巷	钟辛娘	谢清规(胞兄)	林海娘(母)	2.12
2.25	陈和成	36	吧生	圣望港	许来娘	22	巷道郎	赖二娘	陈维罴(胞叔)	许有山(父)	2.12
2.27	林拔耀[①]	28	准居	大港墘	张美汝娘	25	宇戎文登	赖二娘	林碧玉(宗兄)	张亚缉(宗伯)	2.12
2.27	黄亚有	40	准居	大南门	林菊娘	27	大南门	张真娘	黄亚社(兄)	林清秀(父)	2.19
3.1	王意生	25	吧生	君垅里也	温罗知娘	24	惹致	赖二娘	王光山(父)	温壬福(父)	2.19,连福全,雷
3.8	陈茂松	35	吧生	大使庙	林茶娘	20	巴茄雍	赖二娘	陈维罴(父)	陈双娘(母)	2.23
3.29	赵梓	41	准居	新巴杀	许茸娘	29	东居	赖二娘	赵变(堂叔祖)	黄巳娘(母)	2.26旧婚
4.2	李金福	38	吧生	甘光美色近	陈金娘	24	毛六甲	赖二娘	李金仪(胞兄)	陈维衡(胞兄)	润2.14,林长辉
4.11	谢田水	26	吧生	洪溪	林惹邦娘	19	大使庙	赖二娘	谢传生(堂兄)	林碧良(堂兄)	3.8
4.12	林天吉	20	吧生	圣望港	韩古律娘	18	亚森脚	郭笃娘	林金禄(父)	韩桂芳(胞兄)	3.9
4.17	谢洪水	28	吧生	槟榔社	温恩娘	21	小南门	李然独娘	谢京来(父)	温濬观(胞兄)	3.4,连福全,雷
4.23	庄舜宗	20	吧生	五脚桥	杨修娘	15	打铁街	赖二娘	庄敬(堂叔)	杨蝉(堂兄)	3.16,曾金连,雷
4.24	曾求	31	吧生	窑内	陈淑娘	27	毛六甲	赖二娘	曾丙生(堂叔)	陈长华(胞伯)	3.8续弦,许金宝,甲
5.2	邓金生	23	吧生	大使庙	苏珠娘	22	三板寮	赖二娘	邓水生(父兄)	苏毓祥(胞叔)	3.20,吴铿然,雷
5.5	杨春云	23	吧生	亚森巴杀	黄本娘	22	圣望港	赖二娘	杨佳泉(父)	陈利娘(母)	3.27
5.6	简道茂	31	吧生	乌布土库	吴春娘	19	甘光茄劳马	李佛娘	简桂生(胞叔)	吴德瑞,4.11	
5.9	陈顺合	51	吧生	直那低巷	王福娘	27	直那低巷	赖二娘	陈德生(堂兄)	丘贵娘(祖母)	3.27
5.12	周坤义[②]	30	吧生	加汶勿杀	陈深娘	16	大使庙	赖二娘	周木林(父)	陈琼瑞(胞兄)	4.2
5.20	王一万	23	吧生	甘光万兰	张六娘	20	大牛泥	赖二娘	王山林(父)	张金德(胞兄)	4.27
5.23	叶三杰	22	吧生	丹那庞	李慕山娘	19	道郎	赖二娘	叶深(父)	李石山(胞兄)	4.16
5.23	薛荣富	19	吧生	新巴杀	黄来娘	20	新巴杀	赖二娘	薛攀龙(伯)	黄福山(叔)	4.16

① 案夺字督宪谕 1887 年 3 月 12 日第 6 号。林碧玉签名“旋记”。

② 女方主婚钦赐雷珍兰陈琼瑞。

5.23	黄沓沓	16	吧生	丹那庞	叶茄簿娘	18	丹那庞	赖二娘	黄默(父)	叶深(父)	4.16,吴铿然,雷
5.27	丘木海	36	吧生	乌布土库	钟佑娘	16	乌布土库	赖二娘	陈春娘(母)	钟亚二(父)	4.16
5.28	朱长水	20	吧生	结石珍	余本娘	17	结石珍	赖二娘	朱清远(堂叔)	余广扬(堂叔)	4.16,赵德和,甲
5.28	刘顺	27	准居	甘光猫厘	黄金娘	23	江东圩	赖二娘	刘琴满(堂叔)	黄乾顺(父)	4.27,吴铿然
5.29	谢亚盛	42	准居	大南门	李宝娘	30	干质巷	赖二娘	谢亚贺(胞叔)	李荣泰(胞叔)	4.14
5.30	张源泉	23	吧生	新巴杀	杨炎娘	20	新巴杀	赖二娘	林力娘(祖母)	杨宁基(父)	4.27
5.31	李亚六	37	准居	八茶罐	沈桂娘	20	大使庙	赖二娘	李亚四(堂兄)	沈鸿清(父)	4.27
6.20	黄长已	21	吧生	结石珍	李萃娘	20	结石珍	赖二娘	黄再生(父)	李顺成(叔祖)	5.18,林永义雷
6.21	林康宁	39	准居	洪溪	刘金娘	23	油车	赖二娘	林杨秀(堂兄)	刘亚五(父)	5.10
6.24	李宗碧	21	吧生	新巴杀	黄娘那	21	新巴杀	赖二娘	李宗淮(胞兄)	黄癸已(父)	6.16
6.27	张福来	33	吧生	大使庙	林宁娘	22	观音亭甲汶勿杀	赖二娘	张峻高(宗叔)	林蕉娘(胞姑)	5.18
7.5	李允成	31	准居	小南门	张水娘	15	八戈然	赖二娘	李派有(父)	张振富(胞叔)	5.28,曾金连,雷
7.9	黎兰心	47	准居	新巴杀	丘金娘	25	巴劳八丹	赖二娘	黎洪安(堂兄)	丘超群(叔祖)	6.4
7.11	郭俊敬	28	吧生	小南门	郑福娘	27	甘光猫汝	赖二娘	郭煌耀(堂叔)	郑元和(父)	6.4
7.21	李光文	20	吧生	大使庙	林凤娘	20	小南门	赖二娘	李炳远(父)	林长海(父)	6.11,曾金连,雷
7.23	陈娘健	37	准居	公馆巷	张近娘	17	道郎	赖二娘	陈亚貌(宗叔)	张南兴(胞兄)	6.11
7.24	朱绍徽	20	吧生	三间土库	赵枝娘	21	新巴杀	赖二娘	朱对阳(父)	赵德顺(胞兄)	6.13
7.25	董天忠	30	准居	亚森脚	周色娘	24	八茶罐	赖二娘	自己	陈宣娘(母)	6.13
7.25	吴阳	40	准居	美色近	蔡瑰娘	17	结石珍	赖二娘	吴天(堂伯)	蔡玉泉(父)	6.11
8.4	黄季苞	33	吧生	槟榔社	高阳娘	21	惹宁安	郑元娘	黄淑利(胞叔)	高然芝(胞伯)	6.14,旧婚赵德和
8.4	张亚水	27	准居	北冉文	许文娘	23	甘光广东	谢癸娘	张亚海(堂兄)	许福寿(胞兄)	6.24
8.7	许水秧	28	准居	亚森脚	林草娘	24	小南门	赖二娘	许文山(宗叔)	林步蟾(宗叔)	6.29
8.8	林松禧	23	吧生	甘光六沙	陈水娘	19	甘光六沙	赖二娘	林从喜(堂叔)	陈朝吉(父)	6.25
8.19	曾启昌	34	准居	东居	王邦娘	20	乌布土库	李芬娘	曾新记(宗兄)	王德森(父)	7.13,吴铿然,雷
8.23	何俨晶	28	吧生	圣望港	饶金娘	15	圣望港	赖二娘	何俨仁(胞兄)	饶亚齐(父)	7.24,林永义,雷
9.4	林荣寿	24	吧生	八戈然	王福娘	22	八戈然	杨音娘	林文碧(父)	王文和(父)	连福全
9.10	王兑	24	准居	新厝仔	黄罗致娘	22	新厝仔	杨音娘	王坤元(堂兄)	黄沛(父)	8.5

9.11	李亚福	32	准居	猫腰兰	丘贞娘	20	茄叻丹	赖二娘	李欢德(堂兄)	丘亚佑(父)	8.21,连福全,雷
9.12	黄长欣	20	吧生	甘光猫厘	詹炎娘	20	结石珍	赖二娘	黄白魁(父)	詹继昌(父)	8.8,林长辉,雷
9.13	陈景发	27	吧生	惹牙兰	颜荔枝	27	五脚桥	赖二娘	陈文速(父)雷	颜志内(父病,胞叔安然代)	8.8
9.15	陈景阳	32	吧生	芝马劳巷	卢白娘	22	槟榔社	赖二娘	陈贵福(胞叔)	曾敬娘(母)	8.20
9.15	叶文兴	23	吧生	甘光毛六甲	陈文律娘	20	大巷内	赖二娘	叶文彩(堂兄)	陈灿辉(胞兄)	8.8
9.16	颜瑞安	30	吧生	五脚桥	黄汝物娘	21	观音亭	赖二娘	颜安然(胞叔)	黄水生(堂伯)	8.8,连福全,雷
9.16	范准兴	27	吧生	小南门	林辛娘	20	小南门	赖二娘	范亚坤(堂叔)	林添四(胞叔)	8.16
9.17	侯亚乾	31	准居	杉板寮	钟癸娘	18	五脚桥	赖二娘	侯昆秀(宗叔)	钟桂二(父)	8.7
9.17	杨长桂	26	吧生	新巴杀	刘维娘	18	结石珍	赖二娘	杨长水(胞兄)	刘长春(父)	8.11
9.17	杨长春	21	吧生	新巴杀	赵维娘	18	新巴杀	赖二娘	杨长水(胞兄)	赵德山(父)	8.11
9.17	黄本基	20	吧生	新巴杀	蒋入邦娘	20	甘光猫厘	赖二娘	黄种(堂伯)	蒋二生(胞兄)	8.20
9.17	陈永河	31	吧生	大南门	钟山娘	24	道郎	赖二娘	陈银河(胞兄)	钟上清(堂叔)	8.13
9.18	黄祥发	28	准居	中港仔	叶罗致娘	22	新厝仔	赖二娘	黄泗成(堂叔)	叶文才(胞兄)	8.16
9.18	刘三如	24	吧生	庞牙勿虱	林文娘	18	灰窑内	赖二娘	刘连芳(父)	林雨水(宗叔)	8.19
9.18	陈希吉①	23	爪哇	泗里末	许砼娘	20	东居	李芬娘	陈绍丰(父)	许金山(雷,胞兄)	8.6
9.19	吴清汉	22	吧生	新巴杀	陈员娘	24	文丁	赖二娘	吴嘉成(父)	陈卿芳(伯父)	8.8
9.19	黄元能	34	吧生	小南门	沈位娘	19	打铁街	赖二娘	黄有章(宗叔)	林芝娘(母)	8.10
9.19	邓壬水	39	吧生	朽桥	廖癸娘	22	朽桥	赖二娘	赖灶生(母舅)	廖亚二(宗叔)	8.22
9.23	陈永达	25	吧生	大使庙	蔡登娘	17	结石珍	赖二娘	陈元龙(父)	蔡木河(胞伯病,胞兄焕星代)	8.16,曾金连,雷
9.23	蔡癸巳②	24	唐生	新巴杀	杨伍娘	21	小南门	赖二娘	蔡番薯(父)	杨永昌(胞兄)	8.20
9.24	刘清贵	26	吧生	冉猫丹巫束	林把濯娘	19	顺达	赖二娘	刘茂记(胞叔)	林水生(胞兄)	8.13,连福全
9.24	吴允来	25	准居	结石珍	黄保娘	26	结石珍	赖二娘	吴献文(父)	黄他(堂叔)	8.20
9.27	张清池③	47	准居	班芝兰	黄安娘	25	结石珍	赖二娘	张长发(胞兄)	黄文义(父)	8.21
9.29	郭长寿	39	吧生	观音亭	蔡热娘	30	丹戎勃绿	赖二娘	郭长福(胞兄)	蔡如生(父)	8.20
10.1	李亚郎	38	准居	小南门	钟水娘	21	砖仔桥	赖二娘	李亚彬(堂兄)	钟庚福(父)	9.6,赵德和,甲
10.1	陈俊泄	32	准居	新巴杀	黄凤娘	17	新巴杀	赖二娘	陈文鉴(胞兄)	黄长寿(胞叔)	8.20

① 陈希吉泗里末生长,作婚事在大鸟。

② 蔡癸巳,案夺字未出。

③ 案夺字 1884 年 10 月 10 日第 3 号,黄文义病,堂叔曲水代。

10.1	陈树	30	准居	新巴杀	杨全娘	23	新巴杀	赖二娘	陈文鉴(堂兄)	杨溪(胞叔)	旧婚 1886.6.3
10.4	林双曲	23	吧生	打铁街	李梅娘	21	公馆巷	李芬娘	林均娘(胞姑)	李加令(祖)	8.22
10.7	朱三贵	31	吧生	甘光猫厘	钟彬罩娘	19	直落蒲种	赖二娘	朱双全(胞叔)	钟亚生(父)	8.27
10.8	陈荫水	24	吧生	劳俄瓦	杨银娘	22	八茶罐	赖二娘	陈罩生(父)	杨汉水(父)	8.29
10.8	杨万日	19	吧生	八茶罐	林海娘	21	打铁街	赖二娘	杨汉水(父)	吴恬娘(母)	8.29
10.10	许焕星	23	吧生	八茶罐	蔡敦娘	19	毛六甲	赖二娘	许奎炳(父)	蔡三才(堂叔)	9.2,吴铿然,雷
10.16	徐沛兴	21	吧生	甘光惹牙	杨悦娘	16	晋郎安	赖二娘	徐亚二(父)	杨亚灿(堂叔祖)	9.16
10.18	陈振怀	28	吧生	五脚桥	邹宁娘	16	亭仔脚	赖二娘	陈长华(父)	邹炳麟(父)	9.16
10.21	陈东海	31	吧生	鉴光猫厘	侯巳娘	17	鉴光猫厘	赖二娘	陈德昌(父)	侯文彩(父)	9.18
10.22	陈德良	30	吧生	道郎	蔡火娘	26	结石珍	刘金娘	陈元基(胞兄)	蔡三夜(堂兄)	9.14
10.23	韩泉芳	18	吧生	丹那庞	陈长娘	16	丹那庞	赖二娘	韩长吉(父)	陈文质(父)	9.19
10.25	谢八龙	22	吧生	东居	郑茄芝	16	丹那庞	戴荣娘	谢金员(宗兄)	郑俊哲(父)	11.12
10.27	温五琴[1]	35	准居	三间土库	钟癸娘	18	亭仔脚	赖二娘	温祯祥(堂叔)	钟锦爹(父)	10.8
10.28	刘辛壬[2]	29	准居	班芝兰	章轮娘	18	八戈然	胡娇娘	刘亚五(堂叔)	章长庆(胞兄)	10.8
10.28	叶斯燕[3]	29	唐生	亭仔脚	陈桂娘	19	小南门	赖二娘	叶晒(胞叔)	陈作霖(父)	9.20
10.28	陈炳南	30	吧生	新巴杀	叶喜娘	25	圣望港	李芬娘	陈凉(堂叔)	叶英致(父)	9.19
10.29	黄庆五[4]	45	准居	班芝兰	张三娘	19	朽桥	赖二娘	黄亚彬(堂兄)	张桂淑(堂伯)	9.19
11.3	李福明	23	吧生	新巴杀	甘东娘	14	观音亭	赖二娘	李福建(胞兄)	甘长溪(祖父)	9.24,林永义,雷
11.4	陈文汉	31	吧生	大使庙	许宝娘	26	大使庙	陈颜娘	陈咨汝(胞兄)	许三水(胞兄)	10.12
11.5	叶来发	29	准居	八茶罐	陈音娘	18	八厨沃间	赖二娘	叶钧(堂叔祖)	陈霭(父)	10.12
11.6	王灿光	36	吧生	甲文勿杀窑内	陈荣娘	26	大鸟	赖二娘	王合(宗叔)	陈树源(父)	10.6,李晋郎,甲
11.7	刘清意	23	吧生	小南门	林松娘	23	五脚桥	赖二娘	颜辉娘(母)	林清流(父)	10.8,林永义,雷
11.12	李清水	23	吧生	晋郎安	刘玉娘	23	朽桥	詹发娘	李亚四(胞兄)	刘继昌(伯祖)	10.8,李晋郎,甲
11.13	温添良[5]	38	准居	茄劳旺	刘地娘	21	道郎	赖二娘	温亚三(堂兄)	刘廷贤(父)	10.19

---

① 丹绒班兰副淡案夺字 1887 年 7 月 23 日第 13 号。

② 据刘辛壬献坤奠大淡准住燕地,案夺字 1883 年 7 月 27 日。

③ 玛腰 1890 年 7 月 11 日第 1460 号详文,叶斯燕经入口诃恳居燕地而未出。叶斯燕案夺字 1890 年 11 月 2 日第 26 号。

④ 吧城大淡案夺字 1863 年 6 月 20 日第 2261 号之一。

⑤ 温添良即名谦良 1890 年,1873 年 9 月 19 日第 19 号。

11.13	蒋根祥	21	吧生	结石珍	李令娘	20	结石珍	赖二娘	蒋章芬(胞兄)	李秀亭(宗叔)	10.8
11.13	梁荣瑞	30	准居	中港仔	赖七娘	22	大使庙	杨音娘	梁连三(宗叔)	赖海水(胞兄)	10.19
11.17	梁文知	38	准居	丹那庞惹致	李秀妹	18	芝浮达	赖二娘	梁亚六(堂兄)	李亚信(胞伯)	10.8,林永义,雷
11.17	连长源	24	吧生	圣望港	蒋合娘	21	大使庙	李芬娘	连必娘(祖姑)	蒋志(堂兄)	10.11
11.17	王日邦	31	吧生	大使庙	方旺娘	17	惹牙兰	胡娇娘	王振乾(胞兄)	赖显耀(母舅)	10.12
11.19	叶海水	28	吧生	猫厨里	曾荣娘	25	毛六甲	赖二娘	叶科二(堂叔)	叶坤娘(母)	10.19
11.24	廖金漳	36	吧生	丹那庞	蔡玉娘	22	丹那庞	赖二娘	廖宗(堂叔)	蔡漳水(父)	10.19
11.26	陈存义	41	吧生	中港仔	温突娘	25	甕菜河	赖二娘	陈宗寿(宗叔)	温长美(堂叔)	10.19
11.26	陈永和	20	吧生	小南门	黄敬娘	20	小南门	赖二娘	陈瑞兰(宗伯)	黄仁利(父)	10.19
11.28	黎世东	40	准居	新巴杀	林秀娘	23	江东圩	詹温娘	黎亚三(堂兄)	林麟爹(父)	10.29
11.29	杨和鸣	42	吧生	圣望港	林宝娘	24	查莫闲	赖二娘	杨辇(堂兄)	林味(父)	10.19
12.1	陈金龙	32	吧生	甘光然泥	江水娘	17	砖仔桥	赖二娘	陈福星(宗叔)	江振基(胞兄)	11.6,曾金连,雷
12.2	黄祥泉	27	吧生	巷甲里导底	方罗致娘	17	宇戎文登	赖二娘	黄清池(胞伯)	张玉娘(母)	10.29,郑春锡,甲
12.2	汤港[①]	26	吧生	甘蜜	丘巴东娘	20	戈老屈	赖二娘	汤质(堂叔)	丘南寿(父)	10.19
12.6	叶音清	22	吧生	乌鬼巷	林池娘	23	芝母叻	赖二娘	叶清溪(堂兄)	林良武(宗叔)	10.13,曾金连,雷
12.8	陈维聪	23	吧生	甘光毛六甲	丘霞娘	20	五脚桥	郑元娘	陈长华(父)	丘天水(祖)	11.2
12.9	李清淡	20	吧生	鉴光毛六甲	薛才娘	16	鉴光毛六甲	刘金娘	李梅生(堂叔)	林必娘(母)	11.6
12.10	黄顺沙	22	准居	班芝兰	张瑞娘	18	巷苏兰	赖二娘	黄光攀(叔祖)	赖明娘(母)	11.3
12.27	肖南生	28	吧生	甘光万兰	陈松娘	25	八茶罐	赖二娘	肖地永(堂叔)	陈玉长(父、雷)	11.24入赘,许金宝
12.30	翁文德	27	吧生	新厝仔	叶森娘	18	晋郎安	李芬娘	翁文泰(胞兄)	叶登元(父)	12.3
12.31	张火生	27	吧生	洪溪	涂六娘	22	小南门	赖二娘	杨满娘(母)	涂亚庆(父)	12.2

总计:126对

① 准副淡字1890年11月26日双礁。

1891 年吧城唐人成婚注册表

月日	男家	年岁	类别	住址	女家	年岁	住址	媒妁	男方主婚	女方主婚	备注 结婚日,主事人
1.3	周无育	40	吧生	江东圩	吴雪娘	29	亚森脚	刘金娘	周木林(宗叔)	吴淇丰(胞兄)	11.24,赵德和,甲
1.6	王闹热	27	吧生	五脚桥	郭维娘	19	劳纳	赖二娘	温辛娘(母)	王已娘(母)	12.2
1.6	李孙源	21	吧生	八戈然	林怪娘	21	江东圩	赖二娘	李千森(堂叔,甲)	林长英(父)	11.27
1.7	林长寿	18	吧生	大使庙	连和娘	18	洪溪	郭笃娘	林永义(父,雷)	连益昌(父,雷)	12.4,李晋郎,赵德和
1.9	梁亚芳①	36	吧生	草埔	罗兰娘	18	峨老洛	赖二娘	梁亚宜(堂兄)	罗辛娘(胞姑)	12.2,赵德和,甲
1.10	柯江龙	50	吧生	荣勿叻	纪水娘	28	荣勿叻	赖二娘	柯清龙(胞兄)	纪平和(胞叔)	12.2
1.10	陈亚三	28	准居	迈由兰	张丙娘	19	迈由兰	赖二娘	陈亚二(胞叔)	张亚双(族叔)	12.2
1.10	吴朝宗	18	无写	结石珍	杨邦娘	19	新巴杀	赖二娘	吴献文(胞伯)	杨九(堂叔)	12.14
1.13	陈山东	22	吧生	甘光毛六甲	许木娘	21	五脚桥	赖二娘	陈文生(父)	颜世娘(母)	12.11
1.13	黄同生	23	准居	结石珍	陈荣娘	19	结石珍	赖二娘	黄他(堂兄)	陈在禄(宗叔)	辛 2.6
1.13	林光爵	23	吧生	结石珍	张四娘	17	结石珍	赖二娘	林荣玉(堂兄)	张永存(父)	1.18
1.14	汤甘妙	41	吧生	亭仔脚	江月娘	28	观音亭	赖二娘	王益娘(母)	江文圃(父)	1.21
1.15	陈金松	18	吧生	圣望港	黄佳芝	19	道郎	赖二娘	陈廷基(父)	黄新良(父)	12.14
1.15	丘安景	22	准居	小南门	温辛娘	20	吃郎班让	赖二娘	丘春昌(堂叔)	温亚能(堂兄)	12.8
1.15	陈亚茂	40	准居	中港仔	叶举娘	22	大公司	赖二娘	陈建祥(堂伯)	叶连生(胞叔)	12.10,赵德和,甲
1.22	陈芳镇	23	准居	东居	高金娘	15	东居	赖二娘	陈亚二(胞叔)	李清娘(母)	1.6,吴铿然,雷
1.30	许舍墩	32	准居	旧巴杀	江雪娘	20	竹仔巷	赖二娘	许芳(宗兄)	江连致(胞兄)	1.14,赵德和,甲
2.4	许海水	25	准居	结石珍	陈旺娘	21	结石珍	赖二娘	许见池(宗叔)	陈传胪(堂叔祖)	12.27,林长辉
3.2	吴沛然	23	吧生	亚森脚	许丹娘	25	东居	陈岸娘	吴南阳(祖父,甲,子遗昌代)	许耀基(胞兄,甲大)	1.26,郑春锡甲
3.2	黄伦	34	准居	新巴杀	陈金娘	16	新巴杀	赖二娘	黄其和(堂叔)	陈龟(父)	2.2

① 据梁亚芳案夺字 1883 年 8 月 11 日 38 号。

3.6	叶亚添	44	准居	巷芝马劳	陈庵娘	23	晋郎安	赖二娘	叶亚四(堂叔)	陈亚三(堂兄)	2.1
3.9	张萃林	35	准居	小南门	陈辰娘	18	小南门	赖二娘	张亚缉(堂叔)	陈维累(堂叔)	2.1
3.13	赖连三	39	准居	迈腰兰	蓝丁娘	20	蕉仔街	赖二娘	赖贵郎(堂叔)	蓝福庆(胞兄)	2.5
3.16	杨奇生	20	吧生	丹那庞	石宣娘	22	圣望港	赖二娘	杨开(父)	石天禄(父)	2.17
3.18	刘秋华	32	准居	结石珍	黄缎娘	17	安恤	詹发娘	刘火狮(胞叔)	黄元山(胞叔)	2.16
3.18	李炳海	31	吧生	朽桥	吴必娘	26	晋郎安	赖二娘	郭吉娘(母)	吴丁郎(父)	2.16
3.24	李戊寅	45	准居	五脚桥	叶色娘	25	五脚桥	赖二娘	李庵鞋(堂兄)	叶新发(堂兄)	2.17
3.24	陈马磋	34	准居	三间土库	周大娘	30	八茶贯	赖二娘	陈瑞兰(堂叔)	陈宣娘(母)	2.17,郑春锡,甲
3.26	甘长泰	28	吧生	结石珍	黄悦娘	17	结石珍	赖二娘	甘长文(堂兄)	黄长利(堂兄)	4.10
3.28	陈河林	24	吧生	丹那庞	温庚娘	24	丹那庞	赖二娘	陈河水(胞兄)	温增成(胞兄)	2.26
3.31	许荣水	20	吧生	砖仔桥	施金娘	19	道郎	赖二娘	许牛能(父)	陈居娘(母)	2.30
4.7	田亚发	36	准居	八多瑶	傅罗致娘	20	八多瑶	赖二娘	田亚增(堂兄)	傅亚六(父)	3. 3,李晋郎,甲
4.14	饶皆昌	37	吧生	毛六甲	徐土娘	30	美色近	赖二娘	饶和郎,甲(胞兄)	徐振发(胞兄)	3.18
4.20	林速泉	22	吧生	戎古兰	郑春娘	22	八茶贯	赖二娘	翁心娘(母)	郑荣茂(父)	4.17
4.21	林森水	21	吧生	甘光河北	梁桂娘	18	大港墘	李芬娘	林福建(父)	梁连三(父)	4.3
4.21	杨登保	38	准居	大使庙	苏已娘	24	大使庙	赖二娘	杨善(堂兄)	苏爪亚(胞伯)	3.18
4.25	陈清池	31	廖内	兰马劳巷	蔡秀娘	18	纸牌巷	陈颜娘	陈基福(堂兄)	陈凤娘(母)	5.8
4.30	苏善述	18	吧生	中港仔	李砱娘	20	八戈然	郭笃娘	苏绍宗(胞伯,雷)	李子昌(胞伯,雷)	4.10
4.30	李亚兴	36	准居	大南门	林已娘	21	瓮菜河	赖二娘	李文兰(堂兄)	陈和娘(母)	4.3
5.4	黄登基	21	吧生	结石珍	林山娘	22	结石珍	赖二娘	黄福宝(父)	林成珍(父)	4. 5,许金宝,甲
5.3	吴有泰	23	吧生	吃郎班让	丁金娘	23	小南门	赖二娘	吴荣基(胞兄)	丁德海(父)	4.10
5.5	郑吉清	31	吧生	釜光猫汝	林碧娘	21	干质巷	赖二娘	郑元和(父)	林双连(父)	4.10
5.6	陈清顺	32	吧生	新巴杀	吴赞娘	22	乌老吧	赖二娘	陈瑞英(胞叔)	吴国阳(堂叔)	4.10
5.8	陈源水	22	吧生	道郎巷	王凤娘	15	茂物	赖二娘	陈长庚(胞伯父)	王新客(堂叔)	4.5
5.9	许 合	40	准居	五脚桥西	唐曾娘	25	五脚桥西	赖二娘	许乌仙(堂兄)	唐宁吉(父)	4.8
5.9	方 光	27	准居	班芝兰	朱瑞娘	21	三间土库	赖二娘	方青松(堂兄)	朱对阳(堂伯)	4.3
5.9	钟怀仁	41	准居	大公司	吴连娘	24	戈劳屈	赖二娘	钟亚辉(堂叔)	吴文龙(父)	4.8
5.12	钟福生	51	吧生	茄劳钫	王福娘	17	圣望港	赖二娘	钟北二(堂兄)	王庸修(父)	4.17(删)
5.12	郑瑞如	21	吧生	班芝兰	黄如娘	22	甘光毛甲	刘金娘	郑茂炎(父)	黄成道(父)	4.16

5.13	高秋	25	准居	丹那望	陈捷娘	18	丹那望	赖二娘	高缨(堂叔)	陈德福(父)	4.8
5.16	杨成和	20	吧生	八茶贯	许发娘	20	八茶贯	赖二娘	杨和荣(胞伯)	林多娘(母)	5.16,曾金连,雷
5.20	叶炽	35	准居	班芝兰	李金秋	16	圣望港	赖二娘	叶全海(堂叔)	林州钫娘(母)	4.17
5.22	郑杰武[①]	28	准居	大公司	林燕娘	21	五脚桥	赖二娘	郑天喜(堂叔公)	林天财(父)	4.22
5.23	朱发兴	22	吧生	八茶贯	陈发娘	22	八茶贯	赖二娘	朱发瑞(胞兄)	陈玉长甲(祖,老病,子岐山代)	4.28,丘春昌,雷
5.25	郑望林	30	吧生	乌鲁吧	李辛娘	21	丹那庞	赖二娘	郑春林(胞兄)	李锦能(堂叔)	4.24,曾金连
5.26	张国祯	30	吧生	惹宁安	詹坤娘	20	望加寺	赖二娘	张振富(胞叔)	陈仰娘(母)	4.28
5.26	黄振火	21	吧生	班芝兰	陈珍娘	16	茂物	郭笃娘	黄长楠(父,雷)	陈源普(父,甲)	4.24
5.27	郭怀珍	25	吧生	圣望港	王芝理娘	22	西门	赖二娘	郭鸿钧(胞兄)	王武亭(父)	4.27
6.29	古学昆	33	准居	猫腰兰	丘静英	19	茄叻丹	张荣娘	古添如(堂兄病,妻丘沙窝代)	丘亚佑(父)	6.6,吴铿然,雷
7.7	刘金磨	25	吧生	丹那庞	张癸娘	19	朽桥	张荣娘	刘必仁(胞兄)	张桂淑(胞伯)	6.7,林长辉,雷
7.9	温亚六	41	准居	丹那娘仔	钟云娘	19	结石珍	张荣娘	温亚五(胞兄)	钟科郎(父)	6.10,连福全
7.10	朱远香	28	吧生	直那地巷	周砼娘	16	直那地巷	张荣娘	朱源泉(父)	周振气(父)	6.10
7.11	李亚汉	32	准居	五脚桥	张庚娘	22	小南门	张荣娘	李亚彬(堂叔)	张亚十(堂伯)	8.4
7.13	李甲生	28	吧生	小南门	钟珍娘	18	道郎	张荣娘	李荣昌(父)	钟庚福(堂叔)	8.2
7.14	梁亚生	29	准居	甘光咨厘	张福娘	17	砖仔桥	刘桂娘	梁亚乙(宗叔)	张福三(宗叔)	6.10
8.15	陈兰祥	38	吧生	班芝兰	郑香娘	34	班芝兰	张荣娘	自己	自己	旧婚,丘春昌,雷
8.15	叶祖绍	20	吧生	甘光咨汝	王宝娘	16	丹那庞	张荣娘	叶灿辉(胞叔)	王廷裕(胞兄)	7.14
8.17	蔡熟金[②]	27	准居	结石珍	陈老智娘	19	结石珍	张荣娘	蔡根本(堂叔祖)	陈荣禄(父)	7.22
8.19	黄文虎	26	吧生	丹那庞	陈浮厨娘	24	砖仔桥	张荣娘	黄文辉(胞兄)	陈富老(父)	8.2
8.21	黄亚六	38	准居	三间土库	陈东娘	18	江东圩	张荣娘	黄泗贤(堂兄)	陈建祥(父)	7.26
8.25	李石	30	准居	大巷内	黄万日娘	21	甘光万兰	张荣娘	李八(胞兄)	黄其新(胞伯)	7.26
8.26	吴王火	21	吧生	新巴杀	陈山娘	18	新巴杀	张荣娘	吴水林(父)	陈成郎(胞伯)	8.2
9.3	陈兴宗	31	吧生	乌鬼巷	许海娘	24	新厝仔	张荣娘	陈福昌(胞叔)	许源成(胞兄)	8.11,林永义,雷
9.4	钟万兴	22	吧生	丹那庞	韩远娘	18	丹那庞	张荣娘	钟西山(父)	韩长吉(胞兄)	8.11

① 郑杰武又名佳宇,案夺字1889年11月9日第31号。

② 蔡熟金,永居案夺字1888年6月20日第13号。

9.4	戴有福	41	吧生	红牌	刘合娘	21	江东圩	张荣娘	戴有水(胞兄)	刘清高(胞兄)	8.8
9.4	林如水①	51	吧生	结石珍	詹曲娘	32	结石珍	张荣娘	林庆(堂兄)	詹淑兴(胞兄)	8.25
9.7	薛如海	24	吧生	七宁贞	郑秀娘	16	巴戎高兰	张荣娘	薛如亮(胞兄)	郑桂生(父)	8.18
9.7	李诚卿	41	准居	大南门	廖丁娘	16	班芝兰巷	张荣娘	李亚彬(堂兄)	廖鼎伯(胞伯)	8.13
9.9	陈 水	24	准居	结石珍	蔡端娘	21	结石珍	张荣娘	陈周善(堂兄)	蔡长禄(胞兄)	8.18
9.9	陈 古	32	准居	结石珍	许吉娘	18	结石珍	张荣娘	陈周善(堂兄)	许文福(胞兄)	8.11
9.9	赖荣水	48	吧生	砖仔桥	陈帽劳娘	27	亭仔脚	张荣娘	自己	陈金珍(父)	8.11
9.9	薛永和	20	吧生	小南门	林万丹娘	14	小南门	陈颜娘	薛文水(叔祖)	林朝全(胞伯)	8.14
9.11	吴宗�	31	吧生	小南门	赖金娘	21	公司后	张荣娘	吴天(胞叔)	赖茄郎(父)	8.11
9.11	曾红毛	23	吧生	丹那实连	陈棕娘	23	丹那实连	张荣娘	曾北荣(胞兄)	邹凤娘(母)	8.13
9.14	许金雁	18	吧生	东居	薛安娘	16	结石珍	张荣娘	许金耀(胞兄)雷	薛文秀(父)	闰2.3旧婚,林永义,雷
9.17	李禄昌	32	准居	釜光惹瓦	蔡壬娘	20	公司	张荣娘	李昌荣(胞叔)	蔡亚水(父)	8.22
9.23	陈友能	30	吧生	槟榔社	黄文娘	25	大使庙	郭笃娘	陈邦忠(父)	黄文质(父)	9.9(删除)
9.25	谢 吟	29	准居	结石珍	陈森娘	22	甘光茄烈	张荣娘	谢传(胞兄)	陈精神(胞兄)	9.9
10.5	赖干南	18	吧生	峇腰兰	古春娘	17	甘光峇厘	张荣娘	赖亚三(父)	古水生(堂兄)	10.3,曾金连,雷
10.7	罗文秀	32	吧生	甘光沙瓦	蔡理勿娘	19	质宁贞	张荣娘	罗伯达(堂叔)	蔡灿郎(父)	9.16,许金宝
10.9	许金雁	19	无写	东居	薛安娘	17	结石珍	张荣娘	许金山(胞兄,雷)	薛文秀(父)	9.7
10.9	陈老实	36	准居	甘光峇厘	黄举娘	19	甘光峇厘	张荣娘	陈富(堂叔)	黄梧梓(父)	9.15
10.9	马有德	35	吧生	甲文诗里	杨兰娘	17	班芝兰巷	张荣娘	马云章(堂兄)	杨温茂(堂兄)	9.9
10.17	贺元清	23	吧生	小南门	陈顺娘	20	文登丹那丁宜	张荣娘	贺亚礼(父)	陈东裕(父)	10.3
10.20	陈音郎	24	吧生	七能贞劳牛瓦	郭坤娘	23	小南门	张荣娘	陈礁生(父)	郭珠生(胞兄)	10.4
10.23	许文福	38	吧生	结石珍	陈娘那	18	甘光茄南末	张荣娘	许德申(胞叔)	陈三桂(胞伯)	10.7,曾金连,雷
10.27	林发生	26	吧生	质能贞戎高兰	杨老知娘	19	瓮菜河	张荣娘	林班清(父)	陈全娘(母)	10.7

① “兹报结石珍界内吧生林如水年51岁经已完婚一次,(前妻)已经身故。今择于和本拾月初一日要再娶伊詹淑兴之舍妹詹曲娘年32岁为妻,此妹未曾完娶,恳求列位宪台大人给出交婚字一纸以便执据是感,付单为照,此奉。男家主婚人伊堂兄林庆,女家主婚人伊胞兄詹淑兴。上公堂大玛腰大人鉴照。和1891年8月3日侯荣照单”。(红贴上书)

10.27	杨大泉	23	吧生	结石珍	甘玉娘	22	结石珍	郭莺娘	杨天水(父)	甘长文(胞兄)	10.7
10.27	马 润	27	准居	大南门	吴水娘	21	牛郎沙里	张荣娘	邓亚猎(盟兄)	吴佑(父)	10.7
10.31	蔡玉振	22	吧生	槟榔社	胡和娘	15	江东圩	张荣娘	蔡耀勋(父)	胡林星(胞兄)	10.11
10.31	杨有德	36	准居	新巴杀	黄日邦娘	20	朽桥	张荣娘	杨仲商(堂兄)	黄屋(父)	10.5
11.5	叶金生	22	吧生	小南门	徐文娘	18	道郎	张荣娘	叶源和(父)	徐芳谷(族兄)	10.11,赵德和,甲
11.5	黄永元	23	吧生	巴牙垅安	汤芃娘	18	结石珍	张荣娘	黄雷生(父)	汤水江(胞兄)	10.18
11.7	廖亚锦	23	吧生	结石珍	林老智娘	16	芝马纳巷	张荣娘	廖亚凤(胞兄)	林亚厚(父)	10.11
11.9	蔡有得	21	吧生	乞郎班让	陈吉娘	18	毛六甲	张荣娘	蔡火林(父)	陈长华(祖)	10.24
11.9	陈大福	20	汶生	井里汶	李娜娘	19	中港仔	张荣娘	陈光文(父)	李伯达(父,甲必丹)	10.11
11.10	何一枝	20	吧生	丹那实连	黄许珠	18	丹那实连	张荣娘	何江水(父)	丘山娘(母)	10.18
11.16	连康水[1]	21	吧生	洪溪	林雪娘	21	文登加老旺	郭笃娘	连益昌(父,雷)	林茂义(父,雷)	11.13,赵德和,甲,丘春昌,雷
11.16	黄坤舆	23	吧生	八厨沃 干	陈正娘	20	八高然	郭笃娘(即娘仔直葛)	黄清渊(父,长子锦龙代)	陈和中	11. 4 吴铿然,雷
11.17	朱永昌	18	吧生	茄龙宗萼	许珠娘	21	东居	张荣娘	朱福基(父)	许金山(胞兄,雷)	11.4
11.18	郭长山	33	吧生	观音亭	陈素心娘	29	八厨沃间	张荣娘	郭长福(胞兄)	陈瑞兰(堂叔)	10.4
11.21	林戊水	21	吧生	大公司	陈远娘	20	大公司	郑满娘	林俊(父)	陈瑞梧(父)	10.24
11.21	陈金山	18	吧生	道郎新厝仔	黄锡娘	17	三间土库	张荣娘	陈清木(父)	黄玉昆(父,雷)	10.24
11.24	伍清安	27	吧生	直劳地巷	陈泽娘	25	五脚桥	张荣娘	伍亚善(堂兄)	陈疆增(父)	11.6
11.26	陈有华	27	吧生	四茄巫媚	郑有娘	18	丹那丁宜	张荣娘	陈有荣(胞兄)	郑佛仕(胞兄)	11.7,吴铿然,雷
11.30	王 雍	21	准居	新厝仔	唐次娘	21	石桥	张荣娘	王羊(堂叔)	唐晚(父)	11.6
12.3	沈秀章	29	吧生	结石珍	庄墩娘	26	结石珍	张荣娘	沈永郎(父)	庄文德(胞兄)	11.7,林长辉,雷
12.3	杨荣辉	33	吧生	丹那娘仔	李淑娘	26	洪溪	张荣娘	杨元水(父)	李新厚(胞兄)	11.20
12.4	蔡奇发	21	吧生	毛六甲	陈温娘	20	洪溪	张荣娘	蔡三才(胞叔)	陈成郎(胞伯)	11.7
12.7	朱来	27	准居	小南门	李富娘	21	班芝兰	张荣娘	朱亚兰(宗叔)	李量(胞叔)	11.13
12.8	林海生	21	吧生	茄礁邦巷	曾丁娘	16	丹那庞	张荣娘	林炎灶(父)	曾兴道(胞叔)	11.20
12.8	黄启芳	26	吧生	三间土库对面	陈珍娘	26	毛六甲	张荣娘	黄德芳(胞兄)	陈永禄(胞兄)	11.13
12.10	陈存荣	26	吧生	结石珍	戴什娘	24	茂物	张荣娘	陈存成(胞兄)	戴同生(父)	11.20

① 连康水又名康彩,吧生长。

12.17	梁登奎	37	准居	甘光毛甲	李合娘	18	蕉仔街	张荣娘	梁亚六(堂兄)	李成傍(祖,老迈,堂侄梅生代)	11.24,连福全,雷
12.28	吴茂生	29	吧生	道郎	李那蓝	20	占马蚋巷	刘金娘	叶珠娘(母)	李旺杰(父)	11.6
12.30	杨木海	23	吧生	道郎	陈森娘	18	道郎	胡乔娘	杨天合(父)	周音娘	12.10
12.30	林清沈	23	吧生	西门	黄贤娘	21	文丁	张荣娘	林初泰(宗叔)	黄登光(胞叔)	12.13

总计:124 对

1892年吧城唐人成婚注册表

月日	男家	年岁	类别	住址	女家	年岁	住址	媒妁	男方主婚	女方主婚	备注 结婚日,主事人
1.2	蔡天良	20	吧生	廿六间	李提娘	17	亚森脚	郭笃娘	蔡奇文(父)	李子凤(父)玛腰	12.7,郑春锡甲,刘清祥
1.8	沈亚荣	32	准居	小南门	梁贵娘	17	小南门	张荣娘	沈能三(堂兄)	梁显才(父)	12.19,郑春锡
1.8	蒋板	30	准居	结石珍	黄水娘	22	结石珍	张荣娘	蒋过(叔父)	黄珍美(胞兄)	12.13
1.8	徐炽郎	23	准居	三间土库	陈纪娘	23	西门	张荣娘	徐敬初(胞叔)	陈壬芳(胞兄)	12.13
1.9	陈新美	18	汶生	甘光毛甲	李宣娘	18	甘光毛甲	张荣娘	陈文凤(父)	李风云(父)	12.13
1.11	朱炎居①	22	吧生	中港仔	陈筹娘	17	文丁石桥	张荣娘	朱炎章(堂兄)	陈原积(父)	11.6
1.12	郑连成	31	准居	中港新厝仔	吴良娘	22	打铁街	张荣娘	郑金寿(胞叔)	王艳娘(母)	12.18
1.12	陈龟志	36	准居	结石珍	杨林娘	22	结石珍	张荣娘	陈古(堂叔)	杨允忠(堂叔)	壬1.19
1.15	甘万日	20	吧生	西门	张壬娘	20	文丁	张荣娘	甘坤英(父)	张乙郎(父)	12.19
1.16	丘绍荣	30	吧生	五脚侨	陈老致娘	18	打铁街	张荣娘	丘水(族兄)	丘添娘(母,陈吉昌妻)	1.23
1.16	郭贵养	34	准居	新巴杀	吴福妹	16	沙瓦物虱	张荣娘	郭亚榜(胞叔)	叶丙娘(母)	12.19
2.12	杨荣顺	25	吧生	干质巷	林瑞娘	22	班芝兰	刘金娘	杨渊(父)	林茂爵(堂叔)	1.17,林家义,雷
2.16	颜文佑	25	吧生	戈老屈	洪园娘	23	亚森脚	张荣娘	颜文硂(胞兄)	洪彩(父)	1.23
2.17	吴蟹	37	准居	大使庙	陈宝娘	20	干质巷	张荣娘	吴果(宗兄)	陈德郎(堂叔)	1.21,许金宝,甲
2.18	蒋金芳	22	吧生	丹那庞	简戎娘	21	乌布土库	张荣娘	蒋顺郎(父)	简桂生(胞伯)	1.25
2.26	朱水泉	25	吧生	庞牙巷	叶奎炳娘	21	槟榔社	张荣娘	朱泰山(父)	叶瑞生(胞兄)	2.22,林永义,雷

① 美色甘光字1892年1月7日第4号,吧生。

2.29	陈贡	36	准居	结石珍	许森娘	22	结石珍	张荣娘	陈文母(堂兄)	许其生(胞兄)	2.11,许金宝
3.1	高清美	29	吧生	八厨沃间	李水娘	20	乌鲁吧	张荣娘	刘良娘(母)	李金水(父)	2.9,赵德和,甲
3.9	黄再兴	28	吧生	朽桥	张伦娘	20	朽桥	刘金娘	黄国兴(堂兄)	陈蔼娘(母)	2.15
3.14	林良和	31	吧生	洪溪	郑果娘	25	洪溪	林音娘	林伦贤(父)	郑金玉(父)	2.22
3.15	叶贵榴	24	吧生	芝马劳巷	赖杏娘	25	中港仔	陈颜娘	叶德生(父)	赖显耀(父)	2.22
3.19	杨明珍	24	吧生	大南门	李凤娘	24	旧巴杀	张荣娘	杨永彪(父)	李金海(父)	2.29,曾金连,雷
3.22	黄益元	20	吧生	丹那实连	丘旋娘	18	文丁貌恶	张荣娘	陈金娘(母)	丘永年(父)	2.29
3.23	王江水	22	吧生	西门	詹辉娘	20	结石珍	郭笃娘	王武亭(祖父)	詹继昌(胞兄)	3.18
3.29	陈壬为	40	吧生	甲文茄劳巴	周壬娘	30	大使庙	张荣娘	陈和义(堂叔)	周坤山(胞兄)	3.14
4.1	吴荣生	20	吧生	大使庙	薛金娘	22	大使庙	张荣娘	吴文质(父)	苏毓祥(胞叔)	3.15,刘清祥,甲
4.1	陈理物	39	吧生	班芝兰	郑那蓝	23	班芝兰	张荣娘	陈佛(宗叔)	郑仁义(兄)	3.8
4.9	黄文	22	吧生	玛腰兰	陈水娘	24	五脚桥	戴侠娘	陈亚六娘(母)	陈江水(父)	3.18
4.12	林邦彦	27	吧生	道郎	吴巧娘	26	亚森脚	张荣娘	林百六	吴遗昌(父)	3.18
4.13	刘汉章	34	吧生	道郎	李丙娘	17	茂物辖芝峇	柳沙	张荣娘	刘登贤(父)	李谦逊(胞兄)
4.27	洪成德	18	吧生	五脚桥	沈梅娘	16	文丁武泥亚由	张荣娘	洪应端(胞兄)	沈金美(父)	4.10
4.28	林俊杨	26	吧生	丹那庞	詹一娘	23	新巴杀	张荣娘	林山郎(胞兄)	詹夙兴(胞兄)	4.12
5.2	刘振元	20	吧生	洪溪	庄宇然娘	16	五脚桥	张荣娘	刘庚文(父)	蔡红娘(母)	4.18,林长辉,雷
5.4	雍清红	25	吧生	杨桥	林宝娘	18	甘光万兰	陈岸娘	李良娘(母)	林永祥(父)	4.12(删)
5.5	梁亚球	35	准居	小南门	温新娘	23	小南门	张荣娘	梁连三(堂叔)	温念德(胞叔)	4.13
5.6	方青奇	26	准居	旧巴杀	郑春娘	25	旧巴杀	张荣娘	方青松(胞兄)	郑邦几(父)	4.12
5.6	杨长吉	24	吧生	丹那庞	甘传娘	22	丹那庞	张荣娘	杨清溜(父)	甘长居(父)	4.18
5.7	邓祥麟	39	准居	迁恤	许邦娘	17	芝马劳巷	张荣娘	邓亚仁(胞兄)	林灿娘(母)	4.22
5.7	陈顺良	22	吧生	八厨沃干	林燕娘	21	旧巴杀	张荣娘	陈干乘(父)	林兔(父)	4.18
5.12	黄佳报	44	准居	新巴杀	陈吉娘	20	新巴杀	张荣娘	黄传(曾祖叔父)	陈德成(父)	4.26
5.12	王景福	22	吧生	圣望港	黄荣娘	19	观音亭	张荣娘	王澄泉(兄)	黄义垅(叔)	4.22
5.13	蔡壬四	20	准居	结石珍	陈劳真娘	19	结石珍	张荣娘	蔡壬成(胞兄)	陈大成(父)	4.22
5.13	黄兴发	31	准居	毛六甲	刘志娘	21	毛六甲	张荣娘	黄兴郎(堂叔祖)	刘德根(胞兄)	4.21

5.16	林秋泰	24	准居	丹绒	洪惹邦娘	19	小南门	张荣娘	林同仁(堂叔祖)	洪清(父)	4.26,连福全,雷
5.17	侯亚钦	29	准居	班芝兰	徐丁娘	16	巷道郎	张荣娘	侯亚满(胞兄)	徐火三(胞叔)	4.22
6.8	黄玉郎	22	吧生	新巴杀	卢蜜娘	20	结石珍	张英娘	黄爱娘(姑)	卢河水(堂兄)	5.18,丘春昌,雷
6.24	叶克和	28	吧生	质宁贞	胡硂娘	21	甘光毛甲	张荣娘	叶荣宣(堂兄)	胡汶水(胞兄)	6.8
6.25	陈亚前	34	准居	大南门	郭丙娘	17	大南门	张荣娘	陈亚木(堂叔)	郭亚番(父)	6.10
6.29	邹双喜	28	吧生	班芝兰	刘丁娘	16	公司后	张荣娘	邹水淑(父)	刘丙秀(父)	6.12
7.1	李亚六	39	准居	八茶罐	邓庚娘	17	文登朱洛槟榔	张荣娘	李辉鸿(胞兄)	邓冉淑(父)	6.22 许金宝
7.5	康顺发	24	吧生	结石珍	朱粒娘	23	洪溪	陈彦娘	康百行(父)	朱桂枝(父)	6.18
7.6	林亚烈	36	准居	八茶罐	肖继娘	16	顺治桥	张荣娘	林亚史(堂兄)	肖光完(父)	6.18
7.9	陈文龙	39	吧生	大使庙	钟云秫娘	18	大使庙	张荣娘	陈福麟(宗兄)	钟亚敦(胞叔)	6.17
7.22	黄顺东	25	吧生	结石珍	王双娘	18	五脚桥	刘金娘	黄祖生(胞伯)	蔡安娘(母)	6.8,林永义,雷
7.27	杨位	37	准居	新巴杀	高蜜娘	25	新巴杀	张荣娘	杨光照(胞兄)	高淑娘(胞姑)	6.4,许金宝,甲
8.6	古新贤	32	吧生	干质巷	蒋贵娘	23	甘光咨厘	张荣娘	刘发娘(母)	蒋福昌(胞叔)	6.21,赵德和,甲
8.11	陈振尧	20	吧生	洪溪	林香娘	22	丹那实连	张荣娘	林英娘(母)	詹登娘(母)	8.12
8.18	张新辉	23	吧生	小南门	陈三娘	20	结石珍	张荣娘	张香文(胞叔)	陈自能(父)	7.13,曾金连,雷
9.24	张裕成	40	准居	结石珍	黄本娘	20	晋郎安	张荣娘	张能昭(堂兄)	黄启明(父)	7.7
9.26	林辛秀	28	吧生	巷道郎	蓝凤娘	17	巷庞牙	张荣娘	林亚三(胞叔)	蓝乙秀(父)	7.5
8.27	陈万	25	准居	结石珍	刘菁娘	18	茂物	张荣娘	陈在禄(胞叔)	刘松螺(胞叔)	7.7
9.2	林顺发	20	吧生	廿六间	张邦娘	19	茂物	张荣娘	林天青(父)	张天从(父)	8.5,刘清祥,甲
9.5	侯亚深	31	准居	丹那丁宜	吴桂林	16	丹那丁宜	张荣娘	侯亚满(堂兄)	吴亚祥(父)	7.20
9.7	许金贞	20	吧生	东居	简椿娘	17	庞牙勿杀	郭笃娘	许金宝(胞兄,甲)	简增绪(父)	8.26(删)
9.9	陈有任	28	吧生	大南门	吴水娘	24	大港墘	郭笃娘	陈邦忠(父)	吴大吉(父)	8.13,吴铿然,雷
9.12	陈在禄	48	准居	结石珍	沈益娘	39	结石珍	张荣娘	陈大目(兄)	沈长满(叔)	7.22,刘清祥
9.19	何荣源	37	吧生	乞郎班让	陈海娘	23	结石珍惹牙	张荣娘	何四妹(胞姑)	陈彬郎(胞伯)	8.5,吴铿然
9.19	周德成	36	吧生	丹那庞	温戊娘	18	丹那庞	张荣娘	杨金生(胞兄)	温增成(胞兄)	8.6
9.24	丘福江	20	吧生	大南门	陈晚娘	17	大使庙	张荣娘	丘顺娘(胞姑)	陈元龙(父病,子荣达,代)	8.11
9.26	甘金柜	20	吧生	新巴杀	刘色娘	19	丹那庞	张荣娘	甘玉珍(父)	刘元和(父)	8.10
9.26	陈渭水	26	吧生	大使庙	蔡杂娘	24	丹那实连	张荣娘	陈鸿业(胞兄)	蔡坤山(父)	8.19

9.26	李振	26	准居	大使庙	陈水娘	18	大使庙	张荣娘	李新显(堂叔)	陈鸿业(胞兄)	8.19
9.27	蔡清波	22	吧生	大公司	刘壬娘	21	大使庙	刘金娘	蔡奇章(父)	刘亚四(父)	8.24
9.28	肖亚火	32	准居	芝马劳巷	朱地娘	16	大公司	张荣娘	肖申生(胞兄)	朱亚寿(堂兄)	8.14
9.29	陈秀文	37	准居	大公司	黄瑞娘	18	直那地巷	张荣娘	陈和生(堂叔)	黄亚赞(父)	8.16
9.30	陈文吉	20	吧生	万丹西垅	汤栗娘	20	毛六甲	刘金娘	陈溪山(父)	汤子龙(父)	8.12
9.30	郑瑞恭	34	吧生	槟榔社	陈海娘	22	仑达巷	张荣娘	庄针娘(母)	陈清源(父)	8.12
10.1	陈登庸	38	吧生	旧巴杀	戴玉娘	21	结石珍	张荣娘	陈长芳(叔)	戴安郎(兄)	8.13,连福全
10.5	林金枝	20	吧生	大巷内	周劳冥娘	17	芝马劳巷	张荣娘	许三娘(母)	周木林(胞伯祖)	8.26
10.6	林宗香	28	吧生	观音亭	郭寅娘	20	观音亭	张荣娘	林福建(胞叔)	郭长寿(父)	8.17
10.7	王春岩①	40	因兰地生	廿六间	廖宝娘	20	直洛那牙	张荣娘	王明水(宗叔)	廖龙山(父)	8.21
10.17	王澄南	23	吧生	丹那庞	赖迪娘	21	顺治桥	张荣娘	王澄裕(胞兄)	赖必隆(父)	9.6
10.18	黄远丰	33	准居	竹仔巷	林渊娘	26	文登	张荣娘	黄有章(宗伯)	林景照(堂兄)	8.28
10.28	郑如禄	34	吧生	新巴杀	黄珠娘	18	三间土库	张荣娘	郑金泉(宗兄)	黄新良(宗伯)	9.9
10.29	叶和尚	22	准居	旧巴杀	陈泉娘	18	小南门	郭笃娘	叶定(宗兄)	陈心(父)	9.19
10.31	陈忍良	20	吧生	鉴光峇厘	谢良娘	22	结石珍	张荣娘	陈荣春(父)	谢天竹(父)	10.10
10.31	郭必达②	44	准居	大使庙	郑坤娘	22	新巴杀	张荣娘	郭明泉(宗兄)	郑金泉(宗兄)	9.9
10.31	刘金钟	19	吧生	丹那庞	陈丙娘	16	丹那庞	张荣娘	刘清水(父)	陈文质(父)	10.2
11.1	李顺兴	38	吧生	结石珍	周易娘	20	结石珍	张荣娘	李长海(胞叔)	周亚六(堂叔祖)	10.10,郑春锡,甲
11.5	许金紘	20	吧生	东居	吴礁劳娘	16	西门	陈颜娘	许金山(胞兄,甲)	王敏娘(母)	9.19
11.9	杨良辉	19	吧生	新巴杀	蔡芍娘	16	新巴杀	张荣娘	杨日成(堂叔)	蔡凤(祖)	9.24
11.10	刘镇士	18	吧生	结石珍	谢兴娘	16	结石珍	张荣娘	刘真(父)	谢天竹(父)	10.10
11.14	陈源忠	23	吧生	结石珍	甘顺娘	19	江东圩	张荣娘	陈永茂(父)	甘有元(堂叔祖)	10.4
11.14	许耀东	21	吧生	东居	陈邦娘	18	茂物	郭笃娘	许耀基(胞兄,甲)	陈钦宣(父)	10.10
11.15	唐荣春	23	吧生	新巴杀	陈吟娘	21	美色近	张荣娘	唐青松(父)	陈顺兴(胞兄)	10.16,丘春昌,雷
11.15	杨金	27	准居	新巴杀	陈丁娘	21	结石珍	张荣娘	杨溪(胞叔)	陈德二(父病,子宗桂代)	10.2
11.16	黄文森	22	吧生	新巴杀	庄林娘	23	结石珍	张荣娘	黄福山(父)	庄文德(胞兄)	10.4

① 因兰地生长。

② 郭必达又名达,案夺字 1873 年 9 月 19 日第 19 号准居。

11.16	徐亚彦[①]	25	准居	结石珍	钟晋娘	18	班芝兰	张荣娘	徐新郎二(父)	钟联桂(父)	10.4
11.17	林亚炳	34	准居	新巴杀	刘赞娘	18	大使庙	陈颜娘	林亚助(堂叔)	刘亚兴(父)	10.10
11.22	陈山英	23	吧生	五脚桥	高水娘	19	窑内	张荣娘	陈疆增(父)	高琼琚(父)	10.16
11.23	王廷祥	20	吧生	丹那庞	林爱娘	18	茂物	张荣娘	王春魁(父)	林受福(父)	10.10
11.26	李祥	28	准居	小南门	陈森娘	23	窑内	张荣娘	李量(堂兄)	陈江文(父)	10.12
11.26	许柏茂	22	吧生	结石珍	甘鸡娘	20	结石珍	张荣娘	许文泉(父)	甘清吉(父)	10.16
11.28	林益全	19	吧生	丹那庞	简安芝	21	乌布土库	张荣娘	林山郎(父)	简桂生(父)	10.16
11.29	曾双全	35	吧生	道郎	陈淡娘	22	牛郎沙里	张荣娘	陈桂娘(母)	陈三贵(胞伯)	10.16
12.5	李能祥	42	准居	结石珍	陈义娘	19	结石珍	张荣娘	李炳三(堂兄)	陈桢芳(叔)	10.13,林永义,雷
12.5	谢太元	52	吧生	结石珍	欧英娘	35	结石珍	张荣娘	谢天竹(堂兄)	欧珍良(胞叔)	10.16
12.6	陈荣基	22	吧生	大公司	林能娘	19	窑内	陈颜娘	陈端梧(父)	林茂生(胞兄,病,宗叔福星代)	10.23
12.6	蔡东川	22	吧生	毛六甲	杨松娘	20	甘光惹葛	张荣娘	蔡博厚(胞伯)	杨福海(父)	12.16
12.10	郑松武	20	吧生	大港墘	杨文娘	17	结石珍	张荣娘	郑金城(胞兄)	杨清河(胞伯)	10.26
12.13	杨一成	31	吧生	亭仔脚	刘音娘	22	甲汶丝里	张荣娘	陈全娘(母)	刘立发(父)	11.14,许金宝,甲
12.14	韩景芳	18	吧生	大南门	颜彬娘	17	茄罗骨	张荣娘	韩欣然(胞叔)	颜文砼(胞兄)	11.14
12.19	吴清宣	22	吧生	新巴杀	余香娘	21	江东圩	张荣娘	吴嘉成(父)	余子游(父)	11.8,林永义
12.20	徐金松	20	吧生	丹仔庞	陈金娘	19	巷占马纳	张荣娘	徐佛生(父)	陈水生(父)	11.21
12.31	朱成有[②]	40	准居	结石珍	陈清娘	28	圣望港	张荣娘	朱德海(堂叔病,堂侄梓代)	陈敬宗(堂叔)	12.7

总计:115 对

1893 年吧城唐人成婚注册表

月日	男家	年岁	类别	住址	女家	年岁	住址	媒妁	男方主婚	女方主婚	备注 结婚日,主事人
1.1	陈前[③]	28	准居	结石珍	刘岳娘	18	甘光广东	张荣娘	陈赤九(堂叔)	刘南(堂叔)	11.28,赵德和,甲
1.4	蔡江淮[④]	22	准居	新巴杀	陈寻娘	20	结石珍	张荣娘	蔡凤(堂叔)	陈传炉(父)	11.21

① 徐亚彦又名亚二,案夺字 1885 年 5 月 9 日第 8 号准居。

② 据朱成有准居案夺字 1882 年 12 月 11 日第 2 号。1893 年 6 月 13 日抄给。

③ 据陈前又名其前,准居案夺字 1889 年 2 月 17 日第 23 号。

④ 副淡 1892 年 9 月 14 日第 7733 号恳居燕地口词字,即玛腰详复 1892 年 9 月 28 日第 2196 号。

1.7	陈武艺①	25	准居	大公司	黄良娘	20	结石珍	张荣娘	陈文贵(叔,甲)	黄得言(兄)	11.19
1.7	龚少	30	准居	大公司	吴招娘	20	大公司	张荣娘	龚慄(胞叔)	吴天(父)	11.27
1.16	范美郎	21	吧生	小南门	丘沙廊娘	17	小南门	张荣娘	范北郎(胞兄)	丘福麟(堂叔)	癸 4.15,曾金连,雷
1.16	黄金源	20	吧生	八戎戈兰	丘冥劳娘	17	小南门	张荣娘	黄福生(胞叔)	丘福麟(堂叔)	8.20
1.17	蔡天和	25	无写	廿六间	陈金娘	24	中港仔	陈颜娘	蔡奇文(父)	陈永寿(父)	12.12
1.17	陈吧生	34	准居	新巴杀	肖顺娘	28	乌布土库	张荣娘	陈瑞梧(堂兄)	肖福海(父)	12.6
1.21	陈爵	39	准居	公司后	高密娘	19	公司后	张荣娘	陈金波(胞兄)	高标(父)	12.5
1.27	刘清月	20	吧生	结石珍	蔡端娘	18	丹娘遮	张荣娘	刘立(父)	蔡完水(胞兄)	1.13
1.27	周八仕	36	吧生	八茶贯	刘新娘	22	甘光巫劳由	张荣娘	陈宣娘(母)	刘昆良(父)	12.12
1.28	陈鸣麟	19	吧生	茂物	许凤娘	16	东居	郭卓娘	陈俊杰(甲,父)	许金山(甲,胞兄)	12.12
2.1	陈清发	21	吧生	甘光毛六甲	汤及娘	21	茂物	张荣娘	陈维衢(父)	汤懋杰(胞兄)	12.22,刘清祥,甲
2.22	杨和兴	26	准居	丹仔丁宜	邓癸娘	21	茄览末	张荣娘	杨学论(堂叔)	邓麟右(父)	1.10,吴铿然,雷
2.28	黄他山	51	准居	大南门	郭蜜娘	39	大南门	张荣娘	黄沙(堂兄)	蔡文良(母舅)	1.13
2.28	黄上	30	准居	结石珍	陈水娘	22	结石珍	张荣娘	黄漏治(堂叔)	陈丁满(堂叔)	1.20
3.8	李国芳	36	准居	八厨沃间	戴荣娘	16	八厨沃间	张荣娘	李岩(堂叔)	戴中海(父)	1.24,连福全,雷
3.13	叶瑞丰	31	吧生	丹仔望	黄专娘	21	甘光猫厘	张荣娘	叶瑞麟(胞兄)	黄元宝(胞兄)	1.28
3.14	王三巴垅	31	吧生	打铁街	詹模娘	23	五脚桥	张荣娘	王艳娘(姑母)	詹经元(父)	2.9
3.16	许景法	20	吧生	结石珍	杨才娘	19	结石珍	张荣娘	许文基(父)	杨乌蚶(堂叔)	2.12
3.23	张仲全	24	吧生	丹那庞	蔡新娘	22	丹那庞	张荣娘	张锦祥(胞兄)	蔡有良(胞兄)	2.18
3.29	洪吧运	23	吧生	小南门	林开娘	21	小南门	张荣娘	洪清(父)	林仪川(胞伯)	2.23
3.29	黄硕元	21	吧生	大使庙	林瑞娘	19	观音亭新厝仔	张荣娘	黄佛庇(堂叔)	林永昌(父)	2.20
4.5	陈应琢	32	准居	小南门	薛安娘	28	小南门	张荣娘	陈礼魁(堂叔)	薛红(父)	2.25,丘春昌,雷
4.6	黄木林	18	吧生	新巴杀	薛量娘	19	新巴杀	张荣娘	黄添才(父)	薛邦隆(胞伯)	2.25
4.6	张日本	22	准居	三间土库	黄山娘	18	新厝仔	张荣娘	张阳春(父)	黄有章(堂伯)	2.24
4.6	黄振火	23	吧生	盆漕兰	吴采绢	19	八茶贯	郭卓娘	黄长楠甲(父)	吴咸利(叔祖)	2.26
4.7	詹报恩	39	吧生	甘光麻甲	陈金娘	24	甘光麻甲	张荣娘	詹亚宁(堂叔)	陈江水(父)	2.26

① 照玛腰所详 1879 年 6 月 26 日第 328 号恳居燕地案夺字。

4.11	许温发[1]	22	吧生	东居	黄淑娘	20	观音亭	张荣娘	许温柔甲(胞兄)	黄清河(父)	2.26,郑春锡,甲
4.11	蓝长兴	23	吧生	八戈然	张远娘	21	巢网	张荣娘	蓝双全(父)	张德慎(胞兄)	3.8
4.12	冯亚柄	35	准居	大南门	钟巳娘	25	班芝兰	张荣娘	冯亚壮(胞兄)	钟天生(父)	3.3
4.15	陈蚵	35	准居	小南门	吴水娘	29	惹牙兰	张荣娘	陈德生(堂兄)	郑音娘(母)	2.29
4.21	刘甫[2]	30	吧生	丹仔望	焦专娘	21	丹仔望	张荣娘	刘铨(胞兄)	焦有生(父)	2.23,丘春昌
4.24	杨双福	26	准居	新巴杀	傅顺娘	16	新巴杀	张荣娘	杨池(叔祖)	傅亚四(父)	3.15
4.26	赵德成	21	吧生	新巴杀	叶草娘	18	小南门	张荣娘	赵德顺(胞兄)	叶清溪(父)	3.18
5.9	章长庆	35	吧生	八戈然	陈芳娘	17	八戈然	张荣娘	章亚四(堂兄)	陈和中(父)	4.15,许金宝
5.13	邹光坤	22	吧生	峇厘广东	谢其娘	18	峇厘广东	张荣娘	邹天炎(父)	谢天宝(叔祖)	5.24
5.16	黄江河	22	吧生	亭仔脚	李吉娘	22	八戈然	郭卓娘	黄青英(父)	李子昌(甲,祖父)	4.13,林永义
5.16	丁福全	37	吧生	小南门	陈建娘	18	砖仔桥	张荣娘	丁德山(父)	范满娘(母)	4.6
5.17	梁宝山	20	吧生	戈劳屈	林丹娘	18	丹仔望	胡娇娘	陈甘娘(母)	林泰山(父)	4.6
5.20	杨林生	32	吧生	结石珍	蔡娇娘	21	结石珍	张荣娘	杨天水(堂叔)	蔡元和(胞叔)	4.13
5.23	王有福	21	吧生	丹仔望	林质娘	21	丹仔望	张荣娘	王招生(堂叔)	林山郎(父)	4.22
5.23	韩木生	19	吧生	结石珍	王邦娘	17	结石珍	张荣娘	韩天福(父)	蔡安娘(母)	4.13
5.23	巫宜德	44	吧生	圣望港	黄凤娘	29	洪溪	郑末娘	巫嘉祥(堂叔)	黄灶山(胞兄)	4.22
5.23	韩长溪	25	吧生	丹仔望	姚老致娘	25	吉宁烈	张荣娘	韩水生(堂兄)	姚天赐(父)	4.13
5.24	郭水泉	37	吧生	观音亭	林娘那	26	甘光沙哇	张荣娘	郭潭泉(胞兄)	林朝全(父)	4.13
5.24	李乾养	23	吧生	庞加勿杀	陈良娘	23	大使庙	张荣娘	李新厚(父)	陈琼球(父)	4.13
5.25	李经文	20	吧生	小南门	詹灿娘	19	亭仔脚	张荣娘	李大有(父)	黄三伯娘(母)	4.15
6.6	杨一祥	29	吧生	亭仔脚	陈金娘	27	槟榔社	刘基娘	陈专娘(母)	陈任发	4.26,赵德和,甲
6.6	陈元良	19	吧生	丹仔望	蒋金钗	17	茂物	张荣娘	陈菁英(父)	蒋朕(父)	4.26
6.7	黄水	22	吧生	竹巷	何碧娘	20	戈劳屈	张荣娘	黄佐(父)	何文质(父)	4.27
6.19	陈顺章[3]	17	吧生	甘光惹泥	许娘那	20	甘光惹泥	张荣娘	陈明水(宗叔)	周二娘(母)	5.9,曾金连,雷
7.3	张亚高	35	准居	洪溪	刘吉娘	18	茂物	郑满娘	张石荣(堂兄)	刘土生(胞叔祖)	5.27,刘清祥,甲
7.10	黄本起	23	吧生	新巴杀	陈高娘	19	结石珍	张荣娘	黄长盛(堂叔)	陈廷元(父)	6.11
7.18	余振源	24	吧生	八厨沃干	杨美娘	21	班芝兰	郭卓娘	余振山(胞兄)	杨亚四(宗叔)	6.25,吴铿然,雷

① 1893年4月22日抄给。1896年11月13日许温发报婚字遗失,公堂再补为据。

② 江东圩甲必丹详称:刘甫又名刘城,1889年9月28日案夺准居。

③ 吧生,美色甘1893年6月16日字。

7.18	涂荣谟	28	吧生	圣望港	江明娘	28	大使庙	张荣娘	涂克来(胞兄)	江文圃(父)	6.11
7.20	杨如生	20	吧生	大使庙	胡碧娘	16	观音亭后	郭笃娘	杨清云(父)	胡玉水(父)	6.18
7.20	刘珍彦	37	吧生	东居	熊珠娘	18	砖仔桥	张荣娘	刘亚万(胞兄)	熊亚恒(堂兄)	6.11
7.28	陈品芳	34	无写	窑内	方山娘	17	宝种	张荣娘	陈金全(胞兄)	张福娘(祖母)	6.25
8.1	刘茂山	21	吧生	中港仔	饶丙娘	18	芝茄弄	张荣娘	刘南靖(父)	饶亚勇(父)	7.8,连福全,雷
8.1	黄顺英	28	吧生	盆澧兰	林色娘	21	盆澧兰	郭卓娘	黄妈贤(父)	林廷章(堂兄)	6.23
8.1	赖清元	39	准居	小南门	李金娘	19	东居	张荣娘	赖贤郎(胞兄)	李亚元(父)	7.2
8.3	吴柱超	27	吧生	二角桥	苏罗娘	25	八茶贯	张荣娘	吴淇亨(父)	苏清水(堂叔)	辛 4.25
8.3	蔡玉兴	21	吧生	观音亭	苏温笠娘	17	八茶贯	张荣娘	蔡耀勋(父)	苏清水(叔祖)	7.18
8.15	陈留量	22	吧生	新巴杀	郑水娘	23	结石珍	张荣娘	陈文广(父)	郑南生(胞伯)	7.14
8.22	薛清标	20	吧生	新巴杀	洪真娘	20	结石珍	张荣娘	薛攀龙(父)	洪源顺(父)	7.18
8.25	郭瑞昌	23	吧生	观音亭	徐高芝	19	丹仔望	张荣娘	郭九思(堂兄)	徐佛生(父)	8.9
9.2	赖文荣	18	吧生	圣望港	林英娘	19	八戈然	陈颜娘	赖渭源(祖父)	林河水(父)	8.4,郑春锡,甲
9.6	杨锦文	21	吧生	新巴杀	陈全娘	20	甘光麻六甲	张荣娘	杨长水(父)	陈长华(祖父)	8.4
9.15	巫东郎	37	准居	班芝兰	刘文娘	19	道郎巷	张荣娘	巫亚秀(堂叔)	刘庆喜(父)	8.16,丘春昌,雷
9.15	余金福	38	吧生	圣望港	陈三娘	23	中港仔	李芬娘	姚吉娘(母)	陈道成(父)	8.8
9.15	李金水①	20	吧生	窑内	蔡金娘	20	窑内	张荣娘	李华光(胞叔)	蔡文芳(胞兄)	8.16
9.19	李兴廉	18	吧生	漳加苓	许吉娘	18	东基	郭卓娘	李金龙(胞兄)	许金宝(胞兄,甲)	8.16
9.20	许宽裕	29	吧生	竹巷	王瑞娘	28	占马蚋巷	张荣娘	许德兴(堂兄)	王沓汝(胞兄)	8.16
9.21	王金生	39	吧生	道郎	肖二娘	20	干职巷	张荣娘	王淡山(宗兄)	肖九(宗叔)	8.22
9.23	陈三木	41	吧生	公司后	蔡瑞娘	32	吧葛南安	张荣娘	陈瑞山(宗兄)	蔡勤隍(父)	8.15
9.25	汤俊源	24	吧生	茂物	陈寿娘	22	甘光麻六甲	张荣娘	汤好问(父,病,子懋杰代)	陈长华(祖父)	8.22
9.25	李云轩②	34	准居	朽桥	钟佑娘	17	打铁街	张荣娘	李亚保(宗兄)	钟亚二(父)	8.17
9.26	陈水匾	35	吧生	八劳八丹	黄斗维娘	18	结石珍	张荣娘	陈母(堂叔)	黄道(堂兄)	8.20
9.26	许琼瑞	21	吧生	甘光麻六甲	叶美娘	19	甘光麻六甲	张荣娘	许水山(父)	叶元球(胞兄)	8.28
9.27	张文森	36	吧生	美色近	吴香娘	20	中港仔	张荣娘	张海平(父)	吴亚爵(父)	8.22
10.5	丘天福	38	准居	槟榔社	谢海娘	19	槟榔社	张荣娘	丘亚容(堂兄)	谢亚恒(胞叔)	9.12,林永义,雷

① 1912年11月4日公堂已经判离。

② 据副淡1893年9月16日第10680号上付来李云轩恳入准居燕地口词字,即大玛腰1893年文。

10.5	谢德水	22	准居	戈郎里仔	黎吧东娘	19	朽桥	张荣娘	谢贵兴(胞叔)	黎福安(父)	9.3
10.13	叶亚显	31	准居	小南门	李兰娇	20	结石珍	张荣娘	叶源发(堂叔)	李长秀(堂叔)	9.12
10.18	张亚金	35	准居	砖仔桥	罗致娘	18	杉板寮	张荣娘	张桥恩(堂兄)	罗顺秀(父)	9.12
10.25	许龙鱼	23	吧生	甘光峇厘	蔡山娘	21	结石珍	张荣娘	许文泉(堂兄)	蔡玉泉(胞兄)	10.12
10.31	赵载生	21	吧生	结石珍	蔡顺娘	19	结石珍	张荣娘	赵炎兴(胞兄)	蔡德水(胞兄)	10.5
10.31	吴亚郎	20	准居	大使庙	古心娘	18	结石珍	张荣娘	吴亚爵(堂兄)	薛居湾娘(母)	8.29
11.8	薛清秀	26	吧生	结石珍	杨必娘	24	结石珍	张荣娘	薛大万(胞叔)	杨长宗(胞兄)	10.12,赵德和,甲
11.8	林财源	20	吧生	窑内	陈燕脂娘	22	文登	张荣娘	詹鼎娘(祖母)	陈卿芳(胞伯)	10.12
11.9	杨顺金	20	吧生	结石珍	陈森娘	18	槟榔社	张荣娘	杨泰山(父)	陈有文(父)	10.12
11.10	林活生	28	吧生	绒戈兰	李文卓娘	24	干质巷	张荣娘	林办贞(父)	许雷娘(母)	10.10
11.10	黄九寿	37	吧生	甘光色兰呢	谢辛妹	23	槟榔社	张荣娘	黄长寿(胞兄)	谢京来(父)	10.18
11.11	许文泉	44	吧生	结石珍	黄音娘	27	茄里巴实	张荣娘	许文基(胞兄)	黄雷生(胞兄)	10.14
11.13	黄文发	22	吧生	安恤	林老致娘	19	安恤	张荣娘	黄文理(胞兄)	陈荣娘(母)	10.12
11.14	陈春淋	31	吧生	小南门	李渭娘	18	甘光峇厘	张荣娘	陈春嘉(胞兄)	李宇良(胞兄)	10.12
11.14	张秀菁	26	吧生	八茶贯	陈西垅娘	18	八茶贯	张荣娘	张心正(父)	张谨娘(母)	壬 5.23
11.14	张秀实	24	吧生	八茶贯	王水娘	22	圣望港	张荣娘	张心正(胞叔)	李吉娘(母)	10.12
11.14	杨其昌	24	吧生	惹牙兰	王海娘	23	甘光然年	张荣娘	杨载欣(宗兄)	江音娘(母)	10.12
11.15	林珠元	35	吧生	道郎	高速娘	20	甲汶勿杀	张荣娘	曾敬娘(母)	高然芝(父)	10.18
11.17	赖天佑	31	吧生	中港仔	黄根娘	24	美色近	张荣娘	赖显耀(父)	黄珠山(父)	10.16,曾金连,雷
11.17	王甘松	24	吧生	惹牙兰	李恭娘	22	五脚桥	张荣娘	王文旦(父)	李长源(胞兄)	10.19
11.18	许金安	18	吧生	东基	潘志娘	16	东基	郭卓娘	许金宝(胞兄,甲)	潘景赫(父)	10.16
11.18	许南漳	23	吧生	小南门	黄有娘	17	道郎	郭卓娘	许权(父)	黄清河(父)	10.16
11.20	蓝水生	27	吧生	丹仔低巷	饶左娘	24	甘光麻甲	张荣娘	蓝麟超(堂叔)	陈江娘(母)	10.20
11.21	高天赐	22	吧生	观音亭	黄马力娘	17	圣望港	张荣娘	高然芝(胞叔)	黄续兴(堂兄)	10.16
11.21	陈浩发	27	吧生	道郎	吴和娘	18	班芝兰	张荣娘	陈有信(父)	吴赞森(父)	10.20
11.22	连英仙	28	准居	大港墘	张发娘	23	大港墘	张荣娘	连凉水(堂兄)	张俊高(父)	10.18
11.24	江长波	23	吧生	观音亭	陈炎娘	21	东基	张荣娘	汪昆銮(父)	陈有嘉(父)	10.19
11.25	黄香亭	18	吧生	八茶贯	林巢娘	19	甘光万兰	张荣娘	黄清庆(父)	林卜元(父)	10.19
11.27	蓝东	20	吧生	结石珍	吴清娘	17	牛郎沙里	张荣娘	蓝瓦(父)	吴亲龙(父病,子保寿代)	10.26

12.1	钟本基	25	吧生	打铁街	张明娘	22	占马蚋巷	张荣娘	钟连桂(父)	张亚炳(父)	甲午 1.19,刘清祥,甲
12.6	曾亚洵[①]	41	准居	丹那庞	郭娘那	18	大南门	张荣娘	曾大二(胞叔)	郭亚香(父)	11.6
12.7	杨长河	35	吧生	新巴杀	曾腊迎娘	23	江东圩	张荣娘	杨长水(胞兄)	刘森娘(母)	11.6
12.9	陈青龙	50	吧生	丹仔望	林乙元娘	26	美色近	张荣娘	陈江娘(胞姐)	林春水(父)	12.15
12.14	陈三耳	25	准居	结石珍	蓝音娘	16	盆漕兰	张荣娘	陈荣禄(胞叔)	蓝金英(堂叔)	11.12
12.16	周亚满	27	准居	甘光然年	侯伟娘	16	甘光然年	张荣娘	周亚壬(堂叔)	侯坤秀(堂叔)	11.11,吴铿然,雷
12.19	陈清江	23	吧生	新厝仔	王志娘	19	结石珍	张荣娘	陈光煜(父)	王度(父)	11.17
12.20	韩光华	27	吧生	朽桥	彭辛娘	23	朽桥	张荣娘	韩荣光(父)	彭海光(胞叔)	11.24
12.23	李君郎	24	吧生	乌鬼巷	沈茄垅娘	15	乌布土库	林巳娘	李新显(父)	吴吉娘(母)	11.17
12.23	李平合	30	吧生	朽桥	刘文娘	22	丹仔望	张荣娘	李平海(胞兄)	刘清三(父病,伊兄文荣代)	11.18
12.28	饶君弈	43	准居	安恤	叶戊娘	35	甘光峇厘	张荣娘	饶亚齐(胞叔)	叶增三(胞叔)	12.15
12.28	曾龙德	40	坤甸	沙瓦勿杀	陈森娘	18	甘光广东	张荣娘	曾亚二(堂叔)	陈元(父)	12.22
12.28	郭亚秋	28	准居	马腰兰	张三娘	18	大南门	张荣娘	郭亚番(胞叔)	张本基(胞兄)	
12.29	丘亚生	23	准居	五脚桥	廖文娘	19	八茶贯	张荣娘	丘亚章(父足疾,堂叔桂长代)	廖有财(胞兄)	
12.29	陈红毛	29	准居	结石珍	许茂娘	16	甘光峇厘	张荣娘	陈淑夜(父)	许水生(堂兄)	
12.30	黄瑞草	34	准居	小南门	陈六娘	16	小南门	张荣娘	黄卯(堂叔)	陈税(父)	
12.30	杨丙丁[②]	26	准居	新巴杀	林安娘	19	新巴杀	张荣娘	杨红猫(胞兄)	林敬兴(父)	
12.30	黄文维	25	吧生	结石珍	马梅娘	17	结石珍	张荣娘	黄江水(胞兄)	马经章(父)	

总计:129 对

1894 年吧城唐人成婚注册表

月日	男家	年岁	类别	住址	女家	年岁	住址	媒妁	男方主婚	女方主婚	备注 结婚日,主事人
1.2	邹荣辉	24	吧生	大南门	张穆娘	19	朽桥	张荣娘	邹德源(父)	张水生(胞兄)	12.12,连福全,雷
1.10	陈亚发	32	准居	结石珍	赖丙妹	18	实厨勿须	张荣娘	陈寿云(叔父)	赖亚发(叔父)	12.13

① 准居燕地案夺字 1880 年 8 月 11 日第 96 号。

② 据杨丙丁准居燕地案夺字 1891 年 9 月 4 日第 31 号

1.12	陈福章	28	吧生	新巴杀	甘平娘	21	新巴杀	张荣娘	陈瑞荣(父)	甘长居(父)	12.18
1.12	甘益添	20	吧生	结石珍	黄水娘	18	甘光麻六甲	张荣娘	甘长文(父)	曾清山(母舅)	12.12
1.13	李孙绵	20	吧生	八戈然	许发娘	18	东基	陈雁娘	李子昌(甲，祖父)	许金山(甲，叔父)	12.13
1.15	余金生	42	吧生	新厝仔	梁爵娘	19	洪溪	陈浮厨娘	余金元(胞兄)	梁连升(父)	12.15
1.17	吴柱登	25	吧生	二角桥	陈福娘	18	八茶贯	张荣娘	吴淇弯(父)	陈源禄(宗叔)	12.13
1.23	郭灯祥	24	吧生	廿六间巷	陈挨勃娘	22	江东圩	郑满娘	郭敬(父)	陈章怀(胞叔)	12.22
2.12	陈福宝	33	吧生	新巴杀	蒋山娘	20	茂物	张荣娘	陈冷水(胞兄)	蒋荣顺(父)	1.13，郑春锡，甲
2.15	黄源顺	37	吧生	戈劳屈	郭举娘	26	茄那郎巷	张荣娘	黄源宝(胞兄)	郭亚添(胞兄)	1.13，丘春昌
3.1	杨传芳	29	吧生	大使庙	黄绒娘	22	结石珍	张荣娘	蓝根娘(母)	黄五美(胞兄)	1.20，林永义，雷
3.3	钟福郎	28	吧生	班芝兰	张旁兀娘	23	班芝兰	张荣娘	钟从新(宗叔)	张怀恩(父病，伊叔新贵代)	12.16，许金宝，甲
3.8	黄赐福	28	吧生	圣望港	蔡音娘	17	观音亭	张荣娘	黄成炎(父)	谢苞娘(母)	2.12
3.8	甘添福	30	吧生	吧惹牙兰	杨玉娘	26	结石珍	张荣娘	甘长溪(曾叔祖)	杨金水(胞兄)	2.5，许金宝，甲
3.15	陈顺英	22	吧生	八厨沃干	詹安娘	18	茂物	刘金娘	施珠娘(祖母)	詹春兰(父)	2.19
3.17	陈琼福	22	吧生	大使庙	朱福娘	19	大使庙	张荣娘	陈琼球(胞兄)	朱护田(父)	2.12，林永义，雷
3.27	陈溪顺	25	吧生	丹仔丁仪	林珠娘	20	道郎	张荣娘	陈大目(堂叔)	曾清娘(母病，胞叔林三月代)	3.12(删)
4.6	古亚祥	32	准居	新厝仔	涂朱兰	22	丹仔望	张荣娘	古伸四(堂叔)	涂攀桂(堂叔)	3.8，曾金连，雷
4.7	吴水能	29	吧生	甘光峇厘	王巳娘	22	丹仔望	张荣娘	吴福全(父)	王麟(父)	3.8
4.10	丘日升	34	吧生	五脚桥	林坤娘	33	五脚桥	张荣娘	丘水(父)	甘音娘(母)	1.10
4.14	汤祥振	22	吧生	窑内	高彰娘	18	窑内	张荣娘	汤皆然(父)	高江淮(父)	3.13
4.17	廖亚荣	30	准居	大港墘	陈挨勃娘	22	质美贞	张荣娘	廖南屏(宗兄)	陈裕开(胞兄)	3.20
4.24	颜再生	23	吧生	结石珍	刘清娘	18	结石珍	张荣娘	颜华生(胞兄)	刘万立(父)	4.4
4.28	许茂发	31	吧生	八厨沃干	冯武娘	22	八厨沃干	叶瑞娘	许坤山(宗兄)	冯京海(兄)	4.9
4.30	陈炳南	28	吧生	丹那庞	郑露娘	29	观音亭	张荣娘	陈万丹(父)	郑成安(父)	4.20
5.7	杨亚建	36	准居	大南门	刘金娘	21	观音亭	许二娘	杨亚三(宗叔)	刘亚彬(父)	4.8，刘清祥，甲
5.7	陈高芝①	30	吧生	八戈然	阮音娘	29	干冬圩	张荣娘	陈和中(父)	阮乾元(父)	4.12

① 吧生。1898年11月16日公堂判离。

5.12	林钦隆	29	吧生	圣望港	丘丁娘	17	砖仔桥	张荣娘	林钦和(胞兄)	丘福源(胞兄)	4.12
5.12	刘桂林[①]	41	吧生	砖仔桥	熊义娘	22	砖仔桥	张荣娘	张炳娘(母)	熊亚安(胞兄)	4.12
5.16	朱绍烈	22	吧生	大港墘	纪官娘	22	结石珍	张荣娘	朱源泉(叔祖)	纪平贤(父)	吴铿然,雷
5.18	戴碧瑞	20	吧生	红牌	邹荣娘	21	甘光吝厘	张荣娘	戴有福(父)	邹天炎(父)	
5.21	蔡有生	33	吧生	丹仔望	潘长娘	22	西门	张荣娘	蔡有包(胞兄)	潘三立(胞兄)	
5.23	刘德[②]	39	准居	打铁街	王清娘	22	打铁街	张荣娘	刘锡怡(堂兄)	王源生(胞兄)	
5.28	黄锦兴	40	望龟汝	大公司	陈本娘	27	八厨沃干	张荣娘	黄长成(胞叔)	陈维龙(胞兄)	
6.25	邓火郎	35	吧生	结石珍	黎辛妹	24	结石珍	张荣娘	邓贵生(堂叔)	黎灯光(父)	连福全,雷
7.5	张应元	23	吧生	甘光高惹	卢乖娘	21	大使庙	张荣娘	张香(父)	郭淡娘(母)	郑春锡,甲
7.14	陈河兴	29	吧生	结石珍	杨群娘	20	结石珍	张荣娘	陈连心(堂叔)	杨天水(父)	
8.24	张崇宣	21	吧生	中港仔	龚登娘	16	甘光湖北	郭卓娘	张善福(父)	龚荣基(胞兄)	8.1,林永义,雷
8.28	唐源顺	30	吧生	加灵芝巷	陈引娘	17	丹仔丁宜	张荣娘	唐丁巳(胞叔)	陈月德(父)	8.4
8.28	李光武	34	吧生	甘光麻六甲	钟珍娘	20	麻六甲	张荣娘	李桂生(父病,子崇岳代)	钟顺贵(胞叔)	8.4
9.1	陈添兴	20	吧生	洪溪	甘如娘	18	结石珍	张荣娘	陈贵发(父)	甘长美(父)	8.8,赵德和,甲
9.1	陈有来[③]	38	准居	新厝仔	王炳娘	22	大港墘	张荣娘	陈霭(宗叔)	王坤元(堂叔)	8.4
9.1	许柏松	22	吧生	结石珍	冯国娘	19	芝民郎	张荣娘	许文泉(父)	冯元宝(父)	8.4
9.5	陈应基	24	吧生	道郎	朱坤娘	20	五脚桥	张荣娘	林仁娘(母)	朱金水(父)	8.10
9.7	蔡清秀	31	吧生	八茶贯	陈娘娜	34	五脚桥	陈颜娘	蔡奇章(父)	陈必闻(父)	8.10
9.10	丘松基	22	吧生	圣望港	陈根娘	18	甘光麻六甲	张荣娘	丘沧海(祖父)	陈德源(父)	8.17
9.10	李长南	20	吧生	大使庙	王缘娘	17	圣望港	张荣娘	李衍明(胞伯)	王振乾(父)	8.17
9.13	陈和兴[④]	28	准居	新巴杀	蓝倪致娘	20	芝世英	张荣娘	陈咸贞(堂叔)	蓝克昌(胞兄,病,堂兄面杞代)	8.17
9.15	林邦春	28	吧生	亚森脚	陈江娘	21	廿六间	张荣娘	林百六(胞叔)	陈泰兴(父)	8.17
9.17	陈旋荣	24	吧生	砖仔桥	王振娘	20	砖仔桥	张荣娘	陈清池(宗兄)	王瑞茂(父)	8.18,曾金连,雷
9.19	邹亚麟	24	准居	新巴杀	傅金娘	17	八多尧	张荣娘	邹申光(胞兄)	傅应淑(父)	9.8
9.24	陈渊源	46	吧生	结石珍	许清娘	31	结石珍	张荣娘	陈盛郎(叔父)	许德水(父)	8.25

① 吧生。美色甘官都(Kantor 马来语,公署)光仙字 1894 年 5 月 11 日第 5 号。

② 准居(案夺)字 1876 年 5 月 6 日第 1543 号。美色甘(官都光仙)字 1894 年 5 月 22 日第 10 号

③ 准居案夺字 1881 年 5 月 18 日第 44 号。美色甘(官都光仙)字 1894 年 9 月 1 日第 1 号。

④ 准居案夺字 1893 年 6 月 29 日第 27 号。美色甘(官都光仙)字 1894 年 9 月 12 日第 6 号。

10.3	陈进次金①	20	吧生	结石珍	黄卅娘	17	新巴杀	张荣娘	陈进木(胞兄)	林亮武(叔父)	9.10,刘清祥,甲
10.4	邹东林	20	吧生	大南门	许文娘	22	庞茄勿杀	张荣娘	邹文智(父)	许耀光(胞兄)	9.18
10.5	李泰山	29	吧生	巴喇八丹	吴希娘	17	巴喇八丹	张荣娘	李丁山(胞兄)	吴荣官(父)	9.4
10.9	曾金连甲②	41	万龟伦	槟榔社	许金娘	35	东基	陈颜娘	自己	自己	丁丑 2.18 旧婚
10.12	詹长发	23	吧生	大公司	郑云娘	26	甘光峇汝	张荣娘	蔡音娘(母)	郑元和(父)	9.23
10.13	翁循良	24	吧生	槟榔社	许老致娘	20	大南门	陈颜娘	翁金城(父)	许宽柔(胞兄)	9.18
10.18	温登华	26	准居	甘光爪亚	钟娘那	21	甘光爪亚	张荣娘	温开华(胞兄)	钟有山(胞兄)	9.21,刘清祥,甲
10.20	谢仿梅	35	准居	槟榔社	杨戊娘	17	槟榔社	张荣娘	谢亚恒(宗弟)	杨书四(父)	9.23
10.29	庄春元	25	吧生	结石珍	赵壬娘	18	结石珍	张荣娘	庄盛(父)	赵炎兴(胞兄)	10.24
11.2	洪问	36	准居	五脚桥	李宝娘	20	五脚桥	张荣娘	洪光盼(叔父)	李戊寅(父)	10.16,连福全,雷
11.3	刘淡生	25	吧生	甘光峇厘	陈富娘	25	结石珍	张荣娘	刘泰山(堂兄)	陈振河(父)	10.13
11.5	卢鸿淑	23	吧生	结石珍	许清娘	21	结石珍	张荣娘	卢赞英(父)	许文福(父)	10.23
11.7	曾五全	37	万古伦	砖仔桥	林福娘	29	东基	张荣娘	曾金连甲(胞兄)	林应祥(胞兄)	10.12
11.12	许温玉	21	吧生	槟榔社	林三娘	16	小南门	郭卓娘	许温德甲(胞兄)	林金钟(父)	10.24
11.13	朱顺兴	21	吧生	大南门	郑蜜娘	17	干质巷	张荣娘	朱亚兰(父)	郑亚四(父)	11.7
11.13	梁亚招③	26	新客	小南门	黄彩娘	16	打铁街	张荣娘	梁辉运(堂兄)	黄泗成(父)	11.17
11.13	吴盒	45	准居	新巴杀	丘三娘	30	甲汶些么	张荣娘	吴乾和(胞兄)	丘文章(胞兄)	2.19(旧婚)
11.13	叶双缎④	19	新客	旧巴杀	方琼娘	17	大南门	张荣娘	叶两字(堂叔)	方良才(父)	10.27
11.14	吴天然	23	吧生	大南门	王月娘	22	惹牙兰	张荣娘	吴维章(父)	王文信甲(父)	10.25
11.15	颜百忍	20	吧生	戈罗屈	陈和娘	20	新巴杀	张荣娘	颜文有(胞叔)	陈冷水(父)	10.24
11.17	徐芳良	24	吧生	甘光峇厘	邹老致娘	21	新巴杀	张荣娘	徐亚鸿(堂兄)	邹天郎(堂兄)	10.24
11.17	黄珍味	27	吧生	大使庙	张宗娘	20	大使庙	张荣娘	陈振娘(母)	张亚秀(父)	11.13

① 吧生,次金(上次下金)字字典难查,据陈进木云音珠。美色甘(官都光仙)字 1894 年 10 月 1 日第 1 号。林亮武即黄亮武。出继林,本姓是黄。

② 曾金连甲,万龟仑生长来吧经商,遵燕地督宪 1890 年 1 月 12 日第 12 号擢授为吧城公堂雷珍兰:美色甘(官都光仙)字 1894 年 10 月 5 日第 3 号。男女家主婚伊男女两人亲手花押不用主婚。(男女签名:Tjan Kim Lian, Khouw Kim mio,为新娘以外文签字之首)。

③ 依妈腰 1893 年 12 月 2 日第 2488 号详文经入口词字恳居燕地而未出。美色甘(官都光仙)字 1894 年 11 月 8 日第 6 号。

④ 依妈腰 1893 年 10 月 19 日第 2162 号详文伊恳居燕地所详口词尚未出。美色甘(官都光仙)字 1894 年 11 月 12 日第 11 号。

11.20	陈长盛	28	吧生	道郎	丘梅娘	19	罗敖瓦	张荣娘	陈瑞盛(胞兄)	丘文章(胞兄)	10.14
11.20	梁亚申	34	准居	八厨沃间	黄壬娘	23	沙哇勿杀	张荣娘	梁亚全(堂叔)	黄云安(父)	10.13
11.21	杨乾坤	42	准居	新巴杀	陈宇然娘	16	新巴杀	张荣娘	杨乌蚶(叔祖)	陈得成(父)	11.20
11.27	李允成	35	准居	小南门	周辉娘	21	结石珍	张荣娘	李岩(叔父)	周禄山(父)	11.7
11.30	黄俊瑞	25	吧生	大南门	张笔娘	17	甲汶丁色	刘金娘	黄连进(父)	张同顺(胞兄)	11.7
12.3	蔡永山	33	吧生	惹牙兰	张朝娘	24	吃郎班让	张荣娘	蔡基(胞叔)	许登娘(母)	11.17,郑春锡
12.4	朱万安	26	吧生	打铁街	丘鸦娘	21	丹仔望	张荣娘	朱汉德(胞兄)	丘光昌(父)	12.11
12.7	张贴生	34	准居	班芝兰	卢玉娘	16	新厝仔	张荣娘	张三谋(宗兄)	卢其发(父)	11.13
12.13	陈泗美	29	吧生	八厨沃间	詹灿娘	28	结石珍	张荣娘	陈瑞兰(族叔)	詹平茂(父)	12.13
12.14	苏锦祥	40	吧生	东基巷	徐桂娘	20	东基巷	张荣娘	苏锦云(胞兄)	徐振发(胞兄)	11.20
12.18	李兴邦	18	吧生	小南门	蔡水娘	21	廿六间	郭卓娘	李宝兴(胞兄)	蔡奇文(父)	11.30
12.18	李亚唐	35	准居	闽唧	钟红妹	23	戈罗屈	张荣娘	李亚淑(胞叔)	钟元三(父)	11.24
12.19	陈荣昌	24	吧生	窑内	叶谈娘	21	观音亭	张荣娘	陈德彝(父)	周福娘(母)	12.4
12.21	陈荣宗	23	吧生	八戈然	苏阳娘	23	八茶贯	张荣娘	陈瑞兰(父病,弟金水代)	陈和娘(母)	11.27
12.27	陈江郎	25	吧生	戈罗屈	蒋福娘	20	中港仔	张荣娘	甘珠娘(祖母)	蒋炎生(父)	12.6
12.28	李炳①	33	准居	小南门	张文卓娘	25	小南门	张荣娘	李岩(堂叔)	张新贵(父)	12.6
12.31	陈开来②	22	新客	公司后	蒋珠高娘	22	公司后	张荣娘	陈道(堂兄)	蒋清富(胞兄)	12.6

总计:91 对

1895 年吧城唐人成婚注册表

月日	男家	年岁	类别	住址	女家	年岁	住址	媒妁	男方主婚	女方主婚	备注 结婚日,主事人
1.2	高宇远	20	吧生	美色近	林添娘	19	美色近	张荣娘	高梓盛(父)	林寿淋(堂叔)	12.13,许金宝,甲
1.4	洪福安	18	吧生	五脚桥	高云邹娘	16	美色近	张荣娘	洪光盼(父)	高梓盛(父)	12.13
1.4	林燕山	34	吧生	大南门	叶水娘	20	洪溪	张荣娘	李海娘(母)	张六娘(母)	12.18
1.10	洪朝佐③	41	准居	小南门	陈卯娘	29	惹牙兰	张荣娘	洪天成(宗兄)	陈振江(父)	12.19

① 据李炳又名炳宗,准居燕地案夺字 1888 年 12 月 12 日第 33 号。美色甘光仙字 1894 年 12 月 27 日第 10 号。

② 据陈开来又名来生,依玛腰 1894 年 11 月 26 日第 2432 号详文经入口词字恳居燕地而未出。美色甘官都光仙字 1894 年 12 月 31 日第 12 号。

③ 准居燕地案夺字 1886 年 1 月 13 日第 12 号。美色甘官都光仙字 1895 年 1 月 9 日第 2 号。

1.11	温亚福	33	吧生	洪溪	黄方娘	19	洪溪	张荣娘	温增福(堂兄)	黄亚鼎(父)	12.19
1.12	董天忠	34	准居	亚森脚	周心娘	23	八茶贯	张荣娘	自己	周八仕(胞兄)	12.19
2.14	李西河	18	吧生	八茶贯	郑枝娘	15	结石珍	张荣娘	李八(父)	郑佛生(父)	乙 2.4，赵德和
2.16	陈清江	25	吧生	新厝仔	刘凤娘	20	中港仔	张荣娘	陈光煜(父)	刘南祯(父)	1.28，曾金连，雷
2.16	陈兴宗	35	吧生	五脚桥	杨色娘	20	惹牙兰	张荣娘	杨其章(胞兄)	陈福昌(胞叔)	1.20
2.20	江明鲁	40	准居	文登	陈海娘	21	结石珍	张荣娘	江漳(堂叔)	陈秋帆(胞兄)	1.28
2.22	高文惠	35	吧生	新厝仔	林网娘	22	道郎	张荣娘	钟福郎(盟兄)	林清流(叔父)	1.30
3.4	李光元	42	吧生	结石珍	刘老智娘	22	结石珍	张荣娘	李巳说(胞叔)	刘长(父)	2.25，吴铿然
3.5	李君恩	24	吧生	乌鬼巷	陈彬娘	20	茂物	郭笃娘	李新显(父)	陈添泉(叔父)	2.10
3.13	韩长泉	24	吧生	丹仔望	薛宝娘	25	江东圩	张荣娘	韩长溪(胞兄)	李发娘(母)	2.25
3.16	陈清白	23	吧生	甘光麻六甲	李秀娘	20	戈罗屈	张荣娘	陈茂萤(父)	李新丰(父)	3.6
3.16	汤俊博	22	吧生	茂物	陈福娘	23	甘光麻六甲	张荣娘	汤好问(父病，子懋杰代)	陈长华(胞伯)	2.3
3.19	黄木鸡	20	吧生	亭仔脚	江安芝娘	18	甘光麻六甲	陈颜娘	黄青松(祖父)	江石山(父)	3.6
3.19	王丁酉	18	吧生	丹仔望	冯梅娘	16	丹仔望	张荣娘	王天水(堂伯)	冯元宝(父)	3.5
3.28	许亮	43	准居	东基	林凤娘	24	东基	林起娘	许开元(堂兄)	林文淑(父)	3.6
3.30	吴清汉	26	吧生	新巴杀	黄荣娘	21	结石珍	张荣娘	吴嘉成(父)	黄沾在(胞兄)	4.13
3.30	黄木林	20	吧生	新巴杀	薛珠娘	18	新巴杀	张荣娘	黄沾在(父)	薛秉合(堂伯)	3.6
4.6	陈和量	22	吧生	砖仔桥	蓝勿娘	21	砖仔桥	张荣娘	陈和章(胞兄)	蓝蚶信(父)	3.19，连福全，雷
4.17	蔡立昌	27	吧生	结石珍	侯松娘	26	结石珍	张荣娘	蔡自(叔祖)	侯荣照(父)	4.12
4.18	张赐	32	准居	新厝仔	陈添娘	19	甘光麻六甲	张荣娘	张心富(堂兄)	陈壬芳(堂兄)	3.29
4.20	李玉成	25	吧生	新巴杀	林三芝娘	23	新巴杀	张荣娘	李佰金(父)	林俊阳(堂兄)	4.4
4.20	李朱山	36	吧生	马腰兰	黄和娘	19	圣望港	张荣娘	李佰金(胞叔)	张宝娘(母)	4.29
4.22	黄长福	23	吧生	结石珍	吴汉娘	23	新巴杀	张荣娘	黄长利(胞兄)	吴嘉成(父)	4.4
4.22	蔡清水	21	吧生	八多柔	甘亮娘	20	结石珍	张荣娘	蔡坤山(父)	甘长文(胞兄病，弟长美代)	4.8
4.24	苏善藏	20	吧生	中港仔	陈弼娘	16	八戈然	郭卓娘	苏绍宗(父，雷)	陈文琳(父，雷)	4.11，林长辉，连福全
4.24	甘细	23	准居	大港墘	赵荣娘	24	大港墘	张荣娘	甘续基(堂叔)	戴怀娘(母病，外侄李水生代)	4.12，连福全

4.26	林珍郎	19	吧生	朽桥	张凤娘	18	观音亭	张荣娘	林增水(父)	张秀英(胞叔)	4.8
4.26	赖长利	22	吧生	观音亭	邹梅娘	19	槟榔社	张荣娘	许笔娘(母)	邹文恒(父)	2.21
4.30	高登堂	20	吧生	小南门	黄水娘	16	巷黎密	陈岸娘	高梓隆(父)	詹望娘(母)	4.14
5.1	黄车	29	准居	红牌	陈荣娘	18	观音亭	张荣娘	黄金(胞叔)	陈齐(胞叔)	4.14,郑春锡,甲
5.2	黄德长	22	吧生	巷占马蚋	谢红枣娘	20	甘光麻六甲	林本娘	伍亚福(姐夫)	谢光彩(胞兄)	4.11
5.20	蒋永德	42	吧生	结石珍	林郎勃娘	28	结石珍	张荣娘	蒋奎(父)	林文威(过房父)	4.14,丘春昌
5.7	陈福成	31	吧生	观音亭	吴和娘	28	旧巴杀	张莺娘	赖莱娘(母)	吴照汉(胞兄)	4.14,郑春锡,甲
5.13	杨王环	24	吧生	新巴杀	薛汉娘	20	新巴杀	张荣娘	杨海土(父)	薛平合(伯父)	4.23
5.13	李成桂	18	准居	班芝兰	林元娘	20	甘光麻六甲	张荣娘	李功莛(叔父)	林德江(叔父)	4.24
5.13	叶益和	24	吧生	新巴杀	黄二娘	22	新巴杀	张荣娘	叶允忠(叔父)	黄长安(堂兄)	4.26
5.15	陈有能	34	吧生	槟榔社	苏绵娘	26	甘光麻六甲	郭笃娘	陈邦忠(父)	陈忠娘(母)	4.25
6.5	李锦章	23	吧生	丹仔样影	张春娘	17	丹仔样影	张荣娘	李福来(堂叔)	张凤荣(祖父)	5.17,许金宝,甲
6.14	叶连生	32	准居	甘光峇厘	朱娘那	30	结石珍	张荣娘	叶增三(胞兄)	朱兰爹(胞兄)	闰5.2
6.14	黄银生	32	吧生	古罗屈	许敬娘	24	古罗屈	张荣娘	蔡石娘(母病,胞姐黄山娘代)	许元基(父)	5.6
6.27	谢新海	30	吧生	戈罗屈	吴茂娘	28	戈罗屈	张荣娘	谢辛山(胞兄)	吴长河(胞兄)	5.8
7.8	李荣仁	35	吧生	廿六间	林保娘	20	小南门	郭笃娘	李盛能(父)	林添四(叔)	6.4,赵德和,甲
7.12	刘国兴	27	无写	巷道郎	林播娘	20	洪溪	张荣娘	刘庆禧(父)	林添四(父)	6.10
7.22	马本基	30	无写	观音亭	黄水娘	22	观音亭	张荣娘	詹雪娘(母)	黄珍美(兄)	6.14
7.29	陈和生	41	吧生	观音亭	谢闹执娘	26	圣望港	张荣娘	陈和寿(胞兄)	谢文辉(父)	6.14,曾金连,雷
8.1	王坤麟	20	无写	西门	许砼娘	23	戈老屈	张荣娘	王碧宏(胞兄,甲)	许温德(兄,甲)	6.24,吴铿然,雷
8.9	陈亚湘	42	准居	美色近	傅巳妹	17	干职巷	张荣娘	陈亚二(胞兄)	傅凤习(祖父)	6.24
8.12	蓝福耀	22	吧生	八戈然	黄音娘	18	结石珍	张荣娘	蓝双全(父)	黄木林(胞兄)	6.23
9.1	李开元①	37	吧生	红牌	叶本娘	25	应菜河	张荣娘	李万长(堂兄)	叶天文(父)	7.16,连福全,雷
9.6	蔡芳源	23	吧生	乌布土库	沈安之娘	18	结石珍	张荣娘	蔡长寿(父)	沈泮池(父)	8.25
9.13	陈东槐②	37	吧生	结石珍	林文娘	20	甘光毛六甲	张荣娘	陈东元(胞兄)	林开科(胞兄)	8.4,连福全,雷

① 吧生,美色甘(官都光仙)字1895年9月2日第1号。李开元前妻经已辞世,今乃续弦。

② 吧生,前妻去世,今乃续弦。美色甘(官都光仙)字1895年9月12日第3号。

9.16	陈清松	18	吧生	结石珍	黄意娘	18	结石珍	张荣娘	陈柴头(父)	黄长利(堂叔)	8.7
9.16	陈清泉	26	吧生	结石珍	刘寅娘	19	结石珍	张荣娘	陈瑞金(堂叔)	刘其善(胞叔)	8.8
9.20	林成发	20	吧生	丹绒勃里浴	黄贵娘	17	织宁贞	张荣娘	林班贞(父)	黄汉水(父)	8.18
9.20	陈凉海	23	吧生	丹绒勃里浴	古本娘	16	丹绒勃里浴	张荣娘	陈同顺(父)	古清秀(父)	9.17
9.20	廖顺荣	20	吧生	丹绒勃里浴	沈佳芝	18	望寮	张荣娘	廖金山(父)	沈新求(胞伯)	8.14
9.23	林茂云	19	吧生	窑内	黄珠娘	18	观音亭	张荣娘	詹定娘(母)	黄国兴(父)	8.12
9.25	叶才源	20	吧生	班芝兰	谢荫娘	19	观音亭	张荣娘	叶全海(父)	谢文里(父)	8.12
9.25	刘森琳	28	吧生	洪溪	张旦娘	26	洪溪	张荣娘	黄梓生(母舅)	张德恭(胞兄)	8.12
9.26	韩元海	35	吧生	丹那望	黄福娘	21	丹那望	张荣娘	韩如元(胞兄)	黄琼辉(胞兄)	8.15
9.27	杜重阳	44	吧生	八厨沃间	吴荣娘	30	西门外	张荣娘	杜俊杰(父)	蔡来娘(母)	8.19
9.27	陈亚润[①]	50	广生	大南门	冯九娘	21	大南门	张荣娘	陈崇芳(胞叔)	冯传教(胞叔)	8.12
9.27	许金松	19	吧生	戈老屈	黄良珠	18	八戈然	郭笃娘	许金宝(兄,甲)	黄振清(兄,雷)	8. 12,连福全,雷
9.27	赵朗阳	20	吧生	新巴杀	洪堂娘		如南末	张荣娘	赵惟裕(父)	洪字(父)	8.12
10.2	余进春	23	吧生	戈老屈	林金英	20	丹绒	张荣娘	余进山(兄)	丘金娘(母)	8. 25,郑春锡
10.4	李福全	32	无写	道郎	张坤娘	20	丹那亚力	张荣娘	李金水(宗兄)	张赐爹(父)	8.23
10.7	蔡邦兴	21	吧生	结石珍	余蟳娘	21	干冬圩	张荣娘	蔡英选(父)	余子强(父)	9.11
10.7	王天生	36	吧生	丹那望	陈淡娘	27	干冬圩	张荣娘	王碧麟(父)	陈其述(兄)	8.23
10.10	陈宽泉	13	吧生	结石珍	阮秀娘	18	结石珍	张荣娘	陈在禄(父)	阮漳源(父)	9.6
10.11	刘清旁	41	准居	大使庙	吴礼芝	20	大使庙	张荣娘	刘清漏(兄)	吴荣基(父)	8.25
10.11	杨亚建[②]	37	准居	大南门	林三娘	25	干七巷	张荣娘	杨亚二(宗叔)	林银生(父)	8.26
10.14	徐春波	21	吧生	新巴杀	李瑞娘	20	红牌	张荣娘	徐祥山(父)	李开元(父)	9.11
10.16	蔡三水	33	吧生	芝灵质	丘四娘	22	芝灵质	张荣娘	蔡三奇(兄)	丘文昌(叔病,伊弟代)	8. 10,丘春昌,雷
10.16	黄木良	20	吧生	新巴杀	汤发娘	18	新巴杀	张荣娘	黄红面(父)	汤怀仁(堂兄)	9.6
10.17	吴亚九	27	吧生	进郎安	钟劳骂娘	21	戈老屈	张荣娘	吴炳郎(胞兄)	钟新容(胞叔)	9.6
10.24	张国栋	29	吧生	甘光毛甲	黄益娘	20	八戈然	刘金娘	张振富(父)	黄文采(父)	9.9
10.25	陈明章	18	吧生	大公司	林月娘	17	观音亭	张荣娘	陈瑞梧(父)	林光前(父)	9.3
11.2	丘癸水	30	吧生	公司	张传娘	19	八茶罐	郭笃娘	丘思珍(胞兄)	张茂山(宗叔)	10. 3,许金宝,甲

① 广生,准居燕地案夺 1868 年 9 月 28 日第 14 号。美色甘(干刀光仙)字 1895 年 9 月 27 日第 14 号。

② 准居案夺 1883 年 2 月 11 日第 16 号,对再来倒案字批。美色甘(干刀光仙)字 1895 年 10 月 10 日第 7 号。

11.2	朱亚侹[①]	26	唐生	八茶罐	陈金兰	18	八茶罐	张荣娘	朱亚四(胞叔)	陈东裕(胞叔)	10.3,林永义,雷
11.4	江清馨[②]	43	唐生	廿六间	丘荣娘	30	公司	郭笃娘	江文圃(宗叔)	丘思珍(兄)	11.7,许金宝,甲
11.4	庄文举	24	吧生	结石珍	李英娘	17		张荣娘	庄文德(胞兄)	李贵生(公祖,病,子崇岳代)	10.12
11.5	林德寿	29	唐生	丹仔望	杨文娘	20	丹仔望	张荣娘	林记(胞兄)	杨奎于(父)	10.3
11.7	刘庆宝	25	吧生	甘蜜埔	黎娘仔	17	干冬圩	张荣娘	刘海文(父)	黎亚任(父)	10.3
11.7	黄亚六	42	唐生	三间土库	陈容娘	34	三间土库	张荣娘	黄泗贤(堂兄)	陈双喜(胞兄)	10.3
11.11	丘登寿	23	唐生	毛六甲	黄蜜娘	19	毛六甲	张荣娘	丘荣寿(胞兄)	黄亚四(父)	10.12
11.11	许耀河	22	吧生	冬基	张娘仔	18	冬基	陈颜娘	许耀基(胞兄,甲)	张仙章(胞叔,雷)	9.27
11.14	黎亚二	27	唐生	新巴杀	丘登娘	19	新巴杀	张荣娘	黎世廷(堂叔)	丘连贵(堂叔)	10.12
11.16	李曲	18	准居	小南门	陈月娘	20	八厨沃间	张荣娘	李岩(堂叔)	陈霭(父)	10.8,林永义,雷
11.18	施千国[③]	27	吧生	道郎	杨福娘	22	道郎	张荣娘	施福仙(宗兄)	蓝根娘(母)	9.27
11.19	陈新[④]	26	新客	大使庙	杨金娘	17	大使庙	张荣娘	陈波(堂兄)	杨清云(父)	10.22
11.21	汤继兴	20	吧生	结石珍	陈敏娘	19	大使庙	张荣娘	汤金泉(父)	陈碧江(父)	10.18
11.21	许林泉	20	吧生	芝宁贞	郭茄芝	16	大南门	张荣娘	许文水(父)	郭鸣泉(父)	10.16
11.22	施珍兆	23	吧生	芝宁贞	蔡碧娘	22	芝宁贞	张荣娘	施景观(父,又名过惹)	蔡荫农(父)	10.16
11.22	周玉龙	32	吧生	结石珍	甘汉娘	27	结石珍	张荣娘	周禄山(胞叔)	甘壬癸(宗叔)	10.16
11.28	冯亚丙[⑤]	37	吧生	大南门	温才娘	29	大南门	张荣娘	冯亚吉(宗叔)	温亚日(宗兄)	10.13
11.29	林永富	30	吧生	结石珍	洪金娘	25	结石珍	张荣娘	林石佛(堂兄)	洪柳(大伯)	10.25
11.29	陈合义[⑥]	35	吧生	结石珍	李和娘	22	观音亭	张荣娘	李未娘(母)	李清海(父)	10.16
11.29	陈亚四[⑦]	24	唐生	马腰兰	谢书妹	19	马腰兰	张荣娘	陈亚三(胞兄)	谢亚二(堂叔)	10.12
12.5	余应合	32	吧生	公司后	钟本娘	19	道郎	张荣娘	余应恒(胞兄)	钟有利(父)	10.22,赵德和,甲
12.6	黄亚四	35	唐生	东居	邹福娘	16	大南门	张荣娘	黄亚守(胞兄)	邹德垣(父)	10.29

① 唐生,准居案夺 1884 年 2 月 16 日第 3021 号,美色甘(干刀光仙)字 1895 年 11 月 1 日第 2 号。

② 唐生,经已婚过。美色甘光仙字 1894 年 11 月 27 日第 17 号。

③ 吧生,美色甘干刀光仙字 1895 年 11 月 12 日第 8 号。1911 年 12 月 4 日公堂判离。

④ 据陈新 1895 年 9 月 2 日入字恳居燕地,公堂详复第 1866 号字。美色甘干刀光仙字 1895 年 11 月 18 日第 11 号。

⑤ 吧生,默氏云伊妻病故经年矣,美色甘光仙字 1895 年 11 月 27 日第 17 号。

⑥ 吧生长。伊妻名曾来娘经已休出。美色甘光仙字 1895 年 11 月 29 日第 19 号。

⑦ 唐生,据陈亚四入字恳居燕地,1895 年 8 月 22 日玛腰字第 1776 号。美色甘字 1895 年 11 月 26 日第 16 号。

12.11	许温惠	20	吧生	东居	林立娘	17	槟榔社	张荣娘	许温德(胞兄,甲)	林元贞(胞伯,甲)	11.8
12.12	杨赞辉	34	吧生	大南门	戴爱娘	17	葛峇游兰	张荣娘	杨赞煌(胞兄)	戴永求(父)	11.8
12.14	陈锦茂	22	吧生	结石珍	黎金娘	19	小南门	张荣娘	陈宝昌(父)	黎发兴(父)	11.8
12.14	黄水元	20	吧生	丹仔望加里巴实	吴柏娘	17	结石珍	张荣娘	黄雷生(父)	吴水淋(堂兄)	11.12
12.19	陈如炎	21	无写	结石珍	张老致娘	20	甘光峇厘	张荣娘	陈传炉(父)	张春源(父)	11.12,曾金连,雷
12.21	林双已	26	无写	新巴杀	陈有娘	19	丹仔丁宜	张荣娘	林淡生(父)	陈伯泉(父)	11.20
12.23	林荣麟	41	吧生	槟榔社	范石娘	22	五脚桥	张荣娘	范金娘(母)	范峇峇(父)	11.12
12.23	李盘	18	唐生	班芝兰	黄直娘	19	丹那望	张荣娘	李都(父)	黄默(父)	11.12
12.28	陈和水	28	吧生	新巴杀	蒋娘那	25	洪溪	张荣娘	陈旧(父)	蒋新客(父)	11.20
12.31	蔡玉兴	23	吧生	观音亭	杨质娘	16	观音亭	张荣娘	蔡耀宗(叔父)	杨南山(父)	11.20
12.31	黄祯祥	26	吧生	班芝兰	张顺娘	18	新巴杀水闸	张荣娘	黄大祥(兄)	张亚健(父)	11.20
12.31	黄光禧	31	吧生	圣望港	赖良娘	19	观音亭	张荣娘	黄菊娘(胞姑)	赖显耀(宗兄)	11.25

总计:116 对

1896 年吧城唐人成婚注册表

月日	男家	年岁	类别	住址	女家	年岁	住址	媒妁	男方主婚	女方主婚	备注 结婚日,主事人
1.3	陈启德	21	吧生	三间土库	黄金娘	22	干冬圩	张荣娘	陈琼球(父)	黄永和(父)	11.25,刘清祥,甲
1.3	黄永昌	24	吧生	干七巷	丁田娘	19	道郎	张荣娘	黄银生(堂兄)	丁泰山(父)	11.25 同上
1.6	钟汝瑞	28	唐生	小南门	张谦娘	17	小南门	张荣娘	钟亚焕(父)	张泰益(堂兄)	11.20,吴铿然,雷
1.9	蒋炳秀	28	吧生	中港仔	陈乙娘	17	大使庙	郭笃娘	蒋炎生(父)	陈光松(叔公)	12.9 同上
1.11	钟再鼎	44	吧生	小南门	陈荣娘	29	亭仔脚	张荣娘	钟贵三(胞叔)	陈大兴(父病,兄清金)	12.8,同上(下同)
1.14	薛焕章	20	吧生	结石珍	郑本炎娘	18	结石珍	张荣娘	薛清秀(父)	郑长水(父)	12.7
1.17	叶荣林	20	吧生	鉴光峇厘	李苏娘	19	鉴光峇厘	张荣娘	叶源泉(父)	李金山(父)	12.12
1.18	许启万	18	吧生	八厨沃间	林美娘	17	道郎	张荣娘	许庆厚(堂兄)	林坤英(父)	12.12
1.18	陈英辉	20	吧生	毛六甲	黄任娘	15	结石珍	张荣娘	陈长华(祖父)	黄曲水(祖父)	12.7
1.20	陈俊贤	30	吧生	中港仔	戴春娘	18	文登	张荣娘	陈俊仪(胞兄)	戴金荣(祖父)	12.12
1.21	张天水	31	吧生	砖仔桥	熊二婆娘	19	砖仔桥	张荣娘	张传(父)	熊立恒(父)	12.19
1.31	林贞秉	22	吧生	道郎	陈凉娘	21	槟榔社	张荣娘	林百六(父)	陈钦语(父)	1.8,吴铿然,雷

1.31	赵元安	23	吧生	结石珍	杨泉娘	18	结石珍	张荣娘	赵炎兴(父)	杨长顺(父)	1.8
2.28	李观胜[①]	27	新客	班芝兰	张顺娘	22	臭桥	张荣娘	李亚秀(兄)	张贵淑(伯)	1.21,连福全,雷
3.4	李接群	37	吧生	观音亭	陈福娘	30	八厨沃间	张荣娘	蔡福娘(母)	陈水生(堂叔)	1.30,郑春锡,甲
3.16	陈霭瑞	20	吧生	大港墘	赖道娘	18	观音亭	张荣娘	陈丁水(堂兄)	赖显耀(宗兄)	2.9,丘春昌,雷
3.17	丘文章	43	吧生	圣望港	黄水娘	22	新巴杀	张荣娘	丘文福(胞兄)	黄炎坤(胞叔)	2.23,丘春昌,雷
3.19	颜三吉	32	吧生	三间土库	陈珠娘	17	圣望港	张荣娘	颜三灵(胞兄)	黄贵娘(母)	2.8
3.21	黄溪山	29	吧生	大使庙	林银娘	25	廿六间	张荣娘	黄登宗(父)	林河水(叔)	2.9
3.21	兰寿山	23	吧生	干冬圩	刘翠娘	16	八戈然	张荣娘	兰双泉(父,伊兄代)	柯发娘(内妈,伊叔代)	2.18
3.23	王长福	21	吧生	打铁街	薛卜娘	20	三办寮	张荣娘	王元生(胞叔)	杨吉娘(母)	2.19
3.26	蔡生	31	吧生	新巴杀	吴伦娘	28	结石珍	张荣娘	蔡奇章(叔)	吴承淋(兄)	2.16
3.28	叶奇全	25	吧生	班芝兰	蒋合娘	18	丹那望	张荣娘	叶元英(胞伯)	蒋妈助(父)	2.25
3.28	施光连	20	吧生	结石珍	杨音娘	16	小南门	张荣娘	张音娘(母)	张淑娘(内妈)	2.19
4.2	丘三珍	28	无写	道郎	吴芷娘	27	惹牙兰	张荣娘	丘德生(叔父)	吴明德(叔父)	2.23,林永义,雷
4.7	邹丁未	32	吧生	新巴杀	邓宜娘	18	大使庙	张荣娘	吴寿娘(母)	邓水生(胞兄)	2.12
4.13	杨坤华	22	吧生	丹那丁宜	古娘仔	20	观音亭	张荣娘	杨廷瑞(父)	古亚二(胞兄)	3.14
4.25	吴锡香	26	准居	班芝兰	黄巳娘	18	杭菜河	张荣娘	吴锡爵(胞兄)	黄亚炽(父)	3.20
4.25	陈公谋	23	无写	大使庙	胡娇娘	23	亚森脚	陈颜娘	宋金嵌娘(母)	张坤娘(母)	3.14
4.28	杨亚添	27	吧生	中港仔	范宋娘	17	打铁街	张荣娘	杨应四(父)	范福珍(胞叔)	4.16
4.28	谢光裕	26	吧生	吧杀内	陈荣娘	19	八茶罐	张荣娘	谢文利(过房父)	陈亚旋(父)	3.17
4.28	吴锡明	22	吧生	中港仔	熊瑞娘	17	砖仔桥	张荣娘	吴锡爵(堂兄)	熊亚恒(父)	3.25
4.29	张顺美	21	吧生	八厨沃间	郭海娘	17	观音亭	张荣娘	张顺庆(胞兄)	郭水昌(胞兄)	4.8
5.4	刘仁海	27	吧生	丹仔望	陈贞娘	21	丹仔望	张荣娘	刘水生(父)	陈新全(父)	3.28,赵德和,甲
5.11	吴大川[②]	34	新客	结石珍	陈露娘	24	结石珍	张荣娘	吴水淋(堂叔)	陈秋帆(胞兄)	4.5
5.12	陈发山	23	吧生	松巷	甘献娘	19	丹那望	张荣娘	陈森茂(伯)	甘织源(父)	4.16
5.13	赵德宏	21	吧生	新巴杀	汤云娘	16	新巴杀	张荣娘	赵德顺(胞兄)	汤怀仁(胞叔)	4.16

① 李观胜又名亚思,依玛腰字 1895 年 12 月 7 日第 2739 号恳居燕地口词字尚未出。美色甘干刀光仙字 1896 年 2 月 26 日第 1 号。

② 据吴大川依玛腰字 1895 年 10 月 14 日第 2249 号恳居燕地字尚未出。美色甘光仙字 1896 年 5 月 9 日第 2 号。

5.19	许温俭[①]	18	吧生	戈老骨	翁景娘	16	八戈然	张荣娘	许温德甲(兄)	马文福(父)	4.25,曾金连,雷
5.19	陈顺利	24	吧生	丹那望	张森娘	24	鉴光峇厘	张荣娘	陈长寿(父)	张春源(父)	4.12
5.19	陈桂苗	25	吧生	大港墘	施那芝娘	18	砖仔桥	张荣娘	陈桂芳(兄)	施福山(父)	4.12
5.21	古金水	22	吧生	八茶罐	吴木娘	17	砖仔桥	张荣娘	古轩郎(父)	吴亚四(父)	4.19
5.21	钟清兰	27	准居	大使庙	刘登娘	20	大使庙	张荣娘	钟增郎(父)	刘亚四(父)	4.14
5.26	丘松江	25	吧生	结石珍	黄泉娘	18	结石珍	张荣娘	丘春郎(父)	黄亚长(父)	6.8
5.26	陈福章	18	无写	甘光麻六甲	叶水娘	18	中港仔	张荣娘	陈维衡(胞兄)	叶万(胞伯)	4.23
5.29	甘庆辉	33	吧生	甘光惹牙	朱那七娘	21	甘光峇厘	张荣娘	甘长文(胞兄)	朱顺才(父)	4.25
6.4	蔡奇文[②]	56	吧生	廿六间	黄然卓娘	22	新巴杀	张荣娘	蔡奇章(胞兄)	黄桂枝(父)	4.29,吴铿然,雷
6.18	曾文兴	34	吧生	新巴杀	杨莺娘	22	新巴杀	张荣娘	曾江求(父)	杨长水(父)	5.13
6.20	钟泉光	39	唐生	公司后	刘桂娘	24	戈罗屈	张荣娘	钟怀仁(父)	刘清秀(胞伯)	5.9
6.24	邓连秀	33	吧生	新巴杀	陈水娘	19	结石珍	张荣娘	邓居郎(堂兄)	陈亚谓(父)	5.18
7.2	李千仓	18	吧生	亚森脚	陈恂娘	15	八戈然	郭卓娘	李子凤(父,大玛腰)	陈文琳(父,甲必丹)	6.2 赵德和林永义
7.9	陈森艳	20	吧生	新巴杀	刘任娘	16	观音亭	张荣娘	陈以定(堂兄)	刘煌兴(父)	6.20,连福全,雷
7.15	余清元	27	吧生	甘光峇汝	黄银娘	28	甘光峇汝	李佛娘	钟金娘(母)	黄福麟(叔)	6.20
7.17	陈金章	18	吧生	结石珍	蒋桂娘	165	干冬圩	赖壬娘	陈其长(族叔)	蒋九(堂兄)	6.13
7.17	饶亚耀	49	准居	小南门	李有妹	20	结石珍	张荣娘	饶亚齐(胞叔)	李亚彬(堂叔)	6.11
7.27	曾良瑞	25	吧生	道郎	郭炳娘	20	公司后	张荣娘	叶坤娘(母)	郭荣安(胞兄)	6.20
8.3	黄建昌	17	吧生	结石珍	黎巳娘	16	结石珍	张荣娘	黄亚春(父)	黎亚辛(父)	6.26,郑春锡,甲
8.6	李亚什	46	准居	结石珍	温焕娘	29	丹仔望	张荣娘	李淡祥(堂叔)	温学四(胞叔)	6.28
8.6	刘亚衍	45	唐生	大使庙	王立娘	22	大使庙	张荣娘	刘亚四(堂叔)	王生知(父)	6.27
8.6	李福山	27	吧生	砖仔桥	黄心娘	25	干冬圩	张荣娘	李挺容(胞伯)	黄清英(父)	6.27
8.7	梁克明	37	唐生	砖仔桥	陈庚娘	17	砖仔桥	张荣娘	梁南生(堂叔)	陈亚六(父)	7.15
8.24	詹鼎发	25	吧生	结石珍	陈何娘	18	结石珍	张荣娘	詹东四(堂兄)	陈亚樽(父)	7.22
8.26	黄秋福	18	吧生	新巴杀	陈古娘	16	五脚桥	张荣娘	黄亮武(胞叔)	陈千乘(祖父)	8.3
9.1	黄阔	33	准居	小南门	李珠娘	20	观音亭	张荣娘	黄魁(胞叔)	林观娘(母)	8.7,林永义,雷
9.1	饶桂垣	37	准居	八厨沃间	温音娘	21	八厨沃间	张荣娘	饶亚育(堂叔)	温亚三(父)	7.24

① 吧生,美色甘字1896年5月18日第7号。1896年6月7日抄给。1954年1月25日译成马亚文附单。

② 男方主婚,继母郑江娘代。女方主婚,伊母王杏娘代。

9.3	丘金春	35	吧生	巴劳八丹	陈任妹	25	干冬圩	张荣娘	丘庆兰(胞兄)	陈佐生(胞伯)	8.7
9.4	陈楼梁	25	吧生	新巴杀	蔡长娘	24	结石珍	张荣娘	陈文广(父)	蔡金英(父)	8.9
9.4	陈昂志	23	吧生	洪溪	林清娘	18	西门	张荣娘	陈英杰(父)	林金安(父)	7.9
9.5	黄准泉	21	吧生	结石珍	刘白芝	22	结石珍	张荣娘	黄安(父)	刘水生(父)	8.6
9.7	陈炳观	25	吧生	结石珍	刘炳娘	21	结石珍	赖任娘	陈福郎(父)	刘亚二(父)	8.3
9.12	朱登光	33	吧生	旧巴杀	丘牙木娘	25	公司	张荣娘	朱炎昌(父)	丘思珍(父)	8.19
9.12	唐碧珠	33	吧生	结石珍	蔡元万娘	28	结石珍	张荣娘	唐白何(胞兄)	蔡青山(父)	8.7，林永义,雷
9.12	陈发顺	20	吧生	玛腰兰	李悦娘	20	玛腰兰	刘金娘	陈清吉(父)	李南桂(父)	8.18
9.17	肖德寿	27	吧生	乌布土库	林金娘	16	大使庙	张荣娘	肖福海(父)	陈瑞娘(母)	8.19
9.19	杨文忠①	24	准居	道郎	黄苞娘	21	道郎	张荣娘	杨简(叔)	黄近华(伯)	8.14
9.22	林德胜	22	吧生	道郎	叶坤娘	18	道郎	张荣娘	林永顺(父)	许寿娘(母)	8.21
9.25	黄顺良②	36	吧生富有	茂物	王克娘	17	西门	张荣娘	黄朝龄(父)	王德志(父)	8.25
9.28	钟成郎③	30	吧生穷士	结石珍	张禄娘	18	结石珍	张荣娘	钟兴郎(兄)	高三娘(母)	8.27
10.9	陈清宾④	26	吧生穷士	亚森脚	吴茂娘	16	亚森脚	郭笃娘	陈德娘(胞姐)	吴应然甲(胞兄)	9.14，曾金连,雷
10.12	林添三⑤	45	唐生穷士	大使庙	李帽劳娘	19	干七巷	张荣娘	林亚七(堂兄)	李亚喜(父)	9.15
10.16	唐荣茂	25	吧生家贫	五脚桥	许和娘	18	五脚桥	张荣娘	唐清松(父)	许淡水(过房父)	10.11
10.20	林长发	34	吧生贫	大使庙	汤本娘	26	五脚桥	张荣娘	林长结(兄)	汤水娘(姐)	10.4
10.24	陈江发	35	吧生富家	五脚桥	肖造娘	21	干七巷	张荣娘	陈奎炳(胞叔)	肖九(胞叔病，子遇龙)	10.3，曾金连,雷
10.28	许耀赞	18	吧生富有	望加寺奢光地	曾庄娘	18	槟榔社	郭卓娘	许耀基甲(胞兄)	曾金海甲(父)	10.3
10.28	许耀勋	32	吧生富有	东基	蔡因娘	19	廿六间	郭卓娘	许耀基甲(胞兄)	蔡奇文(父)	9.26
10.28	廖有财	25	吧生贫	八茶罐	李文娘	23	朽桥	张荣娘	廖亚立(堂叔)	李亚志(堂兄)	10.10
10.29	王一文	26	吧生贫	甘光万兰	丘林娘	20	甘光麻加	张荣娘	王山林(父)	丘荣麟(父)	10.19
10.31	洪叶隆	21	吧生贫	筒笼麻惹安	钟劳致娘	18	公司后	张荣娘	洪货(堂叔)	钟三郎(父)	10.3

① 准居燕地 1880 年 6 月 17 日第 23 号，路字第 4812 号由万郎地 1896 年 9 月 15 日到此。

② 吧生，据默氏陈玉遍云为富家之士。

③ 吧生，据默氏侯荣照云为穷士。

④ 吧生，男为陈千乘之子，穷士，女为吴门富家之女。

⑤ 据林添三案夺字 1873 年 11 月 9 日第 2 号，穷士。

11.6	刘章生	32	吧生贫	丹仔望	陈麻娘	24	文登	张荣娘	刘木生(父)	陈卿芳(父)	10.5,刘清祥,甲
11.7	陈永禄	50	吧生贫	甘光麻加	叶音娘	21	八茶罐	张荣娘	张成娘(母)	叶文桂(父)	10.6
11.9	林东照	21	吧生贫	小南门	彭鸾娘	21	八茶罐	张荣娘	林弄(父)	彭亚满(父)	10.19
11.10	甘炳辉	27	吧生贫	丹仔娘仔	杨麻劳	27	丹仔娘仔	李薰娘	甘清水(父)	林音娘(祖母)	10.19
11.11	肖壬二	35	吧生贫	惹牙安	林全娘	28	打铁街	张荣娘	林壬娘(母)	吴本枝娘(祖母)	10.9
11.14	陈天佑	20	吧生富有	廿六间	杨寅娘	17	新巴杀	张荣娘	陈光秩(父)	杨清河(叔祖)	10.18
11.16	叶均焱	23	吧生贫	小南门	吴闹娘	18	东基	张荣娘	叶天文(父)	戴观娘(母)	10.18,刘清祥,甲
11.17	温运德	30	唐生贫	结石珍	彭清妹	17	结石珍	张荣娘	温亚寿(堂叔)	彭亚三(父)	10.21
11.17	陈宽和	18	吧生贫	结石珍	薛娘那娘	17	新巴杀	张荣娘	陈在禄(父)	薛平合(堂叔)	10.18
11.17	李长枝	25	吧生贫	结石珍	徐运娘	16	巴劳八丹	张荣娘	李汉曾(胞兄)	徐亚绍(父)	11.17
11.17	吴水莲	18	吧生富有	结石珍	张炽娘	18	干冬圩	张荣娘	吴文生(父)	张水元(叔祖)	10.21
11.19	黄昌荣①	34	唐生贫	戈罗屈	刘玉妹	25	戈罗屈	张荣娘	黄泗贤(宗兄)	刘水英(胞兄)	10.24
11.19	丘继续	25	吧生	公司	江桔娘	22	廿六间	张荣娘	丘思珍(胞伯)	江正馨(父)	10.23
11.21	吕金水	29	吧生贫	公司后	黄那苏娘	18	公司后	张荣娘	吕黎(堂叔)	黄荣昌(父)	10.22
11.26	沙荣生②	41	唐生贫	东基	宋新娘	26	东基	张荣娘	自己	宋把里(胞兄)	11.11
12.9	戴青山	18	吧生贫	八绒戈兰	黄机娘	17	八绒戈兰	张荣娘	戴经发(胞兄)	黄比直(胞兄)	11.11,连福全
12.9	翁文达	48	吧生贫	小南门	陈咸娘	35	小南门	张荣娘	翁海娘(胞姐)	蔡来娘(母)	11.5
12.10	曾亚馨③	31	准居贫	丹那望	韩宁娘	20	丹那望	张荣娘	曾泰二(胞叔)	韩二元(父)	11.11
12.11	阮炫安	22	吧生贫	结石珍	陈安娘	18	结石珍	张荣娘	阮漳源(父)	陈金鱼(父)	11.13
12.11	陈廷茂④	21	吧生贫	甘光峇厘	黄笔娘	21	甘光峇厘	张荣娘	陈赤狗(堂叔)	黄乾巽(父)	11.17
12.11	方元力	29	吧生贫	丹那望	李能娘	20	八茶罐	戴协娘	方元龙堂叔	李长源胞兄	11.13
12.18	韩文辉	22	吧生富有	大南门	陈其娘	24	中港仔	张荣娘	韩怀仁甲(父)	陈道成(父)	11.23

① 唐生,海南人,准居燕地案夺字 1883 年 6 月 6 日第 6 号,贫。

② 唐生,客人,准居燕地案夺字 1886 年 4 月 13 日第 3 号,贫。

③ 唐生,准居燕地案夺字 1884 年 1 月 15 日第 30 号,贫,做才副,为曾亚三之子。

④ 唐生,依玛腰 1895 年 10 月 31 日第 2398 号详文经入口词字恳居燕地字而未出,贫。

12.19	杨团全	35	吧生贫	大使庙	林音娘	16	油车巷	张荣娘	杨蝉(堂叔)	林琼山(族叔)	11.16
12.19	侯经水	26	吧生贫	结石珍	陈浮娘	18	结石珍	张荣娘	侯荣照(父)	陈百全(父)	12.6
12.29	杨林生	37	吧生贫	结石珍	李金娘	28	结石珍	张荣娘	侯锡娘(母)	李顺成(父病,兄玉山)	12.10

总计:112 对

1897 年吧城唐人成婚注册表

月日	男家	年岁	类别	住址	女家	年岁	住址	媒妁	男方主婚	女方主婚	备注 结婚日,主事人
1.4	陈自秋[①]	35	唐生贫	新巴杀	刘振娘	22	新巴杀	张荣娘	陈文曲(堂兄)	刘泰山(父)	12.2,郑春锡,甲
1.5	钟献章	23	吧生贫	八戈然	罗长娘	16	八戈然	张荣娘	钟亚炳(父)	罗升龙(父)	12.13 同上
1.6	苏善体	20	吧生富	中港仔	许传娘	18	冬基	郭笃娘	苏绍经(父,雷)	许金宝(胞兄,甲)	12.10 同上(下同)
1.8	甘善昌	21	吧生贫	结石珍	刘顺娘	16	观音亭	张荣娘	甘长文(父)	刘明兴(父)	12.13
1.8	陈福星	23	吧生贫	新巴杀	赵根娘	18	结石珍	张荣娘	陈文英(父)	赵勉(父)	12.10
1.9	杨灿煌	37	吧生贫	大南门	李丁娘	20	鱼巴杀	张荣娘	杨光生(叔父)	李敬观(父)	12.18
1.12	李金支	21	吧生贫	结石珍	黄合勃娘	18	新巴杀	张荣娘	李永文(父)	陈魁娘(母,伊兄代)	12.18
1.12	蔡奇章	35	吧生贫	八戎窟兰	王文娘	25	五脚桥	张荣娘	蔡丽水(堂叔)	王秀生(堂叔)	12.12
1.23	黄宗元	32	吧生贫	吃郎班让	张新娘	16	吃郎班让	张荣娘	杨理娘(母)	张二号(父)	2.19
2.11	李兴良	19	吧生富	小南门	陈桂娘	22	甘光麻六甲	张荣娘	李保兴(胞兄)	陈长华(胞伯)	1.13,刘清祥,甲
2.16	叶瑞昌	24	吧生贫	大使庙	陈美娘	20	结石珍	张荣娘	叶顺全(父)	陈财发(父)	1.25
2.16	刘登莱	18	吧生	丹那望	黄剑娘	17	马目	张荣娘	刘清水(父)	黄金准(父)	2.12
2.19	侯亚绍[②]	35	唐生	新巴杀	张珠娘	17	西门	张荣娘	侯亚元(堂兄)	张更香(父)	1.22
2.24	邹亚标	27	唐生	班芝兰	杨戊妹	20	巴劳八丹	张荣娘	邹亚禄(堂叔)	杨亚信(叔父)	2.12
3.1	王长海	20	吧生	大港墘	李寅娘	20	八茶罐	张荣娘	王长福(胞兄)	李长源(父)	2.15,林长辉,甲
3.9	黄锦会	21	吧生	结石珍	李玉娘	20	结石珍	张荣娘	黄长利(堂叔)	李瑞庆(父)	2.12

① 唐生,据陈自秋准居燕地案夺字 1887 年 11 月 17 日第 2 号,贫。

② 唐生,据燕地督宪字准侯亚绍居此案夺 1889 年 3 月 19 日第 14 号。

3.9	潘瑞生	21	吧生	大南门	陈和娘	20	观音亭	张荣娘	潘万水(父)	陈天惠(父)	2.8
3.11	叶文龙	19	吧生	新厝仔	林新娘	17	新厝仔	张荣娘	叶文桂(父)	林从喜(父)	2.9
3.17	林春麟[①]	20	吧生	甘光峇厘	徐简娘	16	八厨沃间	张荣娘	自己	徐亚洪(父)	2.24
3.19	黄奇昌	33	准居	乌鬼巷	刘登娘	17	中港仔	张荣娘	黄老富(亲人)	刘家(堂叔)	2.28
3.24	蒋玉成	25	吧生	结石珍	陈茂原娘	20	结石珍	张荣娘	蒋永和(父)	陈溪淋(伯父)	2.24
3.31	陈相魁	29	吧生	结石珍	余茂娘	20	结石珍	张荣娘	陈德义(父)	余亚焕(父)	3.13
4.3	杨剑色	29	吧生	大使庙	张文娘	22	大使庙	刘锦娘	温金娘(母)	张永山(父)	3. 20,连福全,甲
4.5	刘东生	37	准居	小南门	温庚娘	18	八厨沃间	张荣娘	刘金镜(堂兄)	温亚二[②](父)	4.6
4.6	黄温然	28	吧生	班芝兰	林质娘	22	班芝兰	张荣娘	黄宝郎(宗兄)	林营亮(父)	3.11
4.6	梁永接	25	唐生	大使庙	杨欣娘	21	大使庙	刘金娘	梁汉罗(叔父)	温金娘(母)	3.20
4.6	林鸿	22	唐生	大使庙	梁能娘	20	大使庙	刘金娘	林澄波(胞兄)	梁汉罗(父)	3.5
4.6	丘养元	21	吧生	丹绒	林美娘	19	丹绒	张荣娘	丘思珍(伯父)	林添娘(姑)	3.13
4.8	杨德生	29	吧生	大南门	邹庚娘	16	戈罗屈	张荣娘	杨裕堂(堂兄)	邹亚寿(族叔)	3.8
4.10	王机河	30	吧生	结石珍	陈燕娘	20	结石珍	张荣娘	王安生(宗兄)	詹六娘(母)	3.13
4.12	蔡春贵	19	吧生	结石珍	刘瑞娘	18	甘光惹年鸣桥	张荣娘	林全娘(母)	刘新秀(父)	4.5
4.14	薛清祥	25	吧生	甘光麻六甲	许炎娘	20	甘光麻六甲	张荣娘	陈金娘(母)	许东升(父)	3.13
4.26	洪尧宴[③]	44	吧生	公司后	杨珠娘	27	五脚桥	吴木娘	洪国美(堂叔)	苏海娘(母)	4. 8,林永义,雷
4.28	陈泉水	24	吧生	美色近	郭草娘	22	道郎	张志娘	陈天顺(父)	郭潭泉(父)	4.8
4.28	李庆祥	22	吧生	葛劳旺	陈桂娘	15	东基	张志娘	李瑞庆(父)	陈来喜(父)	4.6
4.29	陈添华	36	吧生	洪溪	杨岑娘	19	蕉仔街	张志娘	陈英杰(胞叔)	林凤娘(母)	4.1
5.1	龚少	35	唐生	大公司	黄恭娘	21	结石珍	张志娘	龚满(堂叔)	黄元益(叔父)	4.6,连福全,甲
5.5	丘火生	36	准居	甘光麻六甲	谢四娘	18	甘光麻六甲	张志娘	丘华山(堂叔)	谢亚常(胞叔)	4.15
5.6	陈亚五	34	准居	丹那娘也	赖万娘	18	丹那娘也	张志娘	陈有来(堂叔)	赖增猷(胞兄)	4.6
5.8	戴壁漳	22	吧生	红牌	蒋长娘	18	干冬圩	张志娘	戴有福(父)	蒋马用(父)	4.14
5.8	陈春溪	29	吧生	甘光麻甲	林给娘	18	干冬圩	张志娘	陈财发(堂叔)	林克仪(胞兄)	4.9
5.12	李才荣	25	吧生	丹那实礼也	江和娘	18	八戈然	张志娘	李耀崇(宗兄)	江正馨(宗叔)	4.14
5.13	陈高发	36	吧生	八茶罐	郑仁娘	19	甘光六州	张志娘	林永娘(母)	郑其桂(胞叔)	4.18

① 吧生长,林春麟,父亲因病不到,林春麟自押,签名"林春麟"。

② 温亚二,脚疾,其叔钦三代。

③ 洪尧宴有入案夺字 1897 年 3 月 24 日第 751 号,大玛腰甲详干刀。

5.17	王格就	24	吧生	美色近	陈水娘	19	美色近	张志娘	王德志(父)	陈维衡(父)	4.22
5.18	郑柔根	28	唐生	班芝兰	朱喜娘	20	班芝兰	张志娘	郑钦若(堂叔)	朱亚兰(父)	4.26,林长辉,甲
5.24	曾金连甲	44	望旧汝	槟榔社	许珠娘	28	东基	陈颜娘	陈水娘(母)	马颜娘(母)	4.26
5.29	林江祐	25	吧生	甘光厂东	黄三娘	21	结石珍	张志娘	林丙三(父)	黄云祥(父)	5.14
6.14	蔡来兴	35	吧生	五脚桥	黎织娘	20	新巴杀	刘金娘	潘凭娘(内妈)	黎兰干(胞兄)	8.14,郑春锡,甲
6.26	兰成溪[①]	35	吧生	班芝兰	林柳娘	32	班芝兰	张志娘	自己	林惠水(父)	6.8
7.5	陈山郎	32	吧生	八厨沃间	蔡珠娘	27	戈奢园	张志娘	陈疆秀(堂叔)	蔡启才(父)	6.11,刘清祥,甲
7.6	黄寿	45	准居	八厨沃间	汪霜娘	24	八厨沃间	张志娘	黄高明(胞叔)	江再杏(父)	6.13
7.9	邹德河	28	无写	丹仔亚望	李奇娘	19	丹仔亚望	张志娘	邹亚焕(堂兄)	李锦能(父)	6.16
7.19	苏善璋	18	吧生	中港仔	陈玉娘	16	结石珍	施蛤	苏绍宗(父)	陈成郎(叔祖)	8.14,连福全,甲
8.12	曾家和	31	吧生	新巴杀	黄娇娘	24	新巴杀	张志娘	曾申官(堂叔)	黄樣(父)	7.18,林长辉,甲
8.18	蒋专秀	52	吧生	结石珍	陈海娘	32	结石珍	张志娘	将白生(胞兄)	李金娘(母)	8.12,丘春昌,雷
8.24	蔡有财	26	无写	吃郎班让	丘旁兀娘	19	公司	张志娘	蔡木淋(胞叔)	丘思珍(父)	8.5,林长辉,甲
8.25	戴可行[②]	25	准居	臭桥	王荣娘	19	臭桥	张志娘	戴文秀(胞伯)	王用(胞叔)	8.2
8.25	蔡德水	20	吧生	八绒屈兰	欧木娘	20	八绒屈兰	张志娘	蔡音郎(父)	欧荣德(父)	8.13
8.30	李玉水	26	吧生	结石珍	林六娘	18	结石珍	张志娘	李顺盛(父)	林明基(父)	8.18
8.30	陈一才	26	吧生	结石珍	谢格娘	21	结石珍	张志娘	陈本郎(叔父)	蔡三才(叔父)	8.10
8.30	陈启章	18	吧生	甘光峇厘	吴森娘	18	甘光峇厘	张志娘	陈志仁(父)	吴建和(父)	8.20
9.2	陈荣昌	30	吧生	结石珍	蔡成娘	22	结石珍	张志娘	陈和泰(叔)	蔡万丁(父)	8.12,连福全,甲
9.2	陈松柏	28	吧生	旧巴杀	纪木娘	24	新池桥	刘金娘	陈登甫(胞叔)	纪文章(父)	8.6
9.3	刘长春	52	吧生	结石珍	詹婉娘	27	结石珍	张志娘	刘文义(宗叔)	詹继和(父)	8.12
9.3	汪清维	26	吧生	小南门	陈能娘	24	戈奢园	张志娘	汪再言(叔祖)	陈福星(叔祖)	8.16
9.3	薛飞熊[③]	37	吧生	结石珍	余贞娘	29	结石珍	张志娘	薛捽城(父)	余月能(兄)	8.16
9.3	谭亚满	32	准居	大南门	康清娘	24	大南门	张志娘	谭亚直(胞兄)	刘宁娘(母)	8.10
9.4	陈云祥[④]	32	吧生	五脚桥	吴贵娘	22	新池桥	刘金娘	陈亚珍(胞叔)	陈和娘(母)	8.14
9.4	高珍郎	26	吧生	大当前	郑成娘	20	观音亭	张志娘	高文(族兄)	郑成安(父)	8.16,林永义,雷

① 吧生,兰成溪因无宗亲,自己花押,签字(外文草书)。

② 戴可行恳居燕地玛腰行文申详干刀和 1897 年 2 月 13 日第 416 号。

③ 兹据伊子薛长合恳抄副单一张以为凭,1934 年 2 月 8 日抄给,吧生。

④ 据陈云祥恳居燕地玛腰行文 1897 年 6 月 18 日第 1467 号申详干刀。

9.6	陈天喜	22	吧生	大使庙	李就娘	21	八茶罐	张志娘	陈水山(父)	李火土(父)	8.23,连福全
9.6	甘林山	25	吧生	结石珍	詹文娘	21	观音亭	张志娘	甘成德(父)	江顺娘(母)	8.20
9.11	陈顺宝	24	吧生	巴劳八丹	林皮娘	17	丹那望	张志娘	陈南寿(父)	林山郎(父)	8.27
9.13	黄金河	52	吧生	洪溪	萧建娘	17	八惹牙兰	张志娘	黄亚福(宗叔)	萧遇龙(胞叔)	8.23
9.16	廖亚集	33	吧生	结石珍	何信娘	17	结石珍	张志娘	廖亚凤(兄)	何元清(叔)	9.6,林永义,雷
9.17	王标	24	准居	中港仔	谢雪娘	22	中港仔	张志娘	王清店(胞叔)	谢德清(父)	9.4
9.18	陈苍山	39	准居	结石珍	郭那娘	22	结石珍	刘金娘	陈寸(叔)	郭宝(兄)	8.23
9.30	谢金合	24	吧生	公馆巷	黄顺娘	19	公馆巷	刘金娘	谢金元(兄)	黄青松(祖父)	9.8
9.25	蔡金元	21	吧生	五脚桥	刘娇娘	20	乌布土库	张志娘	王木娘(母)	陈世娘(母)	9.9
10.8	陈钦德	22	吧生	丹那望	赖娜娘	20	新巴杀	张志娘	陈顺发(父)	赖长辉(父,甲)	9.20,郑春锡,甲
10.13	郭清远	26	葛厨	八茶罐	林质娘	17	八戈然	张志娘	郑德昌(母舅)	丘福娘(母)	10.6
10.14	林钦四	42	唐生	道郎	张二娘	22	道郎	刘金娘	林奎合(宗兄)	张德兴(父)	9.22
10.16	邹辉清	20	吧生	大南门	许里八娘	15	大南门	张志娘	邹文智(父)	许文全(伯父)	9.22
10.19	潘寒溪①	36	唐生	小南门	陈白娘	18	五脚桥	张志娘	潘惠(宗叔)	陈速(堂叔)	9.24
10.21	林福全	22	吧生	八戎戈安	戴加力	20	八戎戈安	张志娘	林甘泉(胞兄)	戴经发(父)	9.26
10.28	洪贵澄	23	吧生	观音亭	蔡大娘	21	观音亭	张志娘	洪清(叔祖)	蔡耀宗(叔父)	10.24
11.1	韩东海	20	吧生	结石珍	黄淡娘	18	窑内	张志娘	韩天福(父)	黄国兴(父)	10.14,郑春锡
11.1	郑生财	25	吧生	大使庙	许汝毛娘	18	大使庙	张志娘	郑庆兴(宗叔)	许三水(父)	10.13
11.1	丘汉炳	37	吧生	五脚桥	许全娘	18	五脚桥	张志娘	陈万娘(祖母)	许子朝(兄)	10.10
11.2	林江泉②	23	吧生	丹那望	蔡炎娘	20	丹那望	张志娘	林抱(父)	蔡金源(父)	10.10
11.3	林琼莹	21	吧生	丹那实礼也	陈春娘	21	洪溪	张志娘	林金水(父)	陈英杰(父)	10.14
11.4	蔡荣山③	36	吧生	惹牙安	陈宝娘	21	吃郎班让	张志娘	蔡明基(叔)	关丁娘(母)	10.14
11.4	吴应辉	21	吧生	中港仔	刘丑娘	21	茄劳末	张志娘	吴亚爵(父)	刘秋生(胞兄)	10.14
11.4	刘悦郎	25	吧生	结石珍	陈木娘	21	结石珍	黎任娘	刘亚二(兄)	陈一才(兄)	10.23
11.5	高深泉	22	吧生	丹那望	苏祥娘	21	文登	张志娘	高五音(堂兄)	苏佳仁(父)	10.23
11.6	林宗喜④	44	吧生	中港仔	黄楼英	30	新巴杀	张志娘	林宽娘(胞姐)	邹白妹(母)	10.19

---

① 唐生,依玛腰字 1897 年 10 月 16 日第 2476 号有恳居燕地字尚未出。

② 吧生。1898 年 3 月 23 日抄给。兹准万隆财政部请求抄给副单一张此据,1934 年 2 月 9 日公堂秘书陈抄。

③ 吧生。据男家蔡荣山(与前妻)经已拆破婚字,1896 年 7 月 29 日案夺断其离异。

④ 吧生,林宗喜前妻身故经已二载。

11.9	梁亚解	25	吧生	丹那实里也	林新娘	18	丹那实里也	张志娘	梁南生(父)	林饮四(胞叔)	10.26
11.10	林澄水	22	吧生	五脚桥	黄兰芝	19	槟榔社	张志娘	丘攀娘(祖母)	黄沧英(父病,叔佛庇)	10.23
11.10	詹信发	24	吧生	道郎	王雪娘	20	小南门	张志娘	黄维娘(母)	王武员(堂叔)	10.26
11.10	丘新玉	25	吧生	砖仔桥	王娜娘	18	砖仔桥	张志娘	丘新凯(胞兄)	王清维(胞叔)	10.26
11.11	蔡克昌	22	深水地	小南门	邓宝娘	15	道郎	张志娘	蔡伯夷(父)	林德娘(母)	10.6
11.12	黄就义	25	吧生	五脚桥	李玉娘	28	五脚桥	张志娘	陈凤娘(母)	纪香娘(祖母)	10.12
11.15	温旺奎	29	唐生	廿六间	刘凤娘	21	大南门	张志娘	温亚赞(堂叔)	刘亚腾(父)	11.5
11.15	陈长义	25	吧生	结石珍	庄泉娘	24	结石珍	张志娘	陈柔西(父)	庄文德(胞兄)	10.28
11.17	连百祥	22	吧生	洪溪	陈殷娘	18	甘光六州	张志娘	连格榛(父)	陈桂发(父)	10.28,郑春锡,甲
11.17	许容枝	24	吧生	公司后	黄玉娘	20	乌布土库	张志娘	许庆厚(堂兄)	黄流水(父)	10.26
11.20	黄坤	39	唐生	干冬圩	陈亚娘	17	八厨沃间	张志娘	黄合(堂叔祖)	林永娘(母)	11.6
11.20	戴添源	25	吧生	观音亭	李七娘	25	观音亭	张志娘	戴金池(父)	李亚二(兄)	10.28
11.22	梁明心	21	吧生	砖仔桥	陈荫娘	20	砖仔桥	张志娘	钟丙娘(母)	薛来娘(母)	11.22
11.23	郭清纯	20	吧生	打铁街	林利娘	21	甘光万兰	张志娘	林贵娘(母)	林源水(父)	11.6
11.24	陈如良	21	吧生	结石珍	陈发娘	17	结石珍	张志娘	陈传炉(父)	阮漳源(父)	11.12
11.25	刘震龙	19	吧生	洪溪	李宝娘	18	廿六间	张志娘	刘庚文(父)	李照仁(胞兄)	11.16
11.26	唐荣春①	28	吧生	五脚桥	杨瑞娘	18	班芝兰	张志娘	唐清松(父)	杨亚德(父)	11.16
11.30	赵维仁	23	吧生	新巴杀	欧本娘	17	结石珍	张志娘	赵德山(父)	欧东水(父)	11.10
12.2	刘庆州	27	吧生	毛六甲	黄春娘	15	毛六甲	张志娘	刘庆川(胞兄)	黄宝郎(父)	11.18,刘清祥
12.7	潘顺德	33	吧生	丹戎不六	钟安娘	18	戈老骨	张志娘	林雪娘(母姨)	钟如祥(父)	11.19
12.8	钟华郎②	42	吧生	结石珍	黄白娘	29	小南门	张志娘	陈丙娘(母)	黄亚常(胞兄)	11.16
12.8	冯发生	19	吧生	大南门	张温娘	18	大南门	张志娘	冯发水(兄)	张金德(叔)	11.19,刘清祥,甲
12.8	叶亚贤③	35	唐生	小南门	黄菊娘	21	班芝兰	张志娘	叶源发(胞叔)	钟霞娘(母)	11.16
12.22	汤祥海	20	吧生	结石珍	薛红娘	16	结石珍	张志娘	汤金泉(父)	薛炳合(父)	12.13
12.24	赖有仁	20	吧生	结石珍	赵金娘	20	结石珍	张志娘	蔡热娘(母)	赵炎兴(伯父)	12.14
12.27	张瑞源	31	吧生	小南门	钟丙娘	21	东基	张志娘	张新贵(父)	汤乙娘(母)	12.10
12.27	郑怡忠	24	吧生	中港仔	汤朱娘	22	美色近	张志娘	郑顺郎(父)	汤子龙(父)	12.17

① 前妻陈银娘经已于1896年11月13日辞世。

② 前妻吴灿娘身故已3年。

③ 唐生,据叶亚贤准居燕地案夺字1886年2月11日第45号.前妻身故经已期年。

12.28	李温生	38	唐生	小南门	康金銮	16	亭仔脚	张志娘	李请(堂兄)	康广(父)	12.10
12.29	蔡清元	23	吧生	廿六间	林芳芝	21	大使庙	陈言娘	林殿娘(母)	林永义甲(父)	12.10
12.29	黄福昭①	43	唐生	八厨沃间	杨乙娘	21	八厨沃间	张志娘	黄玉昆(堂叔,甲必丹)	杨金生(父)	12.10
12.31	陈春水	20	吧生	丹那望	刘泰娘	20	丹那望	张志娘	陈顺兴(堂叔)	刘仁和(父)	12.18
12.31	陈顺东	22	吧生	大公司	蔡芝娘	21	大公司	张志娘	陈瑞梧(父)	蔡有若(父)	12.10

总计:127 对

1898 年吧城唐人成婚注册表

月日	男家	年岁	类别	住址	女家	年岁	住址	媒妁	男方主婚	女方主婚	备注 结婚日,主事人
1.5	钟亚四②	40	唐生	丹那娘仔	谢二妹	18	玛腰兰	张志娘	钟亚三(胞兄)	张有娘(母)	12.14,林长辉,甲
1.13	许荣文	25	吧生	道郎	陈玉娘	17	丹那望	张志娘	许有山(父)	陈德水(父)	1.22
2.4	薛清风	23	吧生	新巴杀	钟乌娘	19	干质巷	张志娘	薛平合(堂伯)	钟晋基(父)	1.22,连福全,甲
2.16	宋木利	40	吧生	东基	詹添娘	20	鉴光峇汝	张志娘	宋文里(叔)	蔡申娘(母)	2.8,林永义,雷
2.28	蔡奇元	31	吧生	芝宁贞	杨壬娘	18	干七巷	张志娘	蔡利水(胞叔)	蓝宋娘(母)	2.16
3.8	蒋西毛	32	吧生	新巴杀	李美娘	19	旧巴杀	张志娘	蒋淡娘(胞姐)	李松龄(父)	2.23,郑春锡,甲
3.9	叶亚梅	27	唐生	小南门	谢三妹	18	玛腰兰	张志娘	叶亚四(叔)	张裕娘(母)	2.22
3.11	郑锦喜	25	唐生	亚森脚	魏路物	20	亚森脚	林记娘	郑锦炼(胞兄)	魏渊(父)	2.21
3.28	江朝理③	24	吧生	廿六间	戴西米娘	20	廿六间	张志娘	江正馨(父)	戴德仁(胞叔)	3.19
3.31	吕悔	28	唐生	小南门	李石娘	18	小南门	张志娘	吕杰(堂叔)	刘继娘(母)	3.20
4.1 12.10	谢传松	23	吧生	洪溪	赖江娘	20	文登	张志娘	谢传生(兄)	赖河水(父)	丁酉
4.2	林茂添	20	吧生	班芝兰	陈瑞娘	18	班芝兰	张志娘	林天赐(胞叔)	陈福章(堂叔)茂荣(叔祖)	闰 2.28
4.4	林赤	41	唐生	东基	吴来娘	17	东基	张志娘	林文福(堂叔)	吴碧山(父)	3.14
4.6	吴金辉	27	吧生	大公司	林能娘	24	大公司	张志娘	吴福源(胞伯)	林琼珠(胞兄)	3.16,郑春锡,甲
4.15	李春生	25	吧生	甘光峇厘	陈玉娘	18	结石珍	张志娘	李有良(胞叔)	陈在禄(父)	3.26

① 唐生,案夺字 1884 年 9 月 7 日第 6 号。

② 钟亚四,唐生,1890 年 7 月 13 日第 26 号案夺字准居燕地。

③ 吧生。1898 年 4 月 20 日抄给。兹因默氏报其婚字遗失,1899 年 10 月 26 日补给。

4.28	陈汉土	34	葛厨	班芝兰	叶玉辉娘	18	班芝兰	张志娘	陈乃仁(堂兄)	叶颁老(父)	3.29
5.13	黄柳炎①	30	唐生	结石珍	洪好娘	21	结石珍	张志娘	黄赐(叔祖)	洪迎花(父)	4.12,刘清祥,甲
5.14	陈实在	40	唐生	三间土库	黄英娘	20	三间土库	张志娘	陈钤(宗叔)	谢那娘(母)	3.26
5.23	杨荣顺②	31	吧生	道郎	洪恭娘	20	道郎	张志娘	杨延生(父)	洪文贵(父)	4.12
5.27	陈德水	22	吧生	大使庙	钟荣娘	26	大使庙	张志娘	陈清顺(胞叔)	钟寿春(父)	4.17
5.27	黄一齐	26	吧生	结石珍	叶高律娘	22	班芝兰	张志娘	吴织娘(母)	叶基全(胞兄)	4.12
5.28	柯子峻	35	唐生	小南门	黄财娘	15	乌保土库	张志娘	柯尔蒲(堂兄)	黄秀木(胞叔)	4.12
5.28	陈再寿	30	吧生	鉴光峇厘	余东娘	20	笨落亭仔	张志娘	陈登寿(胞兄)	余佳杨(胞兄)	4.25
6.1	詹怀瑶	20	吧生	结石珍	陈壬娘	17	丹那望	张志娘	詹继昌(父)	陈清英(胞伯)	4.17,林长辉,甲
6.6	林宝旺	29	吧生	鉴光峇厘	陈娘那	26	圣望港	张志娘	林文威(胞叔)	陈加宝(父)	4.25
6.8	陈坤义	21	吧生	鉴光麻六甲	赵继能娘	21	新巴杀	张志娘	陈长华(胞伯)	赵德顺(胞兄)	4.24
6.9	陈维庆	45	吧生	毛六甲	罗老知娘	26	洪溪	张志娘	陈长华(父)	苏砼娘(母姨)	4.24,林长辉,甲
6.29	林峇进	44	吧生	戈罗屈	刘新妹	28	戈罗屈	郑文娘	林朝元(胞叔)	刘桂娘(兄)	6.24,丘春昌,雷
6.29	陈天祐	23	吧生	芝龙恶	刘珠娘	23	八茶罐	郑文娘	陈文福(胞兄)	刘庆川(胞兄)	5.11
7.20	苏善养	20	吧生	中港仔	曾之娘	17	槟榔社	番婆是及	苏绍经(父,钦赐雷)	曾金海(父,甲)	6.17,连福全,甲
7.26	郑福顺	23	无写	结石珍	赖基娘	18	结石珍	郑文娘	郑长水(胞兄)	曾二娘(母)	6.21
7.28	李文麟	27	吧生	美色近	黄冉律	17	美色近	郑文娘	李亚锦(父)	黄亚四(父)	6.21
7.28	黄金麟	20	吧生	毛六甲	许和娘	17	美色近	郑文娘	黄亚四(父)	许东生(父)	6.21
7.29	黄德发	31	无写	惹牙安	张淑娘	19	美色近	郑文娘	黄柏麟(父)	黄桂娘(母)	6.18
7.30	林金枝	26	无写	廿六间	蔡根娘	17	八厨沃间	郑文娘	林荣沃(胞兄)	蔡桂生(叔公)	6.13
8.18	陈振英	21	吧生	结石珍	郑山娘	17	结石珍	郑文娘	陈东元(父)	郑源基(胞兄)	7.11,郑春锡,甲
8.25	徐亚盛	48	唐生	大港墘	陈运娘	18	大港墘	郑文娘	徐亚绍(堂叔)	陈杞秀(堂兄)	8.2
9.9	郑亚颖③	35	唐生	戈罗屈	罗金莲	21	戈罗屈	郑文娘	郑泉璋(堂叔)	罗亚先(父)	8.14
9.10	吴安记	40	唐生	新巴杀	李新娘	17	新巴杀	郑文娘	吴亚昌(堂叔)	邹下勃娘(母)	8.12
9.12	钟甲水	25	吧生	丹那实礼也	廖娘那	20	干质	郑文娘	钟南八(父)	廖源清(父)	8.3

---

① 唐生,1896 年 4 月 29 日第 58 号准居燕地。

② 吧生,据默氏徐凤阁所报,杨荣顺经已与林然娘又名瑞娘离婚。查离婚部 1898 年 4 月 29 日公堂准离。

③ 玛腰 1898 年 3 月 19 日第 648 号文,郑亚颖恳居燕地所详口词字尚未出。

9.14	林金海	22	吧生	槟榔社	李琛娘	21	观音亭	郑文娘	林坤辉(父)	李接坤(父)	8.3
9.20	郑文秀	20	吧生	观音亭	陈忠娘	15	大港墘	郑文娘	郑琼瑞(父)	陈桂员(胞叔)	8.27
9.21	叶金声	20	吧生	新巴杀	林蜜娘	16	中港仔	郑文娘	叶丁元(父)	林松珍(堂叔)	8.21
9.22	高天赐	27	吧生	大使庙	吴平娘	24	新巴杀	郑文娘	高然芝(堂叔)	吴启生(父)	8.11
9.22	赵邦水	24	吧生	结石珍	周云娘	23	结石珍	郑文娘	赵成和(堂兄)	周禄山(胞叔)	8.12
9.24	李君政	24	吧生	乌鬼巷	陈金娘	24	乌鬼巷	刘金娘	李新显(父)	陈丁水(父)	8.11
9.24	陈泉生	20	吧生	八厨沃间	林阳娘	19	八厨沃间	刘金娘	陈丁水(祖父)	林德发(父)	8.11
9.26	王传福	33	吧生	砖仔桥	温善娘	17	新池桥	刘金娘	王传章(胞兄)	温锦发(父)	8.27
9.26	陈灯辉	29	吧生	大使庙	肖福娘	23	大使庙	郑文娘	陈德兴(父)	肖佛庇(父)	8.12
9.28	蒋金文	25	吧生	丹那望	黄得娘	21	干冬圩	郑文娘	蒋顺郎(父)	黄鸣泉(父)	8.27
9.30	吴云兰	18	唐生	结石珍	蔡贵娘	18	结石珍	郑文娘	吴文生(从堂叔)	郭坚娘(母，伯蔡壬物)	8.25
10.4	温庆贤	24	无写	砖仔桥	陈金娘	17	砖仔桥	郑文娘	温陵杰(胞叔)	陈壬水(父)	8.21，刘清祥，甲
10.5	林水世	25	唐生	三间土库	丘俭娘	24	五脚桥	郑文娘	林德水(宗兄)	陈万娘(祖母)①	8.25
10.6	陈金精	34	吧生	小南门	李德娘	27	小南门	郑文娘	陈有文(宗兄)	李景昌(父)	9.10
10.7	陈亚千	40	唐生	大南门	叶那于娘	20	直那地巷	郑文娘	陈清云(宗兄)	何金娘(母)	8.27
10.10	丘坤松②	19	吧生	五脚桥	刘娘那	18	五脚桥	郑文娘	丘日昇(父)	沈金水娘(外祖母)	9.8
10.13	刘京来	25	吧生	甘蜜埔	丘南妹	20	丹仔娘仔	郑文娘	刘海发(父)	丘春郎(父)	9.8
10.14	林水生	29	吧生	毛六甲	庄露娘	19	美色近	郑文娘	林庆兴(父)	林淑娘(母)	9.11
10.18	温麟昭	23	唐生	新巴杀	钟德妹	21	鉴光广冬	郑文娘	温赞元(父)	曹纪娘(母)	9.21
10.19	赖云梯	32	无写	八茶罐	黄玉英	23	干冬圩	陈元娘	赖渭源(宗伯)	黄益谦(父)	9.10，林长辉，甲
10.25	罗锦绣	30	唐生	班芝兰	徐壬娘	17	班芝兰	郑文娘	罗凤喜(胞叔)	邹红娘(母)	9.20，刘清祥，甲
10.26	纪长玉	41	吧生	新巴杀	刘水英娘	31	新巴杀	郑文娘	纪三丕(叔)	林燕娘(母)	9.20
10.31	赵维汉	20	吧生	新巴杀	庄有娘	20	结石珍	施娘	赵德和(父，玛腰)	庄文德(父)	9.20，林长辉，连福全
11.7	陈长英	22	吧生	班芝兰	许旺娘	20	结石珍	郑文娘	陈水生(父)	许文全(父)	10.14，林长辉，甲
11.7	吕隆兴③	29	唐生	结石珍	黄旺娘	20	结石珍	郑文娘	吕添丁(宗叔)	黄雷声(父)	10.3

① 陈万娘病，胞兄丘寒冰代。

② 据五脚桥默氏张瑞前来单云婿吧生。

③ 唐生，案夺字 1896 年 4 月 29 日第 58 号准居燕地。

11.7	许庆隆	21	吧生	戈老屈	李金娘	16	大乌	郑文娘	许金宝(胞叔,甲)	李崇基(父)	10.14
11.9	吴兴福	36	吧生	晋郎安	林娘娜	19	结石珍	郑文娘	吴丁郎二(父)	林亚奎(父)	10.4
11.14	吴沛然①	30	吧生	亚森脚	李娜妮	19	亚森脚	郑文娘	吴遗昌(父)	李千仓(胞兄)	10.5
11.14	王碧维②	26	吧生	乌鬼巷	黄顺娘	22	美色近	郑文娘	王灯泉(父)	沈勃娘(母)③	10.7
11.15	陈鼎	49	唐生	结石珍	丘万娘	25	道郎	郑文娘	陈三河(堂兄)	钟坤娘(母)④	10.7
11.16	林会清	29	吧生	结石珍	陈水娘	22	结石珍	郑文娘	林登寿(父)	陈两古(父)	10.10,丘春昌,雷
11.17	林纬统	23	吧生	槟榔社	邹发娘	22	大南门	郑文娘	林元贞(父,雷)	邹世解(堂伯)	10.21
11.18	陈有才	23	吧生	观音亭	王福娘	19	观音亭	施娘	陈文远(父)	陈卯娘(母)	10.10
11.18	蓝长生⑤	25	吧生	结石珍	陈世娘	24	结石珍	郑文娘	蓝瓦(父)	詹方娘(母)	10.12
11.21	陈烟美	27	吧生	观音亭	郭慧娘	22	圣望港	郑文娘	陈基昌(父)	郭鸿均(父)	10.21
11.21	陈文贵,甲	53	吧生	三间土库	蔡来娘	19	廿六间	陈言娘	陈图娘(胞姐)	林娘那(母)	10.14,林长辉,甲
11.21	林工祥	30	吧生	结石珍	邓金娘	24	结石珍	郑文娘	林清义(堂兄)	邓戊生(父)	10.15,丘春昌,雷
11.21	蔡粽国	24	吧生	结石珍	吴君宗娘	24	五脚桥	黄琴娘	陈水娘(母)	吴庆周(胞叔)	10.14
11.22	吕假	43	唐生	小南门	陈荫娘	21	新池桥	郑文娘	吕壬(堂叔)	詹肖娘(母)	10.14
11.24	李然志	22	吧生	玛腰兰	蒋珠娘	19	玛腰兰	郑文娘	李南桂(父)	蒋劳玛(父)	10.14
11.24	陈添福	21	吧生	结石珍	刘火娘	19	结石珍	郑文娘	陈天赐(父)	刘南(父)	10.22
11.25	刘华光	49	吧生	砖仔桥	陈金娘	35	大使庙	郑文娘	刘春寿(堂兄)	陈白达(父)	10.19,丘春昌
12.6	杨亚六	45	唐生	新巴杀	钟寿娘	19	丹那娘仔	郑文娘	杨学伦(宗兄)	赖炳娘(母)	10.28,连福全
12.10	邹友节	23	吧生	大南门	傅金娘	21	道郎巷	郑文娘	邹世解(堂伯)	傅兴侯(父)	11.7
12.13	李荣良	22	吧生	结石珍	叶水娘	21	结石珍	郑文娘	李益魁(父)	叶允忠(父)	11.5
12.17	王永芳	20	吧生	小南门	杨娥娘	21	新巴杀	郑文娘	王武员(胞叔)	杨长水(父)	11.7
12.23	蒋永娇	47	吧生	结石珍	吴金娘⑥	40	结石珍	郑文娘	自己	自己	11.11
12.24	徐金祥	22	吧生	丹那望	钟白石娘	21	丹那望	郑文娘	徐进友(堂伯)	曾妈吃娘(母)	11.17
12.28	陈高芝⑦	34	吧生	八戈然	杨银娘	20	中港仔	郑文娘	陈和中(父)	杨仁生(胞叔)	11.23

① 吧生,1898 年 11 月 21 日抄给。因婚字遗失,1904 年 2 月 13 日补给。

② 王碧维吧生长。其妻云伊夫归唐。堂叔黄其楼代女方主婚。

③ 女方主婚,堂叔黄其楼代。

④ 女方母病,胞兄丘三珍代。

⑤ 吧生,据默氏侯荣照云蓝长生伊妻辞世经已一年。

⑥ 据默氏来报为吴金娘前随和兰人而后随蒋永娇至今 18 年之久。1899 年 1 月 12 日抄给。

⑦ 公堂于 1898 年 11 月 16 日准陈高芝与阮音娘离异,今要再婚。

12.28	黄文辉	25	吧生	新巴杀	陈谈娘	21	结石珍	郑文娘	黄福山(父)	刘安娘(母)	11.19
12.29	杨德章	23	吧生	结石珍	甘淡娘	20	结石珍	郑文娘	杨大头(父)	甘成得(父)	11.3
12.29	陈任发	54	吧生	砖仔桥	丘凉娘	34	五脚桥	刘金娘	陈清香(堂叔)	陈曲娘(母)	12.18
12.29	冯清宝	38	吧生	中港仔	李荣娘	23	洪溪	郑文娘	冯琼海(堂兄)	李仕禄(父)	11.19
12.29	侯德先	21	吧生	结石珍	赵惟礼娘	20	新巴杀	郑文娘	侯荣照(父)	赵德山(父)	11.19

总计:94 对

1899 年吧城唐人成婚注册表

月日	男家	年岁	类别	住址	女家	年岁	住址	媒妁	男方主婚	女方主婚	备注 结婚日,主事人
1.6	郭亚三	33	唐生	新巴杀	钟进娘	20	新巴杀	郑文娘	郭奎昇(堂叔)	钟亚二(父)	12.3,郑春锡,甲
1.13	涂荣茂	33	吧生	乌鬼巷	丘悦娘	21	乌鬼巷	郑文娘	涂亚记(宗叔)	曾水娘(母)	12.16
1.17	黄古瑞	33	唐生	八厨沃间	高白娘	29	圣望港	郑文娘	黄默(宗兄)	朱林娘(母)	12.11
1.17	陈克福[①]	40	吧生	公司后	黄瑞娘	17	五脚桥	郑文娘	陈俊义(堂兄)	番州星玛(母)	12.6
1.18	王源茂	29	吧生	松巷	吴七娘	16	广东	郑文娘	王坤元(堂叔)	吴振耀(父)	12.11
1.20	陈六朝	27	吧生	八厨沃间	张和娘	18	廿六间	郑文娘	陈长波甲(父)	张渚松(父)	12.14
1.20	刘水良	22	吧生	结石珍	陈于娘	23	结石珍	郑文娘	刘长春(堂叔)	陈宝昌(父)	12.14
1.24	叶亚超	35	唐生	小南门	朱任娘	17	小南门	郑文娘	叶亚轩(堂叔)	谢远娘(母,叔朱日远)	12.18
1.27	蒋炎生	35	吧生	结石珍	詹爱娘	27	结石珍	郑文娘	蒋佳于(胞叔)	詹继和(父)	12.21
2.20	纪添源	25	吧生	小南门	陈玉娘	21	西门	郑文娘	纪益顺(父)	朱全娘(母)	己 1.19
2.28	陈登照[②]	25	唐生	结石珍	蔡财娘	17	广东	郑文娘	陈柴头(叔公)	许珍娘(母)	1.26
3.2	林德金	26	吧生	道郎巷	吴玉娘	21	毛六甲	郑文娘	林永顺(父)	吴广元(胞兄)	1.24,刘清祥,甲
3.4	吴朝君	33	吧生	班芝兰	李三娘	32	丹那实礼也	郑文娘	吴文成(父)	李衍宗(叔父)	1.23
3.4	吴朝忠	23	吧生	班芝兰	叶碧娘	22	大使庙	郑文娘	吴永成(父)	周福娘(母)	1.27
3.6	张添泉	25	吧生	新巴杀	陈阳娘	23	观音亭	郑文娘	张木生(从堂兄)	陈基昌(父)	1.29
3.9	李振英	23	吧生	大使庙	黄凤娘	17	大使庙	郑文娘	林炎娘(母)	陈金娘(母)	2.8

① 女方主婚,堂叔黄新能。

② 案夺字 1898 年 11 月 18 日第 30 号准居燕地。1926 年 9 月 27 日抄给。1931 年 1 月 6 日公堂朱陈文成抄给。

3.13	赵维真[①]	20	吧生	结石珍	黄云娘	20	结石珍	郑文娘	赵邦发(胞叔)	吴七娘(母)	2.6
3.15	林亚松	36	唐生	大南门	谢掌娘	18	丹那低巷	郑文娘	林亚义(堂兄)	陈江娘(母)	2.11
3.16	张九郎	26	吧生	惹呀安	邱粉娘	19	打铁街	郑文娘	张亚福(堂兄)	丘亚五(父)	2.11,黄景兴,雷
3.16	陈会元	28	吧生	结石珍	何福娘	28	结石珍	郑文娘	陈玉泉(父)	黄荣娘(母)	2.11
3.20	黄金铃	36	吧生	舜直	赖灯娘	32	砖仔桥	郑文娘	黄金铃	赖荣水(父)	2.9
3.21	黄望东[②]	21	唐生	结石珍	陈金娘	18	结石珍	郑文娘	黄乾顺(宗叔)	陈税(父)	2.10
3.22	蔡反江	32	吧生	结石珍	黄记娘	30	结石珍	郑文娘	蒋月娘(母)	吴贞娘(母)	2.22
3.23	林亦照	32	唐生	小南门	朱利娘	20	班芝兰	郑文娘	林弄(宗兄)	朱亚兰(父)	2.17
4.10	陈天民[③]	27	唐生	新巴杀	杨秀娘	18	新巴杀	郑文娘	陈文英(堂叔)	杨三其(父)	3.10,林长辉,甲
4.13	黄坤山	20	浪生	公司后	李贵娘	18	公司后	郑文娘	黄柏松(父)	李协和(父)	3.10
4.14	温致福[④]	38	唐生	结石珍	廖一娘	21	干冬圩	郑文娘	温亚森(堂叔公)	廖清水(胞叔)	3.27
4.18	许全美	22	吧生	结石珍	林奴女娘	22	毛六甲	郑文娘	许庆祥(父)	王玉娘(母)	3.10,许温惠,雷
4.20	詹怀据	31	吧生	结石珍	沈溪娘	27	结石珍	郑文娘	詹继昌(父)	沈长满(父)	4.12
4.24	陈添寿	20	吧生	结石珍	韩凤娘	20	结石珍	郑文娘	陈天赐(父)	韩天福(父)	3.27
4.27	黄海章	28	唐生	戈老骨	刘红娘	22	戈老骨	郑文娘	黄昌荣(堂兄)	刘亚钱(父)	3.20
5.8	陈桂芳[⑤]	33	吧生	小南门	高宝娘	34	洪溪	郑文娘	陈运生(胞叔)	高地(父)	3.29,连福全,甲
5.13	邓长合	24	吧生	结文惹霞	黎有娘	22	结文惹霞	郑文娘	黎本娘(母)	黎灯光(父)	4.8
5.15	陈亚陶	40	唐生	新巴杀	丘海娘	26	广东	郑文娘	陈振芳(堂兄)	丘亚杞(父)	4.12
5.16	陈永泰[⑥]	39	吧生	大使庙	丘微娘	19	如南末	郑文娘	陈丰业(胞兄)	丘思珍(胞伯)	4.19,庄文德,雷
5.16	陈饶生	28	吧生	观音亭	林和娘	17	道郎	郑文娘	罗金娘(母)	林永顺(祖父)	4.12
5.18	黄木田	20	吧生	新巴杀	戴玉娘	17	红牌	郑文娘	黄红面(父)	戴有潘(父)	4.14
5.18	龚荣坤	27	无写	大公司	陈柏娘	24	八茶罐	郑文娘	龚荣基(兄)	陈歧山(父)	4.21
5.24	唐荣源	26	吧生	五脚桥	陈和娘	17	东基	郑文娘	唐青松(父)	陈清有(父)	4.26
5.24	侯玉水	23	吧生	结石珍	徐深娘	21	小南门	郑文娘	侯荣照(父)	徐柳絮(父)	4.24

① 吧生,赵维真乃孤衙司之子。案夺准其成婚1899年3月16日第1267号。

② 唐生,黄望东恳居燕地照玛腰详文1899年3月20日651号,又美色甘案夺字1899年2月26日第990号。

③ 唐山,陈天民恳居燕地照玛腰详文1897年10月9日第2422号。

④ 唐山,温致福准居燕地案夺字1873年11月9日第20号。据默氏云女家之父今在唐山,母已辞世。

⑤ 据默氏郭桂星报高低(地)之女名宝娘,其随李顺全全无做婚字,今要再嫁陈桂芳。美色甘光字1898年3月26日第3号。

⑥ 查离婚簿陈永泰与庄文娘经已于1886年11月22日对我公堂离婚。

5.25	冯长清	25	吧生	圣望港	陈惜娘	20	圣望港	郑文娘	冯顺义(胞叔)	陈照河(父)	4.19
5.29	王戊水[①]	16	吧生	班芝兰	蔡美娘	16	班芝兰	郑文娘	王淡山(父)	蔡天生(父)	8.6
5.29	蒋应得	46	吧生	结石珍	林珠娘	26	结石珍	郑文娘	蒋解(父)	林文纬(堂伯)	4.26
6.9	杨亚五	41	唐生	新巴杀	陈二娘	17	新巴杀	郑文娘	杨香麟(胞兄)	陈杞秀(从兄)	5.20,赵德顺,雷
6.23	郭甲生	26	吧生	鉴光桂东	林辉	17	鉴光桂东	郑文娘	郭亚添(胞兄)	林亚珠(父)	5.28
6.24	巫清风	21	吧生	鉴光峇厘	林必娘	17	丹那娘仔	郑文娘	巫钦郎(父)	朱老知娘(母)	5.20
6.26	朱绍列	27	吧生	乌鬼巷	蒋凤娘	24	应彩河	郑文娘	黄敏娘(母)	蒋炎生(父)	5.26
6.28	蔡应坚	26	吧生	结石珍	张奇娘	27	结石珍	郑文娘	蔡英选(兄)	甘永娘(母)	5.28
7.3	刘清香	23	吧生	结石珍	陈青娘	19	结石珍	郑文娘	刘水生(父)	陈财发(父)	6.3,郑春锡,甲
7.8	陈森林[②]	50	吧生	洪溪	叶江娘	31	冬基	郑文娘	陈森林(已)	叶友桂(宗兄)	6.2
7.19	黄天锡	37	吧生	鉴光麻甲	翁艳娘	29	鉴光麻甲	郑文娘	陈有娘(母)	翁玉娘(姑)	6.21
7.20	丘宝生	22	吧生	鉴光麻甲	梁菊娘	18	中港仔	郑文娘	邱荣麟(父)	刘富娘(母)	6.22
7.25	刘樻金	22	吧生	干冬圩	许瑞娘	17	戈老骨	郑文娘	刘清奇(叔,雷)	许温厚(叔)	6.27
7.27	郑玉祥	22	吧生	结石珍	许壬娘	22	结石珍	郑文娘	郑塔(父)	许文福(父)	8.6
8.15	谢亚均	41	唐生	槟榔社	张才娘	24	臭桥	郑文娘	谢裕五(堂兄)	陈金娘(母)	8.16,刘清祥,甲
8.24	郑瑞成	28	南安由	戈罗屈	刘良娘	23	戈罗屈	郑文娘	郑仲宏(胞伯)	李地娘(母)	7.28
8.28	蔡天河	33	吧生	廿六间	陈妙娘	30	中港仔	郑文娘	蔡奇文(父)	陈永寿(父)	7.26
9.2	陈寿金	17	吧生	砖仔桥	赵维智娘	19	新巴杀	郑文娘	陈壬水(父)	赵德山(父)	8.6,林长辉,甲
9.4	高保全[③]	38	吧生	洪溪	连生娘	19	洪溪	郑文娘	高地(父)	连益昌(父,雷)	8.14
9.4	简福辉[④]	20	吧生	冬基	李珍娘	16	大南门	郑碧娘	简清绪(胞伯)	李千仓(胞兄)	8.6
9.6	黎贵全	21	吧生	干七巷	傅新娘	22	怒默	郑文娘	傅娘那(母)	傅任淑(父)	8.6
9.8	胡永祥	28	吧生	大南门	陈水娘	21	槟榔社	陈颜娘	张君娘(母)	潘知娘(母)	8.8
9.8	刘文信	22	吧生	鉴光峇汝	甘春娘	21	鉴光峇汝	郑文娘	刘其有(父)	甘庆辉(胞兄)	8.9
9.8	刘挨	29	唐生	结石珍	陈维娘	16	结石珍	郑文娘	刘蛋(堂叔)	陈羡(父)	8.6
9.19	钟崑源	29	吧生	新厝仔	熊诗宝娘	18	巴劳八丹	郑文娘	钟福郎	熊亚兴(父)	8.30,许温惠,雷

① 王戊水又名王戊永,吧生。和1910年12月3日公堂准离。

② 陈森林系红溪默氏(街长)。

③ 前妻经已别世,今再续。

④ 吧生,为简清纯之子,女方为李子凤玛腰之女。1903年3月10日离婚。

9.30	吴亚海①	33	吧生	班芝兰	陈帽劳娘	18	班芝兰	郑文娘	吴巨郎(堂兄)	黄长娘(母)	8.17
10.7	颜进兴	38	吧生	毛六甲	陈吉七娘	16	打铁街	郑文娘	钟贵娘(母)	陈丁戊(父)	9.6，连福全,甲
10.11	苏承业	21	吧生	大使庙	陈丹劳娘	16	槟榔社砖仔桥	郑文娘	林来娘(母)	陈富老(父)	9.13
10.11	黄登光	19	吧生	丹那望	李顺娘	16	丹那望	郑文娘	黄光合(堂叔)	李本基(父)	9.16
10.12	梁明善	22	吧生	五脚桥	杨于然娘	16	五脚桥	郑文娘	张丙娘(母)	杨参(父)	9.13
10.14	赖忠曾	20	唐生	中港仔	梁玉娘	22	丹那实礼也	郑文娘	赖亚德(父)	梁南生(父)	9.13
10.19	庄德	24	唐生	小南门	徐以律娘	22	小南门	郑文娘	庄得仁(堂叔)	徐双全(父)	9.26，庄文德,雷
10.19	邹庆光②	17	唐生	戈老骨	赖信娘	20	二南末	郑文娘	邹荣兴(堂兄)	赖宇里(父)	9.17
10.27	蒋东水	27	吧生	结石珍	蔡全娘	18	文登	郑文娘③	蒋百生(父)	蔡永章(胞兄)	10.20
10.30	王水源	21	吧生	槟榔社	蓝福娘	20	文登	郑文娘	林乙娘(母)	蓝成器(父)	9.26
11.17	陈豹	38	唐生	大公司	王元娘	24	五脚桥	郑文娘	陈杨禧(胞兄)	王秀生(父)	10.26，赵德顺,雷
11.8	詹怀琅	21	吧生	结石珍	陈阳娘	20	戈老骨	郑文娘	詹继昌(父)	陈金和(父)	10.17
11.8	黄亚贵	30	唐生	戈老骨	廖庚娘	20	戈老骨	郑文娘	黄亚古(堂兄)	章壬娘(母)	10.17
11.10	罗玉泉	19	吧生	观音亭	林全娘	19	吧芽淋	郑文娘	罗文英(父)	林辉廷(父)	10.17
11.10	张德生	35	吧生	大港墘	丘雪娘	21	观音亭	郑文娘	张俊高(堂叔)	蔡宣娘(母)	10.20
11.13	陈文福	18	吧生	结石珍	张欲娘	15	结石珍	郑文娘	陈渊源(父)	张仙章甲(父)	10.16
11.15	黄长合	28	吧生	结石珍	陈山娘	23	结石珍	郑文娘	黄长利(胞兄)	陈本郎(父)	10.18
11.15	钟万兴	28	吧生	丹那望	廖壬娘	18	丹那望	郑文娘	钟西山(父)	廖运松(父)	10.20
11.16	洪长薰	29	吧生	砖仔桥	杨裕娘	18	乌桥	刘金娘	洪碧煊(父)	杨荣辉(父)	10.20
11.16	林顺和	17	吧生	东基	杨宣娘	16	鉴光毛甲	郑文娘	林荣祥(父)	杨基全(祖父)	10.21
11.16	温和庆	36	唐生	结石珍	李兰妹	20	结石珍	郑文娘	温亚三(宗叔)	李亚寿(父)	10.18
11.17	陈金生	23	吧生	洪溪	刘发娘	20	洪溪	郑文娘	陈森淋(族叔)	刘庚文(父病，其子代)	10.17
11.21	徐亚日	41	唐生	新池桥	刘瑞娘	22	大使庙	郑文娘	徐亚绍(堂叔)	刘亚兴(父)	10.26
12.4	徐春发	22	吧生	新巴杀	陈爱娘④	19	大使庙	郑文娘	徐祥山(父)	陈全泰(胞叔)	11.8，郑春锡,甲

① 唐生，据吴亚海入字恳居燕地照大淡文 1899 年 9 月 16 日第 9405 号，副淡文 1899 年 9 月 19 日第 13098 号祈我公堂查勘未暇详复。

② 唐生，据邹庆光入口词恳居燕地，为副淡文 1899 年 10 月 18 日第 14528 号委我公堂查勘。遵美色甘文 1899 年 10 月 14 日第 5079 号准伊成婚。

③ 默氏吴金元报新娘父母已双亡。

④ 据默氏陈奇芳报新娘父母经已别世。

12.5	纪荣喜	32	吧生	马腰兰	黄发娘	22	马腰兰	郑文娘	纪玉山(父)	黄国泰(父)	11.9
12.5	高在山	37	吧生	鉴光惹葛	廖房娘	24	鉴光惹葛	郑文娘	高麦(堂叔)	钟贵娘(母)	11.3
12.7	蔡乙泉	32	吧生	五脚桥	张河娘	22	五脚桥	郑文娘	庄甘娘(母)	张瑞前(父)	11.12
12.16	余振春①	27	吧生	班芝兰	刘木娘	23	班芝兰	郑文娘	余振山(胞兄)	刘亚五(父)	11.22
12.16	蔡轿	25	唐生	八茶罐	林凤玉	19	八茶罐	郑文娘	蔡吾速(叔祖)	林奇观(父)	11.16
12.21	王义保	30	吧生	道郎	朱文娘	25	八茶罐	郑文娘	王秉琳(堂叔)	陈养娘(母)②	11.22
12.27	谢亚潘	25	唐生	砖仔桥	李安娘	17	五脚桥	郑文娘	谢振相(堂叔)	李亚琨(父)	11.28
12.28	王乙生③	34	吧生	鉴光万难	徐牛郎娘	18	大南门	郑文娘	王山林(父)	丘顺娘(母)	12.14

总计:97 对

1900 年吧城唐人成婚注册表

月日	男家	年岁	类别	住址	女家	年岁	住址	媒妁	男方主婚	女方主婚	备注 结婚日,主事人
1.2	李天助	30	吧生	大公司	高能娘	21	中港仔	郑文娘	李亚波(堂叔)	高江源(兄)	12.2,刘清祥,甲
1.5	黄金生	29	吧生	美色近	窦一娘	18	美色近	郑文娘	黄水龙(胞叔)	叶再娘(内妈)	12.7
1.6	林群芳	22	吧生	鉴光峇汝	黄安娘	18	八厨沃间	郑文娘	林春波(胞伯)	黄金龙(父)	12.14
1.10	李宝元	32	吧生	道郎巷	陈长娘	29	道郎巷	郑文娘	李休(宗兄)	陈福麟(父)	12.25
1.16	黎习辉	29	唐生	新巴杀	熊森娘	19	大南门	郑文娘	黎世廷(堂叔)	熊亚祥(父)	12.24
1.19	陈四吉	24	吧生	八厨沃间	黄音娘	23	八厨沃间	郑文娘	叶玉娘(母)	刘宇力娘(母)	1.13,黄景兴,雷
2.19	赖清宣	25	唐生	洪溪	丘高那娘	19	洪溪	郑文娘	赖亚荣(堂兄)	丘亚生(父)	1.28,许温惠,雷
2.21	刘水生	23	吧生	砖仔桥	黄因伦娘	22	砖仔桥	郑文娘	刘清兴(胞兄)	黄福彛(父)	1.27
2.28	谢益昌	26	吧生	新池	梁本娘	23	新池	刘金娘	谢福基(父)	梁汉和(父)	2.10
3.1	黄顺兴④	30	唐生	八厨沃间	李玉娘	16	八厨沃间	郑文娘	黄亚彬(宗叔)	李庆元(父)	2.3,连福全,甲
3.6	叶瑞和	28	吧生	广东	林合娘	20	广东	郑文娘	叶瑞邻(胞兄)	林炎水(父)	2.12

① 据默氏所详,余振春前妻经已别世,今要再续。

② 陈养娘病,子朱发兴代。

③ 据亚二难所报,王乙生妻于 1894 年 4 月间经已别世,今要再续。

④ 唐生,据玛腰文 1900 年 1 月 9 日第 77 号申详副淡(副长官)准居燕地。

3.13	谢金合	27	吧生	亭仔脚	黄木娘	26	亭仔脚	郑文娘	谢金元(胞兄)	黄江玉(父)	2.6
4.2	李明元	25	吧生	槟榔社	黄顺娘	23	芝宁贞	郑文娘	李亚彬(堂兄)	黄巽吉(胞叔)	3.10,赵德顺,雷
4.11	甘坤茂	42	吧生	惹牙安	陈母娘	18	洪溪	郑文娘	甘蜜生(堂兄)	陈如光(堂兄)	3.13
4.21	叶春裕	21	吧生	大使庙	周哲娘	19	大使庙	郑文娘	周福娘(母)	周坤仪(父)	4.2
4.25	张登山	23	吧生	巴劳八丹	李春娘	20	巴劳八丹	郑文娘	张贵芳(胞兄)	李存兴(父)	4.5
5.2	颜添山	25	吧生	五脚桥	陈满娘	23	丹那实礼也	郑文娘	颜瑞宗(父)	陈漳汉(父)	4.18,郑春锡,甲
5.2	温长山	32	吧生	丹那望	丘金娘	23	丹那望	郑文娘	温珠山(胞兄)	丘兰瑞(胞兄)	4.14
5.5	陈华芳	25	吧生	小南门	谢梅娘	22	洪溪	郑文娘	陈桂芳(胞兄)	谢传松(胞兄)	4.15
5.7	陈登贵	22	无写	亚森脚	李和娘	19	亚森脚	妈是急	陈新祐(父)	李千仓(兄)	4.19
5.8	洪自栽	21	吧生	结石珍	黄芝娘	21	结石珍	郑文娘	洪柳(父)	黄三炳(父)	4.18
5.8	杨茂	28	唐生	新巴杀	陈森娘	20	新巴杀	郑文娘	杨简(胞兄)	陈芝兰(父)	4.22
5.16	刘镇川	31	吧生	结石珍	林珍娘	27	结石珍	郑文娘	刘真(父)	林坤元(堂叔)	4.27
5.16	王开德	32	唐生	结石珍	刘都娘	20	结石珍	郑文娘	王邦忠(堂兄)	刘真(父)	4.27
5.17	林松水	30	吧生	班芝兰	陈荣娘	19	五脚桥	郑文娘	林松枝(胞兄)	邓才娘(母)	4.27
5.17	程天赐①	18	吧生	洪溪	邹福娘	19	洪溪	郑文娘	程柏株(堂兄)	邹亚远(堂兄)	4.22
5.23	韩福源	28	吧生	观音亭	马累娘	24	鉴光沓汝	郑文娘	韩金生(堂兄)	林温娘(母)	5.9
5.23	李亚寿②	33	唐生	戈罗屈	黎英娘	19	鉴光沓厘	郑文娘	李亚二(堂叔)	黎润发(父)	5.10
6.7	叶水生	30	吧生	乌鬼巷	饶合娘	20	八茶罐	郑文娘	罗瑞娘(母)	陈岑娘(母)	5.16,刘清祥,甲
6.13	李饮楠	20	吧生	沙郎桥	蔡福娘	19	八茶罐	郑文娘	李锦能(父)	蔡长寿(父)	6.8
6.15	黄韭菜	35	吧生	臭桥	林玉兰	16	臭桥	郑文娘	黄其羡(堂兄)	杨那娘(母)	5.28
6.18	刘登发	19	吧生	丹那望	高玉娘	20	丹那望	郑文娘	刘清水(父)	陈告娘(母病,其兄代)	6.12
7.2	余接生	25	吧生	班芝兰	高荫娘	16	西门	郑文娘	余远(堂叔)	高接生(父)	6.12,林长辉
7.6	黄金福	21	吧生	新巴杀	胡山娘	20	新巴杀	郑文娘	黄癸巳(父病,母王山娘)	刘粿娘(母)	6.14
7.13	陈锦泉	33	唐生	结石珍	黄镭娘	22	丹那望	郑文娘	陈红毛(叔祖)	黄默(父)	6.21

① 程天赐吧生长,邹福娘乃客女(客家女),未有案夺字,然默氏陈森林保此女结婚后即入倒案字,特记。朱葛礁(书记)李新宁。

② 唐生,默氏颜文硂报有案夺字 1885 年 1 月 10 日第 5 号。

8.11	李和远[①]	33	吧生	砖仔桥	郑韦娘	21	砖仔桥	郑文娘	自己	李万娘(母)	2.18,连福全,甲
8.13	温原兴[②]	44	唐生	结石珍	丘巳娘	22	结石珍	郑文娘	温亚森(叔祖)	丘顺二(父)	8.3
8.17	刘助	32	唐生	结石珍	蒋庞娘	26	结石珍	郑文娘	刘畔(堂叔)	蒋宏生(胞叔)	8.20,庄文德,雷
8.20	张文水	37	吧生	甘光吝厘	梁富厨娘	21	干七巷	郑文娘	张清茂(堂兄)	梁水生(父)	8.3
8.23	郑耀春[③]	29	唐生	八厨沃间	李凤娘	27	班芝兰	郑文娘	郑生毛(胞兄)	李稳成(胞兄)	8.3
8.27	张添泉	34	吧生	大港墘	黄蜜娘	19	五脚桥	郑文娘	张俊高(叔)	黄景隆(兄)	8.13
8.29	蒋天福	20	吧生	丹仔丁宜	黄本其娘	18	丹仔丁宜	郑文娘	蒋缄(叔祖)	黄雷(父)	8.5
9.6	许景瑄	23	吧生	结石珍	蒋日本娘	21	结石珍	郑文娘	许文基(父)	蒋奎于(祖父)	8.24,丘春昌,雷
9.8	张祥辉	23	吧生	甘光毛甲	蓝直葛娘	16	八茶罐	郑文娘	翁金娘(母病,叔张秀芳代)	蓝元直(父)	8.24
9.8	陈福能	29	吧生	洪溪	钟六娘	23	茂物界	郑文娘	陈福星(叔祖)	钟源泉(父)	8.23
9.8	蔡邦畿[④]	22	吧生	结石珍	赵维新娘	18	新巴杀	郑文娘	蔡邦泉(胞兄)	赵德武(胞叔)	8.9
9.12	钟云根	23	吧生	丹那娘仔	朱殷伦娘	17	槟榔社	郑文娘	赖炳娘(母)	黄三妹(母)	8.24
9.25	林珠水	24	吧生	道郎巷	吴继至娘	21	槟榔社	郑文娘	曾贞娘(母)	吴文山(父)	8.6,赵德顺,雷
9.26	甘木山	29	吧生	大使庙	赖云娘	29	砖仔桥	郑文娘	甘海生(父)	赖荣水(父)	8.14
10.4	王清登[⑤]	19	唐生	甘光麻六甲	陈凤娘	17	惹八	郑文娘	王赐珍(胞兄)	陈亚二(父)	9.14,郑春锡,甲
10.5	刘振龙[⑥]	22	吧生	甘光麻六甲	梁秀娘	17	麻六甲	郑文娘	刘振源(胞兄)	梁乐三(父)	闰 8.12
10.8	郭宣峰	31	泗里	砖仔桥	林计智娘	17	码仔桥	郑文娘	郭琼琳甲(父)	林元贞甲(父)	8.18
10.8	许清海	20	吧生	结石珍	陈黎里娘	20	八厨沃干	郑文娘	许文福(父)	陈丁水(祖父)	9.2
10.9	丘尚荣	32	唐生	班芝兰	杨安娘	18	班芝兰	郑文娘	丘丽生(胞叔)	杨湘元(父)	8.19
10.17	张锦和	22	吧生	鉴光惹牙	杨甲娘	19	鉴光惹牙	郑文娘	施坤娘(母)	杨长宗(伯父)	8.24

---

① 吧生长,男方因无亲戚伊自己花押签名(草书外文)。

② 唐生,副淡文 1889 年 8 月 13 日抄过案夺字 1873 年 11 月 9 日第 2 号。

③ 有入案夺字照玛腰文 1900 年 7 月 31 日第 1679 号申祥。

④ 蔡邦畿又名邦辉,吧生。新娘之父赵德山来报,已经过房与德武为女。1902 年 2 月 1 日抄给。1853 年抄成马来文。

⑤ 唐生,查公馆入口词簿 1899 年 10 月 31 日第 2684 号玛腰详恳准居燕地。

⑥ 吧生,据默氏曾青山报此人前经娶李三盛之女,今已没故要再续。

10.18	蒋二生	32	吧生	结石珍	甘周娘	23	结石珍	郑文娘	蒋清缄(堂兄)	甘长泰(胞兄)	10.5
10.30	刘立	53	唐生	结石珍	洪发娘	22	小南门	郑文娘	刘丙(堂兄)	洪清(父)	9.24
11.1	洪吧运	30	吧生	小南门	张辉娘	15	文登	郑文娘	洪清(父)	张平阳(父)	9.24,刘清祥,甲
11.2	林寿福	28	吧生	道郎	蒋周娘	24	道郎	郑文娘	胡高娘(母)	林雅于娘(母)	9.17
11.7	丘文锦	31	吧生	大使庙	邹顺妹	18	朽桥	郑文娘	曾金娘(母)	张一娘(母)	9.23
11.7	黄柏依①	45	吧生	美色近	李石娘	22	美色近	郑文娘	黄柏彝(堂兄)	李元能(叔父)	9.20
11.9	沈桂良②	25	吧生	八厨沃间	丘云娘	22	丹绒	郑文娘	沈福德(胞叔)	丘思珍(父)	9.23
11.14	吴天然	29	吧生	大南门	杨全娘	18	大南门	郑文娘	吴维昌(父)	杨允顺(父)	10.5
11.15	陈宰	19	唐生	结石珍	赵炎娘	18	结石珍	郑文娘	陈金鱼(堂叔)	赵恩(父)	10.5
11.19	许维岐	28	吧生	大使庙	张日本	15	大使庙	郑文娘	许文亮(宗兄)	张清池(堂叔)	10.4,黄景兴,雷
11.19	汤良賓	22	唐生	结石珍	赵文娘	18	结石珍	郑文娘	汤谟(堂兄)	赵世嵩(父)	10.11
11.21	许达文	21	吧生	圣望港	赖石娘	25	新巴杀	郑文娘	林南娘(母)	娘仔甲 赖长辉(母)	10.5
11.22	戴璧瑞	27	吧生	红牌	李勤娘	20	八茶罐	郑文娘	戴有福(父)	李克承(父)	10.11
11.23	刘永寿	39	吧生	道郎	郭文娘	23	道郎	郑文娘	刘煌兴(宗兄)	郭潭泉(父)	10.18
12.4	林长发	28	吧生	乌鬼巷	陈发娘	26	乌鬼巷	郑文娘	林清心(胞叔)	陈江发(胞兄)	10.22,林长辉,甲
12.4	阮本基	25	唐生	结石珍	陈增娘	18	结石珍	郑文娘	阮泥汗(堂叔)	陈在禄(父)	10.18
12.4	黄漏池	47	唐生	结石珍	陈罗娘	33	结石珍	郑文娘	黄番(堂叔)	陈在禄(堂叔)	10.13
12.5	陈清念	26	吧生	结石珍	方可娘	26	结石珍	郑文娘	陈百全(父)	黄山娘(母)	10.18
12.11	蒋戊生	38	吧生	丹那丁宜	许幼娘	17	丹那丁宜	郑文娘	戴玉娘(母)	许慎斯(父)	10.24
12.27	戴有长	25	吧生	红牌	曾亚知娘	27	干冬圩	郑文娘	戴有福(兄)	刘森娘(母)	10.9,许温惠,雷
12.28	陈文发	18	吧生	大港墘	李江娘	18	大港墘	番是及	陈笑山(父)	李顺宝(父)	11.12
12.28	杨音茶	25	唐生	结石珍	吴蜜娘	20	结石珍	郑文娘	杨威仪(堂叔)	吴文生(父)	11.12
12.28	吴祥水	27	唐生	结石珍	李木娘	17	结石珍	郑文娘	吴文生(堂叔)	林七娘(母)	11.7

① 吧生长,其妻已故今要续弦。

② 吧生长,据孤衡字云名沈淡隆,其叔沈初德来报其单错笔。

12.28	陈振文[1]	26	唐生	公司后	蒋有名娘	26	公司后	郑文娘	陈开来(宗兄)	蒋清富(胞兄,默氏)	11.9
12.29	杨一祥	36	吧生	观音亭	陈良娘	27	新巴杀	郑文娘	陈泉娘(母)	陈泠水(伯父)	11.13

总计:80对

1901年吧城唐人成婚注册表

月日	男家	年岁	类别	住址	女家	年岁	住址	媒妁	男方主婚	女方主婚	备注 结婚日,主事人
1.3	肖新增	27	吧生	结石珍	赖梨只娘	18	结石珍	郑文娘	肖福海(叔公)	叶丹娘(母)	11.18,连福全,甲
1.5	黄长炎	20	吧生	结石珍	林忠娘	17	结石珍	郑文娘	黄长辉(胞兄)	林初寿(胞叔)	11.26,连福全,甲
1.5	白启祥	20	吧生	八戈然	叶瑞凉	18	八戈然	郑文娘	白寿山(父)	涂娘娜(母)	11.22,连福全,甲
1.8	肖亚橐	27	唐生	蕉仔街	叶贵娘	18	五脚桥	郑文娘	肖仕芳(宗叔)	杨柔娘(母)	11.18,连福全,甲
1.15	温耀兴[2]	41	准居	结石珍	刘庞娘	28	结石珍	郑文娘	温亚森(叔公)	刘瑶增(父)	11.28,连福全,甲
1.17	谢春和[3]	32	准居	大南门	吴物娘	28	大南门	郑文娘	谢俊兴(胞兄)	吴浪生(父)	1.28,庄文德,雷
1.23	翁顺章	22	吧生	中港仔	黄寿娘	19	窑内	郑文娘	翁文英(父)	黄国兴(父)	12.8,庄文德
1.23	韩东海	23	吧生	结石珍	李德娘	19	结石珍	郑文娘	韩天福(父)	林进娘(母)	12.6,庄文德
1.24	王荣芳[4]	22	吧生	小南门	杨云娘	22	新巴杀	郑文娘	王荣春(兄)	杨长水(父)	12.8,庄文德
1.24	李长两	18	吧生	大使庙	周春娘	16	大使庙	郑文娘	李衍辉(父)	周坤山(父)	12.8,庄文德
2.2	丘德祥	27	唐生	蕉仔街	邹亚招妹	25	晋朗安	郑文娘	丘连桂(胞叔)	林七娘(母)	12.14,丘春昌
2.4	蒋永德	47	吧生	结石珍	曾飞娘	38	槟榔社	郑文娘	蒋奎于(父)	曾金海(胞兄)甲大	辛1.21,丘春昌,雷
2.6	黄金龙	30	吧生	戈老骨	林宣娘	25	戈老骨	郑文娘	黄均成(堂兄)	林光华(胞兄)	12.22,丘春昌
3.19	赵惟漳	20	吧生	结石珍	郭晚娘	18	勿加视	郑文娘	赵邦发(胞叔)	郭有蒲(父)	2.8,郑春锡
3.27	林金安[5]	47	吧生	毛六甲	李玉娘	20	打铁街	郑文娘	林碧峰(堂叔)	黄朱娘(母)	2.11,郑春锡

① 唐生,陈振文准居燕地案夺字1898年5月4日第5号。朱葛礁李新宁。

② 准居燕地1879年9月21日第27号。

③ 吧生长,1910年11月5日公堂判离。

④ 吧生长,王荣芳前妻已故经年。

⑤ 林金安前妻身故已经期年恳求再娶。

4.1	欧阳柏棠	33	唐生	班芝兰	邹美娘	18	班芝兰	郑文娘	欧阳质彬(堂叔)	邹萤辉(胞兄)	2.21,刘清祥,甲
4.26	蔡怜郎	27	唐生	吃郎班让	黄吉娘	20	吃郎班让	郑文娘	蔡吾速(宗叔)	黄珠山(父)	3.19,许温惠,雷
5.3	林全智	23	吧生	丹那亚望	黄坤报娘	21	观音亭	郑文娘	林山郎(父)	黄清河(父)	4.2,刘清祥
5.13	杨振棠	20	吧生	大南门	郭德娘	19	槟榔社	郑文娘	杨缵煌(父)	郭英传(父)	4.2,林长辉
5.13	蔡有德①	31	吧生	吃郎班让	许英娘	28	小南门	郑文娘	蔡三奇(从堂叔)	蒋音娘(母)	4.2,林长辉
5.15	陈琼祥	22	吧生	观音亭	李莲娘	23	大港墘	郑文娘	陈光辉(父)	李长清(父)	4.8,林长辉
5.23	纪德顺	44	唐生	班芝兰	陈丙娘	16	班芝兰	郑文娘	纪兰桂(宗叔)	黄长娘(母)	4.16,黄景兴,雷
5.24	陈春林	23	茂物	茂物	曾炎娘	19	槟榔社	郑文娘	自己	曾丘岬(胞叔)	4.6,黄景兴
5.24	朱金茂	26	吧生	冬基	林厚娘	23	窑内	郑文娘	房奴娜(母)	林金水(父)	4.16,黄景兴
5.30	叶亚在	26	吧生	小南门	丘宣娘	24	美色近	郑文娘	叶亚四(堂叔)	杨和娘(母)	4.16,黄景兴
5.30	郭镜溪	48	果老骨	戈老骨	黄金娘	37	戈老骨	郑文娘	郭贤书(胞叔)	黄泗贤(堂兄)	4.14,黄景兴
6.10	邹兴道	29	吧生	八茶罐	许蜜娘	27	八茶罐	郑文娘	邹邦基(胞叔)	吴英娘(母)	4.24,连福全
6.14	吴琼福	27	吧生	戈老骨	梁贵娘	19	干七巷	郑文娘	吴昆山(宗叔)	梁德生(父)	5.2,连福全
6.25	陈泉流	36	吧生	大使庙	蔡壬娘	28	大使庙	郑文娘	陈丰业(堂兄)	蔡金山(父)	5.14,庄文德
7.4	徐双全	51	吧生	小南门	吴金娘	48	小南门	郑文娘	徐英娘(胞婶)	吴摇(胞兄)	5.19,丘春昌
7.15	傅谦财	22	吧生	怒墨	刘招妹	17	丹那娘仔	郑文娘	傅任叔(父)	刘学询(父)	6.8,丘春昌
7.20	丘亚士	30	唐生	道郎	古金娘	18	道郎	郑文娘	王海生(堂兄)	古亚安(父)	6.9,赵德顺,雷
7.22	钟霖生	22	吧生	鉴光巴汝	李任妹	20	惹宁安	郑文娘	钟西清(胞叔)	李敬观(父)	6.10,赵德顺
7.23	陈长清	28	吧生	中港仔	王山娘	20	小南门	郑文娘	陈永寿(父)	王永春(亲兄)	6.8,赵德顺
7.24	沈福德②	42	吧生	八厨沃干	陈骊珠	23	大使庙	郑文娘	沈有庆(宗兄)	陈时雨(胞兄)	6.13,赵德顺
8.3	施春景	26	吧生	八戈然	卓需娘	18	毛六甲	郑文娘	施福仙(宗兄)	叶生娘(祖母)	6.20,郑春锡,甲
8.6	林炳炎	20	吧生	惹牙安	叶双娘	18	惹牙安	郑文娘	林记龙(父)	叶亚骄(父)	6.22,郑春锡,甲
8.21	李敬忠	40	吧生	戈老骨	张悦妹	17	戈老骨	郑文娘	李耀煌(胞教)	张海郎(父)	7.13,郑春锡,甲

① 吧生长,伊妻别世,今要再续。

② 吧生长,其妻已故4年,今要再续。

9.3	杨文英	28	吧生	八厨沃间	陈汝物娘	24	八戈然	郑文娘	苏海娘(母)	陈瑞兰(父)	7.30,刘清祥,甲
9.4	曾巴美	23	吧生	鉴光巴里	黄煊娘	21	鉴光巴里	郑文娘	曾运生(祖父)	黄云秀(胞兄)	7.26,刘清祥,甲
9.5	黄得良	24	吧生	丹那望	高芝娘	19	八厨沃干	郑文娘	黄鸣泉(伯父)	陈鸾娘(母)	8.2,刘清祥,甲
9.9	赖夏	39	唐生	班芝兰	黄高芝	24	班芝兰	郑文娘	赖秀(堂兄)	黄七永(胞兄)	8.1,刘清祥,甲
9.17	吴穆然	25	吧生	大南门	邹抚仙	26	八茶罐	郑文娘	吴维昌(父)	邹邦基(父)	8.17,许温惠,雷
9.17	许清渊	22	吧生	槟榔社	陈福娘	21	槟榔社	郑文娘	许文亮(宗叔)	陈瑞山(父)	8.17,许温惠
9.20	林国翻	27	吧生	八戈然	王金娘	30	八戈然	郑文娘	林嵩岳(祖父)	王甘林(父)	8.17,许温惠
9.20	戴碧琳	21	吧生	红牌	张帽劳娘	16	干冬墟	郑文娘	戴有福(父)	张乔木(父)	8.14,许温惠
9.23	洪桂仁	24	吧生	鉴光桂冬	陈喜娘	21	鉴光桂冬	郑文娘	洪桂登(胞兄)	陈金元(父)	8.17,许温惠
9.24	刘将兴	36	吧生	码仔桥	钟下勃娘	24	妈腰兰	郑文娘	自己	唐和娘(母)	8.16,许温惠
9.27	陈邦河[1]	25	吧生	小南门	张然娘	24	小南门	郑文娘	陈德修(胞伯)	张肇燮(父)	9.11,许温惠
9.27	蔡焕成	27	吧生	丹仔娘仔	詹能娘	35	妈腰兰	郑文娘	蒋月娘(母)	詹清水(胞兄)	8.17,许温惠
9.30	林长炎	22	吧生	五脚桥	李汉娘	19	五脚桥	郑文娘	林清红(父)	李戊寅(父)	8.24,许温惠
10.1	沈国治	24	吧生	乌鬼巷	叶律娘	21	西门	郑文娘	林芝娘(母)	叶元球(堂伯)	8.24,林长辉,甲
10.1	翁顺贤	16	吧生	大南门	陈金钱娘	15	大使庙	郑文娘	翁文达(父)	陈文澜(父)	9.18,林长辉,甲
10.2	赵德兹	21	吧生	新巴杀	蔡寿娘	21	小南门	郑文娘	赵德顺甲(亲兄)	蔡伯夷(父)	8.24,林长辉,甲
10.3	史可水	20	吧生	丹那望	黄织娘	18	结石珍	郑文娘	史云章(父)	黄长木(胞兄)	9.19,林长辉,甲
10.4	陈荣拜	37	吧生	圣望港	吴来娘	23	干冬圩	郑文娘	吴贤娘(母)	吴群贵(父)	8.24,林长辉,甲
10.7	黄一章	24	吧生	结石珍	李焕娘	21	结石珍	郑文娘	黄一齐(胞兄)	李茶文(父)	9.8,林长辉,甲
10.9	柯金发	21	吧生	打铁街	丘荣娘	20	五脚桥	郑文娘	林淋和(堂兄)	丘日升(父)	9.8,林长辉,甲
10.10	谢金山	28	吧生	公司后	古吉娘	18	公司后	郑文娘	谢文理(父)	古亚彬(父)	9.5,林长辉,甲
10.19	黄长美	51	吧生	旧巴杀	林福娘	28	旧巴杀	郑文娘	黄君德(宗叔)	巫和娘(母)	9.8,许温惠
10.21	邓必水	38	吧生	结石珍	梁勤娘	18	干冬圩	郑文娘	邓戊生(父)	廖金娘(母)	9.21,黄景兴,雷

① 吧生长,女家父亲张肇燮不在此处。堂兄张亚威代押,伊挂州林常华作证、签名。

10.24	王金基	27	吧生	文登	郑麟娘	17	小南门	郑文娘	苏及娘(母)	郑金泉(父)	9.20,黄景兴
10.28	张建昌	20	吧生	丹仔望	黄亮娘(林娘)	18	丹仔望	郑文娘	张阳春(祖父)	黄安(父)	10.1,黄景兴
10.31	蔡水皮	22	吧生	巴杀内	谢冉物娘	19	五脚桥	郑文娘	蔡梧连(叔祖)	廖来娘(母)	9.29,黄景兴
11.5	蒋长茂	22	吧生	结石珍	余永娘	20	结石珍	郑文娘	蒋妈助(父)	余子发(父)	10.10,连福全
11.7	陈消炎	39	吧生	结石珍	蒋泽娘	32	结石珍	郑文娘	陈清和(胞兄)	蒋永和(父)	10.3,连福全
11.9	黎世廷	46	唐生	新巴杀	丘音娘	20	新巴杀	郑文娘	黎发兴(堂叔)	丘盛二(叔公)	40.2,连福全
11.11	黄秋涛	22	吧生	干冬圩	高春娘	17	洪溪	叶瑞娘 陈音娘	黄益源甲(父)	高地(祖父)	10.10,连福全
11.13	吴清顺	23	吧生	新巴杀	薛昌娘	22	戈老骨	郑文娘	胡阳娘(母)	薛烈辉(父)	10.10,连福全
11.13	陈益元	25	吧生	八茶罐	刘三娘	17	八茶罐	郑文娘	陈淡郎(胞兄)	刘琼丹(胞兄)	10.7,连福全
11.14	刘下兰	19	吧生	峇光毛甲	李安妹	17	结石珍	郑文娘	刘爵庆(胞伯)	李亚秀(父)	10.4,连福全
11.16	钟壬生	30	吧生	冬基	温丁娘	25	丹那望	郑文娘	钟西清(胞兄)	温荣光(父)	10.10,连福全
11.19	温炳元	25	吧生	大公司	陈养娘	23	八戈然	郑文娘	温绍熙(父)	王水娘(母)	10.12,庄文德
12.4	余振生	24	吧生	八厨沃间	温传进娘[1]	21	小南门	郑文娘	余振源(兄)	温永娘(姑母)	10.12,邱春昌
12.6	刘亚海[2]	35	吧生	中港仔	郭安娘	22	中港仔	郑文娘	刘开芳(叔祖)	郭鸿喜(父)	11.5,邱春昌
12.9	林新发	25	吧生	结石珍	黄珠娘	20	望茄寺	郑文娘	陈夏娘(母)	雍兰娘(母)	11.4,邱春昌
12.9	侯德宣	23	吧生	新巴杀	庄福娘	26	结石珍	郑文娘	自己	庄文德(兄)雷	11.6,邱春昌
12.11	陈锦麟(闹热)	26	吧生	中港仔	徐灶娘	19	西门	郑文娘	黄妙娘(母)	徐柳絮(祖父)	11.6,邱春昌
12.11	丘嘉有	25	吧生	公司	赵源娘	25	公司	郑文娘	丘思珍(胞伯)	戴怀娘(母)	11.6,丘春昌
12.20	戴番	40	唐生	戈老骨	林已娘	18	毛六甲	郑文娘	戴文秀(胞叔)	张癸娘(母)	11.22,赵德顺
12.21	黄清记	31	吧生	道郎	黎金娘	21	打铁街	郑文娘	黄赐福(宗兄)	温本娘(母)	11.19,赵德顺
12.23	庄顺正	17	吧生	五脚桥	杨音娘	17	圣望港	郑文娘	庄芳圃(叔祖)	杨和鸣(父)	11.19,赵德顺
12.27	谢文千	24	吧生	大港墘	陈钗娘	24	大公司	郑文娘	谢清规(堂叔)	陈武艺(堂兄)	11.19,赵德顺
12.30	林时雍	22	吧生	毛六甲	谢凤娘	22	砖仔桥	郑文娘	林惠水(父)	谢清水(父)	12.1,赵德顺

① 默氏来报无物业。

② 准居燕地案夺字 1885 年 8 月 15 日第 8 号(1902 年 2 月 18 日抄给,1919 年 12 月 3 日以外文批示再给)

12.31	钟全印	18	吧生	新巴杀	谢桂娘[①]	18	新巴杀	郑文娘	钟轮达(胞叔)	谢亚华(胞兄)	11.22,赵德顺
12.31	黄正槐	24	吧生	戈劳屈	李玉英	16	大南门	郑文娘	黄云安(父)	李亚彬(父)	12.11,赵德顺

总计:86对

1902年吧城唐人成婚注册表

月日	男家	年岁	类别	住址	女家	年岁	住址	媒妁	男方主婚	女方主婚	备注 结婚日,主事人
1.2	谢戊寅	24	吧生	砖仔桥	肖记娘	20	大使庙	郑文娘	谢清水(父)	黄来娘(母)	12.1,郑春锡,甲
1.4	肖三[②]	46	吧生	八茶罐	吴福娘	24	八茶罐	郑文娘	肖寿(堂叔)	吴竹春(堂兄)	11.5,郑春锡
1.4	潘瑞生	24	吧生	大南门	陈邦娘	24	戈老骨	郑文娘	潘万水(父)	陈昆仑(胞叔)	11.26,郑春锡
1.15	吴茂盛	19	吧生	结石珍	陈春娘	19	结石珍	郑文娘	吴文生(父)	陈渊源(父)	12.13,郑春锡
1.17	陈锦锈	25	吧生	中港仔	林富娘	20	毛六甲	郑文娘	陈道成(父)	林初火(父)	12.13,钟合顺,雷
1.17	黎兰端	28	吧生	鉴光万兰	王纪娘	22	鉴光万兰	郑文娘	黎兰轩(胞兄)	王山林(父)	壬1.18,钟合顺
1.20	许维城	18	吧生	戈老骨	林碧娘	16	丹那望	美娘	许温厚(叔)	林长辉甲(父)	12.13,钟合顺
3.18	刘江水	43	吧生	冬基	郑坤娘	26	冬基	郑文娘	刘立发(堂叔)	郑茂炎(父病,子水三代)	2.14,黄景兴,雷
3.26	薛永喜	22	吧生	结石珍	赵音娘	19	结石珍	郑文娘	薛大万(堂兄)	赵邦发(胞叔)	2.18,黄景兴
4.14	蒋其昌	23	吧生	亭仔脚	张丁娘	16	亭仔脚	郑文娘	自己	郑翠娘(母)	4.3,连福全,甲
4.22	邹东林[③]	29	吧生	圣望港	邱员娘	25	大公司	郑文娘	邹文智(父)	邱秋壬(父)	12.22,庄文德,雷
4.23	林顺章	25	吧生	八戈然	刘尖娘	20	鉴光巴里	番时甲	林天寿(父)	刘清祥甲(父)	4.7,庄文德
4.28	吴顺和	23	吧生	鉴光毛甲	陈建娘	25	鉴光毛甲	郑文娘	吴益豹(父)	陈振福(堂叔)	4.11,庄文德
4.30	邱亚珠	20	吧生	鉴光巴里	李一娘	21	鉴光巴里	郑文娘	邱运生(父)	郭已娘(母)	4.1,庄文德
5.5	陈维芳	41	吧生	毛六甲	邱菊娘	18	毛六甲	郑文娘	陈长华(父)	王清河(祖父)	4.4,赵德顺
5.10	许南昌	32	吧生	小南门	蒋和娘	23	丹那望	郑文娘	许文英(堂叔)	蒋顺郎(父)	4.6,赵德顺

① 新娘之母番人,所以不能做主。(辛丑十一月二十一日,即1901年12月31日,主事人雷珍兰赵德顺、朱葛礁连凉水,签名)。

② 唐生,案夺字1889年5月26日第80号。默氏报新娘其父母双亡。

③ 前妻已故期年,今要再续。

5.10	林水	29	唐生	二十六间	李发娘	20	二十六间	郑文娘	林沃(堂叔)	叶叫娘(母)	4.8,赵德顺
5.12	刘文启	23	吧生	丹那望	吴炳娘	20	丹那望	郑文娘	刘文和(兄)	赖玉娘(母)	4.15,赵德顺
5.12	李东水	23	吧生	吧里广东	徐顺娘	22	吧里广东	郑文娘	李清水(胞叔)	曹对娘(母)	4.10,赵德顺
5.13	林琼华	21	吧生	窑内	陈那芝	19	窑内	郑文娘	林金水(父)	陈品芳(父)	4.18,赵德顺
5.15	黄振道	18	吧生	丹那望	林戈芝	18	丹那望	郑文娘	黄长灯(叔)	林长茂(父)	4.11,赵德顺
5.16	刘元生	45	吧生	洪溪	陈贵娘	22	亭仔脚	郑文娘	陈森林(默氏)	陈清林(胞兄)	4.25,赵德顺
5.21	曾崇礼	25	吧生	槟榔社	陈八娘	19	茂物	郑文娘	曾五山(胞叔)	陈俊基(胞兄)	4.13,赵德顺
5.21	颜恩文	27	吧生	砖仔桥	李珠娘	23	毛六甲	郑文娘	林左娘(母)	李光泡(父)	4.25,赵德顺
5.21	胡有宝	34	得禄勿当	小南门	林萱娘	25	小南门	郑文娘	自己	蒋莲娘(母)	4.18,赵德顺
5.26	蔡成仁	26	吧生	丹那丁宜	丁凤娘	21	廿光广东	郑文娘	蔡天助(父)	吴言娘(母)	4.23,赵德顺
6.16	邓顺利	24	吧生	吧再文	梁娘仔	20	槟榔社	郑文娘	邓坤水(堂兄)	郭金娘(母)	5.19,钟合顺,雷
7.1	王长山①	22	吧生	大港墘	廖凉娘	19	比茄郎	郑文娘	王安生(父)	廖江贤(堂伯)	5.12,刘清祥,甲
7.8	邹文琳	21	吧生	砖仔桥	赵淡娘	21	新巴杀	郑文娘	邹世解(堂伯)	赵德顺甲(胞兄)	6.6 刘清祥
7.14	汤俊园	24	吧生	大南门	吴丽贞	24	江东圩	林记娘	汤懋杰(兄)	吴应然甲(父)	6.16,许温惠
8.12	黄得谦	23	吧生	丹那望	杨翻娘	18	丹那望	郑文娘	黄德良(兄)	杨能寿(父)	7.24,林长辉,甲
8.21	唐荣芳	21	吧生	惹牙安	叶水娘	18	毛六甲	郑文娘	唐荣春(兄)	林福大(伯)	8.6 黄景兴
8.21	朱忠玉	26	吧生	结石珍	林心美	18	结石珍	郑文娘	朱芳泉(伯父)	林子教(父)	8.6 黄景兴
8.27	陈河水	39	吧生	结石珍	徐锡娘	33	结石珍	郑文娘	陈毛娘(外祖妈)	徐回禄(胞兄)	8.6,黄景兴
9.2	陈天赐	26	吧生	惹牙安	戴心娘	23	红牌	郑文娘	陈兴宗(胞兄)	戴有福(胞叔)	8.3,连福全
9.5	黄宣德	31	吧生	新巴杀	李香银娘	19	公司后	郑文娘	邹八娘(母)	黄文玉娘(母)	8.8,连福全
9.6	易赐南	27	吧生	毛六甲	叶诗窒娘	19	圣望港	郑文娘	黄胜娘(母)	叶益和(胞叔)	8.13,连福全
9.7	赵惟义	26	吧生	新巴杀	赖碧娘	16	新巴杀	郑文娘	赵德山(父)	赴蜜娘(嫡母)	8.8,连福全
9.8	詹怀凌	23	吧生	结石珍	张娘那	21	鉴光毛甲	郑文娘	詹继昌(父)	张祥辉(胞兄)	8.20,连福全

① 比茄郎甲必丹文 1902 年 6 月 12 日第 464 号详为廖凉娘伊父准其于归。

9.9	王琪瑛	28	吧生	洪溪	余壬娘	21	砖仔桥	郑文娘	邱盛麟(胞兄)	余亚二(父)	8.23,连福全
9.10	温金豹	32	吧生	戈老屈	戴福娘	20	戈老屈	郑文娘	温炎生(胞兄)	戴连生(父)	8.27,连福全
9.10	钟亚三	32	吧生	道郎	刘三娘	16	道郎	郑文娘	钟亚二(堂兄)	刘亚回(父)	8.18,连福全
9.11	庄文琳	26	吧生	结石珍	潘物娘	25	大南门	郑文娘	庄文德甲(胞兄)	潘万水(父)	8.18,连福全
9.12	李千善	18	吧生	大南门	甘水娘	17	茂物	番诗甲	李伯达(叔公)	甘清诲(父)	8.18,连福全
9.13	吴福全	27	吧生	美色近	汤云娘	25	美色近	郑文娘	吴发原(父)	汤子龙(父)	8.18,连福全
9.19	李亚增	27	吧生	班芝兰	朱式娘	15	中港仔	郑文娘	李金二(堂兄)	朱鸿德(父)	9.10,庄文德
9.22	余全合	25	吧生	砖仔桥	吴那芝	20	砖仔桥	郑文娘	余金利(胞兄)	吴文山(父)	8.18,庄文德
9.24	杨传英	22	吧生	大使庙	甘比娘	19	结石珍	郑文娘	杨传全(胞兄)	甘长文(父)	8.21,庄文德
9.29	梁基然	24	吧生	八厨沃干	吴双娘	22	圣望港	梁荣娘	梁亚荣(父)	杨棕娘(母)	8.30,庄文德
10.6	汤祥发	22	吧生	戈老骨	黄劳氏娘	21	戈老骨	郑文娘	汤谐然(父)	黄怀德(胞兄)	9.5,邱春昌
10.7	杨其英	41	唐生	惹渴	廖鸿娘	17	小南门	郑文娘	杨学汤(胞叔)	陈江娘(母)	9.22,五春昌
10.15	黎维祥	19	吧生	小南门	黄安志娘	18	结石珍	郑文娘	黎发兴(父)	黄亚伦(父)	9.16,赵德顺
10.20	赖亚忠	36	唐生	洪溪	黄悦娘	18	洪溪	郑文娘	赖亚营(堂兄)	黄带兴(父)	9.25,赵德顺
10.20	郭怀珍	37	吧生	惹芽安	陈因娘	27	惹芽安	郑文娘	郭鸿钧(胞兄)	陈琼球(父)	9.20,赵德顺
10.24	温亚木①	19	唐生	丹那丁宜	邓乃娘	18	丹那丁宜	郑文娘	温亚六(父)	邓亚汉(叔父)	10.9,赵德顺
10.31	张登顺	33	吧生	戈老骨	詹佑娘	23	窑内	郑文娘	谢清娘(母)	江顺娘(母)	10.10,赵德顺
11.1	蔡和生	18	吧生	亭仔脚	张茂娘	17	五脚桥	郑文娘	蔡振金(父)	张瑞前(父)	10.10,郑春锡
11.5	余郑	36	唐生	班芝兰	张细娘	19	圣望港	郑文娘	余盛(堂叔)	陈一娘(母)	10.10,郑春锡
11.7	陈复连②	34	唐生	大使庙	刘文娘	24	大使庙	郑文娘	陈亚运(堂兄)	刘亚兴(父)	10.17,郑春锡
11.7	许京龙	23	吧生	结石珍	史一美娘	19	丹那望	郑文娘	许文举(父)	史云章(父)	10.18,郑春锡
11.10	苏善藏	27	吧生	中港仔	林淑娇	18	班芝兰	郑文娘	苏绍经甲(胞叔)	林茂锦(胞兄)	10.16,郑春锡
11.10	蔡元友	19	吧生	丹那实礼也	李凤娘	17	干冬圩	郑文娘	蔡坤山(父)	戴那娘(母)	10.17,郑春锡

① 案夺字1899年8月12日第51号。邓亚汉报新娘父母双亡。

② 有人案夺字,照玛腰文1902年10月18日第1277号。

11.12	周玉美	36	吧生	结石珍	蒋娇娘	17	结石珍	郑文娘	周禄山(堂叔)	蒋顺阳(父)	10.21,郑春锡
11.14	陈江水	24	吧生	洪溪	许里物娘	26	八茶罐	郑文娘	陈金生(兄)	吴荣娘(母)	11.10,郑春锡
11.14	蔡邦全	26	吧生	结石珍	黄一娘	21	鉴光麻甲	郑文娘	蔡英选(父)	黄海汉(父)	10.11,郑春锡
11.14	黎德祥	21	吧生	小南门	徐水娘	17	大使庙	郑文娘	黎发荣(父)	徐美郎(父)	10.29,郑春锡
11.19	陈钵良	37	唐生	公馆巷	詹如轮娘	22	公馆巷	郑文娘	陈用观(堂兄)	詹俊德(父)	11.8,钟合顺
11.21	洪福昌	28	吧生	结石珍	詹火娘	26	结石珍	郑文娘	洪源顺(堂叔)	詹续兴(父)	11.2,钟合顺
11.24	余振山	36	吧生	班芝兰	林赞娘	23	结石珍	郑文娘	余应合(堂兄)	许月娘(母)	11.8,钟合顺
11.28	杨亚连	27	吧生	结石珍	陈顺娘	21	结石珍	郑文娘	杨景四(叔)	黎福娘(母)	11.8,钟合顺
11.28	饶亚四	42	吧生	大使庙	钟菊娘	25	鉴光爪亚	郑文娘	饶亚水(堂叔)	钟亚三(父)	11.2,钟合顺
12.5	刘泉财	25	吧生	道郎	黄水娘	20	道郎	郑文娘	刘煌兴(父)	黄美蜜(堂兄)	11.16,刘清祥,许温惠
12.5	王松发	19	吧生	打铁街	李美娘	15	打铁街	郑文娘	王松基(胞兄)	李亚禄(父)	11.8,许温惠
12.5	苏善学	21	吧生	乌布土库	陈寿娘	20	结石珍	郑文娘	苏绍经甲(父)	陈渊源(父)	11.12,许温惠
12.8	游新义①	22	吧生	大使庙	方丹桂	16	圣望港	黄金娘	游新兴(胞兄)	朱颜娘(母)	11.9,许温惠
12.8	黄西②	41	唐生	干冬圩茄烈	赖毛笃娘	23	班芝兰	郑文娘	黄扑(堂兄)	赖炽娘(姑)	11.15,许温惠
12.9	黄涂城	22	唐生	新巴杀	陈良娘	22	丹那望	郑文娘	黄延寿(堂兄)	陈顺发(父)	11.28,许温惠
12.10	赵德江	36	吧生	新巴杀	陈娥娘	22	茂物	郑文娘	赵德和妈腰(胞兄)	陈福才(父)	11.16,许温惠
12.15	张吧禄	24	吧生	丹那丁宜	沈福娘	26	丹那丁宜	郑文娘	关六娘(母)	沈田求(胞兄)	11.28,许温惠
12.18	陈宗汉	31	吧生	中港仔	王水娘	22	美色近	郑文娘	陈俊贤(叔)	王德志(父,子泽根代)	12.6,许温惠
12.18	陈春寿	22	吧生	丹那望	刘银娘	18	丹那望	郑文娘	陈梅月(父)	刘登生(父)	12.4,许温惠
12.27	郭怀珍	37	吧生	望巷	陈因娘	27	大使庙	郑文娘	郭鸿钩(胞兄)	陈琼珍(父)	11.28,许温惠
12.29	黄佑	30	吧生	道郎	林寿娘	25	道郎	郑文娘	黄傍兀(胞兄)	钟江娘(母)	12.6,许温惠

总计:83 对

① 1902 年 12 月 11 日抄给。1925 年 5 月 28 日公堂朱陈再给,1954 年 6 月 19 日以马来文抄给。

② 唐生,王字 1886 年 1 月 13 日第 12 号。

1903年吧城唐人成婚注册表

月日	男家	年岁	类别	住址	女家	年岁	住址	媒妁	男方主婚	女方主婚	备注 结婚日，主事人
1.3	黄彩人	30	吧生	大使庙	梁志娘	19	大使庙	郑文娘	黄三元(父)	梁柑郎(父)	12.13，林长辉，甲
1.5	郭鸿钧	47	吧生	八戈然	陈婉娘	30	五脚桥	郑文娘	郭英传(宗兄)	陈山泉(胞兄)	12.13，林长辉
1.5	叶文爵	31	吧生	小南门	陈顺娘	23	道郎	郑文娘	涂成娘(母)	陈亚好(父)	12.11，林长辉
1.7	甘壬山	30	吧生	结石珍	陈和娘	27	结石珍	郑文娘	甘成德(父)	陈文光(父)	12.14，林长辉
1.9	詹怀球	24	吧生	结石珍	余快娘	24	结石珍	郑文娘	詹继和(父)	余月利(父)	12.16，林长辉
1.9	陈永水	28	吧生	班芝兰	林盘娘	26	五脚桥	郑文娘	陈永华(胞兄)	林登水(胞兄)	12.17，林长辉
1.15	王乙文[①]	33	吧生	道郎	林美娘	24	道郎	郑文娘	王山林(父)	林顺英(父)	1.23，黄景兴，雷
1.15	陈基禄	22	吧生	芝高丽	汤那芝	21	戈罗屈	郑文娘	陈基智(胞兄)	汤皆然(父)	1.20，黄景兴
1.20	林绍和	21	吧生	大使庙	叶本基娘	18	大使庙	郑文娘	林福(堂叔)	叶涂(父)	1.23，黄景兴
2.10	张钦明	25	文岛	小南门	陈春娘	25	小南门	郑文娘	张硕龙(堂兄)	陈金饱(父)	2.4，连福全，甲
2.13	陈 均	25	吧生	八戈然	甘贵娘	23	结石珍	郑文娘	陈瑞兰(伯父)	甘长泰(胞兄)	1.20，连福全
2.16	曾青山	39	吧生	毛六甲	庄东娘	27	毛六甲	郑文娘	自己	庄国水(胞兄)	1.19，庄文德
2.18	张德龙	24	吧生	臭桥	杜常娘	21	惹牙安	郑文娘	张水生	邱壬娘(母)	1.23，庄文德
2.20	翁明水[②]	19	吧生	八戈然	黄外智娘	17	茂物	郑文娘	翁文福(父)	黄万志甲(父)	2.16，庄文德
2.21	薛长记	29	吧生	结石珍	唐顺娘	27	结石珍	郑文娘	薛红生(父)	康谦顺(宗叔)	2.10，庄文德
2.23	赖顺阳	21	吧生	新巴杀	高水娘	17	洪溪	郑文娘	林亮武(母舅)	高地(祖父)	2.6，庄文德
2.25	林寿同[③]	33	唐生	中港仔	陈金娘	20	中港仔	郑文娘	林明良(叔)	陈长合(父)	2.6，庄文德
2.27	詹绍纶	21	吧生	结石珍	甘结娘	20	结石珍	郑文娘	詹怀琼(胞叔)	甘七源(父)	2.6，庄文德

① 吧生，查王乙文因伊妻故恳再续。林美娘伊夫故恳要再醮。

② 吧生，1903年3月17日抄给。1911年6月3日公堂判离。

③ 唐生，案夺字1902年11月11日第15号，默氏陈岐山报。

3.3	黄文仪	40	吧生	八戈然	李悦娘	28	戈老骨	郑文娘	黄文采(胞兄)	李亚荣(胞兄)	2.6,赵德顺
3.3	李玉亮	29	吧生	四脚无媚	刘瑞娘	21	亭仔脚	郑文娘	李玉琳(胞兄)	陈清琳(母舅)	2.6,赵德顺
3.4	吴清珍	24	吧生	新巴杀	林春娘	20	乌布土库	郑文娘	胡阳娘(母)	林顺试(父)	2.14,赵德顺
3.5	李凤元	28	吧生	红牌	谢娘娜	17	干冬圩	郑文娘	李锦元(胞兄)	谢乙水(父)	2.14,赵德顺
3.7	朱乾云	26	吧生	五脚桥	张河娘	24	结石珍	郑文娘	邹丁娘(母)	廖文娘(母)	2.18,赵德顺
3.12	钟药祥	21	吧生	小南门	张蜜娘	17	大使庙	郑文娘	钟再鼎(父)	黎道娘(母)	2.18,赵德顺
3.11	林轮水	23	吧生	鉴光桂东	罗元娘	18	知母巷	郑文娘	林庚郎(父)	罗南秀(胞兄)	2.18,赵德顺
3.14	肖迎禧	36	唐生	大公司	林轮娘	22	结石珍	郑文娘	肖全寿(祖父)	林茂合(父)	2.24,赵德顺
3.15	林顺谦	23	北加浪生	三间土库	黄珠娘	18	蕉仔街	郑文娘	林钦德(父)	钟水娘(母,病,母舅李梅生代)	3.15,赵德顺
3.19	黄瑞章	40	唐牛	结石珍	陈良娘	20	结石珍	郑文娘	黄田(堂叔)	陈本郎(胞伯)	2.28,赵德顺
3.21	戴仲海①	53	吧生	八厨沃间	林甘娘	32	八厨沃间	郑文娘	戴和娘(姐)	林栈娘(姐)	3.4,赵德顺
3.25	林俊贤	24	唐生	毛六甲	丘诺娘	23	毛六甲	郑文娘	林坤祥(堂兄)	邱春福(父)	3.4,赵德顺
3.30	蒋顺清	20	吧生	结石珍	郑吉娘	20	结石珍	郑文娘	蒋坤荣(父)	郑春锡甲(叔祖)	3.12,赵德顺
3.30	黄文轩	27	吧生	新巴杀	李缉娘	22	八戈然	郑文娘	黄文水(胞兄)	李子昌甲(祖父)②	3.12,赵德顺
4.22	曾五全	46	吧生	砖仔桥	林木娘	20	码仔桥	郑文娘	曾四海(宗兄)	林开科(父)	3.26,郑春锡,甲
4.22	张亚勤	20	吧生	戈老骨	谢丁娘	17	戈老骨	郑文娘	张武娘(胞姐)	谢亚福(父)	4.6,郑春锡,甲
4.27	朱顺福	20	吧生	大南门	高造娘	19	八厨沃干	郑文娘	朱亚兰(父)	陈园娘(母)	4.13,郑春锡,甲
4.30	曾怀裕	22	吧生	结石珍	李和娘	18	结石珍	郑文娘	曾泰山(父)	李清坤(堂叔)	4.6,郑春锡
5.4	陈启宁	24	吧生	五脚桥	梁贵娘	21	五脚桥	郑文娘	邓才娘(母)	梁亚荣(父)	4.16,许温惠
5.5	赵清元	23	吧生	结石珍	陈儿娘	18	结石珍	郑文娘	赵蜜(父)	陈荣禄(堂叔)	4.17,许温惠
5.5	王新贵	25	吧生	结石珍	李海娘	17	结石珍	郑文娘	王福郎(父)	李辛客(父)	4.14,许温惠
5.5	邱亚泮	18	吧生	班芝兰	张秀麟妹	15	大港墘	郑文娘	邱亚八(父)	张国兴(父)	4.21,许温惠
5.6	王木舌	31	唐生	圣望港	黄坤娘	18	圣望港	郑文娘	邱水(父)	黄金生(父)	4.14,许温惠

① 默氏戴仲海续弦。

② 李子昌,年老。子千森甲代。

5.6	林和发	32	吧生	结石珍	黄文娘	32	结石珍	郑文娘	林江南(父)	黄江水(胞兄)	4.17,许温惠
5.9	李林生	21	吧生	结石珍	赖三妹	21	干冬圩	郑文娘	李长盛(堂叔)	赖亚煌(胞兄)	5.14,许温惠
5.11	陈文和	20	吧生	大公司	张巽娘	19	毛六甲	郑文娘	陈照山(父)	张秀芳(胞叔)	4.21,许温惠
5.12	陈钦泰	22	吧生	毛六甲	林那芝	23	毛六甲	郑文娘	陈福(父)	石莲娘(母)	4.25,许温惠
5.14	刘光辉	22	吧生	道郎巷	黄石娘	22	观音亭	郑文娘	刘明湖(父)	黄泗川(父)	4.25,许温惠
5.22	简福辉	23	吧生	戈老屈	李珍娘	20	大南门	郑文娘	自己	简攀娘(母)	4.26,许温惠
5.27	蒋福宁	38	吧生	鉴光广东	徐水娘	27	鉴光广东	郑文娘	蒋德水(宗叔)	徐芳兰(父)	5.20,许温惠
6.2	沈四海	28	吧生	结石珍	蒋文岛娘	30	结石珍	郑文娘	沈长满(父)	蒋全寿(叔父)	5.12,林长辉
6.22	王宝生	26	吧生	蕉仔街	颜根娘	24	大南门	郑文娘	丘荣麟(父)	颜春海(父)	5.12,林长辉
6.29	蔡德火[①]	20	吧生	新巴杀	陈秀娘	15	道朗	郑文娘	陈乙娘(母)	陈发祥(兄)	5.11,林长辉
7.14	郑庆喜	21	吧生	大使庙	陈有娘	18	公司后	郑文娘	郑庆瑞(兄)	陈三木(父)	6.17,连福全
7.18	陈赞生	20	吧生	八戈然	苏荎娘	20	八茶罐	郑文娘	陈瑞兰(伯父)	苏绍经甲(父)	8.14,庄文德,甲
8.5	赵惟能	21	吧生	结石珍	陈娘那	19	结石珍	郑文娘	赵邦发(胞叔)	陈在禄(父,母沈益娘代)	6.22,赵德顺
8.10	林芳官	31	吧生	中港仔	钟木英	23	中港仔	郑文娘	林南兴(堂叔)	钟华郎(父)	6.24,赵德顺
8.14	蓝寿洋	30	吧生	观音亭	陈瑞娘	26	槟榔社	郑文娘	蓝连乔(父)	陈赞麟(父)	6.14,赵德顺
8.29	张少彬	31	唐生	戈老骨	黄菊美	17	晋朗安	郑文娘	张厚祥(堂兄)	黄庆受(父)	7.28,赵德顺
9.9	陈如文	20	吧生	结石珍	黄沣娘	18	结石珍	郑文娘	陈传炉(父)	黄顺福(父)	8.18,郑春锡
9.10	陈汉东	21	吧生	戈老骨	蒋泽娘	22	戈老骨	郑文娘	林松枝(母舅)	蒋高生(胞叔)	8.1,郑春锡
9.16	陈金笑	24	吧生	茂物	蔡宣娘	20	观音亭	郑文娘	陈水生(父)	蒋桃娘(母)	8.14,郑春锡
9.23	庄炳耀	21	吧生	结石珍	赵富娘	17	新巴杀	郑文娘	庄文德(父,甲)	赵德和(父,玛腰)	8.11,郑春锡
9.25	王金锭	27	吧生	八戈然	张奴那	20	丹绒已式	郑文娘	王甘霖(父)	张锦祥(胞兄)	8.14,郑春锡
9.28	黄福进	29	吧生	惹牙兰	张美蜜娘	17	麻六甲	郑文娘	黄祥发(堂叔)	曾增山(默氏)	8.18,郑春锡
9.28	张亚水	32	唐生	槟榔社	李乙娘	19	干质巷	郑文娘	张亚贤(父)	杜能娘(母)	8.21,郑春锡

① 吧生,1903年7月14日抄给。1911年8月3日公堂准离。

9.30	张北海	35	吧生	大港墘	叶劳芝	22	大使庙	郑文娘	张俊高(胞叔)	叶两仪(父)	8.18,郑春锡
10.7	郑瑞荣	30	吧生	戈老骨	蔡端娘	16	戈老骨	郑文娘	郑仲宏(胞伯)	蔡长水(胞兄)	8.18,许温惠
10.9	叶永昌	22	吧生	鉴光广东	陈白娘	15	鉴光广东	郑文娘	甘巴娘(母)	陈荣利(父)	8.19,许温惠
10.9	吴传明	36	吧生	结石珍	蔡燕娘	23	结石珍	郑文娘	吴文生(堂兄)	郭殿娘(母)	8.21,许温惠
10.14	张江元	44	吧生	大南门	杨辛妹	23	新巴杀	郑文娘	张才元(胞兄)	杨亚永(父)	9.12,许温惠
9.30	蔡焕春	34	吧生	结石珍	张存娘	20	结石珍	郑文娘	蒋梅娘(母)	张金树(父)	8.14,郑春锡
10.14	张春寿	28	吧生	结石珍	陈飞美	20	结石珍	郑文娘	张九(胞叔)	陈宗道(胞叔)	8.25,许温惠
10.15	赵文采	22	垅生	新巴杀	苏巴益娘	16	新巴杀	郑文娘	赵文锦(胞兄)	苏金和(父)	8.28,许温惠
11.4	郑清坤	20	吧生	结石珍	林旺娘	17	结石珍	郑文娘	陈石娘(母)	林瑞全(祖父)	9.23,林长辉
11.10	邱安诰	25	吧生	吃郎班让	蔡维娘	21	吃郎班让	郑文娘	陈谙文娘(母)	陈罗智娘(母)	10.14,林长辉
11.11	林金田	20	吧生	八厨沃间	邱三娘	18	八厨沃间	郑文娘	林祯祥(父)	邱永(祖父)	10.8,林长辉
11.14	林茂锦	26	吧生	班芝兰	陈来娘	22	班芝兰	郑文娘	林茂温(堂兄)	陈和寿(父)	10.4,林长辉
11.18	刘奇英	21	吧生	结石珍	陈六娘	23	结石珍	郑文娘	刘长春(伯父)	陈文光(父)	10.8,林长辉
11.19	王金良	24	吧生	洪溪	沈园娘	23	洪溪	郑文娘	王炳茂(父)	沈有庆(父)	10.14,林长辉
11.23	赵允茂	20	吧生	结石珍	林温娘	18	结石珍	郑文娘	赵邦发(伯父)	林春光(叔父)	10.14,林长辉
11.23	李登保	26	吧生	西门	温邦娘	24	西门	郑文娘	李寿元(胞叔)	冼桂娘(母)	10.16,林长辉
11.23	林江都	26	吧生	美色近	蔡芝娘	20	二十六间	郑文娘	林江泉(胞兄)	蔡清元(胞兄)	10.14,林长辉
11.26	施清池	22	马令牙	公司后	杨森娘	22	大使庙	郑文娘	施连旺(叔)	温金娘(母)	11.22,林长辉
11.27	沈四海	46	吧生	大南门	黄永娘	34	大使庙	郑文娘	自己	黄文质(父)	10.18,林长辉
11.27	简德芳	24	吧生	冬基	朱永娘	21	茂物	郑文娘	简清绪(胞伯)	朱添禄(父)	10.14,林长辉
12.2	王河水	22	吧生	西门	陈安娘	17	西门	郑文娘	王进新(兄)	梁武娘(母)	10.5,连福全
12.4	陈敬贤	58	前恤	前恤	蔡勤娘	34	美色近	郑文娘	陈泰山(堂兄)	蔡廷焕(堂兄)	10.20,连福全
12.11	陈清辉	27	吧生	毛六甲	张仁娘	23	干冬圩	郑文娘	陈维泰(父)	张吉水(父)	11.9,连福全

12.17	刘金英[①]	20	吧生	新巴杀	王吉凤娘	26	新巴杀	郑文娘	刘佑在(父)	欧福娘(母)	11.9,庄文德
12.17	邱清水	40	吧生	鉴光乌北	林福娘	25	鉴光乌北	郑文娘	邱金龙(胞叔)	林光华(胞兄)	11.12,庄文德
12.18	张敏生	24	望龟汝	戈老骨	蓝丁娘	15	戈老骨	郑文娘	张水(宗兄)	饶金娘(母)	10.30,庄文德
12.19	张和珍	20		五脚桥	黎寿娘	19	五脚桥	郑文娘	张瑞前(父)	黎本基(叔父)	11.9,庄文德
12.23	黄朱容	20	吧生	新巴杀	王宝娘	16	新巴杀	郑文娘	林良武(叔)	王晋建(父)	11.12,庄文德
12.23	李清安	40	吧生	砖仔桥	徐箕娘	16	砖仔桥	郑文娘	李荣泰(胞叔)	曾甲娘(母)	11.12,庄文德
12.24	许耀东	32	吧生	冬基	蔡素娘	21	二十六间	郑文娘	许耀基(胞兄)	蔡奇文(父)	11.12,庄文德
12.28	吴振炎	41	吧生	八厨沃间	刘叶娘	26	八厨沃间	郑文娘	吴咸利(胞叔)	林玉娘(母)	11.20,庄文德
12.28	吴有郎[②]	24	吧生	新巴杀	李织娘	19	新巴杀	郑文娘	吴亚昌(父)	李春兴(父)	11.20,庄文德
12.28	颜质君[③]	49	唐生	大南门	李贵娘	21	戈罗屈	郑文娘	颜春海(堂兄)	李亚三(父)	11.12,庄文德
12.30	邱水源	33	吧生	丹绒	陈殷娘	18	丹绒	郑文娘	邱思珍(堂伯)	陈振福(堂叔)	11.22,庄文德
12.30	郑清甲	39	吧生	公司后	张碧娘	17	公司后	郑文娘	郑日酣(宗兄)	黄春娘(母)	11.18,庄文德

总计:99 对

1904 年吧城唐人成婚注册表

月日	男家	年岁	类别	住址	女家	年岁	住址	媒妁	男方主婚	女方主婚	备注 结婚日,主事人
1.2	黄钟生	24	吧生	臭桥	陈金娘	23	臭桥	郑文娘	黄水龟(父)	黄原娘(母)	11.20,赵德顺,雷
1.4	杨天来[④]	27	吧生	新巴杀	陈顺娘	19	结石珍	郑文娘	杨伯东(堂叔)	周老致娘(母姨)	11.24,赵德顺
1.6	吴灿英	19	吧生	八厨沃间	张荫娘	16	八厨沃间	郑文娘	吴本支娘(姑母)	陈玉娘(母)	12.8,赵德顺
1.7	朱少烈	31	吧生	竹巷	黄名娘	19	竹巷	郑文娘	黄敏娘(母)	黄炳西(胞兄)	12.17,赵德顺
1.8	陈双喜	46	吧生	大南门	黄救娘	26	砖仔桥	郑文娘	陈东裕(宗兄)	黄春水(胞兄)	12.15,赵德顺

① 刘金英又名马金英。

② 吧生。1915 年 9 月 3 日,以红笔批删折破婚书。

③ 唐生,王字 1882 年 12 月 11 日第 2 号。

④ 吧生。1911 年 6 月 6 日公堂准其离遇,公堂朱李(李新宁)批。

1.11	赖秀昌	33	吧生	新巴杀	李安娘	17	新巴杀	郑文娘	李江娘(母)	陈寿娘(母)	甲 1.18,赵德顺,
1.11	陈东水	23	吧生	道郎	林玉娘	23	道郎	郑文娘	何淡娘(母)	颜全娘(母)	12.8,赵德顺
1.15	陈清炎	20	吧生	美色近	林金娘	20	道郎	郑文娘	李清娘(母)	曾文娘(母)	12.8,赵德顺
1.22	郑礼珍①	38	唐生	乌鬼巷	林玉娘	21	乌鬼巷	郑文娘	郑礼泰(婿)	林傍(父)	12.8,许温惠,雷
1.25	甘金阳	24	吧生	丹那望	李玉娘	23	丹那望	郑文娘	甘碧山(兄)	区金得(母舅)	12.15,许温惠
1.26	林长泉	36	吧生	丹那望	张文娘	16	槟榔社	郑文娘	林长辉(兄)甲	张南生(叔)	12.15,许温惠
2.2	钟杞官	19	吧生	公司后	苏馨娘	20	中港仔	郑文娘	钟庚郎(父)	苏善藏(兄)	12.22,郑春锡
2.4	朱振奇	26	吧生	砖仔桥	林惹画娘	22	砖仔桥	郑文娘	朱江生(父)	翁乙娘(母)	1.6,郑春锡
3.3	林德水	27	吧生	新巴杀	连榍娘	27	公司后	郑文娘	林福建(父)	连凉水(父)朱	1.26,林长辉
3.14	刘贵良	18	吧生	结石珍	陈秋娘	16	结石珍	郑文娘	刘清祥(父)甲	陈渊源(父)	2.29,林长辉
3.17	薛长辉	33	吧生	结石珍	郭森娘	24	结石珍	郑文娘	薛红生(父)	郭腾和(叔)	2.16,林长辉
3.17	陈楼梁	33	吧生	新巴杀	张贵娘	22	新巴杀	郑文娘	陈文广(父)	张振富(叔祖)	2.12,林长辉
3.26	林仕元	18	吧生	毛六甲	甘进娘	18	丹那望	郑文娘	林怒昌(父)	甘碧山(伯父)	2.13,林长辉
3.21	黄德水	29	吧生	道郎	吴那芝	20	道郎	郑文娘	黄木生(父)	吴金辉(堂兄)	2.10,林长辉
3.22	叶瑞璋	31	吧生	圣望港	许富能娘	21	观音亭	郑文娘	叶纯全(父)	许壬郎(父)	2.18,林长辉
3.26	董永远	30	唐生	直那第巷	甘水娘	16	直那第巷	郑文娘	自己	甘练(父)	2.18,林长辉
3.30	沈亚荣	43	唐生	打铁街	黄新娘	21	打铁街	郑文娘	自己	黄裕光(父)	2.27,林长辉
5.9	陈坤申	25	吧生	丹那丁宜	周元娘	18	丹那丁宜	郑文娘	陈明德(父)	周玉河(父)	4.19,庄文德
5.13	陈用欢②	41	唐生	公司后	张八娘	17	公司后	郑文娘	陈娘建(堂兄)	刘丹娘(母)	4.2,庄文德
5.18	丘坤福	37	吧生	五脚桥	洪巴以娘	21	五脚桥	郑文娘	丘佛道(兄)	洪千(父)	4.22,庄文德
5.20	陈永祥	21	吧生	新巴杀	纪炎娘	20	小南门	郑文娘	陈长火(胞叔)	纪益顺(父)	4.13,庄文德
5.24	钟俊贤	30	唐生	小南门	周金盈	19	小南门	郑文娘	钟德贤(胞兄)	周开仁(父)	4.13,庄文德
5.25	陈钦德	45	吧生	鉴光巴汝	薛二娘	30	戈罗屈	郑文娘	陈元寿(兄)	薛启云(父)	4.13,庄文德

① 唐生,案夺字 1884 年 12 月 12 日第 3 号。

② 唐生,准居燕地 1899 年 8 月 12 日晦 51 号。

5.26	刘森林	37	吧生	洪溪	林存娘	26	八厨沃间	郑文娘	古雨轩(表兄)	林松枝(胞兄)	4.22,庄文德
5.31	宋宗仁	20	吧生	毛六甲	陈良娘	22	毛六甲	郑文娘	宋坤华(父)	陈维衡(父)	4.22,庄文德
5.31	郭瑞昌	34	吧生	班芝兰	王见娘	20	班芝兰	郑文娘	陈壬娘(母)	陈美娘(母)	4.22,庄文德
6.1	洪　通①	35	唐生	五脚桥	李文娘	20	五脚桥	郑文娘	洪向(堂兄)	李戊寅(父)	4.26,赵德顺
6.6	汤西云	34	吧生	乌布土库	方碧娘	26	大公司	郑文娘	汤子龙(宗叔)	方良才(父)	4.26,赵德顺
6.8	史和成	22	吧生	丹那望	陈韵娘	20	丹那望	郑文娘	史云章(父)	陈祯迎(伯父)	4.25,赵德顺
6.15	张享泰	24	吧生	干冬圩	吴芷馨	25	干冬圩	郑文娘	张荣锡(父)	吴应然(父)甲	5.17,赵德顺
6.25	陈福全	26	吧生	洪溪	刘日娘	21	洪溪	郑文娘	陈福能(胞兄)	刘振源(叔)	5.12,许温惠
6.28	陈永祥	38	吧生	砖仔桥	林山娘	28	观音亭	郑文娘	陈永娘(胞姐)	陈桑娘(母)	5.18,许温惠
7.14	陈麟元	21	吧生	小南门	李振娘	16	马目	郑文娘	陈桂芳(父)	李河池(胞兄)	6.12,郑春锡
7.23	王永汉	20	吧生	松巷	詹水娘	18	松巷	郑文娘	王明星(父)	番于娜(母)	6.13,郑春锡
7.26	施炎才	22	吧生	道郎	徐淡娘	20	五脚桥	郑文娘	施妈恩(祖父)	徐柳絮(祖父)	6.19,郑春锡
7.26	王振益	26	目兰	结石珍	赵果娘	25	结石珍	郑文娘	王振龙(胞兄)	赵邦发(胞叔)	6.20,郑春锡
7.29	严水源	48	吧生	望寮	李劳知娘	28	望寮	郑文娘	自己	钟丁娘(母)	8.7,郑春锡
8.4	林永远	20	吧生	大使庙	薛本娘	20	大使庙	郑文娘	林永义甲(胞兄)	娘仔薛平合(伯母)	6.26,林长辉
8.19	钟德水	28	吧生	广东	黄甘娘	20	广东	郑文娘	钟天麟(父)	黄禄元(父)	7.22,林长辉
9.9	涂子龙	49	吧生	道郎	王水娘	29	道郎	郑文娘	自己	王九全(父)	8.7,连福全
9.12	林天佑	32	吧生	小南门	刘瑞娘	21	道郎	郑文娘	林朝全(胞叔)	陈就娘(母)	8.11,连福全
9.12	赵维振②	23	吧生	结石珍	韩壬娘	20	结石珍	郑文娘	赵邦发(胞叔)	韩天福(父)	8.16,连福全
9.13	黎文全	28	吧生	大使庙	梁桂娘	18	大使庙	郑文娘	傅娘那(母)	傅加娘(母)	8.11,连福全
9.15	刘清炎	22	吧生	丹那丁宜	吴全娘	22	丹那丁宜	郑文娘	刘清发(胞兄)	吴发源(胞兄)	8.9,连福全
9.15	章木生	38	吧生	戈老骨	邱全娘	19	戈老骨	郑文娘	章和四(堂叔)	邱亚莲(堂兄)	8.17,连福全
9.15	李结仁	26	吧生	圣望港	林鹏娘	26	圣望港	郑文娘	李姜娘(姐)	林丁才(父)	8.16,连福全

① 唐生,经入案夺字,依玛腰文 1903 年 12 月 14 日第 3488 号。

② 赵维振其妻先逝期年今再续。

9.16	黄东生	22	吧生	大使庙	陈珠娘	23	大使庙	郑文娘	黄三元(父)	陈沧浪(兄)[①]	8.16,连福全
9.17	蔡有杜	24	吧生	洪溪	王萱娘	17	洪溪	郑文娘	蔡桂生(父)	林美娘(母)	8.16,连福全
9.17	郭观元	26	吧生	八厨沃间	黎怀娘	22	八厨沃间	郑文娘	郭永安(堂兄)	傅娘那(母)	8.11,连福全
9.19	郭万水	29	吧生	帅光巷	张金娘	20	帅光巷	郑文娘	郭腾顺(宗叔)	张东巽(父)	8.16,连福全
9.19	林木秀	20	吧生	应莱河	徐识娘	22	八戈然	郑文娘	温发娘(母)	徐柳絮(父)	8.17,连福全
9.21	侯德光	22	吧生	新巴杀	蔡华娘	23	二十六间	郑文娘	黄宣娘(母)	蔡奇文(父)	8.14,连福全
9.22	刘福英	24	吧生	戈罗窟	郑柔娘	19	戈罗窟	郑文娘	刘水英(胞兄)	郑瑞恭(父)	8.19,连福全
9.23	颜永灿	34	文岛	结石珍	陈宣娘	18	结石珍	郑文娘	颜财生(堂兄)[②]	陈东元(堂伯)	8.14,连福全
9.27	谢生琳	24	吧生	新巴杀	吴嫣娘	24	松巷	郑文娘	谢新山(父)	吴乌汉(父)	8.23,连福全
10.12	林梓材	22	吧生	茄老旺	汤勋娘	21	新巴杀	郑文娘	林元安(父)	汤怀仁(父)	9.16,庄文德
10.24	许焕玉	21	吧生	八茶罐	苏那娘	18	八茶罐	郑文娘	林箩娘(母)	陈富娘(母)	10.11,庄文德
10.25	林长寿	25	吧生	大南门	张英娘	20	大南门	郑文娘	林清灰(父)	张在原(父)	10.14,庄文德
10.27	吕 厨	28	唐生	小南门	李淑娘	21	小南门	郑文娘	吕假(堂叔)	刘启娘(母)	10.7,庄文德
10.28	谢荣周	49	唐生	八厨沃间	甘资娘	21	八厨沃间	郑文娘	谢利远(宗叔)	甘长泰(亲兄)	10.8,庄文德
10.31	林有福	23	吧生	圣望港	黄炫娘	21	圣望港	郑文娘	林德水(父)	黄文仪(父)	10.3,庄文德
11.8	黄江琳	24	吧生	干七巷	赖多福娘	21	干七巷	郑文娘	陈迎娘(母)	赖亚桂(堂叔)	10.11,赵德顺
11.8	林凤美	22	吧生	观音亭	李织娘	18	观音亭	郑文娘	林维亭(父)	李西(父)	10.14,赵德顺
11.11	陈荣琳	28	吧生	班芝兰	黄永娘	20	干冬圩	郑文娘	黄鹤娘(祖母)	陈亮娘(母)	10.17,赵德顺
11.12	张添福	30	庞加	美色近	杨东娘	17	中港仔	郑文娘	张硕龙(堂兄)	梁深源(叔父)	10.8,赵德顺
11.12	林福水	25	吧生	砖仔桥	涂菊娘	20	砖仔桥	郑文娘	林福全(胞兄)	涂焕荣(父)	10.7,赵德顺
11.17	肖石元	23	吧生	大使庙	刘健娘	20	大使庙	郑文娘	黄来娘(母)	陈银娘(母)	10.21,许温惠
11.17	钟宝山	32	吧生	结石珍	陈福娘	20	结石珍	郑文娘	钟进(堂兄)	陈桂生(父)	10.14,许温惠

① 陈沧浪,有事,弟时雨代。

② 颜财生,病,永灿亲身花押。

11.17	黄 同[1]	31	吧生	二十六间	林益画娘	23	二十六间	郑文娘	黄拱辰(堂叔)	林貌(父)	10.14,许温惠
11.18	王德昌	38	吧生	丹那望	詹梅娘	21	结石珍	郑文娘	王文生(父)	詹继和(父)	10. 14,,许温惠
11.18	潘宝生[2]	33	唐生	马勿	叶酉娘	20	鉴光麻里	郑文娘	潘荣寿(堂叔)	叶亚昌(父)	10.26,许温惠
11.29	李荣华	25	吧生	结石珍	沈全娘	23	结石珍	郑文娘	李益魁(父)	林志娘(母)	11. 6,许温惠
12.7	郭成基	23	吧生	亭仔脚	纪水娘	18	圣望港	郑文娘	郭鸿道(父)	纪益顺(叔祖)	11.12,郑春锡
12.7	徐傍山	42	吧生	结石珍	陈日娘	30	结石珍	郑文娘	徐傍兰(胞兄)	陈振河(父)	12.10,郑春锡
12.13	陈顺发	29	吧生	茄里巴实	李壬娘	18	桂东	郑文娘	黄力娘(母)	杨贞娘(母)	11.10,郑春锡
12.14	陈麟祥	26	吧生	臭桥	叶发娘	21	晋郎安	郑文娘	李拾娘(母)	陈山娘(母)	11.19,郑春锡
12.14	蔡新连	22	吧生	结石珍	李娘那	16	结石珍	郑文娘	郭俭娘(母)	李昆栋(叔祖)	11.19,郑春锡
12.14	黄念华	43	吧生	松巷	叶蜜娘	19	干冬圩	郑文娘	黄永楼(胞叔)	欧毛力娘(母)	11.12,郑春锡
12.15	梁协盛	22	吧生	美色近	李新妹	21	美色近	郑文娘	梁仕蕃(堂叔)	许宝娘(母)	11.12,郑春锡
12.15	王振元	23	吧生	砖仔桥	陈珠娘	16	砖仔桥	郑文娘	王菊娘(婶婆)	肖远娘(母)	11. 9,郑春锡
12.24	张崇禧	22	吧生	八茶罐	林因娘	23	窑内	郑文娘	张拱亮(胞叔)	林茂寅(叔祖)	12.10,郑春锡
12.29	陈文成	28	吧生	大使庙	侯山娘	20	大使庙	郑文娘	自己	杨玉娘(母)	12. 1,郑春锡

总计:87 对

1905 年吧城唐人成婚注册表

月日	男家	年岁	类别	住址	女家	年岁	住址	媒妁	男方主婚	女方主婚	备注 结婚日,主事人
1.2	欧天俊[3]	30	唐生	丹那望	吴福芝	21	丹那望	郑文娘	欧瑞(过房父)	吴雨水(父)	12. 5,林长辉
1.5	陈乾芳	21	吧生	五脚桥	汤古娘	20	大南门	郑文娘	陈振福(堂伯)	汤懋杰(父)	12. 5,林长辉,甲
1.6	朱远香[4]	41	吧生	直那低巷	高福娘	25	结石珍	郑文娘	曾富娘(母)	张宣娘(母)	12.12 林长辉

① 唐生,案夺字 1901 年 3 月 20 日第 41 号。

② 唐生,王字 1894 年 10 月 13 日第 7 号。

③ 唐生,欧天俊又名林天俊。恳居燕地妈腰文 1902 年 8 月 7 日第 2179 号。

④ 吧生,原妻周砼娘经于 1904 年 2 月 10 日公堂判离。

1.6	吕源振	18	吧生	公司后	叶宇然娘	17	公司后	郑文娘	吕添丁(父病，伊母代)	王冬葶娘(母)	12.12,林长辉
1.9	古开贵①	23	唐生	班芝兰	李牛娘	20	班芝兰	郑文娘	古亚壬(堂兄)	陈丁娘(母)	12.4 林长辉
1.10	蔡炳辉	33	吧生	结石珍	陈丁娘	18	结石珍	郑文娘	蔡金英(堂叔)	林水娘(母)	12.12,林长辉
1.11	杨锦泰	24	吧生	新巴杀	赖裕娘	20	新巴杀	郑文娘	杨锦文(胞兄)	赖顺阳(胞兄)	12.10,林长辉
1.13	肖振利	22	吧生	砖仔桥	陈李物娘	20	砖仔桥	郑文娘	自己	郑水娘(母)	12.11,林长辉
1.23	吴希哲	19	吧生	大南门	陈宝娘	17	大南门	郑文娘	吴铿然甲(父)	陈富老(祖父)	1.17,林长辉
2.15	叶元兴	32	吧生	八冉问	谢遵妹	17	八冉问	郑文娘	叶亚巧(堂叔)	谢亚汉(父)	1.19,连福全
2.21	黄生水	25	吧生	大南门	姚已娘	17	砖仔桥	郑文娘	黄福进(父)	姚亚良(父)	1.29,连福全
3.7	沈心源	38	吧生	圣望港	张莺娘	24	圣望港	郑文娘	沈锦士(堂兄)	郑丁娘(母)	2.8,庄文德
3.11	谢运发	23	吧生	结石珍	朱已娘	17	巴劳八丹	郑文娘	谢盛添(胞叔)	朱亚城(父)	2.10,庄文德
3.14	吴顺义	24	吧生	砖仔桥	张森娘	24	砖仔桥	郑文娘	吴庆布(父)	张振富(父)	2.14,庄文德
3.15	林坤忠	24	吧生	西门	陈蜜娘	16	西门	郑文娘	林坤芳(胞兄)	陈振淼(父)	2.22,庄文德
3.17	邹金焕②	26	唐生	槟榔社	陈润娘	28	槟榔社	郑文娘	邹金标(胞兄)	陈邦忠(父)	4.13,许金安
3.20	钟瑞安③	21	吧生	鉴光巴汝	黄林娘	18	大南门	郑文娘	钟酉清(父)	黄亚保(父)	2.28,许金安
3.22	唐双抽	33	吧生	松巷	黄文娘	18	松巷	郑文娘	唐玉评(胞伯)	黄三元(父)	4.7,许金安
3.23	谢亚均	47	唐生	大南门	温理富娘	16	茄礁邦巷	郑文娘	谢裕五(胞兄)	谢英娘(母)	2.26,许金安
4.3	刘木火	24	吧生	结石珍	张菊娘	19	八茶罐	郑文娘	刘南(父)	张拱亮(胞叔)	3.16,赵德顺
4.3	林宗兴④	22	唐生	毛六甲	丘因造娘	19	毛六甲	郑文娘	自己	郑成娘(母,病,胞兄丘仪)	2.29,赵德顺
4.3	刘应鸾	23	吧生	新巴杀	杨贞娘	22	新巴杀	郑文娘	林式娘(母)	杨碧水(祖父)	2.29,赵德顺
4.4	侯雨顺	19	唐生	结石珍	李和娘	18	干七巷	郑文娘	侯君实(叔祖)	李亚能(父)	3.5,赵德顺
4.18	傅炳源	20	无写	道郎巷	陈瑞娘	17	道郎巷	郑文娘	傅石(父)	陈有嘉(父)	4.22,赵德顺

① 入案夺字,玛腰文 1904 年 9 月 12 日第 2211 号。

② 唐生,默氏云邹金焕入赘于陈邦忠。

③ 吧生。1911 年 11 月 5 日公堂准离。

④ 唐生,因父母双亡别无亲戚,自己花押。

4.20	徐永昌	25	无写	鉴光毛甲	王禹娘	17	砖仔桥	郑文娘	徐金和(胞叔)	王端昌(父)	4.7,赵德顺
4.20	林琼华①	24	吧生	窑内	蔡初谋娘	22	二十六间巷	郑文娘	林金水(父)	蔡来兴(父)	4.4,赵德顺
4.25	陈添桂	25	吧生	茂物	王骨娘	22	美色近	郑文娘	陈钦宣(父)	王泽聚(父)	3.24,赵德顺
4.26	朱荣昌	27	吧生	毛六甲	周晚娘	27	毛六甲	郑文娘	朱余庆(父)	周禄山(父)	4.8,赵德顺
4.28	钟昆美	32	吧生	蕉仔街	赖戊娘	18	蕉仔街	郑文娘	钟福郎(父)	詹丙娘(母)	4.13,赵德顺
5.2	熊保璋	29	吧生	砖仔桥	林武娘	22	砖仔桥	郑文娘	熊保璇(胞兄)	林庚郎(父)	4.11,郑春锡
5.8	黄堆清	30	吧生	丹那丁宜	余泉娘	21	丹那丁宜	郑文娘	黄清水(堂兄)	余春生(父)	4.11,郑春锡
5.16	蒋清森	33	吧生	鉴光巴里	詹金娘	20	鉴光巴里	郑文娘	蒋清春(胞兄)	詹生(父)	4.25,郑春锡
5.17	徐丘文	28	吧生	结石珍	陈因妹	21	结石珍	郑文娘	徐亚绍(堂叔)	陈亚毓(父)	4.24,郑春锡
5.19	薛长金	22	吧生	结石珍	詹西娘	21	结石珍	郑文娘	薛飞熊(父)	詹绍纶(胞兄)	4.22,郑春锡
5.24	薛清山	28	吧生	新巴杀	黄文岛娘	23	五脚桥	郑文娘	薛其昌(父)	黄子义(堂兄)	4.24,郑春锡
5.24	薛德福	23	吧生	新巴杀	王荣娘	20	惹牙安	郑文娘	薛其昌(父)	王生金(父)	4.24,郑春锡
5.24	钟亚二	44	唐生	新巴杀	温菊娘	27	新巴杀	郑文娘	钟亚仲(堂兄)	钟杞妹(母)	4.25,郑春锡
6.9	陈 泰②	26	唐生	结石珍	庄荫娘	17	结石珍	郑文娘	陈水文(堂兄)	庄芳圃(父)	5.18,连福全
6.9	曾怀如	24	吧生	结石珍	张燕娘	17	巴里	郑文娘	曾泰山(父)	张春元(父)	5.11,连福全
6.29	陈锦丰	23	吧生	结石珍	钟劳尉娘	18	美色近	郑文娘	陈宝昌(父)	钟安文(父)	6.9,连福全
7.3	蔡清松	20	吧生	小南门	黄财娘	21	应莱河	陈珠娘	蔡伯夷(祖父)	黄炎生(父)	6.7,庄文德
7.14	吴亚郎③	34	唐生	砖仔桥	郭焕娘	19	砖仔桥	郑文娘	自己	郭定祥(父)	6.24,庄文德
7.14	周茂双	24	吧生	砖仔桥	谢伊洛娘	19	砖仔桥	郑文娘	周元泉(胞兄)	谢基理(父)	7.14,庄文德
7.20	余 合	35	唐生	班芝兰	刘桂花	17	班芝兰	郑文娘	余锭(堂兄)	刘源泉(胞兄)	6.22,许金安
8.28	陈金宗	21	吧生	亭仔脚	蔡淡娘	18	巴腰兰	郑文娘	陈华(父)	陈金池娘(母)	8.13,赵德顺
8.28	林奇珍	47	唐生	新巴杀	吴曾娘	31	新巴杀	郑文娘	林火红(堂叔)	吴赞元(胞兄)	8.5,赵德顺

① 林琼华妻别世经已期年恳再续。

② 唐生,据玛腰文1905年3月18日第586号经人王字未出。

③ 无亲人主婚。唐生,王字1890年11月14日第8号。

8.28	戴有德	25	吧生	大使庙	陈怀娘	25	八茶罐	郑文娘	戴生(父)	陈峻生(三伯)	8.5,赵德顺
8.29	陈溪顺	36	吧生	丹那丁宜	余曾娘	30	丹那丁宜	郑文娘	陈大目(堂伯)	余月宁(胞兄)	8.12,赵德顺
8.29	陈春来	18	吧生	茄烈	许怒年	18	结石珍	郑文娘	陈清新(父)	陈文基(父)	8.17,赵德顺
9.1	戴俊兴	29	茂物	大南门	陈招娘	25	毛六甲	郑文娘	汤懋杰(兄)	陈长华(伯)	8.8,赵德顺
9.2	钟云郎	31	吧生	茄文世里	刘顺娘	21	结石珍	郑文娘	钟庚郎(胞兄)	刘庆禄(堂兄)	8.8,赵德顺
9.2	朱甲戌	24	吧生	小南门	陈桂娘	15	小南门	郑文娘	朱亚兰(堂伯)[1]	杨益娘(母)	8.17,赵德顺
9.6	赵长生	21	吧生	结石珍	林坤娘	22	结石珍	郑文娘	赵嵩(父)	林碧溪(父)	8.17,赵德顺
9.7	王流舟	20	吧生	新厝仔	郑余娘	19	观音亭	郑文娘	王坤元(叔祖)	郑庆瑞(父,子文秀)	8.22,赵德顺
9.12	林金水	34	吧生	八戈然	陈合娘	29	八戈然	郑文娘	林庆兴(堂叔)	陈冷水(父)	8.17,赵德顺
9.14	陈金钟	43	吧生	美色近	张温娘	20	美色近	郑文娘	刘煌兴(母舅)	张德(堂叔)	8.16,赵德顺
9.27	高荣生	25	吧生	圣望港	陈蜜娘	24	圣望港	郑文娘	高海水(父)	郑阳娘(母)	9.10,李兴廉
10.3	邹文恒	56	无写	砖仔桥	陈金娘	26	砖仔桥	郑文娘	邹文智(胞兄)	陈高芝(堂叔)	9.10,郑春锡
10.3	傅 礼	43	唐生	五脚桥	陈缎娘	28	八厨沃干	郑文娘	傅长春(宗兄)	黄水娘(母)	9.14,郑春锡
10.4	邓恩提	31	唐生	戈罗屈	周文娘	18	戈罗屈	郑文娘	邓辛秀(堂叔)	王贵娘(母)	9.13,郑春锡
10.5	赵维模	22	无写	新巴杀	许月娘	19	戈老骨	郑文娘	赵德和(父),玛腰	许金宝(父)甲	9.12,郑春锡、连福全
10.6	郑江流	24	吧生	东居	余娘那	28	干冬圩	郑文娘	郑茂阳(父)	余子强(父)	9.24,郑春锡
10.10	吴金合	24	吧生	丹那望	蒋和娘	23	丹那望	郑文娘	吴青莲(堂伯)	蒋玛助(父)	10.4,郑春锡
10.25	施春福	28	吧生	八戈然	李纪娘	25	大港墘	郑文娘	施春景(胞兄)	戴音娘(母)	10.16,郑春锡
10.26	赖亚忠	39	唐生	戈罗屈	曹金妹	17	结石珍	郑文娘	赖九盛(堂叔)	曹鼎寿(堂叔)	10.4,郑春锡
10.28	欧荣发	27	吧生	新巴杀	吕锦娘	23	公司后	郑文娘	欧东水(父)	吕谦让(父)	10.9,郑春锡
10.28	陈赞水	20	吧生	新巴杀	薛炎娘	20	新巴杀	郑文娘	陈冷水(胞伯)	薛清风(胞兄)	10.4,郑春锡
10.31	林万顺	26	吧生	八戈然	陈然娘	25	八戈然	郑文娘	林江泉(堂叔)	陈金水(堂叔)	10.31,郑春锡
11.1	刘茂盛	19	吧生	道郎巷	陈燕娘	17	大使庙	郑文娘	刘永寿(父)	陈和尚(父)	10.16,连福全

① 朱亚兰,病,甲戌自花押。

11.3	李进云	17	吧生	结石珍	陈香娘	16	结石珍	郑文娘	李南桂(父)	陈宗春(父)	11.11,连福全
11.11	杨玉印	38	吧生	新巴杀	倪于禄娘	24	丹那望	郑文娘	杨海土(父)	倪文娘(姑母)	10.20,连福全
11.14	陈子良	21	吧生	戈老骨	薛英娘	19	戈罗屈	郑文娘	陈德连(父)	薛列辉(父)	11.14,连福全
11.21	陈风康	17	吧生	中港仔	林发娘	15	乌鬼巷	郑文娘	陈贵芳(父)	翁鸿娘(母)	11.27,连福全
11.23	黄赵元	41	唐生	小南门	赖水娘	23	美色近	郑文娘	黄玉轩(堂叔)	赖河隆(父)	11.10,连福全
11.24	刘玉成	25	吧生	戈老骨	梁四娘	20	戈老骨	郑文娘	刘广仁(父)	李然娘(母)	11.12,连福全
11.30	吴兴福	41	吧生	戈老骨	钟招娘	25	干冬圩	郑文娘	吴元福(胞兄)	钟泰山(父)	11.10,连福全
12.1	林周维	20	无写	新巴杀	许珍娘	23	新巴杀	郑文娘	林亮武(父)	许温玉(叔)	11.24,庄文德
12.2	蒋 时	31	唐生	结石珍	赵恭娘	23	结石珍	郑文娘	蒋春芳(堂兄)	赵蜜(父)	11.10,庄文德
12.5	李衍泽	37	吧生	五脚桥	陈毛吃娘	18	五脚桥	郑文娘	李尚义(胞兄)	陈振福(父)	11.15,庄文德
12.6	余春禧	21	吧生	干冬圩	林水娘	19	毛六甲	郑文娘	余子游(父)	林燕山(父)	11.21,庄文德
12.6	黄 从	42	唐生	鉴光惹牙	王娜茶	18	鉴光惹牙	郑文娘	黄子严(堂兄)	王国(父)	11.15,庄文德
12.11	陈益福	29	吧生	道郎	朱宣娘	27	大港墘	郑文娘	陈金河(胞叔)	曾富娘(母)	12.6,庄文德
12.11	陈水文①	30	吧生	惹葛	方泉娘	28	惹葛	郑文娘	陈进春(堂兄)	方登合(父)	12.13,庄文德
12.11	薛温仁	20	吧生	结石珍	汪霞娘	18	结石珍	郑文娘	薛本基(父)	汪清维(叔父)	11.24,庄文德
12.16	黄文龙	43	唐生	大公司	古斗娘	20	槟榔社	郑文娘	自己	古全生(父)	12.24,庄文德
12.22	郭清水	22	吧生	观音亭	林力娘	19	文登	郑文娘	郭潭泉(父)	林赞水(父)	12.6,庄文德
12.22	施斗慕	31	吧生	道朗巷	邹香娘	20	砖仔桥	郑文娘	陈基娘(母)	邹文恒(父)	12.16,庄文德
12.27	李棉炉②	36	吧生	新巴杀	陈和娘	23	大公司	郑文娘	李珠山(兄)	陈荣基(兄)	12.6,庄文德
12.27	高 招	28	吧生	竹巷	郑白娘	21	八惹牙兰	郑文娘	谢来娘(母)	郑杰清(父)	12.4,庄文德
12.28	杨金英③	23	吧生	新巴杀	钟荫娘	15	新巴杀	郑文娘	杨全文(兄)	钟无振(父)	12.16,庄文德
12.28	刘 霖④	46	唐生	中港仔	温娘那	19	丹那望	郑文娘	刘钦满(堂叔)	温金河(父)	12.23,庄文德

① 女方主婚云新娘与新郎两人均未曾结婚,1906年2月8日抄给。

② 吧生,伊妻别世今再续。

③ 吧生,光先字1905年12月22日第13号。

④ 唐生,王字1884年10月10日第3号。

总计:91 对

1906 年吧城唐人成婚注册表

月日	男家	年岁	类别	住址	女家	年岁	住址	媒妁	男方主婚	女方主婚	备注 结婚日,主事人
1.6	丘亚生[①]	34	唐生	五脚桥	熊伦娘	19	晋郎安	郑文娘	丘鸿号(堂叔)	吴庚娘(母)	12.16,赵德顺,雷
1.12	郭江水[②]	22	吧生	八戈然	林文岛娘	20	八戈然	郑文娘	郭鸿钧(父)	陈永娘(母)	12.20,赵德顺
2.20	蔡木生	28	吧生	班芝兰	刘水娘	26	班芝兰	郑文娘	陈旺娘(母)	刘煌辉(父)	2.6,梁辉运,雷
2.22	林毓文	22	吧生	五脚桥	余桂娘	21	八厨沃间	郑文娘	林金安(父)	余振山(胞兄)	2.10,梁辉运
2.22	林金水	27	吧生	班芝兰	王松娘	19	班芝兰	郑文娘	林德元(宗叔)	王淡山(父)	2.5,梁辉运
2.22	许耀和[③]	33	吧生	冬基	陈觉娘	17	八戈然	郑文娘	许耀基(兄)甲	陈赞成(兄)	2.9,梁辉运
2.26	陈顺福	21	吧生	结石珍	林维娘	18	西门	郑文娘	陈渊源(父)	林燕山(父)	2.17,梁辉运
2.28	许亚家	25	唐生	公司后	叶有娘	17	八茶罐	郑文娘	许亚忠(宗兄)	叶冬成(父)	2.9,梁辉运
2.28	蔡和龙	20	吧生	亭仔脚	林进娘	20	八茶罐	郑文娘	蔡进金(父)	林金海(胞兄)	2.17,梁辉运
3.7	刘坤宝	19	吧生	丹那望	林金娘	21	丹那望	郑文娘	刘壬河(父)	林长茂(父)	2.14,郑春锡,甲
3.8	钟再鼎	55	吧生	小南门东	黄接娘	35	小南门东	郑文娘	钟子芹(堂兄)	黄九寿(胞兄)	2.24,郑春锡,甲
4.4	宋宗义	20	吧生	毛六甲	李福娘	19	八厨沃间	郑文娘	宋昆华(父)	李庆元(父)	3.18,连福全
4.4	陈金福	24	吧生	丹那望	蒋江娘	20	丹那望	郑文娘	陈丹桂(胞叔)	蒋妈助(父)	3.18,连福全
4.10	黄鼎宗	20	吧生	打铁街	冯金玉	20	大南门	郑文娘	李新娘(母)	冯亚炳(胞叔)	4.5,连福全
4.17	李绵寿	29	吧生	新巴杀	王云娘	23	新巴杀	郑文娘	李绵炉(胞兄)	王登全(父)	3.25,连福全
4.24	叶亚秀[④]	35	唐生	小南门东	徐登妹	19	小南门东	郑文娘	叶俊臣(堂叔)	徐亚益(父)	3.18,连福全
4.25	李亚三	31	唐生	大港墘	杨坤林娘	16	大港墘	郑文娘	李亚彬(堂叔)	杨锡林(胞兄)	4.18,连福全

① 唐生,王字 1885 年 2 月 14 日第 3 号。

② 吧生,光先字 1906 年 1 月 8 日第 2 号。

③ 默氏报其妻别世已久。

④ 唐生,王字 1901 年 3 月 20 日第 41 号。其光先字 1906 年 4 月 10 日第 3 号。

4.26	曾金海[①]	65	——	槟榔社	林瑞娘	33	槟榔社	郑文娘	自己	林登兴(父)	4.15,连福全
4.26	蒋玉发	23	无写	槟榔社	曾敬娘	23	槟榔社	郑文娘	蒋荣德(父)	曾金海(父)甲	4.16,连福全
5.1	林金忠	22	吧生	鉴光巴里	薛七娘	20	鉴光巴里	郑文娘	林炎水(父)	张壬娘(母)	4.13,庄文德、甲
5.2	林茂喜	24	吧生	班芝兰	郭艳娘	21	班芝兰	郑文娘	杨贵娘(母)	郭鸿钧(父)	4.20,庄文德
5.3	陈顺维	24	吧生	巴劳八丹	沈六娘	24	大南门	郑文娘	陈南秀(父)	沈四海(父)	4.18,庄文德
5.3	陈顺昌	32	吧生	结石珍	李亚娘	22	结石珍	郑文娘	陈宗春(堂叔)	李南桂(父)	4.24,庄文德
5.5	宋兆熊	52	吧生	二十六间	黄道娘	26	二十六间	郑文娘	朱荣林(胞兄)	郑碧娘(母姨)	4.12,庄文德
5.7	陈伙生	25	吧生	戈罗屈	钟巴娘	18	戈罗屈	郑文娘	陈金河(父)	谢戊娘(母)	4.28,庄文德
5.8	杨进和	22	吧生	大南门	陈适娘	18	新巴杀	郑文娘	杨光荣(祖父)	陈冷水(伯父)	4.28,庄文德
5.8	黄亚绎	19	吧生	洪溪	傅丹娘	18	洪溪	郑文娘	黄亚鼎(父)	傅保淑(父)	4.24,庄文德
5.9	洪贵金	26	吧生	鉴光广东	黄石娘	30	鉴光广东	郑文娘	洪贵丁(胞兄)	张乙娘(母)	4.20,庄文德
5.14	陈武关	20	吧生	结石珍	薛芝娘	22	结石珍	郑文娘	杨荣珠娘(伯母)	陈梅娘(母)	5.10,庄文德
5.14	吴文然	21	吧生	旧巴杀	叶宋娘	19	旧巴杀	郑文娘	吴菊辉(父)	郑凤娘(母)	4.24,庄文德
5.17	温金文	18	吧生	砖仔桥	黄孔娘	18	砖仔桥	郑文娘	吴庆同(外祖父)	黄福麟(父)	4.27,庄文德
5.23	林继安	21	吧生	丹那望	罗丙娘	21	丹那望	郑文娘	林水生甲(父)	吴亚运(父)	4.1,庄文德
5.25	许光前	57	吧生	新巴杀	陈织娘	34	新巴杀	郑文娘	自己	陈清顺(堂兄)	又4.12,庄文德
5.28	徐曾郎	32	唐生	鉴光广东	钟瑞妹	24	鉴光广东	郑文娘	徐乃姐(堂兄)	黎兴娘(母)	又4.20,庄文德
5.30	谢壬元	30	吧生	丹那丁宜	曹世娘	20	丹那丁宜	郑文娘	谢亚四(胞兄)	曹桂寿(胞兄)	4.12,庄文德
6.1	黄玉全	23	吧生	大使庙	潘蜜娘	18	大使庙	郑文娘	黄续兴(父)	潘景辉(叔祖)	4.19,赵德顺
6.1	黄玉成	21	吧生	大使庙	李赞娘	18	大使庙	郑文娘	黄国兴(父)	李衍辉(父)	4.19,赵德顺
6.21	杨一祥	42	吧生	新巴杀	吕贞娘	21	小南门	郑文娘	陈赞娘(母)	吕假(堂叔)	5.18,许金安
6.28	廖锦朝	30	唐生	大使庙	高敬娘	20	大使庙	郑文娘	廖克山(堂叔)	高明顺(父)	6.8,许金安
7.9	李金铃	29	吧生	结石珍	陈帽劳娘	21	窑内	郑文娘	李英才(父)	陈永禧(父)	6.9,邱亚桓,雷

① 前妻辞世,今要再续。

7.12	陈昭基	34	吧生	戈老骨	邓水娘	20	结石珍	郑文娘	陈江娘(大姐)	邓戊生(父)	6.23,邱亚桓
7.17	黎世廷	51	唐生	新巴杀	廖申妹	23	新巴杀	郑文娘	黎世东(堂兄)	杨华娘(母)	6.4,梁辉运
7.19	黄海若	21	吧生	红牌	柯为娘	20	西门	郑文娘	黄林(父)	柯寿山(父)	6.10,梁辉运
7.20	丘德松	33	唐生	蕉仔街	尹富娘	20	惹八	郑文娘	丘捷贵(胞叔)	尹福元(父)	6.8,梁辉运
7.23	黄寅光	31	吧东	西门	王本娘	18	西门	郑文娘	黄四体(父)	王永顺(父)	6.3,梁辉运
7.26	蔡元有	24	吧生	丹那实礼也	薛元娘	22	结石珍	郑文娘	蔡坤山(父)	薛飞熊(父)	6.16,梁辉运
7.26	张监政	33	唐生	八厨沃间	钟凤娘	26	八厨沃间	郑文娘	张镜二(堂叔)	王淑娘(母)	6.10,梁辉运
8.20	庄添寿①	34	吧生	丹那丁宜	陈音娘	28	丹那丁宜	郑文娘	自己	自己	7.1,郑春锡
9.15	吴绵兴	23	吧生	观音亭	史英娘	22	丹那望	郑文娘	吴水福(父)	史云章(父)	8.13,连福全
9.17	林守鸿	26	吧东	吧东	吴坤娘	17	大南门	郑文娘	林守仁(胞兄)	吴遣昌(祖、父、浩然)	8.22,连福全
9.18	陈天教②	28	唐生	结石珍	王发娘	26	结石珍	郑文娘	陈天合(堂兄)	王恩水(父)	8.4,连福全
9.18	徐兰发	36	吧生	新巴杀	张福娘	19	乌布土库	郑文娘	黎亚新(堂兄)	张亚荣(父)	8.4,连福全
9.20	李耀元	25	吧生	小南门	邱戊娘	19	小南门	郑文娘	李亚彬(堂兄)	丘亚开(父)	8.11,连福全
9.20	黄知母③	20	唐生	小南门	张宝娘 毛不老	19	小南门	郑文娘	黄怀仁(堂兄)	张望吃娘(姑)	8.13,连福全
9.21	陈荣水	25	吧生	新巴杀	王音娘	21	茂物	郑文娘	陈长火(胞叔)	王文河(父)	8.13,连福全
9.24	蔡长基	26	吧生	结石珍	许宝娘	21	结石珍	郑文娘	蔡长禄(堂兄)	许文基(胞兄)	8.19,连福全
10.1	黄求安	22	吧生	大使庙	高茂娘	17	大使庙	郑文娘	黄必和(父)	钟甲娘(母)	8.16,庄文德
10.3	甘永元	20	吧生	毛六甲	陈思女娘	19	大港墘	郑文娘	甘碧山(堂叔)	陈桂芳(父)	8.20,庄文德
10.3	陈景顺	24	吧生	结石珍	刘生娘	20	永菜河	郑文娘	陈财发(父)	陈秀娘(母)	8.19,庄文德
10.4	蒋山元	23	吧生	士加武眉	胡结娘	22	大使庙	郑文娘	蒋炳光(堂兄)	胡林生(胞兄)	9.2,庄文德
10.9	曾亚福	27	巴里东	大使庙	陈四娘	25	大使庙	郑文娘	曾金龙(堂叔)	陈俊英(父)	9.4,庄文德

① 光先字 1906 年 8 月 18 日第 1 号,查陈音娘前夫汤原顺已于 1906 年 3.月 30 日分离。

② 唐生,据玛腰文 1906 年 6 月 7 日第 2202 号已入倒案字。虽其生计此时尚未充足,然其岳父王恩水心愿结亲,当堂恳乞永无反悔,即准其所恳,特此。

③ 唐生,已入倒案字,从玛腰文 1906 年 9 月 28 日第 3042 号,虽其活计尚未充足,然两家甘愿,准其所恳。

10.19	张爽然	22	吧生	吃郎班让	王亚齐娘	26	遮牙安	郑文娘	张国财(父)	王文信(父)	9.14,黄文辉,雷
10.22	蔡全养	30	吧生	结石珍	庄淮娘	22	结石珍	郑文娘	蔡章经(父)	庄文德甲(父)	9.11,黄文辉
10.23	林原桂	34	吧东	大使庙	蒋王娘	18	大使庙	郑文娘	林二娘(姑母)	吴全娘(母)	9.16,黄文辉
10.25	张必堂	17	吧生	鉴光巴厘	陈妥娘	18	鉴光巴厘	郑文娘	张木生(父)	陈金生(胞叔)	9.24,黄文辉
10.27	徐燕观[1]	36	唐生	大使庙	饶瑞娘	25	大使庙	郑文娘	徐柏垣(堂兄)	陈任娘(母)	9.12,黄文辉
11.12	李长辉	23	吧生	丹那望	张丙妹	20	丹那望	郑文娘	李鹤龄(父)	张云祥(父)	10.21,赵德顺
11.19	陈德和	23	吧生	丹那望	李奇娘	22	大南门	郑文娘	陈木生(父)	李千善(胞兄)	10.7,许金安
11.19	曾永振	20	吧生	新巴杀	陈良娘	19	鉴光巴汝	郑文娘	曾龙德(父)	陈有华(父)	10.10,许金安
11.19	张俊英	20	吧生	砖仔桥	郑荣娘	18	砖仔桥	郑文娘	张振富(宗叔)	郑心清(父)	10.10,许金安
11.22	王克全	21	吧生	美色近	翁奇娘	17	大南门	郑文娘	王泽志(父)	翁文达(父)	10.19,许金安
11.22	欧荣珍	23	吧生	新巴杀	杨贤娘	22	新巴杀	郑文娘	欧东水(父)	杨锦文(胞兄)	10.13,许金安
11.23	游炳昌	32	唐生	大南门	李水娘	21	结石珍	郑文娘	游蕃昌(宗兄)	李益魁(父)	10.16,许金安
11.23	钟松林	38	唐生	班芝兰	温益娘	24	班芝兰	郑文娘	钟聘梅(宗叔)	温常贵(父)	10.22,许金安
11.23	钟松兴	28	吧生	班芝兰	温足妹	18	结石珍	郑文娘	钟松林(胞兄)	温荣贵(父)	10.22,许金安
11.24	江朝才	38	唐生	大港墘	黄娘那	33	圣望港	郑文娘	江灿(堂叔)	黄续兴(父)	11.15,许金安
11.24	李经文	19	吧生	大港墘	郑全娘	15	道郎	郑文娘	李顺佑(父)	郑茂炎(祖父)	10.17,许金安
12.4	陈荣才	19	吧生	道郎	林爱娘	16	毛六甲	郑文娘	林仁娘(母)	林恕漳(父)	10.21,邱亚桓
12.5	郭有能	28	吧生	丹那望	王蜜娘	22	丹那望	郑文娘	郭桂生(父)	王廷南(胞兄)	10.21,邱亚桓
12.10	李千山	21	吧生	中港仔	陈和娘	18	牛郎新律	郑文娘	李子震(父)	陈维柏(父)	11.15,邱亚桓
12.14	廖亚七	26	吧生	打铁街	朱金娘	20	毛六甲	郑文娘	廖亚忠(堂叔)	朱龙山(父)	11.8,邱亚桓
12.10	陈维水[2]	40	吧生	大使庙	王草娘	21	惹牙芝	郑文娘	陈鸿业(胞兄)	王文森(叔祖)	11.15,邱亚桓
12.20	李明光	39	吧生	新巴杀	戴蜜娘	25	新巴杀	郑文娘	李锡麟(从兄)	吴赞源(母舅)	11.11,梁辉运
12.21	陈清顺	21	垅生	小南门	高吉职娘	20	小南门	郑文娘	陈清茂(胞兄)	高子隆(亲叔)	11.15,梁辉运

① 准居地案夺字 1889 年 11 月 9 日第 31 号。默氏林秀馨报其婿在吧未曾结婚。

② 吧生,前妻已故约四载。女家尚在待字未婚。

月日	男家	年岁	类别	住址	女家	年岁	住址	媒妁	男方主婚	女方主婚	备注 结婚日，主事人
12.21	冯炎其	20	吧生	鉴光美食近	高文卓娘	17	小南门	郑文娘	冯亚雷(父)	高子隆(亲叔)	11.15,梁辉运
12.21	陈金和	18	吧生	毛六甲	黄芝里娘	18	毛六甲	郑文娘	陈福珍(父)	林砼娘(母)	11.11,梁辉运
12.22	吴清宣	36	吧生	新巴杀	马巴尔娘	22	结石珍	郑文娘	胡养娘(母)	陈均娘(母姨)	11.12,梁辉运
12.24	蔡炳兴	31	吧生	结石珍	周八娘	22	结石珍	郑文娘	蔡炳辉(兄)	周元育(父)甲	12.11,梁辉运
12.24	李庚胜	27	吧生	结石珍	刘张妹	18	结石珍	郑文娘	李亚四(父)	刘新秀(父)	12.20,梁辉运
12.27	林奇生	25	吧生	竹巷	陈桂娘	24	竹巷	郑文娘	林松华(父)	陈迪止(父)	11.12,梁辉运
12.28	陈荣全	31	吧生	槟榔社	方娇娘	26	大公司	郑文娘	杨淡娘(母)	方良才(父)	11.13,梁辉运
12.28	蔡新禧	21	吧生	结石珍	黄宝娘	18	结石珍	郑文娘	蔡新连(胞兄)	黄江水(父)	11.20,梁辉运
12.28	朱坤厚	23	吧生	大港墘	黄贵娘	18	大港墘	郑文娘	朱德海(祖父)	黄平西(胞兄)	11.20,梁辉运
12.28	徐嵩麟①	46	唐生	茄劳末巴汝	吴亚义妹	16	丹那望	郑文娘	徐心田(堂兄)	吴毓莽(父)	12.7,梁辉运
12.29	黄芝南	26	汶山	汶山	吴芳馨	25	干冬圩	郑文娘	黄德林(父)	吴应然(父)甲	12.10,梁辉运

总计:95 对

1907 年吧城唐人成婚注册表

月日	男家	年岁	类别	住址	女家	年岁	住址	媒妁	男方主婚	女方主婚	备注 结婚日，主事人
1.5	陈奇地	23	吧生	八茶罐	林加芝	21	八茶罐	郑文娘	陈南松(堂叔祖)	林炎灶(父)	11.22,郑春锡,甲
1.9	陈元美	26	吧生	万朗	林敬娘	17	大使庙	郑文娘	叶亚劳娘(母)	林永义甲(父)	12.7,郑春锡
1.10	李孙绵	33	吧生	八戈然	詹宗娘	21	结石珍	郑文娘	李千文(父)	陈余娘(母)	12.2,郑春锡
1.12	陈福山	20	吧生	砖仔桥	连毛力娘	18	中港仔	郑文娘	陈富老(父)	连凉水(父,朱)	12.10,郑春锡
1.12	林维庆	24	望龟汝	蕉仔街	钟亥娘	20	蕉仔脚	郑文娘	林汉都(胞叔)	钟福郎(父)	12.10,郑春锡
1.14	邱汉生②	26	吧生	丹仔望	田德娘	19	干冬圩	郑文娘	邱亚祥(父)	田金水(叔父)	12.11,郑春锡
1.19	李君到	26	吧生	八茶罐	詹罗娘	25	八茶罐	郑文娘	李新显(父)	江老致(母)	12.11,郑春锡

① 唐生，王字 1889 年 2 月 17 日第 23 号。

② 1909 年 5 月 8 日经公堂判离。1922 年 4 月 3 日再批。

1.22	陈德林	26	吧生	砖仔桥	翁年年娘	17	鉴光毛甲	郑文娘	陈金安(宗叔)	翁秀章(父)	12.14,郑春锡
1.31	魏 源	24	唐生	小南门	吴紫荣	24	八茶罐	郑文娘	魏水治(堂兄)	吴咸利(父)	12.20,郑春锡
2.23	叶坤东	21	吧生	圣望港	钟恩娘	19	观音亭	郑文娘	叶益和(叔)	钟甲秀(父)	丁1.19,黄文水,雷
2.25	温昌泰	41	唐生	小南门	何云娘	18	芝巴汝沙	郑文娘	温芹兴(胞兄)	何德芳(父)	1.19,黄文水,雷
3.2	李千俊	21	吧生	大南门	欧水兰娘	19	马惹能甲	郑文娘	李千善(兄)	欧永吉甲(兄)	1.20,庄文德,甲
3.9	林福星	29	吧生	瓮菜河	钟申娘	20	鉴光巴汝	郑文娘	杨武娘(母)	钟西清(父)	2.4,庄文德
3.11	林顺和	18	吧生	丹那望	陈柳娘	18	丹那望	郑文娘	林长茂(父)	陈梅丹(父)	2.4,庄文德
3.11	黄金海	26	吧生	新巴杀	吴琶六	21	新巴杀	郑文娘	王馨娘(母)	陈金娘(母)	2.4,庄文德
3.11	王德生	38	吧生	新巴杀	赵为心	28	新巴杀	郑文娘	王启明(父)	赵维仁(堂兄)	2.6,庄文德
3.13	曾玉成	22	望龟汝生	鉴光毛甲	简石娘	21	冬基	郑文娘	曾丘山甲(父)	简清绪(父)	2.10,庄文德
3.16	陈钟銮	22	无写	八厨沃间	李水娘	22	八茶罐	郑文娘	陈金安(胞叔,病,子金泉代)	李绍德(堂叔)	2.4,黄文辉,雷
3.21	赵 丽	21	唐生	结石珍	沈乙娘	17	结石珍	郑文娘	赵勉(堂叔)	沈来(父)	2.13,黄文辉
3.25	杨宗贤	21	吧生	鉴光然年	蒋戊娘	20	鉴光然年	郑文娘	杨荣辉(父)	蒋荣和(伯父)	2.22,黄文辉
4.4	陈 曹	35	唐生	乌鬼巷	蒋音娘	30	乌鬼巷	郑文娘	陈金安(宗兄)	蒋顺郎(父)	2.26,赵德顺,甲
4.20	赵元宝	20	吧生	结石珍	黄水娘	19	结石珍	郑文娘	赵邦发(伯父)	黄是梓(父)	4.6,许金安
5.7	邹 庙	34	唐生	鉴光惹葛	陈宾娘	19	鉴光惹葛	郑文娘	陈水文(母舅)	方东萼娘(母)	4.1,邱亚桓
5.10	李亚三	24	吧生	茄劳末	曹兰娘	19	结石珍	郑文娘	郭桂娘(母)	曹鼎寿(父)	4.10,邱亚桓
5.11	廖亚拾①	43	吧生	结石珍	李瑞妹	20	结石珍	郑文娘	廖亚汉(兄)	李亚四(父)	4.10,邱亚桓
5.13	丘清灶	28	吧生	五脚桥	余和娘	21	五脚桥	郑文娘	丘清淮(胞兄)	余振源(胞兄)	4.9,邱亚桓
5.15	李福昌	31	吧生	闭双巴厨	许追娘	20	八茶贯	郑文娘	李宗基(伯父)	许焕玉(胞兄)	4.14,邱亚桓
5.17	戴令水	18	吧生	红牌	张宣娘	16	丹那望	郑文娘	戴有福(叔祖)	林弼娘(母)	4.16,梁辉运
5.18	陈清金	51	吧生	砖仔桥	李金麟娘	19	砖仔桥	郑文娘	林高踏娘(母)	李亚史(父)	5.6,梁辉运
5.21	赖钟泰	34	唐生	戈老骨	邱亚什妹	22	洪溪	郑文娘	赖亚忠(兄)	邱盛麟(兄)	4.10,梁辉运

① 廖亚拾妻辞世已4年今再续。

5.21	陈继清	20	吧生	大使庙	赵玉英娘	17	新巴杀	陈珠娘	陈琼球(伯父)	赵德顺甲(父)	4.16,梁辉运
5.23	梁振郎	33	吧生	吃郎班让	郑赞娘	24	鉴光巴汝	叶水娘	梁玉明(堂叔)	王来娘(母)	4.16,梁辉运
5.25	郑长兴	21	吧生	河吧	江凤娘	18	河吧	郑文娘	郑金泉(兄)	陈珠娘(母)	4.15,梁辉运
6.1	陈耀星	29	唐生	五脚桥	邱彩妹	19	乌布土库	郑文娘	陈寿云(叔祖)	邱亚桓甲(父)	4.30,郑春锡
6.3	林顺炎①	23	吧生	丹那望	李珠娘	18	大南门	郑文娘	林长辉(父)甲	李千善(兄)	4.25,郑春锡
6.4	谢维馨	26	吧生	毛六甲	李福娘	22	五脚桥	郑文娘	谢亚藩(兄)	叶文娘(母)	4.30,郑春锡
6.17	陈清琳②	46	无写	应莱河	邓庆娘	25	大使庙	郑文娘	陈春泰(兄)	邓金生(兄)	5.10,郑春锡
6.20	陈水生	31	唐生	芝马喜	刘比比娘	22	结石珍	郑文娘	陈和太(堂叔)	刘南(父)	5.20,郑春锡
6.24	柳江泉③	20	吧生	乌布土库	黄爱娘	21	毛六甲	郑文娘	柳秉章(父)	黄荣昌(伯父)	5.14,郑春锡
7.1	陈元志	31	吧生	结石珍	杨为娘	17	结石珍	郑文娘	陈元兴(胞兄)	林鸳娘(母)	6.19,连福全
7.3	王桂槐	22	吧生	西门	许森娘	20	西门	郑文娘	王文信(祖父)	许庆瑞(胞兄)	6.2,连福全
7.12	饶金水	22	吧生	美色近	梁珠娘	20	毛六甲	郑文娘	饶皆昌(父)	梁汉和(兄)	6.8,连福全
7.17	曾木水	21	吧生	砖仔桥	蔡银娘	20	二十六间	郑文娘	曾金海甲(父)	蔡奇文(父)	6.16,黄文水,雷
7.23	赵元海	21	吧生	结石珍	黄水娘	20	结石珍	郑文娘	赵邦发(父)	黄江水(父)	6.19,黄文水
7.30	邱永成	46	唐生	松巷	邹六娘	20	槟榔社	郑文娘	邱亚恩(宗叔)	陈文娘(母)	6.26,黄文水
8.26	蒋章梅	21	无写	望茄氏	杨髻娘	21	大使庙	郑文娘	蒋助(堂叔)	杨蝉(父)	8.3,黄文辉,雷
8.29	刘徐房	22	吧生	洪溪	梁月娘	17	大南门	郑文娘	刘振原(兄)	梁连进(父)	8.6,黄文辉
9.3	苏庆松④	18	吧生	文登比佳运	钟龙娘	16	蕉仔街	郑文娘	苏长美(父)	钟福朗(父)	8.12,赵德顺
9.4	蒋元福	27	吧生	结石珍	庄爽娘	22	大使庙	郑文娘	蒋松荣(胞叔)	陈宣娘(母)	8.6,赵德顺
9.4	钟亚春	34	唐生	丹那望	吴亚三妹	16	丹那望	郑文娘	钟亚二(堂兄)	吴毓彝(父)	8.6,赵德顺
9.4	陈文登	20	吧生	结石珍	许顺娘	20	结石珍	郑文娘	陈东元(伯父)	许庆瑞(父)	8.9,赵德顺

① 吧生,1912年8月9日公堂判离。

② 默氏林香馨报陈清琳妻辞世已经期年今要再续。

③ 吧生,1912(?)年7月3日公堂判离。

④ 吧生。1912年11月4日公堂判离,其子名登云年19岁(?)归夫。

9.4	郑文见	24	吧生	大使庙	陈茂娘	22	大使庙	郑文娘	郑庆瑞(父)	陈天文(父)	8.12,赵德顺
9.6	梁锦发	28	吧生	丹那亚望	李来娘	16	丹那亚望	郑文娘	梁仁蕃(堂叔)	李亚勋(父)	8.6,赵德顺
9.7	林南章	21	吧生	八茶贯	陈善娘	18	八茶贯	郑文娘	林松枝(父)	陈其地(胞兄)	8.12,赵德顺
9.10	王传章[①]	45	吧生	砖仔桥	陈书娘	29	文登	郑文娘	自己	陈福近(胞兄)	8.8,赵德顺
9.12	谢新海富	30	吧生	五脚桥	钟燕娘	16	五脚桥	郑文娘	谢文辉(父)	钟伯和(胞兄)	8.6,赵德顺
9.13	李长尧	26	吧生	松巷	叶伊洛娘	21	道郎巷	郑文娘	李衍崇(父)	叶永来(父)	8.12,赵德顺
9.16	王振发	20	唐生	万郎	李贞娘	16	结石珍	郑文娘	王皆得(父)	李旺春(父)	8.18,许金安,雷
9.16	许达新	26	吧生	结石珍	陈秀娘	19	结石珍	郑文娘	许达文(胞兄)	陈进木(父)	8.22,许金安
9.17	陈南佑	22	吧生	公司后	吴瑞娘	17	公司后	郑文娘	陈南望(胞兄)	吴长发(父)	8.22,许金安
9.17	李燕必	27	吧生	玛腰兰	吴轮娘	17	三间土库	郑文娘	李南桂(父)	吴连添(父)	8.21,许金安
9.17	陈天荣	20	吧生	二十六间	李丁妹	21	西垅	郑文娘	陈光秩(父)	李赐凤(父)	8.21,许金安
9.19	林 豆	20	唐生	结石珍	陈水娘	21	结石珍	郑文娘	林戊巳(父)	陈财发(父)	8.18,许金安
9.21	韩光兴	25	吧生	戈罗屈	廖亚玖珠	24	戈罗屈	郑文娘	罗德娘(母)	廖江发(胞兄)	8.16,许金安
9.24	李流传	23	吧生	公司后	陈汉娘	19	大使庙	郑文娘	李功桧(堂兄)	詹宗娘(母)	8.22,许金安
10.5	林秉琳	21	吧生	公司后	胡坤娘	20	公司后	郑文娘	林长裕(父)	陈传娘(母)	9.6,邱亚桓
10.10	汤祥文	25	吧生	美色近	陈木娘	21	美色近	郑文娘	汤子龙(父)	陈东元(叔父)	9.6,邱亚桓
10.10	闻文泉	21	吧生	望寮	欧顺娘	20	望寮	郑文娘	闻金章(父)	欧阴水(胞兄)	10.15,邱亚桓
10.21	姚喜元	17	吧生	丹那望	梁麟娘	16	结石珍	郑文娘	姚龙章(父)	梁亚二(父)	10.6,梁辉运
10.21	戴文溪	19	吧生	红牌	陈水娘	18	丹那实礼也	郑文娘	戴有良(叔父)	陈永禄(父)	10.6,梁辉运
10.22	洪天来	18	吧生	小南门	蔡火娘	16	丹那望	郑文娘	洪石(父)	马汝娘(母)	10.18,梁辉运
10.23	邹东兴	20	无写	砖仔桥	陈月娘	21	砖仔桥	郑文娘	邹文桓(父)	陈清白(胞兄)	丁9.17,梁辉运
10.24	杨维秀	21	吧生	大使庙	薛宇然娘	18	大使庙	郑文娘	杨维恒(胞兄)	薛泰水(父)	10.12,梁辉运
10.25	张德森[②]	39	无写	大使庙	王燕娘	21	大使庙	郑文娘	张德恭(胞兄)	陈美娘(母)	10.12,梁辉运

① 前妻别世。

② 前妻辞世经已期年。

10.28	钟亚宝	27	吧生	鉴光惹画	李亚友妹	20	鉴光惹画	郑文娘	钟亚立(父)	李亚贵(父)	10.6,梁辉运
10.28	洪源兴	24	吧生	槟榔社	史钦娘	22	丹那望	郑文娘	洪锦良(祖父)	史云章(父)	10.13,梁辉运
11.5	林春和	21	吧生	道朗巷	黄礼芝	19	干七巷	郑文娘	林德福(父)	邓顺娘(母)	10.6,郑春锡
11.5	沈泗河	30	吧生	结石珍	黄古理娘	28	圣望港	郑文娘	沈长满(父)	黄景兴甲(胞兄)	11.9,郑春锡
11.6	邱端桂	20	吧生	结石珍	陈生娘	16	鉴光毛甲	郑文娘	邱顺章(父)	陈佳芳(父)	11.10,郑春锡
11.7	邓新福	32	吧生	洪溪	王轮娘	19	槟榔社	郑文娘	邓成郎(父)	王恩骞(父)	10.12,郑春锡
11.8	许金山	21	吧生	大使庙	林清娘	21	干七巷	郑文娘	许三水(父)	林真惹(父)	10.12,郑春锡
11.9	王德芳	18	吧生	干七巷	叶泰娘	16	茄巴要兰	郑文娘	韩和娘(母)	叶元和(父)	10.15,郑春锡
11.9	赖来福	24	吧生	新巴杀	陈荫娘	18	丹兰望	郑文娘	赖顺阳(兄)	陈梅丹(叔)	10.5,郑春锡
11.11	黄红麟	26	吧生	泗脚务眉	陈荫文娘	17	砖仔桥	郑文娘	黄显明(父)	陈高老(祖父)	10.12,郑春锡
11.15	蔡福瑞	20	吧生	二十六间巷	陈木娘	21	鉴光巴里	郑文娘	蔡来兴(父)	陈寿云(父)	11.5,郑春锡
11.19	洪金结	29	唐生	五脚桥	李能娘	19	五脚桥	郑文娘	洪源顺(伯父)	李戊寅(父)	10.21,郑春锡
11.20	杨金荣	20	吧生	班芝兰	谭晋娘	20	美色近	郑文娘	杨德秀(父)	谭成桂(父)	10.19,郑春锡
11.26	高春山	20	吧生	槟榔社	吴毓娘	16	大南门	郑文娘	高保全甲(父)	吴铿然甲(父)	11.3,郑春锡
11.29	黄生金①	22	吧生	乌布土库	陈美蜜娘	17	应莱河	郑文娘	黄文仪(父)	陈灿机(从堂叔)	10.26,郑春锡
11.29	汪顺仁	18	吧生	亭仔脚	吴恭娘	16	亭仔脚	郑文娘	汪顺德(胞兄)	吴启顺(父)	11.5,郑春锡
12.5	林迎来②	36	唐生	大公司	陈水娘	29	大公司	郑文娘	林山(堂兄)	林清娘(母)	11.1,连福全
12.6	林益基	24	吧生	丹那望	王炳娘	17	戈罗窟	郑文娘	林山郎(父)	王文华(胞兄)	11.9,连福全
12.12	余文海	24	吧生	丹那娘仔	黄和娘	24	丹那娘仔	郑文娘	余月能(父)	刘水娘(母)	11.29,连福全
12.14	黄长溪	20	唐生	结石珍	田香娘	16	五脚桥	郑文娘	黄文正(父)	田河清(伯父)	12.14,连福全
12.18	曾木吉	20	吧生	槟榔社	陈经娘	19	大公司	郑文娘	曾全海甲(父)	陈照山(父)	11.21,连福全
12.18	陈秋金	22	吧生	结石珍	蔡富娘	15	结石珍	郑文娘	陈荣禄(父)	蔡壬泰(伯父)	11.21,连福全
12.19	黄财源	20	吧生	八戈然	徐荫娘	19	八戈然	郑文娘	黄庚生(父)	徐金郎(父)	11.21,黄文水,雷

① 吧生。1912年5月13日公堂判离。

② 准居燕地案夺字1907年3月20日第41号,默氏王用报。

12.23	郑清凉	20	吧生	结石珍	黄惜娘	17	结石珍	郑文娘	郑长水(父)	黄九菜(堂兄)	11.21,黄文水
12.23	陈长原	19	吧生	结石珍	戴金娘	18	结石珍	郑文娘	陈永禄(胞叔)	马坤娘(母)	12.22,黄文水

总计:99 对

1908 年吧城唐人成婚注册表

月日	男家	年岁	类别	住址	女家	年岁	住址	媒妁	男方主婚	女方主婚	备注 结婚日,主事人
1.2	朱福寿	27	吧生	洪溪	陈红娘	22	五脚桥	郑文娘	朱定光(父)	邓才娘(母)	12.3,庄文德,甲
1.6	钟昌兴	36	吧生	丹那望	李清娘	17	槟榔社	郑文娘	钟西山(父)	李亚宗(父)	12.12,庄文德
1.6	赖顺水	18	吧生	新巴杀	赵宝利娘	17	新巴杀	是娘	赖顺阳(兄)	赵德江(叔)	12.12,庄文德
1.9	许庆兴	23	吧生	戈罗窑	李七娘	20	大港墘	郑文娘	许金宝甲(叔父)	李水生(父)	12.12,庄文德
1.10	薛曲慵①	42	吧生	结石珍	甘振娘	30	大使庙	郑文娘	薛卒城(父)	甘海生(父)	12.10,庄文德
1.15	戴瑞金	24	吧生	红牌	黄香娘	21	红牌	郑文娘	戴有海(父)	黄怀全(胞兄)	12.16,庄文德
1.15	钟秀生②	24	吧生	砖仔桥	蔡一娘	22	道郎巷	郑文娘	徐音娘 (母)	蔡逢得(父)	12.16,庄文德
1.15	罗增元③	33	唐生	中港仔	李喜妹	18	三板寮	郑文娘	罗竹亭(堂叔)	李亚炳(父)	12.16,庄文德
1.22	陈有福④	19	吧生	结石珍	高色娘	18	槟榔社	郑文娘	陈顺清(胞兄)	高保全甲(父)	1.19,黄文辉,雷
2.5	吴维祥	22	吧生	丹那望	许金罗娘	18	丹那望	郑文娘	吴雨水(父)	李水娘(母)	1.8,赵德顺
2.17	陈木林	21	吧生	八厨沃间	林劳致娘	22	小南门	郑文娘	陈山东(叔)	林学(父)	2.7,许金安,雷
2.24	周长传	17	吧生	大使庙	李水娘	17	大使庙	郑文娘	周坤山(堂伯)	李衍辉(父)	2.20,许金安
2.29	黄益和	20	吧生	鉴光惹葛	薛音娘	21	鉴光惹葛	郑文娘	黄长木(父)	薛泰水(堂叔祖)	2.10,许金安
3.2	吴腾辉	23	吧生	中港仔	李福英	19	中港仔	郑文娘	吴枢郎(堂叔)	李仕恩(父)	2.21,邱亚桓,雷
3.9	徐金香⑤	30	唐生	丹那丁宜	钟珍珠	24	丹那丁宜	郑文娘	徐现鸿(堂叔)	黎喜娘(母)	2.15,邱亚桓

① 吧生,前妻吴山娘去世约 5 年。甘振娘又名那以娘。

② 吧生。1911 年 8 月 3 日公堂判离。

③ 唐生,曾入过倒案字 1898 年 9 月 19 日,其六月限字 1899 年 12 月 28 日第 2735 号。

④ 吧生,据美色监倒案字 1908 年 1 月 21 日第 420(?)准其嫁娶。

⑤ 唐生,王字 1907 年 9 月 12 日第 32 号。美食监字 1908 年 3 月 9 日。

3.11	李玉白	20	吧生	中港仔	黄文娘	19	中港仔	郑文娘	李八官(父)	黄章林(父)	2.21,邱亚桓
3.17	蒋金祥[1]	23	吧生	丹那望	刘萱娘	22	丹那望	郑文娘	蒋顺郎(父)	刘丁生(父)	2.22,邱亚桓
3.21	温南兴[2]	42	唐生	鉴光巴厘	钟戊娘	22	鉴光巴厘	郑文娘	温赞元(堂叔)	卓娘那(母)	2.20,邱亚桓
4.27	陈锦水	20	吧生	结石珍	梁怒年	17	大公司	郑文娘	陈宝昌(父)	梁锦江(父)	4.11,郑春锡,甲
4.28	杨炎秀	18	吧生	戈罗蜜	温桂娘	16	戈罗蜜	郑文娘	杨德炳(父)	温亚景(父)	4.11,郑春锡
4.29	李春祥	21	吧生	民丁	张庚妹	19	芝其年	郑文娘	李清水(叔父)	刘金娘(母)	4.13,郑春锡
4.30	许音渊	22	吧生	新巴杀	陈有娘	24	新巴杀	郑文娘	许光前(伯父)	陈河水(父)	4.11,郑春锡
5.4	薛清河	19	吧生	结石珍	许水娘	18	丹那丁宜	郑文娘	薛长木(叔父)	许文松(父)	4.8,连福全,甲
5.4	邓连进	27	吧生	结石珍	朱二妹	20	结石珍	郑文娘	李美娘(母)	刘初娘(母)	4.16,连福全
5.5	彭祯祥	30	吧生	茄南末	姚福娘	23	伦连州厨	郑文娘	彭登水(胞兄)	姚亚互(叔,母,银娘)	4.23,连福全
5.6	王金枝	34	吧生	美色近	郑那娘	23	美色近	郑文娘	王梅娘(姑)	郑永发(堂兄)	4.15,连福全
5.6	许经坤	20	吧生	邦加兰	李仙娘	21	邦加兰	郑文娘	许金章甲(父)	李金龙(父)	4.11,连福全
5.7	胡德福	25	吧生	丹那望	陈炎娘	23	丹那望	郑文娘	胡源良(父)	陈庆麟(父)	4.11,连福全
5.7	薛文清	21	吧生	甘光惹牙	叶音娘	20	甘光惹牙	郑文娘	薛德福(叔父)	叶吗九(父)	4.11,连福全
5.7	杨山合	20	吧生	结石珍	蔡壬良	21	结石珍	郑文娘	自己	朱贞娘(母)	4.11,连福全
5.8	戴碧和	24	吧生	红牌	陈燕娘	23	红牌	郑文娘	戴有福(父)	陈清有(父)	4.16,连福全
5.11	吴木桂	40	吧生	竹巷	陈鸿娘	31	大使庙	郑文娘	罗水娘(大姨)	钟淡娘(母)	4.20,连福全
5.12	李沈描	35	唐生	小南门西	周本基娘	20	观音亭	郑文娘	李文(宗兄)	周登尧(父)	4.18,连福全
5.18	陈庚芳	39	吧生	中港仔	施金娘	31	二十六间	郑文娘	陈岐山(叔父)	朱怀娘(母)	4.20,黄文水,雷
5.26	张崇宣	35	吧生	(缺)	涂英娘	21	(缺)	郑文娘	自己	涂维庆(父)	4.27,黄文水
6.12	陈全熙	21	吧生	新巴杀	汤宇娘	21	新巴杀	郑文娘	陈文广(义叔父)	汤怀仁(父)	5.1,庄文德,甲
7.7	甘福全	22	吧生	毛六甲	陈新娘	18	惹致	郑文娘	甘德义(父)	陈玉端(父)	6.12,庄文德
7.15	陈大成	27	吧生	槟榔社	钟连英	27	结石珍	郑文娘	陈有文(父)	钟华郎(父)	6.25,庄文德

① 吧生,1910年12月3日公堂判离。

② 唐生,王字1889年6月18日第39号,默氏林登寿报。

7.20	杨海水	28	吧生	丹那望	陈柳娘	25	丹那望	郑文娘	杨威(父)	陈龙海(父)	6.28,庄文德
7.27	叶金祥	21	吧生	吧芝郎安	廖瑞娘	18	茂物	郑文娘	陈山娘(母)	廖亚照(胞兄)	7.8,黄文辉,雷
7.31	苏承业	30	吧生	中港仔	黄嫦娘	17	文登	郑文娘	林来娘(母)	黄如山甲(胞兄)	7.4,黄文辉
8.11	李迎禄	36	吧生	红溪	汪嫦娘	37	马目	郑文娘	自己	汪顺德(胞兄)	7.15,邱亚恒
8.11	陈旺集	19	吧生	新巴杀	李霖娘	17	望茄寺	郑文娘	陈芝兰(父)	李顺治(父)	8.18,黄文辉
8.12	黄绍勋	31	无写	小南门	梁友娘	24	圣望港	郑文娘	黄福兴(堂叔)	梁昌运(胞兄)	8.4,黄文辉
8.17	高荣顺	19	吧生	小南门	李阴娘	17	冬居	郑文娘	高大发(堂兄)	李金芝(父)	8.19,黄文辉
8.17	邱武德	21	吧生	丹绒	李顺娘	21	道郎巷	郑文娘	邱继兴(父)	李休(父)	8.4,黄文辉
8.18	徐永福	18	吧生	小南门	李安娘	16	大南门	郑文娘	徐双全(祖父)	李千善(胞兄)	8.6,黄文辉
8.24	赵维庆	21	吧生	结石珍	阮士娘	22	结石珍	郑文娘	赵维振(胞兄)	阮海山(父)	8.18,黄文辉
8.25	李亚钦	27	吧生	班芝兰	邱德娘	19	班芝兰	郑文娘	李贞元(堂叔)	邱亚郎(堂叔)	8.4,黄文辉
8.26	王赞荫	27	吧生	大公司	李珍娘	26	大公司	郑文娘	王秀生(父)	李新显(父)	8.5,邱亚桓
8.26	陈连泰	26	吧生	观音亭	罗玉娘	26	观音亭	郑文娘	陈东元(父)	罗文荣(父)	8.4,邱亚桓
8.28	郑金炎	22	吧生	二十六间	潘珠华	21	甘光巴汝	吴山娘	郑春锡甲(父)	潘荣辉一(父)	8.11,邱亚桓
8.28	黄维玉	30	吧生	红牌	戴罗娘	17	红牌	郑文娘	黄安(父)	戴有福(叔祖)	8.11,邱亚桓
9.1	林文突[①]	18	吧生	干职巷	陈桂妹	20	干职巷	郑文娘	林金水(堂兄)	梁园娘(母)	8.11,连福全
9.4	许庆章	23	吧生	戈老屈	林尊娘	20	丹那望	郑文娘	许庆云(胞兄)	林长辉甲(父)	8.16,连福全
9.4	林金山	53	吧生	道郎	陈对娘	34	茂物	郑文娘	林直娘(胞秭)	陈恒保(胞兄)	8.23,连福全
9.7	薛允安	26	吧生	丹那丁宜	黄金娘	25	结石珍	郑文娘	薛卒轩(父)	黄长利(父)	8.16,连福全
9.15	朱士兴	34	吧生	君垅里也	李梅娘	21	君垅里也	郑文娘	朱绍全(叔父)	李仁焉(父)	8.24,连福全
9.24	林旺成	19	吧生	结石珍	杨桂娘	16	结石珍	郑文娘	吴清妹(母)	杨亚祥(父)	9.11,连福全
9.28	唐双德	32	无写	槟榔社	李良娘	18	大南门	陈珠娘	唐双畴(胞兄)	李干俊(胞兄)	9.10,连福全
9.30	王火树	28	无写	大公司	吕瑞娘	20	大公司	郑文娘	王祥瑞(堂兄)	吕谦让(父)	9.10,连福全

① 1910年12月3日公堂判离。

10.5	李文宙[1]	30	吧生	巴杀比双	吴东必	31	巴杀双比	郑文娘	李亚史(父)	陈宣娘(母)	9.24,庄文德,甲
10.7	李春福	31	无写	结石珍	张金娘	19	巴厘	郑文娘	李春生(胞兄)	张六成(父)	9.24,庄文德
10.8	李长东	18	吧生	大使庙	陈宣娘	17	戈老屈	郑文娘	李衍辉(父)	陈山东(父)	10.8,庄文德
10.14	詹东水	26	吧生	公馆巷	陈恭娘	21	打铁街	郑文娘	詹俊德(父)	朱笔娘(母)	10.8,庄文德
10.14	郑福荣	23	吧生	巷尖马蚋	沈帙娘	15	巷望加	郑文娘	郑东云(父)	沈文(叔父)	10.6,庄文德
10.17	陈荣昌	38	无写	臭桥	叶员娘	23	观音亭	郑文娘	周福娘(母)	杨旺娘(母)	9.28,庄文德
10.29	洪贵睦	20	吧生	结石珍	周娘那	19	丹那望	郑文娘	洪贵丁(胞兄)	李宣娘(母)	10.16,庄文德
11.2	高永昌	21	吧生	八厨沃干	许淑娘	22	结石珍	郑文娘	陈鸾娘(母)	许文泉(父)	10.15,赵德顺
11.2	蔡有土	22	吧生	八厨沃干	林一娘	21	吃郎班让	郑文娘	蔡有德(胞兄)	林祯祥(父)	10.19,赵德顺
11.4	张森然	24	吧生	甘光巴汝	郑金娘	23	观音亭	郑文娘	张国材(父)	郑庆瑞(叔父)	10.26,赵德顺
11.4	陈长辉	21	吧生	文丁	黄德娘	21	新巴杀	郑文娘	陈清田(父)	黄红面(父)	10.16,赵德顺
11.5	陈木林	32	无写	道郎巷	许老智	23	观音亭	郑文娘	陈春水(父)	许壬郎(父)	10.18,赵德顺
11.5	胡荣祥	37	无写	亚森脚	陈惹娘	25	亚森脚	郑文娘	谢六娘(母)	王水娘(母)	10.19,赵德顺
11.9	刘顺泉[2]	21	吧生	日本地红碑	杨邦娘	19	日本地	郑文娘	刘永水(父)	杨德秀(父)	11.8,赵德顺
11.12	黄忠利	25	吧生	美色近	李亚伦	15	甘光万兰	郑文娘	黄三维(胞兄)	陈针娘(母)	10.29,赵德顺
11.12	刘木火	28	吧生	结石珍	詹妙娘	23	结石珍	郑文娘	刘南(父)	詹继和(父)	10.26,赵德顺
11.13	谢顺道	24	吧生	菜河巷	梁金娘	21	结石珍	郑文娘	谢文理(父)	钟秋娘(母)	11.3,赵德顺
11.16	邱启敏	20	吧生	勃粤礼腰	张享娘	22	淡文	郑文娘	邱文坤(父)	张荣锡(父)	12.19,黄文水,雷
11.19	张金泉	21	吧生	结石珍	陈阳娘	21	结石珍	郑文娘	庄玉娘(母)	陈炎基(父)	10.28,黄文水
11.24	刘和新	22	吧生	甲文日落	郑喜娘	21	甲文日落	郑文娘	黄春娘(母)	郑瑞恭(伯父)	11.3,黄文水
11.26	沈义祥	26	吧生	丹那娘仔	陈禄妹	17	茄浮	郑文娘	沈九长(父)	陈贵生(父)	11.12,黄文水
12.1	陈长流	34	无写	新巴杀	游高礁	18	二十六间	郑文娘	陈万树(叔父)	游振春(父)	11.12,许金安,甲
12.2	邱源昌	20	吧生	五脚桥	郭桑娘	15	亭仔脚吧生	郑文娘	邱绍荣(宗叔祖)	郭鸿涛(父)	11.13,许金安

① 1910年12月3日公堂准离。

② 1912年2月3日公堂判离。

12.3	许拔魁	22	吧生	八茶贯	林冥理	22	八茶贯吧生	郑文娘	许焕玉(叔父)	林元安(父)	12.2,许金安
12.17	赵维水	21	吧生	新巴杀	陈音娘	21	结石珍吧生	郑文娘	赵德山(父)	陈登元(父)	11.27,黄文辉,雷
12.18	梁亚寿[①]	37	中国生	八厨沃干	陈福娘	16	甘光六州吧生	郑文娘	梁亚禄(胞兄)	李能娘(母)	12.16,黄文辉
12.21	庄文星	29	吧生	结石珍	蔡盘娘	28	结石珍吧生	郑文娘	庄宏元(父)	蔡邦全(胞兄)	12.5,黄文辉
12.21	陈金告	20	吧生	结石珍	李茂娘	18	结石珍吧生	郑文娘	陈东元(父)	李长源(父)	12.5,黄文辉
12.23	吴淇漳	43	吧生	多戈巷	许宇然娘	26	东居吧生	郑文娘	吴淇亨(胞兄)	许耀宗(父)	12.11,黄文辉
12.28	蔡长奇	28	吧生	结石珍	许佳娘	25	结石珍吧生	郑文娘	周贞娘(母)	许文基(父)	12.12,黄文辉
12.31	李德源	23	吧生	洪溪	蓝汝宜娘	17	洪溪	郑文娘	李西记(父)	范然娘(母)	12.12,黄文辉

总计:92 对

1909 年吧城唐人成婚注册表

月日	男家	年岁	类别	住址	女家	年岁	住址	媒妁	男方主婚	女方主婚	备注 结婚日,主事人
1.2	冯琼芳	39	吧生	毛六甲	黄亚劳	38	结石珍吧生	郑文娘	冯琼龙(兄)	黄土成(父)	12.12,邱亚恒,雷
1.6	甘益水	29	吧生	结石珍	王音娘	24	新厝仔吧生	郑文娘	甘春山(父)	王源生(父)	12.22,邱亚恒
1.6	王安茂	29	吧生	惹致	曾贵娘	18	红碑吧生	郑文娘	王安美(胞兄)	曾宗贵(胞兄)	12.16,邱亚恒
2.13	戴宁兴	18	吧生	红牌	刘雷娘	16	丹那望	郑文娘	戴有福(叔祖)	刘全钟(父)	2.17,连福全,甲
2.15	蒋金凤	38	吧生	丹仔望	许菊娘	26	道郎巷吧生	郑文娘	蒋顺茂(父)	李月娘(母)	2.5,连福全
2.16	叶锡文	22	吧生	小南门	邱聪娘	18	美食近吧生	郑文娘	叶有粦(父)	邱华山(叔祖)	2.15,连福全
2.17	宋宗礼	21	吧生	美色近	林火娘	18	毛六甲吧生	郑文娘	宋昆华(父)	林恕清(父)	2.8,连福全
2.19	黄清凤	23	吧生	东基	郑怒那	18	东基吧生	郑文娘	蔡秀娘(母)	黄庆娘(母)	2.16,连福全
2.22	陈三九	30	吧生	圣望港	方玉梅	18	圣望港吧生	郑文娘	陈龙运(叔父)	朱彦娘(母)	2.5,连福全
2.22	吕文源	28	吧生	槟榔社	陈笔娘	18	槟榔社吧生	郑文娘	郑梅娘(母姨)	陈邦中(祖父)	2.16,连福全
2.22	汪长益	24	吧生	大使庙	陈文娘	21	五脚桥吧生	郑文娘	汪昆鸾(父)	陈士吉(兄)	2.14,连福全

① 大字 1888 年 6 月 20 日第 13 号.

2.26	陈补后	20	吧生	大港墘	吕成娘	18	大公司吧生	郑文娘	陈奇楠(父)	吕谦让(父)	2.16,连福全
3.1	唐荣茂	38	吧生	洪溪	王宽娘	18	圣望港吧生	郑文娘	唐荣春(胞兄)	王源和(堂伯父)	2.13,庄文德,甲
3.4	黄 凉[①]	28	茂物	茂物	朱水娘	21	班芝兰吧生	郑文娘	黄杭(胞兄)	朱亚兰(父,老,兄顺兴代)	2.17,庄文德
3.4	林怀宗	20	吧生	甘光万兰	张英娘	18	亚森脚吧生	郑文娘	陈千娘(母)	张金德(父)	2.11,庄文德
3.5	柯庆隆	27	吧生	吃郎班让	饶水娘	23	吃郎班让吧生	郑文娘	柯寿山(父)	饶昌五(父)	2.23,庄文德
3.6	邹辉龙	30	吧生	圣望港	黄然娘	21	圣望港吧生	郑文娘	邹文智(父)	黄续兴(堂兄)	12.12,庄文德
3.8	汤坤福[②]	20	吧生	新巴杀	陈音娘	20	新律山吧生	郑文娘	汤怀仁(父)	陈维碧(父)	2.28,庄文德
3.10	李锦堂	28	吧生	大使庙	赖田娘	22	大使庙吧生	郑文娘	李锦泉(胞兄)	赖海良(父)	2.21,庄文德
3.10	黄其清	22	吧生	结石珍	陈宝娘	21	甘光惹牙吧生	郑文娘	黄亚伦(父)	陈二官(父)	2.21,庄文德
3.12	陈南左	21	吧生	圣望港	饶宝娘	18	圣望港吧生	郑文娘	陈南兴(胞兄)	饶亚五(叔父)	2.23,庄文德
10.5	陈荣美	22	无写	八戈然	叶和娘	16	八戈然	郑文娘	陈高芝(父)	叶桂流(父)	8.27,许金安,甲

总计:22 对

1912 年吧城唐人成婚注册表[③]

月日	姓名	籍贯	年岁	注册地	父名	母名	主婚人	媒人	主事人	备注
1.5	陈秀前	吧生	24	二十六间	陈福宝(故)	蔡赞娘	陈章财(叔)	许耀东	许金安(玛腰)	邱绍荣
	王邦娘	吧生	16	二十六间	王端福	张物娘(故)	王端福(父)		邱亚桓(雷)	
1.7	蔡金全	吧生	24	丹那望	蔡漳水(故)	林山娘	蔡漳锦(叔)	钟宗兴	许金安	邱绍荣
	陈悦娘	吧生	15		陈良贤	李宇一娘	陈良贤(父)		邱亚桓	
1.15	杨得子[④]	中国生	25		杨炳(故)	陈桂娘	杨纯美(叔父)	赵照娘	许金安	邱绍荣
	吴水娘	吧生	18	鉴光巴里	吴坤贵	谢声娘	吴森荣(胞兄)		邱亚桓	
1.16	杨积成	吧生	22		杨五端	陈宝娘	杨允铁(堂伯)	吴振炎	许金安	邱绍荣
	刘鱼娘	吧生	18	五脚桥	刘赛	林玉娘	林玉娘(母)		邱亚桓	

① 黄凉又名黄冷,1906 年 5 月人倒案字未出。茂物默汤清和报。

② 附婚书一份,内容相同。有男女方姓名年岁住址,媒人主婚人姓名。无主婚人与媒人花押,无注明吧生与否,有公堂值月员与朱葛礁签名并盖上"吧国公堂"椭圆形红印。

③ 原稿为手抄本,盖上方形"吧国公堂正印"红印和玛腰圆形"Majoorder Chineegch Batavia"蓝印。1913 年始用铅印本。

④ 王字 1910 年 9 月 30 日第 53 号。

1.16	李孙缙	吧生	25	八戈然	李千森甲	沈安娘	李千森甲(父)	黄志南	许金安	邱绍荣
	黄芸馨	吧生	25		黄宣有	王森娘	黄宣有(父)		邱亚桓	
1.18	陈福淋		23	结石珍	陈如辉(故)	许基娘	陈如良(叔)	陈金福	许金安	邱绍荣
	高音娘	吧生	18		高正美	李瑞娘	高正美(父)		廖亚荣(雷)	
1.22	许景伦	吧生	26	结石珍	许文基	詹十娘	许文基(父)	史云章	许金安	邱绍荣
	张圆娘	吧生	20		张吾连(故)	陈娘那	张吾泰(伯)		廖亚荣	
1.26	林赐元	吧生	26	甘光毛	林恕漳	蔡英娘	林恕漳(父)	邱顺源	许金安	邱绍荣
	陈祥英	吧生	24	六甲	陈宗哲(故)	林质娘	陈宗和(伯)		廖亚荣	
1.27	黄东兴	吧生	22	圣望港	黄德昌甲(故)	吴田娘	黄景兴甲(堂兄)	许金章甲	许金安	李新宁
	潘胶叭	吧生	20		潘万水	韩惹昌	潘万水(父病，子瑞生代)		邱亚桓	
1.28	蔡芳冠	旧港生	32		蔡敬才(故)	魏美娘	蔡金荣(叔)	陈沧春	许玛腰	邱绍荣
	李真娘	吧生	22	马瑶兰	李景山	陈秀娘	李珠山(伯)		邱亚桓	
1.28	蔡芳清	旧港生	29		蔡敬才(故)	魏美娘	蔡金荣(叔)	陈沧春	许玛腰	邱绍荣
	李宝娘	吧生	20	马瑶兰	李景山	陈秀娘	李珠山(伯)		邱亚桓	
2.1	陈有生	吧生	31	道郎	施严(故)	陈基娘	陈基娘(母)	刘庆贤	许金安	邱绍荣
	赖才娘	吧生	19		赖伯伦	陈魏娘	赖伯伦(父)		廖亚荣	
2.3	陈启崇	吧生	18	观音亭	陈琼福	朱福娘	陈琼福(父)	郭怀珍	许金安	邱绍荣
	周和娘	吧生	16		周坤仪(故)	陈深娘	李衍辉(姑丈)		赵德顺(甲)	
2.5	刘祥溶	吧生	21	大使庙	刘桂山	冯福娘	刘桂山(父)	刘科三	许金安	邱绍荣
	颜水娘	吧生	20		颜福(故)	陈泉娘	刘荣寿(表兄)		邱亚桓	
2.9	薛永棠	吧生	24		薛文冰	陈圆娘	薛文冰(父)	汤金泉	许金安	邱绍荣
	李心娘	吧生	23	八茶贯	李君子	陈仁娘(故)	李君子(父)		廖亚荣(雷)	
2.10	陈金山	吧生	24		陈燕郎(故)	梁高律	陈荣华(堂兄)	李文安	许金安	邱绍荣
	罗德娘	吧生	23	沙腰兰	罗长德(故)	吴齐卫	罗新德(三伯)		廖亚荣	
3.14	高江滨	吧生	19	八戈然	高琼瑶甲(故)	陈日本娘	陈日本娘(母)	陈山英	许金安	邱绍荣
	陈合娘	吧生	19		陈东光	黎文娘	陈东光(父)		邱亚桓	
3.14	洪福瑞	吧生	26		洪舜寿(故)	苏水娘(故)	洪池水(兄)	陈荣基	许金安	邱绍荣
	林瑞金	吧生	25	中港仔	林荣基(故)	温发娘	温发娘(母)		邱亚桓	
3.24	陈俊溪	安恤	23	观音亭	陈天辉	黄对娘	陈天辉(父)	陈桂芳	许金安	邱绍荣
	郑月娘	吧生	23	吉间物杀	郑庆基(故)	周万丹娘(故)	郑庆瑞(伯)		许庆隆	
3.31	许清龙	吧生	20	结石珍	许文福	陈一娘	许文福(父)	陈元忠	许金安	李新宁
	黄水娘	吧生	16		黄登霖	阮妙娘	黄登霖(父)		许庆隆(雷)	
4.1	陈江源	茂物	23		陈清贴(故)	黄贵娘(故)	陈水山(宗叔)	陈天赐	许金安	李新宁
	蒋贵娘	吧生	20	丹那望	蒋福海(故)	黄米娘	黄米娘(母)		许庆隆	

4.11	陈钦裕	吧生	19	八茶罐	陈福珍	丘龄娘	陈福珍(父甲)	林纯锦	许金安	邱绍荣
	林清娘	吧生	17		林箕迁	许田娘	林箕迁(父)		梁辉运(雷)	
4.16	陈文贵	吧生	30	公堂	陈壬水(故)	赖巴娘(故)	陈金德(崇叔)	杜重阳	许金安	李新宁
	李日里娘	吧生	18		李清杨(故)	许瑞娘(故)	李二娘(姑)		邱亚桓	
4.20	陈福昌	吧生	30	公堂	陈奎炳(故)	黄敏志娘(故)	陈福能(胞兄)	杜重阳	许金安	李新宁
	黎媛娘	吧生	26		黎发荣(故)	林能娘(故)	黎东祥(胞兄)		邱亚桓	
4.21	姚顺庆	吧生	31		姚亚四(故)	钟水娘	姚禄庆(胞兄)	陈正彬	许金安	邱绍荣
	朱汉娘	吧生	27	大港墘	朱牙知(父)	刘宝娘(故)	朱远香(堂伯)		梁辉运	
4.25	陈丙丁[①]	中国生	25	大公司	陈杨休(故)	林后娘(故)	陈喜丹(叔父)	蔡来兴	许金安	邱绍荣
	高黄妙娘	吧生	17		高文科	黄安娘	高文科(父)		邱亚桓	
5.2	宋宗智	吧生	22		宋昆华	邱文娘	宋昆华(父)	陈溪泉	许金安	邱绍荣
	陈文职	吧生	18	道郎巷	陈松和	林玉娘	陈松和(父)		梁辉运	
5.12	张福良	吧生	29		陈水生(故)	沈娇娘	张新辉(堂叔)	林丰漳	许金安	李新宁
	黄水娘	吧生	16	结石珍	黄刘治	陈宣娘	黄刘治(父)		邱亚桓	
5.17	詹绍缘	吧生	26	公堂	詹怀珍(故)	陈海娘(故)	詹绍纶(胞兄)	陈告	许金安	邱绍荣
	余木娘	吧生	25	中港仔	余子开(故)	陈坤娘	余俊祥(胞兄)		邱亚桓	
5.18	陈必福	吧生	20		陈俊英(故)	戴习娘	陈俊沾(伯)	高石蛋	许金安	邱绍荣
	林文娘	吧生	18	结石珍	林丰漳	吴乾娘	林丰漳(父)		邱亚桓	
5.26	李建丰	吧生	23	公堂	李金龙	许汉娘	李金龙(父)	王端章	许金安	邱绍荣
	陈敦娘	吧生	20	中港仔	陈福才(故)	连宁娘	陈富志(祖)		许庆隆	
5.27	温源昌	吧生	23		温子丁	黄二娘(故)	温子丁(父)	丘俊朋	许金安	邱绍荣
	丘菊娘	吧生	21	鉴光万兰	丘亚发(故)	钟壬娘	丘光朋(胞兄)		许庆隆	
5.27	黄金水	吧生	20		黄长熊(故)	詹炎娘	黄文森(宗叔)	温炳元	许金安	邱绍荣
	郑瑞娘	吧生	20	旧巴杀	郑东望	林辉娘	郑东望(父)		许庆隆	
5.27	王黄碧顺	吧生	25		王登泉	姚茶娘	王登泉(父)	李绵炉	许金安	邱绍荣
	薛密娘	吧生	21	吉怜芝巷	薛攀龙(故)	杨海娘	薛清风(兄)		许庆隆	
5.29	刘丁宝	吧生	19	丹那望	刘清水(故)	戴真娘	刘丁美(兄)	钟宗兴	许金安	邱绍荣
	蔡山娘	吧生	20		蔡昆山(故)	蒋花娘	蔡元作(兄)		许庆隆	
5.30	朱曲生	吧生	23		朱青鳞	王俭娘(故)	朱绍徽(堂兄)	吴金辉	许金安	邱绍荣
	李杨娘	吧生	22	观音亭	李光文(故)	黄凤娘	李振英(胞兄)		邱亚桓	
6.2	黄赐山	吧生	20		黄新泰	卢新娘	黄新泰(父)	王火生	许金安	李新宁
	王式梅	吧生	18	毛六甲	邱华山	谢安娘	邱华山(父)		邱亚桓	

① 王字1903年7月4日第33号。

6.2	吴木坤	吧生	23		吴江发	张福娘	吴江发(父)	陈维庆	许金安	李新宁
	陈本娘	吧生	18	二十六间	陈光秩	郑心娘	陈光秩(父)		邱亚桓	
6.2	苏善友	吧生	38	中港仔	苏绍贤(故)	古一娘(故)	苏善藏(堂兄)	吴振炎	许金安	李新宁
	徐礼娘	吧生	19		徐柳絮(故)	吴根娘	徐荣辉(胞兄)		邱亚桓	
6.2	林水强	吧生	21	鉴光广东	林会生	曹莲妹	林会生(父)	詹保生	许金安	李新宁
	颜敦娘	吧生	21		颜文有	洪鞋娘	颜文有(父)		邱亚桓	
6.2	杨全信	吧生	25	公堂	杨万丁	林宝娘	杨万丁(父)	杜重阳	许金安	李新宁
	陈蜜娘	吧生	21		陈玛磋	周火娘(故)	陈玛磋(父)		邱亚桓	
6.6	钟合生	吧生	25	结石珍	钟华郎	吴灿娘(故)	钟华郎(父)	李亚二	许金安	邱绍荣
	许连英	吧生	21		许新智	梁娘那	许新智(父)		陈振木①	
6.9	林经和	吧生	18	结石珍	林君福	陈乙娘	林群福(父)	詹保生	许金安	邱绍荣
	洪日娘	吧生	18		洪福全	陈四妹	洪福全(父)		陈振木	
6.9	黄长寿	吧生	28		黄玉树	张瑞娘	黄玉树(父)	张瑞前	许金安	邱绍荣
	蔡幼娘	吧生	18	五脚桥	蔡交凤(故)	邱为娘	蔡水丕(堂兄)		陈振木	
6.9	邹辉玉	吧生	26	公堂	邹文智	许金娘	邹文智(父)	许文金	许金安	邱绍荣
	许梦荔	吧生	20	中港仔	许振川	林玉娘	许振川(父)		陈振木	
6.16	陈宽淋	吧生	25	茄那雅巷	陈财禄(故)	沈益娘	陈宽全(胞兄)	陈元振	许金安	邱绍荣
	谢忍娘	吧生	20		谢清忠(故)	阮文娘	谢天竹(祖父)		邱亚桓	
7.5	朱阿华	吧生	27	公堂	朱兰爹	吴基娘	朱兰爹(父)	杜重阳	许金安	李新宁
	何进娘	吧生	21	中港仔	何俨仁	饶奥娘	何俨仁(父)		邱亚桓	
7.6	颜达生	文岛	32	公堂	颜亚晓(故)	吴节娘(故)	颜碧江(宗叔)	柯寿山	许金安	邱绍荣
	谢益招娘	吧生	16	中港仔	谢亚三	钟桂娘	谢亚三(父)		许庆隆	
7.19	黎保生	吧生	19		黎光基(故)	沙威	黎潆水(叔祖)	陈长惹	许金安	邱绍荣
	钟海娘	吧生	17	直劳低巷	钟安居(故)	吗里炎(故)	钟承福(胞兄)		邱亚桓	
7.21	詹怀琅	吧生	34		詹溪昌(故)	唠兮(故)	詹怀基(胞兄)	陈河是	许金安	邱绍荣
	陈金娘	吧生	19	观音亭	陈茂松	林第娘	林第娘(母)		许庆隆(雷)	
7.22	李文新	吧生	22		李钦使(故)	黄四娘	黄四娘(母)	谢先	许金安	邱绍荣
	曾喜娘	吧生	23	新厝仔	曾清秋	钟继娘	曾清秋(父)		许庆隆	
7.22	高永安	吧生	22	观音亭	高福寿	李银娘	高福寿(父)	陈玛照	许金安	邱绍荣
	黄宁娘	吧生	19		黄元益(故)	陈金娘	陈金娘(母)		许庆隆	
7.22	叶文兴②	中国	30		叶源昌(故)	李碹娘	叶深林(堂叔)	刘青松	许金安	邱绍荣
	黄瑞娘	吧生	26	丹那望	黄水凉(故)	温桂娘	黄启和(胞兄)		许庆隆	

① 陈振木，即陈进木，从默氏升任权理雷珍兰。

② 王字 1910 年 9 月 23 日第 53 号。

7.24	陈俊仪	吧生	33		陈基循(故)	郭高礼(故)	陈俊海(堂兄)	侯玉水	许金安	邱绍荣
	蒋合娘	吧生	31	结石珍	蒋永和	吴宝娘	蒋永和(父)		陈振木	
8.7	刘永连	吧生	20	结石珍	刘镇士	谢云娘	刘镇士(父)	谢清义	许金安	邱绍荣
	罗九娘	吧生	20		罗文荣	黄尾娘	罗文荣(父)		陈振木	
8.16	詹锦发	文登	28	公堂	詹龙德(故)	黄毛力娘	詹周云(宗兄)	张存贤	许金安	邱绍荣
	陈莺娘	吧生	25		陈文章(故)	张和娘	张和娘(母)		邱亚桓	
8.19	曾清水	吧生	17	公堂	曾亚泉(故)	蔡娇娘	蔡娇娘(母)	杜重阳	许金安	邱绍荣
	林那奶	吧生	16		林迷旺(故)	番婆劳智(故)	林长安(兄)		梁辉运	
9.16	刘有合	吧生	25	臭桥	刘三妹	李丁娘	刘三妹(父)	刘尚林	许金安	邱绍荣
	钟水晶	吧生	16		钟水生(故)	黄发娘(故)	黄清源(姐夫)		许庆隆	
9.16	林少仙	吧生	25		林桂仙(在唐)	廖林娘(在唐)	林亚二(堂叔)	杜重阳	许金安	邱绍荣
	饶坤娘	吧生	20	鉴光万兰	饶君雪(故)	叶文娘	饶建藩(堂叔)		邱亚桓	
9.26	陈鋈福	吧生	20	结石珍	陈渊源(故)	许清娘	陈顺福(兄)	李友仁	许金安	邱绍荣
	李美娘	吧生	21	吉礁邦巷	李兴淋	陈英娘	李兴淋(父)		赵德顺(甲)	
9.29	陈能通	吧生	16	毛六甲	陈东福	叶珠娘	陈东福(父)	郑心清	许金安	邱绍荣
	张清娘	吧生	16		张六生	郑安志娘	张六生(父)		许庆隆	
9.29	林江都	望龟嵛	35	美色近	林报(故)	陈和娘(故)	林江泉(胞兄)	廖锦章	许金安	邱绍荣
	刘春娘	吧生	22		刘季庆	林娘那(故)	刘坤龙(堂兄)		许庆隆	
9.29	曾长溪	吧生	25	圣望港	陈登茂(故)	蔡丙娘	陈长泉(胞兄)		许庆隆	邱绍荣
	许金娘	吧生	19	曾增隆(故)	苏粒娘	曾清山(堂叔)	吴传寿	许金安		
9.29	陈泉发	吧生	24	丹那望	陈金茂	戴毛吃娘	陈金茂(父)	王章江	许金安	邱绍荣
	蔡奴娘	吧生	23		蔡顺昌(故)	李新娘(故)	蔡廷寿(宗叔)		许庆隆	
9.29	詹怀禹	吧生	29	结石珍	詹继和	方丹娘(故)	詹继和(父)	沈长满	许金安	邱绍荣
	杨蜜娘	吧生	20	椰园	杨长沙(故)	甘智娘(故)	杨英辉(兄)		许庆隆	
10.1	张文水	吧生	27	茄里	张海平(故)	陈丙娘(故)	张文森(胞兄)	林恕清	赵德顺	邱绍荣
	蓝才娘	吧生	18	马知巷	蓝新客(故)	林柳娘	蓝佑山(堂叔)	许金安		
10.6	庄金美	吧生	25		庄宗荣	刘桂娘	庄宗荣(父)	陈维丰	丘亚恒	邱绍荣
	陈蜜娘	吧生	17	五脚桥	陈维聪	丘夏娘	陈维聪(父)	许金安		
10.20	丘端生	吧生	27	勃淡勿兰	丘祥福	田福娘	丘祥福(父)	史云章	许金安	邱绍荣
	李员娘	吧生	19		李金水(故)	吴蒙娘(故)	李德郎(兄)		陈振木	
10.21	陈金溪	吧生	25		陈光领	张福娘	陈光领(父)	陈福珍(甲)	邱亚桓	邱绍荣
	林元娘	吧生	19	鉴光乌北	林金海	丘景娘(故)	林金海(父)	许金安		
10.23	林金寿	吧生	27	臭桥	林松顺	施敬娘(故)	林松顺(父)	刘光辉	许金安	李新宁
	甘顺娘	吧生	23		甘水湖	李职娘(故)	甘水湖(父)		邱亚桓	

10.24	林仕登 李必娘	吧生 吧生	24 20	公堂	林发生 李寿元	高冬尃(故) 范水娘	林发生(父) 李寿元(父)	高江准	许金安 邱亚桓	李新宁
11.17	陈水海 赵那里娘	吧生 吧生	18 17	结石珍	陈金福 赵德和(故) (原玛腰)	林合娘 刘江娘	陈金福(父) 赵德江(叔)	林凤章	许金安 陈振木	邱绍荣
11.17	沈锦郎 陈水娘	吧生 吧生	25 18	公堂	沈茂山 陈祈龙	陈梅娘 林物娘	沈茂山(父) 陈祈龙(父)	蒋根祥	许金安 陈振木	邱绍荣
11.20	蒋玉来 叶培娘	吧生 吧生	25 24	槟榔社	蒋永德 叶壬(故)	詹水娘(故) 陈凤娘	蒋永德(父) 陈凤娘(母)	曾四海	许金安	邱亚桓 邱绍荣
11.24	凌应征 杨丁娘	吧生 吧生	18 16	中港仔	凌靖南 杨富捷	罗就娘 莆东娘	凌靖南(父) 杨富捷(父)	温庆云娘	许金安 邱亚桓	邱绍荣
11.24	李瑞昌 针珠娘	吧生 吧生	24 21	洪溪	李火士 针春业 (在中国)	王长娘 林吉娘(故)	李火士(父) 针月(伯父)	陈瑞山	许金安 许庆隆	邱绍荣
11.24	薛福基 王路志娘	吧生 吧生	24 20	结石珍	薛张 王佳福	洪音娘 周淡娘	薛张(父) 王佳福(父)	詹保生	许金安 许庆隆	邱绍荣
11.24	李云瑛 潘六妹	吧生 吧生	26 19	班惹宁安	李亚秀(故) 潘立斋	张壬娘 刘织娘	李亚三(叔) 潘立斋(父)	肖亚兴	许金安 邱亚桓	邱绍荣
11.24	戴文香 刘海娘	吧生 吧生	24 17	红牌	戴有贤(故) 刘集福(故)	郭运娘(故) 曾悦娘	戴荣顺(胞兄) 刘瑞兴(胞兄)	赖沐堂	许金安 许庆隆	邱绍荣
11.27	苏庆哲 林容娘	吧生 吧生	19 17	望茄乃杀	苏长水 林元贞甲	王安直娘 陈比娘	陈福珍甲大(母舅) 陈比娘(母)	林梓材	许金安 梁辉运	邱绍荣
12.12	游承求 陈珍娘	吧生 吧生	24 20	乌鬼巷	游载祥 陈瑞华(故)	韩道娘 李顺娘	游载祥(父) 陈桂发(伯)	潘荣辉	许金安 邱亚桓	李新宁
12.15	张春元 赵地利娘	吧生 吧生	21 23	新巴杀	张长福 赵德和(故) (原玛腰)	朱蜜娘(故) 赖乙娘	张长文(伯父) 赵德江(叔父)	李寅宗	许金安 赵德顺(甲)	邱绍荣
12.17	李千户 欧秋兰娘	吧生 马惹	21 17	塔厨礼	李子凤(故) (原玛腰) 欧性富	简攀娘 陈安娘	李千俊(胞兄) 欧永吉(胞兄)	翁振泰	许金安 赵德顺	邱绍荣
12.18	张伯算 黄秀娘	吧生 吧生	21 17	结石珍	张新辉 黄连娘	陈三娘(故) 林能娘	张新辉(父) 黄连娘(父)	张福良	许金安 邱亚桓	邱绍荣
12.18	李财生 张壬娘	吧生 吧生	25 21	结石珍	李亚四 张金云	徐娘那 陈水娘(故)	李启胜(胞兄) 张金云(父)	陈顺福	许金安 邱亚桓	邱绍荣
12.19	连 童 刘寿娘	吧生 吧生	17 19	结石珍	连凉水(故) 刘清月	黄爱娘(故) 蔡泉娘	连美娘(胞姐) 刘清月(父)	杜重阳	许金安 陈进木	邱绍荣

月日	姓名	籍贯	年岁	注册地	父名	母名	主婚人	媒人	主事人	备注
12.22	林玉冰	吧生	34		林福星(故)	杨碹娘	林纯锦(叔)	林金重	许金安	邱绍荣
	陈那娘	吧生	21	八厨沃间	陈弄(故)	林恭娘	陈天福(兄)		邱亚桓	
12.22	陈基汶	吧生	35	八厨沃间	陈炯(故)	李南娘	陈基圈(兄)	林纯锦	许金安	邱绍荣
	李梅娘	吧生	21		李成兴	简烘娘	李成兰(父)		邱亚桓	
12.24	詹东瑞	吧生	30		詹俊德(故)	许洪娘(故)	陈体良(姐夫)	薛森林	许金安	邱绍荣
	杨能娘	吧生	20	三板寮	杨义生(故)	范嫩娘(故)	黄算娘(外祖母)		邱亚桓	
12.24	钟生记	吧生	38		钟正即(故)	陈南瓜(在唐)	钟玉犇(堂兄)	吴随昌	许金安	邱绍荣
	饶有妹	吧生	16	新巴杀	饶亚华(故)	吴丁娘	吴丁娘(母)		邱亚桓	
12.27	戴碧珠	吧生	20	红牌	戴有福	刘合娘	戴有福(父)	韩源海	许金安	邱绍荣
	蔡帽岛娘	吧生	20		蔡天良(在叻)	李地娘	蔡奇芳(叔祖)		许庆隆	

总计:91 对

1913 年吧城唐人成婚注册表

月日	姓名	籍贯	年岁	注册地	父名	母名	主婚人	媒人	主事人	备注
1.3	温仁德	吧生	23		温亚有(在唐)	黄和娘	温荣贵(宗兄)	黄渝承	许金安	邱绍荣
	巫银妹	吧生	16	吉郎桥	巫耀二	古壬妹	巫耀二(父)		邱亚桓	(二朱)
1.8	林荣寿[1]	中国	36	公堂	林凤璋(故)	吴招淑(在唐)	钟根娘(嫂)	杜重阳	许金安	邱绍荣
	钟心娘	吧生	20	中港仔	钟云郎	丘凤娘	钟云郎(父)		邱亚桓	
1.12	林顺基	吧生	24	中港仔	林天寿	钟十娘	林天寿(父)	林长裕	许金安	邱绍荣
	某恩娘	吧生	17		蔡锡玉	林邦娘	蔡锡玉(父)		梁辉运(甲)	
1.12	连福全[2]	吧生	59	洪溪	连文清甲(故)	汤氏(故)	——	许金安	许金安	邱绍荣
	张基娘	吧生	35		张亚二	陈福娘	——	玛腰	梁辉运(甲)	
1.12	周长基	吧生	18		周坤仪(故)	曹金娘	曹金娘(母)	李衍辉	许金安	邱绍荣
	连罗芝娘	吧生	16	洪溪	连福全	张基娘	连福全(父)		梁辉运	
1.12	柯寿山	吧生	56	吃郎班让	柯王智(故)	蓝喜娘		蔡有财	许金安	邱绍荣
	陈义娘	吧生	33		陈温西(故)	林云娘(故)			梁辉运	
1.12	简亦淮[3]	吧生	38		简勤修(故)	庄边娘(母)	简登龙(堂兄)	丘仰铁	许金安	邱绍荣
	庄朱娘	吧生	16	亚森巷	庄得仁	李笔娘	庄得仁(父)		梁辉运	
1.12	陈乾淋	吧生	21		陈振森	蔡明娘	陈振森(父)	陈开章	许金安	邱绍荣
	张金娘	吧生	18	甘光巴厘	张木生	叶过娘	张木生(父)		陈进木	

① 王字 1911 年 8 月 19 日第 31 号。

② 连福全,钦赐玛腰。其女系连罗芝娘。(同一天登记一娶一嫁)。

③ 王字 1904 年 2 月 22 日第 28 号。

1.12	郭德全	吧生	38		郭永传(故)	许丹娘	郭长寿(叔)	蔡源有	许金安	邱绍荣
	蒋良娘	吧生	24	结石珍	蒋君英(故)	李道娘	蒋松英		陈进木	
1.15	刘坤林	吧生	23		刘仁和	林福娘	刘仁和(父)	黄江和	许金安	邱绍荣
	黄子娘	吧生	24	亭仔脚	黄炎生	林金娘	黄炎生(父)		邱亚桓	
1.19	陈桂发	吧生	17	结石珍	陈水狮	张番娘	陈水狮(父)	陈水文	许金安	邱绍荣
	蔡山娘	吧生	15		蔡梨(故)	陈梭娘	陈梭娘(母)		陈进木	
1.19	刘金水	吧生	28		刘四川	陈秀娘	刘四川(父)	黄清奇	许金安	邱绍荣
	林陆娘	吧生	25	新厝仔	林从喜	陈英娘(故)	林从喜(父)		陈进木	
1.21	周元育(甲)	吧生	62	结石珍	周华兆(故)	苏琼娘(故)		黄坤舆	许金安	邱绍荣
	汤成娘	吧生	44		汤淇隆(故)	李理物(故)			陈进木	
1.22	刘天披	吧生	24	结石珍	刘天罗	方桂娘(故)	刘天罗(父)	赵水	许金安	邱绍荣
	蔡一娘	仕加武眉	19		蔡顺阳	黄岭翠(故)	蔡顺阳(父)		陈进木	
1.23	施清亮	吧生	25		施连慕(故)	张祥娘(故)	施清泉(兄)	黄必和	许金安	邱绍荣
	丘发娘	吧生	17	直劳低巷	丘连盛	汪丁娘	丘逢盛(父)		邱亚桓	
1.25	朱昆明	吧生	23		朱添秀(故)	杨贵娘	朱远香(兄)	李文安	许金安	邱绍荣
	汤荔枝	吧生	18	望茄勿杀	汤皆然	陈本娘	汤皆然(父)		邱亚桓	

月日	姓名	籍贯	年岁	生日	注册地	父名	母名	主婚人	媒人	主事人
2.23	林青雷	吧生	24	庚寅 8.23		林仕长(故)	苏颜二娘(故)	林青春(兄)	刘润水	许金安 胡先情(雷) 邱绍荣(朱)
	李玉娘	吧生	16	戊戌 6.6	八戈然	李忠(故)	王碧娘(故)	李君子(伯)		
2.24	蔡发进	勃哇	25	己丑 4.15		蔡财源	卢春娘(故)	卢火涂(母舅)	郑庆瑞	许金安 胡先情 邱绍荣
	罗士娘	葛礁	26	戊子 9.13	观音亭	罗文荣	黄尾娘	罗文荣(父)		
3.2	李东远	吧生	30	甲申 8.1		李元佳(故)	余珊娘	李文英(叔)	叶瑞生	许金安 胡先情 邱绍荣
	黄辛娘	吧生	23	辛卯 8.7	八戈然	黄庚生	陈已娘	黄庚生		
3.9	高克昭	吧生	27	丁亥 7.4		高江淮	李顺娘(故)	高江淮	杜重阳	许金安 梁亚瓒(雷) 邱绍荣
	李仁娘	吧生	19	乙未 5.17	小南门	李经文(故)	詹灿娘	詹灿娘(母)		
3.9	李江祥	吧生	20	甲午 9.14	公堂	李川(故)	林专娘	李出(叔)	杜重阳	许金安 许庆隆(雷) 邱绍荣
	林金娘	吧生	22	壬辰 5.2	中港仔	林全(故)	丘文突娘	丘文突娘(母)		
3.9	詹益杰	吧生	20	甲午 6.22	结石珍	詹溪泉(故)	陈惹娘	詹继和(伯)	李宗碧	许金安 梁亚瓒(雷) 邱绍荣
	王万娘	吧生	18	丙申 11.13		王廷仪	马吟娘	王廷仪(父)		
3.9	郑文全	吧生	26	戊子 5.29		郑琼基(故)	周万丹娘(故)	陈庆昌(外祖父)	陈河水	许金安 梁亚瓒 邱绍荣
	黄蜜娘	吧生	21	癸巳 7.24	五脚桥	黄质水	林水娘	黄质水(父)		

3.19	叶毓武	吧生	27	丁亥 2.3		林金安	王合娘(故)	林金安(父)		许金安 李千俊(雷) 邱绍荣
	范壬娘	吧生	22	壬辰 10.17	小南门	范准兴	林辛娘	范准兴(父)		
3.22	蔡天宗	吧生	22	壬辰 6.16	吉间日落	蔡奇文(故)	黄然卓	蔡奇芳(叔父)	蔡长寿	许金安 李千俊(雷) 邱绍荣
	林春娘	万隆	18	丙申 4.9		林如松	徐丙娘	林如松(父)		
3.23	薛芳英	吧生	22	壬辰 3.10	新巴杀	薛清炎(故)	陈汉娘	薛清风(叔)	杨金英	许金安 李千俊 邱绍荣
	陈玉娘	吧生	21	癸癸巳 10.3		陈振淼	蔡明娘	陈振淼(父)		
3.23	蒋长森	吧生	23	辛卯 3.2		蒋妈助	刘娘那	蒋妈助(父)	许金璋	许金安 李千俊 邱绍荣
	许安律娘	吧生	25	乙丑 7.28	吉间日落	许螟蛉(故)	林南娘(故)	许达文(兄)	甲	
3.23	李亚琴	中国	26	戊子 5.22		李从江(故)	谢菊娘	李从维(叔)	杨金英	许金安 李千俊 邱绍荣
	黎清妹	吧生	19	乙未 11.28	新巴杀	黎世东(故)	林秀娘(故)	林庆泰(母舅)		
3.23	丘贞生	吧生	23	辛卯 10.19		丘荣麟	刘巧娘(故)	丘荣麟(父)	陈建风	许金安 李千俊 邱绍荣
	吴英娘	吧生	21	癸巳 10.5	鉴光毛甲	吴翼豹(故)	张福娘	张福娘(母)		
3.23	李德源	吧生	37	丁丑 6.6	班芝兰埔	李文质(故)	丘万日娘(故)	李德兴(胞兄)	姚子君	许金安 李千俊 邱绍荣
	黄福娘	吧生	28	丙戌 9.15	后	黄卫(故)	叶音娘	叶元球(母舅)		
3.23	张金庆	干冬圩	26	戊子 8.13	甘光	张乔木(故)	林妖娘	张新利(胞兄)	林燕山	许金安 李千俊 邱绍荣
	蔡安娘	吧生	22	壬辰 8.1	毛六甲	蔡基发	陈温娘	蔡基发		
3.27	钟福水	吧生	24	庚寅 2.25	结石珍	钟云盛(故)	番沙炎	钟锦标(兄)	郑华	许金安 黄金龙(雷) 邱绍荣
	刘比只娘	吧生	21	癸巳 3.11		刘德宽	陈娘那	刘水生(胞兄)		
3.30	许庆宁	吧生	25	己丑 7.22	新巴杀	许德秋	谢江娘	许德秋(父)	林丰章	许金安 李千俊 邱绍荣
	苏临璞娘	吧生	21	癸巳 8.25		苏笃顺(故)	黄文卓	苏笃仁(叔)		
3.30	沈成兴	吧生	23	辛卯 1.16	东居巷	沈振基	林麟娘	沈振基(父)	许耀水	许金安 李千俊 邱绍荣
	王益娘	吧生	19	乙未 6.2		王章二	陈娘那	王钟山(胞兄)		
3.30	张宗吉	北加弄	27	丁亥 8.15		张国治(故)	黄全娘(故)	张海娘(堂姑)	王保天	许金安 李千俊 邱绍荣
	杨月娘	吧生	17	丁酉 7.10	牛郎沙里	杨光谓	黄桂娘	杨光谓(父)		
3.30	颜添河	吧生	20	甲午 8.10	五脚桥	颜瑞安	黄应娘	颜瑞安(父)	陈福生	许金安 李千俊 邱绍荣
	连义垅娘	吧生	17	丁酉 1.13		连长源(故)	陈志致	陈志致(母)		

3.31	林金松	吧生	20	甲午 12.20	丹那望	林炎瑞	陈水娘	林炎瑞(父)	黄月孙	许金安 李千俊 李新宁(朱)
	张那娘	吧生	20	甲午 9.29		张长福	朱蜜娘(故)	张长文(伯)		
4.3	李文汀	吧生	26	戊子 4.15	中港仔	李钦史(故)	黄四娘	黄四娘(母)	许	许金安 梁亚瓒 邱绍荣
	陈癸娘	吧生	19	乙未 1.30		陈文力	韩彬娘	陈文力(父)		
4.14	蔡天德	吧生	30	甲申 12.5	公司后	蔡奇凤	陈碧娘	蔡奇凤(父)	葵长寿	许金安 胡先情 邱绍荣
	林秀娘	吧生	21	癸巳 1.27		林长福	陈田娘	林永仪甲(祖)		
4.15	姚燮庆	吧生	30	甲申 6.20		姚亚四(故)	钟水娘	姚双庆(兄)	杜	许金安 胡先情 李新宁(朱)
	李琮娘	吧生	19	乙未 10.29	望加勿杀	李寿元(故)	范水娘	李长珏(叔)		
4.21	林江水	吧生	29	乙酉 4.19		林彩川(故)	黄巴骨娘(故)	黄子仪(母舅)	林金水	许金安 胡先情 李新宁
	纪珠娘	吧生	17	丁酉 4.6	八茶罐	纪益和	杨亚律娘	纪益和(父)		
4.22	潘焕尧	士加	21	癸巳 12.2	鉴光巴汝	潘荣辉	陈酉娘	潘荣辉(父)	郑金炎	许金安 胡先情 邱绍荣
	陈灯娘	武眉	20	丙戌 8.18		陈恒聪	许红娘	陈恒聪(父)		
5.4	张发郎	吧生	26	戊子 11.27		张燮文(故)	温癸娘	张贵郎(胞兄)	吴炎水	许金安 梁亚瓒 李新宁
	翁来娘	吧生	18	丙申 2.20	砖仔桥	翁文达(故)	陈咸娘	翁顺贤(胞兄)		
5.9	李寅更	吧生	25	己丑 9.4	新巴余	李碧基(故)	吴春娘(故)	李益魁(堂伯)	黄比山	许金安 梁亚瓒 邱绍荣
	黄玉娘	吧生	21	癸巳 6.13		黄庚生	陈已娘	黄庚生(父)		
5.10	陈锦祥	吧生	20	甲午 12.25		陈元寿(故)	杨松娘	陈金德(堂叔)	陈劝生	许金安 梁亚瓒 邱绍荣
	张宣娘	吧生	16	丙戌 9.17	甘光毛甲	张秀清(故)	陈西垅(故)	郑东娘(祖母)		
5.16	黄顺荣	吧生	21	癸巳 9.4	结石珍	黄文森	庄霖娘	黄文森(父)	陈春来	许金安 梁亚瓒 邱绍荣
	许宣娘	吧生	22	壬辰 1.28		许文基	詹习娘	许文基(父)		
5.18	曾耀恒	吧生	22	壬辰 1.10	中港仔	曾清秋	钟启娘	曾清秋(父)	李文新	许金安 梁亚瓒 邱绍荣
	谢答娘	吧生	22	壬辰 7.10		谢先	钟妹娘	谢先(父)		
5.19	丁金龙	吧生	29	乙酉 5.4		丁泰山	李灯娘	丁泰山(父)	陈荣基	
	陈金娘	吧生	19	乙未 6.22	应莱河	陈俊仪(故)	温单娘	陈宗汉(胞兄)		
5.19	李拔	中国	28	丙戌 4.29		李票(故)	陈妹娘	李凤(胞兄)	张瑞前	许金安 胡先情 邱绍荣
	吴涂娘	吧生	23	辛卯 2.5	五脚桥	吴振炎	李能娘(故)	吴振炎(父)		
5.22	周金鉴	吧生	38	丙子 2.28	结石珍	周元育	陈丹娘(故)	周元育(父)	谢	许金安 黄金龙(雷) 邱绍荣
	刘乙妹	吧生	19	乙未 7.5		刘九祥	沙吓劳	刘九祥(父)		

5.25	蓝登波 姚戊娘	吧生 吧生	18 16	丙申 4.18 戊戌 5.4	甘光六沙	蓝金图(故) 姚亚三	袁只娘 刘山娘	袁只娘(母) 姚亚三(父)	林	许金安 胡先情 邱绍荣
5.25	洪维昌 黄珍娘	巴东 吧生	29 24	乙酉 2.8 庚寅 10.1	 结石珍	洪恭山(故) 黄蕊生(故)	吴玉娘(故) 甘真娘	洪向荣(堂叔) 黄荣源(胞兄)	谭	许金安 胡先情 邱绍荣
5.25	谢金生 陈菜娘	吧生 吧生	20 17	甲午 10.8 丁酉 6.21	 茄烈	谢岑 陈祯承	陈森娘 张悦娘(故)	谢岑(父) 陈祯承(父)	陈金	许金安 胡先情 邱绍荣
5.27	陈江郎 杜然娘	吧生 吧生	32 18	壬午 8.26 戊申 1.16	 甘光爪亚	陈清荣 杜青龙(故)	郑牛娘 沈才娘	陈清荣(父) 沈才娘(母)		许金安 许庆隆 邱绍荣
6.1	蔡福生 黄泉娘	吧生 吧生	20 18	甲午 5.15 丙申 8.8	结石珍	蔡新富 黄于	张美娘 蔡汉娘(故)	蔡新富(父) 黄于(父)	林光雀	许金安 赵德顺 邱绍荣
6.1	郑顺兴 颜炎娘	吧生 吧生	26 22	戊子 12.20 壬辰 3.5	旧巴杀	郑东坡 颜华生(故)	林球娘 杨淑娘	郑东坡(父) 颜财生(叔)	温炳源	许金安 赵德顺 邱绍荣
7.2	谢中全 黄剑娘	吧生 文登	20 20	甲午 5.15 甲午 11.20	结石珍	谢分明 黄仁东	钟七娘 林美娘	谢分明(父) 黄仁东	侯经水	许金安 赵德顺 李新宁
7.13	赖芳珍 陈木娘	吧生 吧生	21 21	癸巳 1.15 癸巳 9.6	结石珍	赖荣水(故) 陈探郎(故)	陈帽劳 李新娘	陈帽劳(母) 陈辉文(堂兄)		许金安 许庆隆 邱绍荣
7.13	黄安昌 甘有娘	茂物 吧生	33 26	辛巳 11.6 戊子 6.8	 观音亭	黄登利 甘海生(故)	王贵娘(故) 林本娘	黄登利(父) 甘家冷(兄)	李金好	许金安 许庆隆 邱绍荣
7.20	李长北 高阳娘	吧生 吧生	20 17	甲午 10.27 丁酉 10.16	大使庙 圣望港	李衍辉 高正美	周衍娘 李水娘	李衍辉(父) 高正美(父)	李德郎	许金安 许庆隆 邱绍荣
7.27	李长山 林密娘	吧生 吧生	28 15	丙戌 7.28 己亥 1.13	大公司	李绵辉(故) 林茂水	番茄迎(故) 陈潘娘	李绵炉(叔) 林茂水(父)	胡碧纯	许金安 梁亚瓒 邱绍荣
8.5	马金龙 王灿娘	吧生 吧生	41 25	癸酉 7.17 己丑 5.24	公堂 中港仔	马灿辉(故) 王举(故)	林志娘 陈荣娘	杜志娘(母) 陈荣娘(母)	杜重阳	许金安 梁亚瓒 李新宁
8.6	徐亚水① 黄亚妹	中国 吧生	39 20	乙亥 12.25 甲午 7.24	公堂	徐双昌(在中国) 黄添文(故)	黄纪娘(在中国) 杨娘惹	徐亚六(堂叔) 杨廷波(母舅)	杜重阳	许金安 梁亚瓒 李新宁

① 王字 1899 年 12 月 13 日第 14 号。

9.4	林赛锅 林水娘	吧生 吧生	23 17	辛卯 4.7 丁酉 11.28	洪溪	林添四(故) 陈伯修	刘珠娘(故) 谢然娘	林赛南(兄) 陈伯修(父)	林山河	许金安 廖亚荣 邱绍荣
9.8	陈顺来 詹茹娘	吧生 吧生	27 24	丁亥 8.22 庚寅 6.18	 大使庙	陈金山(故) 詹永崇(故)	杨菊娘 陈保娘(故)	杨菊娘(母) 詹羽娘(姑母)	丘华山	许金安 廖亚荣 邱绍荣
9.9	李成全 刘金娘	吧生 吧生	20 16	甲午 10.19 戊戌 6.24	八厨沃干	李功都(故) 刘东生	黄玉娘 温庚娘	黄玉娘(母) 刘东生(父)	黄荣昌	许金安 廖亚荣 邱绍荣
9.9	吴玉海 徐丁娘	吧生 吧生	24 22	庚寅 8.13 壬辰 6.5	八查郎安	吴元福 徐丁源	杨一娘(故) 郭生娘	吴元福(父) 徐丁源(父)	陈真	许金安 廖亚荣 邱绍荣
9.14	詹文隆 陈根娘	吧生 吧生	22 19	壬辰 4.27 乙未 5.7	 五脚桥	詹金水(故) 陈金安	李和娘 叶京娘	李和娘(母) 陈金安(父)	蒋高生	许金安 廖亚荣 邱绍荣
9.14	冯清源 徐娘那	吧生 吧生	38 24	丙子 12.15 庚寅 4.7	旧吧杀	冯亚禄(故) 徐云德(故)	黎君娘 邹三娘	冯亚炳(兄) 邹三娘(母)	蔡朝元	许金安 廖亚荣 邱绍荣
9.14	黄长水 陈丁娘	吧生 吧生	20 17	甲午 2.1 丁酉 7.28	圣望港	黄土山 陈燕郎(故)	陈怡娘 梁高律	黄土山(父) 陈金山(兄)	邓昆水	许金安 廖亚荣 邱绍荣
9.14	李怀隆 周宁娘	吧生 吧生	18 18	丙申 4.6 丙申 5.17	班惹宁安	李庚香(故) 周流民(故)	陈亚金娘 肖福娘	李怀章(兄) 周桂生(克)	陈秀金	许金安 廖亚荣 邱绍荣
9.14	张清水 陈塔里	吧生 吧生	21 21	癸巳 7.10 癸巳 12.3	 望茄勿杀	张德瑞 陈赞元	番思吓 蒋淡娘(故)	张德瑞(父) 陈赞元(父)	吴柱登	许金安 廖亚荣 邱绍荣
9.14	张金云 黄璇英	吧生 吧生	51 37	癸亥 2.18 丁丑 5.20	 新巴杀	张福明(故) 黄益谦(故)	刘锦娘(故) 邹八娘(故)	张金仕(胞兄) 黄添生(堂伯)①	李金水	许金安 廖亚荣 邱绍荣
9.21	赖漳渭 林利娘	吧生 吧生	24 21	庚寅 2.11 癸巳 11.29	三板寮	赖明基(故) 林长寿(故)	叶丹娘 连窝奶(故)	叶丹娘(母) 林永仪(祖)	李汉忠	许金安 胡先情 邱绍荣
9.21	徐培源 黄日娘	吧生 吧生	23 22	辛卯 2.3 壬辰 4.8	新巴杀	徐金和 黄长茂	李篮娘(故) 薛宣娘	徐金和(父) 黄长茂(父)	黄文贤	许金安 胡先情 邱绍荣
9.21	谢森发 傅银妹	吧生 吧生	25 18	己丑 9.16 丙申 3.9	茄玛腰兰	谢庚添(故) 傅仁淑	张有娘 林水娘	谢盛添(叔) 傅仁淑(父)	张九郎	许金安 胡先情 邱绍荣

① 黄添生,钦赐雷珍兰。

9.21	庄汉河	吧生	24	庚寅 9.4		庄文章	郑宝芝	庄文章(父)	郑清良	许金安 胡先情 邱绍荣
	薛金娘	吧生	18	丙申 11.4	结石珍	薛远昌	郑本芝	薛远昌(父)		
9.21	陈金茂	吧生	22	壬辰 4.2	结石珍	陈清顺	吴赞娘	陈清顺(父)	薛添水	许金安 胡先情 邱绍荣
	谢英娘	吧生	19	乙未 7.3		谢清宜	薛佳娘	谢清宜(父)		
9.24	王贵发	吧生	18	丙申 1.16	惹牙兰	王柑松(故)	李成娘	王碧宏(堂伯)	林国潘	许金安 胡先情 邱绍荣
	邹伦娘	吧生	19	乙未闰 5.1		邹兴建(故)	王吉娘	邹兴道(叔父)		
9.26	黄彩泰	吧生	25	己丑 4.20	公堂	黄炽焕(故)	陈壬娘	陈壬娘(母)	杜重阳	许金安 胡先情 邱绍荣
	陈燕娘	吧生	25	己丑 8.16	中港仔	陈桂兴	朱巳娘	陈桂兴(父)		
9.28	罗燧华	勿里洞	42	壬申 2.9	结石珍	罗亚丙(故)	谢凤娘	罗亚运(堂兄)	陈桂兴	许金安 胡先情 邱绍荣
	黄兰英	吧生	27	丁亥 11.1	惹牙	黄亚三(故)	陈甲娘	陈甲娘(母)		
9.28	黄德美	西垅	21	癸巳 1.4		黄顺天	陈和娘	黄顺天(父)	朱荣辉	许金安 胡先情 邱绍荣
	丘六娘	吧生	18	丙申 6.19	甲汶勿杀	丘坚(故)	林馨娘	林馨娘(母)		
9.30	刘廷郎	吧生	20	甲午 4.15	公堂	刘清水(故)	钟以淡	刘百仁(堂兄)	杜重阳	许金安 廖亚荣 邱绍荣
	林金娘	吧生	25	己丑 8.14	中港仔	林金樽	钟万日	林金樽(父)		
10.3	伍振翎	吧生	26	戊子 9.24		伍亚春(故)	李三娘	李三娘(母)	陈森林	许金安 廖亚荣 邱绍荣
	陈灶娘	吧生	21	癸巳 9.16	甘光六沙	陈楷模	黄根娘	陈楷模(父)		
10.8	李福珠	吧生	24	庚寅 8.21		李锦英(故)	丘善娘(回唐)	李禄昌(堂叔)	杜重阳	许金安 廖亚荣 邱绍荣
	梁华娘	吧生	17	丁酉 9.11	公馆巷	梁亚杞	温英娘	梁亚杞(父)		
10.13	饶可材	吧生	30	甲申 1.12	小南门	饶亚耀	石限娘(故)	饶亚耀(父)	饶可乾	许金安 梁亚瓒 李新宁
	张泉娘	吧生	22	壬辰 1.22		张子文	沈堤娘	张子文(父)		
10.16	吴思外		30	甲申 12.6		吴亚宽(故)	钟三妹	钟元亨(母舅)	张宗	许金安 廖亚荣 邱绍荣
	张美玉	吧生	24	庚寅 11.14	结石珍	张德昌	蒋山娘(故)	张德昌(父)		
10.19	陈元斯	吧生	23	辛卯 6.25	甘光遮莒	陈亚章	温裕娘	陈亚章(父)	陈元忠	许金安 胡先情 李新宁
	杨莲娘	吧生	17	丁酉 8.28		杨大鼻(故)	陈引媛	陈引媛(母)		
10.20	余亚操①	中国	37	丁丑 12.3	公堂	余应生(故)	陈样娣(故)	余亚纲(宗兄)	杜重阳	许金安 梁亚瓒 邱绍荣
	黄金娘	吧生	20	甲午 6.17	中港仔	黄亚丙(故)	陈春娘	陈春娘(母)		

① 王字 1900 年 12 月 12 日第 11 号。

10.29	叶禄河	吧生	20	甲午 8.16	公堂	叶思秀	余益娘	叶思秀(父)	杜重阳	许金安 廖亚荣 李新宁
	洪珍娘	吧生	18	丙申 2.12	中港仔	洪吧运(故)	林开娘(故)	洪吧寿(伯)		
10.31	陈长水	思茄	26	戊子 5.14		陈柔西(故)	蒋森娘(故)	陈长秋(兄)	吴木桂	许金安 廖亚荣 邱绍荣
	吴洲娘	巫眉	20	甲午 11.15	结石珍	吴元桂	蒋恩娘	吴元桂(父)		
11.2	蔡英才	吧生	28	丙戌 1.21	槟榔社	蔡以文(故)	陈坤娘(故)	蔡英松(兄)	高登堂	许金安 胡先情 邱绍荣
	黄东娘	吧生	17	丁酉 6.26		黄光美(故)	周万日	黄成(兄)		
11.8	黄燮温	吧生	20	甲午 7.22	圣望港	黄景兴	李端娘	黄景业(父)	陈富志	许金安 许庆隆 邱绍荣
	吴淞娘	吧生	19	乙未 3.28		吴坚然	李莲娘	吴坚然(父)[1]		
11.9	李纯如	吧生	22	壬辰 11.8	槟榔社	李长源	许麟娘	李长源(父)	陈山英	许金安 胡先情 邱绍荣
	林福娘	吧生	18	丙申 6.1		林山郎(故)	陈和娘	林奕居(兄)		
11.9	王天德	吧生	19	乙未 6.27		王端福	张物娘(故)	王端福(父)	张武生	许金安 胡先情 邱绍荣
	赵利娘	吧生	17	丁酉 7.13	望茄勿杀	赵德武	陈月娘	赵德武(父)		
11.9	张庆才[2]	中国	30	甲申 2.6		张仁义	肖面娘	张子言(堂叔)	余应合	许金安 胡先情 邱绍荣
	余顺娘	吧生	15	己亥 2.17	西门	余应恒	钟德娘(故)	余应恒(父)		
11.9	章南兴	吧生	25	己丑 2.12		章亚四(故)	温二娘(故)	章亚五(叔)	张春荣	许金安 胡先情 邱绍荣
	郑维娘	吧生	17	丁酉 4.4	毛六甲	郑心清	梁浮厨(故)	郑心清(父)		
11.9	彭庚生	吧生	24	庚寅		彭荣辉(故)	朱可娘	彭巳年(兄)	陈启宗	许金安 胡先情 邱绍荣
	陈安娘	吧生	23	辛卯	结石珍	陈亚四	温淑娘	陈亚四(父)		
11.9	蔡新春	吧生	22	壬辰 6.11	结石珍	蔡伯源(故)	郭俭娘	蔡新连(胞兄)	吴云南	许金安 胡先情 邱绍荣
	叶黄木娘	吧生	20	甲午 1.9		叶允中(故)	黄金娘(故)	黄金长(义父)		
11.19	钟锡恩	吧生	21	癸巳 8.16	丹那望	钟万兴	韩完娘(故)	钟昌兴(叔)	韩源海	许金安 胡先情 邱绍荣
	刘佑娘	吧生	17	丁酉 12.6		刘永水	许良娘	刘永水(父)		
11.15	陈金火	吧生	31	癸未 9.14		陈春辉(故)	徐霖娘(故)	陈荣水(堂兄)	陈玛招	许金安 胡先情 邱绍荣
	邱茄垅	吧生	28	丙戌 11.6	甘光巴汝	丘登邦(故)	吴荣娘(故)	丘继淑(堂兄)		

---

① 黄景兴，原任雷珍兰。吴坚然，原任雷珍兰。

② 王字 1913 年 7 月 14 日第 1352 号。

月日	姓名	籍贯	年岁	生日	注册地	父名	母名	主婚人	媒人	主事人
11.16	叶金福	吧生	25	己丑 9.29		叶德贤(故)	张本基	叶德厚(伯)	侯庆水	许金安 胡先情 邱绍荣
	蒋英娘	吧生	16	戊戌 7.4	结石珍	蒋全寿	陈海娘	蒋全寿(父)		
11.16	吴金福	吧生	23	辛卯 7.30		吴运来(故)	蒋宝娘	吴朝宗(堂叔)	侯庆水	许金安 胡先情 邱绍荣
	张日里娘	吧生	19	乙未 5.27	结石珍	张启祥(故)	廖秋娘(故)	张福良(堂兄)		
11.16	余清良	吧生	36	戊寅 4.9	丹那丁宜	余春生	陈十娘	余春生(父)	甘长太	许金安 胡先情 邱绍荣
	吴葱娘	吧生	32	壬午 11.9		吴金元(故)	杨六娘	吴芳宁(胞兄)		
11.17	叶金维	吧生	27	丁亥 1.13		叶登岸(故)	黄那娘	黄长利(母舅)	杨荣辉	许金安 胡先情 邱绍荣
	赵招娘	吧生	19	乙未 5.2	新巴杀	赵维唐(故)	陈秋娘	赵长生(胞兄)		
12.7	陈启阳	吧生	24	庚寅 9.8	二十六间	陈琼珠(故)	龚和娘	陈琼福(叔)	陈天荣	许金安 胡先情 李新宁
	颜员娘	吧生	23	辛卯 10.8		颜妙宫(故)	陈赫娘	颜金墨(兄)		
12.10	曾桂山	吧生	24	庚寅 8.17		曾南官(故)	丘秀娘(故)	曾柱仦(胞兄)	黄长溪	许金安 梁亚瓒 李新宁
	余春娘	吧生	22	壬辰 6.14	月那娘仔	余月令(父)	李有娘	余月令(父)		
12.26	阮福龙	望龟汝	28	丙戌 2.26		阮春山	陈音娘	陈音娘(母)	吴亚	许金安 梁亚瓒 李新宁
	吴应娘	吧生	22	壬辰 7.30	西霞巷	吴武郎(故)	梁全秀	梁全秀(母)		
12.26	宋宗信	吧生	21	癸巳 4.7		宋昆华	丘文娘	宋昆华(父)	陈耸峦	许金安 梁亚瓒 李新宁
	陈添娘	吧生	17	丁酉 7.13	暗巴杀	陈金鹤(故)	傅伦娘	傅伦娘(母)		
12.28	陈杨新	井里汶	20	甲午 10.27	观音亭巷	陈金榜(故)	番沙为也	陈杨成(兄)	赖文全	许金安 梁亚瓒 邱绍荣
	林本娘	吧生	19	乙未 11.25		林文淑(故)	丘贞娘	丘贞娘(母)		
12.28	陈祥海	思加	27	丁亥 10.24		陈文贵	黄维娘	陈文贵(父)	吴江发	许金安 梁亚瓒 邱绍荣
	林和娘	巫眉	17	丁酉 7.15	望茄勿杀	林涟漪(故)	陈贤娘	陈贤娘(母)		

总计:111 对

1914 年吧城唐人成婚注册表

月日	姓名	籍贯	年岁	生日	注册地	父名	母名	主婚人	媒人	主事人
1.3	李德曾	吧生	25	己丑 6.5		李亚三(故)	曾千娘(故)	李亮曾(堂兄)	梁鼎华	许金安玛腰 廖亚荣
	温招娘	吧生	16	戊戌 2.13	三间土库	温亚东	容宽娘	温亚东(父)		
1.7	李昭基	吧生	18	丙甲 7.15	中港仔	李成癸	林元娘	李成癸(父)	简亦淮	许金安 廖亚荣(雷)
	翁恭娘	吧生	18	丙申 12.23		翁文英	邹一娘	翁文类(父)		

1.11	杨玉瑞	吧生	41	癸酉 12.29	槟榔社	杨新才(故)	林宝娘	杨壬娘(大姐)	陈永沛	许金安
	李帽劳	吧生	29	乙酉 8.15		李桂南(故)	丁浮厨	丁浮厨(母)		廖亚荣
1.11	黄善昌	吧生	28	丙戌 4.4		黄类山(故)	姚坤娘(故)	黄寅皆(胞叔)	陈山英	许金安
	李桃娘	吧生	20	甲午 5.25	大南门	李亚春(故)	叶导娘	何亚义(继父)		廖亚荣
1.11	李文成	吧生	24	庚寅闰 2.8		李锦添(故)	曹暹娘	曹暹娘(母)	邱汉生	许金安
	廖酉娘	吧生	29	乙酉 11.22	结石珍	廖其集	陈丁娘(故)	廖其集(父)		廖亚荣
1.14	许桂成	吧生	21	癸巳 11.9	勃惹牙兰	许温德(故)	王音娘	许温惠(叔)	郑瑞成	许金安
	郑蕙英	吧生	18	丙申 5.3		郑仲熙	陈玉华	郑仲熙(父)		许庆隆(雷)
1.17	陈碧碹	思茄巫眉	32	壬午 8.11	结石珍	陈其智	蔡祺娘(故)	陈其智(父)	陈其雍	许金安 许庆隆
	邱登娘	吧生	18	丙申 2.14		邱顺华(故)	陈金英	邱传贵(兄)		邱绍荣
2.14	刘汉美	吧生	20	乙未 11.10	红牌	刘天锡	黄真娘	刘天锡(父)	黄清基	许金安
	林律只娘	吧生	17	戊戌 11.22		林宗水(故)	黄皆娘	林宗英(伯父)		廖亚荣
2.14	刘友保	吧生	28	丁亥 7.19	观音亭	刘三梅	黄色娘	黄色娘(母)	刘秀章	许金安
	叶勿娘	吧生	27	戊子 9.19		叶兴(故)	吴元娘	叶明发(兄)		廖亚荣
2.15	陈森福	吧生	20	乙未 3.13	结石珍	陈渊源(故)	许清娘	陈有福(兄)	张金云	许金安
	蔡香娘	吧生	15	庚子 4.14		蔡奇文(故)	黄然笃	蔡奇芳(叔)		许庆隆
2.15	邱忠咸	吧生	20	乙未 6.9	大使庙	邱逢德(故)	李和娘(故)	邱添娘(姑)	邱绍荣	许金安
	纪梅娘	吧生	20	乙未 9.9		纪东山	白福娘	纪东山(父)		许庆隆
2.16	朱茂山	吧生	23	壬辰 2.10	八戈然	朱发兴	陈发娘	朱发兴(父)	王义保	许金安
	潘烂娘	吧生	18	丁酉 8.19		潘怀德	李芬娘	潘怀德(父)		廖亚荣
2.26	黄 平	中国	32	癸未 12.8	公馆	黄屏(故)	林水娘(故)	黄明(堂兄)	杜重阳	许金安 廖亚荣 邱绍荣
	林八娘	望加寺	21	甲午 5.1	中港仔	林文龙(故)	杨振娘(故)	林高等(叔)		
3.2	陈运昌	吧生	31	甲申 7.8		陈新发(故)	张宝娘(故)	陈长振(兄)	林初泰	许金安
	郑艳娘	吧生	24	辛卯 9.24	甲汶勿杀	郑庆瑞	陈海娘	郑庆瑞(父)		胡先情(雷)
3.8	陈新风	吧生	30	乙酉 1.5		陈燕辉(故)	李宣娘	陈博林(胞兄)	蒋高升	许金安
	钟玉娘	吧生	17	戊戌 9.30	大公司后	钟怀仁(故)	陈福娘(故)	陈桂妹(继母)		胡先情
3.8	李瑞芳	吧生	25	庚寅 6.14	冬居巷	李金芝	蔡福娘(故)	李金芝(父)	陈桂发	许金安
	陈全娘	吧生	25	庚寅 8.12		陈溪森	张福娘	陈溪林(父)		胡先情
3.8	邱传才	吧生	21	甲午	结石珍	邱顺华(故)	陈金英	邱传贵(兄)	陈基智	许金安
	陈冉帽律	吧生	20	乙未		陈景禄	林白雅(故)	陈景禄(父)		胡先情
3.14	邱德清	吧生	23	壬辰 9.24		邱绍荣	谢陈老致娘	邱绍荣(父)	朱常斋	许金安 胡先情 李新宁
	蔡基娘	吧生	17	戊戌 1.23	观音亭	蔡玉振	胡和娘	蔡茂子(伯)		

3.22	熊奎兰 黎园妹	吧生 吧生	25 18	庚寅 10.17 丁酉 11.28	牛郎些里巷	熊特俊(故) 黎世东(故)	李菊娘(故) 林端娘(故)	熊宝璇(堂叔) 林庆泰(母舅)	马荣卿	许金安 胡先情 邱绍荣
4.14	陈宗春 张萱娘	吧生 吧生	57 42	戊午 7.17 癸酉 4.14	公堂 中港仔	陈乾山(故) 张吉生(故)	刘顺娘(故) 洪英娘(故)	陈亚五(宗叔) 张金赐(宗叔)	李南桂	许金安 梁亚瓒 李新宁
4.11	郭长安 杨金娘	吧生 吧生	42 36	癸酉 4.23 巳卯 7.12	公堂 中港仔	郭天赐(故) 杨青云(故)	施有娘(故) 黄萱娘(故)	郭德顺(堂兄) 杨德秀(堂叔)	杜重阳	许金安 梁亚瓒
4.11	刘永福 杨金娘	吧生 吧生	24 16	辛卯 7.7 己亥 5.30	丹那望	刘清顺(故) 杨英生	许色娘 吴全娘	刘钦曲(叔祖) 杨昆英(胞兄)	陈连枝	许金安 梁亚瓒
4.11	林金维 陈白娘	吧生 吧生	23 22	壬辰 6.10 癸巳 6.6	新治桥	林炎水 陈东元(故)	陈本娘 郑添娘	林炎水(父) 陈壬娘 (表姑丈)	李长源	许金安 梁亚瓒 邱绍荣
4.17	黎忠祥 李元英	吧生 吧生	25 23	庚寅 9.7 壬辰 5.13	公堂 中港仔	黎发增(故) 李明三	李茂娘 黄顺娘	李茂娘(母) 李明三(父)	杜重阳	许金安 梁亚瓒 李新宁
4.22	陈珠生 郑金娘	吧生 吧生	44 27	辛未 1.9 戊子 3.19	公堂 中港仔	陈德邻(故) 郑庆兴	杨旺娘 杜日本娘	杨旺娘(母) 郑庆兴(父)	杜重阳	许金安 梁亚瓒
4.26	陈富定 黄暖枝	吧生 吧生	23 17	壬辰 7.22 戊戌 6.5	新巴杀	陈宗道(故) 黄宏桂	黄鸾娘 林金娘	陈荣全(堂兄) 黄宏桂(父)	汤西恩	许金安 赵德顺 邱绍荣
5.3	张坤煌 林瑞娘	井里汶 吧生	33 22	壬午 9.24 癸巳 10.13	巷唠卓	张登 林耀廷(故)	黄春花 梁武娘	黄春花(母) 林福星(胞兄)	叶元球	许金安 胡先情
5.3	林炳安 戴文娘	吧生 吧生	38 30	丁丑 10.18 乙酉 11.23	班芝兰后	林亚四(故) 戴金安(故)	许月娘 杨胖娘	许月娘(母) 戴德仁(叔)	余振源	许金安 胡先情
5.3	许巴巴 黄发娘	吧生 吧生	18 18	己酉 2.19 己酉 7.16	洪溪	许全生(故) 黄德山(故)	蒋壬娘 邹春娘	许德松(堂兄) 黄清水(胞兄)	戴龙德	许金安 胡先情 邱绍荣
5.4	李朝成 陈那芝	吧生 吧生	20 18	乙未 4.15 乙酉 3.8	打铁街	李石 陈永辉(故)	黄万日(故) 黄任娘(母)	李石(父) 陈维庆(祖父)	陈维丰	许金安 胡先情
5.7	李长安 高安娘	吧生 吧生	30 23	己酉 2.16 壬辰 8.6	八戈然	李金员(故) 高荣兴(故)	邱玉娘(故) 许宣娘	李长源(胞兄) 高三财(胞兄)	陈合水	许金安 胡先情
5.8	杨联水 黄龄娘	井里汶 吧生	22 17	癸巳 2.12 戊戌 7.28	三间土库	杨启昌 黄清水	许必娘 颜惠娘	杨启茂(叔) 黄清水(父)	林景彩	许金安 胡先情
5.10	林荣顺 陈彬娘	茂物 吧生	24 20	辛卯 10.7 乙未 3.22	茄郎吃礼	林和泰 陈维松	陈美娘 赵快娘	林和泰(父) 陈维松(父)	李荣水	许金安 李千俊(雷)

5.10	郑光辉	吧生	18	丁酉 12.17	美色近	郑金泉	沈任娘(故)	郑金泉(父)	张瑞前	许金安
	黄那娘	吧生	16	己亥 11.15		黄玉树	张瑞娘	黄玉树(父)		胡先情
5.10	黄长海	吧生	29	丙戎 8.12	五脚桥	黄珠山	林美娘(故)	黄珠山(父)	黄玉树	许金安
	刘步肉	吧生	17	戊戌 5.12		刘合郎(故)	苏夏娘	刘润水(兄)		胡先情
5.10	李雅等	中国	26	辛丑 8.15	甘光巴汝	李茂茶	陈芳娘	李成癸(堂兄)	马荣卿	许金安
	陈雪娘	吧生	21	甲午 6.8		陈三朋	郑燕娘	郑燕娘(母)		胡先情
5.10	李全生	吧生	28	丁亥 10.22		李英才(故)	康荣娘	许清和(义兄)	陈福星	许金安
	陈恭娘	吧生	20	乙未 8.27	槟榔社	陈贵生	宋金娘	陈贵生(父)		胡先情
5.10	陈经三	龟突	22	癸巳 1.13	槟榔社	陈文成	林珍娘	陈文成(父)	陈经达	许金安
	林定娘	吧生	17	戊戌 1.23		林益义	何连娘	林益义(父)		胡先情
5.10	蒋登章	吧生	20	乙未 2.29		蒋璋苏	詹合娘	蒋漳苏(父)	高永昌	许金安
	许英娘	吧生	27	戊子 12.29	结石珍	许文全	戴曲娘(故)	许文全(父)		胡先情
5.10	陈桂郎	吧生	22	癸巳 3.19	丹那望	陈甲水(故)	李娘那(故)	陈源良(叔父)	朱碧安	许金安
	张润娘	芒安恤	19	戊申 2.29		张祖良	陈淑娘	张庆灿(胞兄)		胡先情
5.12	刘雪奎	吧生	23	壬辰 10.10	冬居巷	刘友兰	叶三娘	刘友兰(父)	刘亚火	许金安
	钟甲娘	吧生	20	丁未 10.3		钟亚逢(故)	刘忠妹	钟桂兰(兄)		胡先情
5.15	谢润泰	吧生	36	己卯闰 3.20		谢双喜	黎辛娘	黎辛娘(母)	林凤章	许金安
	陈庚娘	吧生	23	壬辰 7.21	大公司	陈双喜	邱归娘(故)	陈双喜(父)		梁亚瓒
5.15	李孙谦	吧生	24	辛卯 3.7	八戈然	李千森	沈安娘	李千森(父)	黄文贤	许金安
	黄水娘	吧生	21	甲午 9.17		黄文森	庄霖娘	黄文森(父)		许庆隆
5.15	陈补成	吧生	21	甲午 10.23	巷纱西	陈桂芳	李寅娘	陈桂芳(父)	陈桂苑	许金安
	林邦娘	文登	17	戊戌 12.11		林锦顺	吴从娘(故)	林锦顺(父)		胡先情
5.15	杨诗祥	吧生	25	庚寅 10.26		杨星烘	高贵娘	杨星烘(父)	陈银娘	许金安
	陈合娘	吧生	17	戊戌 2.6	丹那望	陈河昌(故)	蒋燕娘	陈源良(叔)		梁亚瓒
5.17	陈长泉	吧生	26	己丑 8.21	圣望港	陈丁茂(故)	蔡丙娘	陈金源(堂叔)	陈登宝	许金安
	吴椅娘	吧生	22	癸巳 4.27		吴其美	陈莲娘	吴其美(父)		梁亚瓒
6.4	何士章	吧生	29	丙戌 9.12	牛郎纱女	何泗川(故)	陈英娘	陈炳远(母舅)	陈炳南	许金安
	黄吉娘	吧生	20	乙未 6.4		黄土全(故)	林熟娘	刘光辉(姐夫)		赵德顺
6.5	吴双沛	中国	27	戊子 10.5		吴烟(父)	魏省娘	吴聘来(兄)	卢全龄	许金安
	蒋姜女	吧生	16	己亥 3.20	百答明贤	蒋高生	李乃霜	蒋高生		梁亚瓒
7.5	张水生	吧生	28	丁亥		张经章(故)	陈七娘(故)	陈三秀(母舅)	许元良	许金安
	李月娘	吧生	23	壬辰 11.3	望茄勿杀	李碧瑞	陈顺娘	李碧瑞(父)		梁亚瓒
7.30	朱建文	吧生	31	甲申 2.13	道郎巷	朱金水(故)	邹丁娘	邹丁娘(母)	洪福安	许金安
	钟怒那	吧生	24	辛卯 10.8		钟佑佐	吴福娘	钟佑佐(父)		梁亚瓒

8.2	黄贤林	吧生	24	辛卯 3.23	结石珍	黄江水	陈金娘	黄江水(父)	林河发	许金安
	林坤英	望茄寺	24	辛卯 11.18		林文杰	刘福娘	林文杰(父)		梁亚瓒
8.3	汤祥位	茂物	21	甲午 2.23		汤俊和	陈森娘	汤俊博(叔)	李子振	许金安
	李必娘	吧生	21	甲午 5.2	吉礁邦巷	李兴霖	陈永娘	李兴霖(父)		赵德顺
8.9	黄荣金	吧生	23	壬辰 5.20	甘光六纱	黄七水	林瑞娘	黄七水(父)	林松枝	许金安
	翁谦娘	吧生	19	丙申 12.23		翁文英	邹乙娘	翁文英(父)		梁亚瓒
8.17	吴亚三	吧生	44	辛未 8.13	在公馆	邹亚添(故)	丁才娘(故)	吴日妹(姐)	杜重阳	许金安
	梁低妹[1]	吧生	29	丙戌 10.27	中港仔	梁亚运	番南墨	梁亚运(父)		梁亚瓒
										邱绍荣
8.18	李亚当	吧生	19	丙申 9.5	芝其年	李亚鼎	廖金娘	李南辛(兄)	李南增	许金安
	黄辛妹	吧生	14	辛丑 5.24		黄亚拔	钟二娘	黄标云(叔)		梁亚瓒
										李新宁
9.6	钟荣康	吧生	37	戊寅 7.14		钟传麟(故)	刘美娘(故)	钟桂兰(兄)	陈荣辉	许金安
	陈甘娘	吧生	26	己丑 4.28	打铁街	陈亚秀(故)	周三娘	周三娘(母)		梁亚瓒
										李新宁
9.27	李瑞荣	吧生	23	壬辰 9.21		李火土	王长娘	李火土(父)	吴	许金安
	林灿娘	吧生	21	甲午 3.16	洪溪	林金安	王合娘(故)	林金安(父)		梁亚瓒
9.27	陈炎山	吧生	30	乙酉 8.12	观音亭	陈德全(故)	詹温娘	詹温娘(母)	陈	许金安
	林宝娘	吧生	28	丁亥 1.9		林坤元	郑桂娘	林坤元(父)		梁亚瓒
9.27	蒋德全	吧生	28	丁亥 8.9	结石珍	蒋才美(故)	陈蜜娘	蒋德龙(兄)	蒋德安	许金安
	蔡欣娘	吧生	17	戊戌 7.29		蔡长禄	叶石娘	蔡长禄(父)		梁亚瓒
9.28	章木生	吧生	45	庚午 2.20		章新凤(故)	黄运妹(故)	章壬娘(故)	陈宗贵	许金安
	邱玉娘	吧生	29	丙戌 7.15	巷振郎安	邱贵郎(故)	吴连娘	吴连娘(母)		梁亚瓒
9.30	洪维源	吧生	18	丁酉 5.6	五脚桥	洪向	李宝娘	洪向(父)	洪福安	许金安
	王福娘	吧生	17	戊戌 6.15		王镖	谢雪娘	王镖(父)		梁亚瓒
10.4	李笑凡	吧生	30	乙酉 12.8		李炳南(故)	韦氏	李宝华(堂叔)	邓敬仁	许金安
	潘七妹	吧生	19	丙申 6.22	班惹宁安	潘立斋	刘质娘	潘立斋(父)		梁辉运
10.5	李良水	吧生	21	甲午 4.9	新巴杀	林庚郎	张七娘	林庚郎(父)	熊保障	许金安
	陈秋娘	吧生	22	癸巳 4.2		陈良财(故)	邹桂娘	陈江水(叔)		梁亚瓒
										邱绍荣
10.8	蔡森赖	吧生	24	辛卯 8.2		蔡昧(故)	陈金池	蔡森田(兄)	杜重阳	许金安
	林来娘	吧生	24	辛卯 2.22	甘光河北	林金山	甘音娘	林金山(父)		梁亚瓒
10.9	黄注厘	中国	34	辛巳 9.25	班芝兰	黄和阔(故)	方甜娘	两人自愿	黄亦恐	许金安
	张音娘	吧生	31	甲申 7.7		张金龙(故)	吴茂娘(故)	不用主婚[2]		梁亚瓒

① 辛亥 1911 年 12 月 27 日，生一子邹福麟，现年 4 岁，愿与吴亚三又名邹亚三正式成婚注册。

② 两人已生男孩福全 13 岁。

10.9	黄新育	吧生	20	乙未 3.16	班芝兰	黄和阔(故)	李添娘(故)	黄注厘(兄)	黄亦恐	许金安
	曾道娘	吧生	20	乙未 11.12		曾清香(故)	黄必娘	曾启昌(兄)		梁亚瓒 邱绍荣
10.11	陈钦贵	吧生	19	丙申 9.1		陈福珍	邱龄娘	陈福珍(父)	黄坤舆	许金安
	李吉娘	吧生	19	丙申 1.21	中华会馆	李君子	陈义娘	李君子(父)		李千俊
10.11	张益山	吧生	29	丙戌 5.2	甘光	张硕龙	陈任娘	张硕龙(父)	吴木坤	许金安
	梁梨娘	吧生	18	丁酉 7.25	毛六甲	梁亚三	林宝娘	梁亚三(父)		李千俊
10.11	苏春风	吧生	29	丙戌 1.15		苏松柏(故)	陈爱娘	陈爱娘(母)	吴林生	双方未签字 10.14 经笔
	杨贵娘	吧生	18	丁酉 10.13	甘光六纱	杨西河(故)	许发娘	许发娘(母)		删去
10.11	蒋德全	吧生	31	甲申 1.17		蒋甫堪	王学娘	蒋甫堪(父)	郑清良	许金安
	薛建娘	吧生	18	丁酉 10.21	结石珍	薛远章	郑本基	薛远章(父)		梁亚瓒
11.4	吴荣昌	吧生	38	丁丑 8.8		吴元裕(故)	邱满娘(故)	吴亚二(叔)	巫友增	许金安
	林杞娘	吧生	16	己亥 11.8	丹那望	林福生	巫三娘	林福生(父)		梁亚瓒
11.24	曹存寿	吧生	26	己丑 8.20		曹新郎(故)	许对娘	曹亚檀(堂兄)	邱华山	许金安
	朱连妹	吧生	24	辛卯 9.4	结石珍	朱长水	余本娘	朱长水(父)		梁亚瓒
11.25	甘坤辉	吧生	28	丁亥 2.16		甘清彬	黄恩娘	甘清彬(父)	吴沛然	许金安 许庆隆
	李美娘	吧生	25	庚寅 2.22	大南门	李子凤(故)	周亚顺	李千善(兄)		邱绍荣
11.25	吴绵兴	吧生	31	甲申 7.2	班芝兰	吴水福	肖双娘	吴水福(父)	李绵炉	许金安
	詹成娘	吧生	26	己丑 7.16		詹启和	方安娘	詹启和(父)		许庆隆
11.26	苏长水	吧生	20	己未 11.5		苏锦祥(故)	徐火娘(故)	苏长寿(堂兄)	张福良	许金安
	黄盐娘	吧生	20	己未 4.19	结石珍	黄老治	陈碹娘	黄老治(父)		黄金龙
11.27	陈江海	吧生	18	丁酉 5.2		陈东淮	林文娘	陈东淮(父)	赵维谟	许金安 赵德顺
	赵亚礁	吧生	19	丙申 1.9	新巴杀	赵德和(故)	周月英(故)	赵维周(兄)		邱绍荣
11.28	刘乾益	吧生	22	癸巳 8.28		刘长寿	温春娘	刘长寿(父)	陈亚壬	许金安
	陈凤娘	吧生	19	丙申 10.20	结石珍	陈锦棠(故)	张八娘	张八娘(母)		梁亚瓒
11.29	詹绍锦	吧生	26	己丑 6.7	结石珍	詹怀珍(故)	陈海娘(故)	詹绍缘(兄)	唐百子	许金安
	林旺娘	吧生	18	丁酉 6.2		林火生	曹连娘	林火生(父)		梁亚瓒
11.29	蔡福良	吧生	30	乙酉 6.2	圣望港	蔡永利(故)	陈文娘	陈文娘(母)	方水明	许金安
	张高志	吧生	20	乙未 8.20		张金秋(故)	薛金娘(故)	张金木(叔祖)		梁亚瓒
12.6	林金樽	吧生	28	丁亥 3.13	必者旧窑	林上泰(故	吴瑞娘	吴瑞娘(母)	叶均炎	许金安
	钟银娘	吧生	24	辛卯 12.7		钟裕和	赵以淡	钟裕和(父)		许庆隆
12.6	甘贵祥	吧生	30	乙酉 12.8	班芝兰	甘长奇(故)	陈山娘	甘水手(兄)	林松顺	许金安
	王赞娘	吧生	26	己丑 7.14		王秀生	陈江娘	王秀生(父)		许庆隆

12.6	胡碧纯	吧生	28	丁亥闰 4.2	新巴杀	胡盛麟	肖宝娘(故)	胡盛麟(父)	许庆寿	许金安
	陈紫娘	吧生	20	乙未 11.3		陈进珠(故)	黄周娘(故)	陈进木(伯)		许庆隆 邱绍荣
12.6	蔡文成	吧生	24	辛卯 8.15	茄马腰兰	蔡瑞兴(故)	邱文齐(故)	刘肇山(姐夫)	钟云郎	许金安
	陈麻子	吧生	17	戊戌 10.16		陈开昌	吴森娘	陈开昌(父)		许庆隆
12.6	洪长生	吧生	28	丁亥 4.18		洪尧宴(故	杨珠娘(故)	洪储水(堂叔)	侯癸山	许金安
	张遇娘	吧生	24	辛卯 3.3	丹那望	张悦昆	杨明娘	张悦昆(父)		许庆隆
12.6	叶金良	吧生	24	辛卯 2.2	东居巷	叶元球	甘月娘	叶元球(父)	蓝长兴	许金安
	吴任娘	吧生	23	壬辰 10.15		吴江发	张福娘	吴江发(父)		许庆隆 邱绍荣
12.6	吴焕霖	吧生	24	辛卯 1.19		吴安寿	叶元兴	吴安寿(父)	沈恕堂	许金安
	古玉英	吧生	20	乙未 2.17	打铁街	古亚松	杜兰娘	古亚松(父)		许庆隆
12.8	刘昌盛	吧生	42	4.23		刘木生	钟丙古(故)	刘木生(父)	刘三妹	许金安
	林癸娘	吧生	22	癸已 3.2	洪溪	林添四(故)	刘子娘	林宾南(兄)		梁亚瓒
12.11	陈赞漳	吧生	20	乙未 11.26	在公馆	陈鸿业(故)	周祥娘(故)	陈荣泰(胞叔)	杜重阳	许金安
	林娜姐	吧生	16	己亥 9.5	中港仔	林金海	李琛娘	刘汉章(表叔祖)		梁亚瓒 邱绍荣
12.20	陈决炎	仕甲	24	辛卯 1.17	丹那望	陈长顺(故)	蔡集娘	陈决阳(兄)	陈春水	许金安
	吕文娘	武眉	20	乙未 9.23		吕谦让	许梅娘	吕谦让(父)		梁亚瓒
12.24	杨清森	吧生	22	癸巳 9.25	新巴杀	薛攀龙(故)	杨海娘	薛清风(胞兄)	杨泰泉	许金安
	颜金娘	吧生	18	丁酉 6.5		颜克坤(故)	陈锡娘	颜克昌(叔父)		赵德顺 邱绍荣
12.24	陈宽辉	吧生	24	辛卯 3.10	结石珍	陈财禄(故)	沈益娘(故)	陈宽泉(胞兄)	陈元兴	许金安
	汤盾娘	吧生	20	乙未 10.9	干那雅巷	汤金全	陈恩娘(故)	汤金全(父)		赵德顺
12.27	杨寿长	吧生	24	辛卯 12.24		杨宝生	王福娘(故)	杨宝生(父)	肖顺松	许金安
	梁齐娇	吧生	22	癸巳 10.3	大南门	梁亚瓒甲	洪发娘	梁亚瓒(父)		李千俊

总计:92 对

1915 年吧城唐人成婚注册表

月日	姓名	籍贯	年岁	生日	注册地	父名	母名	主婚人	媒人	主事人
1.10	陈汉阳	吧生	28	丁亥 9.1		陈镇山	李乙娘(故)	陈镇山(父)	陈淮阳	许金安(玛腰)
	黄瑞娘	吧生	21	甲午 4.29	振郎安	黄玉焕	曾水娘	黄玉焕(父)		梁亚瓒(雷)
1.17	陈钦城	吧生	27	丙子 2.26	新巴杀	陈沧浦(故)	汤林娘	陈钦水(胞兄)	许庆泰	许金安
	侯瑟娘	吧生	22	癸巳 9.5		侯玉和(故)	黄宣娘	侯德广(胞兄)		赵德顺(甲)

1.20	刘荣昌	吧生	20	乙未 5.12	甘光如南未槟榔社	刘镇仕	谢兴娘	刘镇仕(父)	连福全	许金安
	高永娘	吧生	18	丁酉 9.29		高保全	连生娘	高保全(父)		许庆隆
1.23	王保兴	吧生	32	癸未 9.25	惹牙兰	王碧宏	许珠娘(故)	王碧宏(父)	王坤麟	许金安
	黄福娘	吧生	30	乙酉 1.8		黄玉昆(故)	王老芝(故)	黄水景(表姑父)		许庆隆
1.24	陈如生	吧生	23	壬辰 1.12	砖仔桥	陈福海(故)	黄凤娘	黄凤娘(母)	吴希哲	许金安
	李两娘	吧生	19	丙申 11.12		李长南	王缘娘	李长南(父)		许庆隆
1.24	梁广权	吧生	37	己卯 8.26		梁振扬(故)	陈二妹(故)	梁亚达(兄)	张九郎	许金安
	张圆妹	吧生	16	庚子 3.4	中港仔	张国兴	林论娘	张亚二(堂叔)		许庆隆
1.24	余金池	吧生	20	乙未 6.14	结石珍	余子发(故)	陈敬娘(故)	余子英(叔)	余文海	许金安
	林金娘	吧生	17	戊戌 10.21		林德泉	郭木娘	林德泉(父)		许庆隆 邱绍荣
1.28	陈九源	北加琅	26	己丑 3.22		陈添奇	罗六娘	陈添奇(父)	许金仁	许金安
	钟和娘	丹戎孚劳	17	戊戌 3.12	丹成浮劳	钟元贞	陈秀娘	钟元贞(父)		邱绍荣 邱绍荣[①]
1.31	许庆主	吧生	20	乙未 9.19	毛六甲	许金贤(故)	吴石娘	许金宝(伯父)	许庆谓	许金安
	朱惹乐娘	吧生	19	丙申 4.27		朱茂美	沈爱娘	朱茂美(父)		李千俊(雷) 邱绍荣
1.31	林金顺	吧生	22	癸巳 6.19		林仪川(故)	黄吉娘	林金源(兄)	林茂生	许金安
	陈珠娘	吧生	20	乙未 6.16	结石珍	陈炎基	吴连娘	陈炎基(父)		李千俊
3.3	赵维祥	吧生	24	壬辰 8.19		赵德江	许荣娘(故)	赵德江(父)	杨金荣	许金安
	陈珠娘	吧生	20	丙申 12.24	吉郎吃礼	陈维松	赵快娘	陈维松(父)	(默氏)	许庆隆 邱绍荣
3.7	陈楼留	吧生	37	己卯 2.13	结石珍	陈文广(故)	汤织娘(故)	陈楼良(胞兄)	李长钰	许金安
	李算娘	吧生	26	庚寅 2.18		李松龄(故)	蔡音娘(故)	李江水(叔父)		梁亚瓒
3.19	简宽顺	谈文	22	甲午 6.26		简宗庸(故)	朱本娘	简宽宥(胞兄)	赵惹娘	许金安
	赵音娘	吧生	17	己亥 4.10	结石珍	赵维振(故)	黄本娘(故)	赵维庆(叔父)		邱绍荣
3.20	林俊轩	中国	37	己卯 9.4	公馆	林耀庭(故)	谢裕娘(故)	林坤祥(堂兄)	杜重阳	许金安
	何山娘	礼马亚望	22	甲午 11.20	在中港仔	何俨仁	饶安娘	何俨仁(父)		邱绍荣(雷) 邱绍荣(朱)
3.21	陈垂煌	吧生	24	壬辰 12.25	望茄勿杀	陈清碹(故)	张福娘	陈清白(叔)	陈清炎	许金安
	甘芝良	吧生	20	丙申 4.4		甘益添	黄水娘	甘庆辉(叔祖)		邱绍荣
3.21	温章训	吧生	24	壬辰 7.17	八厨沃干	温松生	刘新娘	刘新娘(母)	彭丙龙	许金安
	彭辛娘	吧生	25	辛卯 10.26		彭海江(故)	廖福娘(故)	彭登水(兄)		邱绍荣

① 邱绍荣，公堂朱葛礁，代理雷珍兰。

3.29	陈基钟	吧生	43	癸酉 11.8		陈清安	朱道娘	陈清安(父)	陈丰金	许金安 邱绍荣
	王烈志	吧生	20	丙申 6.25	丹那望	王家福	周淡娘	王家福(父)		邱绍荣
4.4	陈泽茂	吧生	19	丁酉 3.13	八茶罐	陈钦安(故)	戴美娘	陈福珍(祖)	黄坤舆	许金安 李千俊
	蔡海娘	吧生	18	戊戌 3.11		蔡德水(故)	张水娘(故)	蔡顺娘(姑母)		邱绍荣
4.4	吴柱元	吧生	29	丁亥 10.8	班芝兰	吴照汉	林华娘	吴照汉(父)	王那生	许金安
	游亚东	吧生	17	己亥 9.7		游亚兴(故)	曾荷娘	曾荷娘(母)		李千俊
4.4	谢结珍	吧生	23	癸巳	结石珍	谢清仪	薛镇娘	谢清仪(父)	陈清顺	许金安
	陈怀娘	思茄巫眉	18	戊戌		陈英才	汤贞娘	汤贞娘(母)		李千俊
4.9	郑标元	井里汶	22	甲午 6.29		郑维中	陈清贵	郑维松(叔)	詹怀郎	许金安
	黄金娘	吧生	20	丙申 3.15	甲文日落	黄长熊(故)	詹炎娘	黄金龙(兄)		梁亚瓒
4.11	杨开祥	勿里洋	22	甲午 10.11		杨课五(故)	陈亚娘	杨允甫(堂兄)	徐现鸿	许金安
	吴玉兰	吧生	18	戊戌 9.26	丹那望	吴毓灵	杨顺招	吴毓灵(父)		邱绍荣
4.12	江丽生	吧生	23	癸巳 3.18		江谦和	曾安娘	江谦和(父)	梁享利	许金安
	梁乙娘	吧生	21	乙未 1.22	甘光六纱	梁福湘	李锦娘	梁福湘(父)		邱绍荣
4.27	甘玉英	加劳旺	34	甲午 9.13	公馆	甘新友(故)	黄根娘(故)	涂维庆(表兄)	杜重阳	许金安
	黄毛不老	吧生	18	戊戌 8.16	中港仔	黄和祥(故)	吴土娘(故)	谢织娘(养母)		梁亚瓒
4.27	李柏奎	吧生	28	戊子 1.4	公馆	李亚六(故)	黄毛讫娘	李分钦(堂叔)	杜重阳	许金安
	古新妹	吧生	24	壬辰 4.14	中港仔	古德珍	何万娘	古德珍(父)		梁亚瓒
5.12	王瑞盼	直葛	27	己丑 7.12	公馆	王绵泉(故)	苏贵娘	苏贵娘(母)	杜重阳	许金安
	林莲香	直葛	24	壬辰 5.19	中港仔	林淼泉(故)	许亚佳(故)	林玩秀(兄)		梁亚瓒
5.14	陈玉霞	芝巴巴	28	戊子 4.3		陈万辉(父)	柯秋娘	陈万辉(父)	蒋百大	许金安
	吴灿娘	茂物	18	戊戌	红碑	吴乾员	蒋玉娘(故)	吴乾贞(父)		许庆隆
5.16	柯金发	吧生	35	辛巳 1.9		柯青龙(故)	王月娘(故)	柯寿山(宗兄)	王日邦	许金安
	苏楷娘	吧生	25	辛卯 1.17	五脚桥	苏璇玑(故)	李水娘	李水娘(母)		邱绍荣
5.23	徐长生	吧生	22	甲午 4.8	大使庙	徐锦郎	林美娘	徐锦郎(父)	黄庚生	许金安
	钟娘那	干冬圩	18	戊戌 6.6		钟云郎	邱风云	钟云郎(父)		邱绍荣
5.23	王登清	文丁	21	乙未 5.16		邱金福(故)	蔡荣娘	蔡荣娘(母)	林庆端	许金安
	林玉娘	吧生	19	丁酉 10.26	戈老屈	林有祥(故)	魏兀娘	魏兀娘(母)		邱绍荣
5.24	陈庆龙	吧生	31	乙酉 9.22	结石珍	陈财发	肖金娘	陈庆顺(兄)	朱坤焕	许金安
	朱凤娘	吧生	23	癸巳 7.28	抚我	朱添寿	杨桂娘	朱昆明(兄)		邱绍荣
5.30	陈福东	吧生	21	乙未 2.22	砖仔桥	陈富老	潘镜娘	陈富老(父)	黄显明	许金安
	邹梅娘	吧生	20	丙申 11.12		邹兴德	李海娘	邹兴德(父)		邱绍荣

5.30	高长贵	吧生	22	甲午 7.16	观音亭	高天赐	黄民力(故)	高天赐(父)	高福寿	许金安
	李让娘	吧生	22	甲午 7.9		李火土	王长娘	李火土(父)		邱绍荣
5.30	周天发	吧生	23	癸巳 9.29		周书麟	张贵娘	周书彝(父)	刘九祥	许金安
	刘水娘	吧生	24	壬辰 5.21	纱哇勿杀	刘立发	廖三娘	刘立发(父)		邱绍荣
5.30	许金增	吧生	21	己未 2.28	甘光巴厘	许龙喜	蔡森娘	许龙喜(父)	许文全	许金安
	黄文笃	吧生	17	己亥 8.2		黄永庇	刘长娘	黄永庇(父)		邱绍荣
5.30	蒋金水	吧生	22	甲午 8.22	丹那望	蒋顺郎	王瑜娘	蒋顺郎(父)	林益兴	许金安
	王阳娘	吧生	18	戊戌 5.19		王振乾(故)	赖财娘	王文富		邱绍荣
6.1	黄懋良	吧生	20	丙申 8.21	圣望港	黄景兴	李端娘	黄景兴(父)	吴铿然	许金安
	吴福娘	吧生	18	戊戌 3.4		吴清汉(故)	黄英娘	吴清顺(叔)	甲	许庆隆
6.6	蔡明远	吧生	26	庚寅 4.27	望茄勿杀	蔡天和(在叻)	陈益娘	蔡奇芳(叔祖)	许耀东	许金安
	苏卜娘	吧生	18	戊戌 5.20		苏善藏	陈笔娘	苏善藏(父)		邱绍荣
6.6	陈梦魁	吧生	19	丁酉 8.14		陈士龙(故)	林银锁	林银锁(母)	陈士元	许金安
	潘音娘	吧生	18	戊戌 10.13	五脚桥	潘安佳(故)	陈白娘	陈白娘(母)		邱绍荣
6.6	陈基佩	吧生	21	乙未 8.18		陈珠桂(故)	曾尚白(故)	陈基地(兄)	林南昌	许金安
	郑木娘	吧生	18	戊戌 9.6	大牛年	郑新才	许路物	郑新才(父)		邱绍荣
6.26	陈振贵	茂物	24	壬辰 2.7		陈恒思(故)	王坚娘(故)	陈恒保(叔)	陈进宝	许金安
	高文娘	吧生	19	丁酉 12.20	冬居巷	高登堂	黄水娘	高登堂(父)		邱绍荣
6.28	郭双寿	吧生	26	庚寅 5.20	丹那望	郭景祥	何甲娘	郭景祥(父)	吴枢郎	许金安
	梁贵娘	吧生	18	戊戌 8.8		梁金光(故)	陈清娘(故)	梁官生(叔)		梁亚瓒
7.10	徐湧源	吧生	23	癸巳 4.21	吃郎班让	徐金和	李蓝娘(故)	徐金和(父)	徐永昌	许金安
	李尧娘	吧生	23	癸巳 9.25		杨玉珍	林细娘(故)	杨玉珍(父)		梁亚瓒
7.12	李河水	吧生	27	己丑 10.10	公馆	李成贤	梁彩娘(在唐)	李成贤(父)	杜重阳	许金安
	杨京娘	吧生	16	庚子 5.10	中港仔	杨三海(故)	陈关娘	陈关娘(母)		梁亚瓒
7.22	李德纯	吧生	19	丁酉 5.29	公堂	李国贤(故)	古润娘	李德昭(胞兄)	杜重阳	许金安
	伍兴娘	中国	17	己亥 2.17	中港仔	伍兆朋(故)	杨迎娘	伍春记(堂叔)		邱绍荣
7.23	古当水	吧生	40	丙子 10.28		古文瑞(故)	戴不娘(故)	古端娘(姑母)	李文安	许金安
	罗巳娘	吧生	27	己丑 6.23	甲汶纱腰	罗云德	陈于淡娘	罗云德(父)		邱绍荣
7.25	林长发	吧生	27	丁丑 11.23		林涟漪(故)	郑品之(故)	林子佛(宗伯)	郑清良	许金安
	蔡茂娘	吧生	30	丙戌 11.8	结石珍	蔡安水(故)	黄珍娘(故)	蔡丙兴(胞兄)		邱绍荣

7.26	蔡长茂	吧生	26	庚辰 2.28	结石珍	蒋妈助	刘娘那	蒋妈助(父)	余文海	许金安
	马紫娘[①]	吧生	32	甲申 9.22		马炳林(故)	陈蕊娘(故)	马金枝(兄)		邱绍荣
7.29	陈李平	吧生	18	戊戌 4.4	洪溪	李才英	陈福娘(故)	李才英(父)	林清珍	许金安
	林桂娘	吧生	18	戊戌 2.4		林庚寅	黄珠娘	林庚寅(父)		邱绍荣
7.29	李昭顺	吧生	20	丙申 12.12	班曹兰	李成胖	黄白色	李成胖(父)	陈光有	许金安
	黄南瞑	吧生	18	戊戌 1.16		黄西玉	叶瑞娘(故)	黄西玉(父)		邱绍荣
8.7	张坤德	井里汶	21	乙未 7.1		张天灯	黄春华	张坤煌(胞兄)	李建德	许金安
	林贤娘	吧生	16	庚子 11.15	牌仔巷	林桂枝	张文娘	林桂枝(父)		邱绍荣
8.16	曾鹏沐	中国	27	己丑 4.9	公堂	曾启明(故)	欧银花	欧银花(母)	杜重阳	许金安
	吕源秀	吧生	24	壬辰 8.1	中港仔	吕添丁(故)	蒋素娘(故)	吕源振(兄)		邱绍荣
8.23	谢职庆	吧生	23	癸巳 8.8		谢信源	叶叨娘	谢信源(父)	李清水	许金安 梁亚瓒
	廖辛娘	吧生	15	辛丑 9.7	丹那望	廖润妹(在唐)	钟福娘	廖亚海(兄)		邱绍荣
9.2	林福银	文丁	28	戊子 7.14	公堂	林益郎	饶恩娘	林盖郎(父)	杜重阳	许金安
	陈贤娘	茂物	20	丙申 1.25	中港仔	陈和良	叶芬娘	叶芬娘(母)		邱绍荣
9.8	黄菊鸿	中国	31	乙酉 10.10	公堂	黄捷耀	李华妹	黄铭鸿(兄)	杜重阳	许金安
	梁禄妹	吧生	20	丙申 6.1	中港仔	梁亚日	吴二妹	梁亚日(父)		邱绍荣
9.9	韩德兴	東义里	20	丙申 8.7		韩绵河(故)	郭砛娘	郭钟胤(母舅)	余根中	许金安
	唐珍娘	東义里	19	丁酉 2.18	甘光爪亚	唐克顺	陈琶尼	唐克顺(父)		邱绍荣
9.12	林泉成	南旁	20	丙申 5.5		林茂水	陈环娘	李绵炉(表?)	吴云南	许金安
	黄鸿娘	吧生	17	己亥 6.28	丹那劳邦	黄和阔(故)	蒋贝娘(故)	黄注厘(胞兄)		邱绍荣
9.13	陈文福	吧生	20	丙申 5.22	新巴杀	陈万树	杨全娘	陈万树(父)	马金枝	许金安
	谢温娘	茂物	20	丙申 5.4		谢亚文	陈音娘	谢亚文(父)		邱绍荣
9.19	唐荣全	吧生	30	丙戌 6.13	望茄勿杀	唐青松(故)	陈恩伦(故)	唐荣春(兄)	陈天赐	许金安
	王山娘	吧生	23	癸巳 10.20		王兑	黄福娘	王兑(父)		邱绍荣
9.19	陈民珍	吧生	20	丙申 11.27	槟榔社	陈龙运	许莲芷(故)	陈龙远(父)	陈金饱	许金安
	蒋文质	吧生	19	丁酉 8.23		蒋乾柳	陈美娘(故)	蒋乾柳(父)		邱绍荣
9.19	黄观栋	吧生	23	癸巳 3.17	望茄勿杀	黄亚有(故)	林菊娘	林菊娘(母)	许清渊	许金安
	吴二妹	吧生	18	戊戌 3.14		吴亚乔	钟劳冥	吴亚乔(父)		邱绍荣
9.19	江景隆	吧生	29	丁亥 12.8	结石珍	江积和(故)	吴陈娘	吴陈娘(母)	吴光能	许金安
	陈仁义	吧生	22	甲午 7.2		陈玉和	汤恩恤(故)	陈玉和(父)		邱绍荣

① 马氏生有二子二女：蒋木东 7 岁，己酉 10 月 8 日生；木生 6 岁，庚戌 12 月 18 日生；玉娘壬子 4 岁，9 月 30 日生；秋娘 2 岁，甲寅闰 5 月 11 日生。

9.19	林永丰	吧生	20	丙申 9.27	丹那望	林瑞轩(故)	叶保娘	林长山(宗伯)	周长传	许金安
	李苔娘	吧生	16	庚子 10.29		李衍辉	周衍娘	李衍辉(父)		邱绍荣
9.19	施清怀	保母宁莪	26	庚寅闰 2.7		施连谟(故)	张双娘(故)	施清泉(兄)	刘亚溶	许金安
	李理娘	吧生	18	戊戌 2.13	冬后巷	李君郎	沈丰娘	李君郎(父)		邱绍荣
9.26	吴有郎	吧生	36	庚辰 9.16		吴昌盛	邹九娘	吴肇达(宗叔)	黄宣德	许金安
	陈乙娘	吧生	20	丙申 9.23	勃生	陈亚二	刘物娘	陈亚二(父)		邱绍荣
9.26	陈荣瑞	思加巫眉	22	甲午 10.2		陈金兴	梁老智	陈金兴(父)	王登兰	许金安
	邱有娘	吧生	17	己丑 1.16	槟榔社	邱登海	蔡十娘	邱登海(父)		邱绍荣
9.26	叶元祥	甲巴	22	甲午 6.17		叶德和	许樽娘(故)	叶总和(父)	谢博生	许金安
	曹追娘	腰兰	22	甲午 3.7	必者旧室	曹锦寿	钟顺娘(故)	曹锦寿(父)		邱绍荣
10.1	李九我	吧生	23	癸巳 11.25		李亚三(故)	彭辛娘	彭辛娘(母)	彭天水	许金安
	彭癸娘	吧生	23	癸巳 11.30	甘光爪亚	彭亚三(故)	温丁牙	彭炳龙(伯)		邱绍荣
10.3	赵维淋	吧生	23	癸巳 5.25	新巴杀	赵德和(故)	赖乙娘	赵德江(叔)	赵维周	许金安
	连安娘	吧生	18	戊戌 6.11		连光瑞	林雪娘	连光瑞(父)		邱绍荣
10.4	谢牌	中国	31	乙酉 9.18		谢熟(故)	洪纱娘	洪鸳(表兄)	洪金结	许金安
	洪由娘	吧生	17	己亥 9.24	五脚桥	洪度	郑毛吃	洪度(父)		邱绍荣
10.8	刘保祥	吧生	27	丁丑 4.19	公堂	刘呈瑞	黄春娘	黄春娘(母)	杜重阳	许金安
	蔡弄娘	吧生	22	甲午 7.12	中港仔	蔡天良(在叻)	李茶娘	戴碧珠(姐夫)		邱绍荣
10.27	钟天河	吧生	39	丁丑 5.3		钟金生(故)	蓝甘娘	钟天发(胞兄)	李桂二	许金安
	李蕴娘	吧生	29	丁亥 1.16	茄马腰兰	李南桂	叶谷娘	李南桂(父)		梁亚瓒
11.14	陈永泉	吧生	28	戊子 5.3	望茄勿杀	陈双喜	邱桂娘(故)	陈双喜(父)	林丰漳	许金安
	邱三娘	望茄寺	18	戊戌 11.28		邱荣官(故)	李有娘(故)	李文理(母舅)		邱绍荣
11.14	周长惹	吧生	18	戊戌闰 3.30	大使庙	周坤仪(故)	曹金娘	李衍辉(姑丈)	邹冻淋	许金安
	许美娘	吧生	19	丁酉 2.2		许温厚(故)	李丹娘(故)	许温惠甲(叔)		邱绍荣
11.14	陈良才	吧生	27	己丑 12.17		陈炎基	吴莲娘	陈炎基(父)	詹善渭	许金安
	蔡来娘	吧生	28	戊子 10.1	甘马腰兰	蔡水兴(故)	王佳娘(故)	邱文生(母舅)		邱绍荣
11.16	谢文种	中国	56	庚申 10.10	望茄勿杀	谢存义(故)	许一娘(故)	谢锡畴(宗叔)	郑德新	许金安
	蔡理物	吧生	41	乙亥		蔡清山(故)	侯勤娘	侯勤娘(母)		邱绍荣
11.21	柯文英	吧生	26	庚寅 3.28		柯林河(故)	许荣娘(故)	柯金发(堂叔)	吴长桂	许金安
	李银妹	吧生	21	乙未 2.15	巷道郎	李钦史(故)	黄时娘	李文汀(兄)		邱绍荣
11.21	叶志荣	中国	23	癸巳 6.12		叶宗琼	吕且娘(故)	叶庆占(伯)	杜重阳	许金安
	蔡及娘	吧生	18	戊戌 5.18	巷旺盛	蔡新包	张美娘	蔡新包(父)		邱绍荣

11.22	甘荣玉	吧生	23	癸巳 8.11	公馆	甘松风(故)	黄永娘	甘荣柳(胞兄)	陈元良	许金安
	刘石娘	吧生	18	戊戌 3.3	在中港仔	刘丁成(故)	戴金娘(故)	陈春寿(姐夫)		邱绍荣
11.22	陈旺贵	吧生	24	壬辰 4.18		陈登寿	纱胡那	陈登寿(父)	陈开章	许金安
	余永娘	吧生	22	甲午 6.24	丹那娘仔	余丹伶	李有娘	余丹伶(父)		邱绍荣
11.28	戴东阳	吧生	28	戊子 10.8		戴翼莫(故)	林坤娘	林坤娘(母)	罗新德	许金安
	李民娘	吧生	18	戊戌 8.23	望茄勿杀	李文安	马浮厨	李文安(父)		邱绍荣
11.28	陈福顺	吧生	26	庚寅 6.3		陈绵远(故)	杨三娘	杨三娘(母)	杨壬郎	许金安
	刘金娘	吧生	22	甲午 10.18	毛六甲	刘正惹(故)	林松娘	林松娘(母)		邱绍荣
12.5	林福星	吧生	37	己卯 5.24	竹巷	林耀庭(故)	杨武娘	杨武娘(母)	叶闰明	许金安
	黄玉娘	吧生	30	丙戌 11.8		黄连进(故)	苏鸾娘	黄春水(兄)		邱绍荣
12.5	杨杰昌	吧生	27	己丑 2.3	结石珍	杨亚德(故)	番理物(故)	杨亚带(叔)	赵邦发	许金安
	邱奶里	吧生	19	丁酉 7.24		邱江南(故)	赵保娘	邱锦春(叔)		邱绍荣
12.5	王天祥	吧生	25	辛卯 8.6	砖仔桥	工端福	张物娘(故)	王端福(父)	陈金山	许金安
	陈坤质	吧生	22	甲午 3.5		陈琼珍(故)	王安祉	陈荣端(兄)		邱绍荣
12.5	程广生	吧生	27	己丑 11.21	纱南巴	程庚郎	赖桂娘	程庚郎(父)	程甲郎	许金安
	蓝文娘	吧生	17	己亥 12.26		蓝亚堂(故)	刘下勃	刘下勃(母)		邱绍荣
12.12	黄振新	吧生	24	壬辰 8.18		黄暖敬(故)	赖庚娘	赖庚娘(母)	简增	许金安
	古桂英	吧生	20	丙申 8.9	打铁街	古亚祥	涂连娘	古亚祥(父)		梁亚瓒
12.12	严炳辉	吧生	23	癸巳 2.16		严端源(故)	黄顺娘(故)	严炳生(兄)	魏文焕	许金安
	陈登娘	吧生	18	丁酉 7.24	五脚桥	陈俊贤	张荫娘	陈俊贤(父)		梁亚瓒
12.12	陈琴瑟	吧生	30	丙戌 2.5	道郎	陈建寅(故)	林谷娘	林谷娘(母)		许金安
	林梅娘	吧生	27	己丑 11.3	新厝仔	林开科	邱坤娘(故)	林开科(父)		李新宁
12.15	蒋僚	中国	28	戊子 3.9		蒋交(故)	张日娘(故)	蒋伏(叔)	蒋漳和	许金安
	吴地娘	吧生	24	壬辰闰 6.14	五脚桥	吴振炎	李能娘(故)	吴振炎(父)		李新宁
12.26	洪碧池	文丁	21	乙未 2.2		洪德镜(故)	黄勿娘(故)	洪马赞(堂兄)	林国安	许金安
	黎保娘	吧生	22	甲午 11.3	菜河巷	黎本熙	温顺娘	黎本熙(父)		李新宁
12.26	张董弥	干冬圩	28	戊子 7.4		张完赵(故)	钟然卓	钟然卓(母)	黄浩	许金安
	陈素兰	吧生	24	壬辰 2.29	八厨沃间	陈俊信	黄凤娘(故)	陈俊信(父)		李新宁
12.27	符福初	中国	26	庚寅 9.13		符戴珍(故)	陈氏娘(故)	符载兰(叔)	刘?	许金安
	黄元娘	吧生	15	辛丑 10.15	槟榔社	黄昌荣	刘玉娘	黄昌荣(父)		李新宁

总计：93 对

1916年吧城唐人成婚注册表

月日	姓名	籍贯	年岁	生日	注册地	父名	母名	主婚人	媒人	主事人
1.8	陈荣郎	吧生	24	壬辰 7.16	冬居	陈明老	余和娘(故)	陈明老(父)	高克昌	许金安
	薛顺娘	吧生	17	己亥 8.15		薛烈辉	吴本娘	薛烈辉(父)		邱绍荣
1.9	林顺良	吧生	26	庚寅 10.20		林长华	陈观娘	林长华(父)	沈木连	许金安
	陈茄芝	吧生	22	甲午 2.12	丹那望	陈梅丹(故)	蔡艾娘	陈春水(兄)		邱绍荣
1.9	徐淮昌	吧生	22	甲午 9.3	丹那望	徐金松(父)	陈金娘(故)	徐金松(父)	沈振基	许金安
	许麦娘	吧生	19	丁酉 12.26		许耀和	徐火娘(故)	许耀和(父)		邱绍荣
1.9	胡森林	吧生	27	己丑 7.23	毛六甲	胡荣宗(故)	陈海娘(故)	胡荣祥(兄)	刘清有	许金安
	李宁娘	吧生	19	丁酉 10.28		李寿元(故)	韩水娘	李登华(兄)		邱绍荣
1.19	曾芳宣	北加浪	30	丙戌 9.22		曾观钟(故)	黄文突	黄文突(母)	林清祥	许金安
	陈邦基	北加浪	20	丙申 3.23	五脚桥	陈铭钟	薛水娘	陈文泰(兄)		邱绍荣
1.23	傅溪水	吧生	22	甲午 12.13		傅顺样(故)	郑凤娘	傅活水(兄)	陈松柏	许金安
	陈绸娘	吧生	18	戊戌 3.22	三间土库	陈金山	黄锡娘	陈金山(父)		邱绍荣
1.23	朱顺生	吧生	22	甲午 8.25	班芝兰	朱亚兰	吴连娘(故)	朱顺福(兄)	林永仪	许金安
	杨金娘	茂物	17	己亥 1.28		杨王福	蒋荫娘(故)	杨王福(父)		邱绍荣
1.23	魏东尊	吧生	20	丙申 11.14	亚森脚	魏渊(故)	谢良娘(故)	魏江龙(堂兄)	郑锦衣	许金安
	唐仁娘	吧生	18	戊戌 10.4		唐荣春	杨水娘	唐荣春(父)		邱绍荣
1.24	林昆玉	茄老旺	24	壬辰 1.8		林发荣(故)	张山娘	张山娘(母)	张清德	许金安
	陈森娘	吧生	22	甲午 6.26	八茶贯	陈镇山	李乙娘(故)	陈镇山(父)		邱绍荣
3.10	刘金泉	万隆	20	丙申 4.28		刘清源(故)	丘新娘	刘文和(胞兄)	李野爹	许金安
	陈娇娘	吧生	21	乙未 2.12	丹那娘仔	陈赞元	李春娘	陈赞元(父)		李新宁
2.19	薛森林	吧生	35	壬午 10.21	大使庙	薛福生(故)	杨吉娘(故)	薛泰水(叔)	郭长安	许金安
	吴云娘	芝里汶	19	戊戌 2.2		吴基盛(故)	刘振连娘(母)	刘振连娘(母)		李新宁
2.27	薛芳才	吧生	26	辛卯 10.12	新巴杀	薛荣华(故)	黄清娘(故)	薛清风(叔)	黄荣兴	许金安
	黄恩娘	吧生	23	甲午 2.30		黄源兴	林惹淡娘	黄源兴(父)		李新宁
3.5	吴明杰	望龟汝	43	甲戌 2.20		吴文宾(故)	陈满娘(故)	不用主婚	张瑞前	许金安
	温恩娘	吧生	19	戊戌闰 3.15	五脚桥	温华仕(故)	黄笃娘	温思花(兄)		邱绍荣
3.12	林景庆	吧生	29	戊子 2.3	中港仔	林俊麟	丘金英	林俊麟(父)	张荣安	许金安
	叶炎律	吧生	21	丙申 12.11		叶木金(故)	陈富娘	陈富娘(母)		邱绍荣

3.14	陈泽林	吧生	19	戊戌 11.3	八茶罐	陈金安(故)	戴美娘	陈福珍(祖父)	苏长美	许金安
	黄定娘	吧生	18	己亥 10.13		黄明佐	陈美娘	黄明佐(父)		邱绍荣
3.15	张岳先	中土产	29	戊子 11.21		张亚元(故)	许春娘	张均芳(叔祖)	丘道生	许金安
	钟文笃	吧生	16	辛丑 5.20	戈老屈	钟运郎(父)	许凤英	钟运郎(父)		邱绍荣
3.19	李登云	吧生	23	甲午 10.23	宾厨勿丝	李金水	蔡金娘	李金水(父)	胡坤燕	许金安
	朱顺娘	吧生	22	乙未 11.21		朱添寿(故)	杨贵娘	杨贵娘(母)		邱绍荣
3.19	郑标立	井里汶	22	乙未 4.20		郑维和	陈志娘	郑维松(胞叔)	陈坤源	许金安
	陈那里娘	吧生	21	丙申 3.25	结石珍	陈渊源(故)	许贞娘	陈顺福(胞兄)		邱绍荣
3.24	黄顺和	吧生	30	丁亥 9.8	结石珍	黄左生(故)	谢银娘	谢银娘(母)	林丰漳	许金安
	张美娘	吧生	26	辛卯 2.8		张德生(父)	丘文娘	张德生(父)		邱绍荣
3.26	江朝栋	吧生	45	壬申 8.11		江正馨(故)	黄柑娘(故)	江振基(叔)	丁泰山	许金安
	李合娘	吧生	22	乙未 3.28	大南门	李福山	张癸娘	李福山(父)		邱绍荣
3.29	丘德水	吧生	26	辛卯 12.14	巷刹木	丘兰桂	卢亚让	丘兰桂(父)	刘荣海	许金安
	李金英	吧生	20	丁酉 3.14		李明三	黄顺娘	李明三(父)		邱绍荣
4.30	曾光安	吧生	26	辛卯 3.28	槟榔社	曾金海甲(故)	许奎炳娘	曾四海(叔父)	薛	许金安
	陈劳芝	吧生	17	庚子 5.12		陈荣辉(故)	黄壬娘	陈维庆(祖父)		李新宁
5.3	黄长发	吧生	25	壬辰 8.17	五脚桥	黄玉树	张瑞娘	黄玉树(父)	李金水	许金安
	杨红宝	吧生	18	己亥 7.13		杨金(故)	黄宣娘	杨松柏(叔)		邱绍荣
5.3	张福记	吧生	26	辛卯 2.11		张水生(故)	沈娇娘	张福良(兄)	杨金英	许金安
	陈苏娘	吧生	24	癸巳 6.20	结石珍	陈进木	杨桃娘	陈进木(父)	吴金福	邱绍荣
5.7	温金云	吧生	25	壬辰 12.29	洪溪	温添隆(故)	刘亚老氏	刘亚老氏(母)	刘振龙	许金安
	黄适娘	吧生	22	乙未 5.18		黄福郎(故)	卢美包果	卢美包果(母)		邱绍荣
5.7	叶记良	吧生	26	辛卯 8.17	甘光季冬	叶让三	郭玉兰	叶让三(父)	谢海恩	许金安
	林日本	吧生	19	戊戌 10.19		林金生	钟德娘	林金生(父)		邱绍荣
5.12	赖来福	吧生	33	甲申 2.4	甘光六些	赖长恩(故)	沈桂娘(故)	赖顺阳(堂兄)	陈长洽	许金安
	张凤娘	吧生	33	甲申 11.8		张渚松	蔡延娘	张渚松(父)		邱绍荣
5.12	陈赞芳	吧生	20	丁酉 4.20	灰窑内	陈荣禄	林森娘	陈荣禄(父)	翁秀章	许金安
	谢荫芝	吧生	16	辛丑 1.27		黄江和	李吉娘	黄江和(父)		邱绍荣
5.12	黎机辉	吧生	22	乙未 12.2	新巴杀	黎世廷	朱炳娘(故)	黎世廷(父)	蔡福瑞	许金安
	陈贵连	吧生	20	丁酉 6.2		陈亚寿	黎顺娘	陈宪林(兄)		邱绍荣
5.13	陈德利	干劳	21	丙申 2.27		陈福朓(故)	蔡蕊娘	蔡蕊娘(母)	陈福周	许金安
	黄成娘	吧生	19	戊戌 11.12	八厨沃干	黄坤舆	林溮娘	黄坤舆(父)		邱绍荣

5.13	刘引	中国	32	乙酉 10.26		刘壬(故)	苏文娘	刘炉(堂兄)	李土良	许金安
	高江娘	吧生	18	己亥 8.22	惹致	高玉金	林毛吃	高玉金(父)		邱绍荣
5.18	黄金海	勃良	22	乙未 11.1		黄贤发	蒋燕娘	黄贤发(父)	陈泽波	许金安
	陈恩芝	吧生	22	乙未 11.3	丹仔望	陈梅丹(故)	蔡艾娘	陈春水(兄)		邱绍荣
5.21	王琼辉	井里汶	23	甲午 10.8		王锦祥(故)	陈平娘	王碧宏甲(从堂伯)	黄凤麟	许金安
	陈思久	吧生	20	丁酉 11.19	砖仔桥	陈富老	潘镜娘	陈富老(父)		邱绍荣
5.24	庄福林	吧生	20	丁酉 2.7	结石珍	庄春元	赵壬娘	庄春元(父)	赖来福	许金安
	黄拐娘	吧生	19	戊戌 2.12		黄闹治	陈宣娘	黄闹治(父)		邱绍荣
5.28	陈丰胜	吧生	20	丁酉 11.24	毛六甲	清清白	李秀娘	陈清白(父)	陈垂煌	许金安
	许奶里	吧生	16	辛丑 5.21		许荣水	施金娘	许荣水(父)		邱绍荣
5.28	廖清祥	吧生	26	辛卯 6.13	不查木干	廖亚云	吴六妹	廖庚祥(兄)	刘京来	许金安
	温元妹	吧生	19	戊戌 1.2		温亚德(故)	彭清妹(故)	葵娘(外祖母)		邱绍荣
5.28	廖广魁	中国	41	丙子 1.13		廖献臣(故)	何宝娘	廖云坡(兄)	黎世廷	许金安
	黎庚妹	吧生	17	庚子 9.20	牛郎纱里	黎集辉	黎竹妹 熊森娘(故)	黎集辉(父)		邱绍荣
5.30	刘文英	吧生	39	戊辰 2.16		刘清三(故)	蔡清娘	刘文水(兄)	刘亚鼎	许金安
	余申娘	吧生	24	癸巳 7.25	丹那丁宜	余亚棠	刘壬娘(故)	余亚棠(父)		邱绍荣
7.16	唐华义	吧生	23	甲午 11.15	望茄勿杀	唐荣春	陈银娘(故)	唐荣春(父)	陈山泉	许金安
	陈心娘	吧生	19	戊戌 7.24		陈清江	刘凤娘(故)	陈清江(父)		邱绍荣
7.31	蓝端荣	中国	34	癸未 2.12	梭弄巷	蓝亚联(故)	李彩娘(在唐)	蓝顺怡(堂叔)	李安郎	许金安
	黄杏娘	吧生	16	辛丑 5.16		黄新学(故)	蓝贝娘	黄长炽(胞兄)		李新宁(雷)
8.20	许金海	吧生	20	丁酉 8.2		许三水	曾玉娘	许三水(父)	林必香	许金安
	薛贵娘	吧生	17	庚子 12.12	大使庙	薛泰水	林安娘	薛泰水(父)		李新宁
9.3	廖有恒	吧生	26	辛卯 7.2		廖顺兴	陈恩娘	廖顺兴(父)	吴荣文	许金安
	陈荣妹	吧生	21	丙申 11.14	巷道郎	陈梁芳	姚贵娘	陈梁芳(父)		邱绍荣
9.3	黎尔章	吧生	20	丁酉 8.26	甘光季冬	黎闰发(故)	曹新妹	黎猷章(兄)	双方未签字	批明作废
	刘金娘	吧生	21	丙申 11.11		刘保山	黎娘那	刘保山(父)		
9.5	郭德源	吧生	30	丁亥 6.1	槟榔社	郭荣传(故)	许丹娘	郭德全(兄)	郭长寿	许金安
	林瑞娘	文丁	22	乙未 3.8		林长忠(父)	王辉娘(故)	林长忠(父)		邱绍荣
9.7	叶锦福	吧生	29	戊子 3.12		叶水生(故)	郑金娘(故)	叶元球(堂兄)	朱清麟	许金安
	王瓜英	吧生	22	乙未 7.11	惹牙兰	王文信	郑永娘(故)	王文信(父)		邱绍荣
9.10	徐永寿	中国	21	丙申 11.15	望茄勿杀	徐水龙(故)	叶玉昆	徐永福(兄)	余振春	许金安
	陈金娘	文登	20	丁酉 8.16		陈登庸(故)	郑玉娘	陈晓成(叔)	陈森桂	邱绍荣

9.13	李习伦	吧生	22	乙未 11.28	八多尧	李荣熙	郭屏招	李荣熙(父)	双方未签字	批明因故
	肖春兴	吧生	20	丁酉 4.21		肖亚升(故)	卢林娘	卢林娘(母)		
9.13	李燕发	吧生	25	壬辰 5.14	茄马腰兰	李南桂	叶谷谷	李南桂(父)	陈沧春	李千俊[1]
	丘乙娘	吧生	21	丙申 11.1		丘登寿(故)	黄蜜娘	黄蜜娘(母)		邱绍荣
9.17	林道生	吧生	22	乙未 10.18	洪溪	林炎灶(故)	丘文娘	林海生(兄)	马瑞登	李千俊
	黄六娘	吧生	17	庚子 11.14		黄会试(故)	陈桂娘	黄金有(叔)		邱绍荣
9.17	吕江波	吧生	18	己亥 3.10	大公司	吕谦让	许梅娘	吕谦让(父)	陈炽彬	李千俊
	陈宁吃	吧生	17	庚子 12.15		陈燕美	郭惠娘(故)	陈燕美(父)		邱绍荣
9.17	高登辉	吧生	25	壬辰 4.24		高长和(故)	钟叠娘(故)	高安娘(姑母)	薛添水	李千俊
	黄叶娘	吧生	21	丙申 10.26	大南门	黄亚有(故)	林菊娘	林菊娘(母)		邱绍荣
9.17	刘万山	吧生	23	甲午 2.20		刘华光(故)	番纱于(故)	刘寿山(兄)	刘松山	李千俊
	黄长娘	吧生	21	丙申 2.6	甲文道郎	黄土山	陈二娘	黄土山(父)		邱绍荣
9.17	林金发	吧生	21	丙申 8.6		林炎瑞	陈日本	林炎瑞(父)	陈发山	李千俊
	甘顺娘	吧生	20	丁酉 10.10	甲文是理	甘七源	林柑娘	甘七源(父)		邱绍荣
9.17	李亚五	吧生	24	癸巳 3.21		李鹤龄	唐蕊娘	李鹤龄(父)	钟文生	李千俊
	钟蜜娘	吧生	20	丁酉 2.6	丹那望	钟西山(故)	张娘那	钟昌兴(兄)		邱绍荣
9.17	廖有发	吧生	25	壬辰 8.20		廖福全(故)	张迪娘(故)	廖顺娘(姐)	彭登水	李千俊
	李乙娘	吧生	19	戊戌 8.5	沙南巴	李亚荣(故)	彭癸娘	彭癸娘(母)		邱绍荣
9.25	郭永安	吧生	48	己巳 12.19		郭亚兴(故)	李丙娘(故)	郭景祥(宗叔)	谢进兴	李千俊
	钟癸妹	吧生	24	癸巳 8.21	结石珍	钟华郎(故)	吴灿娘(故)	钟盛郎(叔)		邱绍荣
9.25	马瑞登	北加浪	44	癸酉 7.29	圣望港	马开通(故)	黄彬娘(故)	各自心愿	陈文兰	李千俊
	林来娘	吧生	39	戊寅 1.4		林炎灶(故)	曾江娘(故)			邱绍荣
10.1	李黄亚寿	中国	38	己卯 5.28		黄富粦(在唐)	叶金娘(在唐)	黄文麟(叔)	陈长利	李千俊
	邹义妹	吧生	17	庚子 2.22	庆窑内	邹亚恩	黄益娘	邹亚恩(父)		李新宁[2]
10.1	陈炳	中国	25	壬辰 2.22		陈信	彭亚登	陈新发(堂兄)	余子云	李千俊
	邹顺妹	吧生	17	庚子 6.1	沙下巷	邹亚焕(故)	吴亚满	邹巨粦(叔父)		李新宁
10.9	陈清金	吧生	38	己卯 5.7	甘光	陈顺章	洪水娘	陈顺章(父)	詹景昌	李千俊
	詹立娘	吧生	23	甲午 1.7	勿劳江	詹保应(故)	陈金娘	詹天生(叔)		李新宁
11.5	邹辉宝	吧生	26	辛卯 9.30	甘光亚	邹文智	许金娘	邹文智(父)	许光裕	李千俊
	颜志娘	吧生	22	甲午 4.10	我氏	颜文友	翁喜娘	颜文友(父)		邱绍荣

---

① 李千俊甲，代理玛腰。

② 李新宁雷珍兰。邱绍荣、朱葛礁(书记)，代理雷珍兰。

11.5	陈美阳	吧生	21	丙申 7.24	新巴杀	陈和云	杨昆娘(故)	陈和云(父)	陈建禄	李千俊
	黄火娘	茂兀	19	戊戌 11.24		黄谋	林水娘	黄谋(父)		邱绍荣
11.5	李河水	思加	21	丙申 8.23		李玉昆	陈梅娘(故)	李必昌(兄)	蔡新禧	李千俊
	吴恩娘	巫眉	18	己亥 7.21	结石珍	吴云南	蔡桂娘	吴云南(父)		邱绍荣
11.8	李水杰	吧生	21	丙申 2.1	玛腰兰	李珠山(故)	陈和娘	李绵炉(堂叔)	林文辉	李千俊
	陈月娘	吧生	20	丁酉 7.15		陈发顺	李保之	陈发顺(父)		邱绍荣
11.14	王国金	三巴垅	22	乙未 10.1		王天福	林冥日	王天福(父)	洪金佶	李千俊
	洪财娘	吧生	18	己亥 6.17	五脚桥	洪向荣	李宝娘	洪向荣(父)		邱绍荣
11.14	陈居文	吧生	28	己丑 11.22	甘光季冬	陈义官	朱德娘	陈义官(父)	谢壬元	李千俊
	李山娘	吧生	24	癸巳 5.9		李亚富	曹基娘(故)	李亚富(父)		邱绍荣
11.15	李坤隆	吧生	25	壬辰 10.6		李美乾	林那七(故)	林三瑞(表兄)	吴长桂	李千俊
	赵玉娘	吧生	26	辛卯 10.2	结石珍	赵盘(故)	刘良娘(故)	颜保生(姨丈)		邱绍荣
11.19	梁柏明	吧生	21	丙申 7.28	槟榔社	梁连进	李利布	梁连进(父)	梁柏胜	李千俊
	李兰英	吧生	18	己亥 4.12		李龙书	陈本娘	李龙书(父)		邱绍荣
11.23	徐德英	吧生	33	甲申 3.10	甘光季冬	徐亚麟(故)	曹对娘	曹对娘(母)	徐云安	李千俊
	黎顺妹	吧生	17	庚子 2.15		黎亚鸿	杜已娘	黎亚鸿(父)		邱绍荣
11.29	陈顺泉	吧生	22	乙未闰 5.13	吉丽窑	陈元忠	甘顺娘	陈元忠(父)	陈玉美	李千俊
	黄奶姐	吧生	20	丁酉 8.7		黄集瑞(故)	林水娘	黄荣锦(兄)		李新宁
11.29	黄顺漳	吧生	22	乙未 9.29	丹那娘仔	黄文森	庄林娘	黄文森(父)	黄顺荣	李千俊
	丘柔娘	吧生	19	戊戌 10.20		邱绍荣	陈(谢)老致	邱绍荣(父)		李新宁
11.29	廖益昌	直洛	26	辛卯 7.9	红碑	廖庆	陈幼娘	廖庆(父)	李财兴	李千俊
	张温娘	那牙	19	戊戌 10.20		张冬雾(故)	李盘娘	张清淋(兄)		李新宁
12.9	冯光林	吧生	20	丁酉 5.13	大南门	冯亚炳	温才娘	冯亚炳(父)	李泰山	李千俊
	林生娘	吧生	18	己亥 8.26		林德泉	郭巴骨	林德泉(父)		李新宁
12.10	薛金宝	吧生	25	壬辰 3.25		薛荣富(故)	黄来娘(故)	薛清丰(父)	徐永昌	李千俊
	徐俭娘	吧生	21	丙申 7.20	吃郎班让	徐金和	李蓝娘(故)	徐金和(父)		李新宁
12.10	林长辉	吧生	53	甲子 7.7	丹那望	林宗喜(故)	丁壬娘(故)	各自心愿	简廷泉	李千俊
	简椿娘	吧生	41	丙子 11.13		简增绪	马瑞娘			李新宁
12.13	黎秀秋	中国	19	戊戌 7.25		黎贵官	黄兴娘	黎裕宏(兄)	黎简	李千俊
	李关娘	吧生	16	辛丑 4.10	牛郎沙里	李亚道	邓庚娘	李亚道(父)		李新宁
12.13	沈亚宣	中国	34	癸未 9.14	丹那望	沈康福(在唐)	李二娘(在唐)	沈亚二(叔)	杨茂二	李千俊
	陈文娘	吧生	22	乙未 11.28	吉问加章	陈树佑	张心娘	陈树佑(父)		李新宁

12.25	蔡崇柏	南望	21	丙申 12.2		蔡重益	黄端娘(故)	蔡玉免(叔)	蔡重美	李千俊
	徐恙娘	南望	20	丁酉 4.15	槟榔社	徐能敏	李坚娘	徐能敏(父)		邱绍荣
12.31	黄绵源	井里汶	20	丁酉 7.27	三间土库	黄玉昆(故)	王老芝(故)	黄水景(宗叔)	陈松柏	许金安
	欧英甘	加弄三望	17	庚子 11.4		欧成富(故)	陈安娘	欧荣吉(胞兄)		邱绍荣

总计:79 对

1917 年吧城唐人成婚注册表

月日	姓名	籍贯	年岁	生日	注册地	父名	母名	主婚人	媒人	主事人
1.2	林水山	吗汝劳	41	丙子 1.13		林添及(故)	曹珍娘(故)	因无尊长	杜重阳	许金安
	黄亚叻	吧生	29	戊子 6.27	甘光毛甲	黄海泉	刘桃娘(故)	黄海泉(父)		邱绍荣
1.3	李孙绯	吧生	22	乙未 2.29		李千森	沈安娘	李千森甲(父)	汤俊	许金安
	黄吗年	吧生	19	戊戌 2.6	圣望港	黄景兴	李传娘	黄景兴甲(父)	和甲	邱绍荣
1.7	林善道	吧生	25	壬辰 8.13		林文亭	陈连娘	林文亭(父)	黄木良	许金安
	李文娘	吧生	22	乙未 7.15	牛郎些里	李子老	林燕娘	李子老(父)		邱绍荣
1.7	吴金动	吧生	30	丁亥 12.29		吴荣成(故)	陈良娘(故)	吴兆坤(兄)	朱建文	许金安
	陈明娘	吧生	20	丁酉 9.17	道朗巷	陈荣基	朱郡娘	陈荣基(父)		邱绍荣
1.7	吴倚祥	吧生	21	丙申 5.11		吴源发	施那娘	吴源发(父)	谢清仪	许金安
	刘富娘	吧生	20	丁酉 1.1	白碑	刘镇仕	谢恩娘	刘镇仕(父)		邱绍荣
1.13	韩朱武	吧生	22	乙未 7.13		韩泉水(故)	黄合娘	韩泉松(叔，病黄合娘代)	杨松发	许金安
	许丽娘	吧生	19	戊戌 10.2	望茄勿杀	许金雁(故)	陈全娘	许金松(叔)		邱绍荣
1.15	钟祥贵	茂物	27	庚寅 11.1		钟海源	刘丁娘(故)	钟贤贵(兄)	陈清江	许金安
	刘金娘	吧生	23	甲午 10.27	巴杀亚奄	刘茂山(故)	陈毛吃	刘二娘(养母)		邱绍荣
2.25	陈池松	中国	25	癸巳 8.15		陈道(故)	蓝伴娘(故)	陈有财(堂兄)	陈来成	许金安
	薛水连	吧生	23	乙未 6.20	结石珍	薛长	洪荫娘	薛长(父)		邱绍荣
2.25	陈泽阳	吧生	20	戊戌 2.18	宾厨勿丝	陈进珠(故)	黄周娘(故)	陈进木(胞伯)	周长传	许金安
	李有娘	吧生	17	辛丑 4.2		李长南	王燕娘	李长南(父)		邱绍荣
3.2	唐祥贵	中国	39	已卯 3.4		唐山二(故)	李亚兰(故)	唐拔琴(兄)	钟宝珊	许金安
	陈戊娘	吧生	20	戊戌 7.15	结石珍	陈桂生	曹二妹	陈龙郎(叔)		邱绍荣
3.2	黄锦章	吧生	20	戊戌 5.14	三间土库	黄玉昆(故)	王老芝(故)	黄水景(宗叔)	陈金山	许金安
	林秀鸾	得菖	17	辛丑		林厥美(故)	傅宝华	林世勋(兄)		邱绍荣
3.8	陈泉和	吧生	19	己亥 2.12	甘光巴汝	陈兰祥(故)	纱于绵	陈发祥(叔)	邹兴道	许金安
	蒋心娘	吧生	19	己亥 7.18		蒋才生(故)	蔡顺娘	蔡顺娘(母)		邱绍荣

3.8	谢秋梧	井里汶	22	丙申 9.15		谢北源(故)	郭毛仾	因无尊长	李朋合	许金安
	李戊娘	吧生	20	戊戌 7.21	甲汶日落	李朋全	番知吧	李明全(父)		邱绍荣
3.16	陈江海	吧生	28	庚寅 3.29	新巴杀	陈金细	张贵娘	陈金细(父)	陈赞水	许金安
	詹淑娘	吧生	25	癸巳 12.11		詹怀庆(故)	陈明娘(故)	詹怀基(叔)		邱绍荣
3.18	陈朝东	吧生	22	丙申 12.26	中港仔	陈清江	刘凤娘(故)	陈清江(父)	陈山泉	许金安
	廖已娘	吧生	19	己亥 2.23		廖有才	李文娘	廖有才(父)		邱绍荣
3.18	李水文	吧生	23	乙未 12.12	惹牙兰	李润安(故)	王淑娘	王淑娘(母)	洪长生	许金安
	张翁安娘	吧生	19	己亥 6.7		翁尧燕(故)	杨朱娘(故)	杨明娘(母姨)		邱绍荣
3.29	陈坤仪	吧生	40	戊寅 2.28		陈有华甲(故)	张春娘(故)	陈维松(兄)	杨金荣	许金安
	胡渊娘	加老旺	22	丙申 10.27	新巴杀	胡成麟	肖石娘(故)	胡成麟(父)	(默氏)	邱绍荣
4.1	蓝黄定宝	吧生	22	丙申 9.18		蓝金土(故)	袁志娘	袁志娘(母)	蓝景辉	许金安
	周董玉	吧生	21	丁酉 2.5	八茶罐	周八士(故)	刘信娘	董天忠(义父)		邱绍荣
4.15	杨谦和	吧生	34	戊子 3.9		杨榜(故)	温金娘	杨谦锡(兄)	颜文有	许金安
	温岩邦	吧生	30	甲申闰 5.27	毛六甲	温全盛(故)	林美蜜	温清渭(兄)		邱绍荣
4.16	江正中	文登	18	庚子 9.10		江明笨(故)	林亚礁(故)	江妈贵(叔祖)	石洪波	许金安
	吕珠娘	吧生	16	壬寅 6.25	小南门	吕呀(故)	刘惹娘	刘惹娘(母)		邱绍荣
4.24	黄自兴		23	乙未 9.15	小南门	黄瑞通	杨照娘	黄瑞通(父)	林邦兴	许金安
	陈小凤	井里汶	24	甲午 11.23		陈伯完	叶宾年	叶宾年(母)		邱绍荣
4.25	蒋文秀	吧生	21	丁酉 3.5	公馆	蒋炎生(故)	陈庆玉(故)	蒋帽捞(大姐)	杜重阳	许金安
	张英娘	文登	21	丁酉 3.6	在中港仔	张文生(故)	蔡卜娘	无尊长		邱绍荣
4.29	许庆美	吧生	22	丙申 10.22	冬居	许金宝	黄燕喜	许金宝甲(父)	潘景赫	许金安
	唐麟娘	吧生	18	庚子 6.19		唐荣春	杨瑞娘	唐荣春(父)		邱绍荣
5.16	林江城	望久仑	34	甲申 10.4	毛六甲	林抱(故)	陈和娘(故)	林江泉(兄)	蔡漳金	许金安
	黄绵娘	吧生	21	丁酉 7.10		黄水镜	简俭娘	黄汉崧(兄)		李新宁
5.22	朱凤祥	吧生	29	己丑 9.1	公馆	朱文渊	李北娘	朱重光(堂叔)	杜重阳	许金安
	曹已娘	吧生	19	己亥 9.1	在中港仔	曹亚海(故)	彭桂娘	彭桂娘(母)		邱绍荣
5.26	温南兴	中国	50	戊辰 2.25	公馆	温亚三(故)	黄亚完	温其云(堂叔)	杜重阳	许金安
	李诺娘	吧生	27	辛卯 8.16	在中港仔	李珠江(故)	廖德娘(故)	李戊娘(姑母)		邱绍荣
5.29	徐监麟	吧生	25	癸巳 12.3	茄南末	徐绍官(故)	杨三妹	徐福义	廖金生	许金安
	赖月妹	吧生	19	己亥 11.9		赖金水	张运娘	赖金水(父)		邱绍荣
5.31	陈长龄	吧生	20	戊戌 8.5		陈琼珠(故)	龚和娘	陈启阳(兄)	陈江发	许金安
	高宣娘	吧生	17	辛丑 10.14	八戈然	高琼瑶(故)	陈日本	陈日本(母)		邱绍荣

5.31	田福漳	吧生	21	丁酉 4.16		田德水(故)	黄元娘(故)	黄文清(母舅)	陈启迪	许金安
	陈那志	吧生	16	壬寅 4.16	甘光季冬	陈登照	蔡财娘	陈登照(父)		邱绍荣
6.1	许林金罐	巨港	38	庚辰 11.24		许子曰(故)	王茶娘	王茶娘(母)	许南章	许金安
	王高志	吧生	21	丁酉 4.14	八戈然	王长福	薛朴娘(故)	王长福(父)		邱绍荣
6.3	杨进元	吧生	23	乙未 5.1		杨赞辉(故)	郑爱娘(故)	杨赞四(叔)	侯癸山	许金安
	巫那娘	吧生	18	庚子 10.25	槟榔社	巫招麟	陈挪那	巫招麟(父)		邱绍荣
6.3	郑金源	牙律	21	丁酉 9.5		郑光三	沈赞娘	郑光三(父)	郑顺发	许金安
	李凤娘	吧生	21	丁酉 1.13	毛六甲	李金福(故)	陈秀娘(故)	陈维衡(母舅)		邱绍荣
6.3	蔡荣林	吧生	20	戊戌闰 3.19	观音亭	蔡玉兴	杨七娘	蔡玉兴(父)	陈荣美	许金安
	周合娘	吧生	18	庚子 4.11		周坤仪(故)	陈深娘	李衍辉(姑丈)		邱绍荣
6.3	陈结子	吧生	18	庚子 11.21		陈东福(故)	叶春娘	陈能通(兄)	谢清仪	许金安
	刘贵娘	吧生	18	庚子 11.18	甘光季冬	刘镇仕	谢恩娘	刘镇仕(父)		邱绍荣
6.7	李成坚	吧生	18	庚子 2.4	班芝兰	李稳成	康金鸾	李稳成(父)	郑荃	许金安
	吕专娘	吧生	17	辛丑 10.18		吕悔	李石娘(故)	吕悔(父)		邱绍荣
6.8	冯郁艺	马辰	28	庚寅 5.15		冯朝宜	徐怜娘(故)	无尊长	杨木生	许金安
	许英娘	吧生	29	己丑 11.24	戈老屈	许光前	陈六娘(故)	许光前(父)		邱绍荣
6.9	林宾南	吧生	29	己丑 3.25	洪溪头	林添四(故)	刘处娘(故)	李瑞娘(表母姨)	张清德	许金安
	陈恩娘	吧生	22	丙申 12.26		陈镇山	李益娘(故)	陈镇山(父)		邱绍荣
6.10	李全昌	吧生	21	丁酉 1.2	甘光万兰	李荣财(故)	邝永娘	李全生(兄)	陈金德	许金安
	陈入娘	吧生	20	戊戌 2.18		陈源秀(故)	杨松娘	杨松娘(母)		邱绍荣
6.11	黄生	吧生	32	丙戌 2.17		黄光美(故)	周万日	周万日(母)	郑顺兴	许金安
	郑贞娘	吧生	18	庚子 1.6	圣望港	郑亚颖	罗金莲(故)	郑亚颖(父)		邱绍荣
6.13	薛天东	吧生	24	甲午 4.4		薛曲墉(故)	吴山娘(故)	薛飞熊(伯)	薛天德	许金安
	李能娘	吧生	21	丁酉 11.18	结石珍	李水生(故)	蒋红娘	李天来(兄)		邱绍荣
6.17	黄子狄	思茄	24	甲午 8.21		黄瑞奇(故)	吴禧娘(故)	黄宝会(叔)	陈金祝	许金安
	陈茂娘	巫眉	21	丁酉 3.4	结石珍	陈金福	林合娘	陈金福(父)		邱绍荣
6.28	曾天赐	巴东	22	丙申 5.9		曾顺杰	陈清菊	曾天赐(兄)	王渴	许金安
	许全娘	吧生	17	辛丑 8.15	东居	许温发(故)	黄续娘(故)	许温惠甲(叔)		李新宁
7.30	林长海	吧生	21	丁酉 12.28	八茶罐	林吉祥	吴色娘	林吉祥(父)	叶仁爱	许金安
	叶和娘	吧生	16	壬寅 10.9		叶清基(故)	吴全娘	吴全娘(母)		邱绍荣
8.1	李木源	吧生	22	丙申 4.9	芝其尼	李清水	黎银娘(故)	李清水(父)	甘德义	许金安
	刘景娘	吧生	18	庚子 12.13		刘保山	黎吉娘	刘保山(父)		邱绍荣

8.7	林长裕	三巴垅	50	戊辰10.15	大公司	林时茂(故)	唐友娘(故)	各自心愿	陈福珍	许金安
	丘瑞英	茂物	31	丁亥7.1		丘全茂(故)	陈凤娘		甲大	邱绍荣
8.8	杨锦全	吧生	31	丁亥4.26	新巴杀	杨长水(故)	范凤娘	杨锦文(兄)	潘景赫	许金安
	王奶里	吧生	17	辛丑8.21		王荣春(故)	余惜娘	王荣凤(叔)		邱绍荣
8.19	陈辰龙	吧生	30	戊子3.27		陈发祥	钟群妹	陈发祥(父病，弟英祥代)	何星伯	许金安
	何凤娘	吧生	18	庚子11.29	大使庙	何亚超	陈银娘	何亚超(父)		李新宁
8.19	郭有寿	吧生	25	癸巳12.14	丹那望	郭景祥	何甲娘	郭景祥(父)	钟秀盛	许金安
	徐英娘	吧生	26	壬辰5.24		徐凭山	杨温娘(故)	徐凭山(父)		李新宁
8.19	吴宁辉	吧生	25	癸巳10.16	中港仔	吴亚爵(故)	黄珠娘(故)	吴应辉(兄)	吴宗辉	许金安
	肖寿娘	吧生	16	壬寅6.2		肖发昌	陈财娘	肖发昌(父)		李新宁
8.23	吕源直	吧生	20	戊戌9.14	大公司	吕添丁(故)	蒋素娘(故)	吕源振(兄)	陈炽彬	许金安
	许荔枝	实劳维	17	辛丑4.15		许振坤	郭三吗(故)	许振坤(父)		邱绍荣
9.2	蔡金章	文登	20	戊戌5.25		蔡瑞(故)	陈宣娘	陈石娘(母姨)	李腾何	许金安
	黄英雍	吧生	19	己亥8.1	望茄勿杀	黄春水	张笔娘	黄春水(父)		邱绍荣
9.20	蒋清美	吧生	17	辛丑8.14		蒋生	纪蓝周	蒋生(父)	蒋永和	许金安
	陈维娘	吧生	16	壬寅7.22	丹那丁宜	陈清炎	蒋福娘	陈清炎(父)		邱绍荣
9.20	陈金专	吧生	30	戊子5.2	丹那娘仔	陈壬贵	黄积娘	陈壬贵(父)	高良辉	许金安
	薛发娘	吧生	25	癸巳10.3		薛水贤(故)	杨苞娘(故)	薛温按(兄)		邱绍荣
9.20	宋炳辉	吧生	21	丁酉7.26		宋有益	林文笃	宋有益(父)	王松泰	许金安
	苏陈西理	吧生	17	辛丑2.26	结石珍	苏善章	陈玉娘	陈顺福(义父)		邱绍荣
9.23	李德祥	吧生	24	甲午4.20		李炳坤	沈登娘	李炳坤(父)	余金元	许金安
	余密娘	吧生	18	庚子11.15	洪溪	余金生(故)	梁福娘	梁福娘(母)		邱绍荣
9.23	陈金辉	吧生	24	甲午4.23	八茶罐	陈基衡(故)	蔡沙娘	陈高志(宗叔)	唐荣茂	许金安
	高荣娘	吧生	18	庚子5.25		高江淮(故)	李新娘(故)	高克昌(兄)		邱绍荣
9.23	杨顺成	吧生	34	甲申6.9	望茄勿杀	杨长云(故)	黄福娘(故)	杨水娘(大姨)	杜重阳	许金安
	丘白娘	吧生	21	丁酉8.15		丘继续(故)	江杰娘(故)	丘老智(外妈)		邱绍荣
9.24	李昌盛	芝里	30	戊子4.20	公馆	李子俊	甘和娘	甘和娘(母)	唐克顺	许金安
	何仍芝	吗也	16	壬寅7.20	在中港仔	何国良(故)	张春娘	张春娘(母)		邱绍荣
9.24	蔡森林	吧生	21	丁酉1.12		蔡溦(故)	陈金智	蔡森田(兄)	李衍庆	许金安
	李吉娘	吧生	21	丁酉1.15	五脚桥	李尚义	番西那	李尚义(父)		邱绍荣
9.24	叶章连	芝安恤	24	甲午7.9	丹那望	叶柏	黄基娘	叶柏(父)	黄添昌	许金安
	吴对娘	芝查由	21	丁酉6.8		吴柏彩	高那娘	吴柏彩(父)		邱绍荣

9.26	杨振伟	吧生	21	丁酉 12.25	班惹宁安	杨赞煌(故)	李丁娘	李丁娘(母)	杨振河	许金安
	赵水娘	吧生	20	戊戌 7.13		赵启(故)	刘庚娘	刘庚娘(母)		邱绍荣
9.28	苏长全	吧生	43	乙亥 6.17		苏金云(故)	丁敬娘(故)	苏长福(兄)	谢传松	许金安
	陈清娘	吧生	15	癸卯 11.25	甘光六州	陈华芳	谢梅娘	陈华芳(父)		邱绍荣
10.5	陈信福	吧生	34	甲申 4.14		陈亚二	李连娘	李连娘(母)	邓金清	许金安
	邓银娘	吧生	26	壬辰 2.25	丹那丁宜	邓必水	朱汉娘(故)	邓必水(父)		邱绍荣
10.7	林庚水	吧生	28	庚寅 8.22	砖仔桥	林长福	钟山娘	林长福(父)	苏善泽	许金安
	张炎娘	吧生	20	戊戌 8.28		张祥云	黄娇娘	张祥云(父)		邱绍荣
10.7	赖金忠	吧生	48	庚午 8.15		赖亚运(故)	姚才娘(故)	赖金生(兄)	唐清娘	许金安
	林能娘	吧生	27	辛卯 6.17	甘光六州	林英杰(故)	唐水娘	唐水娘(母)		邱绍荣
10.7	黄木泉	吧生	25	癸巳 7.19	丹那望	黄奚(故)	王凤娘(故)	王德昌(义父)	王文生	许金安
	李伦娘	吧生	20	戊戌 3.29		李玉山(故)	林五娘(故)	李玉章(叔)		邱绍荣
10.11	潘建喜	茂物	22	丙申 3.25		潘国三	郑四娘	潘国三(父)	刘振源	许金安
	刘月娘	吧生	17	辛丑 11.16	洪溪	刘振龙	梁加垅(故)	刘振龙(父)		邱绍荣
10.11	周英豪	吧生	28	庚寅 1.29	新巴杀	周金兴	陈玉娘(故)	周金兴(父)	陈天福	许金安
	陈珍娘	吧生	20	戊戌 8.7		陈福昌(故)	赖平娘	陈清顺(伯)		邱绍荣
10.21	林瑞源	文登	24	甲午 11.27		林锦顺	吴从娘(故)	李锦顺(父)	庄炳耀	许金安
	赵礼里	吧生	25	癸巳 8.25	新巴杀	赵德和(故)(玛腰)	陈恭娘(故)	赵德江(叔)		李新宁
11.11	叶滚寿	文岛	37	辛巳 11.16	鉴光巴汝	叶晨春(故)	赖美娘(在唐)	潘荣辉(表叔)	陈富轩	许金安
	卢秋娘	吧生	17	辛丑 8.15		卢亚秀	林娘那	卢亚秀(父)		李新宁
11.11	梁亚达	中国	37	辛巳 12.9		梁亚三(在唐)	李旧妹(在唐)	梁诰章(兄)	杜重阳	许金安
	陈园娘	吧生	23	乙未 10.21	丹那娘仔	陈亚四	温松娘	陈亚四(父)		李新宁
11.12	温福全	吧生	22	丙申 5.26	公馆	温金海(故)	蔡笔娘	蔡笔娘(母)	林德山	许金安
	林文娘	吧生	21	丁酉 5.27	在中港仔	林荣适	黄笔娘	林荣适(父)		邱绍荣
11.18	李维照	吧生	19	己亥 3.7	八茶罐	李君子	陈义娘	李君子(父)	李君政	许金安
	陈秀英	吧生	18	庚子 8.16		陈豹	王元娘(故)	陈文豹(父)		邱绍荣
11.18	陈基培	吧生	24	甲午 8.18	五脚桥	陈子贵(故)	曾松佰娘(故)	陈基地(兄)	林南昌	许金安
	赖凤娘	吧生	20	戊戌 7.20		赖荣瑞(故)	陈帽蚋	陈帽蚋(母)		邱绍荣
11.18	蔡福山	吧生	20	戊戌 9.24	二十六间	蔡来兴	黎质娘	蔡来兴(父)	林琼华	许金安
	林密娘	吧生	17	辛丑 8.22		林茂添	陈水娘	林茂添(父)		邱绍荣
11.18	谢元	中国	23	乙未 1.10		谢别(故)	魏志娘	谢琶(堂叔祖)	谢春德	许金安
	刘什娘	吧生	25	癸未 10.20	结石珍	刘南(故)	许日娘	刘木花(兄)		邱绍荣

11.18	黄燕才	吧生	22	丙申 3.21	结石珍	黄文维(故)	马梅娘	黄江水(伯)	林河发	许金安
	陈宣娘	吧生	17	辛丑 9.18		陈发顺	李宝之(故)	陈发顺(父)		邱绍荣
11.18	许如璇	吧生	21	丁酉 10.6	冬居	许耀赞(故)	曾宗娘	曾宗娘(母)	许耀勋	许金安
	黄月娘	吧生	18	庚子闰 8.10		黄长茂	薛宣娘	黄长茂(父)		邱绍荣
11.22	黎渊辉	吧生	21	丁酉 6.6	新巴杀	黎世廷	朱丙娘(故)	黎世廷(父)	丘尚荣	许金安
	杨贤娘	吧生	17	辛丑 5.3		杨亚湘(故)	沈丁娘	杨居贤(胞兄)		邱绍荣
11.24	陈天锡	思茄	20	戊戌 9.15	二十六间	陈光秩	郑心娘	陈光秩(父)	吴木坤	许金安
	颜香娘	武眉	20	戊戌 9.25		颜铿	郭德娘	颜铿(父)		邱绍荣
11.25	朱章钦	吧生	22	丙申 7.14		朱亚通	丘美娘(故)	朱亚通(父)	丘亚生	许金安
	丘水娘	吧生	20	戊戌 4.28	槟榔社	丘武秀	白飞娘	丘武秀(父)		邱绍荣
11.25	陈金和	吧生	24	甲午 11.21	结石珍	陈清顺	吴赞娘	陈清顺(父)	陈良和	许金安
	李水娘	吧生	19	己亥 9.22		李万卷(故)	蔡维娘	李顺记(叔)		邱绍荣
11.26	吴玉水	吧生	26	壬辰 6.6	吧振郎安	吴元福	梁乙娘	吴元福(父)	陈丁元	许金安
	朱那芝	吧生	18	庚子 10.3		朱新珍	陈凤娘	朱新珍(父)		邱绍荣
11.27	赖锡熙	吧生	21	丁酉 12.14		赖长辉甲(故)	赵密娘(故)	赖顺阳(堂兄)	张渚松	许金安
	陈蒲娘	吧生	18	庚子 5.27	文丁石桥	陈六朝	张和娘(故)	陈六朝(父)		邱绍荣
12.2	钟诗上	中国	28	庚寅闰 2.13		钟光暄(故)	宋彩连	钟越贵(堂叔)	郑琨	许金安
	李祈娘	吧生	17	辛丑 9.20	杉板寮	李亚炳	连桂娘	李亚炳(父)		邱绍荣
12.12	陈金松	吧生	31	丁丑 6.26	冬居	许清泉甲(故)	杨石娘	许金宝甲(兄)	黄振清	许金安
	陈海娘	吧生	18	庚子 5.5		陈宗春	张宣娘	陈宗春(父)	甲	邱绍荣
12.13	蒋长生	吧生	20	戊戌闰 3.14	结石珍	蒋根祥	李令娘	蒋根祥(父)	陈春风	许金安
	黄淡娘	吧生	17	辛丑 12.1		黄漏治	陈璇娘	黄漏治(父)		邱绍荣
12.23	叶清水	吧生	21	丁酉 8.21		叶隆兴(故)	谢金娘	叶衍庆(堂伯)	林淼水	许金安
	林敦娘	吧生	20	戊戌 6.19	槟榔社	林元贞甲	陈比娘	林主财(堂兄)		李新宁
12.24	林燕山	吧生	53	乙丑 10.18	毛六甲	叶岸郎(故)	许宁娘(故)	各自心愿	林金安	许金安
	蔡维娘	吧生	35	癸未 9.20		蔡松茂(故)	陈志智(故)	不用主婚		邱绍荣
12.30	吴保能	中国	50	戊辰 10.15	望茄勿杀	吴福桂(故)	黄三妹(故)	各自心愿	丘汉生	许金安
	张桂娘	吧生	22	丙申 10.23		张祥云	黄九娘	不用主婚		李新宁
12.30	吴接盛	吧生	23	乙未 8.14	望茄勿杀	吴保能	李三娘	吴保能(父)	丘汉生	许金安①
	简凤娘	吧生	17	辛丑 10.9		简连贵(故)	罗桂娘	罗桂娘(母)		李新宁

总计:91 对

① 主事人许金安,玛腰。李新宁,雷珍兰。邱绍荣代理雷珍兰,公堂朱葛礁(书记)。

1918年吧城唐人成婚注册表

月日	姓名	籍贯	年岁	生日	注册地	父名	母名	主婚人	媒人	主事人
1.3	吴玉昆	吧生	18	庚子12.10	丹那望	吴维祯	许金绸	吴维祯(父)	杜重阳	许金安
	高水娘	吧生	17	辛丑12.5		高玉狮	林毛讫	高玉狮(父)		李新宁(雷)
1.14	侯福松	吧生	22	丙申4.7	牛郎纱里	侯生麟(故)	黄福娘	侯肇麟(伯)	侯闰如	李千俊
	朱运良	吧生	20	戊戌11.4		朱龙山	张金娘	朱龙山(父)		邱绍荣
1.18	陈联泗	中国	28	庚寅9.18		陈邦(故)	许进娘(故)	陈应坤(堂兄)	沈文合	李千俊
	刘丁娘	吧生	21	丁酉7.10	结石珍	刘汉	陈君娘	刘汉(父)		邱绍荣
1.19	李汉义	吧生	20	戊戌6.4	洪溪	李迎禄	汪嫦娘	李迎禄(父)	李迎温	李千俊(甲)
	王珠娘	吧生	18	庚子5.20		王添福	李心娘	王添福(父)		邱绍荣
1.19	李恒山	吧生	23	乙未10.24	望茄勿杀	李克承(故)	周乙娘(故)	李继志(兄)	郑仲熙	李千俊
	林秀娘	吧生	19	己亥3.6		林天祥	陈及娘(故)	林天祥(父)		邱绍荣(朱)
1.20	王天英	保帽	24	甲午4.18		王金泉(故)	林培娘	王全水(叔)	邹荣佑	李千俊
	李安娘	宁俄	22	丙申9.21	巴劳八丹	李泰山	吴孝娘	李泰山(父)		邱绍荣
1.20	陈秉琳	吧生	26	壬辰9.23	望茄勿杀	陈长和(故)	蒋志娘	蒋志娘(母病,父郭鸿陶代)	郭永安	李千俊
	潘和娘	吧生	21	丁酉2.20		潘万淑	黄莲娘	潘必和(兄)		邱绍荣
1.20	叶发生	吧生	26	壬辰5.21		叶亚昌(故)	张玉娘	叶连芳(堂兄)	蔡奇凤	李千俊
	游金娘	吧生	16	壬寅4.14	大公司	游庆淮	黄丕娘	游景德(叔祖)		邱绍荣
1.21	许经南	吧生	30	戊子2.25		许文记	詹习娘	许文福(叔)	田灼曾	李千俊
	江云娘	吧生	23	乙未6.24	结石珍	江则和(故)	吴月娘	江京龙(兄)		邱绍荣
1.31	叶文琦	吧生	23	乙未10.4	旧吧杀	叶祖绒	方琼娘	叶祖绒(父)	何振南	李千俊
	廖玉娘	茂兀	21	丁酉7.28		廖岭	陈京娘	廖岭(父)		邱绍荣
1.31	张爽坤	吧生	30	戊子3.19	甘光巴汝	张国才(故)	陈德娘	张爽然(兄)	陈正彬	李千俊
	郑凤娘	吧生	18	庚子8.2		郑庆基(故)	周万丹(故)	郑庆瑞(伯)		邱绍荣
1.31	林天佑	吧生	45	癸酉11.7	小南门	林朝生(故)	陈福娘(故)	林碹娘(姐)	黄才仁	李千俊
	蔡寅娘	吧生	25	癸巳12.1		蔡任田(故)	陈真娘	陈真娘(母)		邱绍荣
3.3	吴希奇	吧生	22	丁酉7.25		吴沛然	李香娘	吴沛然(父)	许耀勋	李千俊
	许水娘	吧生	22	丁酉8.17	东居	许耀基甲(故)	陈欣娘	陈欣娘(母)		李新宁
3.3	庄承传	泗水	22	丁酉4.15		壮景云	陈水娘	壮景云(父)	梁鸿全	李千俊
	唐根娘	泗水	19	庚子1.18	臭桥	唐克顺	陈琶尼娘	唐克顺(父)		李新宁

3.5	陈应林	吧生	21	戊戌 6.29		李亚德(故) 陈维宗(义父)	温安娘	温安娘(母) 丘夏娘(养母)	郑丙丁	李千俊
	周密娘	吧生	20	己亥 4.9	结石珍	周元育甲大	汤成娘	周元育(父甲)		李新宁
3.13	张永璘	坤甸	23	丙申 7.19	公堂	张见二	宋甲娘	邓仁贤(姐夫)	双方未签字	删除
	林育兰	北加弄	18	辛丑 1.11		林金德	曾金针	林金德(父)		
3.21	陈焕其	吧生	29	庚寅闰 2.26	新巴杀	陈成锦	曾宾娘(故)	陈成锦(父)	赖吉初	李千俊
	赖桂娘	吧生	16	癸卯 4.5		赖增旋	丘高那(母)	赖增旋(父)		邱绍荣
3.24	潘隆兴	文丁	23	丙申 5.25		潘建基	蔡祚娘	潘建基(父)	陈银汉	李千俊
	许保娘	吧生	20	己亥 5.5	高老屈	许温厚(故)	李丹娘(故)	许温惠(叔)		邱绍荣
3.28	梁玉水	中国	24	乙未 8.26		梁振昌	伍任娘	梁嵩和(叔)	刘子辉	李千俊
	吴琴娘	吧生	19	壬寅 5.13	槟榔社	吴锡春	梁来娘	吴锡春(父)		邱绍荣
3.31	刘瑞珍	吧生	25	甲午 12.26	大公司	刘清淆	陈先租	刘清淆(父)	刘清在	李千俊
	叶恩娘	吧生	18	辛丑 3.3		叶壬癸	陈新聆(故)	叶壬癸(父)		邱绍荣
3.31	温蔚昌	中国	25	甲午 11.26		温亚球	李由娘	温亚球(父)	丘金鼎	李千俊
	丘利娘	吧生	17	壬寅 5.20	丹那望	丘亚壬	古金娘	丘亚壬(父)		邱绍荣
3.31	黄洙章	吧生	34	乙酉 5.24		黄亚四(故)	吴那娘(故)	黄德发(宗兄)	刘荣海	李千俊
	李宾娘	吧生	18	辛丑 5.15	望茄勿杀	李寿元(故)	范水娘	李登华(胞兄)		邱绍荣
4.1	李瑞缸	吧生	24	乙未 9.3	望茄巷	李金芝	蔡福娘(故)	李金芝(父)	纪永汉	李千俊
	陈金娘	吧生	21	戊戌闰 3.22		陈文力	韩宾娘	陈文力(父)		邱绍荣
4.6	庄福美	吧生	21	戊戌 10.6	结石珍	庄春源	赵任娘	庄春源(父)	庄福霖	李千俊
	陈惜娘	吧生	17	壬寅 3.22		陈东怀	林文娘	陈东怀(父)		邱绍荣
4.7	戴瑞和	吧生	31	戊子 11.6	红碑	戴有海	黄能娘	戴有海(父)	黄怀泉	李千俊
	黄泉娘	吧生	24	乙未 10.1		黄江水	陈金娘	黄江水(父病，子贤林代)		邱绍荣
4.8	刘英美	茂物	20	己亥 6.4	甘光	刘源清	黄连娘(故)	刘源清(父)	李君政	李千俊
	饶星娘	吧生	20	己亥 8.7	毛六甲	饶保霖	马金娘	饶保霖(父)		邱绍荣
4.20	吴谦吉	吧生	21	戊戌 5.22	八厨沃干	吴青果	李惜娘	吴青果(父)	许耀水	李千俊
	陈金莲	叻	18	辛丑 3.1		陈呈杨(故)	沈信娘	沈信娘(母)		邱绍荣
4.20	王瑞莲	吧生	25	甲午 8.4		王绵泉(故)	苏贵娘	苏贵娘(母)	吴希寿	李千俊
	陈麟娘	吧生	23	丙申 1.9	望茄勿杀	陈易吉甲(故)	许宣娘	许宣娘(母)		李新宁
5.19	饶晋盛	吧生	29	庚寅 11.27	吧振郎安	饶壬勋(故)	侯远迎	饶安娘(姐)	陈麟祥	李千俊
	吴桂妹	吧生	23	丙申 8.2		吴武郎(故)	杨金秀	吴亚九(叔)		邱绍荣
5.19	陈福泰	吧生	20	己亥 7.17		陈如辉(故)	许桂娘	陈如文(叔父)	高塘水	李千俊
	李亚红妹	吧生	16	癸卯 6.6	结石珍	李福庆(故)	施娘那(故)	李腾庆(叔父)		邱绍荣

5.20	郑天清	茄老旺	24	乙未 4.18		郑万寿	陈和娘	郑万寿(父)	丘顺英	李千俊
	丘奶里	思加武眉	21	戊戌 1.21	茹南末	丘顺华(故)	陈金英	丘传贵(兄)		邱绍荣
5.20	吴振祥	吧生	19	庚子 7.7		吴清汉(故)	黄荣娘(故)	吴清顺(叔父)	黄一昌	李千俊
	李然娘	吧生	18	辛丑 3.13	结石珍	李永文(故)	叶金娘(故)	李荣财(叔父)		邱绍荣
5.23	林保振	吧生	22	丁酉 11.12	惹牙兰	林亮武(故)	王七娘	林天寿(宗伯)	郭怀珍	李千俊
	张荫娘	吧生	17	壬寅 11.7		张瑞前	丘寿娘	张瑞前(父)		邱绍荣
5.26	丘武源	吧生	22	丁酉 11.11	任塔丹	丘继兴	刘劳勃	丘继兴(父)	许庆寿	李千俊
	陈吟娘	吧生	19	庚子 1.29	勿丝	陈清江	刘凤娘(故)	陈清江(父)		邱绍荣
5.26	詹寿仪	吧生	23	丙戌 8.25	新巴杀	詹球发(故)	林银娘(故)	詹祥发(叔)	陈成锦	李千俊
	张文质	吧生	24	乙未 1.10		张亚建(故)	刘瑞娘	刘瑞娘(母)		邱绍荣
5.26	黄彩恭	吧生	30	己丑 4.22	八厨沃干	黄亚炽(故)	陈壬娘	陈壬娘(母)	陈保湘	李千俊
	李进妹	吧生	22	丁酉 10.23		李亚晋	刘丙娘	李亚晋(父)		邱绍荣
6.2	汤良义	吧生	30	己丑 5.7	牛郎纱里	汤懋杰(故)	陈端娘	汤良仁(胞兄)	陈赞诚	李千俊
	李劳冥	吧生	21	戊戌 1.1		李千仓(故)	陈顺娘(故)	李千喜(叔父)		邱绍荣
6.8	侯德芳	芝安恤	29	庚寅 8.13		侯振荣(故)	陈鸾娘(故)	侯振宗(叔)	李君子	李千俊
	李土娘	吧生	21	戊戌 12.27	圣望港	李锦章(故)	吴桂娘(故)	李振荣(叔祖)		邱绍荣
6.8	庄炳坤	吧生	23	丙申 11.7	新巴杀	庄文举(故)	李君令(故)	庄文德(伯父)	赵维同	李千俊
	赵玛利	吧生	24	乙未 9.6		赵德和(故) (原玛腰)	陈恭娘(故)	赵德江(叔)		邱绍荣
6.20	林永春	吧生	21	戊戌 9.6	红碑	林振齐	杨文质	林振齐(父)	钟云郎	许金安
	陈奎芝	吧生	18	辛丑 4.25		陈偕章	吴参娘	陈偕章(父)		邱绍荣
6.20	丘良木	吧生	19	庚寅 6.6	洪溪	丘继淑(故)	江杰娘(故)	丘荣娘(外妈)	杨顺成	许金安
	刘温娘	吧生	18	辛丑 4.5		刘运	谢追娘	刘子英(兄)		邱绍荣
6.24	梁宝麟	吧生	36	癸未 8.12	公馆	梁春元(故)	杨明娘	梁祥云(宗叔)	许耀水	许金安
	王云娘	吧生	16	癸卯 1.22		王庆贤	吴必娘(故)	王庆贤(父)		邱绍荣
7.7	冯龚辉	吧生	32	丁亥 7.10		龚荣怀(故)	陈英娘(故)	陈江泉(母舅)	刘汉章	许金安
	陈顺娘	吧生	19	庚子 10.22	道郎巷	陈德水(故)	许碹娘	许永文(母舅)		邱绍荣
7.14	谢亚四	吧生	38	辛巳 4.18	八厨沃干	谢新秀(故)	廖来娘	廖来娘(母)	何文水	许金安
	陈金娘	吧生	19	庚子 3.12		陈海龙	蓝顿娘(故)	陈海龙(父)		邱绍荣
7.14	张永璘	坤甸	23	丙申 7.19	槟榔社	张见二	宗甲娘	邓仁贤(姐夫)	邓贵瑞	许金安
	林育兰	北加弄	18	辛丑 1.11		林金德	曾金针	林金德(父)		邱绍荣
8.2	郑景章	吧生	24	乙未闰 5.8		郑建阴(故)	蔡利娘	蔡利娘(母)	杨宗基	许金安
	陈蜜娘	吧生	28	辛卯 5.24	洪溪	陈显志	连茄芝	陈显志(父)		邱绍荣

8.14	林清观	安热	19	庚子 8.12	公馆	林壬发(故)	陈吧以	陈吧以(母)	吴振炎	李千俊
	谢来娘	吧生	16	癸卯 2.18	在中港仔	谢协信	蔡开娘	谢协信(父)		邱绍荣
9.5	林强	中国	32	丁亥 9.10	公馆	林池(故)	何运娘	各自心愿	黄麟华	李千俊
	黄亚爱	中国	23	丙申 2.14	在中港仔	黄章四(故)	陈五娘(故)			李新宁
9.5	曾壬水	井里汶	25	丙午 12.15		曾两弼	郭近娘	曾两弼(父)	甘源福	李千俊
	陈添娘	吧生	22	丁酉 5.1	新巴杀	陈源忠	甘顺娘	陈源忠(父)		李新宁
9.6	魏金彩	旧港	24	乙未 6.15	望茄勿杀	魏清吉	郭莺娘	魏清吉(父)	王格善	李千俊
	黄朝娘	吧生	16	癸卯 2.20		黄金辉	李玉娘	黄金辉(父)		李新宁
9.7	丘文兰	吧生	37	壬午 9.14	道郎巷	丘亚义(故)	张戊娘	丘金春(堂兄)	陈启宗	李千俊
	彭利娘	吧生	26	癸巳 1.28		彭荣辉(故)	朱高娘	彭已源(兄)		李新宁
9.7	陈寿禄	文丁	35	甲申 6.18		陈福海(故)	赖嫦娘	陈寿文(兄病,族宗森桂代)	李有剩	李千俊
	丘壬娘	吧生	27	壬辰 7.15	洪溪	丘亚生(在唐)	黄友娘	丘其英(兄)		李新宁
9.7	黄卫[1]	中国	55	甲子 6.7	洪溪	黄佛(故)	谢球娘(在唐)	各自心愿	雍清红	李千俊
	谭有娘	香港	39	庚辰 6.19		谭凤初(在唐)	陈财娘(故)			李新宁
9.15	郑源泉	吧生	21	戊戌 1.27	大港墘	郑泽龄	陈寿娘(故)	郑泽龄(父)	郑东坡	李千俊
	林香娘	吧生	17	壬寅 2.2		林福宁	郑基娘	林福宁		邱绍荣
9.15	黄文良	吧生	25	甲午 1.13	洪溪	黄卫	苏惠娘(故)	黄卫(父)	双方未签字	红笔删除
	梁成娘	吧生	18	辛丑 5.2		梁天财(故)	谭有娘	梁金大(叔)		
9.15	吴恒水	吧生	22	丁酉 9.25	五脚桥	吴柱超	苏老娘	吴柱超(父)	吴子登	李千俊
	丘玉娘	吧生	18	辛丑 2.7		丘生和(故)	许发娘(故)	郭源娘(祖母)		邱绍荣
9.15	吴白泉	吧生	29	庚寅 8.11		吴和水(故)	李俊娘	李俊娘(母)	李继志	李千俊
	徐均娘	吧生	29	庚寅 10.26	蚊茄勿杀	徐金榜(故)	甘珠娘(故)	徐金河(叔)		邱绍荣
9.15	梁清水	吧生	21	戊戌 3.21	新巴杀	梁亚立(故)	赵源娘	赵源娘(母)	李万三	李千俊
	杨必娘	吧生	17	壬寅 12.7		杨藏记	李水娘	李水娘(母)		邱绍荣
9.15	高良英	吧生	21	戊戌 10.12	结石珍	高拾壹	曾为娘	高拾壹(父)	刘天道	李千俊
	陈一娘	吧生	19	庚子 11.17		陈古	许吉娘	陈古(父)		邱绍荣
9.15	詹绍衍	吧生	32	丁亥 7.20		詹怀珍(故)	陈海娘(故)	詹怀基(叔父)	薛长金	李千俊
	薛火娘	吧生	32	丁亥	结石珍	薛飞熊	林焕娘(故)	薛飞熊(父)		邱绍荣
9.15	郑庆瑞	吧生	21	戊戌 10.18		郑宾芳(故)	方山娘(故)	郑银荣(叔父)	戴文溪	李千俊
	陈富娘	吧生	17	壬寅 6.12	丹那望	陈桂生	宋金娘(故)	陈桂生(父)		邱绍荣

① 王字 1886 年 6 月 10 日第 4 号。两人在前已生有三子:黄玉安 5 岁,玉兴 3 岁,玉全 2 岁。

9.19	杨福顺	新加坡	19	庚子 9.10		杨彬彬	江角娘(故)	黄古琴(义伯)	黄奕宿	李千俊
	方好娘	吧生	17	壬寅 11.11	中港仔	方福恒	陈秋蝉	方福恒(父)		邱绍荣
9.19	林亚六	士甲	31	戊子 11.12		林煊宾(故)	邹英娘	林世珊(胞兄)	邹荣辉	李千俊
	梁带娘	武棉	21	戊戌 8.13	应莱河	梁福麟	陈合新娘	梁福麟(父)		邱绍荣
9.19	陈清温	吧生	27	壬辰 11.18		陈顺恒	张素娘	陈顺恒(父)	李金水	李千俊
	徐恩娘	吧生	19	庚子 12.17	宾厨勿丝	徐春发	陈爱娘	徐春发(父)		邱绍荣
9.19	陈深寿	芝里马也	18	辛丑 9.27		陈文英(故)	林温娘	陈深禄(胞兄)	洪笃良	李千俊
	林水娘	日里	17	壬寅 5.7	蚊茄勿杀	林平茂	陈荣娘	林平茂(父)		邱绍荣
9.22	林茂传	吧生	26	癸巳 10.11		林功发	张茂第娘(故)	林功发(父)	双方未签字	红笔删除
	侯贵娘	吧生	17	壬寅 11.22	新巴杀	侯笔龄	张珠娘	侯綮龄(父)		
9.22	吴清良	吧生	32	丁亥 4.24	新巴杀	吴佳松(故)	詹山娘	吴清顺(胞兄)	詹春一	李千俊
	钟安那	吧生	17	壬寅 8.1		钟福顺(故)	魏炎娘	钟文二(叔父)		邱绍荣
9.22	张清霖	吧生	21	戊戌 10.26		张新女	李金娘	张新女(父)	陈东兴	李千俊
	方渊娘	吧生	17	壬寅 6.18	结石珍	方顺德(故)	陈然娘	陈然娘(母)		邱绍荣
9.25	林强发	吧生	41	戊寅 8.21		林振麟(故)	江章娘(故)	林初泰(宗叔)	陈清江	李千俊
	冯金娘	吧生	29	庚寅 12.18	打铁街	冯琼波(故)	黄色娘(故)	冯凤娘(姑)		邱绍荣
9.25	林茂传	吧生	26	癸巳 10.11		林功发	张茂第娘(故)	林功发(父)	侯棉芳	李千俊
	侯贵娘	吧生	17	壬寅 11.22	新巴杀	侯肇龄	张珠娘	侯肇龄(父)		邱绍荣
9.30	汪金水	吧生	33	丙戌		汪清奇(故)	梁和娘(故)	丘君道(姐夫)	王荣凤	李千俊
	蔡月娘	吧生	30	己丑	大公司	蔡奇芳	黄杨娘	蔡奇芳(父)		邱绍荣
10.6	刘怀同	士甲	21	戊戌 3.5	丹那望	刘金钟(故)	陈丙妹	刘丁美(伯父)	陈桂风	李千俊
	颜吟娘	武眉	17	壬寅 10.27		颜恒(在唐)	陈申娘	颜鸿丕(叔父病堂叔祖秋桂代)		李新宁
10.13	黄亚豪	吧生	27	壬辰 7.5	草埔巷	黄亚质(故)	熊余庆(故)	黄亚森(兄)	黄守南	李千俊
	杨园妹	吧生	17	壬寅 10.4		杨亚伍(故)	陈义妹	陈义妹(母)		李新宁
10.14	巫义芳	吧生	50	己巳 9.19	巷心马力	巫沛(故)	黄吟娘(故)	因无尊长	无媒人	李千俊
	许田娘	吧生	28	辛卯 11.15		许清源	王贝娘	许温娘(大姐)		邱绍荣
10.16	朱德松	吧生	26	癸巳 10.2		朱城兴(故)	李壬娘(故)	朱庆松(胞兄)	杨声华	李千俊
	谢辛妹	吧生	18	辛丑 9.18	甲汶是里	谢盛添	周笨其(故)	谢盛添(父)		李新宁
10.27	李信燕	吧生	26	癸巳 1.7		李顺源(故)	林快娘	李千林(叔祖病,宗伯九卿代)	陈玉林	李千俊
	陈金娘	吧生	23	丙申 10.18	新巴杀	陈玉和	汤云操(故)	陈玉和(父)		李新宁
11.4	黄世让	中国	15	甲辰 2.10	公馆	黄奕籴	雷涓娘	黄奕籴(父)	吴振炎	未签字删除
	林绥娘	中国	12	丁未 11.11	在中港仔	林永义	黄早娘	林式坤(宗叔)		

11.11	李成龙	吧生	22	丁酉 1.24	八厨仔干	李金菊	陈元娘	李金菊(父)	李昭基	李千俊
	邹环娘	吧生	18	辛丑 10.10		邹莹辉	张木娘	邹蚩辉(父)		邱绍荣
11.16	黄振成	吧生	25	甲午 9.8	小南门	黄仪垅(故)	刘瑞娘	刘瑞娘(母)	叶智员	李千俊
	蔡益文	吧生	21	戊戌闰 3.10	巴杀	蔡宝兴	陈旺娘	蔡宝兴		邱绍荣
11.17	王格源	吧生	27	壬辰 12.6		王泽聚(故)	郑娘兄	王泽近(胞叔)	双方未签字	红笔删除
	陈亚齐娘	吧生	23	丙申 7.8		陈寿阳	郭福娘	陈寿阳(父)		
11.17	徐(颜)福新	吧生	24	乙未 11.10	观音亭	徐芳谷	甘金娘	颜碧江(义父)	陈颜英	李千俊
	林道娘	吧生	19	庚子 6.28		林炎照(故)	邱文娘	林海生(胞兄)		邱绍荣
11.18	林美福	西垅	20	己亥 10.22		林锡金	蔡绿珠	林锡金(父)	陈天赐	李千俊
	杨英娘	吧生	16	癸卯 11.5	牛郎纱里	杨良辉	赵伦娘	杨良辉(父)		邱绍荣
11.20	王格源	吧生	27	壬辰 12.6	乌吧	王泽聚(故)	郑娘那	王泽近(叔)	陈宗汉	李千俊
	陈亚齐	吧生	23	丙申 7.8		陈寿阳	郭福娘	陈寿阳(父)		邱绍荣
11.26	陈仁生	中国	30	己丑 9.29	甲马由兰	陈坤郎(故)	钟英娘(故)	陈龙郎(胞叔)	蔡宏宽	李千俊
	李璜娘	吧生	20	己亥 5.5		李琼山	陈秀娘(故)	李琼山(父)		邱绍荣
11.27	吴温盛	吧生	24	己未 10.20	甘光亚	吴继纯(故)	黄水娘	黄水娘(母)	汪顺仁	李千俊
	陈灯娘	吧生	22	丁酉 11.23	我氏	陈茂英	杜平娘	陈茂英(父)		邱绍荣
11.29	吴清顺	吧生	27	壬辰 11.15	新巴杀	吴登志(故)	蔡山娘(故)	吴纯顺(宗叔)	陈坤英	李千俊
	赵阳娘	吧生	16	癸卯 9.6		赵盘官(故)	杨傍佛	杨清颂(母舅)		邱绍荣
11.29	谢结秋	吧生	21	戊戌 1.3	结石珍	谢清义	薛佳娘	谢清义(父)	陈金茂	李千俊
	韩茂娘	吧生	18	辛丑 2.5		韩天福	梁六娘	韩木生(兄)		邱绍荣
12.7	蔡江尧	中国	47	壬申 10.28	公馆	蔡盛彬(故)	刘合新(故)	各自心愿	吴振炎	李千俊
	郑大	中国	23	丙申 10.20	在中港仔	郑百兴(故)	李君华(故)			邱绍荣
12.8	张水泉	吧生	21	丁酉 9.19	结石珍	张德昌	蒋山娘(故)	张德昌(父)	甘永辉	李千俊
	陈金娘	吧生	17	壬寅 3.21	巷干那呀	陈壬良	谢良娘	陈壬良(父)		李新宁
12.8	张河海	吧生	21	丁酉 3.6	丹那望	张乾弥	蒋树乳	张乾弥(父)	詹老	李千俊
	汤望娘	士甲巫眉	18	辛丑 1.8		汤隆案	吴梁娘	汤隆僭(堂叔)		李新宁
12.10	沈亚财	吧生	20	己亥 10.6	公馆	沈亚二	李贞娘	沈亚二(父)	吴振炎	李千俊
	赵建娘	吧生	14	乙巳	在中港仔	赵夜(在唐)	高可娘	高可娘(母)		邱绍荣
12.12	黎发兴①	吧生	74	乙巳 1.17	公馆	黎嘉麟(故)	赖辛娘(故)	因无尊长	吴振炎	李千俊
	陈媛娘	吧生	30	己丑 6.13	在中港仔	陈明山(故)	李庚娘(故)	陈吉水(胞兄)		邱绍荣

① 黎发兴，原默氏，现今生有一男取名炳祥 7 岁。

月日	姓名	籍贯	年岁	生日	注册地	父名	母名	主婚人	媒人	主事人
12.15	吴铜福	吧生	24	乙未 3.13	丹那登宜	吴温来(故)	黄保娘	吴金福(胞兄)	张水泉	李千俊
	陈礼里娘	吧生	21	戊戌 6.18		陈登茂	黄必娘	陈登茂(父)		李新宁
12.19	吴振和	吧生	24	乙未 9.1		呈咸利(故)	王音娘(故)	吴振炎(堂兄)	魏荣源	李千俊
	林敦娘	吧生	16	癸卯 9.23	八茶罐	林火土	黄金娘	蔡坤娘(外祖母)		李新宁
12.20	吴铬基	干冬圩	24	乙未 2.12	公馆	吴亚三(故)	陈罗帝(故)	吴焕基(胞兄)	吴振炎	李千俊
	余梅娘	中国	17	壬寅 3.10	在中港仔	余亚日(故)	张兰娘	余接娘(大姐)		邱绍荣
12.20	唐春拔	中国	33	丙戌 1.13	公馆	唐信如	李带妹	唐信如(父)	吴振炎	李千俊
	钟月云	中国	16	癸卯 5.15	在中港仔	钟亚记	张七娘	钟德(堂叔)		邱绍荣
12.28	汤兆坤	中国	27	壬辰 10.12	公馆	汤作梅(故)	钟带娘	汤伟良(堂叔)	吴振炎	李千俊
	林家娘	芝打奄	23	丙申 7.14	在中港仔	林来叶(故)	钟发娘(故)	林长华(胞叔)		邱绍荣
12.29	丘汉生	吧生	38	辛巳 6.26	淡务兰	丘祥福	田福娘	田福娘(母)	徐能敏	李千俊
	廖戊娘	吧生	31	戊子 10.16	惹致	廖其集	陈丁娘(故)	廖其集(父)		邱绍荣
12.29	钟国保	吧生	40	己卯 10.21	淡务兰	钟炽明(故)	张山娘(故)	因无尊长	徐能敏	李千俊
	李镜妹①	吧生	32	丁亥 7.20	惹致	李亚顺	詹那娘	李亚顺(父)		邱绍荣
12.29	丘富生②	吧生	35	甲申 4.1	淡务兰	丘祥福	田福娘	丘汉生(兄)	徐能敏	李千俊
	钟顺娘	吧生	31	戊子 7.14	惹致	钟炽明(故)	张山娘(故)	钟国保(兄)		邱绍荣
12.29	丘江生③	吧生	28	辛卯 8.16	淡务兰	丘祥福	田福娘	丘汉生(兄)	徐能敏	李千俊
	廖戊娘	吧生	21	戊戌 1.2	惹致	廖有才	李文娘	廖有才(父)		邱绍荣

总计:101 对

1919 年吧城唐人成婚注册表

月日	姓名	籍贯	年岁	生日	注册地	父名	母名	主婚人	媒人	主事人
1.5	游庆忠	吧生	18	辛丑 9.1	甘光	游景炎(故)	张书娘(故)	游景乾(堂叔)	宋宗礼	李千俊
	林水娘	吧生	18	辛丑 6.23	麻六甲	林恕清	郭贵娘	林恕清(父)		邱绍荣
1.5	郭成全	吧生	23	丙申 5.25	蚊茄勿杀	郭鸿涛	陈燕娘	敦鸿涛(父)	郭怀珍	李千俊
	陈珠娘	吧生	22	丁酉 9.16		陈文吉(故)	汤力娘	陈文安(叔)		邱绍荣
1.5	李千州④	吧生	27	壬辰 6.18		李子凤(故)	郭九娘	李千善(兄)	王廷有	李千俊
	林梨娘	吧生	26	癸巳 9.29	丹那望	林长辉	王荔芝(故)	林长辉(父)		邱绍荣

① 两人经已有二男一女:女名乙妹 14 岁,男名同财 12 岁,同源 8 岁。

② 两人经生有子女 5 名:丘必霖 10 岁,安娘 8 岁,奶里娘 5 岁,卫里娘 2 岁,保里娘 1 岁。

③ 两人已生有子女 3 名:丘森林 7 岁,清林 4 岁,清娘 1 岁。

④ 李千州,原玛腰李子凤之子。

1.5	杨木基	吧生	43	丙子 8.1	甘光季冬	杨成金(故)	叶望娘	蔡杨清(叔)	陈文发	李千俊
	詹维娘	吧生	31	戊子 12.12		詹怀敬(故)	陈明娘(故)	詹怀郎(叔)		邱绍荣
1.8	李江淮	吧生	28	辛卯 5.28	巷道郎	李松龄(故)	蔡荫娘(故)	李江水(宗叔)	尤龙	李千俊
	翁香娘	吧生	20	己亥 6.20		翁顺良(故)	许罗致娘	许罗致娘(母)		邱绍荣
1.9	朱东汉	吧生	23	丙申 7.10	甘光毛	朱成基(故)	李福娘	李福娘(母)	双方	以红笔删除
	叶丹娘	吧生	20	己亥 3.8	氏打巴	叶亚四	许海娘	叶亚四(父)	未签字	
1.9	王张清水	吧生	30	己丑 10.10		张肇基(故)	雍凤娘	雍凤娘(母)	詹怀隆	李千俊
	黄英娘	吧生	25	甲午	甲汶日洛	黄长熊(故)	詹炎娘	黄金龙甲(兄)		邱绍荣
1.12	曾亚添	吧生	26	癸巳 11.5	新巴杀	曾金福	邱基娘	曾金福(父)	吴有郎	李千俊
	林音娘	吧生	21	戊戌 8.12		木振耀(故)	黄琼英	黄宣德(母舅)		邱绍荣
1.13	肖炳光	吧生	33	丙戌 11.16	公馆	肖亚二(故)	李金娘(故)	肖亚进(叔)	吴振炎	李千俊
	钟秀云	中国	18	辛丑 2.15		钟亚桥(故)	张惹妹	钟亚石(兄)		邱绍荣
1.15	戴龙源	吧生	20	己亥 1.17		戴有生	温银娘(故)	戴有生(父)	吴柱超	李千俊
	吴义娘	吧生	20	己亥 7.26	乌布土库	吴柱登	陈福娘	吴柱盛(父)		邱绍荣
1.18	陈怡鸿	吧生	21	戊戌 4.13	亭仔脚	陈天生(故)	林永娘	陈和顺(胞兄)	廖富有	李千俊
	廖妍娘	吧生	21	戊戌 7.23	巴杀巷	廖庆	陈幼娘	廖庆(父)		李新宁
1.20	李 添	中国	48	癸未 5.6	公馆	李福春(故)	池亚有(故)	李亚恭(堂叔)	吴振炎	李千俊
	梁和英	中国	19	庚子 6.12	中港仔	梁海仁	钟亚妹(故)	梁海楼(胞叔)		邱绍荣
1.21	曹亚学	中国	33	丙戌 5.19	公馆	曹亚辛	刘亚轩	因无尊长	吴振炎	李千俊
	刘亚镜	中国	17	壬寅 8.20	中港仔	刘亚祥	侯亚顺	不用主婚		邱绍荣
1.26	蔡永义	士甲	19	庚子闰 8.9		蔡顺阳	陈瑞娘	蔡顺阳(父)	胡碧纯	李千俊
	陈银娘	巫棉	20	己亥 2.22	新巴杀	陈进珠(故)	黄珠娘	陈进木(伯父)		邱绍荣
3.9	林维邦	望龟汝	24	丙申 5.26	甘光六纱	林江城	吴生娘	林维敬(兄)	黄亚玉	李千俊
	朱德娘	吧生	22	戊戌 12.22		朱亚质(故)	陈金兰	宋昆华(义父)		邱绍荣
3.14	谢泮元	吧生	22	戊戌 12.16	结石珍	谢于珍	钟接娘	谢于珍(父)	钟德兰	李千俊
	郭任娘	吧生	18	壬寅 7.17	甘光不再汶	郭甲生	林森娘	郭甲生(父)		邱绍荣
3.16	邱荣昌	吧生	21	己亥 9.8	甘光慈宁安	邱顺源	谢音娘	邱顺源(父)	汤德海	李千俊
	苏蜜娘	吧生	18	壬寅 1.22		苏锦祥(故)	徐桂娘(故)	苏长水(胞兄)		邱绍荣
6.18	张汉军	吧生	25	乙未 8.3		张春记	陈本娘	张春记(父病,弟银官代)	徐金祥	李千俊
	黎连枝娘	吧生	17	癸卯 4.4	丹那望	黎新专	张坤娘	黎新专(父)		邱绍荣
4.20	蔡承和	吧生	26	甲午 2.5		蔡有德	陈吉娘(故)	蔡有德(父)	宋昆华	李千俊
	李端娘	吧生	19	辛丑 10.16	毛六甲	李江水	梁振娘	李江水(父)		邱绍荣

4.20	魏玉庆	吧生	21	乙亥 1.22	公馆	魏江龙(故)	黄艺娘	魏无毛(堂叔)	蒋金松	李千俊
	郑幼娘	吧生	17	癸卯 10.25		郑锦衣	魏即物	郑锦衣(父)		邱绍荣
4.20	薛长有	吧生	22	戊戌 6.21		薛添水	张添娘	薛添水(父)	谢良道	李千俊
	唐合娘	吧生	23	丁酉 3.6	丹那丁宜	唐水江	林质娘	唐水江(父)		邱绍荣
4.22	黄贤人	吧生	20	庚子 8.25	公馆	黄赐福	蔡音娘	黄赐福(父)	吴振炎	李千俊
	甘吴钗娘	吧生	20	庚子 1.12	中港仔	吴河水(故)	李文娘	林只娘(养母)		邱绍荣
4.23	曾喜安	吧生	60	庚申 11.17	公馆	曾天生(故)	陈清娘(故)	曾帽劳(大姐)	吴振炎	李千俊
	杨俭妹	吧生	27	乙巳 6.11	在中港仔	杨利祥(故)	江春娘(故)	杨文凤(胞兄)		邱绍荣
4.24	王子宣	吧生	19	辛丑 9.8		王荣凤	杨恩娘	王荣凤(父)	高景瑞	李千俊
	纪闰娘	吧生	20	庚子 8.6	小南门	纪添源	陈玉娘	纪添源(父)		邱绍荣
4.25	廖桂二	中国	19	辛丑 1.20	公馆	廖亚二	罗四娘(故)	廖亚二(父)	吴振炎	李千俊
	温玉英	中国	19	辛丑 1.23	在中港仔	温柳汀(在唐)	李远妹(在唐)	温秋二(宗叔)		邱绍荣
4.25	陈发福	中国	36	甲申 9.25	公馆	陈老本(故)	曾绵娘	曾绵娘(母)	吴振炎	李千俊
	曾柑娘	中国	20	庚子 1.2	在中港仔	曾和财	李准娘(在唐)	曾小旦(叔父)		邱绍荣
4.27	邱武秀	吧生	47	癸酉 2.18		邱亚四(故)	李已娘(故)	陈维恒(姐夫)	黄宜德	李千俊
	谢益娘	吧生	28	壬辰 7.25	新巴杀	谢俊兴	赖文织	谢俊兴(父)		邱绍荣
4.27	吴金盛	吧生	21	己亥 11.19	蚊茄勿杀	吴宝能	李金妹(故)	吴宝能(父)	邱汉生	李千俊
	简烈志	吧生	24	丙申 8.5		简渊水	邱力娘	简渊水(父)		邱绍荣
3.20	林福义	北加郎	23	丁酉 3.23	旧巴杀	林登富	黄金一(故)	林登富(父)	杨长福	李千俊
	陈冬瓜	北加郎	20	庚子 4.16		陈绵瓜	颜珠娘	陈源龙(堂叔)		邱绍荣
3.23	陈丰水	吧生	19	辛丑 8.11	干质港	陈清砼(故)	张福娘	陈垂煌(兄)	黄春水	李千俊
	唐尉娘	吧生	17	癸卯 7.28		唐双麟	王信娘	唐双麟(父)		邱绍荣
3.23	李文发	吧生	22	戊戌 9.8	结石珍	李玉山(故)	林吾娘(故)	李玉章(叔)	许栢茂	李千俊
	甘生娘	吧生	18	壬寅 8.10		甘朋维(故)	杨英娘	杨英娘(母)		邱绍荣
3.23	刘顺墨	吧生	34	丙戌 3.6	蚊茄勿杀	刘好青(故)	洪质娘	胡先情甲(义叔)	谢锡畴	李千俊
	林立娘①	巴六甲	34	丙戌 5.26		林娇(故)	陈珠娘(故)	林子才(宗兄)		邱绍荣
3.23	高松波	吧生	30	庚寅 1.13		高十一	曾位娘	高十一(父)	陈镇山	李千俊
	王于娘	吧生	19	辛丑 4.4	八茶罐	王源生(故)	杨玉娘	杨玉娘(母)		邱绍荣

① 刘顺墨与林立娘经生有三子四女：刘双全 16 岁，甲辰四月四日生。刘双祈 6 岁，甲寅五月十一日生。刘双水 2 岁，戊午一月九日生。刘楼娘 11 岁，己酉四月五日生。刘只娘 9 岁，辛亥九月三日生，刘镭娘 7 岁，癸丑四月八日生。刘厘娘 4 岁，丙辰十二月十一日生。

3.23	陈顺源	南旁	17	癸卯 10.15	小南门	陈江	郑必娘(故)	陈红(父)	陈清江	李千俊
	张顺娘	吧生	16	甲辰 1.18		张钦明(故)	陈春娘	张硕龙(宗伯)		邱绍荣
3.29	沈兴仁	南旁	20	庚子 5.18	公馆	沈裕先(故)	林金娘	沈文新(堂兄)	吴振炎	李千俊
	黎遵娘	吧生	16	甲辰 1.12	在中港仔	黎健廷(父)	余端妹	黎建廷(父)		邱绍荣
3.30	李銮景	叻	28	壬辰 4.21		李增质	陈春娘(故)	李继志(宗兄)		李千俊
	刘东娘	吧生	21	己亥 8.2	望茄勿杀	刘好寿(故)	洪质娘	刘顺墨(胞兄)		邱绍荣
4.14	徐腾蛟	中国	25	乙未 9.18	望茄勿杀	徐烈枞(故)	许弄娘(故)	徐烈砚(宗叔)	刘顺墨	李千俊
	王金娘	吧生	17	癸卯 4.25		王森水	陈玉娘	王森水		邱绍荣
4.27	叶白得	吧生	22	戊戌 1.16		叶挑	陈及娘	叶桃(父)	陈玉泉	李千俊
	蒋奶芝	吧生	21	己亥 9.26	结石珍	蒋二生	杨真娘(故)	蒋二生(父)		邱绍荣
4.27	杨春火	吧生	22	戊戌 10.12		杨双福	傅顺娘	杨双福(父)	陈山荣	李千俊
	许得娘	吧生	19	辛丑 1.5	槟榔社	许永文	陈玉娘	许玉文(父)		邱绍荣
4.30	谢俊有①	吧生	51	己巳 6.11		谢贵元(故)	罗幼娘(故)	谢俊兴(胞兄)	谢清规	李千俊
	黄登娘	吧生	37	癸未 7.24	新巴杀	黄中安	洪温娘(故)	黄宜德(宗兄)		邱绍荣
4.30	张玉成	吧生	54	丙寅 5.6		张明和(故)	刘三娘(故)	张玉良(兄)	谢清规	李千俊
	谢俊娘	吧生	43	丁丑 10.28	新巴杀	谢贵元(故)	罗幼娘(故)	谢俊兴(兄)		邱绍荣
4.30	洪荣邦	吧生	27	癸巳 2.2	新巴杀	洪旺纱(故)	李木娘(故)	谢俊有(表姐夫)	黄宣德	李千俊
	曾金娘	吧生	21	己亥 11.7		曾隆德	陈森娘	曾隆德(父)		邱绍荣

总计:42 对
(原登记注册成婚有 68 号)

① 两人经生六子四女:谢河水 19 岁,河林 12 岁,维林 7 岁,维水 6 岁,庆水 5 岁,庆林 4 岁,水娘 15 岁,笃娘 14 岁,山娘 9 岁,年年 2 岁。

附录　名词注释

挨实连:Residnt,荷语。省级最高长官。

安旦:Antar,马来语,担保。

案夺:闽南语,判决,裁判。

敖文明:Gouvernement,荷语,荷印政府。

峇峇:Baba,马来语,土生华人。

吧:巴达维亚(Batavia)简称:,即今雅加达。

把杀:Pasar,马来语,市场、集市。

褒黎司:Polisi,马来语,警察局,警察。

廍:闽南语,蔗厂。

财副:闽南语,主管账目及器具者。

出水:闽南语,出海,水路。

厝:闽南语,房屋。

达氏:Soldaat,荷语,兵卒。

达心民字:Testament,荷语,遗嘱书。

大嚓:公堂密查劳简称:,指公堂议事厅。

盾:Gulden,荷语,荷兰币制。盾、钫、镭,与元、角、分相当。

大朱:secretaris,荷语,正朱葛礁(书记)。

二朱:副朱葛礁。

倒案:闽南语,定案。

番:古代对境外地区及其事物的称呼。

钫:亦作方,Penning,荷语,Kupang,马来语,荷兰币制。

芬:闽南语,烟草。

浮炉:Pulau,马来语,岛屿。

干刀:亦作关都,官都,Kantor,马来语,办事处、办公室。

公班衙:Compagnie(公司),荷语,荷兰东印度公司。

公勃低:Gecommitteerde,荷语,受委托人,理事。

公勃沙里:Commissaris,荷语,专员、委员。

公堂:Kong Koan,吧城(巴达维亚)华人(唐人)公堂办事机构,亦称吧国公堂。

公馆:亦称吧城公馆,公堂别称。

挂州:亦作挂些、挂沙,Kuasa,马来语,委托、代理。

和(荷兰):Holland,荷兰简称。

胡勃实:Officier,荷语,首领、头人。

花押:亦作画押。识字者签名,不识字者沾笔画符号为据。

甲板船:指有铁板的西洋船。

甲必丹:Kapitein,荷语,上尉,华人首领,始于1619年。

甲丁:指船长或甲必丹。

甲大:甲必丹大简称。

甲:①对华人首领的尊称;②甲必丹的简写。
鉴光:亦作监光、甘光,Kampung,马来语,村庄、居民区。
交寅:Kawin,马来语,结婚。
君得力:Kontrak,马来语,合同、协议。
君厘书:Kennisgeving,荷语,通知书、布告。
君眉司:Commissie,荷语,特派员、专员。
兰得力:Landraad,荷语,荷印地方法院。
劳智:Roti,马来语,面包,源出梵语。
叻:新加坡古称。
镭:Duit,荷语,荷币之最小者。
厘力突:Directeur,荷语,局长、主任、总管。
力奎年:Rekening,荷语,帐目、清单。
力柔实低司:Raad ran Justitie,荷语,荷印高等法院。
梁礁:Notaris,荷语,书写诉讼状者,公证人。
奎里:Honorair,荷语,Honorer,马来语,名誉的、荣誉的。
路字:闽南语,通行证。
妈腰:Majoor,荷语,少校,华人最高首领,始于1829年(三宝垅),1837年(吧城)。
马九:Macau,澳门。
马礁:Mata Mata,马来语,巡警。
马仔:Bea,马来语,包税,税收。
帽老:Pokrol,马来语,律师,检察官。
雷珍兰:Luitenant,荷语,中尉。
美色葛:Fiscaal,荷语,财务官。
美色甘:Weeskamer,荷语,养济院。
密查劳:Bicara,马来语,诉讼、审判、议事。
密查劳厅:议事厅、审判厅、法庭。
默:默氏简称,Wijkmeester,荷语,Bek,马来语,街长、区长。
娘仔:闽南话,太太、夫人。
批照:批示为凭。
泊面:Pabean,马来语,海关。
钦赐:指授予的名誉头衔。
喏州:Djaksa,Jasa,马来语,检察官。
入字:闽南语,呈文。
哵钫:营业税。
诗礁:Sita,马来语,传票、起诉。
失沓:Selam,马来语,回教。
实九郁:Schout,荷语,治安官。
唐:海外华人对中国称号。
唐船:中国帆船。
唐生:中国出生。

土库:货栈、仓库。

外淡:城外淡板公简称,马来语 Tumenggung luar,负责城外事务长官。

内淡:Tumenggung dalam,马来语,负责城内事务长官。

王:亦作王上,大王,指荷印总督(Gouverneur Generaal 荷语)。

微微:Bibi,马来语,大婶、大娘。

翁姑:闽南语,丈夫的父母。

沃智:亦作沃治,Akte,荷语,证书。

巫让:Bujang,马来语,仆人。

乌拔:Opas,马来语,差役、衙役。

乌:闽南语,黑。

无劳由:Mulayu,马来语,马来人。

武直迷:Boedelmeester,荷语,遗产管理官。

暹:Siam,暹罗国简称,今称泰国。

新客:Sing Keh,马来语,指刚从中国或南洋各地移民到吧城的华人。

削视:Saksi,马来语,证人。

娎:Nyai,马来语,太太,妾。

亚地:Java,爪哇岛。

亚廊:Warong,马来语,小店、小摊贩。

亚片:闽南话,鸦片。

亚实颠挨实连:Assistcnt resident,荷语,副省长。

云勃礁厘字:Inventaris,荷语,财产清册,详细目录。

照身票:人头税。

珍:结石珍简称,吧城地名。

垅:三宝垅简称,爪哇地名。

智厨礼:Titulair,荷语,名誉的、荣誉的、挂名无职权的。

朱葛礁:Secretaris,荷语,公堂书记官。

爪亚:Java,爪哇岛。

字:闽南语,纸、证件、文书。

图书在版编目(CIP)数据

雅加达华人婚姻:1772—1919年吧城唐人成婚注册簿/吴凤斌,聂德宁,谢美华编纂.—厦门:厦门大学出版社,2010.12
(厦门大学东南亚研究中心系列丛书)
ISBN 978-7-5615-3490-8

Ⅰ.①雅… Ⅱ.①吴…②聂…③谢… Ⅲ.①华人-婚姻登记-档案资料-汇编-印度尼西亚-1772—1919
Ⅳ.①D634.334.2

中国版本图书馆CIP数据核字(2010)第129461号

厦门大学出版社出版发行
(地址:厦门市软件园二期望海路39号 邮编:361008)
http://www.xmupress.com
xmup @ public.xm.fj.cn
厦门集大印刷厂印刷
(地址:厦门市集美石鼓路9号 邮编:361021)
2010年12月第1版 2010年12月第1次印刷
开本:787×1092 1/16 印张:45.5 插页:2
字数:1300千字 印数:1～2 000册
定价:118.00元